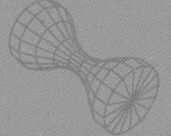

이정호, 이광선, 이용덕

머리말

    3D 프로그램은 기계, 제품, 건축, 제조, 의료 등 다양한 산업에서 활용되고 있으며 3D프린팅, 가상 현실(VR), 증강 현실(AR) 등 미래 기술들은 3D모델링에 크게 의존합니다. 이러한 기술 발전과 더불어 2D설계에서 3D설계로 변화하고 3D프로그램의 중요성은 더욱 커지고 있습니다.

    CATIA(Computer Aided Three dimensional Interactive Application)는 단순한 설계 소프트웨어를 넘어 복잡한 제품개발과 혁신적인 디자인을 가능하게 하는 강력한 플랫폼입니다. 그러나 처음 접하는 사람들에게는 다소 복잡하고 어려울 수 있습니다.

    이 책은 CATIA의 기초부터 실무에서 많이 사용되는 기술까지 단계별로 따라할 수 있는 예제를 통해 CATIA의 다양한 기능을 익히도록 전개하고, 각 장마다 예제와 알아두기를 제공하여 더욱 효율적으로 설계를 진행할 수 있도록 구성하였습니다.

    모든 3D프로그램에서 솔리드 및 곡면 모델링, 어셈블리, 도면 작업이 가장 기본이 되며 꼭 알아야 할 사항이기 때문에 이 책에서도 CATIA 프로그램에서 많이 사용되는 Skecher Workbench, Part Design Workbench, Generative Shape Design Workbench, Assembly Design Workbench, Drafting Workbench에 중점을 두고 내용을 수록하였습니다. Workbench 포함된 다양한 명령어 설명과 함께 해당 명령어를 활용하여 모델링하는 방법을 단계적으로 쉽게 익힐 수 있도록 예제 도면을 준비하였고 예제 노면 중심의 따라하기 방법으로 책을 구성하였습니다.

    끝으로 이 책이 독자들에게 CATIA 모델링 기초와 사용 능력 향상에 밑거름이 되는 지침서가 되길 바라며 출판을 위해 많은 도움을 주신 예문사 편집부에 감사의 인사를 전합니다.

목차

PART 01 CATIA
- **CHAPTER 01** CATIA 시작하기 10

PART 02 SKETCHER
- **CHAPTER 01** Sketcher 시작하기 28
- **CHAPTER 02** Sketch Profile 도구모음 명령어 사용 방법 38
- **CHAPTER 03** Sketch Operation 도구모음 명령어 사용 방법 64
- **CHAPTER 04** 활용 예제 1 89
  Profile, Constraints Defined in Dialog Box, Constraint, 스케치 완전정의와 Visualization 도구모음
- **CHAPTER 05** 활용 예제 2 100
  Polygon, Circle, Cylindrical Elongated Hole, Line, Elongated Hole, Corner
- **CHAPTER 06** 활용 예제 3 112
  Bi-Tangent Line, Offset, View 도구모음, Quick Trim, Mirror, Rotate

PART 03 PART DESIGN
- **CHAPTER 01** Part Design Workbench 시작하기 128
- **CHAPTER 02** 활용 예제 1 133
  Pad, Pocket, Tritangent Fillet, Edge Fillet
- **CHAPTER 03** 활용 예제 2 166
  Multi-Pad, Drafted Filleted Pad, Drafted Filleted Pocket, Chamfer
- **CHAPTER 04** 활용 예제 3 189
  Shaft, Groove, Hole, Circular Pattern
- **CHAPTER 05** 활용 예제 4 224
  Draft Angle, Rectangular Pattern

▶ **CHAPTER 06** 활용 예제 5 248
　Plane, Mirror

▶ **CHAPTER 07** 활용 예제 6 274
　Shell, Stiffener, Thickness

▶ **CHAPTER 08** 활용 예제 7 299
　Solid Combine

▶ **CHAPTER 09** 활용 예제 8 311
　Rib

▶ **CHAPTER 10** 활용 예제 9 329
　Slot, Remove Face

▶ **CHAPTER 11** 활용 예제 10 351
　Multi-sections Solid, Removed Multi-sections Solid

▶ **CHAPTER 12** 활용 예제 11 383
　Scaling, Remove, User Pattern

▶ **CHAPTER 13** 활용 예제 12 403
　Intersect, Union Trim

▶ **CHAPTER 14** 활용 예제 13 418
　Translation, Rotation, Add

GENERATIVE SHAPE DESIGN

▶ **CHAPTER 01** Generative Shape Design 시작하기 444

▶ **CHAPTER 02** 활용 예제 1 447
　Line, Translate, Corner, Symmetry, Join, Circle, Sweep, Close Surface*

▶ **CHAPTER 03** 활용 예제 2 484
　Combine, Fill, Extract, Revolve, Trim, Join, Extrude, Edge Fillet, Thick Surface*

▶ **CHAPTER 04** 활용 예제 3 516
　Sweep, Rectangular Pattern, Offset, Sphere, Extrapolate

▶ CHAPTER 05 활용 예제 4 — 564
Helix, Connect Curve, Sweep

▶ CHAPTER 06 활용 예제 5 — 586
Revolve, Sweep

▶ CHAPTER 07 활용 예제 6 — 604
Adaptive sweep, Point, Split

▶ CHAPTER 08 활용 예제 7 — 634
Spline, Multi-Sections Surface, Parallel Curve, Sweep, Cylinder

▶ CHAPTER 09 활용 예제 8 — 660
Multi-Sections Surface, Intersection, Boundary, 3D Curve Offset

▶ CHAPTER 10 활용 예제 9 — 702
Sweep, Split*, Replace Face*

▶ CHAPTER 11 활용 예제 10 — 728
Blend

▶ CHAPTER 12 활용 예제 11 — 749
Sweep, Extremum, Rough Offset, Rolling Offset, Axis To Axis

ASSEMBLY DESIGN

▶ CHAPTER 01 Assembly Design Workbench 시작하기 — 800
▶ CHAPTER 02 Bottom-up(상향식) 방식으로 Locking Arm 조립품 만들기 — 803
▶ CHAPTER 03 Sub_Assembly 방식으로 Caster 조립품 만들기 — 833
▶ CHAPTER 04 Top-down(하향식) 방식으로 Drill Jig 조립품 만들기 — 851
▶ CHAPTER 05 Caster 분해 장면 작성하기 — 879

GENERATIVE DRAFTING

- ▶ CHAPTER 01 Generative Drafting Workbench 시작하기 ········ 890
- ▶ CHAPTER 02 조립도와 분해도 만들기 ········ 894
- ▶ CHAPTER 03 부품도 만들기 ········ 913

PART 01

CATIA

CHAPTER 01 CATIA 시작하기

CHAPTER 01 | CATIA 시작하기

1 시작하기

1 CATIA V5 화면 구성

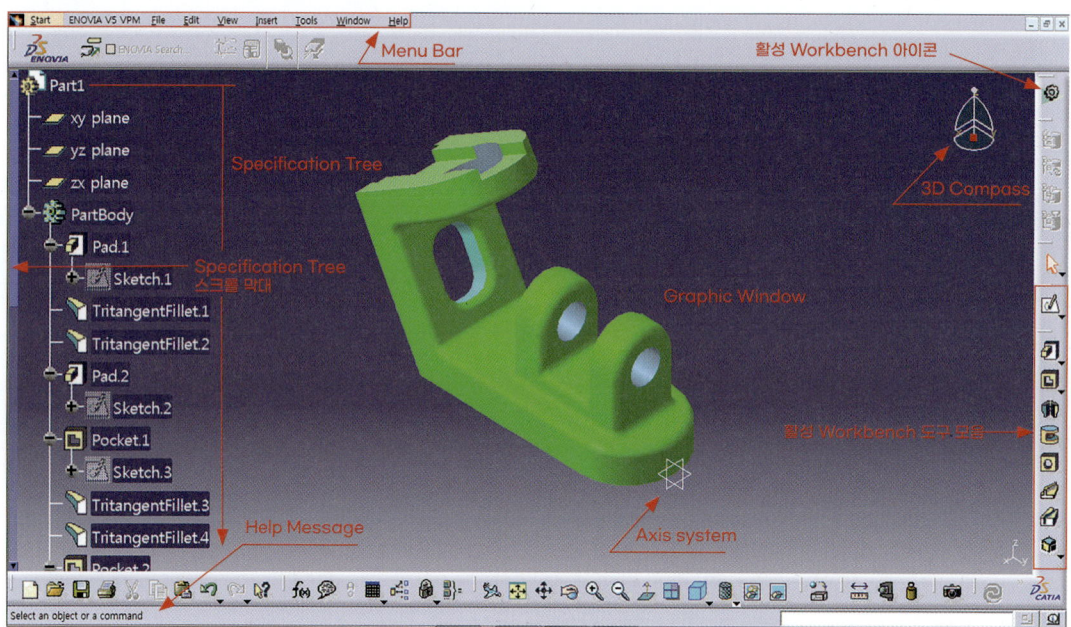

2 파일 생성하기

1 메뉴모음에서 Start를 클릭한다.

2 Domain 안에 Workbench를 선택한다. 선택한 Workbench(작업공간)로 들어감과 동시에 새로운 파일이 생성된다.

Domain 안에는 여러 개의 Workbench(작업공간)가 존재하며, 선택한 작업공간에서 사용되는 도구모음과 작업환경으로 구성된다.

이 책에서는 형상 모델링 작업에 많이 사용되는 Mechanical Design 도메인의 작업공간 중 2D 프로파일을 생성하기 위한 Skecher Workbench(2편), 부품을 모델링하는 Part Design Workbench(3편), 부품을 조립하는 Assembly Design Workbench(5편), 2D 도면작업을 하는 Drafting Workbench(6편), 그리고 Shape 도메인의 작업공간 중 Wireframe 및 곡면 형상을 모델링하는 Generative Shape Design Workbench(4편)에 관련된 명령어 사용방법과 형상 구현방법에 대해 설명하고자 한다.

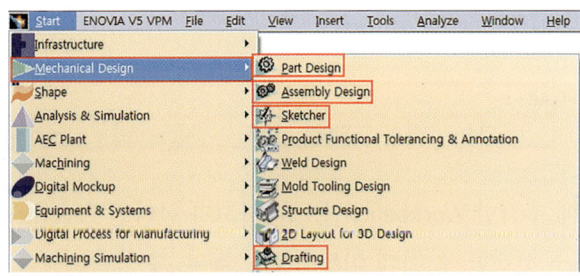

▲ Mechanical Design 도메인의 Workbench

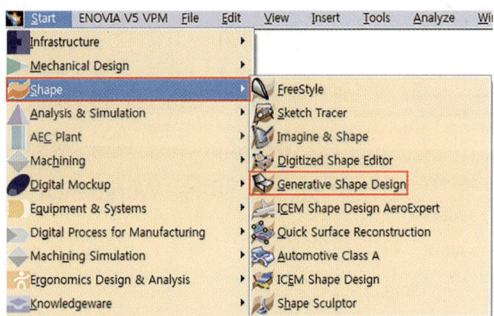

▲ Shape 도메인의 Workbench

3 사용자 정의 Workbench 만들기와 실행

1 사용 가능한 Workbench 아이콘 목록을 사용자 지정하기

❶ 메뉴모음에서 Tools 〉 Customize를 클릭한다.

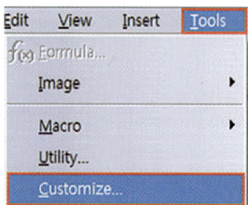

❷ Start Menu 아래 Available 리스트에서 자주 사용할 Workbench를 선택하고 이동화살표 를 클릭하여 Favorites 리스트에 추가한다.

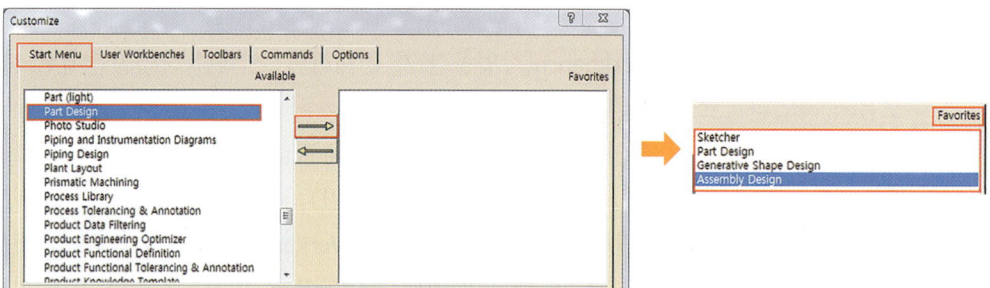

❸ Favorites 리스트에 추가한 Workbench에 단축키를 만들고자 한다면 Accelerator 입력란 아래 의 버튼을 클릭하거나 +와 문자를 조합하여 Accelerator 입력란에 기입한다.

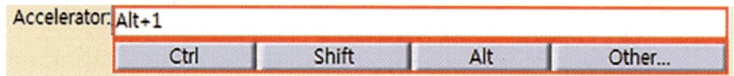

Favorites 리스트에 추가한 Workbench를 제거하고자 한다면 Favorites 리스트에서 제거하고자 하는 Workbench 선택한 후 반대 이동화살표 를 클릭한다.

2 사용자 지정한 Workbench 아이콘 목록 실행하기

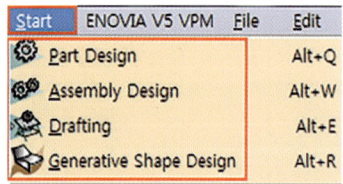

메뉴모음에서 Start를 클릭하면 Favorites 리스트에 추가한 Workbench가 메뉴 상단에 생성된 것을 확인할 수 있으며 원하는 Workbench를 선택한다.

4 메뉴모음에서 View 〉 Toolbars 〉 Workbench와 Workbenches를 체크하여 해당 도구모음이 나타나도록 한다. Workbench와 Workbenches 도구모음에 Favorites 리스트에 추가한 Workbench가 생성된 것을 확인할 수 있으며 원하는 Workbench를 선택한다.

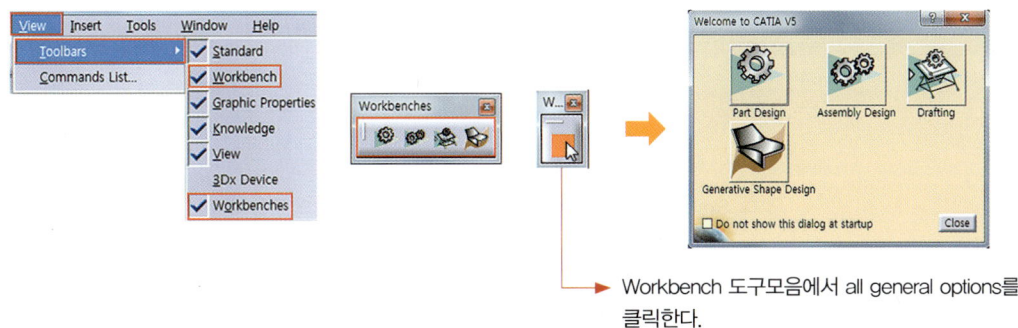

Workbench 도구모음에서 all general options를 클릭한다.

5 메뉴모음의 File 〉 New 〉 원하는 Workbench를 선택하거나 Selection 입력란에 사용하고자 하는 Workbench의 단어를 입력하면 List of Types 란에서 해당 Workbench가 선택된다.

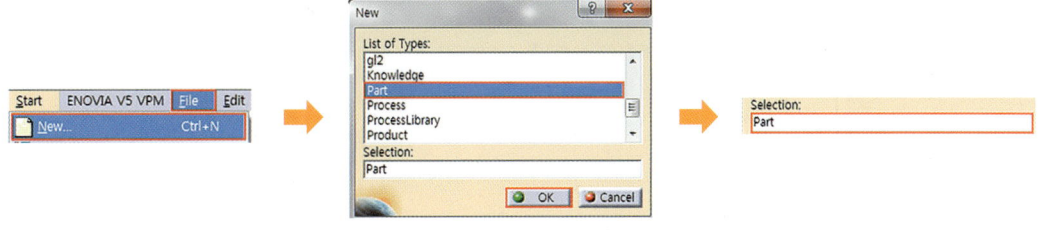

2 도구모음

1 도구모음 가져오기

❶ 메뉴모음에서 View 〉 Toolbars에서 가져오고자 하는 도구모음에 체크표시가 되도록 클릭한다.

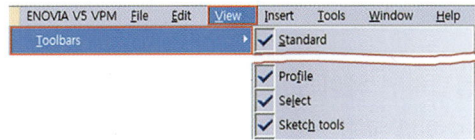

Workbench에 따라 도구모음의 구성이 달라진다. 메뉴모음에서 Insert를 클릭하면 현재 Workbench에 포함되는 도구모음을 확인할 수 있으며 도구모음의 명령어를 클릭하여 실행할 수도 있다.

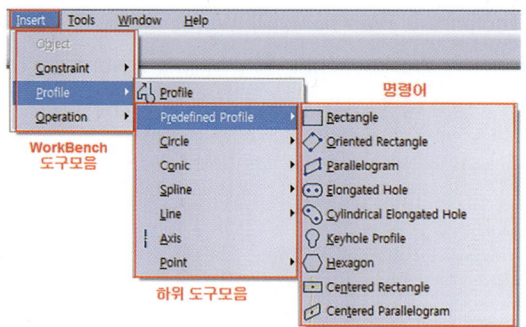

▲ Sketcher Workbench에 포함된 도구모음과 명령어의 구성 예

❷ CATIA 창틀 빈 공간에 마우스 오른쪽버튼을 클릭한다. 팝업 창이 뜨면 꺼내져 있는 도구모음이 체크되어 있다. 다른 도구모음을 꺼내고자 할 경우에는 체크하고, 꺼내져 있는 도구모음을 숨기고자 한다면 체크를 해제한다.

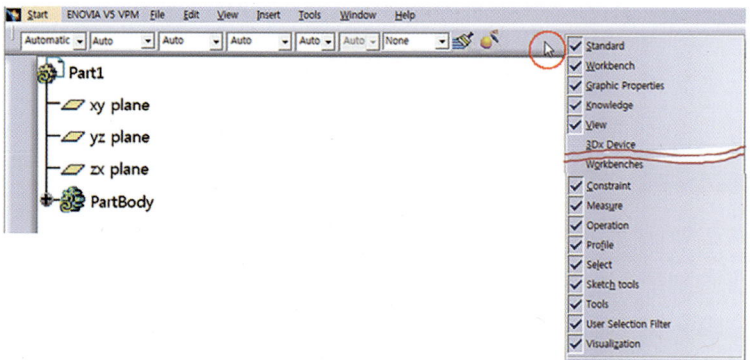

2 도구모음 배치하기

❶ 마우스를 도구모음의 구획선에 가져다 놓고 클릭 드래그하여 도구모음을 원하는 위치에 배치한다.

❷ 아이콘 옆에 있는 ▼를 클릭하면 하위 도구모음이 표시되며, 하위 도구모음을 다른 곳에 배치하고자 한다면 하위 도구모음의 구획선에 마우스를 가져다 놓고 클릭 드래그하여 원하는 위치에 가져다 놓는다.

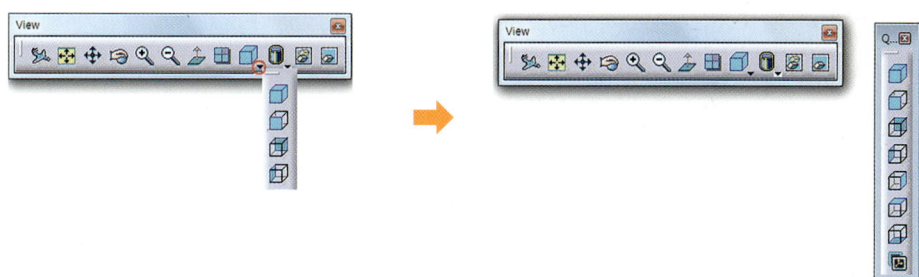

❸ 세로 방향의 도구모음을 가로 방향으로 또는 가로 방향의 도구모음을 세로 방향으로 바꾸고자 한다면 도구모음에 마우스를 가져다 놓고 Shift를 누른 채 클릭 드래그하면 방향을 바꿀 수 있다.

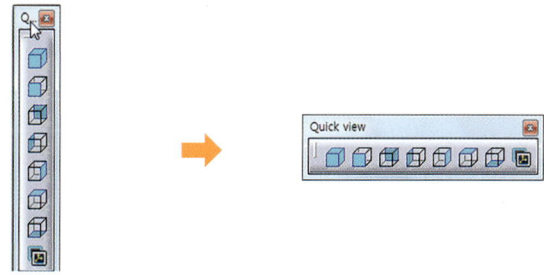

❹ 도구모음의 틀에 마우스를 가져다 놓고 더블 클릭하면 도구모음의 원래 위치로 이동한다.

❺ 도구모음을 고정하고자 한다면 메뉴모음에서 Tools > Customize의 Options 탭을 클릭하고 Lock Toolbar Position에 체크한다.

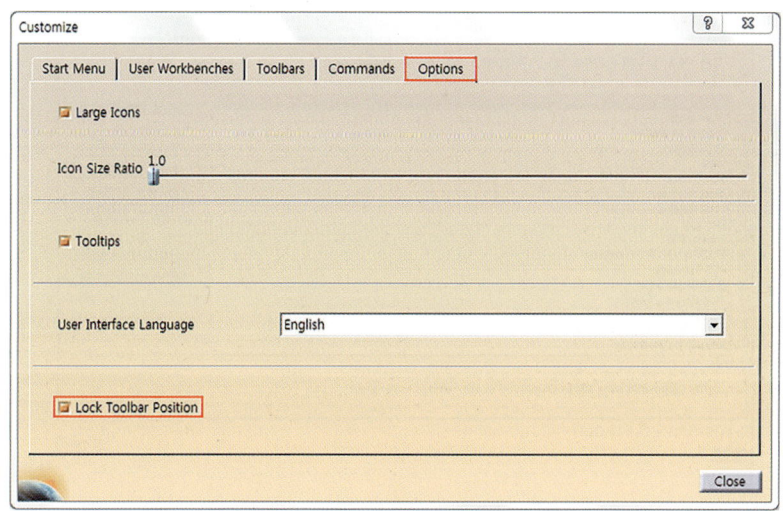

❻ 도구모음의 위치를 초기 상태로 복구하고자 한다면 Lock Toolbar Position에 체크가 해제된 상태에서 Tools 〉 Customize의 Toolbars 탭을 클릭하고 Restore position 버튼을 클릭한다.

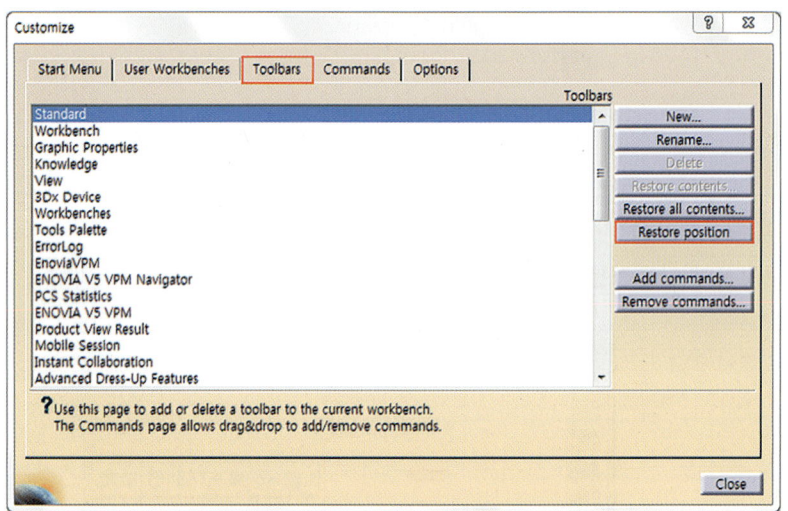

3 도구모음에 명령어 추가 및 제거

1 도구모음에 명령어 추가

❶ 메뉴모음의 Tools 〉 Customize의 Toolbars 탭을 클릭한다.
❷ Toolbars 리스트에서 명령어를 추가할 도구모음을 선택한다.
❸ Add commands... 버튼을 클릭한다.
❹ Commands list 창에서 추가할 명령어를 선택하고 OK 를 클릭하면 Toolbars 리스트에서 선택한 도구모음에 해당 명령어가 추가된다.

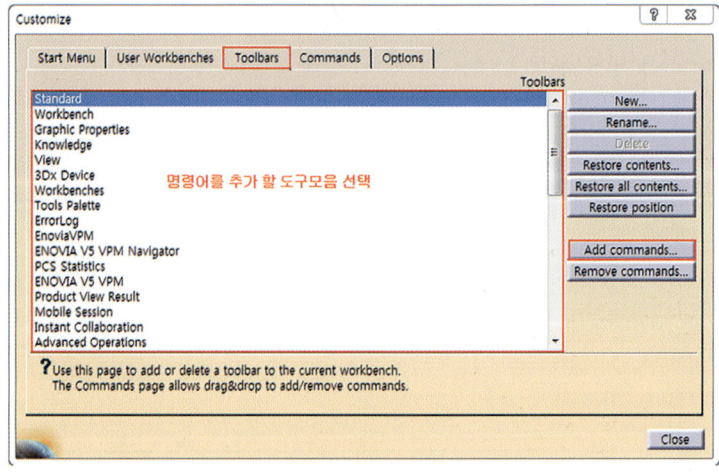

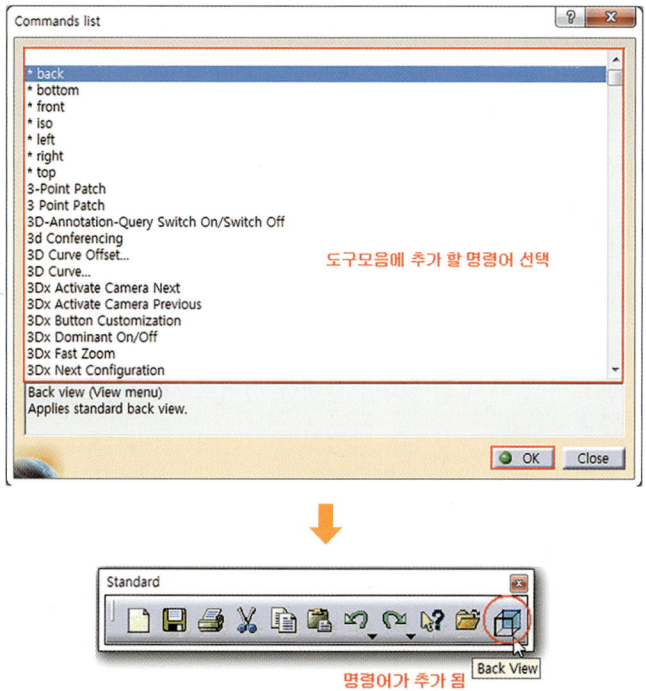

2 도구모음에서 명령어 제거

❶ 메뉴모음의 Tools 〉 Customize의 Toolbars 탭을 클릭한다.

❷ Toolbars 리스트에서 명령어를 제거할 도구모음을 선택한다.

❸ Remove commands... 버튼을 클릭한다.

❹ Commands list 창에서 제거할 명령어를 선택하고 OK 를 클릭하면 Toolbars 리스트에서 선택한 도구모음에 해당 명령어가 제거된다.

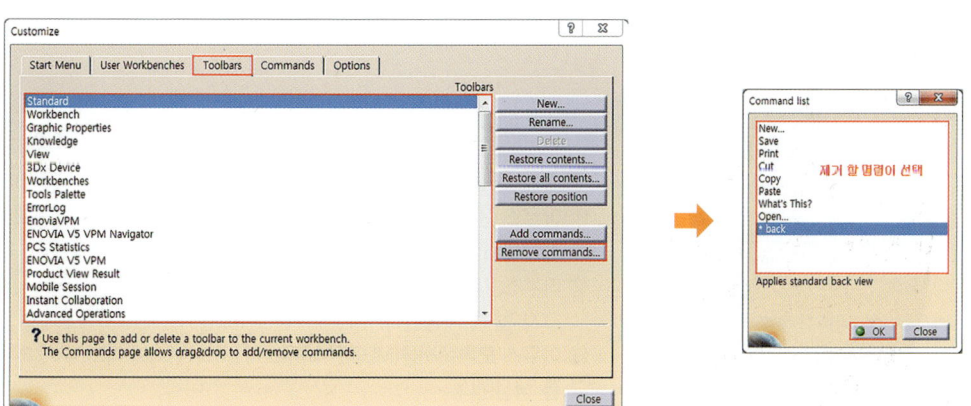

3 CATIA 사용자 인터페이스 언어 변경

❶ CATIA 프로그램을 사용하기 위한 언어를 변경하고자 한다면 메뉴모음 Toolbars 〉 Customize를 클릭한다.
❷ Customize 대화상자에서 Option 탭을 클릭한다.
❸ User Interface Language 선택 창에서 원하는 언어를 선택하고 Close 를 클릭하여 Customize 대화상자를 닫는다.
❹ CATIA 프로그램을 종료하고 다시 실행하면 선택한 언어로 사용할 수 있다.

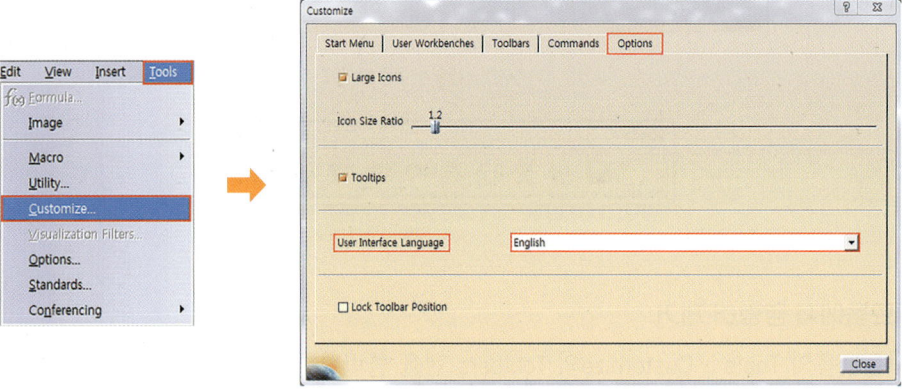

4 마우스 사용 방법

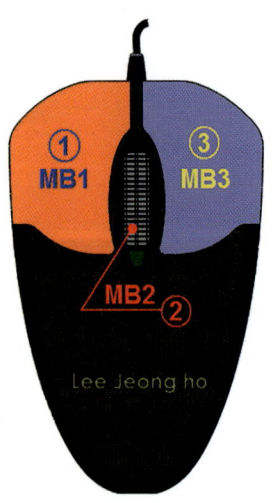

TIP

마우스 버튼의 기본 기능
① 마우스 왼쪽버튼(MB1)은 기본적으로 선택 기능을 한다. 객체를 선택하거나 명령어를 선택하여 실행한다.
② 마우스 가운데 버튼(MB2)은 그래픽 윈도우에서 형상을 이동시키고자 할 때 사용한다.
③ 마우스 오른쪽버튼(MB3)은 마우스 커서의 위치에 따라 추가 메뉴를 생성한다.

1 이동

- 마우스 가운데 버튼을 누른 상태에서 드래그한다.
- 마우스 가운데 버튼과 오른쪽버튼을 동시에 누른 상태에서 드래그한다.
- [Alt] + 마우스 오른쪽버튼 : [Alt]와 마우스 오른쪽버튼 누른 상태에서 드래그한다.
- 마우스 가운데 버튼으로 지정한 위치가 화면의 중심으로 이동한다. 예를 들어 화면의 중심으로 이동할 형상 영역의 점을 마우스 가운데 버튼으로 클릭하면 지정한 점의 위치가 화면의 중심으로 이동한다.

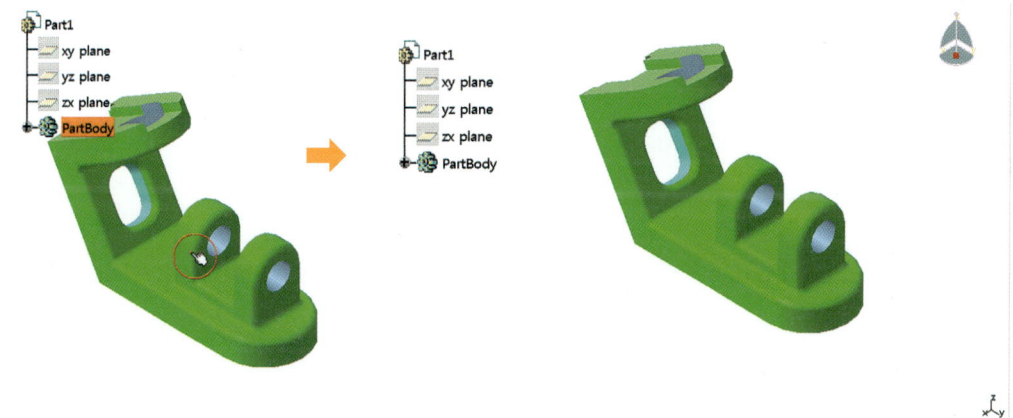

- [Ctrl] + 방향키 : [Ctrl]을 누른 상태에서 키보드의 상하좌우 키를 눌러 이동한다.

2 회전

- 마우스 가운데 버튼 + [Ctrl] : 마우스 가운데 버튼을 누른 상태에서 [Ctrl]을 누르고 마우스를 움직이면 회전한다.
- 마우스 가운데 버튼을 누른 상태에서 마우스 오른쪽버튼을 누른 채 마우스를 움직이면 회전한다.
- [Shift] + 방향키 : [Shift]를 누른 상태에서 상하좌우 방향키를 누르면 상하좌우 방향으로 10°씩 회전한다.
- [Shift] + [Ctrl] + 좌우 방향키 : [Shift]와 [Ctrl]을 누른 상태에서 좌우 방향키를 누르면 좌우 방향으로 10°씩 회전한다.
- [Alt] + 마우스 오른쪽버튼 + [Ctrl] : [Alt]를 누른 상태에서 마우스 오른쪽버튼과 [Ctrl]을 순차적으로 누른 후 마우스를 움직이면 회전한다. 마우스를 움직일 때 [Alt]에 손을 떼어도 된다.

3 확대 / 축소

- Ctrl + 마우스 가운데 버튼 : Ctrl을 누른 상태에서 마우스 가운데 버튼을 누르면서 마우스를 상하로 드래그하면 확대·축소된다.
- 마우스 가운데 버튼 + Ctrl : 마우스 가운데 버튼을 누른 상태에서 Ctrl을 클릭하고 마우스를 상하로 드래그하면 확대·축소된다.
- Ctrl + Page Up / Page Down : Ctrl을 누른 상태에서 Page Up 키나 Page Down 키를 누르면 확대·축소된다.
- 마우스 가운데 버튼을 누른 상태에서 마우스 오른쪽버튼이나 왼쪽버튼을 클릭한 후 마우스를 위·아래로 드래그하면 확대·축소된다.

5 Specification Tree

설계자의 작업내용을 확인하고 순차적으로 저장하며, 작업 수정, 작업순서 변경, 작업 추가 등을 할 수 있다.

1 Specification Tree 숨기기/ 보이기

메뉴모음의 View > Specifications에 체크/해제 또는 단축키 F3을 눌러 Specification Tree를 보이게 하거나 숨긴다.

2 Specification Tree 확대·축소하기

- 그래픽 창 우측 하단에 있는 좌표계 를 클릭한 후 Ctrl과 마우스 왼쪽버튼을 누른 채 드래그하면 Specification Tree가 확대·축소된다.
- Specification Tree의 갈림 선을 클릭한 후 확대·축소하면 Specification Tree가 확대·축소된다.

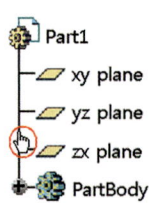

Specification Tree의 갈림 선을 클릭한 후 확대·축소가 되지 않게 설정하려면 메뉴모음의 Tools > Options을 클릭하고 ☐ Tree zoom after clicking on any branch에 체크 해제한다.

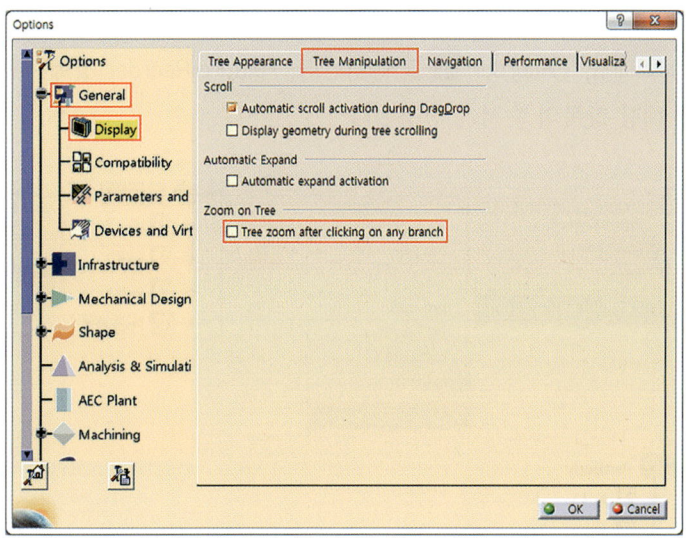

3 작업순서 변경

1 작업내용에 관련된 항목의 이름 변경

❶ 변경하려는 항목에 마우스를 대고 마우스 오른쪽버튼을 클릭한다.
❷ 콘텍스트 메뉴에서 Properties를 클릭하고 Feature Properties 탭을 클릭한다.
❸ Feature Name 란에 변경할 이름을 기입한다.

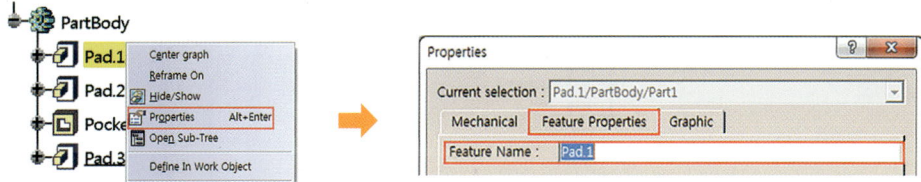

2 작업순서 변경

❶ 작업순서를 변경하고자 할 경우 변경하고자 하는 항목을 선택한 후 드래그하여 순서를 재조정한다.

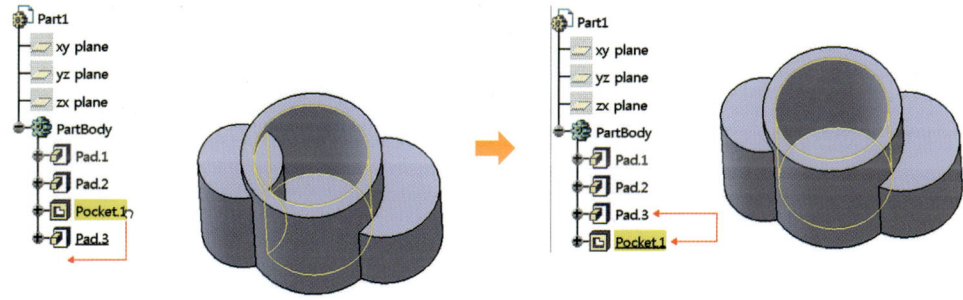

❷ 또는 작업순서를 변경하고자 하는 항목에 마우스를 가져 놓고 마우스 오른쪽버튼을 클릭한 후 콘텍스트 메뉴의 Reorder 를 클릭한다. Feature Reorder 창에서 항목과 전, 후 사이를 선택하면 해당 항목의 순서가 변경된다.

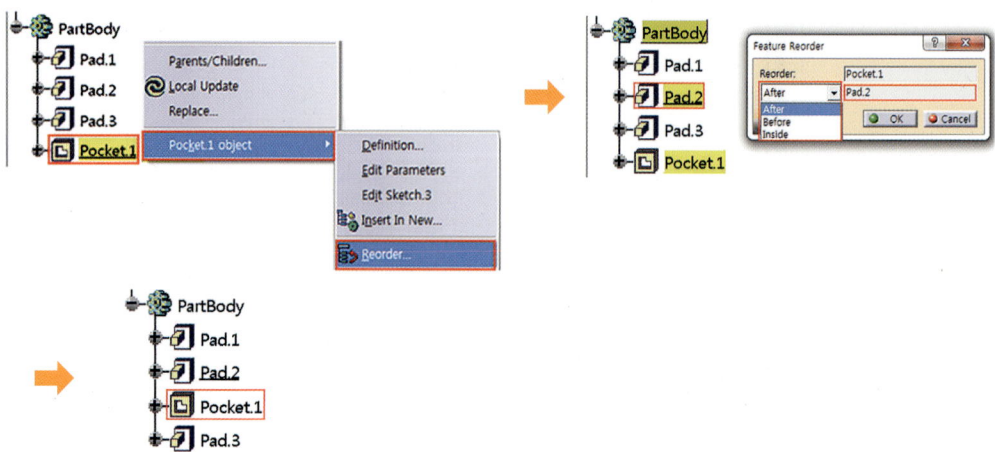

3 작업 저장위치 변경

다음 작업의 저장위치를 변경하고자 한다면 작업항목에 마우스를 가져 놓고 마우스 오른쪽버튼을 클릭한 후 Define In Work Object를 클릭한다.

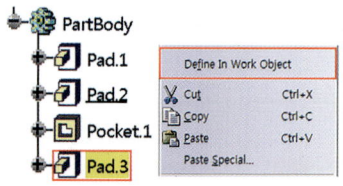

4 작업 수정

❶ 스케치나 피처 등의 작업에 관한 수정을 원할 경우, 해당 항목을 더블 클릭한다. 또는 수정할 항목에 마우스 대고 오른쪽버튼을 클릭한 후 콘텍스트 메뉴에서 Definition 또는 Edit를 클릭하여 수정한다.
❷ 수정한 내용을 바로 업데이트하고자 한다면 메뉴모음의 Tools 〉 Options을 클릭하고 Infrastructure 〉 Part Infrastructure의 General 탭에서 Update 항목의 Automatic을 체크한다.
Update 항목의 Manual이 선택된 상태에서 편집된 내용을 형상에 적용하려면 메뉴모음의 Edit 〉 Update를 클릭하거나 단축키 Ctrl + U를 누른다.

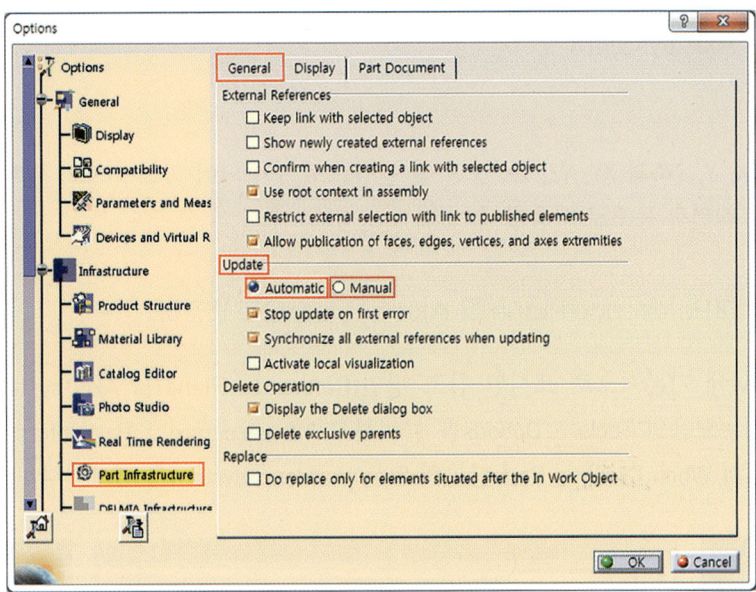

5 작업 추가

❶ 작업항목에 마우스를 가져다 놓고 마우스 오른쪽버튼을 클릭한 후 Define In Work Object를 클릭한다.

❷ 새로운 작업을 실행하면 실행된 작업은 선택한 작업항목 밑에 순차적으로 저장된다.

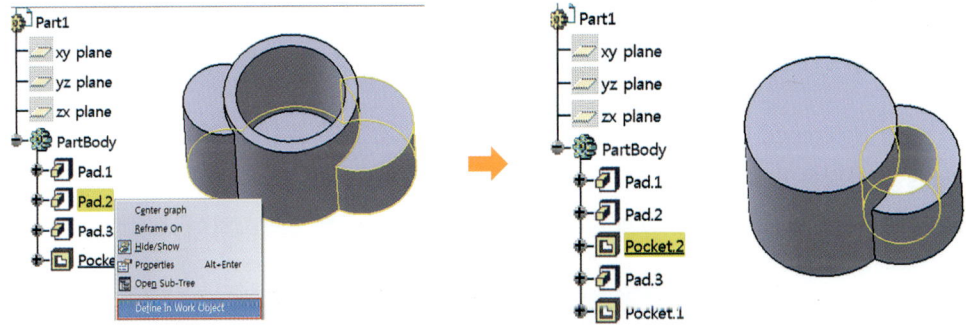

6 Axis system

Axis system은 X, Y, Z축과 XY, YZ, ZX 평면 및 원점으로 구성되어 있으며 스케치 평면, 피처 생성 방향과 회전 및 패턴축 등으로 사용할 수 있다.

1 참조 평면(Reference Plane)을 Axis system으로 변경하기

Graphic Window에 기본적으로 표시된 참조 평면(Reference Plane)을 Axis system으로 변경하고자 한다면 메뉴모음의 Tools > Options를 클릭하고 Infrastructure > Part Infrastructure의 Part Document 탭에서 When Creating Part 항목의 Create an axis system을 체크한다.

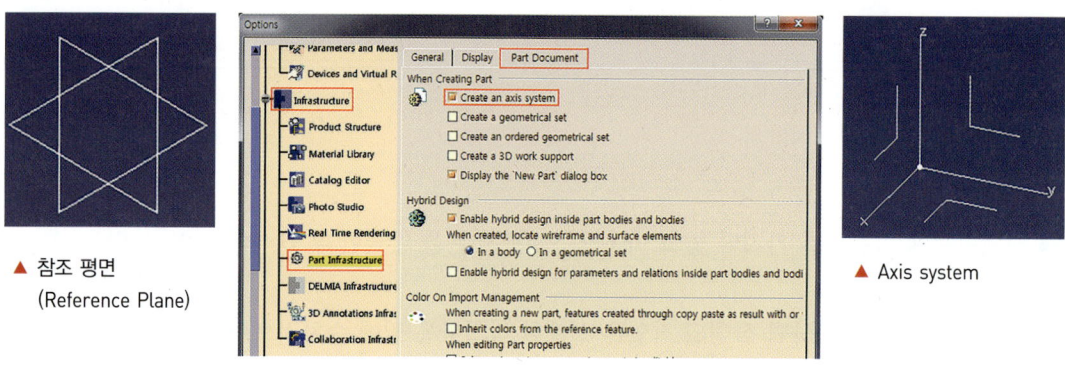

▲ 참조 평면
(Reference Plane)

▲ Axis system

2 Axis system 크기 조절

참조 평면(Reference Plane)이나 Axis system의 크기 조절을 하고자 한다면 메뉴모음의 Tools > Options를 클릭하고 Infrastructure > Part Infrastructure의 Display 탭에서 Display In Geometry Area 항목의 Axis system display size(in mm)의 스크롤 막대를 드래그하여 조절한다.

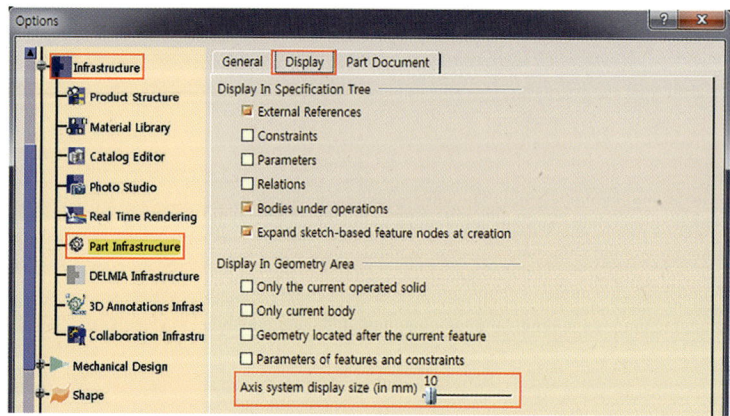

7 사용 단위계 설정

메뉴모음의 Tools 〉 Options을 클릭하고 General 〉 Parameters and Measure의 Units 탭에서 사용하고자 하는 단위계를 설정할 수 있다.

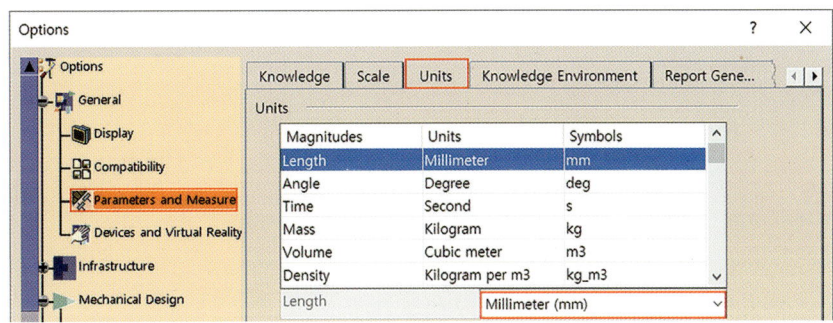

PART 02

SKETCHER

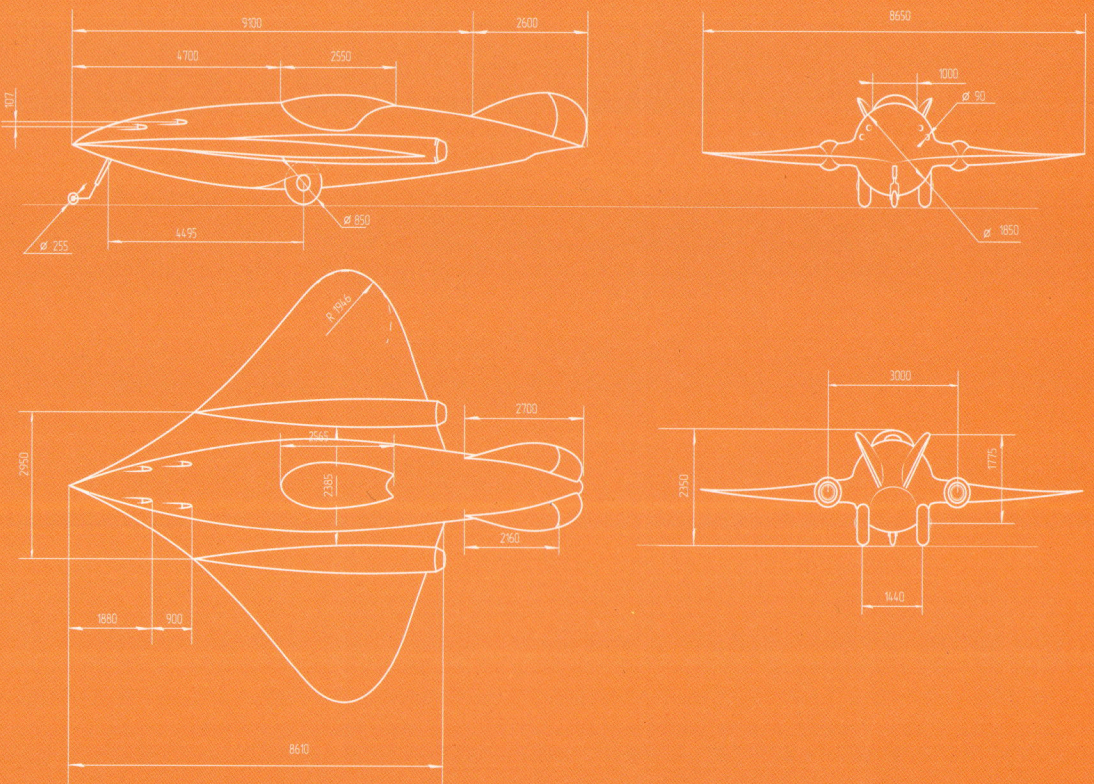

CHAPTER 01	Sketcher 시작하기
CHAPTER 02	Sketch Profile 도구모음 명령어 사용 방법
CHAPTER 03	Sketch Operation 도구모음 명령어 사용 방법
CHAPTER 04	활용 예제 1 Profile, Constraints Defined in Dialog Box, Constraint, 스케치 완전정의와 Visualization 도구모음
CHAPTER 05	활용 예제 2 Polygon, Circle, Cylindrical Elongated Hole, Line, Elongated Hole, Corner
CHAPTER 06	활용 예제 3 Bi-Tangent Line, Offset, View 도구모음, Quick Trim, Mirror, Rotate

CHAPTER 01 | Sketcher 시작하기

1 Sketcher Workbench

Sketcher Workbench는 Feature, Surface 등 3차원 형상을 만들기 위해 기반이 되는 2차원 Profile을 생성하는 작업공간이다. 곡선 및 프로파일과 같은 스케치된 요소에 대한 구속을 생성, 편집 및 설정하기 위한 일련의 기능을 제공하며 기존 부품에 2D 형상을 추가하거나 편집하는 등 3D 요소에 대한 작업을 수행할 수 있다.

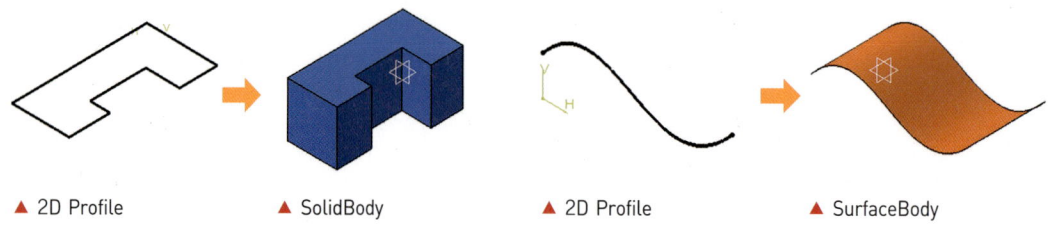

▲ 2D Profile   ▲ SolidBody   ▲ 2D Profile   ▲ SurfaceBody

2 새로운 파일을 만들고 Sketcher Workbench 들어가기

1 Start 명령을 사용하는 방법

❶ 메뉴모음에서 Start 〉 Mechanical Design 〉 Sketcher를 선택한다.
❷ New Part 대화상자에서 Part 이름을 지정하고 OK 를 클릭한다.

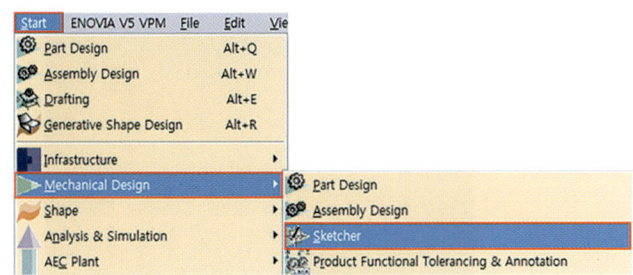 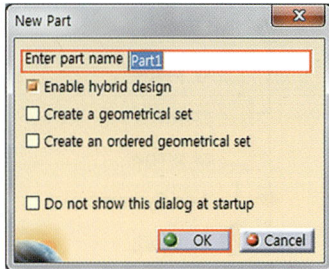

New Part 대화상자가 나타나지 않을 때
메뉴모음의 Tools 〉 Options를 클릭하고 Infrastructure 〉 Part Infrastructure의 Part Document 탭에서 When creating part 항목의 Display the 'New Part' dialog box에 체크한다.

TIP

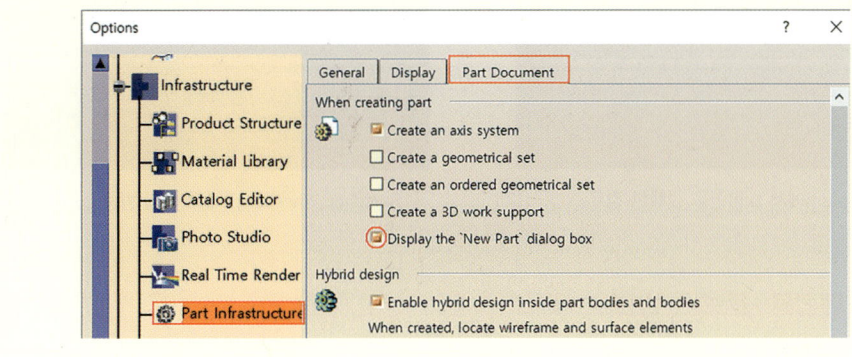

❸ Specification Tree에서 2D Profile을 생성할 좌표 평면을 선택하거나 Axis System에서 좌표 평면을 선택하여 Sketcher Workbench로 들어간다.

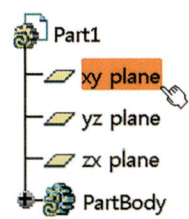 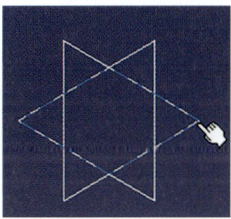

Specification Tree에서는 어떤 좌표 평면을 선택해도 Sketcher Workbench에서는 축의 방향이 바뀌지 않지만 Axis System에서 zx평면을 선택한 경우 Sketcher Workbench에서 축의 방향이 바뀐다. 따라서 Specification Tree에서 좌표 평면을 선택하여 Sketcher Workbench로 들어가는 것을 권장한다.

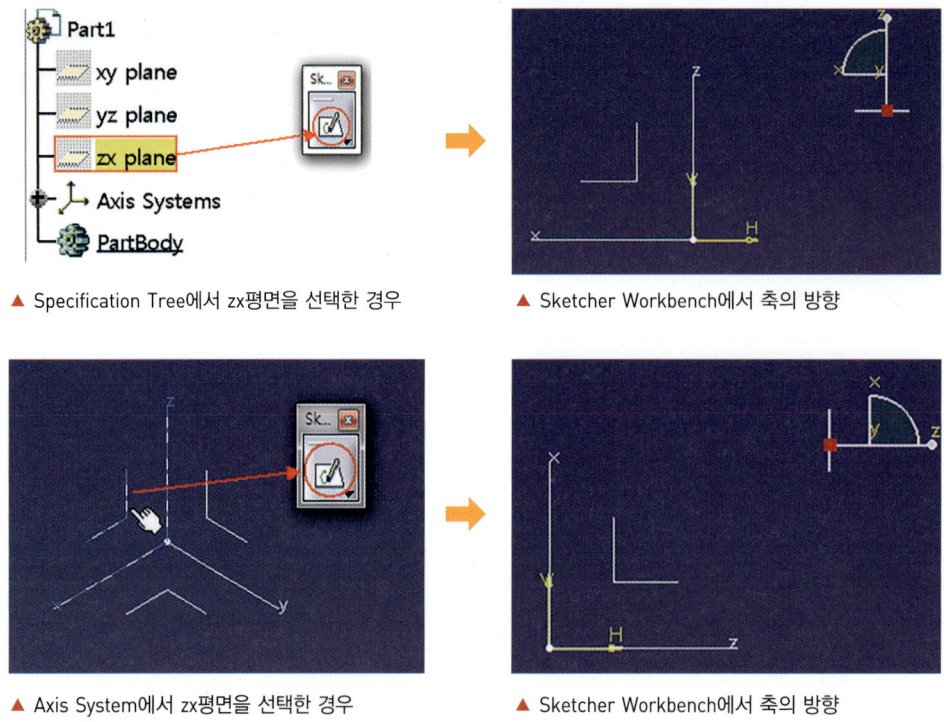

▲ Specification Tree에서 zx평면을 선택한 경우   ▲ Sketcher Workbench에서 축의 방향

▲ Axis System에서 zx평면을 선택한 경우   ▲ Sketcher Workbench에서 축의 방향

2 New 명령을 사용하는 방법

❶ 메뉴모음에서 File 〉 New를 선택한다.
❷ New 대화상자의 List of Types 란에서 Part를 선택하고  를 클릭한다.

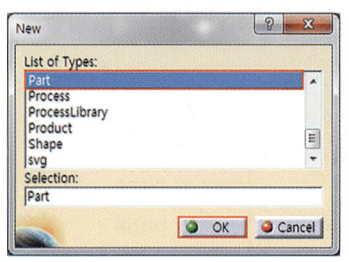

❸ New Part 대화상자에서 Part 이름을 지정하고  를 클릭한다.
❹ Sketcher 도구모음의 Sketch 나 Positioned Sketch 명령어를 클릭하고 좌표 평면을 선택하여 Sketcher Workbench로 들어간다. Sketch 명령어를 사용할 경우 선택한 면에서 정해진 규칙에 의해 원점과 좌표축 방향이 자동으로 결정되지만 Positioned Sketch 명령어를 사용할 경우 사용자가 좌표축과 원점을 결정할 수 있다.

3 Sketcher Workbench 도구모음

1 Profile 도구모음

선, 원, 사각형, 타원 등 미리 정의된 프로파일을 그리는 명령어가 포함되어 있다. 관련된 명령어는 하위 도구모음으로 구성되어 있다.

도구모음 안에 ▼을 클릭하면 Sub-toolbar(하위 도구모음)가 열리며 Shift를 누른 채 도구모음을 드래그하면 도구모음을 가로 또는 세로 방향으로 변경할 수 있다.

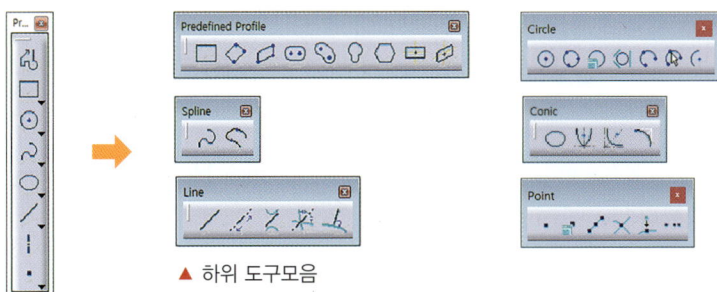

▲ 하위 도구모음

2 Constraints 도구모음

하나 또는 그 이상의 요소 사이에서 기하학적 구속조건이나 치수 구속을 부여하는 명령어가 포함되어 있다.

▲ 하위 도구모음

3 Operation 도구모음

필렛, 모따기, Trim, Mirror 등 생성된 Profile을 편집하는 명령어가 포함되어 있다.

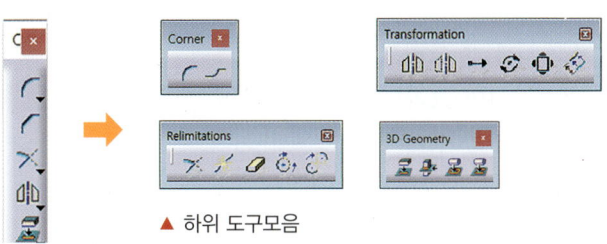

▲ 하위 도구모음

4 Sketch Tools 도구모음

Grid, Snap to point, 구성/표준 요소 만들기, 치수 구속조건, 기하학적 구속조건 생성의 기본 기능 이외에 명령어에 따른 보조적인 기능을 생성하여 스케치하는 데 편의를 제공한다.

1 Grid

Visualization 도구모음의 Grid 를 클릭하면 스케치 화면에 격자 선이 나타난다.

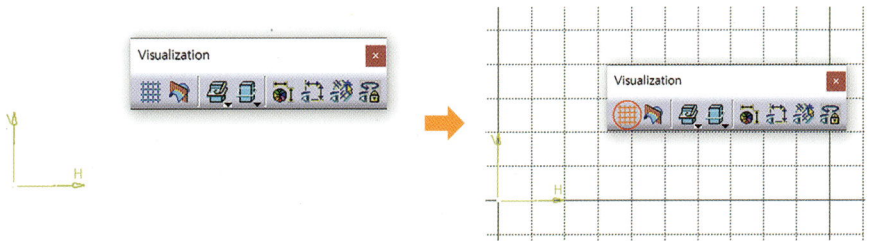

그리드 간격 및 눈금을 수정하고자 한다면 Tools 〉 Options〉 Mechanical Design〉 Sketcher 아래 Grid 옵션을 변경한다.

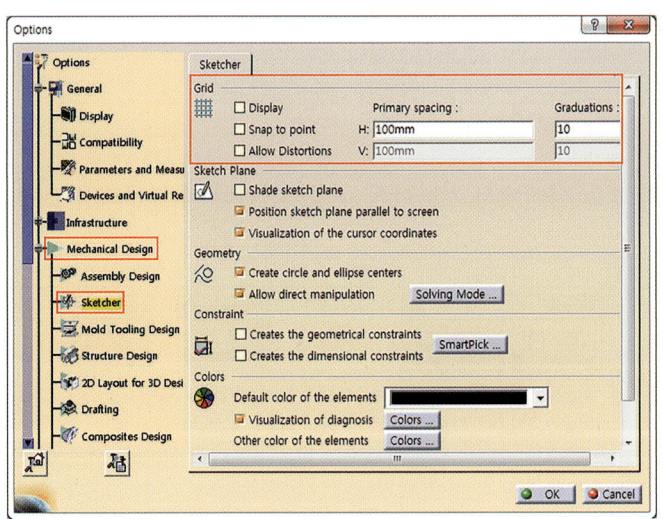

❶ Display : 체크하면 그리드가 화면에 표시된다.
❷ Snap to point : 스케치할 때 그리드의 교차점에 스냅된다.
❸ Allow Distortions: 선택하면 그리드 간격과 눈금이 수평 및 수직으로 동일하고 선택하지 않으면 다른 간격을 부여할 수 있다.

2 Snap to point ▦

Snap to point ▦를 클릭하면 스케치하는 동안 그리드의 교차점에 스냅되며 그리드 교차점에서 스케치를 시작하거나 끝낼 수 있다.

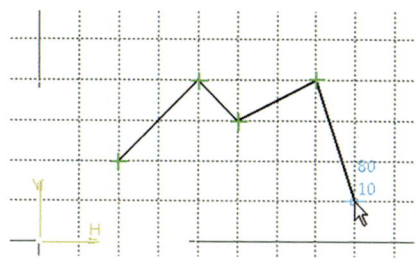

3 Creating Construction/Standard Elements

표준요소와 구성요소의 두 가지 유형의 요소를 작성할 수 있다. 구성요소는 피처를 생성할 때 고려되지 않으므로 Sketcher 외부에는 나타나지 않으며, 프로파일을 스케치하는 데 도움을 주고자 할 때 사용한다.

❶ Creating Construction/Standard Elements 를 클릭한 후 프로파일을 작성하면 구성요소로 작성되며 비활성화 상태에서는 표준요소로 작성된다.

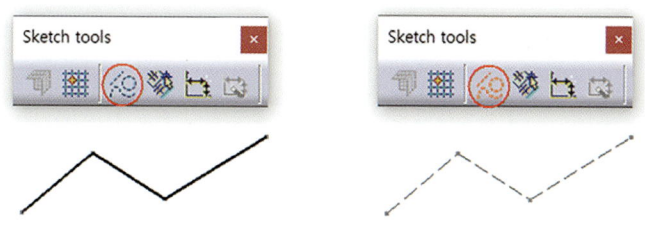

❷ 표준요소를 하나 또는 그 이상 선택한 후 를 클릭하면 구성요소로 변환되고 구성요소를 하나 또는 그 이상을 선택한 후 를 클릭하면 표준요소로 변환된다.

4 Geometrical Constraint

Geometrical Constraint 를 활성화한 상태에서 프로파일을 작성하는 경우 하나 이상의 형상 요소 간에 기하학적 구속조건이 자동으로 생성된다. 일반적으로는 선택된 상태에서 프로파일을 작성하지만, 기하학적 구속조건을 무시하면서 그리고자 할 때는 선택을 해제한다.

5 Dimensional Constraint

Dimensional Constraint 를 활성화한 상태에서 Sketch Tools 도구모음의 필드 값으로 프로파일을 작성하는 경우 해당 값에 의한 치수 구속이 생성된다.

❶ 선 명령어를 클릭한다.
❷ Sketch Tools 도구모음이 확장되며 Start Point 좌푯값을 입력한다.

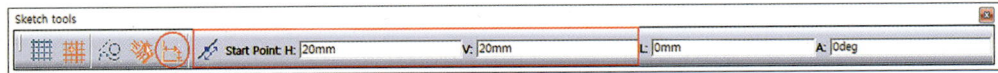

❸ End Point 좌푯값을 입력한다.

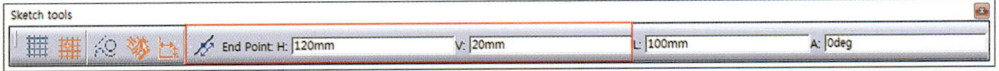

❹ 입력한 필드 값에 의해 치수 구속이 생성된다.

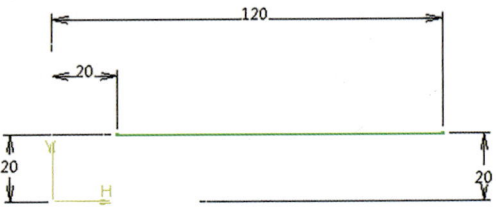

6 Automatic Dimensional Constraints

Dimensional Constraint 를 활성화한 상태에서 Automatic Dimensional Constraints 을 선택하여 활성화할 수 있으며 프로파일을 그리면서 치수를 자동으로 생성한다.

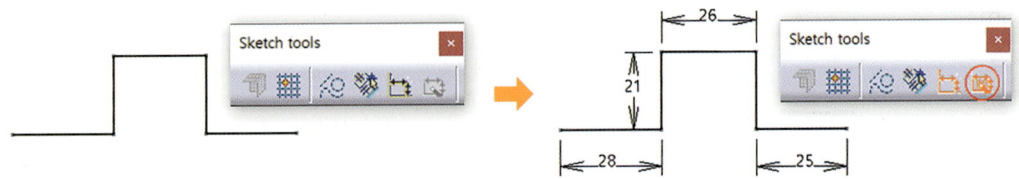

4 지오메트리 영역에서 요소 선택 및 이동

1 단일요소 선택 및 취소

마우스 왼쪽버튼으로 선택하고자 하는 요소를 선택한다. 취소하고자 할 때는 Ctrl을 누른 채 선택된 요소를 다시 선택한다.

2 다중요소 선택

①마우스 왼쪽버튼으로 하나의 요소를 선택하고 Ctrl을 누른 채 선택하고자 하는 다른 요소를 선택하거나 ②마우스 왼쪽버튼을 클릭 드래그하여 실선 박스를 만들고 마우스를 놓는다. 박스 안에 완전히 포함된 요소가 선택된다.

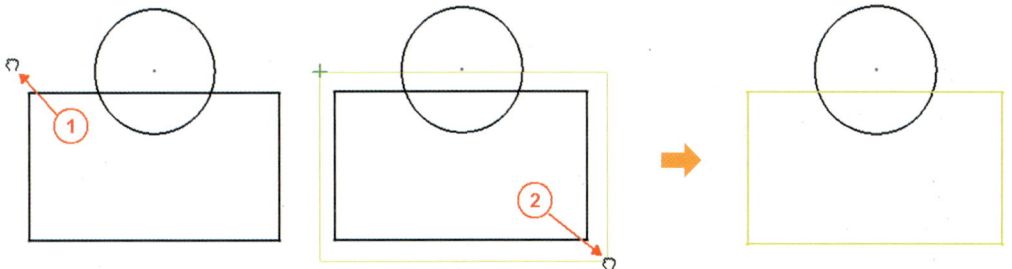

3 선택요소 이동

❶ 마우스 왼쪽버튼으로 단일요소를 클릭 드래그하여 선택한 요소를 이동한다.
❷ 다중요소를 선택하고 마우스 왼쪽버튼으로 하나의 요소를 클릭 드래그하여 다중요소를 이동한다.

5 SmartPick

SmartPick 은 스케치 요소를 생성하기 위한 대부분의 명령을 사용할 때 위치지정을 쉽게 할 수 있도록 도움을 주는 위치지정 도구이다. 다음 그림과 같이 선의 끝점에서 시작하여 원의 탄젠트한 점까지 연결하는 선을 만들고자 할 때 SmartPick을 사용하면 정확한 위치에 점을 지정할 수 있다.

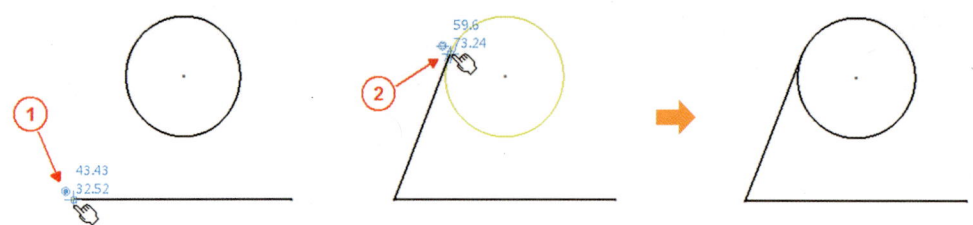

1 콘텍스트 메뉴에서 선의 중간점을 지정하고 원의 중심점을 지정하여 선 그리기

1 선명령어를 실행한 후 중간점을 지정할 선에 마우스를 가져다 놓는다.

2 마우스 오른쪽버튼을 클릭하여 콘텍스트 메뉴에서 Midpoint를 선택하면 선의 중간점에 그리고자 하는 선의 끝점이 놓인다.

3 마우스를 원의 원주에 가져다 놓고 오른쪽버튼을 클릭하여 콘텍스트 메뉴에서 Concentric을 선택하면 원의 중심점에 그리고자 하는 선의 끝점이 일치하게 된다.

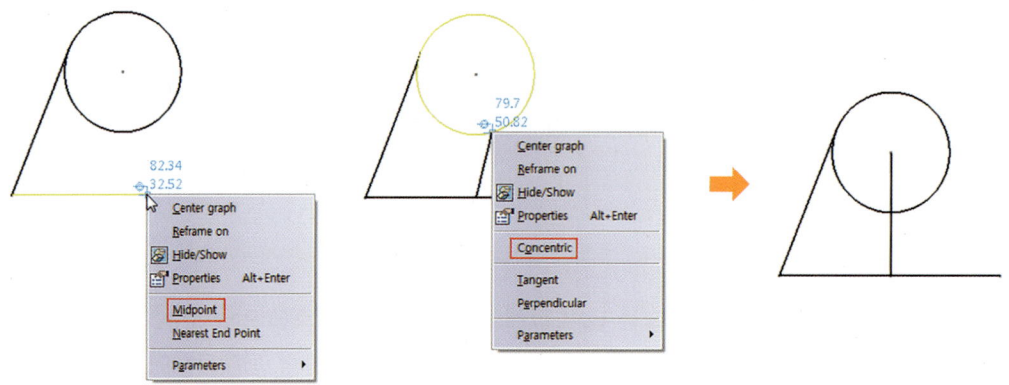

2 SmartPick 설정

❶ SmartPick이 선과 점 간의 일치를 감지하면 ⊖ 기호가 형상에 시각화되고, Smartpick이 두 점 간의 일치를 감지하면 ⊙ 기호가 형상에 시각화되며, 지정된 요소를 만들 수 없는 영역 외부에 커서를 배치하면 ⊖ 기호가 나타난다.

❷ SmartPick 감지조건 설정은 Tools 〉 Options 〉 Mechanical Design 〉 Sketcher 〉 SmartPick을 클릭하여 설정한다.

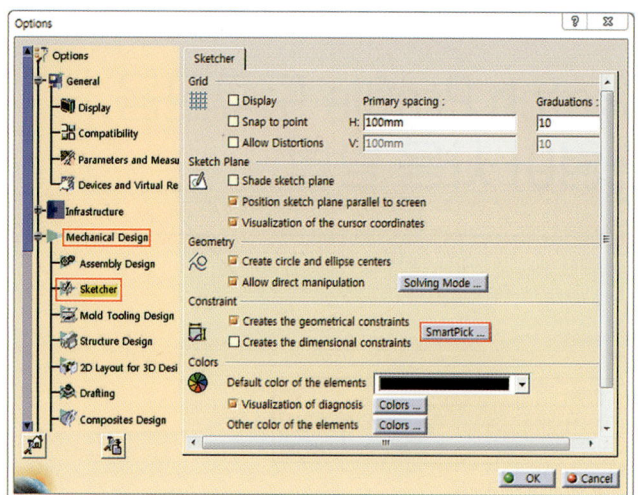
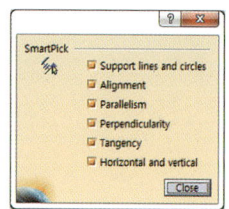

❸ SmartPick에 나타나는 좌표계를 숨기고자 한다면 Visualization of the cursor coordinates 옵션을 체크 해제한다.

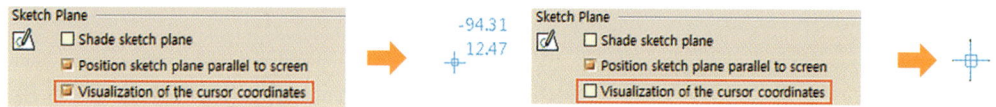

❹ 기하학적 스냅이 활성화된 상태에서 Ctrl을 계속 누르고 있으면 현재 스냅이 강제 적용되어 커서 위치에 관계없이 SmartPick이 요소에 스냅된 상태로 유지된다. 또한 Shift를 눌러 SmartPick을 비활성화할 수 있다.

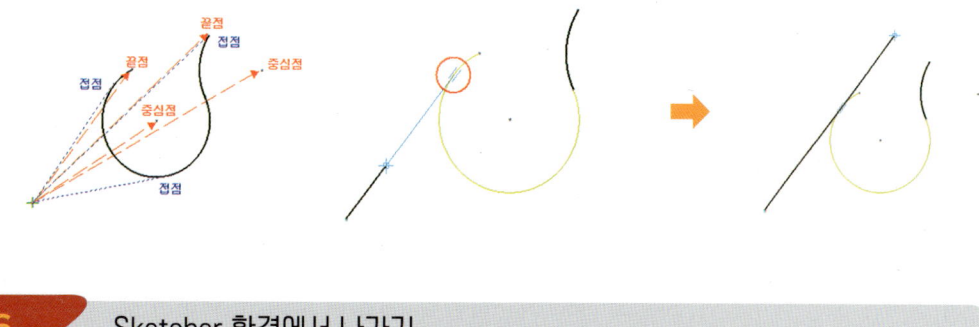

6 Sketcher 환경에서 나가기

Sketch 작업이 완료된 후 3D 공간으로 복귀할 시에 Workbench 도구모음에서 Exit Workbench를 클릭한다.

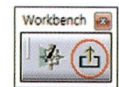

CHAPTER 02 | Sketch Profile 도구모음 명령어 사용 방법

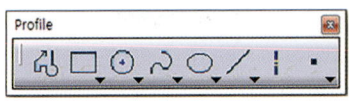

▲ Profile 도구모음

1 Profile 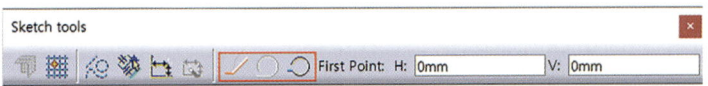의 세 가지 모드

연속적인 선 또는 선과 호로 구성되는 프로파일을 생성한다. Profile 명령어를 클릭하면 Sketch tools 도구모음에는 프로파일을 정의하기 위한 옵션이 표시된다.

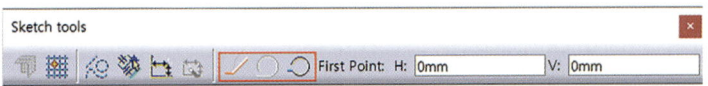

1 Line

기본 모드이며 마우스 왼쪽버튼을 클릭하여 점을 계속 지정하면 연속적인 선이 그려진다. 폐곡선 영역을 그리면 Profile 명령은 자동 종료된다.

2 Tangent Arc

선과 접하는 호를 작성한다. Sketch tools 도구모음의 Tangent Arc를 선택하지 않고도 마지막으로 지정한 점에 커서를 가져다 놓고 ⊖ 기호가 나타나면 마우스 왼쪽버튼을 누른 상태에서 커서를 이동한 다음 마우스 왼쪽버튼을 놓으면 Line 모드에서 Tangent Arc 모드로 전환할 수 있다.

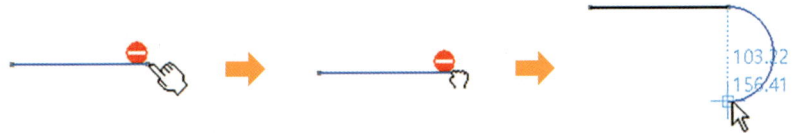

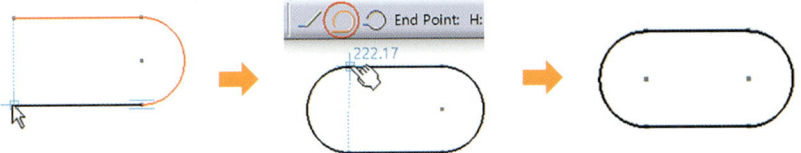

3 Three Points Arc

선의 끝점으로부터 두 번째 점과 세 번째 점을 지정하여 세 점을 통과하는 호를 작성한다.

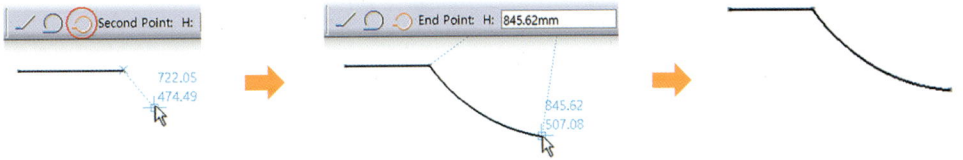

2 Predefined Profile 하위 도구모음

▲ Predefined Profile 하위 도구모음

1 Rectangle

첫 번째 구석점으로부터 대각선 방향의 다른 구석점을 지정하여 직사각형의 길이와 폭을 표현한다.

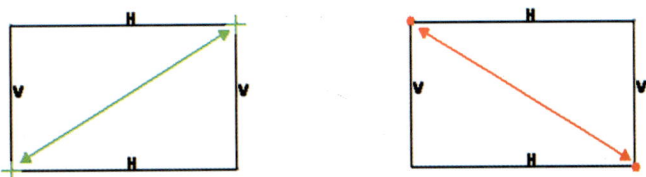

2 Oriented Rectangle

직사각형의 세 끝점을 지정하여 선택한 방향으로 직사각형을 생성한다.

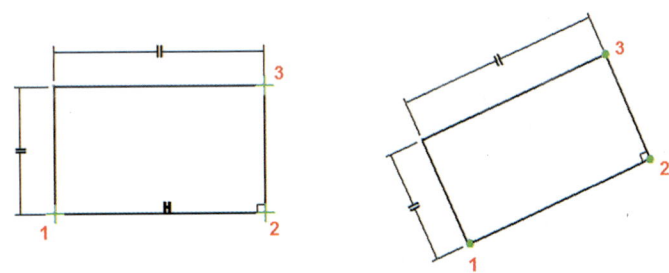

3 Parallelogram

세 점을 지정하여 평행사변형을 생성한다.

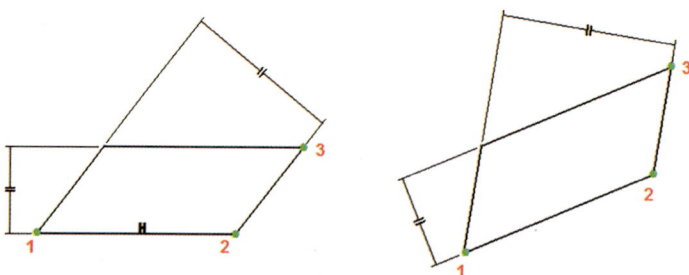

4 Elongated Hole

길쭉한 홀의 중심에 해당되는 두 점과 반경을 지정하여 긴 홀을 생성한다.

5 Cylindrical Elongated Hole

홀의 중심선인 호의 중심점과 시작점, 끝점을 지정하고 반경 값을 지정하여 원통형의 길쭉한 홀을 생성한다.

6 Keyhole Profile

큰 원의 중심점과 작은 원의 중심점을 지정하고 작은 반경과 큰 반경을 지정하여 키 홀을 생성한다.

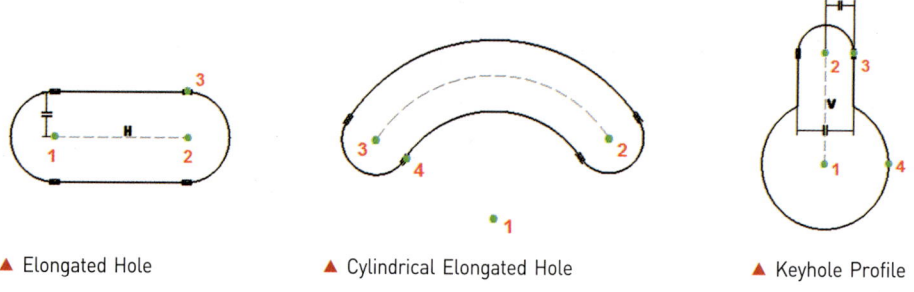

▲ Elongated Hole   ▲ Cylindrical Elongated Hole   ▲ Keyhole Profile

7 Polygon

내접, 외접원의 중심점과 반경 및 각도 값을 지정하고 다각형의 변의 수를 입력하여 다각형을 생성한다.

❶ 다각형의 중심점을 지정한다.
❷ Sketch tools 도구모음 As default number of sides를 활성화 하면 기본값인 정육각형이 작성되며 비활성화 하면 Number of sides 입력란에 변의 수를 기입하여 3~24개의 변의 수를 갖는 다각형을 작성할 수 있다. 여기서는 비활성화하는 것으로 한다.
❸ 내접, 외접원의 반경에 해당되는 점을 지정한다.
❹ Number of sides 입력란 변의 수를 입력하거나 마우스를 시계 방향과 반시계 방향으로 움직여 각각 숫자를 늘리거나 줄임으로써 직접 변경할 수 있다.
❺ 마우스 왼쪽버튼을 빈 공간에 클릭하여 다각형을 작성한다.

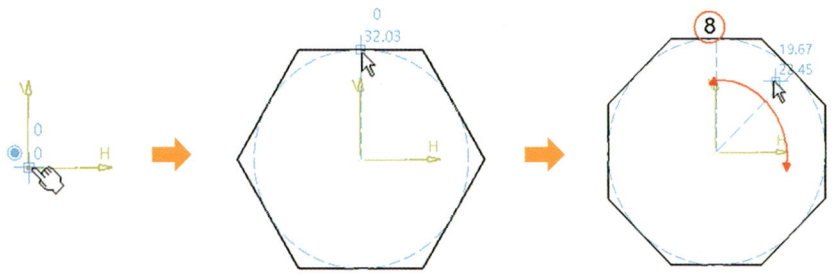

8 Centered Rectangle

사각형의 중심점을 지정하고 대각선 코너점을 지정하여 중심 사각형을 생성한다.

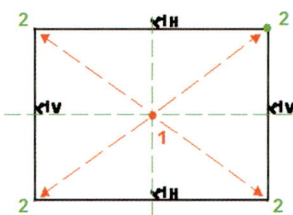

9 Centered Parallelogram

첫 번째 선(또는 축)과 두 번째 선(또는 축)을 선택하고 평행사변형의 크기 값을 지정하면 선택한 두 선과 평행하고 두 선의 교차점을 중심으로 하는 평행사변형이 생성된다.

❶ Centered Parallelogram 명령어를 클릭하여 실행한다.
❷ 첫 번째 선(또는 축)을 선택한다.
❸ 두 번째 선(또는 축)을 선택한다.
❹ 커서를 이동하여 사각형 크기를 지정하면 선택한 두 선의 교차점을 중심으로 하는 중심 평행사변형이 생성된다. 이때 평형사변형의 모서리는 선택한 선과 평행한다.

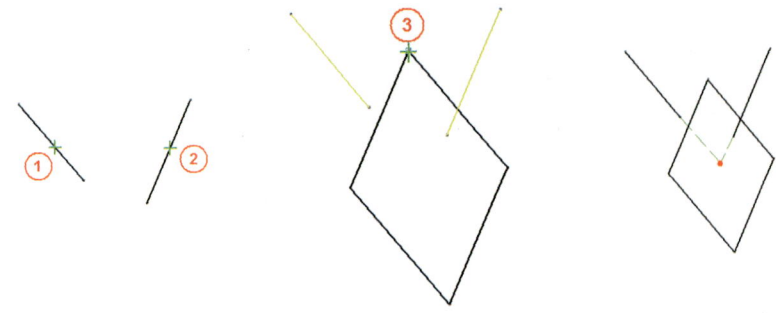

3 Circle 하위 도구모음

▲ Circle 하위 도구모음

1 Circle

원의 중심점과 원의 중심점으로부터 원주상의 반지름에 해당되는 점을 지정하여 원을 생성한다. 점 지정방법은 Sketch Tools 도구모음의 필드값 란에 좌푯값을 입력하거나 마우스 왼쪽버튼을 사용한다.

1 원의 중심점은 기본적으로 생성되나 Tools 〉 Options 〉 Mechanical Design 〉 Sketcher 옵션에서 Create circle and ellipse centers에 체크를 해제하면 중심점은 생성되지 않는다.

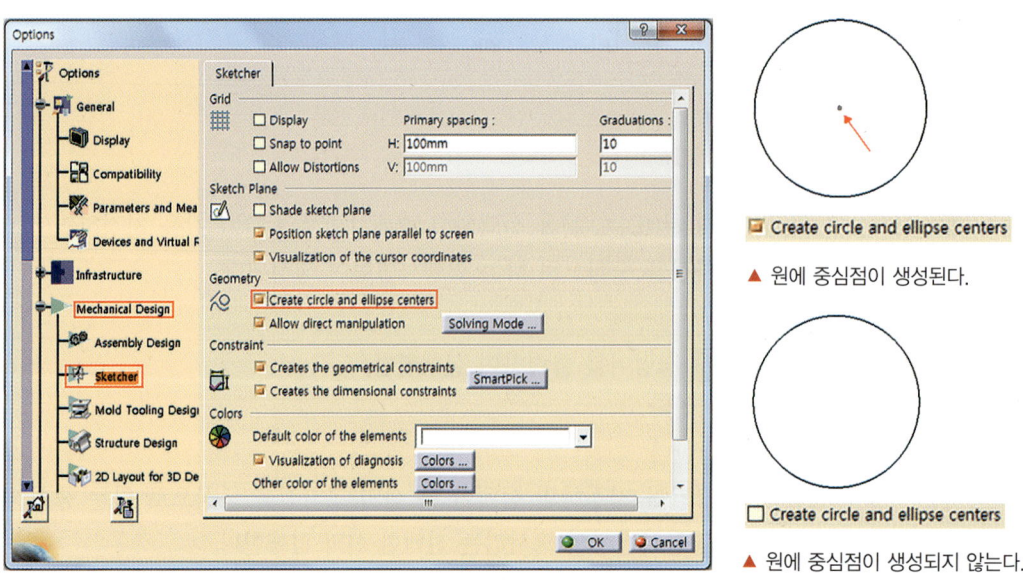

2 원 반경 매개변수 복사

이미 그려진 원과 반경이 같은 원을 생성한다.

❶ Circle ⊙ 명령어를 클릭하여 실행한다.
❷ 이미 그려진 원을 선택한 후 마우스 오른쪽버튼을 클릭하고 콘텍스트 메뉴에서 Parameter 〉 Copy Radius를 선택한다.

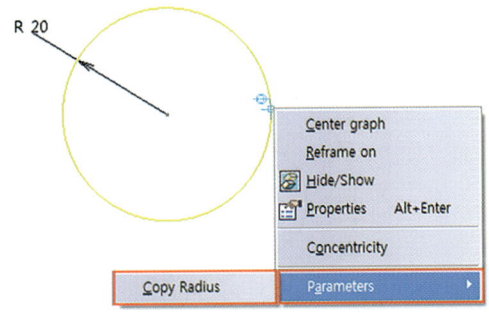

Sketch Tools 도구모음을 보면 그려진 원의 반지름과 같은 원이 생성되는 것을 알 수 있다.

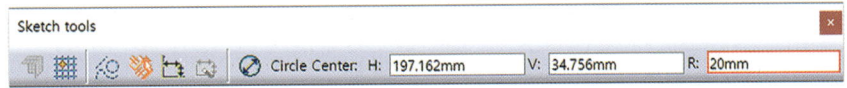

❸ 원의 중심점을 지정하여 그려진 원과 반경이 같은 원을 생성한다.

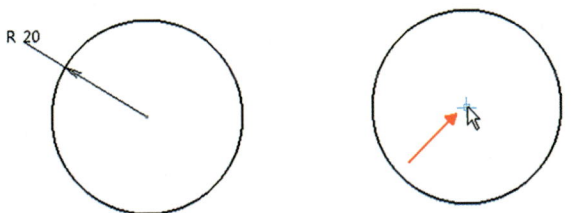

3 원의 크기 변경

1 치수값이 표현되지 않은 상태에서 크기 변경

- 원의 치수를 정하지 않은 상태일 때는 원을 두 번 클릭하면 나타나는 Circle Definition 대화상자에서 반지름 값을 수정한다.

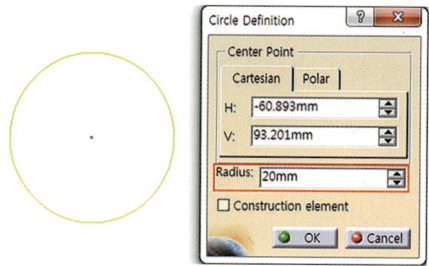

- 원하는 반지름 크기에 만족할 때까지 원주를 마우스 왼쪽버튼으로 선택한 채 드래그한다.

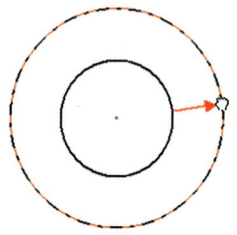

2 치수가 기입된 상태에서 크기 변경

치수를 두 번 클릭하면 나타나는 Constraint Definition 대화상자에서 Radius(반지름) 또는 Diameter(지름)를 선택하여 치수표현을 수정한다.

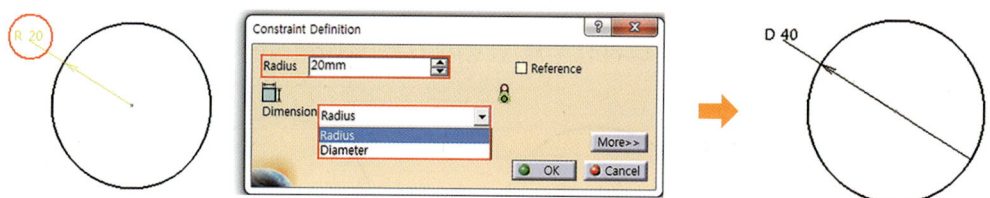

2 Three Point Circle

원주상의 세 점을 지정하여 원을 작성한다. 지정한 세 점에 의해 원의 중심의 위치와 크기가 정의된다.

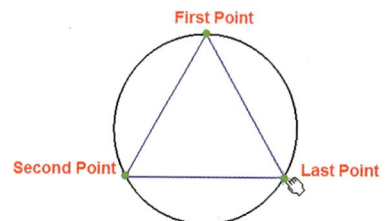

3 Circle Using Coordinates

❶ Circle Using Coordinates 명령어를 클릭하여 실행한다.
❷ Circle Definition 대화상자에서 직교좌표 또는 극좌표를 사용하여 원의 중심점을 지정하고 반지름 값을 입력하여 원을 생성한다. Circle Definition 대화상자에서 값을 입력하기 전 기존 점을 선택하면 선택한 점이 원점이 되어 상대 좌표, 상대 극좌표 값이 설정된다.

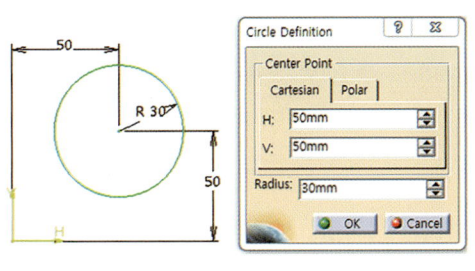
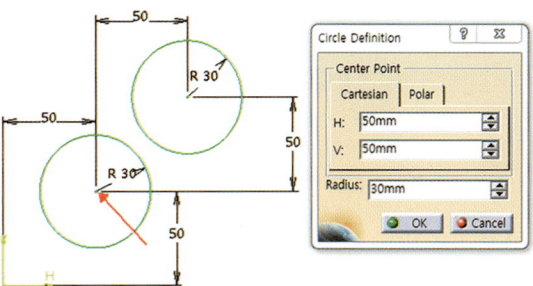

▲ 기존 점을 선택한 후 좌푯값을 입력하였을 때

4 Tri-tangent circle

세 개의 객체에 접하는 원을 작성한다. 원주상의 세 점을 세 개의 객체의 접점으로 하여 원의 중심 위치와 크기가 정의되며 그려진다. 이때 세 개의 객체 선택위치에 따라 접하는 원의 생성위치가 달라질 수 있다.

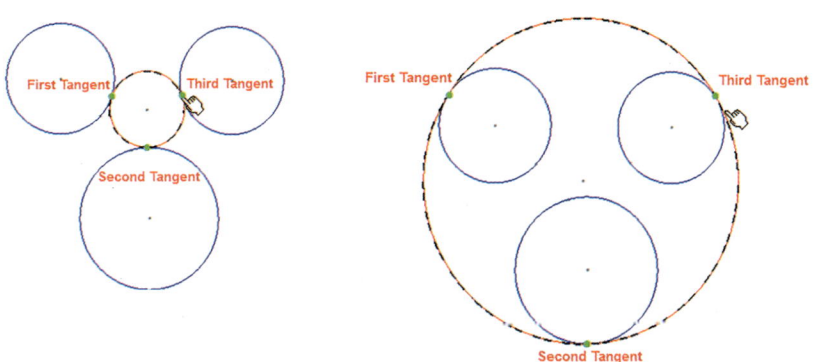

5 Three Point Arc

시작점, 두 번째점, 끝점을 지정하여 세 점을 통과하는 호를 생성한다.

6 Three Point Arc Starting with Limits

시작점, 끝점, 두 번째점을 지정하여 세 점을 통과하는 호를 생성한다.

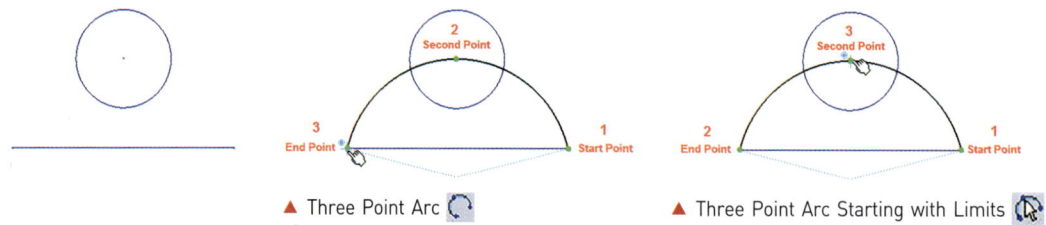

▲ Three Point Arc   ▲ Three Point Arc Starting with Limits

7 Arc

중심점, 시작점, 끝점을 지정하여 호를 생성하거나 중심점, 시작점, 시작점으로부터의 각도값에 의한 끝점을 지정하여 호를 생성한다.

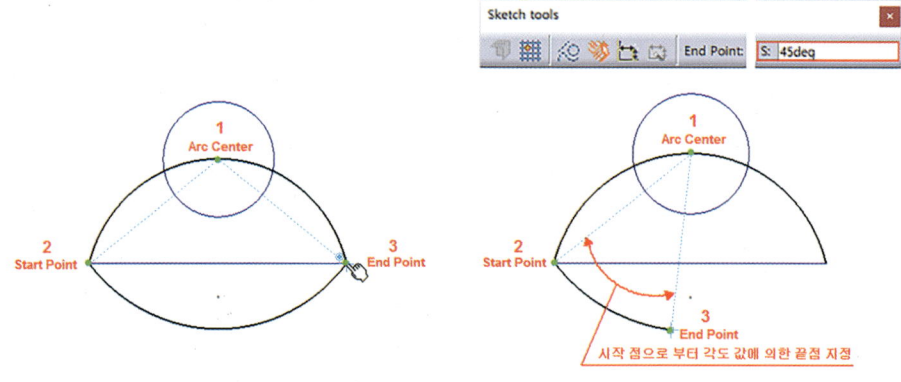

4 Spline 하위 도구모음

▲ Spline 하위 도구모음

1 Spline

지정된 점들을 통과하거나 그 근처를 지나는 부드러운 곡선을 만든다.

❶ Spline 명령어를 클릭한다.

❷ 스플라인이 통과할 점을 클릭한다.

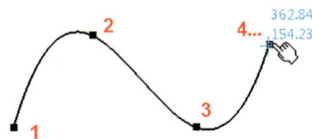

❸ 마지막으로 지정한 점을 더블 클릭하여 스플라인을 생성한다. 스플라인 명령어를 다시 클릭하거나 다른 명령어를 클릭해도 스플라인 생성이 종료된다.

TIP

닫힌 스플라인 만들기
스플라인 명령 상태에서 마지막 점을 지정한 후 마우스 오른쪽버튼을 클릭하고 Close spline을 선택하여 닫힌 스플라인을 생성한다.

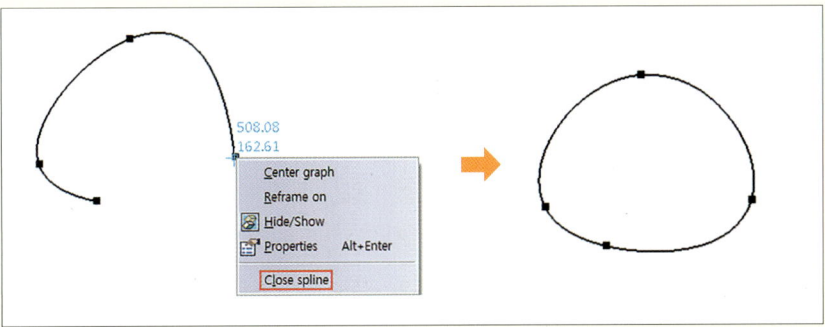

스플라인 제어점 편집
편집하고자 하는 제어점을 더블 클릭하면 Control Point Definition이 나타난다.

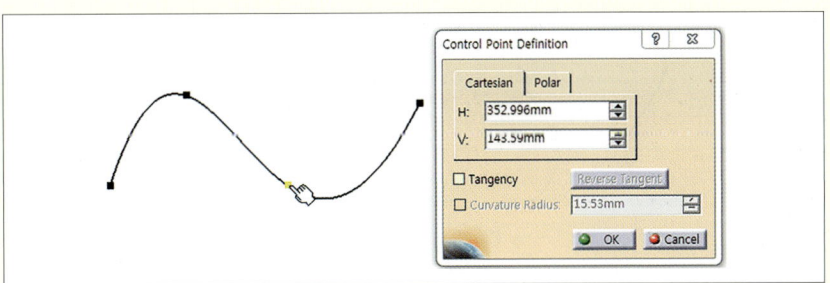

여기서 좌푯값을 입력하여 점의 위치를 변경하거나 Tangency 옵션에 체크하여 제어점에 접선 화살표를 표시한 후 접선 화살표를 드래그하여 접선 방향으로 스플라인을 수정한다.

2 Connect

두 곡선의 끝점을 통과하는 호나 스플라인으로 연결곡선을 생성한다.

❶ Connect 명령어를 클릭하여 실행한다.
❷ Sketch tools 도구모음에서 연결 옵션과 연속성 옵션을 선택한다.

❸ 두 곡선을 선택하여 호나 스플라인으로 연결한다. 연결된 곡선은 자르거나 끊을 수 없다.

TIP

연결 옵션

① Connect with an Arc : 두 곡선을 호로 연결한다. 이때 연결할 곡선을 선택한 가장 가까운 점 위치에서 연결되므로 원하는 점 위치에서 연결하고자 하면 점 자체를 클릭한다.

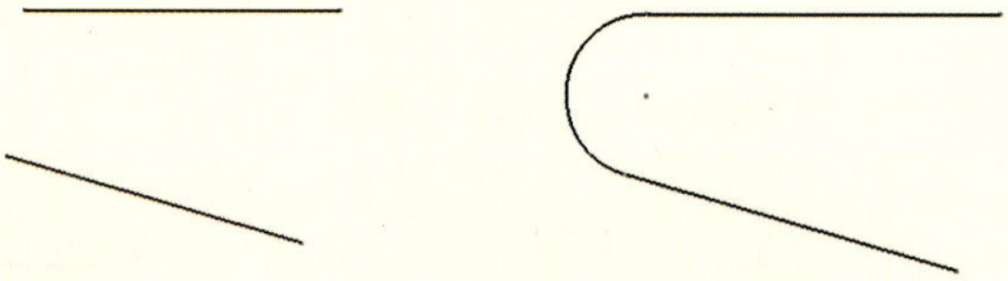

② Connect with a Spline : 기본적으로 선택되어 있으며 두 곡선을 스플라인으로 연결한다. 선택 시 Continuity in point, Continuity in tangency, Continuity in curvature 옵션을 사용할 수 있다.
 • Continuity in point : 두 점에 연속적인 스플라인으로 연결한다.
 • Continuity in tangency : 두 곡선에 접선의 연속성을 갖는 스플라인으로 연결한다.
 • Continuity in curvature : 두 곡선의 곡률에 연속성을 갖는 스플라인으로 연결한다.

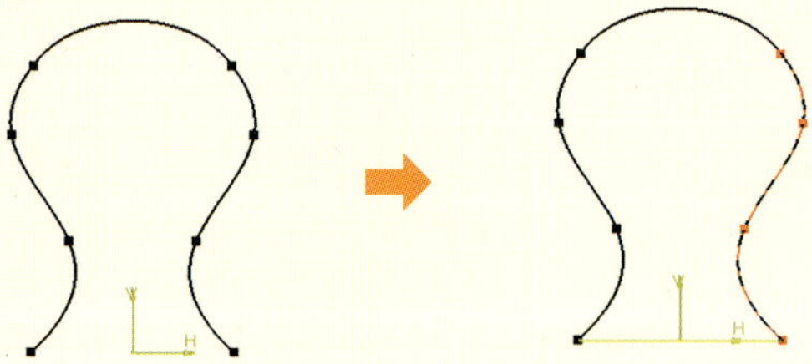

▲ Continuity in point

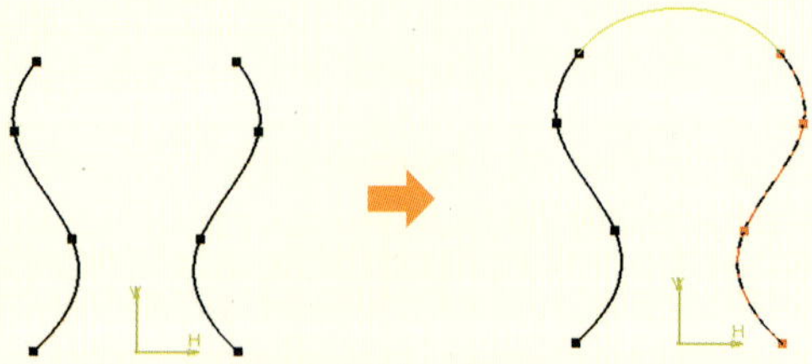

▲ Continuity in curvature

5 Conic 하위 도구모음

▲ Conic 하위 도구모음

1 Ellipse ⬭

타원의 중심점을 정하고 중심점으로부터 주요 반축 끝점의 거리와 방향 그리고 보조 반축 끝점의 거리값을 입력하거나 그 값에 해당하는 점을 지정하여 타원을 작성한다.

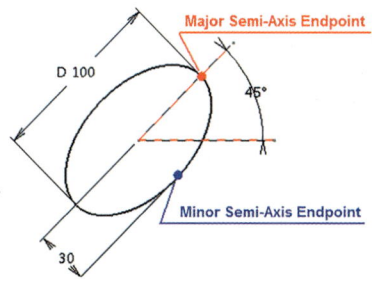

❶ Ellipse ⬭ 명령어를 클릭하여 실행한다.
❷ 타원의 중심점을 지정한다.
❸ 타원의 중심점으로부터 Major Radius 끝점의 거리와 방향값을 지정한다.

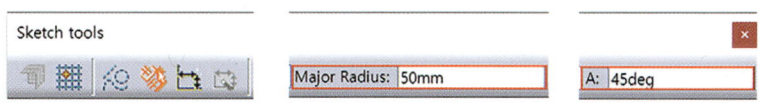

❹ Minor Radius 끝점의 거리값을 지정하여 원하는 방향과 크기를 갖는 타원을 작성한다.

2 Parabola by Focus

초점, 정점, 포물선 두 끝점을 차례로 클릭하여 초점에 의한 포물선을 생성한다.

❶ Parabola by Focus 명령어를 클릭하여 실행한다.
❷ 포물선의 초점을 지정한다.
❸ 포물선의 정점을 지정한다.
❹ 포물선의 두 끝점을 지정하여 포물선을 생성한다.

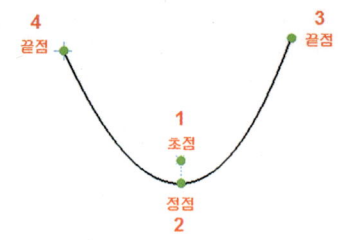

3　Hyperbola by Focus

초점, 중심 및 정점을 클릭한 다음 쌍곡선 두 끝점을 클릭하여 쌍곡선을 생성한다.

❶ Hyperbola by Focus 명령어를 클릭하여 실행한다.
❷ 쌍곡선의 초점을 지정한다.
❸ 쌍곡선의 중심을 지정한다.
❹ 쌍곡선의 정점을 지정한다.
❺ 쌍곡선의 두 끝점을 지정하여 쌍곡선을 생성한다.

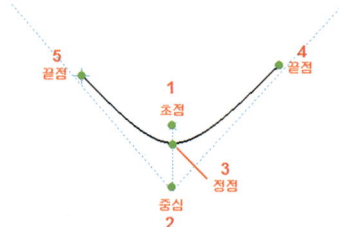

4　Conic

다양한 방법으로 포물선, 쌍곡선 또는 타원의 호인 원추 곡선을 생성한다.

1　Two Points 유형을 사용하여 원추 곡선 생성하기

❶ Conic 명령어를 클릭하여 실행하고, Sketch tools 도구모음에서 Two Points 를 선택한다.

 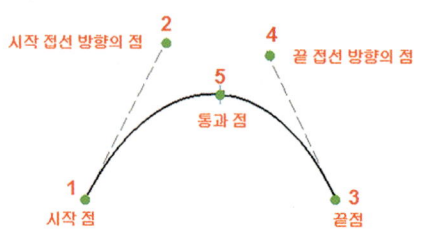

❷ 시작점과 시작점으로부터 접선 방향의 점을 지정한다.
❸ 끝점과 끝점으로부터 접선 방향의 점을 지정한다.
❹ 통과점을 지정하여 원추 곡선을 생성한다.

2 Four Points 유형을 사용하여 원추 곡선 생성하기

❶ Conic 명령어를 클릭하여 실행하고, Sketch tools 도구모음에서 Four Points 를 선택한다.

❷ 시작점과 시작점으로부터 접선 방향의 점을 지정한다.
❸ 끝점을 지정한다.
❹ 두 개의 통과점을 지정하여 원추 곡선을 생성한다.

3 Five Points 유형을 사용하여 원추 곡선 생성하기

❶ Conic 명령어를 클릭하여 실행하고, Sketch tools 도구모음에서 Five Points 를 선택한다.

❷ 시작점을 지정한다.
❸ 끝점을 지정한다.
❹ 세 개의 통과점을 지정하여 원추 곡선을 생성한다.

6 Line 하위 도구모음

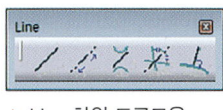

▲ Line 하위 도구모음

1 Line

시작점과 끝점을 지정하여 선을 생성한다.

1 Line 생성하기

두 점을 클릭하여 선을 생성할 수 있지만 Sketch tools 도구모음에서 점을 지정하여 선을 그려 보자.

> **TIP**
>
>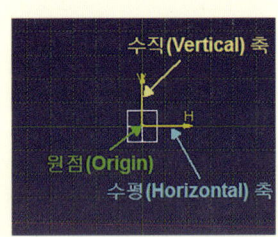
> Sketcher Workbench로 들어가면 수평축인 H축과 수직축인 V축 그리고 두 축의 교차 위치에 원점이 존재한다.

❶ Line 명령어를 클릭하여 실행한다.

❷ 스케치 원점으로부터 H축 방향으로 20mm, V축 방향으로 30mm 만큼 떨어진 위치에 선의 시작점을 지정하기 위해 Sketch tools 도구모음에서 H : 20, V : 30을 기입하고 Enter를 누른다.

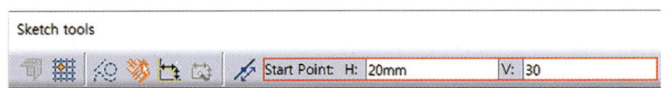

❸ 기입한 값에 의해 치수 구속이 되도록 Dimensional Constraint 을 클릭하여 활성화한다.

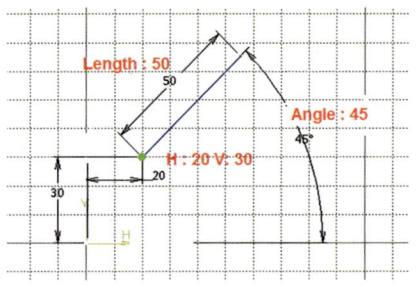

❹ 끝점은 첫 번째 점으로부터 거리 50mm, H축 방향으로부터 45° 위치에 점을 지정하기 위해 Sketch tools 도구모음에서 L : 50, A : 45를 기입하고 Enter를 누르면 선과 치수 구속이 생성된다.

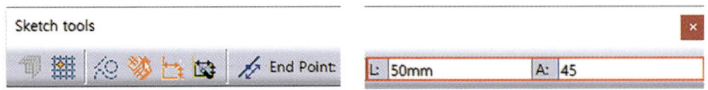

2 각도 치수 방향 변경

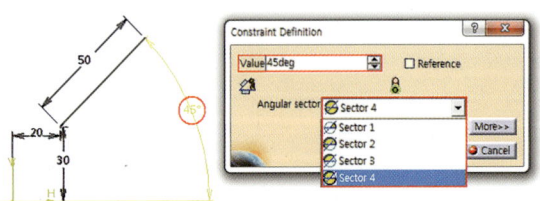

각도 치수를 더블 클릭하여 Constraint Definition 대화상자에서 각도값을 변경하거나 Angular sector 란에서 Sector를 선택하여 각도 치수의 방향을 변경할 수 있다.

3 선 길이/각도 매개변수 정의

1 선 길이 매개변수 정의

이미 그려진 선과 길이가 같은 선을 생성한다.

❶ Line ╱ 명령어를 실행한다.

❷ 이미 그려진 선에서 마우스 오른쪽버튼을 클릭하고 Parameter 〉 Copy Length를 선택한다.

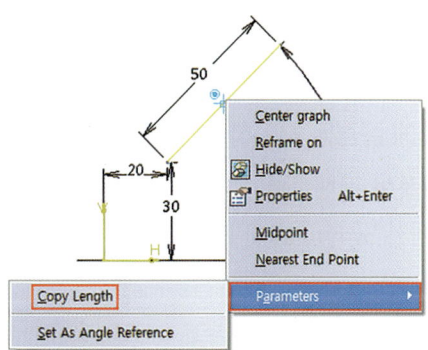

❸ 시작점과 끝점을 지정하여 길이가 같은 선을 생성한다.

2 각도 매개변수 정의

이미 그려진 선의 각도를 기준 방향으로 하여 입력한 각도로 선을 생성한다.

❶ Line ╱ 명령어를 실행한다.

❷ 이미 그려진 선에서 마우스 오른쪽버튼을 클릭하고 Parameter 〉 Set As Angle Reference를 선택한다. 각도의 기준 방향을 나타내는 빨간색 화살표가 선택한 선에 표시된다.

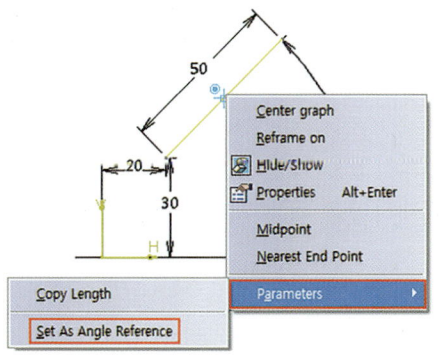 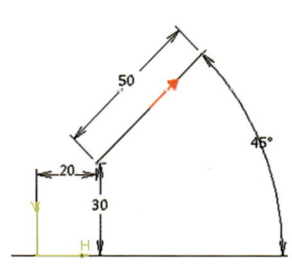

❸ Sketch tools 도구모음에서 각도값을 입력한다.

❹ 시작점과 끝점을 지정하여 선택한 선을 기준 방향으로 입력한 각도만큼 선을 생성한다.

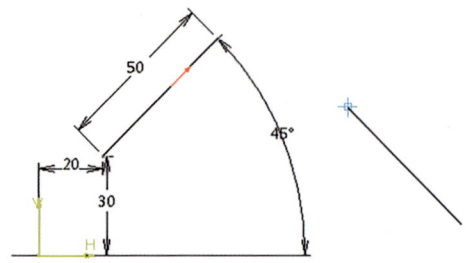

4 시작점으로부터 대칭 위치에 끝점을 지정하여 선 생성하기

❶ Line 명령어를 클릭하여 실행한다.
❷ Sketch tools 도구모음에서 Symmetrical Extension 를 선택한다.

❸ 선의 시작점이자 생성되는 선의 중간점에 해당되는 점을 지정한다.
❹ 끝점을 지정하면 시작점으로부터 끝점의 위치가 대칭되도록 선을 작성할 수 있다.

2 Infinite Line

수평 또는 수직한 무한선과 지정한 두 점을 지나는 무한선을 생성한다.

❶ Infinite Line 명령어를 클릭하여 실행한다.
❷ Sketch tools 도구모음에서 수평한 무한선을 작성하고자 할 때는 Horizontal Line 을, 수직한 무한선은 Vertical Line 을 선택하고, 두 점을 지나는 무한선을 작성하고자 할 때는 Line Through Two Points 를 선택한다.
❸ Horizontal Line 과 Vertical Line 을 선택하였을 때는 위치에 해당하는 시작점을 지정하면 되고, Line Through Two Points 를 선택하였을 때는 시작점과 방향에 해당되는 끝점을 지정하여 무한선을 생성한다.

3 Bi- Tangent Line

두 요소에 접하는 선분을 생성한다.

❶ Bi- Tangent Line 명령어를 클릭하여 실행한다.

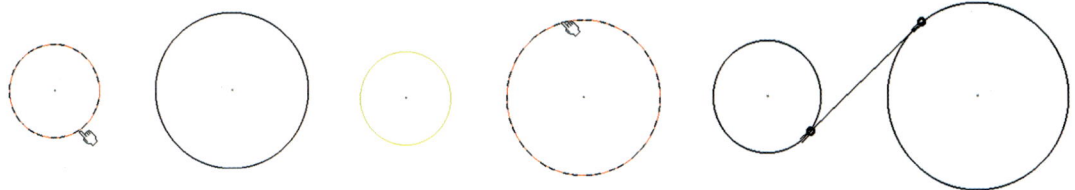

❷ 첫 번째 요소를 선택한다.　❸ 두 번째 요소를 선택한다.　❹ 선택한 두 요소에 접하는 선분이 생성된다.

4　Bisecting Line

두 개의 기존 선을 선택하면 이등분된 위치에서 무한 이등분선을 생성한다.

❶ Bisecting Line 명령어를 클릭하여 실행한다.

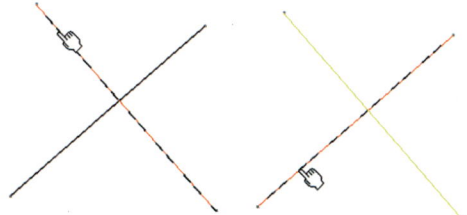 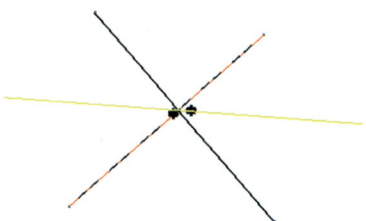

❷ 두 개의 기존 선을 선택한다.　❸ 이등분된 위치에서 무한 이등분선이 생성된다.

5　Line Normal to Curve

선택한 곡선에 수직한 선을 생성한다.

❶ Line Normal to Curve 명령어를 클릭하여 실행한다.

 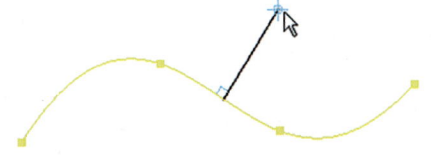

❷ 기존 곡선을 선택한다.　❸ 선의 끝점을 지정하여 기존 곡선과 수직한 선을 생성한다.

7. Axis

Shaft와 Groove를 생성 시 필요한 축을 생성한다. 스케치에 하나의 축만 생성할 수 있으며 두 번째 축을 생성하려고 하면 생성된 첫 번째 축이 자동으로 구성선으로 변환된다. 선을 먼저 선택하고 Axis 명령어를 실행하면 선은 자동으로 축으로 변환되며 축을 선택하여 구성선으로 변환할 수 없다.

8. Point 하위 도구모음

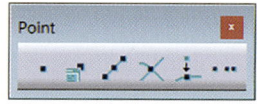

▲ Point 하위 도구모음

1. Point by Clicking

점을 생성한다.

1 Sketch tools 도구모음을 사용하여 점 생성

❶ Point by Clicking 명령어를 클릭하여 실행한다.
❷ Sketch tools 도구모음에서 점에 대한 수평축과 수직축에 대한 좌푯값을 입력하여 점의 위치를 지정한다. 또는 마우스 왼쪽버튼을 클릭하여 원하는 위치에 점을 생성한다.

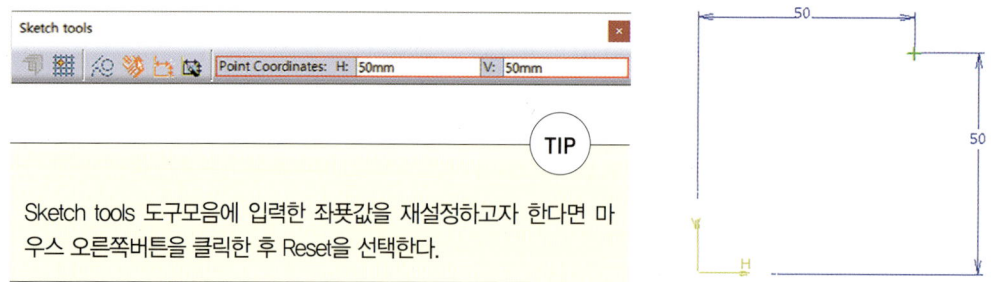

TIP
Sketch tools 도구모음에 입력한 좌푯값을 재설정하고자 한다면 마우스 오른쪽버튼을 클릭한 후 Reset을 선택한다.

2 두 개 이상의 점을 클릭하여 등가 중심점 생성하기

❶ 두 점을 선택한 후 Point by Clicking 명령어를 실행하면 두 점 중심에 점이 생성된다.

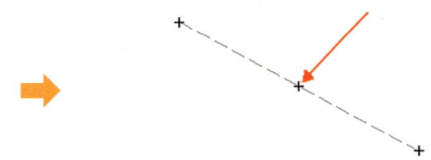

❷ 네 점을 선택한 후 Point by Clicking ▪ 명령어를 실행하면 네 점의 중심에 점을 생성한다. 하지만 연관성은 부여되지 않는다.

2 Point by Using Coordinates

직교좌표, 극좌표를 사용하여 점을 생성한다.

1 직교좌표를 사용하여 점 생성

❶ Point by Using Coordinates 명령어를 클릭하여 실행한다.
❷ Point Definition 대화상자에서 Cartesian을 선택하고 H : 30, V : 20을 입력한다.

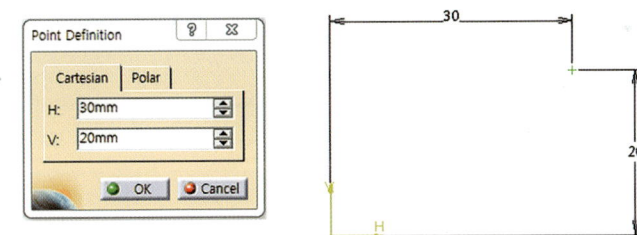

2 극좌표를 사용하여 점 생성

❶ Point by Using Coordinates 명령어를 클릭하여 실행한다.
❷ 이미 그려진 점을 선택한 후 Point Definition 대화상자에서 Polar을 선택하고 Radius : 35, Angle : 20을 입력한다.

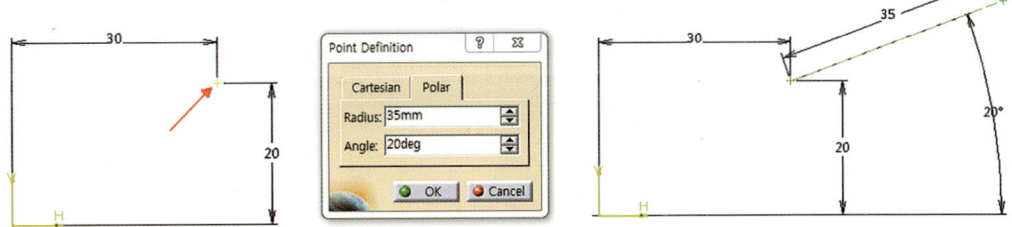

Point Symbol 변경

포인트의 모양을 변경하기 위해서 점에 마우스 오른쪽버튼을 클릭하고 Properties를 선택한다. Properties 창에서 Graphic 탭을 선택한 후 Symbol 란에서 사용하고자 하는 점의 모양을 선택한다.

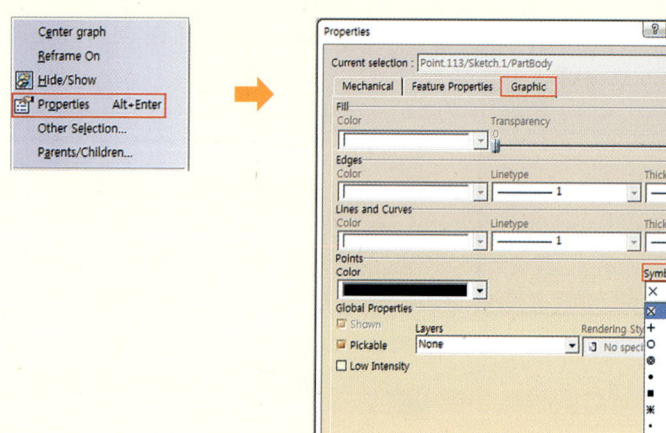

3 Equidistant Points

선이나 곡선에 등간격으로 여러 개의 점을 생성한다.

❶ Equidistant Points 명령어를 클릭하여 실행한다.
❷ 선이나 곡선을 선택한다.

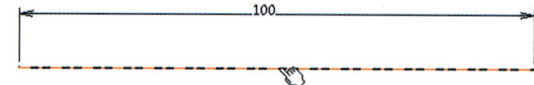

❸ 선의 끝점 중 하나를 시작점으로 선택한다.

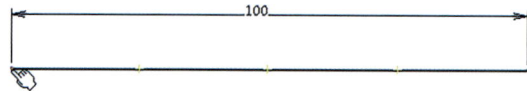

❹ Equidistant Points Definition 대화상자에서 등간격 점을 생성할 방법을 선택한다.

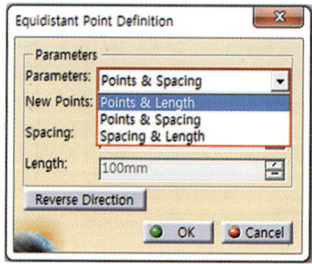

- Points & Length : 선택한 시작점을 기준으로 Length 란에 기입한 거리값 안에서 Points 란에 기입한 점의 개수만큼 등간격으로 점을 생성한다. 점과 점 사이의 간격은 자동으로 계산된다.

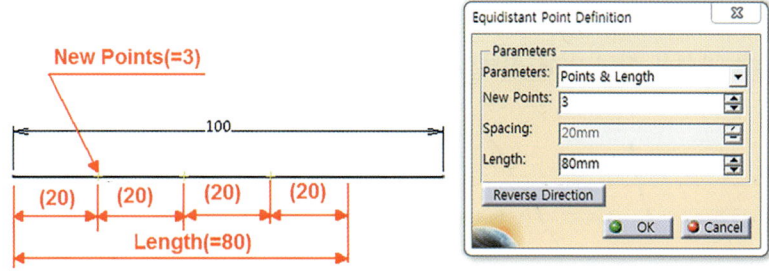

- Points & Spacing : 선택한 시작점을 기준으로 Spacing 란에 기입한 간격값과 Points 란에 기입한 점의 개수만큼 등간격으로 점을 생성한다. 거리는 자동으로 계산된다.

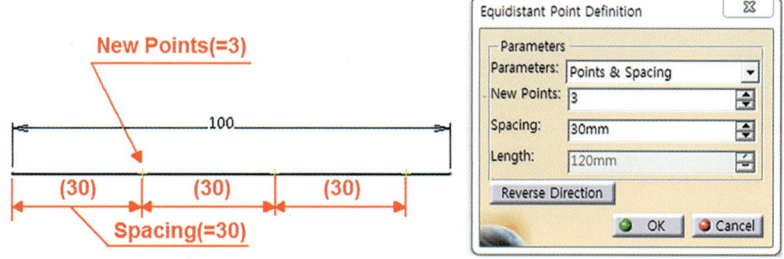

- Spacing & Length : 선택한 시작점을 기준으로 Length 란에 기입한 거리값 안에서 Spacing 란에 기입한 간격값만큼 점을 등간격으로 생성한다. 점의 개수는 자동으로 계산된다.

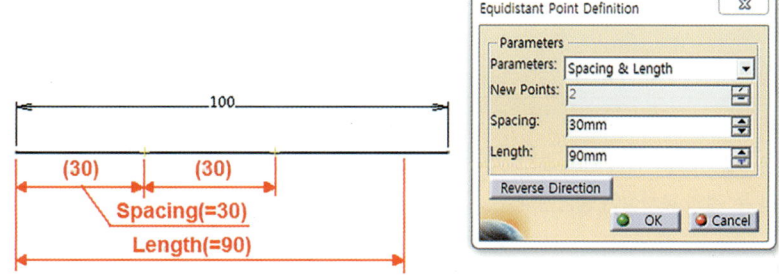

❺ 값을 입력한 후 Enter 를 눌러 포인트 분포를 미리보기 할 수 있으며 점의 생성 방향을 반전하고자 할 때는 Reverse Direction 을 클릭하고 OK 를 눌러 등간격으로 점을 생성한다.

4 Intersection Point ✕

곡선과 교차하는 하나 이상의 점을 생성한다.

❶ 교차에 사용할 곡선을 하나 이상 선택한다.

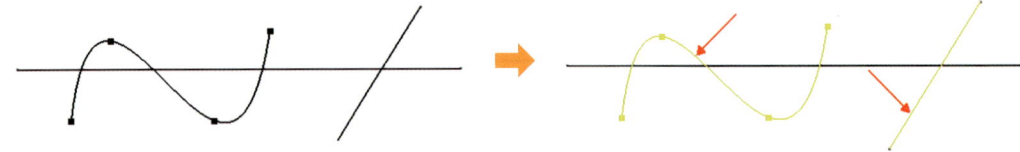

❷ Intersection Point ✕ 명령어를 클릭하여 실행한다.

❸ 처음 선택한 요소가 교차하고 교차점이 생성될 하나의 곡선을 선택한다.

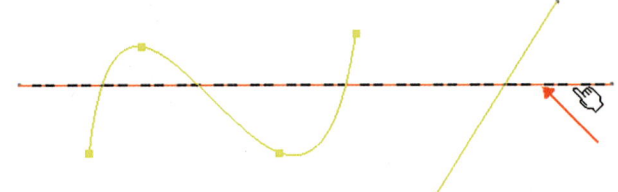

❹ 교차점은 마지막으로 선택한 곡선에 생성된다.

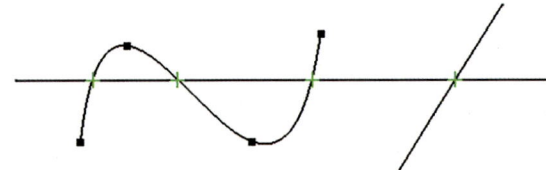

> **TIP**
>
> 단일 객체로 폐곡선을 이루는 원과 타원 등은 기하학적 요소를 고려하여 교차점을 계산한다. 예를 들어 선과 원 사이에는 하나가 아니라 두 개의 교차점이 생성된다.
>
>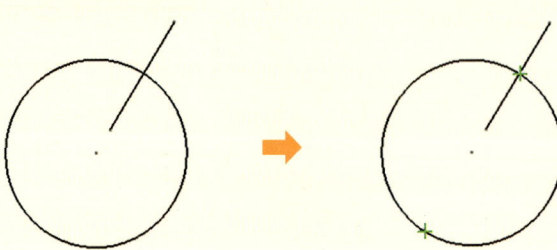

5 Projection Point

점을 곡선에 법선 방향 또는 지정한 방향에 따라 곡선에 투영하여 하나 이상의 점을 생성한다.

❶ 투영할 하나 이상의 점을 선택한다.

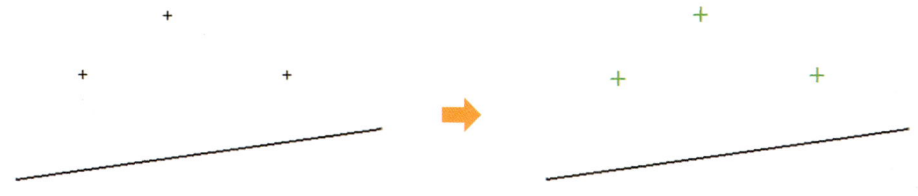

❷ Projection Point 명령어를 클릭하여 실행한다.
❸ Sketch tools 도구모음에서 투영 방향을 선택한다.

- Orthogonal Projection : 기본 모드이며 투영할 점이 곡선의 법선 방향에 따라 곡선에 투영되어 점을 생성한다.

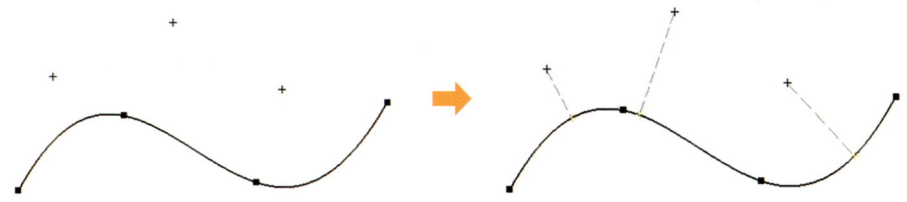

- Projection Along a Direction : 투영할 하나 이상의 점을 선택하고 투영 방향의 다음 점을 지정하면 두 점 방향이 투영 방향이 된다. 곡선을 선택하면 지정한 방향으로 투영할 점이 곡선에 투영되어 점을 생성한다.

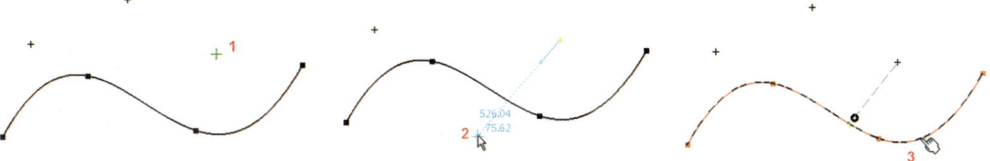

❹ 선택한 점이 투영되고 투영된 점이 생성될 곡선 하나를 선택한다.

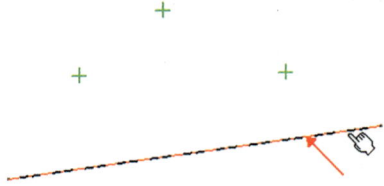

❺ 곡선에 투영된 점이 생성되며 기존 점과 투영된 점 사이에는 구성선이 작성된다.

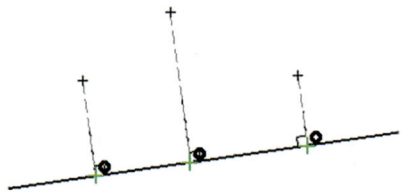

6 Align points

여러 개의 점을 수평 또는 수직으로 정렬한다.

❶ 정렬시킬 하나 이상의 점을 선택한다.
❷ Align points 명령어를 클릭하여 실행한다.
❸ Sketch tools 도구모음에서 정렬방법에 대한 옵션을 선택한다.

- Along a Direction : 정렬 방향을 나타내는 작은 화살표가 점에 나타나며 커서의 위치에 따라 화살표 방향이 변경되고 화살표 방향을 따라 점이 정렬된다.

- Horizontal Alignment : 임의의 위치에서 마우스 왼쪽버튼을 클릭하면 수평 방향으로 점 이 정렬된다.

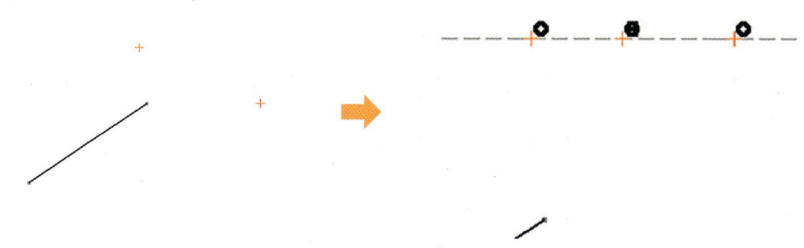

- Vertical Alignment : 임의의 위치에서 마우스 왼쪽버튼을 클릭하면 수직 방향으로 점이 정렬된다.

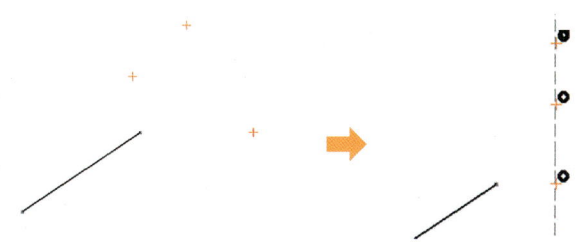

- Change Origin point : 기본적으로 첫 번째로 선택한 점이 정렬의 기준점이 되는데, Change Origin point로 정렬의 기준이 되는 점을 다른 점으로 선택할 수 있다.
- Align Along Selected Linear Element : 곡선을 제외한 선을 선택하면 선택한 선의 방향을 따라 점이 정렬된다.

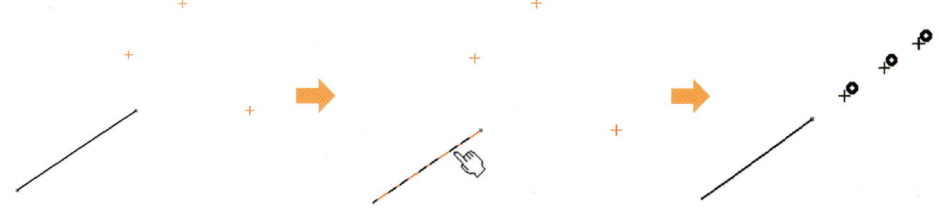

CHAPTER 03 | Sketch Operation 도구모음 명령어 사용 방법

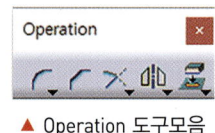

▲ Operation 도구모음

1 Corner

두 곡선에 접하는 호를 작성하여 모깎기 또는 둥글게 깎기를 한다.

❶ Corner 명령어를 클릭하여 실행한다.
❷ Sketch tools 도구모음에서 코너 옵션을 선택한다.

- Trim All Elements : 기본적으로 선택되어 있는 모드이며, 선택한 두 곡선 모두 생성될 호와 접하는 점에서 잘린다.

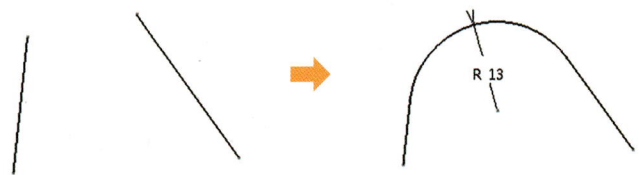

- Trim First Element : 첫 번째 선택한 곡선만 생성될 호와 접하는 점에서 잘린다.

- No trim : 선택한 두 곡선을 그대로 유지하면서 필렛을 생성한다.

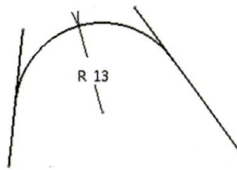

- Standard Lines Trim : 선택한 두 곡선을 유지하면서 교차할 때까지 연장하고 필렛을 생성한다.

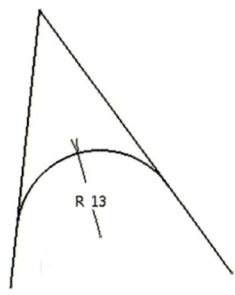

- Construction Lines Trim : 선택한 두 곡선 모두 생성될 호와 접하는 점에서 자르고 교차할 때까지 구성선으로 만들며 필렛을 생성한다.

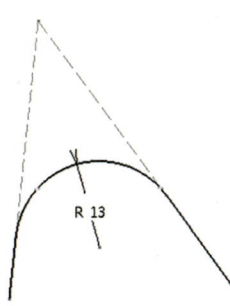

- Construction Lines No Trim : 두 곡선을 자르고 구성선으로 만들며 필렛을 생성한다.

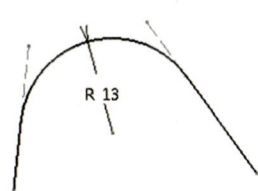

❸ 필렛을 부여할 두 곡선을 선택하거나 두 곡선의 교차점을 마우스 왼쪽버튼 또는 선택상자를 사용하여 선택한다. 이때 두 곡선이나 교차점을 필렛 명령 실행 전에 선택하여도 된다.
❹ 마우스를 움직여 임의의 필렛 크기를 정하거나 Sketch tools 도구모음의 모서리 반경값을 입력하여 정확한 필렛 크기를 정하여 필렛을 완성한다.

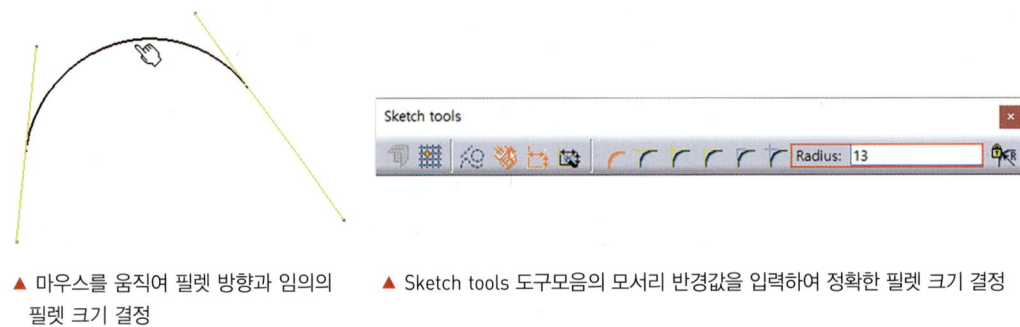

▲ 마우스를 움직여 필렛 방향과 임의의 필렛 크기 결정

▲ Sketch tools 도구모음의 모서리 반경값을 입력하여 정확한 필렛 크기 결정

TIP

다중 선택으로 동일한 반경값을 갖는 필렛 생성하기
① 동일한 반경값을 갖는 필렛을 생성하기 위한 여러 개의 점을 마우스 왼쪽버튼이나 선택상자로 선택한다.

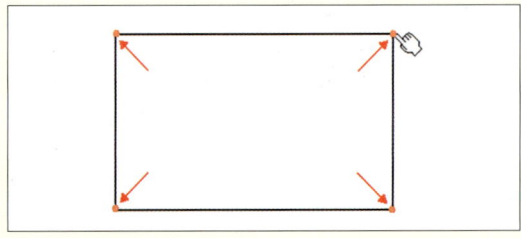

② Corner 명령어를 클릭하여 실행한다.
③ Sketch tools 도구모음에서 반경값을 입력한다.

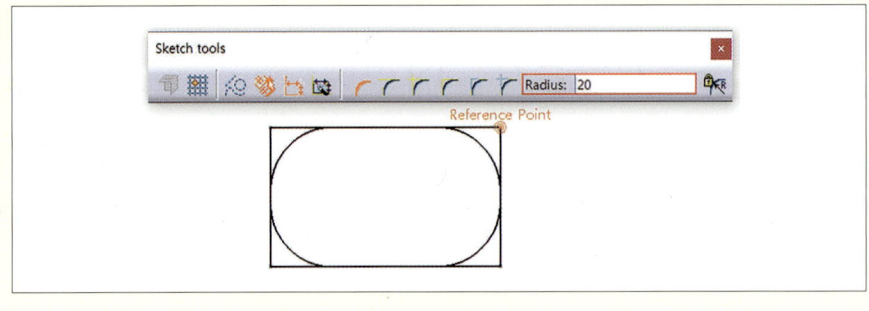

④ 네 개의 모서리가 동일한 반경값으로 동시에 생성된다.

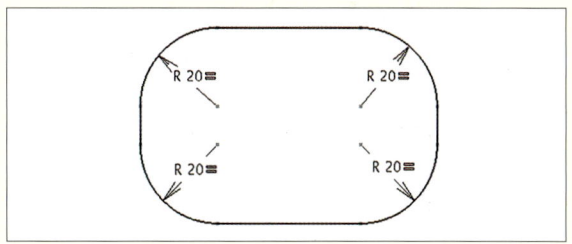

⑤ 필렛 치수를 더블 클릭하여 치수를 수정하면 네 개의 모서리 필렛 크기가 변경된다.

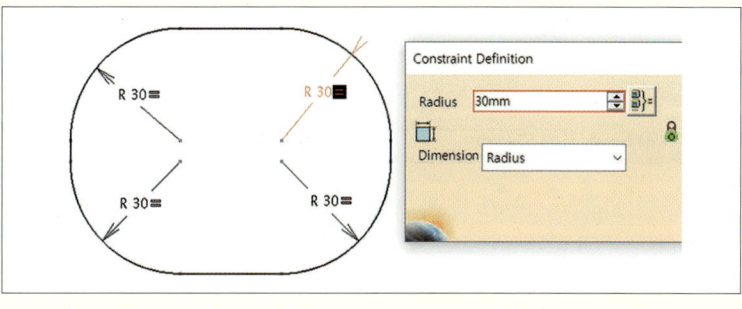

2 Chamfer

길이 및 각도로 정의하여 선택한 두 객체의 모서리를 비스듬히 깎는다.

1 모따기

모든 유형의 곡선(선, 스플라인, 호 등) 사이에 모따기를 만들 수 있다. 지브가 연속적이지 않더라도 모따기가 생성된다. 모따기의 크기값은 Sketch tools 도구모음에서 선택한다.

- Hypotenuse and Angle : 첫 번째 선택한 객체로부터 각도값과 모따기 선분의 길이값을 지정한다.

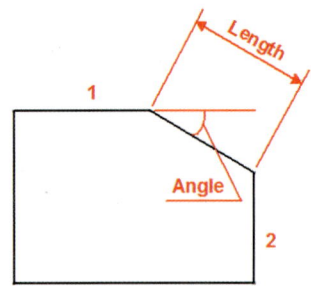

- First and Second Length : 첫 번째 선택한 객체의 교차점으로부터의 모따기 길이와 두 번째 선택한 객체의 교차점으로부터의 모따기 길이를 지정한다.

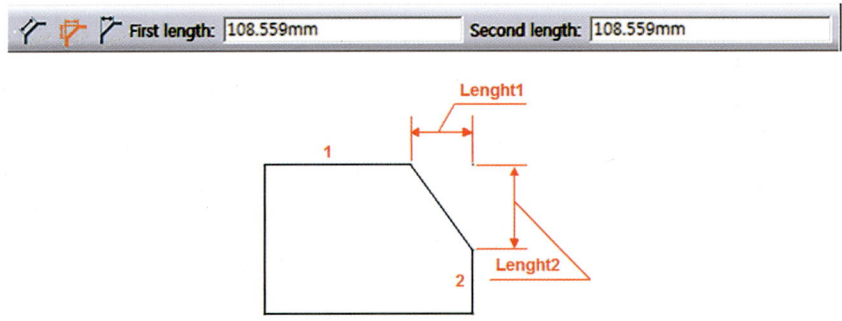

- First Length And Angle : 첫 번째 선택한 객체의 교차점으로부터 모따기 길이와 첫 번째 선택한 객체로부터 각도값을 지정한다.

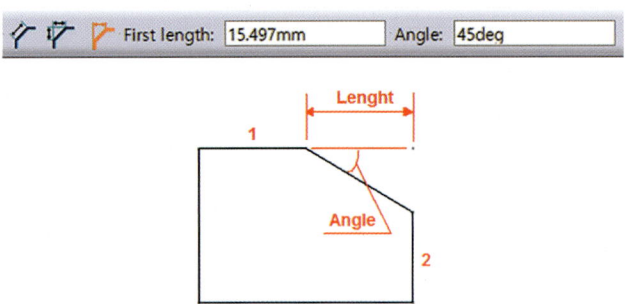

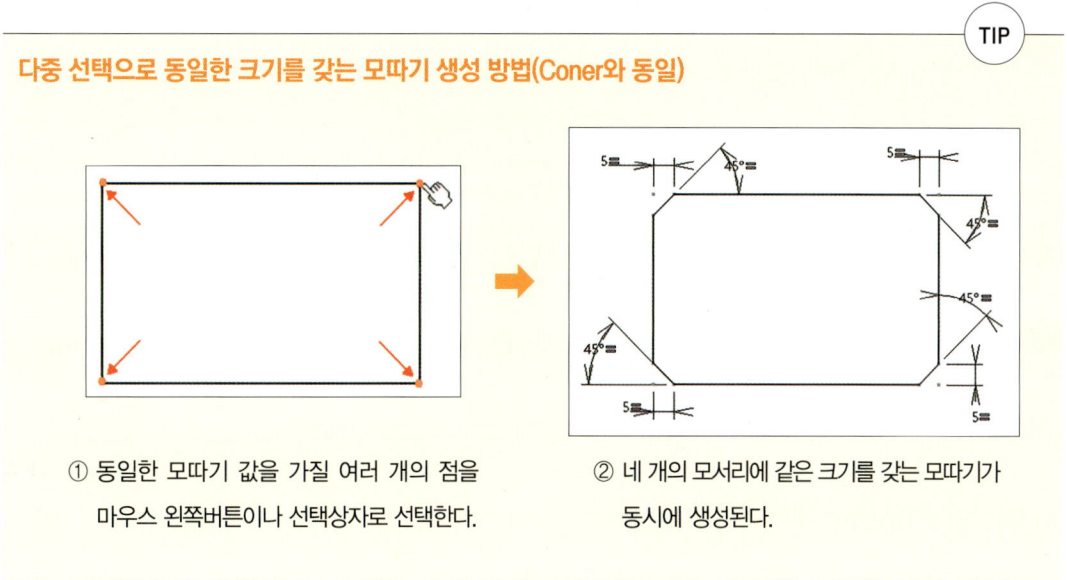

2 모서리

Chamfer의 Sketch tools 도구모음에서 Chamfer 모서리 옵션은 Coner 모서리 옵션과 동일하다.

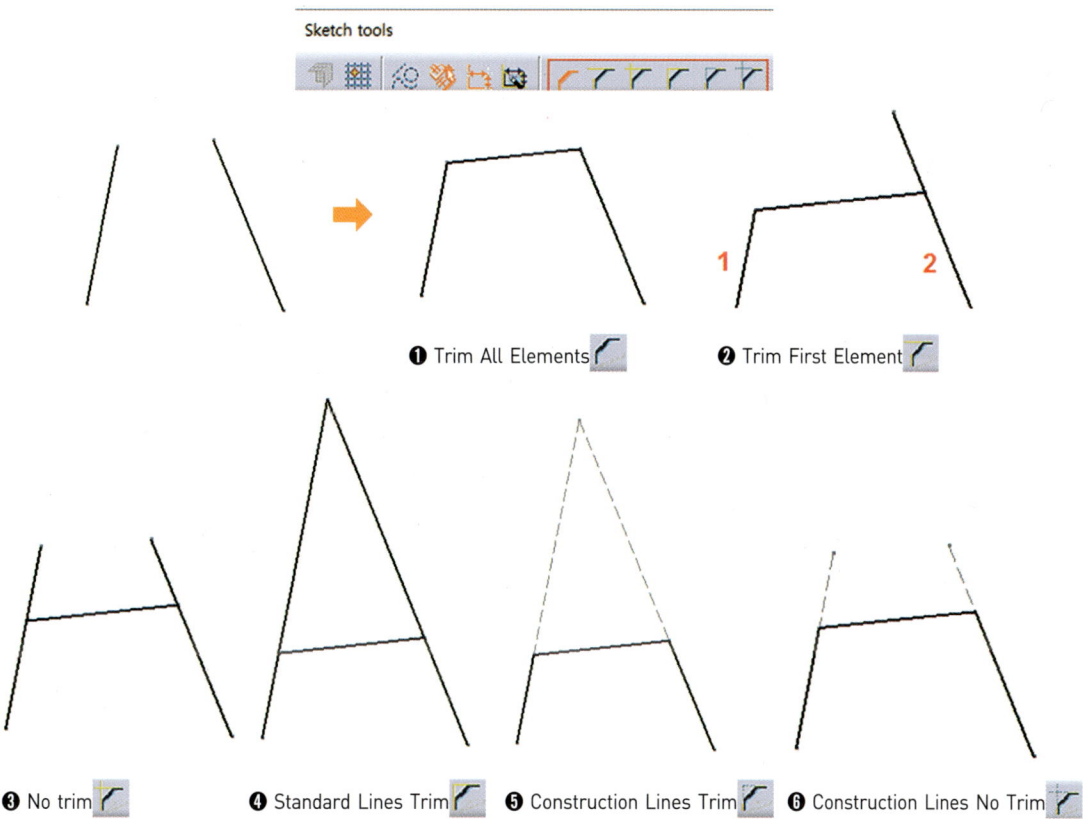

3 Relimitations 하위 도구모음

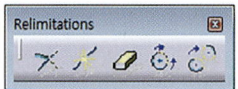

▲ Relimitations 하위 도구모음

1 Trim

선택한 객체가 만나는 부분까지 자르거나 연장한다.

1 Sketch tools 도구모음에서 Trim 옵션

- **Trim All Elements** : 기본 모드이며 선택한 객체가 만나는 부분까지 모두 자르거나 연장한다. 객체를 선택하는 위치가 중요하며 교차점으로부터 객체를 선택한 위치만 남고 잘린다.

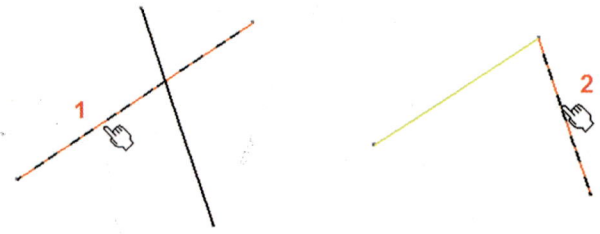

선택한 객체가 교차하고 있지 않더라도 선택한 객체의 연장선상에서 만나는 점까지 자르고 연장한다.

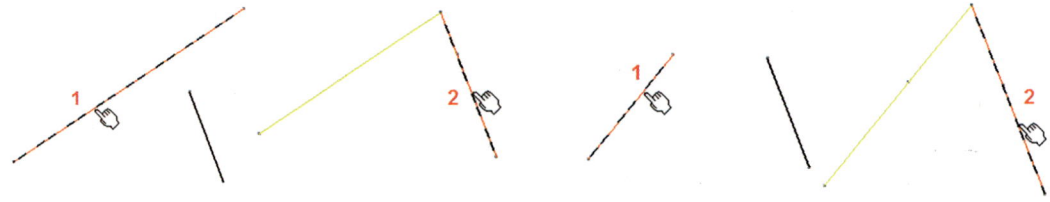

- Trim First Element ✂ : 첫 번째 선택한 객체가 다른 객체와 만나는 부분까지 자르거나 연장한다.

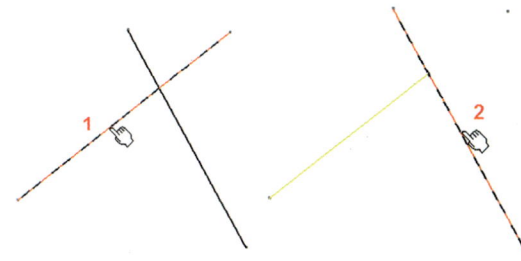

> **TIP**
> Trim All Elements 또는 Trim First Element 모드 상관없이 하나의 객체를 선택한 후 마우스를 움직여 길이를 늘이거나 줄일 수 있다.

2 다중 객체 자르기

❶ 자를 여러 개의 객체를 선택한다.

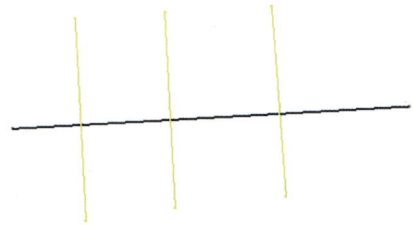

❷ Trim ✂ 명령어를 클릭하여 실행한다.
❸ 자를 객체와 만나는 자를 기준이 되는 객체를 선택한다.

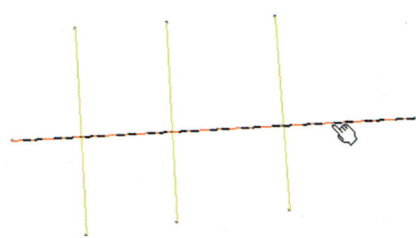

❹ 기준 객체를 기준으로 자를 객체의 남길 부분의 방향을 마우스 왼쪽버튼으로 클릭한다.

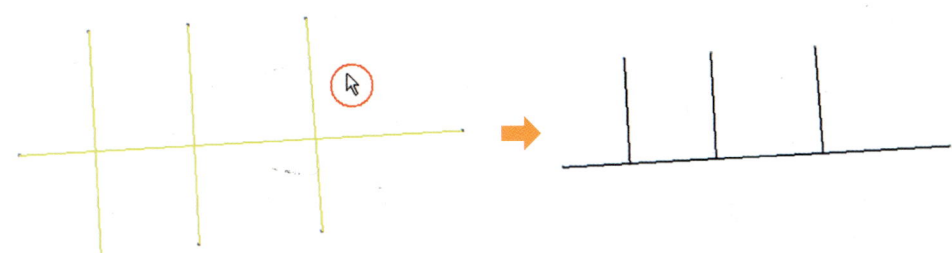

2 Break

곡선을 끊고자 할 때 사용한다.

1 곡선 끊기

❶ Break 명령어를 클릭하고 실행한다.
❷ 끊고자 하는 곡선을 선택한다.

❸ 선택한 곡선에서 끊을 점의 위치를 마우스 왼쪽버튼으로 클릭한다.

❹ 선이 끊어지면서 두 개의 세그먼트로 구성된다.

2 다른 선의 연장선상에서 선 끊기

❶ Break 명령어를 클릭하고 실행한다.
❷ 끊고자 하는 선을 선택한다.

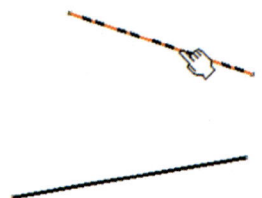

❸ 다른 선을 선택한다. 선택한 선의 연장선상에서 선이 끊어진다.

3 점을 투영하여 곡선 끊기

❶ Break  명령어를 클릭하고 실행한다.

❷ 끊고자 하는 곡선을 선택한다.

❸ 점을 선택한다. 점이 투영되어 곡선이 끊어진다.

4 구속조건이 지정되지 않는 점 만들기

공통적인 점을 분리하거나 일치와 같이 두 요소의 점이 구속되어 있는 경우 점을 선택하여 구속조건이 지정되지 않는 점을 만들 수 있다.

❶ Break 명령어를 클릭하고 실행한다.

❷ 같은 위치에 놓인 분리하고자 하는 점을 선택한다.

❸ 원의 중심점을 선택한 후 드래그하면 중심점과 원점 사이에 구속조건이 분리되어 원이 움직이는 것을 확인할 수 있다.

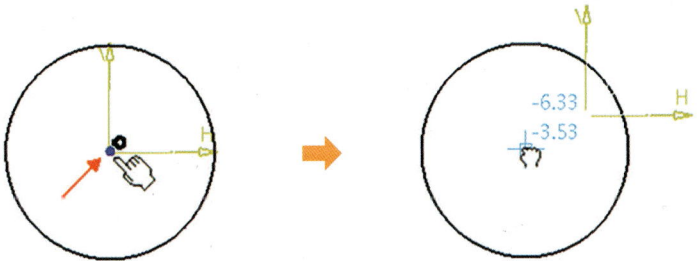

3 Quick Trim

다른 객체와 만나는 부분까지 신속하게 자르거나 끊기를 할 수 있으며 이미 만나있는 객체나 하나의 단일 객체를 삭제한다. Sketch tools 도구모음에서 Quick Trim 옵션은 다음과 같다.

- Free Hand Selection ![icon] : 임의의 위치에서 마우스 왼쪽버튼을 클릭하고 마우스를 움직이면 커서가 이동한 경로를 따라 곡선이 생성된다. 이 곡선과 만나는 스케치 요소는 Quick Trim 옵션에 의해 잘린다.

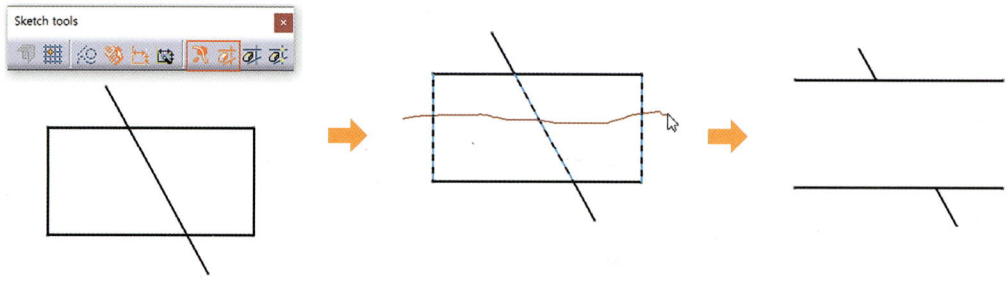

- Beak and Rubber In ![icon] : 객체를 선택하는 위치가 중요하며, 객체를 선택한 부분이 다른 객체와 만나는 부분까지 잘린다.

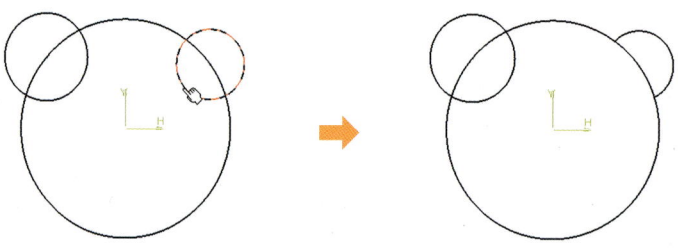

- Beak and Rubber Out ![icon] : 객체를 선택하는 위치가 중요하며, 객체를 선택한 부분이 다른 객체와 만나는 부분까지 남는다.

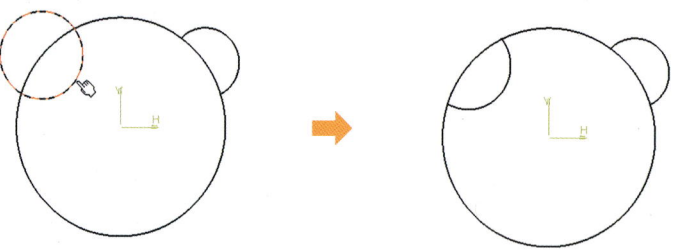

- Break and Keep ![icon] : 선택한 부분이 다른 객체와 만나는 부분까지 끊어진다.

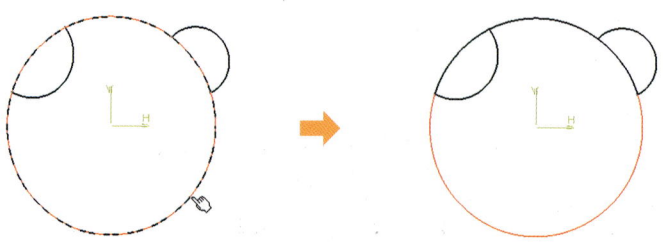

Beak and Rubber In 상태에서 이미 만나있는 객체나 단일 객체를 선택하면 삭제된다.

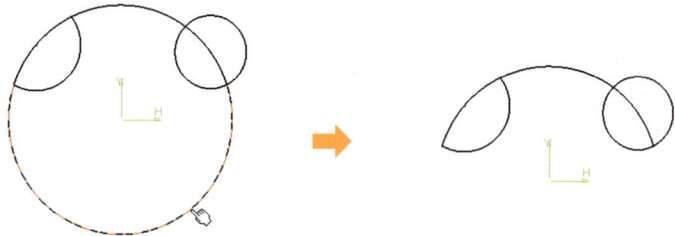

4 Close Arc

잘려 있는 원, 타원, 스플라인을 원래 상태로 만들어 준다. 호를 원으로, 타원 호를 타원으로, 즉 닫힌 상태로 만든다.

❶ Close Arc 명령어를 클릭하여 실행한다.
❷ 잘린 요소를 선택한다. 만약 여러 요소를 한 번에 닫힌 상태로 만들고자 한다면 여러 요소를 선택한 후 명령어를 실행한다.

또한 Trim으로 잘린 스플라인을 자르기 전 상태로 만들 수 있다.

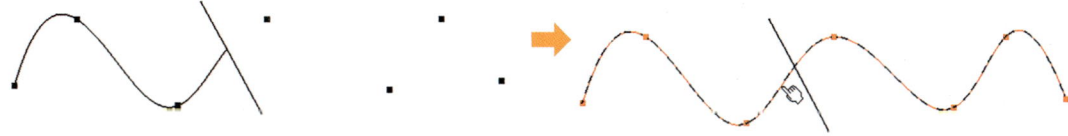

5 Complement

호 또는 타원의 방향을 반전시킨다.

❶ Complement 명령어를 클릭하여 실행한다.
❷ 방향을 반전시킬 호 또는 타원을 선택한다. 만약 여러 요소를 한 번에 방향을 반전시키고자 한다면 여러 요소를 선택한 후 명령어를 실행한다.

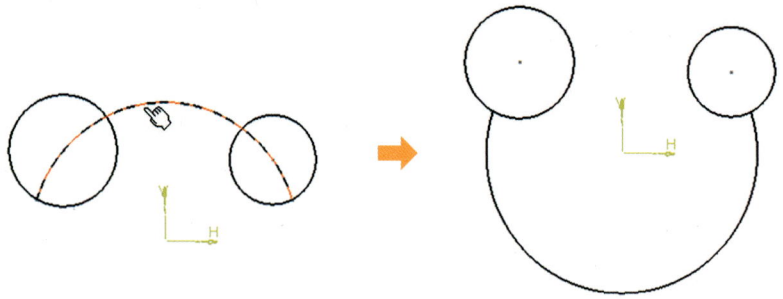

4 Transformation 하위 도구모음

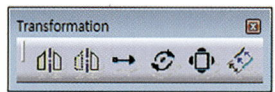

▲ Transformation 하위 도구모음

1 Mirror

대칭선을 중심으로 객체를 반전시켜 대칭 복사한다.

❶ Mirror 명령어를 클릭하여 실행한다.
❷ 대칭 복사할 객체를 선택한다.

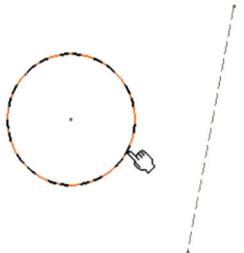

❸ 대칭 기준선(선, 축, 구성선)을 선택한다. 기준선을 중심으로 대칭 복사되며 명령어가 종료된다.

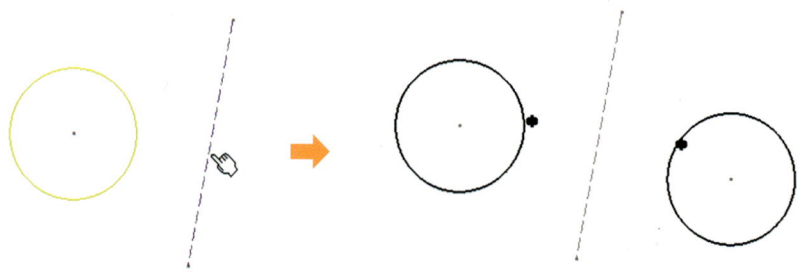

여러 객체 대칭 복사하기

① 대칭 복사할 여러 객체를 선택한다.
② Mirror 명령어를 클릭하여 실행한다.
③ 대칭 기준선을 선택한다.

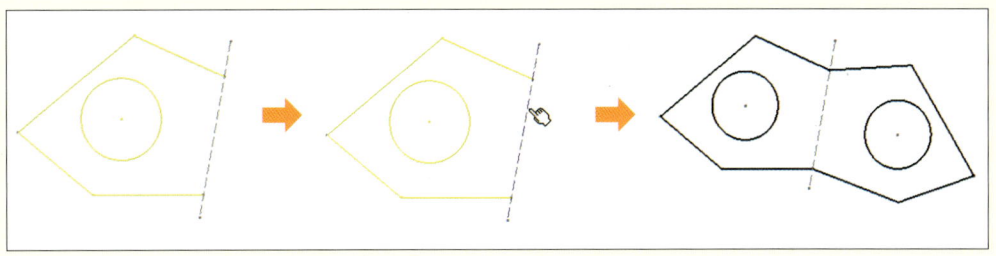

2 Symmetry

대칭선을 중심으로 객체를 반전시켜 대칭 이동한다.

❶ Symmetry 명령어를 클릭하여 실행한다.
❷ 대칭 이동할 객체를 선택한다.
❸ 대칭 기준선(선, 축, 구성선)을 선택한다. 기준선을 중심으로 대칭 이동되며 명령어가 종료된다.

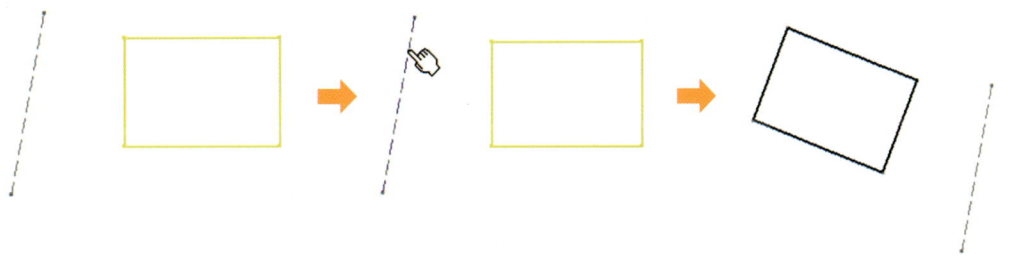

대칭 기준선 양쪽 객체 대칭 이동하기

대칭 기준선을 기준으로 양쪽 방향의 객체를 반전시켜 이동한다.

① 대칭 기준선을 기준으로 양쪽 방향의 객체를 선택한다.
② Symmetry 명령어를 클릭하여 실행한다.
③ 대칭 기준선을 선택한다.

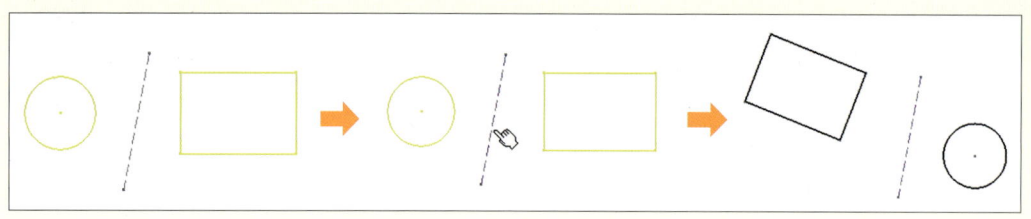

※ 대칭 기준선으로부터 대칭 이동시킬 객체에 치수가 부여되어 있는 경우 치수도 대칭 이동된다.

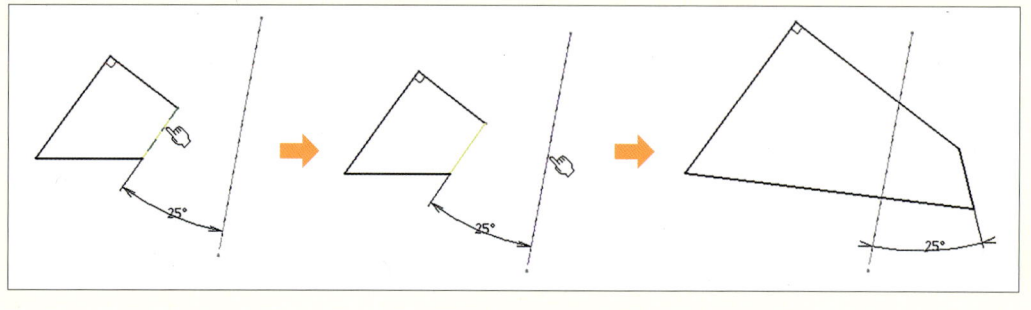

3 Translation

선택한 객체를 기준점으로부터 다음 점이나 거리값으로 복사하거나 이동한다.

❶ Translation 명령어를 클릭하여 실행하면 Translation Definition 대화상자가 나타난다.

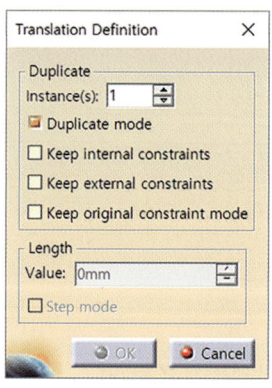

- Duplicate Mode : Duplicate Mode 옵션은 기본적으로 활성화되어 있으며 체크하면 선택한 객체가 복사되고 해제하면 이동된다.
- Instance(s) : Duplicate Mode를 체크하였을 때만 활성화되며 복사할 수를 입력한다.
- Keep internal constraints : 체크하면 선택한 객체에 부여된 내부 구속조건을 유지하면서 이동이나 복사된다.

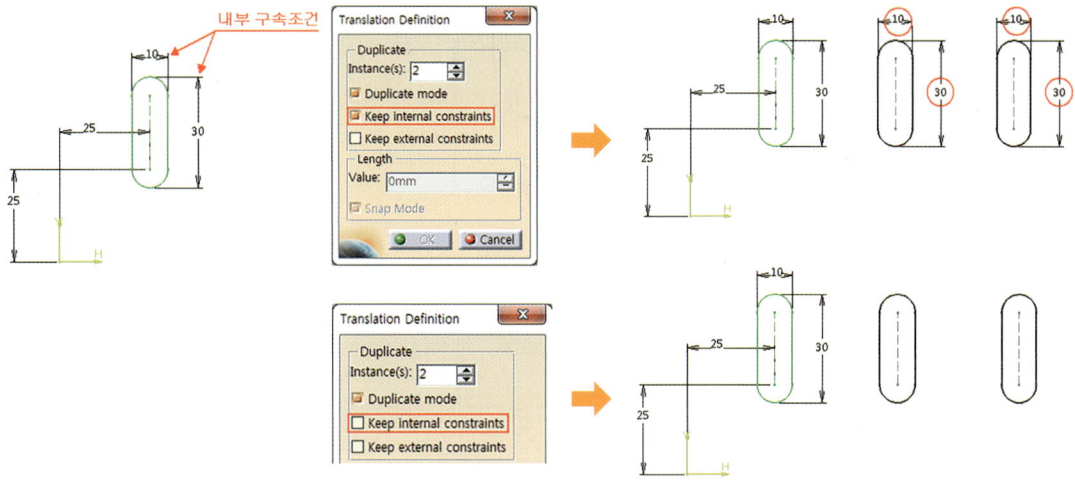

- Keep external constraints : 체크하면 선택한 객체에 부여된 외부 구속조건을 유지하면서 이동이나 복사된다.

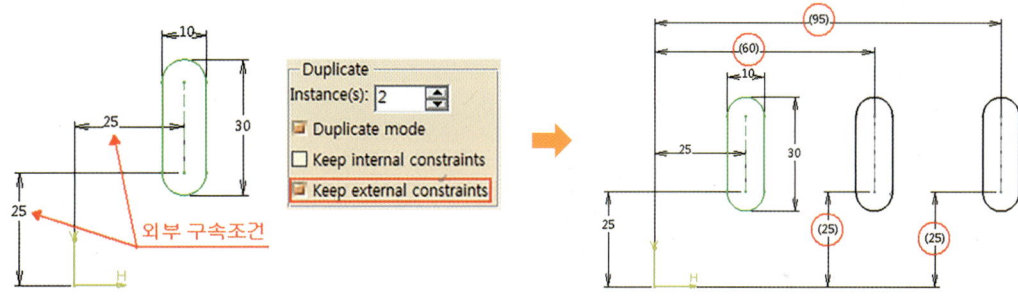

- Keep original constraints mode : 체크하면 이동에 따른 변경되는 치수가 참조 치수가 아닌 치수로 형태로 생성된다.

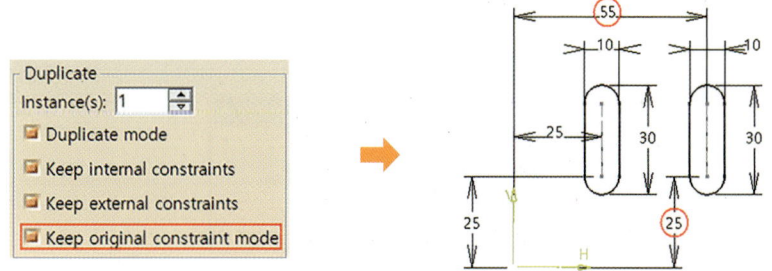

❷ 이동하거나 복사할 객체를 선택한다. 다중 선택을 할 경우 마우스를 드래그하여 선택상자로 선택하고 단일 객체를 선택할 경우 마우스 왼쪽버튼을 클릭하여 선택한다.

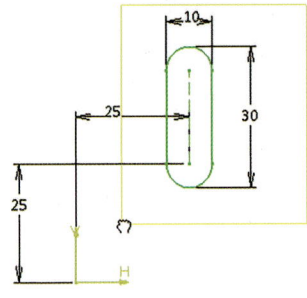

❸ 이동거리의 시작점을 선택한다.

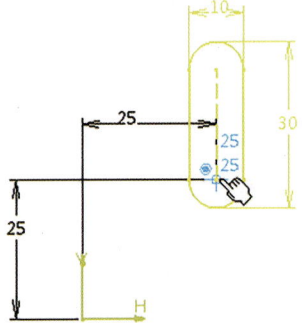

❹ 이동거리의 끝점을 마우스 왼쪽버튼으로 지정한다. 만약 정확한 거리값으로 이동하고자 한다면 Translation Definition 대화상자에서 Length 값을 기입한다. Step Mode 옵션을 선택하면 마우스 움직임에 따라 Value 값이 기본적으로 5mm씩 증가한다. Value 란에 마우스를 가져다 놓고 오른쪽버튼을 눌러 Change step을 선택하여 step값을 변경할 수 있다.

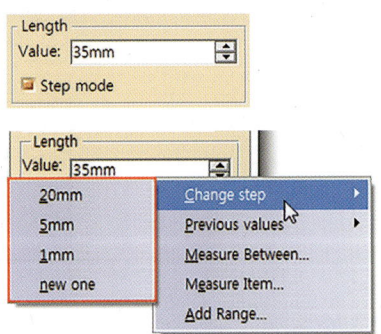

❺ OK 를 클릭하면 객체 이동이나 복사를 완료한다.

4 Rotate

선택한 객체를 회전시켜 이동하거나 복사한다.

❶ Rotate 명령어를 클릭하여 실행하면 Rotation Definition 대화상자가 나타난다.

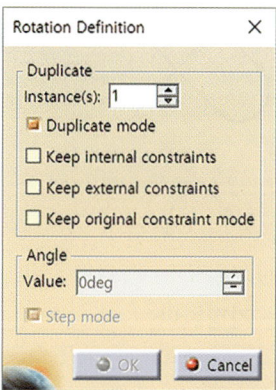

- Keep external constraints : 체크하면 선택한 객체에 부여된 내부 구속조건은 유지되나 회전한다는 것은 필요한 경우 거리값과 각도값을 다시 계산하는 것을 의미하므로 기존 외부 구속조건은 사라지고 회전 각도를 참고 치수로 생성한다.

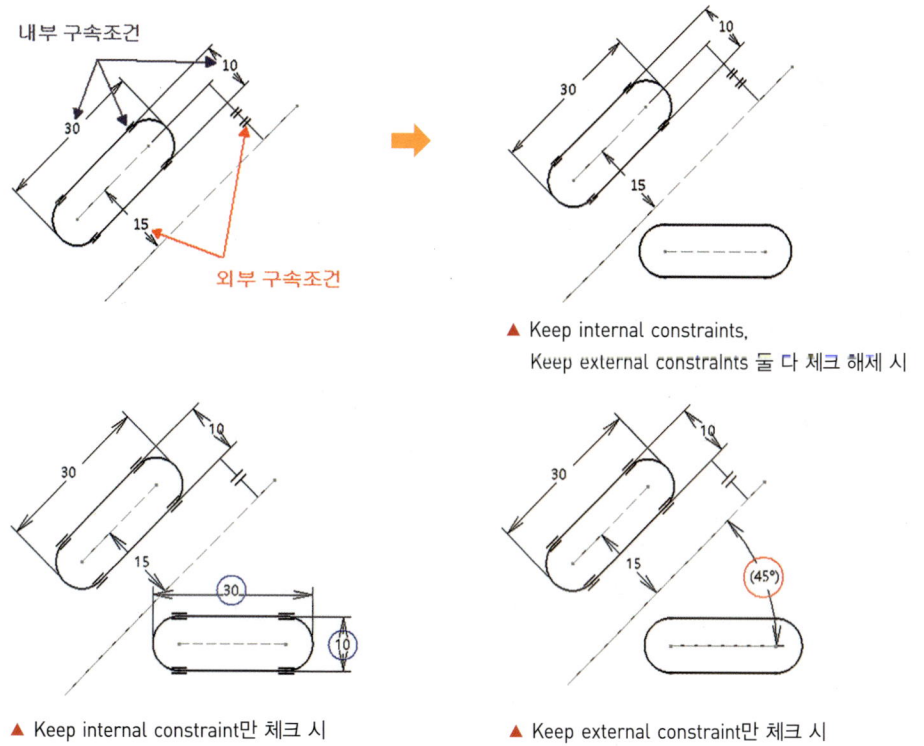

❷ 회전하여 이동하거나 복사할 객체를 선택한다. 다중 선택을 할 경우 마우스를 드래그하여 선택상자로 선택하고 단일 객체를 선택할 경우 마우스 왼쪽버튼을 클릭하여 선택한다.

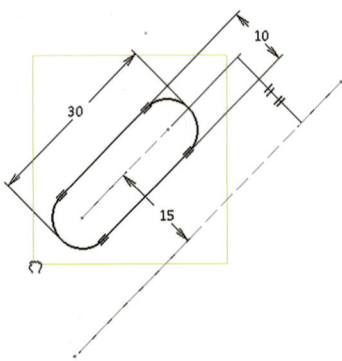

❸ 회전 중심점과 회전 각도 시작점을 지정한다.

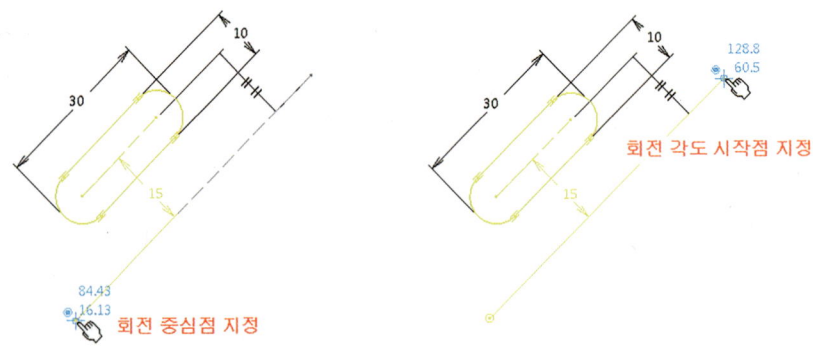

❹ 마우스 왼쪽버튼으로 회전 각도를 지정하거나 정확한 거리값으로 이동하고자 한다면 Translation Definition 대화상자에서 Angle Value 값을 기입한다. 회전 각도값은 지정한 회전 각도 시작점을 기준으로 측정된다. 또한 Step mode 옵션을 선택하면 마우스 움직임에 따라 Value 값이 기본적으로 5°씩 증가한다.

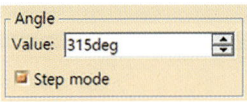

❺ OK 를 클릭하면 객체 이동이나 복사를 완료한다.

5 Scale

지정한 중심점을 기준으로 축척 비율값만큼 선택한 객체를 확대 또는 축소한다.

❶ Scale 명령어를 클릭하여 실행하면 Scale Definition 대화상자가 나타난다. 여기서 축척할 형상을 먼저 선택하거나 명령어를 먼저 실행할 수 있다. 이때 명령어를 먼저 실행하면 여러 개의 요소를 마우스 왼쪽버튼으로 선택할 수 없다.

❷ 축척할 요소를 선택한다.

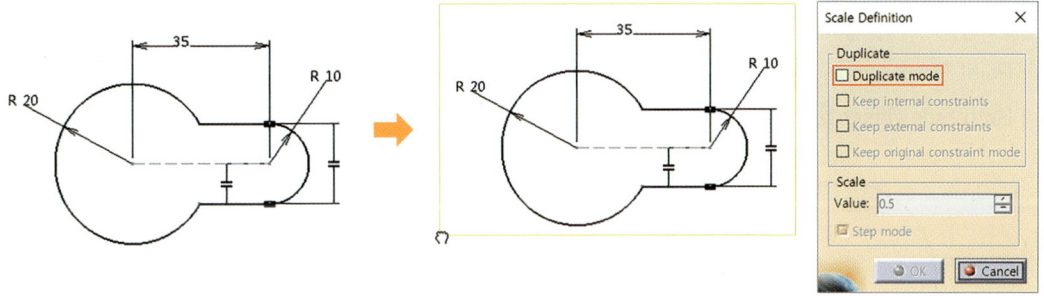

❸ 축척의 중심점을 지정한다.

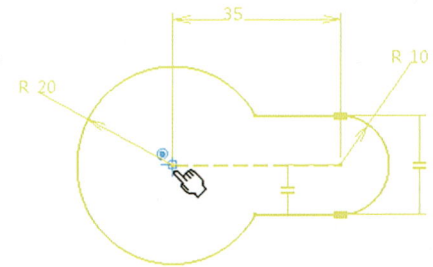

❹ Scale Definition 대화상자에서 원하는 배율값을 입력한 후 OK 를 클릭하면 축소나 확대된다. 크기 변화에 따라 치수 구속에 해당하는 값은 자동 변경된다.

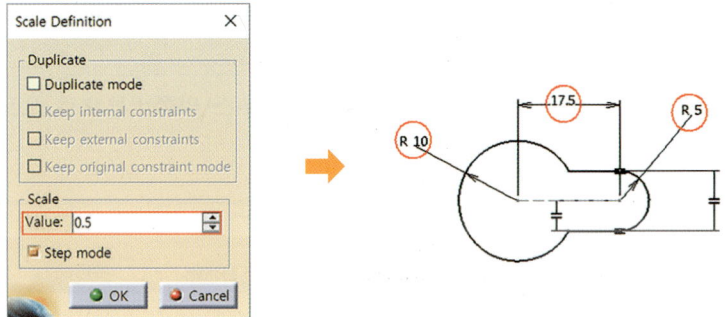

CHAPTER 03 Sketch Operation 도구모음 명령어 사용 방법 **83**

6 Offset

선택한 요소의 법선방향으로 지정한 점이나 거리값만큼 복사한다. Sketch tools 도구모음에서 Offset 옵션은 다음과 같다.

- No Propagation : 선택한 요소만 Offset할 요소로 선택된다.
- Tangent Propagation : 선택한 요소와 접하는 요소가 Offset할 요소로 선택된다.
- Point Propagation : 선택한 요소의 점과 연결된 요소가 Offset할 요소로 선택된다.
- Both Side Offset : 선택된 요소를 기준으로 양쪽 방향으로 Offset한다.

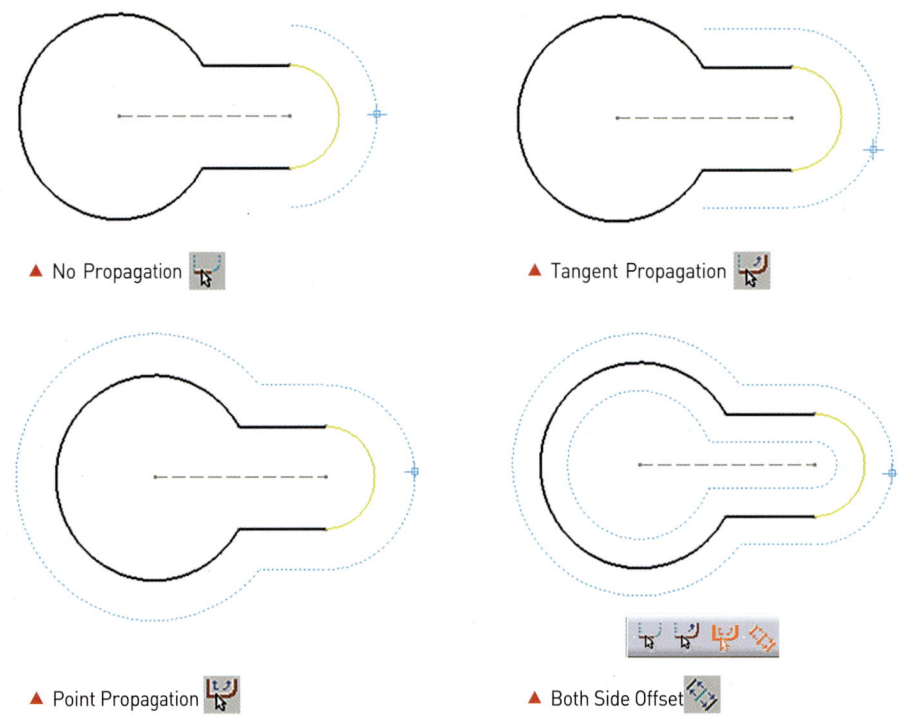

▲ No Propagation   ▲ Tangent Propagation

▲ Point Propagation   ▲ Both Side Offset

Offset 거리값을 Sketch tools 도구모음에서 지정하거나 마우스 왼쪽버튼으로 오프셋 요소를 배치할 점을 지정한다.

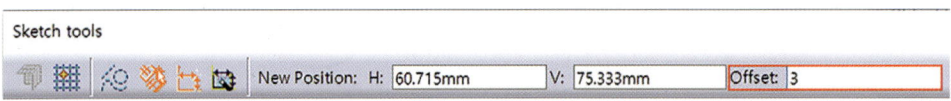

> **TIP**
>
> Sketch tools 도구모음의 Instances 필드에 작성할 수를 입력하여 여러 개의 오프셋 요소를 생성할 수 있다.

3D 형상의 모서리나 면을 선택하여 오프셋

① Offset 명령어를 클릭하여 실행한다.
② 오프셋할 3D 형상의 면이나 모서리를 선택한다.
③ 마우스를 움직여 오프셋 방향을 결정한다.
④ Sketch tools 도구모음에서 오프셋 거리값을 입력한다.

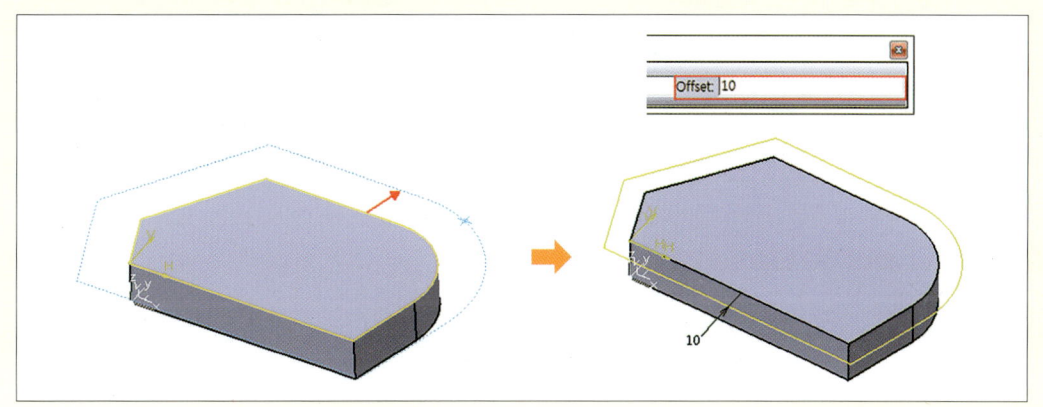

5 3D Geometry 하위 도구모음

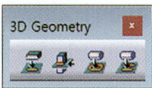

▲ 3D Geometry 하위 도구모음

1 Project 3D Elements

3D 영역에서 선택한 요소가 스케치 평면에 투영되어 프로파일을 만든다.

❶ Project 3D Elements ![icon] 명령어를 클릭하여 실행한다.
❷ 스케치 평면에 투영하려는 3D 영역 면이나 모서리, 점 등을 선택한다.

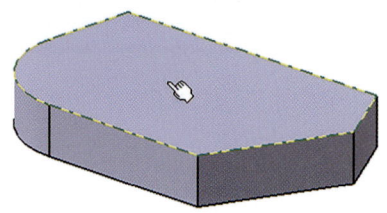

❸ 선택한 면의 모서리나 점이 스케치 평면에 투영된다. 투영된 프로파일은 노란색이며 이동할 수 없다. 또한 투영 형상이 변경되면 투영된 프로파일도 같이 변경된다.

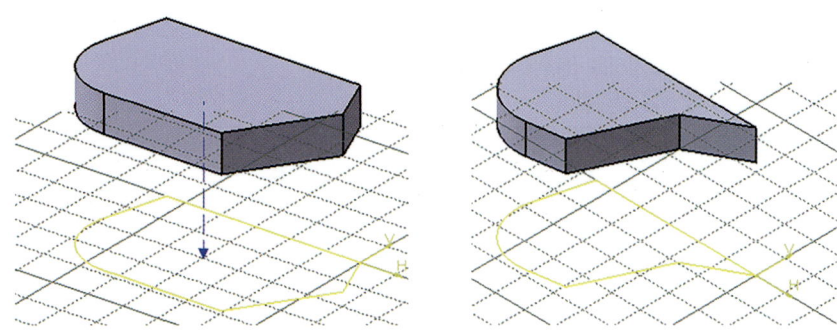

2 Intersect 3D Elements

3D 형상의 면과 스케치 평면 사이에서 교선 또는 곡선과 스케치 평면 사이에 교차점을 생성한다.

❶ 3D 형상의 면을 선택한다.

❷ Intersect 3D Elements ![icon] 명령어를 클릭하여 실행하면 3D 형상의 면과 스케치 평면 사이에서 교선이 생성된다. 교선은 노란색이며 이동할 수 없다. 또한 형상 면이 이동하면 스케치 평면에 작성된 교선도 변경된다.

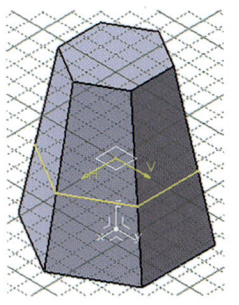
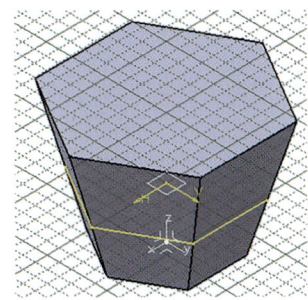

3 Project 3D Silhouette Edges

3D 형상의 면을 선택하여 스케치 평면에 실루엣 모서리를 생성한다.

❶ 3D 형상의 면을 선택한다.

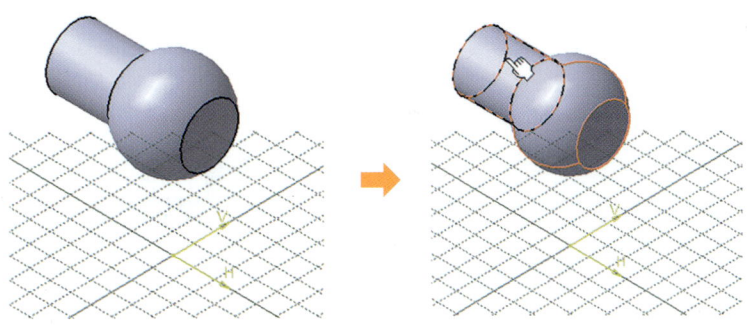

❷ Project 3D Silhouette Edges 명령어를 클릭하여 실행하면 실루엣 모서리가 스케치 평면에 생성된다. 이러한 실루엣 모서리는 3D와 연관되어 있으며 노란색이다.

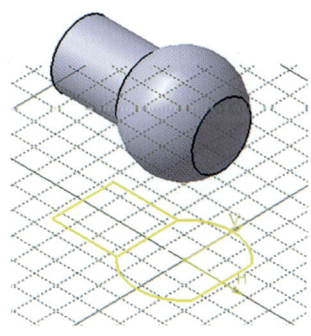

4 Project 3D Canonical Silhouette Edges

스케치 평면과 평행한 곡면에서만 실루엣 모서리를 생성한다.

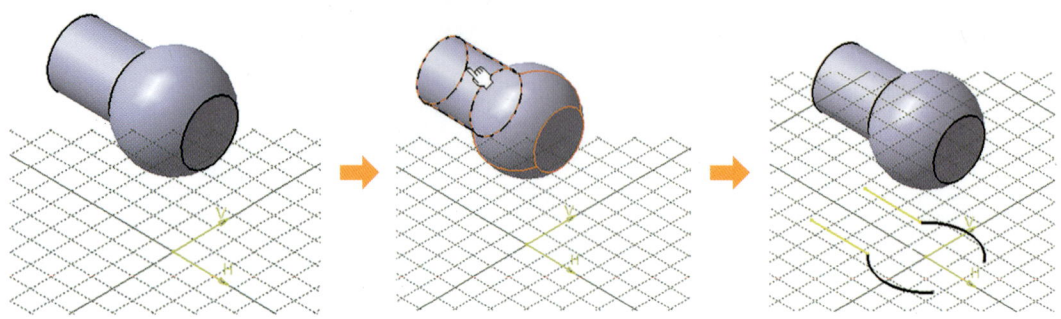

TIP

3D Geometry에서 3D 형상과 스케치와의 연관성을 분리하고자 한다면 메뉴모음에서 Insert 〉 Operation 〉 3D Geometry 〉 Isolate를 선택하거나 스케치 요소에 마우스를 가져다 놓고 마우스 오른쪽버튼을 클릭하여 바로가기 메뉴의 Mark.n 〉 Isolate를 선택한다.

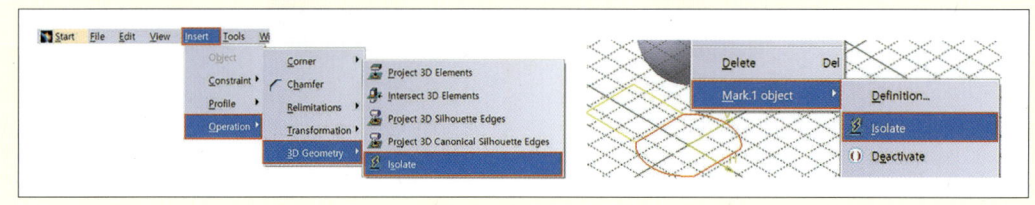

CHAPTER 04 | 활용 예제 1
Profile, Constraints Defined in Dialog Box, Constraint, 스케치 완전정의와 Visualization 도구모음

예제 도면 | Sketcher 작업하기

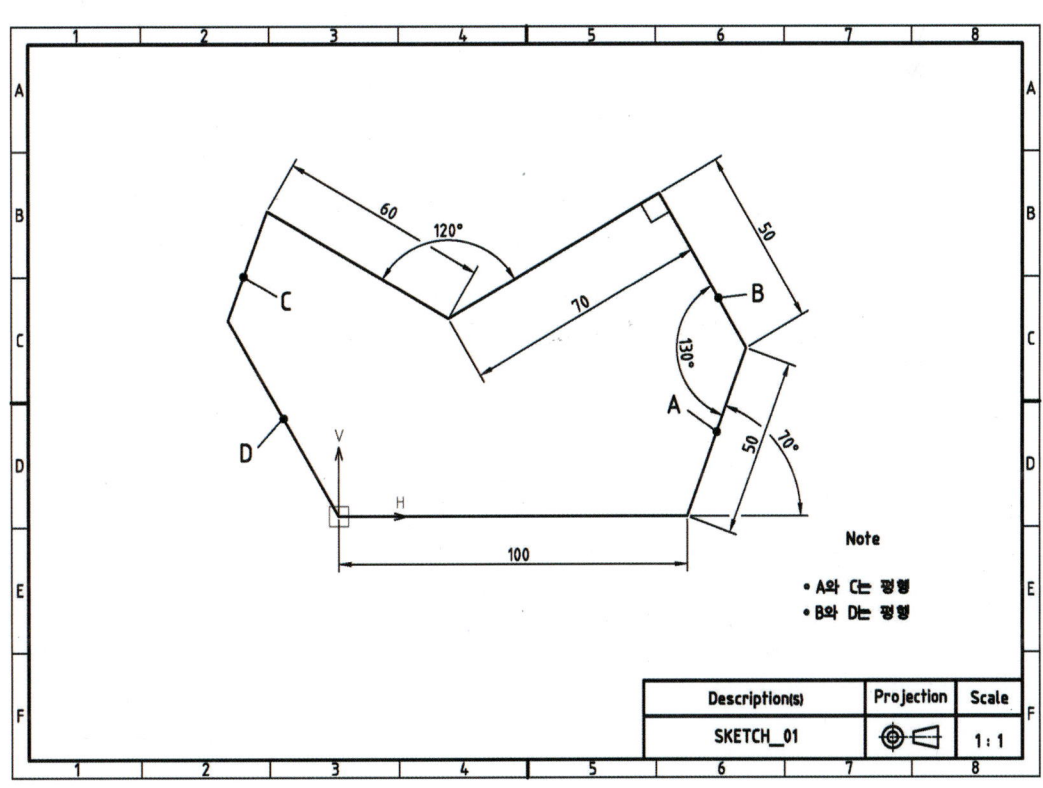

1. Sketcher Workbench 시작하기

❶ 메뉴모음에서 File 〉 New를 선택한다.

❷ New 대화상자의 List of Types 란에서 Part를 선택하여, Part 이름을 지정하고 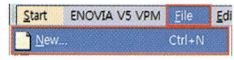 를 클릭한다.

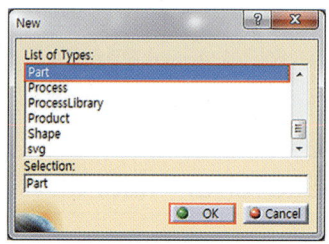

❸ Sketcher 도구모음의 Sketch 명령어를 클릭하고 Specification Tree에서 yz 평면을 선택하여 Sketcher Workbench로 들어간다.

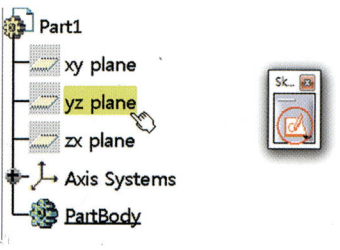

2. Profile 을 사용하여 연속적인 선 생성하기

❶ Profile 명령어를 실행한다. 마우스를 스케치 원점에 가져다 놓으면 SmartPick에 의해 일치 기호 가 시각화된다. 이때 마우스 왼쪽버튼을 클릭하여 스케치 원점과 선의 시작점을 일치시켜 프로파일의 시작위치를 지정한다.

❷ 수평한 선분을 작성하기 위해 Sketch tools 도구모음의 각도가 0이 되는 H축 방향으로 마우스를 가져다 놓고 다음 점을 클릭하여 수평한 선분을 작성한다.

- 기하학적 구속조건 무시하면서 그리고자 할 때를 제외하고 프로파일을 작성하는 동안 하나 이상의 형상요소 간에 기하학적 구속조건이 자동으로 생성되도록 Sketch tools 도구모음의 Geometrical Constraint 를 활성화한다.
- 지정된 점으로부터 다음 점을 지정할 때 거리와 각도값이 비슷한 위치에 점을 지정하는 것이 차후 치수 구속에 의한 형상 변화를 줄일 수 있으므로 Sketch tools 도구모음의 L과 A를 참고하여 점을 지정한다.

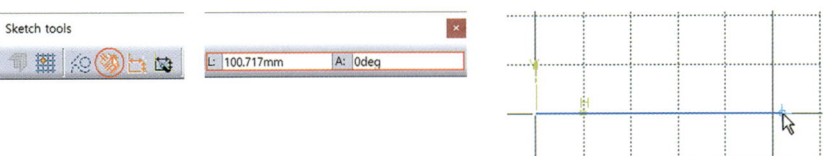

❸ Dimensional Constraint 를 클릭한 후 Sketch tools 도구모음에 L : 50, A : 70을 기입하여 마지막 점으로부터 50mm만큼의 거리를 가지며 H축으로부터 70° 방향의 점을 지정한다. Dimensional Constraint이 활성화된 상태 이기 때문에 필드 값에 의한 치수가 생성된다.

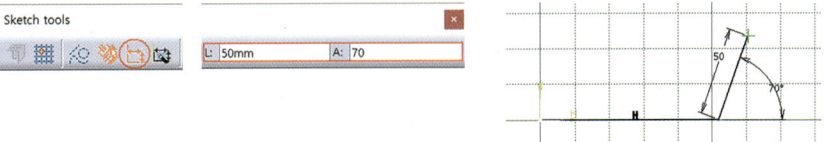

❹ Sketch tools 도구모음의 L과 A를 참고하여 지정하고자 하는 점의 거리와 각도값이 비슷한 위치에 커서를 가져다 놓고 마우스 왼쪽버튼으로 점을 지정한다.

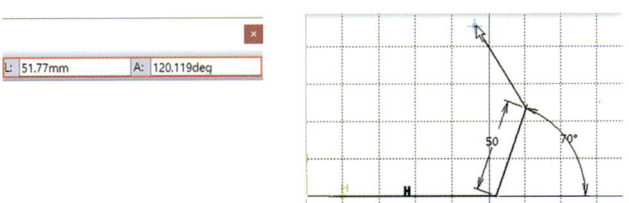

❺ 선분과 직각 구속조건이 생성되도록 마우스를 움직여 점의 방향을 결정하고 대략적인 70mm 위치에 점을 지정한다. 이때 Shift 를 누른 채 마우스를 움직이면 SmartPick이 비활성화되어 기하학적 구속조건이 자동으로 생성되지 않는다.

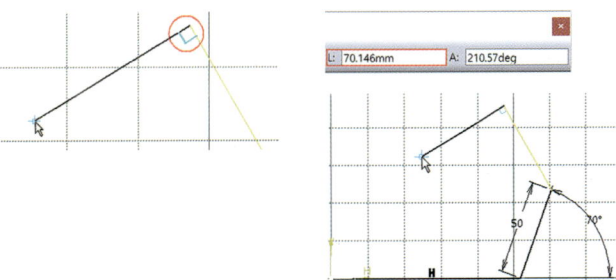

❻ 다음 점 지정 시 다른 요소와의 구속조건이 생성되지 않도록 Shift 를 누른 채 마우스 움직여 다음 점을 지정한다.

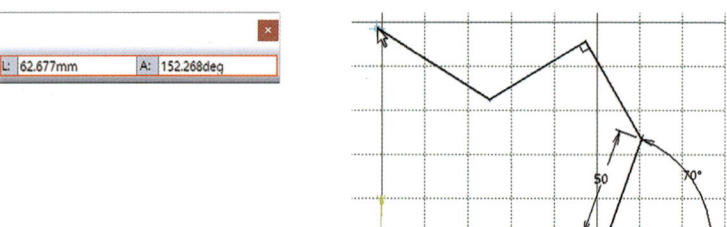

❼ A선분과 평행 구속조건이 생성되도록 마우스를 움직여 점의 방향을 결정하고 그 방향으로 임의의 위치에 점을 지정한다.

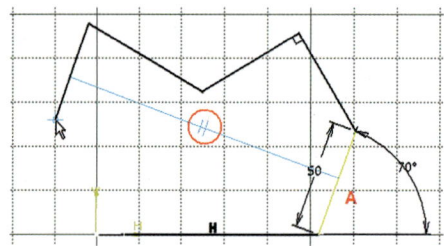

❽ 스케치 원점에 마우스를 가져다 놓고 일치기호 ⊙ 가 나타나면 마우스 왼쪽버튼을 클릭하여 스케치 원점과 선분의 끝점이 일치되도록 점을 지정한다. 닫힌 프로파일이 완성되면 프로파일 명령어는 자동 종료되며 명령 실행 후 명령어를 종료하고자 한다면 해당 명령어를 다시 클릭하거나 ESC 를 누른다.

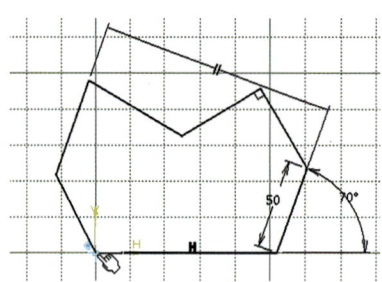

3 구속조건 부여하기

완전 정의된 스케치를 완성하기 위해 하나 또는 그 이상의 요소 간에 위치, 크기, 자세(방향)에 대한 치수 구속이나 기하학적 구속조건을 부여한다.

1 Constraints Defined in Dialog Box

하나 또는 여러 개의 요소를 선택한 후 Constraint 도구모음의 Constraints Defined in Dialog Box 명령을 실행하여 대화상자를 통해 기하학적 구속조건을 설정한다.

❶ 기하학적 구속이 필요한 요소를 선택한다. 여기서는 B와 D선분을 Ctrl을 누른 채 선택한다.

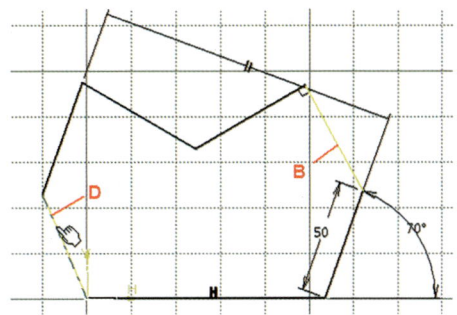

❷ Constraint 도구모음의 Constraints Defined in Dialog Box 명령어를 클릭한다.

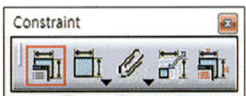

❸ 두 요소 사이에 부여할 수 있는 구속조건이 대화상자에 활성화되고 이 중 필요로 하는 구속조건을 체크한다. 여기서는 평행 조건을 체크하고 OK 를 클릭하여 Constraints Defined in Dialog Box 명령을 종료한다.

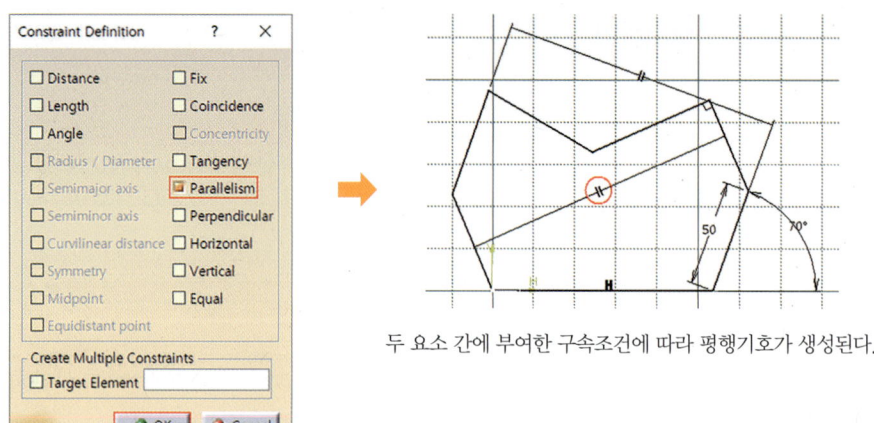

두 요소 간에 부여한 구속조건에 따라 평행기호가 생성된다.

2 Constraint

Constraint 명령을 사용하면 치수 또는 기하학적 구속조건을 설정할 수 있지만 주로 치수 구속 조건을 설정하는 데 사용한다.

❶ Constraint 도구모음의 Constraint 명령어를 더블 클릭한다. 참고로, 명령어를 한 번 클릭하면 해당 명령을 한 번만 사용할 수 있으며 더블 클릭하면 계속 사용할 수 있다.

❷ 두 선분을 클릭하고 마우스를 움직여 각도 방향을 결정한 후 마우스 왼쪽버튼을 클릭하여 각도 치수를 생성한다.

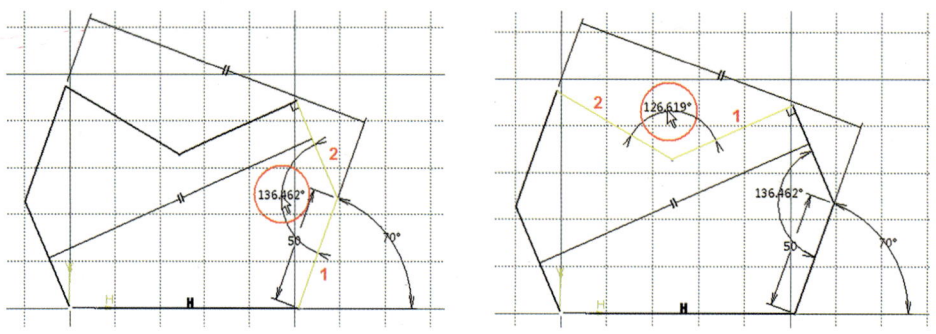

❸ 생성된 각도 치수를 더블 클릭하면 Constraint Definition 대화상자가 나타난다. Value 란 도면 에 부합되는 각도값을 기입하여 각도값을 수정한다.

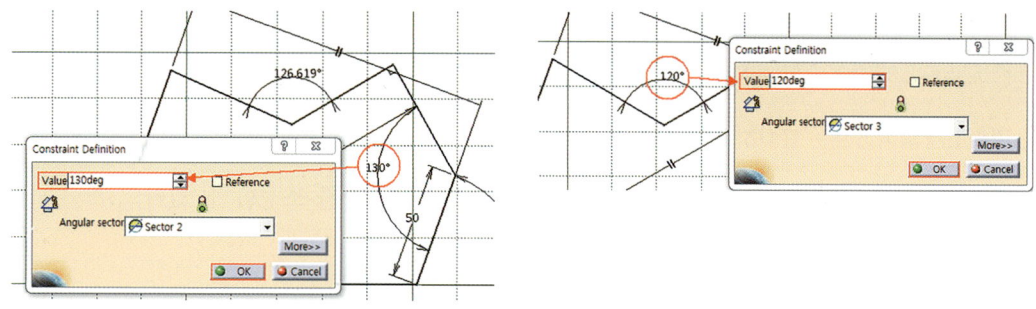

❹ 선이나 선의 두 점을 클릭하여 길이 치수를 생성한다.

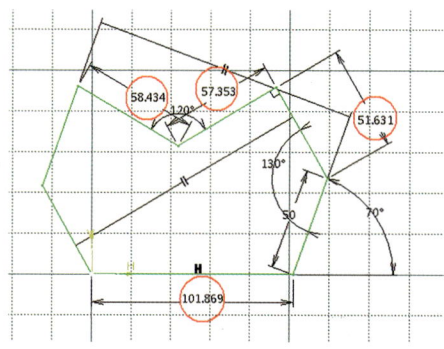

❺ 생성된 길이 치수를 더블 클릭하면 Constraint Definition 대화상자가 나타난다. Value 란 도면에 부합되는 길이 치수를 기입하여 길이값을 수정한다.

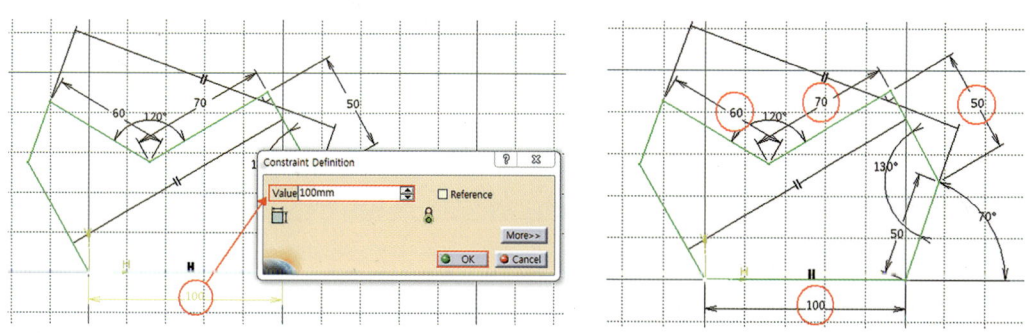

❻ ESC를 누르거나 명령어를 다시 클릭하여 명령을 종료하여 완전 정의된 스케치를 완성한다.

구속조건 시각화 및 삭제

1 구속조건 숨기기 또는 표시하기

Visualization 도구모음 세 가지 명령에 의해 구속조건의 시각화를 조정할 수 있다.

1) Diagnostics

스케치 요소의 구속조건을 진단하여 색상으로 시각화한다. 일반적으로 선택하여 스케치 상태를 확인하며 작업한다.

- 흰색 : 위치, 크기, 자세(방향)에 대한 치수 구속이나 기하학적 구속조건이 부족한 자유도가 남아 있는 요소의 색상이다. 여기서는 배경이 흰색이므로 검정색으로 표시되어 있다.

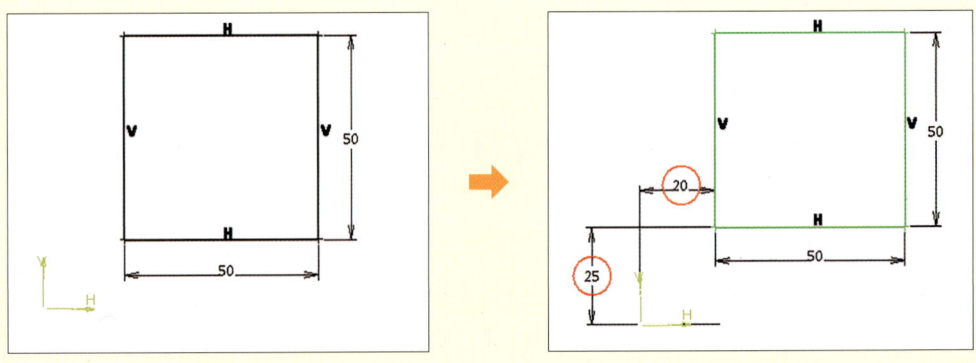

수평, 수직의 자세와 크기에 대한 구속은 있으나 위치에 대한 구속이 부족한 상태이다.

치수구속 또는 구속조건으로 부족한 구속을 추가하며 완전 정의되어 초록색으로 표시된다.

- 초록색 : 위치, 크기, 자세 정의가 치수 구속이나 구속조건으로 완전 정의된 상태로 자유도가 남지 않은 요소의 색상이다. 치수를 편집하여도 원하는 형상을 유지시키기 위해 일반적으로 초록색 상태가 되도록 스케치한다.
- 갈색 : 일부 구속조건이 과도하게 정의되거나 일관성이 없을 때 나타난다. 예를 들어 그림에서 선분의 길이를 150으로 수정하면 형상을 표현할 수 없으므로 오류가 생기고 다른 치수를 수정하여도 형상은 다시 계산되지 않는다. 오류를 제거하고자 한다면 하나 이상의 치수 구속조건을 제거하거나 형상이 표현될 수 있는 값으로 치수를 수정한다.

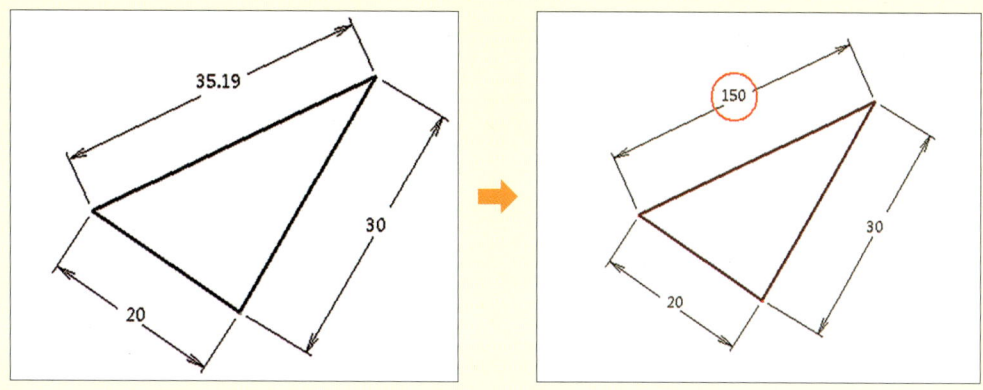

- 보라색 : 치수 구속이나 구속조건이 과도하게 제한되어 있을 때 나타난다. 다음 그림은 너무 많은 치수가 형상에 적용되어 오류가 발생한 경우로, 불필요한 치수 구속을 제거하여 오류를 해결한다.

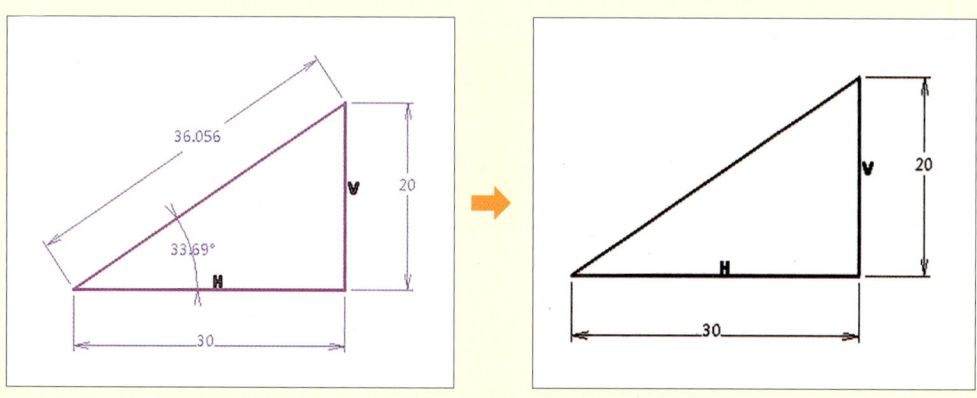

- 빨간색 : 스케치에 일관성이 없고 모순된 구속조건으로 해결책이 없을 때 나타나며 모순된 치수 구속이나 구속조건을 제거하거나 수정하여 해결한다.

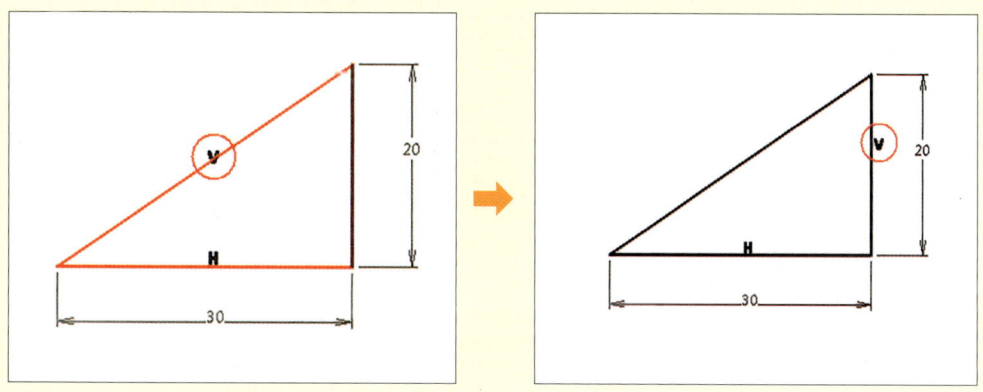

2) Dimensional Constraints

치수 구속조건이 표시되며 선택 해제 하면 치수 구속조건이 숨겨진다.

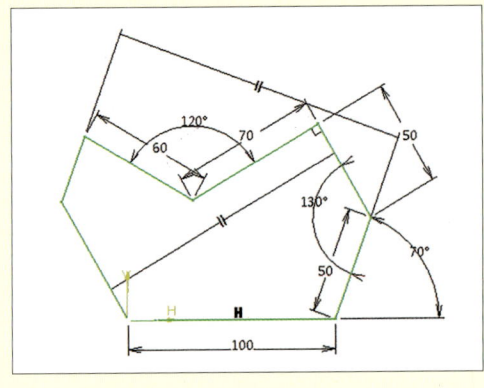 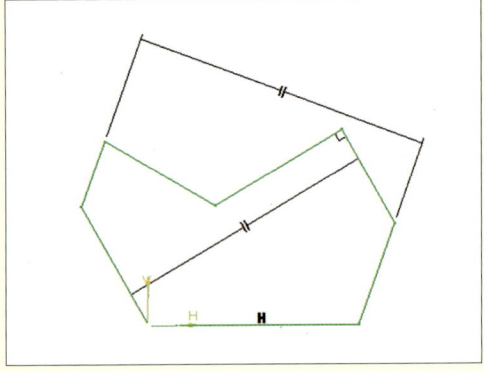

▲ Dimensional Constraints 아이콘 선택 시   ▲ Dimensional Constraints 아이콘 해제 시

3) Geometrical Constraints

기하학적 구속조건이 표시되며 선택 해제 하면 기하학적 구속조건이 숨겨진다.

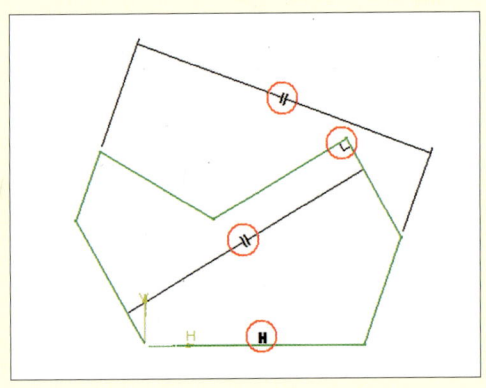 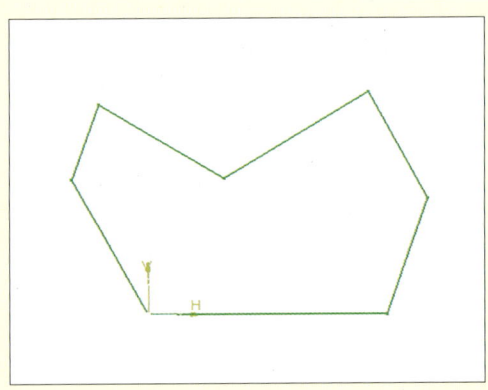

▲ Geometrical Constraints 아이콘 선택 시   ▲ Geometrical Constraints 아이콘 해제 시

2 구속조건 삭제하기

❶ 구속조건 아이콘을 선택하고 지운다.

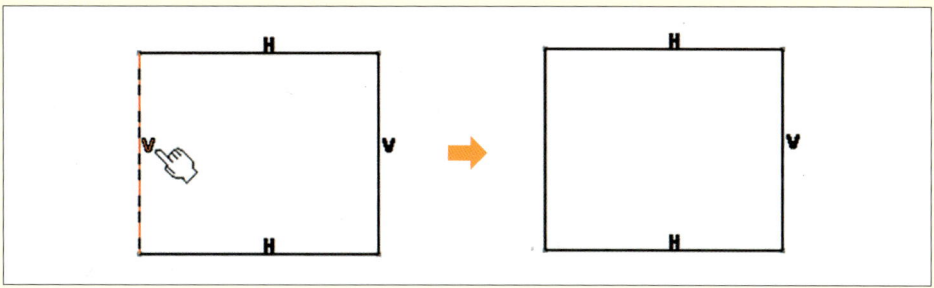

❷ Specification Tree의 Constraints 아래에 지우고자 하는 구속조건을 선택하여 지운다.

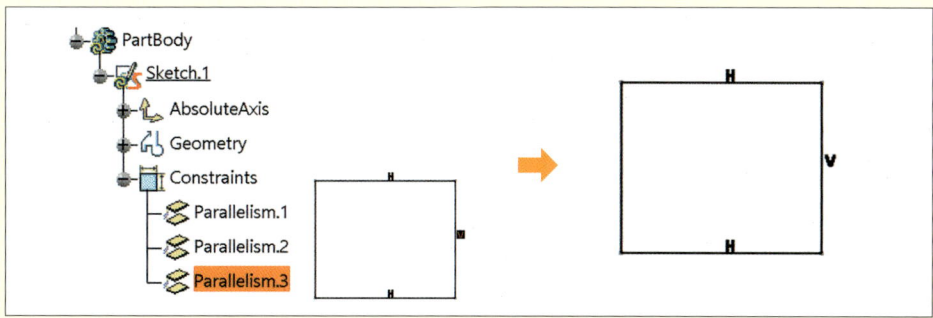

❸ 요소를 선택하고 Constraints Defined in Dialog Box 명령을 실행한 다음 없애고자 하는 구속조건에 체크를 해제한다.

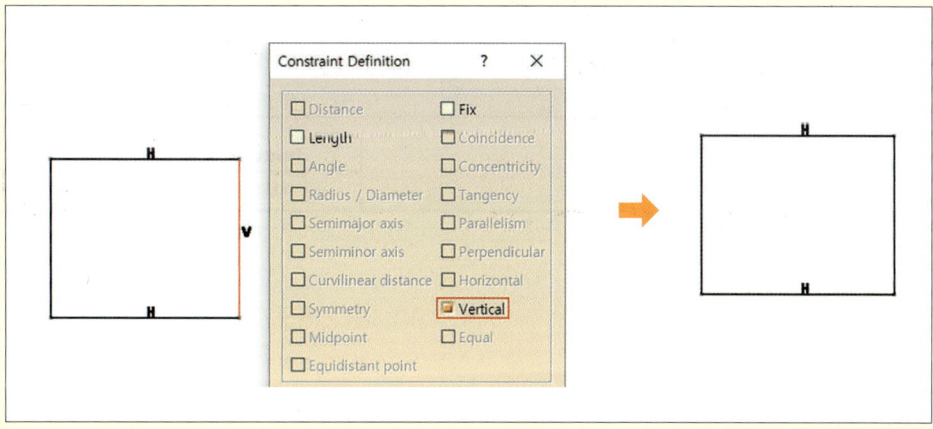

CHAPTER 05

활용 예제 2
Polygon, Circle, Cylindrical Elongated Hole, Line, Elongated Hole, Corner

예제 도면 | Sketcher 작업하기

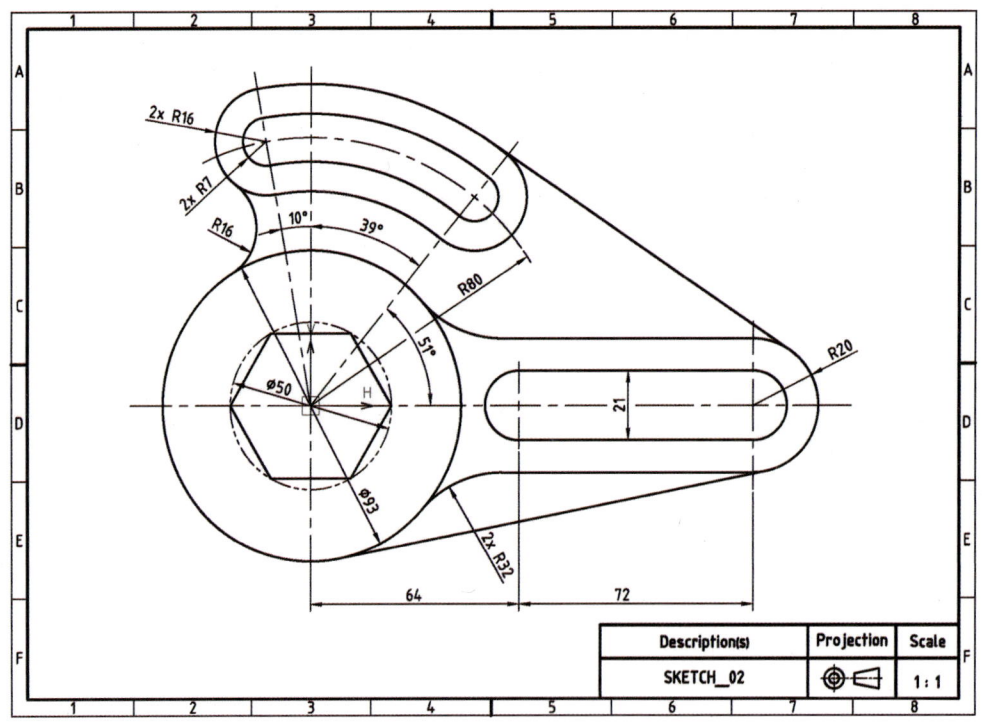

1 Sketcher Workbench 시작하기

❶ 메뉴모음에서 Start 〉 Mechanical Design 〉 Sketcher를 선택한다.
❷ New Part 대화상자에서 Part 이름을 지정하고 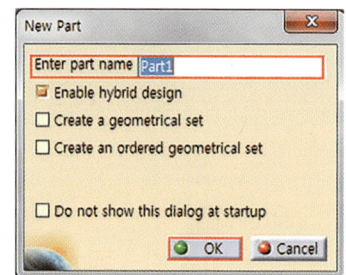 를 클릭한다.

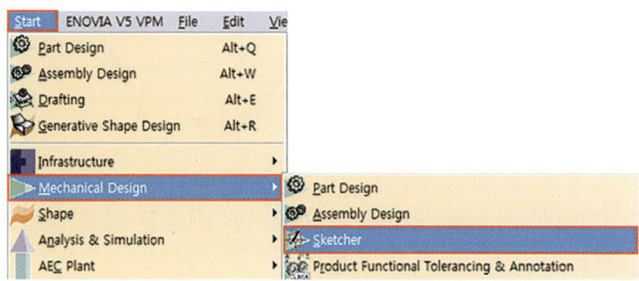

❸ Specification Tree에서 xy 평면을 선택하여 Sketcher Workbench로 들어간다.

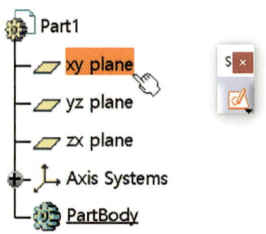

2 Profile 생성하기

1 Polygon ◯

❶ Polygon ◯ 명령어를 클릭하여 실행한다.
❷ 마우스 커서를 스케치 원점에 가져다 놓고 ◉ 기호가 나타나면 마우스 왼쪽버튼을 클릭하여 스케치 원점과 다각형의 중심점이 일치하도록 점을 지정한다.
❸ Sketch tools 도구모음의 외접원아이콘 ⊙을 선택한다.

❸ Sketch tools 도구모음 As default number of sides 가 활성화되어 있으면 기본값인 정육각형이 작성되며 내접 반경에 해당되는 점을 H축 선상에 지정한다.

❹ 마우스 왼쪽버튼을 빈 공간에 클릭하여 정육각형을 작성한다.

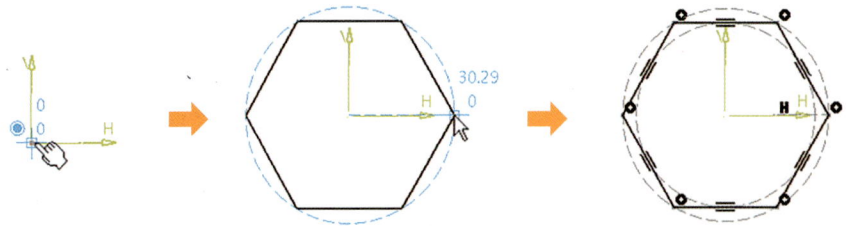

❺ Constraint 명령어를 클릭하여 외접원의 치수를 생성한 다음 생성된 치수를 더블 클릭하여 치수값을 지름 치수 50mm로 수정한다.

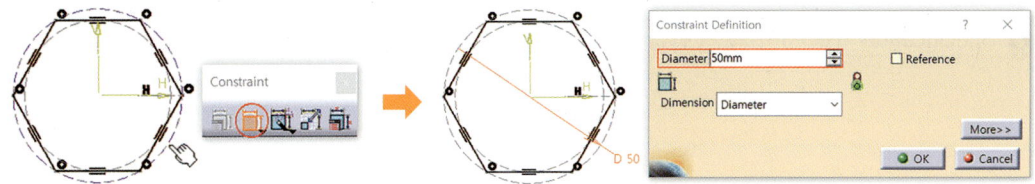

2 Circle

❶ Circle 명령어를 클릭하여 실행한다.

❷ 마우스 커서를 스케치 원점에 가져다 놓고 기호가 나타나면 마우스 왼쪽버튼을 클릭하여 스케치 원점과 원의 중심점이 일치하도록 점을 지정한다.

❸ 원의 중심점으로부터 원주상의 반지름에 해당되는 점을 마우스 왼쪽버튼으로 지정하고 원을 생성한다.

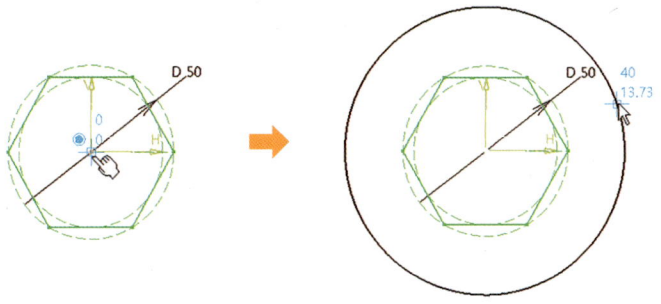

❹ Constraint 명령어를 클릭하여 원의 크기값 93mm를 부여한다.

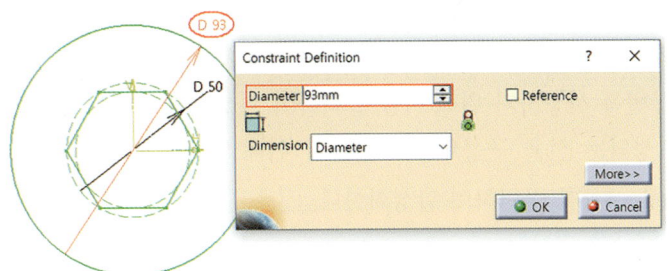

3 Cylindrical Elongated Hole

❶ Cylindrical Elongated Hole 명령을 반복 사용하기 위해 더블 클릭하여 실행한다.
❷ Hole의 폭 치수가 생성되도록 Sketch Tools 도구모음의 Dimensional Constraint 를 활성화한다.
❸ 마우스 커서를 스케치 원점에 가져다 놓고 기호가 나타나면 마우스 왼쪽버튼을 클릭하여 스케치 원점과 호의 중심점이 일치하도록 점을 지정한다.
❹ 홀의 중심선인 호의 시작점, 끝점을 지정하고 반경에 해당되는 점을 지정하여 원통형의 길쭉한 홀을 생성한다. 이때 다른 요소와의 강제 구속을 피하고자 한다면 Shift 를 눌러 SmartPick을 비활성하여 점을 지정한다.

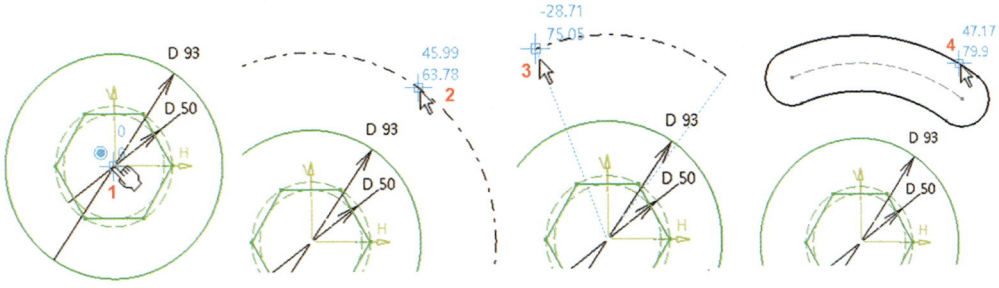

❺ Cylindrical Elongated Hole 명령이 반복 실행되면 홀의 중심점은 스케치 원점에 일치하도록 지정하고 중심선인 호의 시작점과 끝점은 이전에 그려진 홀의 중심선인 호의 시작점과 끝점에 일치하도록 지정한 후 반경에 해당되는 점을 지정하여 원통형의 길쭉한 홀을 생성한다.

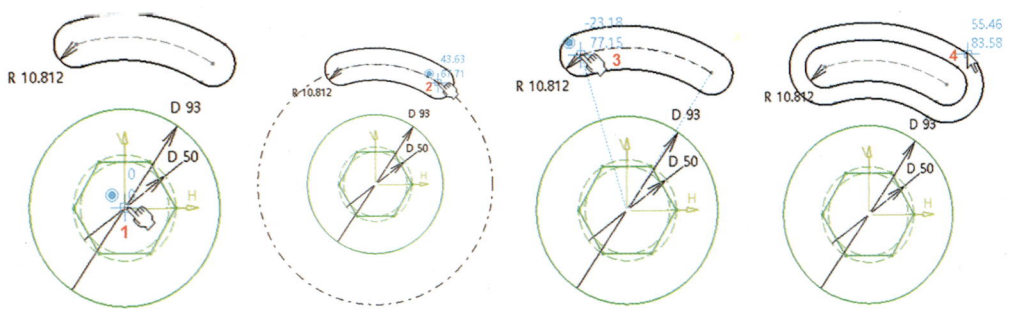

❻ ESC 를 눌러 명령을 종료한다.

4 Line

❶ Line 명령을 반복 사용하기 위해 더블 클릭하여 실행한다.
❷ 명령에 의해 생성되는 선을 구성요소로 만들기 위해 Sketch tools 도구모음의 Construction/ Standard Elements 를 클릭하여 활성화한다.

❸ 선의 시작점은 스케치 원점에 일치하고 끝점은 호의 중심점에 일치하도록 두 개의 선을 생성한다.

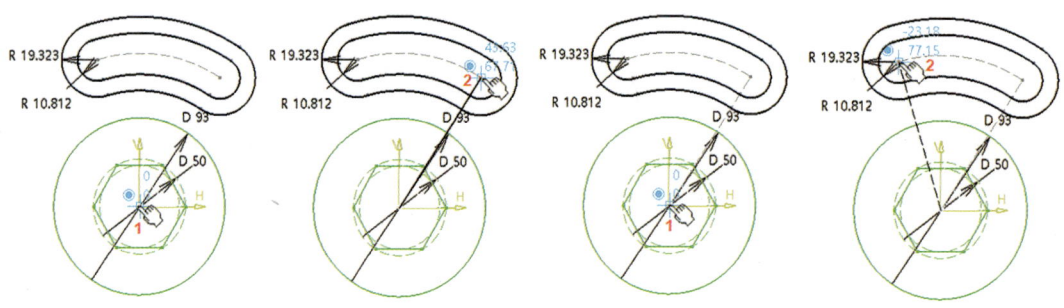

❹ 선의 시작점은 스케치 원점에 일치하고 끝점은 첫 번째 점으로부터 수직한 위치에 점을 지정하여 수직한 선을 생성한다.

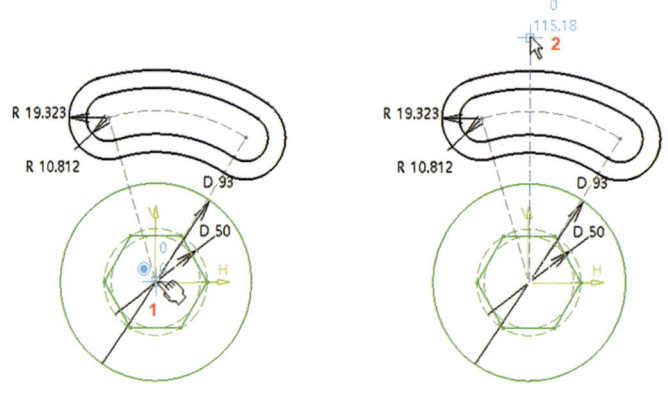

❺ ESC를 누르거나 명령어를 클릭하여 명령을 종료한다.

5 Constraint

❶ 생성되어 있는 치수를 더블 클릭하여 수정하고 Constraint 명령어를 더블 클릭하여 다음과 같이 치수를 부여한다.

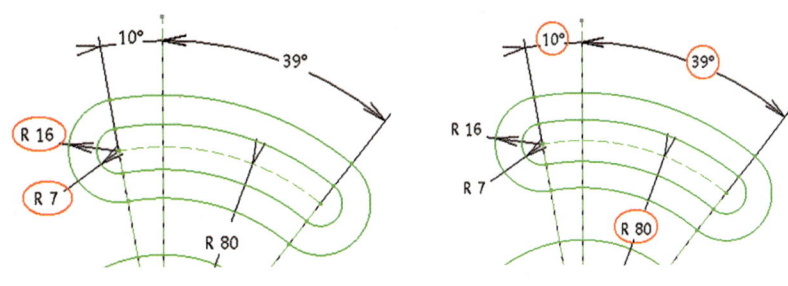

❷ ESC를 누르거나 Constraint 명령어를 클릭하여 해당 명령을 종료한다.
❸ 다음 그려지는 요소는 표준요소로 구성하기 위해 Sketch tools 도구모음의 Construction/Standard Elements 를 클릭하여 비활성화한다.

6 Elongated Hole

❶ Elongated Hole 명령을 반복 사용하기 위해 더블 클릭하여 실행한다.
❷ Hole의 폭 치수가 생성되지 않도록 Sketch tools 도구모음의 Dimensional Constraint 를 비활성화한다.
❸ 마우스를 스케치 원점으로부터 수평한 위치에 가져다 놓는다. SmartPick의 스냅이 활성화되면 마우스 왼쪽 버튼을 클릭하여 홀의 중심에 해당되는 첫 번째 점을 지정한다.

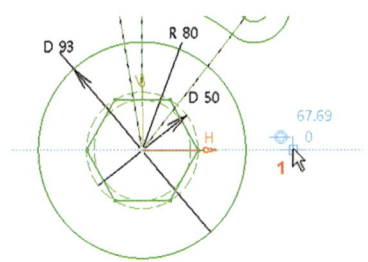

❹ 첫 번째 지정한 점으로부터 수평한 방향에 마우스를 가져다 놓고 홀의 중심에 해당되는 두 번째 점을 지정한다.

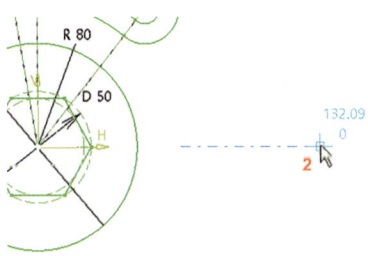

❺ 홀의 반경에 해당되는 점을 지정하여 길쭉한 홀을 생성한다.

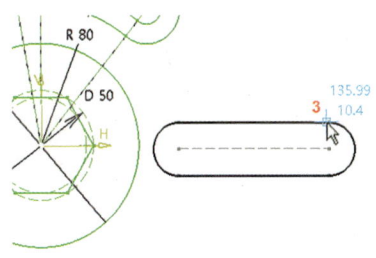

❻ Elongated Hole 명령이 반복 실행하여 이전에 그려진 홀 중심선의 시작점과 끝점에 일치하도록 홀의 중심에 해당되는 두 점을 지정하고 반경에 해당되는 점을 지정하여 홀을 생성한다.

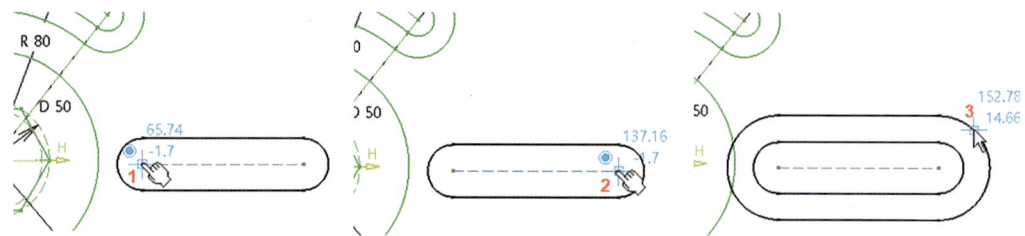

❼ ESC 를 누르거나 명령어를 클릭하여 해당 명령을 종료한다.
❽ 주어진 도면의 형상과 부합되도록 그려진 홀의 호를 선택하고 Delete 를 눌러 삭제한다.

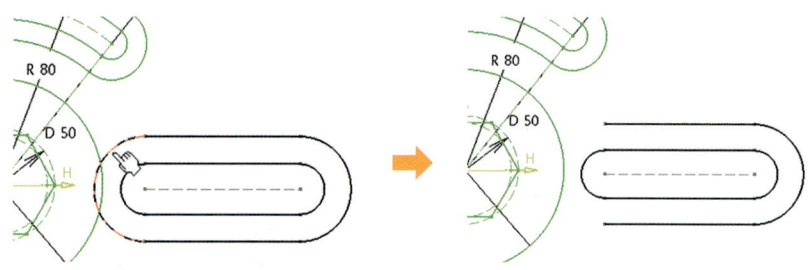

7 Constraint

❶ Constraint 명령을 반복 사용하기 위해 더블 클릭하여 실행한다.
❷ 선을 선택하고 치수가 생성된 상태에서 마우스 오른쪽버튼을 클릭한다. 콘텍스트 메뉴에서 Horizontal을 선택하여 선에 수평 구속조건을 부여한다.

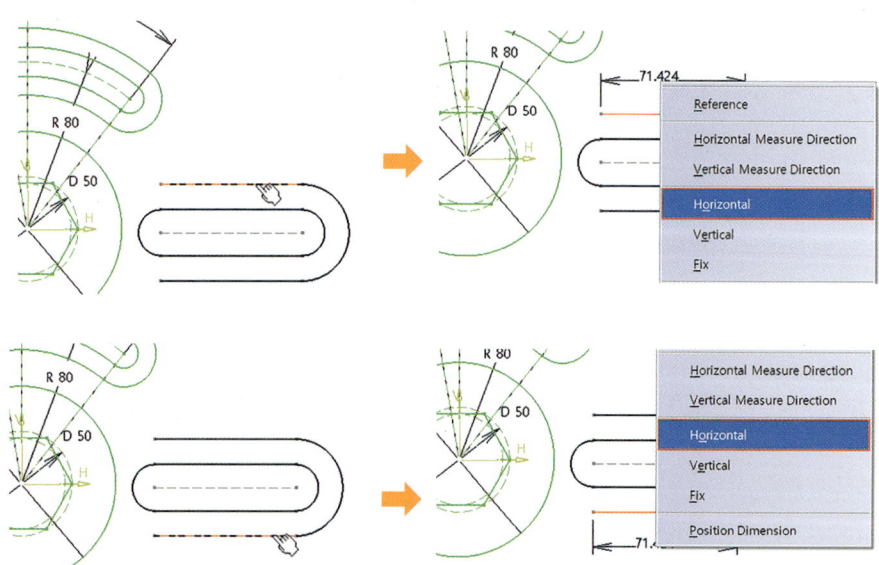

❸ 선분의 끝점과 원의 원주를 선택하고 치수가 생성된 상태에서 마우스 오른쪽버튼을 클릭한다. 콘텍스트 메뉴에서 Coincidence을 선택하여 선의 끝점이 원주선상에 놓이도록 일치 구속조건을 부여한다.

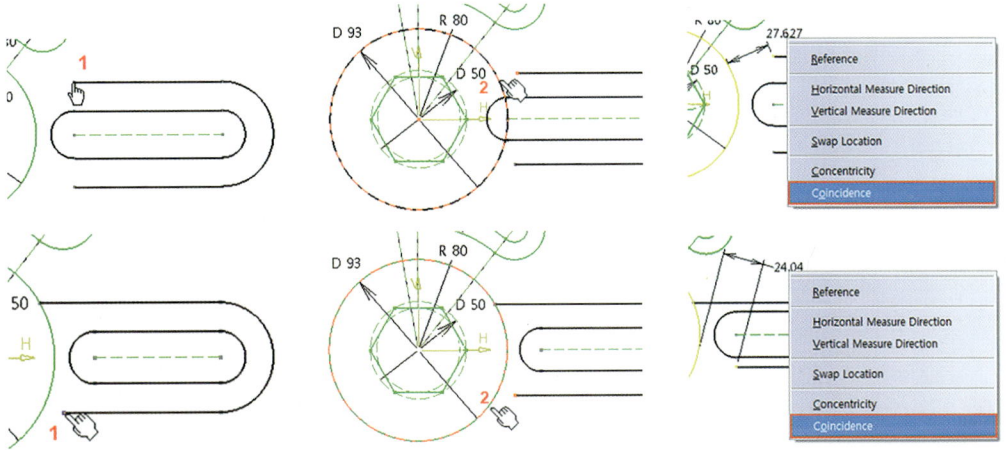

❹ 주어진 도면에 부합하도록 치수를 부여한다.

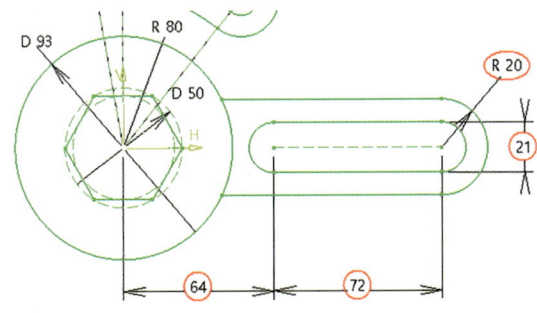

8 Corner

❶ Corner 명령을 반복 사용하기 위해 더블 클릭하여 실행한다.
❷ Sketch tools 도구모음에서 모서리 옵션으로 Trim First Element 을 선택한다.

❸ 첫 번째 선을 선택하고 두 번째 원을 선택한 후 마우스를 움직여 두 곡선에 접하는 호가 생성될 방향을 지정하여 Corner를 생성한다.

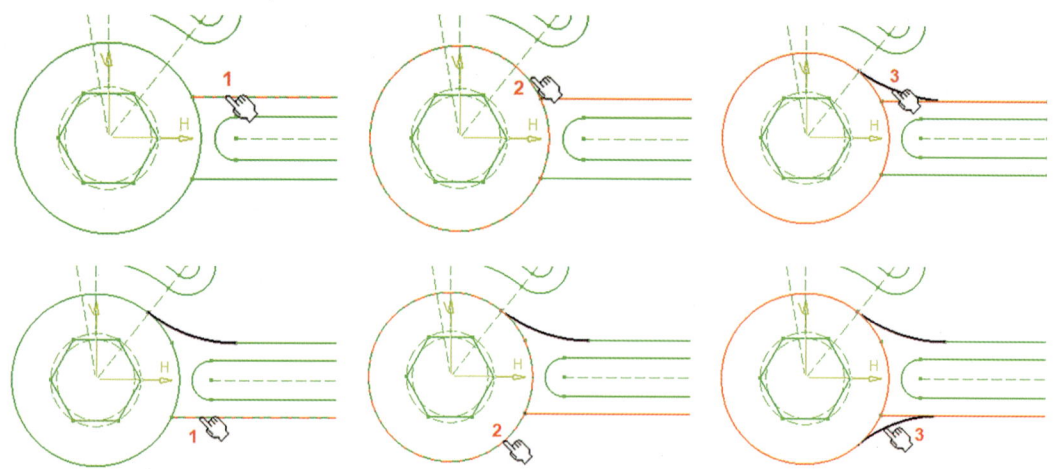

9 | Constraints Defined in Dialog Box

❶ Corner에 의해 생성된 두 개의 호에 대칭 구속조건을 부여하기 위해 두 호와 중심선을 Ctrl을 누른 상태에서 선택한다. 여기서 대칭 기준으로 사용될 중심선은 가장 마지막에 선택한다.

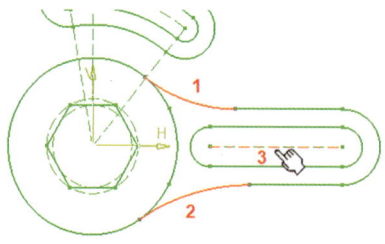

❷ Constraints Defined in Dialog Box 명령어를 클릭하여 실행한다.

❸ Constraint Definition 대화상자에서 Symmetry를 체크하여 대칭 구속조건을 추가한 후 OK 를 클릭하여 명령을 종료한다.

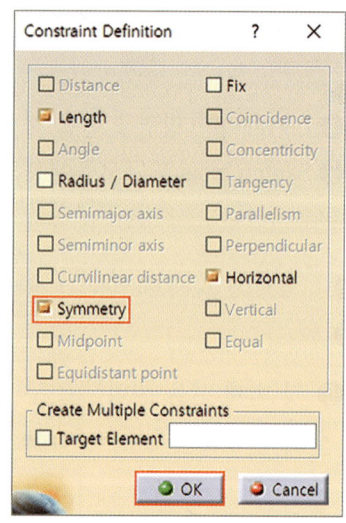

10 Constraint

❶ Constraint 명령어를 클릭하여 실행한다.
❷ 호를 클릭하여 반지름 치수 32mm를 생성한다.

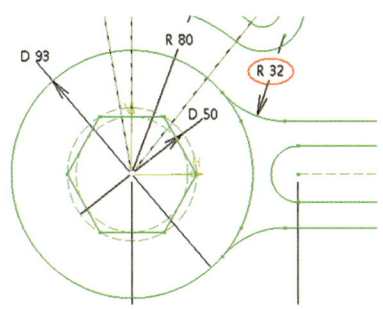

11 Line

❶ Line 명령을 반복 사용하기 위해 더블 클릭하여 실행한다.
❷ SmartPick에 의한 다른 요소와의 강제 구속을 피하기 위해 Shift를 누른 상태에서 마우스 왼쪽 버튼을 클릭하여 점을 지정하고 두 개의 사선을 생성한다.

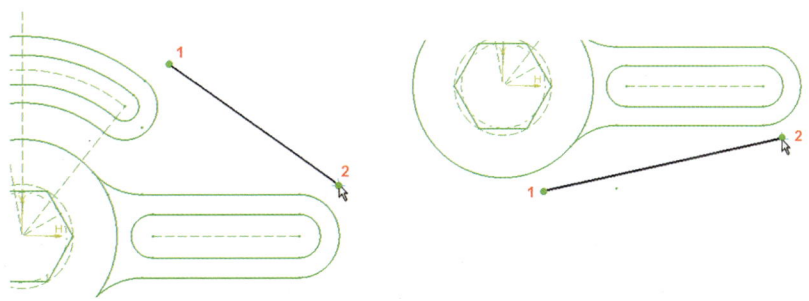

❸ ESC를 누르거나 명령어를 클릭하여 명령을 종료한다.

12 Constraint

❶ Constraint 명령을 반복 사용하기 위해 더블 클릭하여 실행한다.
❷ 선분의 끝점과 호를 선택하고 치수가 생성된 상태에서 마우스 오른쪽버튼을 클릭한다. 콘텍스트 메뉴가 팝업되면 Coincidence를 선택하여 선분의 끝점이 호의 원주선상에 놓이도록 일치 구속 조건을 부여한다.

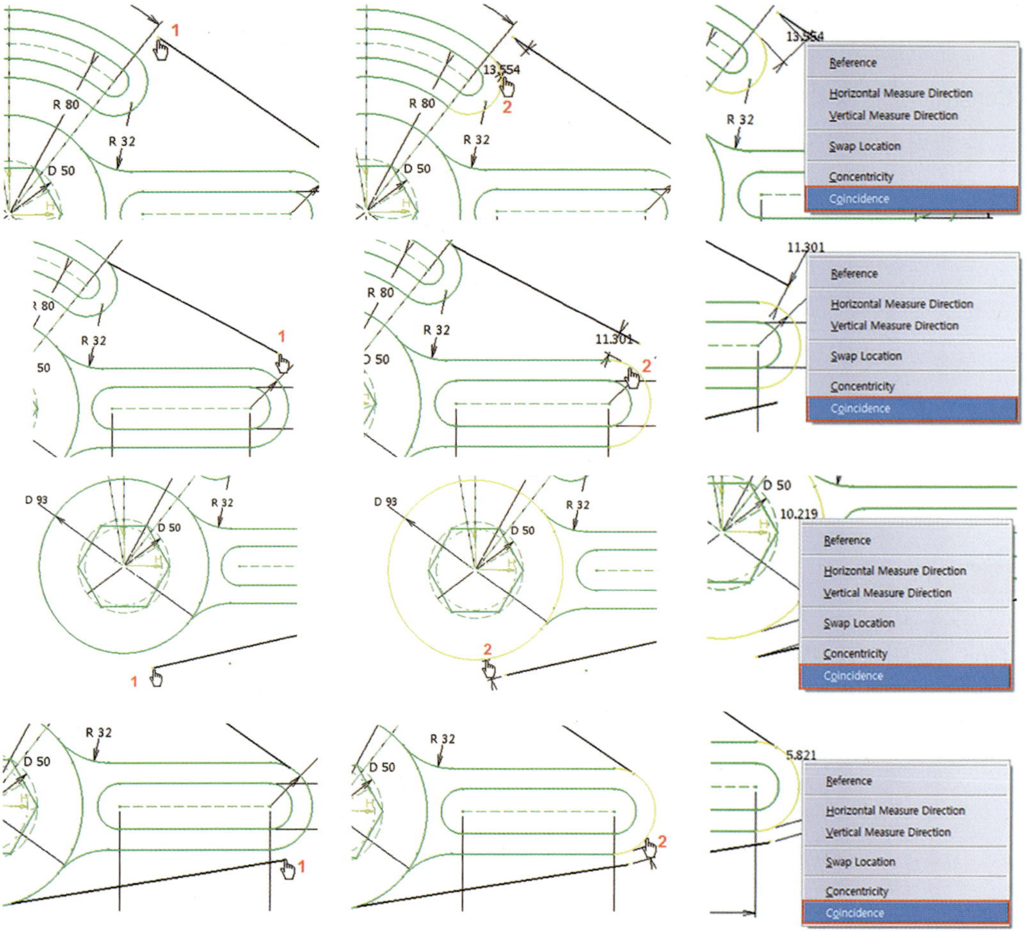

❸ 선과 호를 선택하고 치수가 생성된 상태에서 마우스 오른쪽버튼을 클릭한다. 콘텍스트 메뉴가 팝업 되면 Tangency를 선택하여 선분과 호의 선분이 호와 접하는 방향에 놓이도록 구속조건을 부여한다.

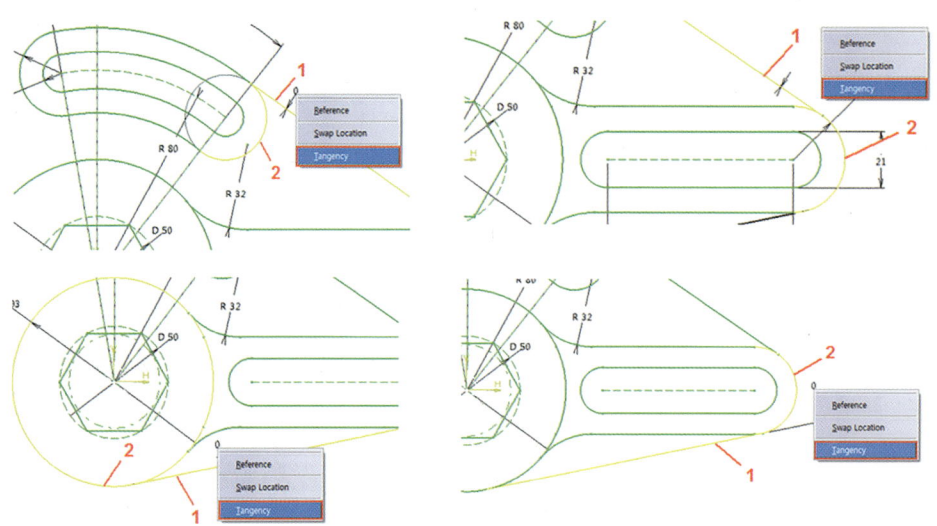

❹ ESC 를 누르거나 명령어를 클릭하여 명령을 종료하고 아래와 같이 완전 정의된 스케치를 완성한다.

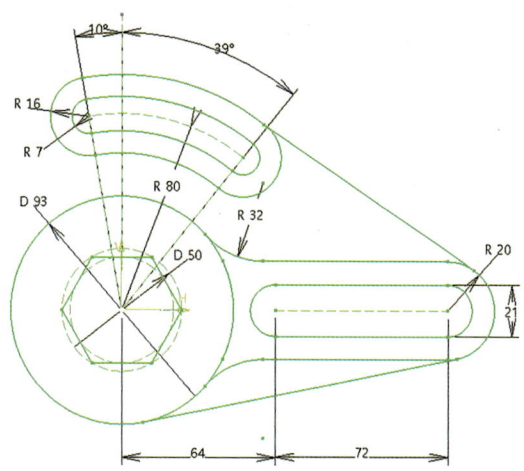

CHAPTER 06 활용 예제 3

Bi- Tangent Line, Offset, View 도구모음, Quick Trim, Mirror, Rotate

예제 도면 | Sketcher 작업하기

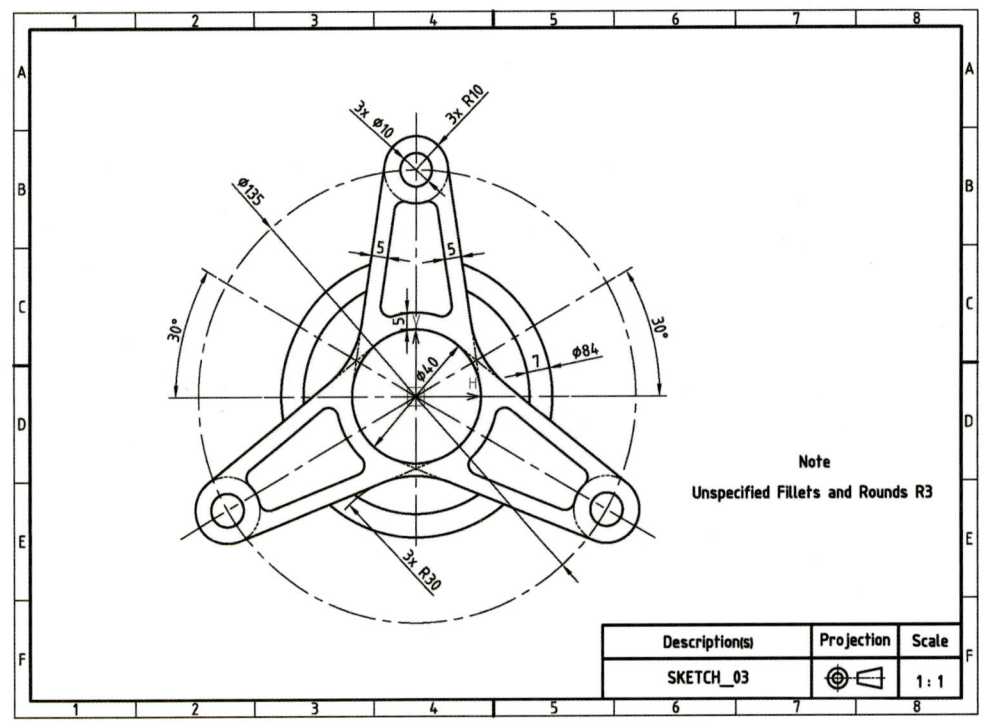

1 Sketcher Workbench 시작하기

❶ 메뉴모음에서 Start 〉 Mechanical Design 〉 Sketcher를 선택한다.
❷ New Part 대화상자에서 Part 이름을 지정하고 OK 를 클릭한다.

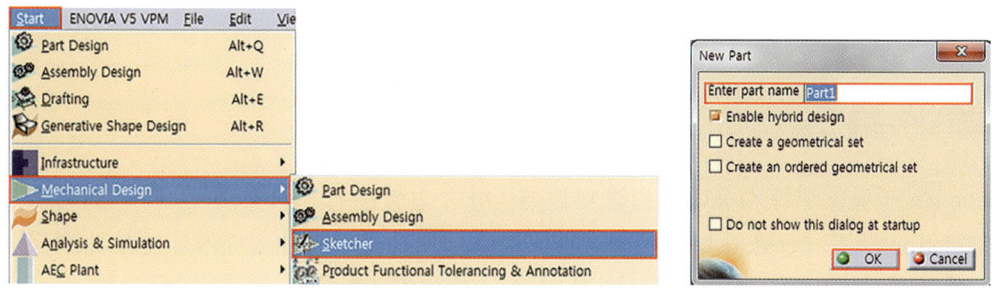

❸ Specification Tree에서 xy 평면을 선택하여 Sketcher Workbench로 들어간다.

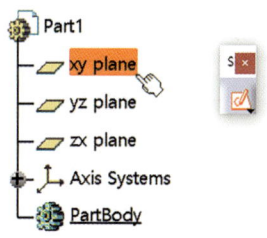

2 Profile 생성하기

1 Circle

❶ Circle 명령을 반복 사용하기 위해 더블 클릭하여 실행한다.
❷ 원의 중심점은 스케치 원점과 일치하도록 점을 지정하고 원의 중심점으로부터 원주상의 반지름에 해당되는 점을 마우스 왼쪽버튼으로 지정하여 두 개의 원을 생성한다.
❸ Constraint 명령을 클릭하여 원의 크기값 ø 40, ø 135를 부여한다.
❹ ø 135 원을 선택한 후 Sketch tools 도구모음의 Construction/Standard Elements 를 활성화하여 구성요소로 변환한다.

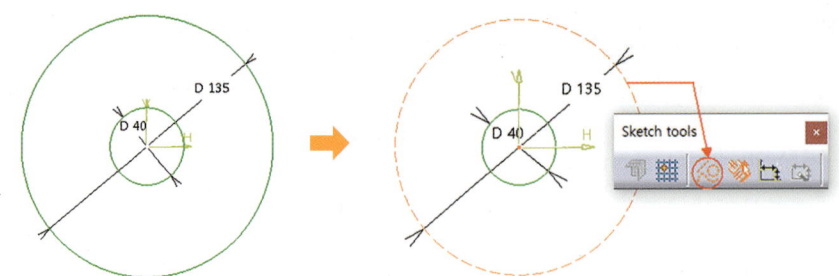

2 Line

❶ Line ✏️ 명령을 반복 사용하기 위해 더블 클릭하여 실행한다.
❷ Sketch tools 도구모음의 Construction Elements 가 활성화된 상태에서 선분의 한 끝점이 스케치 원점에 일치하는 수직한 선분과 사선 두 개를 작성한다.
❸ Constraint 명령어를 클릭하여 H축으로부터 사선의 각도값 30°를 부여한다.

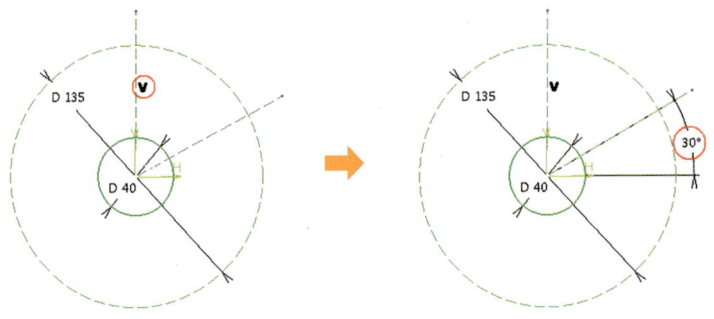

3 Circle

❶ 표준요소를 작성하기 위해 Sketch tools 도구모음의 Creating Construction/Standard Elements 를 비활성화 상태로 만든다.
❷ Circle 명령 상태에서 원의 중심점은 ø135 원의 원주와 일치하고 수직한 선에 일치하는 위치에 지정하고 원주상의 반지름에 해당되는 점을 지정하여 원을 생성한다.

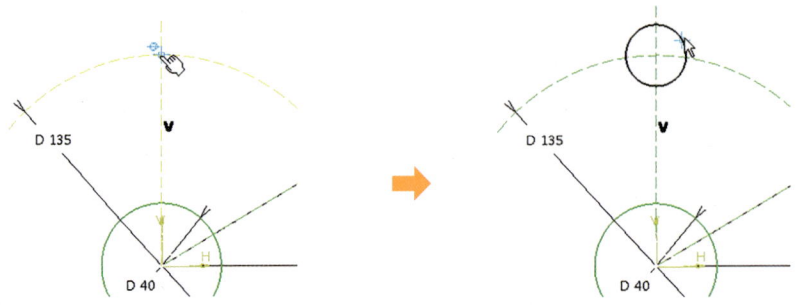

❸ Constraint 명령 상태에서 원을 클릭하고 지름 치수가 생성된 상태에서 마우스 오른쪽버튼을 클릭한다. 콘텍스트 메뉴가 팝업되면 Radius를 선택하여 지름 치수를 반지름 치수로 변경하고 생성된 치수를 더블 클릭하여 반지름 치수를 10mm로 수정한다.

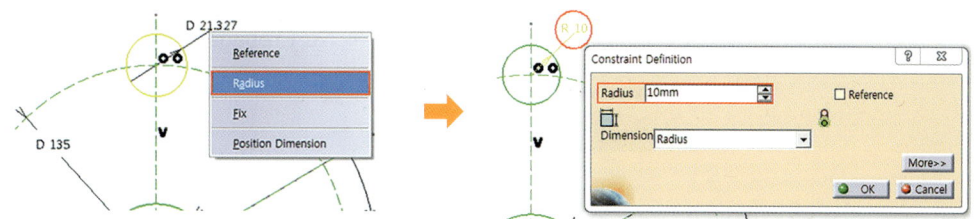

4 Bi- Tangent Line

❶ Bi- Tangent Line 명령을 반복 사용하기 위해 더블 클릭하여 실행한다.
❷ R10 원과 ø40 원을 선택하여 두 원에 접하는 선을 생성한다.

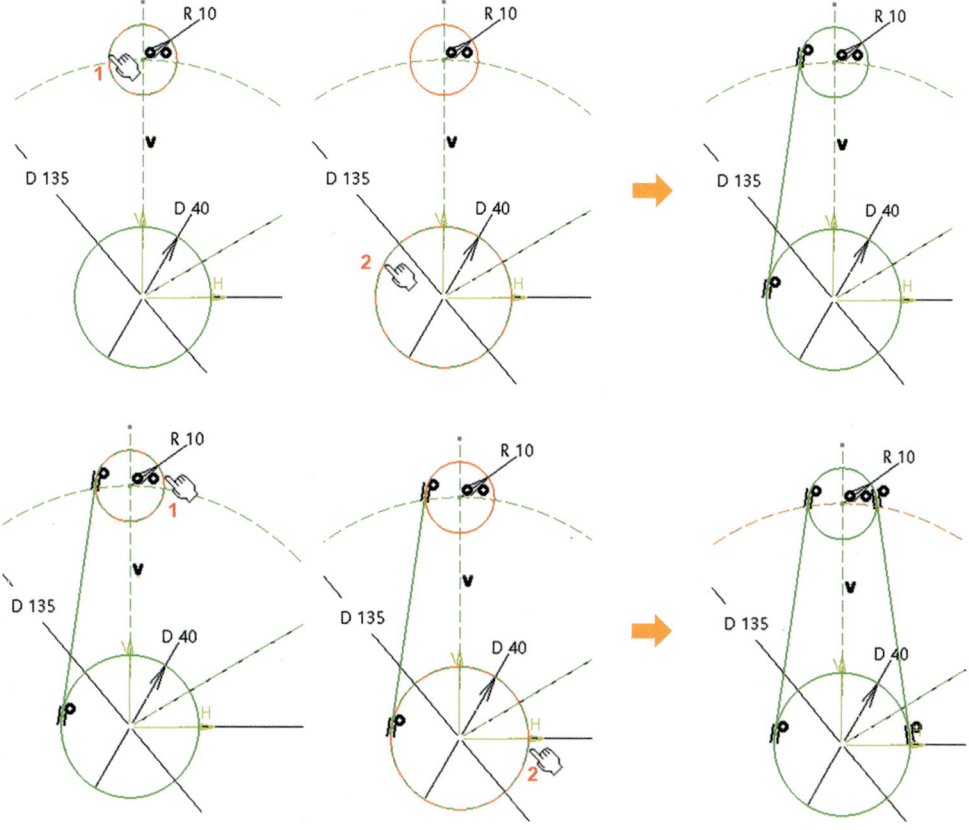

❸ Bi- Tangent Line 명령을 종료한다.

5 Offset

❶ Offset 명령을 반복 사용하기 위해 더블 클릭하여 실행한다.
❷ Sketch tools 도구모음에서 Offset 간격값을 치수로 생성하기 위해 Dimensional Constraints 을 활성화한다. Offset 옵션으로는 선택한 요소만 Offset되도록 No Propagation 을 선택한다.

❸ ø40 원을 선택하고 Sketch tools 도구모음의 Offset 값 입력란을 더블 클릭한다. 마우스를 원 밖으로 이동하여 Offset 방향을 결정한 후 Offset 값으로 5를 입력하고 Enter 를 누른다.

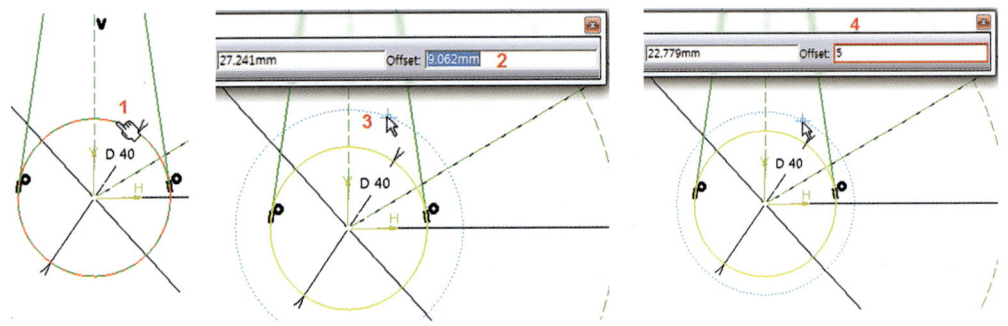

❹ 선을 선택하고 Sketch tools 도구모음의 Offset 값 입력란을 더블 클릭한다. 마우스를 선의 안쪽으로 이동하여 Offset 방향을 결정한 후 Offset 값으로 5를 입력하고 Enter 를 누른다.

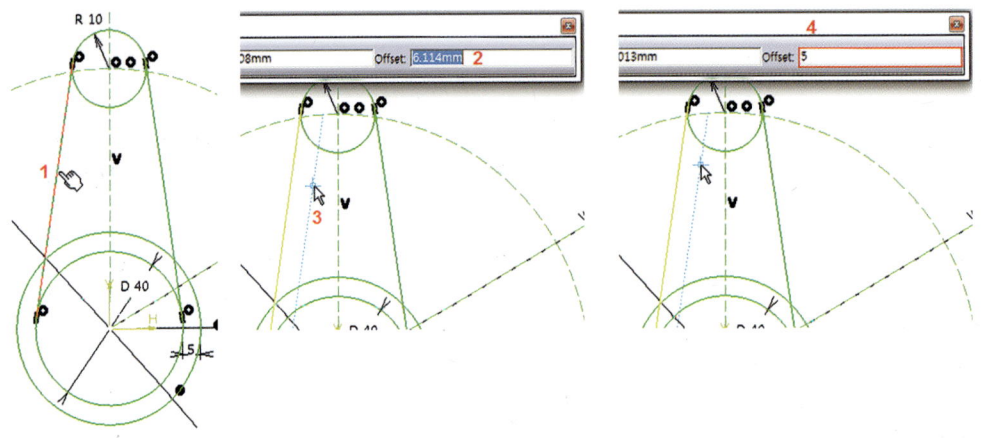

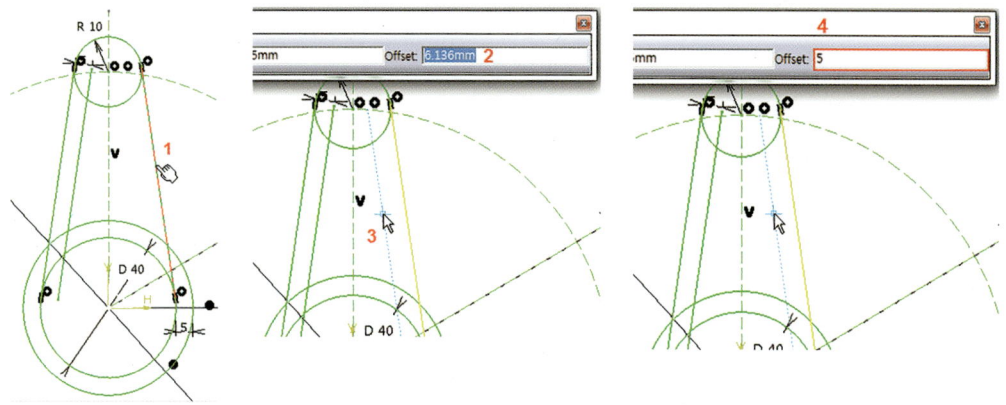

❺ Offset 명령을 종료한다.

6   Hide/Show

다음 작업의 편의를 위해 Offset한 요소와 R10 원을 제외한 모든 요소를 선택한 후 View 도구모음의 Hide/Show 를 클릭하여 숨긴다.

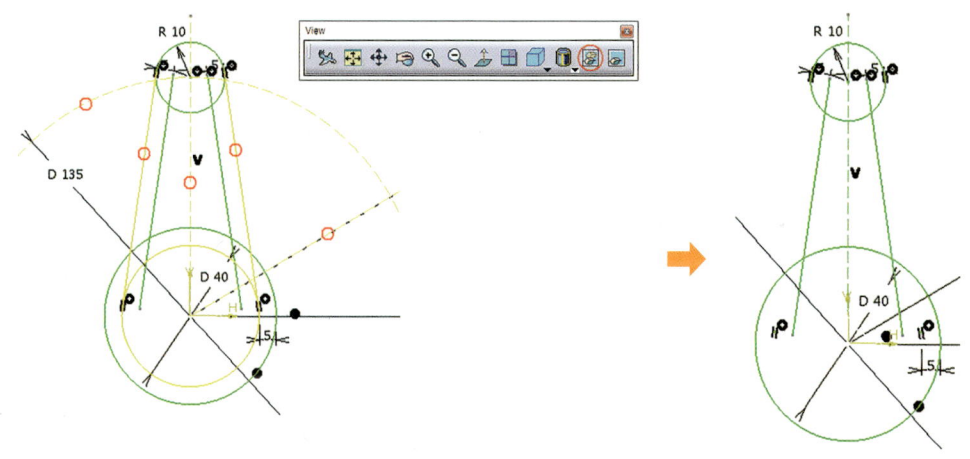

7   Corner

❶ Corner 명령을 반복 사용하기 위해 더블 클릭하여 실행한다.
❷ Sketch tools 도구모음에서 Dimensional Constraints 를 클릭하여 비활성화하고 모서리 옵션으로 Trim First Element 을 선택한다.
❸ 첫 번째 선을 선택하고 두 번째 R10 원을 선택한 후 마우스를 움직여 두 곡선에 접하는 호가 생성될 방향을 지정하여 Corner를 생성한다.

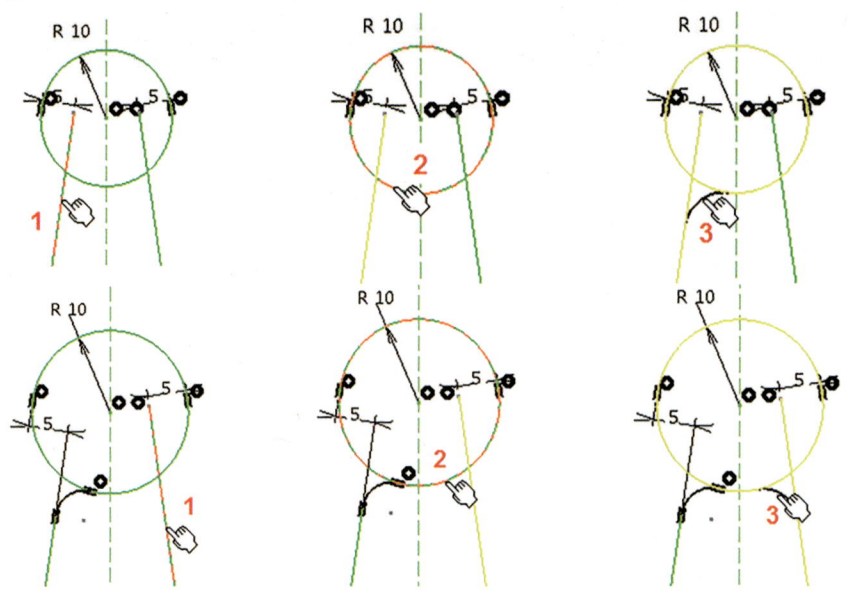

❹ Sketch tools 도구모음에서 모서리 옵션으로 Trim All Elements 를 선택한다.

❺ 선과 Offset한 원을 선택한 후 마우스를 움직여 두 곡선에 접하는 호가 생성될 방향을 지정하여 Corner를 생성한다.

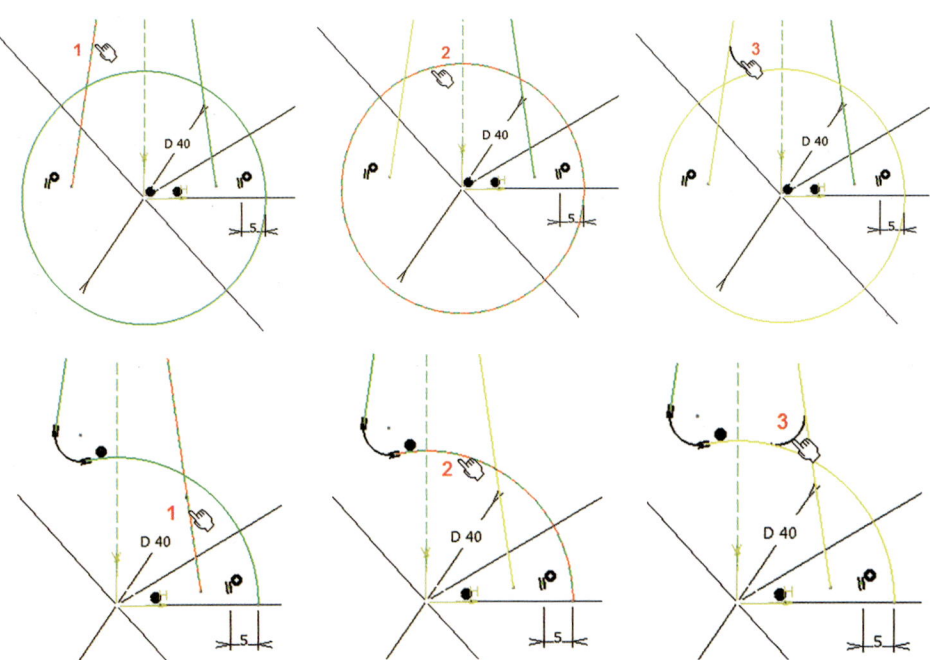

❻ Constraint 명령어를 실행하여 Corner에 의해 생성된 호의 반지름 치수 3을 기입한다.

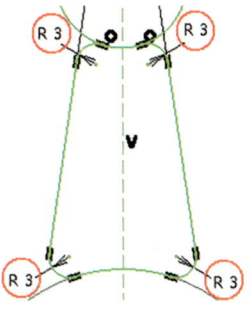

8 Swap visible space

❶ View 도구모음의 Swap visible space 를 클릭하여 보이지 않는 공간으로 이동한다.

❷ 보이지 않는 공간에 있는 세 개의 사선을 선택하고 View 도구모음의 Hide/Show 를 클릭하여 표시공간으로 전송시킨다.

❸ Swap visible space 를 클릭하여 표시공간으로 이동한다.

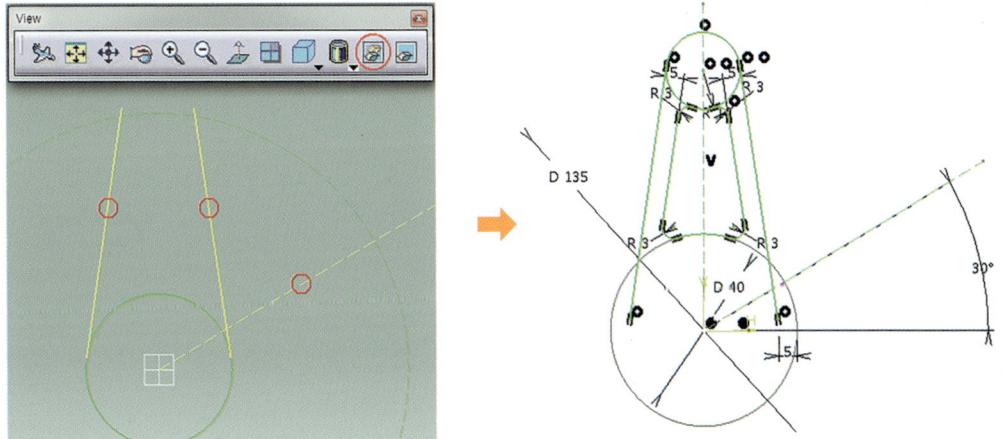

TIP

복잡한 스케치를 구현할 때 치수 구속과 기하학적 구속조건이 표시되어 있으면 더 복잡해 보이므로 초록색의 완전 정의된 스케치를 구현하였으면 Visualization 도구모음의 Dimensional Constraints 와 Geometrical Constraints 비활성화하여 치수 구속과 기하학적 구속조건 표시를 숨기고 작업하는 것이 편할 수도 있다.

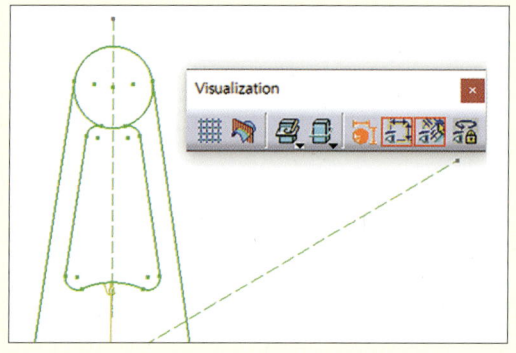

9 Quick Trim

❶ Quick Trim 명령을 반복 사용하기 위해 더블 클릭하여 실행한다.
❷ Sketch tools 도구모음에서 Quick Trim 옵션에서 Beak and Rubber In 을 선택한다.
❸ 다른 객체와 만나는 부분까지 잘릴 객체를 선택하여 자른다.

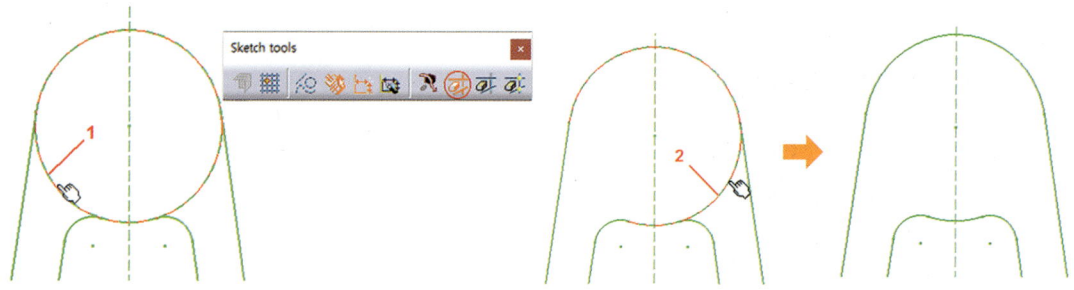

10 Mirror

❶ 대칭 복사할 여러 객체를 선택한다.
❷ Mirror 명령을 반복 사용하기 위해 더블 클릭하여 실행한다.
❸ 대칭 기준선으로 30° 방향의 구성선을 선택한다.

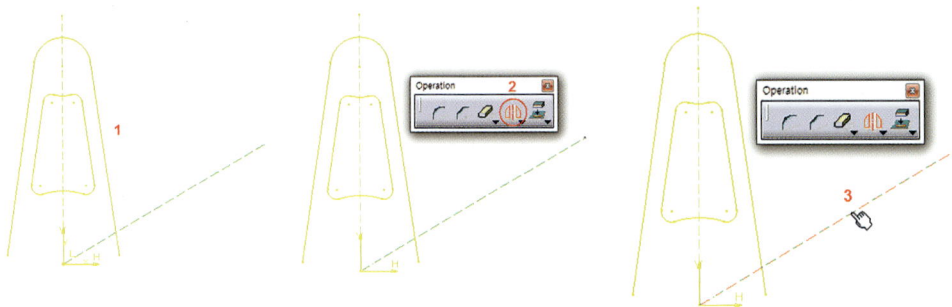

❹ 대칭 복사할 객체로 대칭 복사된 여러 객체를 한 번에 선택한다.

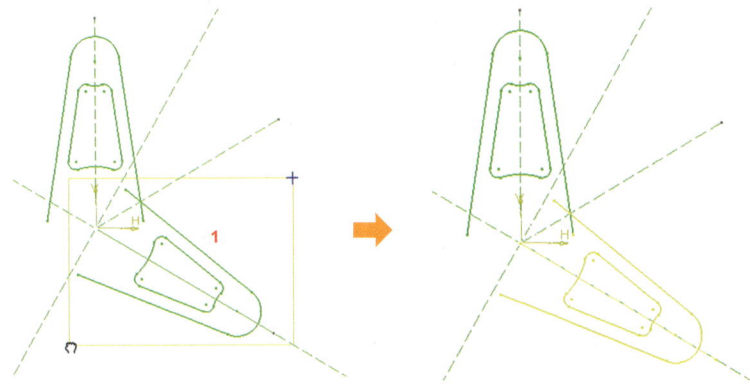

❺ 대칭 기준선으로 원점으로부터 수직 방향의 구성선을 선택한다.

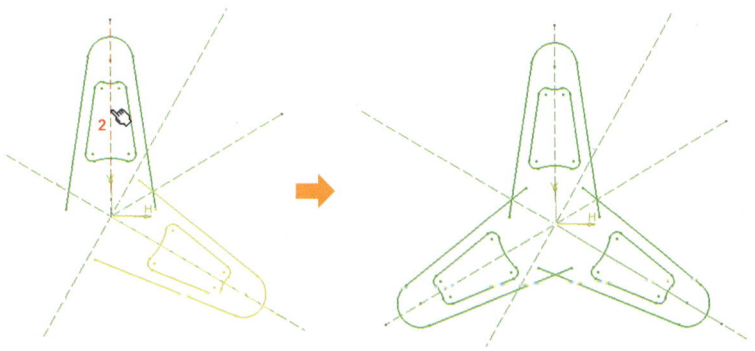

11 Corner

❶ Corner 명령을 반복 사용하기 위해 더블 클릭하여 실행한다.
❷ Sketch tools 도구모음에서 모서리 옵션을 Trim All Elements 를 선택한다.
❸ 두 사선을 선택하여 두 사선에 접하는 세 개의 Corner를 생성한다.

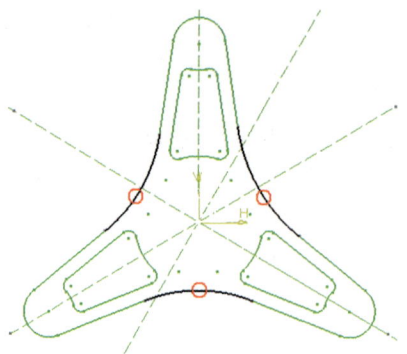

12 Constraint

❶ Visualization 도구모음의 Dimensional Constraints 을 활성화하여 치수 구속이 표시되도록 한다.
❷ Constraint 명령을 반복 사용하기 위해 더블 클릭하여 실행한다.
❸ 호를 클릭하여 R30 치수를 기입한다.

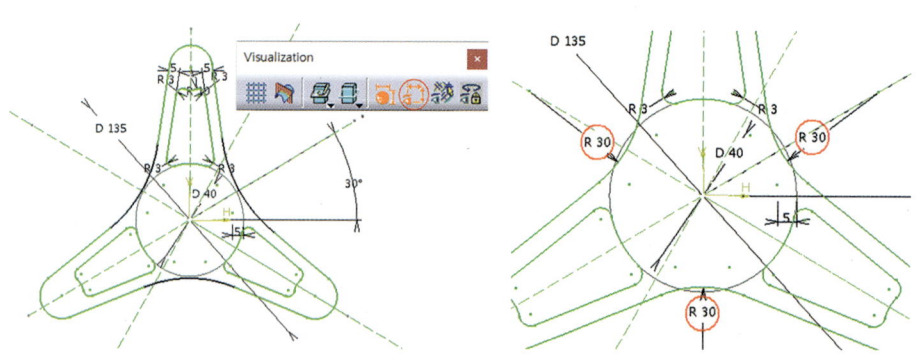

13 Circle

❶ Circle 명령어를 실행한다.
❷ 원의 중심점은 상단에 위치한 R10 호의 중심점과 일치하도록 점을 지정하고 원의 중심점으로부터 원주상의 반지름에 해당되는 점을 마우스 왼쪽버튼으로 지정하여 원을 생성한다.
❸ Constraint 명령어를 클릭하여 원의 크기값 ø10을 부여한다.

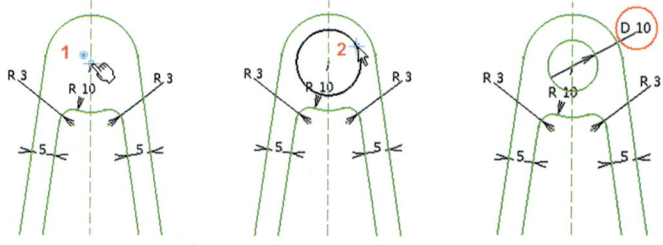

14 Rotate

❶ Rotate 명령어를 클릭하여 실행하면 Rotation Definition 대화상자가 나타난다.
❷ Rotation Definition 대화상자에서 Duplicate mode를 체크하여 선택한 객체가 복사되도록 하고 Keep internal constraints를 체크하여 내부 구속조건이 유지되도록 한다. Instance(s) 입력란에는 복사할 수 2를 기입한다.

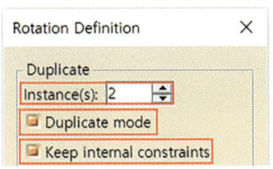

❸ 회전하여 복사할 객체로 ø10 원을 선택한다.
❹ 회전 중심점은 스케치 원점을 선택하고 회전 각도 시작점은 스케치 원점으로부터 수직한 위치의 한 점을 지정한다.

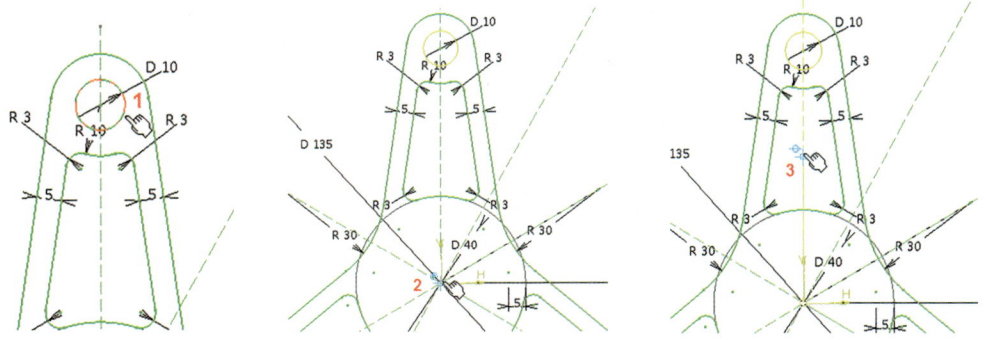

❺ Rotation Definition 대화상자에서 Angle Value 값으로 120을 기입하고 Enter를 누르거나 OK 를 클릭하여 Rotate 명령을 종료하면 원과 ø10 치수가 120° 간격으로 회전하면서 복사된다.

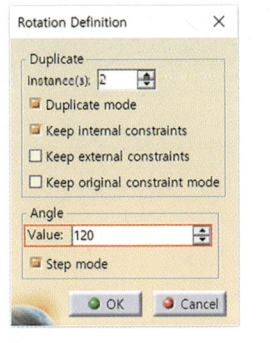 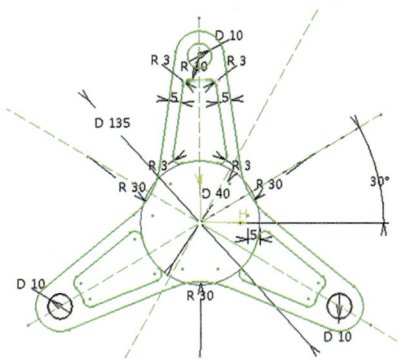

CHAPTER 06 활용 예제 3 **123**

❻ 호와 원을 선택하고 Constraints Defined in Dialog Box 명령어를 클릭하여 실행한다. Constraint Definition 대화상자에서 Concentricity를 체크하여 회전하면서 사라진 외부 구속으로 동심 구속 조건을 추가한다.

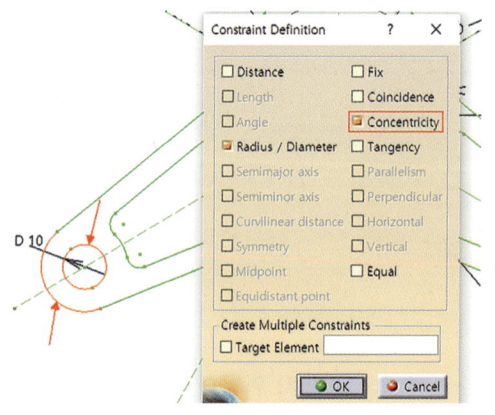
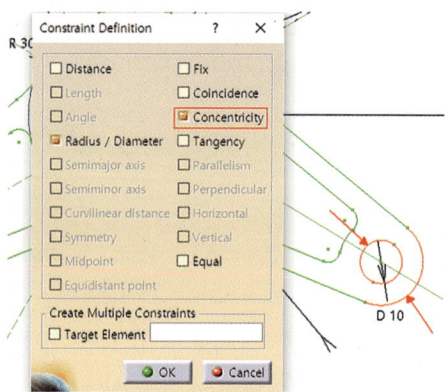

15 Circle

❶ Circle 명령을 반복 사용하기 위해 더블 클릭하여 실행한다.
❷ 원의 중심점은 스케치 원점과 일치하도록 점을 지정하고 [Shift]를 누른 채 원주상의 반지름에 해당되는 점을 지정하여 두 개의 원을 생성한다.
❸ Constraint 명령을 더블 클릭하여 실행하고 하나의 원을 선택하여 지름 치수 ø84와 두 개의 원을 선택하여 두 원 사이 거리값 7mm를 부여한다.

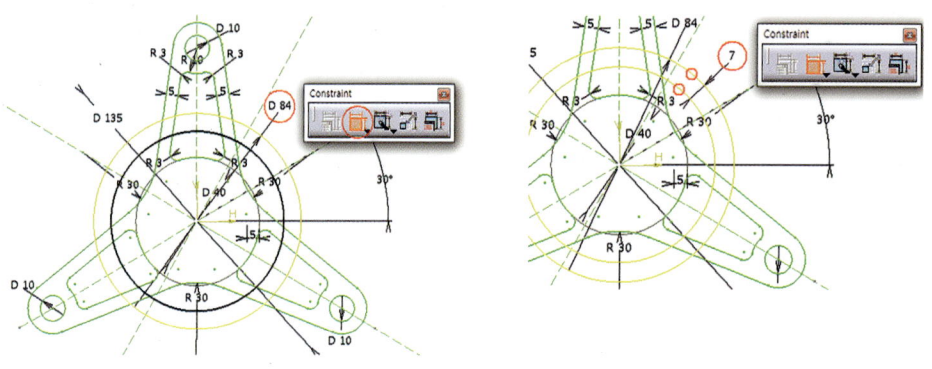

16 Quick Trim

❶ Visualization 도구모음의 Dimensional Constraints 를 비활성화한다.
❷ View 도구모음의 Hide/Show 를 더블 클릭하고 구성선을 모두 선택하여 보이지 않는 공간으로 전송시켜 자르기 편한 화면과 스케치요소를 구성한다.

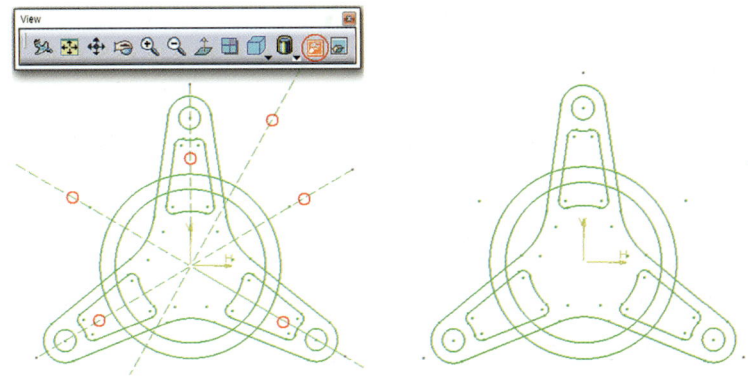

❸ Quick Trim 명령을 반복 사용하기 위해 더블 클릭하여 실행한다.
❹ Sketch tools 도구모음에서 Quick Trim 옵션에서 Beak and Rubber In 을 선택한다.
❺ ○부분을 자를 부위로 선택하여 스케치를 완성한다.

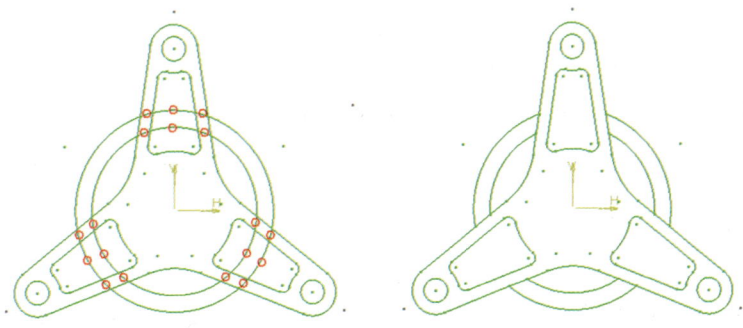

17 Swap visible space

❶ View 도구모음의 Swap visible space 를 클릭하여 보이지 않는 공간으로 이동한다.
❷ 보이지 않는 공간에 있는 모든 요소를 선택하고 View 도구모음의 Hide/Show 를 클릭하여 표시공간으로 전송시킨다.
❸ Swap visible space 를 클릭하여 표시공간으로 이동하여 스케치를 마친다.

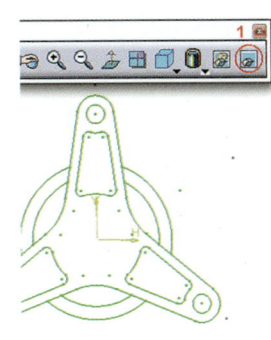 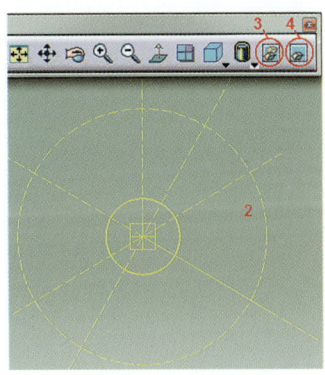 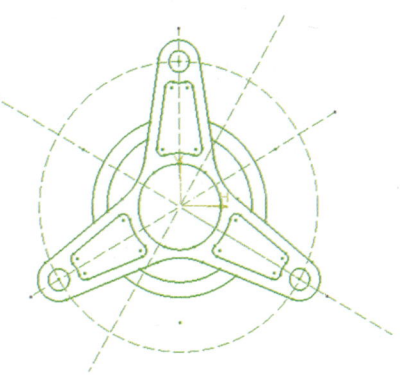

PART 03
PART DESIGN

CHAPTER 01	Part Design Workbench 시작하기
CHAPTER 02	활용 예제 1 Pad, Pocket, Tritangent Fillet, Edge Fillet
CHAPTER 03	활용 예제 2 Multi-Pad, Drafted Filleted Pad, Drafted Filleted Pocket, Chamfer
CHAPTER 04	활용 예제 3 Shaft, Groove, Hole, Circular Pattern
CHAPTER 05	활용 예제 4 Draft Angle, Rectangular Pattern
CHAPTER 06	활용 예제 5 Plane, Mirror
CHAPTER 07	활용 예제 6 Shell, Stiffener, Thickness
CHAPTER 08	활용 예제 7 Solid Combine
CHAPTER 09	활용 예제 8 Rib
CHAPTER 10	활용 예제 9 Slot, Remove Face
CHAPTER 11	활용 예제 10 Multi-sections Solid, Removed Multi-sections Solid
CHAPTER 12	활용 예제 11 Scaling, Remove, User Pattern
CHAPTER 13	활용 예제 12 Intersect, Union Trim
CHAPTER 14	활용 예제 13 Translation, Rotation, Add

CHAPTER 01 | Part Design Workbench 시작하기

1. Part Design Workbench

2D 스케치 작업에서 만든 프로파일을 기반으로 다양한 피처를 사용하여 단순하거나 복잡한 부품을 3D형상의 솔리드 모델링을 하기 위해 많이 사용되는 작업 공간이다.

2. Part Design Workbench 선택하여 들어가는 방법 4가지

1 메뉴모음에서 Start 〉 Mechanical Design 〉 Part Design Workbench를 선택하거나 사용자가 Favorites 리스트에 추가한 Part Design Workbench를 선택한 후 New Part 대화상자에서 Part 이름을 지정하고 OK 를 클릭한다.

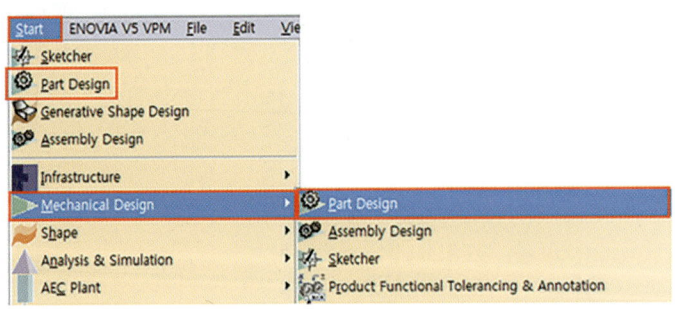

2 메뉴모음에서 File 〉 New를 선택한 후 New 대화상자의 List of Types 란에서 Part를 선택하고 OK 를 클릭한다. New Part 대화상자가 나타나면 Part 이름을 지정하고 OK 를 클릭한다.

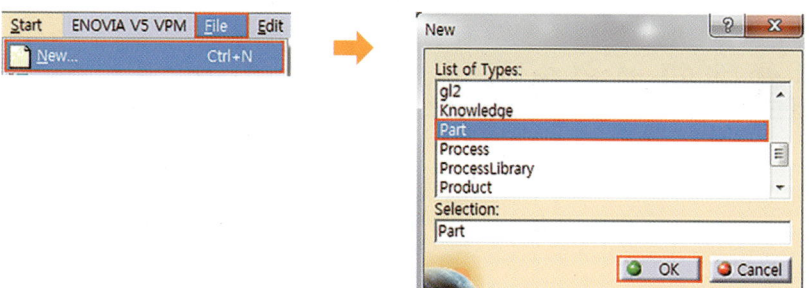

3 Workbench 도구모음에서 all general options ![icon]를 클릭하고 Welcome to 메뉴에서 Part Design Workbench를 선택한다. New Part 대화상자가 나타나면 Part 이름을 지정하고 ![OK] 를 클릭한다.

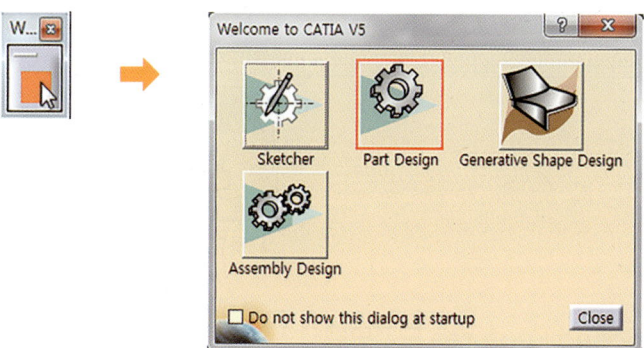

4 Workbenchs 도구모음에서 Part Design Workbench를 선택한다. New Part 대화상자가 나타나면 Part 이름을 지정하고 ![OK] 를 클릭한다.

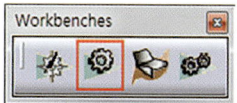

3 Part Design Workbench 도구모음

1 Sketch-Based Features 도구모음

Sketcher에서 만든 스케치나 프로파일을 기반으로 피처를 생성하는 명령으로 구성되어 있다.

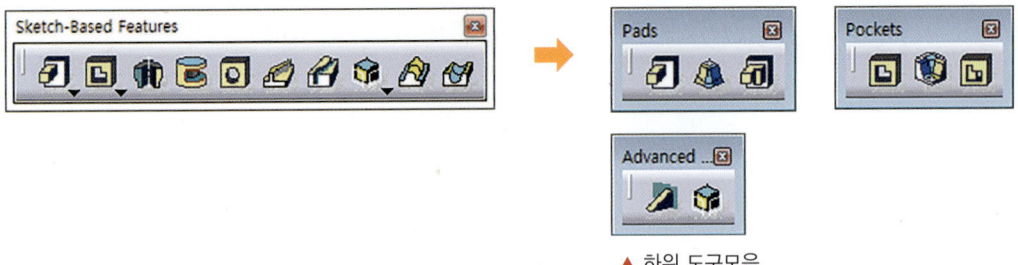

▲ 하위 도구모음

2 Dress-Up Features 도구모음

이미 만들어진 피처를 다듬는 작업을 하는 명령으로 구성되어 있다.

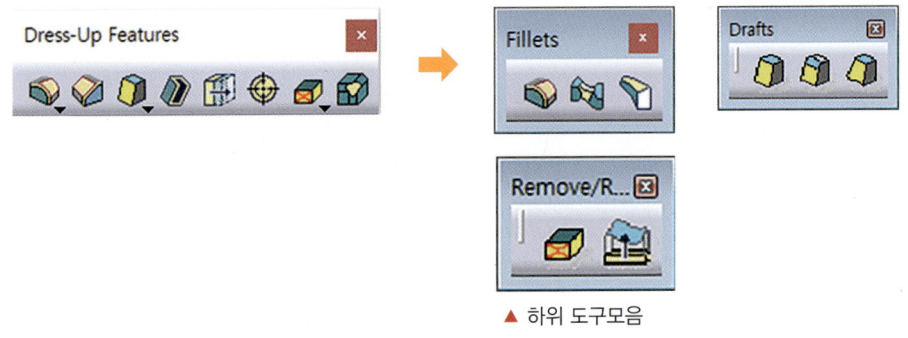

▲ 하위 도구모음

3 Surface-Based Features 도구모음

곡면을 기반으로 솔리드화하거나 곡면을 사용하여 솔리드 형상을 편집하는 명령으로 구성되어 있다.

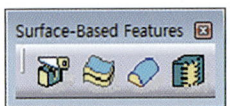

4 Transformation Features 도구모음

이미 만들어진 피처를 이동, 회전, 복사, 패턴 등을 하여 형상을 편집하는 명령으로 구성되어 있다.

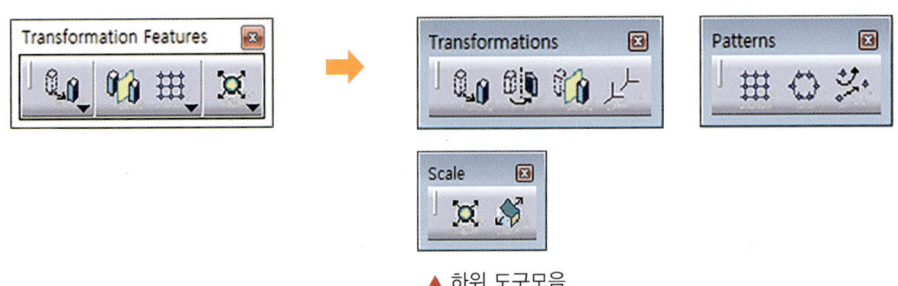

▲ 하위 도구모음

5 Boolean Operations 도구모음

Body와 Body 사이에 Boolean연산(합치기, 빼기, 교차) 등으로 형상을 만드는 명령으로 구성되어 있다.

4 기본적인 3D 모델링 작업 순서

1. 2D Sketcher 모드에서 밑그림(프로파일)을 만들고 베이스 피처를 생성한다. 베이스 피처를 생성하는 명령어는 Pads 하위 도구모음 안에 명령어와 Shaft, Multi-sections Solid 등이 있다.

2. 피처를 생성할 순서를 정하고 베이스 피처에 재질을 더하거나 제거하거나 교차시켜 형상을 만들어 간다.
   - 재질을 더하는 피처 명령어는 베이스 피처를 생성하는 명령어와 Rib, Stiffener 등이 있다.

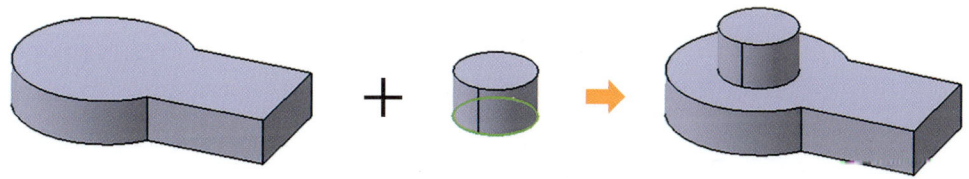

   - 재질을 제거하는 피처 명령어는 Pockets 하위 도구모음 안에 명령어와 Groove, Slot, Removed Multi-sections Solid, Hole 등이 있다.

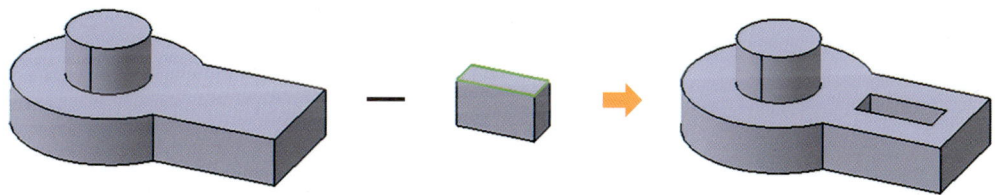

3 필요에 따라 피처를 연관 복사/이동을 하고 형상을 다듬어 최종 Part(부품) 모델링을 완성한다.

❶ Transformation Features 도구모음의 명령어를 활용하여 피처를 연관 복사 또는 이동한다.

❷ Dress-Up Features 도구모음의 명령어를 활용하여 형상을 다듬는 작업을 한다.

❸ 최종 Part(부품)를 완성한다.

CHAPTER 02 | 활용 예제 1
Pad, Pocket, Tritangent Fillet, Edge Fillet

예제 도면 | 3D형상 모델링 작업하기

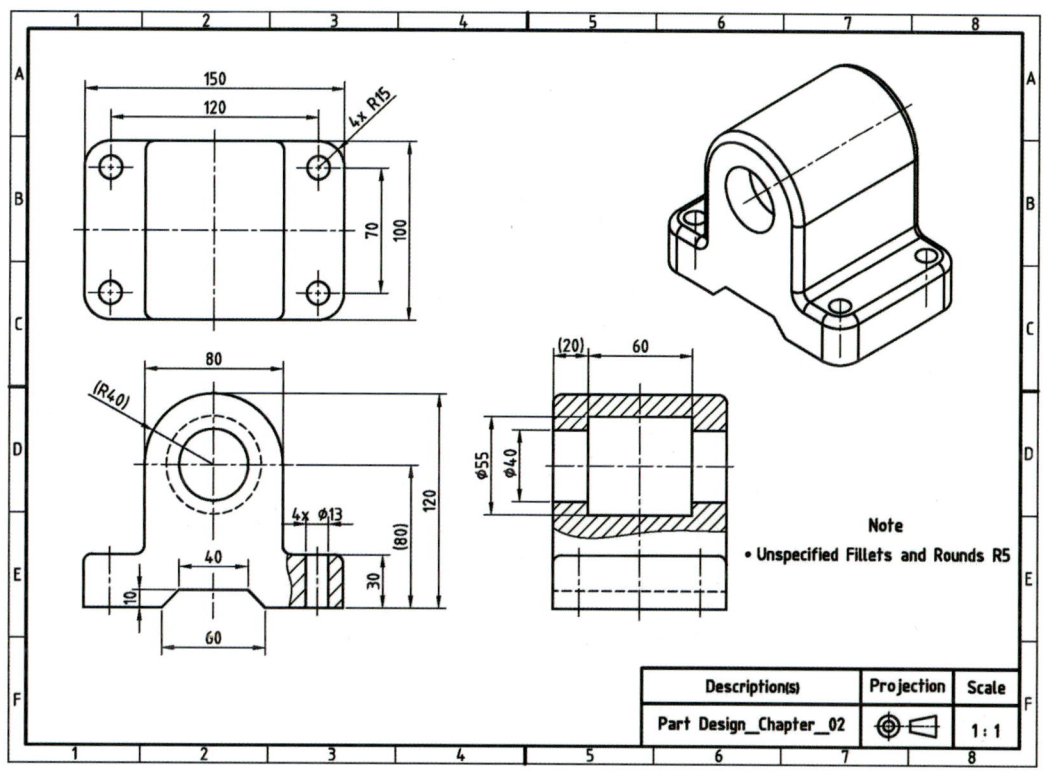

1 Part Design Workbench 선택하여 들어가기

1 메뉴모음에서 Start 〉 Mechanical Design 〉 Part Design Workbench를 선택한다.
2 New Part 대화상자에서 Part 이름을 지정하고 [OK] 를 클릭하여 Part Design 작업 공간으로 들어간다.

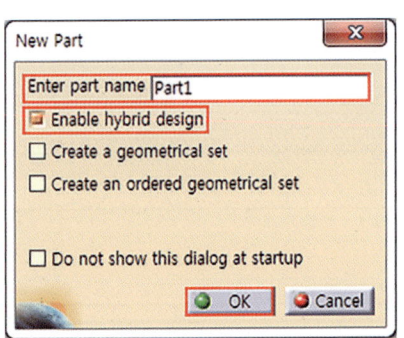

TIP
디자인 환경의 선택은 작업 내용에 따라 설계자가 결정하지만 여기서는 Enable hybrid design을 선택한다.
Enable hybrid design을 선택하면 동일한 바디 내에서 솔리드, 와이어프레임 및 서피스 피처를 생성할 수 있으며 지오메트리와 파트 바디 구분 없이 작업한 순서에 의해 순차적으로 Specification Tree에 저장되므로 피처 생성 순서에 대한 파악이 용이한 장점이 있다.

2 Pad에 사용될 스케치 프로파일 만들기

1 Sketcher 도구모음의 Sketch 명령어를 클릭하고 Specification Tree에서 yz평면을 선택하여 Sketcher Workbench로 들어간다.

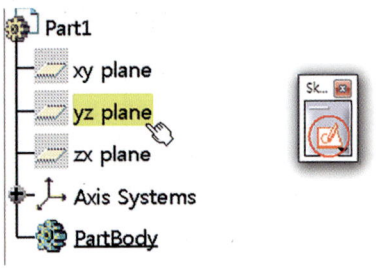

2 Line
 ❶ Line 명령어를 실행하고 Sketch tools 도구모음의 Creating Construction/Standard Elements 를 활성화한다.

❷ 선분의 첫 번째 점은 스케치 원점에 일치시키고 수직 방향으로 다음 점을 지정하여 구성선을 만든다.

3 Profile ⌁

❶ Profile ⌁ 명령어를 실행하고 Sketch tools 도구모음의 Creating Construction/Standard Elements ⌁를 비활성화한다.

❷ Profile의 첫 번째 점은 구성선에 일치하도록 지정하고 다음 점을 계속 클릭하여 연속적인 선을 그린다. 여기서 세 번째 점은 스케치 원점으로부터 수평 방향에 점을 지정하고 마지막 점은 구성선에 일치하도록 지정한다.

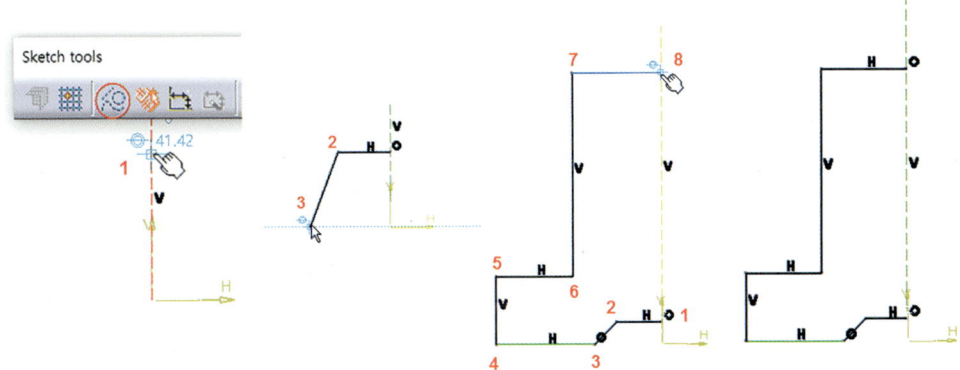

4 Mirror ⌁

❶ 대칭 복사할 요소로 구성선을 제외한 모든 표준요소를 선택한다. 점과 점이 연결된 모든 요소를 선택하고자 할 때 하나의 요소에 마우스를 가져다 놓고 마우스 오른쪽버튼을 누른 후 콘텍스트 메뉴에서 Auto Search를 선택한다.

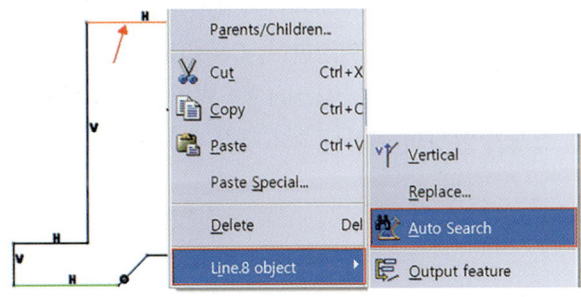

❷ Mirror 명령어를 클릭하여 실행한다.
❸ 대칭 기준선으로 구성선을 선택하여 대칭 복사한다.

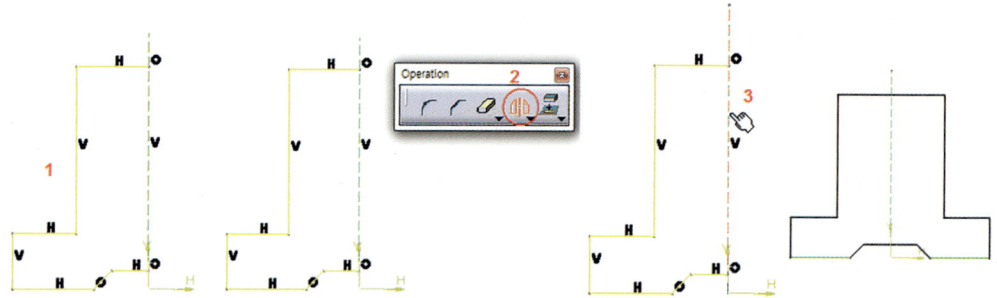

5 Constraint

❶ Constraint 명령을 반복 사용하기 위해 더블 클릭하여 실행한다.
❷ 그려진 형상에서 필요한 치수를 생성하고 완전 정의된 초록색의 스케치 요소를 완성하였으면 명령어를 다시 클릭하거나 ESC를 눌러 명령어를 종료한다.

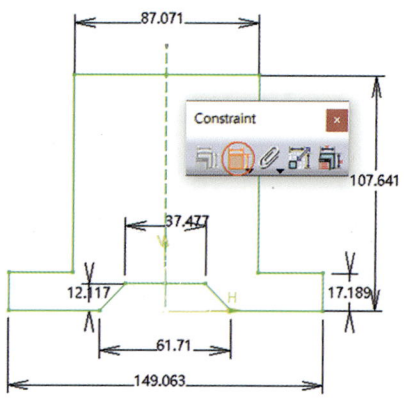

6 Edit Multi-Constraint

❶ Edit Multi-Constraint 명령어를 클릭하여 실행한다.
❷ 변경할 치수를 선택하고 Edit Multi-Constraint 대화상자에서 Current value 입력란에 변경하고자 하는 값을 입력하여 치수를 변경한다. Constraint 명령으로 그려진 형상의 크기대로 치수를 기입한 후 Edit Multi-Constraint 명령으로 도면에 부합되도록 치수를 변경하면 치수에 의한 스케치 형상의 변화를 감소시킬 수 있다.

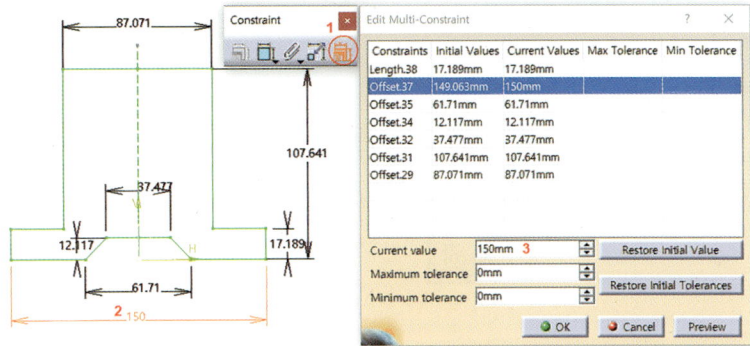

❸ 기입된 모든 치수를 변경하고 `OK`를 클릭하여 Edit Multi-Constraint 명령을 종료한다.

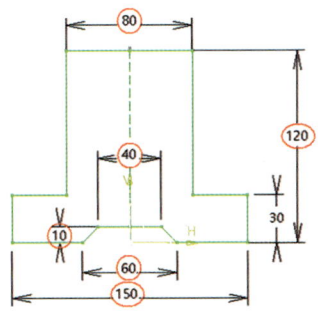

7 Exit Workbench

Sketch 작업이 완료되었으면 Workbench 도구모음에서 Exit Workbench 를 클릭하여 Sketcher Workbench를 종료하고 Part Design Workbench로 돌아간다.

알아두기 3 Pad를 사용하여 베이스 피처 만들기

1 Specification Tree에서 Pad를 생성하기 위한 스케치를 선택한다. Sketcher 환경을 나가면 기본적으로 작업한 스케치가 선택된 상태이기 때문에 Pad 명령을 바로 실행하여도 된다.

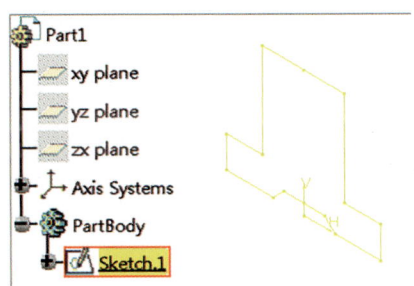

CHAPTER 02 활용 예제 1 **137**

2 Sketch-Based Features 도구모음의 Pads 하위 도구모음에서 Pad를 클릭하여 실행한다.

① Specification Tree에서 Pad를 생성하기 위한 스케치를 먼저 선택하게 되면 Pad Definition 대화상자의 Selection 란에 해당 스케치가 선택되며, Pad 명령을 먼저 실행하였을 때는 Selection 란에 Pad를 생성하기 위한 스케치를 선택해야 한다.

② Pad Definition 대화상자 설정

❶ First Limits 아래 Type으로 Dimension을 선택하고 Length 란에 50을 기입한다.

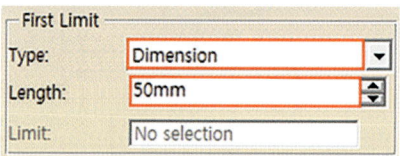

❷ Mirrored extent를 체크하여 양쪽 방향으로 동일한 길이로 프로파일을 돌출시킨 후 OK 를 클릭하여 명령을 종료한다.

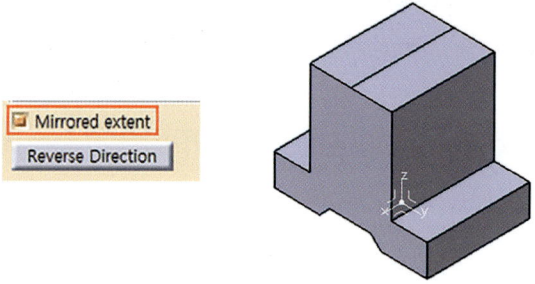

Pad

일반적으로 프로파일 또는 솔리드 형상의 면이나 곡면에 수직한 하나 또는 두 개의 방향으로 돌출하여 형상을 만든다.

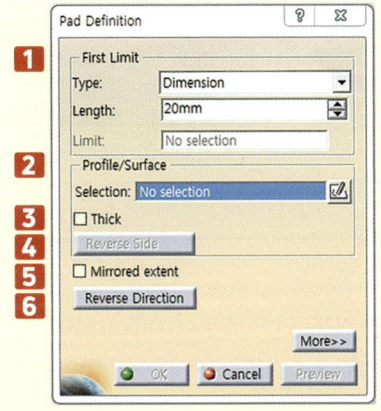
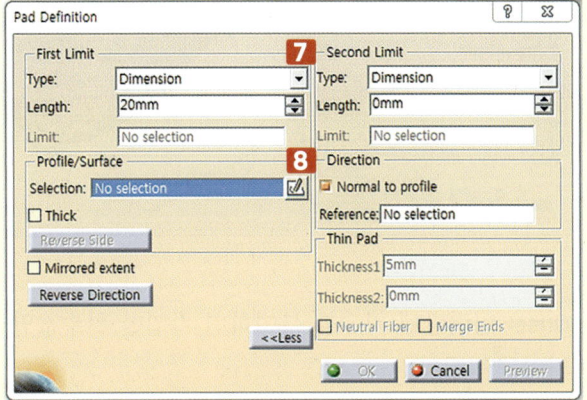

1 First Limits

❶ Type [Dimension ▼]

Length 란에 기입한 치수값만큼 돌출하여 형상을 만든다.

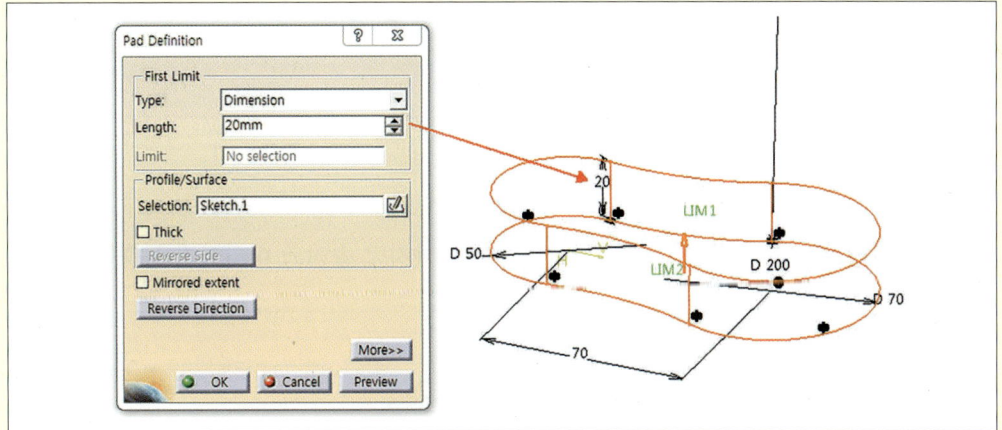

❷ Type Up to next ▼

돌출 방향으로 프로파일을 포함시킬 수 있는 솔리드의 면까지 돌출한다.

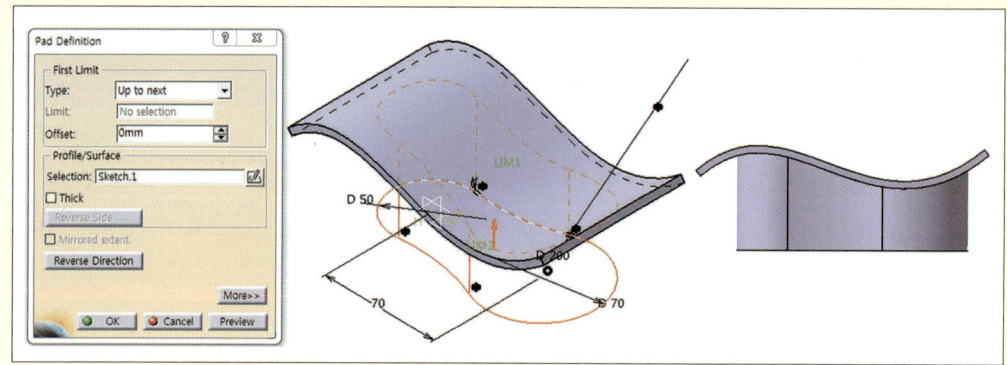

Offset 입력란에 치수를 부여하면 기입한 치수값만큼 솔리드 면으로부터 Offset되어 돌출 길이를 만든다.

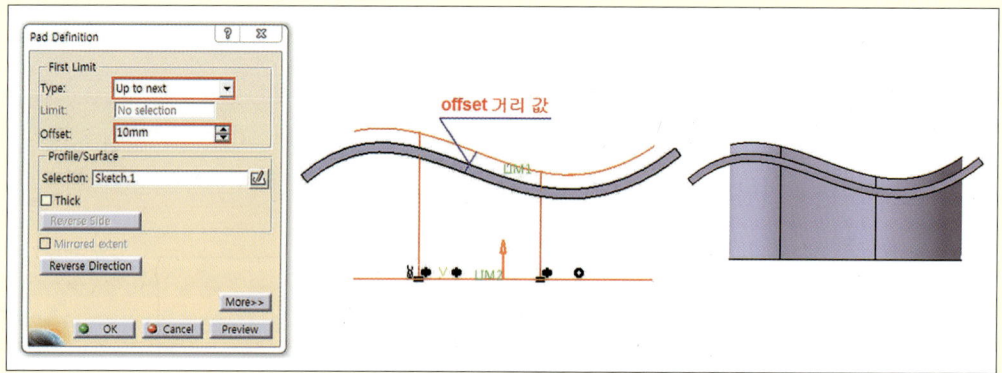

❸ Type Up to last ▼

돌출 방향으로 프로파일을 포함시킬 수 있는 마지막 솔리드 바디까지 돌출한다.

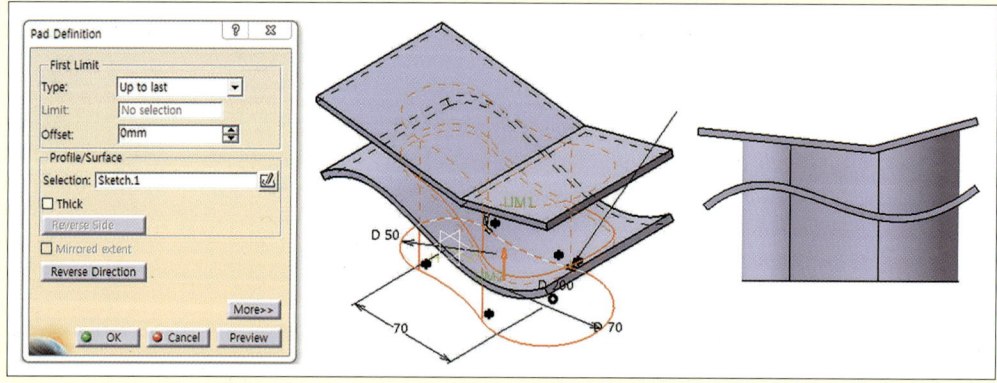

Offset 입력란에 치수를 부여하면 기입한 치수값만큼 솔리드 바디의 마지막 면으로부터 Offset되어 돌출 길이를 만든다. 음수 값을 입력하면 반대 방향으로 솔리드 바디의 마지막 면으로부터 Offset되어 돌출 길이를 만든다.

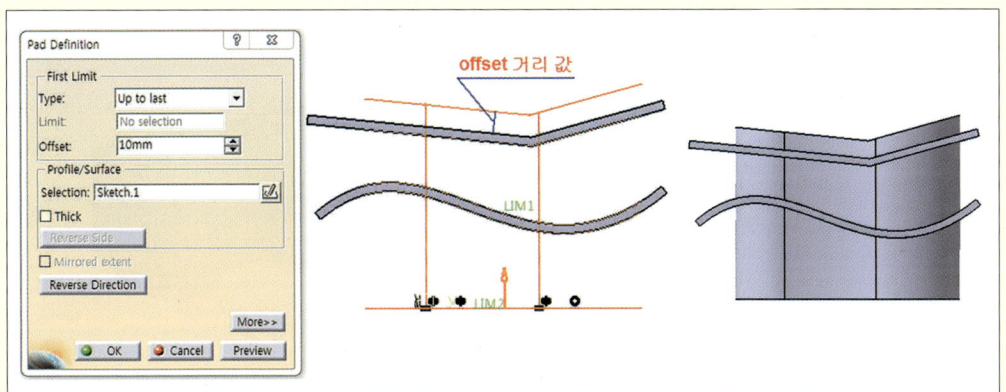

❹ Type Up to plane ▼

평면이나 Surface, 솔리드의 평평한 면을 선택하면 해당 면이 프로파일을 다 포함시키는 면이 아니더라도 선택한 면까지 돌출된다.

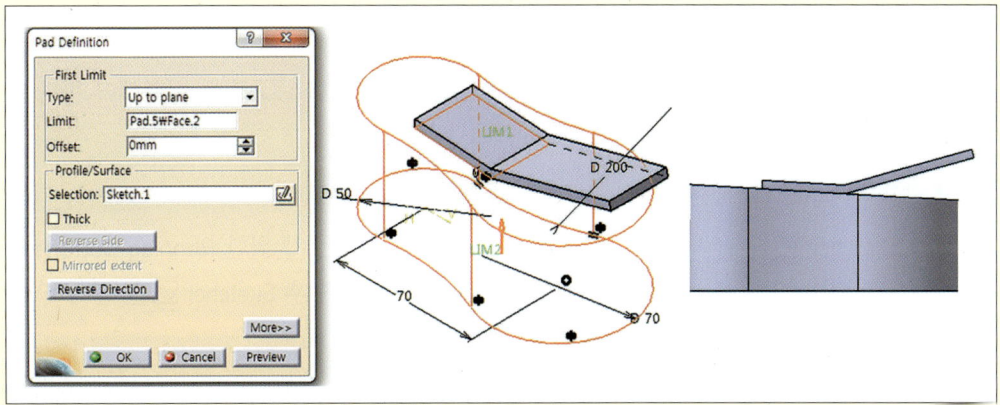

❺ Type `Up to surface ▼`

프로파일을 포함시킬 수 있는 솔리드 형상의 면, 곡면이나 평면을 선택하면 해당 면까지 돌출된다.

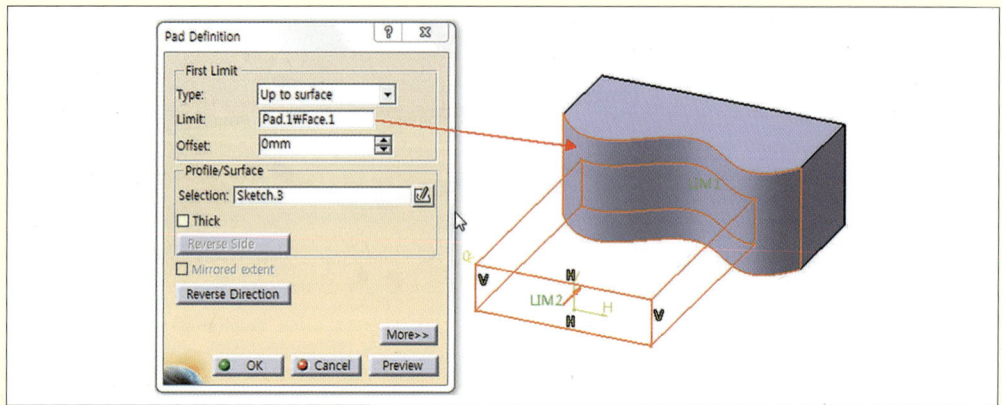

2 Profile/Surface

❶ Selection `No selection ▼`

Sketcher에서 스케치한 프로파일이나 스케치를 구성하는 다양한 요소를 선택하거나 솔리드 형상의 면이나 곡면(선 제외)을 선택할 수 있다. 솔리드 형상의 면이나 곡면을 선택하여 돌출시키는 경우 기본 방향이 없기 때문에 방향을 정의하는 요소를 선택해야 한다.

❷ Sketcher

- Sketcher 를 클릭하면 실행한 명령의 기록을 보여주기 위한 Running Commands 창이 표시되며, Selection 란에 스케치한 프로파일이 선택된 후 Sketcher 를 클릭하면 선택된 스케치 프로파일을 수정할 수 있다.
- No selection 상태에서 Sketcher 를 클릭하면 스케치 평면을 선택한 후 Sketcher에 들어간 다음 원하는 프로파일을 작성할 수 있다.
- 교차하지 않는 여러 프로파일을 포함한 스케치 사용하여 패드를 생성할 수도 있다.

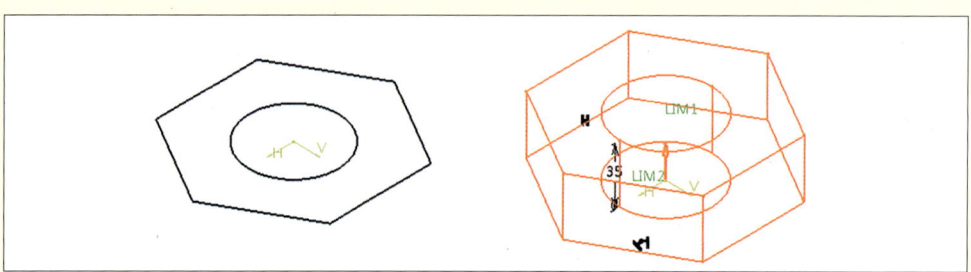

참고 프로파일 변경

선택한 프로파일이 마음에 들지 않으면 아래 방법으로 프로파일을 변경할 수 있다.

❶ Selection 란을 클릭하고 다른 스케치를 선택한다.

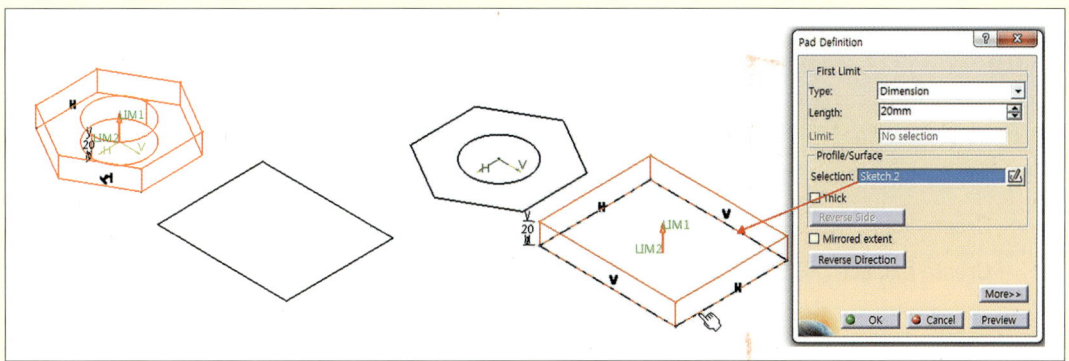

❷ Sketcher ▨를 클릭하여 선택된 스케치 프로파일을 수정한다.

❸ Selection 란에서 마우스 오른쪽버튼을 눌러 아래와 같은 콘텍스트 명령을 사용한다.

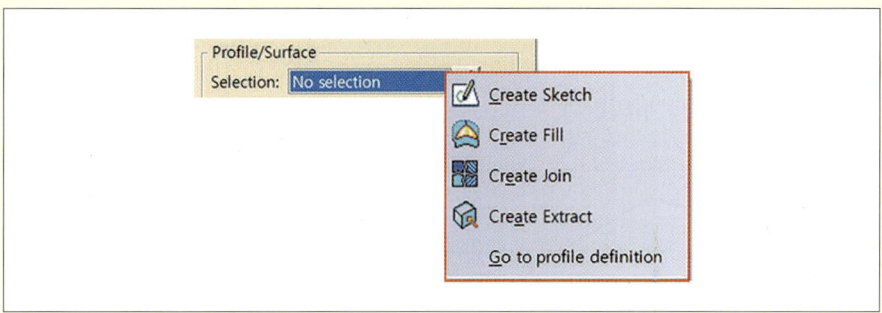

- Go to profile definition : Profile Definition 대화상자에서 스케치 프로파일 전체 또는 일부 요소를 선택할 수 있다.

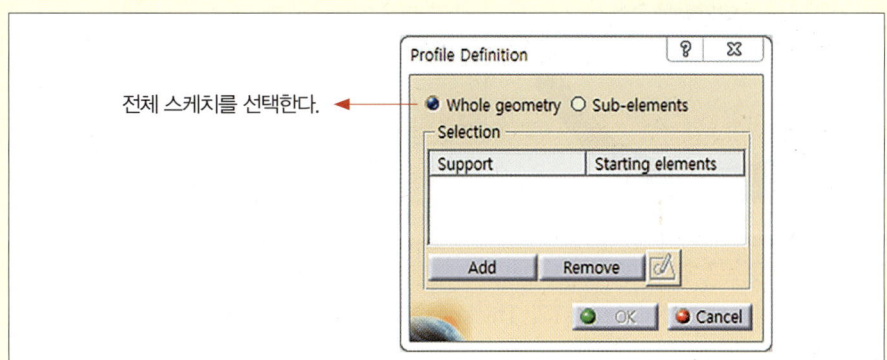

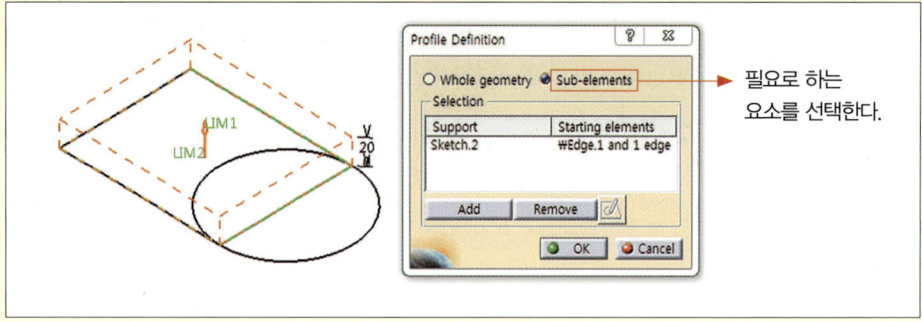

필요로 하는
요소를 선택한다.

- Create Sketch : 스케치할 평면을 선택한 후 Sketcher를 시작하여 새로운 프로파일을 스케치할 수 있다.
- Create Join : 곡면 또는 곡선을 선택하여 결합 곡선을 생성한다.
- Create Extract : 곡선, 곡면, 솔리드의 면을 선택하여 추출된 곡선을 생성한다.

3 Thick

프로파일에 두께를 추가하여 얇은 솔리드를 생성한다. 돌출할 요소로 곡면을 선택한 경우 얇은 솔리드를 생성할 수 없다.

❶ Thick을 체크하면 More Pad Definition 대화상자가 열린다. Thin Pad 프레임에서 옵션을 사용하여 얇은 패드를 정의한다.

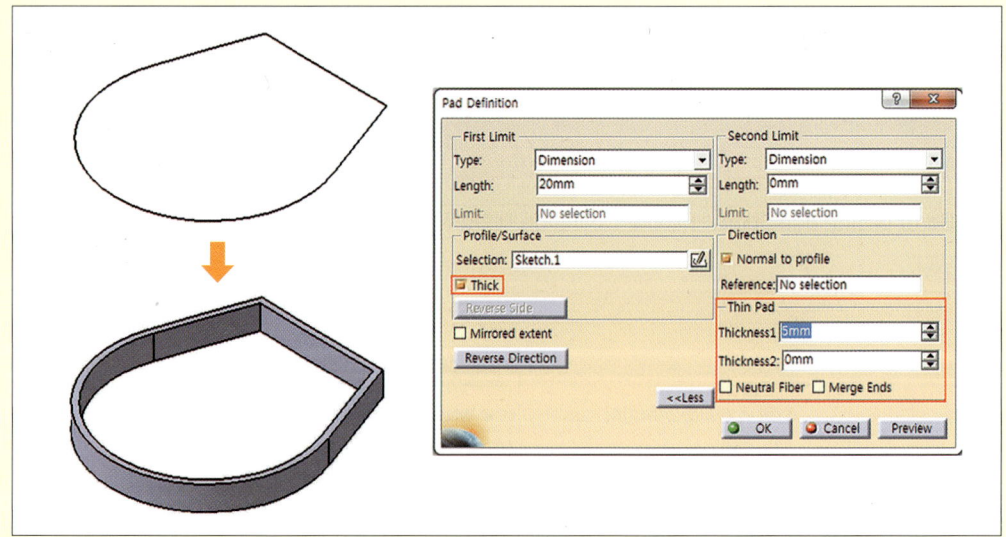

❷ Thin Pad 프레임에서 Thickness1과 Thickness2 값을 지정하여 프로파일 안, 밖으로 두께를 달리 부여할 수 있다.

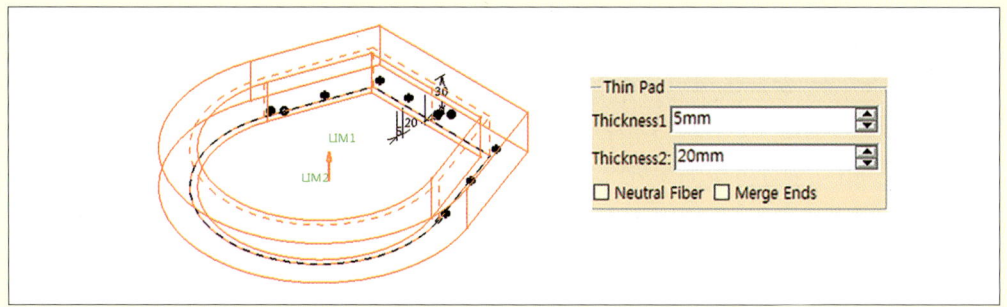

❸ Neutral Fiber를 체크하면 프로파일의 양면으로 동일한 두께를 부여할 수 있다. 예를 들어 Thickness1 두께를 20mm로 정의하면 각 측면에 두께 20mm씩 추가되어 전체 두께는 40mm가 된다.

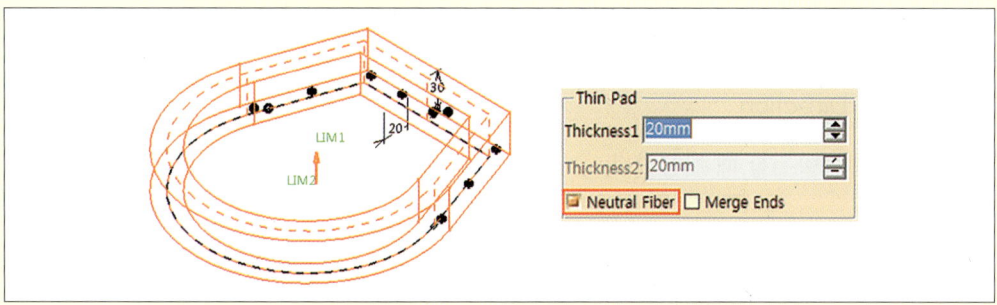

❹ Merge Ends를 체크하면 프로파일이 형상까지 연장되어 패드를 생성한다.

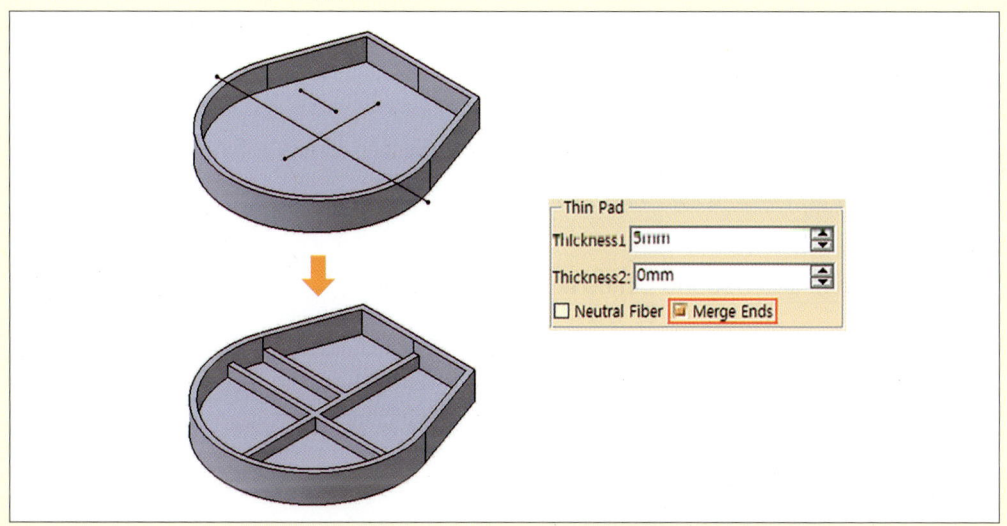

④ Reverse Side : 두께 방향을 반전할 때 사용한다.

5 Mirrored extent

양쪽 방향으로 동일한 길이값을 사용하여 프로파일을 돌출시킨다. 예를 들어 First Limit Type 으로 Dimension을 선택하고 Length 란에 20을 기입한 후 Mirrored extent에 체크하면 양쪽 방향으로 20mm씩 동등하게 돌출하여 전체 돌출길이는 40mm가 된다.

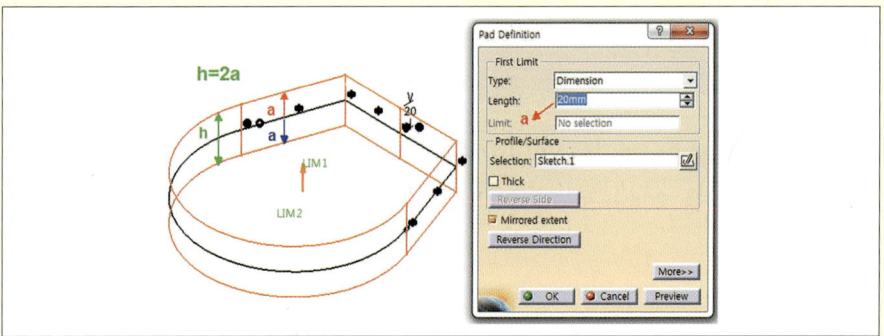

6 Reverse Direction

돌출 방향을 반전할 때 사용한다.

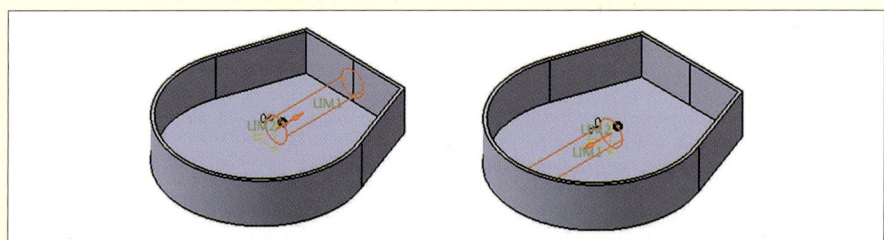

7 Second Limits

More>> 을 누르면 더 많은 옵션 창이 나타나며 Second Limits는 First Limits와 다른 거리값과 방향으로 돌출하고자 할 때 사용한다.

1) First Limits 값과 Second Limits 값이 둘 다 양수일 때

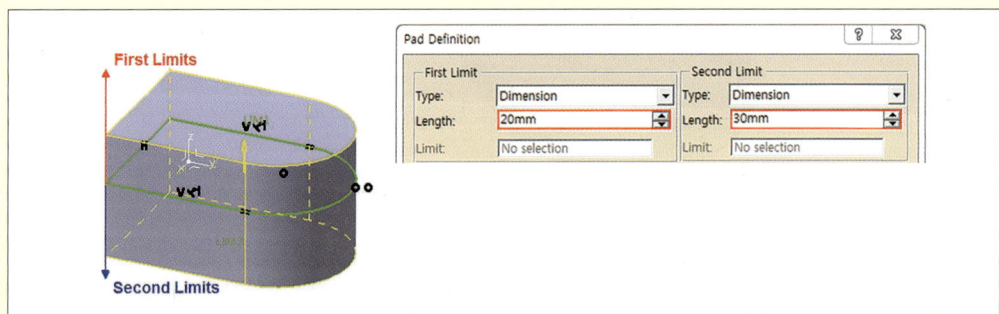

2) First Limits 값은 음수이고 Second Limits 값은 양수일 때

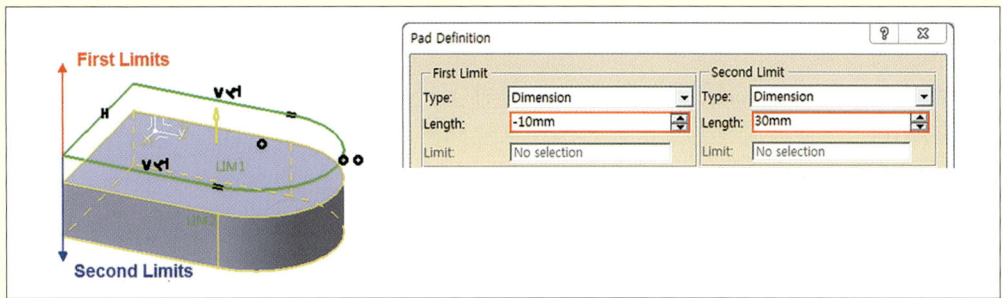

3) First Limits 값은 양수이고 Second Limits 값은 음수일 때

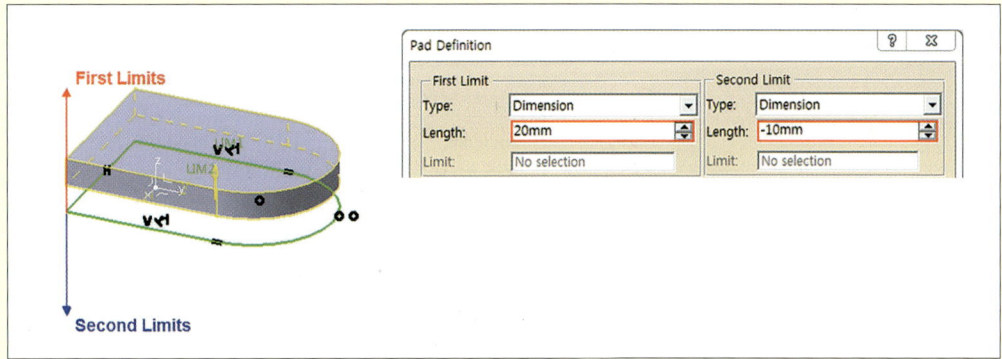

8 Direction

프로파일을 생성하는 데 사용한 평면의 수직 방향이 아닌 다른 방향으로 패드를 생성하고자 할 때 사용한다.

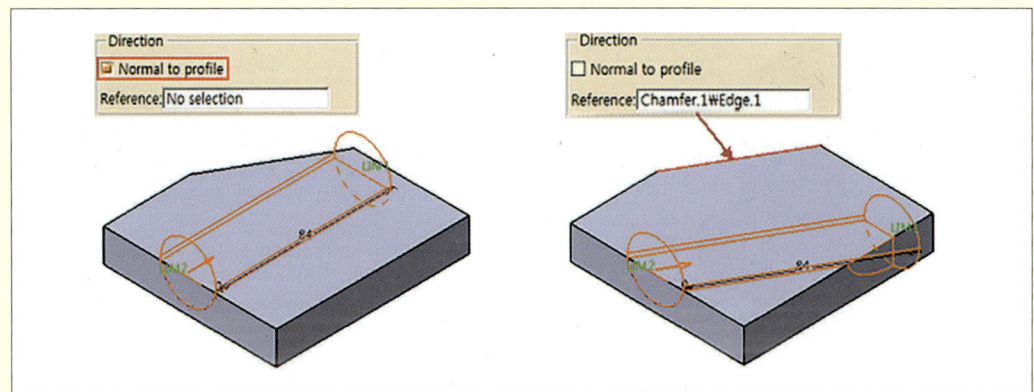

알아두기 4 Tritangent Fillet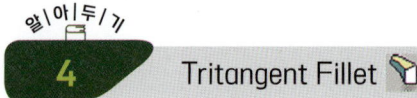

1 Dress-up Features 도구모음의 Fillets 하위 도구모음에서 Tritangent Fillet 을 클릭하여 실행한다.

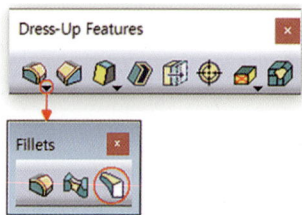

2 Tritangent Fillet Definition 대화상자에서 Faces to fillet 란에 두 개의 측면을 선택한다.

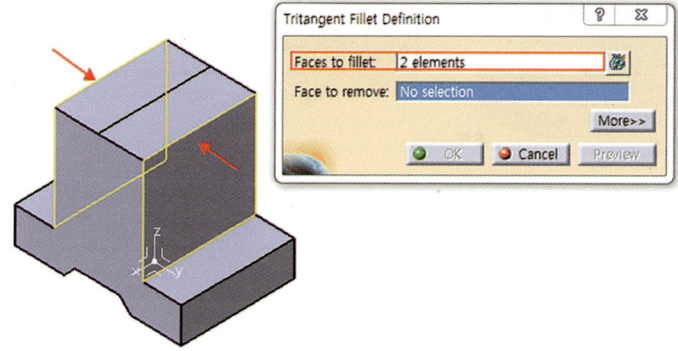

3 Face to remove 란에 제거될 하나의 면을 선택하여 세 면에 탄젠트한 필렛을 완성한다.

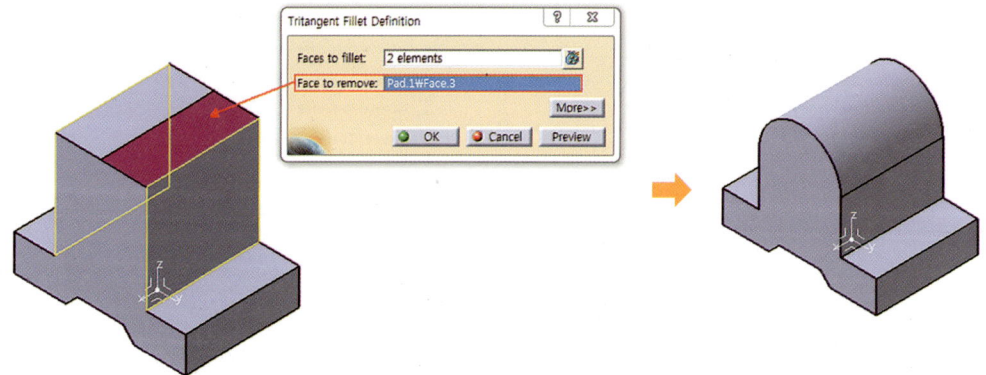

알|아|두|기
Tritangent Fillet

세 면에 탄젠트한 필렛을 작성한다.

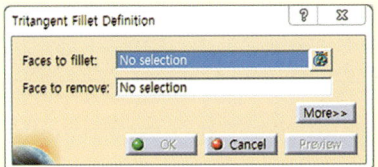 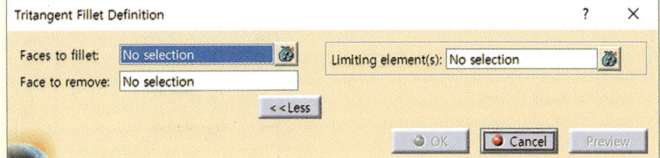

❶ Faces to fillet 란에 두 개의 면을 선택하면 필렛의 반지름이 자동 계산된다.
❷ Face to remove 란에 제거될 하나의 면을 선택한다.

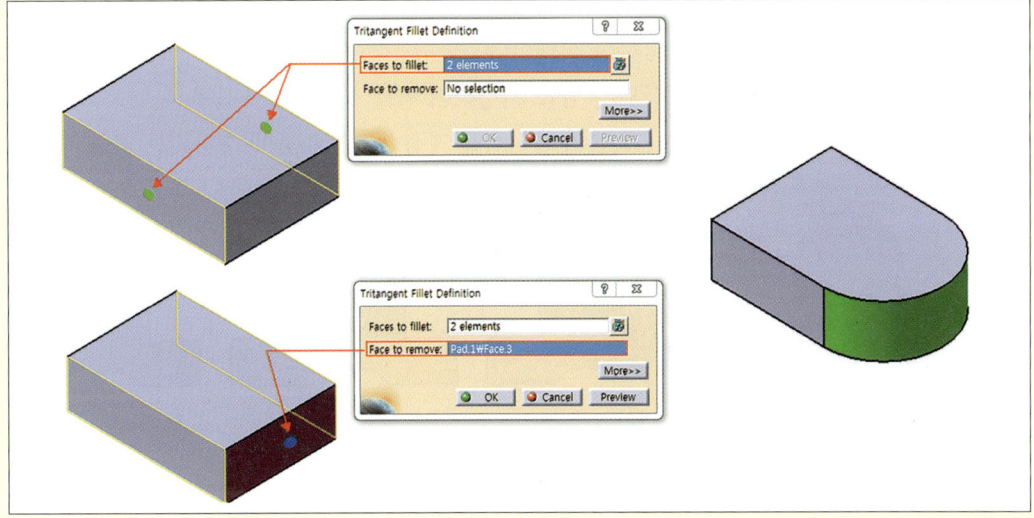

❸ Tritangent Fillet Definition 확장 대화상자에서 Limiting elements 선택란에 제한요소로 평면을 선택하여 선택한 평면까지 필렛을 완성할 수 있다.

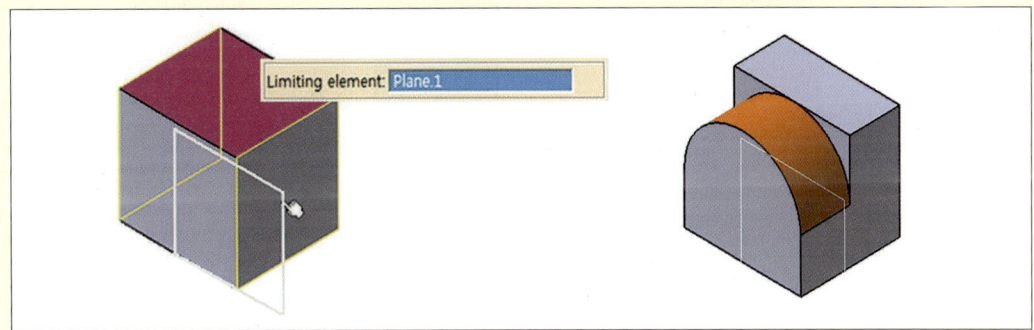

5　Pocket 에 사용될 스케치 프로파일 만들기

1 Specification Tree에서 yz평면을 선택하고 Sketcher 도구모음의 Sketch 명령어를 클릭하여 Sketcher Workbench로 들어간다.

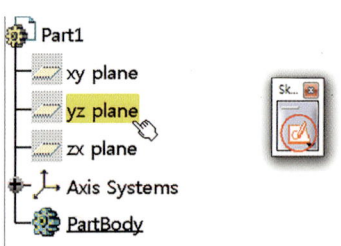

2 Circle

❶ Circle 명령어를 더블 클릭하여 실행한다.
❷ 원의 중심점과 반지름에 해당되는 점을 지정하여 원을 생성한다.
❸ 그려진 원의 중심점에 일치하게 원의 중심점을 지정하고 반지름에 해당되는 점을 지정한다.

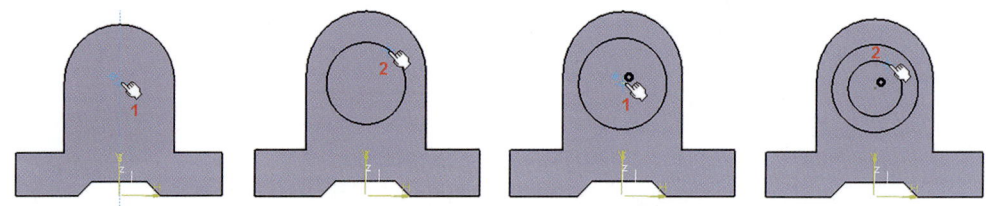

3 Constraints Defined in Dialog Box

❶ 그려진 하나의 원과 형상의 원주 모서리를 선택한다.
❷ Constraint Definition 대화상자에서 Concentricity를 체크하여 동심 구속조건을 추가한다.

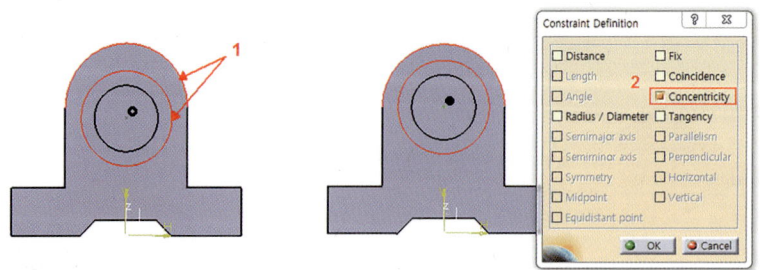

4 Constraint

Constraint 명령어를 더블 클릭하여 실행하고 원의 크기값 ⌀ 40, ⌀ 55 치수를 부여한다.

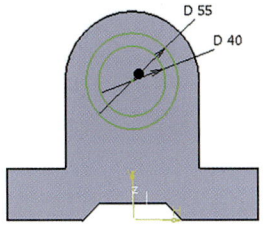

5 Exit Workbench  를 클릭하여 Sketcher Workbench를 종료하고 Part Design Workbench로 돌아간다.

6 Pocket을 사용하여 기존 피처에서 형상 제거하기

1 Sketch-Based Features 도구모음의 Pockets 하위 도구모음에서 Pocket을 더블 클릭하여 실행한다.

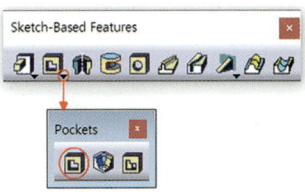

2 Pocket Definition 대화상자 설정

❶ Selection 란에 마우스 커서를 가져다 놓고 마우스 오른쪽버튼을 눌러 콘텍스트 메뉴 중 Go to profile definition을 선택한다.

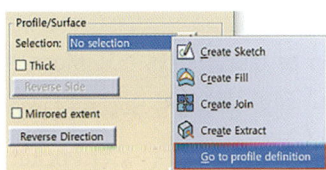

❷ Profile Definition 대화상자에서 스케치의 일부 요소를 선택하기 위해 Sub-elements를 선택한 후 ∅55 원을 선택한다.

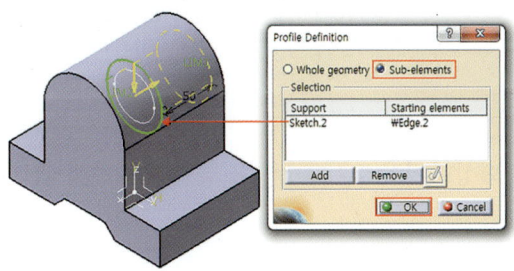

❸ First Limits 아래 Type은 Dimension을 선택하고 Length 란에 30을 기입한다.

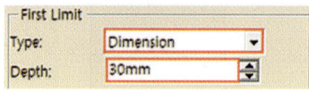

❹ Mirrored extent를 체크하여 양쪽 방향으로 동일한 길이로 제거한 후 를 클릭하여 명령을 종료한다.

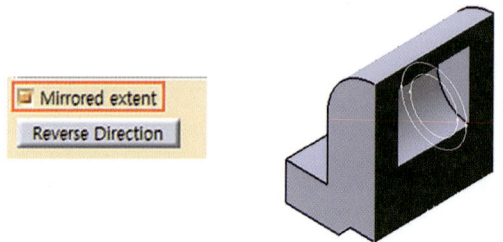

❺ 반복 실행된 Pocket Definition 대화상자에서 Selection 란에 마우스 커서를 가져다 놓고 마우스 오른쪽버튼을 눌러 콘텍스트 메뉴 중 Go to profile definition를 선택한다.

❻ Profile Definition 대화상자에서 Sub-elements를 선택한 후 ∅40 원을 선택한다.

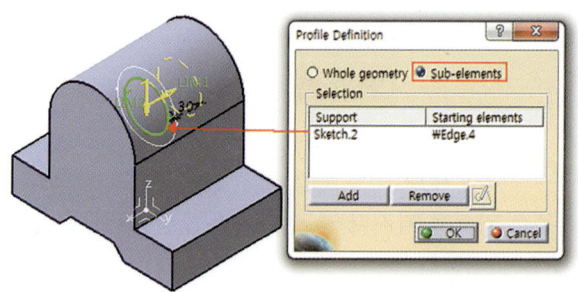

❼ First Limits 아래 Type은 Up to last를 선택하고 More 버튼을 클릭하여 Pocket Definition 대화상자를 확장한다. 확장된 대화상자에서 Second Limits 아래 Type도 Up to last를 선택한 후 를 클릭하여 양쪽 방향으로 관통된 Pocket을 완성한다.

❽ Pocket Definition 대화상자에서 을 클릭하여 반복 명령을 종료한다.

알아두기
Pocket

패드는 베이스 피처를 만들거나 기존 피처에 형상을 추가하는 기능이지만 포켓은 기존 피처에서 형상을 제거한다. 패드와 포켓의 옵션이나 사용방법은 비슷하다.

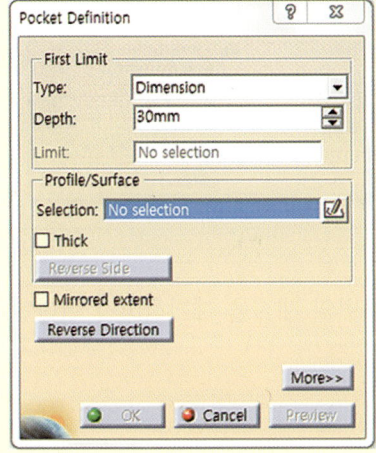
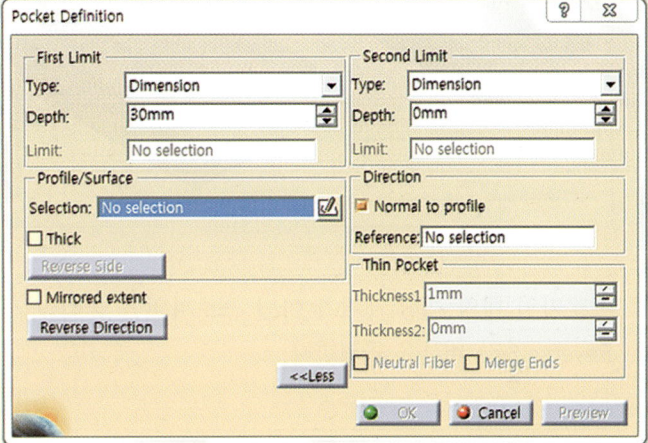

❶ Pocket을 생성할 프로파일을 선택한다. 프로파일을 생성하거나 기존 프로파일을 수정하고자 한다면 Sketcher 를 클릭한다.

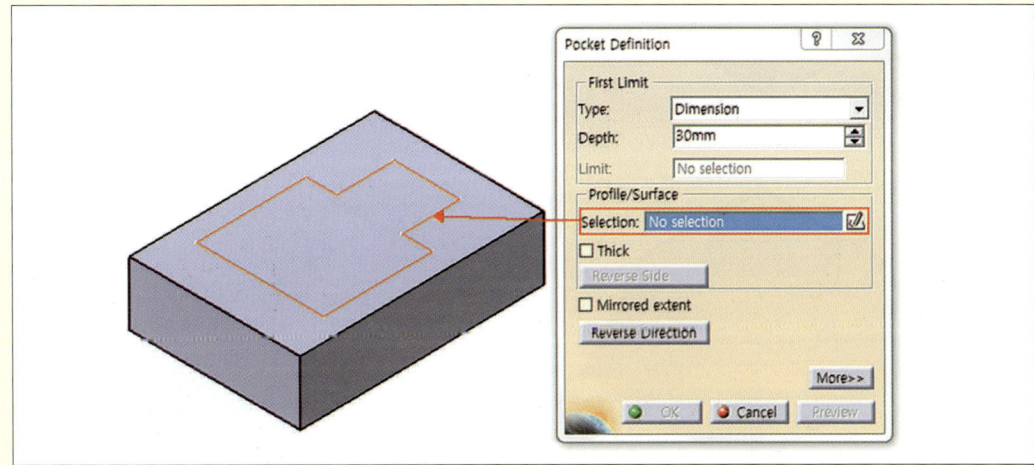

❷ 프로파일에 두께를 부여하여 제거하고자 할 때 Thick에 체크한다. 두께값은 Thick Pocket 란에서 정의한다.

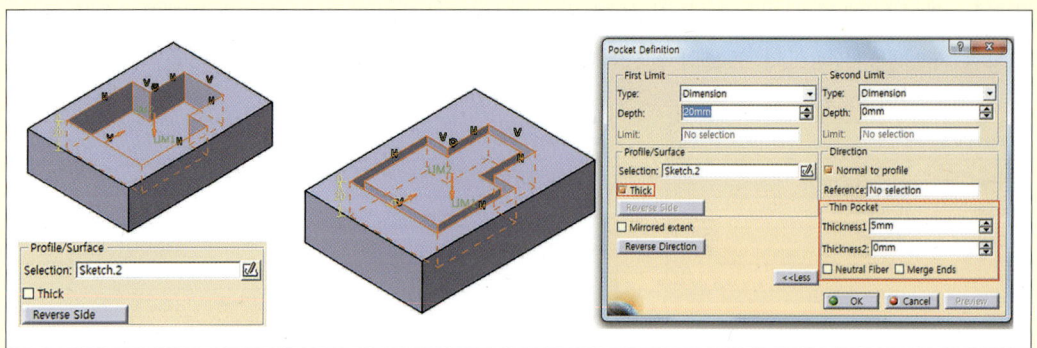

프로파일 내의 재질 제거가 아닌 프로파일을 둘러싼 재질 주변의 재질을 제거하고자 한다면 Reverse Side 버튼을 클릭한다.

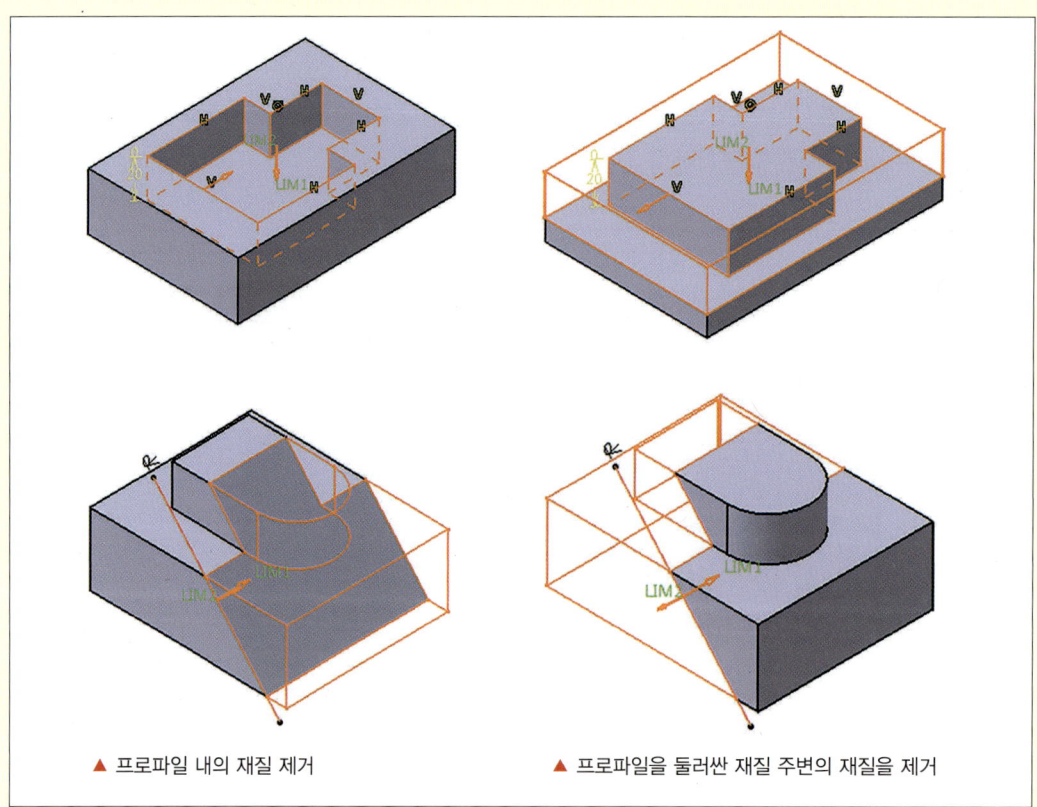

▲ 프로파일 내의 재질 제거　　　　　　　▲ 프로파일을 둘러싼 재질 주변의 재질을 제거

❸ First Limit에서 Type과 Type에 따른 Length와 Limit를 지정한다.

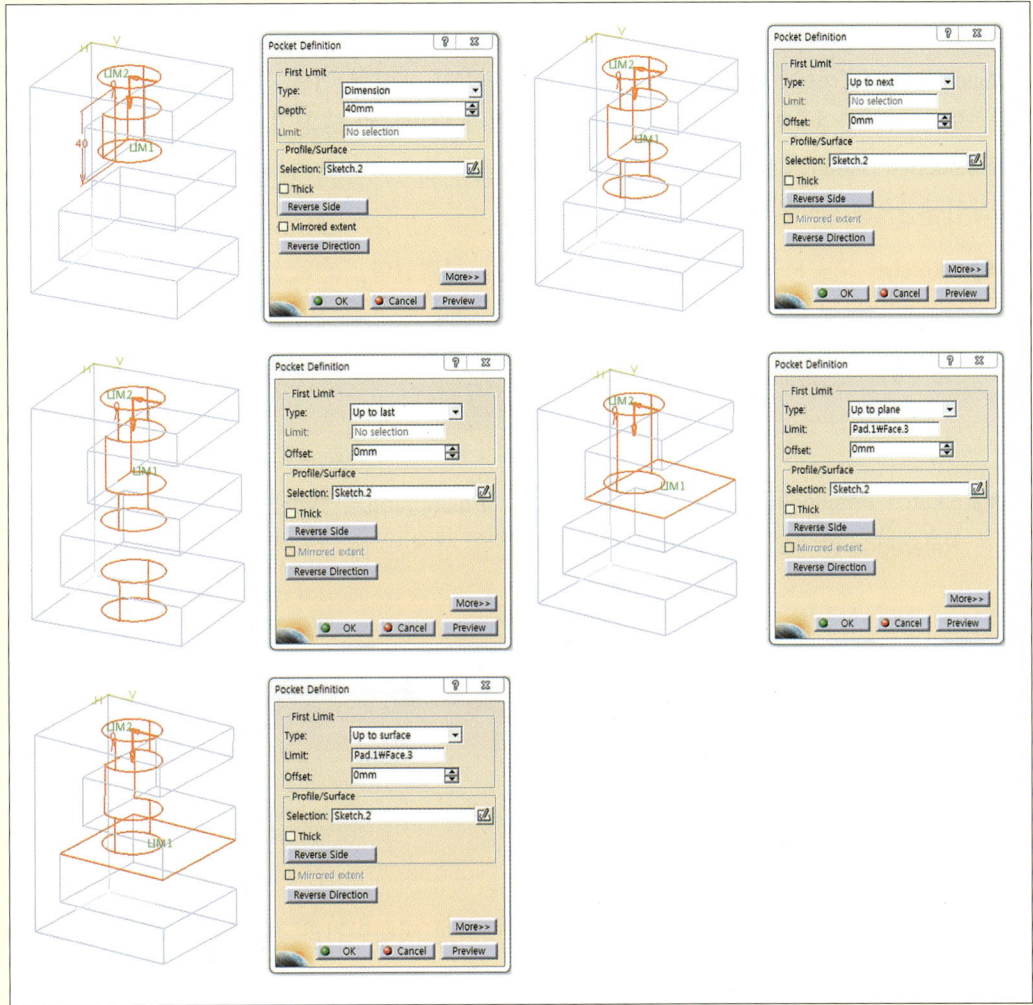

❹ Mirrored extent를 체크하여 양쪽 방향으로 동일한 길이값이 되도록 프로파일을 돌출시켜 포켓을 생성하거나 Second Limit를 사용하여 First Limit와 다른 거리값과 방향으로 포켓을 생성한다.

❺ Reverse Direction : 포켓의 방향을 반전한다.

7　Pocket에 사용될 스케치 프로파일 만들기

1 Specification Tree에서 xy평면을 선택하거나 구멍이 생성될 면을 선택하고 Sketcher 작업공간으로 들어가면 x축이 수평방향으로 되어 도면의 평면도와 방향이 달라지기 때문에 여기서는 Positioned Sketch를 사용하여 사용자가 원하는 방향으로 좌표축과 원점을 설정하여 Sketcher 작업공간으로 들어간다.

❶ Sketcher 도구모음의 Positioned Sketch  를 클릭한다.

❷ Sketch Positioning 대화상자 아래 Sketch Positioning의 Type으로 Positioned를 선택하고 Reference 란에 스케치 좌표가 생성될 평면을 선택한다.

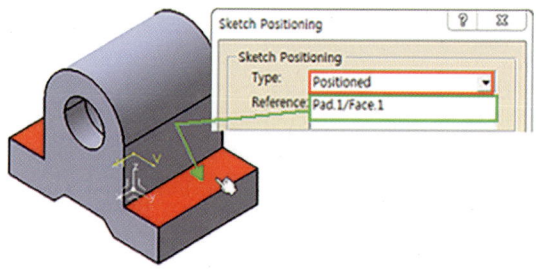

❸ Origin과 Orientation의 Type은 Implicit를 선택하여 절대원점과 좌표축이 선택한 평면에 투영되게 한다.

❹ Swap에 체크하여 H축과 V축을 바꾸고 Reverse V를 체크하여 V축 방향을 반전한다.

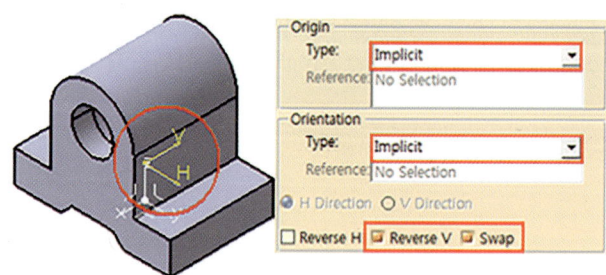

❺ OK 를 클릭하여 Sketcher Workbench로 들어간다.

2 Circle

Circle 명령을 실행하고 원의 중심점과 반지름에 해당되는 점을 지정하여 원을 생성한다.

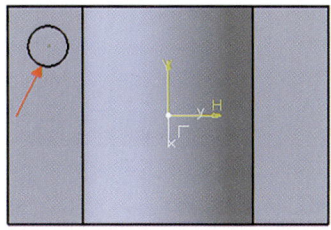

3 Mirror

❶ Mirror 명령어를 실행한다.
❷ 대칭 복사할 요소로 원을 선택한다.
❸ 대칭 기준선으로 H축을 선택하여 대칭 복사한다.

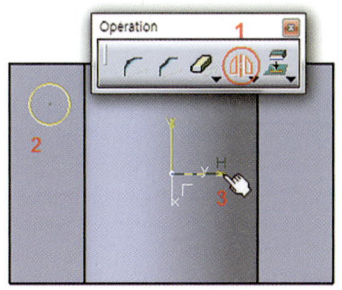 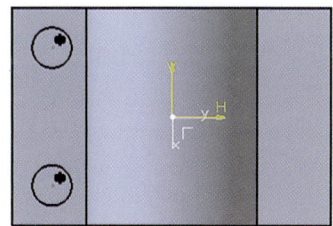

❹ 대칭 복사할 요소로 두 개의 원을 선택한다.
❺ Mirror 명령어를 실행한다.
❻ 대칭 기준선으로 V축을 선택하여 대칭 복사한다.

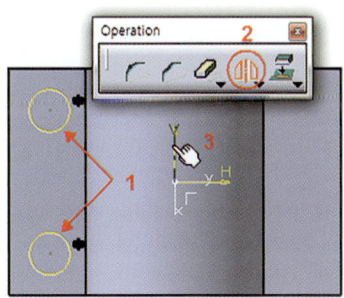 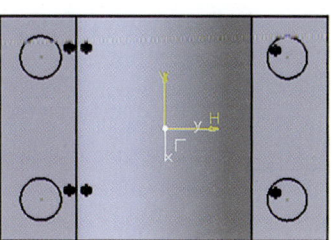

4 Constraint

Constraint 명령어를 더블 클릭하여 원의 중심거리 70, 120과 원의 크기값 Ø13을 부여한다.

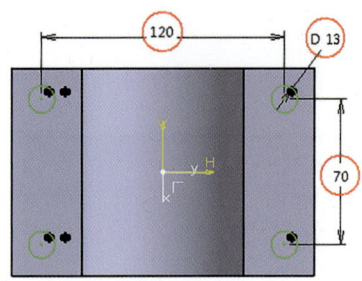

5 Exit Workbench 를 클릭하여 Sketcher Workbench를 종료하고 Part Design Workbench로 돌아간다.

8 Pocket 을 사용하여 기존 피처에서 형상을 제거하기

1 Pocket 명령어를 실행한다.
2 First Limits 아래 Type은 Up to last를 선택하고 OK 를 클릭하여 관통된 Pocket을 완성한다.

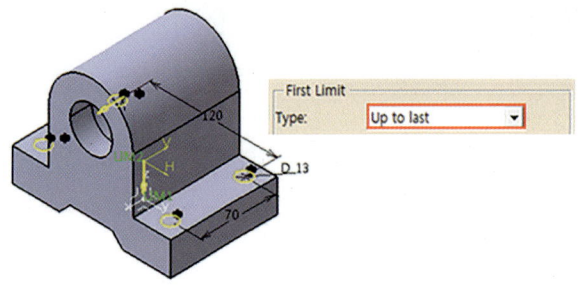

9 Edge Fillet 을 사용하여 모서리 다듬기

1 Dress-Up Features 도구모음의 Fillet 하위 도구모음에서 Edge Fillet 명령어를 클릭하여 실행한다.

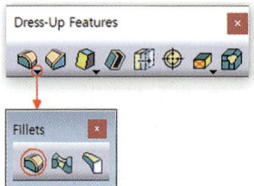

2 Edge Fillet Definition 대화상자에서 Radius 입력란에 15를 기입한다.

3 Object(s) to fillet 란에 필렛을 부여할 네 모서리를 선택하고 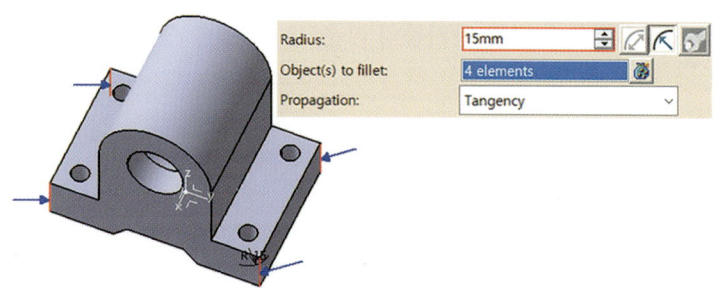 OK 를 누른다.

4 Edge Fillet 명령어를 클릭하여 실행한다.

5 Edge Fillet Definition 대화상자에서 Radius 입력란에 5를 기입하고 Propagation 드롭다운 목록에서 Tangency를 선택한다.

6 Object(s) to fillet 란에 Tritangent Fillet에 의해 생성된 형상의 면을 선택하고 모서리를 선택한 후 OK 를 눌러 명령을 종료하여 Part 모델링을 완성한다.

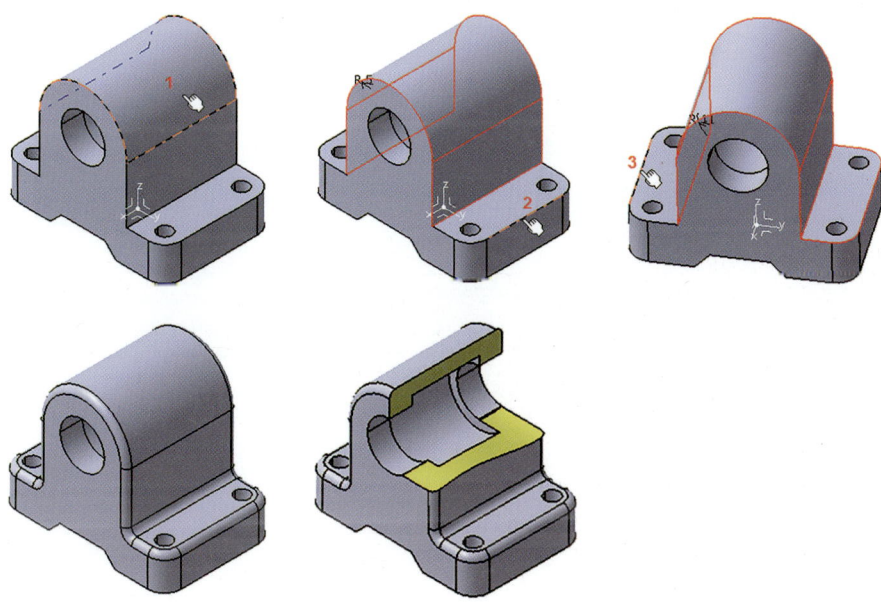

알아두기

Edge Fillet

Edge Fillet은 형상의 모서리에 동일한 반지름의 라운드나 필렛을 생성한다.

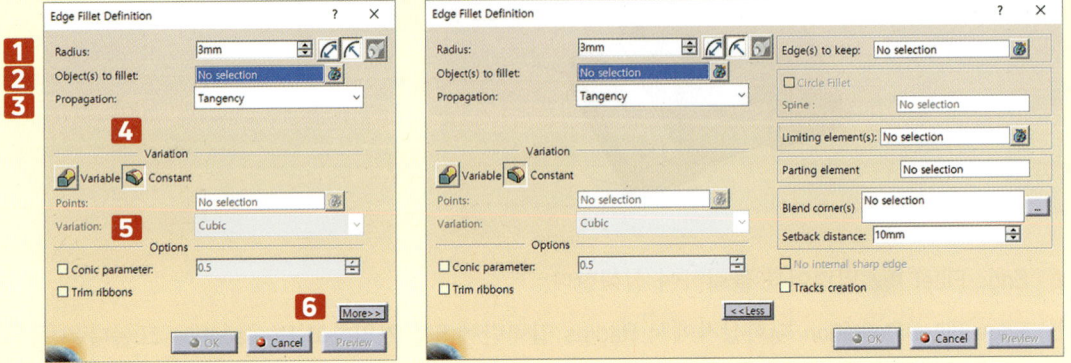

1 Radius

필렛의 반지름 값 또는 현의 길이를 입력한다.

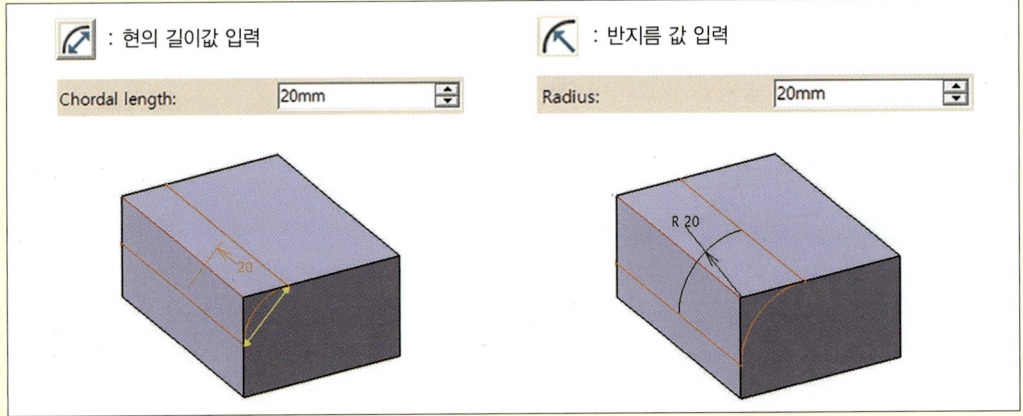

2 Object(s) to fillet

필렛을 부여할 모서리나 면 또는 Propagation 선택에 따라 피처를 선택한다.

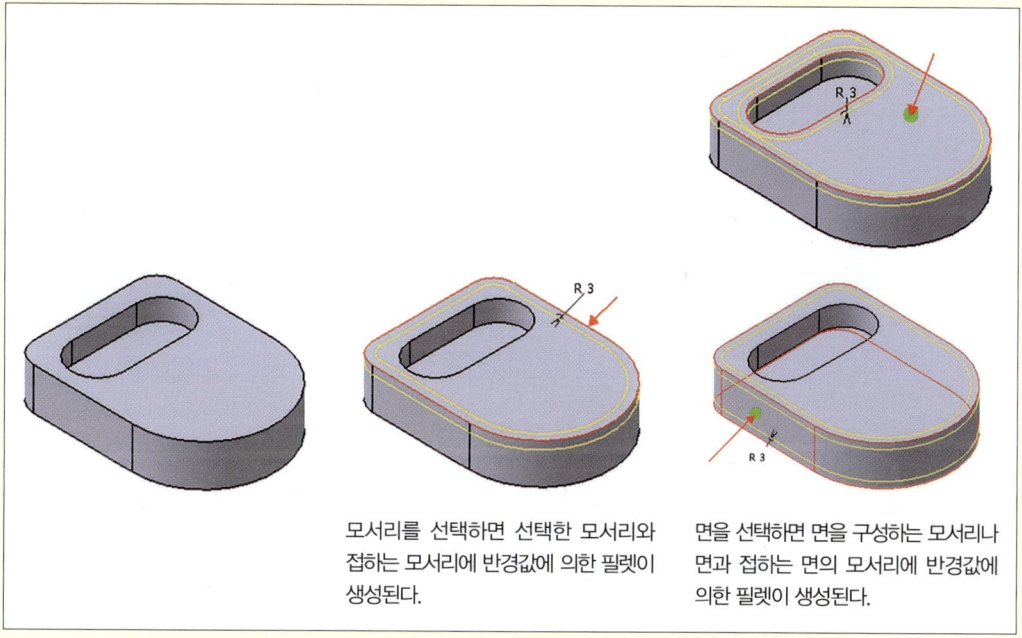

모서리를 선택하면 선택한 모서리와 접하는 모서리에 반경값에 의한 필렛이 생성된다.

면을 선택하면 면을 구성하는 모서리나 면과 접하는 면의 모서리에 반경값에 의한 필렛이 생성된다.

3 Propagation

❶ Propagation [Tangency ▼]

선택한 모서리와 가능한 접선 가장자리에 필렛을 생성한다.

❷ Propagation [Minimal ▼]

선택한 모서리와 접선 가장자리의 일부에 계산되어 필렛을 생성한다.

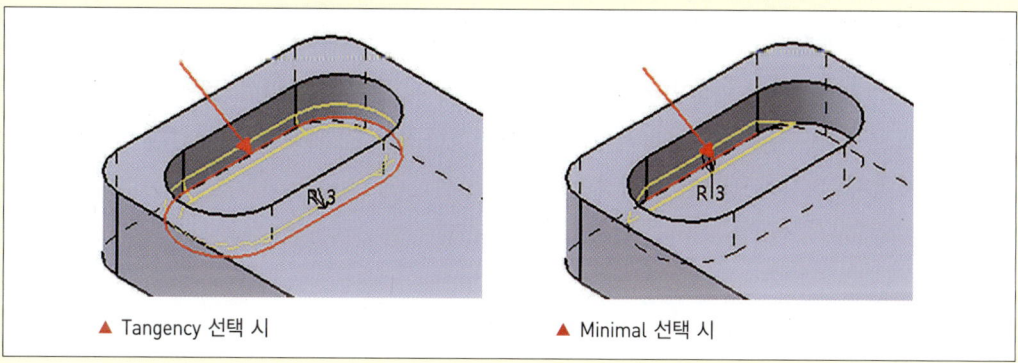

▲ Tangency 선택 시   ▲ Minimal 선택 시

❸ Propagation [Intersection ▼]

피처 선택을 기반으로 하며 선택한 피처의 면과 현재 바디의 나머지 면의 교차점에 의해 생성된 모든 모서리에 필렛을 생성한다. 또한 이 모드는 피처를 기반으로 선택하므로 모서리 선택을 줄일 수 있고 Tangency를 기반으로 필렛을 생성한다.

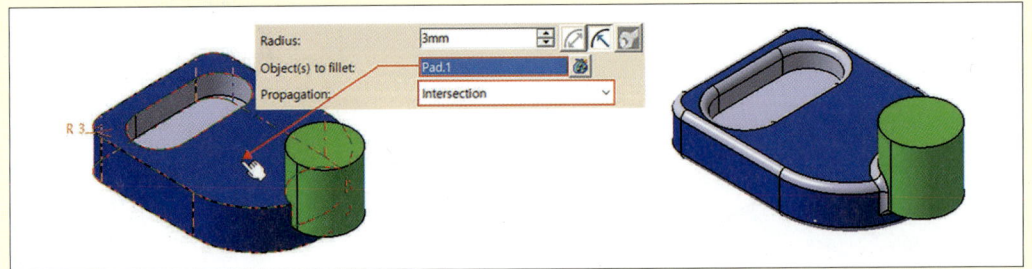

❹ Propagation [Intersection with selected features ▼]

필렛을 만들 피처를 선택하고 교차할 피처를 선택하면 교차점의 모든 모서리가 자동으로 선택되어 필렛이 생성된다.

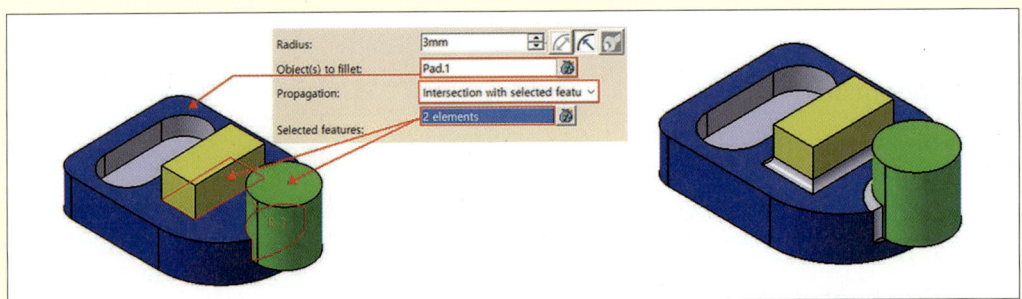

4 Variation

❶ Variable

가변 반경은 두 개 이상의 서로 다른 반경에 의해 값이 변하면서 전체 모서리에 적용된다. 이때 반경 치수를 더블 클릭하여 치수를 변경하거나 Edit Fillet Values 버튼을 클릭하여 모서리 점 위치의 반경값을 변경할 수 있다.

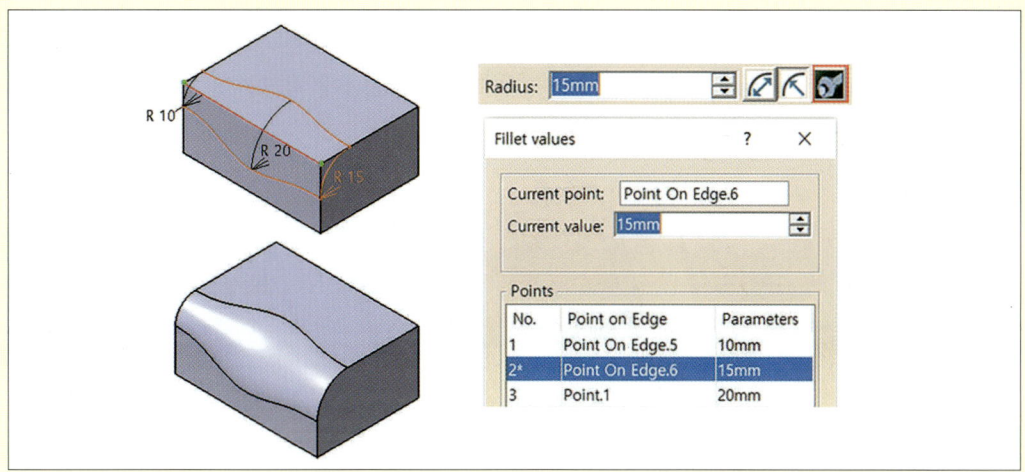

❷ Constant

반경값에 의해 일정한 반경으로 모서리에 필렛을 생성한다.

5 Options

❶ Conic parameter

Conic parameter를 체크하고 매개변수 기입란에 원뿔 비율값을 기입하여 필렛 곡선을 조절할 수 있다.

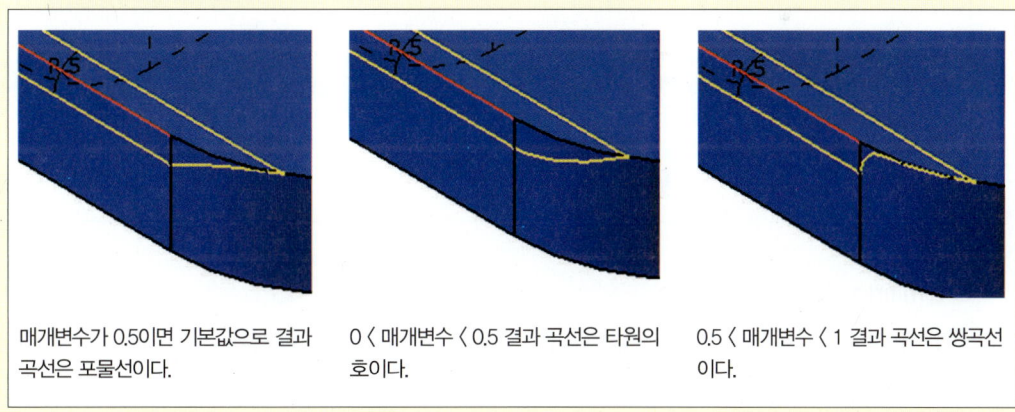

매개변수가 0.50이면 기본값으로 결과 곡선은 포물선이다.

0 < 매개변수 < 0.5 결과 곡선은 타원의 호이다.

0.5 < 매개변수 < 1 결과 곡선은 쌍곡선이다.

❷ Trim ribbons

Propagation에서 Tangency를 선택한 경우 Trim ribbons에 체크하여 겹치는 필렛을 트리밍할 수 있다.

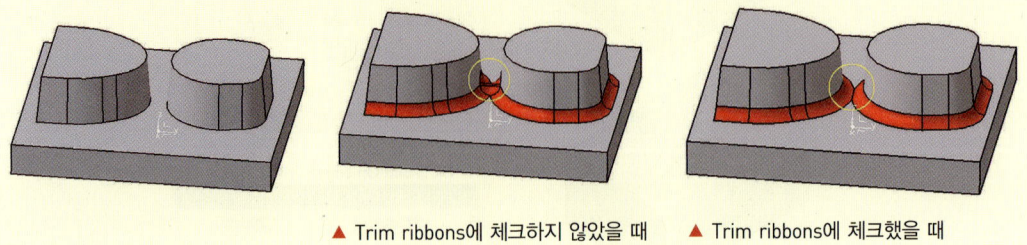

▲ Trim ribbons에 체크하지 않았을 때   ▲ Trim ribbons에 체크했을 때

6 More>>

Edge Fillet Definition 대화상자에서 More를 클릭하면 대화상자가 확장되어 추가 옵션을 사용할 수 있다.

❶ Edge(s) to keep

유지할 모서리를 선택하면 선택한 모서리는 필렛 작업에서 제외되어 모서리를 유지한 채 필렛이 생성된다.

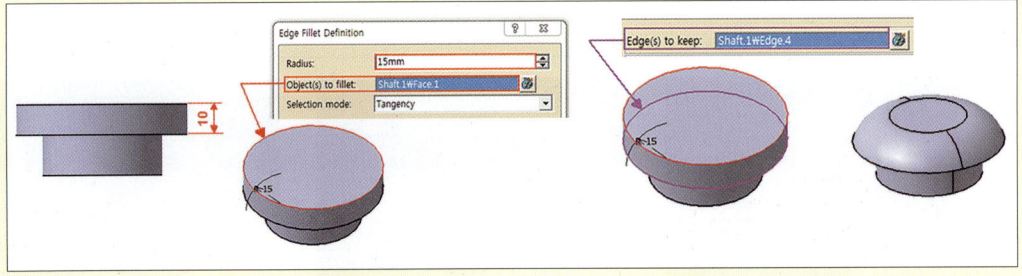

❷ Limiting elements

하나 이상의 제한요소로 선택한 점이나 평면까지 필렛을 완성한다.

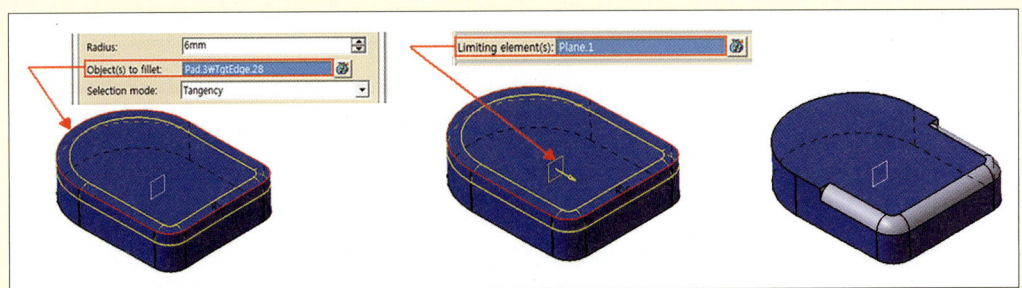

❸ Parting element

Parting element로 면을 선택하면 필렛 곡면이 선택한 요소를 기준으로 면이 분할되어 생성된다.

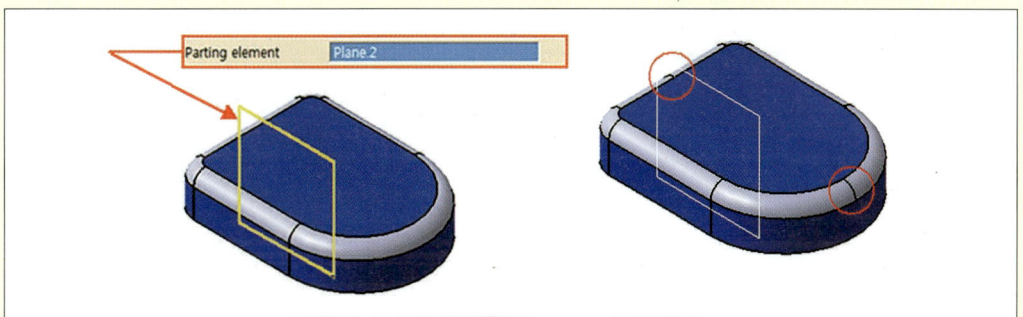

❹ Blend corner(s) & Setback distance

필렛으로 인한 모서리가 만족스럽지 않을 때 Blend corner(s)와 Setback distance 값을 사용하여 재구성할 수 있다.

ⓐ Bend corner(s) 란을 클릭한 후 마우스 오른쪽버튼을 누른 후 콘텍스트 메뉴에서 Create by edges or vertex를 선택한다. 아래 예시에서는 꼭짓점을 선택하여 생성하였다.

ⓑ Setback distance 란에 거리값을 입력한다.

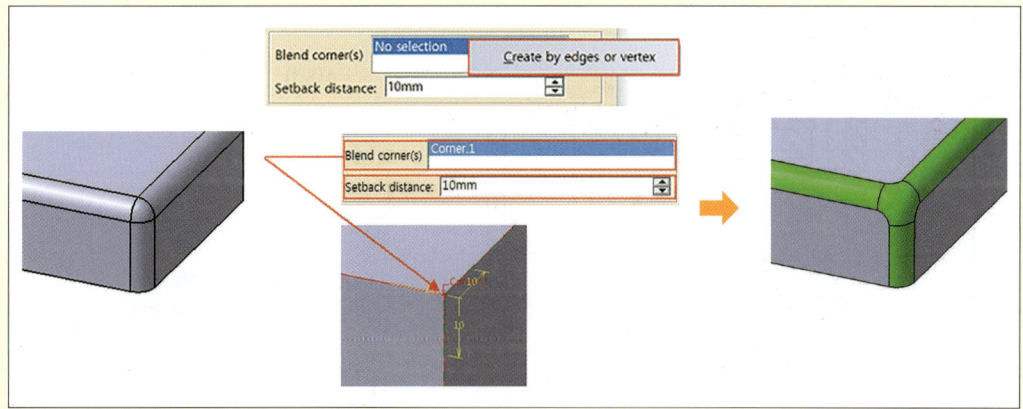

CHAPTER 03 | 활용 예제 2
Multi-Pad, Drafted Filleted Pad, Drafted Filleted Pocket, Chamfer

예제 도면 | 3D형상 모델링 작업하기

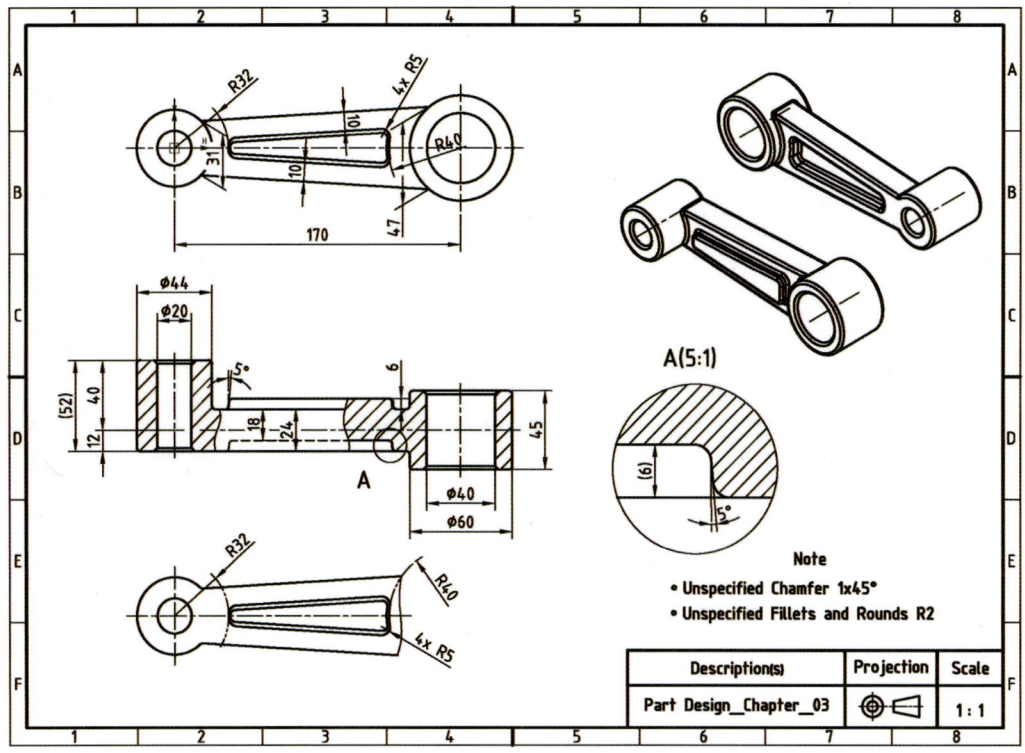

1 Multi-Pad 에 사용될 스케치 프로파일 만들기

1 Part Design 작업 공간에서 Sketcher 도구모음의 Sketch 명령어를 클릭하고 Specification Tree에서 yz평면을 선택하여 Sketcher Workbench로 들어간다.

2 Circle

❶ Circle 명령어를 더블 클릭하여 실행한다.
❷ 원의 중심점은 스케치 원점에 일치하게 지정하고 반지름에 해당되는 점을 지정하여 원을 생성한다.
❸ 스케치 원점과 수평한 지점에 원의 중심점을 지정하고 반지름에 해당되는 점을 지정한다.

❹ 그려진 두 개의 원의 중심점과 일치하도록 원의 중심점을 지정하고 반지름에 해당되는 점을 지정하여 원을 그린다.

 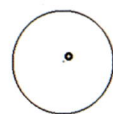    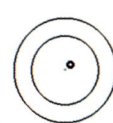

3 Line

❶ Line 명령어를 실행한다.
❷ 선분의 첫 번째 점은 스케치 원점에서 그린 큰 원의 원주에 일치시키고 다음 점은 스케치 원점으로부터 수평 방향에 그린 큰 원의 원주에 일치하도록 점을 지정하여 원과 탄젠트하지 않은 사선을 그린다.

 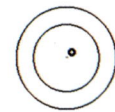 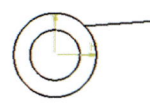 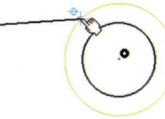 

4 Mirror

❶ Mirror 명령어를 실행한다.
❷ 대칭 복사할 사선을 선택한다.
❸ 대칭 기준선으로 H축을 선택하여 대칭 복사한다.

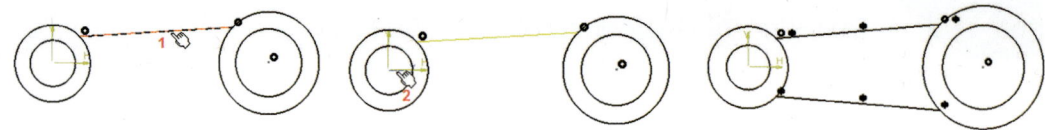

5 Quick Trim

❶ Quick Trim 명령어를 더블 클릭하여 실행한다.

❷ Sketch tools 도구모음에서 Quick Trim 옵션에서 Break And Keep을 선택한다.

❸ 두 사선 사이에서 원을 선택하여 선택한 부분에서 두 사선과 만나는 지점까지 원이 끊어지도록 한다.

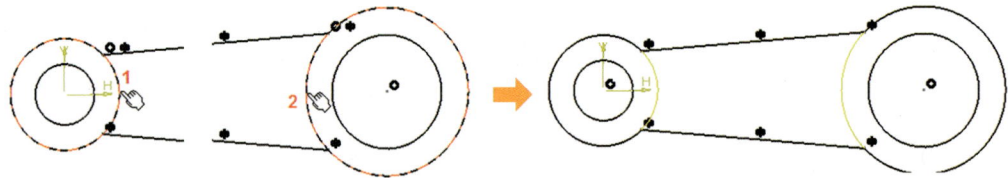

6 Constraint

Constraint 명령어를 더블 클릭하여 실행하고 치수값을 부여한다.

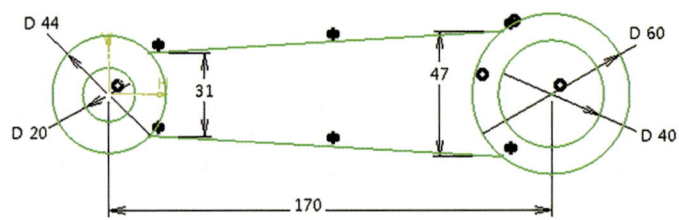

7 Exit Workbench를 클릭하여 Sketcher Workbench를 종료하고 Part Design Workbench로 돌아간다.

알아두기 2 — Multi-Pad 를 사용하여 길이값이 다른 Pad 생성하기

1 Sketch-Based Features 도구모음의 Pads 하위 도구모음에서 Multi-Pad 를 클릭하여 실행한다.

2 Multi-Pad Definition 대화상자에서 Domains에 닫힌 프로파일에 의해 돌출할 수 있는 도메인 수가 나타난다. 여기서 ⌀44, ⌀20 원에 의해 닫힌 프로파일을 도메인에서 선택한다.

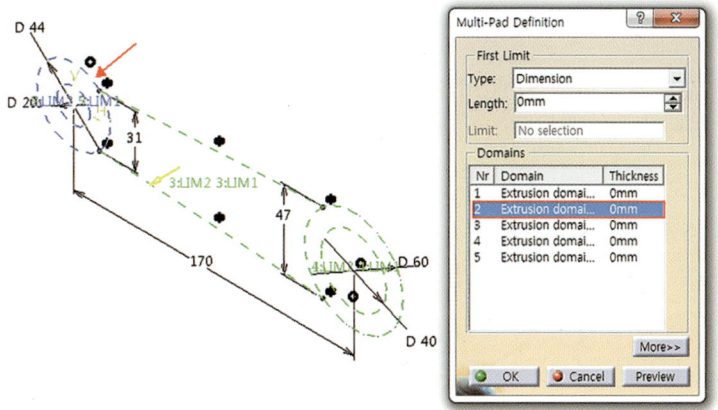

❶ First Limit 아래의 Type으로 Dimension을 선택하고 Length 란에 선택된 도메인의 First Limit 방향의 돌출거리 값으로 40을 입력한다.

❷ More>> 를 클릭하여 도구모음을 확장한다. Second Limit 아래의 Type으로 Dimension을 선택하고 Length 란에 First Limit 방향의 반대 방향으로 돌출할 거리값으로 12를 입력한다.

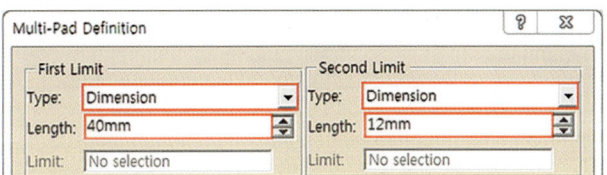

3 Domains에서 ⌀60, ⌀40 원에 의해 닫힌 프로파일 선택한다.

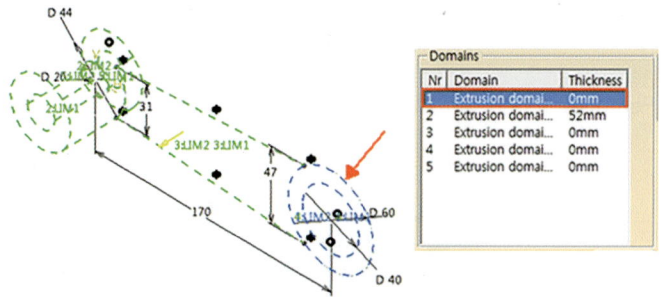

❶ First Limit 아래의 Type으로 Dimension을 선택하고 Length 란에 22.5를 입력한다.
❷ Second Limit 아래의 Type으로 Dimension을 선택하고 Length 란에 22.5를 입력한다.

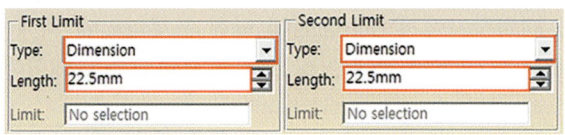

4 Domains에서 사선과 분할된 원에 의해 닫힌 프로파일을 선택한다.

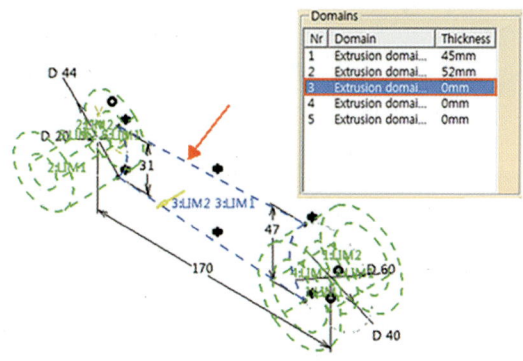

❶ First Limit 아래의 Type으로 Dimension을 선택하고 Length 란에 12를 입력한다.
❷ Second Limit 아래의 Type으로 Dimension을 선택하고 Length 란에 12를 입력한다.

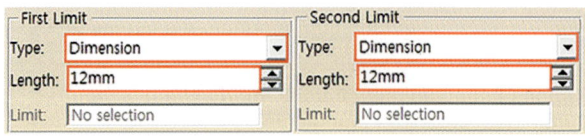

❸ OK 를 클릭하여 명령어를 종료하고 여러 프로파일을 사용하여 길이값이 다른 Multi-Pad를 생성한다.

Multi-Pad

동일한 스케치에 속한 여러 프로파일을 길이값이 다르게 패드를 생성한다. 돌출할 프로파일을 선택하면 Multi-Pad Definition 대화상자가 나타난다. 선택한 프로파일은 모두 닫혀 있어야 하며 교차해서는 안 된다.

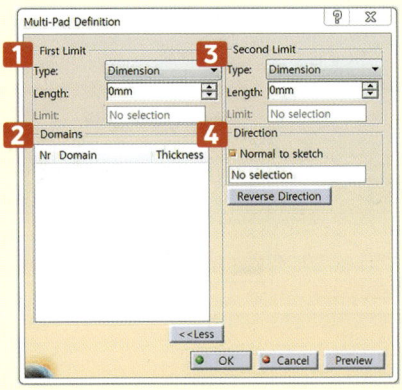

1 First Limit

Domains에 표시된 닫힌 프로파일을 선택하여 한쪽 방향으로 돌출할 거리값을 지정한다.

2 Domains

돌출할 도메인 수가 표시되며 돌출할 도메인을 선택한다. 선택된 도메인 영역은 파란색으로 표시된다. 도메인을 선택하고 거리값을 입력하여 서로 다른 길이값을 갖는 패드를 생성할 수 있다.

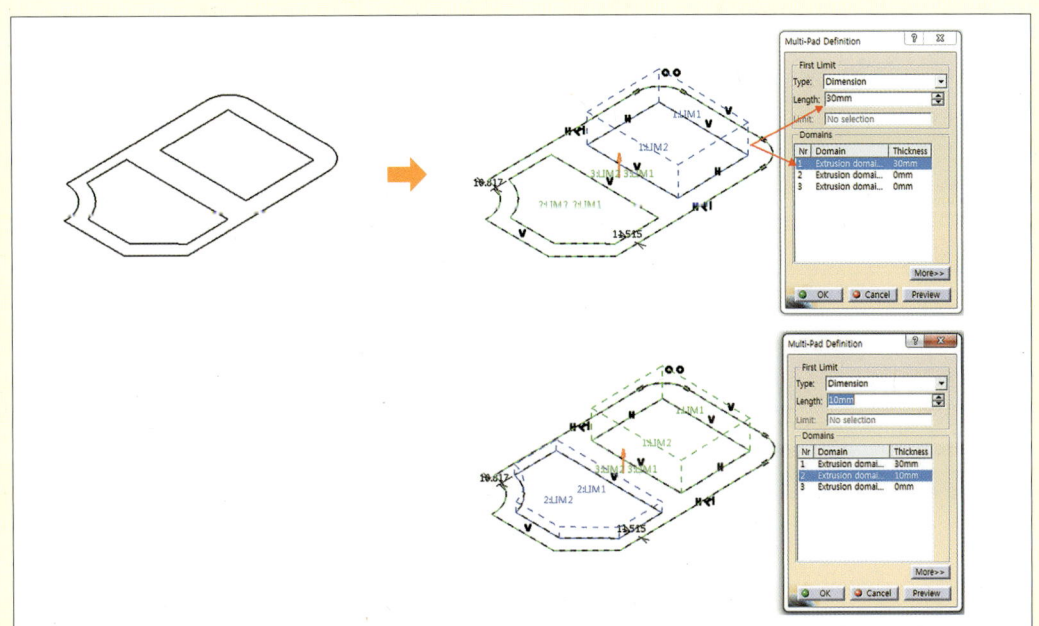

3 Second Limit

`More>>`를 누르면 더 많은 옵션창이 나타나며 Second Limit은 Profile의 Normal한 First Limits 방향의 반대 방향으로도 돌출하고자 할 때 사용한다.

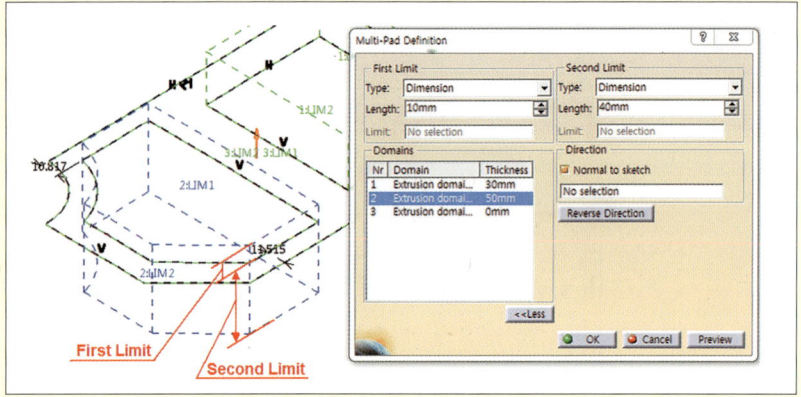

4 Direction

프로파일을 생성하는 데 사용한 평면의 수직 방향이 아닌 다른 방향으로 패드를 생성하고자 할 때 사용한다.

- `Reverse Direction` : 돌출 방향을 반전할 때 사용한다.

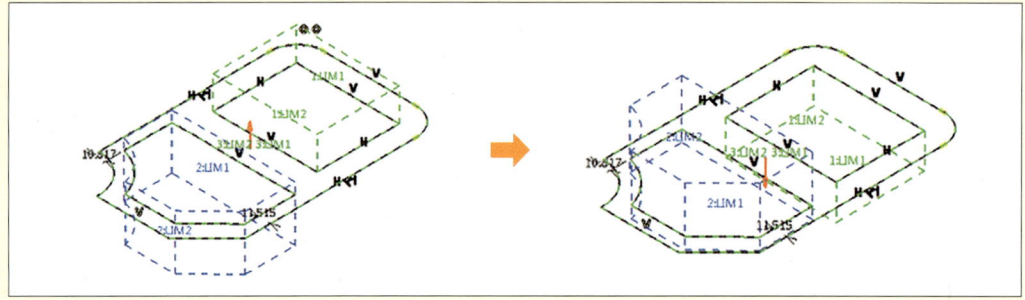

3 Drafted Filleted Pad 에 사용될 스케치 프로파일 만들기

1 형상의 평면을 선택하고 Sketcher 도구모음의 Sketch 명령어를 클릭하여 Sketcher Workbench로 들어간다.

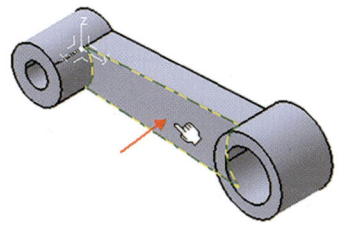

2 Offset

❶ Offset 명령을 반복 사용하기 위해 더블 클릭하여 실행한다.
❷ Sketch tools 도구모음에서 Offset 옵션으로 No Propagation 을 선택한다.
❸ 두 개의 사선 모서리를 사선 모서리 안쪽으로 Offset 거리값 10만큼 Offset한다.

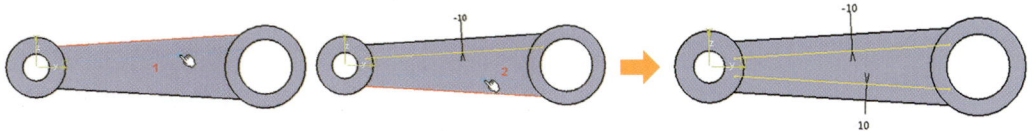

3 Circle

❶ Circle 명령어를 더블 클릭하여 실행한다.
❷ 원의 중심점은 스케치 원점에 일치하게 지정하고 반지름에 해당되는 점을 지정하여 원을 생성한다.

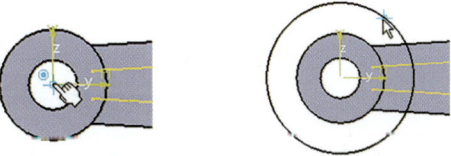

❸ 스케치 원점과 수평한 지점에 원의 중심점을 지정하고 반지름에 해당되는 점을 지정하여 원을 생성한다.

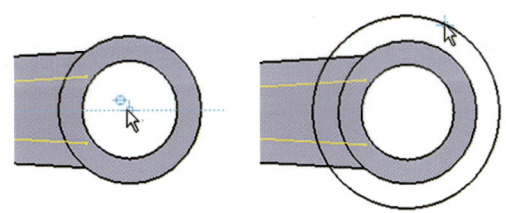

4 Constraints Defined in Dialog Box 📐

❶ 형상의 원주 모서리와 원을 Ctrl을 누른 상태에서 선택한다.
❷ Constraints Defined in Dialog Box 📐 명령어를 클릭하여 실행한다.
❸ Constraint Definition 대화상자에서 Concentricity를 체크하여 동심 구속조건을 추가한다.

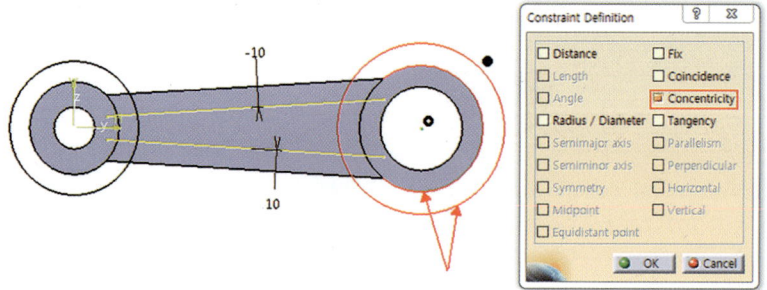

5 Quick Trim ✏️

❶ Quick Trim ✏️ 명령어를 더블 클릭하여 실행한다.
❷ Sketch tools 도구모음에서 Quick Trim 옵션에서 Beak And Rubber In 🖊을 선택한다.
❸ 불필요한 부분을 클릭하여 잘라낸다.

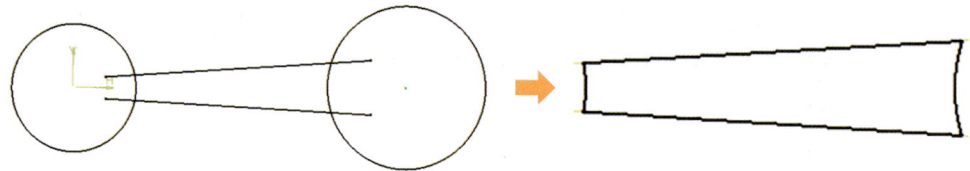

6 Constraint 📏

Constraint 📏 명령어를 더블 클릭하여 실행하고 치수값을 부여한다.

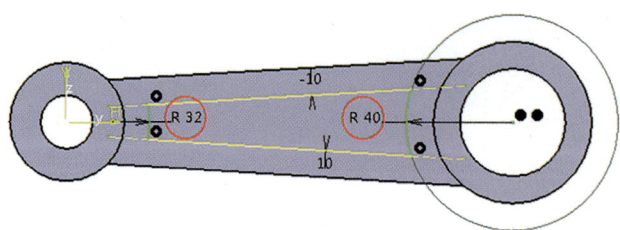

7 Exit Workbench ⬆️를 클릭하여 Sketcher Workbench를 종료하고 Part Design Workbench로 돌아간다.

4 Drafted Filleted Pad 를 사용하여 패드, 구배와 모서리 필렛 생성하기

1 Sketch-Based Features 도구모음의 Pads 하위 도구모음에서 Drafted Filleted Pad 를 클릭하여 실행한다.

2 Drafted Filleted Pad Definition 대화상자 설정

❶ First Limit 아래의 Length 란에 생성될 패드의 길이값으로 6을 지정한다. 입력한 값만큼 돌출된 면이 First Limit가 된다.

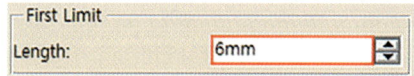

❷ Second Limit은 Drafted Filleted Pad가 생성될 기준 면이다. 여기서는 Second Limit의 Limit 선택란에 스케치 프로파일이 위치한 면을 선택한다.

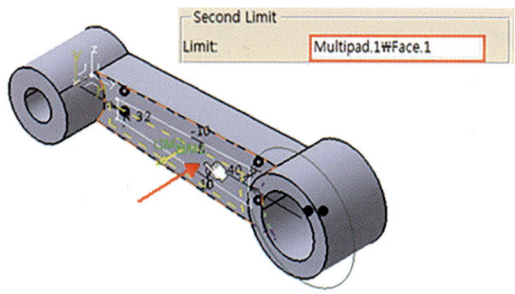

❸ Draft 아래에 기울기가 작성되도록 Angle에 체크하고 Angle 입력란에 구배 각도값 5를 입력한다. Neutral element는 Second limit로 선택한 면에서부터 입력한 각도값만큼 기울기가 작성되도록 Second limit에 체크한다.

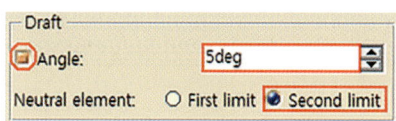

❹ Fillets 아래 체크란을 모두 선택하고 Lateral radius 값은 5, First limit radius와 Second limit radius 값은 2를 입력하여 측면 모서리와 First limit 모서리, Second limit 모서리에 필렛이 생성되도록 한다.

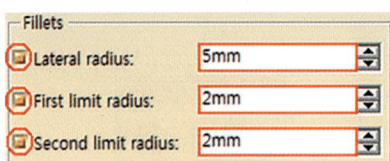

❺  를 클릭하여 명령어를 종료한다.

> **TIP**
>
> Drafted Filleted Pad 명령어를 사용하면 Specification Tree에 Pad, Draft, Edge Fillet 피처가 생성되며, 돌출 높이값을 변경하고자 할 때는 Pad 피처를 더블 클릭하여 대화상자에서 편집하고, 구배값이나 필렛값을 수정하고자 한다면 해당 피처를 더블 클릭하여 대화상자에서 편집한다.

알|아|두|기

Drafted Filleted Pad

구배와 모서리에 필렛을 부여하여 패드를 생성한다.

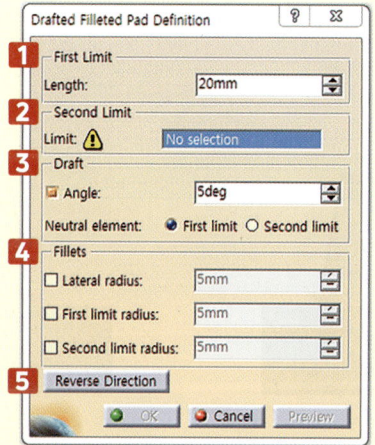

1 First Limit

생성될 패드의 길이값을 지정한다. 입력한 값만큼 돌출된 면이 First Limit가 된다.

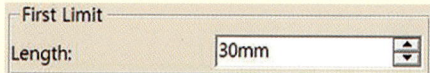

2 Second Limit

Second Limit은 필수이며 Drafted Filleted Pad가 생성될 기준면을 지정한다.

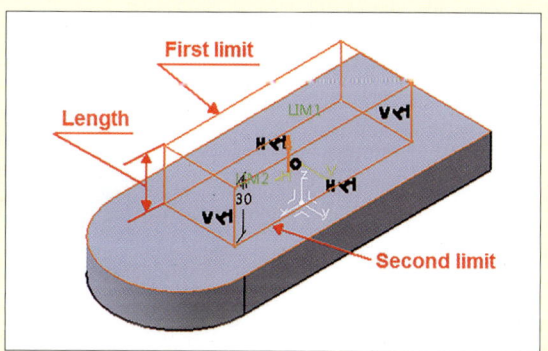

3 Draft

패드의 구배 각도를 입력한다.
- Angle : 각도값을 입력한다. 각도값에 음수값을 기입하면 구배 방향이 반전되며 구배를 원하지 않으면 체크하지 않는다.
- Neutral element : First limit과 Second limit, 둘 중 하나를 중립요소로 선택한다.

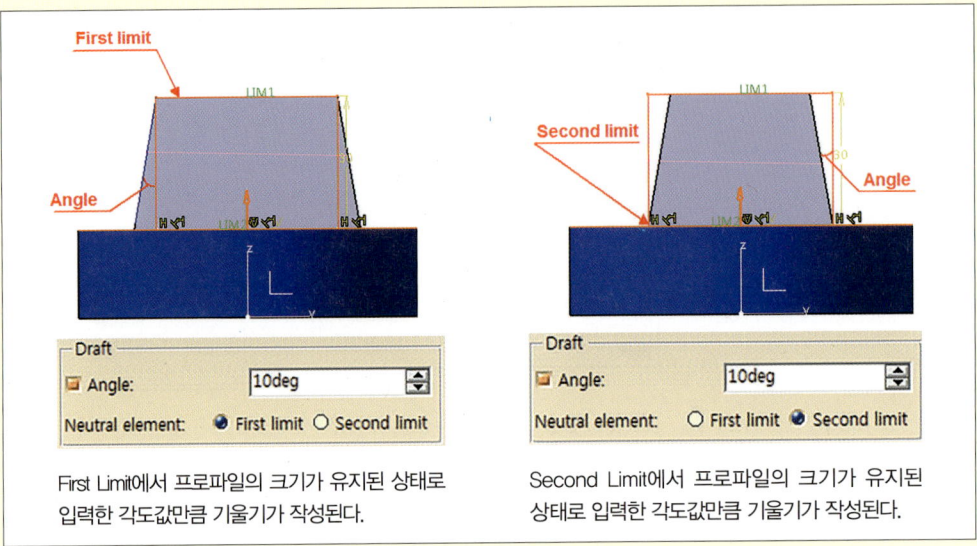

4 Fillets

패드의 모서리에 필렛을 부여하고자 할 때 사용한다.
- Lateral radius : 패드의 측면 모서리에 필렛을 생성한다.
- First limit radius : First limit 모서리에 필렛을 생성한다.
- Second limit radius : Second limit 모서리에 필렛을 생성한다.
- 필렛을 원하지 않은 부분은 해당 체크란에 체크를 해제한다.

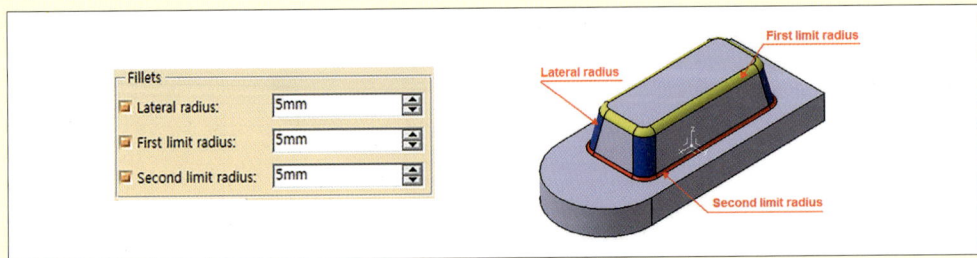

5 Reverse Direction

패드의 돌출 방향을 반전하고자 할 때 Reverse Direction 을 클릭한다.

알아두기 5 — Drafted Filleted Pocket 에 사용될 스케치 프로파일을 복사하여 만들기

1 도면상 Drafted Filleted Pad와 Drafted Filleted Pocket 프로파일 형상이 같으므로 Drafted Filleted Pad의 스케치를 재사용하여 Drafted Filleted Pocket을 만든다. Specification Tree에서 Drafted Filleted Pad에 의해 생성된 Pad의 스케치를 선택한 다음 Sketch-Based Features 도구모음의 Pockets 하위 도구모음에서 Drafted Filleted Pocket 을 클릭하여 실행한다.

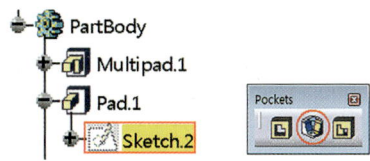

2 Drafted Filleted Pocket Definition 대화상자 설정

❶ Reverse Direction 을 클릭하여 Drafted Filleted Pocket이 생성되는 방향을 반전시킨다.

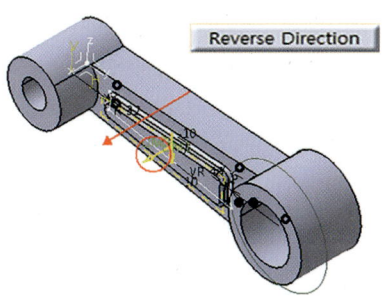

❷ First Limit 아래의 Length 란에 생성될 포켓의 길이 값으로 -18을 지정한다.

❸ Second Limit 아래 Second Limit 선택란에 패드 스케치가 위치한 반대쪽 측면을 선택한다.

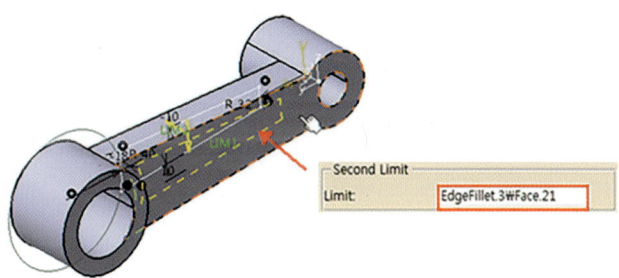

❹ Draft 아래에 기울기가 작성되도록 Angle에 체크하고 Angle 입력란에 구배 각도값 5를 입력한다. Neutral element는 Second limit에 체크한다.

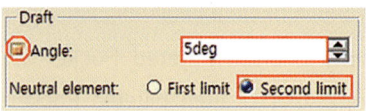

❺ Fillets 아래 체크란을 모두 선택하고 Lateral radius 값은 5, First limit radius와 Second limit radius 값은 2를 입력하여 측면 모서리와 First limit 모서리, Second limit 모서리에 필렛이 생성되도록 한다.

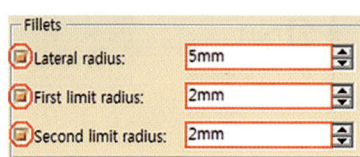

❻ 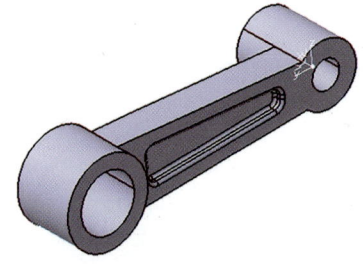 를 클릭하여 명령어를 종료한다.

알|아|두|기

Drafted Filleted Pocket

구배와 모서리에 필렛을 부여하여 포켓을 생성한다. Drafted Filleted Pad와 옵션과 사용방법이 비슷하다.

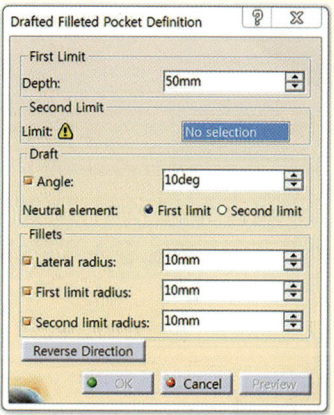

❶ 포켓을 생성할 프로파일을 선택한 후 Drafted Filleted Pocket 을 클릭하여 실행한다.
❷ First Limit의 깊이값을 입력하고 Second Limit을 지정한다.

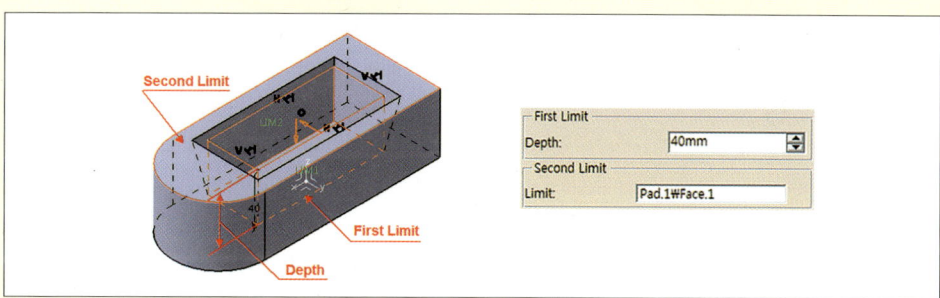

❸ 구배 형상을 만들려면 Angle에 체크하고 구배 각도값을 입력한다.

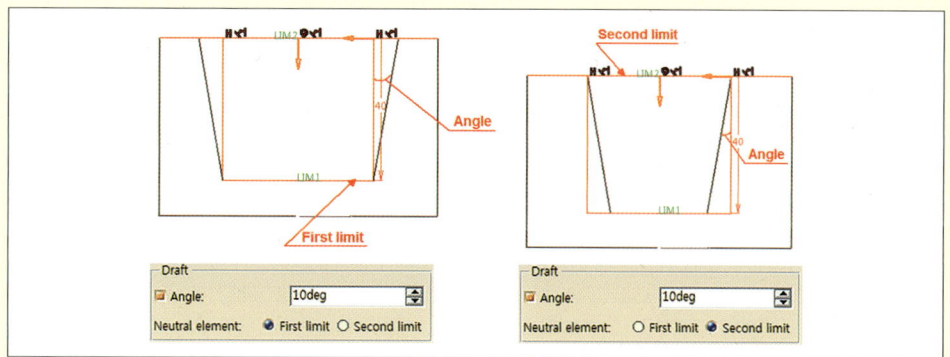

❹ 필렛을 부여하고자 하는 부위에 체크를 하고 필렛값을 기입한다.

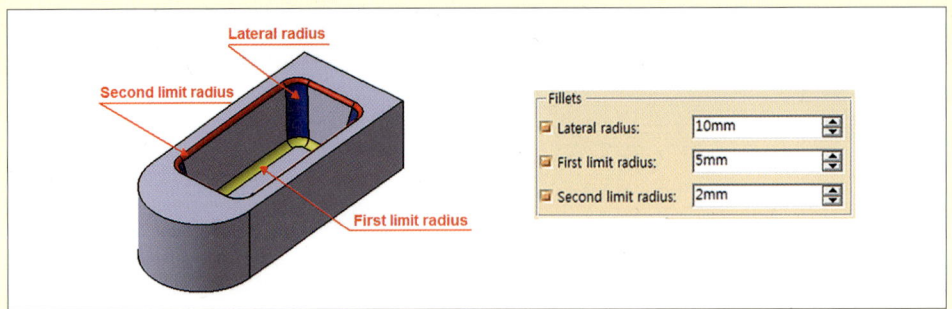

❺ 화살표 또는 Reverse Direction 버튼을 클릭하여 돌출 방향이나 제거 방향을 반전할 수 있다.

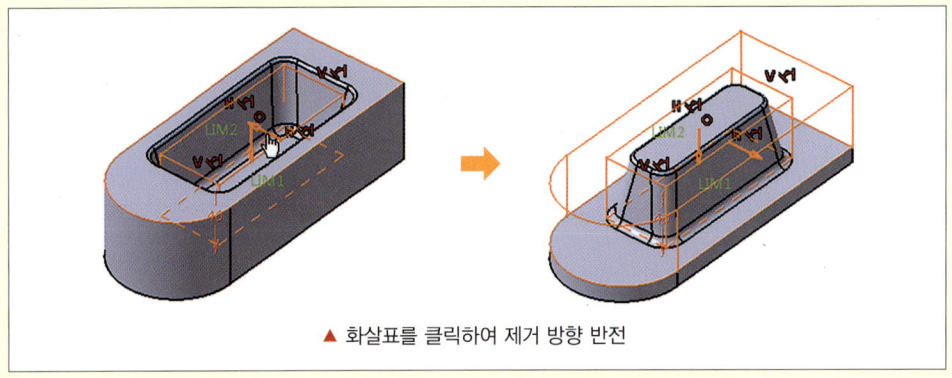

▲ 화살표를 클릭하여 제거 방향 반전

알아두기
6 Chamfer를 사용하여 모서리 다듬기

1 Dress-Up Features 도구모음에서 Chamfer 명령어를 클릭하여 실행한다.

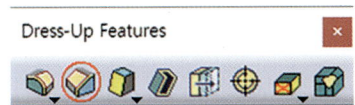

2 Chamfer Definition 대화상자 설정

❶ Mode에 거리와 각도값에 의한 모따기의 크기를 정의하기 위해서 Length1/Angle을 선택한다.

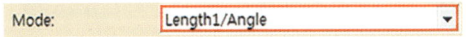

❷ Length1의 입력란에 거리값은 1, Angle 입력란에 각도값은 45를 기입한다.

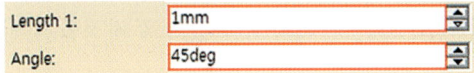

❸ Object(s) to Chamfer 란에 모따기를 부여할 내경 모서리 4개를 선택한다.

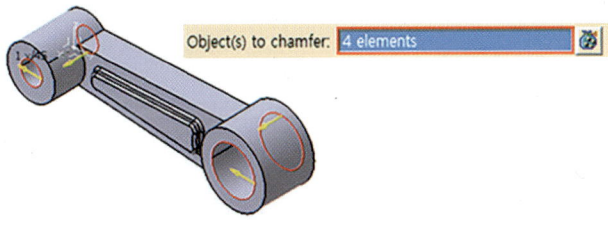

❹ OK 를 클릭하여 명령어를 종료한다.

Chamfer

선택한 모서리에 접속하는 두 개의 면 사이에 경사진 표면을 만든다.

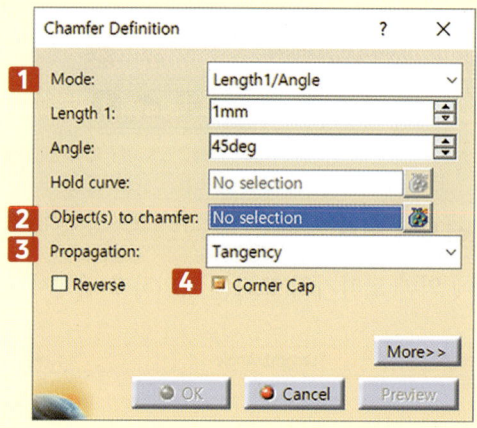

1 Mode

모따기의 크기를 거리와 각도 또는 거리와 거리값으로 지정할 것인지를 선택한다.

❶ Mode Length1/Angle ▼

선택한 모서리로부터 거리값과 각도값을 입력한다. Reverse를 체크하면 Length1의 방향이 반전되어 거리와 각도값이 계산된다. Length1의 방향은 노란색 화살표 방향이다.

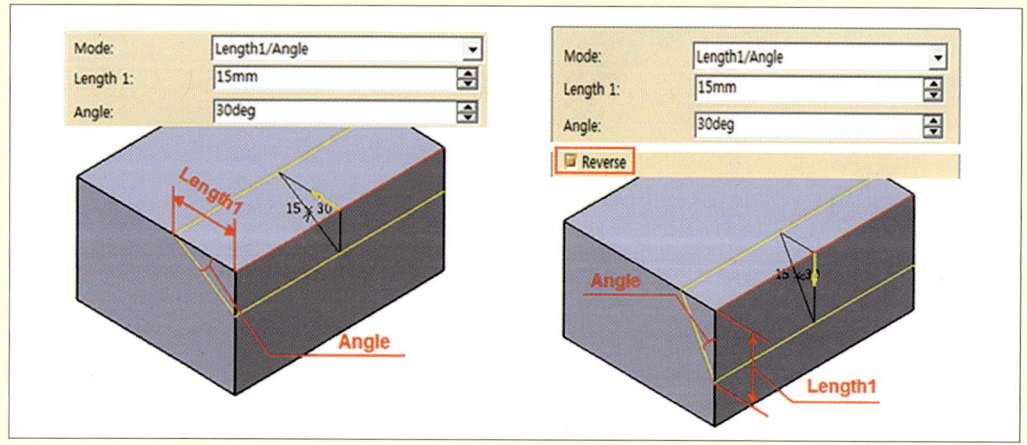

❷ Mode Length1/Length2 ▼

선택한 모서리로부터 거리값과 거리값을 입력한다.

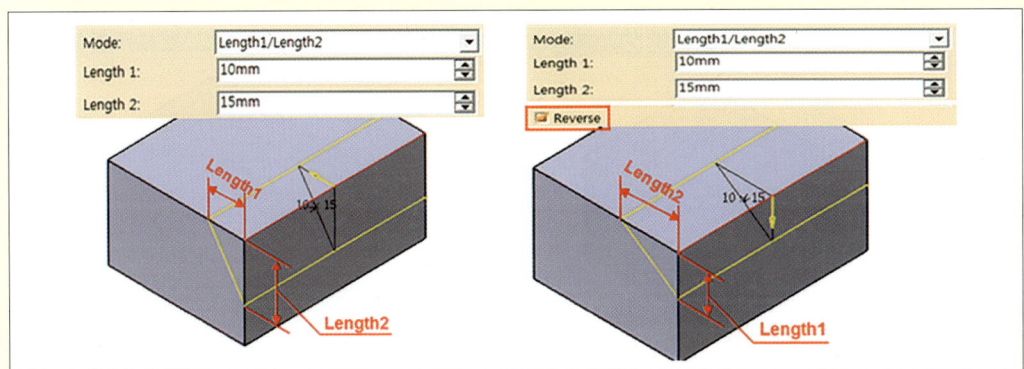

❸ Mode Chordal Length/Angle ▼

현의 길이값과 각도값을 입력한다.

❹ Mode Height/Angle ▼

모따기 면의 교차점 사이의 거리인 높이값과 각도값을 입력한다.

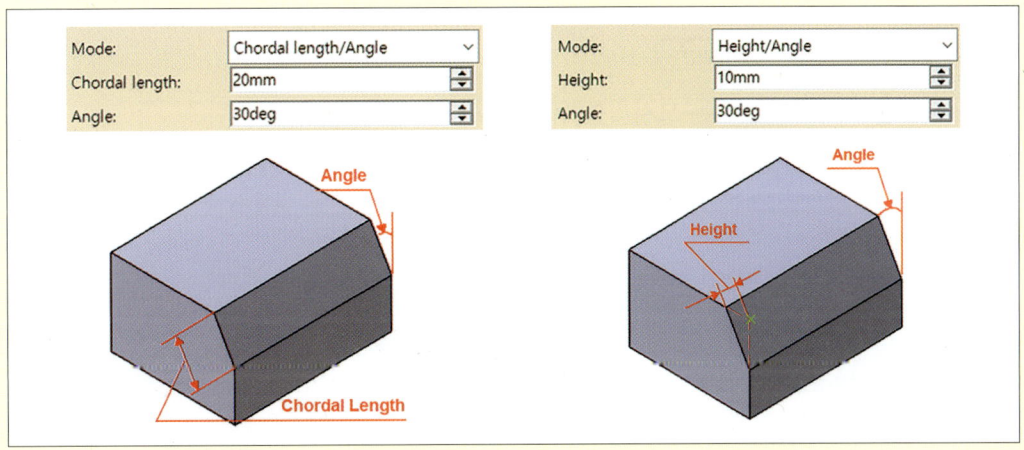

❺ Mode Hold Curve/Angle ▼

모따기 높이를 계산할 Hold Curve 모서리나 곡선을 선택하고 각도값을 입력한다.

❻ Mode Hold Curve/Length ▼

모따기 높이를 계산할 Hold Curve 모서리나 곡선을 선택하고 길이값을 입력한다.

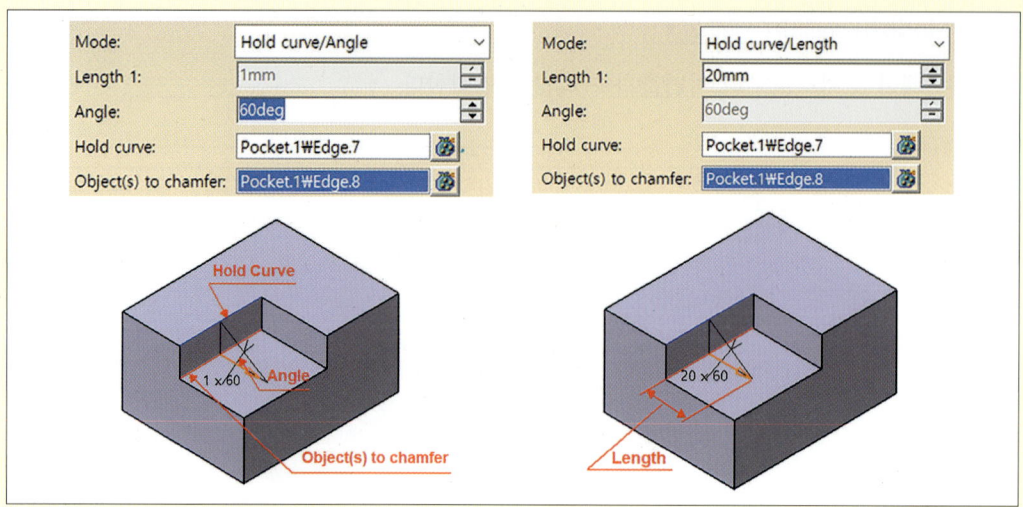

2 Object(s) to chamfer : 모따기를 부여할 모서리를 선택한다.

3 Propagation

　❶ Propagation [Tangency ▼]

　선택한 전체 모서리와 접하는 모서리를 모따기 한다.

　❷ Propagation [Minimal ▼]

　선택된 모서리에 접하는 모서리를 어느 정도 고려할 수 있다.

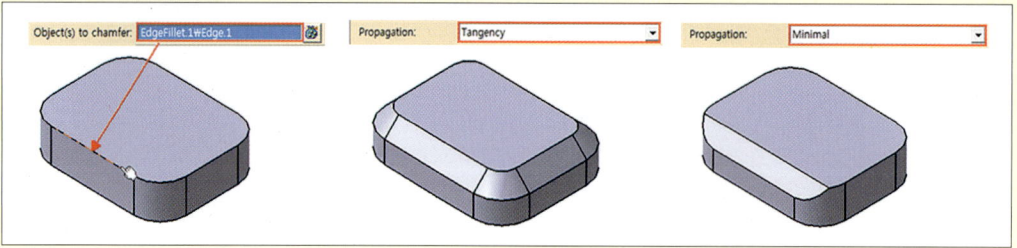

4 Corner Cap

모따기된 모서리를 닫아 모서리 모양을 변경하려면 선택하거나 해제한다. 기본적으로 확인란에 선택되어 있다.

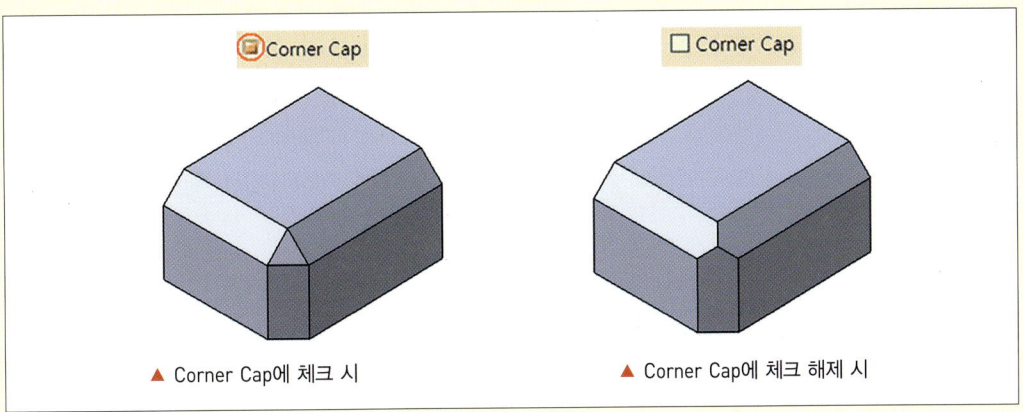

5 Chamfer corner(s)

세 개의 모서리에 공통 꼭짓점을 선택하여 동시에 모따기를 생성한다. 또한 치수를 수정하여 꼭짓점으로부터 세 개의 모서리에 모따기 거리값을 달리 부여할 수 있다.

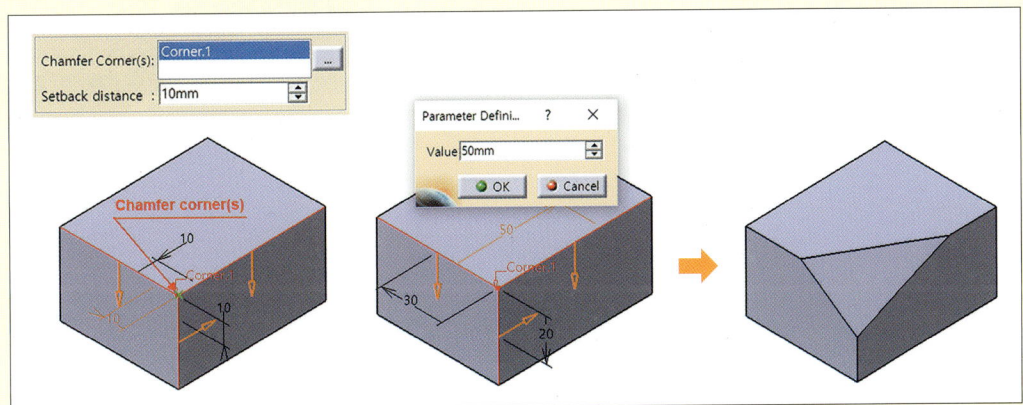

7 Edge Fillet 를 사용하여 모서리 다듬기

1 Dress-Up Features 도구모음의 Fillet 하위도구모음에서 Edge Fillet 명령어를 클릭하여 실행한다.

2 Edge Fillet Definition 대화상자에서 Radius 입력란에 2를 기입한다.

3 Object(s) to fillet 란에 필렛을 부여할 면 또는 모서리를 선택하고 OK 를 눌러 명령어를 종료하여 Part 모델링을 완성한다.

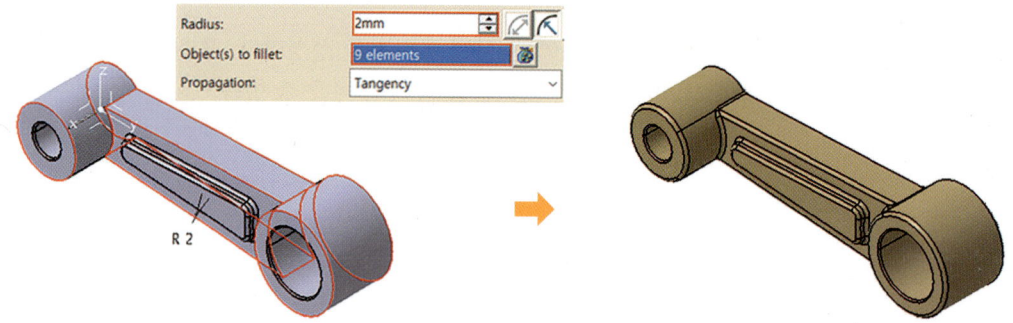

CHAPTER 04 활용 예제 3
Shaft, Groove, Hole, Circular Pattern

예제 도면 | 3D형상 모델링 작업하기

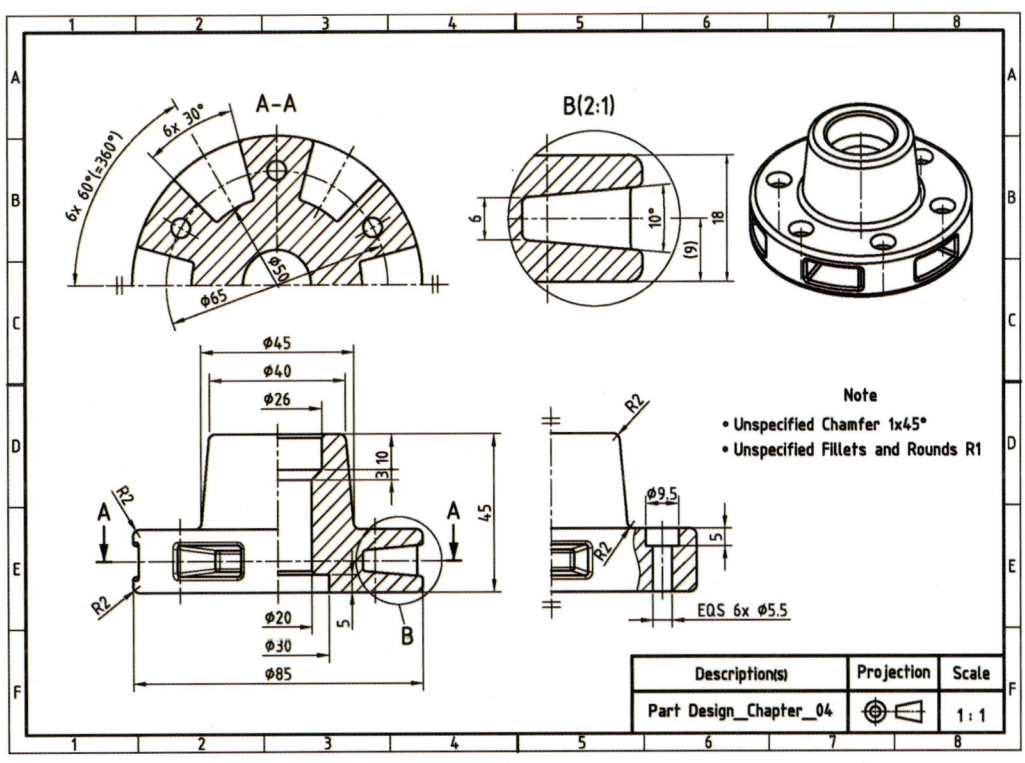

1 Shaft에 사용될 스케치 프로파일 만들기

1 Part Design 작업 공간에서 Sketcher 도구모음의 Sketch 명령어를 클릭하고 Specification Tree에서 yz평면을 선택하여 Sketcher Workbench로 들어간다.

2 Profile

Profile 명령어를 실행한 후 Profile의 첫 번째 점은 스케치 원점으로부터 수평 방향에 점을 지정하고 다음 점을 계속 클릭하여 연속적인 선을 그린다. 마지막으로 지정하는 점은 첫 번째 점과 일치하도록 지정하여 폐곡선의 프로파일을 완성한다.

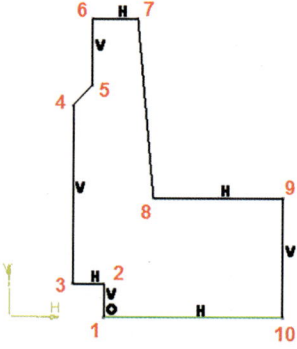

3 Axis

❶ Profile 도구모음의 Axis 명령어를 클릭하여 실행한다.
❷ Axis의 첫 번째 점은 스케치 원점에 일치시키고 수직 방향으로 다음 점을 지정하여 Shaft와 Groove 피처 생성 시 회전축으로 사용될 축을 생성한다.

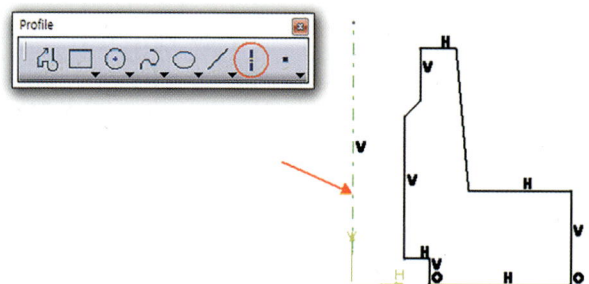

4 Constraint

Constraint  명령어를 더블 클릭하여 실행하고 치수값을 부여한다.

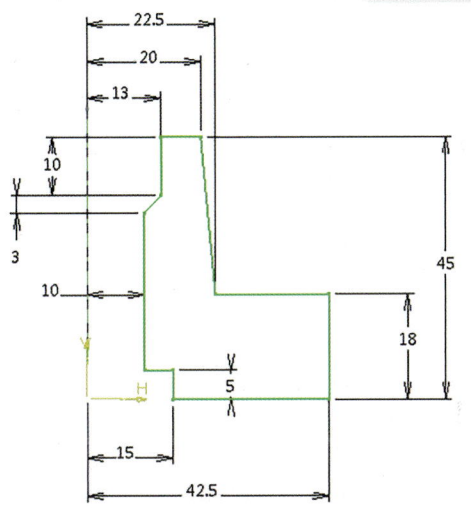

5 Exit Workbench 를 클릭하여 Sketcher Workbench를 종료하고 Part Design Workbench로 돌아간다.

알아두기 2 Shaft 를 사용하여 베이스 피처 만들기

1 Sketch-Based Features 도구모음의 Shaft 를 클릭하여 실행한다.

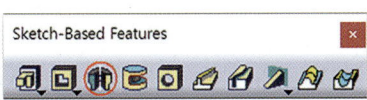

2 Shaft Definition 대화상자 설정

❶ First Limits 드롭다운 목록에서 First Angle을 선택한다. 축을 기준으로 프로파일이 회전할 첫 번째 방향의 First Angle 각도값으로 360을 기입한다.

❷ Second Limits 드롭다운 목록에서 Second Angle을 선택한다. Second Angle 각도값은 0으로 기본 설정된다. 여기서는 축을 기준으로 프로파일을 360° 회전시켜 피처를 생성하기 위해 기본값은 변경하지 않는다.

❸ Profile/Surface 란 아래 Selection으로는 Specification Tree에서 스케치한 프로파일을 선택한다. 기본적으로 스케치를 종료하고 피처 명령어를 실행하면 해당 스케치가 선택되어 있다.

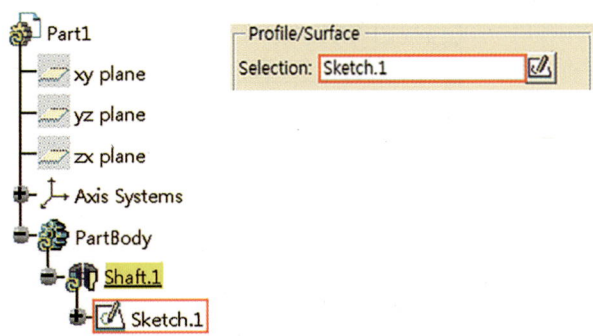

❹ Axis 아래 Selection 란에 프로파일을 회전시킬 회전축을 선택한다. 스케치에서 Profile 도구모음에 Axis 명령어로 그린 축은 기본적으로 회전축으로 선택된다.

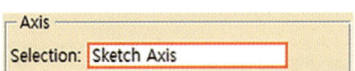

❺ OK 를 클릭하여 Shaft 베이스 피처를 생성한다.

알아두기

Shaft

프로파일을 축을 기준으로 회전시켜 피처를 생성한다.

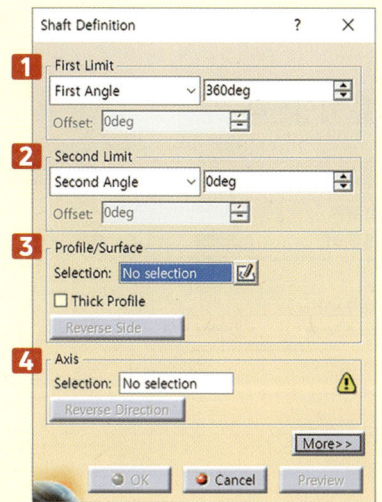
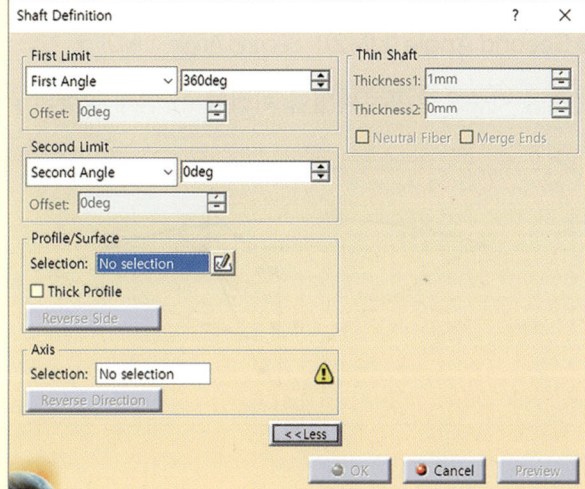

1 First Limit

❶ First Limit `First Angle (LIM1) ▼`

축을 기준으로 프로파일이 회전할 첫 번째 방향의 각도를 기입한다. 첫 번째 각도값은 기본적으로 360이다.

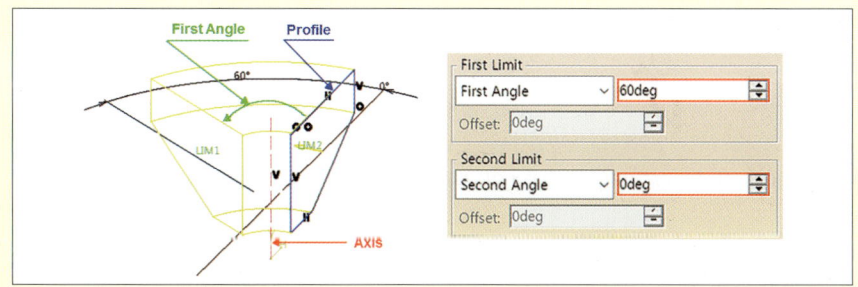

❷ First Limit `Up to next ▼`

첫 번째 회전방향으로 피처와 교차되는 부분까지 회전피처를 생성한다.

❸ First Limit `Up to last ▼`

첫 번째 회전방향으로 마지막 피처와 교차되는 부분까지 회전피처를 생성한다.

❹ First Limit `Up to plane ▼`

선택한 평면까지 회전피처를 생성한다.

❺ First Limit `Up to surface ▼`

선택한 곡면까지 회전피처를 생성한다.

2 Second Limit

❶ Second Angle (LIM2) `Second Angle (LIM2) ▼`

축을 기준으로 프로파일이 회전할 두 번째 방향의 각도를 기입한다.

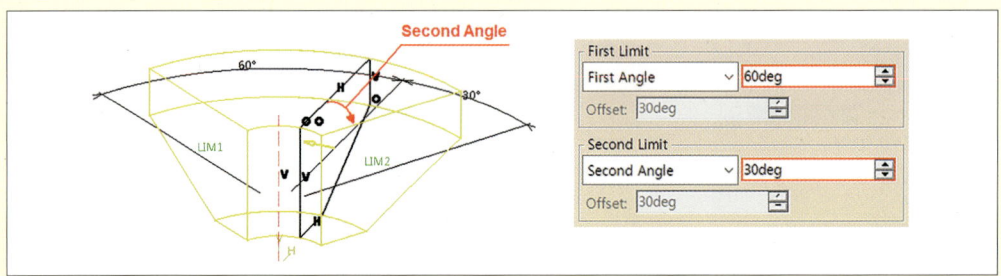

3 Profile/Surface

❶ Selection

- 폐곡선 영역이 여러 개인 프로파일을 포함할 수 있으나 프로파일은 서로 교차하지 않아야 한다. 또한 회전축을 기준으로 같은 방향에 있어야 한다.

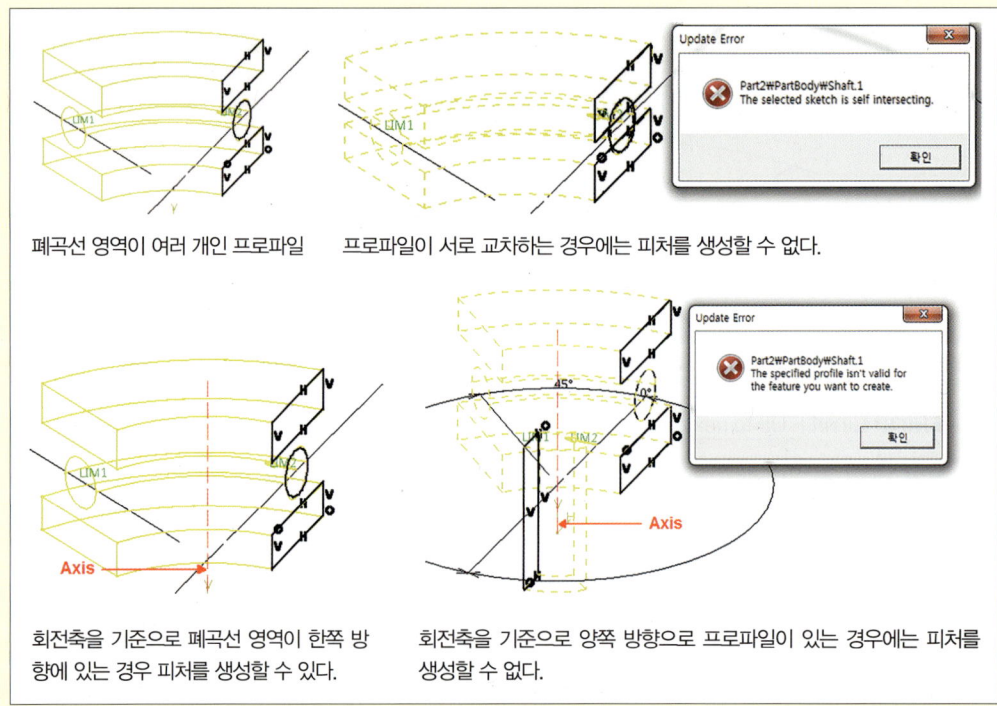

- 형상의 면을 선택할 수 있다.

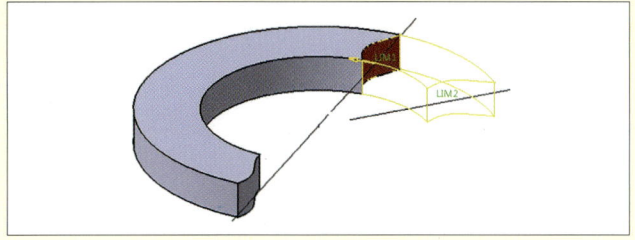

- 얇은 피처를 생성하는 경우 기하학적 세트에서 열린 프로파일을 사용할 수 있다.
- 필요한 경우 Selection 선택란을 클릭하여 형상 또는 Specification Tree에서 다른 스케치를 선택하여 기존에 선택된 프로파일을 변경할 수 있다.

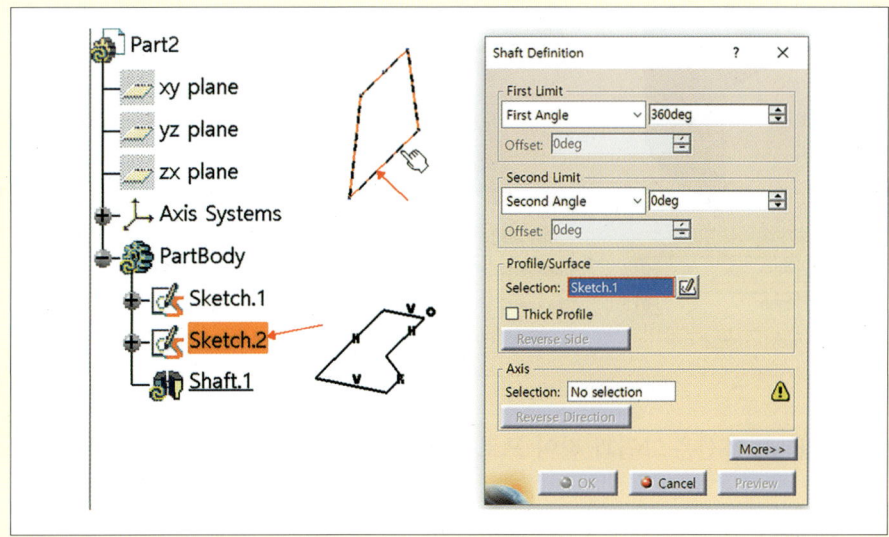

- Sketcher 아이콘을 클릭하여 선택된 스케치를 편집하거나 새로 프로파일 스케치를 작성할 수 있다.

❷ Thick Profile

- Thick Profile을 선택하면 열려 있거나 닫힌 스케치 프로파일에 두께를 부여하여 피처를 생성한다. 또한 이 옵션을 선택하면 Shaft Definition 전체 대화상자가 열리며 Thick Shaft 에서 Thickness 1, Thickness 2 란에 원하는 두께값을 기입한다.

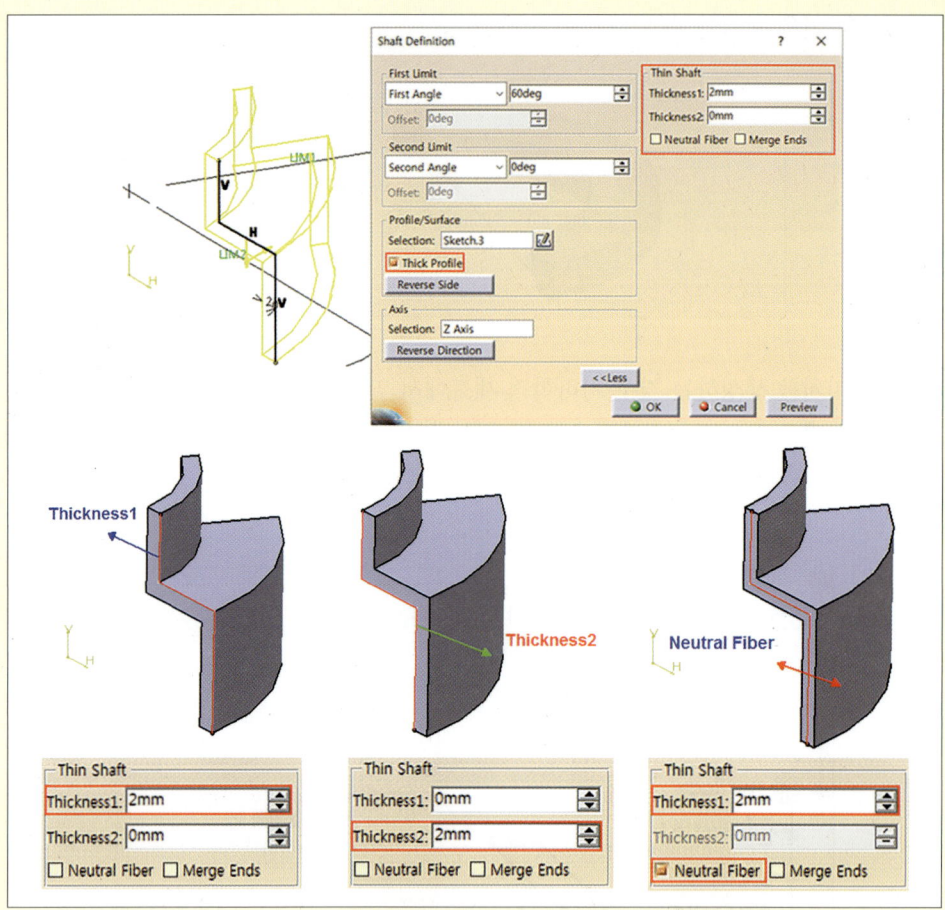

- Merge Ends 옵션은 그림과 같이 프로파일의 끝점을 인접한 형상에 연결한다.

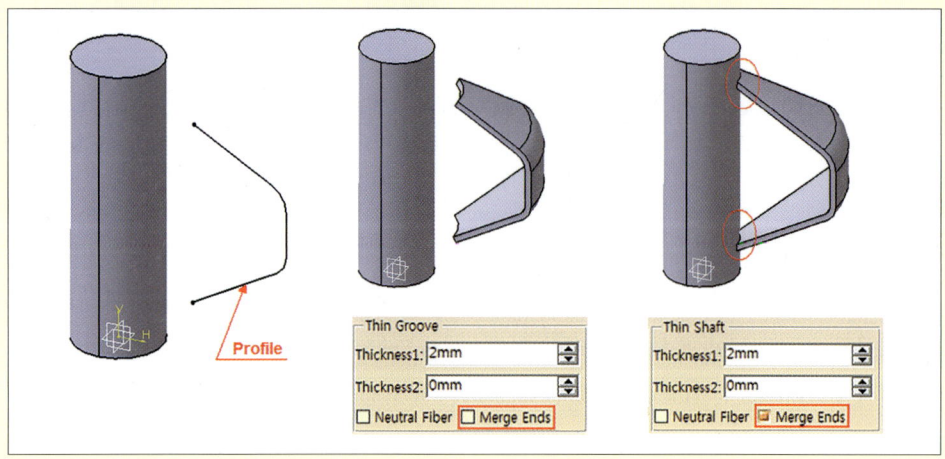

- Reverse Side : 열린 프로파일과 기존 솔리드 사이에서 어느 방향으로 닫힌 영역을 인식하여 Shaft 피처를 생성할지 결정한다.

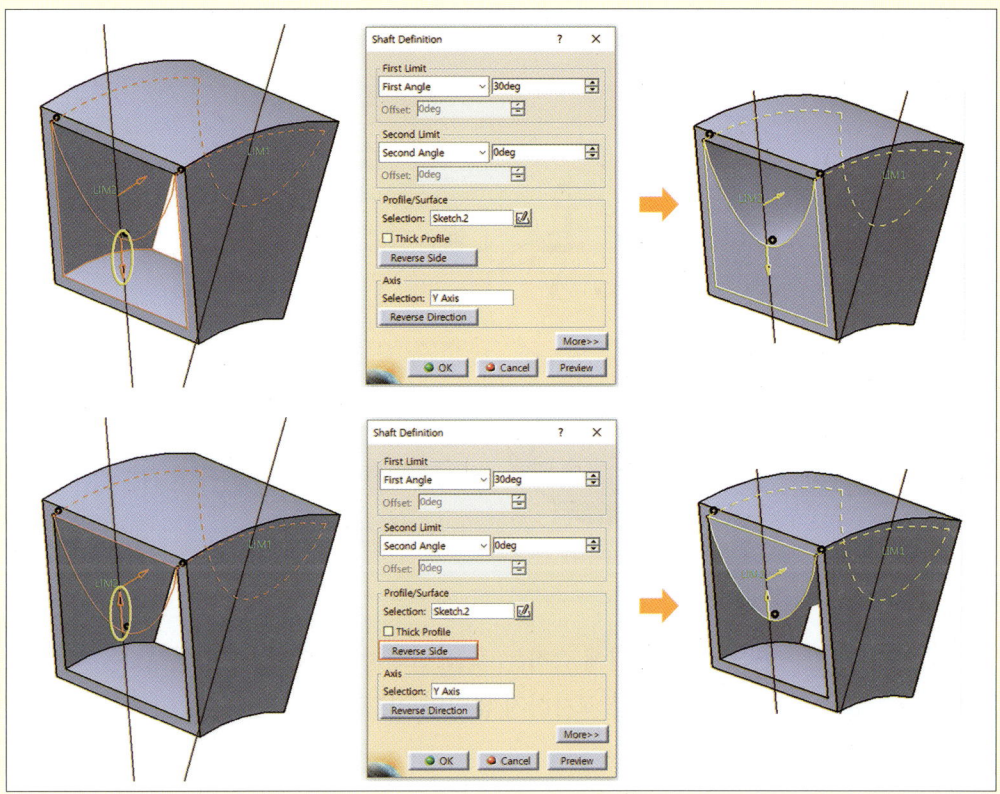

4 Axis

프로파일을 회전시킬 회전축을 선택한다.

❶ Selection

- 선택한 스케치에 프로파일과 스케치 Profile 도구모음에 Axis 명령어로 그린 축이 포함되어 있으며 Axis 명령어로 그린 축이 기본적으로 회전축으로 선택된다.

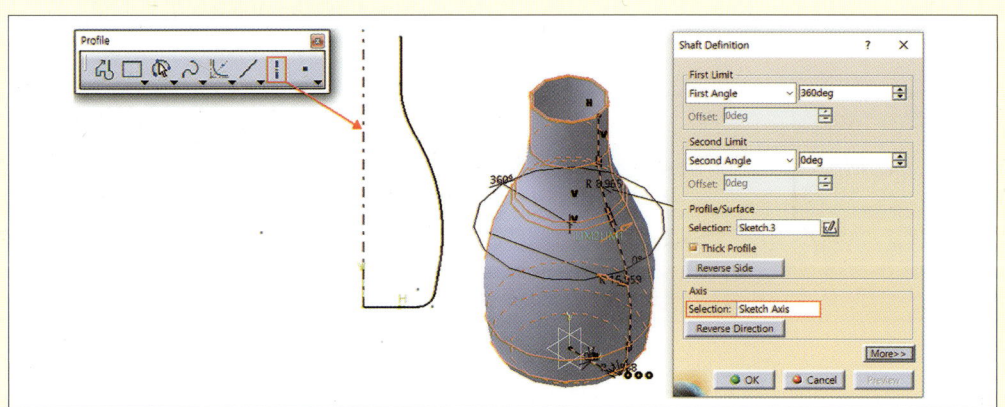

• 원통, 원뿔 형상의 면을 선택하면 형상의 축선이 회전축으로 선택된다.

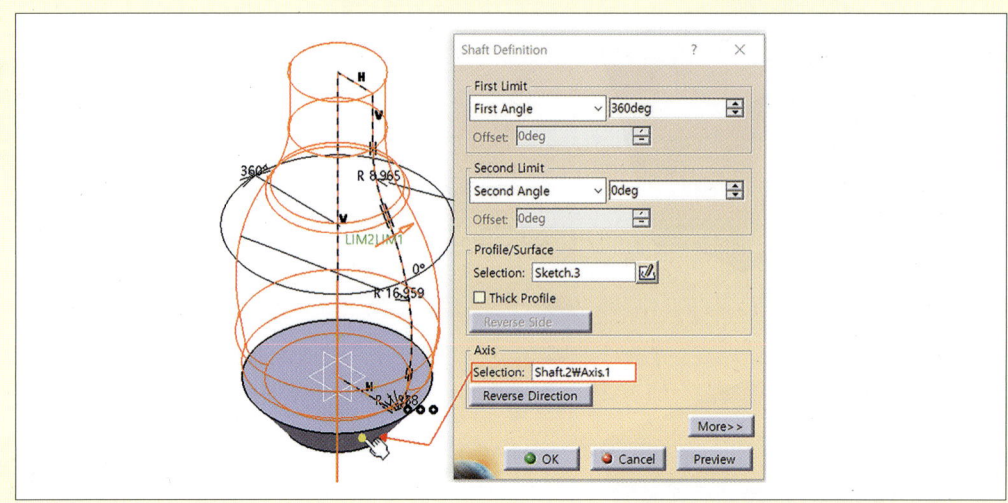

• 프로파일 평면과 다른 평면에 속하는 축을 선택하거나 프로파일의 직선을 축으로 선택할 수 있으며 축이 프로파일과 교차하지 않아야 한다.

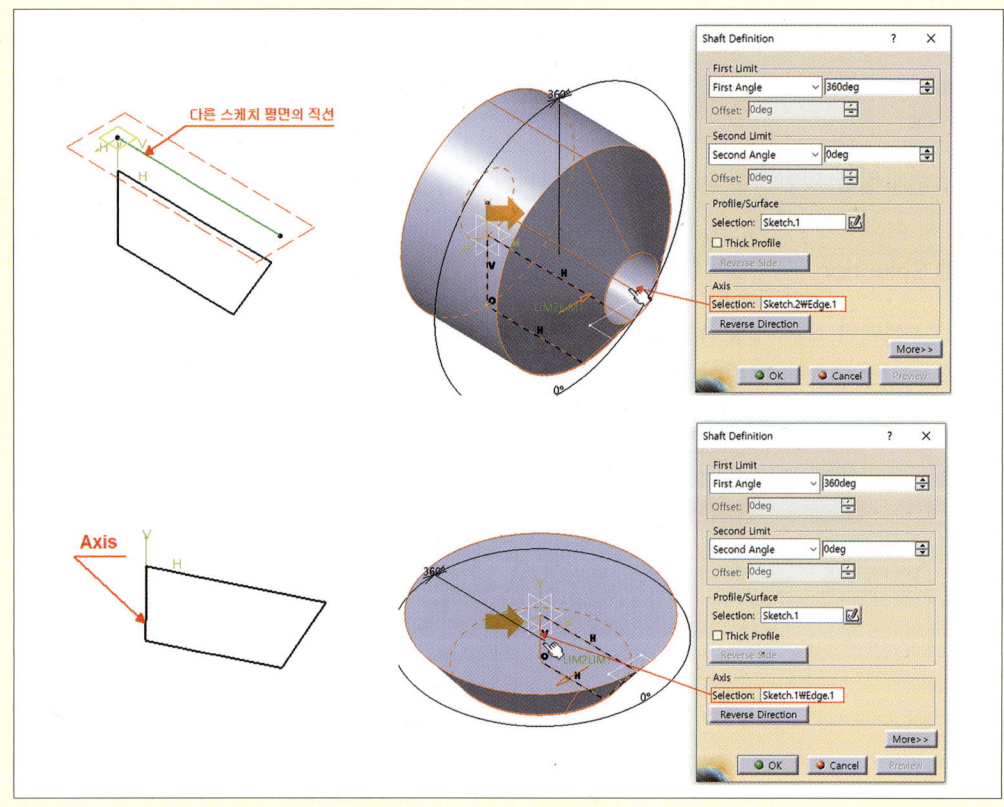

• 형상의 직선 모서리를 회전축으로 선택할 수 있다.

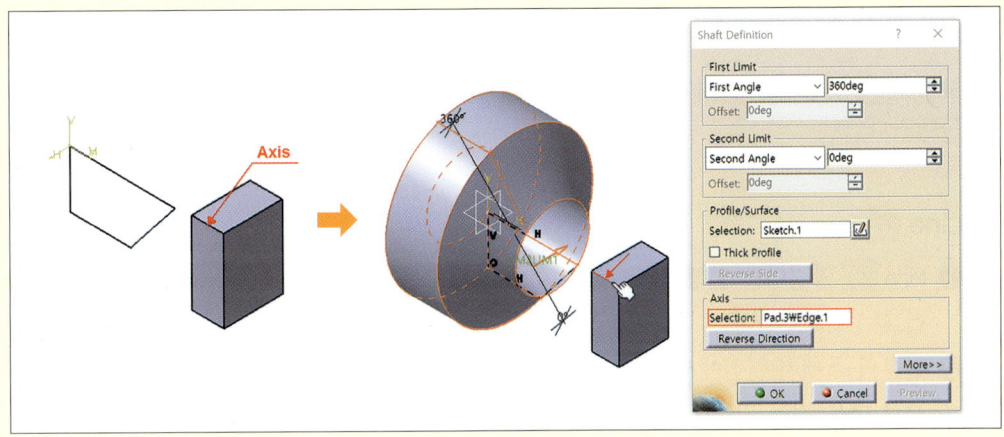

• Selection 란에 마우스를 가져다 놓고 오른쪽버튼을 눌러 콘텍스트 명령을 사용하여 축을 생성하거나 현재 좌표축을 회전축으로 선택할 수 있다.

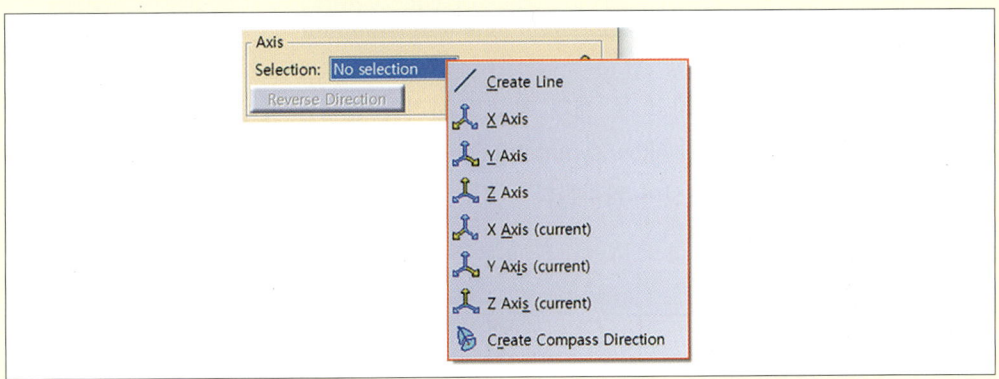

❷ Reverse Direction : 회전축의 방향을 반전하여 프로파일의 회전방향을 반전시킬 수 있다.

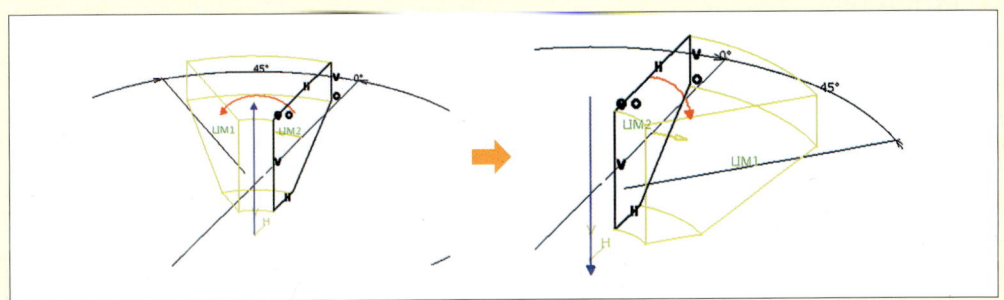

3   Groove에 사용될 스케치 프로파일 만들기

1 Sketch 명령어를 클릭하고 Specification Tree에서 yz평면을 선택하여 Sketcher Workbench로 들어간다.

2 Line

① Line 명령어를 실행하고 Sketch Tools 도구모음의 Creating Construction/Standard Elements를 활성화 한다.

② 선분의 스케치 원점에서 수직 방향으로 첫 번째 점을 지정하고 첫 번째 점으로부터 수평 방향으로 다음 점을 지정하여 구성선을 만든다.

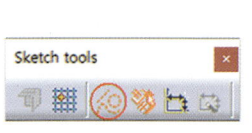 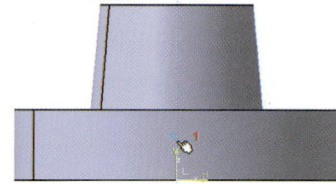 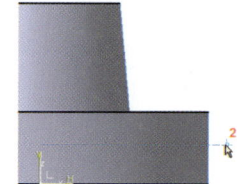

③ Constraint를 클릭하고 두 개의 형상 모서리를 선택한 다음 마우스 오른쪽버튼을 누른다. 콘텍스트 메뉴에서 Allow symmetry line를 선택한 후 대칭선으로 구성선을 선택하면 두 모서리 가운데에 구성선이 위치한다.

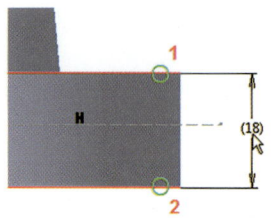 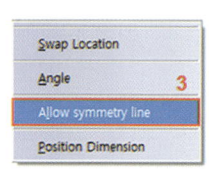 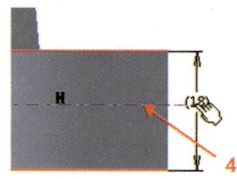

3 Profile

① Profile 명령어를 실행하고 Sketch tools 도구모음의 Creating Construction/Standard Elements를 비활성화 한다.

② Profile의 첫 번째 점은 구성선에 일치하게 지정하고 다음 점을 계속 클릭하여 연속적인 선을 그린다. 마지막으로 지정하는 점은 구성선에 일치하도록 지정한다.

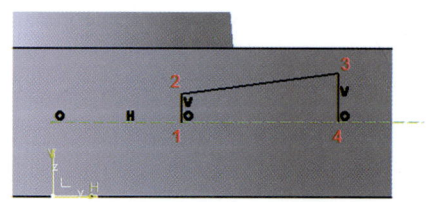

4 Mirror

❶ 대칭 복사할 요소로 구성선을 제외한 모든 표준요소를 선택한다.

❷ Mirror 명령어를 클릭하여 실행한다.

❸ 대칭 기준선으로 구성선을 선택하여 대칭 복사한다.

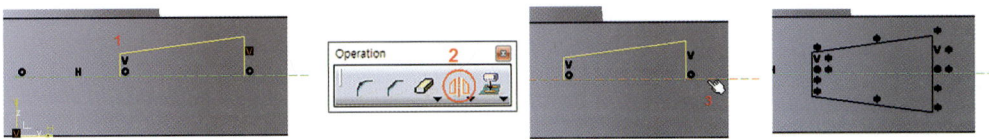

5 Constraints Defined in Dialog Box

❶ Specification Tree에서 Shaft 피처의 Sketch에 마우스를 가져다 놓고 마우스 오른쪽버튼을 클릭한다. 콘텍스트 메뉴에서 Hide/Show를 클릭하여 Shaft 피처의 스케치가 현재 스케치 작업공간에서 보이도록 한다.

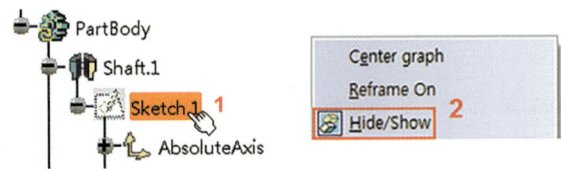

❷ 수직한 선분과 Shaft 피처의 스케치 프로파일의 점을 선택한 후 Constraints Defined in Dialog Box를 실행한다.

❸ Constraint Definition 대화상자에서 Coincidence를 체크하여 곡선상에 점이 놓이도록 선의 위치 구속을 한다.

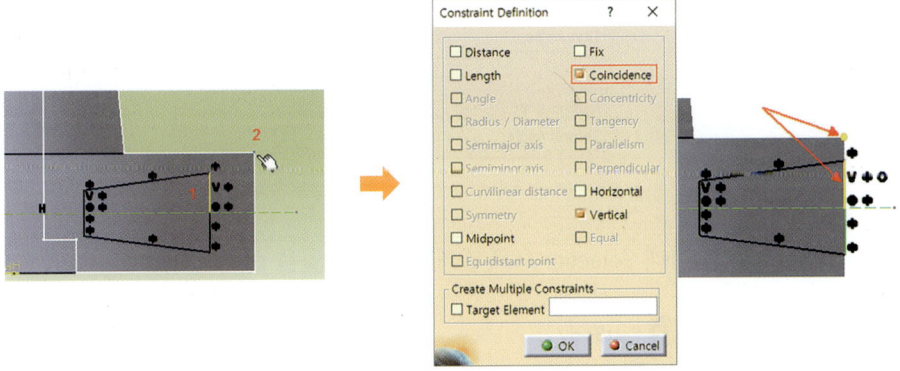

❹ 선분의 위치를 구속하였으면 Specification Tree에서 Shaft 피처의 Sketch에 마우스를 가져다 놓고 마우스 오른쪽버튼을 클릭한다. 콘텍스트 메뉴에서 Hide/Show를 클릭하여 Shaft 피처의 스케치가 현재 스케치 작업공간에서 안 보이도록 숨긴다.

6 Constraint

Constraint 명령어를 더블 클릭하여 실행하고 치수값을 부여한다.

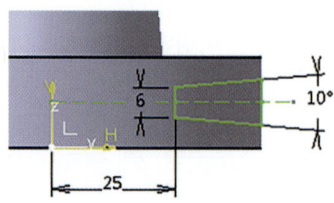

7 Exit Workbench를 클릭하여 Sketcher Workbench를 종료하고 Part Design Workbench로 돌아간다.

4 Groove를 사용하여 프로파일을 회전시켜 만들어지는 형상을 기존 피처에서 제거하기

1 Sketch-Based Features 도구모음의 Groove를 클릭하여 실행한다.

2 Groove Definition 대화상자 설정

❶ First Angle 란과 Second Angle 란에 15를 기입한다.

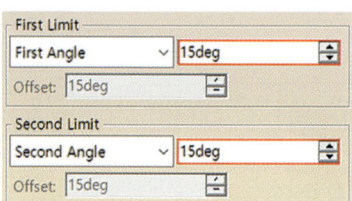

❷ Profile/Surface 란 아래 Selection으로 스케치 프로파일을 선택한다.

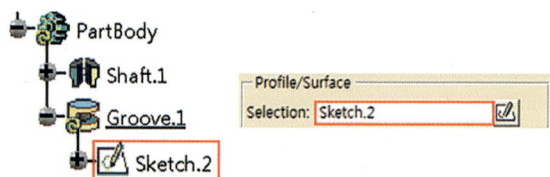

❸ Axis 아래 Selection 란에 Shaft 피처의 원통 면을 선택한다. 원기둥이나 원뿔 형상의 면을 선택하면 원기둥이나 원뿔 형상의 축선이 회전축으로 선택된다.

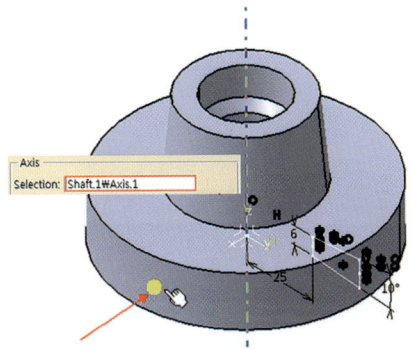

❹ OK 를 클릭하여 Groove 피처를 생성한다.

> **TIP**
> Groove는 Shaft와 옵션과 사용방법이 같다. Shaft는 프로파일을 축을 기준으로 회전시켜 재질을 추가하고 Groove는 재질을 제거하는 차이만 있다.

알아두기

5 Circular Pattern 을 사용하여 피처를 기준 축에 의하여 원형 형식으로 연관 복사하기

1 Transformation Features 도구모음의 Patterns 하위 도구모음에서 Circular Pattern 을 클릭하여 실행한다.

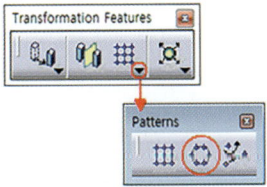

2 Circular Pattern Definition 대화상자 설정

❶ Axial Reference 탭에서 Parameters를 Complete crown을 선택한다. Complete crown을 선택하면 축을 기준으로 360° 회전하면서 입력한 개수만큼 동등 간격으로 객체를 복사한다.

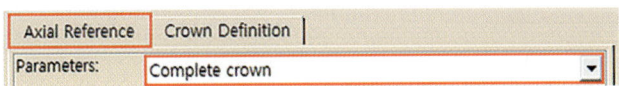

❷ Instance(s) 란에 원본 객체를 포함한 복사할 개수 6을 입력한다.

❸ Reference Direction 아래 Reference element 선택란에 형상의 면을 선택한다. 선택한 면에 수직 방향으로 회전축이 결정된다.

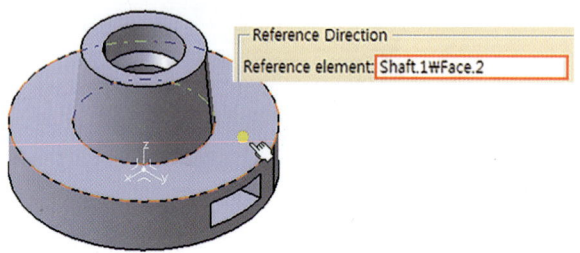

❹ Object to Pattern 아래 Object 선택란에 Specification Tree에서 Groove 피처를 선택하거나 Groove 피처에 의해 형성된 면을 선택하여 Groove 피처가 패턴할 피처로 선택되게 한다.

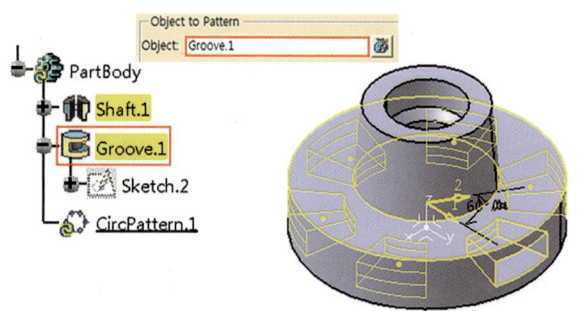

❺ OK 를 클릭하여 Groove피처를 원형 패턴으로 복사한다.

Circular Pattern

기준 축에 의하여 회전하면서 일정한 간격으로 여러 개의 복사된 솔리드와 피처를 만든다.

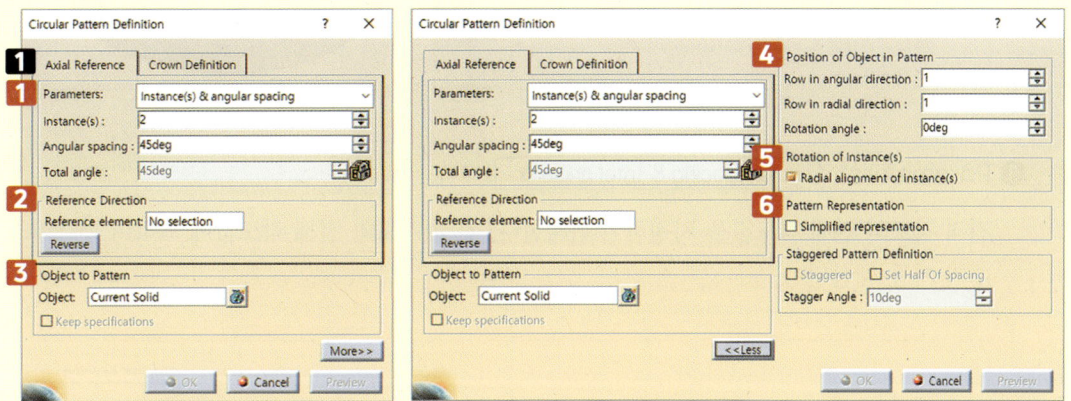

1 Axial Reference

1 Parameters

❶ Parameters [Instances & total angle ▼]

인스턴스 수와 전체 각도값을 지정하여 복사한다. 여기서 인스턴스 수는 원본 객체를 포함한 복사될 수이며 전체 각도는 원본 객체로부터 복사된 마지막 객체의 사이 각도를 말한다. 또한 인스턴스 수와 전체 각도값에 의한 복사된 객체의 사이각이 자동 계산된다.

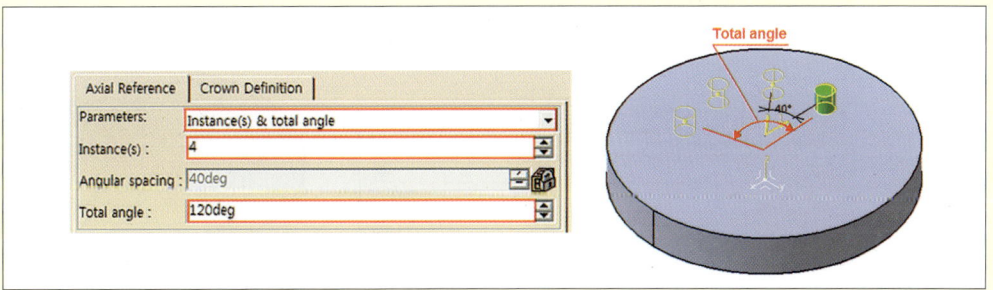

❷ Parameters [Instances & angular spacing ▼]

인스턴스 수와 간격 각도값을 지정하여 복사한다. 여기서 간격 각도값은 복사된 객체의 사이 각을 말하며 인스턴스 수와 사이각에 의하여 전체 각도값이 자동 계산된다.

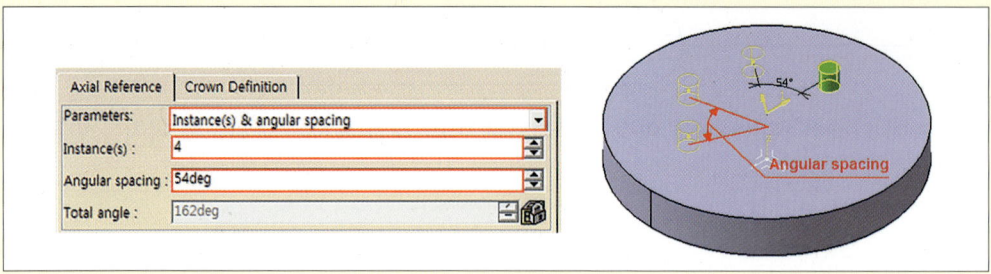

❸ Parameters [Angular spacing & total angle ▼]

간격 각도와 전체 각도값을 지정하여 복사한다. 간격 각도와 전체 각도값에 의하여 인스턴스 수가 자동 계산된다.

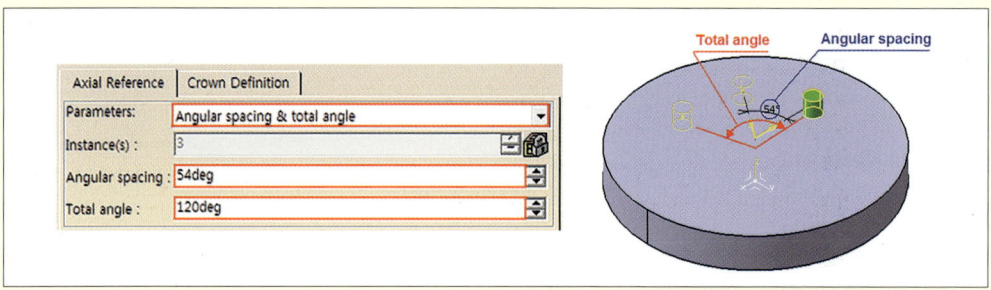

❹ Parameters [Complete crown ▼]

인스턴스 수를 입력하면 360° 안에 동등 간격으로 객체를 복사한다. 간격 각도는 자동 계산된다.

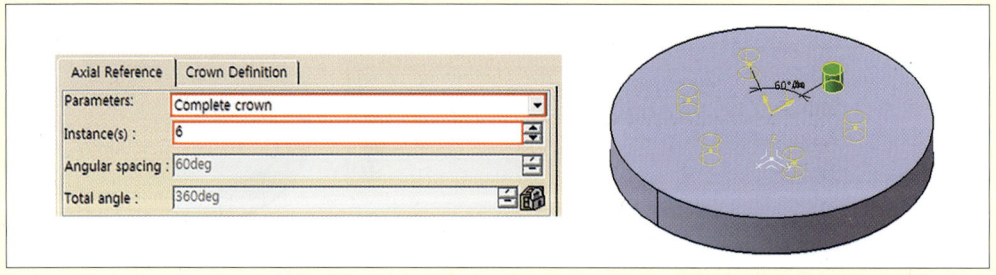

❺ Parameters [Instances & unequal angular spacing ▼]

인스턴스 수와 사이각을 지정하여 객체를 복사한다. 인스턴스 간에 각도값이 할당되어 인스턴스 간에 간격 각도값을 다르게 변경할 수 있으며 전체 각도값은 자동 계산된다.

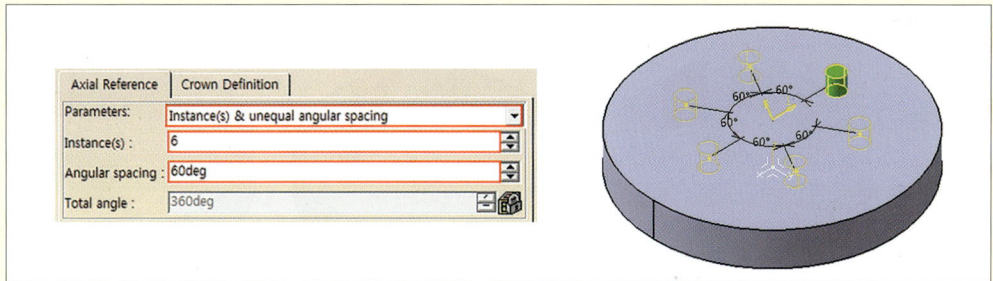

2 Reference Direction

❶ Reference element

회전축을 지정한다. 회전축으로는 평면의 면, 선, 모서리, 절대좌표축, 원통 형상의 면을 선택할 수 있다. 모서리, 선 또는 평면을 선택한 후 필요한 경우 점을 선택하여 회전 중심의 위치를 정의할 수도 있다.

❷ Reverse : 패턴의 회전방향이 반전된다.

3 Object to Pattern

❶ Object 선택란에는 기본적으로 현재 솔리드 바디가 선택되어 있으며 다른 피처를 선택하고자 한다면 Specification Tree에서 선택하거나 피처에 의해 형성된 면을 선택한다.

❷ 다중 피처 선택 : 여러 피처를 선택하여 패턴하고자 할 때는 Specification Tree에서 Ctrl을 눌러 피처를 선택한 후 Circular Pattern 명령어를 실행하거나 Group 버튼을 클릭하여 여러 피처를 선택하여 추가한다.

❸ Keep specifications : 옵션을 선택하면 피처의 Type(Up to Next, Up to Last, Up to Plane 또는 Up to Surface)을 유지한 채 인스턴스가 생성된다.

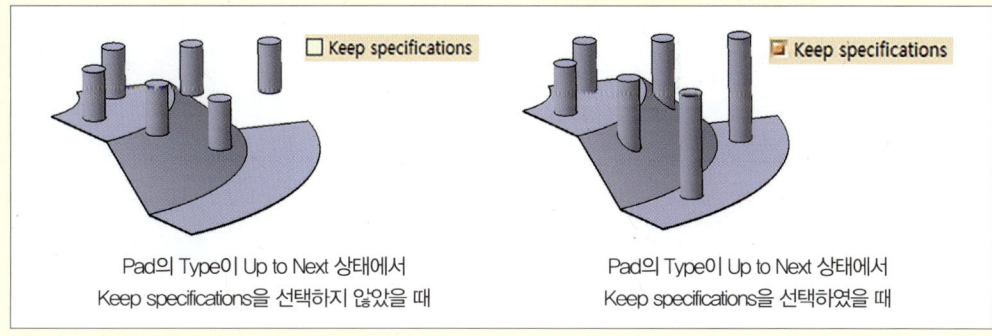

Pad의 Type이 Up to Next 상태에서 Keep specifications을 선택하지 않았을 때

Pad의 Type이 Up to Next 상태에서 Keep specifications을 선택하였을 때

4 Position of Object in Pattern

❶ Row in angular direction : 회전방향으로 패턴되는 인스턴스의 위치를 변경한다.

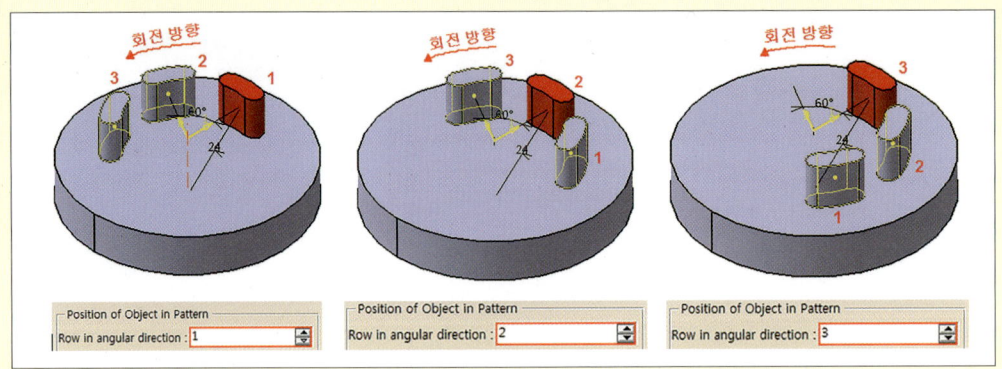

❷ Row in radial direction : 동심원 방향으로 패턴되는 인스턴스의 위치를 변경한다.

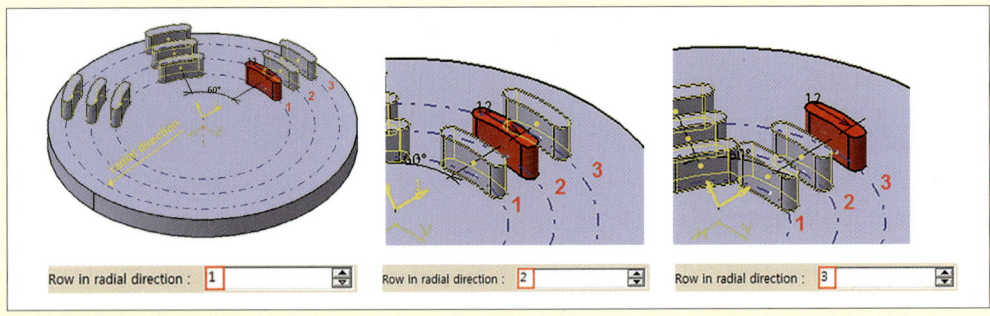

❸ Rotation angle : 원본 객체의 중심에서 원본 객체를 입력한 각도만큼 회전시킨 후 회전축으로부터 입력한 각도만큼 원본 객체를 회전한 위치에서부터 패턴 사이각이 계산되어 패턴된다.(단, Radial alignment of instances를 체크하였을 때만 원본 객체의 중심에서 원본 객체를 회전시킨다.)

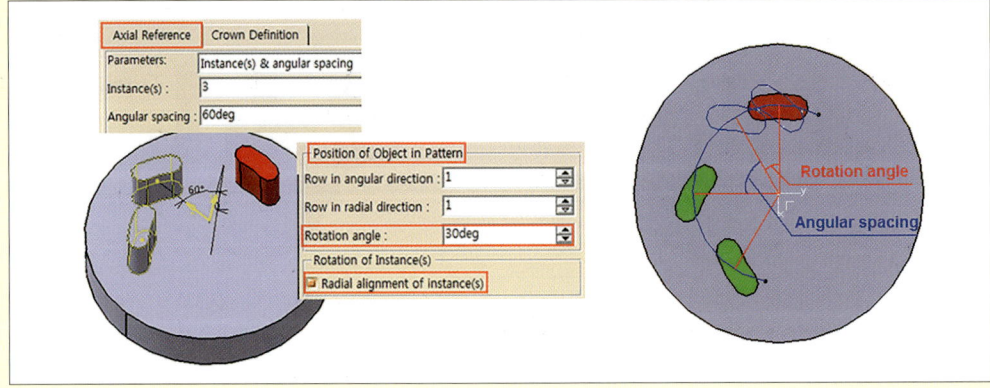

5 Rotation of Instance(s)

Radial alignment of instances를 체크하면 패턴할 객체를 회전축을 기준으로 회전시키면서 복사한다. 체크를 풀면 선택한 객체의 방향을 유지한 상태에서 복사된다.

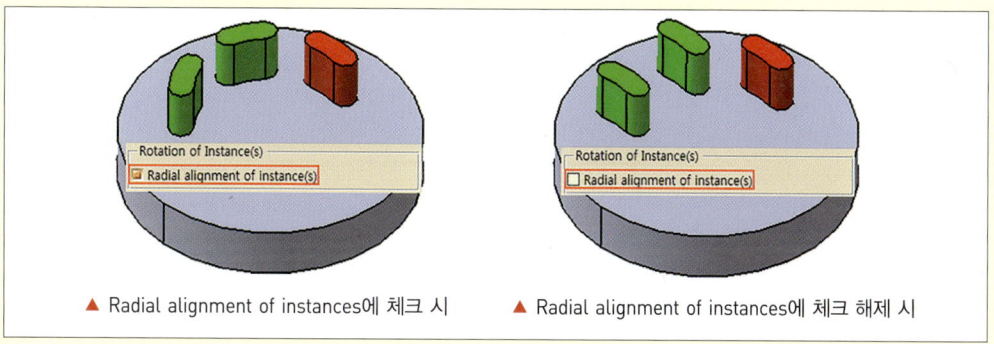

▲ Radial alignment of instances에 체크 시　　▲ Radial alignment of instances에 체크 해제 시

6 Pattern Representation

❶ 인스턴스 건너뛰기 : 그래픽영역에서 패턴에 포함하지 않을 인스턴스를 선택하여 건너뛴다. 건너뛰기 할 때 인스턴스 점을 클릭하여 선택하고 복원하려면 건너뛰기 한 인스턴스 점을 다시 클릭한다.

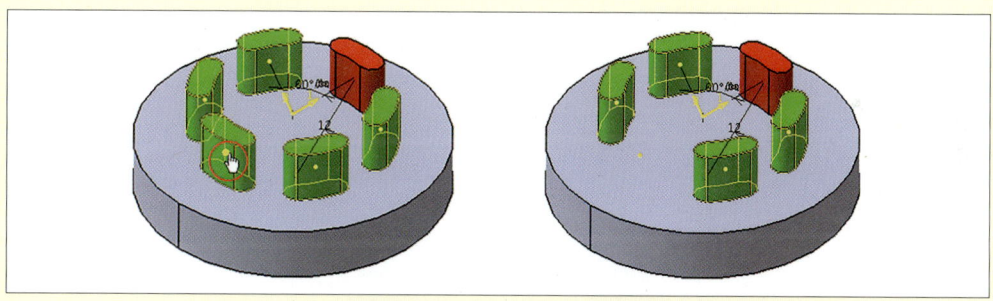

❷ Simplified representation : 옵션을 체크하고 건너뛰기 할 인스턴스 점을 더블 클릭하면 파선으로 표시되어 건너뛰기 되는 형상을 미리보기 할 수 있으며 점을 다시 클릭해도 패턴되지 않는다. 옵션을 체크하지 않으면 더블 클릭이 되지 않고 클릭으로 인스턴스 건너뛰기가 실행된다.

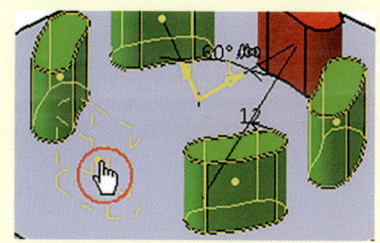

2 Crown Definition

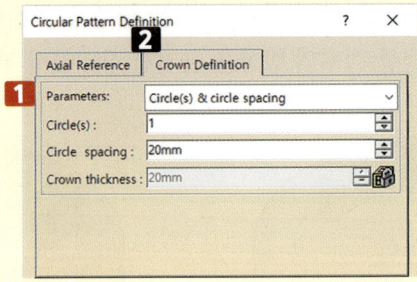

1 Parameters

❶ Parameters Circle(s) & crown thickness ▼

Circle(s) 수와 crown thickness 값을 입력하여 동심원 방향으로 추가하여 복사한다. Circle(s) 수와 crown thickness 값에 의하여 Circle spacing 값이 자동 계산된다.

❷ Parameters Circle(s) & circle spacing ▼

Circle(s) 수와 circle spacing 값을 입력하면 Crown thickness 값이 자동 계산된다.

❸ Parameters Circle spacing & crown thickness ▼

Circle spacing와 crown thickness 값을 입력하면 Circle(s) 수가 자동 계산된다.

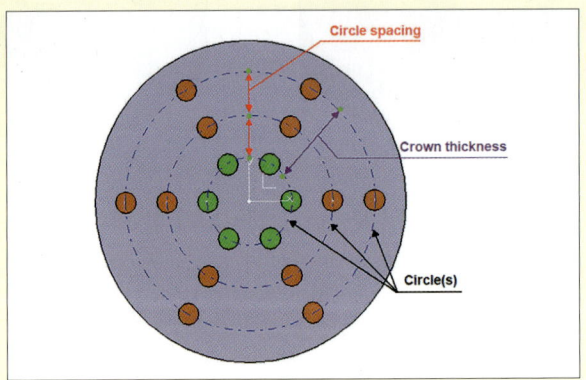

6 Hole을 사용하여 카운터 보어 만들기

1 Hole을 생성할 면을 선택한 후 Sketch-Based Features 도구모음의 Hole 명령어를 클릭하여 실행한다.

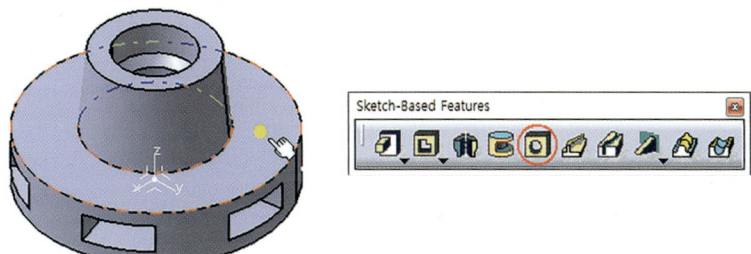

2 Hole Definition 대화상자 설정

❶ Extension 탭 아래 Hole의 깊이를 지정할 방법으로 Hole의 깊이가 형상을 관통하기 위해 Up To Last를 선택한다.

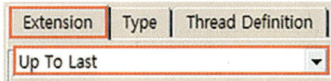

❷ Diameter 란에 Hole의 직경 5.5를 입력한다.

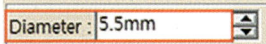

❸ Type 탭에서 표준 구멍 유형으로 Counterbored를 선택한다.

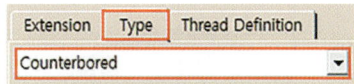

❹ Parameter 아래 Diameter 입력란에 9.5와 Depth 입력란에 5를 기입하여 카운터 보어의 크기를 지정한다.

❺ Hole의 정확한 위치를 정의하기 위해 Extension 탭을 클릭하고 Positioning Sketch 를 클릭하여 Sketcher Workbench 작업공간으로 이동한다.

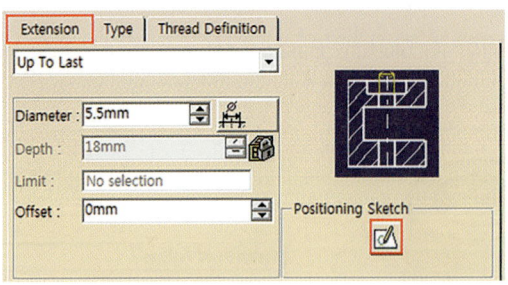

❻ Constraint 명령어를 더블 클릭하여 실행한다.

❼ 점과 절대좌표 X축을 선택한 후 마우스 오른쪽버튼을 클릭한다. 콘텍스트 메뉴에서 Coincidence 를 선택하여 X축 선상에 점이 위치하도록 구속한다.

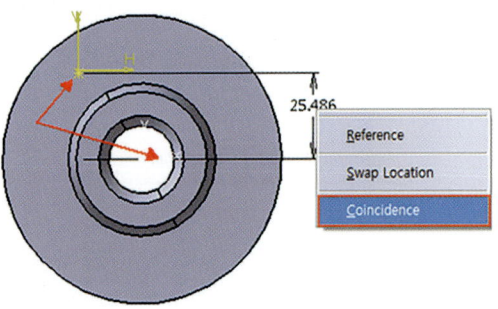

❽ 점과 절대좌표 Y축을 선택하고 32.5mm 치수를 기입한 후 Exit Workbench 를 클릭하여 Sketcher Workbench를 종료하고 Part Design Workbench로 돌아간다.

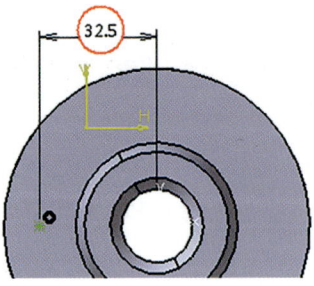

❾ Hole Definition 대화상자 OK 를 클릭하여 Hole 명령어를 종료하여 카운터 보어를 생성한다.

알아두기
Hole

여러 가지 구멍 형상을 만든다. Hole을 생성할 면을 선택한 후 Hole 명령어를 실행하거나 명령어 실행한 후 Hole을 생성할 면을 선택해야 Hole Definition 창이 나타난다.

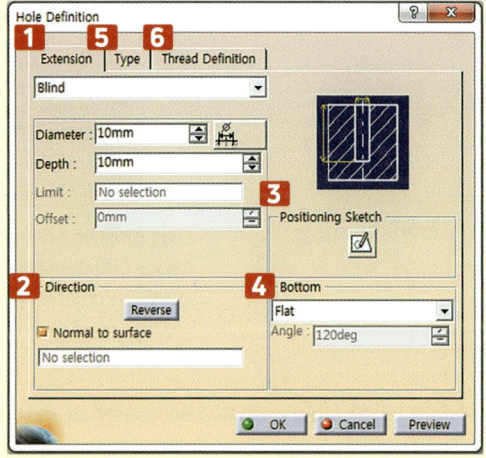

1 Extension

Hole 깊이를 지정할 방법을 선택한다.

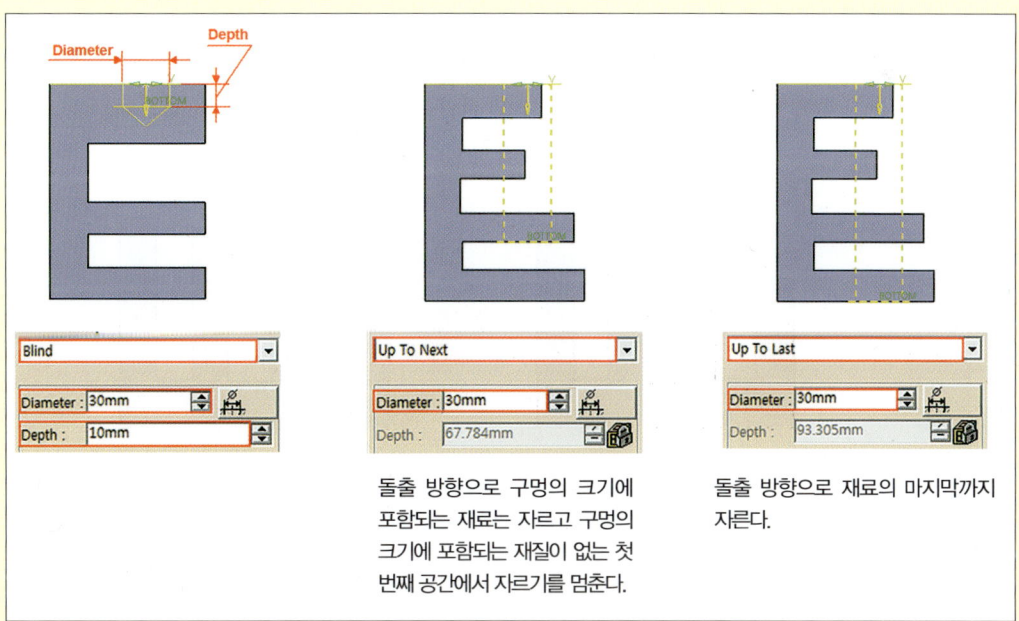

돌출 방향으로 구멍의 크기에 포함되는 재료는 자르고 구멍의 크기에 포함되는 재질이 없는 첫 번째 공간에서 자르기를 멈춘다.

돌출 방향으로 재료의 마지막까지 자른다.

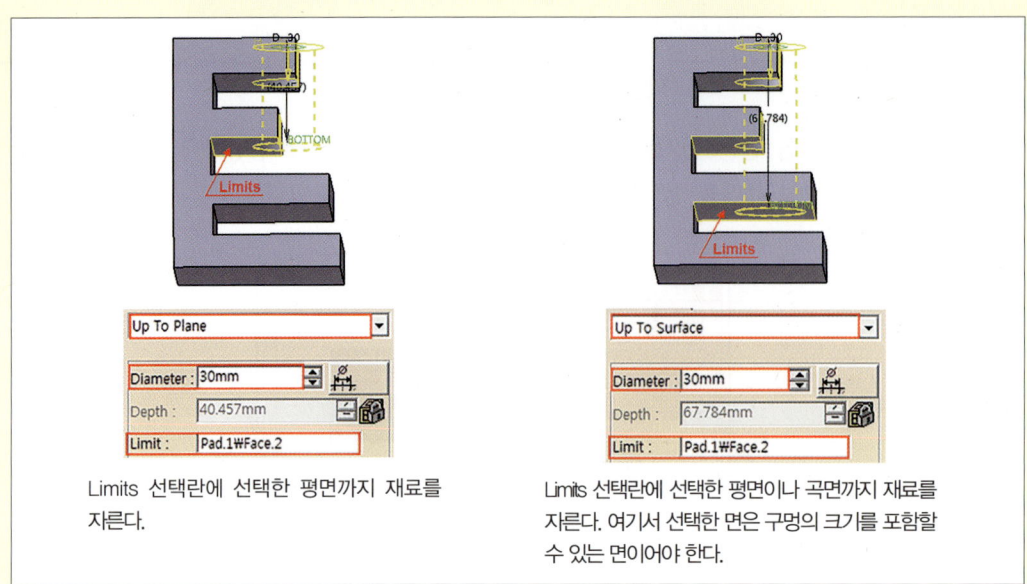

- Offset : Limits 면으로부터 지정한 Offset 거리값만큼 구멍의 깊이를 생성한다.

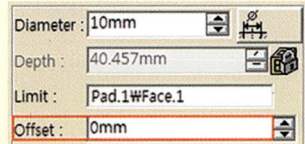

2 Direction

Hole의 돌출 방향을 바꾸거나 자를 방향을 반전한다.

- Reverse : 버튼을 누르면 자를 방향이 반전된다.

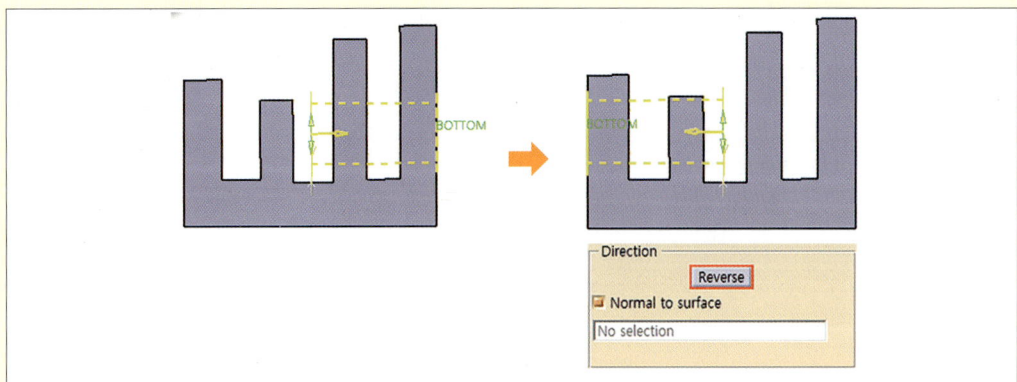

- Normal to surface : 기본적으로 체크되어 있으며 스케치 면에 수직으로 구멍을 생성한다. 체크 해제 시 모서리나 선을 선택하여 면에 수직이 아닌 방향으로 구멍을 생성할 수 있다.

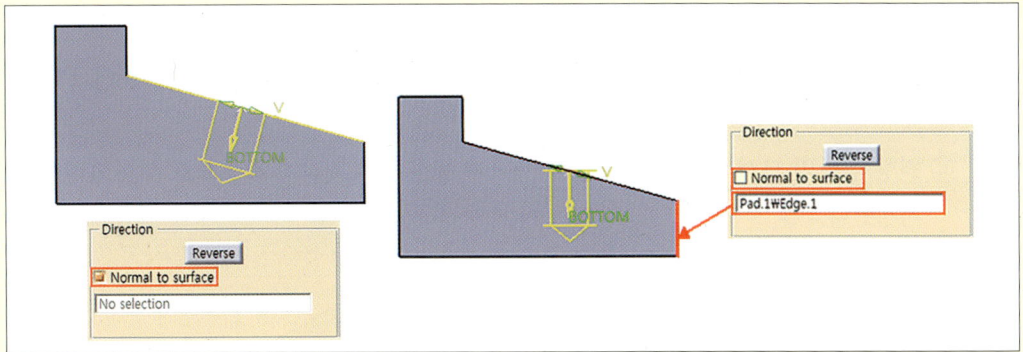

3 Positioning Sketch

Sketch 🗹 를 클릭하면 sketcher Workbench가 열리며 점을 구속하여 구멍의 정확한 위치를 지정할 수 있다. Sketch를 종료하면 구멍 피처를 정의할 수 있는 Hole Definition 대화상자가 다시 나타난다.

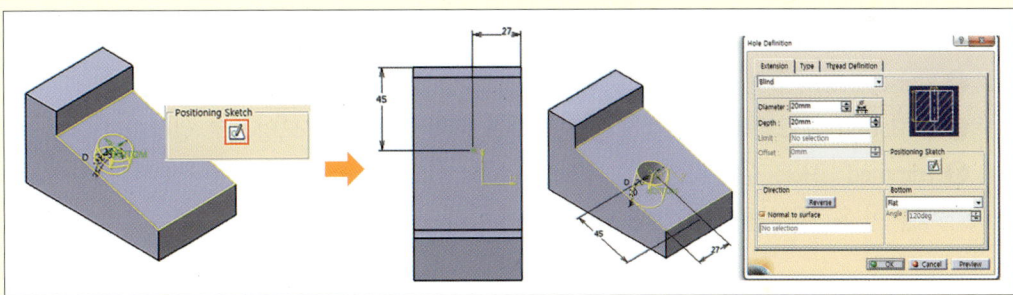

참고 Sketch 🗹 를 사용하지 않고 생성할 구멍의 위치를 지정하기

❶ 모서리로부터 구멍의 위치 지정하기

　㉠ 위치의 기준이 되는 두 개의 모서리와 구멍을 배치할 면을 Ctrl 을 누른 상태에서 다중 선택한다.
　㉡ Hole 명령어를 실행한다.
　㉢ 구멍의 중심과 모서리 사이의 치수가 표시된다.
　㉣ 치수를 더블 클릭하여 원하는 위치 치수로 수정한다.

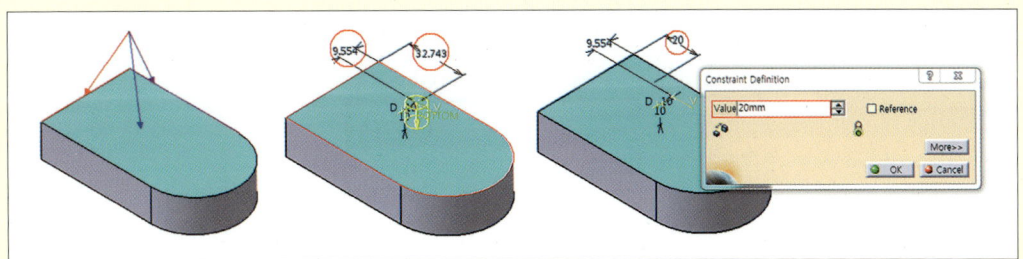

❷ 형상의 모서리와 동심 위치에 구멍의 위치 지정하기
  ㉠ 원형 형상의 모서리와 구멍을 배치할 면을 Ctrl을 누른 상태에서 다중 선택한다.
  ㉡ Hole 명령어를 실행한다.
  ㉢ 원형 형상의 모서리와 구멍의 중심 사이에 동심 구속조건이 자동으로 부여되면서 위치가 지정된다.

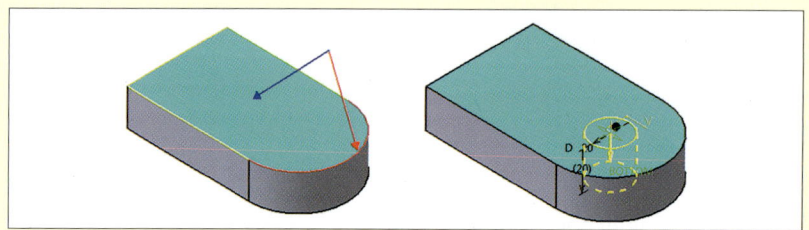

4 Bottom

구멍의 끝단 모양을 정의한다.
❶ Flat : 구멍의 끝단 모양을 평평한 모양으로 생성한다.
❷ V-Bottom : 드릴의 선단 각도를 지정하여 구멍 끝을 원뿔 모양으로 생성한다.
❸ Trimmed : Hole 깊이 지정 유형이 Up To Next, Up To Last, Up To Plane 또는 Up To Surface인 경우 이 옵션을 사용할 수 있다. 표면 형상에 따라 구멍의 끝단을 Trimming하여 모양을 생성한다.

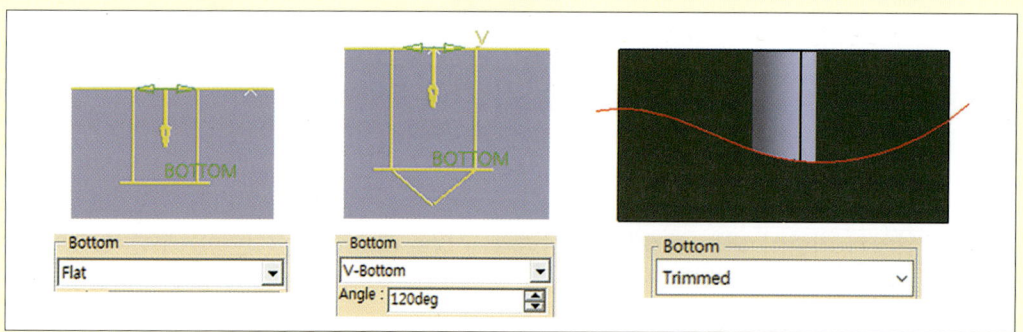

5 Type

여러 가지 형태의 표준 구멍 유형을 선택한다.

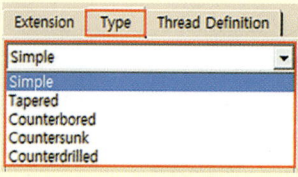

❶ Type [Simple ▼]

단순 구멍의 직경과 깊이 구멍의 끝단 모양은 Extension 탭에서 지정한다.

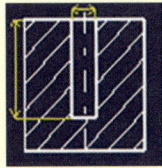

❷ Type [Tapered ▼]

테이퍼 구멍의 지름과 깊이는 Extension 탭에서 지정하며 테이퍼 값은 Type 탭의 Parameter 아래 Angle 값을 입력하여 지정하고, 지름 크기의 위치는 Anchor Point에서 Bottom 또는 Top을 선택하여 정한다.

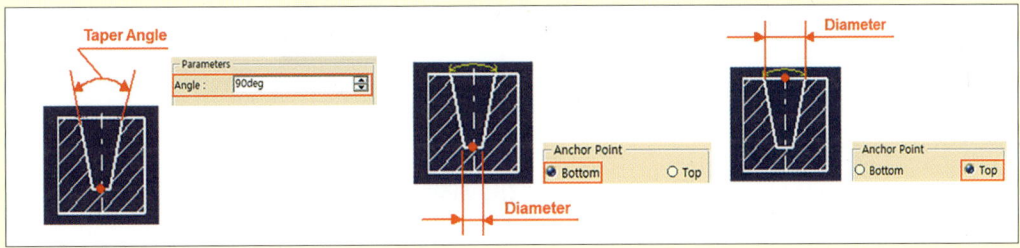

❸ Type [Counterbored ▼]

카운터 보어의 구멍 직경과 깊이는 Extension 탭에서 지정하고, 카운더 보어의 직경과 깊이는 Type 탭의 Parameter 아래의 Diameter와 Depth 란에 값을 입력하여 지정한다. 이때 카운터 보어의 직경은 구멍의 직경보다 커야 하고 구멍의 깊이는 카운터 보어의 깊이보다 커야 한다. Anchor Point에서 구멍 생성 면으로부터 카운터 보어의 위치를 Extreme 또는 Middle을 선택하여 정할 수 있다.

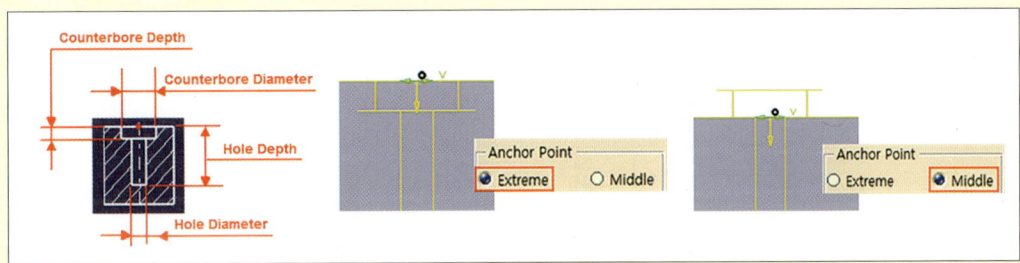

❹ Type [Countersunk ▼]

카운터 싱크의 구멍 직경과 깊이는 Extension 탭에서 지정하고 카운터 싱크의 값에 대한 유형은 Type 탭의 Parameter 아래에서 선택하여 지정한다. 이때 카운터 싱크 직경은 구멍 직경보다 커야 하고 카운터 싱크 각도는 0°보다 크고 180°보다는 작아야 한다.

> **참고** 카운터 싱크의 Parameter 유형

- Depth & Angle : 카운터 싱크의 깊이와 각도값을 지정하여 카운터 싱크의 크기를 결정한다. 카운터 싱크 각도는 0°보다 크고 180°보다 작아야 한다.

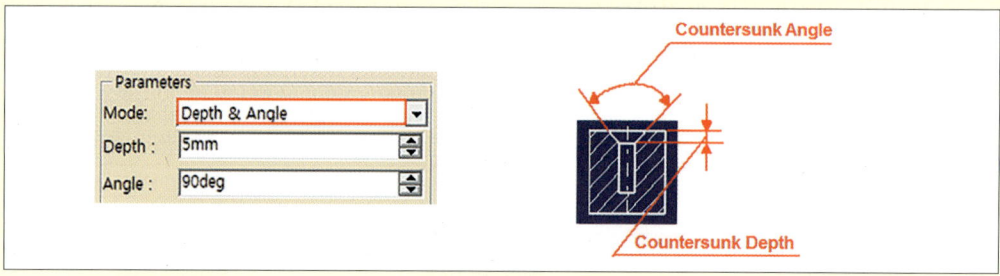

- Depth & Diameter : 카운터 싱크의 깊이와 지름값을 지정하여 카운터 싱크의 크기를 결정한다.

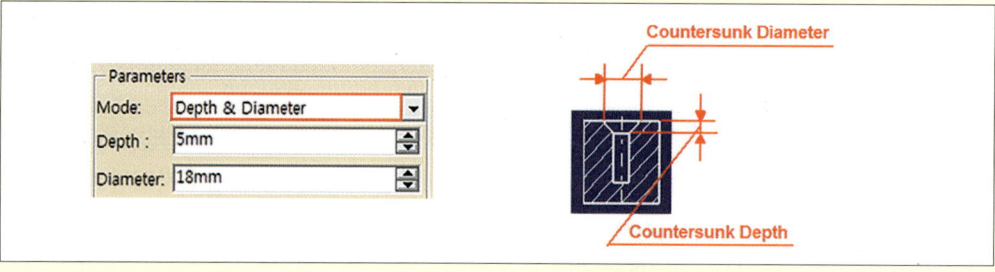

- Angle & Diameter : 카운터 싱크의 각도와 지름값을 지정하여 카운터 싱크의 크기를 결정한다.

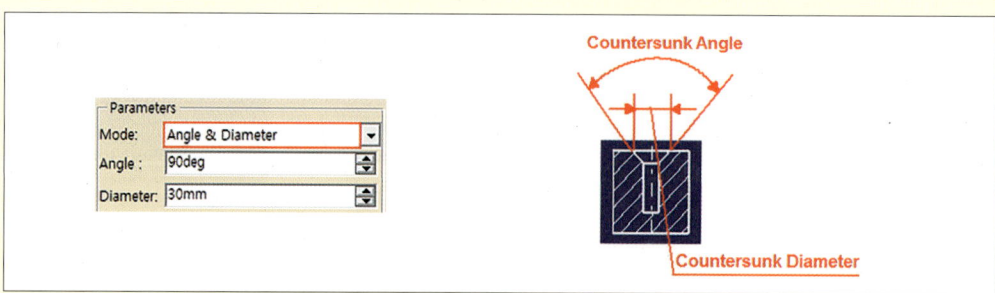

❺ Type [Counterdrilled ▼]

카운터 드릴의 구멍 직경과 깊이는 Extension 탭에서 지정하고 카운터 드릴의 직경과 깊이, 각도는 Type 탭의 Parameter 아래의 Diameter와 Depth 및 Angle 란에 값을 입력하여 지정한다. 이때 카운터 드릴 지름은 구멍 지름보다 커야 하고 구멍 깊이는 카운터 드릴 깊이보다 커야 하며 카운터 드릴 각도는 0°보다 크고 180°보다 작아야 한다. Anchor Point에서 구멍 생성 면으로부터 카운터 드릴의 위치를 Extreme 또는 Middle을 선택하여 정할 수 있다.

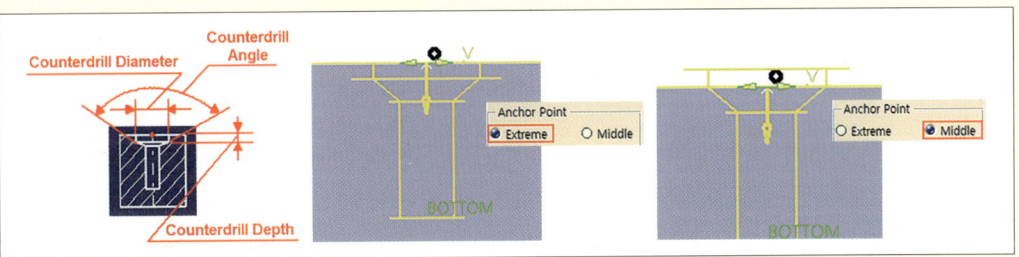

6 Thread Definition

구멍 유형에 나사산을 생성한다. 형상에는 표시되지 않지만 도면 작업 시 나사산이 표시된다. 나사산의 깊이는 구멍의 깊이보다 작거나 같아야 한다.

1) **Threaded** : 구멍 유형에 나사산을 생성하고자 할 때 ▣ Threaded 에 체크하면 관련된 옵션들이 활성화된다.

2) **Bottom Type** : 나사산의 깊이 유형을 선택하여 나사산의 깊이를 표현한다.

❶ Bottom Type [Dimension ▼]

Thread Definition에서 드릴 지름과 깊이, Thread 지름과 깊이 및 피치 등 치수를 입력하여 지정한다.

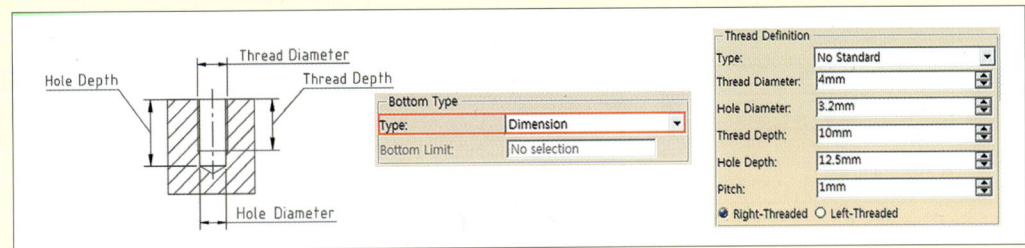

❷ Bottom Type | Support Depth ▼ |

구멍 깊이와 Thread 깊이가 같도록 표현한다. Thread Definition에서 Thread Depth는 값을 기입할 수 없게 비활성화되어 있으며 Hole Depth를 변경하면 Thread Depth 값도 같이 변한다.

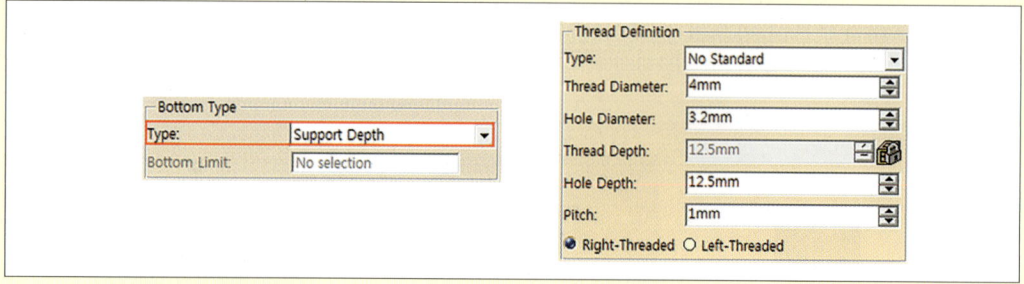

❸ Bottom Type | Up-To-Plane ▼ |

Bottom Limits 선택란에 선택한 면까지 나사산의 깊이를 표현한다.

3) **Thread Definition** : Bottom Type에서 선택한 유형에 의한 값을 사용자가 임의로 지정하거나 규격에 의한 나사산의 지름과 구멍지름, 피치 값을 지정할 수 있다.

　❶ **No Standard** : 규격에 의하지 않고 사용자가 필요한 값을 직접 입력하여 사용한다.

　❷ **Metric Thin Pitch** : Tread Description 선택란에서 원하는 미터가는나사의 호칭지름을 선택하면 ISO 표준 규격값에 의해 구멍의 지름, 피치가 결정된다.

　❸ **Metric Thick Pitch** : Tread Description 선택란에서 원하는 미터보통나사의 호칭지름을 선택하면 ISO 표준 규격값에 의해 구멍의 지름, 피치가 결정된다.

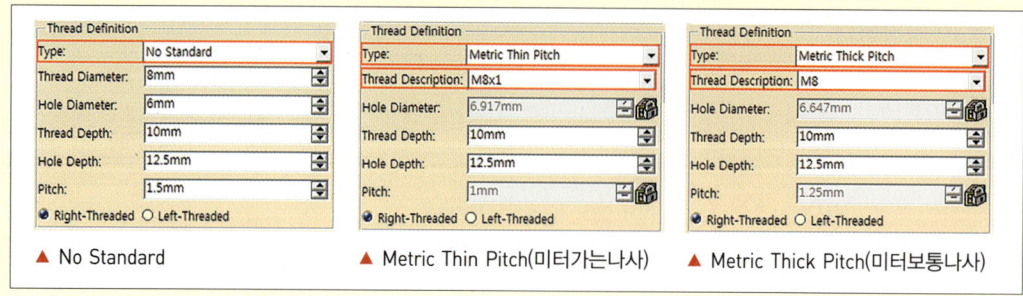

▲ No Standard　　　▲ Metric Thin Pitch(미터가는나사)　　　▲ Metric Thick Pitch(미터보통나사)

• **Right-Threaded / Left-Threaded** : 오른 나사는 Right-Threaded에 체크하고 왼 나사는 Left-Threaded에 체크하여 표현한다.

7 Circular Pattern ✛을 사용하여 Hole 피처를 원형 형식으로 연관 복사하기

1 Specification Tree에서 Hole 피처를 선택한 후 Circular Pattern ✛을 클릭하여 실행한다. 피처를 먼저 선택하고 Circular Pattern 명령어를 실행하면 Object 선택란에 해당 피처가 선택된다.

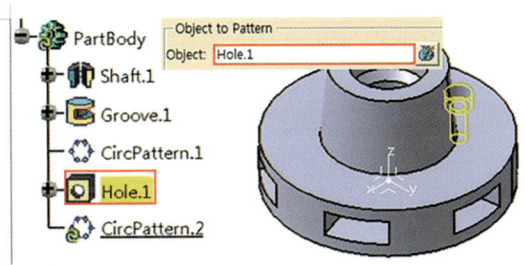

2 Circular Pattern Definition 대화상자 설정

❶ Axial Reference 탭에서 Parameters를 Instance(s) & angular spacing을 선택한다. Instance(s) & angular spacing은 인스턴스 수와 패턴 사이 각도값에 의해 전체 회전각도가 계산되어 객체를 복사한다.

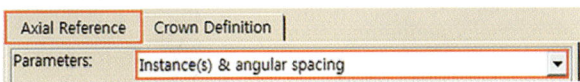

❷ Instance(s) 란에 원본 객체를 포함한 복사할 개수 6을 입력한다.

❸ Reference Direction 아래 Reference element 선택란에 회전축으로 절대좌표의 Z축을 선택한다.

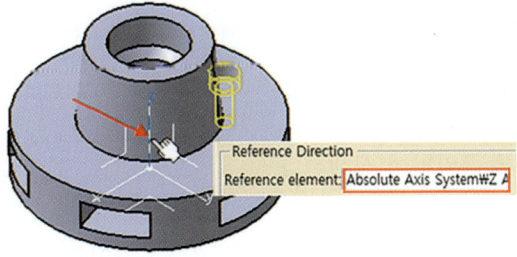

❹ OK 를 클릭하여 Hole 피처를 원형 패턴으로 복사한다.

8 Chamfer 를 사용하여 모서리 다듬기

1 Chamfer 를 클릭하여 명령어를 실행한다.

2 Chamfer Definition 대화상자 설정

❶ Mode에 거리와 각도값에 의한 모따기의 크기를 정의하기 위해서 Length1/Angle을 선택한다.

❷ Length1의 입력란에 거리값은 1, Angle 입력란에 각도값은 45를 기입한다.

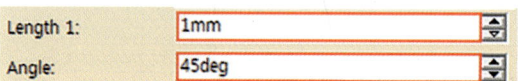

❸ Object(s) to Chamfer 란에 모따기를 부여할 내경 모서리 2개를 선택한다.

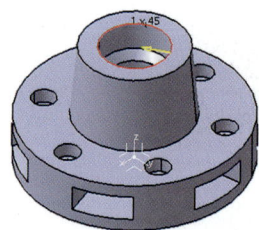 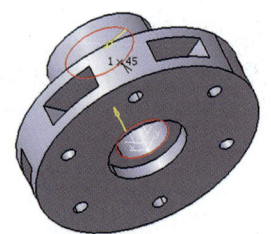

❹ OK 를 클릭하여 명령어를 종료한다.

9 Edge Fillet 를 사용하여 모서리 다듬기

1 Edge Fillet 명령어를 클릭하여 실행한다.

2 Edge Fillet Definition 대화상자에서 Radius 입력란에 2를 기입한다.

3 Object(s) to fillet 란에 필렛을 모서리를 선택하고 OK 를 누른다.

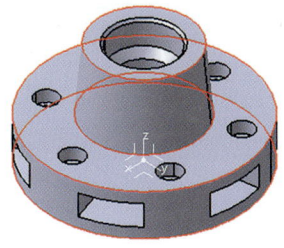 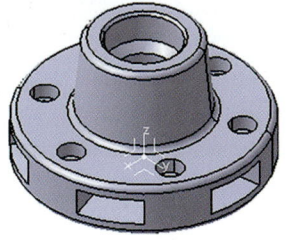

4 Edge Fillet 명령어를 클릭하여 실행한다.

5 Edge Fillet Definition 대화상자에서 Radius 입력란에 1을 기입한다.

6 Object(s) to fillet 란에 필렛을 부여할 면을 선택하고 OK 를 눌러 명령어를 종료하여 Part 모델링을 완성한다.

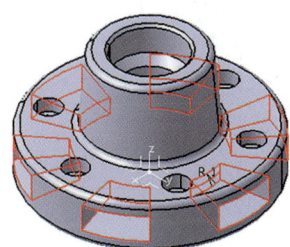 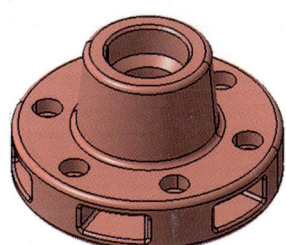

CHAPTER 05 활용 예제 4
Draft Angle, Rectangular Pattern

예제 도면 — 3D형상 모델링 작업하기

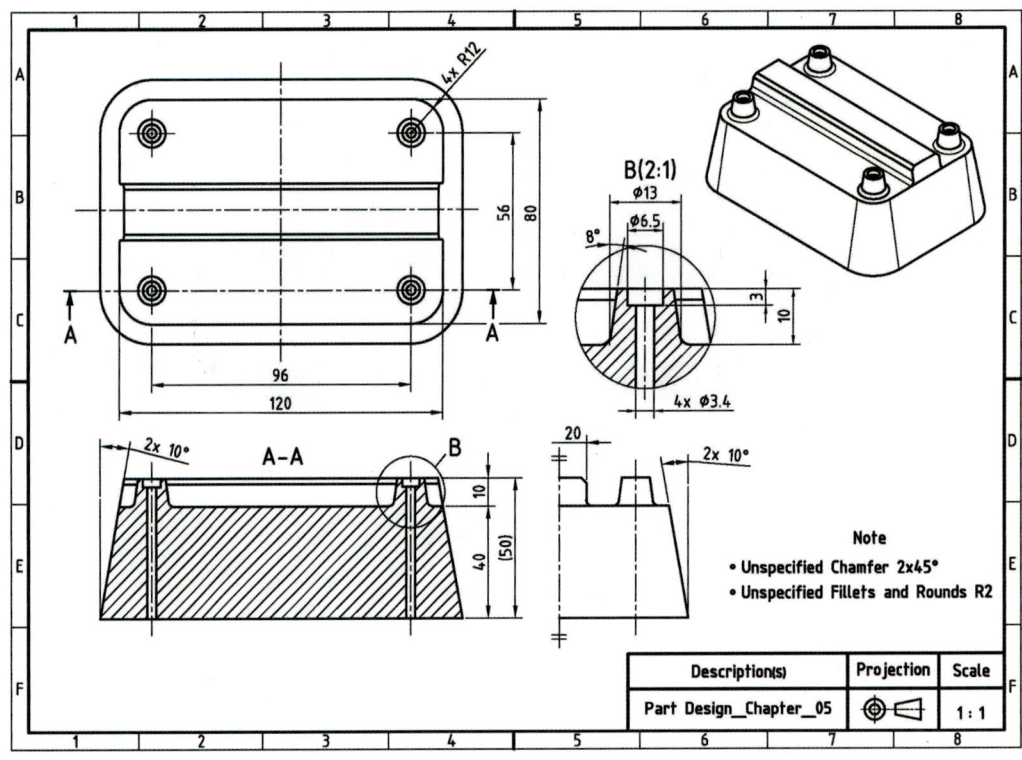

1 Drafted Filleted Pad 에 사용될 스케치 프로파일 만들기

1 Sketcher 도구모음의 Positioned Sketch를 클릭한다.

❶ Sketch Positioning 대화상자 아래 Sketch Positioning의 Type으로 Positioned를 선택하고 Reference 란에 Specification Tree에서 xy평면을 선택한다.

❷ Origin과 Orientation의 Type으로는 Implicit를 선택하여 절대원점과 좌표축이 선택한 평면에 투영되게 한다.

❸ Swap에 체크하여 H축과 V축을 바꾸고 Reverse V를 체크하여 V축 방향을 반전한다.

❹ OK 를 클릭하여 Sketcher Workbench로 들어간다.

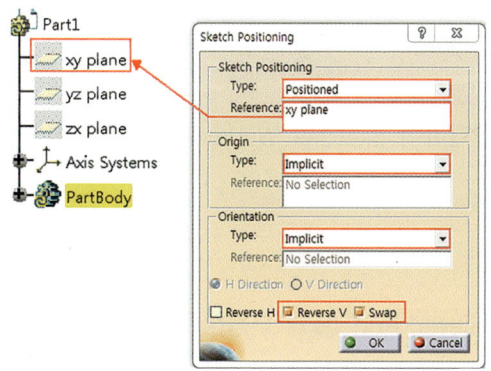

2 Centered Rectangle

❶ Profile 도구모음의 Predefined Profile 하위 도구모음에서 Centered Rectangle 를 클릭하여 실행한다.

❷ Sketch tools 도구모음에서 Dimensional Constraint 을 클릭하여 활성화한다.

❸ 스케치 원점에 일치하도록 사각형의 중심점을 지정한다.

❹ Sketch tools 도구모음에서 Height, Width 입력란을 더블 클릭하여 80과 120을 입력하고 Enter를 눌러 사각형과 치수가 생성되도록 한다.

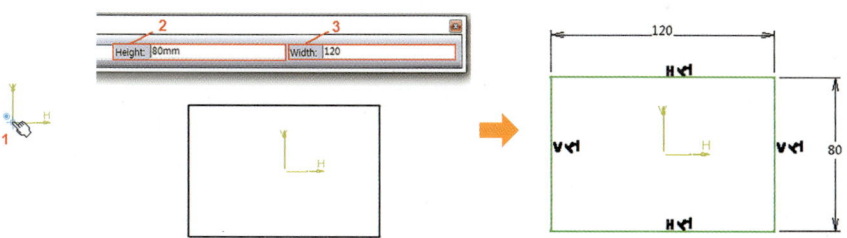

3 Corner

❶ 동일한 반경값을 갖는 필렛 생성하기 위해 Ctrl을 누른 채 네 개의 꼭짓점을 선택한다.

❷ Corner 명령어를 클릭하여 실행한다.

❸ Sketch tools 도구모음에서 모서리 옵션을 Trim First Element 을 선택한 후 반경값으로 12를 입력하고 Enter를 눌러 Corner를 생성한다.

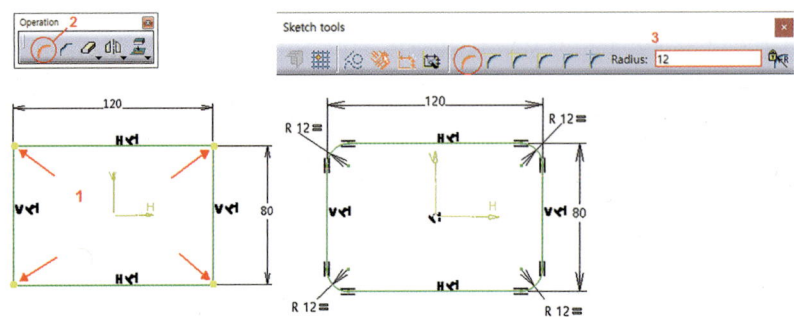

4 Exit Workbench를 클릭하여 Sketcher Workbench를 종료하고 Part Design Workbench로 돌아간다.

2 Drafted Filleted Pad 를 사용하여 베이스 피처 만들기

1 Drafted Filleted Pad 를 클릭하여 실행한다.

2 Drafted Filleted Pad Definition 대화상자 설정

❶ Reverse Direction 버튼을 클릭하여 Pad의 돌출방향을 반전시킨다.

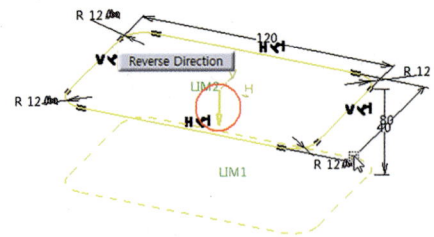

❷ First Limit 아래의 Length 란에 생성될 패드의 길이값으로 40을 지정한다.

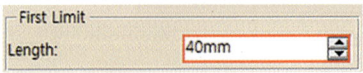

❸ Second Limit의 Limit 선택란에 Specification Tree에서 xy평면을 선택한다.

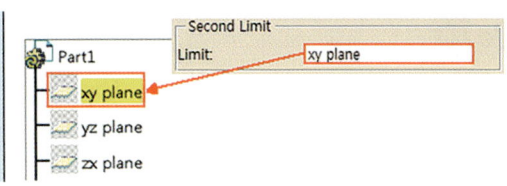

❹ Draft 아래 Angle에 체크하고 돌출방향 바깥쪽으로 구배가 생기도록 구배 각도값으로 −10을 입력한다. Neutral element는 Second limit로 선택한 면에서부터 입력한 각도값만큼 기울기가 작성되도록 Second limit에 체크한다.

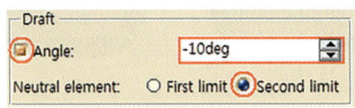

❺ Fillets 아래 체크란은 모두 선택해제 하여 모서리에 필렛이 생성되지 않도록 한다.

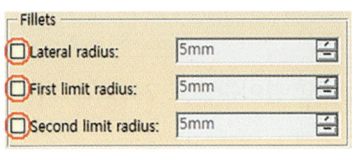

❻ OK 를 클릭하여 명령어를 종료한다.

3 Pad 2에 사용될 스케치 프로파일 만들기

1 Sketcher 도구모음의 Positioned Sketch 를 클릭한다.
  ❶ Sketch Positioning 대화상자 아래 Sketch Positioning의 Type으로 Positioned를 선택하고 Reference 란에 형상의 평면을 선택한다.
  ❷ Origin과 Orientation의 Type으로는 Implicit를 선택한다.
  ❸ Swap에 체크하여 H축과 V축을 바꾸고 Reverse V를 체크하여 V축 방향을 반전한다.
  ❹ OK 를 클릭하여 Sketcher Workbench로 들어간다.

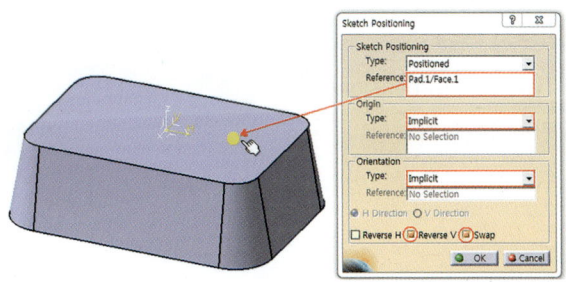

2 Centered Rectangle

❶ Centered Rectangle 를 클릭하여 실행한다.
❷ 스케치 원점에 일치하도록 사각형의 중심점을 지정한다.
❸ 대각선 코너점을 지정하여 중심 사각형을 생성한다.

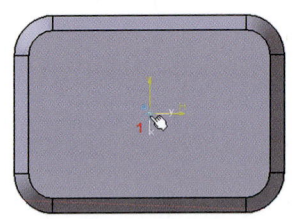 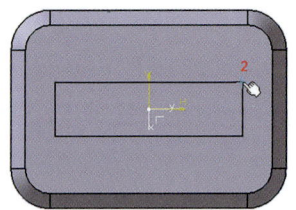

3 Constraint

❶ Constraint 를 클릭하고 선분과 형상의 모서리를 선택한 다음 마우스 오른쪽버튼을 누른다. 콘텍스트 메뉴에서 Coincidence를 선택하여 선분이 형상의 모서리와 동일선상에 위치하도록 구속한다.
❷ 사각형의 세로 선분을 클릭하고 길이값으로 20을 입력한다.

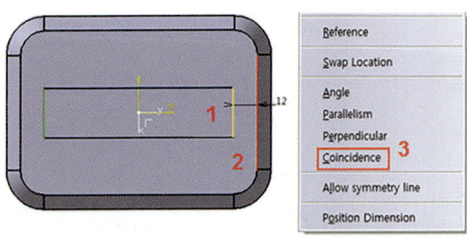 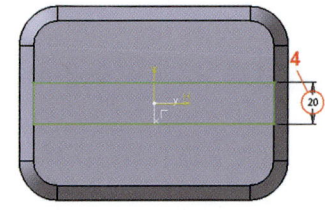

4 Exit Workbench 를 클릭하여 Sketcher Workbench를 종료하고 Part Design Workbench로 돌아간다.

4 Pad 만들기

1 Pad를 클릭하여 실행한다.
2 Pad Definition 대화상자 설정

❶ First Limits 아래 Type으로 Dimension을 선택하고 Length 란에 10을 기입한다.
❷ OK 을 클릭하여 명령을 종료한다.

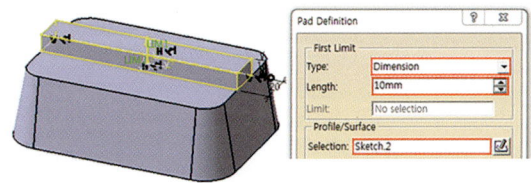

5 Draft Angle를 사용하여 면에 구배주기

1 Dress-Up Features 도구모음의 Drafts 하위 도구모음에서 Draft Angle을 클릭하여 실행한다.

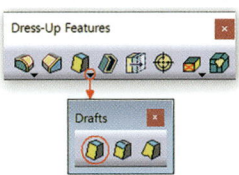

2 Draft Definition 대화상자 설정

❶ Draft Type에 Constant Angle Draft를 선택한다.

❷ Angle 란에서 구배 각도값 10을 기입한다.

❸ Face(s) to draft 란에 구배를 부여할 면으로 Pad의 측면을 선택한다.

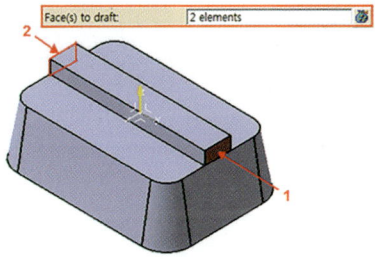

❹ Neutral Element 아래 Selection 란에서 Pad의 평면을 선택한다. 중립요소는 구배 각도에 의한 면적의 변화가 없고 구배 각도의 기준면이 된다.

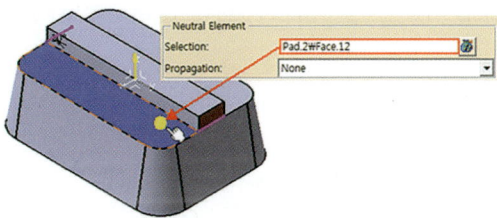

❺ OK 를 클릭하여 명령어를 종료한다.

Draft Angle

금형에서 성형된 부품을 쉽게 제거할 수 있도록 형상의 면에 구배를 부여한다.

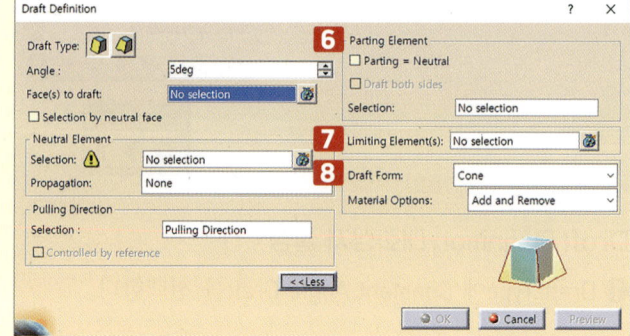

1 Draft Type

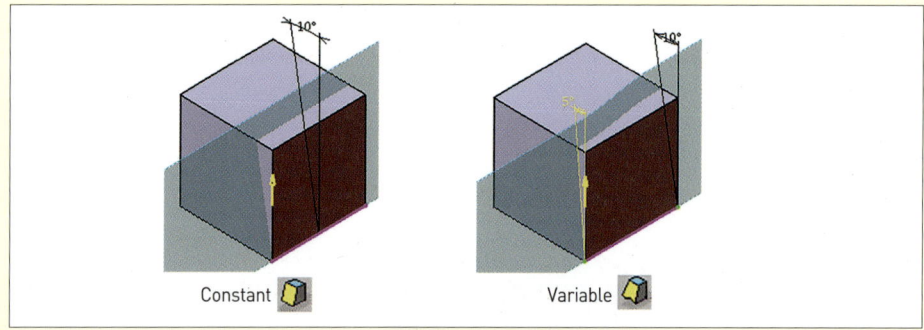

❶ **Constant** : 구배를 부여할 선택한 면에 일정한 각도로 구배를 만든다.

❷ **Variable** : 구배를 부여할 면에 각도값을 편집하여 가변 각도 구배를 만든다.

ⓐ 각도값이 다른 면의 구배를 생성한다.

ⓑ 각도점을 추가하려면 Points 필드를 클릭하거나 마우스 오른쪽버튼을 클릭하여 콘텍스트 메뉴에서 필요한 포인트를 생성하는 상황별 명령어를 사용하여 점을 추가한다.

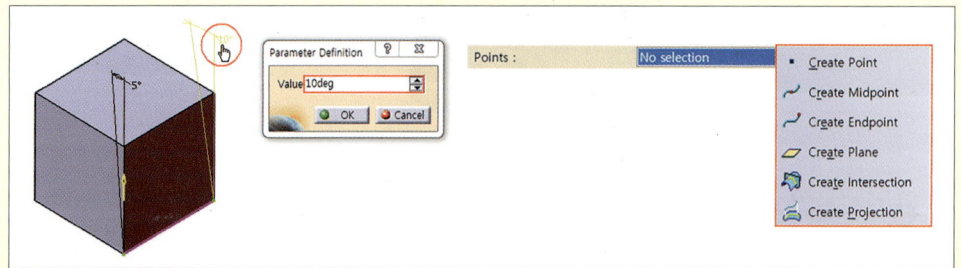

2 Angle

Pulling Direction 방향으로 당기는 구배 면의 각도값을 입력한다.

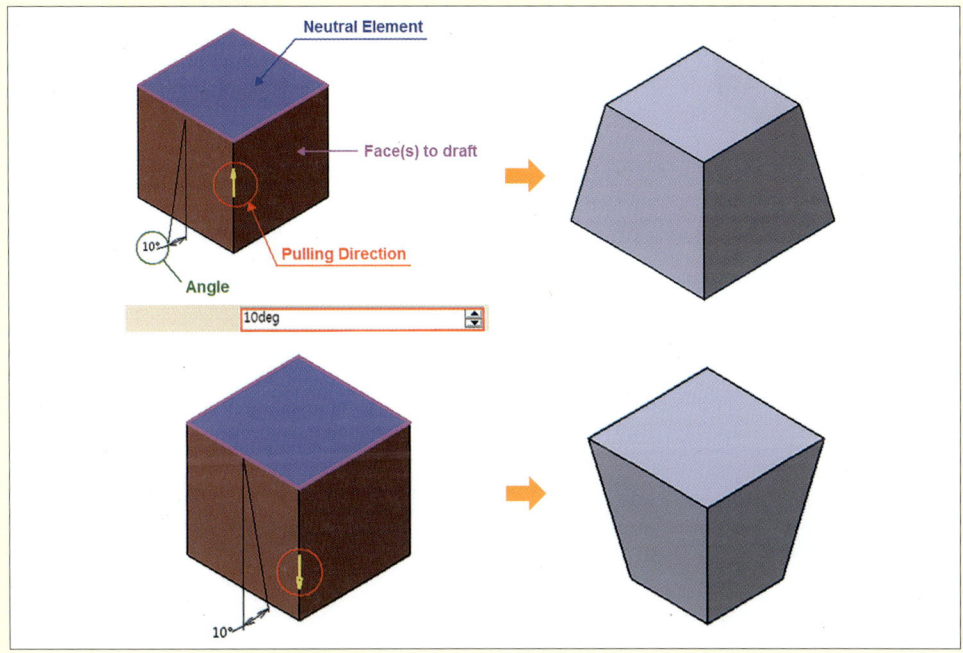

3 Face(s) to draft

구배를 부여할 면을 선택한다. Selection by neutral face를 체크하면 Face(s) to draft 면을 선택할 수 없으며 중립면으로 선택한 면의 모서리와 연결된 면이 구배할 면으로 자동 인식된다.

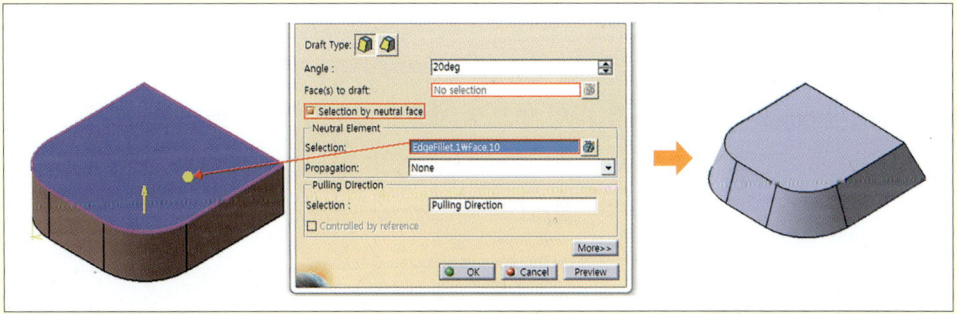

4 Neutral Element

❶ Selection : 중립요소를 선택한다. 중립요소는 구배 각도에 의한 면적의 변화가 없고 구배 각도의 기준면이 된다. 화살표는 구배방향을 나타낸다.

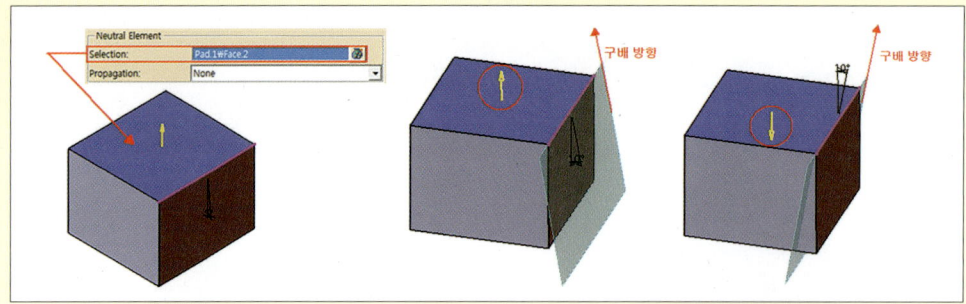

❷ Propagation : None을 선택하면 중립요소로 선택한 면만 선택되고, Smooth를 선택하면 중립요소로 선택한 면과 접하는 면이 통합되어 중립요소로 선택된다.

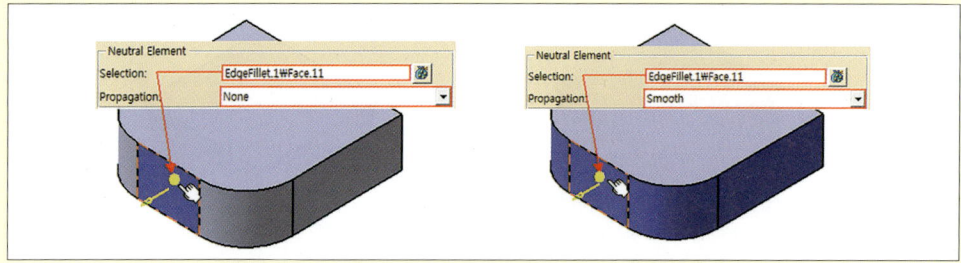

5 Pulling Direction

금형을 당기는 방향이자 구배가 생성되는 방향을 결정한다. 중립요소를 선택하면 Controlled by reference에 체크되어 기본적으로 중립 면의 수직 방향으로 결정된다. Controlled by reference를 선택해제 하면 Pulling Direction을 다시 설정할 수 있다.

6 Parting Element

파팅요소로 구배를 생성하고자 할 때 사용한다.

❶ Parting=Neutral : 중립요소를 파팅 면으로 사용하고자 할 때 선택한다.

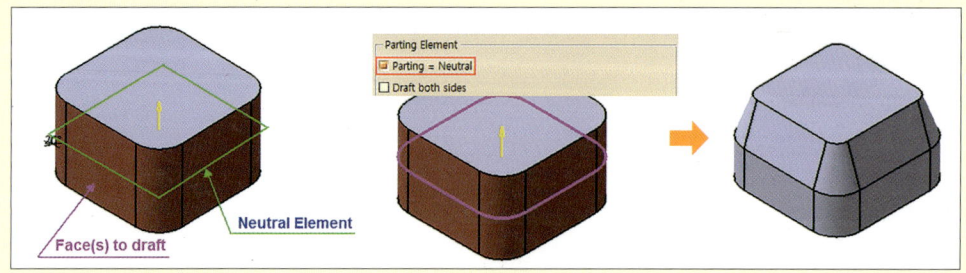

❷ Draft both sides : Parting=Neutral가 선택된 상태에서 Draft both sides 선택하면 파팅요소를 기준으로 양쪽으로 구배가 생성된다.

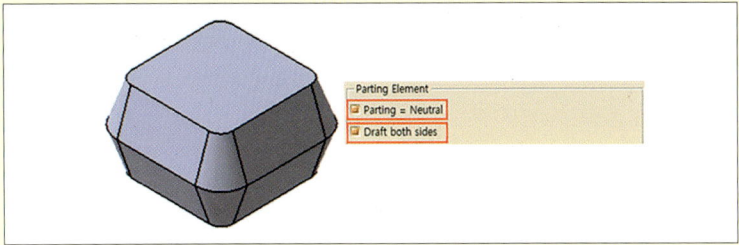

❸ Selection : 중립요소와 다른 파팅요소를 선택할 수 있다.

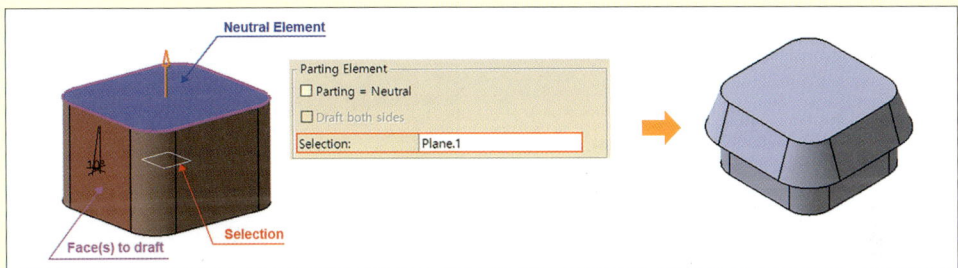

7 Limiting element(s)

하나 이상의 면이나 평면을 제한요소로 선택하여 제한요소까지 구배를 부여한다.

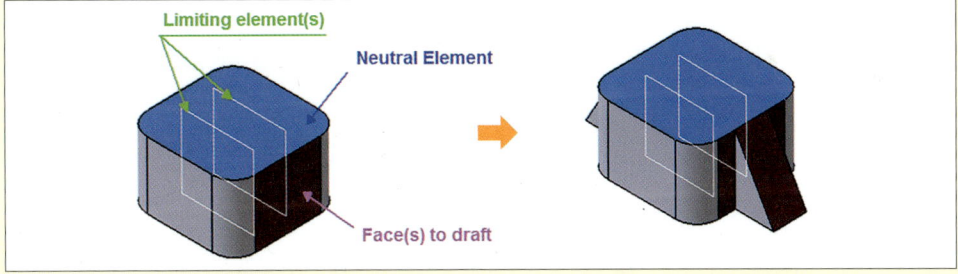

8 Draft Form

Square또는 Cone 모양으로 구배 면의 모양을 조절한다.

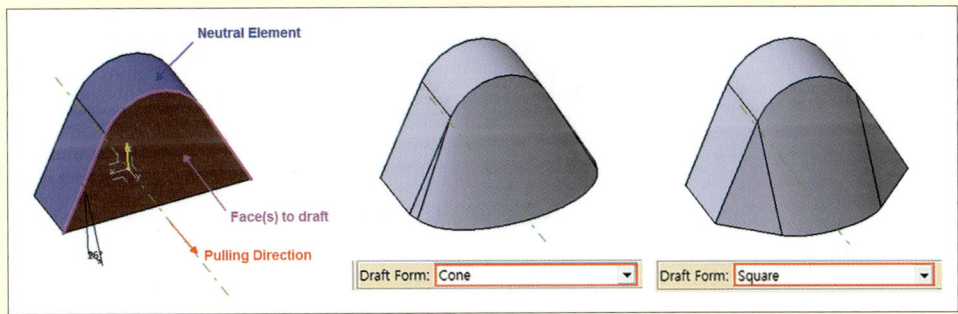

6 Drafted Filleted Pad 에 사용될 스케치 프로파일 만들기

1 Sketcher 도구모음의 Positioned Sketch 를 클릭한다.

❶ Sketch Positioning 대화상자 아래 Sketch Positioning의 Type으로 Positioned를 선택하고 Reference 란에 형상의 평면을 선택한다.

❷ Origin과 Orientation의 Type으로는 Implicit를 선택한다.

❸ Swap에 체크하여 H축과 V축을 바꾸고 Reverse V를 체크하여 V축 방향을 반전한다.

❹ OK 를 클릭하여 Sketcher Workbench로 들어간다.

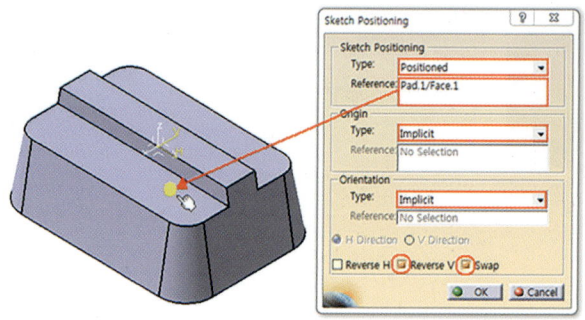

2 Circle

❶ Circle 명령어를 클릭하여 실행한다.
❷ 원의 중심점을 지정하고 반지름에 해당되는 점을 지정하여 원을 생성한다.

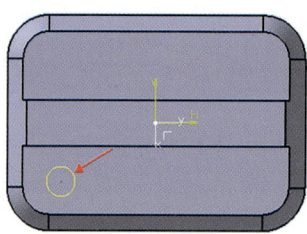

3 Constraint

Constraint 명령어를 더블 클릭하여 실행하고 치수값을 부여한다.

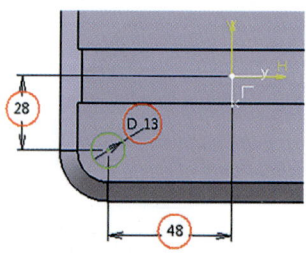

4 Exit Workbench를 클릭하여 Sketcher Workbench를 종료하고 Part Design Workbench로 돌아간다.

7 Drafted Filleted Pad

1 Drafted Filleted Pad 를 클릭하여 실행한다.

2 Drafted Filleted Pad Definition 대화상자 설정

❶ First Limit 아래의 Length 란에 생성될 패드의 길이값으로 10을 지정한다.

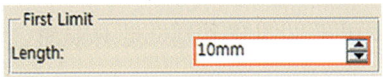

❷ Second Limit의 Limit 선택란에 Specification Tree에서 xy평면을 선택한다.

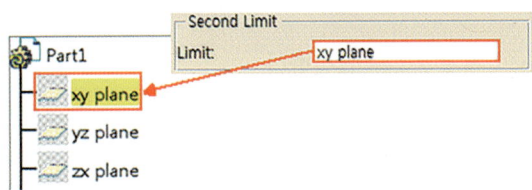

❸ Draft 아래 Angle에 체크하고 구배 각도값으로 8을 입력한다. Neutral element는 Second limit으로 선택한 면에서부터 입력한 각도값만큼 기울기가 작성되도록 Second limit에 체크한다.

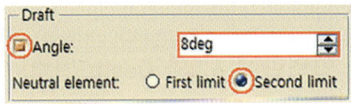

❹ Fillets 아래 체크란에 모두 선택해제 하여 모서리에 필렛이 생성되지 않도록 한다.

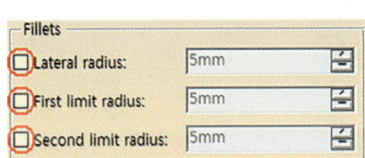

❺ OK 를 클릭하여 명령어를 종료한다.

8 Hole◎을 사용하여 카운터 보어 만들기

1 원통 형상의 모서리와 동심 위치에 Hole을 생성하기 위해 원통 형상의 모서리와 구멍을 배치할 면을 Ctrl을 누른 상태에서 선택한 후 Hole◎ 명령어를 클릭하여 실행한다.

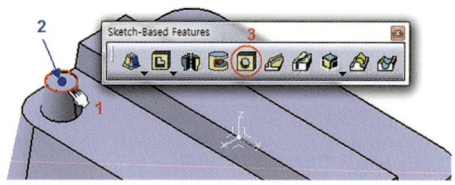

2 Hole Definition 대화상자 설정

❶ Extension 탭 아래 Hole 깊이를 지정할 방법으로 Hole의 깊이가 형상을 관통하기 위해 Up To Last를 선택한다.

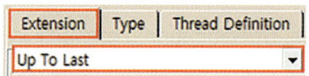

❷ Diameter 란에 Hole의 직경 3.4를 입력한다.

❸ Type 탭에서 표준 구멍 유형으로 Counterbored를 선택한다.

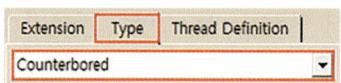

❹ Parameter 아래 Diameter 입력란에 6.5와 Depth 입력란에 3를 기입하여 카운터 보어의 크기를 지정한다.

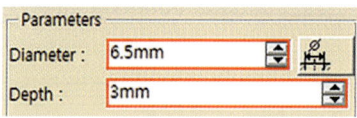

❺ OK 를 클릭하여 Hole 명령어를 종료하여 카운터 보어를 생성한다.

알아두기 9 — Rectangular Pattern 을 사용하여 선형 경로를 기준으로 일정한 간격을 둔 여러 개의 피처를 생성하기

1 여러 개의 피처를 패턴하기 위해 Specification Tree에서 Ctrl을 눌러 패턴하고자 하는 피처를 선택한 후 Transformation Features 도구모음의 Patterns 하위 도구모음에서 Rectangular Pattern 명령어를 클릭하여 실행한다.

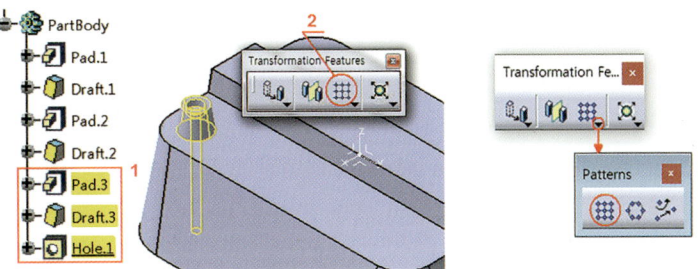

2 Rectangular Pattern Definition 대화상자 설정

❶ First Direction 탭에서 Parameters를 Instance(s) & Length를 선택한다. Instance(s) & Length를 선택하면 전체 길이와 인스턴스 수에 의해 패턴 사이 간격이 같은 간격이 되도록 계산되어 패턴된다.

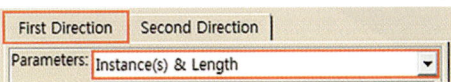

❷ Instance(s) 란에 원본 객체를 포함한 복사할 개수 2와 Length 란에 전체 길이 96을 입력한다.

❸ Reference Direction 아래 Reference element 선택란에 첫 번째 패턴 방향으로 형상의 모서리를 선택하고 Reverse 버튼을 클릭하여 패턴 방향을 반전한다.

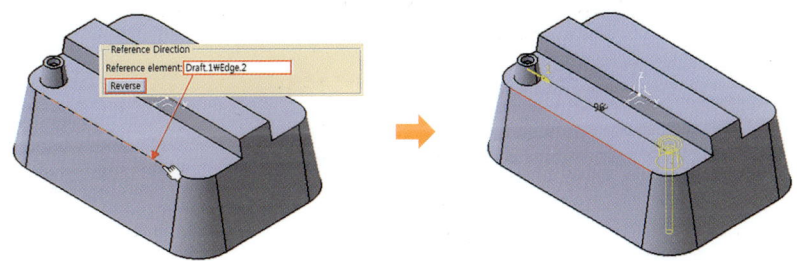

❹ Second Direction 탭을 클릭하고 Parameters를 Instance(s) & Length를 선택한다.

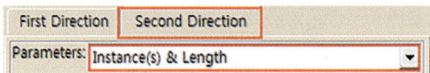

❺ Instance(s) 란에 인스턴스 수 2와 Length 란에 전체 길이 56을 입력한다.

❻ Reference Direction 아래 Reference element 선택란에 두 번째 패턴 방향으로 형상의 모서리를 선택하고 Reverse 버튼을 클릭하여 패턴 방향을 반전한다.

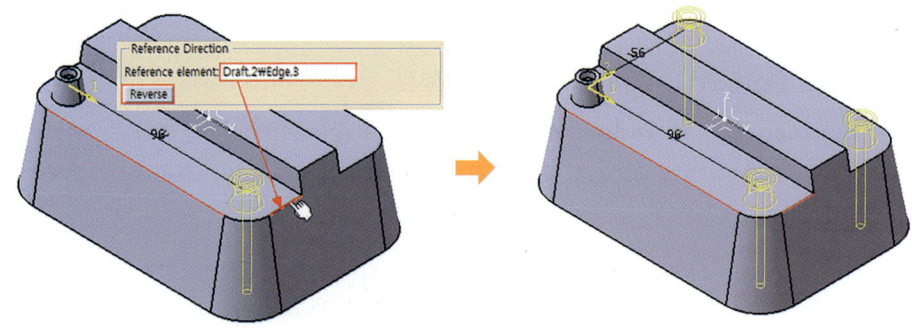

❼ OK 를 클릭하여 직사각형 패턴을 완성한다.

알아두기
Rectangular Pattern

직사각형 패턴을 사용하여 하나 또는 두 개의 선형 경로를 기준으로 일정한 간격을 둔 하나 이상의 피처를 만든다.

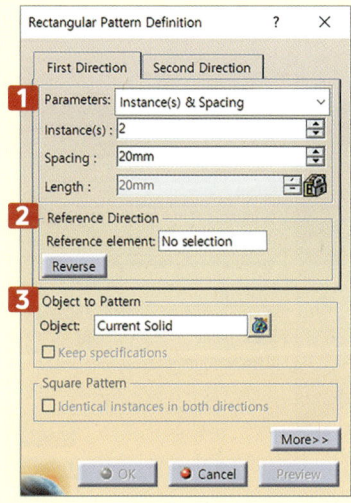
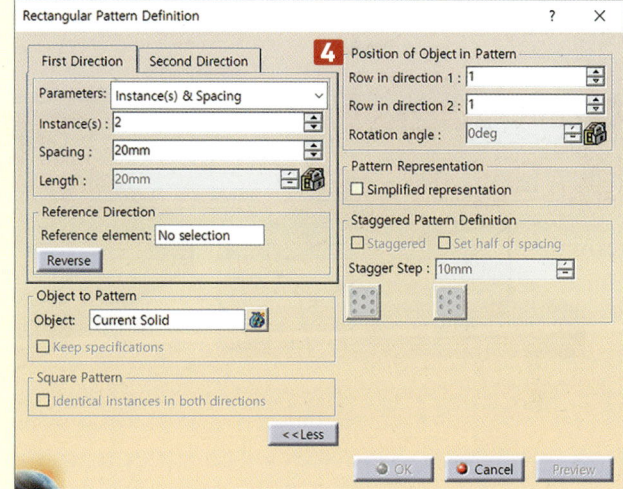

1 Parameters

❶ Parameters `Instance(s) & Length ▼`

전체 길이와 인스턴스 수를 지정하면 패턴 사이 간격이 같은 간격이 되도록 계산되어 패턴 된다. 예를 들어 길이값 80mm, 인스턴스 수 3을 지정하면 80mm 길이 안에 패턴 사이 간격 40mm가 자동 계산되어 같은 간격으로 3개를 패턴한다. 여기서 패턴 사이 간격값은 자동으로 계산되기 때문에 Spacing 기입란은 비활성화된다.

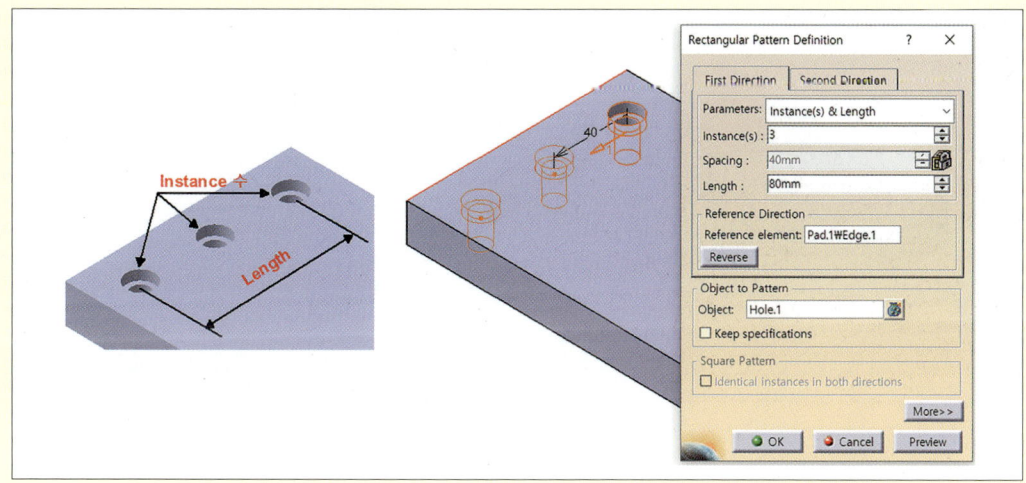

❷ Parameters [Instances & Spacing ▼]

인스턴스 수와 패턴 사이 간격값에 의해 전체 길이가 계산되어 패턴된다. 예를 들어 인스턴스 수 4, 패턴 사이 간격값 25mm를 지정하면 전체 길이 75mm가 자동 계산되어 패턴 사이 25mm 동등 간격으로 4개를 패턴한다. 여기서 길이값은 자동으로 계산되기 때문에 Length 기입란은 비활성화된다.

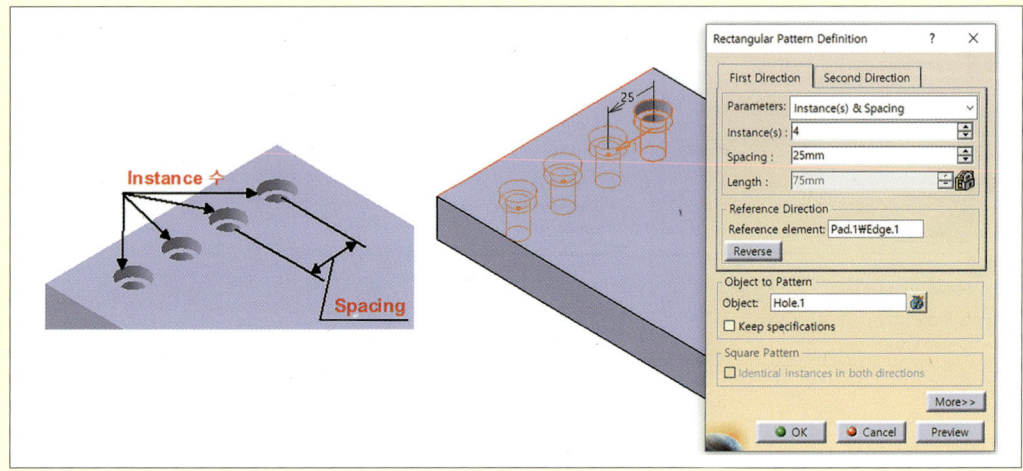

❸ Parameters [Spacing & Length ▼]

패턴 사이 간격과 전체 길이값을 지정하여 패턴한다. 인스턴스 수는 패턴 사이 간격과 길이값에 의해 자동 계산된다. 예를 들어 패턴 사이 간격 20mm과 길이값 80mm를 지정하면 패턴 사이 간격과 길이값이 우선되어 인스턴스 수 5가 자동 계산된다.

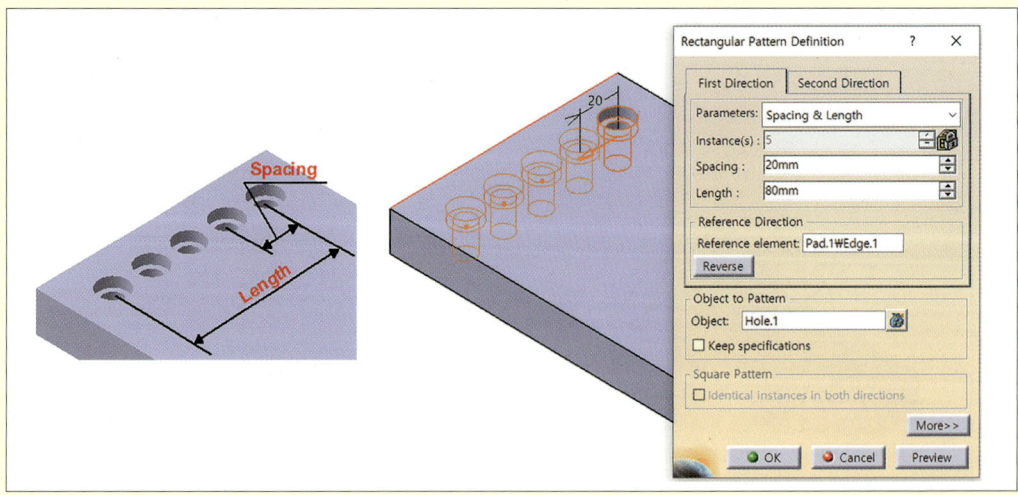

❹ Parameters | Instances & Unequal Spacing ▼ |

인스턴스 수를 지정하고 패턴 사이 간격을 다르게 지정할 수 있다. 예를 들어 인스턴스 수와 패턴 사이 간격을 지정하면 패턴된 객체마다 패턴 사이 간격 치수가 생성되며 이 치수를 더블 클릭하여 패턴 사이 간격을 다르게 부여할 수 있다.

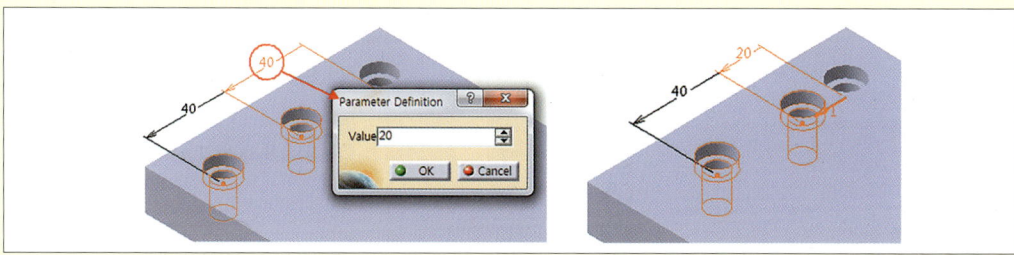

또는 변경하고자 하는 패턴 간격 치수를 선택한 후 Rectangular Pattern Definition 대화상자의 Spacing 기입란에 값을 입력하여 변경할 수 있다.

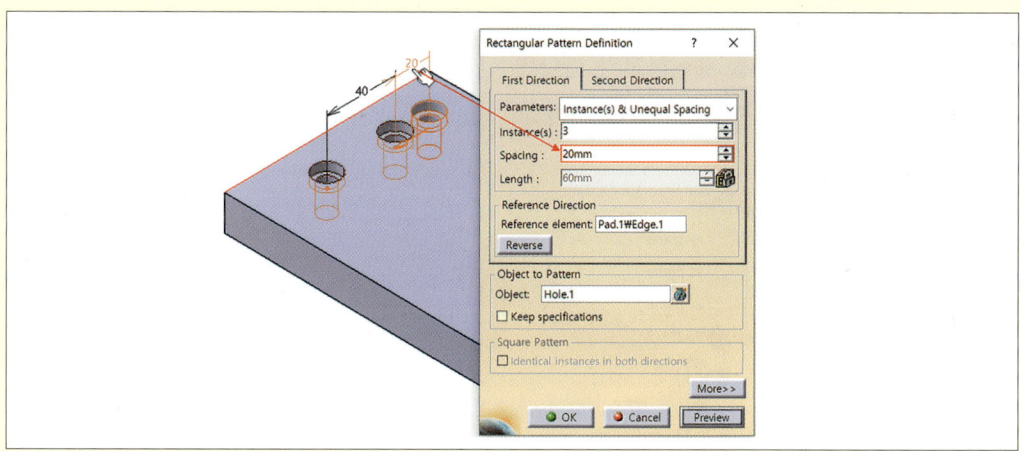

2 Reference Direction

패턴의 방향을 지정하기 위해 Reference element 란에서 모서리, 선, 축 또는 평면이나 면을 선택할 수 있다. 필요한 경우 Reverse 버튼을 클릭하여 패턴방향을 반대방향으로 반전할 수 있다.

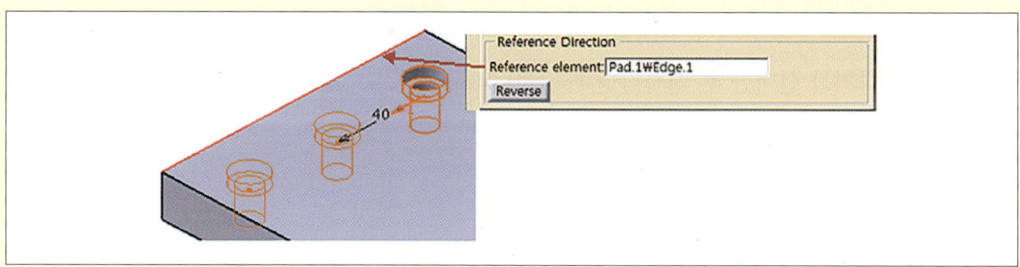

필요한 참조 요소를 만들고자 한다면 Reference element 선택창에서 마우스 오른쪽버튼을 누른 후 콘텍스트 메뉴에서 선택한다.

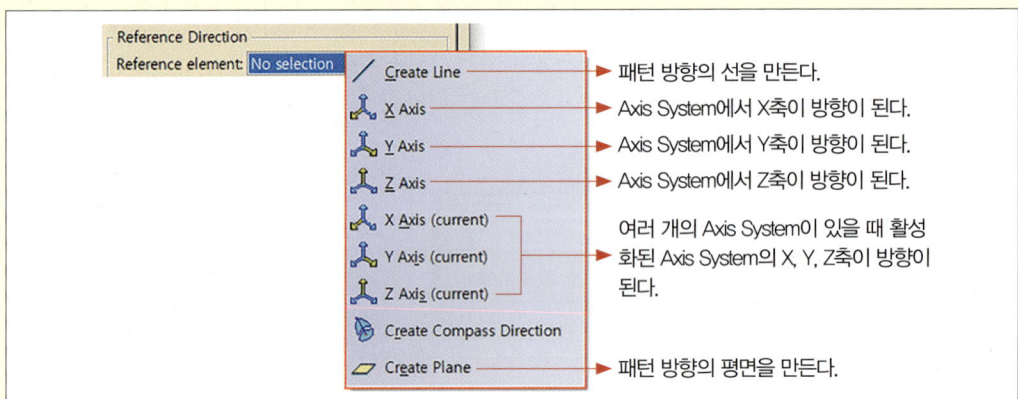

3 Object to pattern

❶ 기본적으로 패턴할 개체가 현재 솔리드 Current Solid 로 되어 있으며 현재 솔리드가 아닌 피처를 패턴하고자 한다면 선택란을 클릭하여 Specification Tree 또는 그래픽 영역에서 해당 피처를 선택한다.

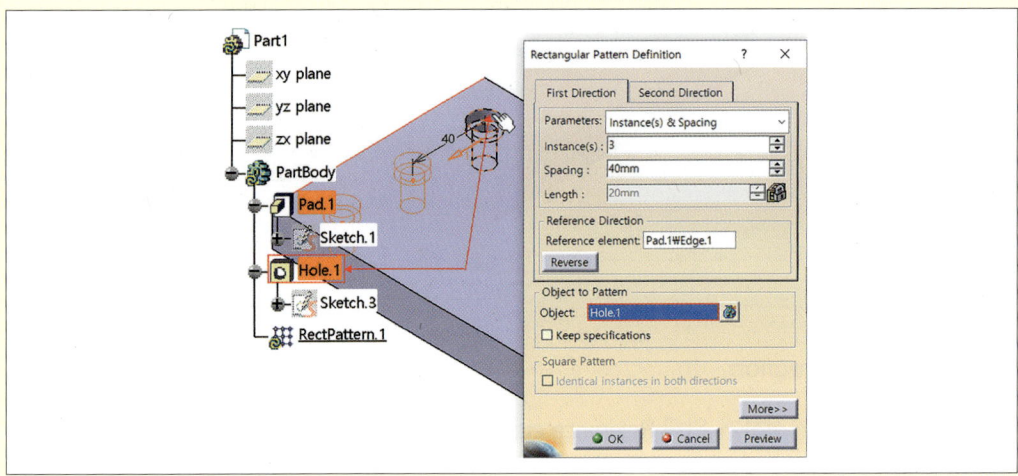

❷ 다중 피처 선택 : 여러 피처를 선택하여 패턴하고자 할 때는 Specification Tree에서 Ctrl 을 눌러 피처를 선택한 후 직사각형 패턴 명령어를 실행한다.

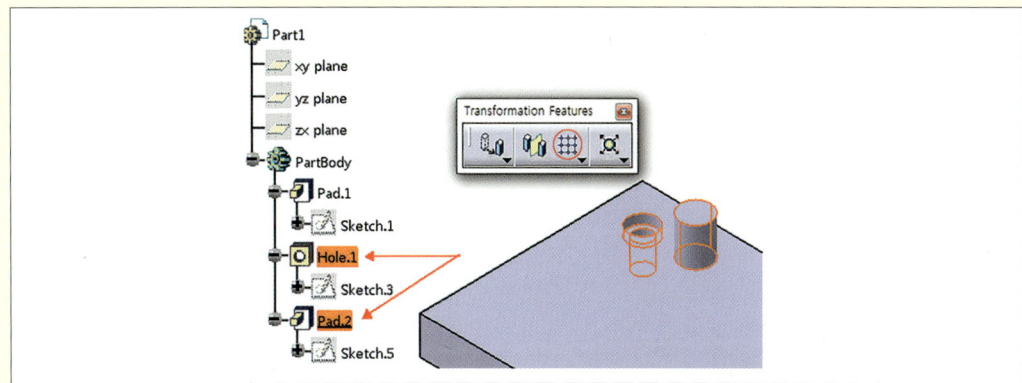

다중 선택된 피처는 Object 선택란에 표시되며 Group 버튼을 클릭하여 여러 피처를 선택하여 추가하거나 Remove 또는 Replace 할 수 있다.

❸ Keep specifications

Keep specifications에 체크하면 패턴하고자 하는 피처의 제한 조건을 유지하며 인스턴스가 만들어 진다.

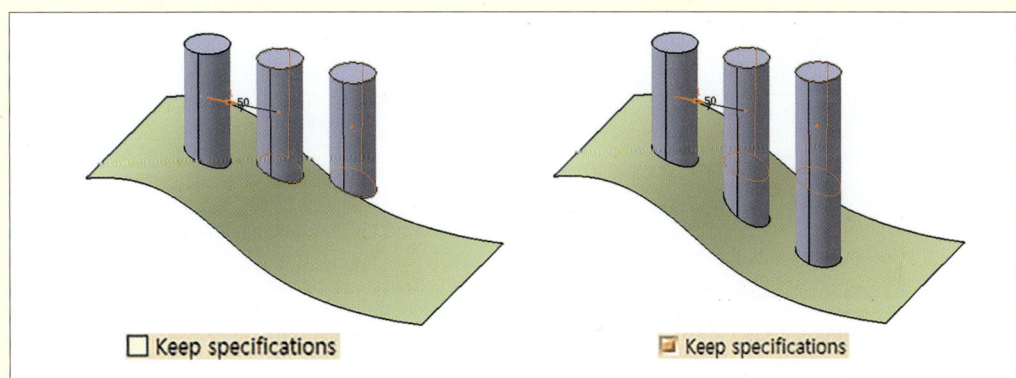

> 참고 Second Direction

First Direction과 마찬가지로 Second Direction으로 패턴할 인스턴스의 간격, 전체길이, 인스턴스 수, 패턴방향 등을 지정한다. First Direction 정의만으로도 직사각형 패턴을 할 수 있으며 Second Direction 정의는 필수가 아니다.

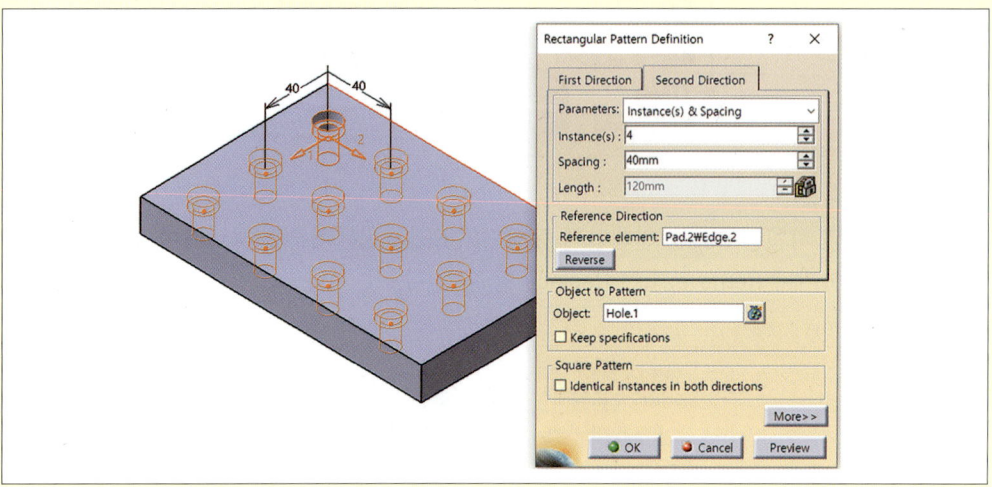

4 Position of Object in Pattern

패턴 방향으로 패턴의 위치나 패턴 방향을 회전시킬 수 있다.

❶ Row in direction 1 : First Direction 방향으로 패턴되는 인스턴스의 위치를 변경한다.

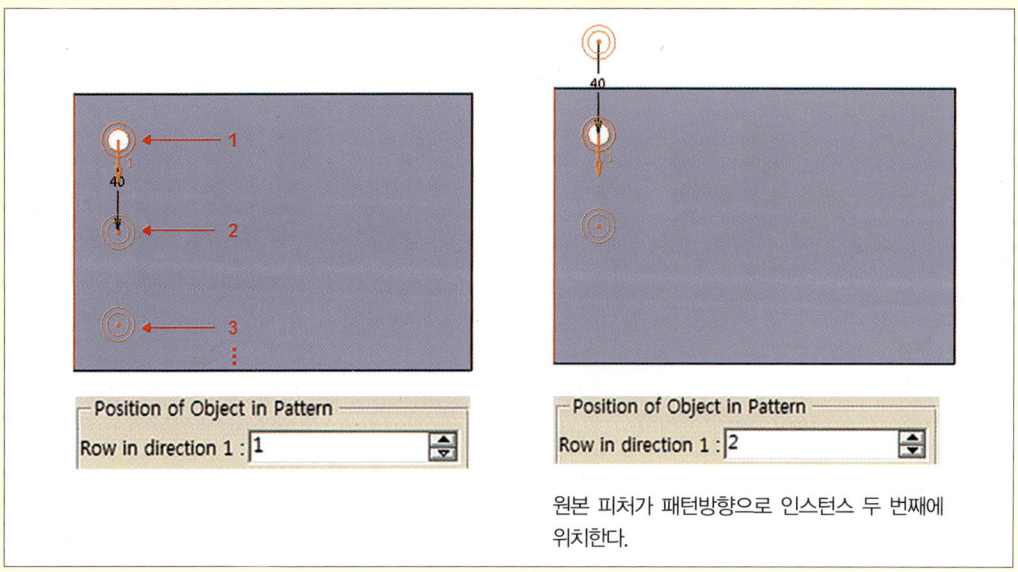

원본 피처가 패턴방향으로 인스턴스 두 번째에 위치한다.

❷ Row in direction 2 : Second Direction 방향으로 패턴 되는 인스턴스의 위치를 변경한다.

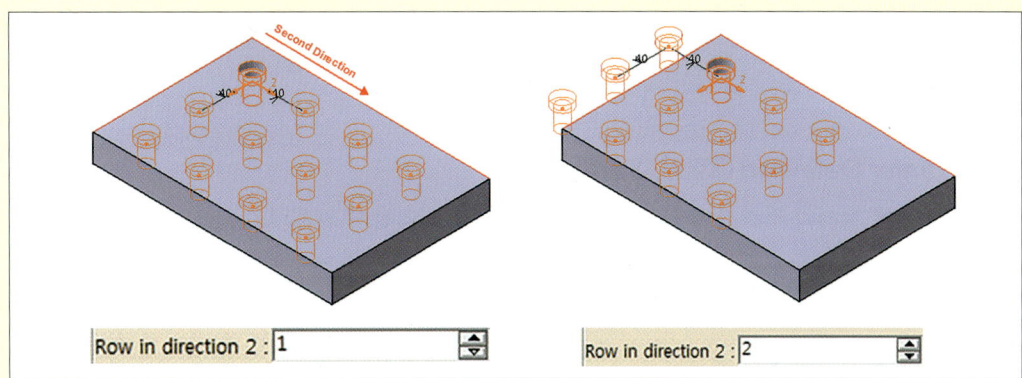

❸ Rotation angle : 회전 각도를 입력하여 패턴의 방향을 변경한다.

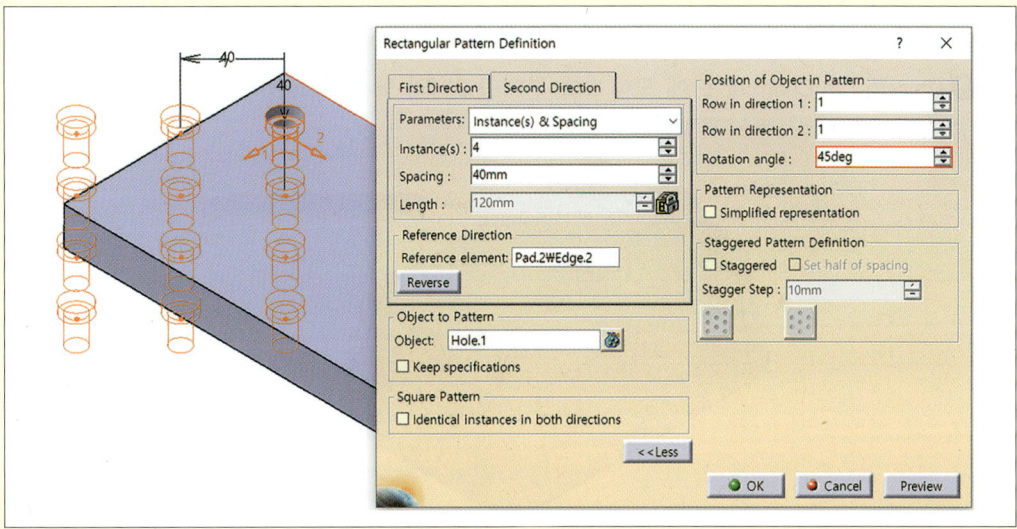

10 Chamfer를 사용하여 모서리 다듬기

1 Chamfer 명령어를 클릭하여 실행한다.

2 Chamfer Definition 대화상자 설정

❶ Mode에 거리와 각도값에 의한 모따기의 크기를 정의하기 위해서 Length1/Angle을 선택한다.

❷ Length1의 입력란에 거리값은 2, Angle 입력란에 각도값은 45를 기입한다.

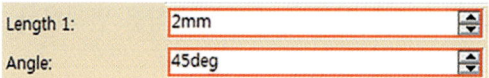

❸ Object(s) to Chamfer 란에 모따기를 부여할 2개의 모서리를 선택한다.

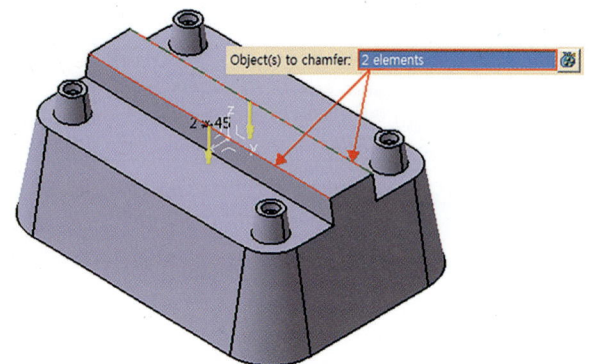

❹ OK 를 클릭하여 명령어를 종료한다.

11 Edge Fillet 를 사용하여 모서리 다듬기

1 Edge Fillet 명령어를 클릭하여 실행한다.

2 Edge Fillet Definition 대화상자에서 Radius 입력란에 2를 입력하고 Propagation은 Minimal을 선택한다.

3 Object(s) to fillet 란에 필렛을 부여할 모서리를 선택한다.

4 OK 를 눌러 명령어를 종료하여 Part 모델링을 완성한다.

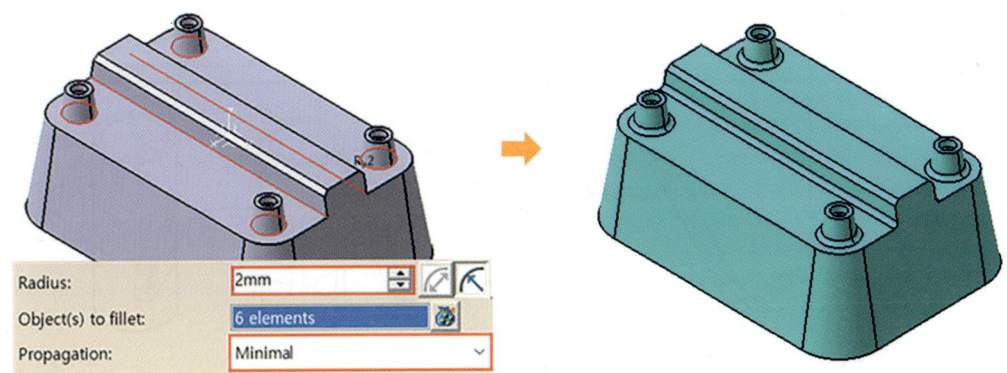

CHAPTER 06

활용 예제 5
Plane, Mirror

예제 도면 3D형상 모델링 작업하기

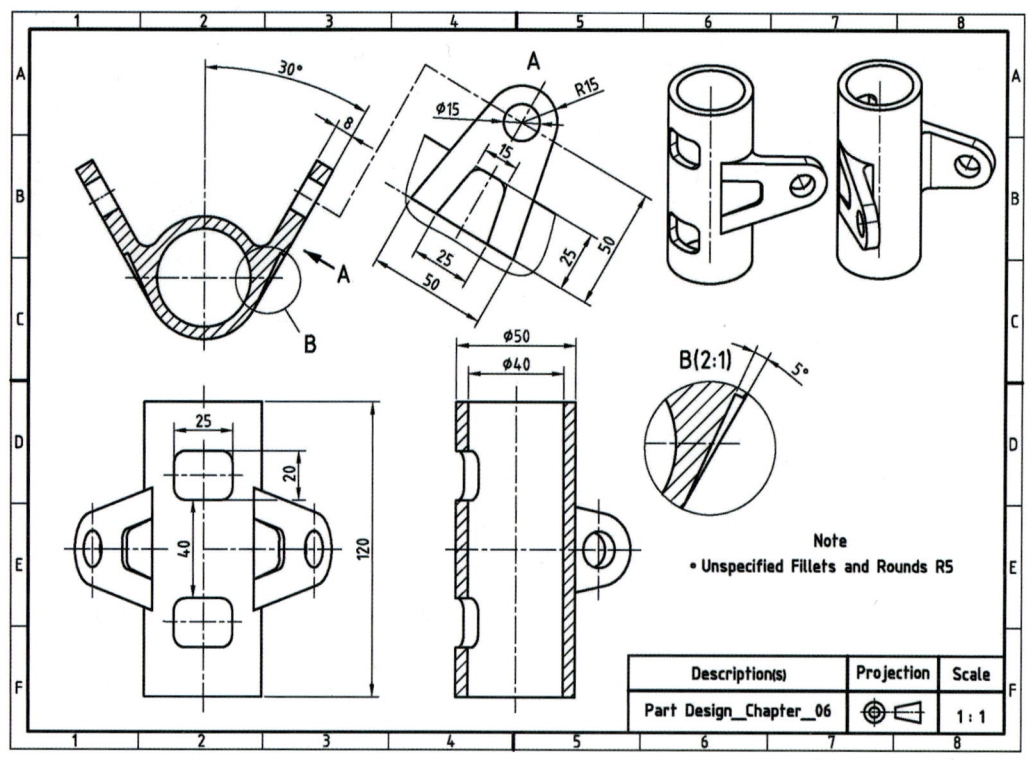

1 Pad에 사용될 스케치 프로파일 만들기

1 Sketch 명령어를 클릭하고 Specification Tree에서 xy평면을 선택하여 Sketcher Workbench로 들어간다.

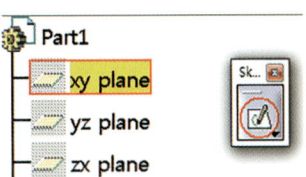

2 Circle

❶ Circle 명령어를 클릭하여 실행한다.
❷ 스케치 원점에 일치하도록 원의 중심점을 지정하고 반지름에 해당되는 점을 지정하여 원을 생성한다.

3 Constraint

Constraint 명령어를 클릭하여 실행하고 지름 치수 50을 부여한다.

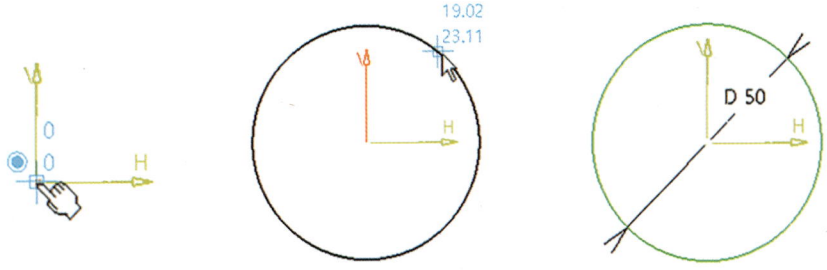

4 Exit Workbench 를 클릭하여 Sketcher Workbench를 종료하고 Part Design Workbench로 돌아간다.

2 Pad 만들기

1 Pad 명령어를 클릭하여 실행한다.

2 Pad Definition 대화상자 설정

❶ First Limits 아래 Type으로 Dimension을 선택하고 Length 란에 60을 기입한다.

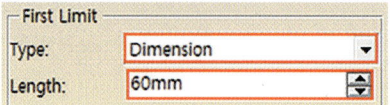

❷ Mirrored extent에 체크하여 양쪽 방향으로 동일한 길이로 프로파일을 돌출시킨 후 OK 를 클릭하여 명령을 종료한다.

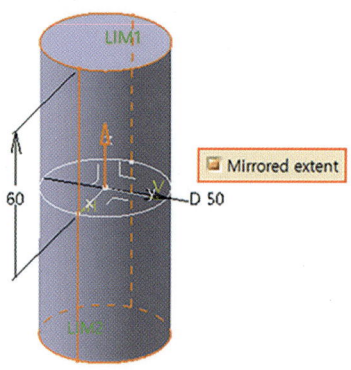

3 곡면에 접하는 Plane을 만들기 위한 선 작성하기

1 Reference Elements 도구모음의 Line 명령어를 클릭하여 실행한다.

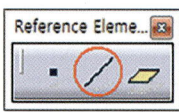

2 Line Definition 대화상자 설정

❶ Line Type으로 드롭다운 메뉴에서 Angle/Normal to curve를 선택한다.

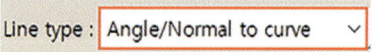

❷ Curve 선택란을 선택하고 마우스 오른쪽버튼을 클릭한 후 콘텍스트 메뉴에서 Y Axis 를 선택하거나 Axis System에서 Y축을 선택한다.

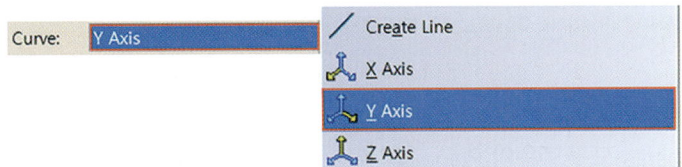

❸ Support 선택란을 선택하고 마우스 오른쪽버튼을 클릭한 후 콘텍스트 메뉴에서 XY Plane 을 선택하거나 Axis System에서 xy평면을 선택한다.

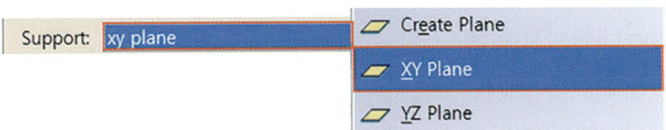

❹ Point 선택란에 Axis System의 절대원점을 선택한다.

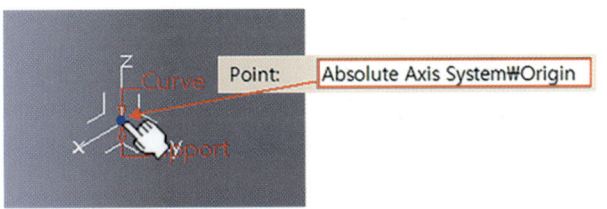

❺ Angle 입력란에 각도값 −30을 기입한다.

❻ Start 값은 0, End 값은 25를 입력하여 선을 작성한다.

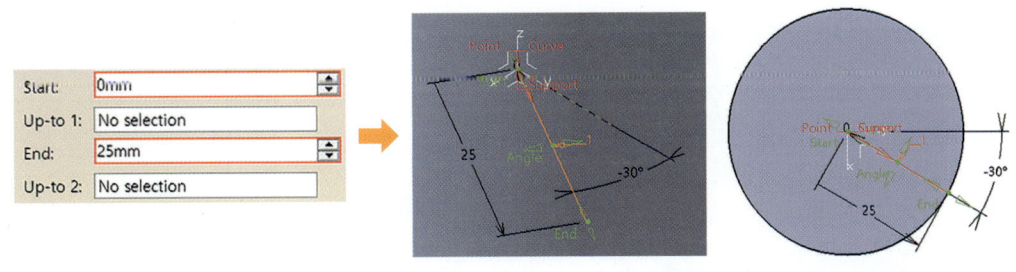

▲ Top view에서 봤을 때 선의 방향

❼ OK 를 클릭하여 명령어를 종료한다.

4 곡면에 접하는 Plane 만들기

1 Reference Elements 도구모음의 Plane 명령어를 클릭하여 실행한다.

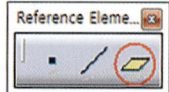

2 Plane Definition 대화상자 설정

❶ Plane type 드롭다운 목록에서 Tangent to surface를 선택한다.

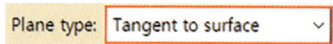

❷ Surface 선택란에서 원통 면을 선택한다.

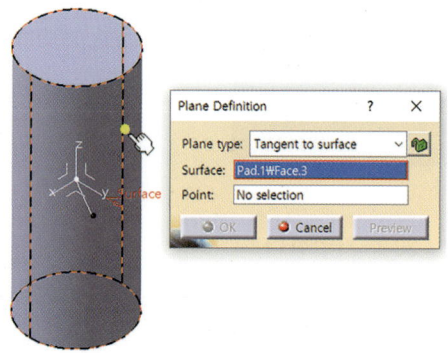

❸ Point 선택란에서 선의 끝점을 선택한다.

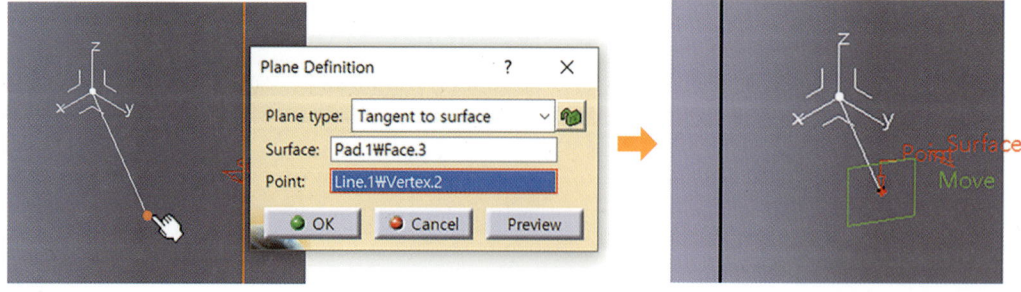

❹ OK 를 클릭하여 선분의 끝점 위치에서 원통 면에 접하는 평면을 작성한다.

알아두기

Plane

Specification Tree에서 제공된 디폴트 평면이나 형상의 평면 이외의 2D평면에 스케치를 하거나 피처 명령어에 활용하기 위해 평면을 만든다.

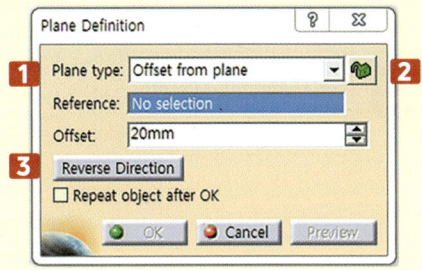

1 Plane type

❶ Plane type `Offset from plane ▼`

참조 평면을 선택하고 오프셋 거리를 입력하여 참조 평면으로부터 오프셋된 평면을 만든다.

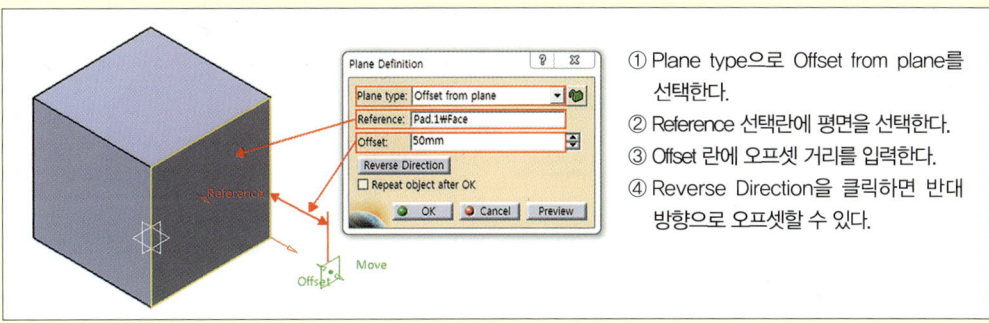

① Plane type으로 Offset from plane를 선택한다.
② Reference 선택란에 평면을 선택한다.
③ Offset 란에 오프셋 거리를 입력한다.
④ Reverse Direction을 클릭하면 반대 방향으로 오프셋할 수 있다.

❷ Plane type `Parallel though point ▼`

참조 평면에 평행하고 선택한 점을 통과하는 평면을 만든다.

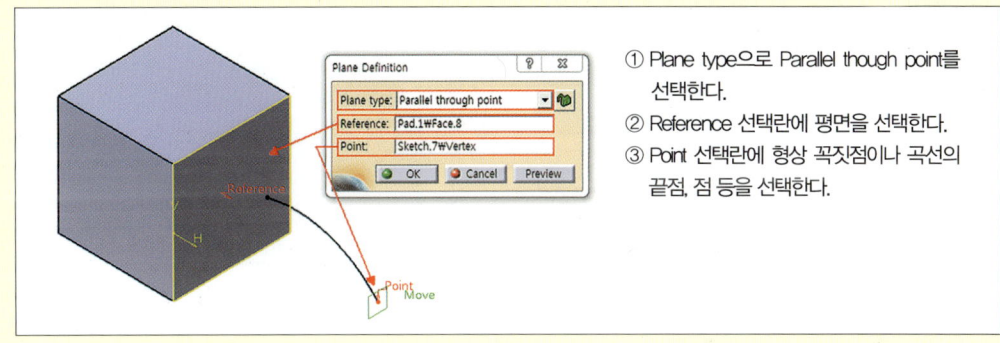

① Plane type으로 Parallel though point를 선택한다.
② Reference 선택란에 평면을 선택한다.
③ Point 선택란에 형상 꼭짓점이나 곡선의 끝점, 점 등을 선택한다.

❸ Plane type [Angle/Normal to plane ▼]

참조 평면이 선택한 회전축에 일치하면서 이를 기준으로 회전하여 각을 갖는 평면을 만든다.

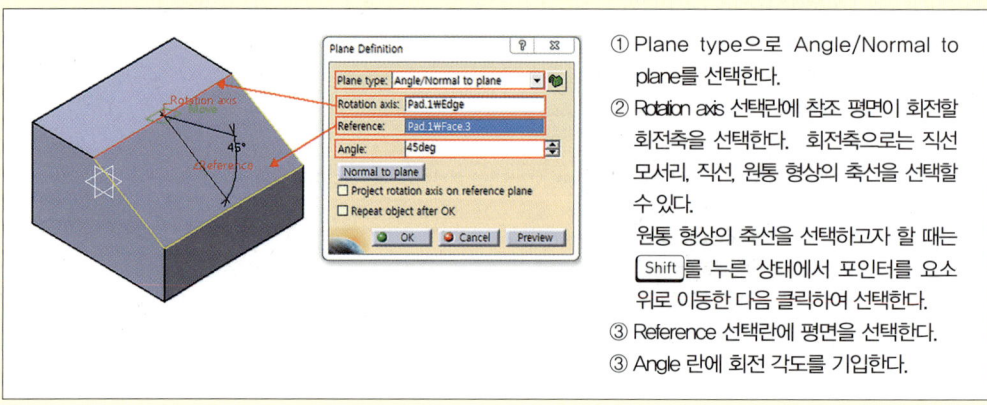

① Plane type으로 Angle/Normal to plane를 선택한다.
② Rotation axis 선택란에 참조 평면이 회전할 회전축을 선택한다. 회전축으로는 직선 모서리, 직선, 원통 형상의 축선을 선택할 수 있다.
  원통 형상의 축선을 선택하고자 할 때는 [Shift]를 누른 상태에서 포인터를 요소 위로 이동한 다음 클릭하여 선택한다.
③ Reference 선택란에 평면을 선택한다.
③ Angle 란에 회전 각도를 기입한다.

- Normal to plane : 참조 평면이 회전축을 기준으로 회전하여 직각한 위치에서 새로운 평면이 작성된다.

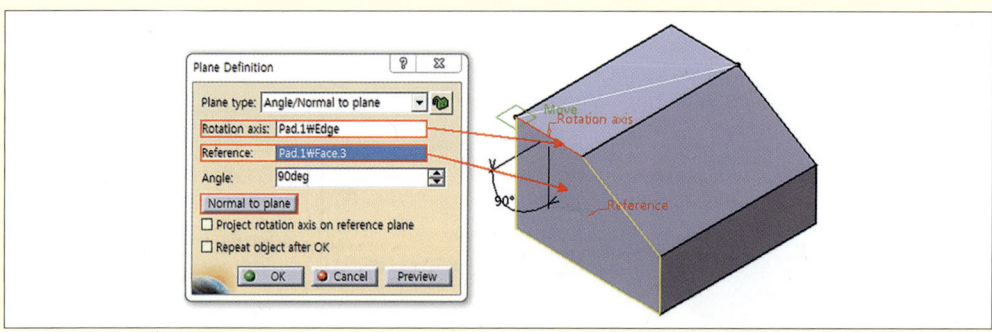

- Project rotation axis on reference plane : 체크 시 참조 평면에 회전축을 투영되어 회전한다. 참조 평면이 회전축과 평행하지 않을 때 참조 평면에 회전축을 투영하여 투영된 회전축을 중심으로 회전하면서 평면을 생성할 수 있다.

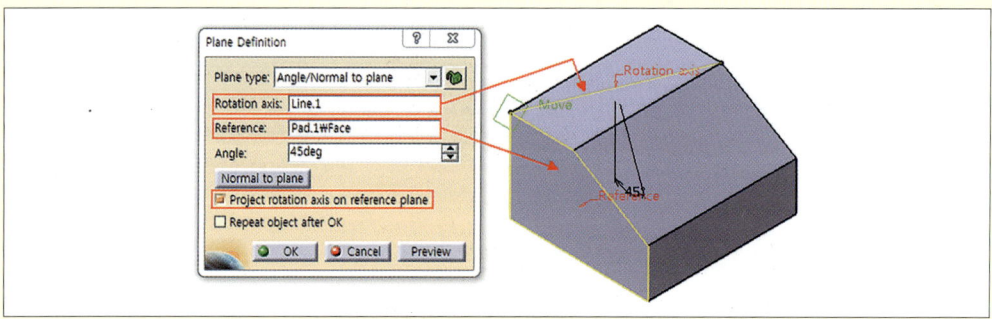

❹ Plane type [Through three points ▼]

세 점을 통과하는 평면을 작성한다.

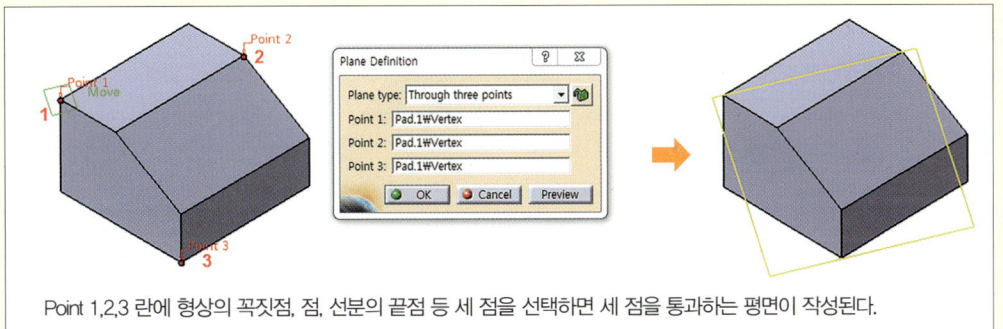

Point 1,2,3 란에 형상의 꼭짓점, 점, 선분의 끝점 등 세 점을 선택하면 세 점을 통과하는 평면이 작성된다.

❺ Plane type [Through two lines ▼]

두 선 방향을 통과하는 평면을 작성한다.

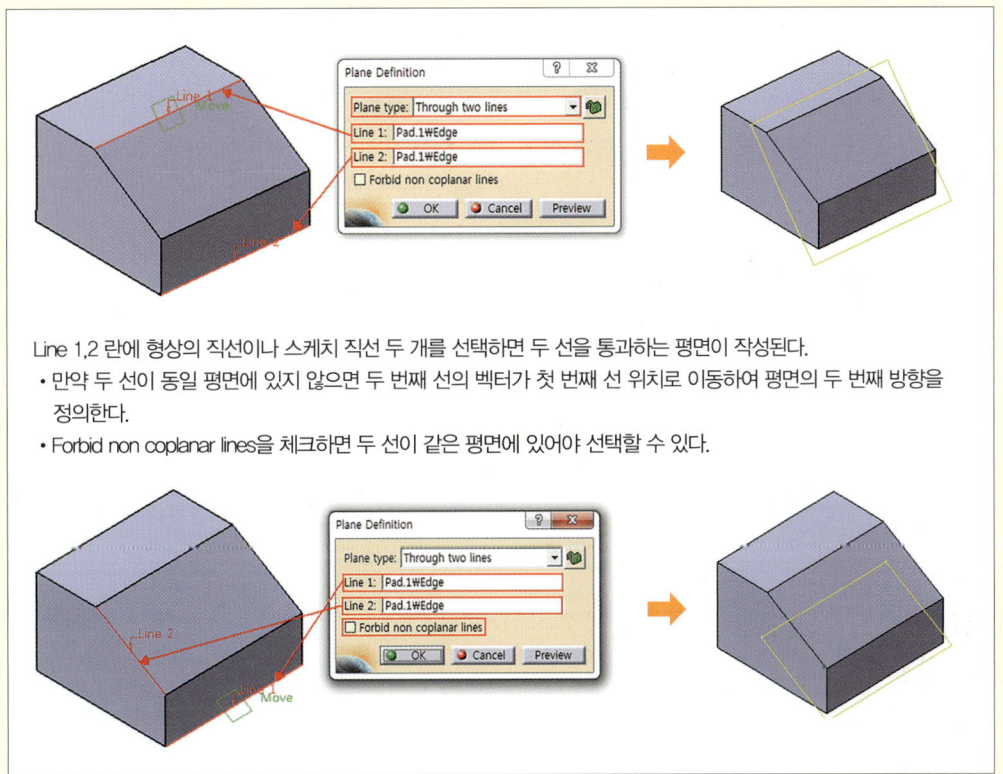

Line 1,2 란에 형상의 직선이나 스케치 직선 두 개를 선택하면 두 선을 통과하는 평면이 작성된다.
- 만약 두 선이 동일 평면에 있지 않으면 두 번째 선의 벡터가 첫 번째 선 위치로 이동하여 평면의 두 번째 방향을 정의한다.
- Forbid non coplanar lines을 체크하면 두 선이 같은 평면에 있어야 선택할 수 있다.

❻ **Plane type** `Through point and line ▼`

점과 선을 통과하는 평면을 작성한다.

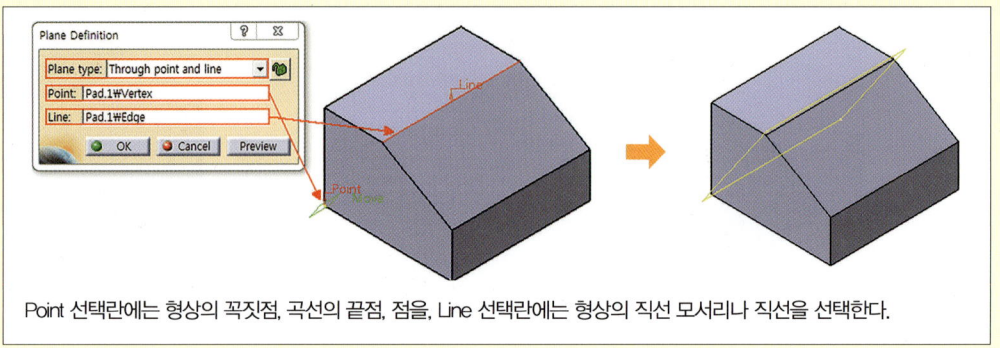

❼ **Plane type** `Through planar curve ▼`

곡선상에 평면을 작성한다.

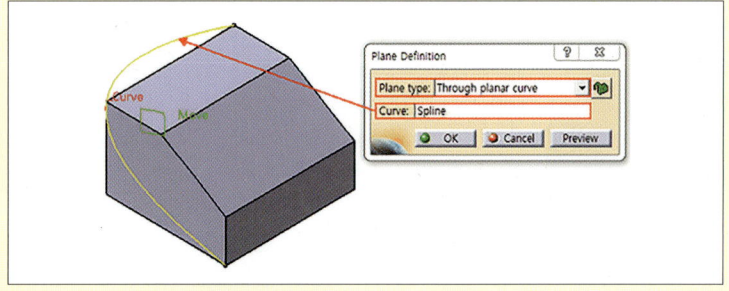

❽ **Plane type** `Normal to curve ▼`

곡선에 수직한 평면을 작성한다.

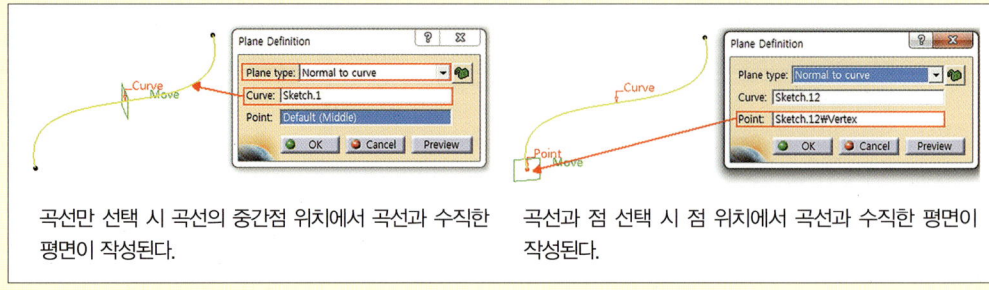

❾ Plane type `Tangent to surface ▼`

지정한 점에서 곡면에 접하는 평면을 만든다.

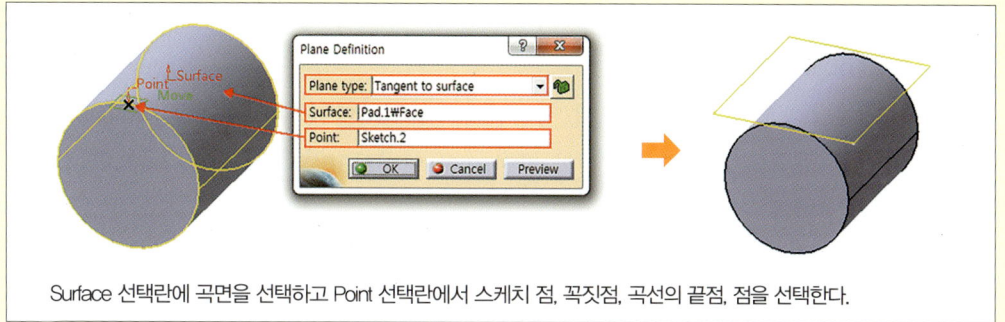

Surface 선택란에 곡면을 선택하고 Point 선택란에서 스케치 점, 꼭짓점, 곡선의 끝점, 점을 선택한다.

❿ Plane type `Equation ▼`

평면 방정식(Ax + By + Cz = D)을 사용하여 점을 지정하고 이 지점에 위치하는 평면을 작성한다.

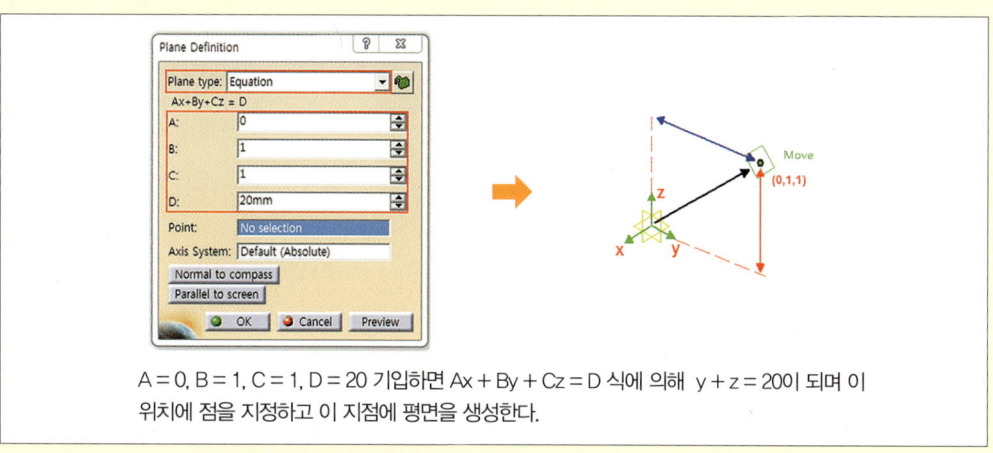

A = 0, B = 1, C = 1, D = 20 기입하면 Ax + By + Cz = D 식에 의해 y + z = 20이 되며 이 위치에 점을 지정하고 이 지점에 평면을 생성한다.

⓫ Plane type `Mean through points ▼`

세 개 이상의 점을 선택하여 이 점을 통과하는 평균 평면을 작성한다.

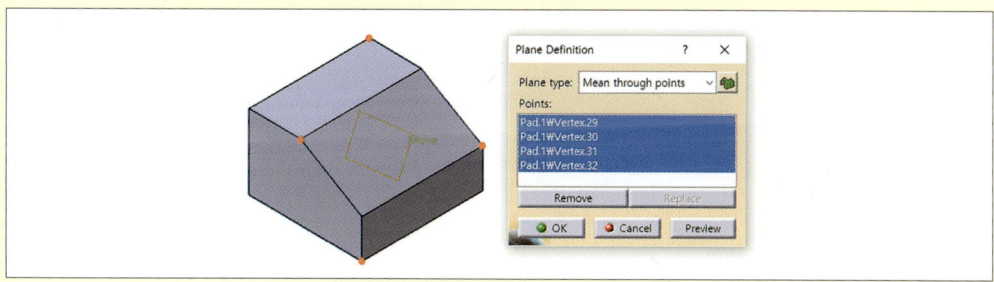

2 초록색 잠금버튼

초록색 잠금버튼 상태일 때는 선택하는 객체에 따라 Plane type이 자동으로 변경되나 빨간색 잠금버튼 상태일 때는 Plane type이 변경되지 않으며 Plane type에 따라 선택 객체가 제한된다.

3 Repeat object after OK

체크 시 여러 개의 오프셋된 평면을 생성한다. OK 를 누르면 Object Repetition 대화상자가 표시되고 Instance(s) 란에 생성할 평면 수를 입력하고 OK 를 누르면 입력한 수만큼 평면이 생성된다.

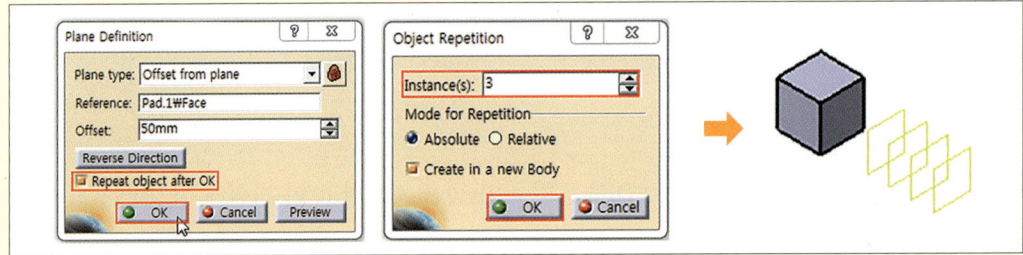

5 Pad에 사용될 스케치 프로파일 만들기

1 Sketcher 도구모음의 Positioned Sketch를 클릭한다.

❶ Sketch Positioning 대화상자 아래 Sketch Positioning의 Type으로 Positioned를 선택하고 Reference 란에 Specification Tree에서 Plane1을 선택한다.

❷ Reverse H를 체크하여 H축 방향을 반전한다.

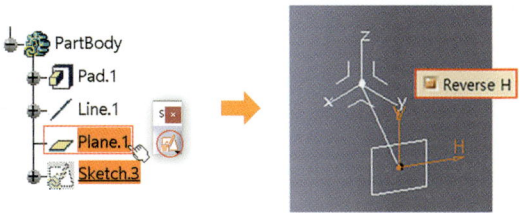

❸ OK를 클릭하여 Sketcher Workbench로 들어간다.

2 Profile 도구모음의 Line 하위 도구모음에서 Line을 클릭하여 실행한다.

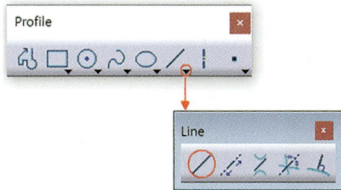

❶ 선분의 중간점을 첫 번째 점으로 지정하여 대칭선을 만들기 위해 Sketch tools 도구모음에서 Symmetrical Extension을 클릭하여 활성화한다.

❷ 선분의 첫 번째 점은 스케치 원점에 일치하도록 지정하고 V축 선상으로 다음 점을 지정하여 수직한 선분을 작성한다.

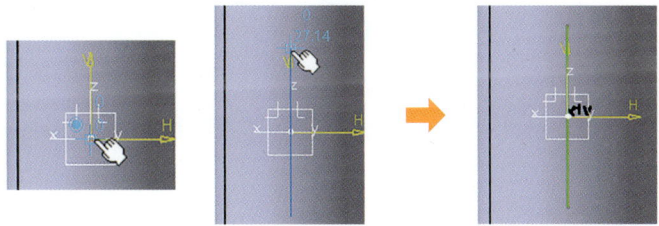

3 Profile ![icon] 명령어를 클릭하여 실행한다.

　❶ 선분의 끝점에 일치하도록 프로파일의 첫 번째 점을 지정한다.

　❷ 사선 방향으로 다음 점을 지정한다.

　❸ 마지막 점으로 커서를 이동시킨 후 ![icon] 표시상태에서 그리고자 하는 호 방향으로 클릭 드래그 하여 호를 작성하고 호의 끝점을 지정한다.

　❹ 선분의 끝점에 일치하도록 마지막 점을 지정한다.

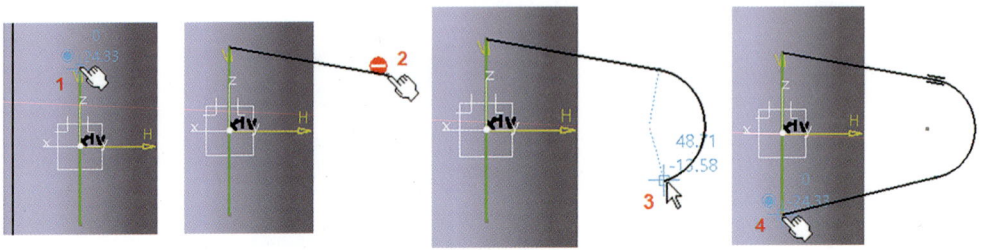

4 Constraint ![icon] 를 더블 클릭하여 실행한다.

　❶ 선분의 두 끝점을 클릭하고 치수가 생성되면 마우스 오른쪽버튼을 누른다. 콘텍스트 메뉴에서 Allow symmetry line을 선택한 후 대칭선으로 H축을 선택하여 두 끝점이 H축을 기준으로 대칭되도록 만든다.

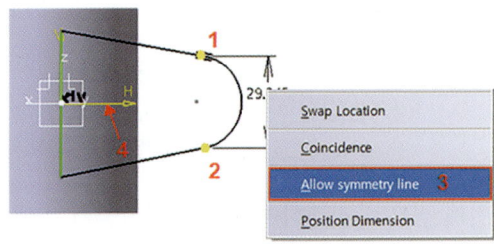

　❷ 선분의 길이 50, 호의 중심점의 위치 치수 50과 호의 반지름 치수 15를 기입한다.

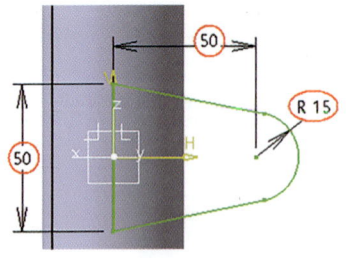

5 Exit Workbench ![icon] 를 클릭하여 Sketcher Workbench를 종료하고 Part Design Workbench로 돌아간다.

6 Pad 🗐 를 사용하여 베이스 피처 만들기

1 Pad 🗐 를 클릭하여 실행한다.

2 Pad Definition 대화상자 설정

❶ First Limits 아래의 Type으로 Dimension을 선택하고 Length 란에 8을 기입한다.

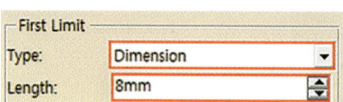

❷ **Reverse Direction** 버튼을 클릭하여 Pad의 돌출방향을 반전시킨 후 **OK** 를 클릭하여 명령어를 종료한다.

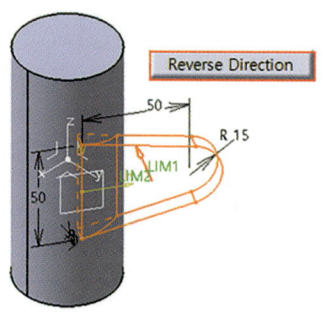

7 회전축을 기준으로 회전하여 각을 갖는 Plane 🗗 만들기

1 Plane 🗗 명령어를 클릭하여 실행한다.

2 Plane Definition 대화상자 설정

❶ Plane type 드롭다운 목록에서 Angle/Normal to plane를 선택한다.

❷ Rotation axis 선택란에 참조 평면이 회전할 회전축으로 모서리를 선택한다.

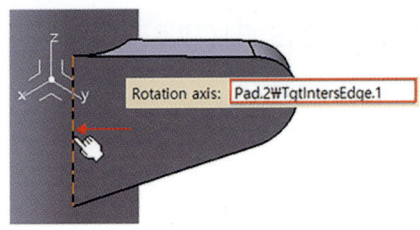

❸ Reference 선택란에 형상의 평면을 선택한다.

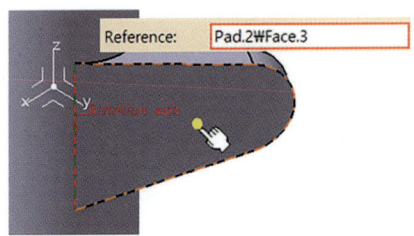

❹ Angle 란에 회전각도로 -5를 기입하고 OK 를 클릭하여 참조 평면이 회전축에 일치하면서 이를 기준으로 회전하여 각을 갖는 평면을 작성한다.

8 Pocket에 사용될 스케치 프로파일 만들기

1 Sketcher 도구모음의 Positioned Sketch 를 클릭한다.

❶ Sketch Positioning 대화상자 아래 Sketch Positioning의 Type으로 Positioned를 선택하고 Reference 란에서 Plane2을 선택한다.

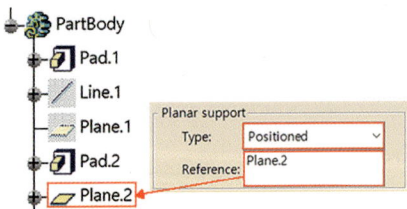

❷ Origin의 Type으로 Middle point를 선택하고 Reference 란에 모서리를 선택한다.

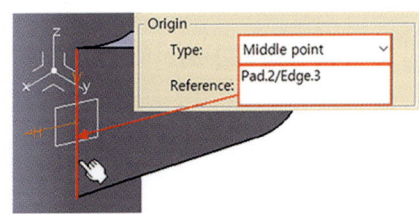

❸ Orientation의 Type으로 Implicit를 선택하고, Reverse H를 체크하여 H축 방향을 반전한다.

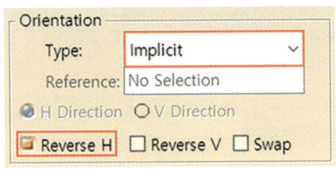

❹ OK 를 클릭하여 Sketcher Workbench로 들어간다.

2 Line ✎ 을 클릭하여 실행한다.

❶ 선분의 중간점을 첫 번째 점으로 지정하여 대칭선을 만들기 위해 Sketch tools 도구모음에서 Symmetrical Extension ✎ 을 클릭하여 활성화한다.

❷ 선분의 첫 번째 점은 스케치 원점에 일치하도록 지정하고 V축 선상으로 다음 점을 지정하여 수직한 선분을 작성한다.

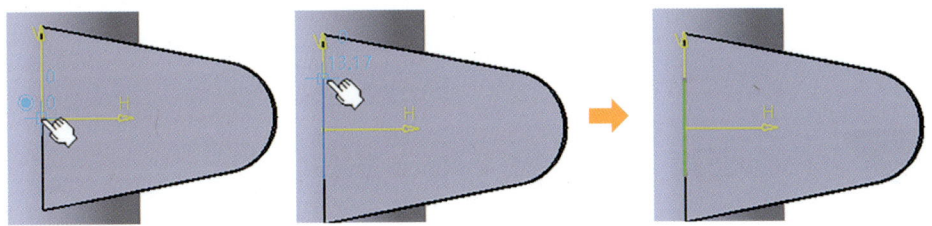

3 Profile ⌐⌂ 명령어를 클릭하여 실행하여 사선과 수직한 선을 그린다.

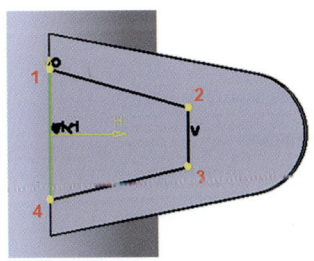

4 Constraint ⬚ 를 더블 클릭하여 실행한다.

❶ 선분의 두 끝점을 클릭하고 치수가 생성되면 마우스 오른쪽버튼을 누른다. 콘텍스트 메뉴에서 Allow symmetry line을 선택한 후 대칭선으로 H축을 선택하여 두 끝점이 H축을 기준으로 대칭되도록 만든다.

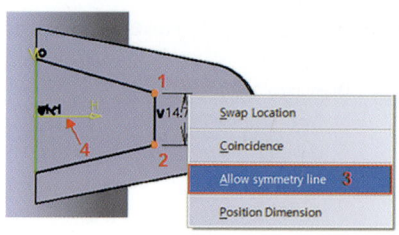

❷ 치수를 기입한다.

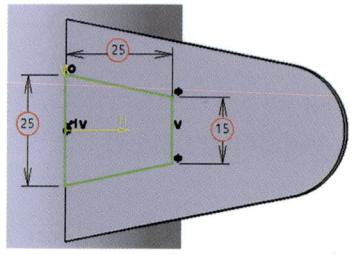

5 Exit Workbench를 클릭하여 Sketcher Workbench를 종료하고 Part Design Workbench로 돌아간다.

9 Pocket을 사용하여 기존 피처에서 형상 제거하기

1 Pocket을 클릭하여 실행한다.

2 Pocket Definition 대화상자 설정
   ❶ First Limits 아래 Type으로 Up to last을 선택하여 형상을 관통하는 포켓을 생성한다.

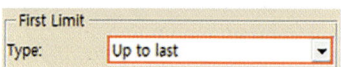

❷ Reverse Direction 버튼을 클릭하여 Pocket의 돌출방향을 반전시킨 후 OK 를 클릭하여 명령어를 종료한다.

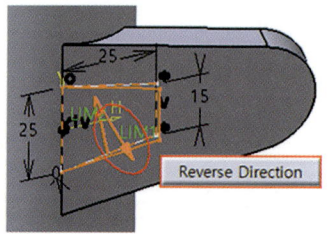

10 Hole 을 사용하여 구멍 만들기

1 원통 형상의 모서리와 동심 위치에 Hole을 생성하기 위해 형상의 호 모서리와 구멍을 배치할 면을 Ctrl을 누른 상태에서 선택한 후 Hole 명령어를 클릭하여 실행한다.

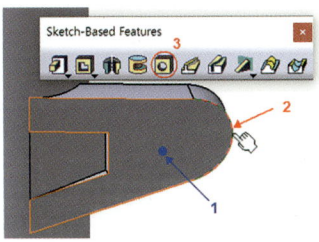

2 Hole Definition 대화상자 설정

❶ Extension 탭 아래 Hole 깊이를 지정할 방법으로 Hole의 깊이가 형상을 관통하기 위해 Up To Last를 선택한다.

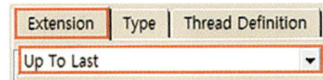

❷ Diameter 란에 Hole의 직경 15를 입력한다.

❸ Type 탭에서 표준 구멍 유형으로 Simple을 선택한다.

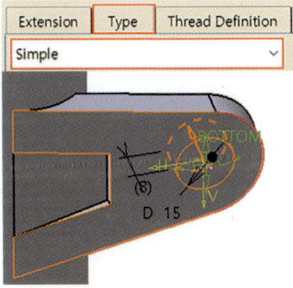

❹ OK 를 클릭하여 명령어를 종료한다.

알아두기 11 Mirror 를 사용하여 솔리드 바디 대칭 복사하기

1 Transformation Features 도구모음 Mirror  명령어를 클릭하여 실행한다.

2 Specification Tree에서 zx평면을 선택한다. 해당 평면이 Mirror Definition 대화상자의 Mirroring element 란에 선택되며 대칭 기준면이 된다.

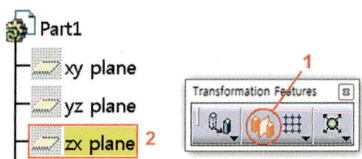

3 Object to mirror에서 Group 을 클릭하고 대칭 복사할 피처로 Specification Tree에서 Pad.2, Pocket.1, Hole.1을 선택한다.

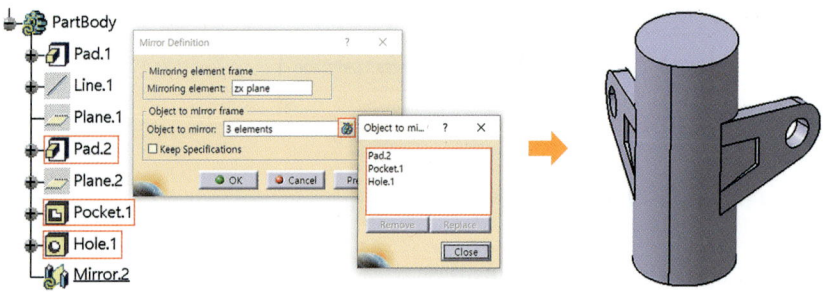

4 OK 를 클릭하여 대칭 복사한다.

알|아|두|기
Mirror

선택한 피처나 솔리드 바디를 평면을 기준으로 대칭 복사한다.

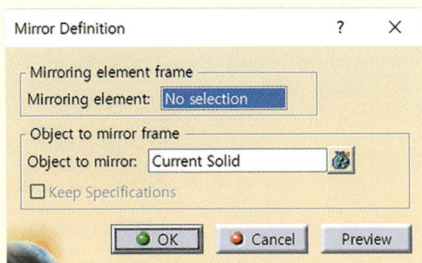

❶ 대칭 복사하고자 하는 피처를 하나 또는 Ctrl을 눌러 다중 선택한다.

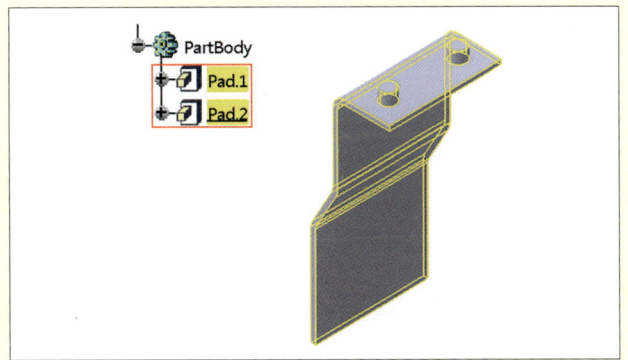

❷ Mirror 명령어를 실행하면 Mirror Definition 대화상자가 나타나며 Mirroring element 란에서 대칭 기준면을 선택한다. 이때 대칭 기준면으로 곡면을 선택할 수 없다.

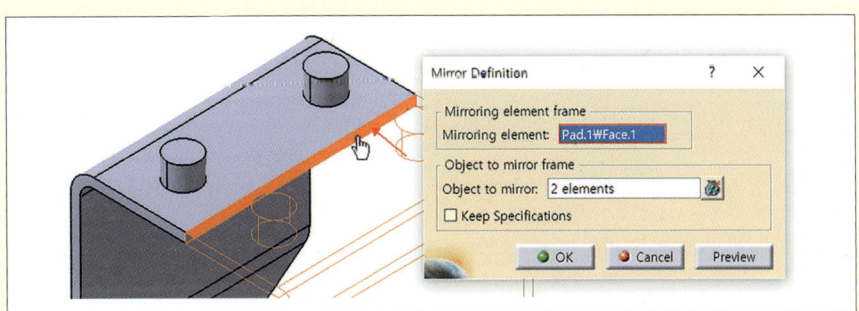

Mirroring element 란에 마우스 오른쪽버튼을 클릭하여 콘텍스트 명령에서 기준 평면을 생성하거나 현재 좌표계 원점(0,0,0)의 XY, YZ, ZX 평면을 선택할 수 있다.

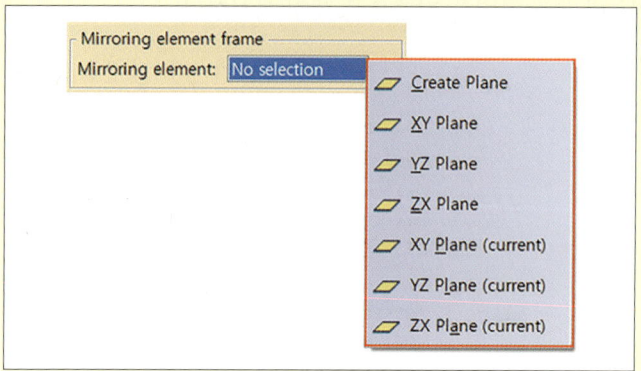

❸ OK 를 클릭하여 대칭 복사한다.

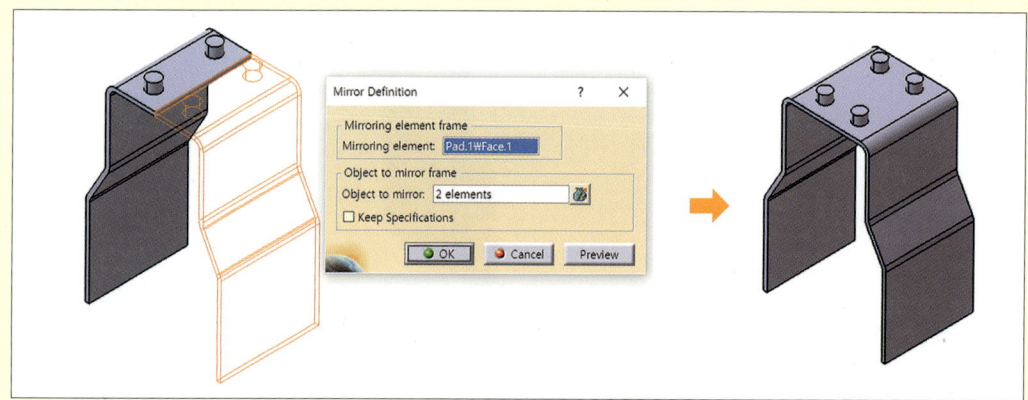

12 Pocket에 사용될 스케치 프로파일 만들기

1 형상의 평면을 선택하고 Sketcher 도구모음의 Sketch 명령어를 클릭하여 Sketcher Workbench로 들어간다.

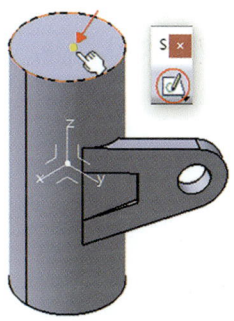

2 Circle

❶ Circle 명령어를 클릭하여 실행한다.

❷ 스케치 원점에 원의 중심점이 일치하도록 지정하고 반지름에 해당되는 점을 지정하여 원을 생성한다.

3 Constraint

Constraint 명령어를 클릭하여 실행하고 지름 치수 40을 부여한다.

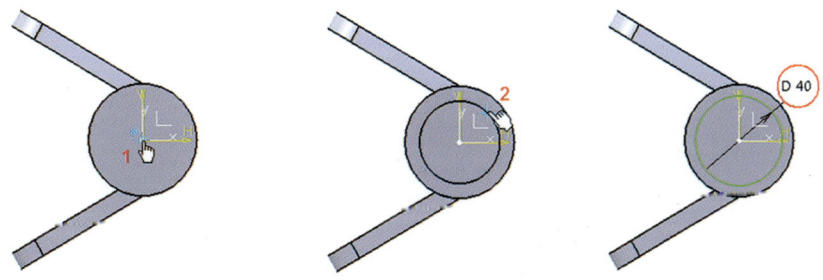

4 Exit Workbench를 클릭하여 Sketcher Workbench를 종료하고 Part Design Workbench로 돌아간다.

13 Pocket을 사용하여 기존 피처에서 형상을 제거하기

1 Pocket 명령어를 클릭하여 실행한다.

2 Pocket Definition 대화상자 설정

First Limits 아래 Type으로 Up to last를 선택하고 OK 를 클릭하여 관통된 Pocket을 생성한다.

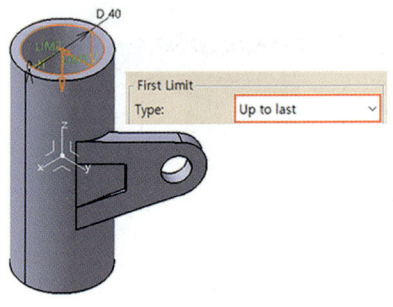

14 Pocket에 사용될 스케치 프로파일 만들기

1 Sketch 명령어를 클릭하고 Specification Tree에서 yz평면을 선택하여 Sketcher Workbench로 들어간다.

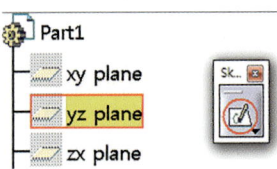

2 Centered Rectangle

❶ Centered Rectangle 를 클릭하여 실행한다.
❷ V축 선상에 일치하도록 사각형의 중심점을 지정한다.
❸ 대각선 코너 점을 지정하여 중심 사각형을 생성한다.

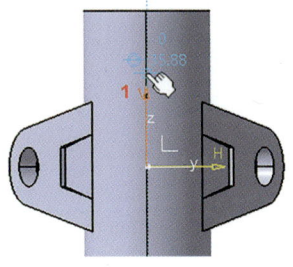
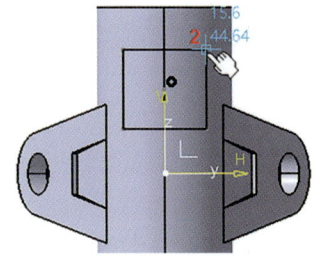

3 Constraint

Constraint 명령어를 더블 클릭하여 실행하고 치수를 부여한다.

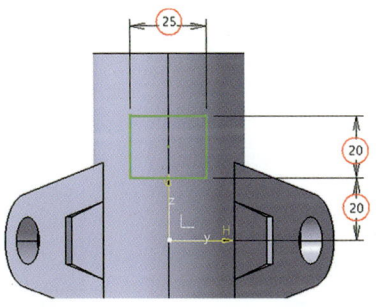

4 Corner

❶ 동일한 반경값을 갖는 필렛을 생성하기 위해 Ctrl을 누른 채 네 개의 꼭짓점을 선택한다.

❷ Corner 명령어를 클릭하여 실행한다.

❸ Sketch tools 도구모음에서 모서리 옵션으로 Trim First Element 을 선택한 후 반경값으로 5를 입력하고 Enter를 눌러 Corner를 생성한다.

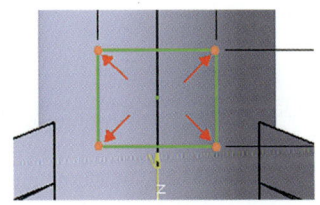
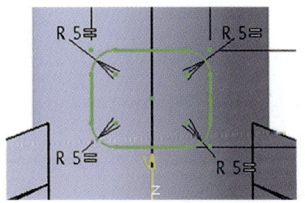

5 Exit Workbench를 클릭하여 Sketcher Workbench를 종료하고 Part Design Workbench로 돌아간다.

15 Pocket을 사용하여 기존 피처에서 형상을 제거하기

1 Pocket 명령어를 클릭하여 실행한다.

2 Pocket Definition 대화상자 설정

❶ First Limits 아래 Type으로 Up to last을 선택하여 형상을 관통하는 포켓을 생성한다.

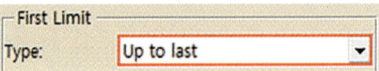

❷ Reverse Direction 버튼을 클릭하여 Pocket의 돌출방향을 반전시킨 후 OK 를 클릭하여 명령어를 종료한다.

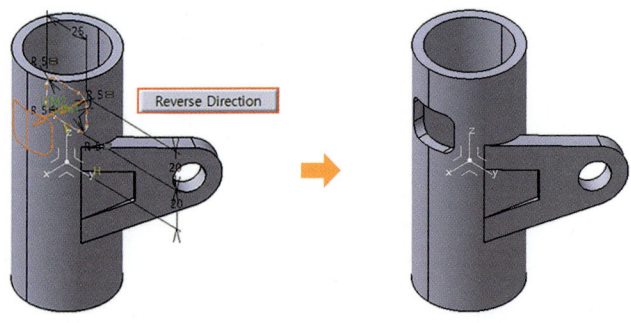

16 Mirror를 사용하여 피처 대칭 복사하기

1 Specification Tree에서 대칭 복사할 피처로 마지막으로 생성한 Pocket을 선택하고 Ctrl을 누른 채 대칭 기준면으로 Axis System에서 xy평면을 선택한다.

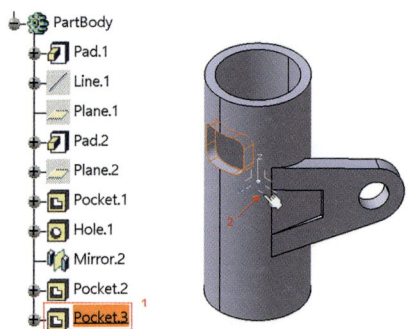

2 Mirror 명령어를 클릭하여 실행한다. 대칭 복사할 피처와 대칭 기준면을 선택한 상태에서 Mirror 명령어를 실행하면 Mirror Definition 대화상자에서 Mirroring element와 Object to mirror가 선택된다.

3 OK 를 클릭하여 Pocket 피처를 xy평면을 기준으로 대칭 복사한다.

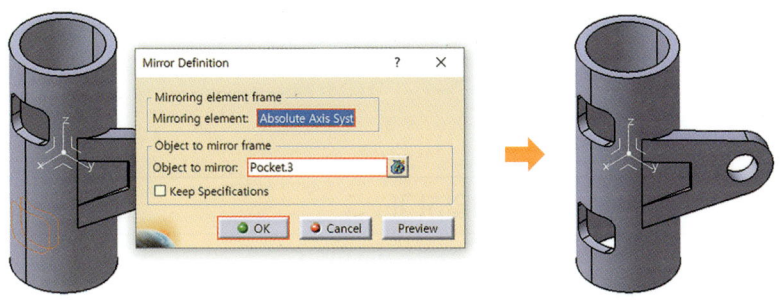

17 Edge Fillet 를 사용하여 모서리 다듬기

1 Edge Fillet 명령어를 클릭하여 실행한다.

2 Edge Fillet Definition 대화상자에서 Radius 입력란에 5를 입력한다.

3 Object(s) to fillet 란에 필렛을 부여할 모서리를 선택한다.

4 OK 를 눌러 명령어를 종료하여 Part 모델링을 완성한다.

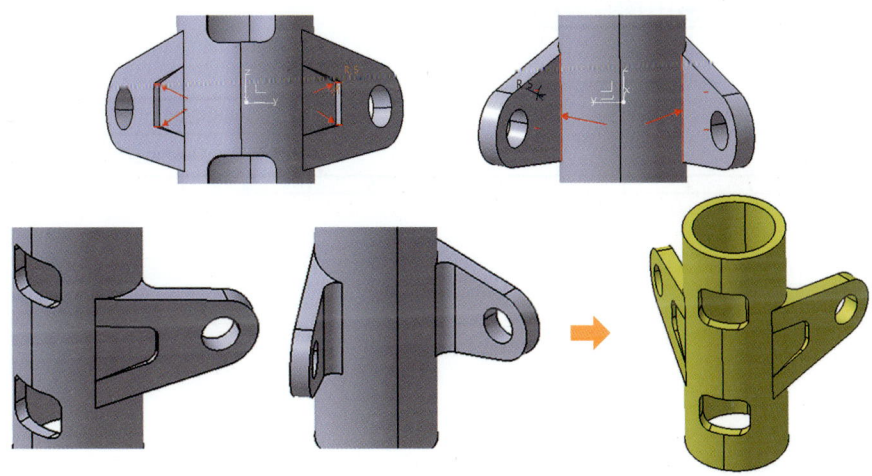

CHAPTER 07 활용 예제 6
Shell, Stiffener, Thickness

예제 도면 — 3D형상 모델링 작업하기

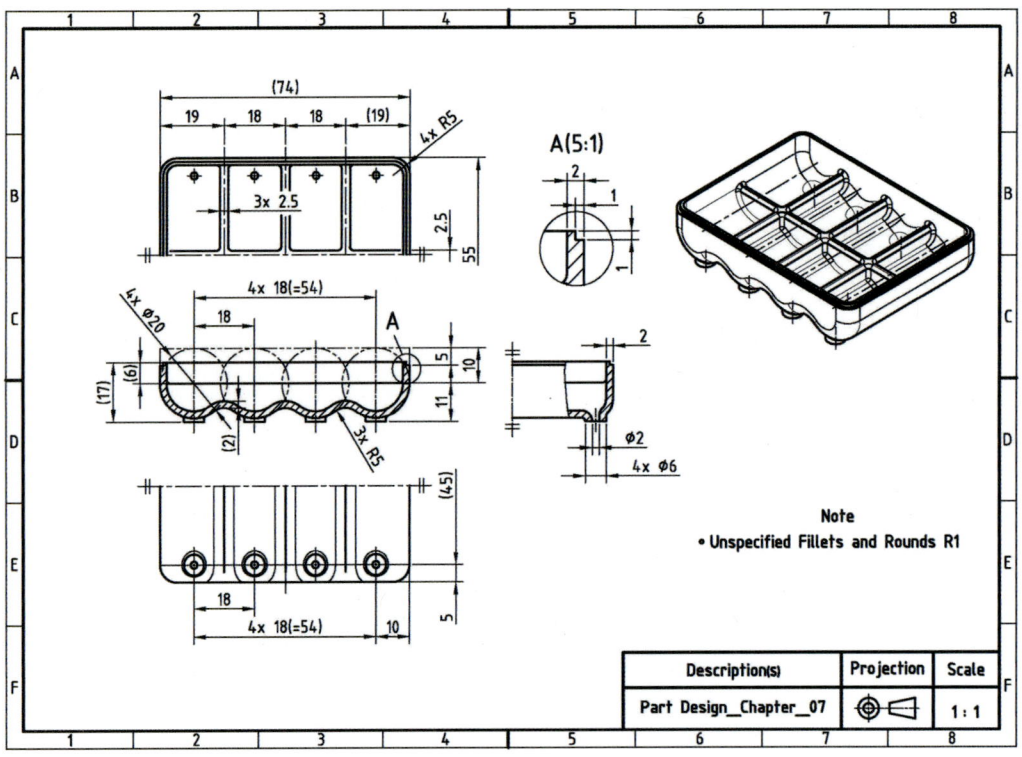

1   Pad에 사용될 스케치 프로파일 만들기

1 Sketch 명령어를 클릭하고 Specification Tree에서 yz평면을 선택하여 Sketcher Workbench로 들어간다.

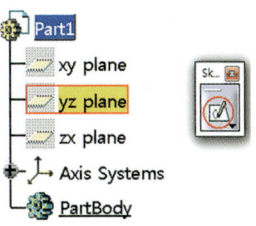

2 Circle

❶ Circle 명령어를 클릭하여 실행한다.

❷ 스케치 원점에 일치하도록 원의 중심점을 지정하고 반지름에 해당되는 점을 지정하여 원을 생성한다.

3 Constraint

Constraint 명령어를 클릭하여 실행하고 지름 치수 20을 부여한다.

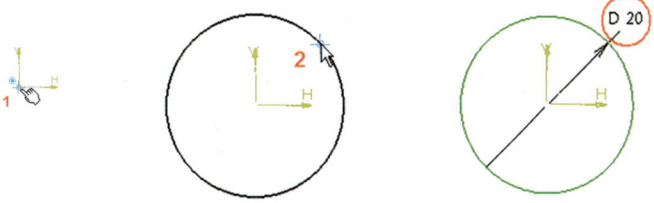

4 Exit Workbench를 클릭하여 Sketcher Workbench를 종료하고 Part Design Workbench로 돌아간다.

2   Pad 만들기

1 Pad를 클릭하여 명령어를 실행한다.

2 Pad Definition 대화상자 설정

❶ First Limits 아래 Type으로 Dimension을 선택하고 Length 란에 27.5을 기입한다.

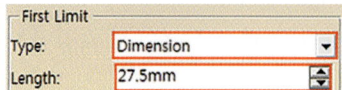

❷ Mirrored extent를 체크하여 양쪽 방향으로 동일한 길이로 프로파일을 돌출시킨 후 OK 를 클릭하여 명령을 종료한다.

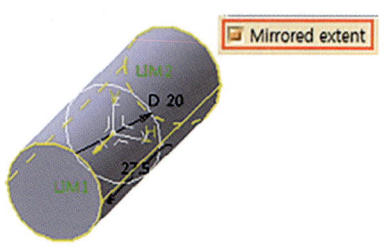

3 오프셋 평면 Plane 만들기

1 Plane 명령어를 클릭하여 실행한다.

2 Plane Definition으로 대화상자 설정

❶ Plane type으로 Offset from plane을 선택한다.

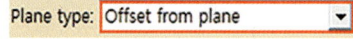

❷ Reference 선택란은 Specification Tree에서 xy평면을 선택하거나 Axis System에서 xy평면을 선택한다.

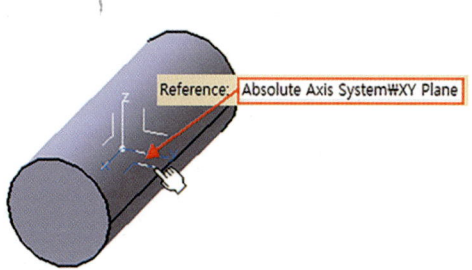

❸ Offset 란에 오프셋 거리 11을 입력한다.

❹ Reverse Direction을 클릭하여 xy평면 아래 방향으로 오프셋된 평면이 작성되도록 방향을 결정한다.

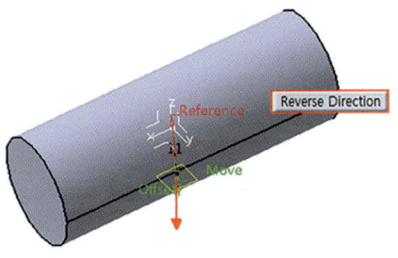

❺ 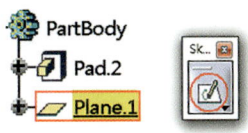 를 클릭하여 Plane 명령어를 종료한다.

4 Pad에 사용될 스케치 프로파일 만들기

1 Sketch 명령어를 클릭하고 Specification Tree에서 Plane1 평면을 선택하여 Sketcher Workbench로 들어간다.

2 Circle

❶ Circle 명령어를 클릭하여 실행한다.
❷ 원의 중심점은 스케치 원점으로부터 H축 선상에 위치하도록 지정하고 반지름에 해당되는 점을 지정하여 원을 생성한다.

3 Constraint

Constraint 명령어를 더블 클릭하여 실행하고 모서리로부터 원의 중심점까지 위치 치수 5와 지름 치수 6을 부여한다.

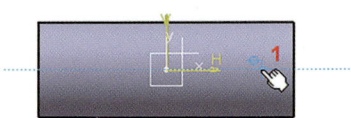 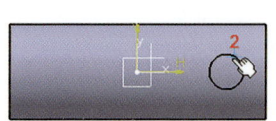 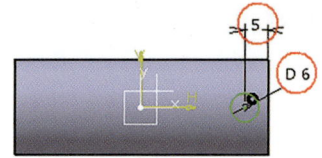

4 Exit Workbench ⬆를 클릭하여 Sketcher Workbench를 종료하고 Part Design Workbench로 돌아간다.

5 Pad 만들기

1 Pad를 명령어를 클릭하여 실행한다.

2 Pad Definition 대화상자 설정

❶ First Limits 아래 Type으로 돌출방향으로 프로파일을 포함시킬 수 있는 솔리드의 면까지 패드가 작성되도록 Up to next를 선택한다.

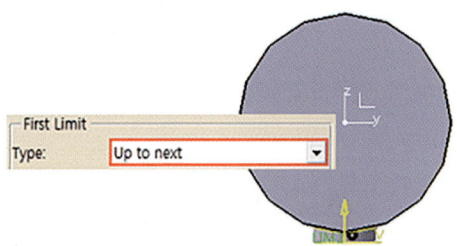

❷ OK 를 클릭하여 명령을 종료한다.

6 Mirror를 사용하여 피처 대칭 복사하기

1 Specification Tree에서 대칭 복사할 피처로 Pad.2를 선택하고 Ctrl을 누른 채 대칭 기준면으로 Axis System에서 yz평면을 선택한다.

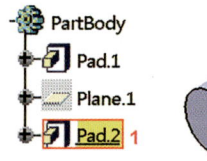 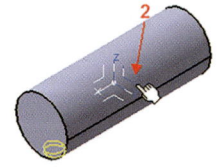

2 Mirror 명령어를 클릭하여 실행한다.

3 OK 를 클릭하여 Pad 피처를 yz평면을 기준으로 대칭 복사한다.

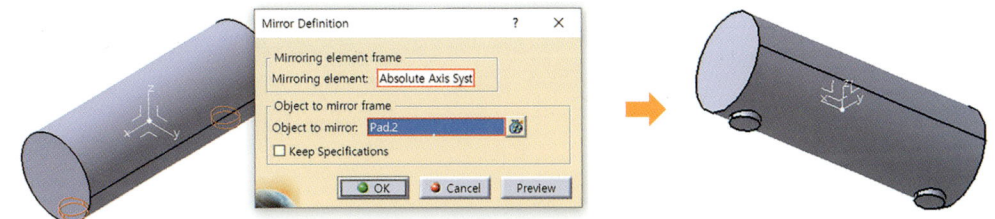

7 Rectangular Pattern 을 사용하여 일정한 간격으로 솔리드 바디 복사하기

1 Rectangular Pattern 명령어를 클릭하여 실행한다.

2 Rectangular Pattern Definition 대화상자 설정

❶ First Direction 탭에서 Parameters는 Instances & Spacing을 선택한다.
❷ Instance(s) 란에 원본 객체를 포함한 복사할 개수 4와 Spacing 란에 패턴 사이 간격 18을 입력한다.

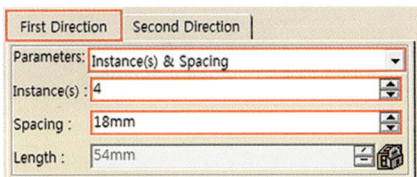

❸ Reference Direction 아래 Reference element 선택란은 마우스 오른쪽버튼을 클릭하여 콘텍스트 메뉴에서 Y Axis를 선택하거니 Axis System에서 Y축을 선택하여 첫 번째 패턴방향을 결정한다.

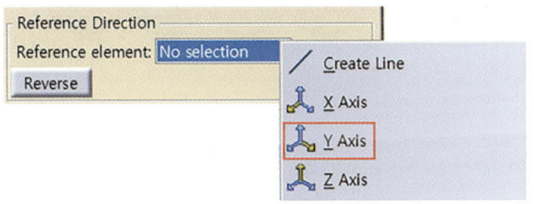 

CHAPTER 07 활용 예제 6 **279**

❹ Object to Pattern은 기본적으로 현재 솔리드가 패턴 객체가 선택된다. 여기서는 현재 솔리드 바디를 패턴하기 위해 별도로 선택하지 않는다.

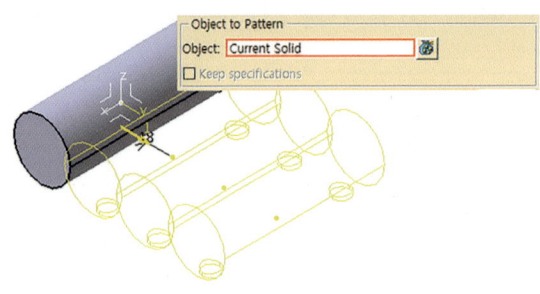

3 ● OK 를 클릭하여 직사각형 패턴을 완성한다.

8 Pad에 사용될 스케치 프로파일 만들기

1 Sketch 명령어를 클릭하고 형상의 평면을 선택하여 Sketcher Workbench로 들어간다.

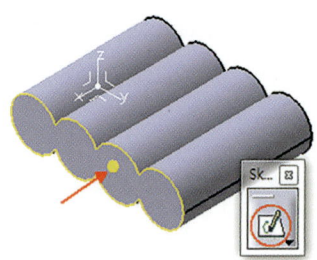

2 Rectangle
첫 번째 구석점으로 스케치 원점으로부터 H축 선상에 위치하도록 지정하고 대각선 방향의 다른 구석점을 지정하여 직사각형을 그린다.

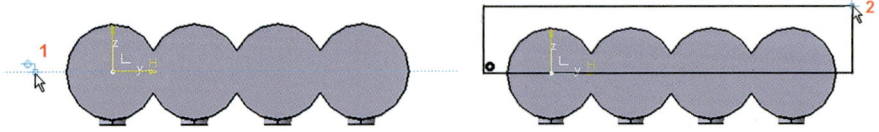

3 Constraints Defined in Dialog Box

❶ 선과 형상의 원주 모서리를 선택한다.

❷ Constraint Definition 대화상자에서 Tangency를 체크하여 탄젠트 구속조건을 추가한다.

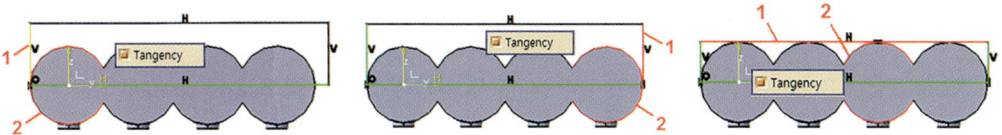

4 Exit Workbench 를 클릭하여 Sketcher Workbench를 종료한다.

9 Pad 만들기

1 Pad를 명령어를 클릭하여 실행한다.

2 Pad Definition 대화상자 설정

❶ First Limits 아래 Type으로 Up to plane을 선택한다.

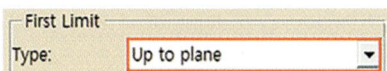

❷ Limit 선택란에 형상의 면을 선택하여 프로파일이 선택한 면까지 돌출되도록 한다.

❸ OK 를 클릭하여 명령을 종료한다.

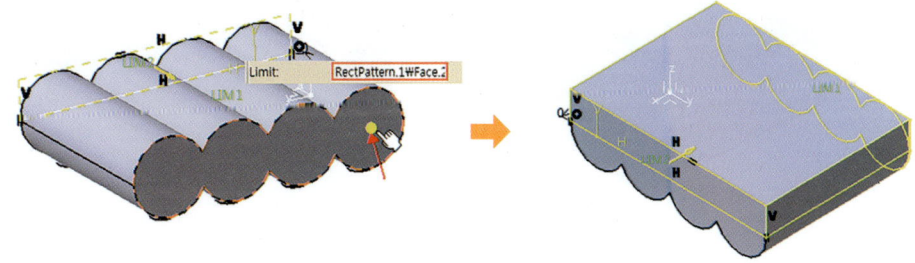

10 Edge Fillet 을 사용하여 모서리 다듬기

1 Edge Fillet 명령어를 더블 클릭하여 실행한다.

2 Edge Fillet Definition 대화상자에서 Radius 입력란에 5를 입력하고 Propagation은 Tangency를 선택한다.

3 Object(s) to fillet 란에 필렛을 부여할 모서리를 선택한다.

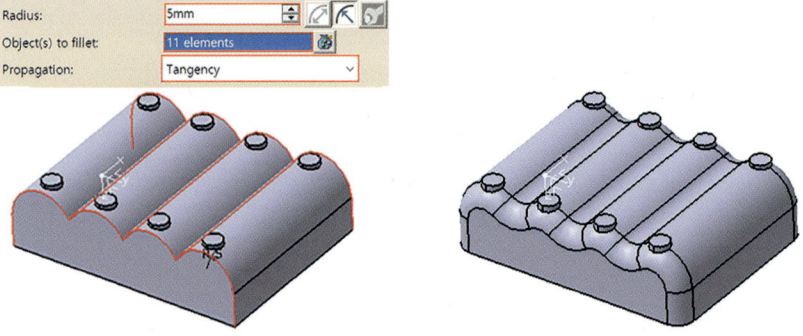

4 OK 를 클릭한 후 다시 Edge Fillet 명령어가 실행되면 Edge Fillet Definition 대화상자에서 Radius 입력란에 1을 입력하고 Object(s) to fillet 란에 필렛을 부여할 모서리를 선택한다.

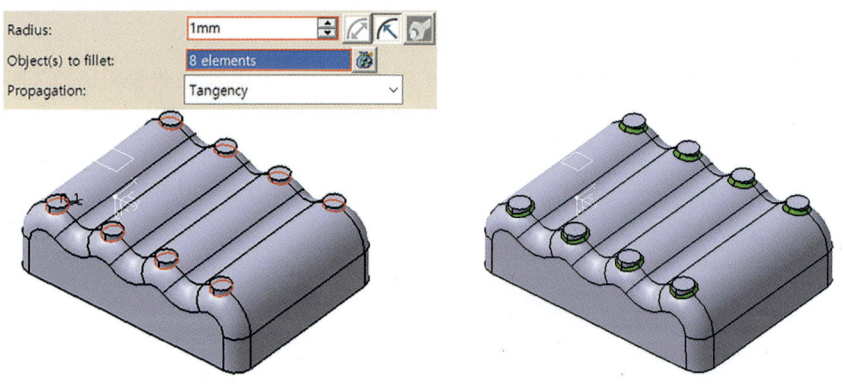

5 OK 를 클릭한 후 Cancel 을 클릭하여 명령어를 종료한다.

 **11** Shell 을 사용하여 면을 제거하고 나머지 면 두께 부여하기

1 Dress-Up Features 도구모음에서 Shell  명령어를 클릭하여 실행한다.

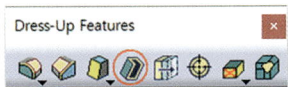

2 Shell Definition 대화상자 설정

❶ Default Thickness 아래 inside thickness 입력란에 내부 두께값으로 2를 입력한다.

❷ Faces to remove 선택란에 제거할 면을 선택한다. 선택한 면은 보라색으로 나타난다.

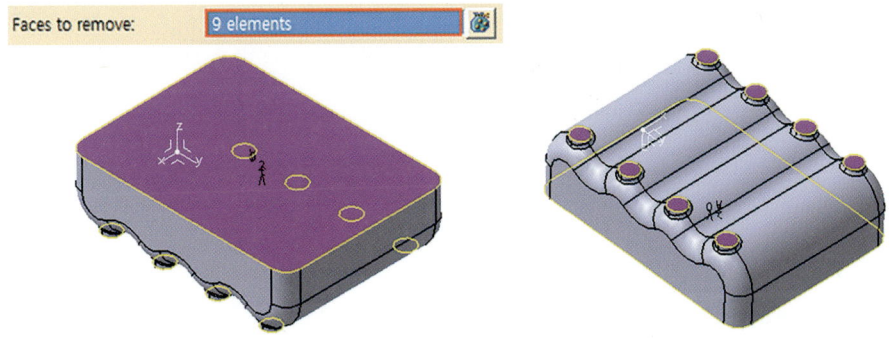

❸ OK 를 클릭하여 명령어를 종료하면 선택한 면이 제거되고 나머지 면은 내부 두께를 가지는 형상이 만들어진다.

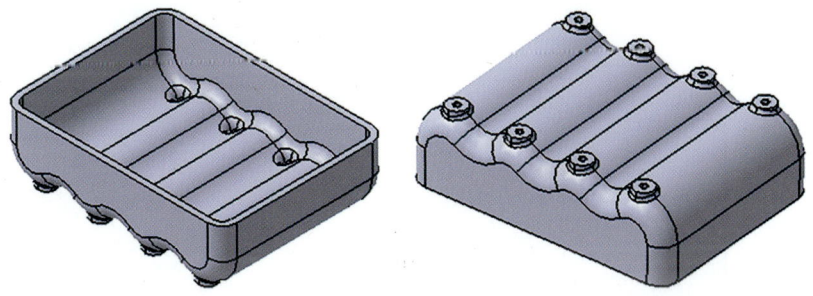

알아두기

Shell

제거할 면을 선택하여 제거하고 나머지 면은 입력한 두께만큼의 면을 생성하는 명령어이다.

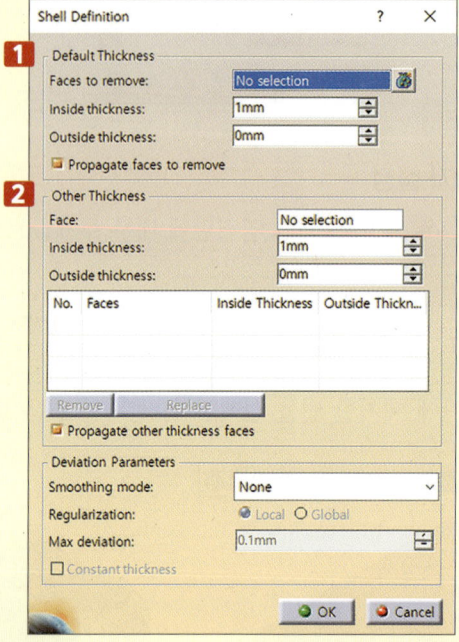

1 Default Thickness

❶ Faces to remove : 솔리드의 면을 한 개 또는 여러 개를 선택하여 제거한다. 이때 선택한 면은 제거되며 나머지 면은 지정한 두께만큼 면의 두께를 가진다. 제거될 면으로 선택한 면은 보라색으로 표시된다.

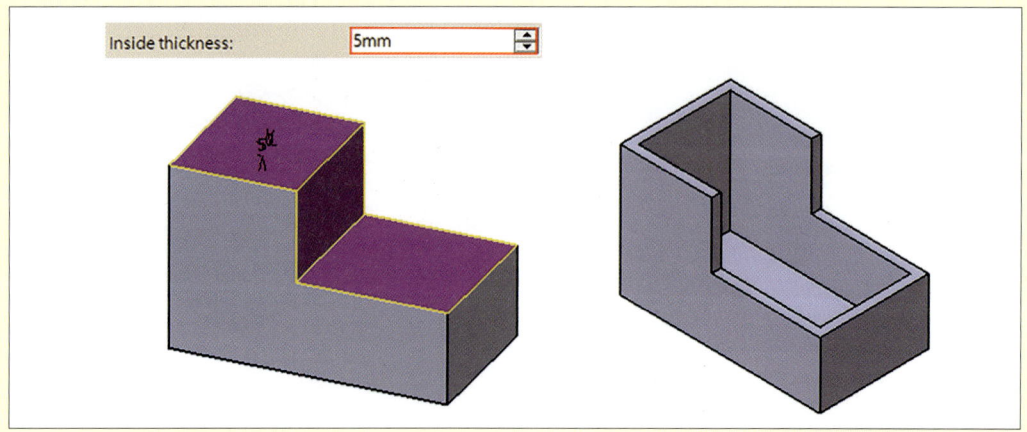

❷ inside thickness : 면의 안쪽 두께값을 부여한다.

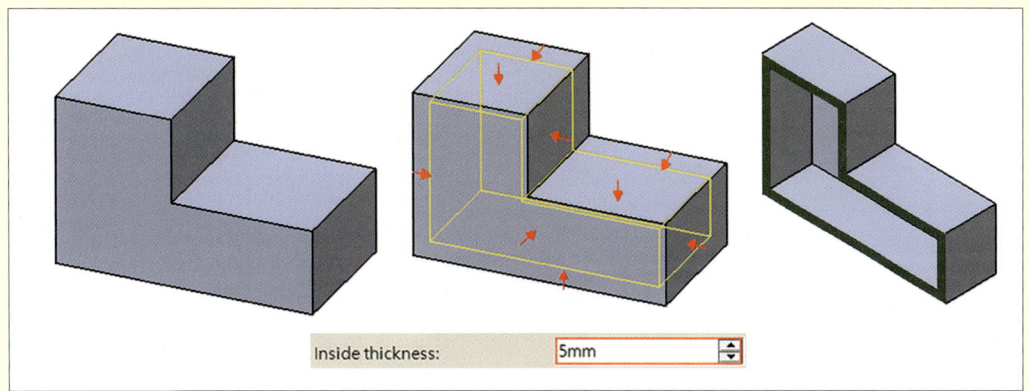

❸ Outside thickness : 면의 바깥쪽 두께값을 부여한다. 면의 두께만 지정하고 다른 옵션은 선택하지 않을 시 모든 면에 두께를 가져 중공형상을 생성한다.

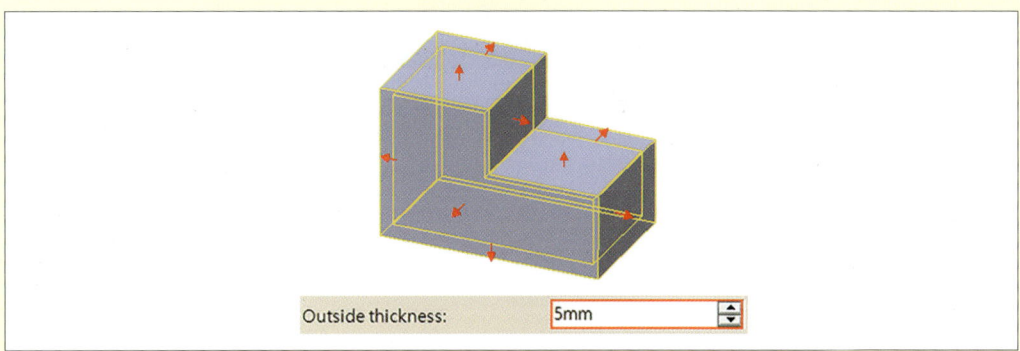

❹ Propagate faces to remove : 체크 시 선택 면과 접하는 면이 제거할 면으로 선택되며 체크 해제 시 선택한 면만 제거할 면으로 선택된다.

2 Other Thickness

❶ Default Thickness의 기본 두께가 아닌 다른 두께를 가지고자 하는 한 개 또는 여러 개의 면을 선택한다.
❷ 리스트 창에서 선택한 면을 클릭하여 두께값을 기입하거나 생성되는 치수를 수정하여 다른 두께값을 표현한다.

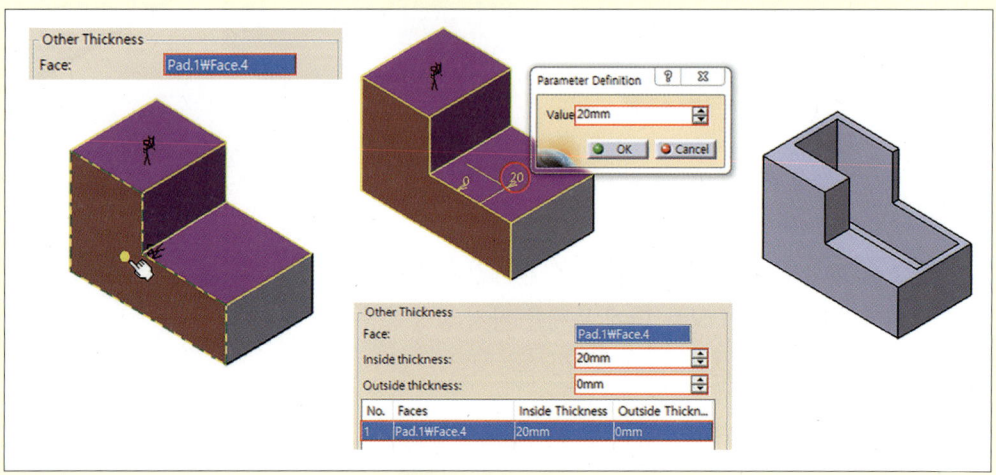

12 오프셋 평면 Plane 만들기

1 Plane 명령어를 클릭하여 실행한다.

2 Plane Definition 대화상자 설정

❶ Plane type으로 Offset from plane을 선택한다.

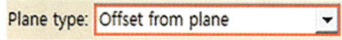

❷ Reference 선택란에서 형상의 면을 선택한다.

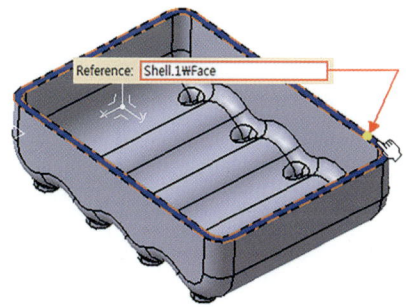

❸ Offset 란에 오프셋 거리 10을 입력한다.

❹ Reverse Direction을 클릭하여 아래 방향으로 오프셋된 평면이 작성되도록 방향을 결정한다.

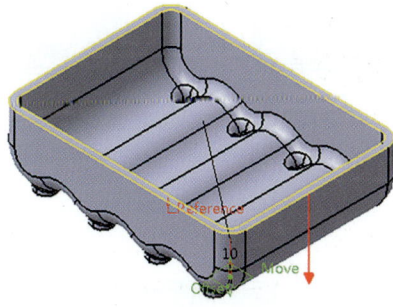

❺ OK 를 클릭하여 Plane 명령어를 종료한다.

13 Stiffener 에 사용될 스케치 프로파일 만들기

1 Sketcher 도구모음의 Positioned Sketch를 클릭한다.

   ❶ Sketch Positioning 대화상자의 Sketch Positioning 아래 Type으로 Positioned를 선택하고 Reference 란에 Specification Tree에서 Plane.2 평면을 선택한다.

   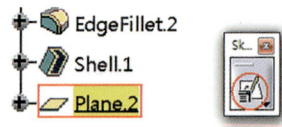

   ❷ Origin과 Orientation의 Type으로 Implicit를 선택한다.
   ❸ Reverse H, Reverse V, Swap에 체크한다.

   ❹ OK 를 클릭하여 Sketcher Workbench로 들어간다.

2 Line

   ❶ Line 명령어를 더블 클릭하여 실행한다.
   ❷ 선분의 첫 번째 점은 형상을 너머로 H축 선상에 위치하도록 지정하고 수평 방향에서 다음 점을 지정하여 수평한 선분을 작성한다.

   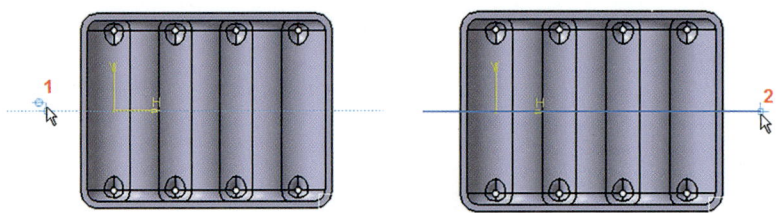

   ❸ 첫 번째 점은 형상을 너머로 지정하고 수직 방향에서 다음 점을 지정하여 수직한 선분 세 개를 작성한다.

   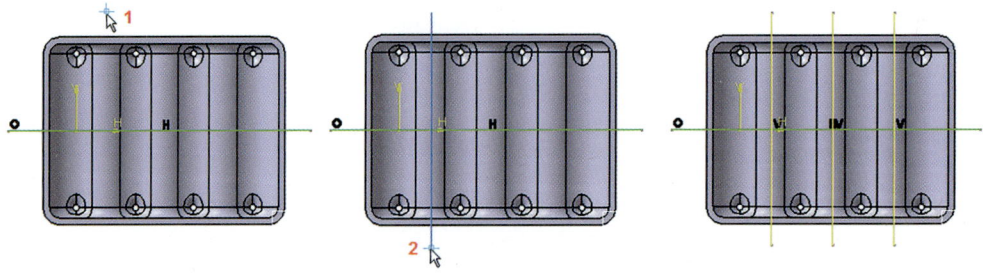

3 Constraint

Constraint 명령어를 더블 클릭하여 실행하고 치수를 부여한다.

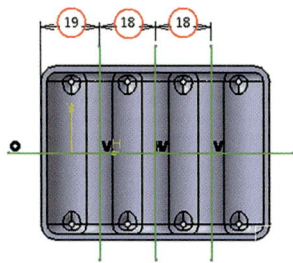

4 Exit Workbench 를 클릭하여 Sketcher Workbench를 종료한다.

14 Stiffener 를 사용하여 보강대 만들기

1 Sketch-Based Features 도구모음의 Advanced 하위 도구모음에서 Stiffener 명령어를 클릭하여 실행한다.

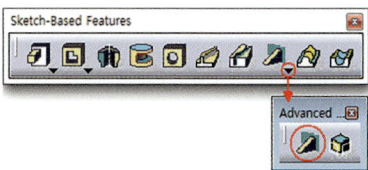

2 Stiffener Definition 대화상자 설정

❶ Mode 선택란에서 프로파일의 평면에 수직방향으로 돌출되도록 From Top를 선택한다.

❷ Thickness 아래 Thickness1 값으로 2.5를 입력하고 프로파일의 양쪽으로 동일한 두께가 부여되도록 Neutral Fiber에 체크한다.

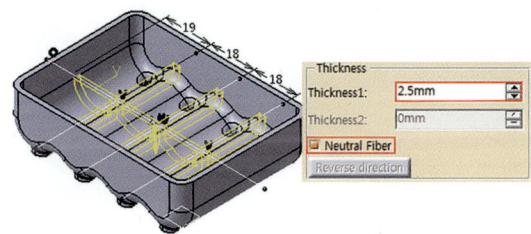

❸ OK 를 클릭하여 보강대를 생성한다.

알아두기

Stiffener

열린 곡선이나 닫힌 곡선 스케치 프로파일을 프로파일 평면의 평행이나 수직 방향으로 두께를 부여하고 기존 파트까지 돌출하여 보강대를 생성한다.

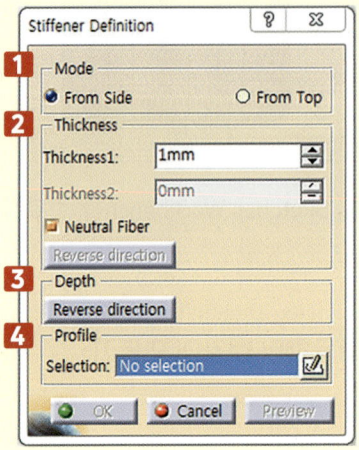

1 Mode

❶ From Side : 프로파일의 평면 방향으로 돌출하고 평면에 수직으로 두께를 부여한다.

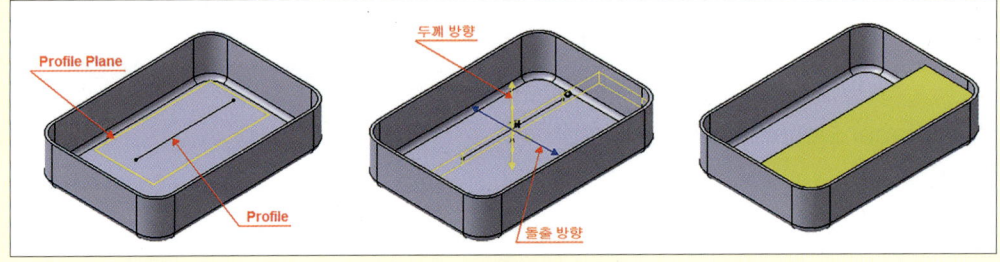

❷ From Top : 프로파일 평면의 수직 방향으로 돌출하고 평면에 평행으로 두께를 부여한다.

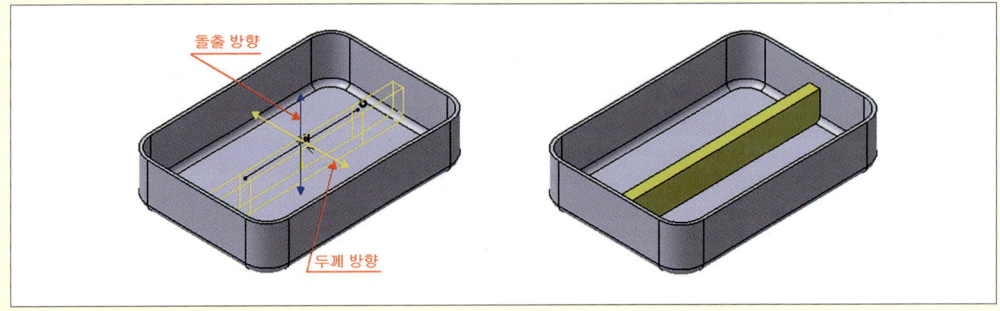

2 Thickness

프로파일의 두께를 지정한다.

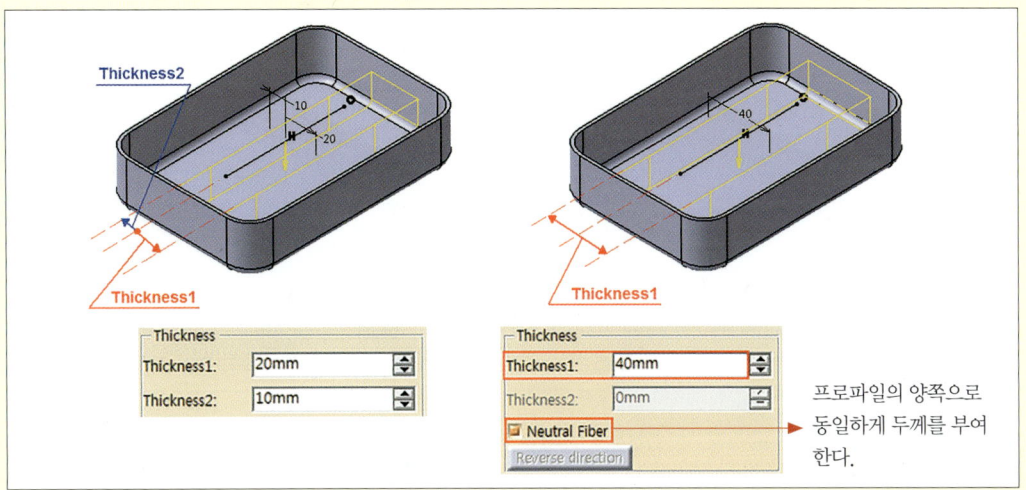

- Reverse Direction : 두께 방향을 반전시킨다. 그림은 From Side 옵션에서의 돌출 방향 반전을 보여준다.

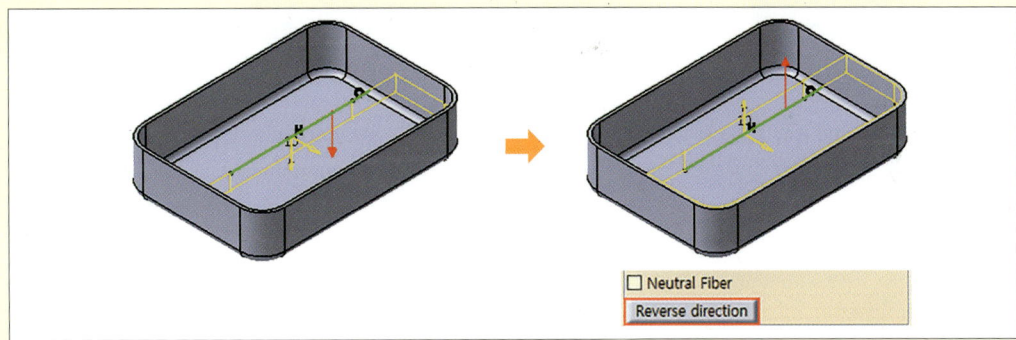

3 Depth

- Reverse direction : 돌출 방향을 반전시킨다. 그림은 From Side 옵션에서의 돌출 방향 반전을 보여준다.

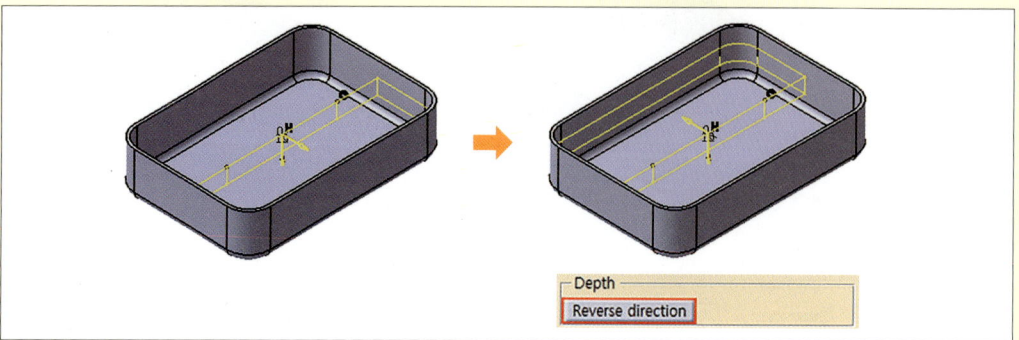

4 Profile

열리거나 닫힌 프로파일을 선택한다.

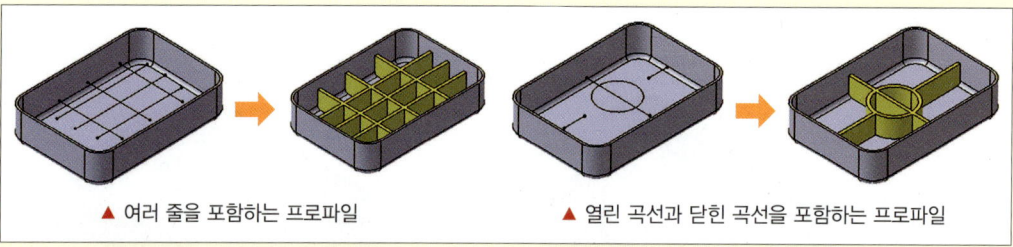

▲ 여러 줄을 포함하는 프로파일   ▲ 열린 곡선과 닫힌 곡선을 포함하는 프로파일

15 Edge Fillet 을 사용하여 모서리 다듬기

1 Edge Fillet 명령어를 클릭하여 실행한다.

2 Edge Fillet Definition 대화상자에서 Radius 입력란에 1을 입력하고 Propagation은 Tangency를 선택한다.

3 Object(s) to fillet 란에 보강대 면을 선택한다.

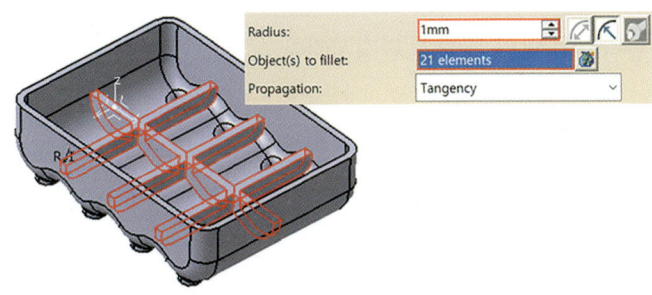

4 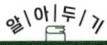 를 클릭하여 명령어를 종료한다.

알아두기
16 Thickness 를 사용하여 면의 두께 변경하기

1 Dress-Up Features 도구모음에서 Thickness 명령어를 클릭하여 실행한다.

2 Thickness Definition 대화상자 설정

❶ 선택한 면의 두께가 줄어들도록 Default Thickness 아래 Thickness 값으로 -5를 입력한다.

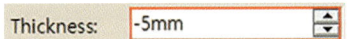

❷ Faces 선택란에 두께를 변경시킬 면을 선택한다.

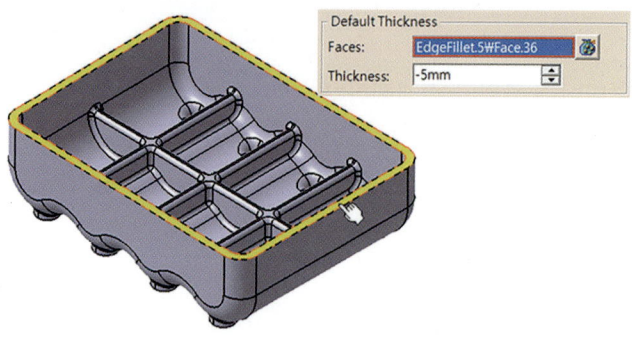

❸ OK 를 클릭하여 면의 두께를 변경시킨다.

알아두기

Thickness

선택한 면의 두께를 추가하거나 제거한다.

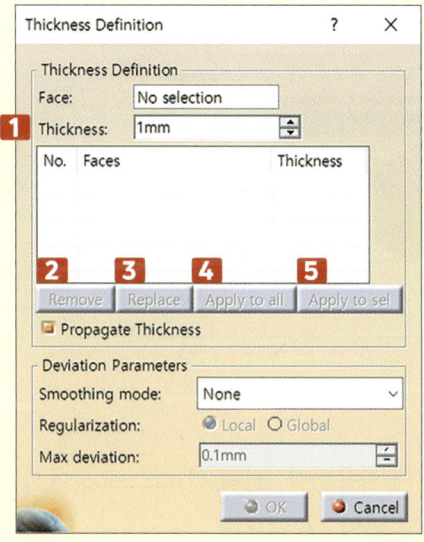

1 Thickness

두께값을 입력한다. 양수 값을 입력하면 선택한 입력한 값만큼 면의 두께가 추가되고 음수 값을 입력하면 면의 두께가 제거된다.

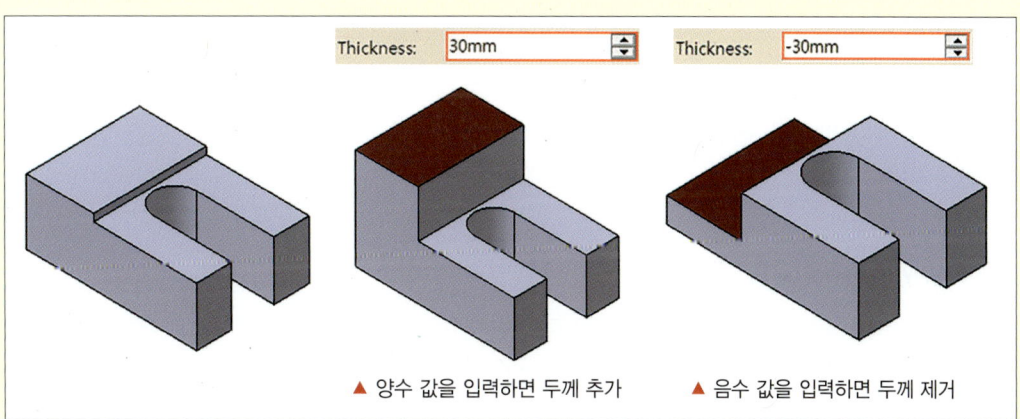

▲ 양수 값을 입력하면 두께 추가   ▲ 음수 값을 입력하면 두께 제거

선택 면 리스트 창에서 두께를 변경할 면을 선택하고 Thickness 값을 입력하여 두께가 다른 면을 생성할 수 있다.

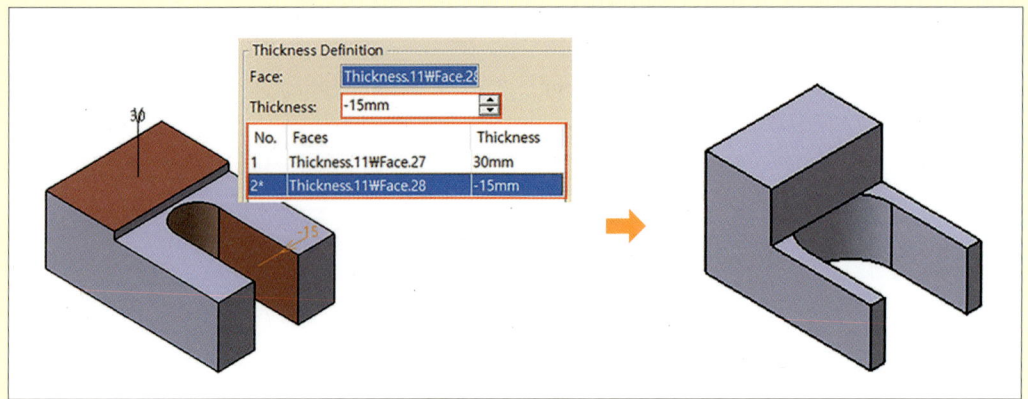

2 Remove

선택한 면을 제거하고자 할 때 사용한다. 선택 면 리스트 창에서 면을 선택하고 Remove 버튼을 클릭하면 리스트 창에서 선택 면이 제거된다.

3 Replace

선택한 면을 다른 면으로 교체하고자 할 때 사용한다. 선택 면 리스트 창에서 교체하고자 하는 면을 선택하고 Replace 버튼을 클릭한 다음 다른 면을 선택하여 교체한다.

4 Apply to all

선택한 모든 면의 두께가 같은 두께로 만들고자 할 때 사용한다. 선택 면 리스트 창에 두께가 지정된 하나의 면을 선택하고 Apply to all을 클릭하면 리스트 창에 있는 모든 면의 두께값이 같아진다.

5 Apply to selected

선택한 면의 두께와 같은 두께가 되도록 면을 선택하고자 할 때 사용한다. 선택 면 리스트 창에서 두께가 지정된 하나의 면을 선택하고 Ctrl을 누른 채 형상의 면을 선택하면 처음 선택한 면의 두께가 복사된다.

17 Pad을 사용하여 얇은 피처 만들기

1 Pad를 명령어를 클릭하여 실행한다.

2 Pad Definition 대화상자 설정

❶ Profile/Surface 아래 Selection 란에서 마우스 오른쪽버튼을 클릭하고 콘텍스트 메뉴에서 Create Join을 선택한다.

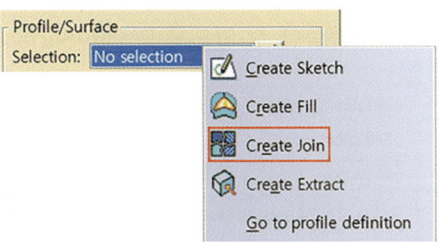

❷ Join Definition 대화상자의 Elements To Join 선택란에서 모서리를 클릭하여 선택한다.

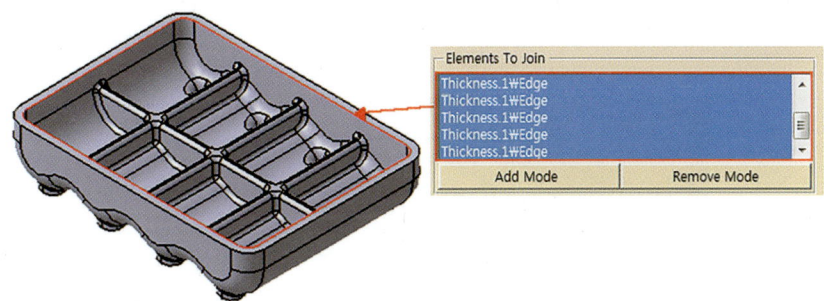

❸ OK 를 클릭하여 Join 명령어를 종료한다.
❹ First Limits 아래 Type으로 Dimension을 선택하고 Length 값 1을 입력한다.

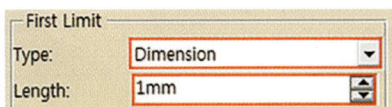

❺ Reverse Direction 버튼을 클릭하여 돌출 방향을 반전시킨다.

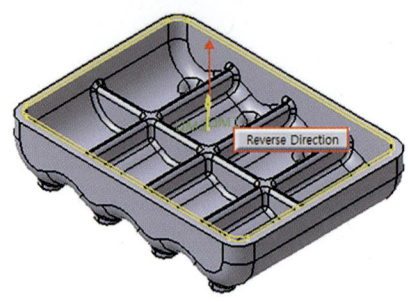

❻ 조인 곡선에 두께가 부여되어 돌출할 수 있도록 Profile/Surface 아래에 Thick를 체크한다.

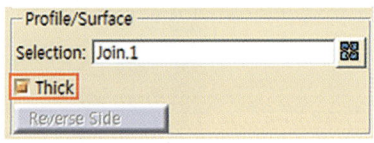

❼ More>> 버튼을 클릭하여 대화상자를 확장한다.

❽ Thin Pad 아래에 Thickness1 값은 0, Thickness2 값은 1을 입력하여 조인 곡선의 두께를 지정한다.

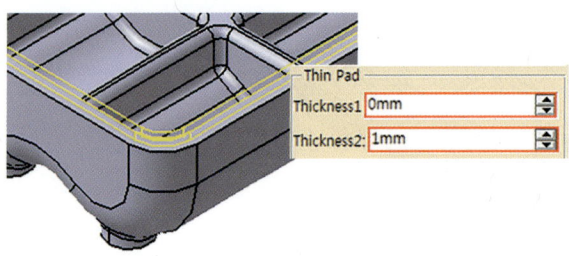

❾ OK 를 클릭하여 Thin Pad를 만들어 Part 모델링을 완성한다.

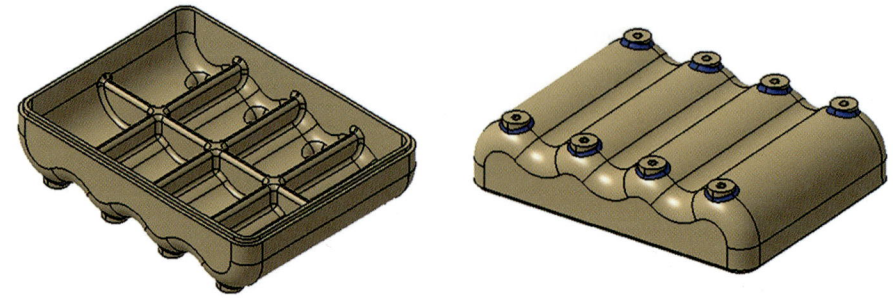

CHAPTER 08 활용 예제 7
Solid Combine

예제 도면 3D형상 모델링 작업하기

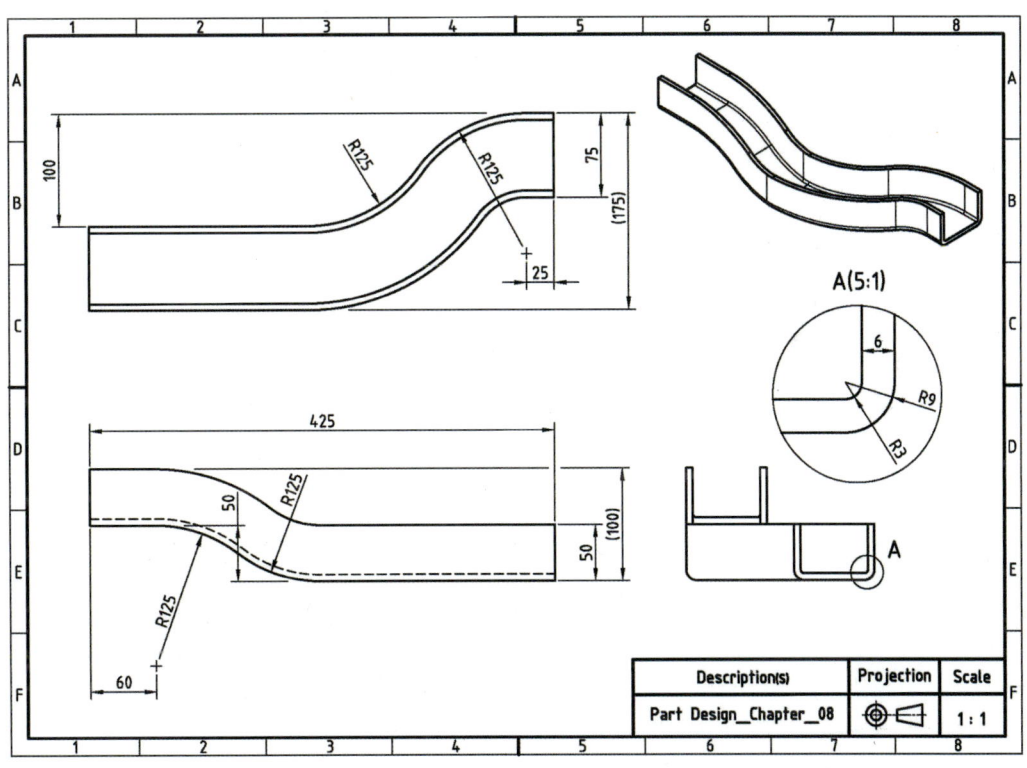

1 Solid Combine 에 사용될 첫 번째 스케치 프로파일 만들기

1 Sketch 명령어를 클릭하고 Specification Tree에서 yz평면을 선택하여 Sketcher Workbench로 들어간다.

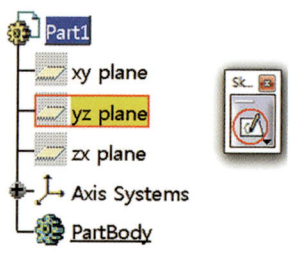

2 Profile 명령어를 클릭하여 실행한다.
❶ 스케치 원점에 일치하도록 프로파일의 첫 번째 점을 지정한다.
❷ 수평 방향으로 다음 점을 지정한다.
❸ 마지막 점으로 커서를 이동시킨 후 ⊖ 표시상태에서 그리고자 하는 호 방향으로 클릭 드래그 하여 호를 작성한다.
❹ 호의 끝점을 지정한다.
❺ 마지막 점으로 커서를 이동시킨 후 ⊖ 표시상태에서 그리고자 하는 호 방향으로 클릭 드래그 하여 호를 작성한다.
❻ 호의 끝점을 지정한다.
❼ 수평 방향으로 마지막 점을 지정한다.

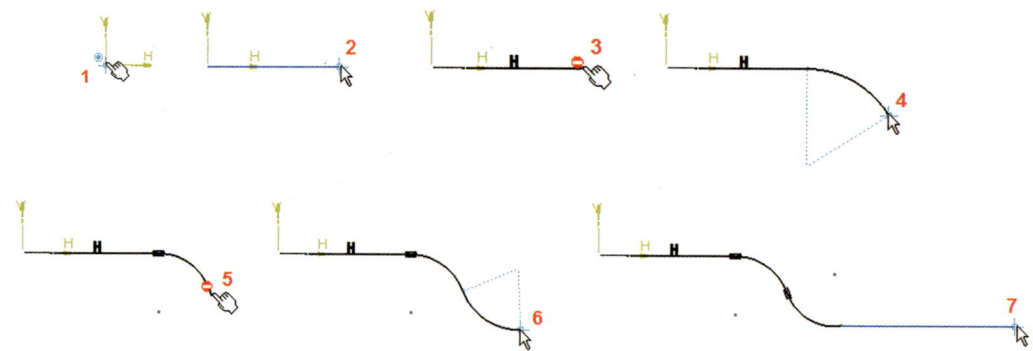

3 Constraints Defined in Dialog Box 🔒

선과 호 또는 호와 호 사이에서 탄젠트하지 않은 부분에 Tangency 구속조건을 부여한다.

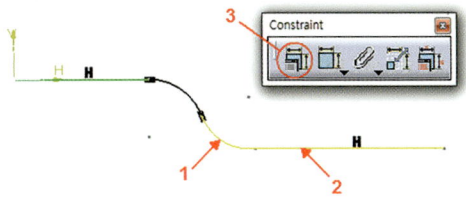
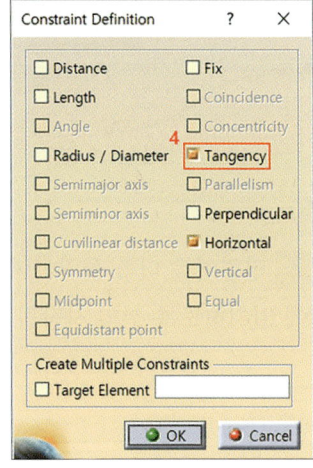

4 Constraint 🔒

Constraint 🔒 명령어를 더블 클릭하여 실행하고 치수를 부여한다.

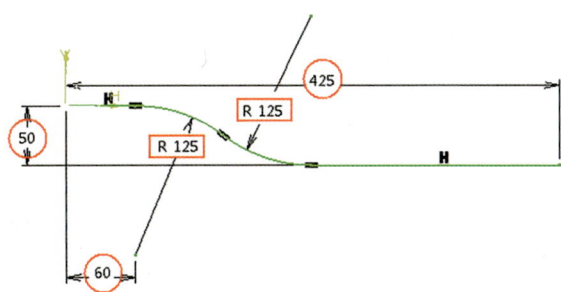

5 Offset ✏️

❶ Offset ✏️ 명령어를 클릭하여 실행한다.

❷ Sketch tools 도구모음에서 Offset 간격값을 치수로 생성하기 위해 Dimensional Constraints 🔒 을 클릭하여 활성화하고 Offset 옵션으로는 선택한 요소의 점과 연결된 요소가 Offset할 요소로 선택되도록 Point Propagation 🔒을 클릭하여 활성화한다.

❸ Sketch tools 도구모음의 Offset 값 입력란을 더블 클릭한다. 마우스를 움직여 Offset 방향을 결정한 후 Offset 값으로 50을 입력하고 Enter를 누른다.

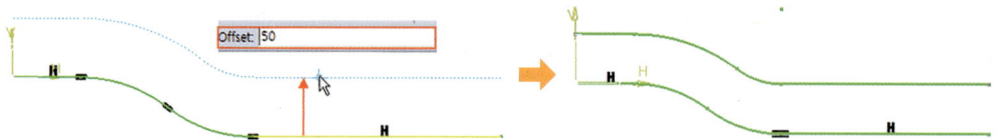

6 Line

❶ Line 명령어를 더블 클릭하여 실행한다.

❷ 두 점에 일치하도록 선의 시작점과 끝점을 지정하여 수직한 두 개의 선을 그린다.

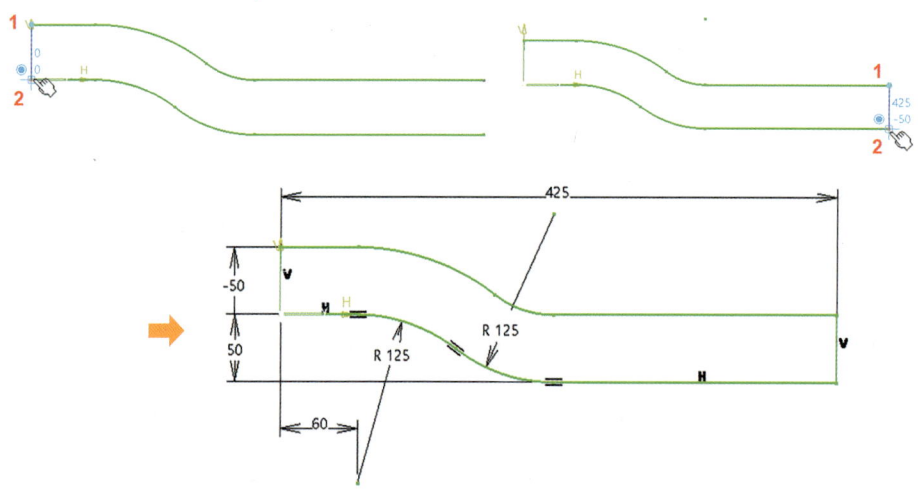

7 Exit Workbench를 클릭하여 Sketcher Workbench를 종료한다.

2 Solid Combine에 사용될 두 번째 스케치 프로파일 만들기

1 Sketcher 도구모음의 Positioned Sketch를 클릭한다.

❶ Sketch Positioning 대화상자의 Sketch Positioning 아래 Type으로 Positioned를 선택하고 Reference 란은 Specification Tree에서 xy 평면을 선택한다.

❷ Origin과 Orientation의 Type으로는 Implicit를 선택한다.

❸ Swap에 체크하여 H축과 V축을 바꾸고 Reverse V를 체크하여 V축 방향을 반전한다.

❹ OK 를 클릭하여 Sketcher Workbench로 들어간다.

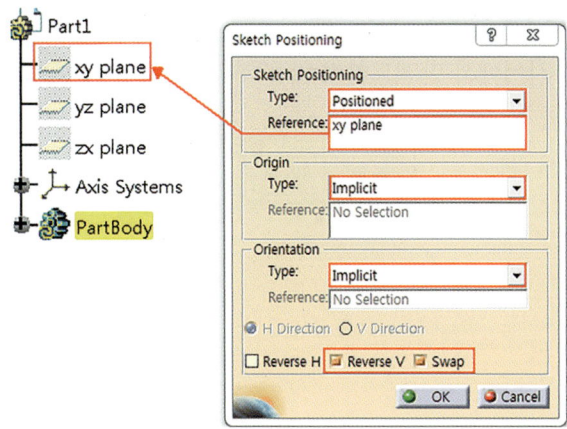

2 Profile 명령어를 클릭하여 실행한다.

❶ 스케치 원점에 일치하도록 프로파일의 첫 번째 점을 지정한다.

❷ 수평 방향으로 다음 점을 지정한다.

❸ Sketch tools 도구모음의 Tangent Arc 를 클릭하고 선과 접하는 접원 호를 생성한다.

❹ 호의 끝점을 지정한다.

❺ Sketch tools 도구모음의 Tangent Arc 를 클릭하고 선과 접하는 접원 호를 생성한다.

❻ 호의 끝점을 지정한다.

❼ 수평 방향으로 마지막 점을 지정한다.

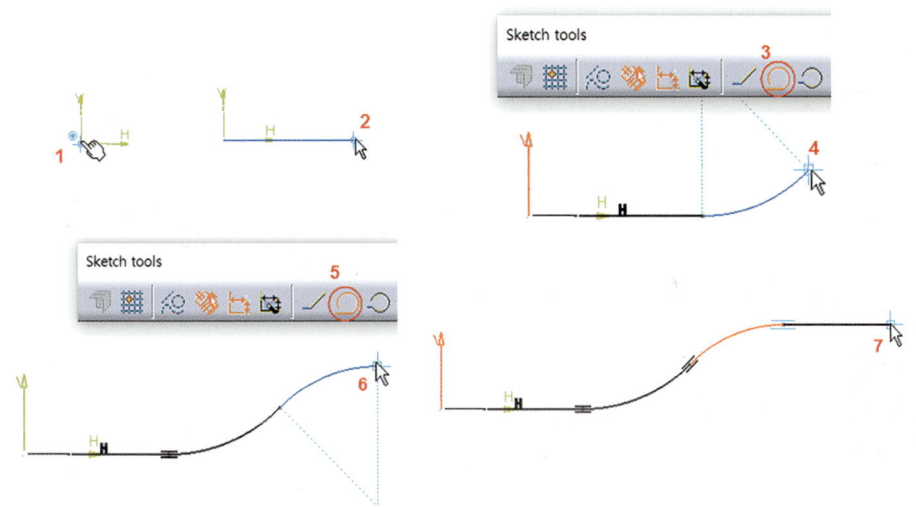

3 Constraints Defined in Dialog Box

선과 호 또는 호와 호 사이에서 탄젠트하지 않은 부분에 Tangency 구속조건을 부여한다.

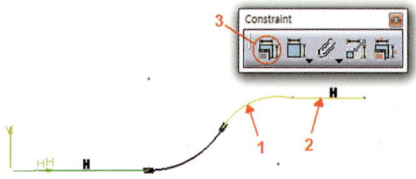
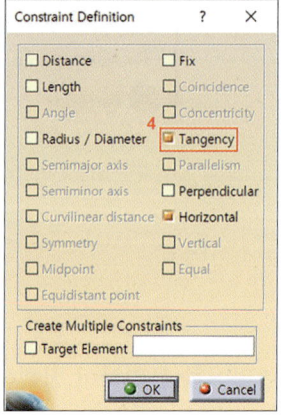

4 Constraint

Constraint 명령어를 더블 클릭하여 실행하고 치수를 부여한다.

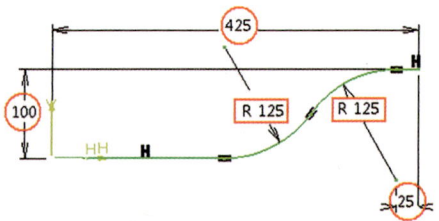

5 Offset

❶ Offset 명령어를 클릭하여 실행한다.

❷ Sketch tools 도구모음에서 Offset 간격값을 치수로 생성하기 위해 Dimensional Constraints을 클릭하여 활성화 하고 Offset 옵션으로는 선택한 요소의 점과 연결된 요소가 Offset할 요소로 선택되도록 Point Propagation을 클릭하여 활성화 한다.

❸ Sketch tools 도구모음의 Offset 값 입력란을 더블 클릭한다. 마우스를 움직여 Offset 방향을 결정한 후 Offset 값으로 75를 입력하고 Enter 를 누른다.

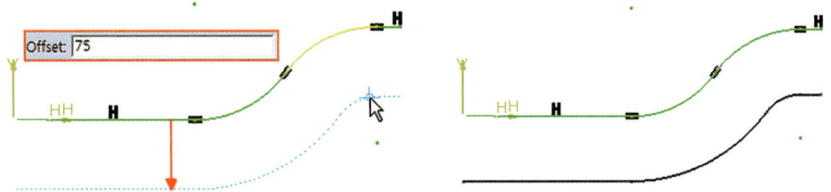

6 Line

❶ Line 명령어를 더블 클릭하여 실행한다.

❷ 두 점에 일치하도록 선의 시작점과 끝점을 지정하여 수직한 두 개의 선을 그린다.

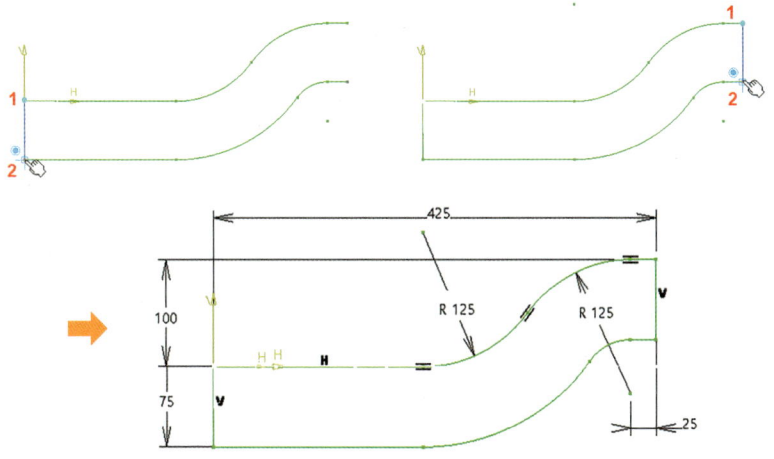

7 Exit Workbench 를 클릭하여 Sketcher Workbench를 종료한다.

알아두기

3 Solid Combine 을 사용하여 교차되는 부분을 솔리드로 생성하기

1 Sketch-Based Features 도구모음의 Advanced 하위 도구모음에서 Solid Combine 명령어를 클릭하여 실행한다.

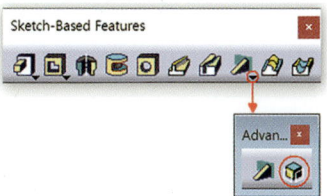

2 Solid Combine Definition 대화상자 설정

❶ First component 아래 Profile 선택란에 Solid Combine에 사용될 첫 번째 스케치 프로파일을 선택하고 돌출 방향은 Normal to profile에 체크한다.

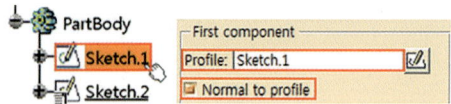

❷ Second component 아래 Profile 선택란에 Solid Combine에 사용될 두 번째 스케치 프로파일을 선택하고 돌출 방향은 Normal to profile에 체크한다.

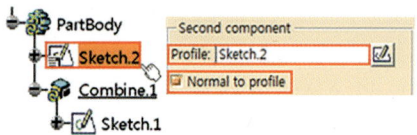

❸ OK 를 클릭하여 두 개의 프로파일을 돌출하여 교차되는 부분을 솔리드 형상으로 생성한다.

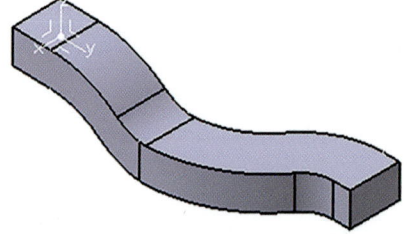

Solid Combine

두 개의 닫힌 프로파일이 돌출하여 교차되는 부분을 합쳐서 솔리드를 생성한다.

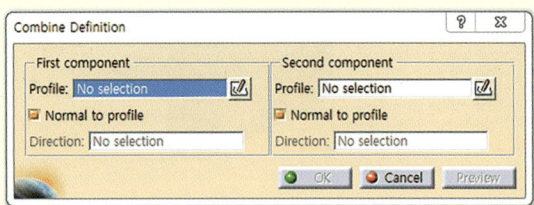

1 첫 번째 돌출할 닫힌 프로파일을 선택한다.

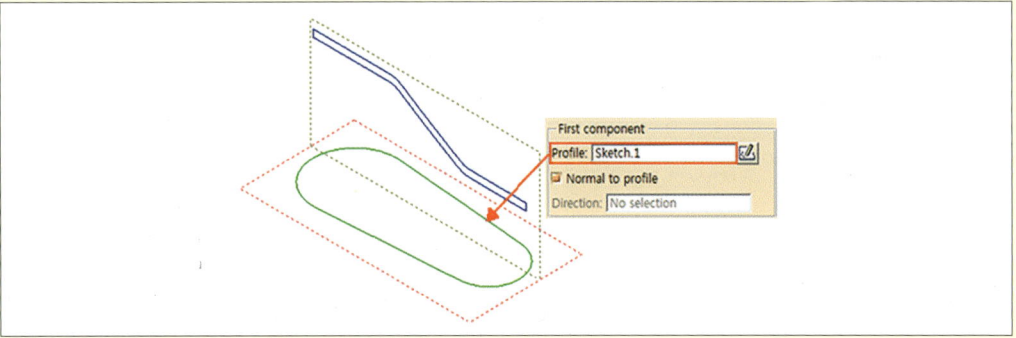

2 두 번째 돌출할 닫힌 프로파일을 선택한다.

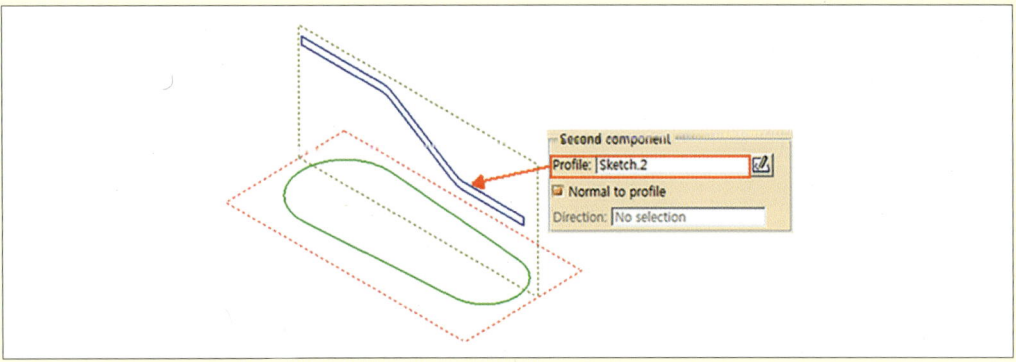

3 OK 를 클릭한다. 선택한 두 개의 프로파일이 프로파일 평면의 수직 방향으로 돌출하여 교차하는 부분을 합쳐서 하나의 솔리드를 작성한다.

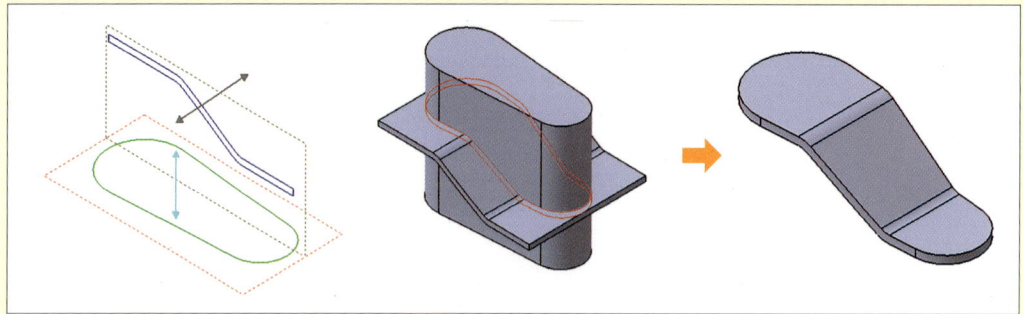

4 Direction : 돌출 방향은 Normal to profile이 기본 방향이나 체크를 해제하여 직선이나 직선 모서리를 돌출 방향으로 변경할 수 있다.

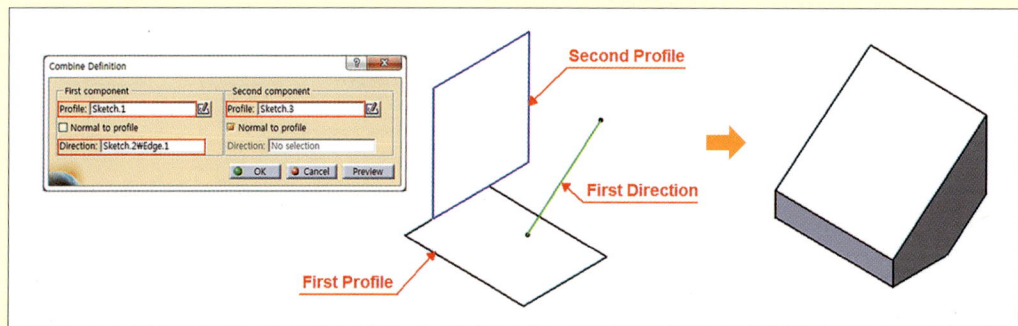

4 Edge Fillet 을 사용하여 모서리 다듬기

1 Edge Fillet 명령어를 클릭하여 실행한다.

2 Edge Fillet Definition 대화상자에서 Radius 입력란에 9를 입력하고 Propagation은 Tangency를 선택한다.

3 Object(s) to fillet 란에 필렛을 부여할 모서리를 선택한다.

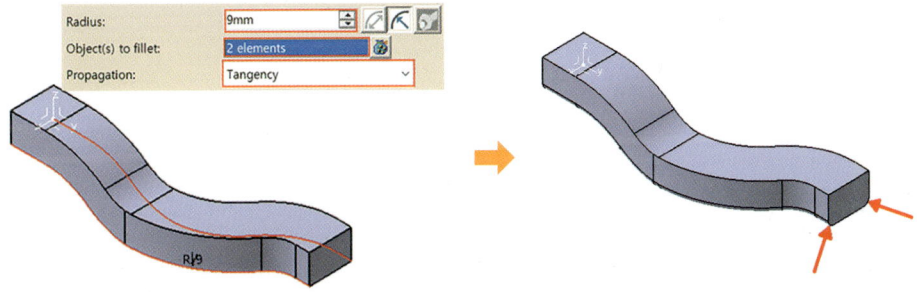

5 Shell 을 사용하여 면을 제거하고 나머지 면 두께 부여하기

1 Dress-Up Features 도구모음에서 Shell 명령어를 클릭하여 실행한다.

2 Shell Definition 대화상자 설정

❶ Default Thickness 아래에 Inside thickness 입력란에 내부 두께값으로 6을 입력한다.

❷ Faces to remove 선택란에 제거할 면으로 솔리드 형상의 양쪽 측면과 윗면을 선택한다.

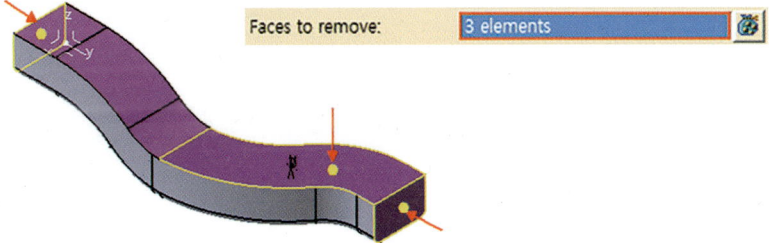

3 OK 를 클릭하여 명령어를 종료하고 Part 모델링을 완성한다.

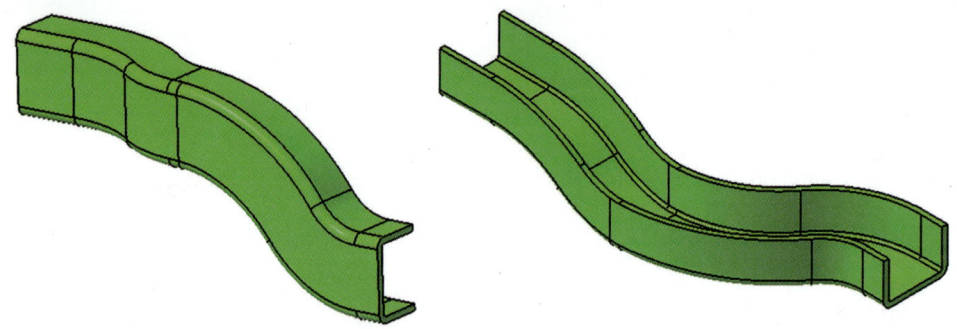

CHAPTER 09 활용 예제 8
Rib

예제 도면 — 3D형상 모델링 작업하기

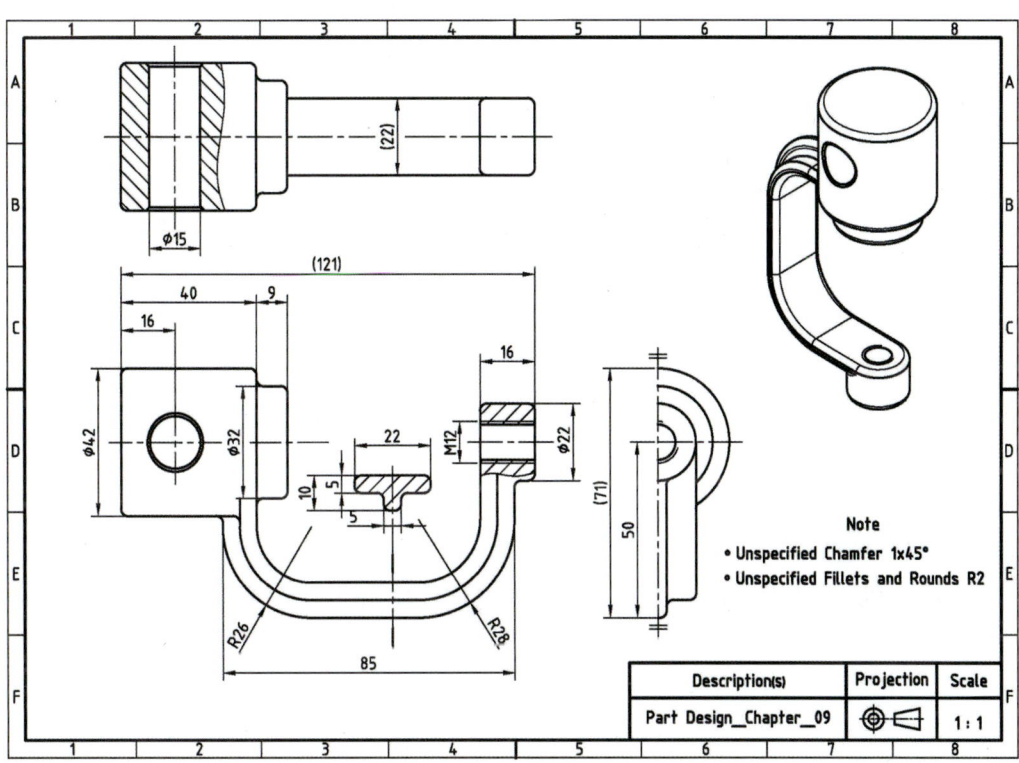

1 Rib에 사용될 Center curve 스케치 프로파일 만들기

1 Sketch 명령어를 클릭하고 Specification Tree에서 yz평면을 선택하여 Sketcher Workbench로 들어간다.

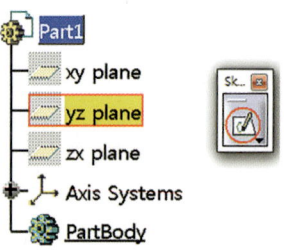

2 Profile 명령어를 클릭하여 실행한다.
   ❶ 스케치 원점에 일치하도록 프로파일의 첫 번째 점을 지정한다.
   ❷ 다음 점을 지정한다.
   ❸ 마지막 점은 V축 선상에 일치하도록 지정한다.

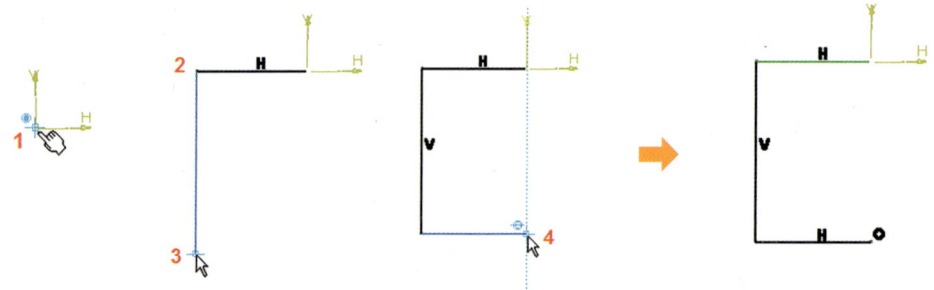

3 Constraint

Constraint 명령어를 더블 클릭하여 실행하고 치수를 부여한다.

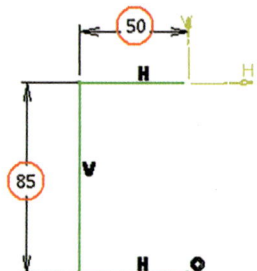

4 Corner

❶ Corner 명령어를 더블 클릭하여 실행한다.

❷ 교차점을 선택하여 R26과 R28 크기를 갖는 Corner를 생성한다.

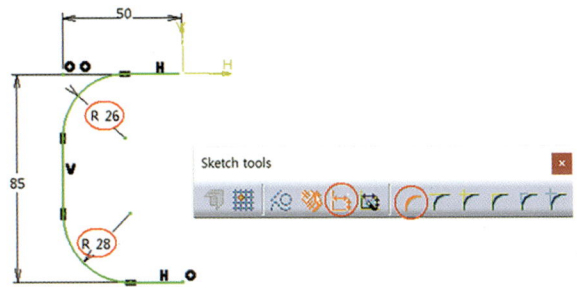

5 Exit Workbench 를 클릭하여 Sketcher Workbench를 종료하고 Part Design Workbench로 돌아간다.

2 Rib에 사용될 Profile 스케치 만들기

1 Sketch 명령어를 클릭하고 Specification Tree에서 zx평면을 선택하여 Sketcher Workbench로 들어간다.

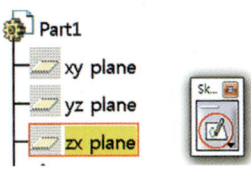

2 Profile 명령어를 클릭하여 실행한다.

❶ 스케치 원점에 일치히도록 프로파일의 첫 번째 섬을 지정한다.

❷ 다음 점을 지정한다.

❸ 마지막 점은 V축 선상에 일치하도록 지정한다.

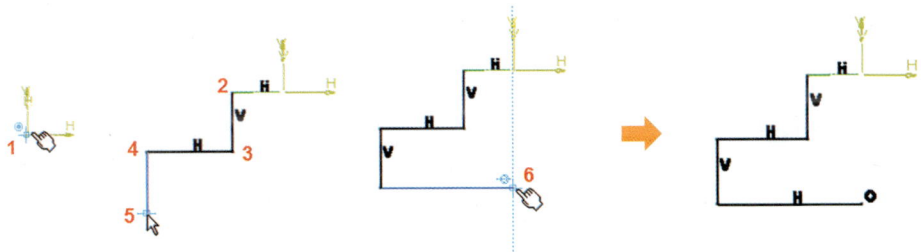

3 Mirror

❶ 대칭 복사할 요소로 모든 표준요소를 선택한다.

❷ Mirror 명령어를 클릭하여 실행한다.

❸ 대칭 기준선으로 V축을 선택하여 대칭 복사한다.

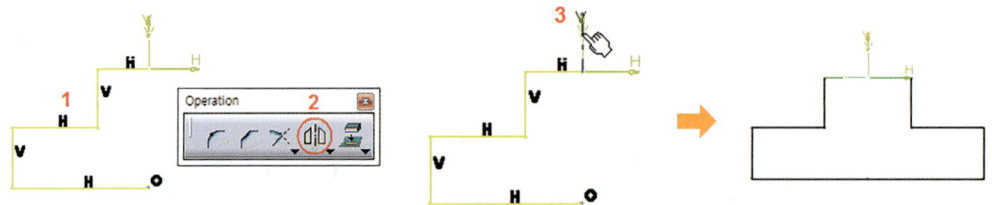

4 Constraint

Constraint 명령어를 더블 클릭하여 실행하고 치수를 부여한다.

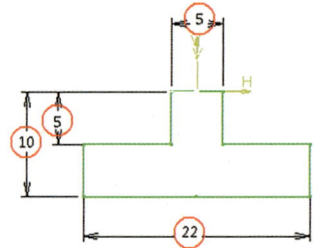

5 Corner

❶ 모든 요소를 선택한다.

❷ Corner 명령어를 클릭하여 실행한다.

❸ Sketch tools 도구모음에서 반경값으로 2를 입력하고 Enter를 눌러 모든 교차점에 Corner를 생성한다.

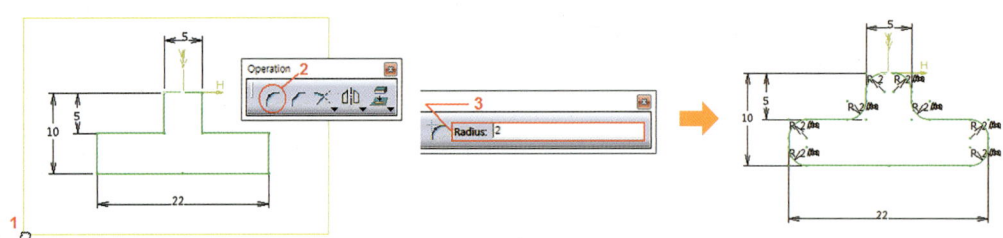

6 Exit Workbench 를 클릭하여 Sketcher Workbench를 종료하고 Part Design Workbench로 돌아간다.

3 Rib 만들기

1 Sketch-Based Features 도구모음의 Rib을 클릭하여 실행한다.

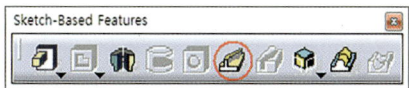

2 Rib Definition 대화상자 설정

❶ Profile 선택란에 Center curve를 따라갈 프로파일로 Specification Tree에서 Rib에 사용될 Profile 스케치를 선택한다.

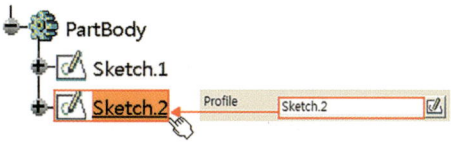

❷ Center curve 선택란에 프로파일이 따라갈 중심 곡선으로 Specification Tree에서 Rib에 사용될 Center curve 스케치 프로파일를 선택한다.

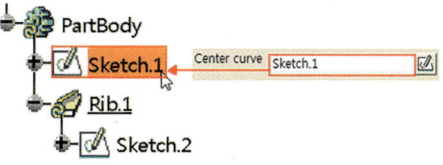

❸ OK 를 클릭하여 프로파일이 중심곡선을 따라 스윕되는 피처를 생성한다.

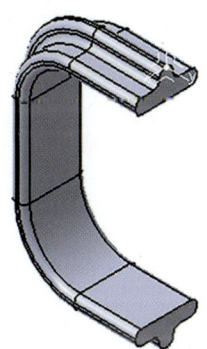

Rib

프로파일이 중심 곡선을 따라 스윕하면서 형상을 만든다.

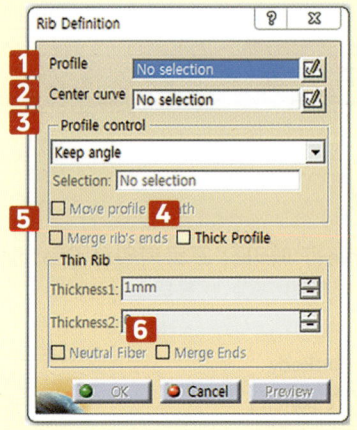

1 Profile

중심 곡선을 따라갈 열리거나 닫힌 프로파일을 선택한다.

2 Center curve

프로파일이 따라갈 중심 곡선을 선택한다. 중심 곡선은 열리거나 닫힌 곡선을 선택할 수 있다.

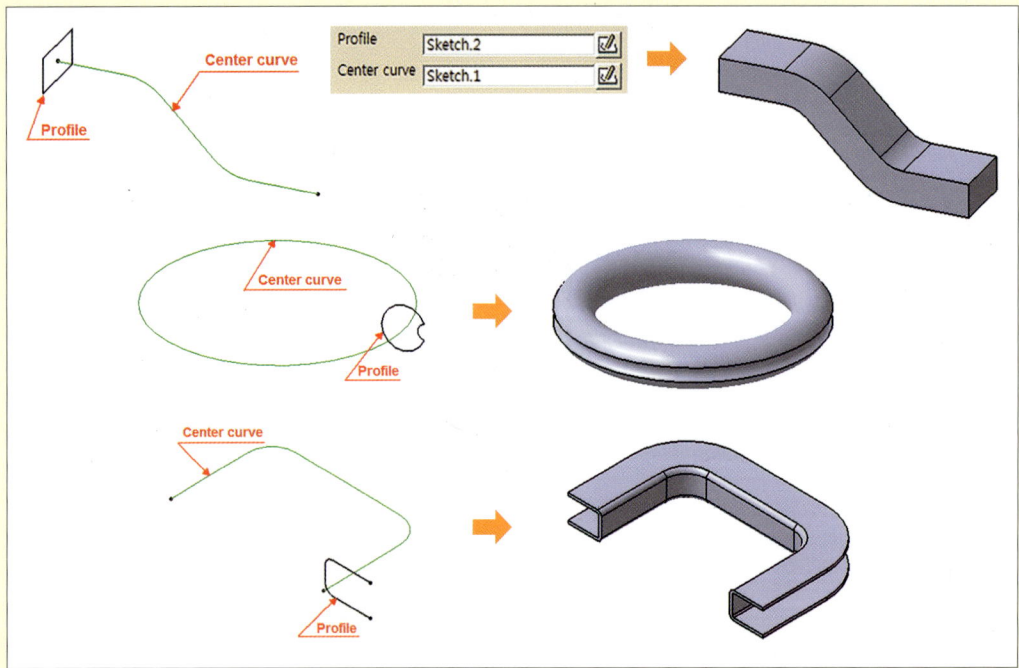

3 Profile Control

❶ Profile Control `Keep angle ▼`

프로파일에 사용된 스케치 평면과 중심 곡선의 접선 사이의 90° 각도값을 유지하며 스윕하여 형상을 만든다. 프로파일은 중심 곡선에 수직한 평면에 있는 것이 좋다.

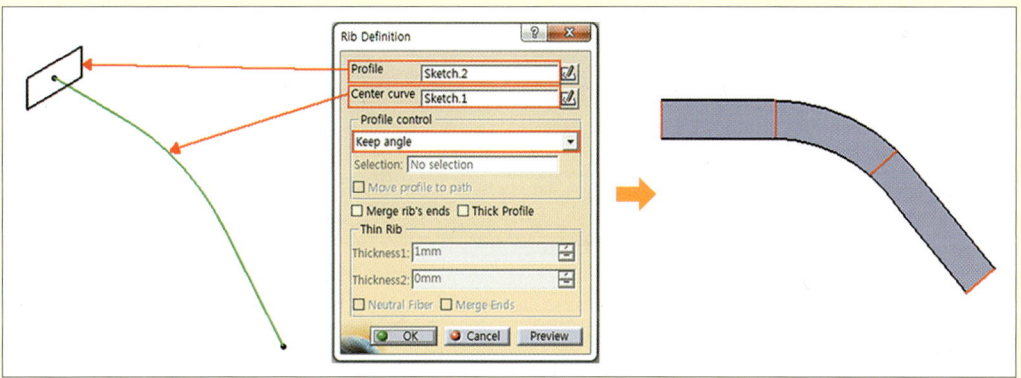

❷ Profile Control `Pulling direction ▼`

Pulling direction 옵션을 설정한 후 Selection 선택란에서 평면을 선택하면 프로파일에 사용된 스케치 평면과 선택한 평면이 수직을 유지하며 형상을 만든다.

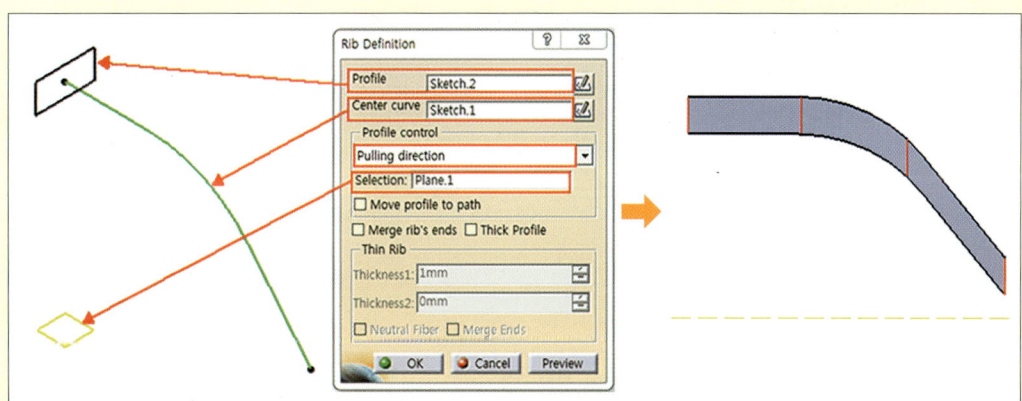

❸ **Profile Control** Reference surface ▼

프로파일의 수평축과 선택한 곡면 사이의 각도를 0°로 유지하면서 형상을 만든다.

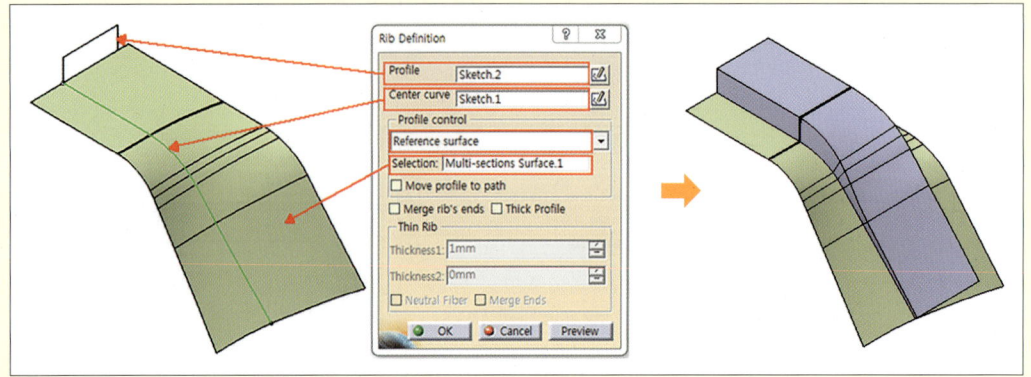

참고 Move profile to path

스케치 평면의 수직축이 참조 곡면에 대한 법선과 평행하게 유지되면서 형상을 만든다.

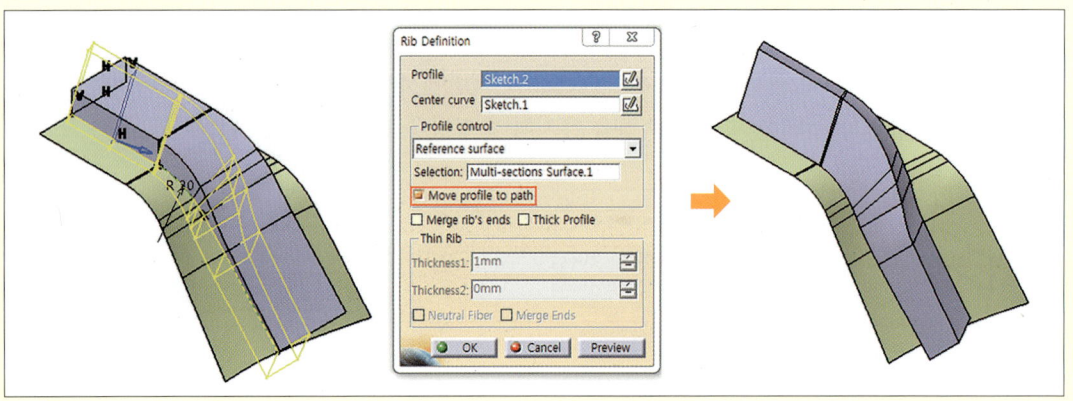

④ **Thick Profile**

프로파일에 두께를 부여하여 형상을 만든다.

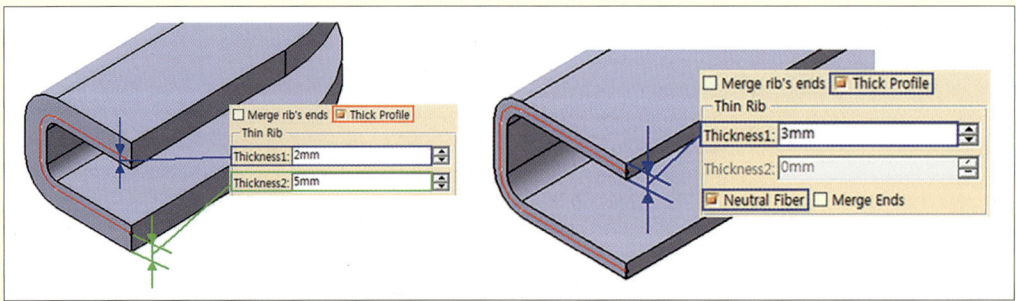

5 Merge rib's ends

Merge rib's ends 옵션을 체크하면 리브의 양 부분이 연장되어 기존 형상과 연결된다.

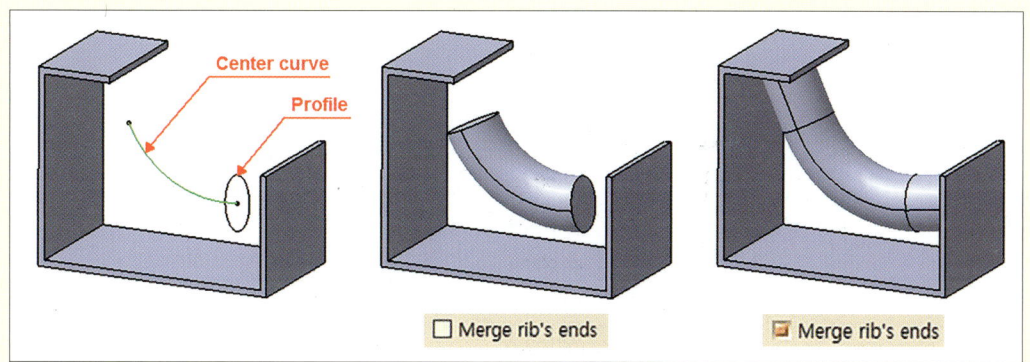

6 Merge Ends

Merge Ends 옵션을 체크하면 프로파일 자체적으로 연결되고 기존 형상과도 연결된다.

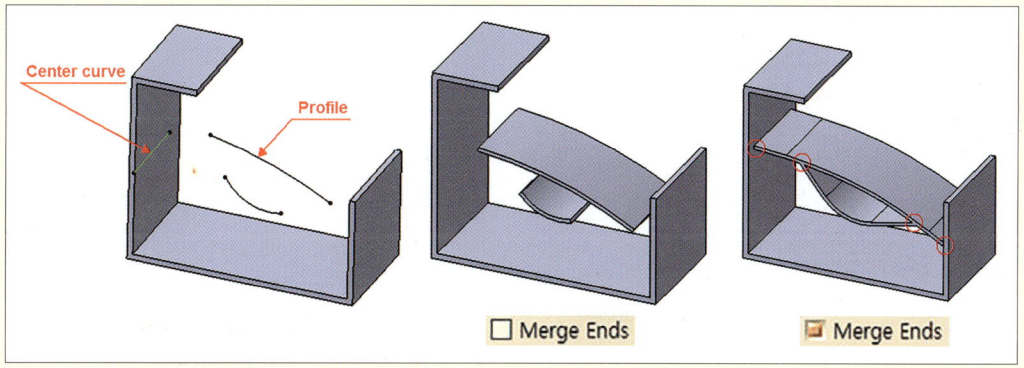

4 Shaft에 사용될 스케치 프로파일 만들기

1 Sketcher 도구모음의 Sketch 명령어를 클릭하고 Specification Tree에서 yz평면을 선택하여 Sketcher Workbench로 들어간다.

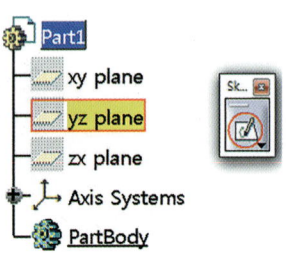

2 Profile 명령어를 클릭하여 실행한다.
　❶ 첫 번째 점은 V축 선상에 일치하도록 지정한다.
　❷ 다음 점을 지정한다.
　❸ 마지막으로 지정하는 점은 첫 번째 점과 일치하도록 지정하여 폐곡선의 프로파일을 완성한다.

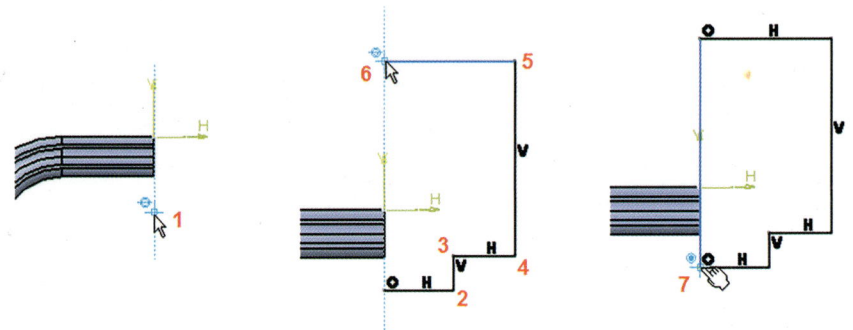

3 Constraints Defined in Dialog Box
　❶ 수평선과 형상 모서리를 선택한다.
　❷ Constraints Defined in Dialog Box 명령어를 클릭하여 실행한다.
　❸ Constraint Definition 대화상자에서 Coincidence를 체크하여 선분과 모서리가 동일 선상에 놓이도록 위치 구속을 부여한다.

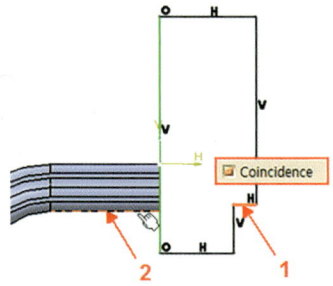

4 Constraint

Constraint 명령어를 더블 클릭하여 실행하고 치수를 부여한다.

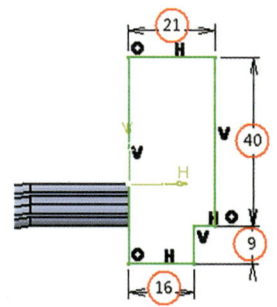

5 Profile 명령어를 클릭하여 실행한다.

❶ 첫 번째 점은 V축 선상에 일치하도록 지정한다.

❷ 다음 점을 지정한다.

❸ 마지막으로 지정하는 점은 첫 번째 점과 일치하도록 지정하여 폐곡선의 프로파일을 완성한다.

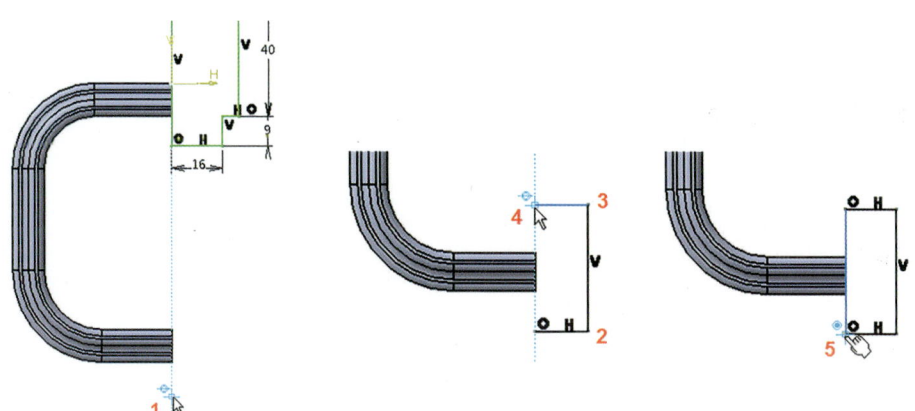

6 Constraints Defined in Dialog Box

❶ 수평선과 형상 모서리를 선택한다.

❷ Constraints Defined in Dialog Box 명령어를 클릭하여 실행한다.

❸ Constraint Definition 대화상자에서 Coincidence를 체크하여 선분과 모서리가 동일 선상에 놓이도록 위치 구속을 부여한다.

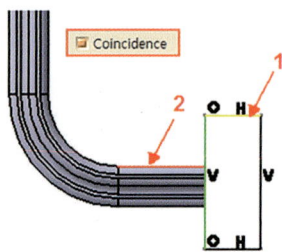

7 Constraint

Constraint 명령어를 더블 클릭하여 실행하고 치수를 부여한다.

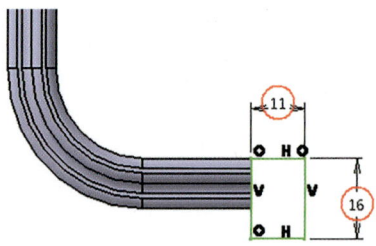

8 Exit Workbench를 클릭하여 Sketcher Workbench를 종료하고 Part Design Workbench로 돌아간다.

5 Shaft 만들기

1 Shaft 명령어를 클릭하여 실행한다.

2 Shaft Definition 대화상자 설정

❶ First Angle 란에 360°, Second Angle 란에 0°값을 기입한다.

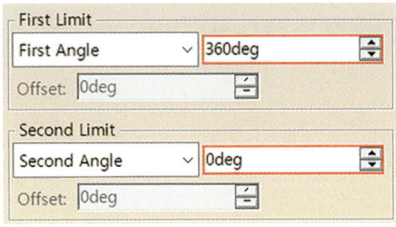

❷ Profile/Surface 아래 Selection으로는 Specification Tree에서 Shaft에 사용될 스케치 프로파일로 스케치한 프로파일을 선택한다.

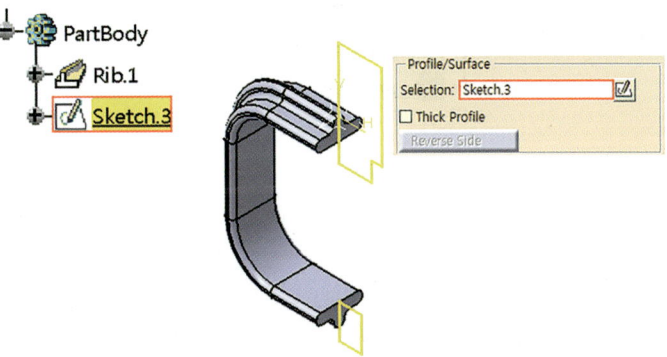

❸ Axis 아래 Selection 란에 마우스를 가져다 놓고 마우스 오른쪽버튼을 클릭하여 콘텍스트 메뉴에서 Z Axis를 선택한다.

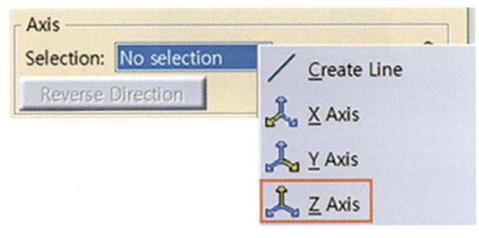
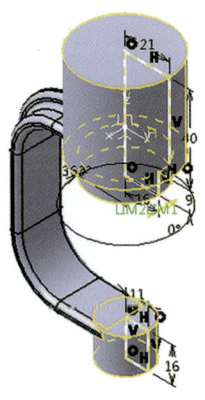

❹ OK 를 클릭하여 Shaft 피처를 생성한다.

6 Pocket에 사용될 스케치 프로파일 만들기

1 Sketch 명령어를 클릭하고 Specification Tree에서 yz평면을 선택하여 Sketcher Workbench로 들어간다.

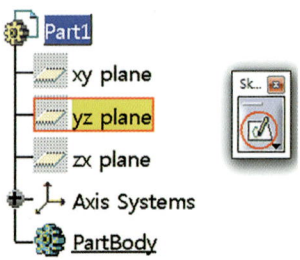

2 Circle

❶ Circle 명령어를 클릭하여 실행한다.

❷ 원의 중심점은 스케치 원점으로부터 V축 선상에 위치하도록 지정하고 반지름에 해당되는 점을 지정하여 원을 생성한다.

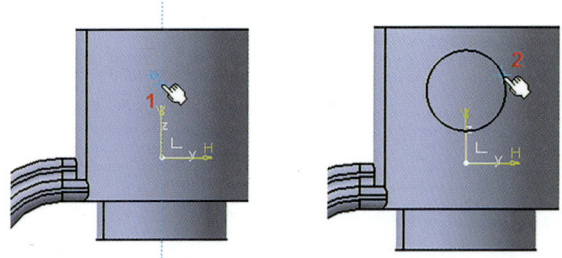

3 Constraint

Constraint 명령어를 더블 클릭하여 실행하고 치수를 부여한다.

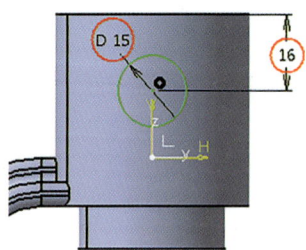

4 Exit Workbench를 클릭하여 Sketcher Workbench를 종료하고 Part Design Workbench로 돌아간다.

7 Pocket 만들기

1 Pocket 명령어를 클릭하여 실행한다.

2 Pocket Definition 대화상자 설정

❶ First Limits 아래 Type으로 Up to last를 선택한다.

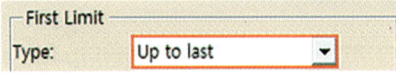

❷ More>> 버튼을 클릭하여 대화상자를 확장하고 Second Limits 아래 Type으로 Up to last를 선택한다.

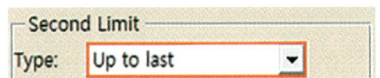

❸ OK 를 클릭하여 양방향으로 관통된 Pocket을 생성한다.

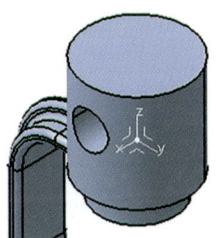

8 Hole을 사용하여 Tap 만들기

1 원통 형상의 모서리와 동심 위치에 Hole을 생성하기 위해 원통 형상의 모서리와 구멍을 배치할 면을 Ctrl을 누른 상태에서 선택한 후 Hole 명령어를 클릭하여 실행한다.

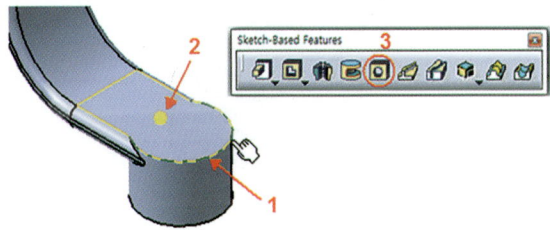

2 Hole Definition 대화상자 설정

■ Extension 탭 아래 Hole 깊이를 지정할 방법으로 Hole의 깊이가 형상을 관통하기 위해 Up To Last를 선택한다.

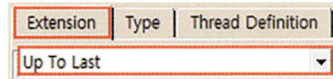

② Thread Definition을 클릭한다.

❶ Tap의 크기를 결정하기 위해 Threaded에 체크한다.(Threaded에 체크하면 형상에는 표시되지 않지만 도면 작업 시 나사산이 표시된다.)

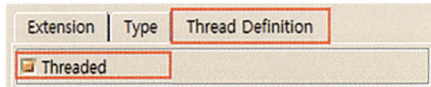

❷ Bottom Type 아래 Type으로 Support Depth를 선택하여 구멍 깊이와 Thread 깊이가 같도록 표현한다.

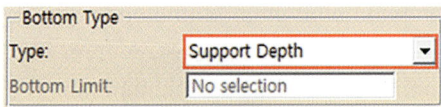

❸ Thread Definition 아래 Type으로 미터보통나사가 생성되도록 Metric Thick Pitch를 선택하고 Tread Description에서 나사의 호칭지름의 크기로 M12를 선택한다.

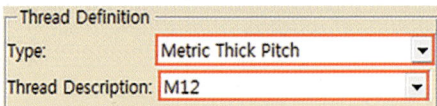

③ OK 를 클릭하여 Hole을 생성한다.

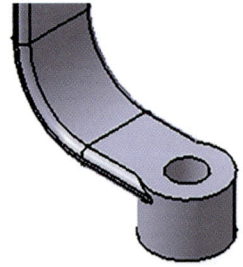

9 Chamfer를 사용하여 모서리 다듬기

1 Chamfer 명령어를 클릭하여 실행한다.

2 Chamfer Definition 대화상자 설정

❶ Mode에 거리와 각도값에 의한 모따기의 크기를 정의하기 위해서 Length1/Angle을 선택한다.

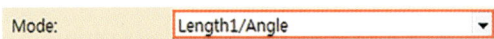

❷ Length1의 입력란에 거리값 1, Angle 입력란에 각도값 45를 기입한다.

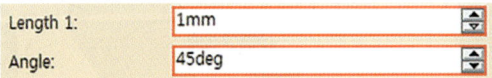

❸ Object(s) to Chamfer 란에 구멍 양쪽 모서리에 모따기가 생성되도록 Pocket에 의해 생성된 내경 면을 선택한다.

❹ OK 를 클릭하여 명령어를 종료한다.

10　Edge Fillet 를 사용하여 모서리 다듬기

1　Edge Fillet 명령어를 클릭하여 실행한다.

2　Edge Fillet Definition 대화상자에서 Radius 입력란에 2를 입력한다.

3　Object(s) to fillet 란에 필렛을 부여할 모서리를 선택한다.

4　 OK 를 눌러 명령어를 종료하여 Part 모델링을 완성한다.

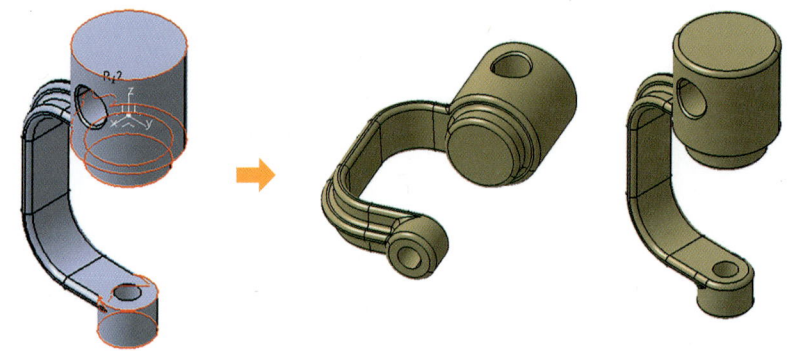

CHAPTER 10

활용 예제 9
Slot, Remove Face

예제 도면 — 3D형상 모델링 작업하기

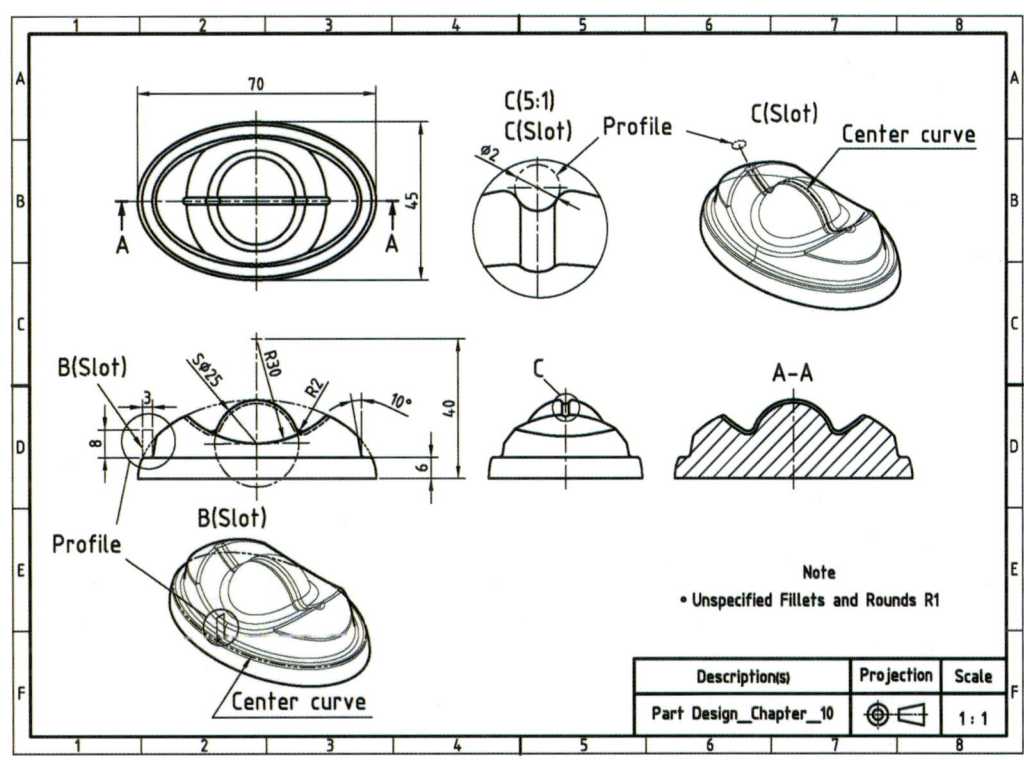

1 Shaft에 사용될 스케치 프로파일 만들기

1 Sketcher 도구모음의 Positioned Sketch를 클릭한다.

　❶ Sketch Positioning 대화상자의 Sketch Positioning 아래 Type으로 Positioned를 선택하고 Referene란은 Specification Tree에서 xy평면을 선택한다.

　❷ Swap에 체크하여 H축과 V축을 바꾸고 Reverse V를 체크하여 V축 방향을 반전한다.

　❸ OK 를 클릭하여 Sketcher Workbench로 들어간다.

2 Ellipse

　❶ Profile 도구모음의 Conic 하위 도구모음에서 Ellipse를 클릭하여 실행한다.

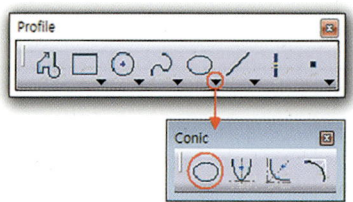

　❷ 스케치 원점에 일치하도록 타원의 중심점을 지정하고 H축 선상에 일치하도록 한 축의 끝점과 V축 선상에 일치하도록 다른 축의 끝점을 지정한다.

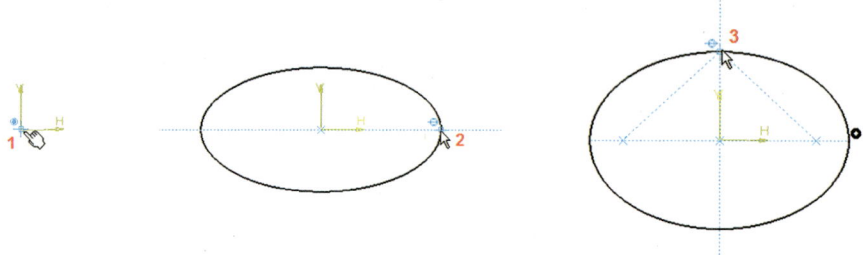

3 Constraints Defined in Dialog Box

　❶ 타원을 선택하고 Constraints Defined in Dialog Box 명령어를 클릭하여 실행한다.

　❷ Constraint Definition 대화상자에서 Semimajor axis와 Semiminor axis를 체크하고 OK 를 눌러 장축과 단축의 치수가 생성되도록 한다.

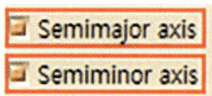

❸ 치수를 더블 클릭하여 변경한다.

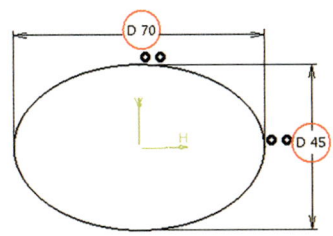

❹ 그래픽 영역에서 절대좌표 X축과 타원을 선택한 다음 Constraints Defined in Dialog Box 명령어를 클릭하여 실행한다.

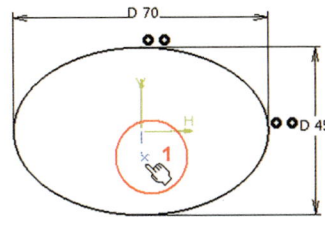 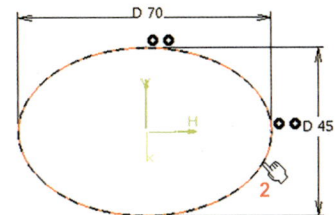

❺ Constraint Definition 대화상자에서 Perpendicular를 체크하여 절대좌표 X축과 타원의 첫 번째 지정한 축이 직각이 되도록 방향 구속을 한다.

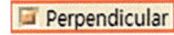

TIP

타원의 자세(방향) 구속을 위해 하나의 축에서 반 축의 거리값을 추가하거나 방향을 변경할 여지가 있다면 스케치 축과 타원을 선택하고 Constraint Definition 대화상자에서 Angle을 체크하여 각도값을 부여한다.

4 Line

Line 명령어를 실행하고 H축 선상으로 타원과 일치하는 두 점을 지정하여 수평한 선을 작성한다.

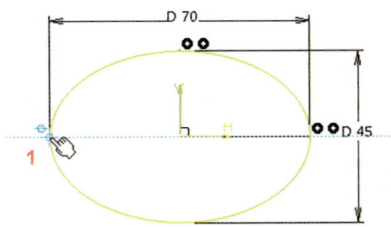 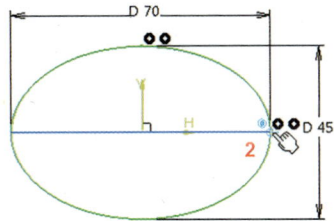

5 Quick Trim

❶ Quick Trim 명령어를 클릭하여 실행한다.

❷ 수평선을 기준으로 타원의 반을 잘라낸다.

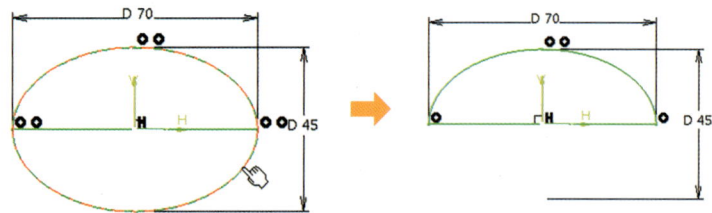

6 Exit Workbench를 클릭하여 Sketcher Workbench를 종료하고 Part Design Workbench로 돌아간다.

2 Shaft를 사용하여 베이스 피처 만들기

1 Sketch-Based Features 도구모음의 Shaft를 클릭하여 실행한다.

2 Shaft Definition 대화상자 설정

❶ First Angle 란에 180°, Second Angle 란에 0°를 입력한다.

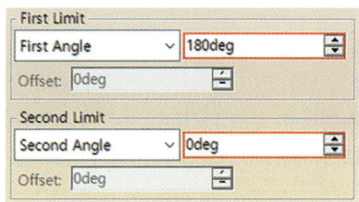

❷ Profile/Surface 아래 Selection 란에 Shaft에 사용될 스케치 프로파일을 선택한다.

❸ Axis 아래 Selection 란에 프로파일을 회전시킬 회전축으로 스케치 프로파일에서 수평한 선분을 선택한다.

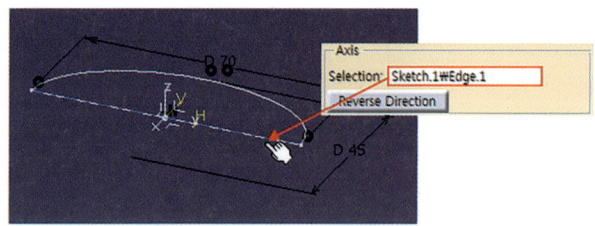

❹ OK를 클릭하여 Shaft 베이스 피처를 생성한다.

3 Offset된 Plane 만들기

1 Reference Elements 도구모음의 Plane 명령어를 클릭하여 실행한다.

2 Plane Definition 대화상자 설정

❶ Plane type으로 Offset from plane을 선택한다.

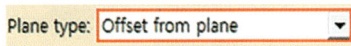

❷ Reference 선택란은 Specification Tree에서 xy평면을 선택하거나 그래픽 영역에서 Axis system의 xy평면을 선택하여도 된다.

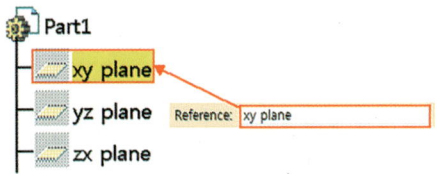

❸ Offset 란에 오프셋 거리로 6을 입력한다.

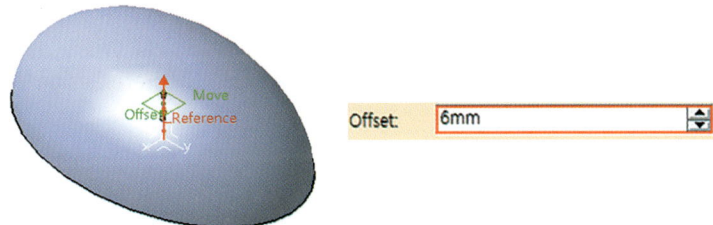

❹ OK 를 클릭하여 xy평면으로부디 6mm만큼 오프셋된 평년을 만는다.

CHAPTER 10 활용 예제 9 **333**

4 Slot에 사용될 Center curve 스케치 프로파일 만들기

1 Sketch 명령어를 클릭하고 Specification Tree에서 Plane1을 선택하여 Sketcher Workbench로 들어간다.

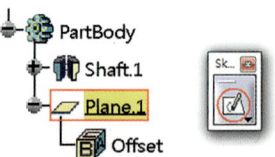

2 Intersect 3D Elements

❶ 3D 형상의 면을 선택한다.

❷ Operation 도구모음의 3D Geometry 하위 도구모음에서 Intersect 3D Elements 명령어를 클릭하여 3D 형상의 면과 스케치 평면 사이에 교선을 생성한다.

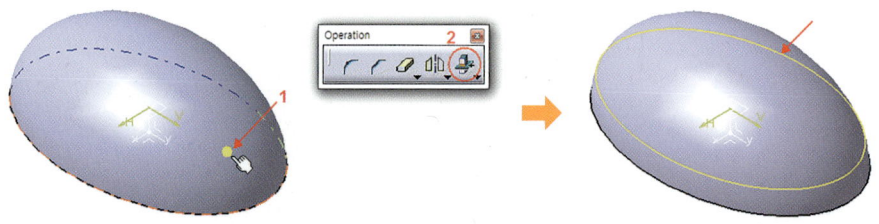

3 Exit Workbench를 클릭하여 Sketcher Workbench를 종료하고 Part Design Workbench로 돌아간다.

5 Slot에 사용될 Profile 스케치 만들기

1 Sketch 명령어를 클릭하고 Specification Tree에서 yz평면을 선택하여 Sketcher Workbench로 들어간다.

2 Project 3D Elements

❶ 3D Geometry 하위 도구모음에서 Project 3D Elements 명령어를 클릭하여 실행한다.
❷ 교선으로 생성된 곡선을 선택하면 선택한 요소가 스케치 평면에 투영되어 프로파일이 생성된다.

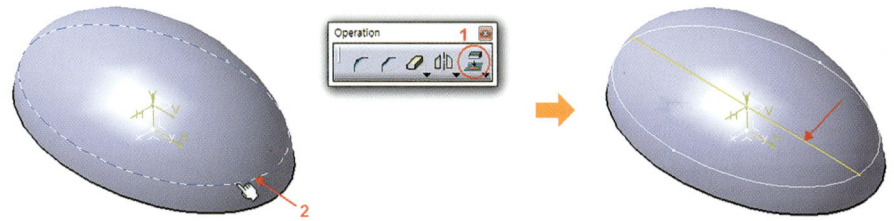

3
투영된 곡선을 선택하고 Sketch tools 도구모음에서 Creating Construction/Standard Elements 를 클릭하여 선택한 곡선을 구성요소로 만든다.

4 Rectangle

❶ Sketch tools 도구모음에서 Creating Construction/Standard Elements 를 클릭하여 표준 요소가 작성되도록 한다.
❷ Rectangle 명령어를 실행한 다음 첫 번째 구석 점으로는 투영곡선의 끝점과 일치하도록 지정하고 대각선 방향의 다른 구석 점을 지정하여 직사각형을 그린다.

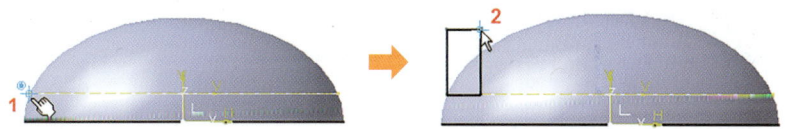

5 Constraint

Constraint 명령어를 더블 클릭하여 실행하고 치수값을 부여한다.

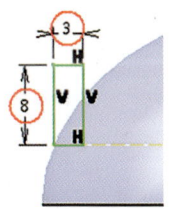

6 Exit Workbench ⬆를 클릭하여 Sketcher Workbench를 종료하고 Part Design Workbench로 돌아간다.

6 Slot 만들기

1 Sketch-Based Features 도구모음의 Slot을 클릭하여 실행한다.

TIP
중심곡선을 따라 프로파일을 스윕하면서 Rib은 재료를 추가, Slot은 재료를 제거하는 차이가 있을 뿐 사용방법은 동일하다.(316~319쪽 참고)

2 **Slot Definition 대화상자 설정**

❶ Profile 선택란에 Center curve를 따라갈 프로파일로 Specification Tree에서 Slot에 사용될 Profile 스케치를 선택한다.

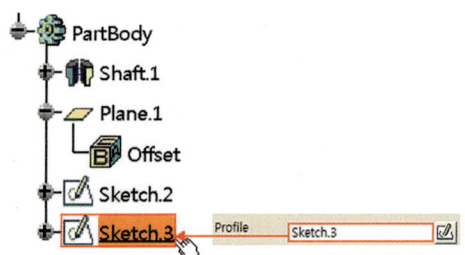

❷ Center curve 선택란에 프로파일이 따라갈 중심 곡선으로 Specification Tree에서 Slot에 사용될 Center curve 스케치 프로파일을 선택한다.

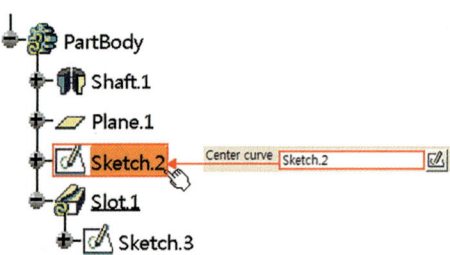

❸ ![OK] 를 클릭하여 Slot을 생성한다.

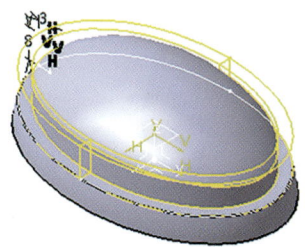

7 Draft Angle 을 사용하여 면에 구배주기

1 Draft Angle 명령어를 클릭하여 실행한다.

2 Draft Definition 대화상자 설정

❶ Draft Type에서 Constant Angle Draft를 선택한다.

❷ Angle 란에 구배 각도값 10을 기입한다.

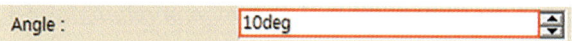

❸ Face(s) to draft 란에 구배를 부여할 면을 선택한다.

❹ Neutral Element 아래 Selection 란에서 구배 각도의 기준면을 선택한다.

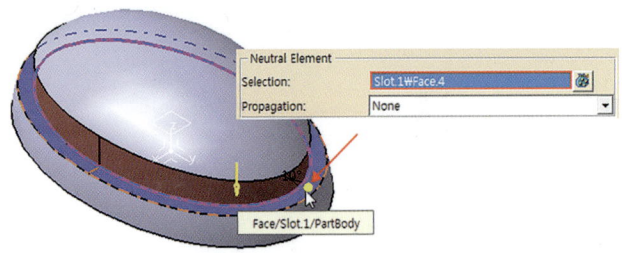

❺ 노란색 화살표를 클릭하여 구배 방향을 반전시킨다.

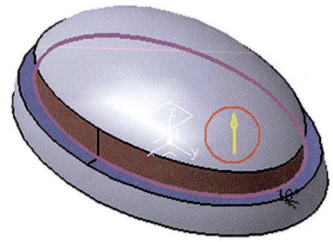

❻ OK 를 클릭하여 명령어를 종료한다.

8 Pocket 에 사용될 스케치 프로파일 만들기

1. Sketch 명령어를 클릭하고 Specification Tree에서 yz평면을 선택하여 Sketcher Workbench로 들어간다.

2. Intersect 3D Elements

   ❶ 3D 형상의 면을 선택한다.

   ❷ Operation 도구모음의 3D Geometry 하위 도구모음에서 Intersect 3D Elements 명령어를 클릭하여 3D 형상의 면과 스케치 평면 사이에 교선을 생성한다.

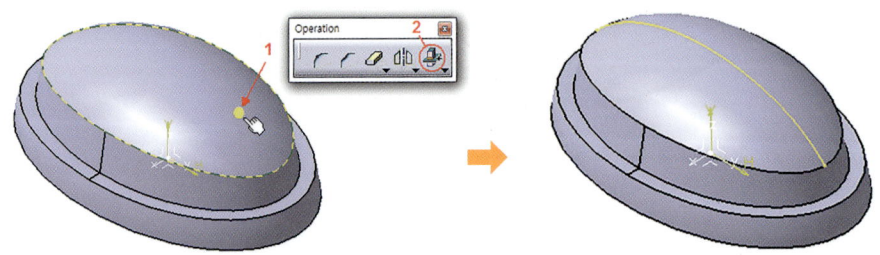

3 Arc

❶ Profile 도구모음의 Circle 하위 도구모음에서 Arc 명령어를 클릭하여 실행한다.

❷ 호의 중심점은 V축 선상에 일치하도록 지정하고 호의 시작점과 끝점은 교선에 일치하도록 지정하여 호를 생성한다.

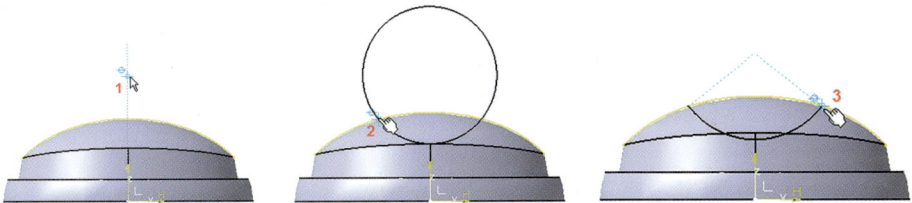

4 Quick Trim

❶ Quick Trim 명령어를 더블 클릭하여 실행한다.

❷ 호와 교차되는 교선의 바깥쪽 부분을 잘라낸다.

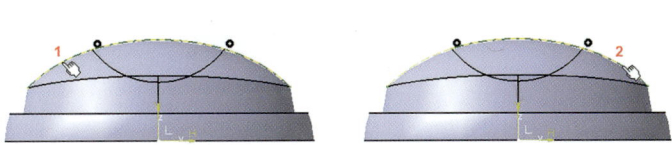

5 Constraint

Constraint 명령어를 더블 클릭하여 실행하고 치수값을 부여한다.

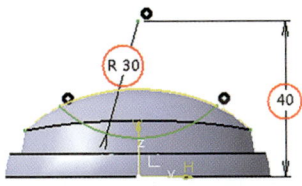

6

Exit Workbench를 클릭하여 Sketcher Workbench를 종료하고 Part Design Workbench로 돌아 산다.

9 Pocket 만들기

1 Pocket 명령어를 클릭하여 실행한다.

2 Pocket Definition 대화상자 설정

❶ Mirrored extent를 체크한다.

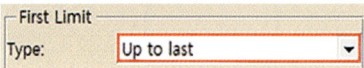

❷ First Limits 아래 Type으로 Up to last을 선택한다.

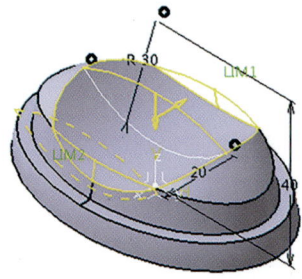

❸ OK 를 클릭하여 양쪽 방향으로 관통된 Pocket을 생성한다.

10 Shaft에 사용될 스케치 프로파일 만들기

1 Sketcher 도구모음의 Sketch 명령어를 클릭하고 Specification Tree에서 yz평면을 선택하여 Sketcher Workbench로 들어간다.

2 Intersect 3D Elements

❶ 3D 형상의 면을 선택한다.

❷ Intersect 3D Elements 명령어를 클릭하여 3D 형상의 면과 스케치 평면 사이에 교선을 생성한다.

3 교차 곡선을 선택하고 Sketch tools 도구모음에서 Creating Construction/Standard Elements 를 클릭하여 선택한 곡선을 구성요소로 만든다.

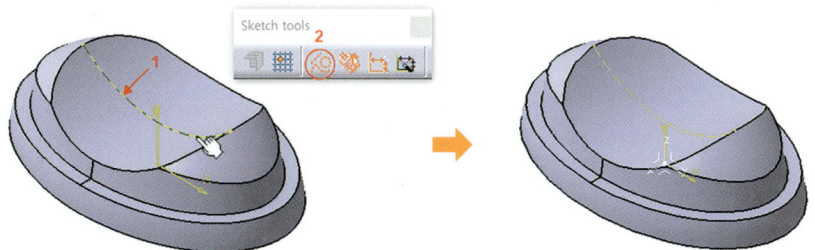

4 Circle

❶ Circle 명령어를 클릭하여 실행한다.

❷ V축 선상에서 교선에 일치하는 위치에 중심점을 지정하고 반지름에 해당되는 점을 지정하여 원을 생성한다.

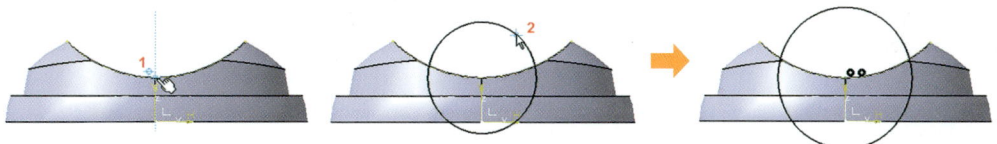

5 Line

Line 명령어를 실행하고 원의 중심점으로부터 수평 방향으로 원주에 일치하게 두 점을 지정하여 수평선을 작성한다.

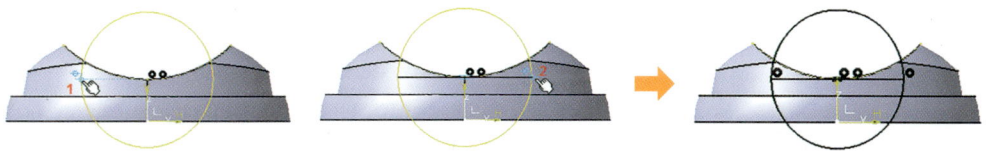

6 Quick Trim

❶ Quick Trim 명령어를 클릭하여 실행한다.

❷ 원을 선택하여 선과 교차되는 부분까지 잘라낸다.

7 Constraint

Constraint 명령어를 클릭하여 실행하고 치수값을 부여한다.

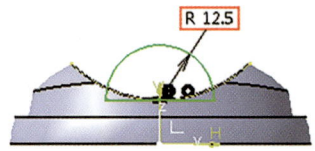

8

Exit Workbench를 클릭하여 Sketcher Workbench를 종료하고 Part Design Workbench로 돌아간다.

11 Shaft 만들기

1 Shaft를 클릭하여 실행한다.

2 Shaft Definition 대화상자 설정

❶ First Angle 란에 360°, Second Angle 란에 0° 값을 입력한다.

❷ Axis 아래 Selection 란에서 회전축으로 스케치 프로파일의 수평선을 선택한다.

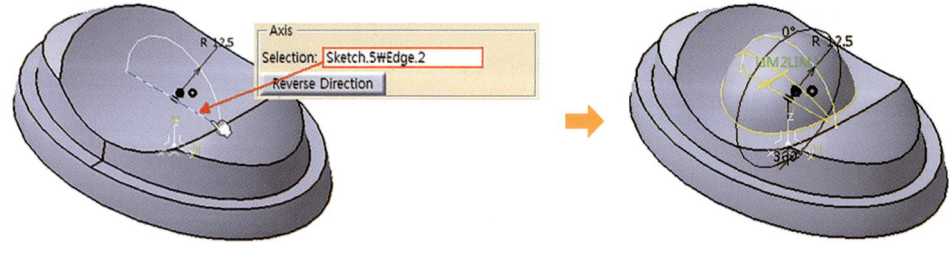

❸ OK 를 클릭하여 Shaft 피처를 생성한다.

12 Remove Face를 사용하여 면 제거하기

1 Dress-Up Features 도구모음의 Remove Face 하위 도구모음에서 Remove Face 명령어를 클릭하여 실행한다.

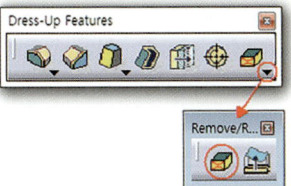

2 Remove Face Definition 대화상자 설정

❶ Faces to remove 선택란에 제거할 면으로 형상 아래 방향의 구형 면을 선택한다.

❷ OK 를 클릭하여 불필요한 형상의 면을 제거한다.

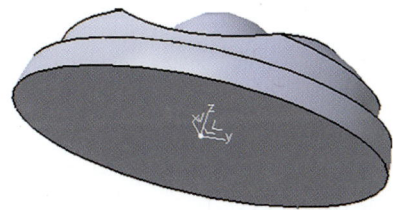

Remove Face

형상의 불필요한 면을 선택하여 제거한다.

1 Faces to remove

제거할 면을 선택한다. 선택한 면은 보라색으로 표현된다.

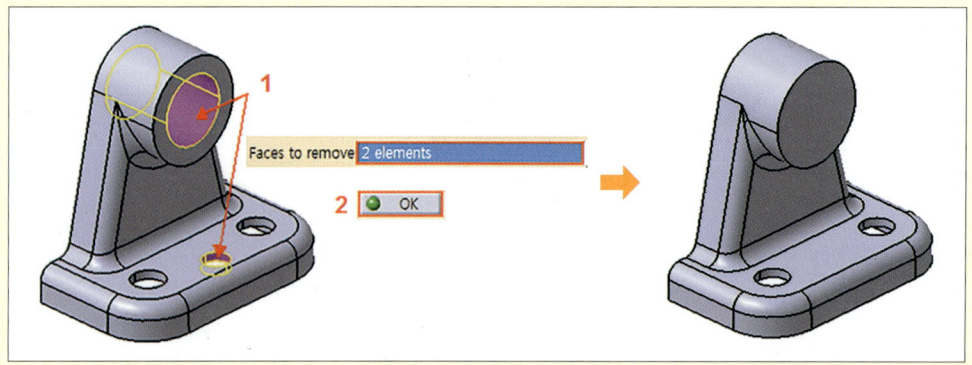

제거할 면을 선택하고 Faces to remove 선택란에서 마우스 오른쪽버튼을 클릭한다. 콘텍스트 메뉴에서 Clear selection을 선택하면 선택한 모든 면이 취소되며, Tangency Propagation을 선택하면 제거할 면으로 선택한 면과 접하는 모든 면이 선택된다.

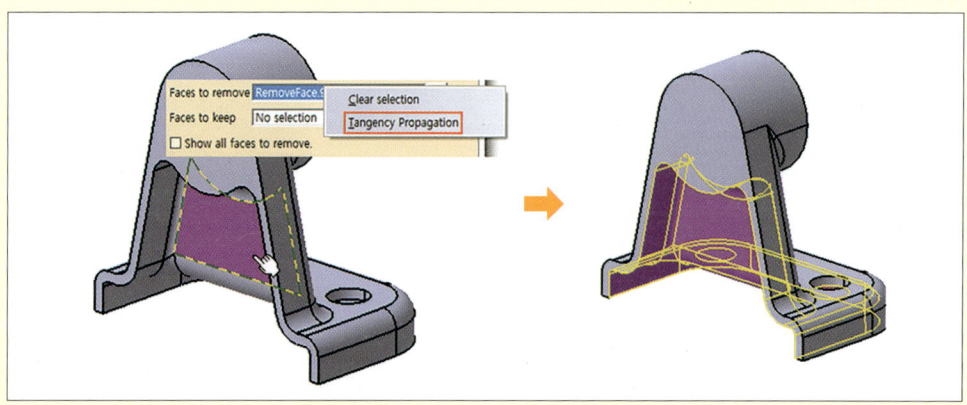

2 Faces to keep

제거되지 않고 유지될 면을 선택한다. 선택한 면은 파란색으로 표현된다.

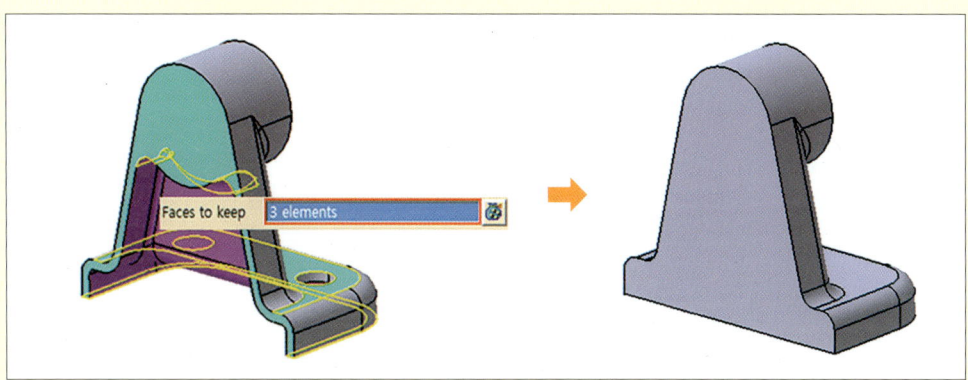

3 Show all faces to remove에 체크하면 제거될 면으로 선택한 면과 인접한 모든 면을 미리 볼 수 있다.

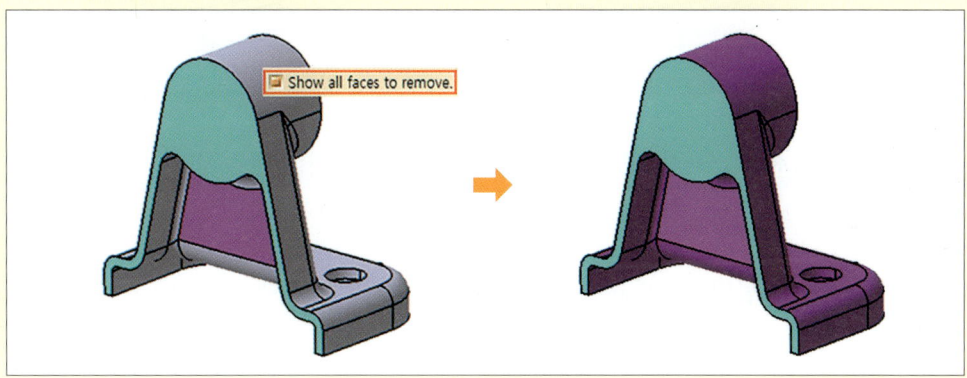

13 Edge Fillet 을 사용하여 모서리 다듬기

1 Edge Fillet 명령어를 클릭하여 실행한다.

2 Edge Fillet Definition 대화상자에서 Radius 입력란에 2를 기입한다.

3 Object(s) to fillet 란에 모서리를 선택하고 OK 를 누른다.

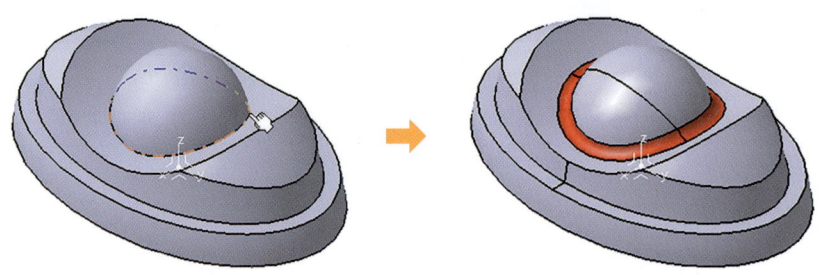

14 Slot에 사용될 Center curve 스케치 프로파일 만들기

1 Sketch 명령어를 클릭하고 Specification Tree에서 yz평면을 선택하여 Sketcher Workbench로 들어간다.

2 Intersect 3D Elements
  ❶ 3D 형상의 면을 선택한다.
  ❷ Intersect 3D Elements 명령어를 클릭하여 3D 형상의 면과 스케치 평면 사이에서 교선을 생성한다.

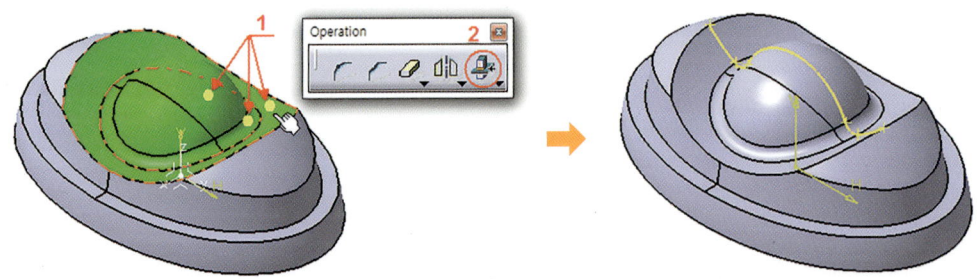

3 Trim

❶ Operation 도구모음의 Relimitations 하위 도구모음에서 Trim 명령어를 더블 클릭하여 실행한다.

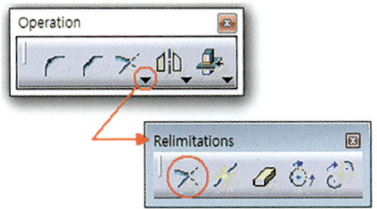

❷ 연장할 방향으로 연장할 요소를 선택한 후 마우스를 움직여 임의의 위치에서 끝점을 지정하여 선택 요소의 길이를 연장한다.

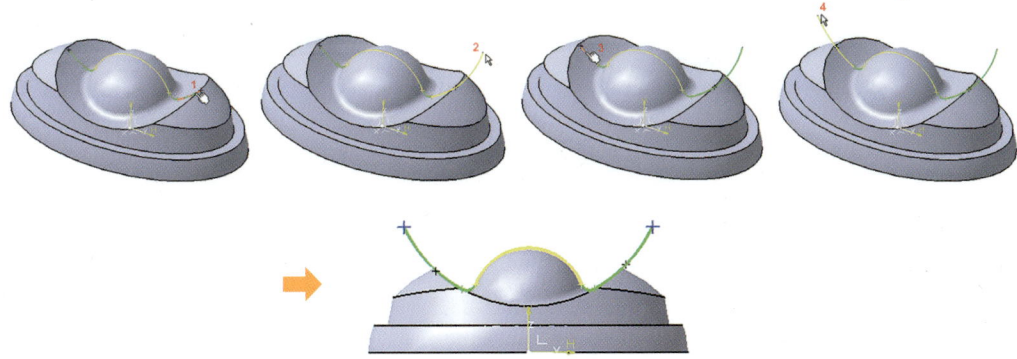

4 Exit Workbench 를 클릭하여 Sketcher Workbench를 종료하고 Part Design Workbench로 돌아간다.

15 Slot Profile 스케치 평면 만들기

1 Plane 명령어를 클릭하여 실행한다.

2 Plane Definition 대화상자 설정

❶ Plane type으로 Normal to curve를 선택한다.

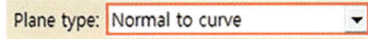

❷ Curve 선택란에 스케치 곡선을 선택한다.

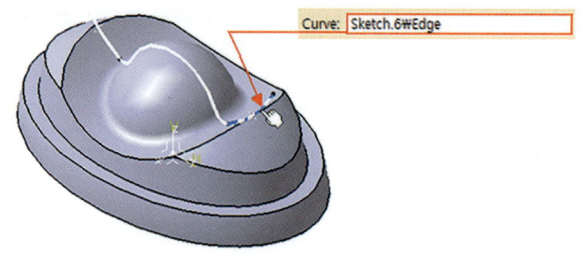

❸ Point 선택란에 곡선의 끝점을 선택한다.

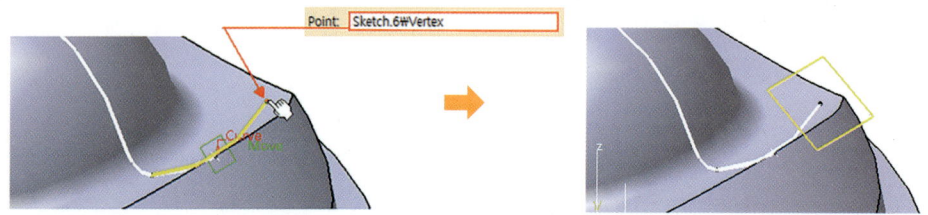

❹ OK 를 클릭하여 곡선의 끝점 위치에서 곡선에 수직한 평면을 만든다.

16 Slot에 사용될 Profile 스케치 만들기

1 Sketch 명령어를 클릭하고 Specification Tree에서 Plane.2를 선택하여 Sketcher Workbench로 들어간다.

2 Circle

❶ Circle 명령어를 클릭하여 실행한다.
❷ 원의 중심점을 지정하고 반지름에 해당되는 점을 지정하여 원을 생성한다.

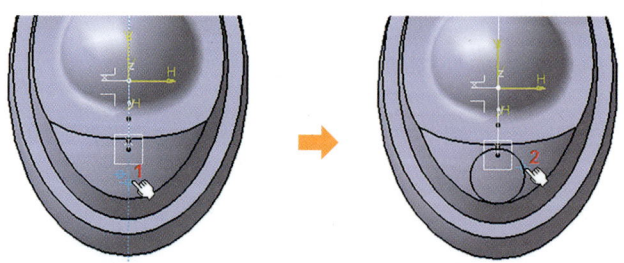

3 Constraints Defined in Dialog Box 🔲

❶ 원의 중심점과 곡선의 끝점을 선택하고 Constraints Defined in Dialog Box 🔲 명령어를 클릭하여 실행한다.

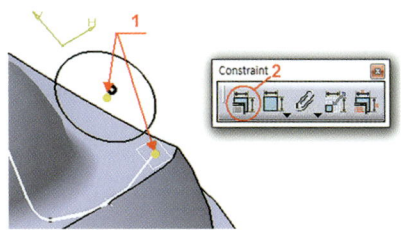

❷ Constraint Definition 대화상자에서 Coincidence를 체크하고 OK 를 눌러 원의 중심점과 곡선의 끝점이 일치하도록 위치를 구속한다.

4 Constraint 🔲

Constraint 🔲 명령어를 클릭하여 실행하고 치수를 부여한다.

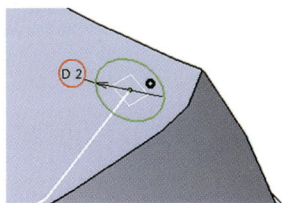

5 Exit Workbench 를 클릭하여 Sketcher Workbench를 종료하고 Part Design Workbench로 돌아간다.

17 Slot 만들기

1 Slot 를 클릭하여 실행한다.

2 Slot Definition 대화상자 설정

❶ Profile 선택란에 Center curve를 따라갈 원 스케치를 선택한다.

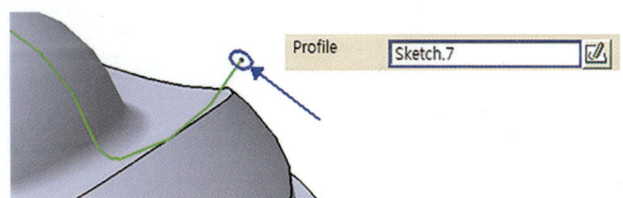

❷ Center curve 선택란에 Slot에 사용될 Center curve 스케치 프로파일을 선택한다.

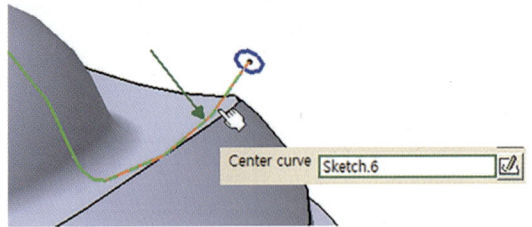

❸ OK 를 클릭하여 Slot을 생성한다.

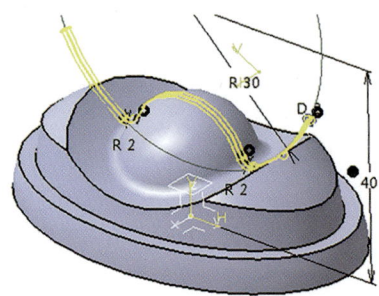

18 Edge Fillet 을 사용하여 모서리 다듬기

1 Edge Fillet 명령어를 클릭하여 실행한다.

2 Edge Fillet Definition 대화상자에서 Radius 입력란에 1을 기입한다.

3 Object(s) to fillet 란에 면을 선택하고 OK 를 눌러 명령어를 종료하여 Part 모델링을 완성한다.

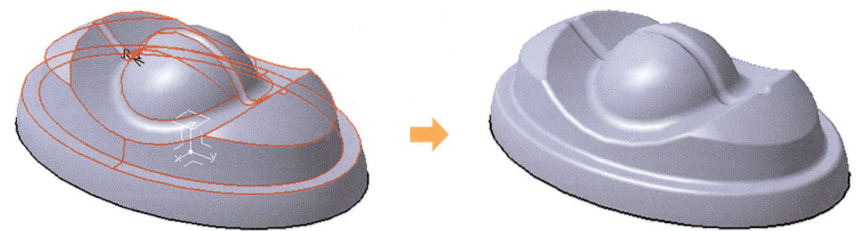

CHAPTER 11 활용 예제 10

Multi-sections Solid, Removed Multi-sections Solid

예제 도면 | 3D형상 모델링 작업하기

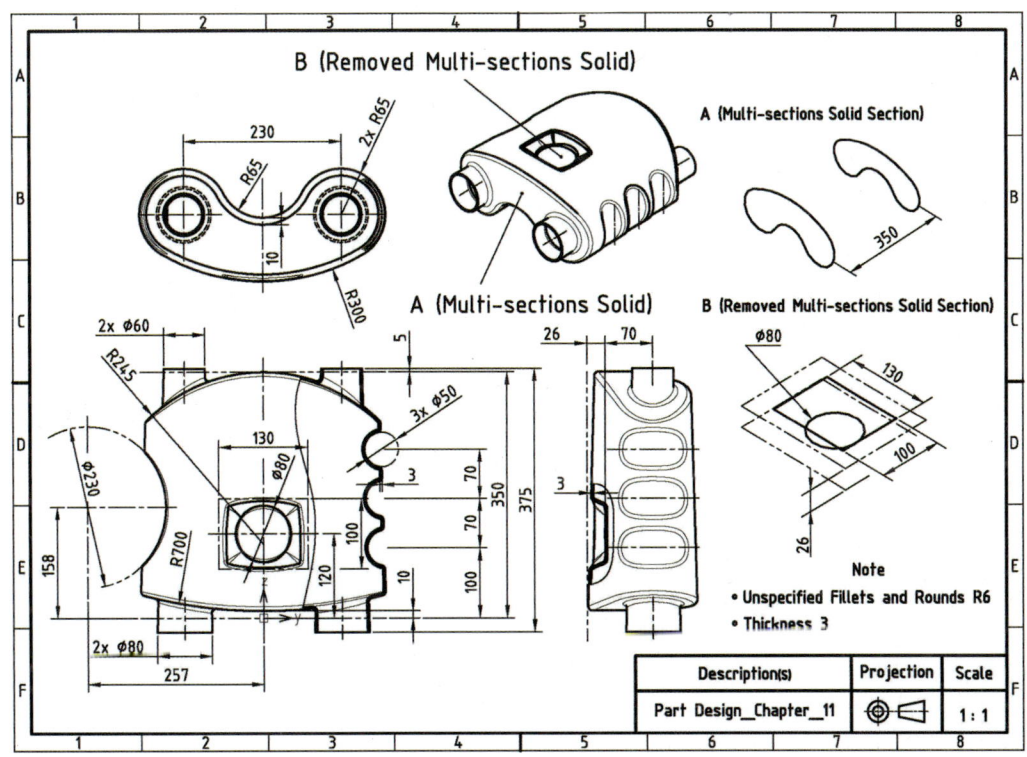

1 Multi-sections Solid 에 사용될 Section1 스케치 프로파일 만들기

1 Sketch 명령어를 클릭하고 Specification Tree에서 yz평면을 선택하여 Sketcher Workbench로 들어간다.

2 Circle

❶ Circle 명령어를 클릭하여 실행한다.
❷ 원의 중심점은 스케치 원점으로부터 H축 선상에 위치하도록 지정하고 반지름에 해당되는 점을 지정하여 원을 생성한다.

3 Mirror

❶ Mirror 명령어를 클릭하여 실행한다.
❷ 대칭 복사할 요소로 원을 선택한다.
❸ 대칭 기준선으로 V축을 선택하여 대칭 복사한다.

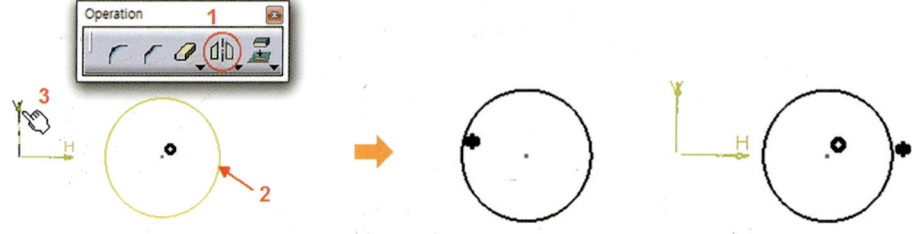

4 Circle

❶ Circle 명령어를 클릭하여 실행한다.
❷ 원의 중심점은 스케치 원점으로부터 V축 선상에 위치하도록 지정하고 반지름에 해당되는 점은 원의 접점을 지정하여 원을 생성한다.

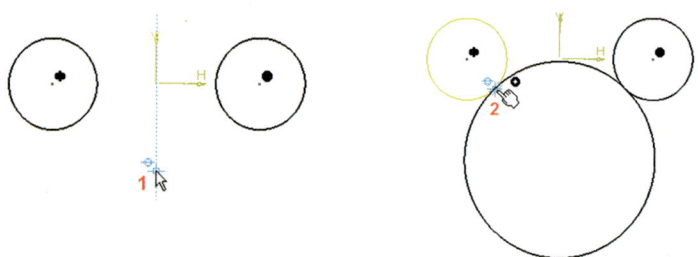

5 Arc

❶ Arc 명령어를 클릭하여 실행한다.

❷ 호의 중심점은 스케치 원점으로부터 V축 선상에 위치하도록 지정하고 호의 시작점과 끝점은 원주선상에 일치하고 원과 접하는 점을 지정하여 호를 생성한다.

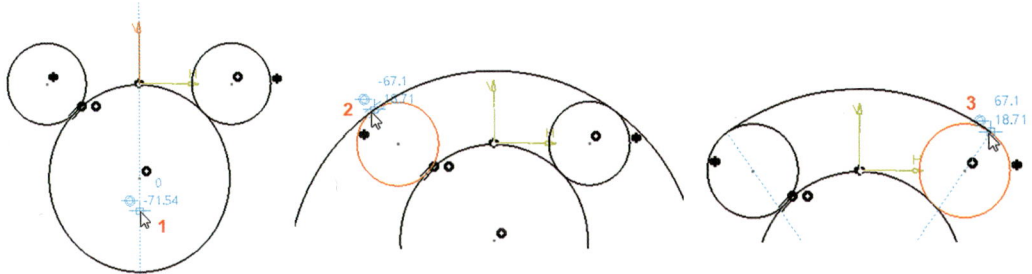

6 Quick Trim

Quick Trim 명령어를 더블 클릭하여 실행하고 요소를 잘라 단일 폐곡선 영역을 만든다.

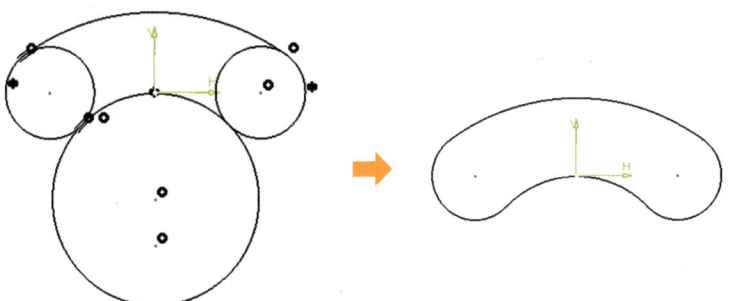

7 Constraint

Constraint 명령어를 더블 클릭하여 실행하고 치수값을 부여한다.

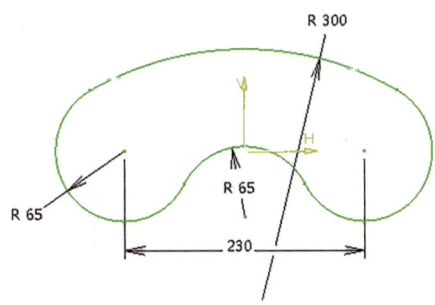

8 Exit Workbench를 클릭하여 Sketcher Workbench를 종료하고 Part Design Workbench로 돌아간다.

2 Offset된 Plane 만들기(1)

1 Reference Elements 도구모음의 Plane 명령어를 클릭하여 실행한다.

2 Plane Definition 대화상자 설정

❶ Plane type으로 Offset from plane을 선택한다.

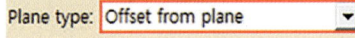

❷ Reference 선택란에 Specification Tree에서 yz평면을 선택한다.

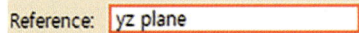

❸ Offset 란에 오프셋 거리로 350을 입력한다.
❹ Reverse Direction 버튼을 클릭하여 오프셋 방향을 반전한다.

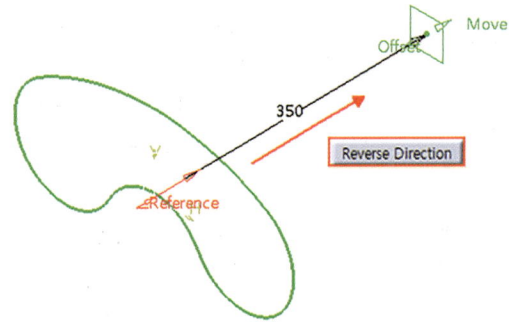

❺ OK 를 클릭하여 yz평면으로부터 350mm만큼 오프셋된 평면을 만든다.

3 Multi-sections Solid 에 사용될 Section2 스케치 프로파일 만들기

1 Sketch 명령어를 클릭하고 Specification Tree에서 Plane.1을 선택하여 Sketcher Workbench로 들어간다.

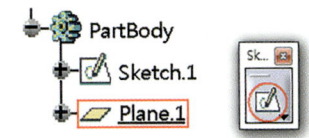

2 **Project 3D Elements**

Project 3D Elements 명령어를 클릭하여 실행하고 Specification Tree에서 Sketch.1을 선택하여 스케치 요소를 현재 스케치 평면에 투영하여 프로파일을 생성한다.

3 투영된 곡선을 선택하고 Sketch tools 도구모음에서 Creating Construction/Standard Elements 를 클릭하여 구성요소로 만든다. 구성요소로 변환한 후 다음 그려지는 요소가 표준요소가 되도록 Creating Construction/Standard Elements를 비활성화 한다.

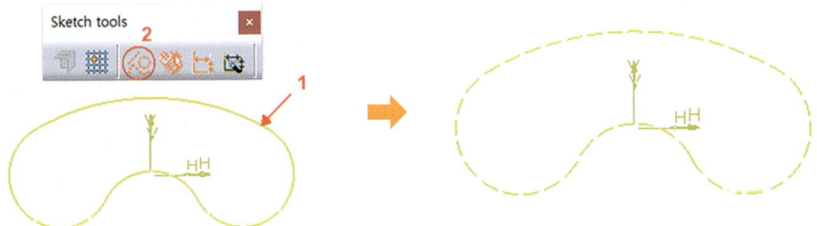

4 **Offset**

❶ Offset 명령어를 클릭하여 실행한다.
❷ Sketch tools 도구모음에서 Dimensional Constraints를 클릭하여 활성화 한다.
❸ Offset할 요소로 투영한 요소를 선택하고 Offset 거리값 10만큼 Offset한다.

5 Exit Workbench를 클릭하여 Sketcher Workbench를 종료하고 Part Design Workbench로 돌아간다.

4 Multi-sections Solid 를 사용하여 베이스 피처 생성하기

1 Sketch-Based Features 도구모음의 Multi-sections Solid 를 클릭하여 실행한다.

2 Multi-sections Solid Definition 대화상자 설정

❶ Multi-sections Solid은 2개 이상의 단면 곡선을 연결하여 형상을 구현하기 때문에 단면 곡선으로 Sketch.1과 Sketch.2를 선택한다.

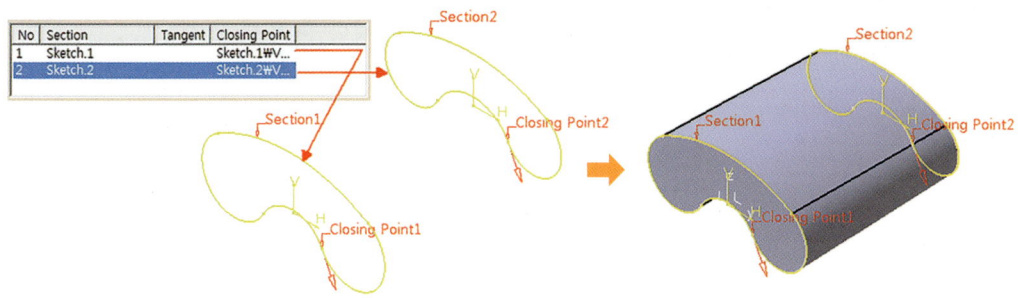

❷ OK 를 클릭하여 두 단면곡선을 연결하여 베이스 피처를 생성한다.

Multi-sections Solid

두 개 이상의 다중 단면을 연결하여 솔리드를 만든다. Multi-sections Solid 는 재질을 더하고 Removed Multi-sections Solid 는 재질을 제거하는 차이가 있을 뿐 사용방법은 동일하다.

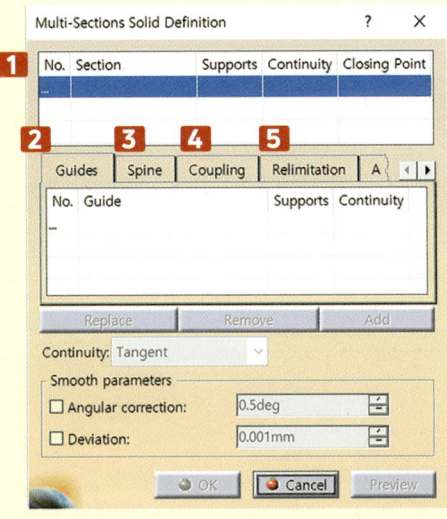

1 Section 선택

두 개 이상의 단면 곡선을 선택한다. 단면 곡선은 형상이 만들어질 방향을 고려하여 순차적으로 선택한다.

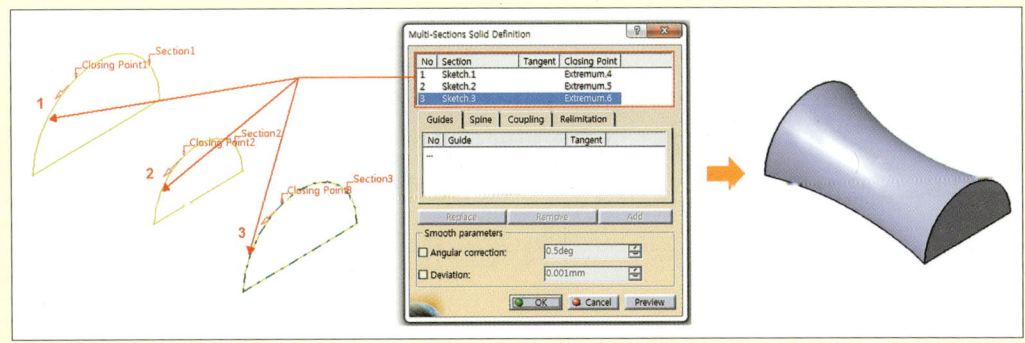

Closing Point 위치에서 선택한 단면 곡선이 연결된다. 비틀림이 없는 형상을 만들기 위해서는 Closing Point의 위치와 Closing Point의 화살표 방향을 같게 한다. 화살표 방향은 단면 곡선의 점을 연결할 회전 방향이다.

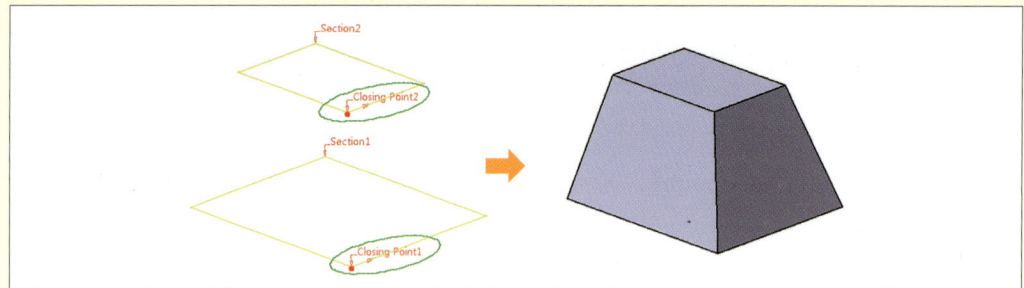

참고 Closing Point 변경하기

❶ 변경하고자 하는 Closing Point에 마우스를 가져다 놓고 마우스 오른쪽버튼을 누른다.
❷ Replace를 선택한다.
❸ 변경하고자 하는 Closing Point를 지정한다.

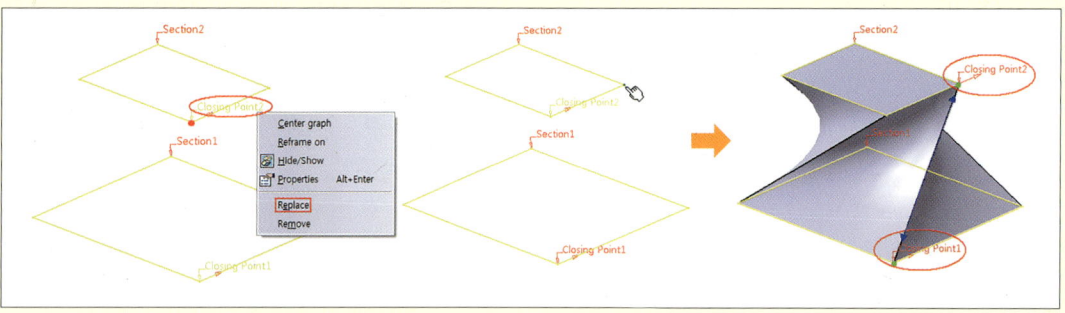

2 Guides

단면 곡선의 꼭짓점이 따라갈 안내 곡선을 선택한다.

❶ Guides 탭이 선택된 상태에서 Guides 선택란을 클릭한다.
❷ Guide 곡선을 선택한다. Guide 곡선은 단면 곡선과 일치해야 하며 하나의 스케치에는 하나의 Guide 곡선이 있어야 한다. 즉 하나의 스케치에 여러 개의 Guide 곡선을 포함할 수 없다.

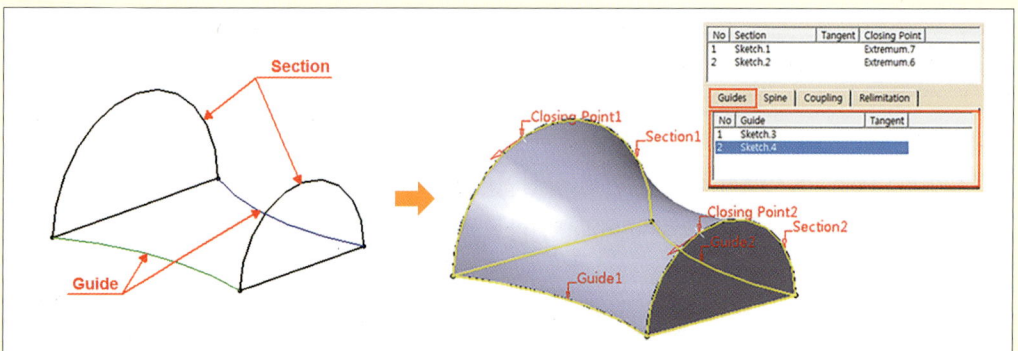

3 Spine

단면곡선의 진행 방향이 Spine 곡선을 따라 연결된다.

❶ Spine 탭을 선택한다.
❷ Spine 선택란에서 Spine 곡선을 선택한다.

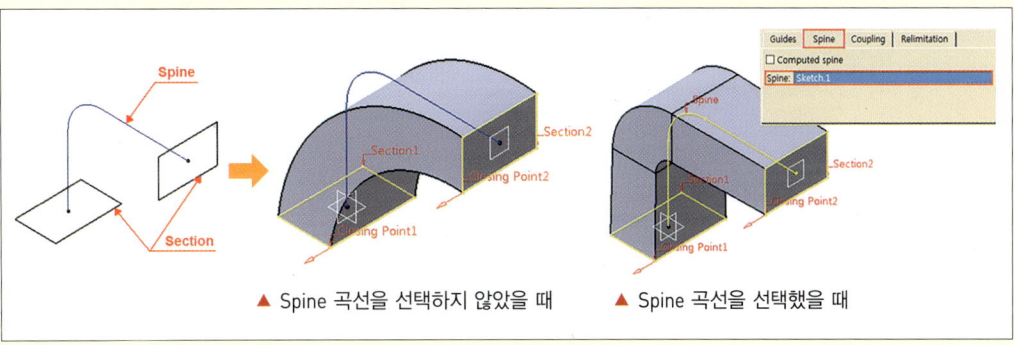

▲ Spine 곡선을 선택하지 않았을 때   ▲ Spine 곡선을 선택했을 때

4 Coupling

다중 단면 표면을 생성할 유형을 선택한다.

❶ Ratio : 곡선의 가로축 비율에 따라 곡선이 연결된다.
❷ Vertices : 단면 곡선의 정점에 따라 결합된다. 정점 수가 같지 않으면 이 옵션을 사용하여 결합할 수 없다.
❸ Tangency : 커브는 접선 불연속점에 따라 연결된다. 포인트 수가 같지 않으면 이 옵션을 사용하여 결합할 수 없다.
❹ Tangency then curvature : 곡률 불연속점에 따라 곡선이 연결된다. 포인트 수가 같지 않으면 이 옵션을 사용하여 결합할 수 없다.

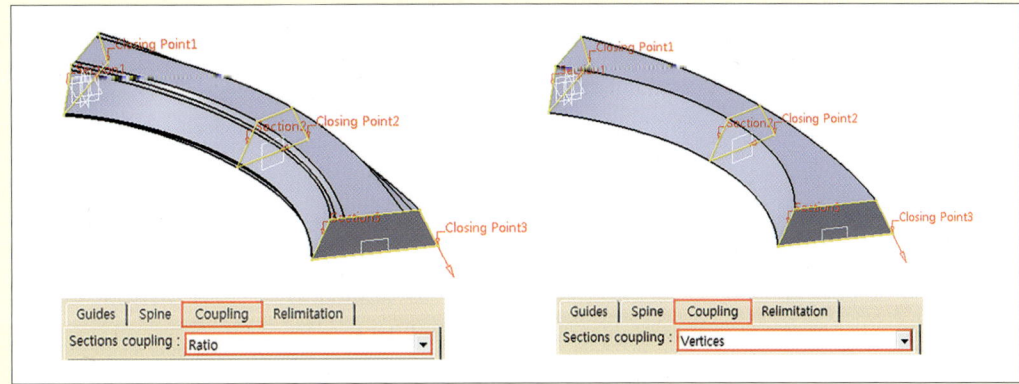

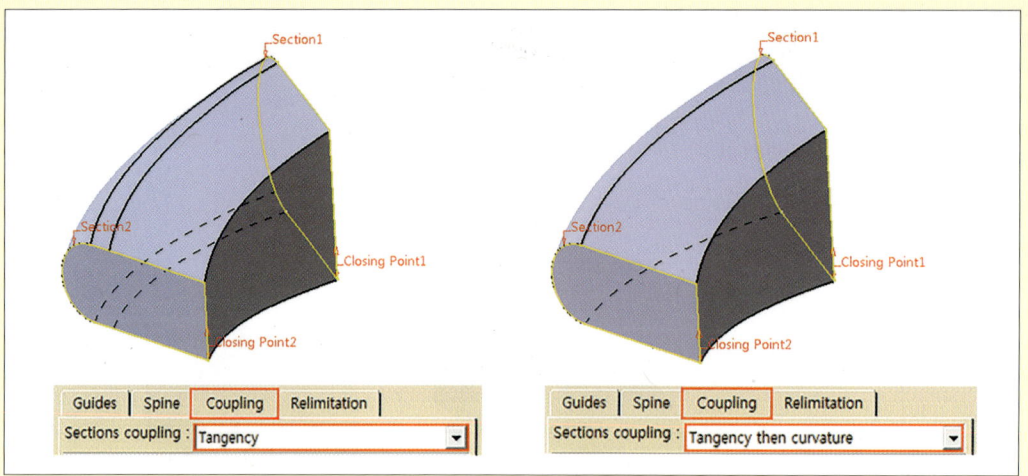

> **참고** Coupling 선택란

Coupling 선택란을 클릭하여 단면 곡선의 연결점을 지정할 수 있다.

❶ Coupling 선택란을 클릭하여 활성화시킨다.

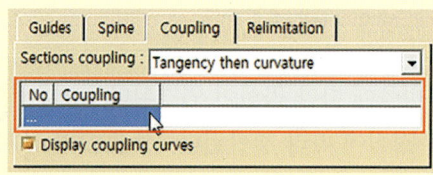

❷ 연결점을 선택한다. 이때 Section1에서 먼저 선택해야 한다.
❸ 두 점을 연결하는 Coupling1 곡선이 생성된다.

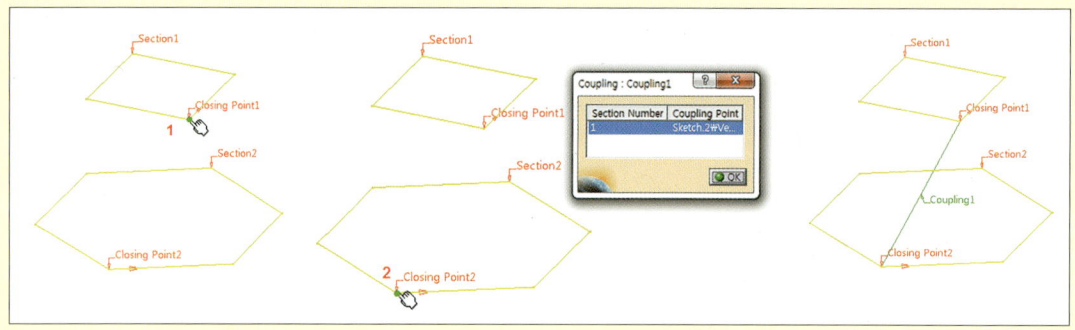

❹ Coupling 선택란을 클릭하고 Add 버튼을 눌러 연결점을 추가하여 Coupling2 곡선을 생성한다. 이때 Display coupling curves에 체크 해제하면 Coupling 곡선이 표시되지 않는다.

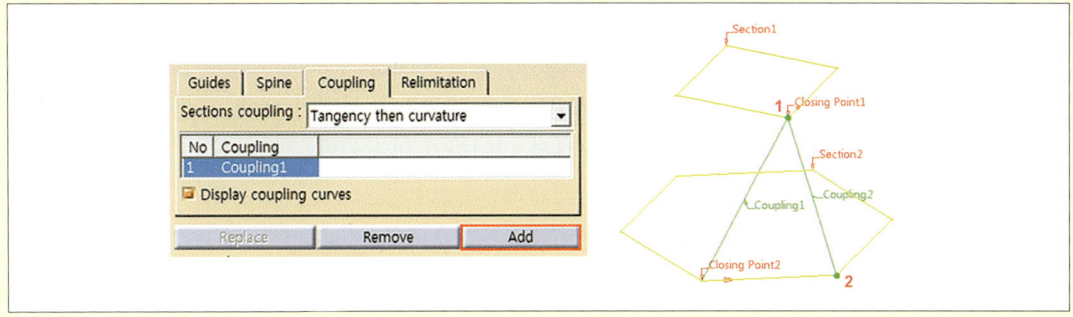

아래 그림은 위와 같은 방법으로 8개의 Coupling 곡선을 생성한 후 완성된 형상이다.

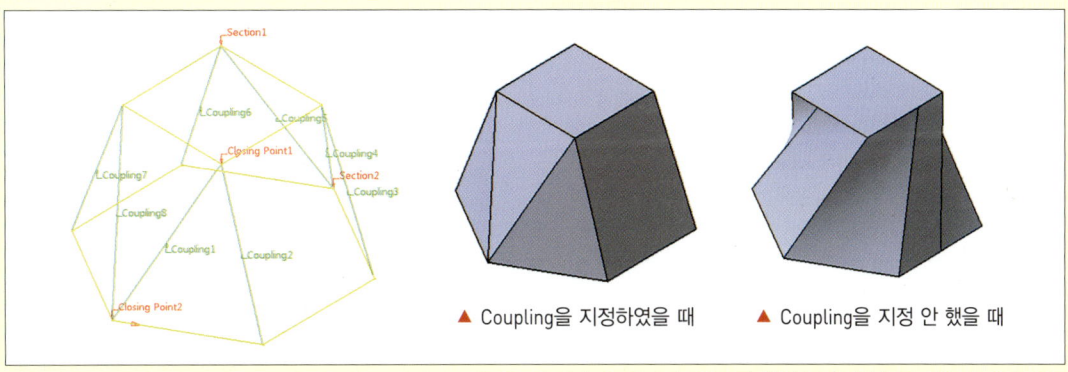

▲ Coupling을 지정하였을 때   ▲ Coupling을 지정 안 했을 때

5 Relimitation

단면 곡선의 위치에 연결하거나 Spine 곡선 또는 Guide 곡선의 시작과 끝에서 연결할 것인지를 선택한다.

❶ Relimited on start section과 Relimited on end section 모두 체크하였을 때는 단면 곡선 위치에서 연결한다.

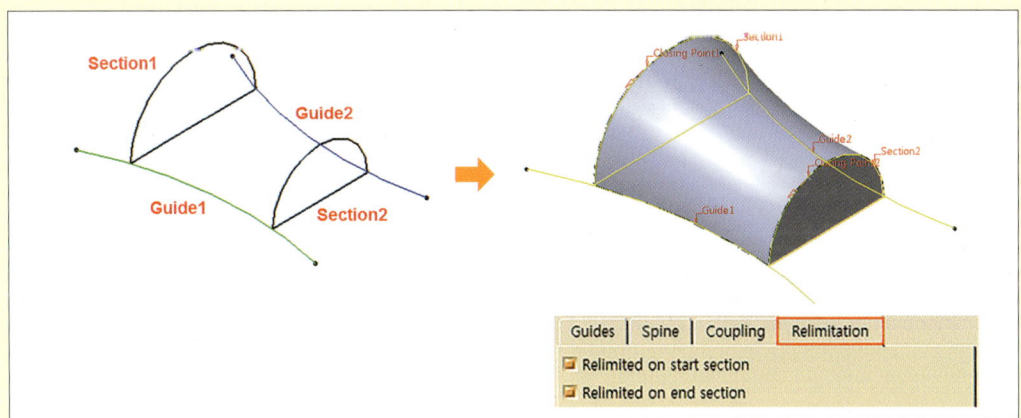

❷ Relimited on start section만 체크하였을 때는 처음 선택한 단면 곡선의 위치를 유지하고 Spine 곡선 또는 Guide 곡선의 끝부분 위치까지 연결된다.

❸ Relimited on end section만 체크하였을 때는 마지막으로 선택한 단면 곡선의 위치를 유지하고 Spine 곡선 또는 Guide 곡선의 끝부분 위치까지 연결된다.

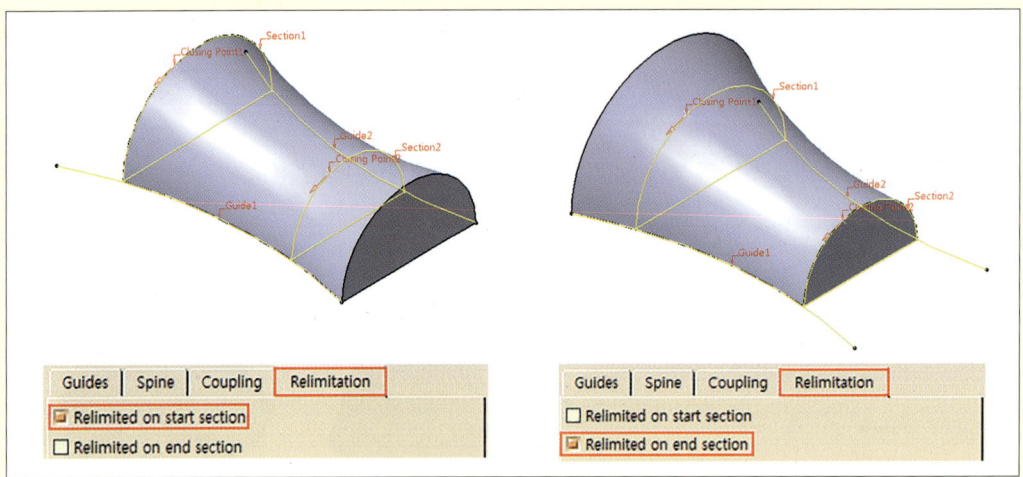

❹ Relimited on start section과 Relimited on end section 모두 체크하지 않았을 때는 Spine 곡선 또는 Guide 곡선의 끝부분 위치까지 연결된다.

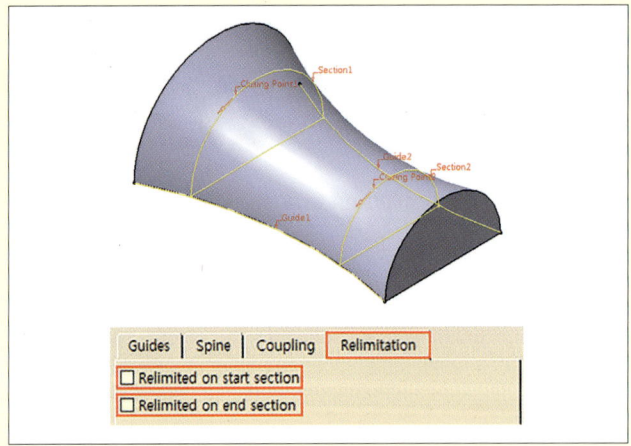

5 Pocket⬚에 사용될 스케치 프로파일 만들기(1)

1 Sketcher 도구모음의 Positioned Sketch 를 클릭한다.

 ❶ Sketch Positioning 대화상자의 Sketch Positioning 아래 Type으로 Positioned를 선택하고 Reference 란에 Specification Tree에서 xy평면을 선택한다.

 ❷ Swap에 체크하여 H축과 V축을 바꾸고 Reverse V를 체크하여 V축 방향을 반전한다.

 ❸ OK 를 클릭하여 Sketcher Workbench로 들어간다.

2 Intersect 3D Elements

 ❶ 3D 형상의 면을 선택한다.

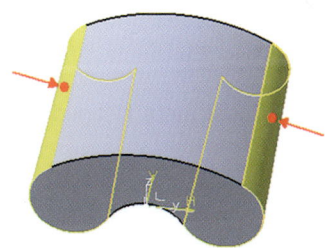

 ❷ Intersect 3D Elements 명령어를 클릭하여 3D 형상의 면과 스케치 평면 사이에서 교선을 생성한다.

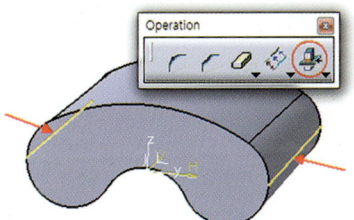

3 생성된 두 교선을 선택하고 Sketch tools 도구모음에서 Creating Construction/Standard Elements 를 클릭하여 구성요소로 만든다. 구성요소로 변환한 후 다음 그려지는 요소가 표준 요소가 되도록 Creating Construction/Standard Elements를 비활성화 한다.

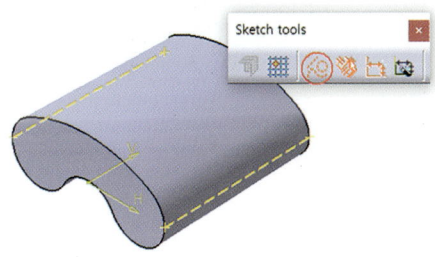

4 Arc

① Arc 명령어를 클릭하여 실행한다.

② 호의 중심점은 스케치 원점으로부터 V축 선상에 위치하도록 지정하고 호의 시작점과 끝점은 교차 곡선에 일치하도록 점을 지정하여 호를 생성한다.

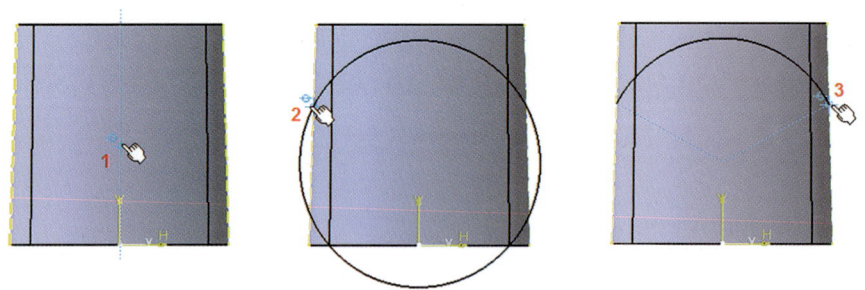

5 Constraints Defined in Dialog Box

① 호와 형상의 모서리를 선택하고 Constraints Defined in Dialog Box 명령어를 클릭하여 실행한다.

② Constraint Definition 대화상자에서 Tangency 를 체크하고 OK 를 눌러 호와 모서리가 탄젠트 하도록 구속조건을 부여한다.

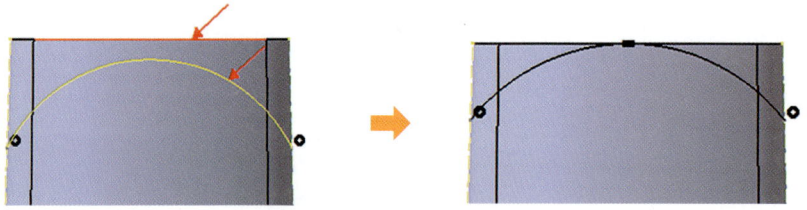

6 Constraint

Constraint 명령어를 클릭하여 실행하고 치수값을 부여한다.

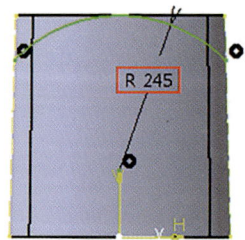

7 Exit Workbench를 클릭하여 Sketcher Workbench를 종료하고 Part Design Workbench로 돌아간다.

6 Pocket 만들기(1)

1 Pocket 명령어를 클릭하여 실행한다.

2 Pocket Definition 대화상자 설정

❶ First Limit 아래 Type으로 Up to last을 선택한다.

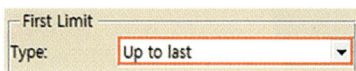

❷ Reverse Side 버튼을 클릭하여 자를 면의 방향을 반전시킨다.

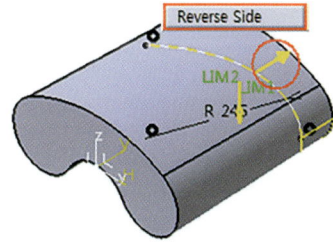

❸ More>> 를 클릭하여 대화상자를 확장하고 Second Limit 아래 Type으로 Up to last을 선택한다.

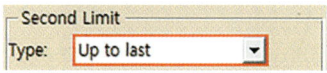

❹ OK 를 클릭하여 프로파일을 경계로 솔리드를 잘라낸다.

6 Pocket에 사용될 스케치 프로파일 만들기(2)

1 Sketcher 도구모음의 Positioned Sketch 를 클릭한다.

❶ Sketch Positioning 대화상자의 Sketch Positioning 아래 Type으로 Positioned를 선택하고 Reference 란에 Specification Tree에서 xy평면을 선택한다.

❷ Swap에 체크하여 H축과 V축을 바꾸고 Reverse V를 체크하여 V축 방향을 반전한다.

❸ OK 를 클릭하여 Sketcher Workbench로 들어간다.

2 Intersect 3D Elements

❶ 3D 형상의 면을 선택하고 Intersect 3D Elements 명령어를 클릭하여 교선을 생성한다.
❷ 생성된 두 교선을 선택하고 Sketch tools 도구모음에서 Creating Construction/Standard Elements 를 클릭하여 구성요소로 만든다. 구성요소로 변환한 후 다음 그려지는 요소가 표준요소가 되도록 Creating Construction/Standard Elements를 비활성화 한다.

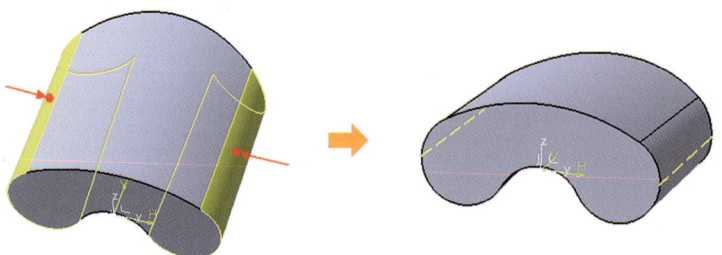

3 Arc

❶ Arc 명령어를 클릭하여 실행한다.
❷ 호의 중심점은 스케치 원점으로부터 V축 선상에 위치하도록 지정하고 호의 시작점과 끝점은 교차 곡선에 일치하도록 점을 지정하여 호를 생성한다.

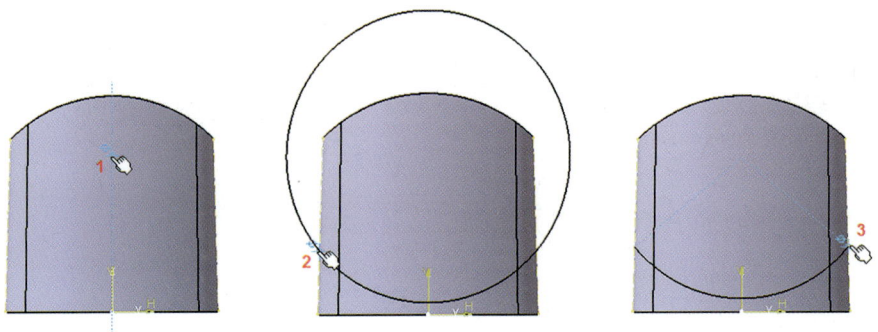

4 Constraint

Constraint 명령어를 클릭하여 실행하고 치수값을 부여한다.

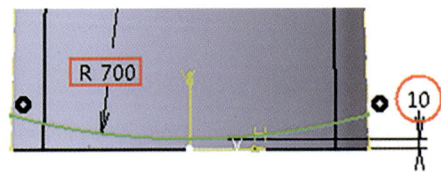

5
Exit Workbench 를 클릭하여 Sketcher Workbench를 종료하고 Part Design Workbench로 돌아간다.

7 Pocket 만들기(2)

1 Pocket 명령어를 클릭하여 실행한다.

2 Pocket Definition 대화상자 설정

❶ First Limit 아래 Type으로 Up to last을 선택한다.

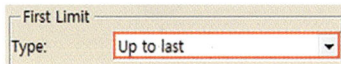

❷ Reverse Side 버튼을 클릭하여 자를 면의 방향을 반전시킨다.

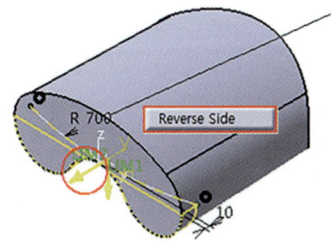

❸ More>> 를 클릭하여 대화상자를 확장하고 Second Limit 아래 Type으로 Up to last을 선택한다.

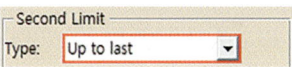

❹ OK 를 클릭하여 프로파일을 경계로 솔리드를 잘라낸다.

8 Offset된 Plane 만들기(2)

1 Plane 명령어를 클릭하여 실행한다.

2 Plane Definition 대화상자 설정

❶ Plane type으로 Offset from plane을 선택한다.

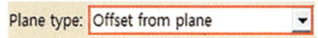

❷ Reference 선택란은 Specification Tree에서 Plane.1을 선택하거나 그래픽 영역에서 Plane.1을 선택한다.

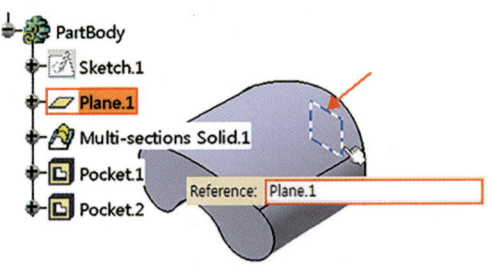

❸ Offset 란에 오프셋 거리로 5을 입력한다.

❹ Reverse Direction 버튼을 클릭하여 오프셋 방향을 반전한다.

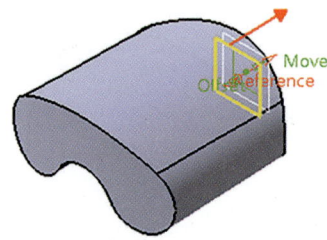

❺ OK 를 클릭하여 Plane.1으로부터 5mm만큼 오프셋된 평면을 만든다.

9 Multi-sections Solid 에 사용될 Section1 스케치 프로파일 만들기

1 Sketch 명령어를 클릭하고 Specification Tree에서 Plane.2를 선택하여 Sketcher Workbench로 들어간다.

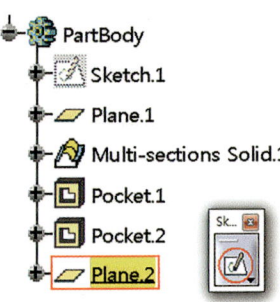

2 Circle

Circle 명령어를 클릭하여 실행하고 다른 요소와의 연관성을 피하여 원의 중심점과 반지름에 해당되는 점을 지정하여 원을 생성한다.

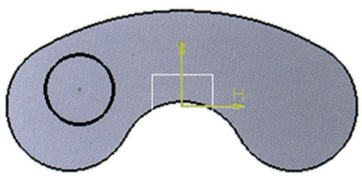

3 Constraints Defined in Dialog Box

❶ Specification Tree에서 Sketch.1에 마우스를 가져다 놓고 마우스 오른쪽버튼을 누른다. 콘텍스트 메뉴에서 Hide/Show를 클릭하여 해당 스케치가 보이도록 한다.

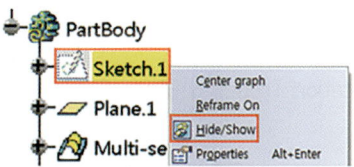

❷ 원과 이전 스케치의 호를 선택하고 Constraints Defined in Dialog Box 명령어를 클릭하여 실행한다.

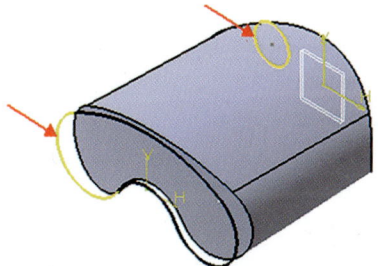

❸ Constraint Definition 대화상자에서 Concentricity를 체크하고 OK 를 눌러 원과 호가 동심 조건이 되도록 구속조건을 부여한다.

4 Constraint

Constraint 명령어를 클릭하여 실행하고 치수값을 부여한다.

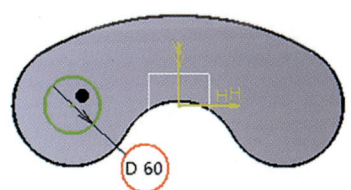

5 Exit Workbench를 클릭하여 Sketcher Workbench를 종료하고 Part Design Workbench로 돌아간다.

10 Offset된 Plane 만들기(3)

1 Plane 명령어를 클릭하여 실행한다.

2 Plane Definition 대화상자 설정

❶ Plane type으로 Offset from plane을 선택한다.

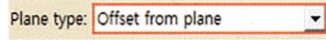

❷ Reference 선택란에 Specification Tree에서 Plane.2를 선택하거나 그래픽 영역에서 Plane.2를 선택한다.

❸ Offset 란에 오프셋 거리로 375를 입력한다.

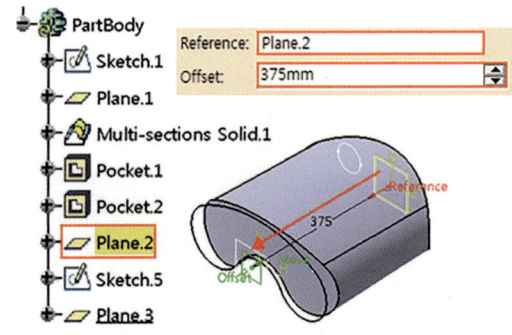

❹ OK 를 클릭하여 Plane.2으로부터 375mm만큼 오프셋된 평면을 만든다.

11 Multi-sections Solid 에 사용될 Section2 스케치 프로파일 만들기

1 Sketch 명령어를 클릭하고 Specification Tree에서 Plane.3을 선택하여 Sketcher Workbench로 들어간다.

2 Circle

Circle 명령어를 클릭하여 실행하고 다른 요소와의 연관성을 피하여 원의 중심점과 반지름에 해당되는 점을 지정하여 원을 생성한다.

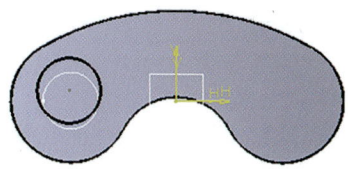

3 Constraints Defined in Dialog Box

❶ 원과 이전 스케치의 호를 선택하고 Constraints Defined in Dialog Box 명령어를 클릭하여 실행한다.

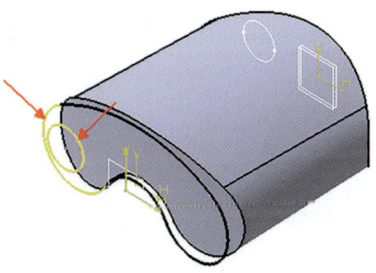

❷ Constraint Definition 대화상자에서 Concentricity 를 체크하고 OK 를 눌러 원과 호가 동심 조건이 되도록 구속조건을 부여한다.

❸ Specification Tree에서 Sketch.1에 마우스를 가져다 놓고 마우스 오른쪽버튼을 누른다. 콘텍스트 메뉴에서 Hide/Show를 클릭하여 해당 스케치를 숨긴다.

4 Constraint

Constraint 명령어을 클릭하여 실행하고 치수값을 부여한다.

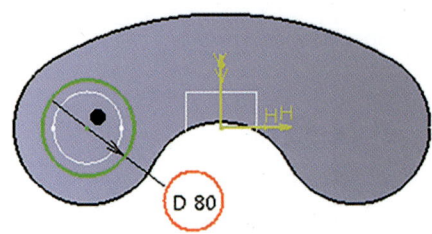

5 Exit Workbench를 클릭하여 Sketcher Workbench를 종료하고 Part Design Workbench로 돌아간다.

12 Multi-sections Solid 만들기

1 Sketch-Based Features 도구모음의 Multi-sections Solid 를 클릭하여 실행한다.

2 Multi-sections Solid Definition 대화상자 설정

❶ 단면 곡선으로 Sketch.5와 Sketch.6을 선택한다.

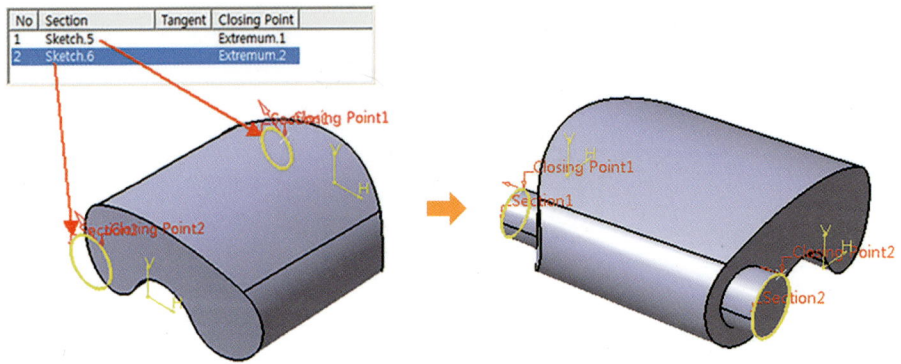

❷ OK 를 클릭하여 두 단면곡선을 연결하여 Multi-sections Solid 피처를 생성한다.

13　Mirror 를 사용하여 피처 대칭 복사하기

1 Mirror 명령어를 클릭하여 실행한다.

2 Mirror Definition 대화상자 설정

❶ Mirroring element frame 아래 Mirroring element 선택란은 대칭 기준면으로 Specification Tree에서 zx평면을 선택한다.

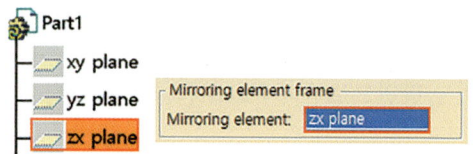

❷ Object to mirror frame 아래 Object to mirror 선택란은 대칭시킬 피처로 Specification Tree에서 Multi-sections Solid.2를 선택하거나 그래픽 영역에서 해당 피처를 선택한다.

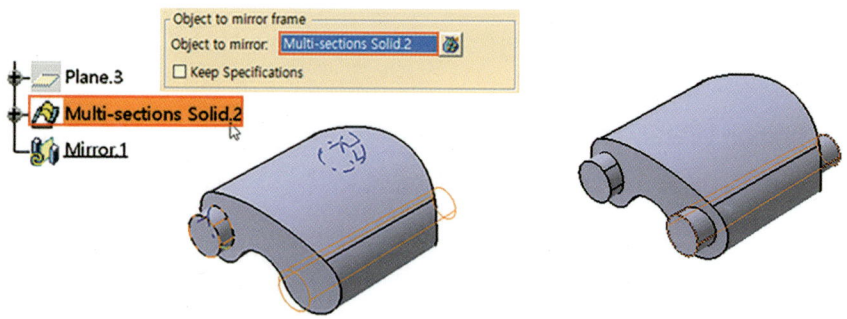

3 OK 를 클릭하여 Multi-sections Solid.2 피처를 zx평면을 기준으로 대칭 복사한다.

14　Offset된 Plane 만들기(4)

1 Plane 명령어를 클릭하여 실행한다.

2 Plane Definition 대화상자 설정

❶ Plane type으로 Offset from plane을 선택한다.

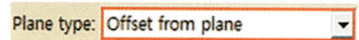

❷ Reference 선택란은 Specification Tree에서 xy평면을 선택하거나 그래픽 영역에서 xy평면을 선택한다.

❸ Offset 란에 오프셋 거리로 70을 입력한다.

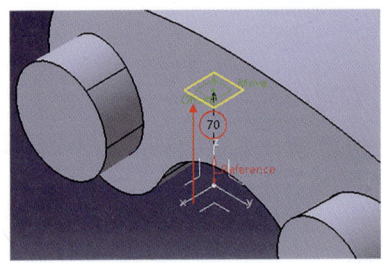

❹ OK 를 클릭하여 xy평면으로부터 70mm만큼 오프셋된 평면을 만든다.

15 Offset된 Plane 만들기(5)

1 Plane 명령어를 클릭하여 실행한다.

2 Plane Definition 대화상자 설정

❶ Plane type으로 Offset from plane을 선택한다.

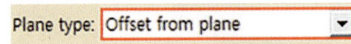

❷ Reference 선택란에 Specification Tree에서 Plane.4를 선택하거나 그래픽 영역에서 Plane.4를 선택한다.

❸ Offset 란에 오프셋 거리로 26을 입력한다.

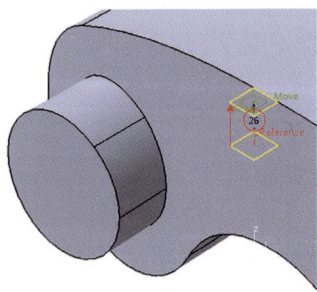

❹ OK 를 클릭하여 Plane.4로부터 26mm만큼 오프셋된 Plane.5를 만든다.

16 Removed Multi-sections Solid 에 사용될 Section1 스케치 프로파일 만들기

1 Specification Tree에서 Plane.5를 선택하고 Sketcher 도구모음의 Positioned Sketch 를 클릭한다.

   ❶ Swap에 체크하여 H축과 V축을 바꾸고 Reverse V를 체크하여 V축 방향을 반전한다.

   ❷ OK 를 클릭하여 Sketcher Workbench로 들어간다.

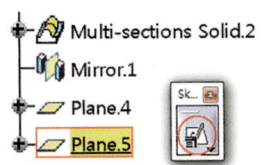

2 Centered Rectangle

   ❶ Centered Rectangle 를 클릭하여 실행한다.
   ❷ V축 선상에 일치하도록 사각형의 중심점을 지정한다.
   ❸ 대각선 코너점을 지정하여 중심 사각형을 생성한다.

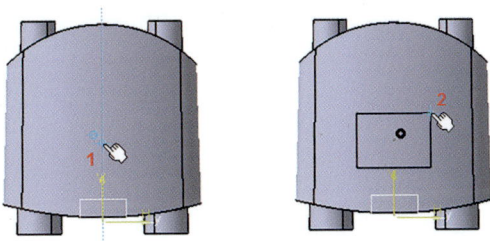

3 Constraint

   Constraint 명령어를 더블 클릭하여 실행하고 치수값을 부여한다.

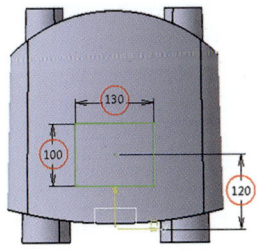

4 Exit Workbench 를 클릭하여 Sketcher Workbench를 종료하고 Part Design Workbench로 돌아간다.

17 Removed Multi-sections Solid 에 사용될 Section2 스케치 프로파일 만들기

1 Specification Tree에서 Plane.4를 선택하고 Sketcher 도구모음의 Positioned Sketch를 클릭한다.

❶ Swap에 체크하여 H축과 V축을 바꾸고 Reverse V를 체크하여 V축 방향을 반전한다.

❷ OK 를 클릭하여 Sketcher Workbench로 들어간다.

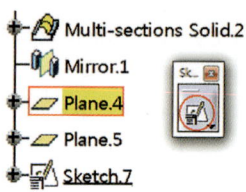

2 Circle

❶ Circle 명령어를 클릭하여 실행한다.

❷ 원의 중심점은 스케치 원점으로부터 V축 선상에 위치하도록 지정하고 반지름에 해당되는 점을 지정하여 원을 생성한다.

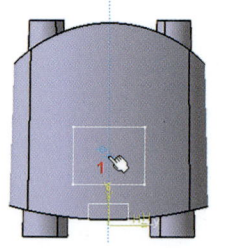 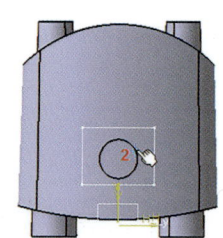

3 Constraint

Constraint 명령어를 더블 클릭하여 실행하고 치수값을 부여한다.

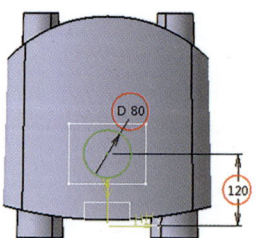

4 Line

Line 명령어를 실행하고 다른 요소와의 연관성을 피하여 임의의 위치에 두 점을 지정하여 사선을 작성한다.

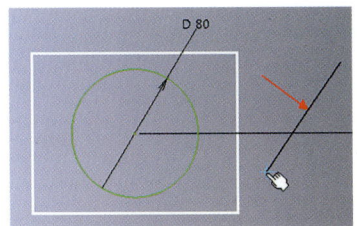

5 Constraints Defined in Dialog Box

❶ 선의 끝점과 사각형의 꼭짓점을 선택하고 Constraints Defined in Dialog Box 명령어를 클릭하여 실행한다.

❷ Constraint Definition 대화상자에서 Coincidence를 체크하고 OK 를 눌러 두 점이 일치하도록 구속조건을 부여한다.

❸ 생성된 사선을 선택하고 Sketch tools 도구모음에서 Creating Construction/Standard Elements 를 클릭하여 구성요소로 만든다. 구성요소로 변환한 후 다음 그려지는 요소가 표준요소가 되도록 Creating Construction/Standard Elements를 비활성화 한다.

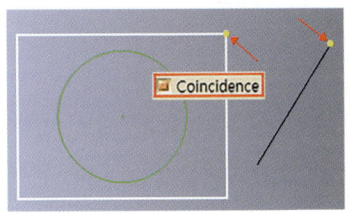 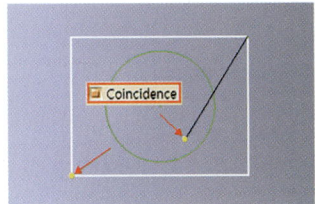 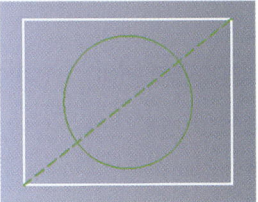

6 Intersection Point

❶ Profile 도구모음의 Point 하위 도구모음에서 Intersection Point 명령어를 실행한다.
❷ 원과 사선을 선택하여 두 요소가 교차하는 지점에 점을 생성한다.

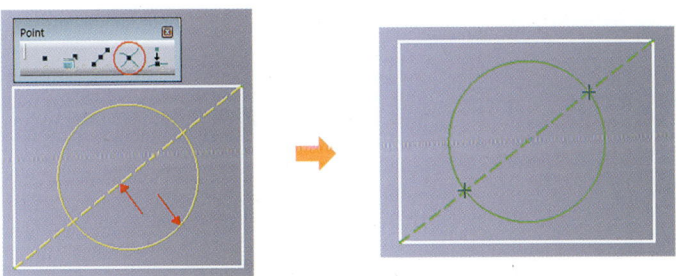

7 Mirror

❶ 대칭 복사할 요소로 두 개의 교차점을 선택한다.
❷ Mirror 명령어를 클릭하여 실행한다.
❸ 대칭 기준선으로 V축을 선택하여 대칭 복사한다.

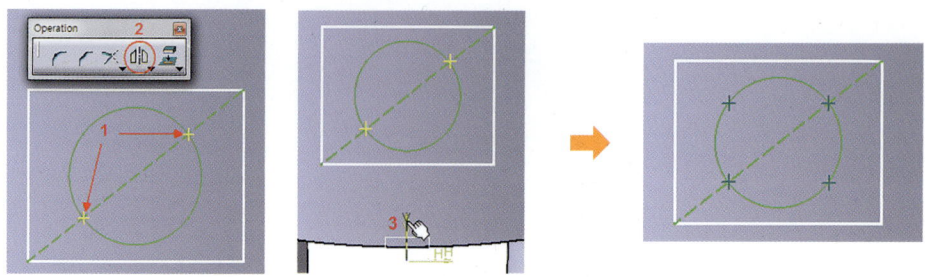

8 Exit Workbench를 클릭하여 Sketcher Workbench를 종료하고 Part Design Workbench로 돌아간다.

18 Removed Multi-sections Solid 만들기

1 Sketch-Based Features 도구모음의 Removed Multi-sections Solid를 클릭하여 실행한다.

2 Removed Multi-sections Solid 대화상자 설정

❶ 단면 곡선으로 Sketch.7(사각형 스케치)과 Sketch.8(원 스케치)을 선택한다.

❷ section2에서 Closing Point2에 마우스를 가져다 놓고 마우스 오른쪽버튼을 누른다. 콘텍스트 메뉴에서 Replace를 선택한다.

❸ 스케치 원에 위치한 점을 클릭하여 Closing Point2의 위치를 바꾼다.

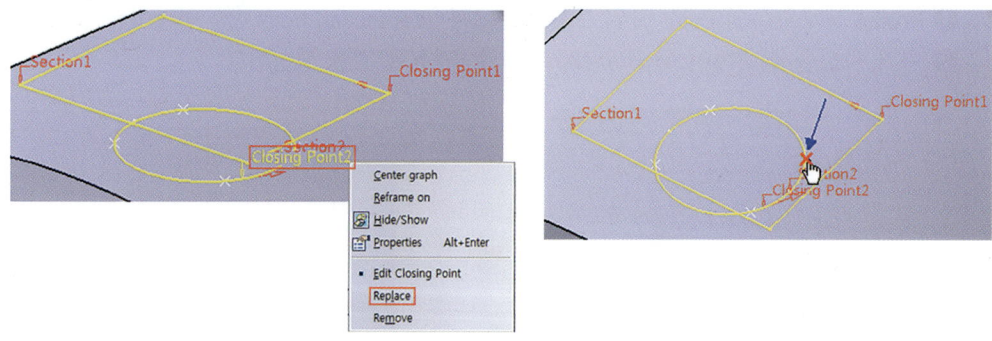

❹ Coupling 탭을 클릭하고 Sections coupling에서 Ratio를 선택한다.

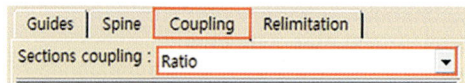

❺ 단면 곡선의 연결점을 추가하기 위해 Coupling 선택란을 클릭하여 활성화시킨다.

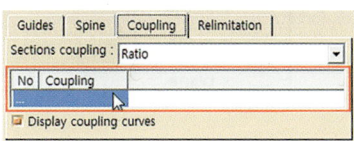

❻ Add 버튼을 누르고 사각형의 꼭짓점과 스케치 원에 위치한 점을 선택하여 단면 곡선의 연결점을 추가하여 Coupling1을 만든다. 연결점을 선택할 때는 Section1에서 먼저 선택해야 한다.

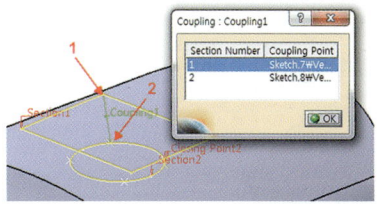

❼ Add 버튼을 누르고 ❻과 같은 방법으로 연결점을 추가하여 Coupling2, Coupling3을 만든다.

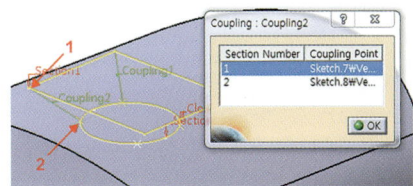 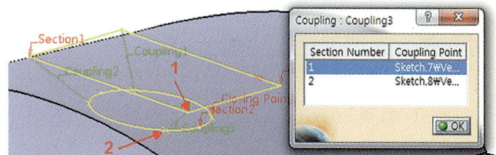

❽ OK 를 클릭하여 두 단면곡선을 연결하여 Removed Multi-sections Solid 피처를 생성한다.

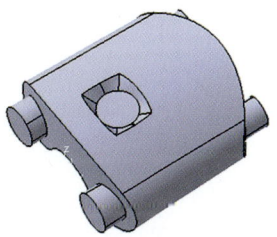

19 Pocket에 사용될 스케치 프로파일 만들기(3)

1 Specification Tree에서 xy평면을 선택하고 Sketcher 도구모음의 Positioned Sketch 를 클릭한다.
   ❶ Swap에 체크하여 H축과 V축을 바꾸고 Reverse V를 체크하여 V축 방향을 반전한다.
   ❷ OK 를 클릭하여 Sketcher Workbench로 들어간다.

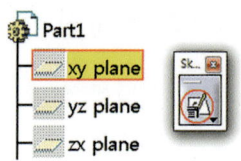

2 Intersect 3D Elements

❶ 3D 형상의 면을 선택하고 Intersect 3D Elements 명령어를 클릭하여 교선을 생성한다.
❷ 생성된 두 교선을 선택하고 Sketch tools 도구모음에서 Creating Construction/Standard Elements 를 클릭하여 구성요소로 만든다. 구성요소로 변환한 뒤에 그려지는 요소가 표준 요소가 되도록 Creating Construction/Standard Elements를 비활성화 한다.

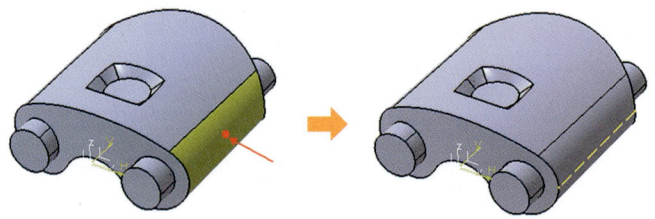

3 Circle

❶ Circle 명령어를 더블 클릭하여 실행한다.
❷ 세 개의 원은 원의 중심점이 교선에 일치하도록 지정하고 큰 원의 중심점은 임의의 위치에 지정한 후 반지름에 해당되는 점을 지정하여 원을 생성한다.

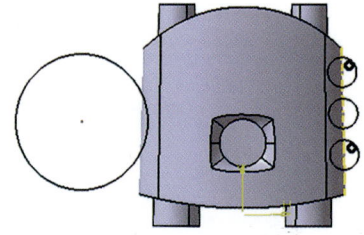

4 Constraint

Constraint 명령어를 더블 클릭하여 실행하고 치수값을 부여한다.

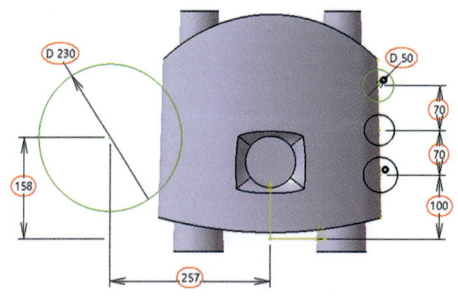

5 Constraints Defined in Dialog Box

❶ 세 개의 원을 선택하고 Constraints Defined in Dialog Box 명령어를 클릭하여 실행한다.

❷ Constraint Definition 대화상자에서 Equal 을 체크하고 OK 를 눌러 세 개의 원이 항상 같은 크기가 되도록 구속조건을 부여한다.

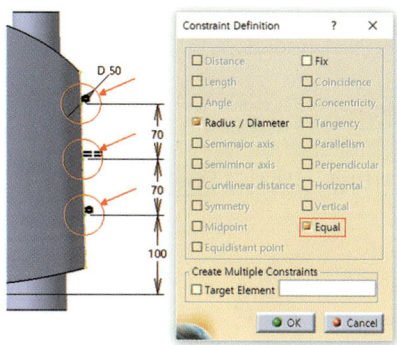

6
Exit Workbench 를 클릭하여 Sketcher Workbench를 종료하고 Part Design Workbench로 돌아간다.

20 Pocket 만들기(3)

1 Pocket 명령어를 클릭하여 실행한다.

2 Pocket Definition 대화상자 설정

❶ First Limit 아래 Type으로 Up to last을 선택한다.

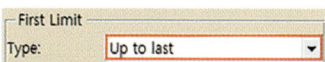

❷ More>> 를 클릭하여 대화상자를 확장하고 Second Limit 아래 Type으로 Up to last을 선택한다.

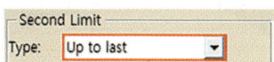

❸ OK 를 클릭하여 Pocket을 생성한다.

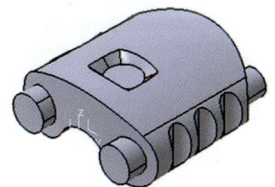
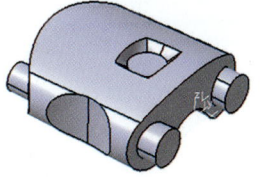

21   Edge Fillet 을 사용하여 모서리 다듬기

1 Edge Fillet 명령어를 클릭하여 실행한다.

2 Edge Fillet Definition 대화상자에서 Radius 입력란에 6을 기입한다.

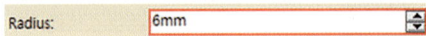

3 Object(s) to fillet 란에 면과 모서리를 선택하고 OK 를 눌러 형상 모서리에 필렛을 완성한다.

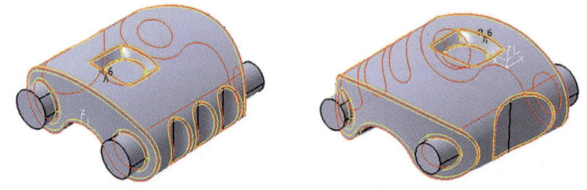

22   Shell 을 사용하여 면을 제거하고 나머지 면 두께 부여하기

1 Shell 명령어를 클릭하여 실행한다.

2 Shell Definition 대화상자 설정

❶ Default Thickness 아래 Inside thickness 입력란에 내부 두께값으로 3을 입력한다.

❷ Faces to remove 선택란에 제거할 면을 선택한다.

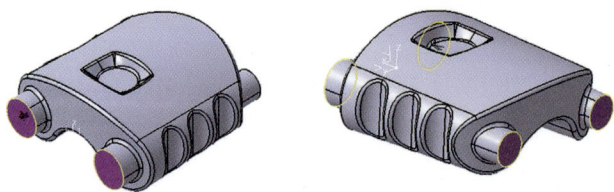

❸ OK 를 클릭하여 명령어를 종료하고 Part 모델링을 완성한다.

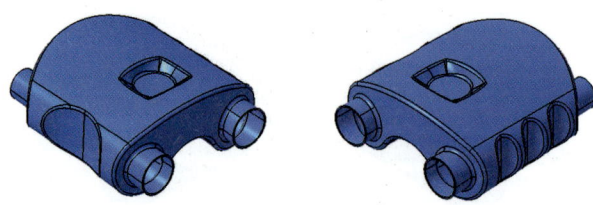

CHAPTER 12

활용 예제 11
Scaling, Remove, User Pattern

예제 도면 — 3D형상 모델링 작업하기

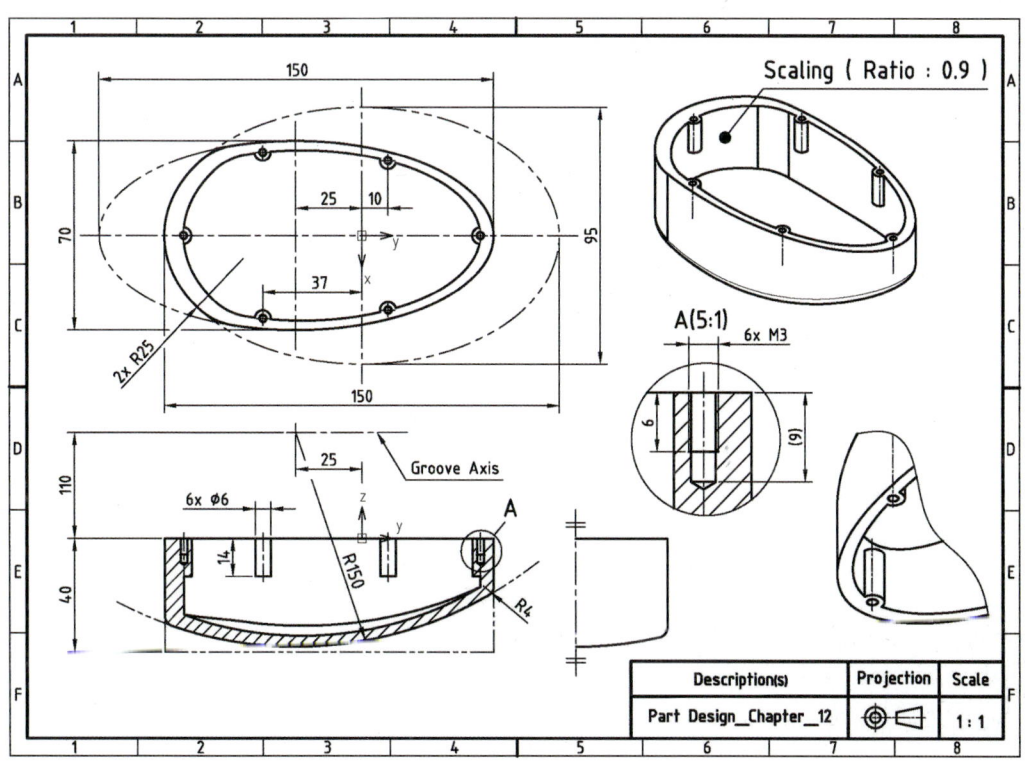

1 Pad ⑦에 사용될 스케치 프로파일 만들기(1)

1 Specification Tree에서 xy평면을 선택하고 Sketcher 도구모음의 Positioned Sketch를 클릭한다.

❶ Swap에 체크하여 H축과 V축을 바꾸고 Reverse V를 체크하여 V축 방향을 반전한다.

❷ OK 를 클릭하여 Sketcher Workbench로 들어간다.

2 Ellipse

❶ Conic 하위 도구모음에서 Ellipse 를 클릭하여 실행한다.

❷ 스케치 원점에 일치하도록 타원의 중심점을 지정하고 H축 선상에 일치하도록 한 축의 끝점과 V축 선상에 일치하도록 다른 축의 끝점을 지정한다.

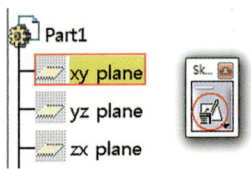

3 Constraints Defined in Dialog Box

❶ 타원을 선택하고 Constraints Defined in Dialog Box 명령어를 클릭하여 실행한다.

❷ Constraint Definition 대화상자에서 Semimajor axis와 Semiminor axis를 체크하고 OK 를 눌러 장축과 단축의 치수가 생성되도록 한다.

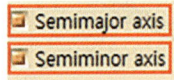

❸ 치수를 더블 클릭하여 변경한다.

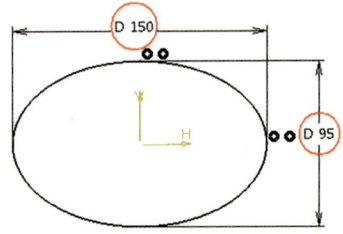

4 Constraint

Constraint 명령어를 클릭하여 실행하고 V축과 타원의 180°위치에서 타원을 선택하여 각도 치수를 기입한다.

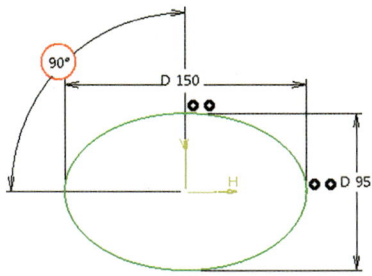

5 Ellipse

❶ Conic 하위 도구모음에서 Ellipse를 클릭하여 실행한다.
❷ H축 선상에 일치하도록 타원의 중심점을 지정하고 H축 선상에 일치하도록 한 축의 끝점과 수직 방향으로 다른 축의 끝점을 지정한다.

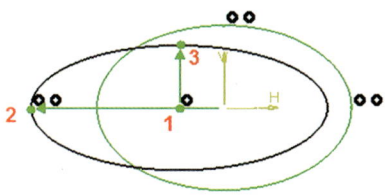

6 Constraints Defined in Dialog Box

❶ 타원을 선택하고 Constraints Defined in Dialog Box 명령어를 클릭하여 실행한다.
❷ Constraint Definition 대화상자에서 Semimajor axis와 Semiminor axis를 체크하고 OK 를 눌러 장축과 단축의 치수가 생성되도록 한다.

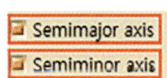

❸ 치수를 더블 클릭하여 변경한다.

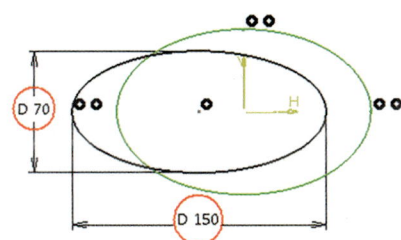

7 Constraint

Constraint 명령어를 더블 클릭하여 실행하고 스케치 원점과 타원의 중심점까지의 거리 치수와 V축과 타원의 0° 위치에서 타원을 선택하여 각도 치수를 기입한다.

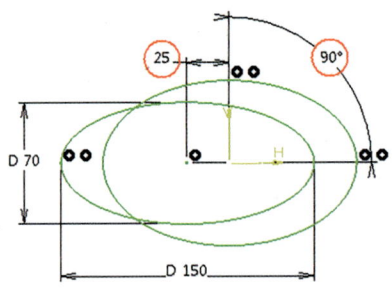

8 Quick Trim

Quick Trim 명령어를 더블 클릭하여 실행하고 요소를 잘라 단일 폐곡선 영역 만든다.

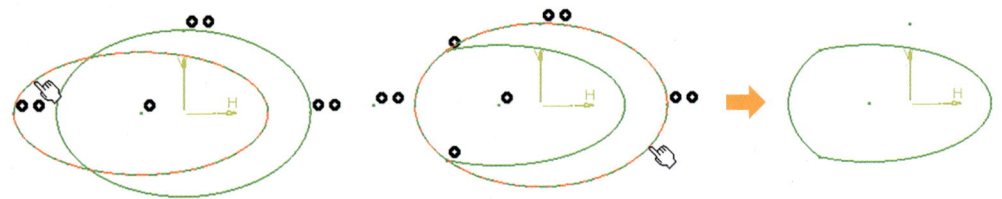

9 Exit Workbench를 클릭하여 Sketcher Workbench를 종료하고 Part Design Workbench로 돌아간다.

2 Pad 만들기(1)

1 Pad 명령어를 클릭하여 실행한다.

2 Pad Definition 대화상자 설정

❶ First Limits 아래 Type으로 Dimension을 선택하고 Length 란에 −40을 기입하여 −Z축 방향으로 40mm만큼 돌출되도록 한다.

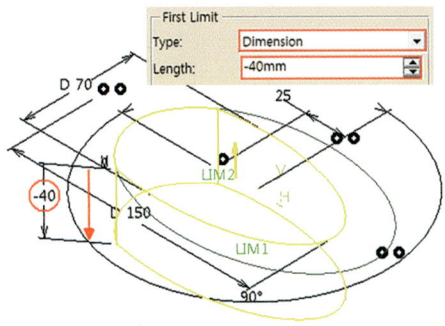

❷ OK 를 클릭하여 명령을 종료한다.

3 Edge Fillet 을 사용하여 모서리 다듬기

1 Edge Fillet 명령어를 클릭하여 실행한다.
2 Edge Fillet Definition 대화상자에서 Radius 입력란에 25를 기입한다.

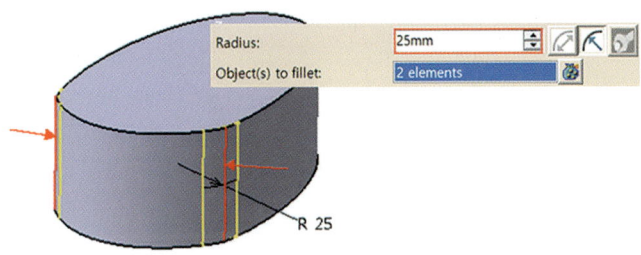

3 Object(s) to fillet 란에 모서리를 선택하고 OK 를 눌러 형상 모서리에 필렛을 완성한다.

4 Groove에 사용될 스케치 프로파일 만들기

1 Sketch 명령어를 클릭하고 Specification Tree에서 yz평면을 선택하여 Sketcher Workbench로 들어간다.

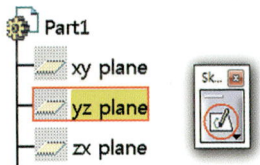

2 Axis

❶ Profile 도구모음의 Axis 명령어를 클릭하여 실행한다.
❷ 형상 위에 Axis의 첫 번째 점을 지정하고 첫 번째 점으로부터 수평 방향으로 다음 점을 지정하여 수평한 축을 생성한다.

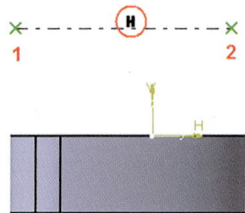

3 Arc

❶ Arc 명령어를 클릭하여 실행한다.
❷ 호의 중심점은 축에 일치하도록 지정하고 호의 시작점과 끝점은 형상을 벗어나는 위치에서 점을 지정하여 호를 생성한다.

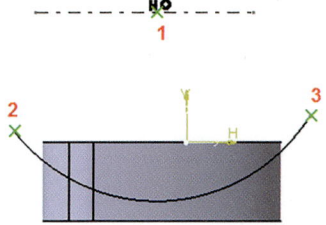

4 Constraint

Constraint 명령어를 더블 클릭하여 실행하고 치수값을 부여한다.

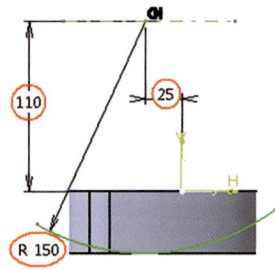

5 Exit Workbench 를 클릭하여 Sketcher Workbench를 종료하고 Part Design Workbench로 돌아간다.

4 Groove 만들기

1 Sketch-Based Features 도구모음의 Groove를 클릭하여 실행한다.

2 Groove Definition 대화상자 설정

❶ Limits 아래 First Angle 란에 360°, Second Angle 란에 0°을 기입한다.

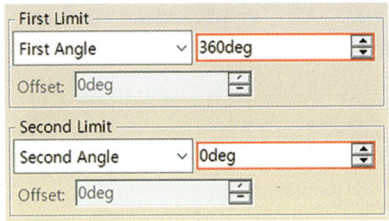

❷ Reverse Side 를 클릭하여 자를 방향을 반전시킨다.

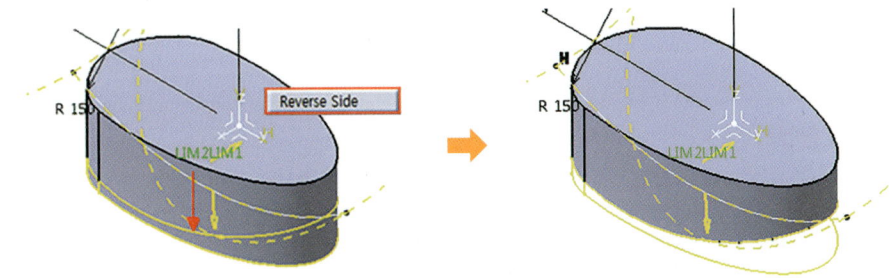

❸ OK 를 클릭하여 Groove피처를 생성한다.

5 PartBody 복사하여 Body 추가하기

1 Specification Tree에서 PartBody 에 마우스를 가져다 놓고 마우스 오른쪽버튼을 클릭한다. 콘텍스트 메뉴에서 Copy 를 클릭하여 복사한다.

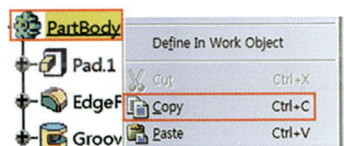

2 Specification Tree에 마우스를 가져다 놓고 마우스 오른쪽버튼을 클릭한다. 콘텍스트 메뉴에서 Paste Special...을 클릭한다.

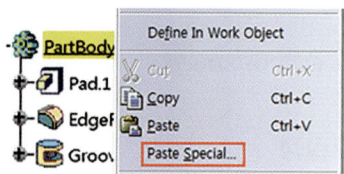

3 Paste Special 창에서 As Result를 선택하고 OK 를 클릭하여 원본 Body와 별개의 독립적인 Body.1을 Specification Tree에 추가한다.

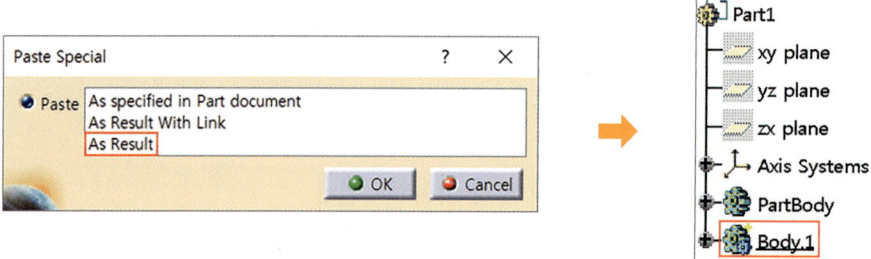

TIP

Paste Special 창에서

- As Specified in Part document : 원본 바디를 구성하는 모든 피처가 함께 복사되어 바디가 추가된다. 피처를 편집하여 원본 형상과 복사된 형상을 달리 표현할 수 있다.(Paste Ctrl+V 를 사용하여 바디를 추가하였을 때도 원본 바디를 구성하는 모든 피처가 함께 복사된다.)
- As Result With Link : 원본 바디만 복사되나 링크 형태로 복사되기 때문에 원본 형상이 바뀌면 복사된 바디의 형상도 같이 바뀐다.
- As Result : 원본 바디만 링크 없이 복사되어 원본 형상이 바뀌어도 복사된 형상은 변하지 않는다.

작업 바디 변경

현재 작업 바디는 바디 이름 밑에 밑줄이 그어져 있다. 현재 작업 바디로 변경하고자 할 다른 바디에 마우스를 가져다 놓고 마우스 오른쪽버튼을 클릭하여 콘텍스트 메뉴에서 Define In Work Object를 선택한다.

6 Scaling 을 사용하여 바디 축척하기

1 현재 작업 바디가 Body.1인 상태에서 Transformation Features 도구모음의 Scale 하위 도구모음에서 Scaling 을 클릭하여 실행한다.

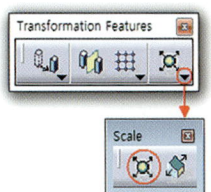

2 Scaling Definition 대화상자 설정

❶ Reference 선택란에 Scale의 기준점으로 그래픽 영역에서 절대좌표계의 원점을 선택한다.

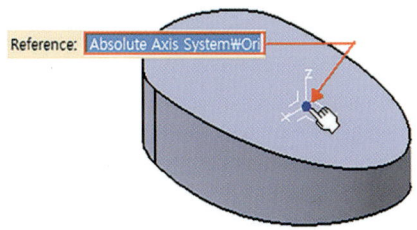

❷ Ratio 입력란에 축척 비율값으로 0.9를 기입한다.

❸ OK 를 클릭하여 Body.1을 절대원점을 기준으로 0.9 비율만큼 축척된 바디로 변환한다.

Scaling

점, 평면, 형상의 평면을 기준으로 지정한 비율값에 의해 바디를 축척한다.

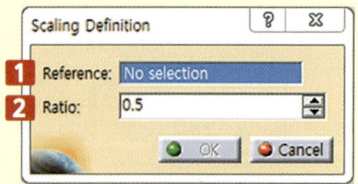

1 Reference

바디를 축척에 기준이 되는 점, 평면, 형상의 면을 선택한다.

2 Ratio

축척 비율값을 입력한다.

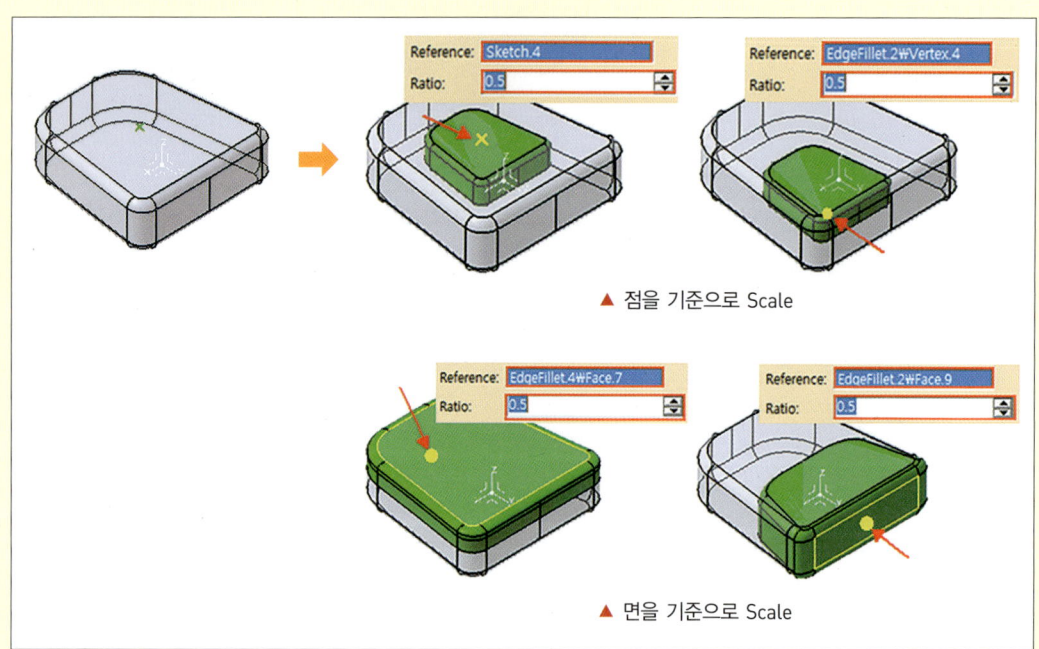

▲ 점을 기준으로 Scale

▲ 면을 기준으로 Scale

7 Remove를 사용하여 중복되는 재질 삭제하기

1 Boolean Operations 도구모음의 Boolean Operations 하위 도구모음에서 Remove를 클릭하여 실행한다.

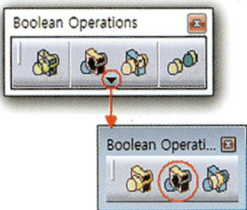

2 Remove 대화상자 설정

❶ Remove 선택란에 제거할 바디로 Body.1을 선택한다.

❷ From 선택란에는 현재 바디의 개수가 2개이므로 PartBody가 선택되어 있다. 만약 바디가 세 개 이상이면 From 선택란에서 본체 바디를 선택해야 한다.

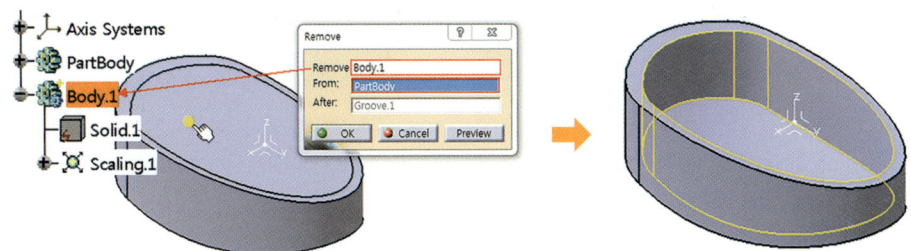

❸ OK 를 클릭하여 PartBody로부터 Body.1이 제거된 형상을 만든다.

Remove

Boolean 연산을 통해 하나의 본체 바디에서 다른 바디를 제거하면서 겹쳐 있는 부분도 함께 제거한다.

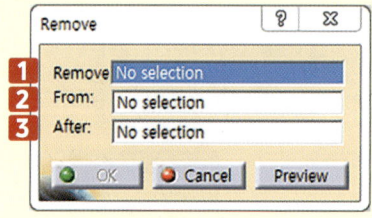

1 Remove

본체 바디로부터 제거할 바디를 선택한다.

2 From

본체 바디를 선택한다.

3 After

Specification Tree에서 본체 바디를 구성하는 명령어를 선택하면 Remove 명령어는 선택한 명령어 이후에 위치하게 된다.

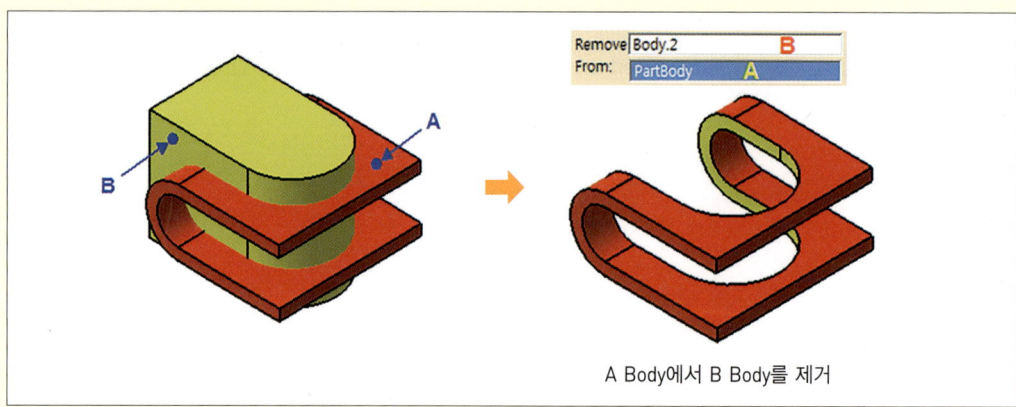

A Body에서 B Body를 제거

8 Pad🗗에 사용될 스케치 프로파일 만들기(2)

1 Specification Tree에서 xy평면을 선택하고 Sketcher 도구모음의 Positioned Sketch를 클릭한다.

❶ Swap에 체크하여 H축과 V축을 바꾸고 Reverse V를 체크하여 V축 방향을 반전한다.

❷ OK 를 클릭하여 Sketcher Workbench로 들어간다.

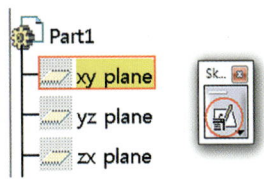

2 Circle ⊙

❶ Circle ⊙ 명령어를 클릭하여 실행한다.
❷ 원의 중심점은 스케치 원점으로부터 H축 선상과 형상의 모서리에 위치하도록 지정하고 반지름에 해당되는 점을 지정하여 원을 생성한다.

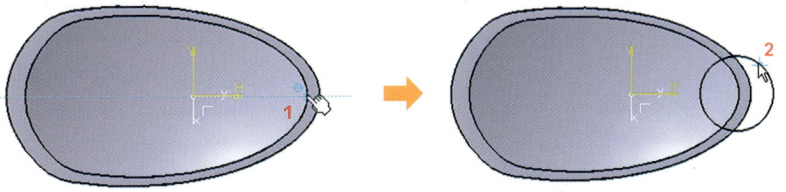

3 Constraints Defined in Dialog Box

❶ 형상의 모서리와 원의 중심점을 선택하고 Constraints Defined in Dialog Box 명령어를 클릭하여 실행한다.
❷ Constraint Definition 대화상자에서 Coincidence를 체크하고 OK 를 눌러 모서리 선상에 원의 중심점이 일치하도록 위치 구속을 부여한다.

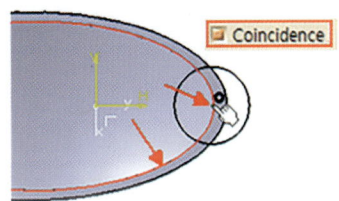

4 Constraint

Constraint 명령어를 클릭하여 실행하고 치수값을 부여한다.

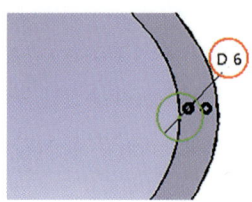

5 Exit Workbench를 클릭하여 Sketcher Workbench를 종료하고 Part Design Workbench로 돌아간다.

9 Pad 만들기(2)

1 Pad 명령어를 클릭하여 실행한다.

2 Pad Definition 대화상자 설정

❶ First Limits 아래 Type으로 Dimension을 선택하고 Length 란에 −14를 기입하여 −Z축 방향으로 14mm만큼 돌출되도록 한다.

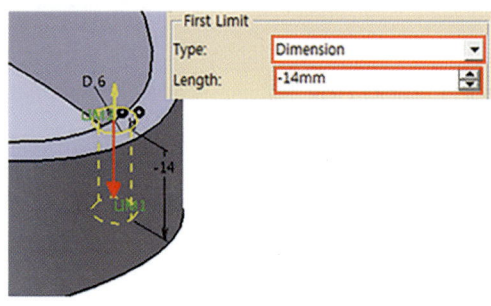

❷ OK 를 클릭하여 명령을 종료한다.

10 Hole 🅾 을 사용하여 Tap 만들기

1 원통 형상의 모서리와 구멍을 배치할 면을 Ctrl 을 누른 상태에서 선택한 후 Hole 🅾 명령어를 클릭하여 실행한다.

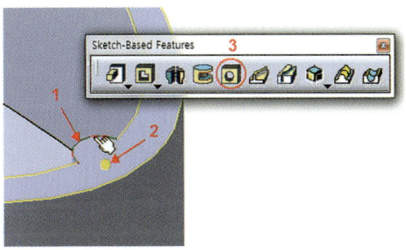

2 Hole Definition 대화상자 설정

❶ Thread Definition 탭 아래 Threaded에 체크한다.

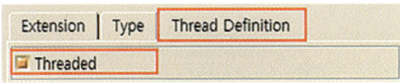

❷ Bottom Type 아래 Type으로 Dimension을 선택한다.

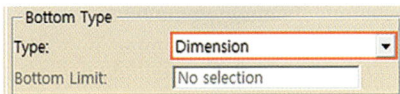

❸ Thread Definition 아래 Type으로 Metric Thick Pitch를 선택하고 Tread Description에서 나사의 호칭지름의 크기로 M3을 선택한다. 또한 Tread Depth에서 나사산의 깊이는 6, Hole Depth 에서 드릴 구멍의 깊이는 9를 기입한다.

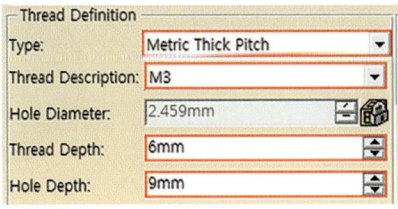

❹ OK 를 클릭하여 Hole을 생성한다.

11 User Pattern에 사용할 점 스케치 프로파일 만들기

1 Specification Tree에서 xy평면을 선택하고 Sketcher 도구모음의 Positioned Sketch를 클릭한다.

❶ Swap에 체크하여 H축과 V축을 바꾸고 Reverse V를 체크하여 V축 방향을 반전한다.

❷ OK 를 클릭하여 Sketcher Workbench로 들어간다.

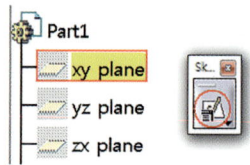

2 Point by Clicking

❶ Profile 도구모음의 Point 하위 도구모음에서 Point by Clicking 을 더블 클릭하여 실행한다.

❷ 형상 모서리에 일치하도록 점의 위치를 지정하여 세 개의 점을 생성한다.

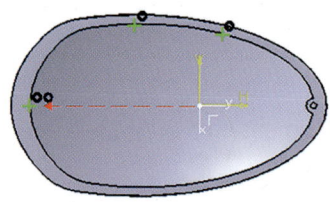

3 Mirror

❶ 대칭 복사할 요소로 두 점을 선택한다.

❷ Mirror 명령어를 클릭하여 실행한다.

❸ 대칭 기준선으로 H축을 선택하여 대칭 복사한다.

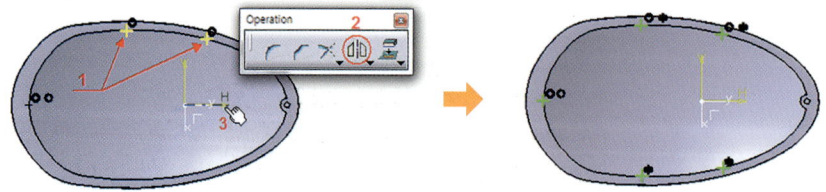

4 Constraint

Constraint 명령어를 더블 클릭하여 실행하고 치수값을 부여한다.

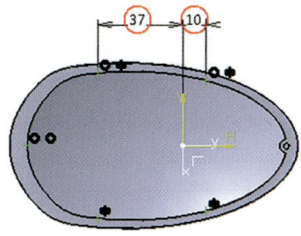

5 Exit Workbench를 클릭하여 Sketcher Workbench를 종료하고 Part Design Workbench로 돌아간다.

12 User Pattern을 사용하여 피처 복사하기

1 Specification Tree에서 패턴할 요소로 Pad.2와 Hole.1을 선택한다.

2 Transformation Features 도구모음의 Patterns 하위 도구모음에서 User Pattern을 클릭하여 실행한다.

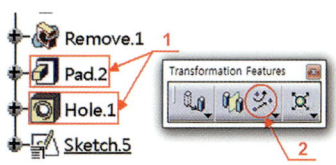

3 User Pattern Definition 대화상자 설정

❶ Instances 아래 Positions 선택란에 점이 작성된 스케치를 선택한다.

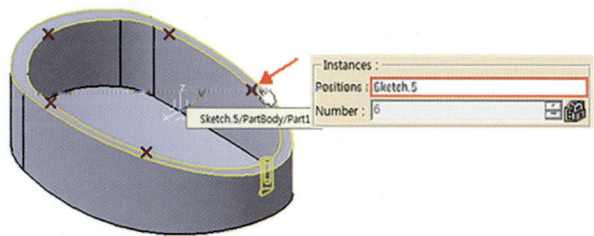

❷ OK 를 클릭하여 Pad.2와 Hole.1 피처가 점 위치에 복사되도록 만든다.

User Pattern

스케치에서 작성된 점 위치에 형상을 복사하여 방향성이 없는 패턴을 하고자 할 때 사용한다.

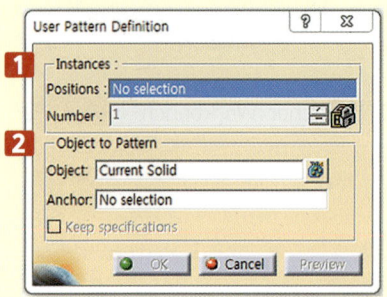

1 Instances

❶ Positions : 점이 작성된 스케치를 선택한다.

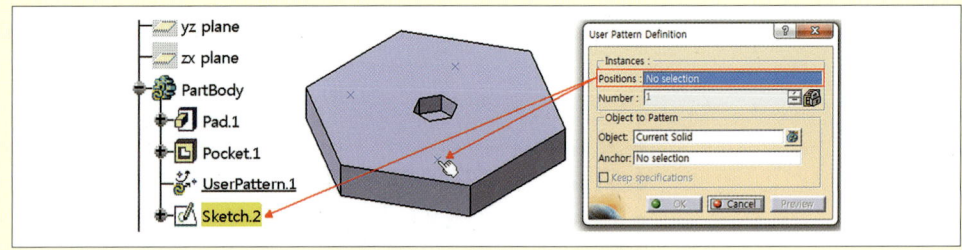

❷ Number : 원본 형상을 포함한 복사될 개수가 표시된다.

2 Object to Pattern

❶ Object : 기본적으로 패턴 객체로 현재 솔리드가 선택된 상태이며 다른 피처를 선택하고자 할 때에는 Object 선택란을 클릭하고 패턴하고자 하는 피처를 선택한다.

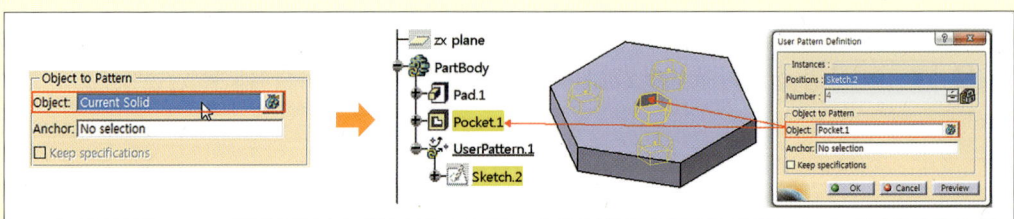

만약 현재 솔리드를 다시 패턴하기로 결정한 경우 Object 선택란에서 마우스 오른쪽버튼을 클릭하고 Get current solid를 선택한다.

❷ Anchor : 기본적으로 패턴하고자 하는 형상의 무게 중심이 점 위치에 복사되나 이 위치를 변경하고자 할 때 Anchor 선택란을 클릭하고 Anchor 점을 선택한다.

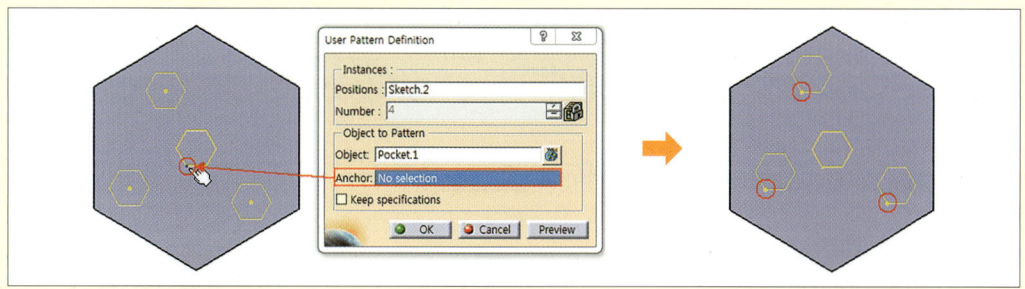

13 Edge Fillet 을 사용하여 모서리 다듬기

1 Edge Fillet 명령어를 클릭하여 실행한다.

2 Edge Fillet Definition 대화상자에서 Radius 입력란에 4를 기입한다.

3 Object(s) to fillet 란에 모서리를 선택하고 OK 를 눌러 Part 모델링을 완성한다.

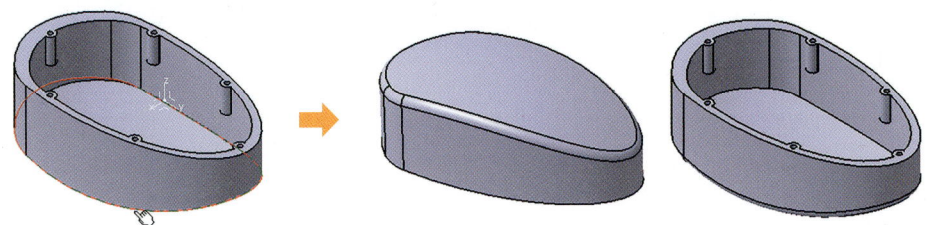

CHAPTER 13 활용 예제 12
Intersect, Union Trim

예제 도면 3D형상 모델링 작업하기

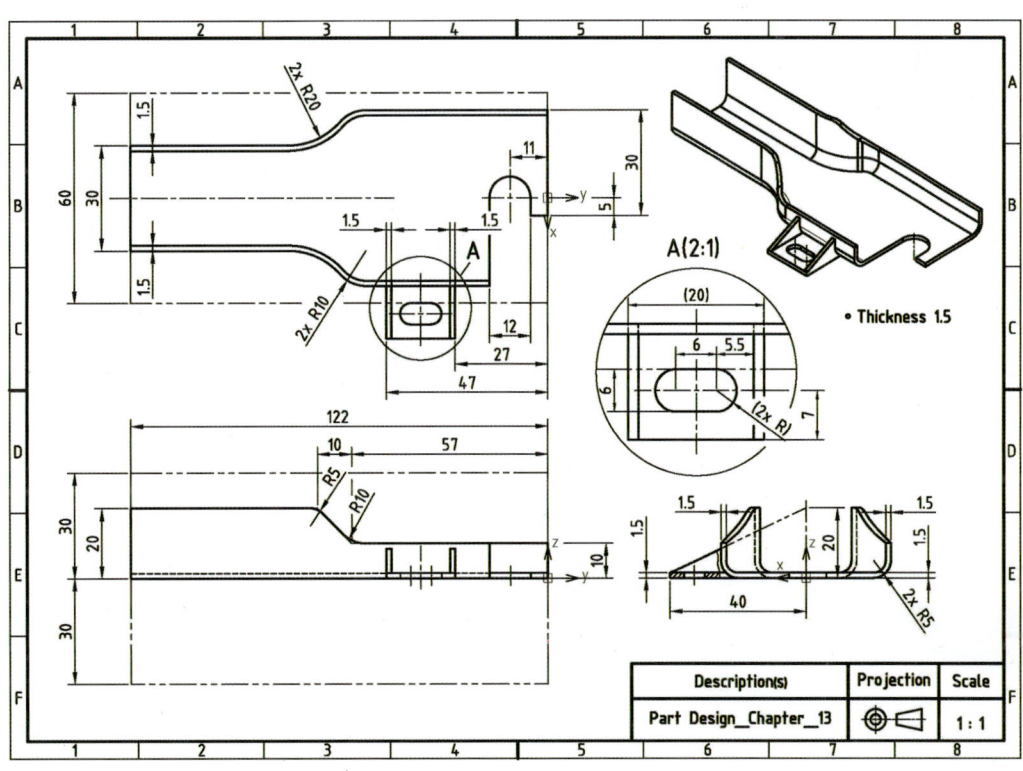

1 Pad에 사용될 스케치 프로파일 만들기

1 Sketch 명령어를 클릭하고 Specification Tree에서 yz평면을 선택하여 Sketcher Workbench로 들어간다.

2 Profile

   ❶ Profile 명령어를 클릭하여 실행한다.
   ❷ 스케치 원점에 일치하도록 프로파일의 첫 번째 점을 지정한다.
   ❸ 다음 점을 지정하여 단일 폐곡선으로 구성된 Profile을 만든다.

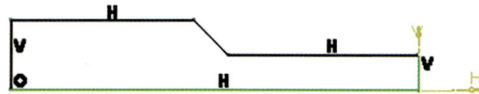

3 Constraint

   Constraint 명령어를 더블 클릭하여 실행하고 치수값을 부여한다.

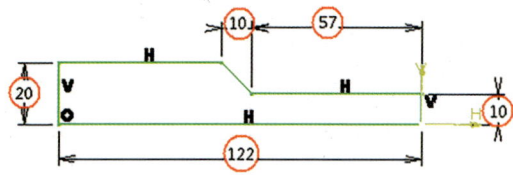

4 Exit Workbench를 클릭하여 Sketcher Workbench를 종료하고 Part Design Workbench로 돌아간다.

2 Pad 만들기

1 Pad 명령어를 클릭하여 실행한다.

2 Pad Definition 대화상자 설정

   ❶ First Limits 아래 Type으로 Dimension을 선택하고 Length 란에 30을 기입한다.

❷ Mirrored extent를 체크하여 양쪽 방향으로 동일한 길이로 프로파일을 돌출시킨 후 OK 를 클릭하여 명령을 종료한다.

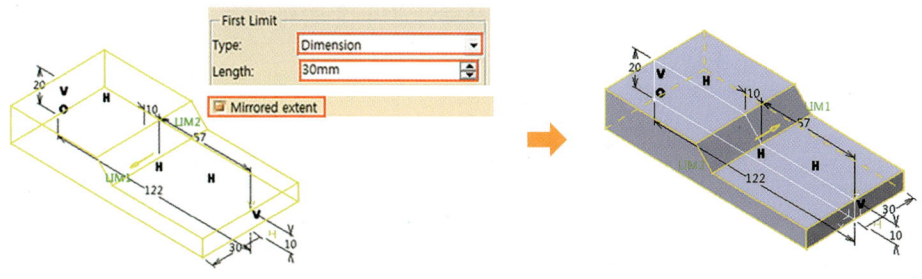

3 새로운 Body.2 추가하기

메뉴모음에서 Insert 〉 Body를 클릭하거나 Insert 도구모음의 Bodies 하위 도구모음에서 Body를 클릭하여 Specification Tree에 새로운 Body.2를 추가한다.

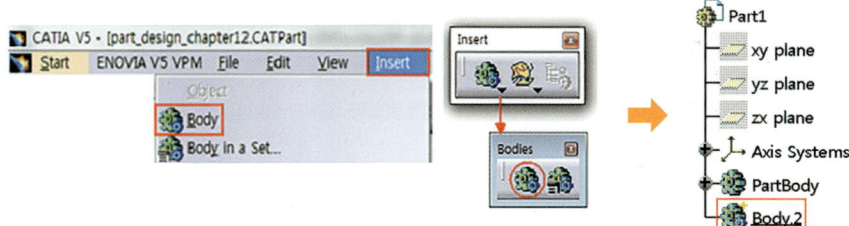

4 Body.2에서 Pad에 사용될 스케치 프로파일 만들기

1 Specification Tree에서 xy평면을 선택하고 Sketcher 도구모음의 Positioned Sketch 를 클릭한다.

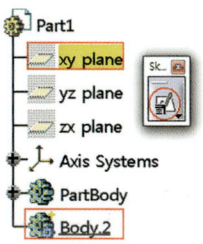

❶ Swap에 체크하여 H축과 V축을 바꾸고 Reverse V를 체크하여 V축 방향을 반전한다.
❷ OK 를 클릭하여 Sketcher Workbench로 들어간다.

2 Profile

❶ Profile 명령어를 클릭하여 실행한다.

❷ 스케치 원점을 기준으로 왼쪽 상단에 프로파일의 첫 번째 점을 지정하고 다음 점을 지정하여 수평선과 사선을 만든다.

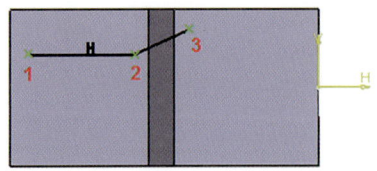

3 Constraints Defined in Dialog Box

❶ 선분의 끝점과 형상의 모서리를 선택하고 Constraints Defined in Dialog Box 명령어를 클릭하여 실행한다.

❷ Constraint Definition 대화상자에서 Coincidence를 체크하고 OK 를 눌러 모서리 선상에 점이 놓이도록 위치 구속을 한다.

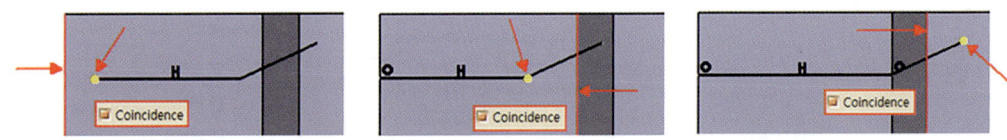

4 Mirror

❶ 대칭 복사할 요소로 두 선분을 선택한다.

❷ Mirror 명령어를 클릭하여 실행한다.

❸ 대칭 기준선으로 H축을 선택하여 대칭 복사한다.

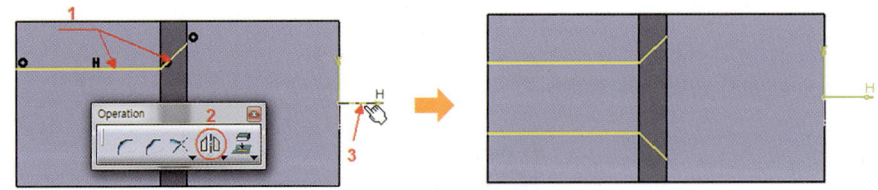

5 Profile 을 명령어를 실행하고 선분과 접원 호를 그려 단일 폐곡선 프로파일을 완성한다.

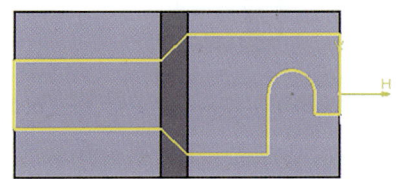

6 Constraints Defined in Dialog Box

❶ 호의 중심점과 H축을 선택하고 Constraints Defined in Dialog Box 명령어를 클릭하여 실행한다.

❷ Constraint Definition 대화상자에서 Coincidence를 체크하고 OK 를 클릭하여 H축 선상에 호의 중심점이 놓이도록 위치 구속을 한다.

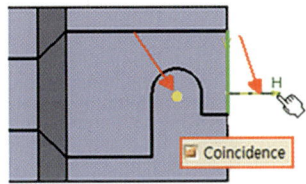

7 Constraint

Constraint 명령어를 더블 클릭하여 실행하고 치수값을 부여한다.

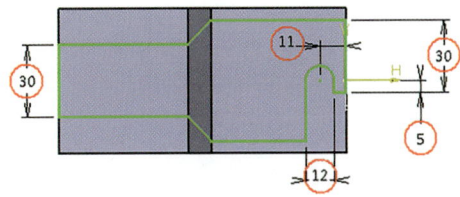

8

Exit Workbench 를 클릭하여 Sketcher Workbench를 종료하고 Part Design Workbench로 돌아간다.

5 Pad 만들기

1
Pad 명령어를 클릭하여 실행한다.

2 Pad Definition 대화상자 설정

❶ First Limits 아래 Type으로 Dimension을 선택하고 Length 란에 30을 기입한다.

❷ Mirrored extent를 체크하여 양쪽 방향으로 동일한 길이로 프로파일을 돌출시킨 후 OK 를 클릭하여 명령을 종료한다.

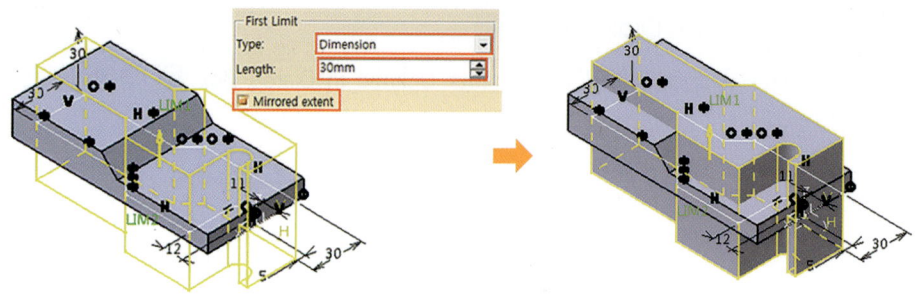

6 Intersect를 사용하여 두 Body 사이에 교차되는 Body 생성하기

1 Boolean Operations 도구모음의 Boolean Operations 하위 도구모음에서 Intersect를 클릭하여 실행한다.

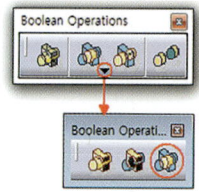

2 Intersect 대화상자 설정

❶ Intersect 선택란에 교차시킬 바디로 Body.2를 선택한다.

❷ 두 개의 바디일 때는 To 선택란에 PartBody가 자동 선택된다.

❸ OK 를 클릭하여 선택한 두 Body 사이에 교차되는 Body를 PartBody의 Pad.1 아래에 생성되도록 만든다.

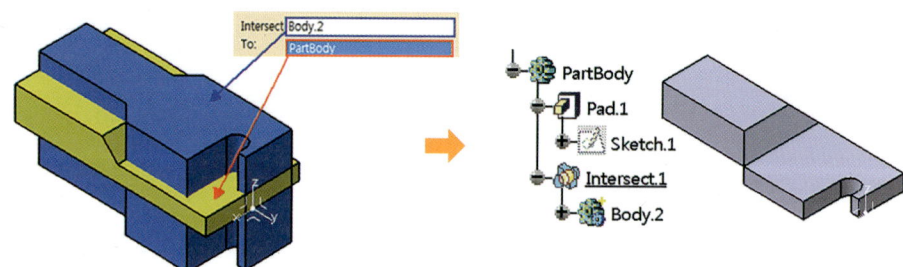

Intersect

Boolean 연산을 통해 서로 다른 Body에 대해서 교차되는 부분만 남기고 모든 재질을 삭제한다.

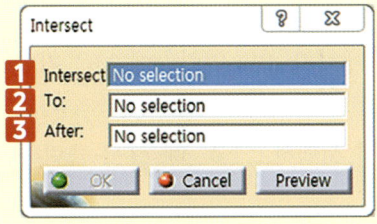

1 Intersect

본체 바디로부터 교차되는 바디를 선택한다.

2 To

본체 바디를 선택한다.

3 After

Specification Tree에서 본체 바디를 구성하는 명령어를 선택하면 Intersect 명령어는 선택한 명령어 이후에 위치하게 된다.

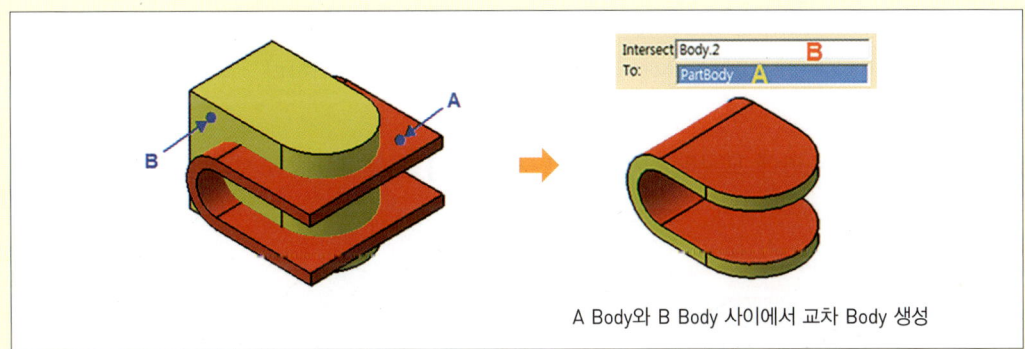

A Body와 B Body 사이에서 교차 Body 생성

7 Edge Fillet 을 사용하여 모서리 다듬기(1)

1 Edge Fillet 명령어를 클릭하여 실행한다.

2 Edge Fillet Definition 대화상자에서 Radius 입력란에 20을 기입한다.

3 Object(s) to fillet 란에 모서리를 선택하고 OK 를 클릭하여 모서리에 필렛을 만든다.

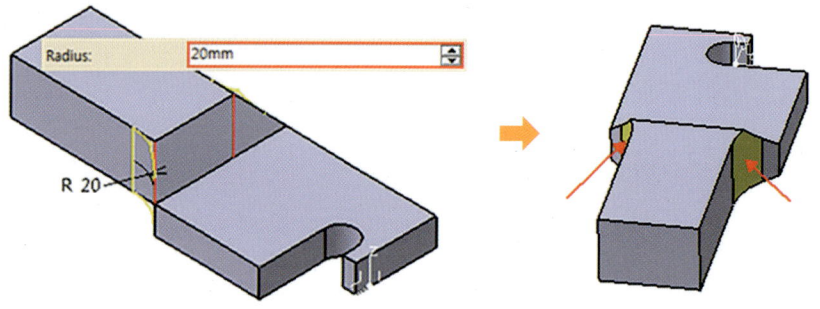

8 Edge Fillet 을 사용하여 모서리 다듬기(2)

1 Edge Fillet 명령어를 클릭하여 실행한다.

2 Edge Fillet Definition 대화상자에서 Radius 입력란에 10을 기입한다.

3 Object(s) to fillet 란에 모서리를 선택하고 OK 를 클릭하여 모서리에 필렛을 만든다.

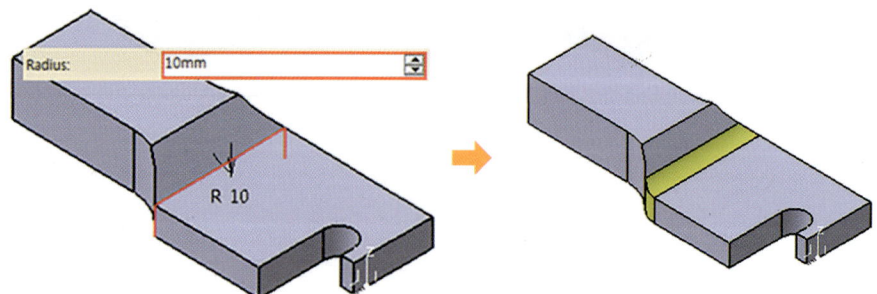

9 Edge Fillet 을 사용하여 모서리 다듬기(3)

1 Edge Fillet 명령어를 클릭하여 실행한다.

2 Edge Fillet Definition 대화상자에서 Radius 입력란에 5를 기입한다.

3 Object(s) to fillet 란에 모서리를 선택하고 OK 를 클릭하여 모서리에 필렛을 만든다.

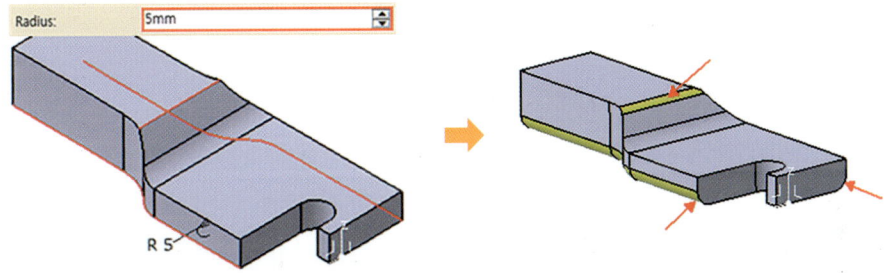

10 Shell 을 사용하여 면을 제거하고 나머지 면에 일정 두께 부여하기

1 Shell 명령어를 클릭하여 실행한다.

2 Shell Definition 대화상자 설정

❶ Default Thickness 아래 Inside thickness 입력란에 내부 두께값으로 1.5를 입력한다.

❷ Faces to remove 선택란에서 제거할 면을 선택한다.

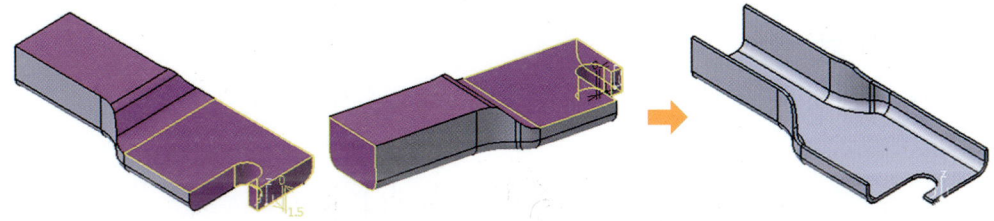

❸ OK 를 클릭하여 Shell 명령어를 종료한다.

11 새로운 Body.3 추가하기

메뉴모음에서 Insert > Body를 클릭하거나 Insert 도구모음의 Bodies 하위 도구모음에서 Body를 클릭하여 Specification Tree에 새로운 Body.3를 추가한다.

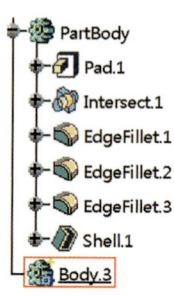

12 Body.3에서 Pad에 사용될 스케치 프로파일 만들기

1 Sketch 명령어를 클릭하고 Specification Tree에서 zx평면을 선택하여 Sketcher Workbench로 들어간다.

2 Profile

❶ Profile 명령어를 클릭하여 실행한다.
❷ 스케치 원점에 일치하도록 프로파일의 첫 번째 점을 지정한다.
❸ 다음 점을 지정하여 단일 폐곡선으로 구성된 Profile을 만든다.

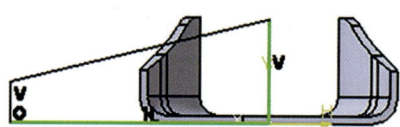

3 Constraint

Constraint 명령어를 더블 클릭하여 실행하고 치수값을 부여한다.

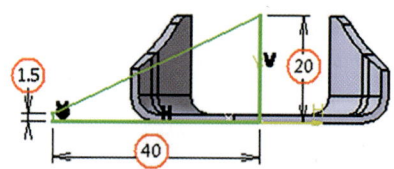

4 Exit Workbench를 클릭하여 Sketcher Workbench를 종료하고 Part Design Workbench로 돌아간다.

13 Pad 만들기

1 Pad 명령어를 클릭하여 실행한다.

2 Pad Definition 대화상자 설정

　❶ First Limit 아래 Type으로 Dimension을 선택하고 Length 란에 −27을 기입한다.

　❷ More>> 를 클릭하여 대화상자를 확장한 다음 Second Limit 아래 Type으로 Dimension을 선택하고 Length 란에 47을 기입한다.

　❸ OK 를 클릭하여 Pad 명령어를 종료한다.

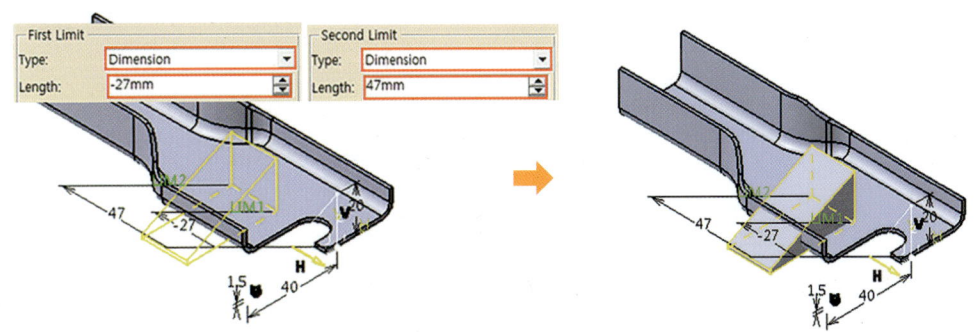

14 Shell 명령어 사용하기

1 Shell 명령어를 클릭하여 실행한다.

2 Shell Definition 대화상자 설정

　❶ Default Thickness 아래 Inside thickness 입력란에 내부 두께값으로 1.5를 입력한다.

❷ Faces to remove 선택란에 제거할 면을 선택한다.

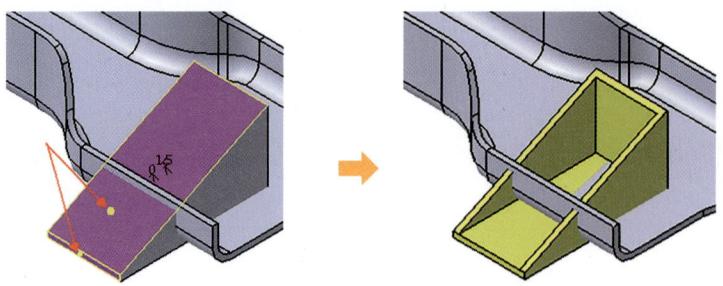

❸ OK 를 클릭하여 Shell 명령어를 종료한다.

15 Pocket에 사용될 스케치 프로파일 만들기

1 Specification Tree에서 형상의 면을 선택하고 Sketcher 도구모음의 Positioned Sketch를 클릭한다.

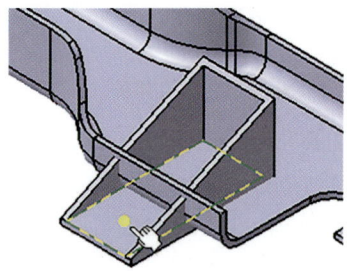

❶ Swap에 체크하여 H축과 V축을 바꾸고 Reverse V를 체크하여 V축 방향을 반전한다.
❷ OK 를 클릭하여 Sketcher Workbench로 들어간다.

2 Elongated Hole

❶ Profile 도구모음의 Predefined Profile 하위 도구모음에서 Elongated Hole을 클릭하여 실행한다.

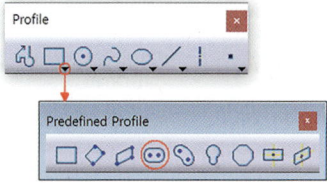

❷ 길쭉한 홀의 중심에 해당되는 두 점과 반경을 지정하여 긴 홈을 생성한다.

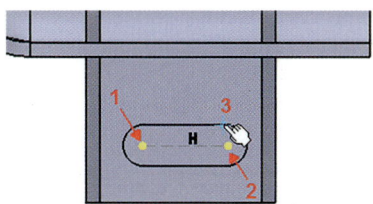

3 Constraint

Constraint 명령어를 더블 클릭하여 실행하고 치수값을 부여한다.

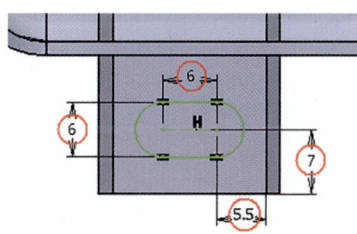

4 Exit Workbench를 클릭하여 Sketcher Workbench를 종료하고 Part Design Workbench로 돌아간다.

16 Pocket 만들기

1 Pocket 명령어를 클릭하여 실행한다.

2 Pocket Definition 대화상자 설정

❶ First Limits 아래 Type으로 Up to last를 선택한다.

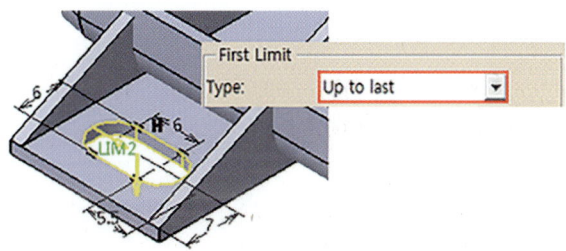

❷ OK 를 클릭하여 관통된 Pocket을 생성한다.

17 Union Trim 을 사용하여 불필요한 부분은 제거하고 바디 합치기

1 Boolean Operations 도구모음의 Union Trim 을 클릭하여 실행한다.

2 Trim Body로 Body.3을 선택한다.

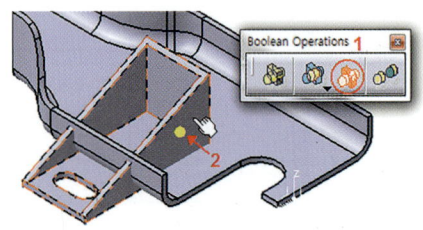

3 Trim Definition 대화상자 설정

❶ Faces to remove 선택란에 제거할 부분을 선택한다.

❷ OK 를 클릭하여 불필요한 부분은 제거하고 바디 합쳐서 Part 모델링을 완성한다.

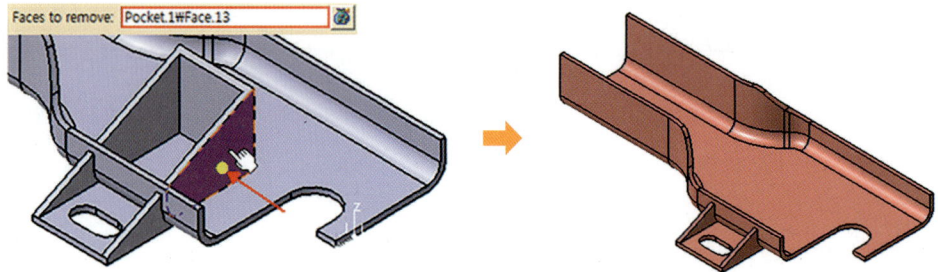

알|아|두|기
Union Trim

서로 다른 바디에 대해서 Add와 같이 합치는 작업을 수행하지만 필요 없는 부분을 제거하면서 합칠 수도 있다.

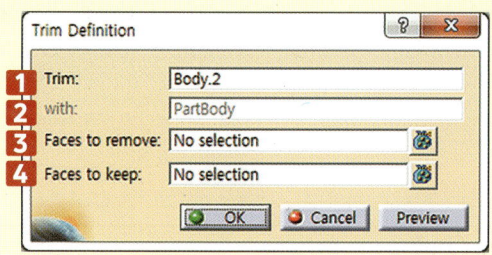

1. Trim : 본체 바디로부터 트리밍할 바디를 선택한다.
2. with : 본체 바디를 선택한다.
3. Faces to remove : 본체 바디를 기준으로 트리밍할 바디에서 제거할 부분을 선택한다.
4. Faces to keep : 본체 바디를 기준으로 트리밍할 바디에서 유지될 부분을 선택한다.

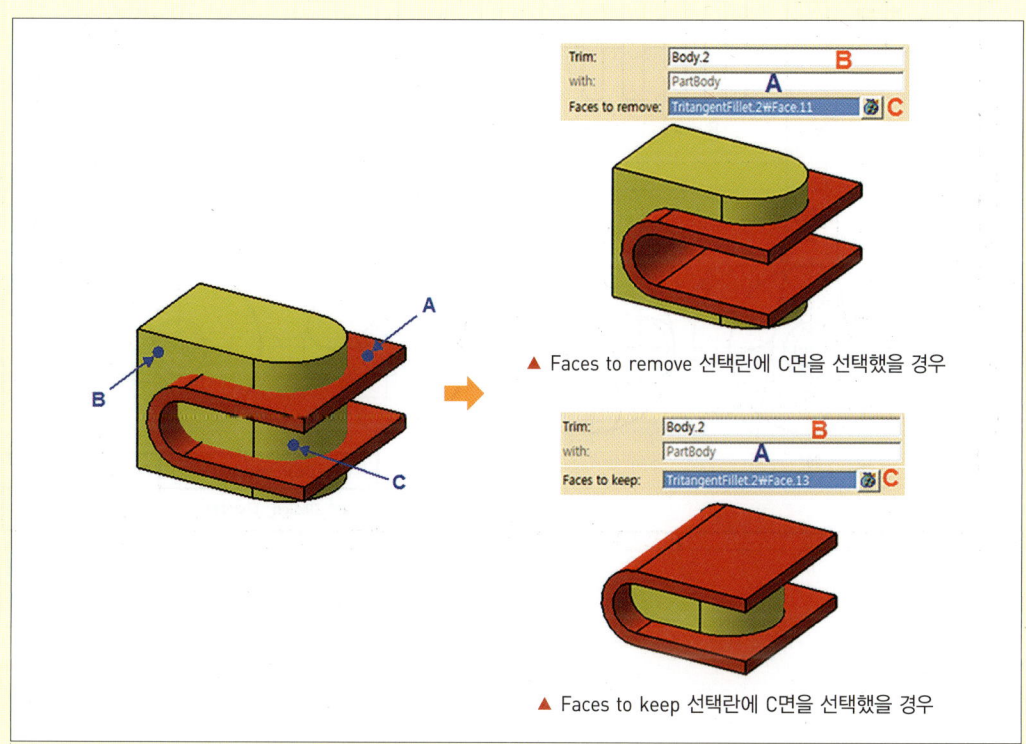

▲ Faces to remove 선택란에 C면을 선택했을 경우

▲ Faces to keep 선택란에 C면을 선택했을 경우

CHAPTER 14

활용 예제 13
Translation, Rotation, Add

예제 도면 — 3D형상 모델링 작업하기

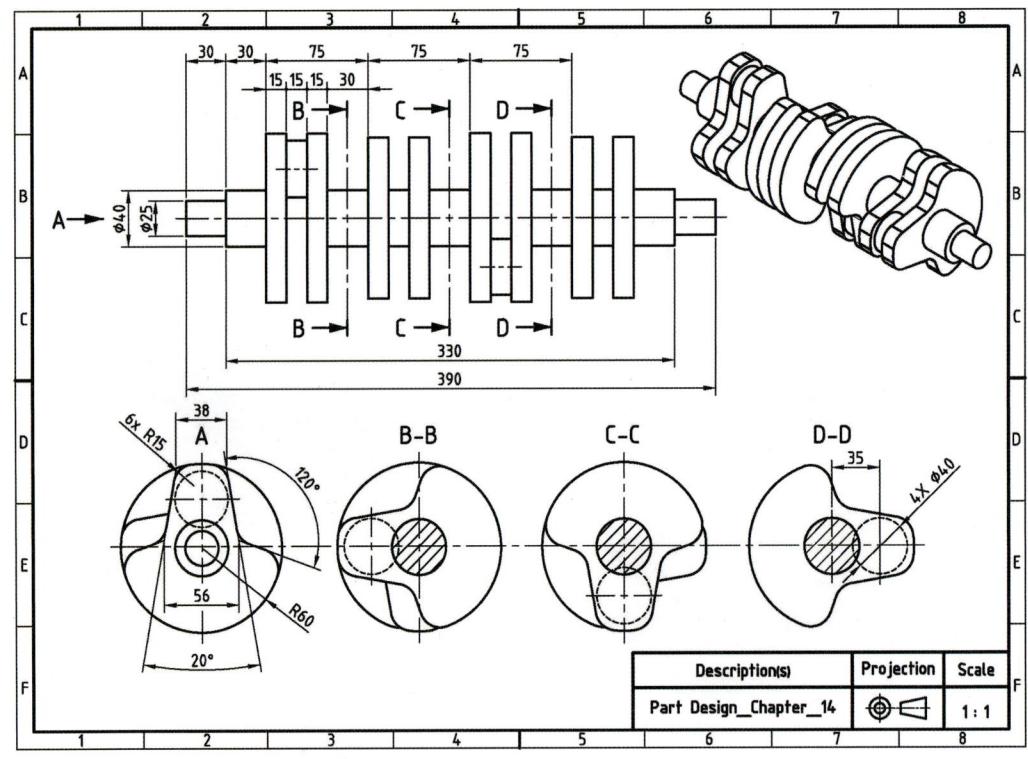

1 새로운 Body.2 추가하기

메뉴모음에서 Insert 〉 Body를 클릭하거나 Insert 도구모음의 Bodies 하위 도구모음에서 Body를 클릭하여 Specification Tree에 새로운 Body.2를 추가한다.

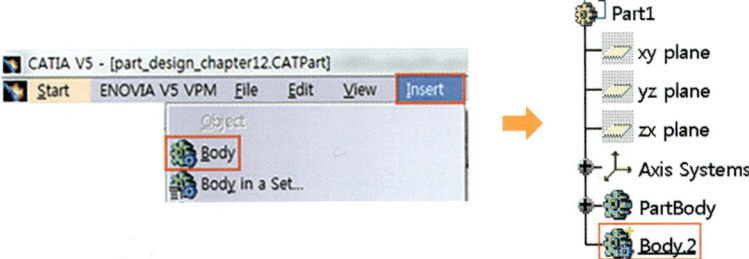

2 Body.2에서 Pad에 사용될 스케치 프로파일 만들기

1 Sketch 명령어를 클릭하고 Specification Tree에서 zx평면을 선택하여 Sketcher Workbench로 들어간다.

2 Circle

❶ Circle 명령어를 클릭하여 실행한다.
❷ 스케치 원점에 일치하도록 원의 중심점을 지정하고 반지름에 해당되는 점을 지정하여 원을 생성한다.

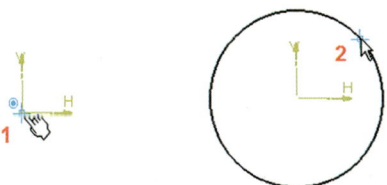

3 Profile

❶ Profile 명령어를 클릭하여 실행한다.
❷ 원주에 일치하도록 프로파일의 첫 번째 점을 지정한다.
❸ 다음 점을 지정하고 마지막 점을 원주에 일치하도록 지정한다.

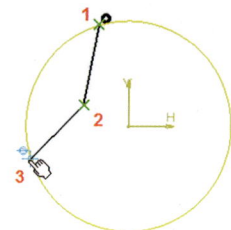

4 Mirror

❶ 대칭 복사할 요소로 두 선을 선택한다.

❷ Mirror 명령어를 클릭하여 실행한다.

❸ 대칭 기준선으로 V축을 선택하여 대칭 복사한다.

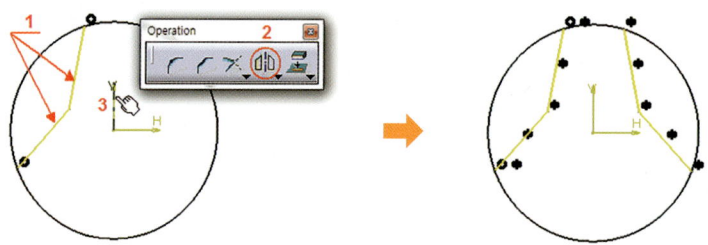

5 Quick Trim

Quick Trim 명령어를 더블 클릭하여 실행하고 요소를 잘라 단일 폐곡선 영역을 만든다.

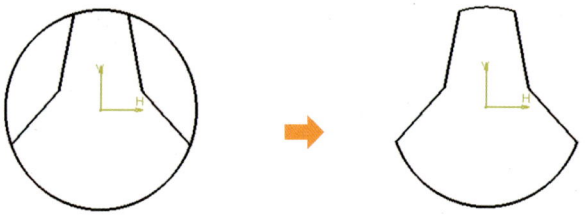

6 Constraint

Constraint 명령어를 더블 클릭하여 실행하고 치수값을 부여한다.

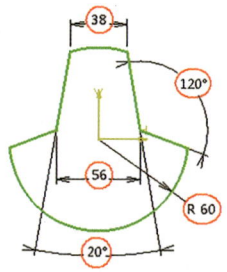

7 Exit Workbench 를 클릭하여 Sketcher Workbench를 종료하고 Part Design Workbench로 돌아간다.

3 Pad🗍 만들기(1)

1 Pad🗍 명령어를 클릭하여 실행한다.

2 Pad Definition 대화상자 설정

❶ First Limits 아래 Type으로 Dimension을 선택하고 Length 란에 15를 기입한다.

❷ `OK` 를 클릭하여 명령어를 종료한다.

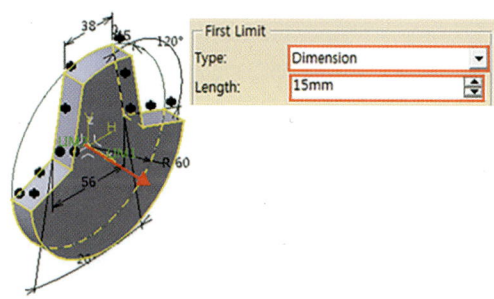

4 Pad🗍에 사용될 스케치 프로파일 만들기

1 Sketch✏️ 명령어를 클릭하고 형상의 평면을 선택하여 Sketcher Workbench로 들어간다.

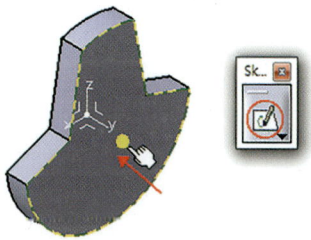

2 Circle ⊙

❶ Circle ⊙ 명령어를 클릭하여 실행한다.

❷ 원의 중심점은 스케치 원점으로부터 V축 선상에 위치하도록 지정하고 반지름에 해당되는 점을 지정하여 원을 생성한다.

3 Constraint

Constraint 명령어를 더블 클릭하여 실행하고 치수값을 부여한다.

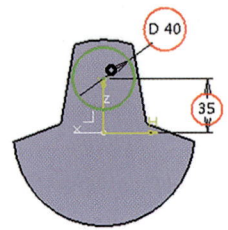

4 Exit Workbench를 클릭하여 Sketcher Workbench를 종료하고 Part Design Workbench로 돌아간다.

5 Pad 만들기(2)

1 Pad 명령어를 클릭하여 실행한다.

2 Pad Definition 대화상자 설정

❶ First Limits 아래 Type으로 Dimension을 선택하고 Length 란에 15를 기입한다.
❷ OK 를 클릭하여 명령어를 종료한다.

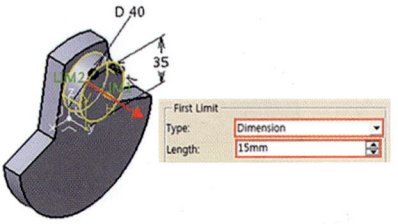

6 기존 스케치를 형상 평면에 복사하여 Pad에 사용될 스케치 프로파일 만들기

1 Specification Tree에서 Sketch.1을 마우스 왼쪽버튼으로 클릭하고 Ctrl+C를 눌러 복사하거나 콘텍스트 메뉴에서 Copy 를 클릭하여 Sketch.1을 복사한다.

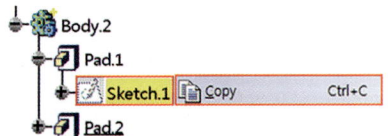

2 형상의 평면을 마우스 왼쪽버튼으로 클릭하고 Ctrl+V를 눌러 형상의 평면에 Sketch.1을 붙여 넣기하거나 콘텍스트 메뉴에서 Paste 를 클릭하여 형상의 평면에 Sketch.3를 만든다.

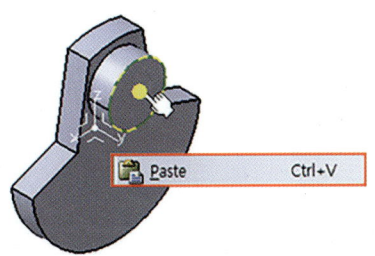

7 Pad 만들기(3)

1 Pad 명령어를 클릭하여 실행한다.

2 **Pad Definition 대화상자 설정**
   ❶ First Limits 아래 Type으로 Dimension을 선택하고 Length 란에 15를 기입한다.
   ❷ OK 를 클릭하여 명령어를 종료한다.

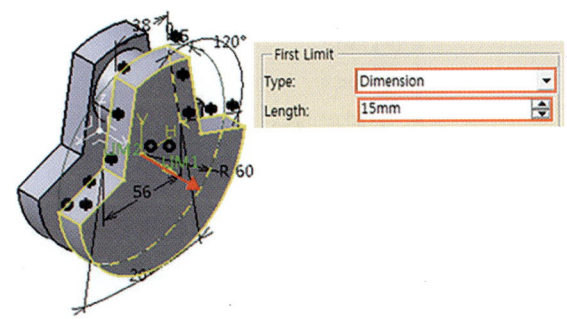

8 Edge Fillet 을 사용하여 모서리 다듬기

1 Edge Fillet 명령어를 클릭하여 실행한다.

2 Edge Fillet Definition 대화상자에서 Radius 입력란에 15을 기입한다.

3 Object(s) to fillet 란에 모서리를 선택하고 ●OK 를 클릭하여 모서리에 필렛을 만든다.

9 Body.2를 복사하여 Body.3 추가하기

1 Specification Tree에서 Body.2를 마우스 왼쪽버튼으로 클릭하고 Ctrl+C를 눌러 복사하거나 콘텍스트 메뉴에서 Copy 를 클릭하여 Body.2을 복사한다.

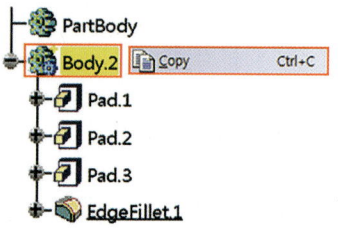

2 Specification Tree에 마우스를 가져다 놓고 마우스 오른쪽버튼을 클릭한다. 콘텍스트 메뉴에서 Paste Special... 을 클릭한다.

3 Paste Special 창에서 As Result With Link를 선택하고 ●OK 를 클릭하여 원본 Body.2와 링크된 Body.3를 Specification Tree에 추가한다.

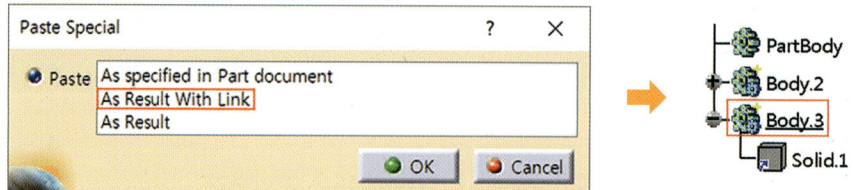

알아두기 10 Translation을 사용하여 Body.3 이동하기

1 Transformation Features 도구모음의 Transformation 하위 도구모음에서 Translation 명령어를 클릭하여 실행한다.

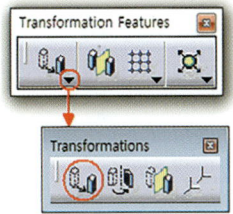

2 Question 대화상자가 나타나면 변환을 계속하기 위해 예(Y)를 클릭한다.

3 Translate Definition 대화상자 설정

❶ Vector Definition에서 Direction, distance를 선택한다.

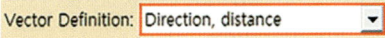

❷ Direction 선택란은 Axis system에서 Y축을 선택하거나 선택란에 마우스 오른쪽버튼을 클릭하고 콘텍스트 메뉴에서 Y Component 를 선택한다.

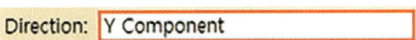

❸ Distance 란에 Y축 방향으로 이동할 거리값 75를 기입한다.

❹ OK 를 클릭하여 Y축 방향으로 75mm만큼 Body.3을 이동시킨다.

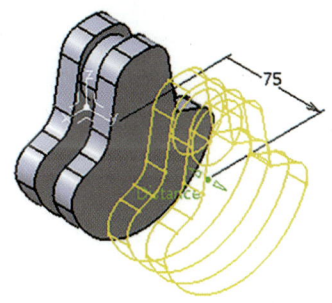

Translation

솔리드 Body를 방향과 거리, 점과 점, 좌푯값으로 평행이동시킨다.

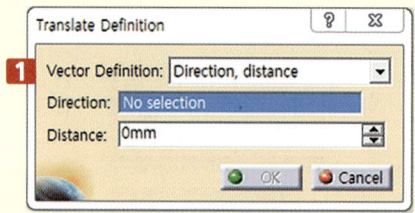

1 Vector Definition

❶ Vector Definition Direction, distance ▼

방향과 거리값으로 솔리드 바디를 이동시킨다.
- Direction : 이동할 방향으로 직선모서리, 축 또는 평면을 선택한다. 평면을 선택하였을 경우 면의 수직 방향으로 이동한다.
- Distance : 지정한 방향으로부터 이동할 거리값을 입력한다.

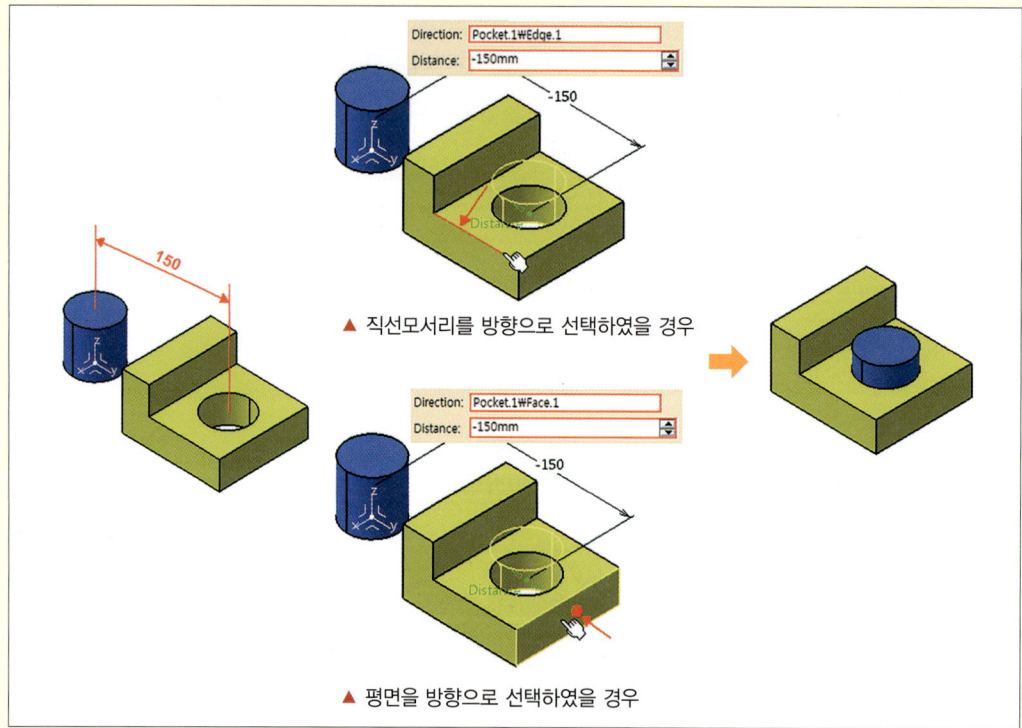

▲ 직선모서리를 방향으로 선택하였을 경우

▲ 평면을 방향으로 선택하였을 경우

❷ Vector Definition [Point to point ▼]

스케치 끝점, 점, 형상의 꼭짓점 등 점 요소를 시작점과 끝점으로 지정하여 점의 위치만큼 솔리드 바디를 이동시킨다.
- Start point : 솔리드 바디를 이동할 시작점을 지정한다.
- End point : 시작점으로부터 이동할 끝점을 지정한다.

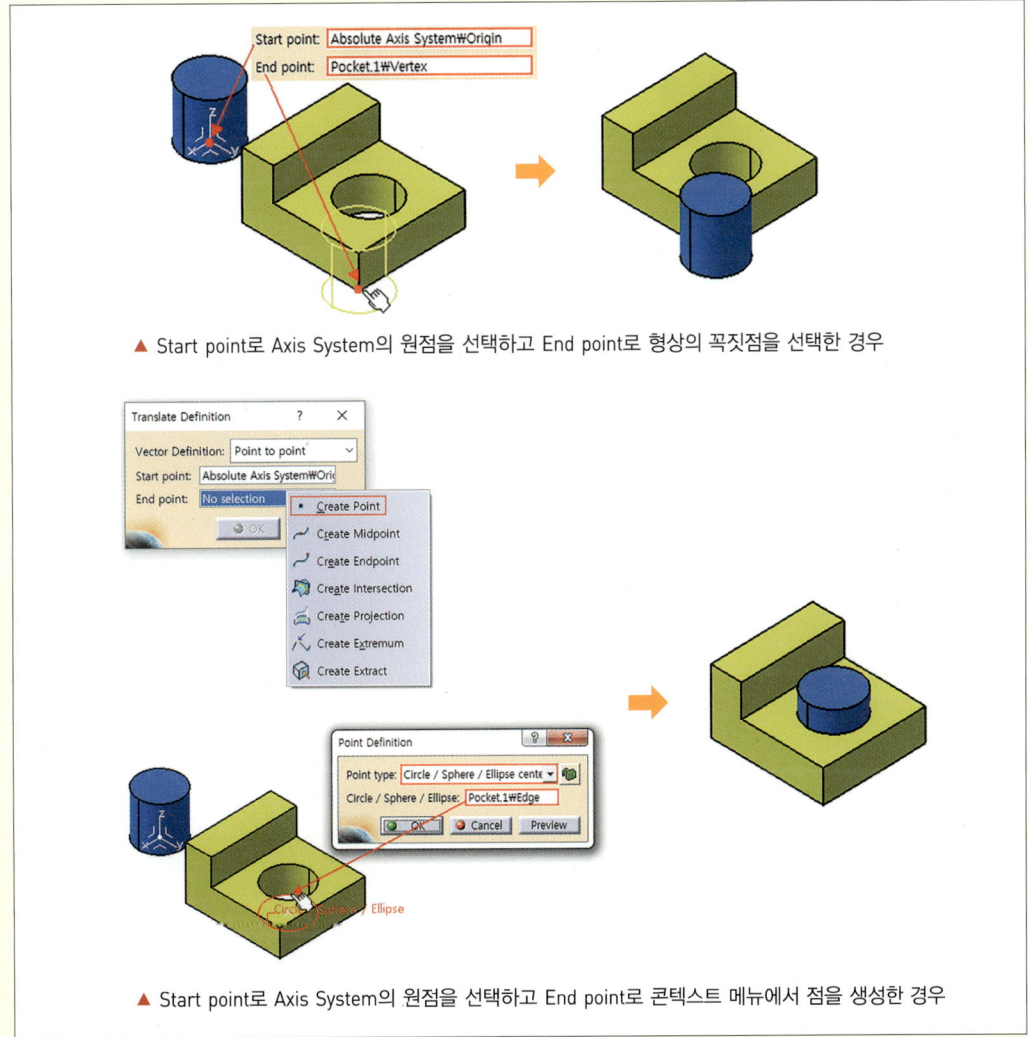

▲ Start point로 Axis System의 원점을 선택하고 End point로 형상의 꼭짓점을 선택한 경우

▲ Start point로 Axis System의 원점을 선택하고 End point로 콘텍스트 메뉴에서 점을 생성한 경우

❸ Vector Definition [Coordinates ▼]

Axis System을 기준으로 X, Y, Z값에 의해 솔리드 바디를 이동시킨다.

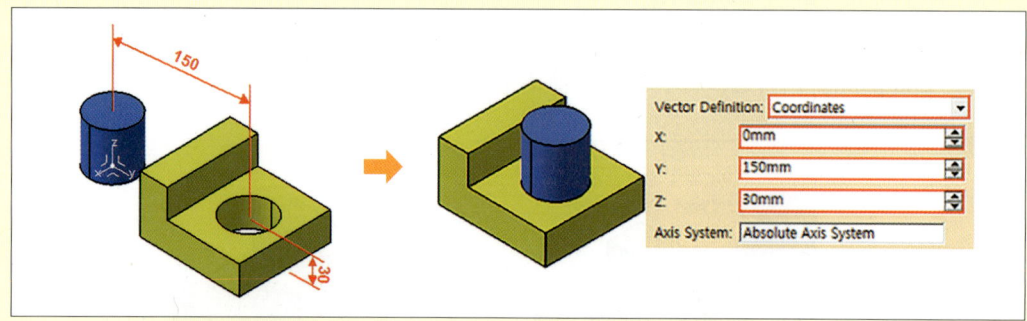

알아두기 11 Rotation 을 사용하여 Body.3 회전하기

1 Transformation Features 도구모음의 Transformation 하위 도구모음에서 Rotation  명령어를 클릭하여 실행한다.

2 Question 대화상자가 나타나면 변환을 계속하기 위해 예(Y)를 클릭한다.

3 Rotate Definition 대화상자 설정

❶ Definition Mode에서 Axis-Angle를 선택한다.

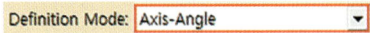

❷ Axis 선택란에 Axis system에서 Y축을 선택하거나 선택란에 마우스 오른쪽버튼을 클릭하고 콘텍스트 메뉴에서 Y Axis를 선택한다.

❸ Angle 란에 Y축 방향을 기준으로 회전시킬 각도 -90을 기입한다.

❹ OK 를 클릭하여 Body.3를 Y축을 기준으로 -90°만큼 회전시킨다.

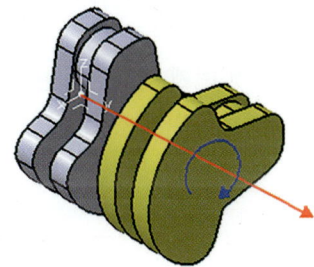

Rotation

회전축을 중심으로 입력한 회전 각도값만큼 솔리드 바디를 회전시킨다.

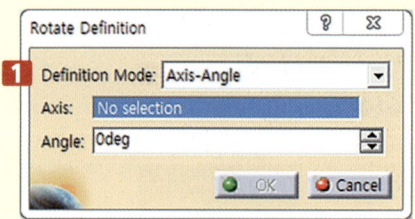

1 Definition Mode

❶ Definition Mode [Axis-Angle ▼]

회전축과 회전 각도를 입력하여 솔리드 바디를 회전시킨다.
- Axis : 회전축으로 스케치 선분이나 직선 모서리, Axis System의 축 등 선형 요소를 선택한다.
- Angle : 회전 각도를 입력한다.

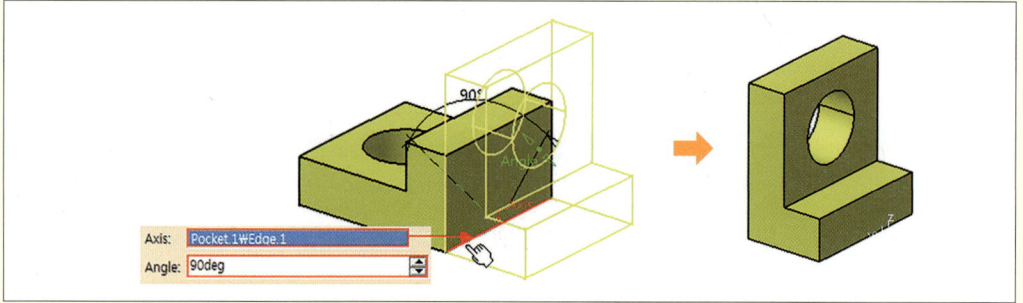

❷ Definition Mode [Axis To Elements ▼]

회전축을 선택하고 회전 각도는 두 개의 기하학적 요소(점, 선 또는 평면)로 정의된다.
- Axis : 회전축으로 선형 요소를 선택한다.
- First Element : 각도를 참조할 첫 번째 점, 선 또는 평면을 선택한다.
- Second Element : 각도를 참조할 두 번째 점, 선 또는 평면을 선택한다.

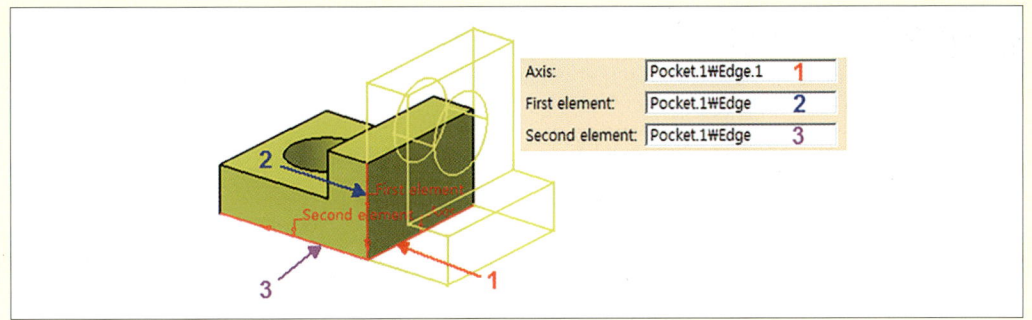

❸ Definition Mode [Three Points ▼]

회전은 세 점으로 정의되며, 회전축은 두 번째 점을 통과하는 세 번째 점에 의해 생성된 평면의 법선으로 정의되며, 회전 각도는 세 점(벡터 Point2-Point1과 벡터 Point2-Point3 사이)에 의해 생성된 두 벡터로 정의된다.

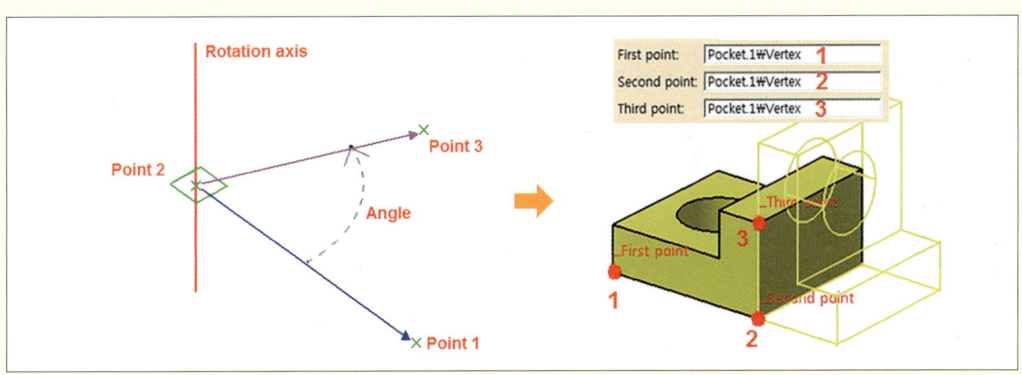

12 Body.3 복사하여 Body.4 추가하기

1. Specification Tree에서 Body.3를 마우스 왼쪽버튼으로 클릭하고 Ctrl+C를 눌러 복사하거나 콘텍스트 메뉴에서 Copy를 클릭하여 Body.3를 복사한다.

2. Specification Tree에 마우스를 가져다 놓고 마우스 오른쪽버튼을 클릭한다. 콘텍스트 메뉴에서 Paste Special... 을 클릭한다.

3. Paste Special 창에서 As Result With Link를 선택하고 OK 를 클릭하여 원본 Body.3와 링크된 Body.4를 Specification Tree에 추가한다.

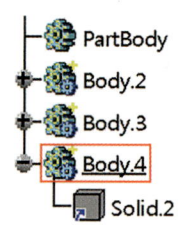

13 Translation 을 사용하여 Body.4 이동하기

1. Translation 명령어를 클릭하여 실행한다.

2. Question 대화상자가 나타나면 변환을 계속하기 위해 예(Y)를 클릭한다.

3. Translate Definition 대화상자 설정

   ❶ Vector Definition에서 Direction, distance를 선택한다.

   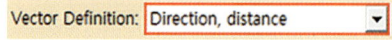

   ❷ Direction 선택은 Axis system에서 Y축을 선택하거나 선택란에 마우스 오른쪽버튼을 클릭하고 콘텍스트 메뉴에서 Y Component 를 선택한다.

   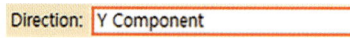

❸ Distance 란에 Y축 방향으로 이동할 거리값 75를 기입한다.

❹ OK 를 클릭하여 Y축 방향으로 Body.3으로부터 75만큼 Body.4를 이동시킨다.

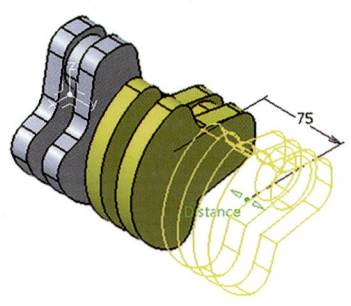

14 Rotation을 사용하여 Body.4 회전하기

1 Transformation 하위 도구모음에서 Rotation 명령어를 클릭하여 실행한다.

2 Question 대화상자가 나타나면 변환을 계속하기 위해 예(Y)를 클릭한다.

3 Rotate Definition 대화상자 설정
  ❶ Definition Mode에서 Axis-Angle를 선택한다.

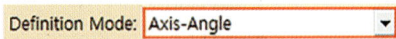

  ❷ Axis 선택란에 Axis system에서 Y축을 선택하거나 선택란에 마우스 오른쪽버튼을 클릭하고 콘텍스트 메뉴에서 Y Axis를 선택한다.

  ❸ Angle 란에 Y축 방향을 기준으로 회전시킬 각도 -90을 기입한다.

❹ OK 를 클릭하여 Body.4를 Y축을 기준으로 -90°만큼 회전시킨다.

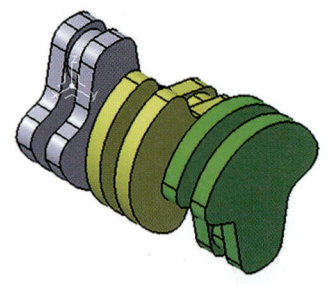

15 Body.4를 복사하여 Body.5 추가하기

1 Specification Tree에서 Body.4를 마우스 왼쪽버튼으로 클릭하고 Ctrl+C를 눌러 복사하거나 콘텍스트 메뉴에서 Copy 를 클릭하여 Body.4를 복사한다.

2 Specification Tree에 마우스를 가져다 놓고 마우스 오른쪽버튼을 클릭한다. 콘텍스트 메뉴에서 Paste Special... 을 클릭한다.

3 Paste Special 창에서 As Result With Link를 선택하고 OK 를 클릭하여 원본 Body.4와 링크된 Body.5를 Specification Tree에 추가한다.

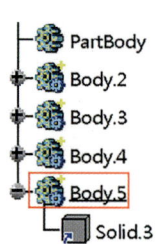

16 Translation 을 사용하여 Body.5 이동하기

1 Translation 명령어를 클릭하여 실행한다.

2 Question 대화상자가 나타나면 변환을 계속하기 위해 예(Y)를 클릭한다.

3 Translate Definition 대화상자 설정

❶ Vector Definition에서 Direction, distance를 선택한다.

❷ Direction 선택란은 Axis system에서 Y축을 선택하거나 선택란에 마우스 오른쪽버튼을 클릭하고 콘텍스트 메뉴에서 Y Component 를 선택한다.

❸ Distance 란에 Y축 방향으로 이동할 거리값 75를 기입한다.

❹ OK 를 클릭하여 Y축 방향으로 Body.4로부터 75mm만큼 Body.5를 이동시킨다.

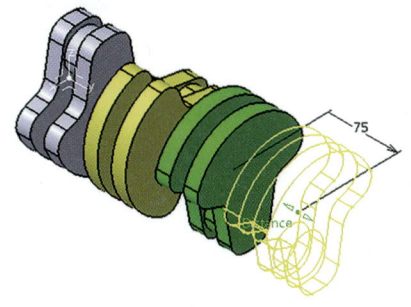

17 Rotation 을 사용하여 Body.5 회전하기

1 Transformation 하위 도구모음에서 Rotation 명령어를 클릭하여 실행한다.

2 Question 대화상자가 나타나면 변환을 계속하기 위해 예(Y)를 클릭한다.

3 Rotate Definition 대화상자 설정

❶ Definition Mode에서 Axis-Angle를 선택한다.

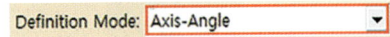

❷ Axis 선택란은 Axis system에서 Y축을 선택하거나 선택란에 마우스 오른쪽버튼을 클릭하고 콘텍스트 메뉴에서  를 선택한다.

❸ Angle 란에 Y축 방향을 기준으로 회전시킬 각도 −90을 기입한다.

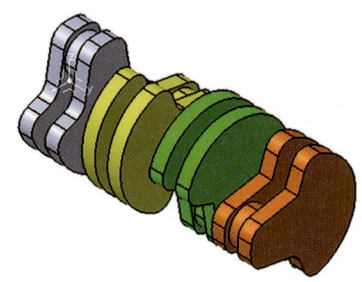

❹ OK 를 클릭하여 Body.5를 Y축을 기준으로 −90°만큼 회전시킨다.

18 Add를 사용하여 Body 합치기

1 Specification Tree에서 Body.2에서 Body.5까지 선택한다.

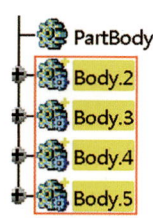

2 Boolean Operations 도구모음의 Boolean Operations 하위 도구모음에서 Add를 클릭하여 실행한다.

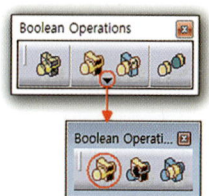

3 Add 대화상자에서 To 선택란에 PartBody를 선택하고 ● OK 를 눌러 PartBody 아래에 합쳐진 바디가 위치하도록 한다.

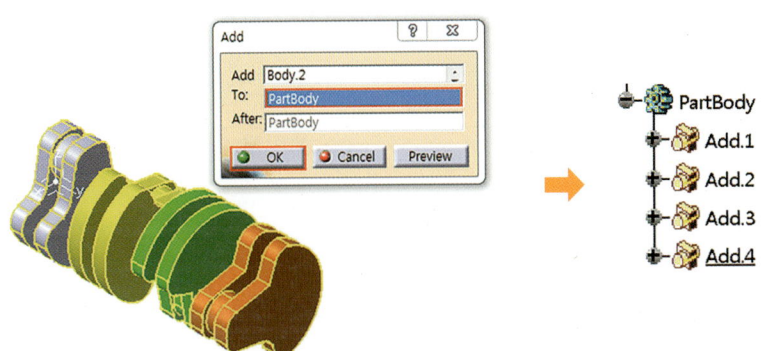

Add

다른 바디에 바디를 추가한다. 바디를 다른 바디에 추가하는 것은 Boolean 연산을 통해 바디를 결합하는 것을 의미한다.

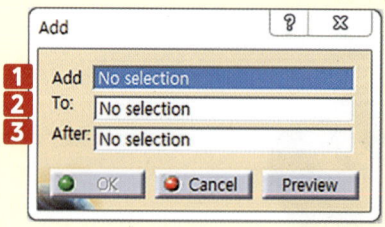

1 Add

본체 바디에 추가시킬 바디를 선택한다.

2 To

본체 바디를 선택한다.

3 After

Specification Tree에서 본체 바디를 구성하는 명령어를 선택하면 Add 명령어는 선택한 명령어 이후에 위치하게 된다.

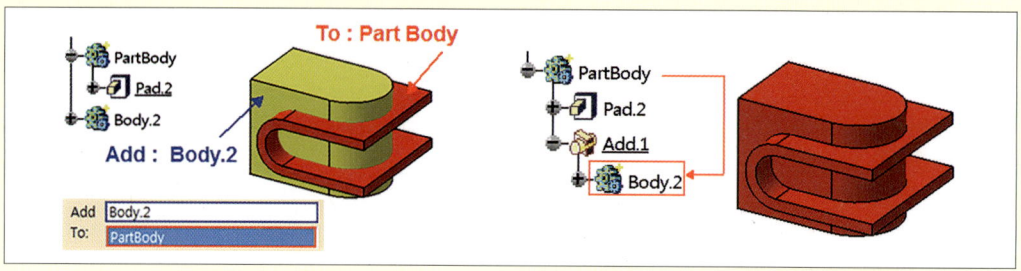

19 새로운 Body.6 추가하기

메뉴모음에서 Insert 〉 Body를 클릭하거나 Insert 도구모음의 Bodies 하위 도구모음에서 Body를 클릭하여 Specification Tree에 새로운 Body.6를 추가한다.

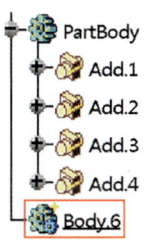

20 Shaft에 사용될 스케치 프로파일 만들기

1 Sketcher 도구모음의 Sketch 명령어를 클릭하고 Specification Tree에서 yz평면을 선택하여 Sketcher Workbench로 들어간다.

2 **Profile**

　❶ Profile 명령어를 클릭하여 실행한다.
　❷ H축 선상에 일치하도록 프로파일의 첫 번째 점을 지정하고 다음 점을 지정하여 폐곡선의 프로파일을 완성한다.

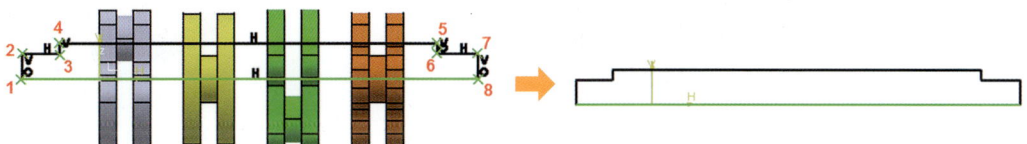

3 **Constraint**

　Constraint 명령어를 더블 클릭하여 실행하고 치수값을 부여한다.

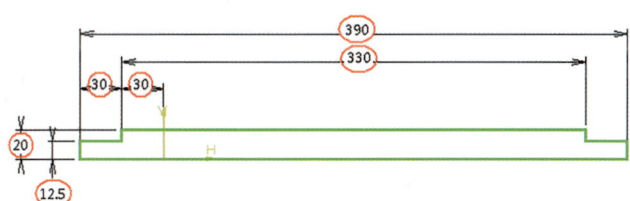

4 Exit Workbench를 클릭하여 Sketcher Workbench를 종료하고 Part Design Workbench로 돌아간다.

21 Shaft 만들기

1 Shaft를 클릭하여 실행한다.

2 **Shaft Definition 대화상자 설정**

❶ First Angle 란에 360°, Second Angle 란에 0°값을 입력한다.

❷ Axis 아래 Selection 란에 회전축으로 스케치 프로파일의 수평선을 선택한다.

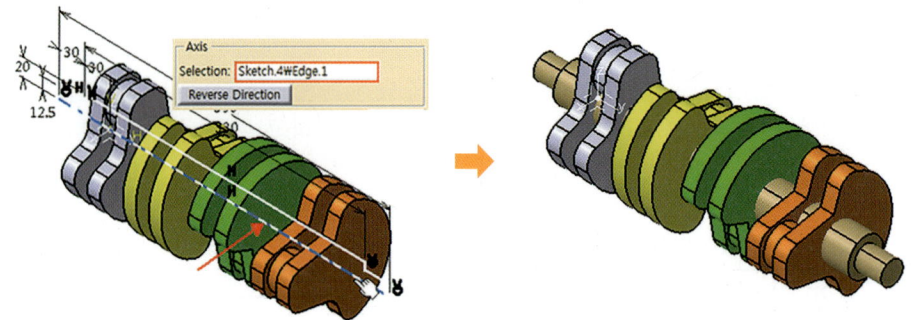

❸ OK 를 클릭하여 Shaft 피처를 생성한다.

22 Union Trim 을 사용하여 불필요한 부분은 제거하고 바디 합치기

1 Boolean Operations 도구모음의 Union Trim 을 클릭하여 실행한다.

2 Trim Body로 Body.3을 선택한다.

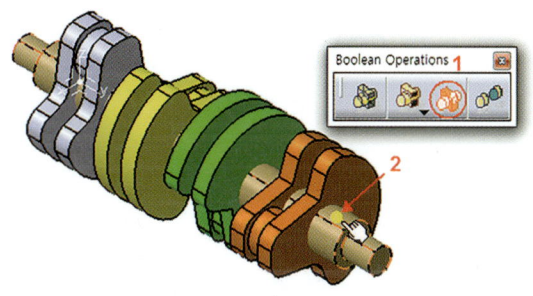

3 Trim Definition 대화상자 설정

❶ Faces to keep 선택란 옆에 Group 버튼을 누른 후 Faces to keep 창에서 남길 면들을 선택한다.

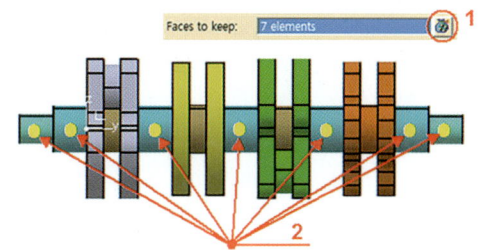 

❷ OK 를 클릭하여 불필요한 부분은 제거하고 바디를 합쳐서 Part 모델링을 완성한다.

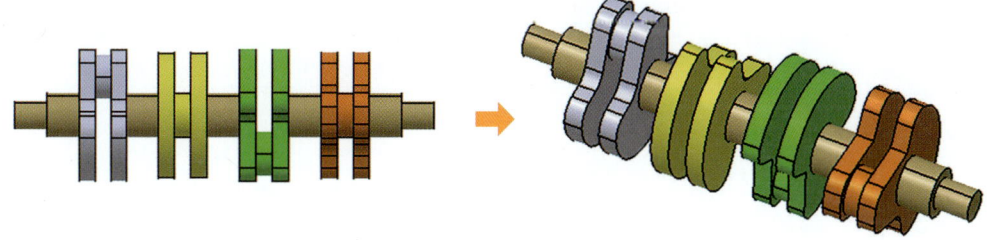

PART 04
GENERATIVE SHAPE DESIGN

CHAPTER 01	**Generative Shape Design 시작하기**	
CHAPTER 02	**활용 예제 1**	
	Line, Translate, Corner, Symmetry, Join, Circle, Sweep, Close Surface*	
CHAPTER 03	**활용 예제 2**	
	Combine, Fill, Extract, Revolve, Trim, Join, Extrude, Edge Fillet, Thick Surface*	
CHAPTER 04	**활용 예제 3**	
	Sweep, Rectangular Pattern, Offset, Sphere, Extrapolate	
CHAPTER 05	**활용 예제 4**	
	Helix, Connect Curve, Sweep	
CHAPTER 06	**활용 예제 5**	
	Revolve, Sweep	
CHAPTER 07	**활용 예제 6**	
	Adaptive sweep, Point, Split	
CHAPTER 08	**활용 예제 7**	
	Spline, Multi-Sections Surface, Parallel Curve, Sweep, Cylinder	
CHAPTER 09	**활용 예제 8**	
	Multi-Sections Surface, Intersection, Boundary, 3D Curve Offset	
CHAPTER 10	**활용 예제 9**	
	Sweep, Split*, Replace Face*	
CHAPTER 11	**활용 예제 10**	
	Blend	
CHAPTER 12	**활용 예제 11**	
	Sweep, Extremum, Rough Offset, Rolling Offset, Axis To Axis	

CHAPTER 01 | Generative Shape Design 시작하기

1. Generative Shape Design

여기서는 Generative Shape Design을 줄여 GSD라고 부르고자 한다. GSD는 Sketcher Workbench와 더불어 Wireframe을 구성하는 다양한 곡선을 그리는 명령어와 이미 작업된 Wireframe으로부터 Surface 형상 모델링을 위한 명령어로 구성되어 있다. 즉 Generative Shape Design은 곡면 모델링 할 때 활용되는 명령어로 구성된 Workbench이다.

또한 GSD는 변수에 의해 설계 데이터를 변경할 수 있으며 기하학적 구속조건과 치수구속에 의해 연관성 있는 지오메트리를 생성할 수 있다는 장점도 가지고 있다.

2. Generative Shape Design 시작하기

Part Design Workbench에서 필요에 의해 곡면 모델링을 하고자 할 때 메뉴모음에서 Start 〉 Shape 〉 Generative Shape Design을 선택한다. GSD를 선택하면 곡면 모델링을 하기 위한 명령어들로 구성된 작업 환경으로 변화되며 Part Design 작업창은 변화하지 않는다.

3. Generative Shape Design Workbench 도구모음

1 Wireframe 도구모음

3차원상에 점, 선, 곡선, 평면 등을 Wireframe 요소를 만드는 명령어로 구성되어 있다.

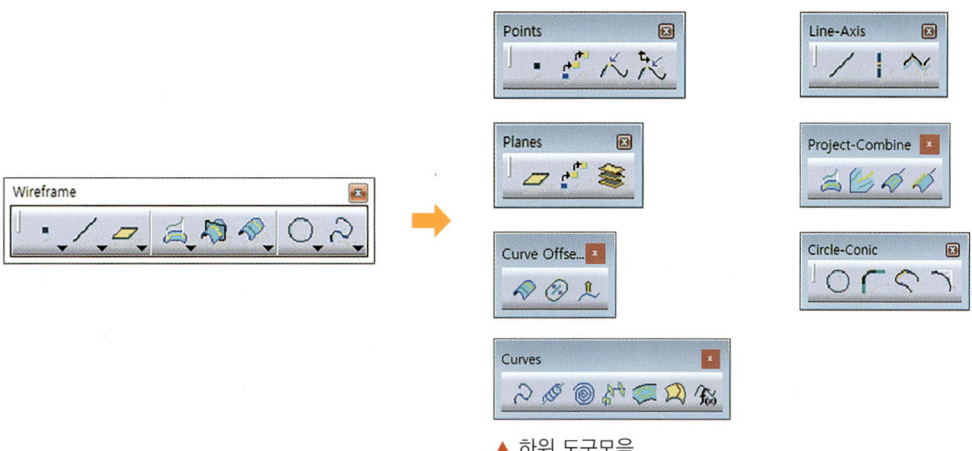

▲ 하위 도구모음

2 Surfaces 도구모음

곡면 돌출, 회전, 구, 원통, 오프셋, Sweep 등 점과 선을 기반으로 곡면을 3차원상에 만드는 명령어로 구성되어 있다.

▲ 하위 도구모음

3 Operations 도구모음

이미 만들어진 Surface를 Join, Trim, Rotate, 확대, 축소, 대칭, 필렛 등 편집하는 명령어로 구성되어 있다.

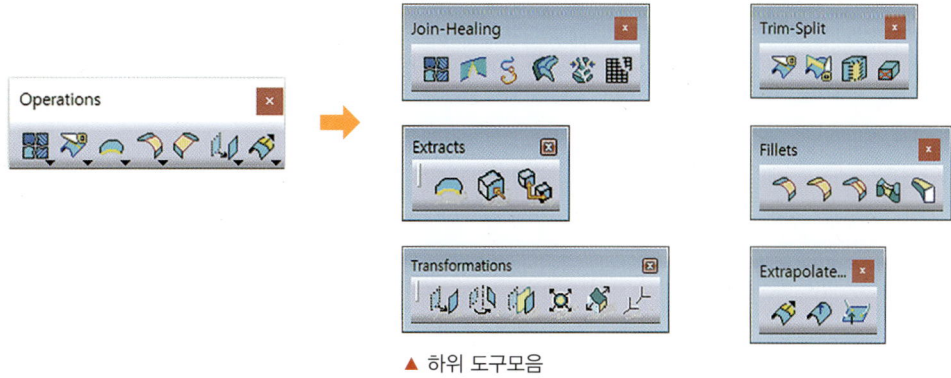

▲ 하위 도구모음

CHAPTER 01 Generative Shape Design 시작하기

4 곡면을 솔리드로 변환하는 방법

1 하나 이상의 인접 곡면에 두께를 부여하여 솔리드로 변환

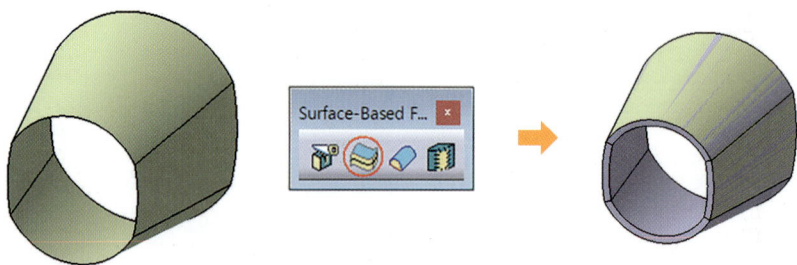

2 결합된 닫힌 곡면의 내부를 볼륨으로 채워 솔리드로 변환

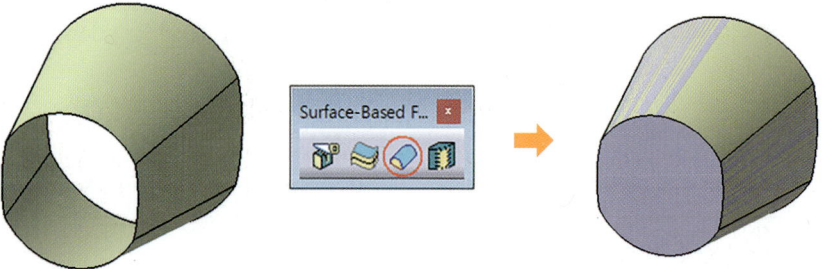

CHAPTER 02 | 활용 예제 1
Line, Translate, Corner, Symmetry, Join, Circle, Sweep
Close Surface*

'*'는 Part Design 관련 개념입니다.

예제 도면 3D형상 모델링 작업하기

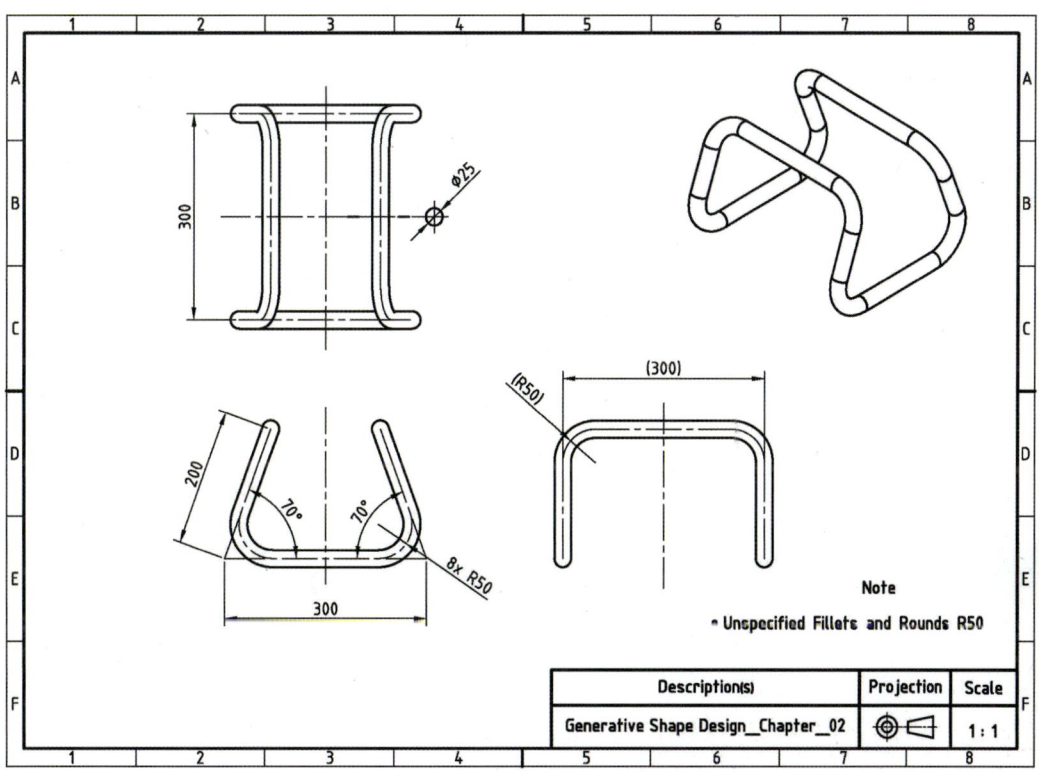

1. Part Design Workbench 선택하여 들어가기

1. 메뉴모음에서 Start 〉 Mechanical Design 〉 Part Design Workbench를 선택한다.

2. New Part 대화상자에서 Part 이름을 지정하고 ● OK 를 클릭하여 Part Design 작업 공간으로 들어간다.

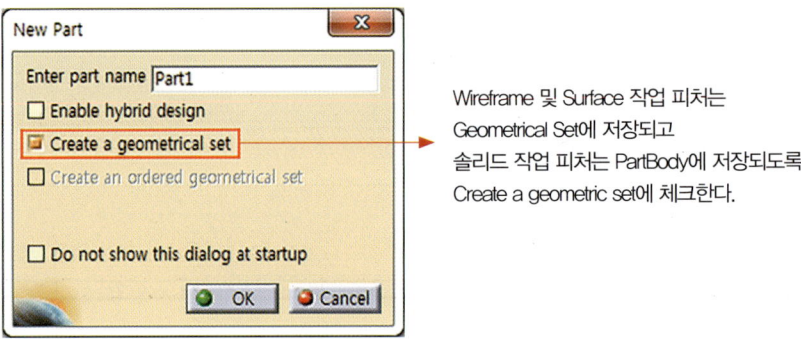

Wireframe 및 Surface 작업 피처는 Geometrical Set에 저장되고 솔리드 작업 피처는 PartBody에 저장되도록 Create a geometric set에 체크한다.

2. Generative Shape Design Workbench 선택

1. Wireframe과 Surface 작업을 위한 GSD 작업 공간으로 바꾸기 위해 메뉴모음에서 Start 〉 Shape 〉 Generative Shape Design을 선택한다.

2. GSD 작업 공간을 선택하면 Wireframe과 Surface 작업에 필요한 도구모음이 화면에 구성된다.

알아두기

3. Sweep에 사용될 Guide curve 만들기

1. Wireframe 도구모음의 Line-Axis 하위 도구모음에서 Line 명령어를 더블 클릭하여 실행한다.

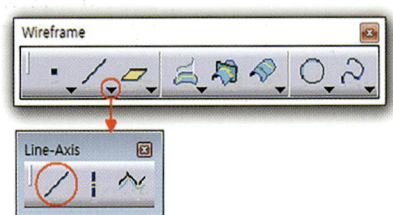

2 Line Definition 대화상자 설정

❶ Line type 드롭다운 목록에서 Point-Direction을 선택한다.

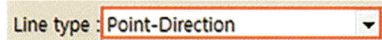

❷ Point 선택란에 선분의 시작점으로 Axis system에서 원점을 선택한다.

❸ Direction 선택란에 선분이 생성될 방향으로 Axis system에서 X축을 선택한다.

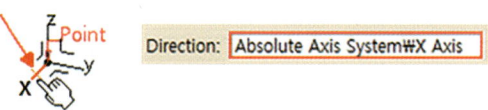

❹ Start와 End 입력란에 0과 -150을 기입하고 OK 를 클릭하여 원점으로부터 -X축 방향으로 150mm만큼의 길이를 갖는 선분을 그린다.

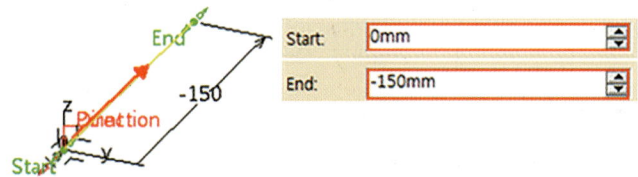

❺ Line type 선택란에 Angle/Normal to curve를 선택한다.

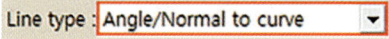

❻ Curve 선택란에 각도 측정에 기준이 되는 요소로 선분을 선택한다.

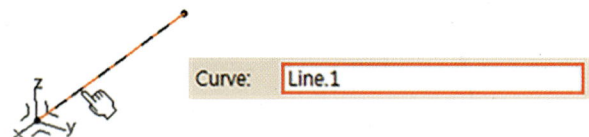

❼ Point 선택란에 각을 갖는 선분의 시작점으로 Axis system에서 원점을 선택한다.

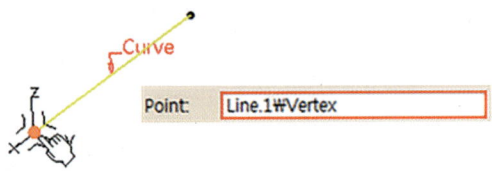

❽ Support 선택란에 각을 갖는 선분이 놓일 평면으로 Axis system에서 ZX평면을 선택한다.

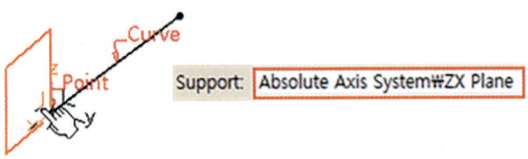

❾ Angle, Start, End 입력란에 각각 70, 0, -200을 기입하고 ● OK 를 클릭하여 70° 각도로 200mm만큼의 길이를 갖는 선분을 그린다.

❿ Line type 선택란에 Point-Direction을 선택한다.

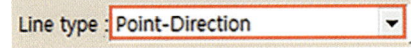

⓫ Point 선택란에 선분의 시작점으로 선분의 끝점을 선택한다.

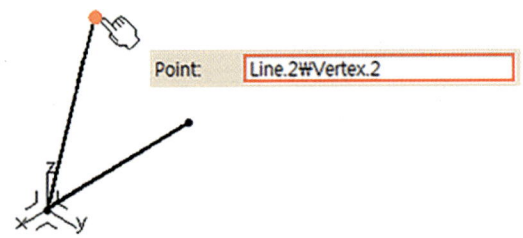

❷ Direction 선택란에 선분이 생성될 방향으로 Axis system에서 Y축을 선택한다.

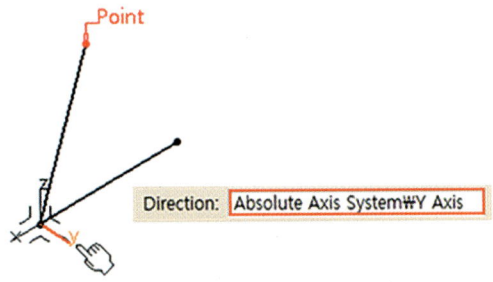

❸ Start와 End 입력란에 0과 -300을 기입하고 OK 를 클릭하여 선분의 끝점으로부터 -Y축 방향으로 300mm만큼의 길이를 갖는 선분을 그린다.

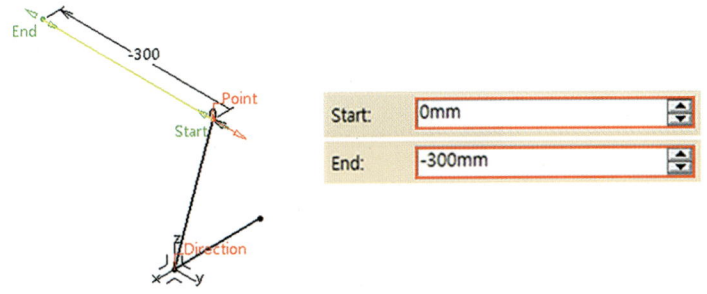

❹ OK 를 클릭하여 Line / 명령어를 종료한다.

알/아/두/기

Line

공간상의 원하는 위치에서 선을 작성한다.

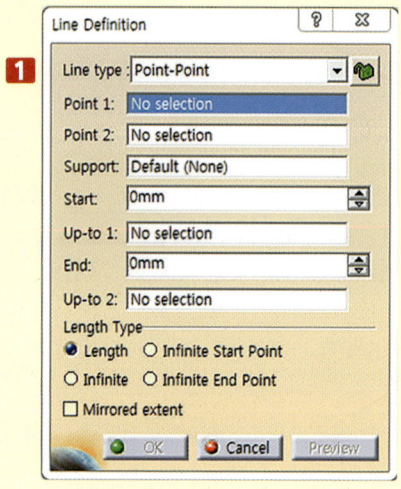

1 Line Type

❶ Line Type `Point-Point ▼`

두 점을 선택하여 공간상에 선을 만들며 필요에 따라 선이 생성될 면을 선택할 수 있다.

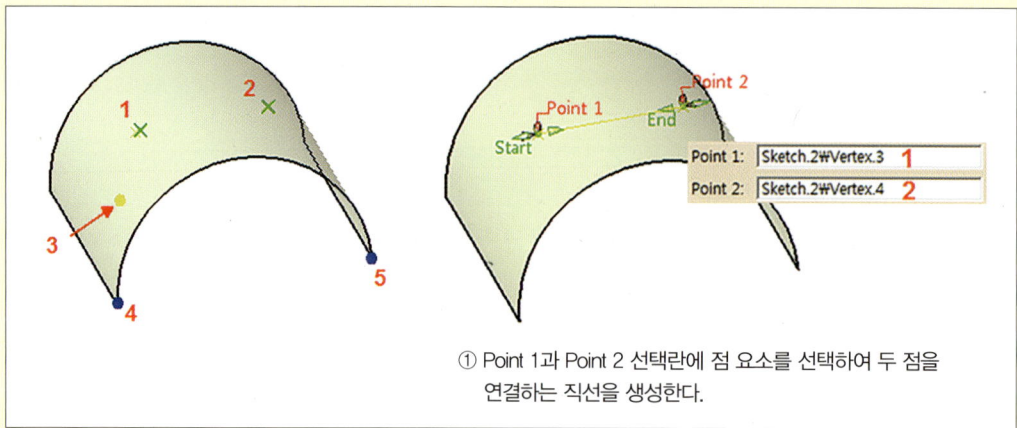

① Point 1과 Point 2 선택란에 점 요소를 선택하여 두 점을 연결하는 직선을 생성한다.

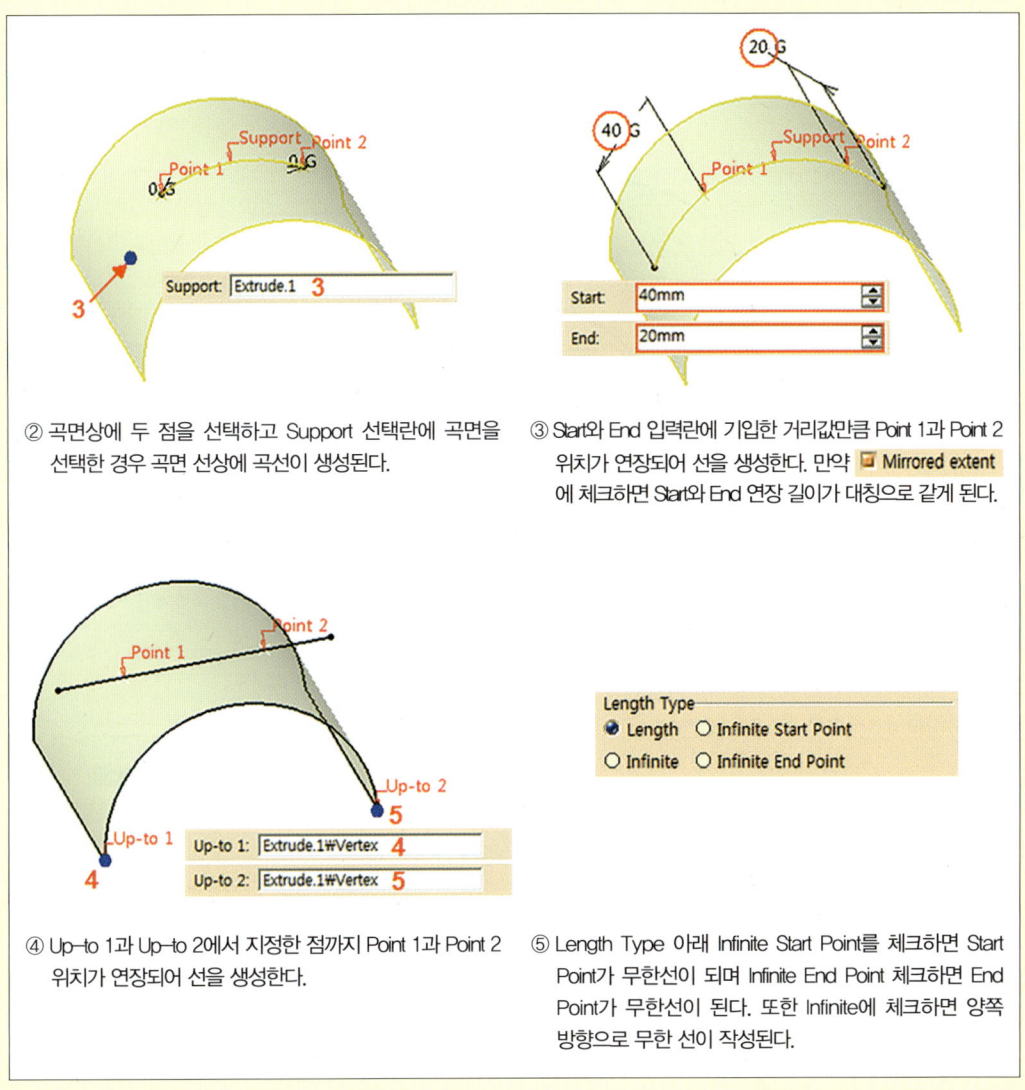

② 곡면상에 두 점을 선택하고 Support 선택란에 곡면을 선택한 경우 곡면 선상에 곡선이 생성된다.

③ Start와 End 입력란에 기입한 거리값만큼 Point 1과 Point 2 위치가 연장되어 선을 생성한다. 만약 Mirrored extent 에 체크하면 Start와 End 연장 길이가 대칭으로 같게 된다.

④ Up-to 1과 Up-to 2에서 지정한 점까지 Point 1과 Point 2 위치가 연장되어 선을 생성한다.

⑤ Length Type 아래 Infinite Start Point를 체크하면 Start Point가 무한선이 되며 Infinite End Point 체크하면 End Point가 무한선이 된다. 또한 Infinite에 체크하면 양쪽 방향으로 무한 선이 작성된다.

- 잠금 버튼 : 지오메트리를 선택하는 동안 유형이 자동으로 변경되는 것을 방지하기 위해 잠금 버튼을 사용할 수 있다. 예를 들어 Line type을 Point-Point를 선택하고 자물쇠 모양과 색상이 으로 바뀌도록 잠금 버튼을 클릭하면 다른 요소는 선택이 안 되고 점만 선택이 가능하게 된다.

❷ Line Type Point-Direction ▼

점과 생성될 선의 방향이 되는 직선 요소를 선택하여 선을 만든다.

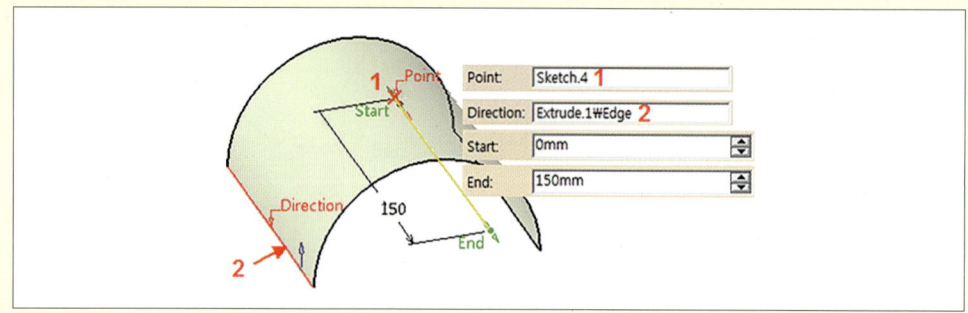

❸ Line Type Angle/Normal to curve ▼

곡선에 수직하거나 각을 갖는 선을 작성한다.

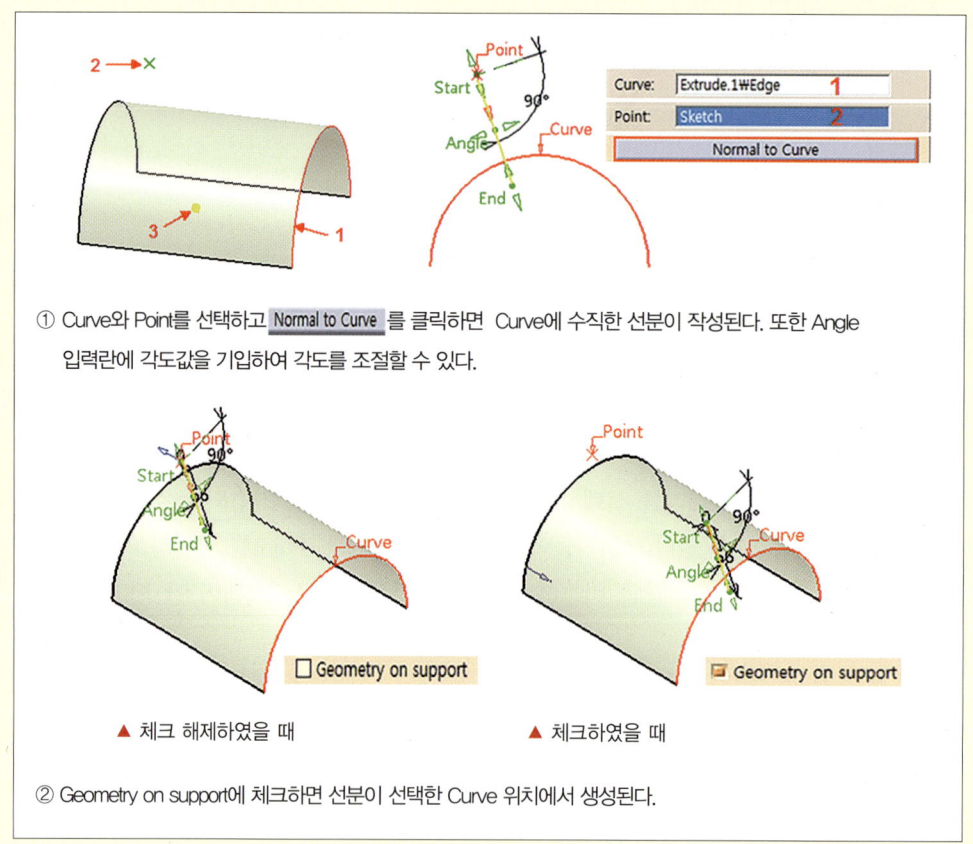

① Curve와 Point를 선택하고 Normal to Curve 를 클릭하면 Curve에 수직한 선분이 작성된다. 또한 Angle 입력란에 각도값을 기입하여 각도를 조절할 수 있다.

▲ 체크 해제하였을 때   ▲ 체크하였을 때

② Geometry on support에 체크하면 선분이 선택한 Curve 위치에서 생성된다.

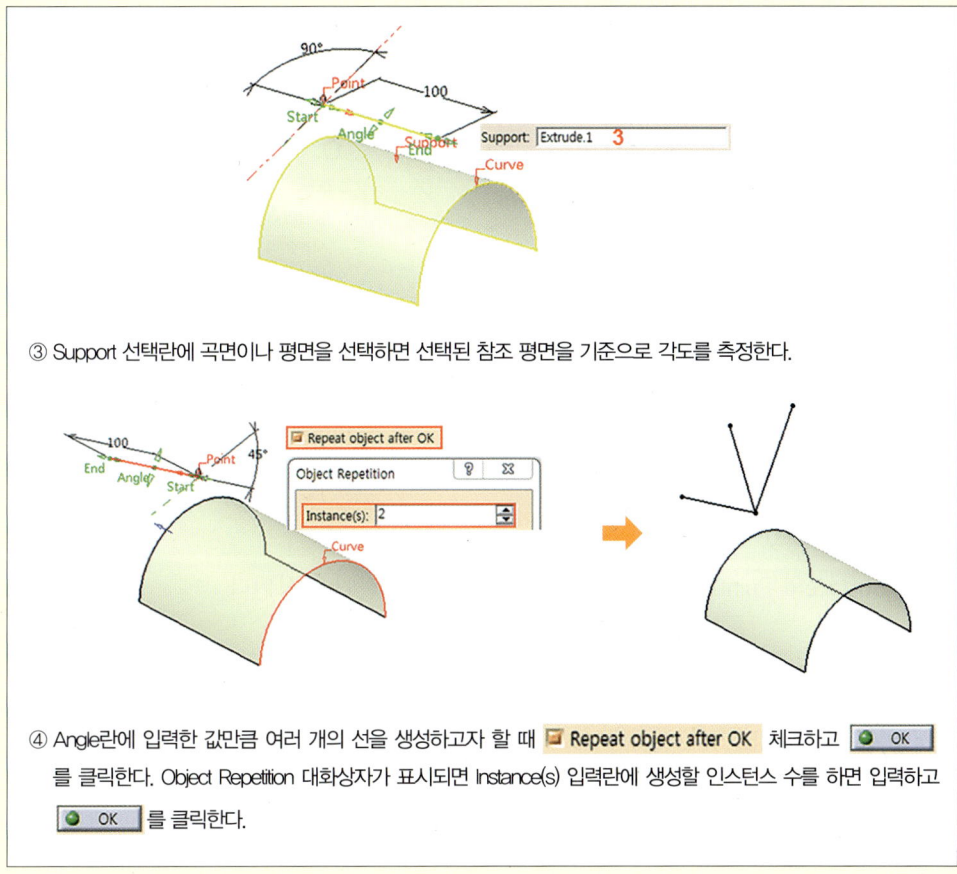

③ Support 선택란에 곡면이나 평면을 선택하면 선택된 참조 평면을 기준으로 각도를 측정한다.

④ Angle란에 입력한 값만큼 여러 개의 선을 생성하고자 할 때 Repeat object after OK 체크하고 OK 를 클릭한다. Object Repetition 대화상자가 표시되면 Instance(s) 입력란에 생성할 인스턴스 수를 하면 입력하고 OK 를 클릭한다.

❹ Line Type Tangent to curve ▼

참조 Curve와 하나의 Point 또는 다른 하나의 Curve를 선택하여 Curve와 탄젠트한 선을 작성한다.

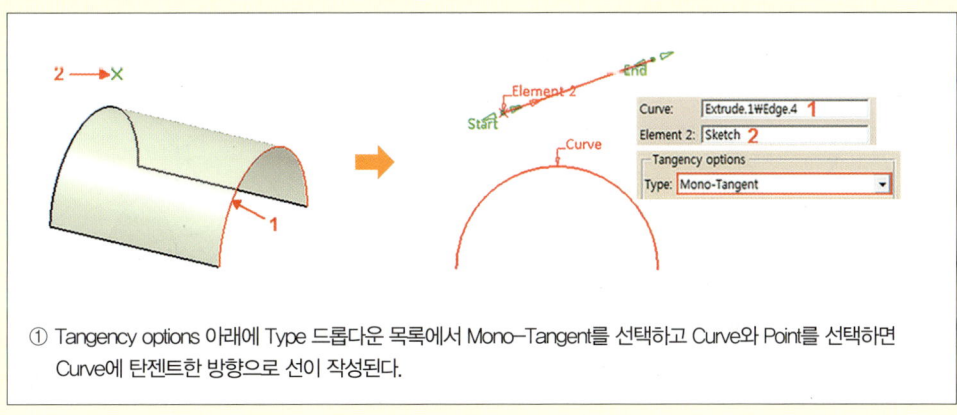

① Tangency options 아래에 Type 드롭다운 목록에서 Mono-Tangent를 선택하고 Curve와 Point를 선택하면 Curve에 탄젠트한 방향으로 선이 작성된다.

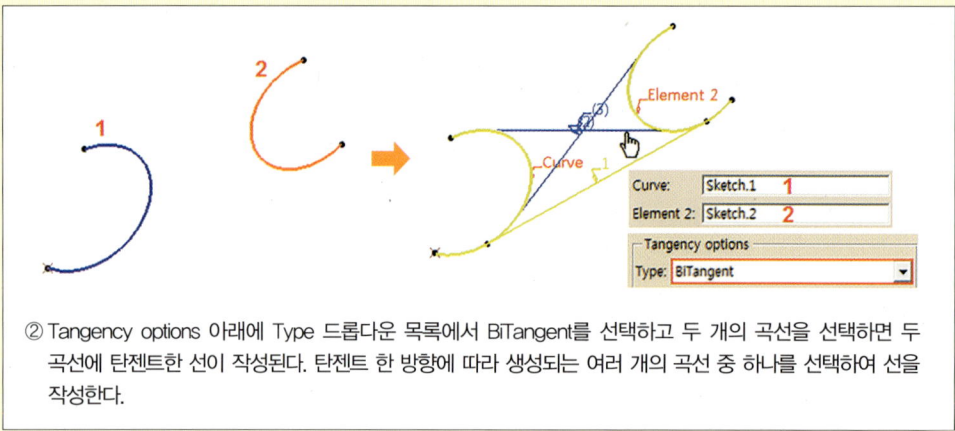

② Tangency options 아래에 Type 드롭다운 목록에서 BiTangent를 선택하고 두 개의 곡선을 선택하면 두 곡선에 탄젠트한 선이 작성된다. 탄젠트 한 방향에 따라 생성되는 여러 개의 곡선 중 하나를 선택하여 선을 작성한다.

❺ Line Type [Normal to surface ▼]

참조 Surface와 Point를 선택하면 Surface에 수직한 선이 생성된다.

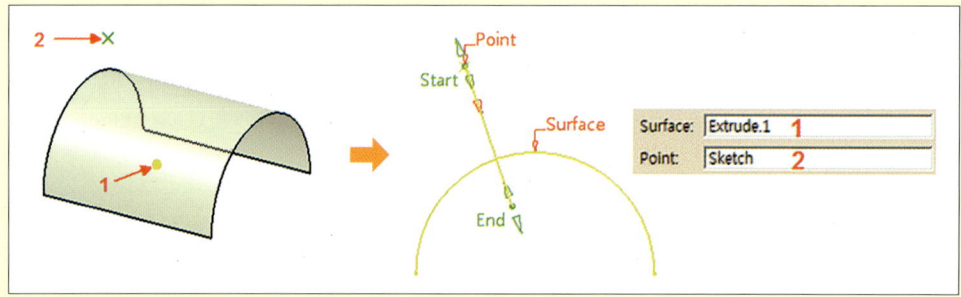

❻ Line Type [Bisecting ▼]

두 선분 사이의 각도를 동일하게 나누어 이등분된 각도 방향으로 선을 생성한다.

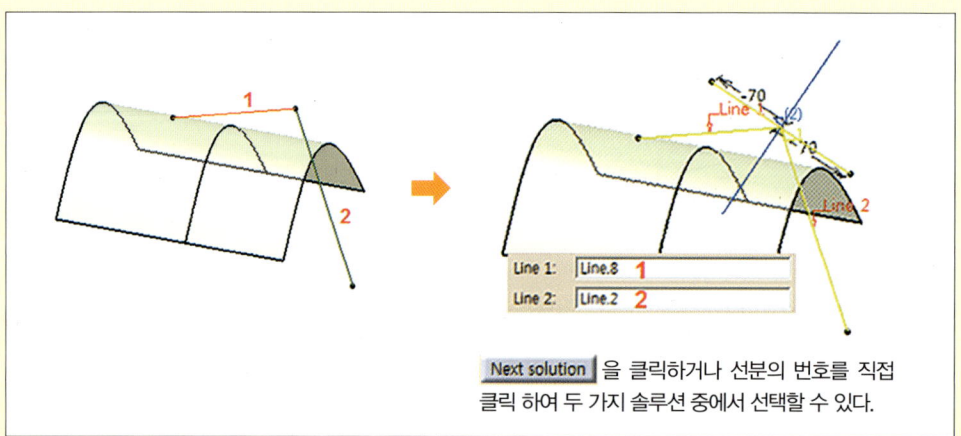

Next solution 을 클릭하거나 선분의 번호를 직접 클릭 하여 두 가지 솔루션 중에서 선택할 수 있다.

3 Translate를 사용하여 이동 복사하기

1 Operations 도구모음의 Transformations 하위 도구모음에서 Translate 명령어를 클릭하여 실행한다.

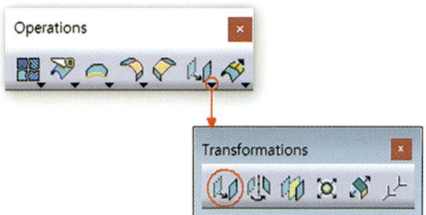

2 Translate Definition 대화상자 설정

❶ Vector Definition 선택란에 Point to Point를 선택한다.

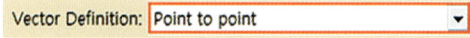

❷ Element 선택란에서 Group을 선택한 후 Element 선택란에 이동하여 복사할 두 선분을 선택한다.

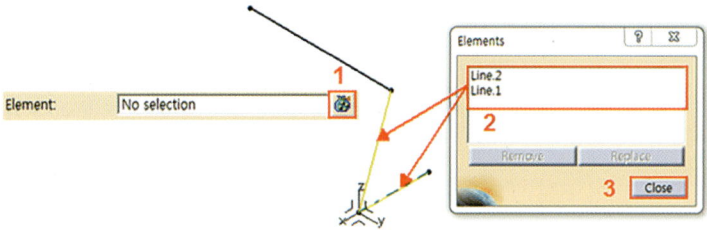

❸ Start point 선택란에 이동의 기준점으로 선분의 끝점을 선택한다.

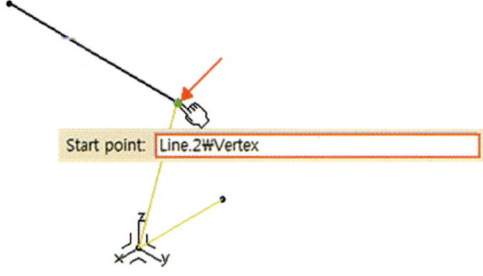

❹ End point 선택란에 이동할 점으로 선분의 끝점을 선택한다.

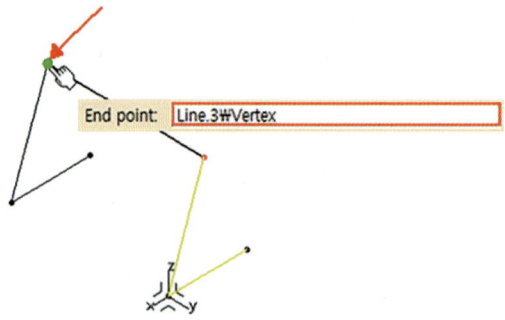

❺ OK 를 클릭하여 두 요소를 지정한 점에서부터 점까지 이동 복사한다.

Translate

하나 이상의 점, 선 또는 곡면 요소를 이동하여 복사한다.

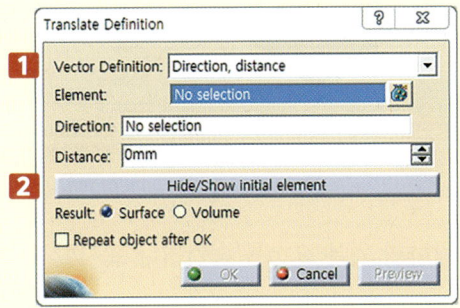

1 Vector Definition

❶ Vector Definition `Direction, distance ▼`

방향으로 직선이나 평면을 선택하고 거리값을 입력하여 선택한 요소를 방향과 거리값에 의해 이동 복사한다.

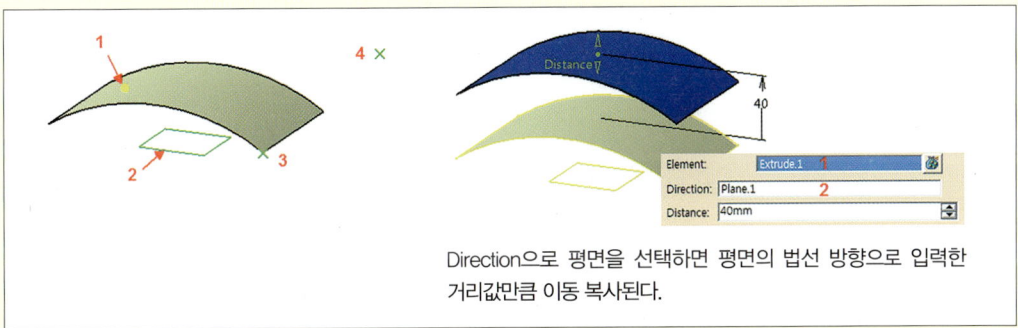

Direction으로 평면을 선택하면 평면의 법선 방향으로 입력한 거리값만큼 이동 복사된다.

❷ Vector Definition `Point to point ▼`

이동의 시작점이자 기준이 되는 점을 Start point로 지정하고 기준점으로부터 선택한 요소가 이동되는 거리 및 방향을 End point로 지정하여 이동 복사한다.

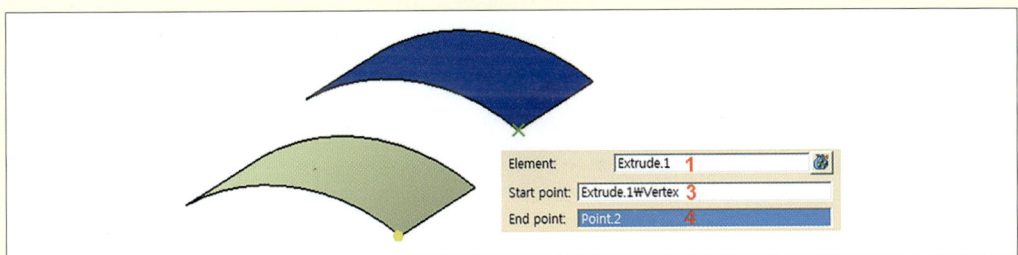

❸ Vector Definition Coordinates ▼

Axis System을 기준으로 X, Y 및 Z 좌푯값에 의해 선택한 요소를 이동 복사한다.

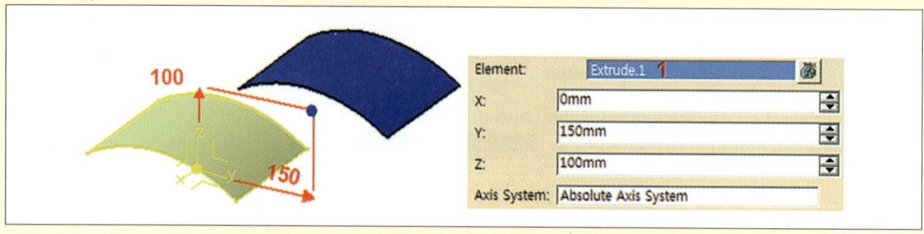

2 Hide/Show initial element : 클릭하면 원본 요소를 숨기거나 표시할 수 있다.

알아두기

4 Corner를 사용하여 곡선 사이에 모서리 만들기

1 Wireframe 도구모음의 Circle-Conic 하위 도구모음에서 Corner 명령어를 더블 클릭하여 실행한다.

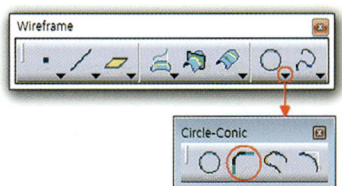

2 Corner Definition 대화상자 설정

❶ Corner Type 드롭다운 목록에서 Corner On Support를 선택한다.

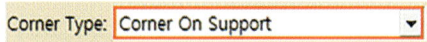

❷ Element 1 선택란에 필렛을 부여할 첫 번째 곡선을 선택한다. 필렛이 생성된 후 접하는 점까지 선택한 곡선이 잘리도록 Trim Element 1에 체크한다.

❸ Element 2 선택란에 필렛을 부여할 두 번째 곡선을 선택한다. 필렛이 생성된 후 접하는 점까지 선택한 곡선이 잘리도록 Trim Element 2에 체크한다.

❹ Radius 입력란에 50을 기입한다.

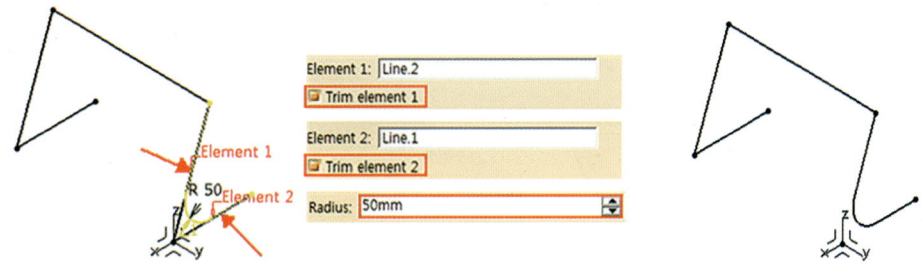

❺ Corner 명령어를 반복하여 곡선에 필렛을 생성한다.

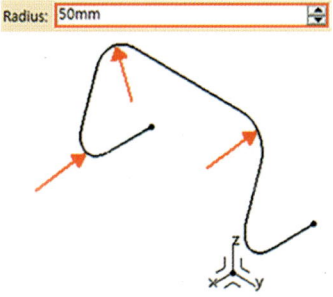

알아두기

Corner

두 곡선 사이 또는 점과 곡선 사이에 코너를 만든다.

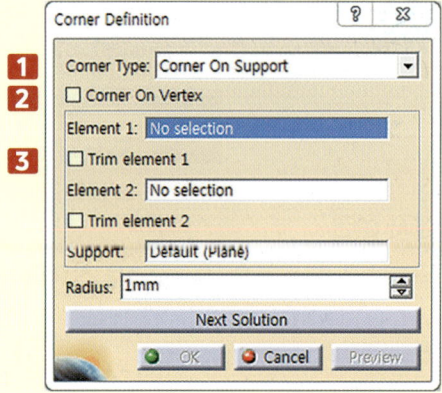

1 Corner Type

❶ Corner Type Corner On Support ▼

첫 번째 참조요소로 곡선 또는 점을 선택하고 두 번째 참조요소로 곡선을 선택하면 Radius 값에 따라 두 참조요소 사이에 코너가 생성된다.

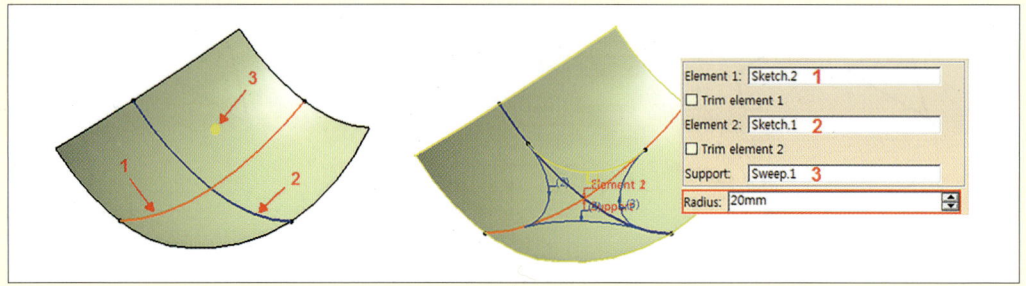

❷ Corner Type 3D Corner ▼

교차하거나 교차하지 않는 3D 곡선 사이에 3D 코너를 생성하며 첫 번째 참조요소로 3D 곡선 또는 점을 선택하고 두 번째 참조요소로 3D 곡선을 선택한다. Direction을 선택하지 않으면 최적의 방향이 계산되며 Direction을 선택하면 방향에 따라 코너가 계산된다.

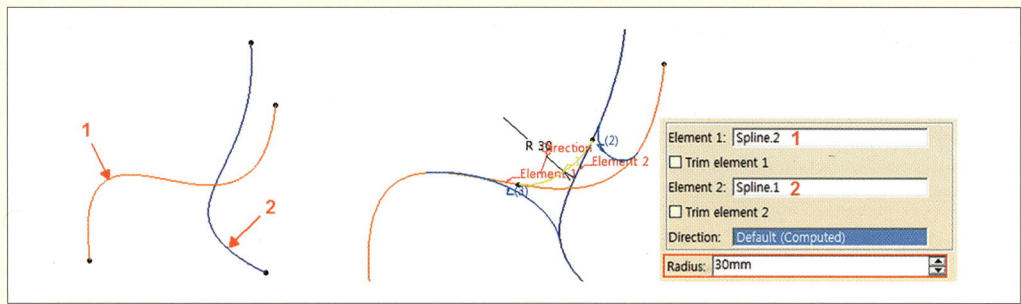

2 Corner Type에 상관없이 Corner On Vertex에 체크하고 Element 1에 곡선의 점이나 곡선을 선택하면 곡선의 꼭짓점 위치에서 코너를 생성한다.

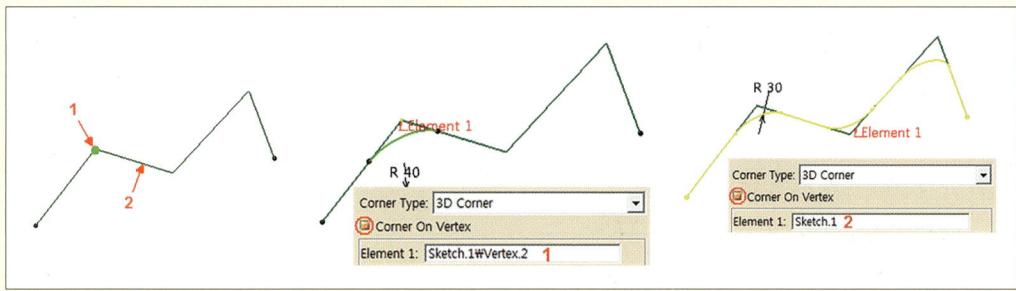

3 Trim element를 체크하면 작성될 호와 접하는 점까지 선택한 요소가 잘린다.

알아두기 5 Symmetry를 사용하여 곡선 대칭 복사하기

1 Operations 도구모음의 Transformations 하위 도구모음에서 Symmetry 명령어를 클릭하여 실행한다.

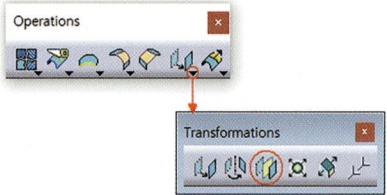

2 Symmetry Definition 대화상자 설정

① Element 선택란에 대칭 복사할 요소로 곡선을 선택한다.

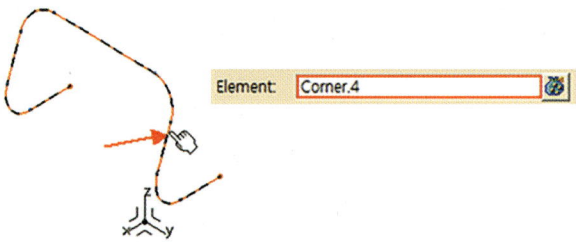

② 대칭 기준면 만들기

❶ Reference 선택란에 마우스를 가져다 놓고 마우스 오른쪽버튼을 클릭하여 콘텍스트 메뉴에서 Create Plane 을 선택한다.

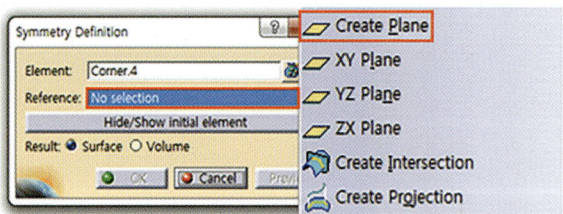

❷ Plane Definition 대화상자 설정

ⓐ Plane Type 드롭다운 목록에서 Normal to curve를 선택한다.

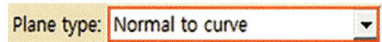

ⓑ Curve 선택란에 곡선을 선택한다.

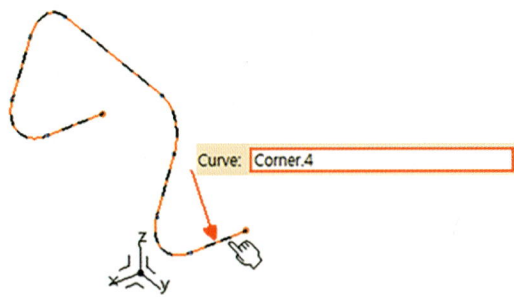

ⓒ Point 선택란에 곡선에 수직한 평면이 생성될 위치 점으로 곡선의 끝점을 선택한다.

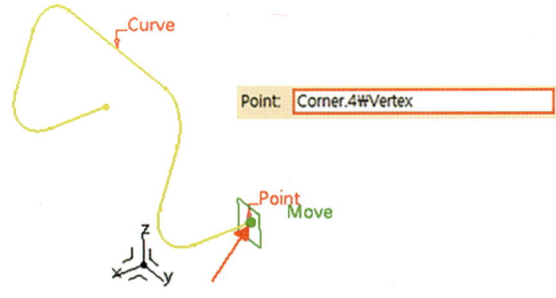

ⓓ OK 를 클릭하여 대칭의 기준면으로 곡선에 수직한 평면을 만든다.

3 Symmetry Definition 대화상자에서 OK 를 클릭하여 대칭 복사된 곡선을 만든다.

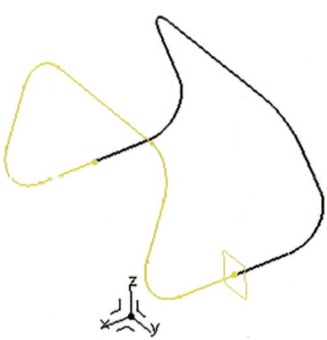

Symmetry

대칭 복사할 요소를 선택하고 대칭 기준으로 점, 선, 평면을 선택하여 대칭 복사한다.

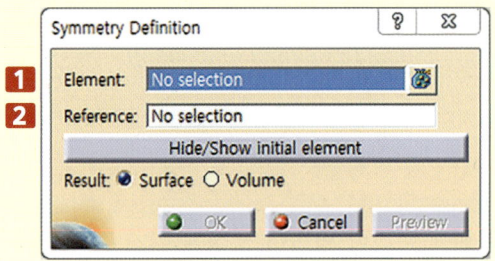

1 Element
점, 곡면, 선 등 대칭 복사할 요소를 선택한다.

2 Reference
대칭 기준이 되는 점, 선, 평면을 선택한다.

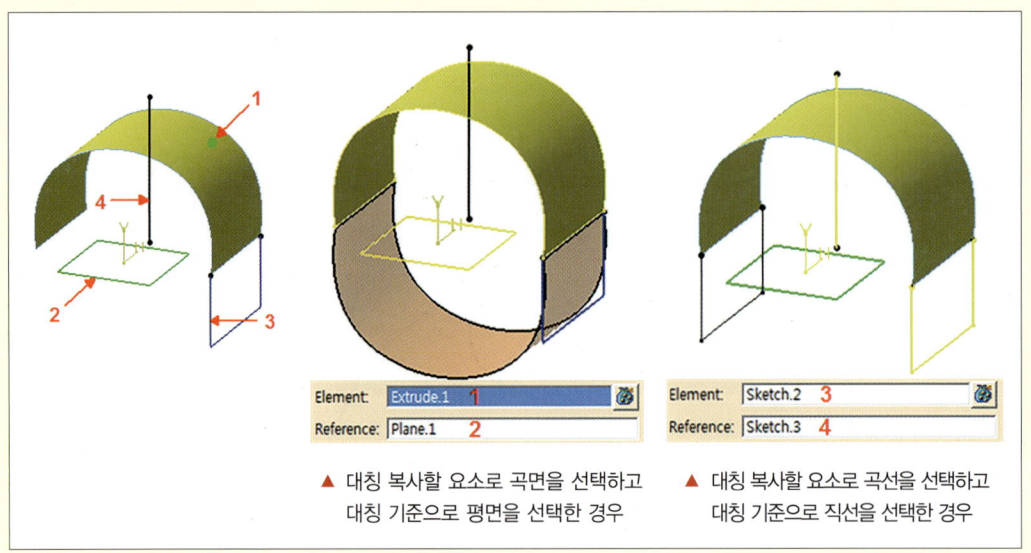

▲ 대칭 복사할 요소로 곡면을 선택하고
　대칭 기준으로 평면을 선택한 경우

▲ 대칭 복사할 요소로 곡선을 선택하고
　대칭 기준으로 직선을 선택한 경우

6 Join을 사용하여 결합된 곡선 만들기

1 Operations 도구모음의 Join-Healing 하위 도구모음에서 Join 명령어를 클릭하여 실행한다.

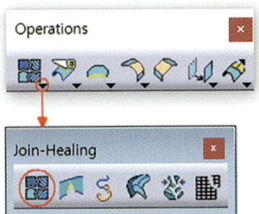

2 Elements To Join 선택란에 결합할 두 곡선을 선택한다.

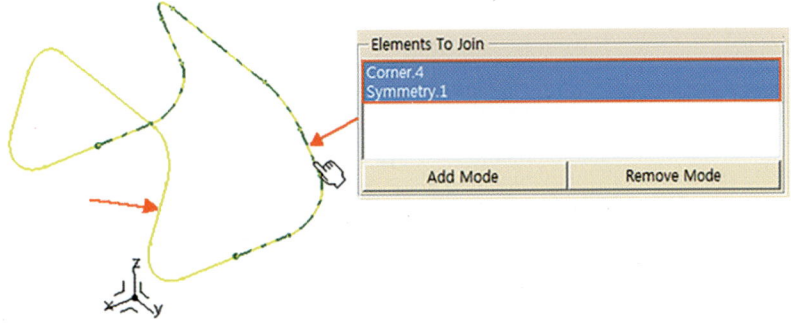

3 OK 를 클릭하여 하나로 결합된 곡선을 만든다.

알아두기

Join

연결된 여러 개의 곡선이나 접하는 여러 개의 곡면을 하나로 결합하거나 결합된 곡면에서 일부 곡면을 제거할 수 있다. 또한 곡선은 곡선 요소, 곡면은 곡면 요소와 하나로 결합할 수 있다.

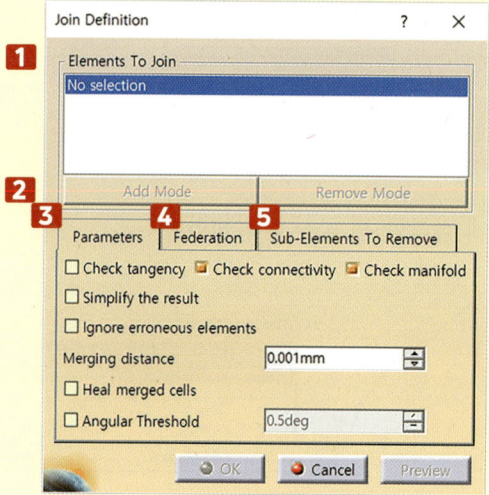

1 Elements To Join
결합할 곡선이나 곡면 요소를 선택한다.

2 Add Mode를 클릭하여 추가하고자 요소를 선택하거나 Remove Mode를 클릭하여 선택된 요소를 제거할 수 있다.

3 Parameters 탭

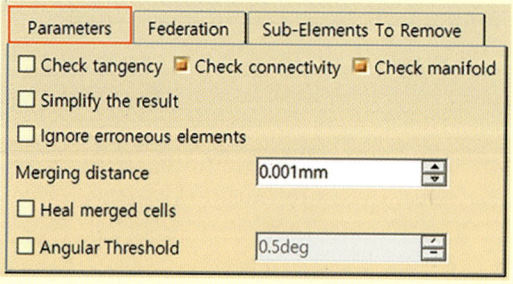

❶ Check tangency : 결합할 요소가 접하는지 여부를 확인하며 접하는 부분의 연결에 문제가 발생하면 오류 메시지가 나타난다. 접하는 형상만 결합하고자 할 때 유용하다.
❷ Check connectivity : 결합할 요소가 연결되었는지 확인한다.

❸ Check manifold : 곡선에서만 사용할 수 있으며 결과 조인이 다지관인지 확인한다.
❹ Simplify the result : 시스템이 자동으로 결합 가능한 결과 요소(면 또는 모서리)의 수를 줄일 수 있도록 확인할 수 있다.
❺ Ignore erroneous elements : 시스템에서 결합 생성을 허용하지 않는 표면과 모서리를 무시하도록 선택할 수 있다.
❻ Merging distance : 두 요소가 하나로 결합되기 위한 거리나 틈에 대한 허용오차를 설정할 수 있다. 기본값은 Tools 〉 Options에서 0.001mm로 설정되어 있으며 최대 0.1mm 값을 갖는다.
❼ Heal merged cells : Merging distance에 입력된 값을 고려하여 이 값보다 작은 간격을 가지는 겹쳐지거나 곡면 사이의 틈을 메워 병합된 곡면의 불연속성을 제거하고 일관된 곡면을 생성할 수 있다.
❽ Angular Threshold : 옵션에 체크하고 각도를 지정하면 두 요소 사이 모서리의 각도값이 지정한 각도값보다 크면 Angle Threshold 요소가 결합되지 않는다. 겹치는 요소를 결합하는 것을 방지하는 데 특히 유용하며 이 옵션은 결합 계산 중에 병합된 가장자리에만 적용된다.

4 Federation 탭

Join을 하기 위해 선택한 여러 개의 요소를 지정한 방법에 따라 하나의 그룹으로 재편성하고자 할 때 사용한다. 이것은 모든 입력 요소를 다시 지정하지 않도록 연결된 형상을 수정할 때 특히 유용하다.

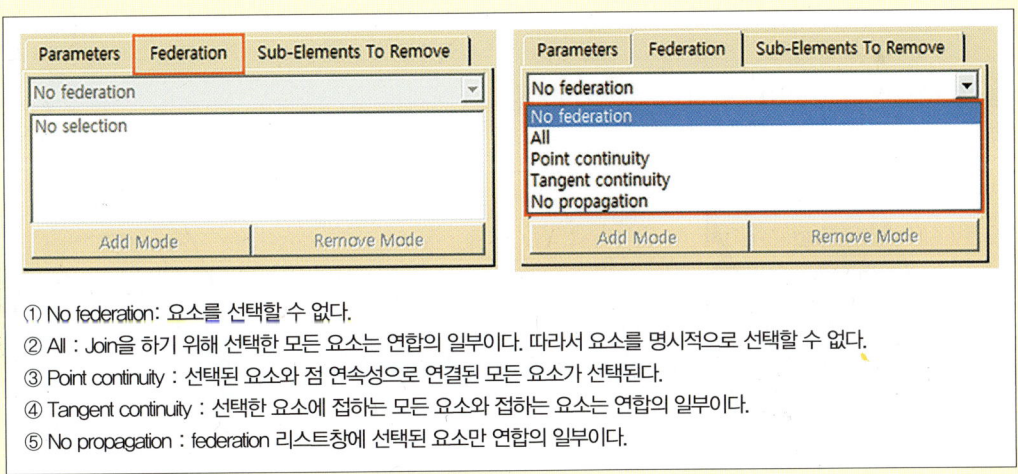

① No federation : 요소를 선택할 수 없다.
② All : Join을 하기 위해 선택한 모든 요소는 연합의 일부이다. 따라서 요소를 명시적으로 선택할 수 없다.
③ Point continuity : 선택된 요소와 점 연속성으로 연결된 모든 요소가 선택된다.
④ Tangent continuity : 선택한 요소에 접하는 모든 요소와 접하는 요소는 연합의 일부이다.
⑤ No propagation : federation 리스트창에 선택된 요소만 연합의 일부이다.

5 Sub-Elements To Remove 탭

제거할 부분을 선택하여 제거하거나 Create join with sub-elements를 체크하여 선택한 면을 분리시킬 수 있다.

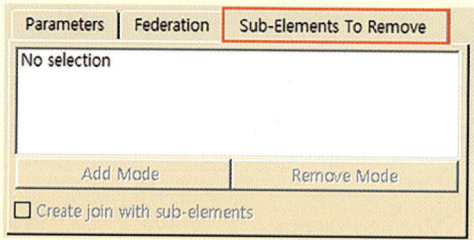

❶ Join 명령어를 사용하여 결합하기

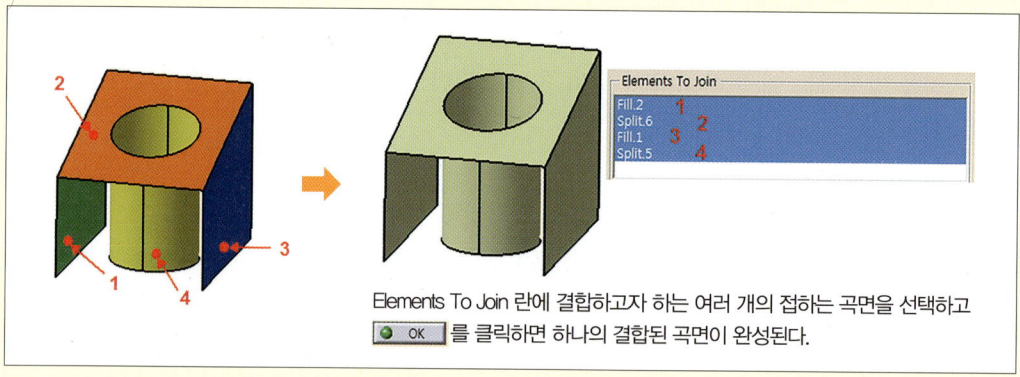

❷ Join 명령어를 사용하여 하위요소 제거하기

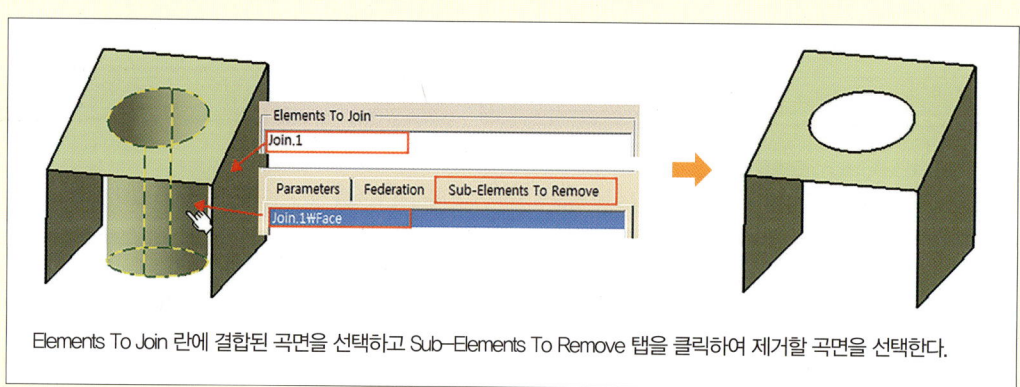

4 Sweep에 사용될 Profile 만들기

1 Wireframe 도구모음의 Circle-Conic 하위 도구모음에서 Circle 명령어를 클릭하여 실행한다.

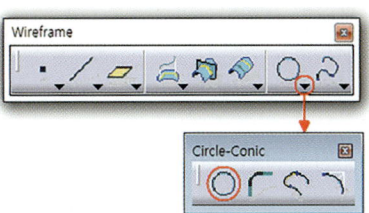

2 Circle Definition 대화상자 설정

❶ Circle type 드롭다운 목록에서 Center and radius를 선택한다.
❷ Center 선택란에 곡선의 끝점을 선택한다.

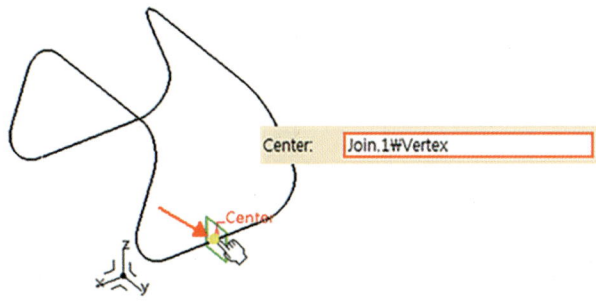

❸ Support 선택란에 원이 생성될 평면으로 Symmetry 명령어에서 만든 평면을 선택한다.

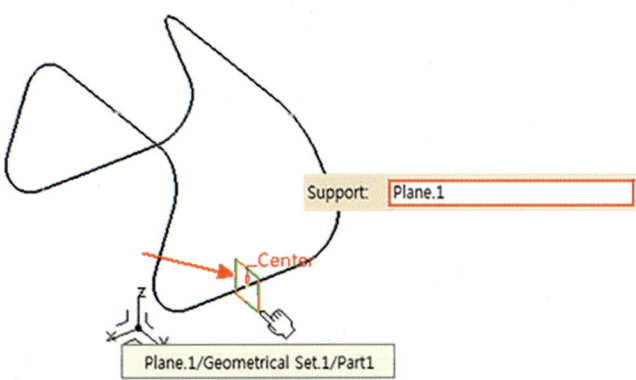

❹ Radius: 를 클릭하여 Diameter: 로 변환한 후 입력란에 지름 25를 기입한다.

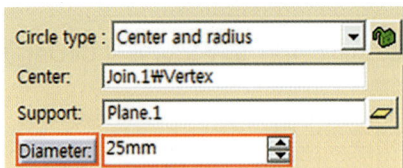

❺ Circle Limitations 아래에서 전체적인 원이 작성되도록 Whole circle ⊙ 아이콘을 선택한다.

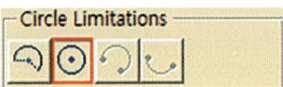

❻ OK 를 클릭하여 원을 생성한다.

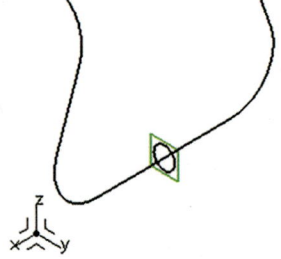

알아두기

Circle

공간상에서 다양한 방법으로 원과 호를 생성한다.

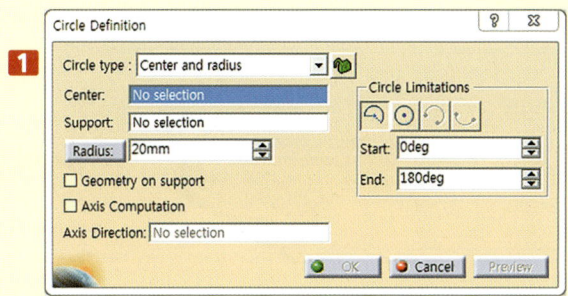

1 Circle type

❶ Circle type `Center and radius ▼`

원의 중심점과 반지름 값을 입력하고 Support 선택란에 원이 생성될 평면 또는 곡면을 선택하여 원 또는 호를 생성한다.

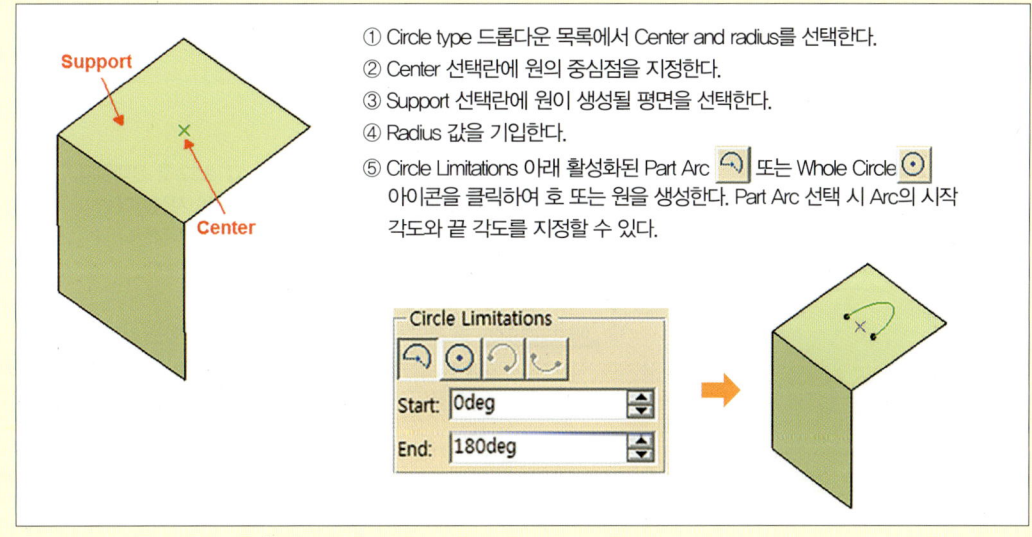

① Circle type 드롭다운 목록에서 Center and radius를 선택한다.
② Center 선택란에 원의 중심점을 지정한다.
③ Support 선택란에 원이 생성될 평면을 선택한다.
④ Radius 값을 기입한다.
⑤ Circle Limitations 아래 활성화된 Part Arc 또는 Whole Circle 아이콘을 클릭하여 호 또는 원을 생성한다. Part Arc 선택 시 Arc의 시작 각도와 끝 각도를 지정할 수 있다.

❷ Circle type `Center and point ▼`

원의 중심점과 원의 원주가 통과할 점을 선택하고 원이 생성될 평면 또는 곡면을 선택하여 원 또는 호를 생성한다.

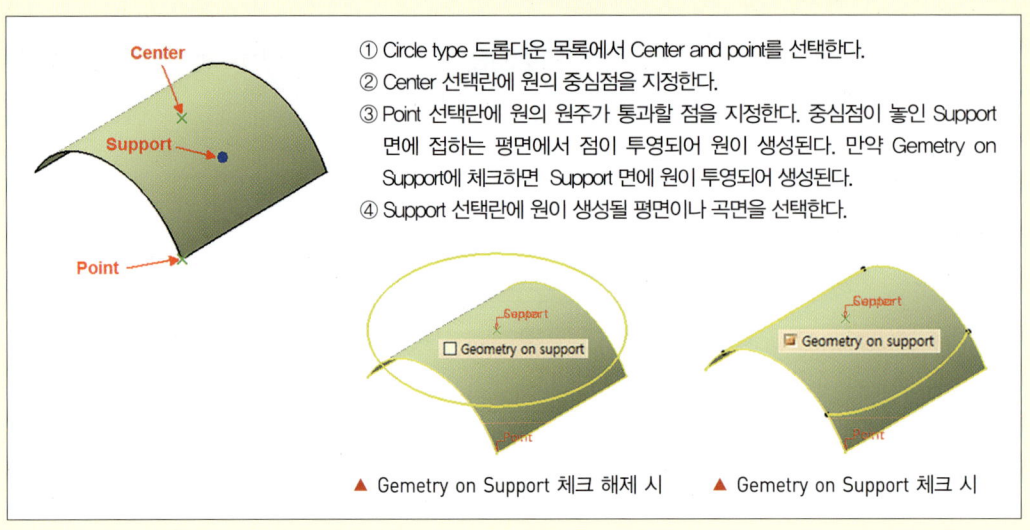

❸ Circle type [Two points and radius ▼]

동일한 평면에서 두 점과 반지름 값을 지정하고 원이 생성될 평면 또는 곡면을 선택하여 원 또는 호를 생성한다.

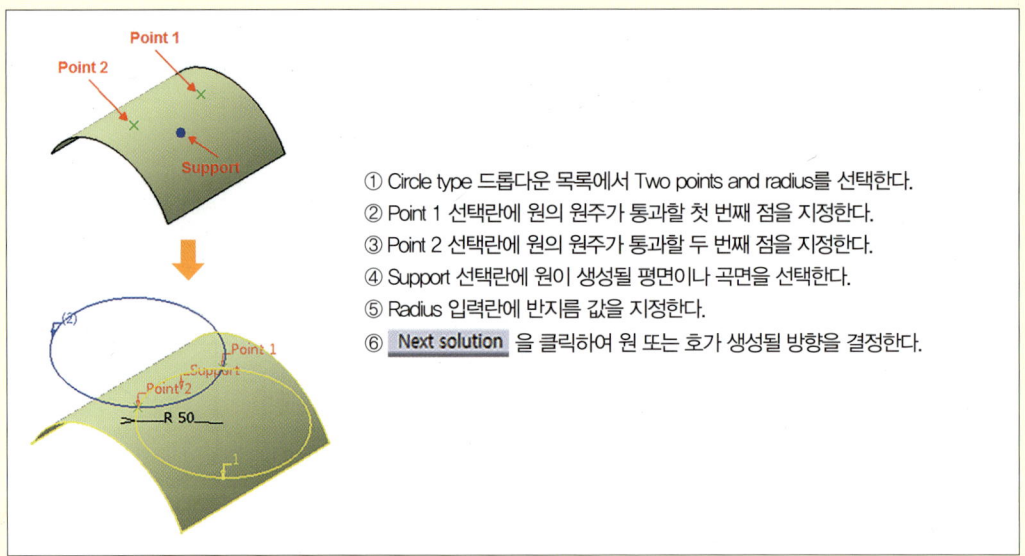

❹ Circle type [Three points ▼]

세 점을 지정하여 세 점을 통과하는 원 또는 호를 생성한다. 호를 생성할 경우 첫 번째와 세 번째로 지정한 점이 호의 시작점과 끝이 된다.

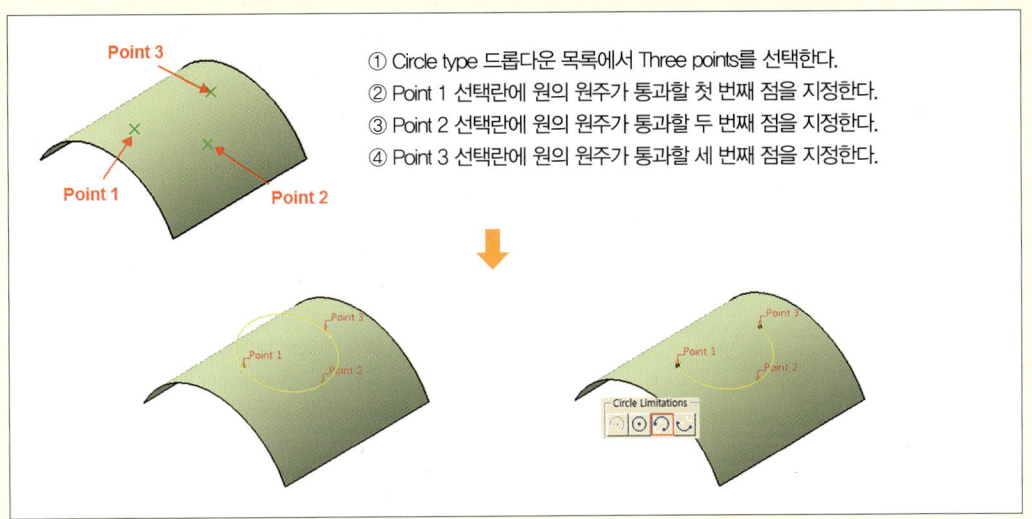

❺ Circle type `Center and axis ▼`

축으로 선형 곡선을 선택하고 원의 중심점과 반지름 값을 지정하여 축선의 수직방향으로 원 또는 호를 생성한다.

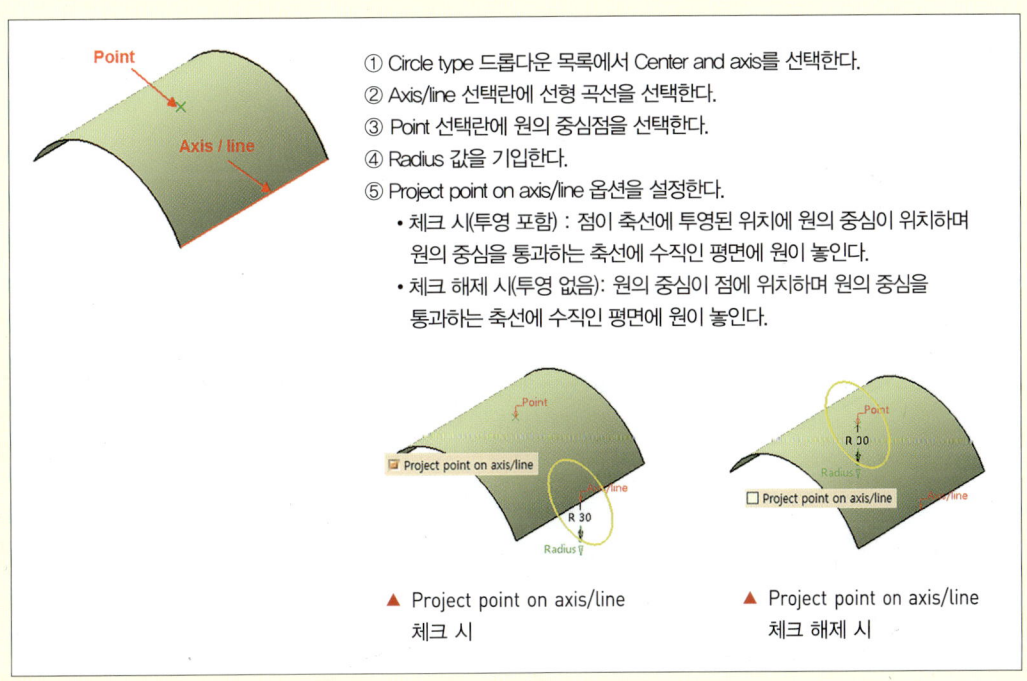

① Circle type 드롭다운 목록에서 Center and axis를 선택한다.
② Axis/line 선택란에 선형 곡선을 선택한다.
③ Point 선택란에 원의 중심점을 선택한다.
④ Radius 값을 기입한다.
⑤ Project point on axis/line 옵션을 설정한다.
 • 체크 시(투영 포함) : 점이 축선에 투영된 위치에 원의 중심이 위치하며 원의 중심을 통과하는 축선에 수직인 평면에 원이 놓인다.
 • 체크 해제 시(투영 없음): 원의 중심이 점에 위치하며 원의 중심을 통과하는 축선에 수직인 평면에 원이 놓인다.

▲ Project point on axis/line 체크 시   ▲ Project point on axis/line 체크 해제 시

❻ **Circle type** | Bitangent and radius ▼ |

원이 접할 두 개의 요소(점 또는 곡선)를 선택하고 반지름 값을 지정하여 두 요소에 접하고 지정한 반지름 값을 갖는 원 또는 호를 생성한다.

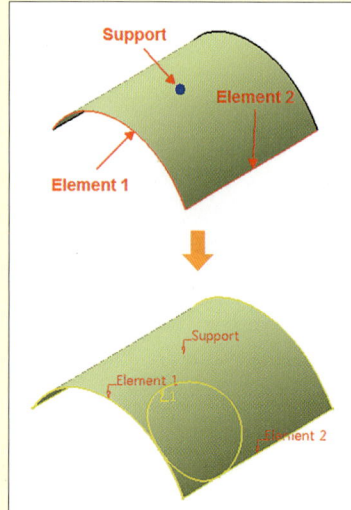

① Circle type 드롭다운 목록에서 Bitangent and radius를 선택한다.
② Element 1 선택란에 원이 접할 첫 번째 요소로서 점 또는 곡선을 선택한다.
③ Element 2 선택란에 원이 접할 두 번째 요소로서 점 또는 곡선을 선택한다. 이때 접할 요소로서 형상 모서리나 꼭짓점이 아닌 곡선과 점 요소를 선택하였을 때 Trim Element 1 및 Trim Element 2 옵션을 체크하여 첫 번째 요소나 두 번째 요소 또는 두 요소를 모두 트리밍할 수 있다.
④ Support 선택란에 원이 생성될 평면이나 곡면을 선택한다.
⑤ Radius 값을 기입한다.

❼ **Circle type** | Bitangent and point ▼ |

첫 번째 요소로는 원이 통과할 점이나 접할 곡선을, 두 번째 요소로는 원이 접할 곡선을 선택하고 두 번째 곡선에 있는 점을 선택하여 원 또는 호를 생성한다.

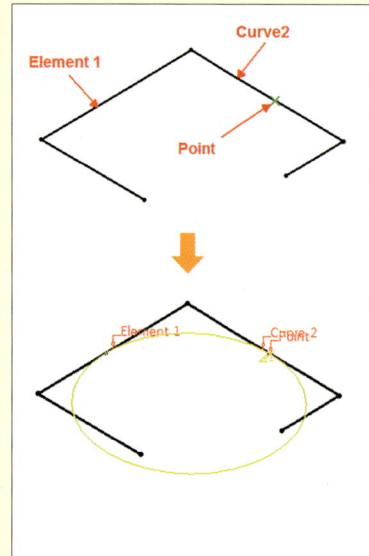

① Circle type 드롭다운 목록에서 Bitangent and point를 선택한다.
② Element 1 선택란에 첫 번째 요소로서 원주가 통과할 점 또는 원이 접할 곡선을 선택한다.
③ Curve 2 선택란에 두 번째 요소로서 원이 접할 곡선을 선택한다.
④ Point 선택란에 Curve 2에서 선택한 곡선상에 있는 점을 선택한다. 만약 곡선상에 놓여 있지 않은 점을 선택하면 점이 곡선에 투영되어 점을 통과하는 원이 생성된다.
⑤ Element 1과 Curve 2 선택란에 곡선을 선택하고 호를 작성하였을 때 Trim Element 1 및 Trim Element 2 옵션을 체크하면 호의 접점 위치에서 첫 번째 요소나 두 번째 요소 또는 두 요소를 모두 트리밍할 수 있다.

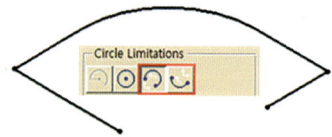

❽ Circle type [Tritangent ▼]

3개의 요소를 선택하여 접하는 원 또는 호를 작성한다.

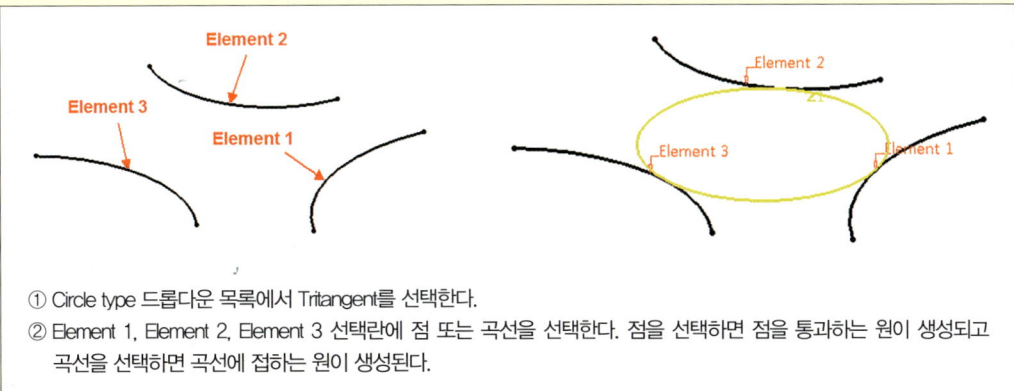

① Circle type 드롭다운 목록에서 Tritangent를 선택한다.
② Element 1, Element 2, Element 3 선택란에 점 또는 곡선을 선택한다. 점을 선택하면 점을 통과하는 원이 생성되고 곡선을 선택하면 곡선에 접하는 원이 생성된다.

❾ Circle type [Center and tangent ▼]

원의 중심이 놓일 곡선과 원이 접할 곡선을 선택하고 반지름 값을 지정하여 원 또는 호를 생성한다.

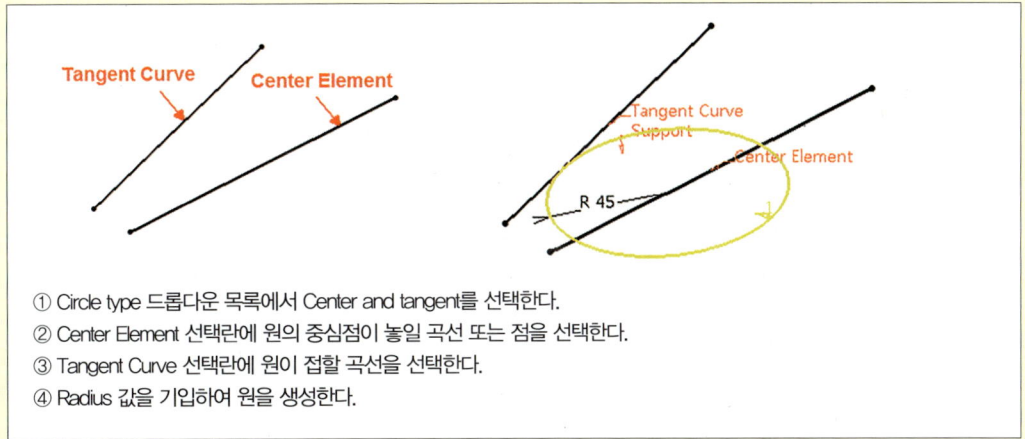

① Circle type 드롭다운 목록에서 Center and tangent를 선택한다.
② Center Element 선택란에 원의 중심점이 놓일 곡선 또는 점을 선택한다.
③ Tangent Curve 선택란에 원이 접할 곡선을 선택한다.
④ Radius 값을 기입하여 원을 생성한다.

알아두기 5 Sweep 곡면 만들기

1 Surfaces 도구모음의 Sweeps 하위 도구모음에서 Sweep 명령어를 클릭하여 실행한다.

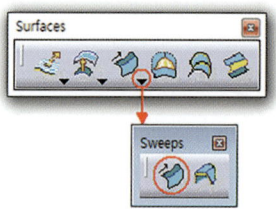

2 Sweep Surface Definition 대화상자 설정

❶ Profile type에서 Explicit 아이콘을 클릭한다.

❷ Subtype 드롭다운 목록에서 Profile과 하나의 Guide curve를 선택하여 스윕 곡면을 생성하기 위해 With reference surface를 선택한다.

❸ Profile 선택란에 원을 선택한다.

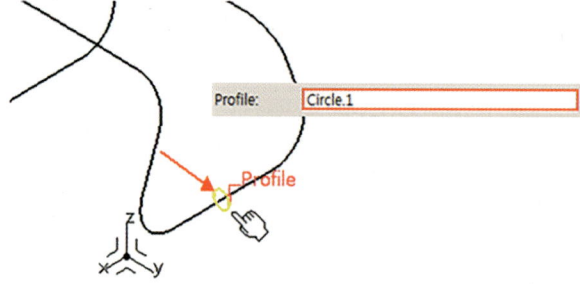

❹ Guide curve 선택란에 결합된 곡선을 선택한다.

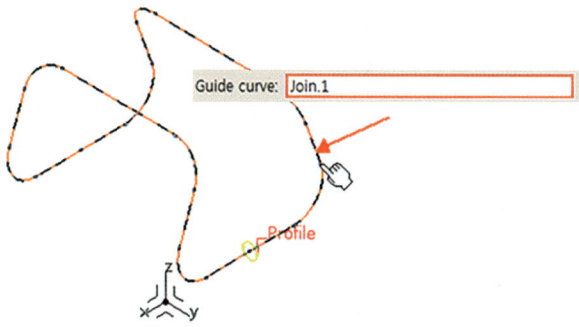

❺ OK 를 클릭하여 Profile이 Guide curve를 따라 스윕 곡면을 만든다.

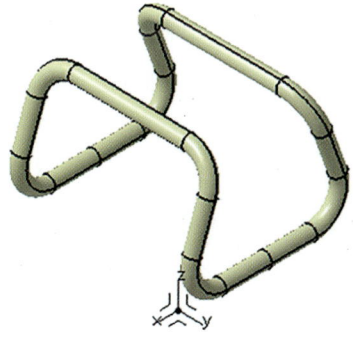

Sweep (1)

Spine 곡선에 수직한 평면의 프로파일이 안내곡선이나 참조요소를 고려하여 스윕 곡면을 생성한다.

1 Profile type(Explicit)

사용자가 프로파일을 직접 선택한다.

2 Subtype

❶ Subtype With reference surface ▼

Profile과 하나의 Guide curve를 선택하여 스윕 곡면을 생성한다.

ⓐ Subtype 드롭다운 목록에서 With reference surface를 선택한다.
ⓑ Profile과 Guide curve를 선택한다. 이때 Spine 곡선을 따라 수직한 평면에 프로파일이 놓이면서 스윕을 한다. Spine 곡선을 선택하지 않으면 Guide curve가 암시적으로 Spine으로 사용된다.

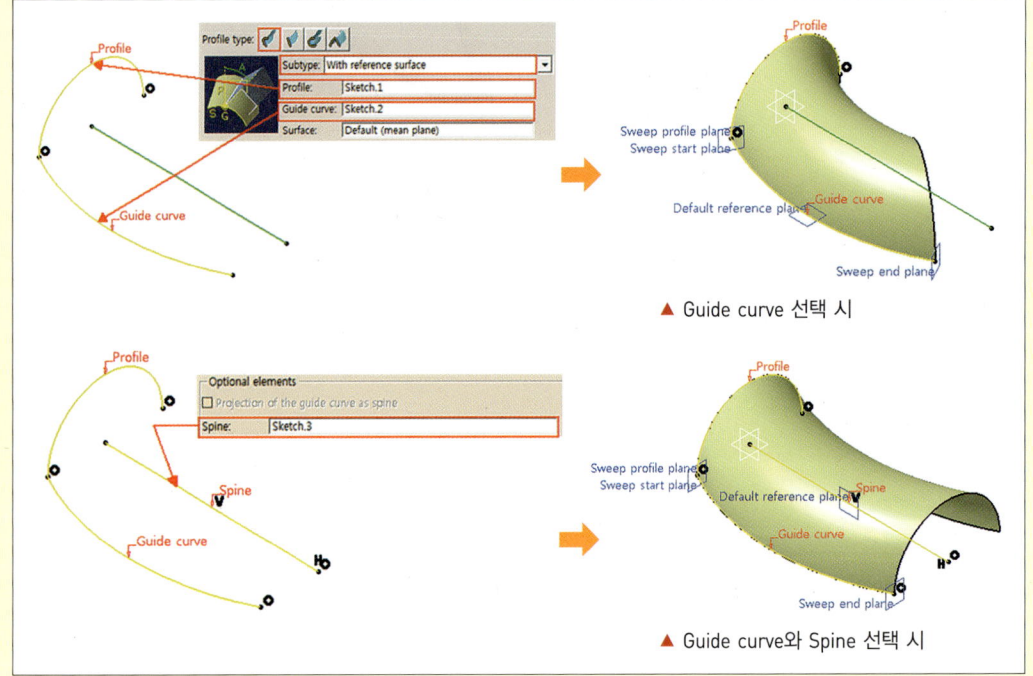

▲ Guide curve 선택 시

▲ Guide curve와 Spine 선택 시

❷ Subtype With two guide curves ▼

Profile과 두 개의 Guide curve를 선택하여 스윕 곡면을 생성한다.

ⓐ Subtype 드롭다운 목록에서 With two guide curves를 선택한다.
ⓑ Profile과 두 개의 Guide curve를 선택한다.
ⓒ Spine 곡선을 선택한다.

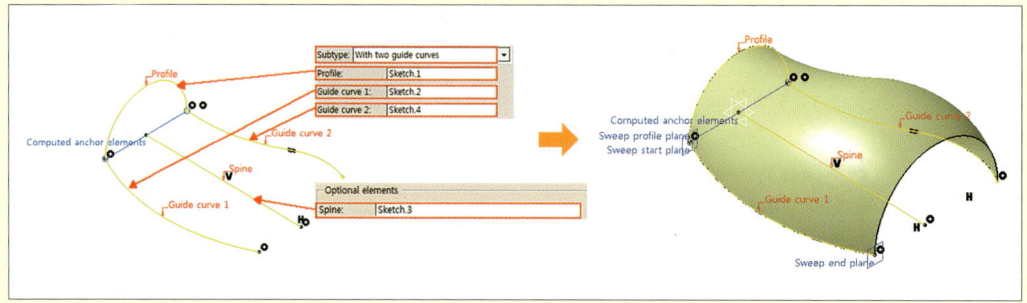

❸ Subtype With pulling direction ▼

Profile과 하나의 Guide curve를 선택하고 당기는 방향과 각도값을 지정하여 스윕 곡면을 생성한다.

ⓐ Subtype 드롭다운 목록에서 With pulling direction를 선택한다.
ⓑ Profile과 하나의 Guide curve를 선택한다.
ⓒ Direction에서 당길 방향을 지정한다.
ⓓ Angle값에 당길 방향으로부터의 각도값을 기입한다.

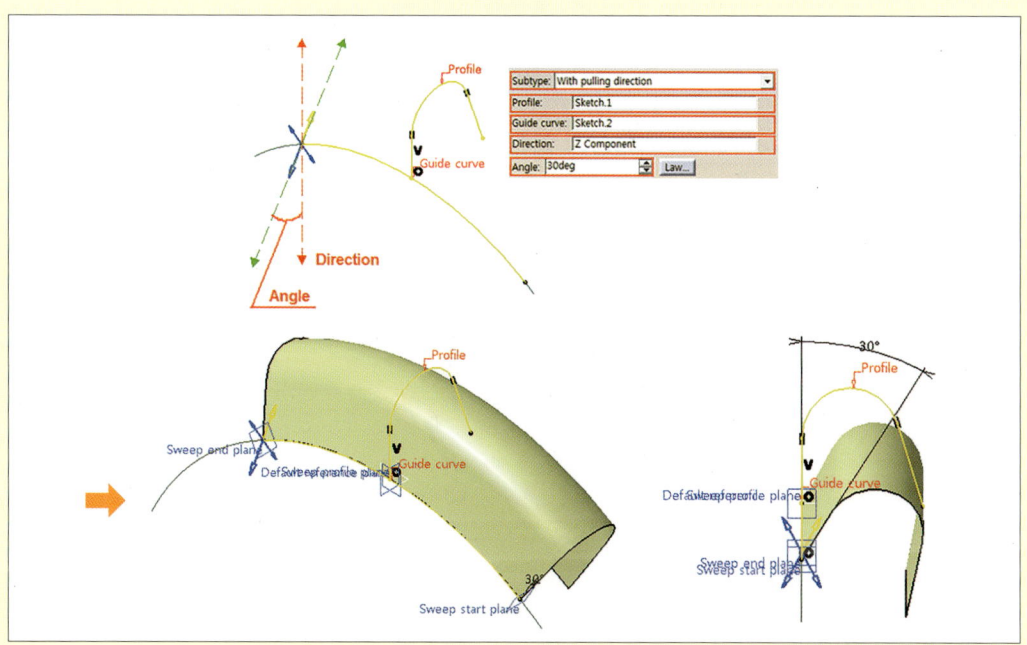

6 곡면 바디를 기반으로 솔리드 바디를 생성하기 위해 Part Design Workbench로 들어가기

1 메뉴모음에서 Start 〉 Mechanical Design 〉 Part Design Workbench를 선택한다.

2 새로운 작업을 PartBody에 추가하기 위해 Specification Tree에서 PartBody에 마우스를 가져다 놓고 마우스 오른쪽버튼을 클릭한 후 Define In Work Object를 클릭한다.

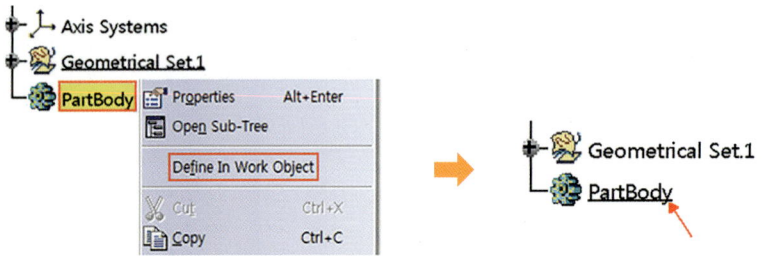

7 Close Surface 를 사용하여 Surface를 솔리드로 채우기

1 Surface-Based Feature 도구모음에서 Close Surface 명령어를 클릭하여 실행한다.

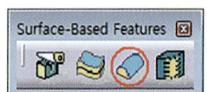

2 Close Surface Definition 대화상자 설정

❶ Object to close 선택란에 스윕 곡면을 선택한다.

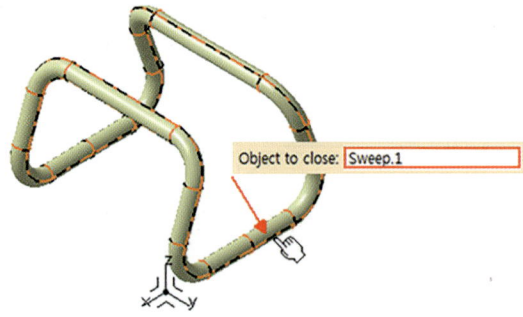

❷ OK 를 클릭하여 스윕 곡면의 내부를 채워 솔리드를 생성한다.

TIP

*Close Surface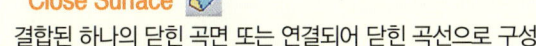
결합된 하나의 닫힌 곡면 또는 연결되어 닫힌 곡선으로 구성할 수 있는 부분이 열려 있는 결합된 하나의 곡면을 선택하여 내부를 채워 솔리드를 작성한다.

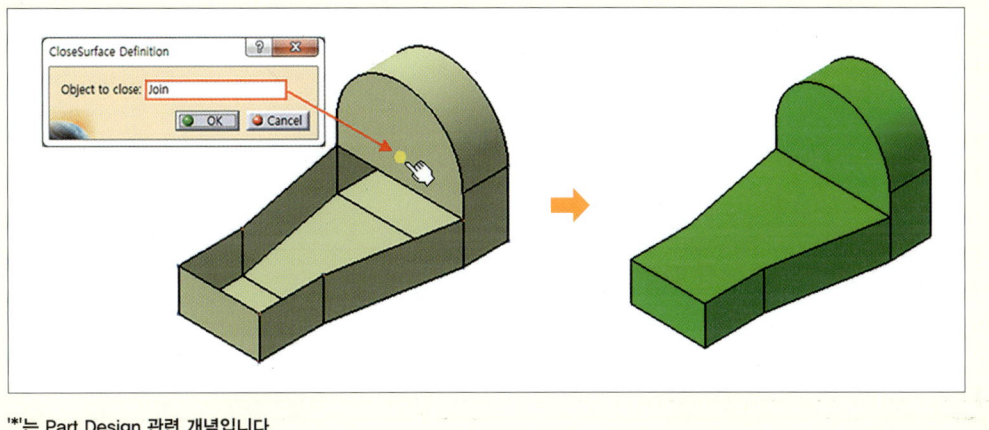

'*'는 Part Design 관련 개념입니다.

3 와이어프레임을 구성하는 곡선과 곡면 바디 숨기기

Specification Tree에서 Geometrical set1의 콘텍스트 메뉴에서 Hide/Show 를 선택하여 와이어프레임을 구성하는 곡선과 곡면 바디를 숨겨 모델링을 완성한다.

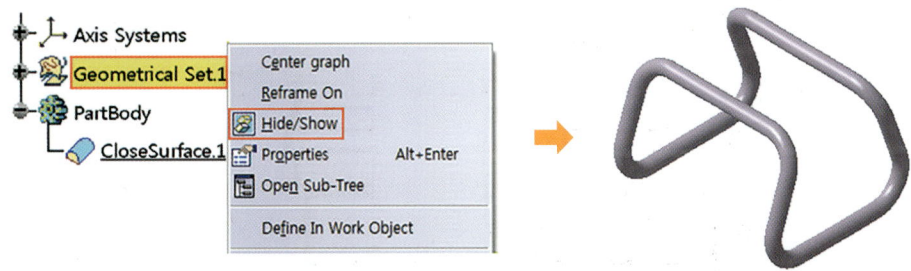

CHAPTER 03

활용 예제 2
Combine, Fill, Extract, Revolve, Trim, Join, Extrude, Edge Fillet, Thick Surface*

'*'는 Part Design 관련 개념입니다.

예제 도면 — 3D형상 모델링 작업하기

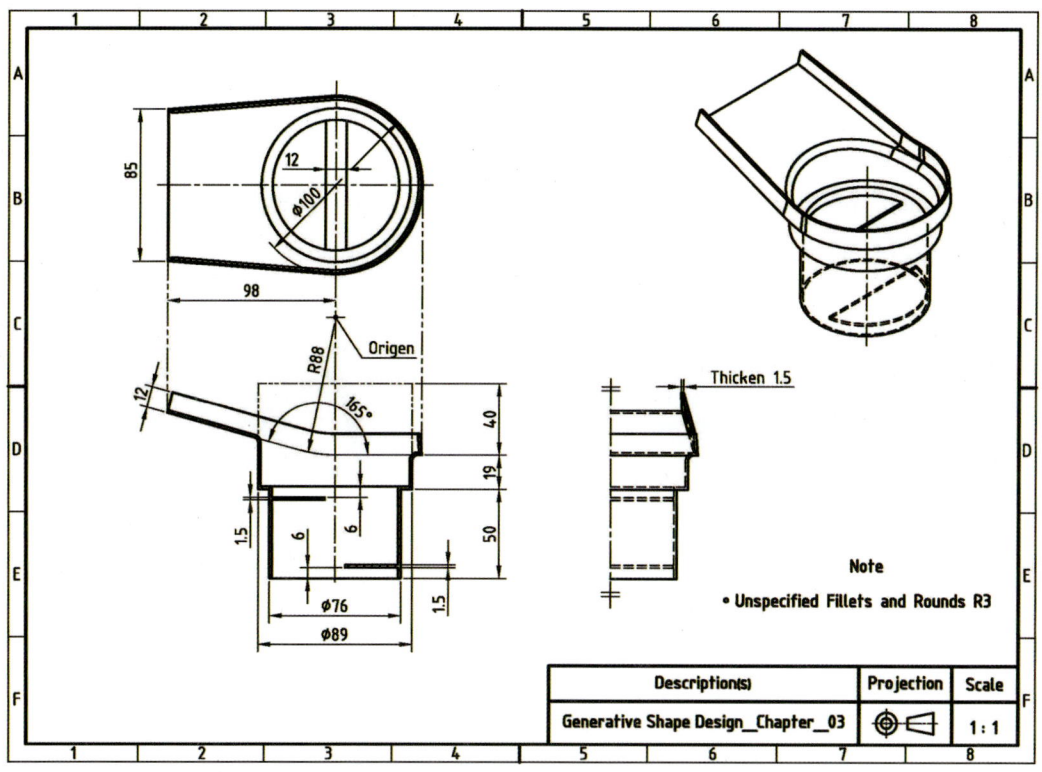

1 Generative Shape Design Workbench 선택하여 들어가기

1 메뉴모음에서 Start 〉 Shape 〉 Generative Shape Design을 선택한다.

2 New Part 대화상자에서 Part 이름을 지정하고 Create a geometric set에 체크한 후 ● OK 를 클릭한다.

2 Combine 에 사용될 Sketch 1. 만들기

1 Specification Tree에서 xy평면을 선택하고 Sketcher 도구모음의 Positioned Sketch를 클릭한다.

 ❶ Swap에 체크하여 H축과 V축을 바꾸고 Reverse V를 체크하여 V축 방향을 반전한다.
 ❷ ● OK 를 클릭하여 Sketcher Workbench로 들어간다.

2 Circle

 ❶ Circle 명령어를 클릭하여 실행한다.
 ❷ 스케치 원점에 일치하도록 원의 중심점을 지정하고 반지름에 해당되는 점을 지정하여 원을 생성한다.

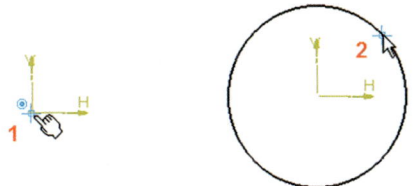

3 Profile

 ❶ Profile 명령어를 클릭하여 실행한다.
 ❷ H축 선상에 일치하도록 프로파일의 첫 번째 점을 지정한다.
 ❸ 첫 번째 점으로부터 수직한 방향에 다음 점을 지정한다.
 ❹ 원주에 일치하면서 탄젠트 한 위치에 점을 지정하여 연속적인 선을 생성한다.

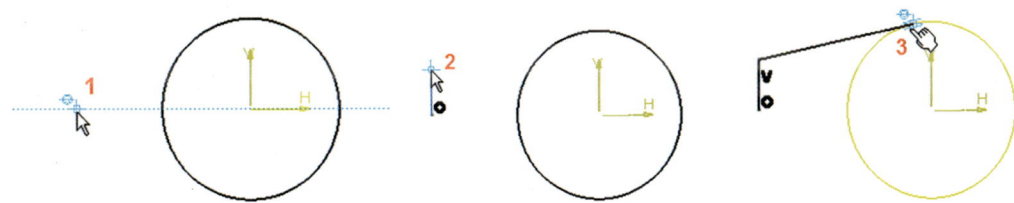

4 Mirror

❶ 대칭 복사할 요소로 두 선을 선택한다.
❷ Mirror 명령어를 클릭하여 실행한다.
❸ 대칭 기준선으로 H축을 선택하여 대칭 복사한다.

5 Quick Trim

Quick Trim 명령어를 클릭하여 실행하고 요소를 잘라 단일 폐곡선 영역을 만든다.

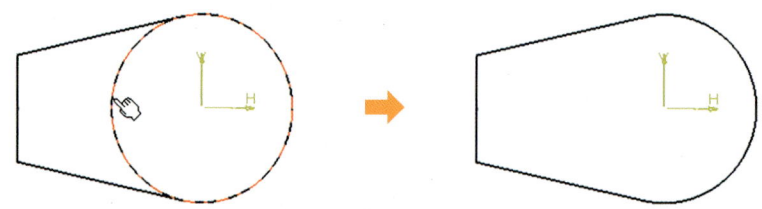

6 Constraint

Constraint 명령어를 더블 클릭하여 실행하고 치수값을 부여한다.

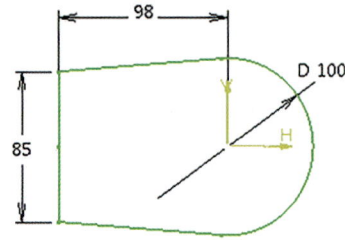

7 Exit Workbench 를 클릭하여 Sketcher Workbench를 종료하고 Generative Shape Design Workbench로 돌아간다.

3 Combine에 사용될 Sketch 2. 만들기

1 Specification Tree에서 yz평면을 선택하고 Sketcher 도구모음의 Sketch를 클릭한다.

2 Profile

  ❶ Profile 명령어를 클릭하여 실행한다.
  ❷ 스케치 원점 아래에서 첫 번째 점과 다음 점을 지정하여 수평선과 사선을 그린다.

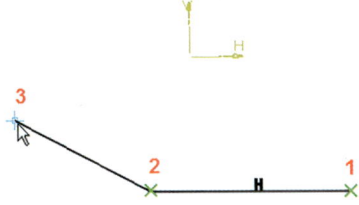

3 Constraint

  Constraint 명령어를 더블 클릭하여 실행하고 치수값을 부여한다.

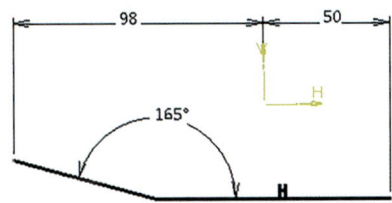

4 Corner

  ❶ Corner 명령어를 클릭하여 실행한다.
  ❷ 수평선과 사선을 클릭하여 Corner를 생성하고 R88 치수를 기입한다.

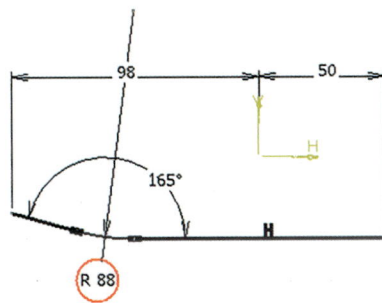

5 Constraints Defined in Dialog Box

❶ 호의 중심점과 스케치 원점을 선택하고 Constraints Defined in Dialog Box 명령어를 클릭하여 실행한다.

❷ Constraint Definition 대화상자에서 Coincidence를 체크하고 OK 를 눌러 스케치 원점과 호의 중심점이 일치하도록 구속조건을 부여한다.

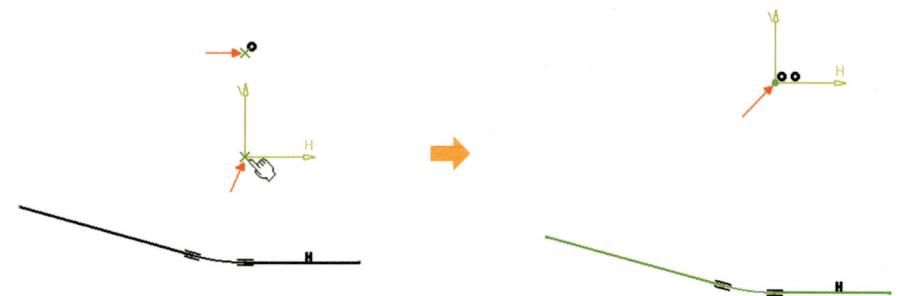

6 Exit Workbench를 클릭하여 Sketcher Workbench를 종료하고 Generative Shape Design Workbench로 돌아간다.

알아두기 4 Combine을 사용하여 결합된 곡선 만들기

1 Wireframe 도구모음의 Project-Combine 하위 도구모음에서 Combine 명령어를 클릭하여 실행한다.

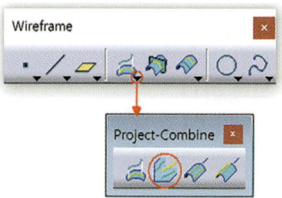

2 Combine Definition 대화상자 설정

❶ Combine type 드롭다운 메뉴에서 Normal을 선택한다.

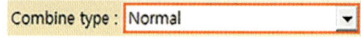

❷ Curve1 선택란에 Specification Tree에서 Sketch.1을 선택하거나 그래픽영역에서 Sketch.1을 선택한다.

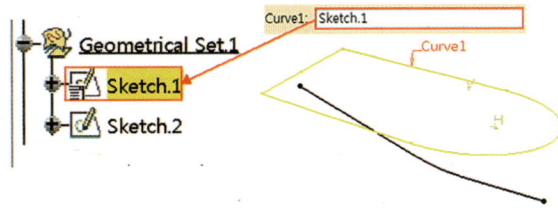

❸ Curve2 선택란에 Specification Tree에서 Sketch.2를 선택하거나 그래픽영역에서 Sketch.2를 선택한다.

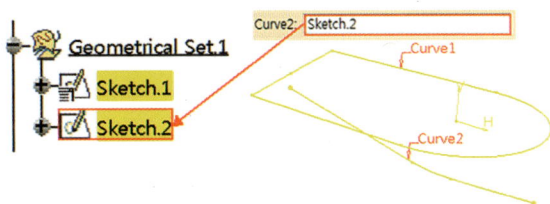

❹ OK 를 클릭하여 곡선의 돌출 사이의 교차 곡선으로 결합된 곡선을 생성한다.

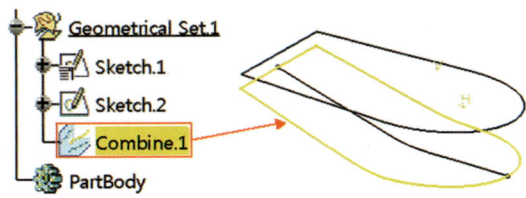

알아두기

Combine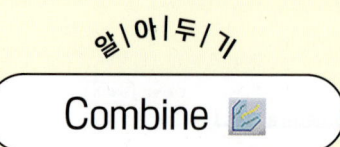

결합된 곡선은 두 곡선을 돌출시켜 교차되는 곡선을 만든다.

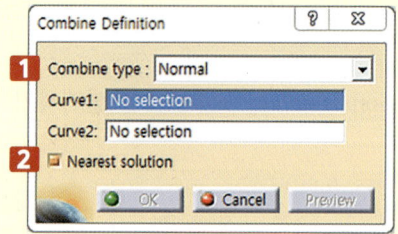

1 Combine type

❶ Combine type [Normal ▼]

곡선 평면에 수직방향으로 곡선을 돌출시켜 교차되는 곡선을 만든다.

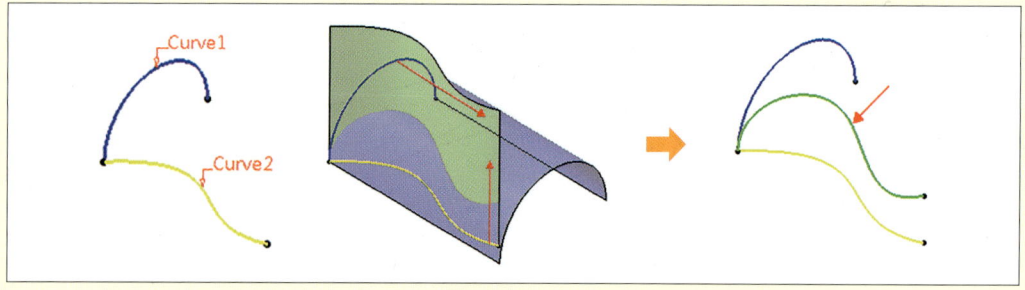

❷ Combine type [Along directions ▼]

각 곡선의 돌출 방향을 지정하여 교차되는 곡선을 만든다.

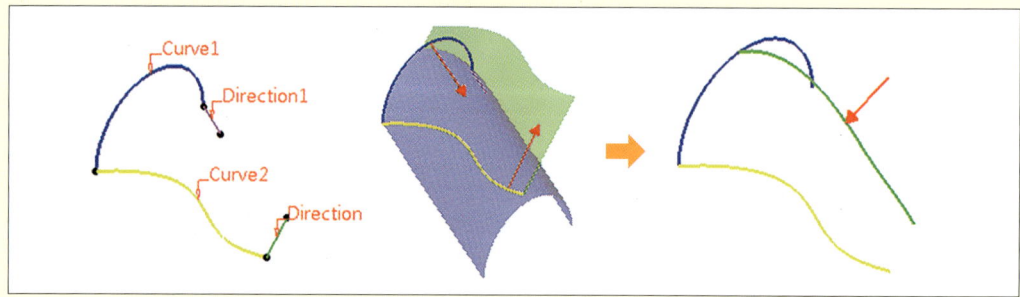

2 Nearest solution 옵션을 사용하면 여러 결합된 곡선이 생성될 수 있는 경우 첫 번째 선택한 곡선에 가장 가까운 곡선을 자동으로 생성할 수 있다.

5 Sketch.1과 Sketch.2 숨기기

Specification Tree에서 Ctrl을 누른 채 Sketch.1과 Sketch.2를 선택하고 마우스 오른쪽버튼을 클릭한 후 바로가기 메뉴에서 Hide/Show를 클릭하여 Sketch.1과 Sketch.2를 숨긴다.

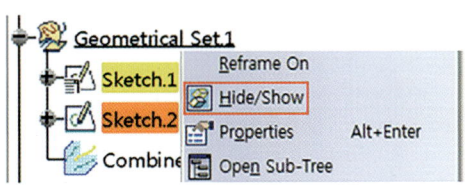

6 Fill을 사용하여 닫힌 영역을 채워진 표면으로 만들기

1 Surfaces 도구모음의 Fill 명령어를 클릭하여 실행한다.

2 Fill Surface Definition 대화상자 설정

❶ Outer Boundaries 탭에서 Combine으로 생성한 곡선을 그래픽 영역에서 선택하여 Boundary 리스트에 추가한다.

❷ OK 를 클릭하여 선택된 닫힌 영역을 채워진 표면으로 만든다.

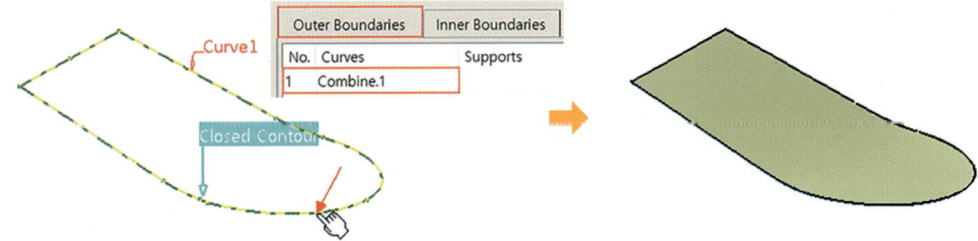

알아두기

Fill

빈 영역을 곡면으로 채우고자 할 때 사용하며 빈 영역을 둘러싼 곡선이나 모서리는 닫혀 있고 연속성이 있어야 한다.

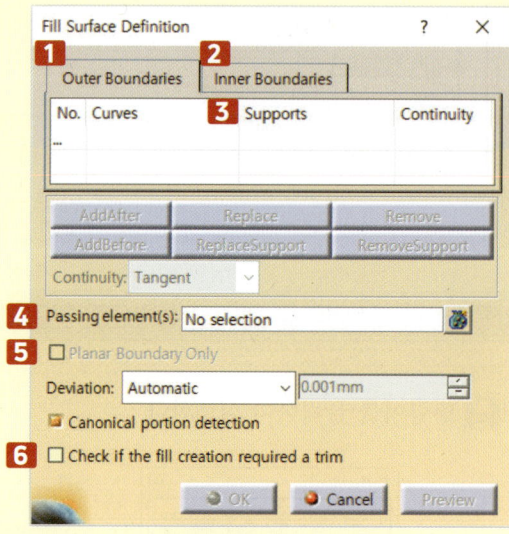

1 Outer Boundaries 탭에서 외부 닫힌 경계를 형성할 곡선이나 곡면 가장자리를 선택하여 채우기 곡면을 생성한다.

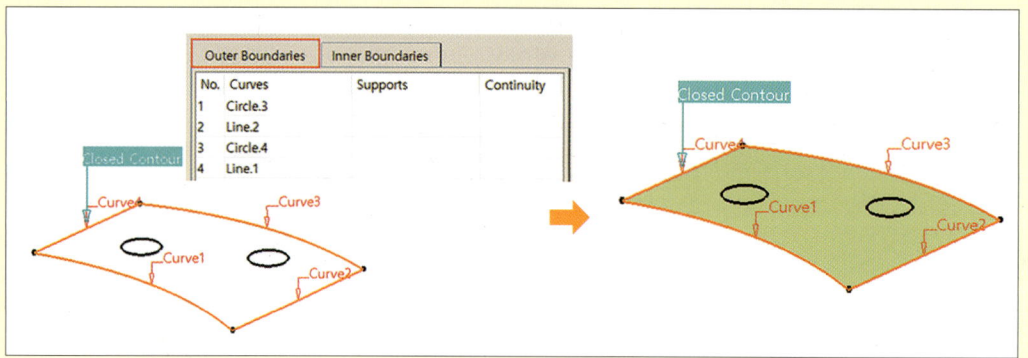

2 필요한 경우 Inner Boundaries 탭에서 내부 곡선 또는 표면 가장자리를 선택하여 내부 닫힌 경계를 형성한다. 생성되는 곡면은 닫힌 외부 경계와 내부 경계 사이의 채우기 곡면이 된다.

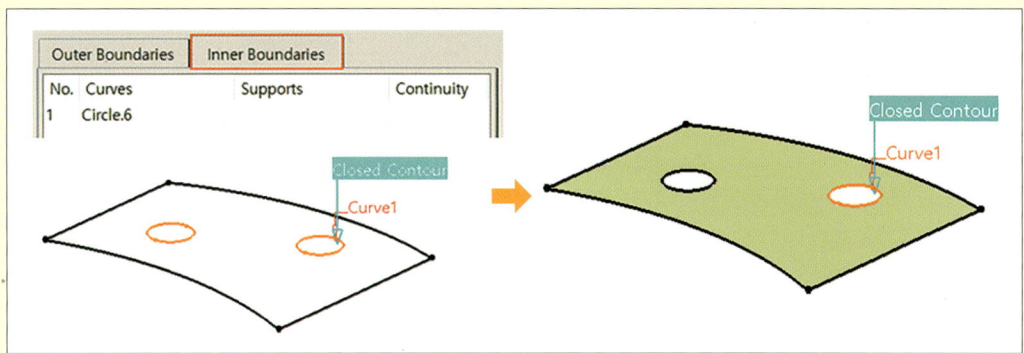

3 곡선이나 모서리에 대한 Supports 곡면을 선택할 수 있으며 이 경우 채우기 곡면과 Supports 곡면 사이에 연속성을 가진다.

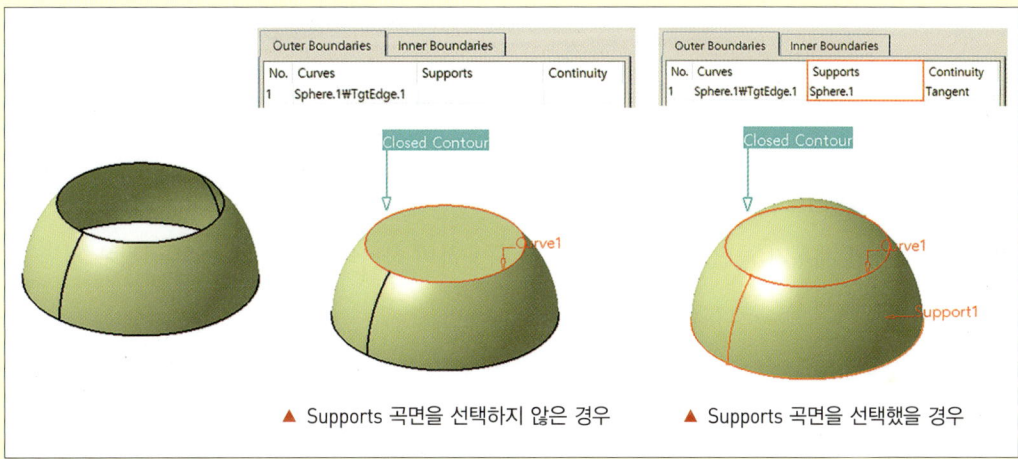

▲ Supports 곡면을 선택하지 않은 경우   ▲ Supports 곡면을 선택했을 경우

4 Passing element(s)

점 또는 곡선을 지정하면 해당 요소를 통과하는 채우기 곡면을 생성할 수 있다.

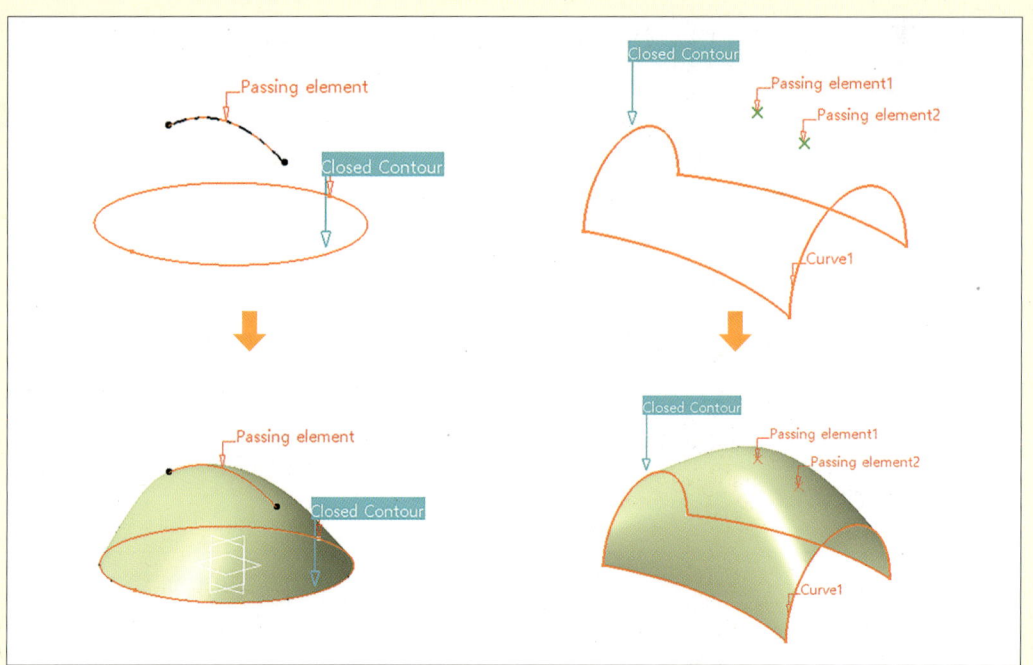

5 Planar Boundary Only

평면 경계만 채우기 곡면을 만들고자 할 때 사용하며 하나의 곡선으로 정의된 경우 평면 경계만 선택할 수 있다.

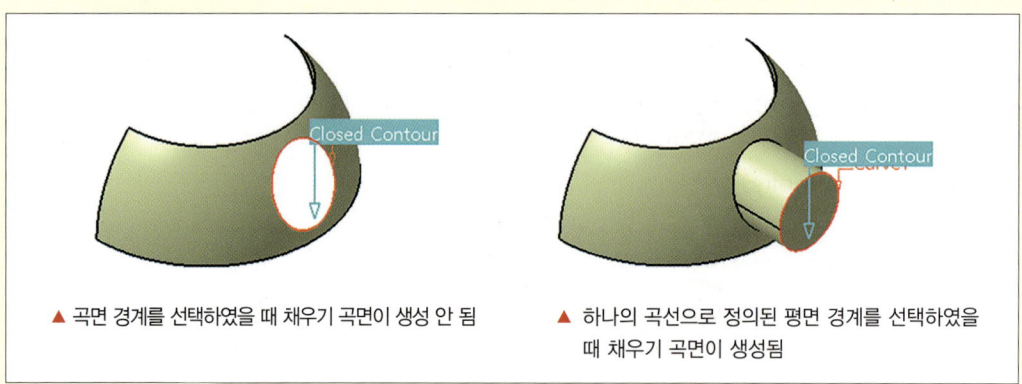

▲ 곡면 경계를 선택하였을 때 채우기 곡면이 생성 안 됨   ▲ 하나의 곡선으로 정의된 평면 경계를 선택하였을 때 채우기 곡면이 생성됨

6 Canonical portion detection

기본적으로 이 옵션이 선택되어 있으며 단순화된 형상(원통, 구형 등)을 자동으로 탐지하고 계산한다. 참고로 평면형 곡면은 이미 표준 곡면이므로 확인란을 선택해도 영향을 받지 않는다.

7 Sweep에서 사용될 Guide Curve를 Extract로 만들기

1 Operations 도구모음의 Extracts 하위 도구모음에서 Extract를 클릭하여 실행한다.

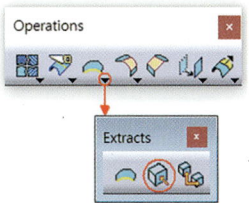

2 Extract Definition 대화상자 설정

❶ Propagation type 드롭다운 목록에서 탄젠트 조건에 따라 추출된 요소가 생성되도록 Tangent continuity를 선택한다.

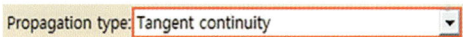

❷ Element(s) to extract으로 면의 모서리를 선택한다.

❸ OK 를 클릭하여 추출 곡선을 생성한다.

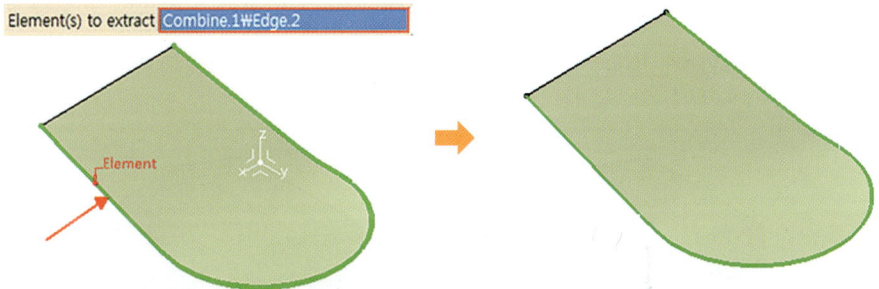

Extract

곡선, 점, 곡면, 솔리드 등에서 추출한 요소를 만든다. 추출 기능을 사용하면 원본 요소를 삭제하지 않고 별도의 요소를 생성한다.

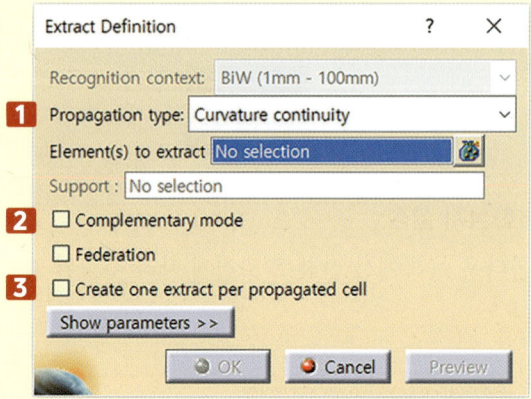

1 Propagation Type

❶ Propagation Type [No propagation ▼] : 선택한 요소만 추출한다.

❷ Propagation Type [Point continuity ▼] : 선택한 요소의 점과 연속적인 요소를 추출한다.

❸ Propagation Type [Tangent continuity ▼] : 선택한 요소와 접하는 요소를 추출한다.

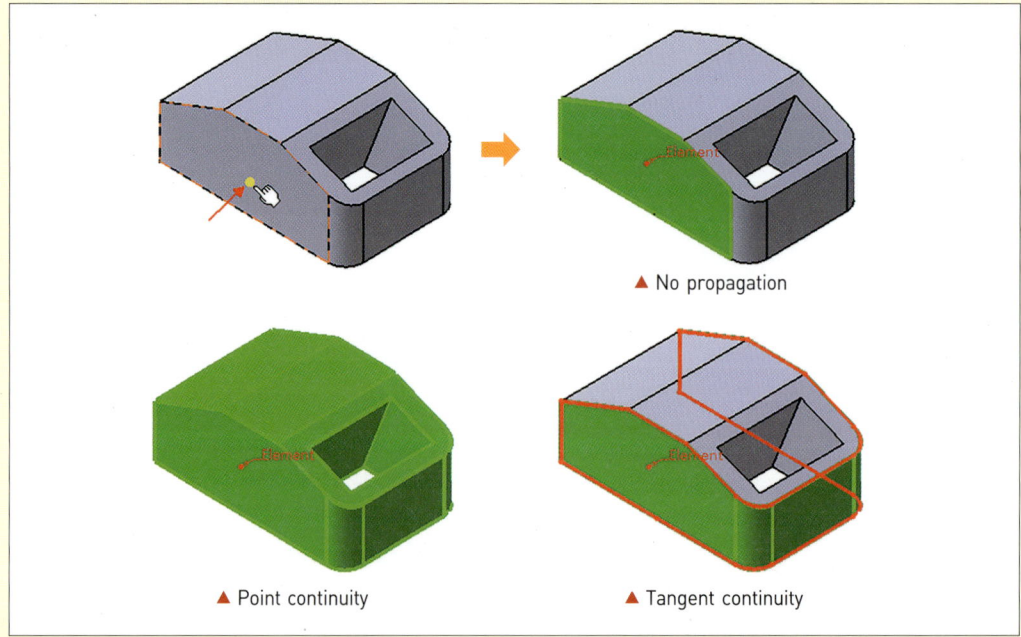

❹ **Propagation Type** `Curvature continuity ▼` : 곡률 조건에 따라 추출된 요소(반드시 곡선)가 생성된다.

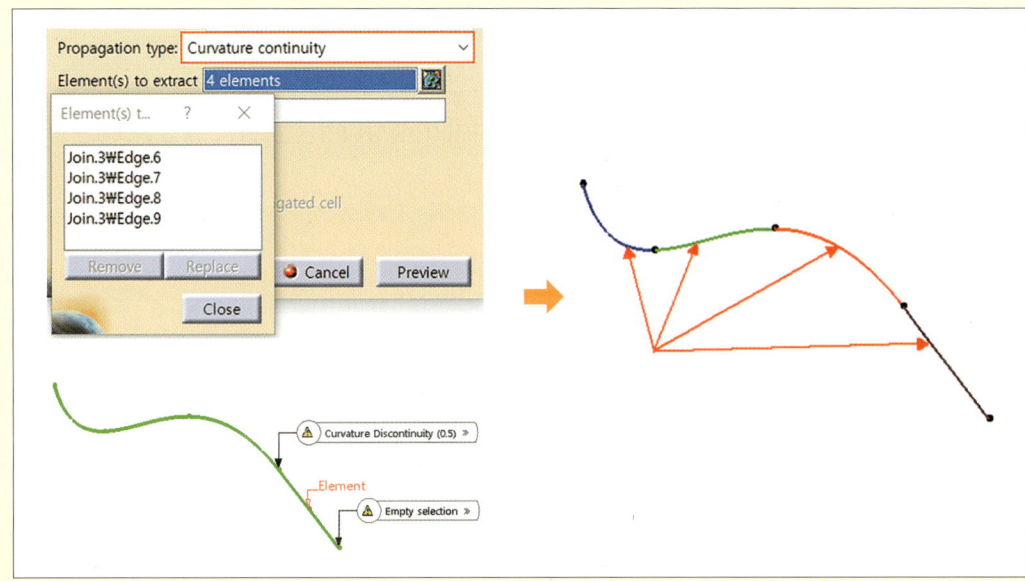

❺ **Propagation Type** `Depression propagation ▼` : 특정 형상을 추출할 때 해당 형상이 다른 부분에 비해 내부로 들어가는 부분을 확정하여 추출할 수 있다.

❻ **Propagation Type** `Protrusion propagation ▼` : 특정 형상을 추출할 때 해당 형상이 다른 부분에 비해 외부로 튀어나가는 돌출 부분을 확정하여 추출할 수 있다.

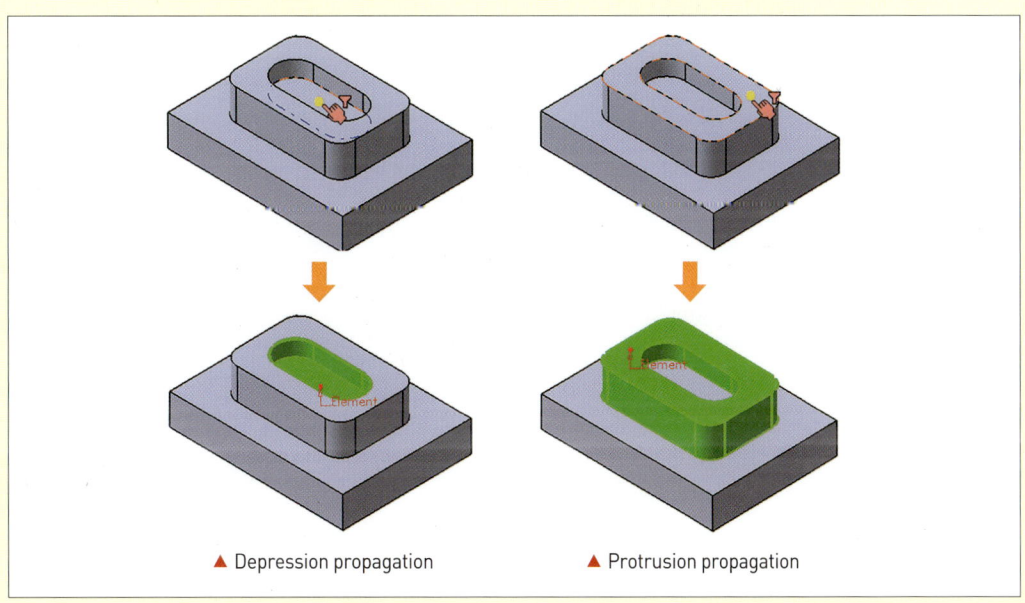

▲ Depression propagation   ▲ Protrusion propagation

2 **Complementary mode**

확인란을 선택하면 선택하지 않은 요소가 강조 표시되어 선택되고 명시적으로 선택된 요소는 선택 취소된다.

3 **Create one extract per propagated cell**

확인란을 선택하면 전파된 셀당 하나의 추출 피처가 생성되며 선택하지 않았을 때는 모든 셀에 대한 하나의 추출 피처만 생성된다.

8 Plane 만들기

1 Wireframe 도구모음의 Planes 하위 도구모음에서 Plane 명령어를 클릭하여 실행한다.

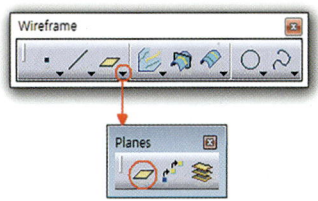

2 Plane Definition 대화상자 설정

❶ Plane type 드롭다운 목록에서 Normal to curve를 선택한다.

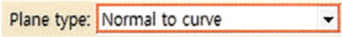

❷ Curve 선택란에 Extract 명령어로 추출한 곡선을 선택한다.
❸ Point 선택란에 곡선의 끝점을 선택한다.
❹ OK 를 클릭하여 곡선에 수직하고 점에 일치하는 평면을 만든다.

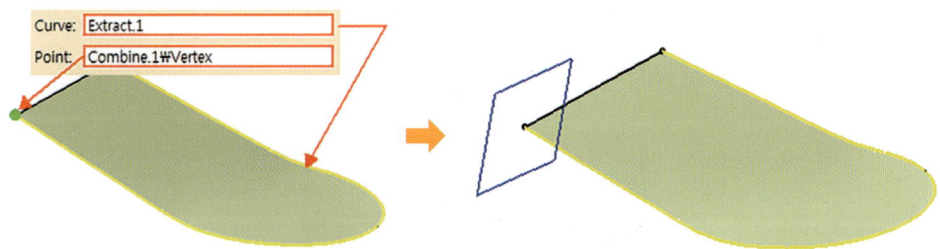

9 Sweep에서 사용될 Profile 만들기

1 Specification Tree에서 Plane.1을 선택하고 Sketcher 도구모음의 Sketch 를 클릭한다.

2 Line

❶ Line 명령어를 클릭하여 실행한다.
❷ 선의 첫 번째 점은 임의의 위치에 지정하고 다음 점은 첫 번째 점으로부터 수직 방향에 지정하여 수직한 선분을 작성한다.

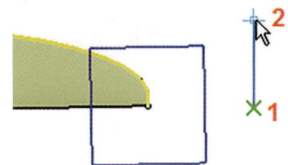

3 Constraints Defined in Dialog Box

❶ 선분의 끝점과 추출 곡선의 끝점을 선택하고 Constraints Defined in Dialog Box 명령어를 클릭하여 실행한다.

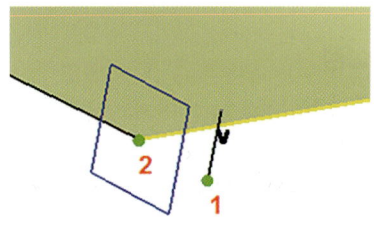

❷ Constraint Definition 대화상자에서 Coincidence 를 체크하고 OK 를 눌러 선택한 두 점이 일치하도록 위치를 지정한다.

4 Constraint

Constraint 명령어를 클릭하여 실행하고 치수값을 부여한다.

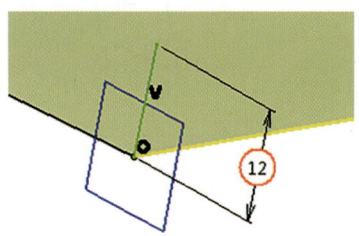

5 Exit Workbench를 클릭하여 Sketcher Workbench를 종료하고 Generative Shape Design Workbench로 돌아간다.

10 Sweep 곡면 만들기

1 Surfaces 도구모음의 Sweeps 하위 도구모음에서 Sweep 명령어를 클릭하여 실행한다.

2 Sweep Surface Definition 대화상자 설정

❶ Profile type에서 Explicit  아이콘을 클릭한다.

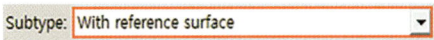

❷ Subtype 드롭다운 목록에서 Profile과 하나의 Guide curve를 선택하여 스윕 곡면을 생성하기 위해 With reference surface를 선택한다.

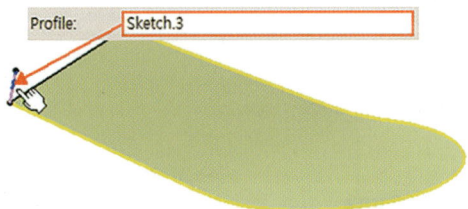

❸ Profile 선택란에 선을 선택한다.

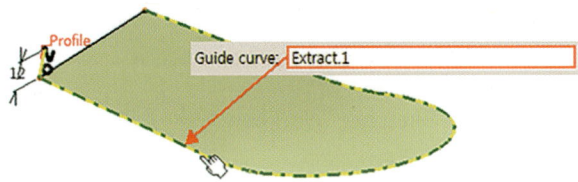

❹ Guide curve 선택란에 추출한 곡선을 선택한다.

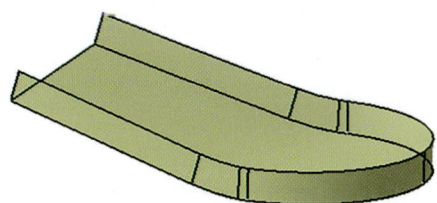

❺ OK 를 클릭하여 Profile이 Guide curve를 따라 스윕한 곡면을 만든다.

11 Revolve 곡면 프로파일 만들기

1 Specification Tree에서 yz평면을 선택하고 Sketcher 도구모음의 Sketch 를 클릭한다.

2 Profile

❶ Profile 명령어를 클릭하여 실행한다.
❷ 첫 번째 점과 다음 점을 지정하여 수직하고 수평한 연속적인 선을 만든다.

3 Constraint

Constraint 명령어를 더블 클릭하여 실행하고 치수값을 부여한다.

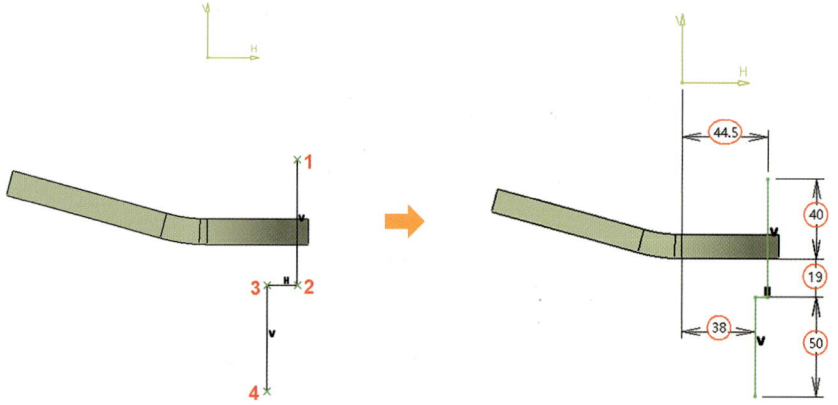

4 Exit Workbench 를 클릭하여 Sketcher Workbench를 종료하고 Generative Shape Design Workbench로 돌아간다.

12 Revolve 곡면 만들기

1 Surfaces 도구모음의 Extrude-Revolution 하위 도구모음에서 Revolve 명령어를 클릭하여 실행한다.

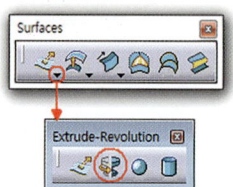

2 Revolution Surface Definition 대화상자 설정

❶ Profile 선택란에 스케치를 선택한다.

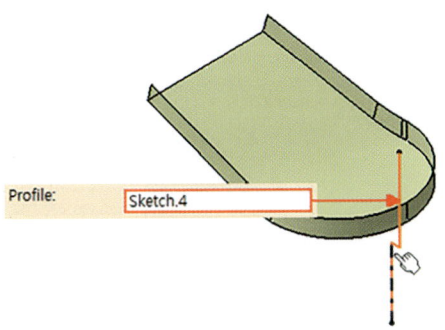

❷ Revolution axis 선택란에 마우스를 가져다 놓고 마우스 오른쪽버튼을 누른 후 콘텍스트 메뉴에서 Z Axis를 회전축으로 선택한다.

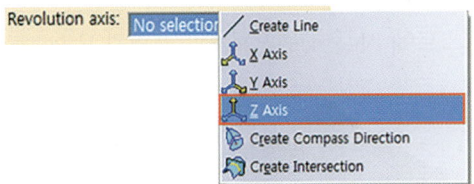

❸ Angular Limits 아래 Angle 1 값은 360, Angle 2 값은 0을 입력한다.
❹ OK 를 클릭하여 축을 중심으로 프로파일을 회전시켜 곡면을 만든다.

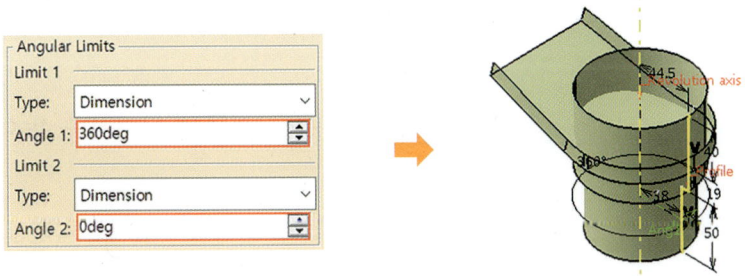

알아두기 13 Trim으로 곡면 자르기

1 Operations 도구모음의 Trim-Split 하위 도구모음에서 Trim 명령어를 클릭하여 실행한다.

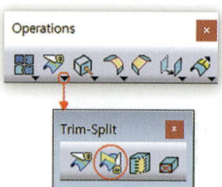

2 Trim Definition 대화상자 설정

❶ Mode 드롭다운 목록에서 Standard를 선택한다.

❷ Trimmed elements 리스트에 자를 곡면으로 Fill 곡면과 Revolve 곡면을 선택하여 추가한다.

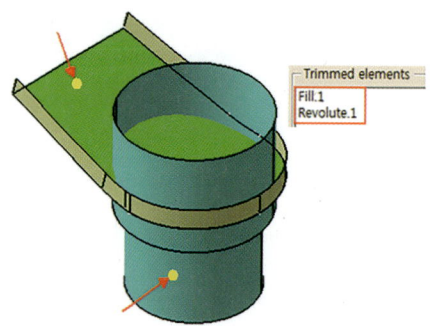

❸ `Other side / next element` 와 `Other side / previous element` 를 클릭하여 잘리거나 유지될 곡면을 결정한다.

❹ `OK` 를 클릭하여 두 곡면의 교차되는 부분을 자르면서 하나로 합쳐진 곡면을 작성한다.

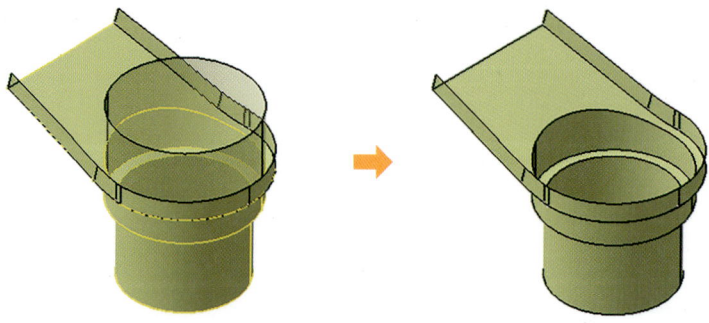

Trim

두 개 이상의 곡면과 곡면, 곡선과 곡선 사이에서 교차 부분을 기준으로 원하는 형태로 자르거나 불필요한 부분을 제거하여 합쳐진 하나의 곡면이나 곡선을 생성한다.

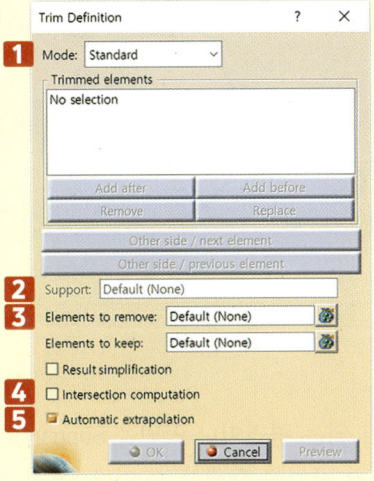

1 Mode

❶ Mode Standard ▼

두 개 이상의 곡면이나 곡선을 선택하여 공통부분을 제거하는 기본적인 기능이다.

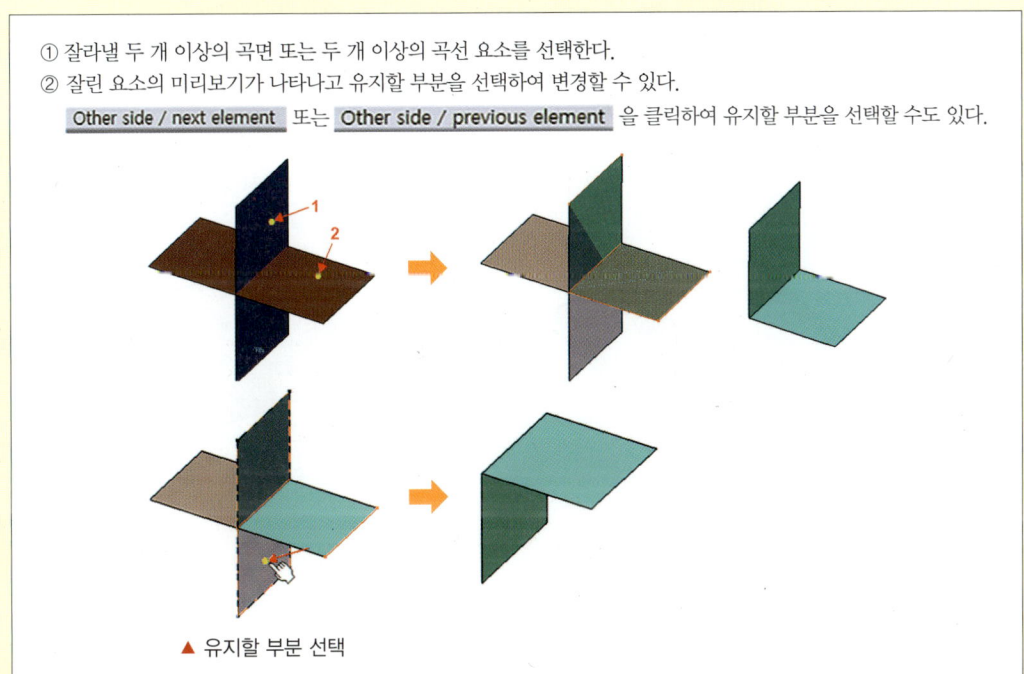

① 잘라낼 두 개 이상의 곡면 또는 두 개 이상의 곡선 요소를 선택한다.
② 잘린 요소의 미리보기가 나타나고 유지할 부분을 선택하여 변경할 수 있다.
 Other side / next element 또는 Other side / previous element 을 클릭하여 유지할 부분을 선택할 수도 있다.

▲ 유지할 부분 선택

❶ Mode `Pieces ▼`

선택한 곡면이나 곡선의 일부를 자를 때 사용한다. 잘린 모든 요소(곡면 또는 곡선)가 함께 분할되고 선택한 모든 부분이 유지되어 특정 부분만 남기거나 제거할 수 있다.

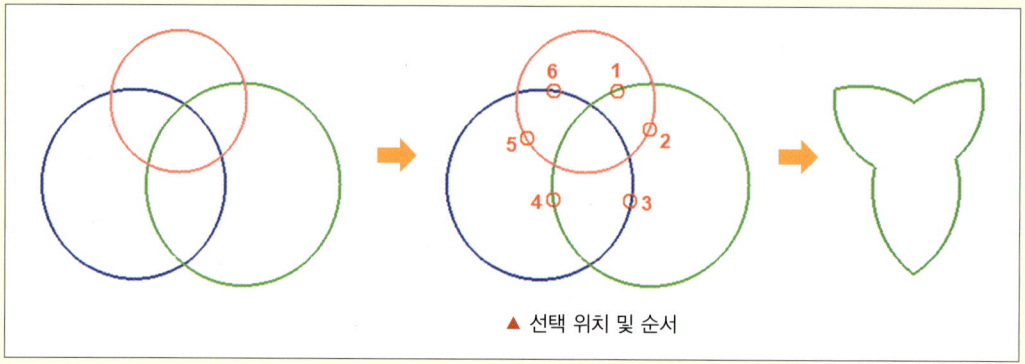

▲ 선택 위치 및 순서

2 Support

곡선과 곡선을 자를 때 기준이 되는 평면이나 곡면을 Support로 지정하면 Support를 기준으로 선택요소가 잘려 정확한 자르기 작업을 수행할 수 있다. 특히 자르기로 닫힌 곡선을 만들고자 할 때 유용하다.

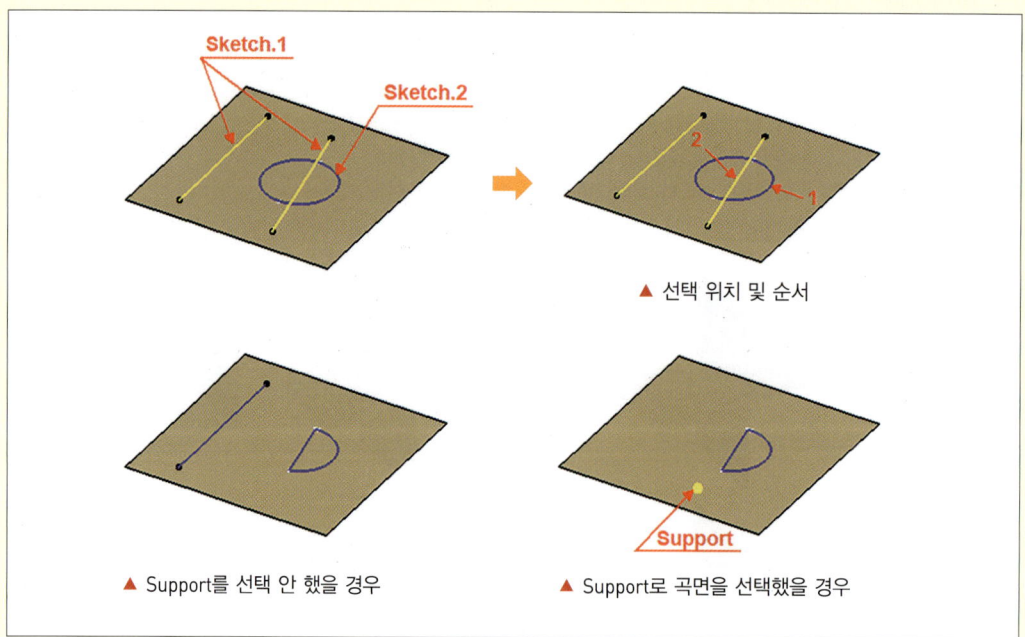

3 **Elements to remove / Elements to keep**

자르기 작업을 할 때 제거되거나 유지될 부분을 점과 모서리를 선택하여 정의할 수 있다.

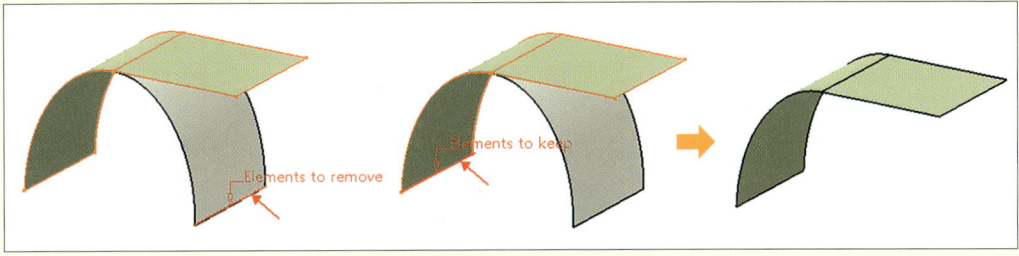

4 **Intersections computation**

자르기 작업을 수행할 때 교차 곡선을 생성하려면 확인란을 선택한다.

5 **Automatic extrapolation**

자르기 할 요소를 자동 외삽한다.

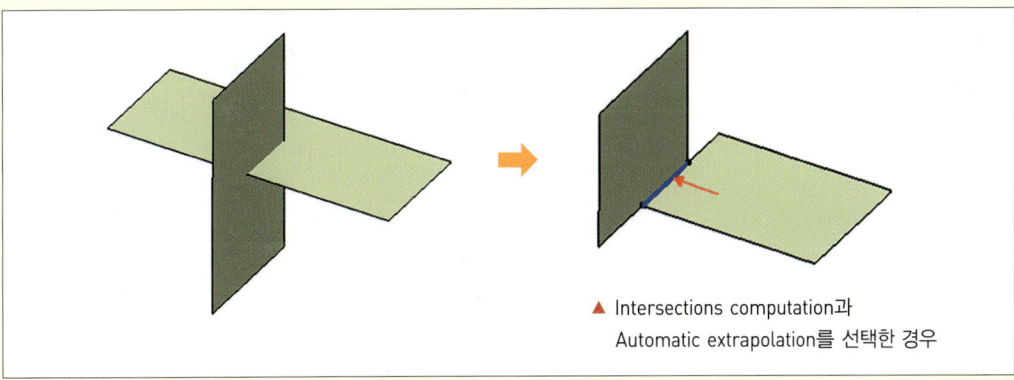

▲ Intersections computation과 Automatic extrapolation를 선택한 경우

14   Join을 사용하여 결합된 곡면 만들기

1   Operations 도구모음의 Join-Healing 하위 도구모음에서 Join 명령어를 클릭하여 실행한다.

2   Elements To Join 리스트에 결합할 곡면으로 Sweep. 1과 Trim. 1을 선택하여 추가한다.

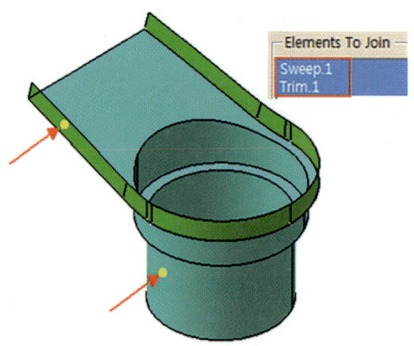

3   OK 를 클릭하여 하나로 합쳐진 곡면을 만든다.

15   Extrude 곡면 프로파일 만들기

1   Specification Tree에서 yz평면을 선택하고 Sketcher 도구모음의 Sketch를 클릭한다.

2   형상 면을 선택하고 Intersect 3D Elements 을 클릭하여 스케치 평면과 곡면 사이에 교차 곡선을 생성한다.

3   두 개의 교차 곡선을 선택하고 Sketch tools 도구모음의 Creating Construction/Standard Elements 를 클릭하여 구성 선으로 만든다.

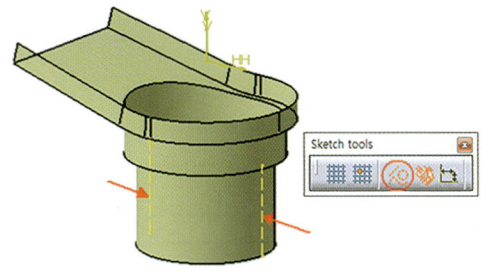

4 Creating Construction/Standard Elements를 비활성화 한다.

5 Line

① Line 명령어를 더블 클릭하여 실행한다.
② 선의 첫 번째 점은 교차 곡선에 일치하도록 지정하고 다음 점은 첫 번째 점으로부터 수평 방향에 지정하여 수평한 선 두 개를 작성한다.

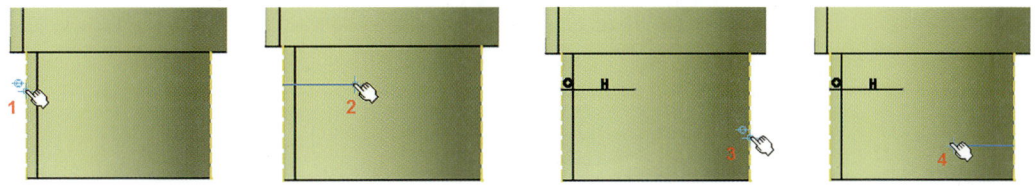

6 Constraint

Constraint 명령어를 더블 클릭하여 실행하고 치수값을 부여한다.

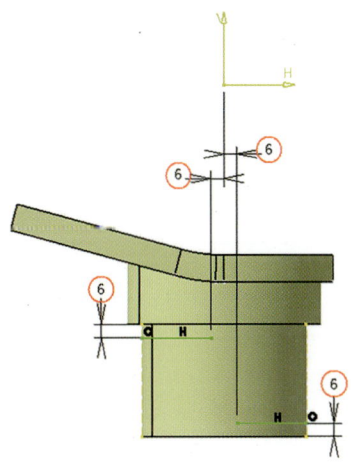

7 Exit Workbench를 클릭하여 Sketcher Workbench를 종료하고 Generative Shape Design Workbench로 돌아간다.

16 Extrude 곡면 만들기

1 Surfaces 도구모음의 Extrude-Revolution 하위 도구모음에서 Extrude 명령어를 클릭하여 실행한다.

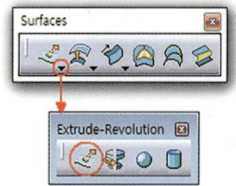

2 Extruded Surface Definition 대화상자 설정

❶ Profile로 선을 그린 Sketch.5를 선택한다.

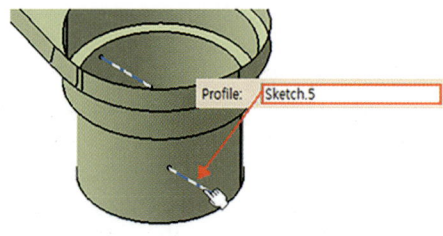

❷ Direction은 기본 설정값인 스케치의 수직방향으로 한다.

❸ Extrusion Limits 아래 Limit 1과 Limit 2 모두 Type은 Up-to element를 선택하고 Up-to element로 Join 곡면을 선택한다.

❹ Multi-Result Management 창에서 keep all the sub-elements에 체크하여 돌출 곡면 바디 모두를 유지시킨다.

❺ OK 를 클릭한다.

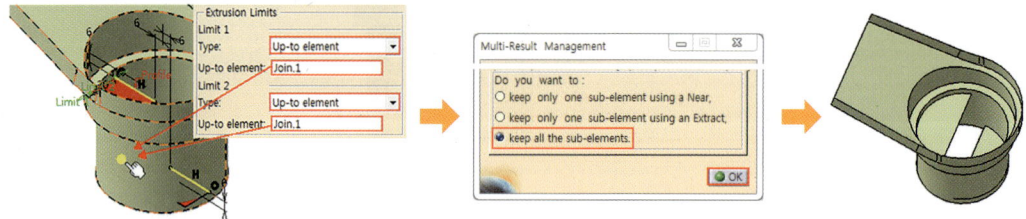

17 Edge Fillet 으로 곡면모서리 다듬기

1 Operations 도구모음의 Fillets하위 도구모음에서 Edge Fillet 명령어를 클릭하여 실행한다.

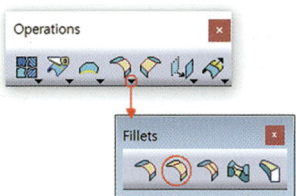

2 Edge Fillet Definition 대화상자 설정

   ❶ Radius 입력란에 3을 입력한다.

   ❷ Object(s) to fillets 선택란에 형상의 모서리를 선택한다.
   ❸ Options 아래에 필렛 곡면과 접하는 부분까지 곡면이 잘리도록 Trim support를 체크한다.

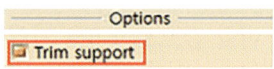

   ❹ OK 를 클릭하여 필렛 곡면을 생성한다.

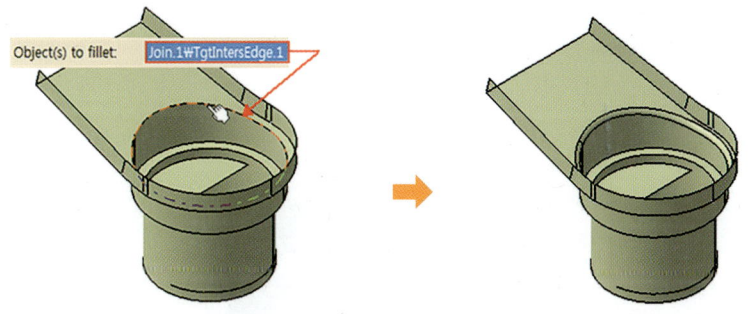

18 곡면 바디를 기반으로 솔리드 바디를 생성하기 위해 Part Design Workbench 로 들어가기

1 메뉴모음에서 Start 〉 Mechanical Design 〉 Part Design Workbench를 선택한다.

2 새로운 작업을 PartBody에 추가하기 위해 Specification Tree에서 PartBody에 마우스를 가져다 놓고 마우스 오른쪽버튼을 클릭한 후 Define In Work Object를 클릭하거나 Tools 도구모음에서 PartBody를 선택한다.

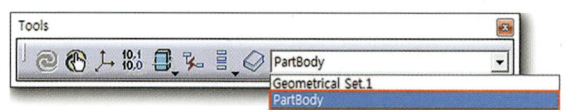

알아두기 19   Thick Surface 명령어로 곡면에 두께 부여하여 솔리드 바디 만들기

1 Surface-Based Feature 도구모음에서 Thick Surface  명령어를 더블 클릭하여 실행한다.

2 Thick Surface Definition 대화상자 설정 (1)

❶ First Offset 입력란에 두께를 부여할 값으로 1.5를 기입한다.

❷ Object to offset 선택란에 두께를 부여할 면을 선택한다.

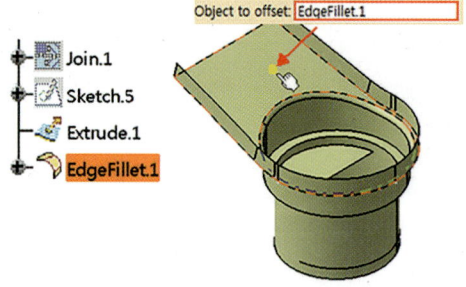

❸ Reverse Direction 을 클릭하여 면 안쪽으로 두께가 부여되도록 방향을 지정한다.
❹ OK 를 클릭한다.

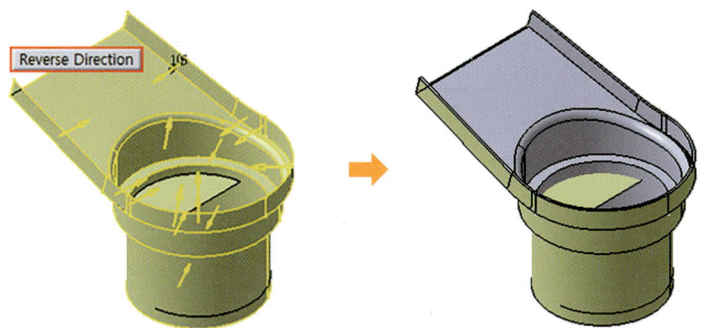

3 Thick Surface Definition 대화상자 설정 (2)

❶ First Offset 입력란에 두께를 부여할 값으로 1.5를 기입한다.

❷ Object to offset 선택란에 두께를 부여할 면을 선택한다.

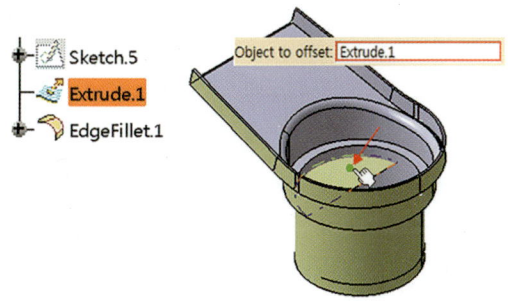

❸ OK 를 클릭하고 Cancel 을 클릭하여 Thick Surface 명령을 종료한다.

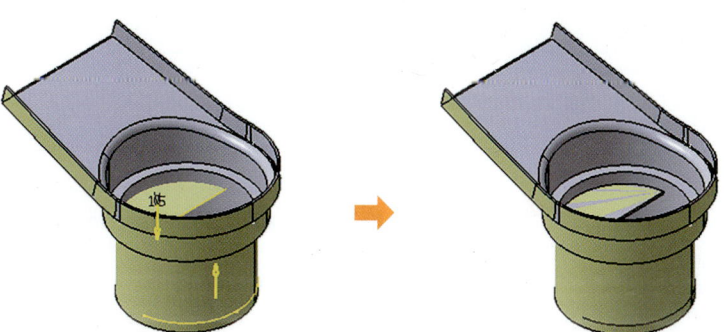

알아두기

*Thick Surface

'*'는 Part Design 관련 개념입니다.

곡면에 서로 반대되는 두 방향으로 두께를 부여하여 솔리드를 생성한다.

1 First offset / Second offset

곡면을 선택하면 나타나는 화살표 방향이 First offset 방향이며 방향을 반전하고자 한다면 화살표를 마우스 왼쪽버튼으로 클릭하면 된다. 첫 번째 오프셋 및 두 번째 오프셋 값을 입력하여 곡면에 두께를 부여한다.

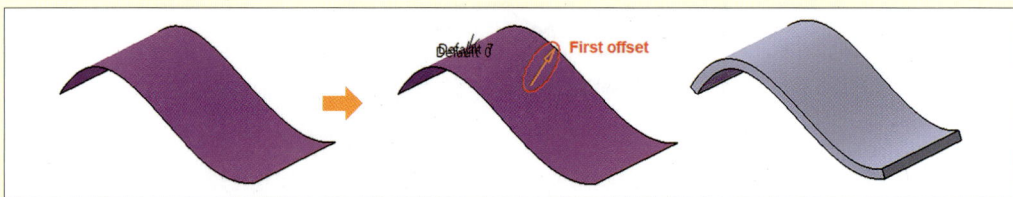

2 Object to offset

두께를 부여할 곡면이나 솔리드의 면을 선택한다. 선택한 곡면의 여러 면에 서로 다른 두께값을 지정할 수 있다.

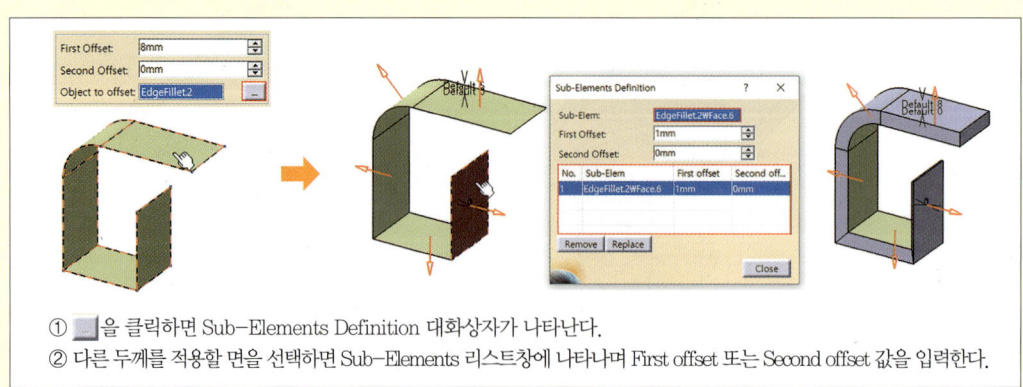

① 을 클릭하면 Sub-Elements Definition 대화상자가 나타난다.
② 다른 두께를 적용할 면을 선택하면 Sub-Elements 리스트창에 나타나며 First offset 또는 Second offset 값을 입력한다.

3 Reverse Direction 을 클릭하여 First offset 방향을 반전시킬 수 있다.

20 곡면 바디를 숨겨 모델링 완성하기

Specification Tree에서 Geometrical set1의 콘텍스트 메뉴에서 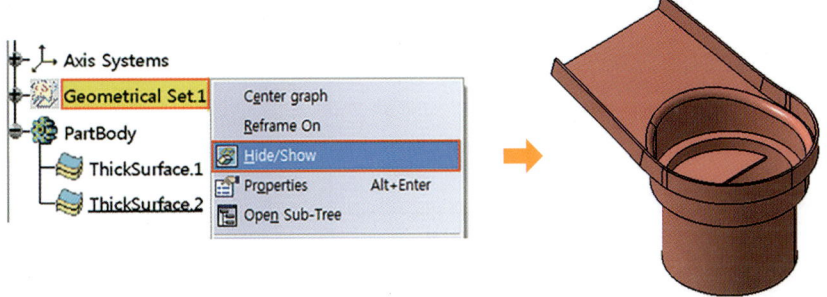 Hide/Show 를 선택하여 곡면 바디를 숨겨 모델링을 완성한다.

CHAPTER 04

활용 예제 3
Sweep, Rectangular Pattern, Offset, Sphere, Extrapolate

예제 도면 | 3D형상 모델링 작업하기

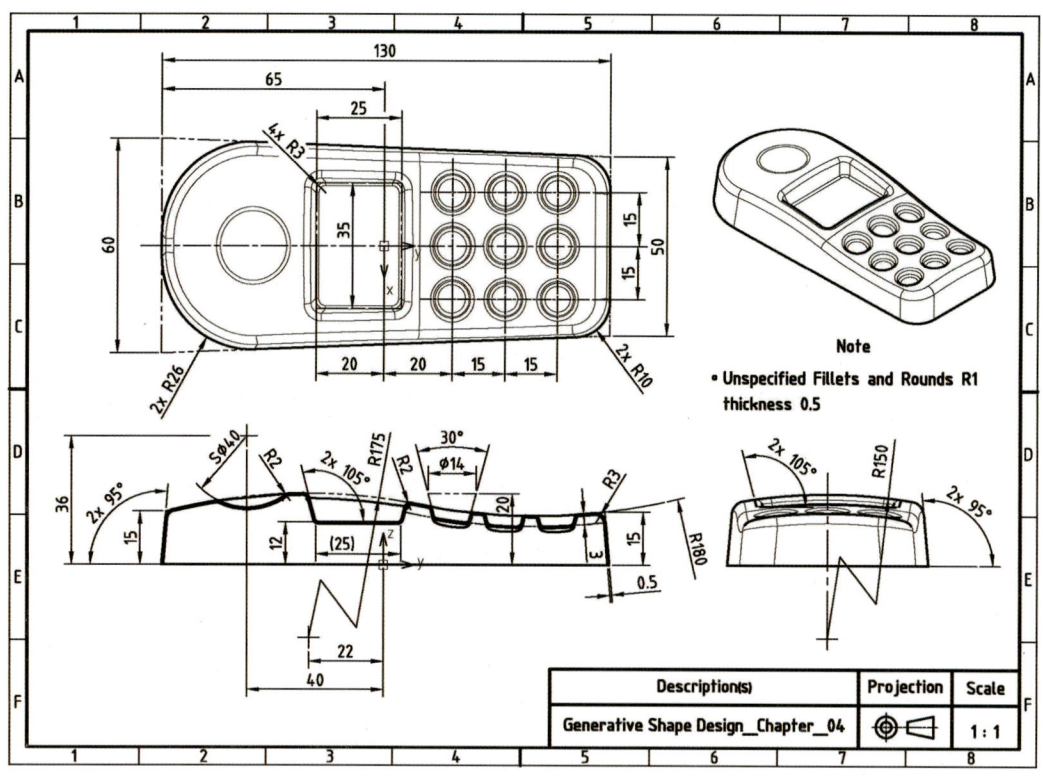

1 Generative Shape Design Workbench 선택하여 들어가기

1 메뉴모음에서 Start > Shape > Generative Shape Design을 선택한다.

2 New Part 대화상자에서 Part 이름을 지정하고 Create a geometric set에 체크한 후 OK 를 클릭한다.

2 Sweep.1에 사용될 Guide curve 만들기(Sketch.1)

1 Specification Tree에서 xy평면을 선택하고 Sketcher 도구모음의 Positioned Sketch를 클릭한다.
   ❶ Swap에 체크하여 H축과 V축을 바꾸고 Reverse V를 체크하여 V축 방향을 반전한다.
   ❷ OK 를 클릭하여 Sketcher Workbench로 들어간다.

2 Profile 과 Mirror 명령어를 사용하여 스케치를 작성한다.

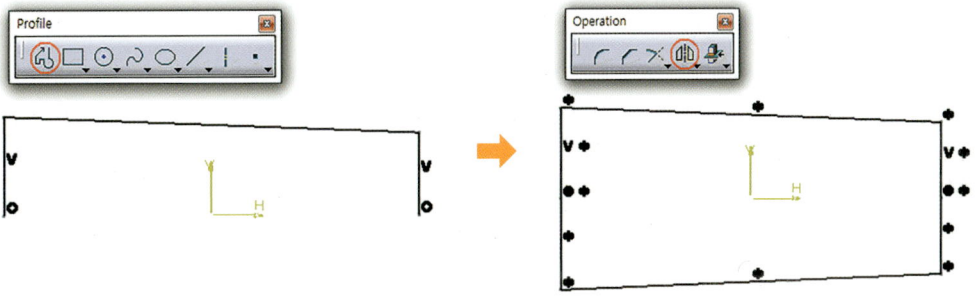

3 Constraint 명령어를 더블 클릭하여 실행하고 치수값을 부여한다.

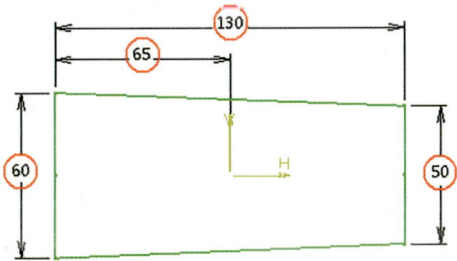

4 Exit Workbench를 클릭하여 Sketcher Workbench를 종료하고 Generative Shape Design Workbench로 돌아간다.

열아두기 3   Sweep.1 곡면 만들기

1 Surfaces 도구모음의 Sweeps 하위 도구모음에서 Sweep 명령어를 클릭하여 실행한다.

2 Swept Surface Definition 대화상자 설정

❶ Profile type에서 Line 아이콘을 클릭한다.

❷ Subtype 드롭다운 목록에서 With draft direction을 선택한다.

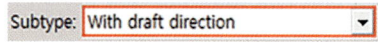

❸ Guide curve1 선택란에 Sketch.1을 선택한다.

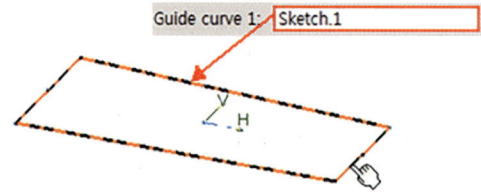

❹ Draft direction 선택란에 마우스 오른쪽버튼을 클릭하고 콘텍스트 메뉴에서 Z Component 를 선택한다.

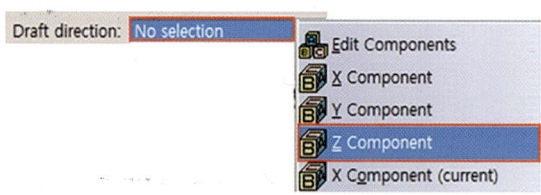

❺ Wholly defined 탭 아래 Angle 값 입력란에 5를 기입한다.

❻ Length 1 입력란에 거리값 30을 기입한다.

❼ Angular sector에서 Previous 나 Next 를 눌러 스윕 구배와 방향을 결정한다.

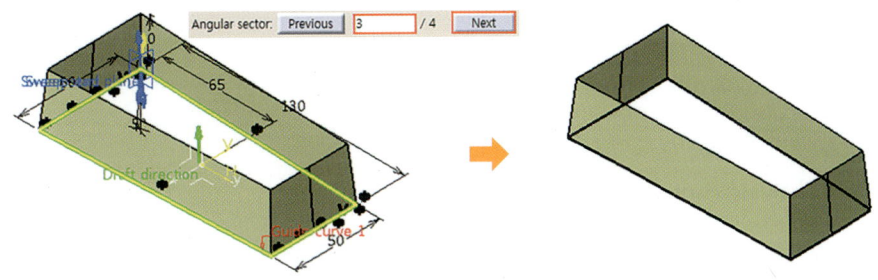

❽ OK 를 클릭하여 스윕한 곡면을 생성한다.

알|아|두|기

Sweep (2)

1 Profile type(Line)

선형 프로파일을 사용하여 스윕 곡면을 생성한다.

2 Subtype

❶ Subtype [Two limits ▼]

두 개의 Guide curve를 선형 프로파일이 지나가면서 스윕 곡면을 생성한다.

ⓐ Subtype 드롭다운 목록에서 Two limits를 선택한다.
ⓑ 두 개의 Guide curve를 선택한다.

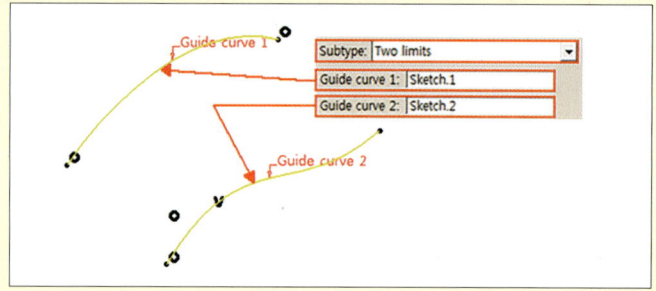

ⓒ 필요에 따라 Length1, Length2 란에 길이값을 입력하여 스윕 곡면의 너비를 정의할 수 있다.

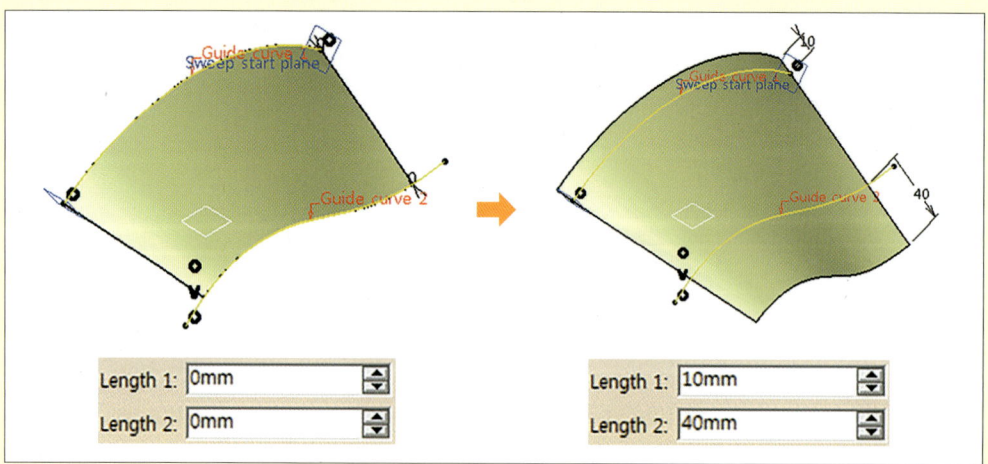

❷ Subtype [Limit and Middle ▼]

두 개의 Guide curve를 선택하고 두 번째 선택한 Guide curve를 기준으로 너비가 같도록 선형 스윕 곡면을 생성한다.

ⓐ Subtype 드롭다운 목록에서 Limit and Middle을 선택한다.
ⓑ 두 개의 Guide curve를 선택한다.

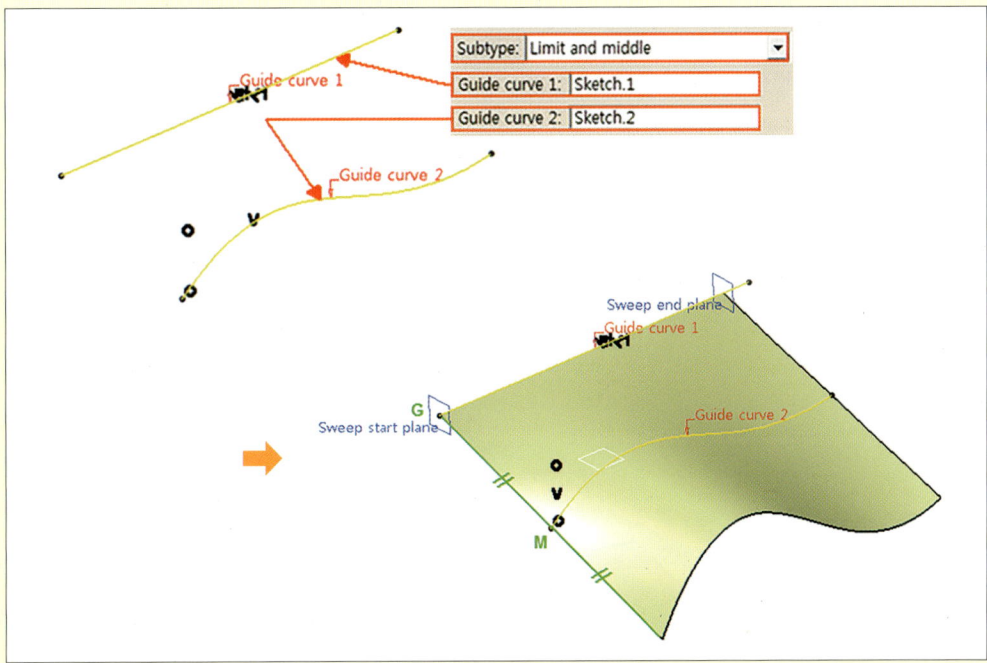

❸ Subtype [With reference surface ▼]

Guide curve와 참조 평면이나 곡면을 선택하고 각도와 길이값을 입력하여 선형 스윕 곡면을 생성한다. 참조 곡면을 선택하였을 때 Guide curve는 참조 곡면에 포함되어 있어야 하며 참조 곡면의 접선 방향으로 각도값이 계산된다.

ⓐ Subtype 드롭다운 목록에서 With reference surface을 선택한다.
ⓑ Guide curve와 Reference surface를 선택한다.
ⓒ Angle과 Length1, Length2 란에 값을 입력하여 스윕 곡면을 생성한다.

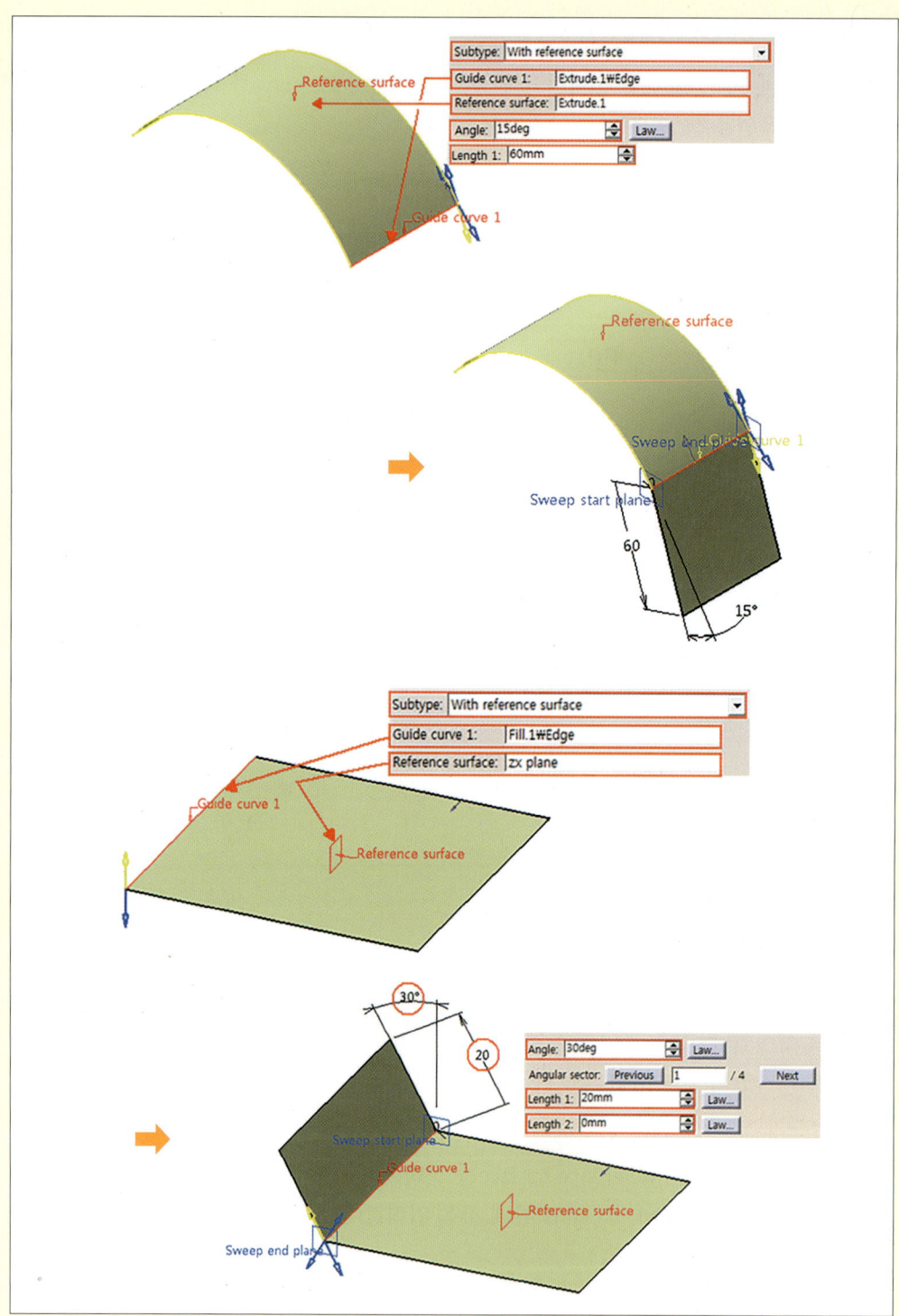

ⓓ Angle sector에서 `Previous` 와 `Next` 를 클릭하거나 화살표를 선택하여 참조 곡면을 기준으로 각도 방향에 따라 생성되는 스윕 곡면을 선택할 수 있다.

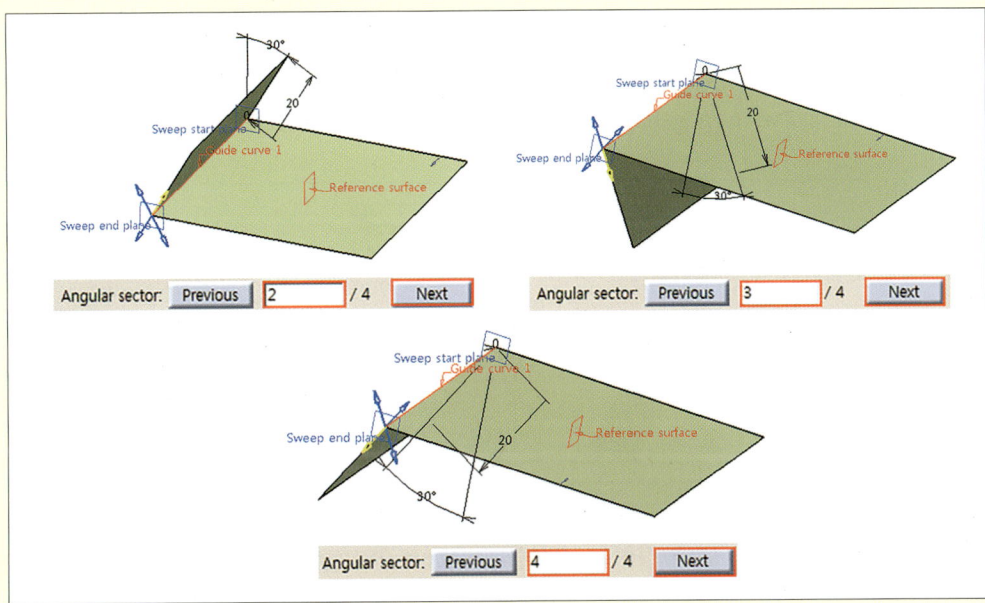

❹ Subtype `With reference curve ▼`

Guide curve와 참조 곡선을 선택하고 각도와 길이값을 입력하여 선형 스윕 곡면을 생성한다.

ⓐ Subtype 드롭다운 목록에서 With reference curve를 선택한다.
ⓑ Guide curve와 Reference curve를 선택한다.
ⓒ Angle과 Length1, Length2 란에 값을 입력하여 스윕 곡면을 생성한다.

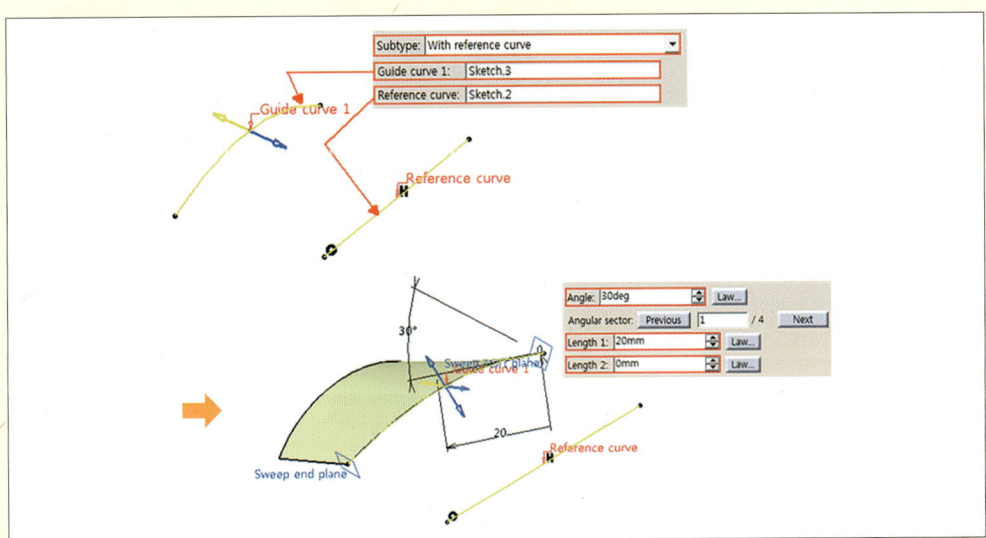

❺ Subtype [With tangency surface ▼]

Guide curve과 참조 곡면을 선택하여 Guide curve로부터 참조 곡면에 접하는 스윕 곡면을 생성한다.

ⓐ Subtype 드롭다운 목록에서 With tangency surface를 선택한다.
ⓑ Guide curve와 Tangency surface를 선택한다.

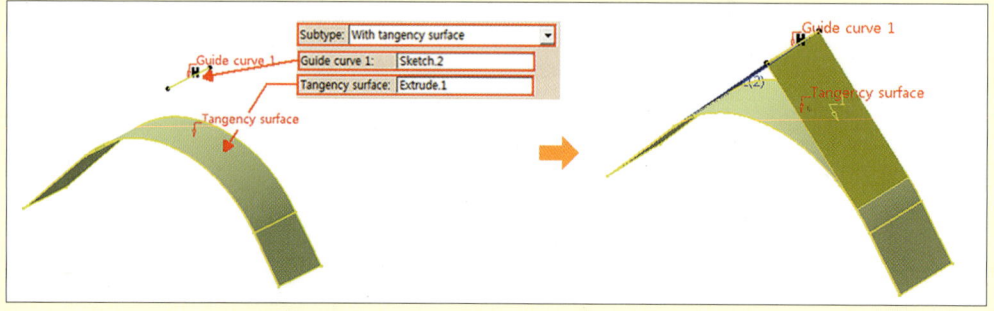

ⓒ 형상에 따라 곡면에 접하는 방향을 Solution(s)의 [Previous] 와 [Next] 를 클릭하여 선택할 수 있다.
ⓓ Trim with tangency surface를 체크하면 스윕 곡면과 탄젠트 곡면 사이의 접하는 부분까지 잘라서 스윕 곡면을 생성할 수 있다.

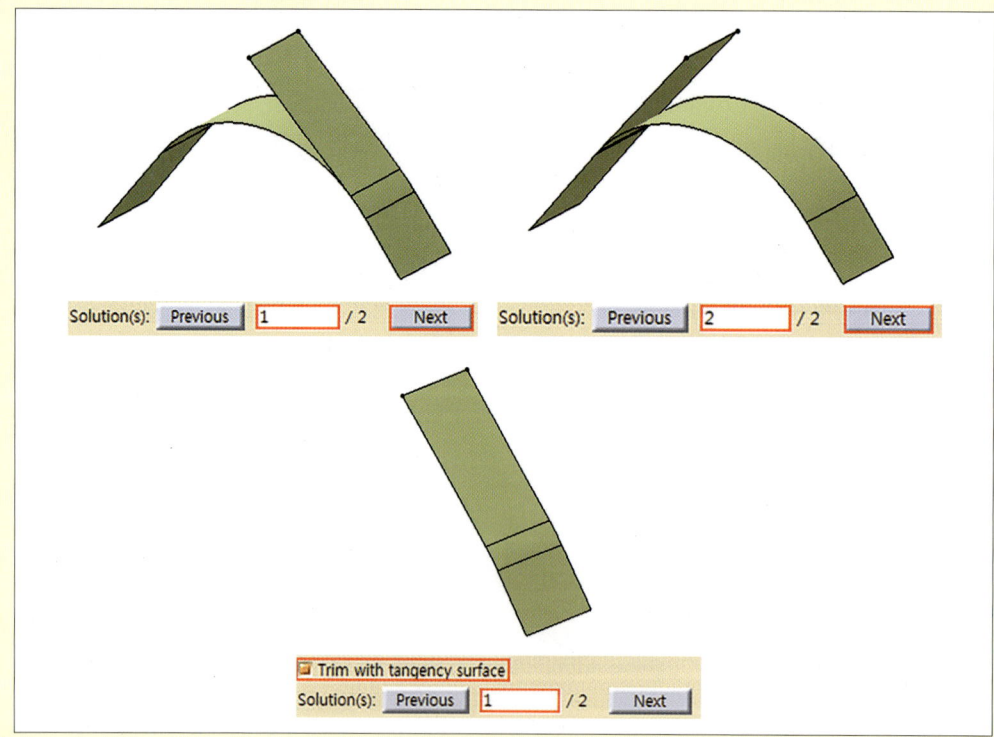

❻ Subtype With draft direction ▼

Guide curve와 구배 방향(선, 평면 또는 축)을 선택하고 각도와 길이값을 입력하여 스윕 곡면을 생성한다.

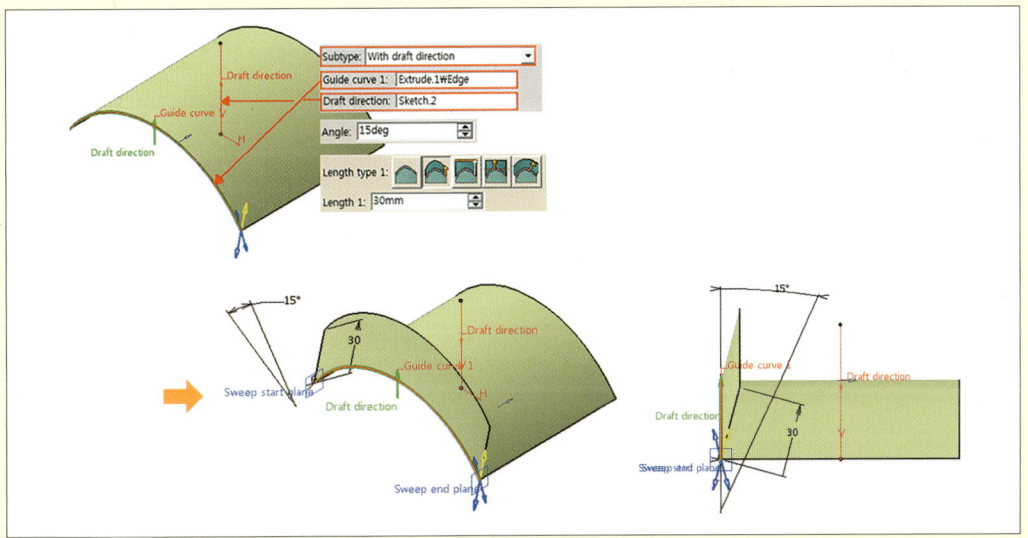

참고 Length type

① From curve : Guide curve에서 시작하는 것을 의미한다.
② Standard : 길이는 스윕 평면에서 계산된다.(0을 입력하는 것은 From curve를 선택하는 것과 유사하다.)

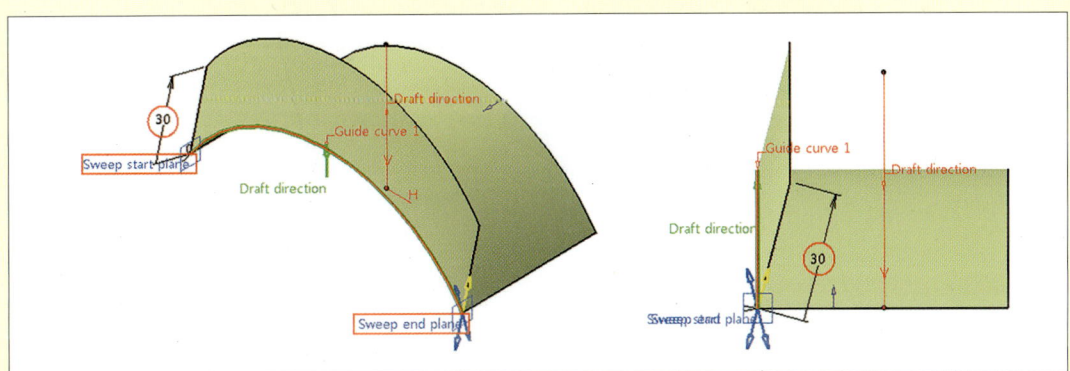

③ From/Up to : 선택한 평면 또는 곡면까지 연장되어 길이를 표현하며 점을 선택할 수 있다.

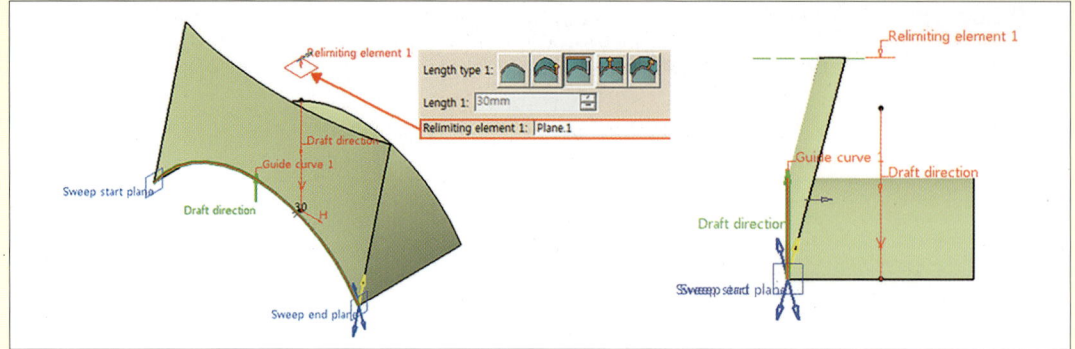

④ From extremum : 길이는 극단 평면 위치에서 구배 방향을 따라 정의된다.

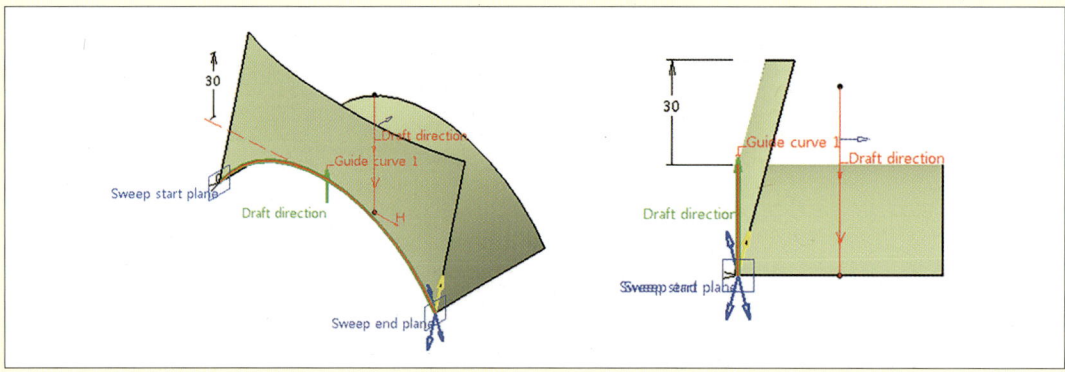

⑤ Along surface : 길이는 스윕 곡면을 다시 제한하기 위해 유클리드 평행 곡선의 거리로 정의된다.

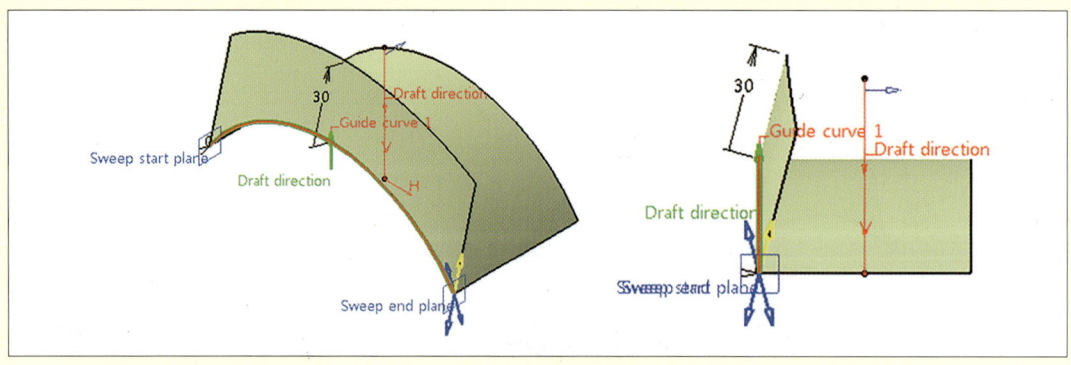

❼ Subtype | With two tangency surfaces ▼

Spine과 두 개의 곡면을 선택하면 선택한 곡면에 접하는 스윕 곡면을 생성한다.

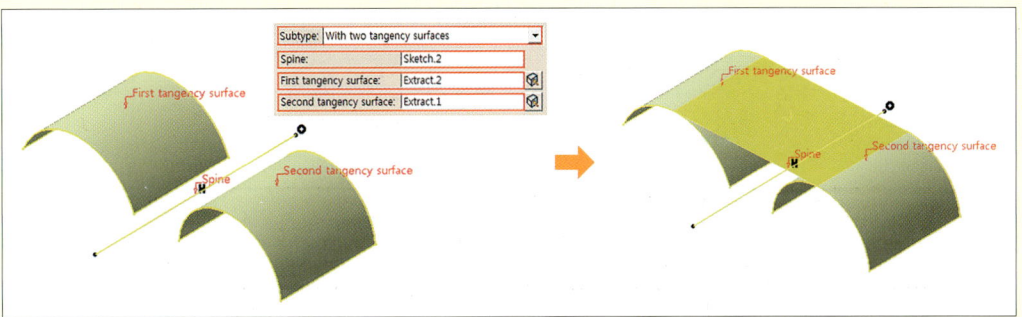

참고

Optional elements 아래 Trim with tangency surface를 체크하여 스윕 곡면과 접하는 곡면 사이에서 잘라진 형상을 생성할 수 있다.

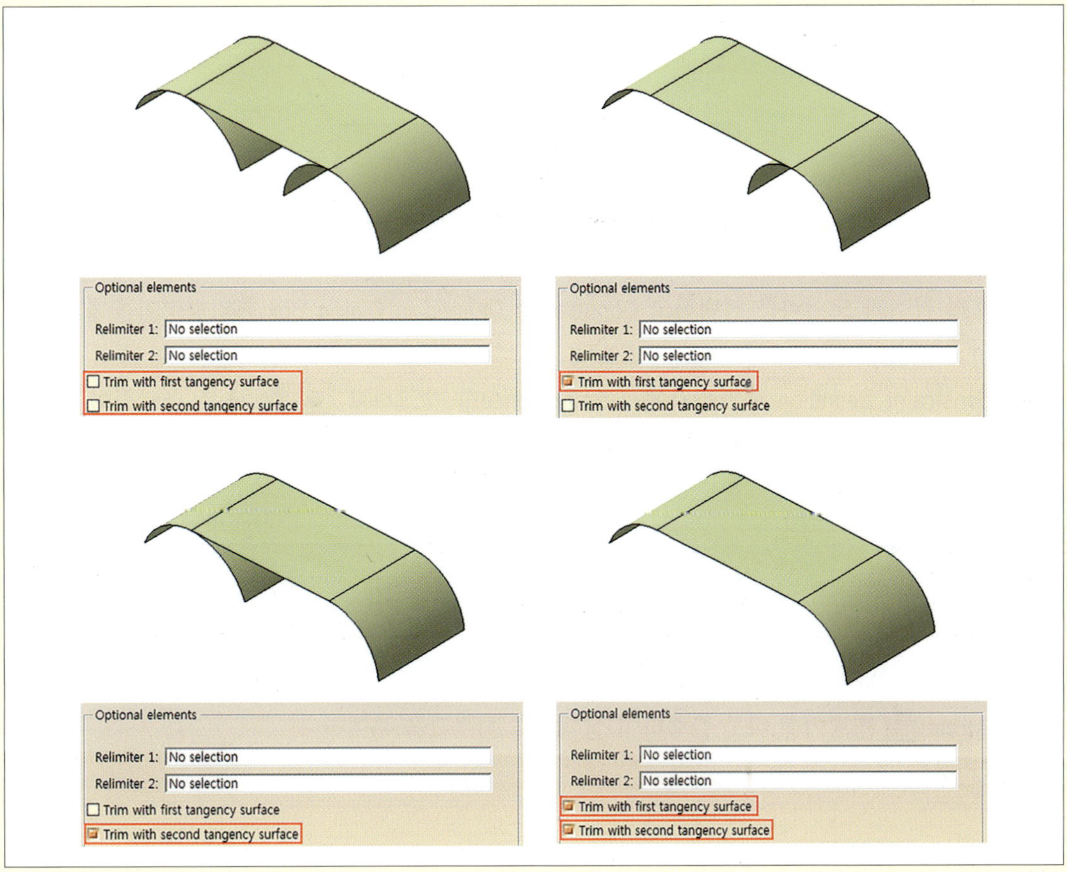

4 Sweep.2에 사용될 Guide curve 만들기(Sketch.2)

1 Specification Tree에서 yz평면을 선택하고 Sketcher 도구모음의 Sketch를 클릭한다.

2 Three Point Arc 명령어를 더블 클릭하여 실행하고 시작점, 두 번째 점, 끝점을 지정하여 세 점을 통과하는 호를 생성한다.

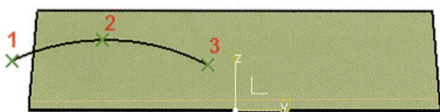   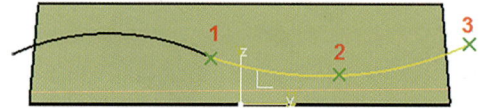

3 **Constraints Defined in Dialog Box**

   ❶ 그려진 두 개의 호를 선택하고 Constraints Defined in Dialog Box 명령어를 클릭하여 실행한다.

   ❷ Constraint Definition 대화상자에서 Tangency를 체크하고 OK를 클릭하여 두 호가 탄젠트 하도록 만든다.

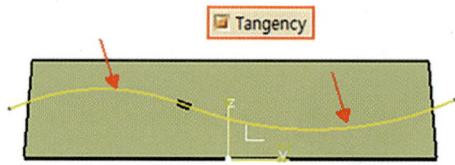

   ❸ 호의 끝점과 모서리를 선택하고 Constraints Defined in Dialog Box 명령어를 클릭하여 실행한다.

   ❹ Constraint Definition 대화상자에서 Coincidence를 체크하고 OK를 클릭하여 모서리 선상에 호의 끝점이 놓이도록 위치 구속을 한다.

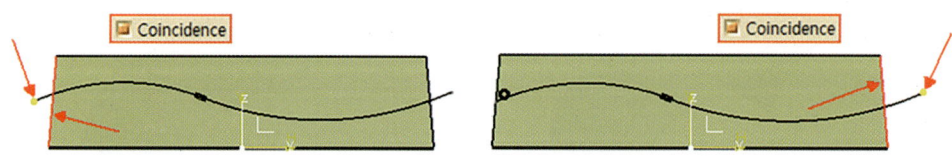

4 Constraint 명령어를 더블 클릭하여 실행하고 치수값을 부여한다.

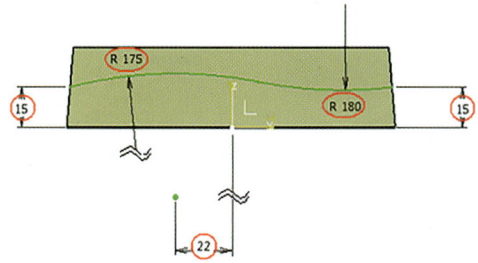

5 Exit Workbench 를 클릭하여 Sketcher Workbench를 종료하고 Generative Shape Design Workbench로 돌아간다.

5 Sweep.2 에 사용될 Profile 만들기(Sketch.3)

1 Specification Tree에서 zx평면을 선택하고 Sketcher 도구모음의 Sketch 를 클릭한다.

2 Arc

❶ Arc 명령어를 클릭하여 실행한다.
❷ 호의 중심점은 Y축 선상에 일치하도록 지정하고 호의 시작점과 끝점은 형상을 벗어나는 위치에서 점을 지정하여 호를 생성한다.

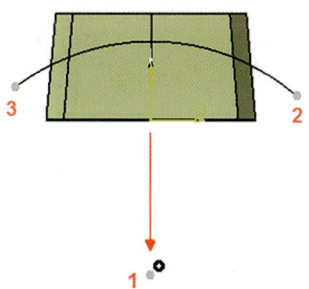

3 Intersect 3D Elements

❶ Sketch.2에서 작성한 호를 선택하고 Intersect 3D Elements 명령어를 클릭하여 교점을 생성한다.
❷ 생성된 교점을 선택하고 Sketch tools 도구모음에서 Creating Construction/Standard Elements 를 클릭하여 구성요소로 만든다. 구성요소로 변환한 후 다음 그려지는 요소가 표준요소가 되도록 Creating Construction/Standard Elements를 비활성화 한다.

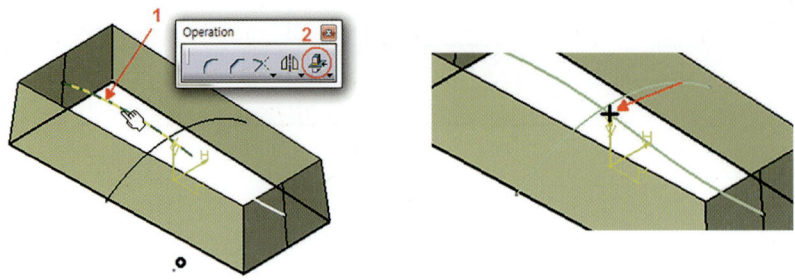

4 Constraints Defined in Dialog Box 🖽

❶ 호와 교점을 선택하고 Constraints Defined in Dialog Box 🖽 명령어를 클릭하여 실행한다.

❷ Constraint Definition 대화상자에서 Coincidence를 체크하고 ⬤ OK 를 클릭하여 호의 곡선 상에 교점이 놓이도록 위치 구속을 한다.

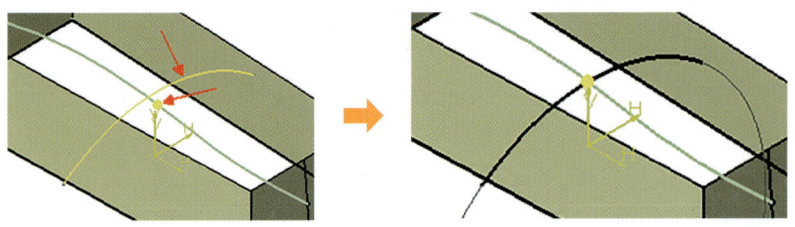

5 Constraint 🖽 명령어를 클릭하여 실행하고 치수값을 부여한다.

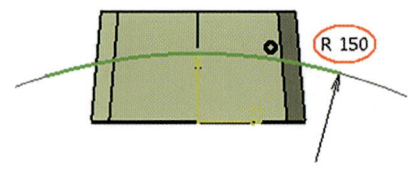

6 Sweep.2 🖑 곡면 만들기

1 Surfaces 도구모음의 Sweeps 하위 도구모음에서 Sweep 🖑 명령어를 클릭하여 실행한다.

2 Swept Surface Definition 대화상자 설정

❶ Profile type에서 Explicit 🖉 아이콘을 클릭한다.

❷ Subtype 드롭다운 목록에서 With reference surface를 선택한다.

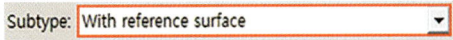

❸ Profile 선택란에 Sketch.3을 선택한다.
❹ Guide curve 선택란에 Sketch.2를 선택한다.

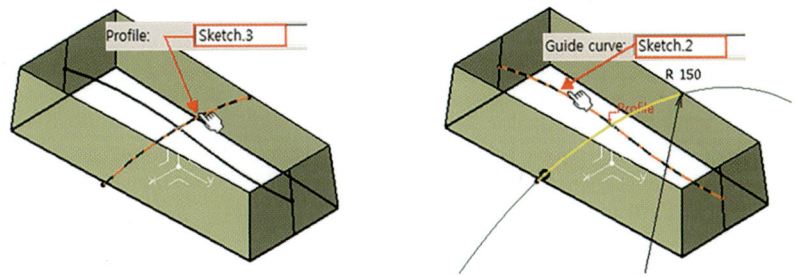

❺ OK 를 클릭하여 Profile이 Guide curve를 따라 스윕한 곡면을 만든다.

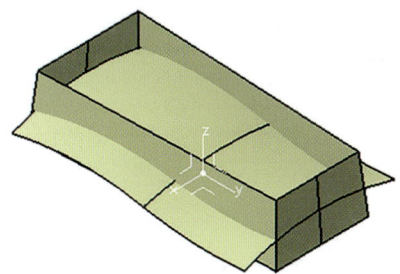

7 Sweep.1 숨기기

1 Specification Tree에서 Sweep.1에 마우스를 가져다 놓고 마우스 오른쪽버튼을 클릭한다.

2 콘텍스트 메뉴에서 Hide/Show를 클릭하여 Sweep.1을 숨긴다.

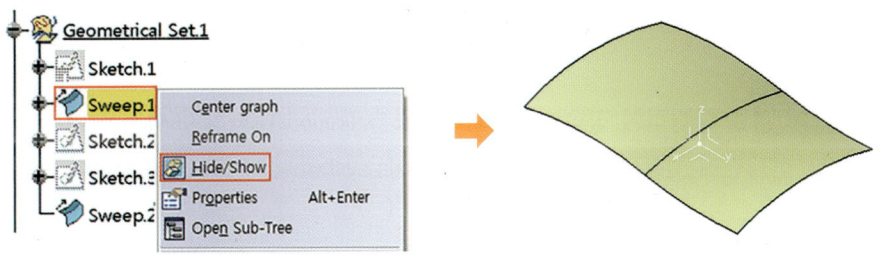

8 Sweep.3에 사용될 Center curve 만들기

1 Wireframe 도구모음의 Line-Axis 하위 도구모음에서 Line 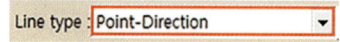 명령어를 클릭하여 실행한다.

2 Line Definition 대화상자 설정
  ❶ Line type 드롭다운 목록에서 Point-Direction을 선택한다.

  ❷ Point 지정하기
   ⓐ Point 선택란에 마우스 오른쪽버튼을 클릭한 후 콘텍스트 메뉴에서 Create Point를 선택한다.

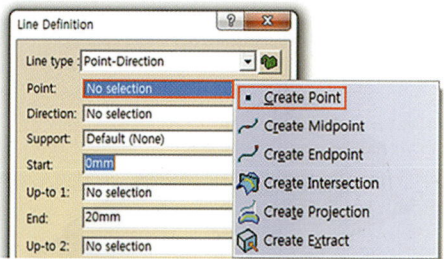

   ⓑ Point Definition 대화상자에서 X=15, Y=20, Z=20을 입력한다.

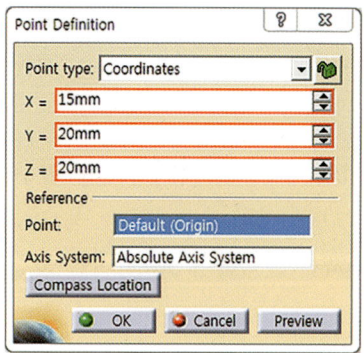

   ⓒ OK 를 클릭하여 점을 지정하고 Point Definition 대화상자 설정을 나간다.
  ❸ Direction 선택란에 선분이 생성될 방향으로 Axis system에서 Z축을 선택한다.

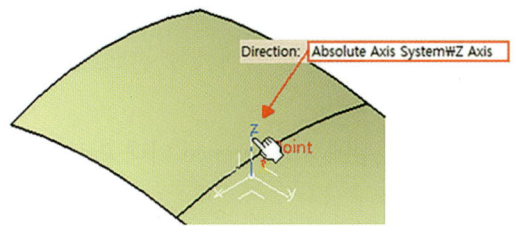

❹ Start 값 0과 End 값 15를 기입하여 선분의 시작점과 끝점을 지정한다.

❺ Reverse Direction 을 클릭하여 선분의 생성 방향을 결정한다.

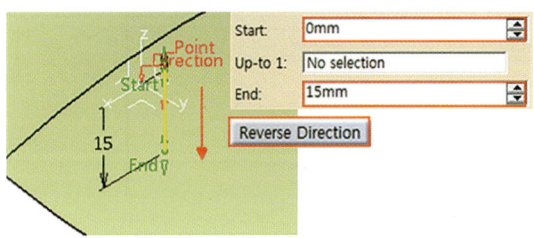

❻ OK 를 클릭하여 −Z축 방향으로 수직한 선분을 작성한다.

9 Sweep.3에 사용될 Reference curve 만들기

1 Wireframe 도구모음의 Line-Axis 하위 도구모음에서 Line 명령어를 클릭하여 실행한다.

2 Line Definition 대화상자 설정

❶ Line type 드롭다운 목록에서 Angle/Normal to curve를 선택한다.

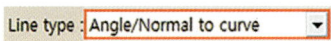

❷ Curve 선택란에 각도 측정에 기준이 되는 요소로 선분을 선택한다.

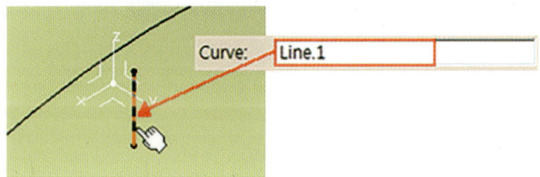

❸ Point 지정하기

ⓐ Point 선택란에 마우스 오른쪽버튼을 클릭한 후 콘텍스트 메뉴에서 Create Point를 선택한다.

ⓑ Point Definition 대화상자 설정에서 Reference 아래 Point 선택란에 선분의 끝점을 선택한다.

ⓒ 선택된 점을 기준으로 X=0, Y=7, Z=0 좌푯값을 입력하여 점을 지정한다.

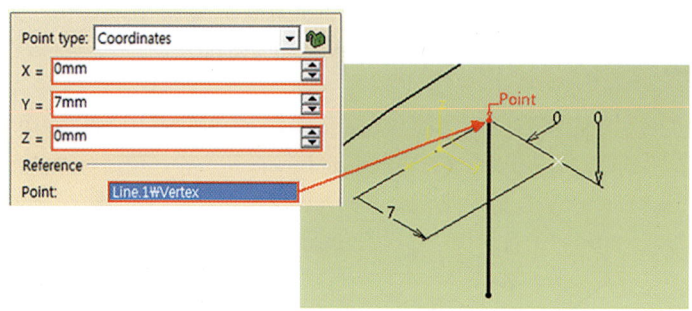

ⓓ OK 를 클릭하여 점을 지정하고 Point Definition 대화상자 설정를 나간다.

❹ Angle, Start, End 입력란에 각각 15, 0, -15을 기입하고 OK 를 클릭하여 선분을 그린다.

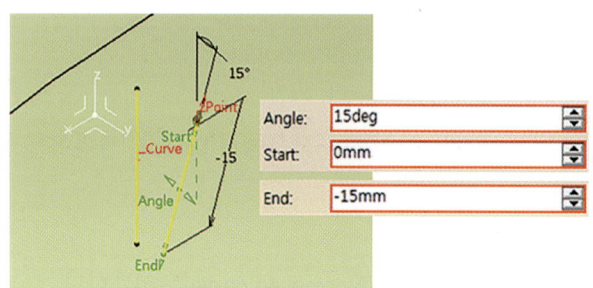

10 Sweep.3 곡면 만들기

1 Surfaces 도구모음의 Sweeps 하위 도구모음에서 Sweep 명령어를 클릭하여 실행한다.

2 Sweep Surface Definition 대화상자 설정

❶ Profile type에서 Circle 아이콘을 클릭한다.

❷ Subtype 드롭다운 목록에서 Center and radius를 선택한다.

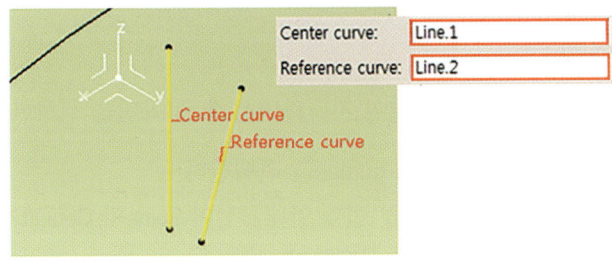

❸ Center Curve 선택란에 수직한 Line.1 선택하고 Reference Curve 선택란에 사선 Line.2를 선택한다.

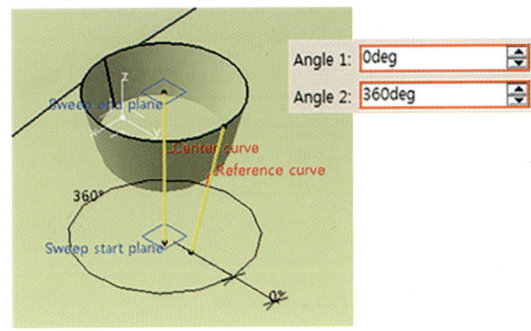

❹ Angle1 값은 0, Angle2 값은 360을 입력한다.

❺ OK 를 클릭하여 원형 스윕 곡면을 만든다.

Sweep (3)

1 Circle Profile type:

원형 프로파일을 사용하여 스윕 곡면을 생성한다.

2 Subtype

❶ Subtype [Three guides ▼]

세 개의 Guide curve를 원형 프로파일이 지나가면서 스윕 곡면을 생성한다.

ⓐ Subtype 드롭다운 목록에서 Three guides를 선택한다.

ⓑ 세 개의 Guide curve를 선택한다. 첫 번째 안내곡선이 Spine의 Default가 되며 필요에 따라 첫 번째 안내곡선과 다른 Spline을 선택한다.

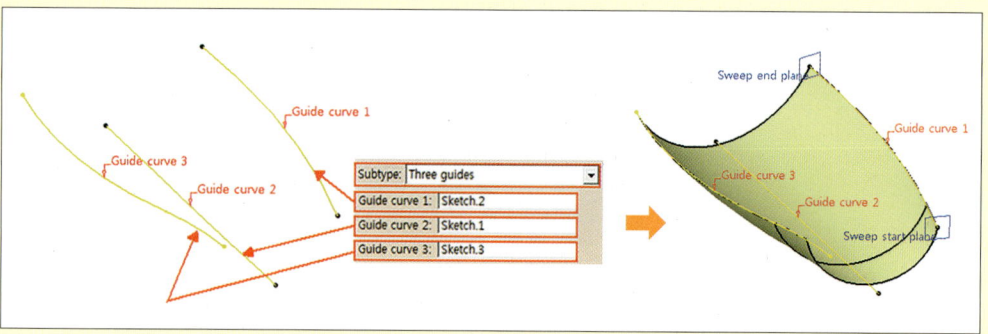

❷ Subtype [Two guides and radius ▼]

두 개의 Guide curve를 선택하고 원형 프로파일의 반지름 값을 입력하여 스윕 곡면을 생성한다.

ⓐ Subtype 드롭다운 목록에서 Two guides and radius를 선택한다.

ⓑ 두 개의 Guide curve를 선택하고 반지름 값을 입력한다.

ⓒ Solution(s)의 [Previous] 또는 [Next]를 클릭하거나 Solution(s)란에 번호를 입력하여 6개의 가능한 솔루션(6개 중 2개는 완전한 원형 프로파일의 스윕) 중에서 선택할 수 있다.

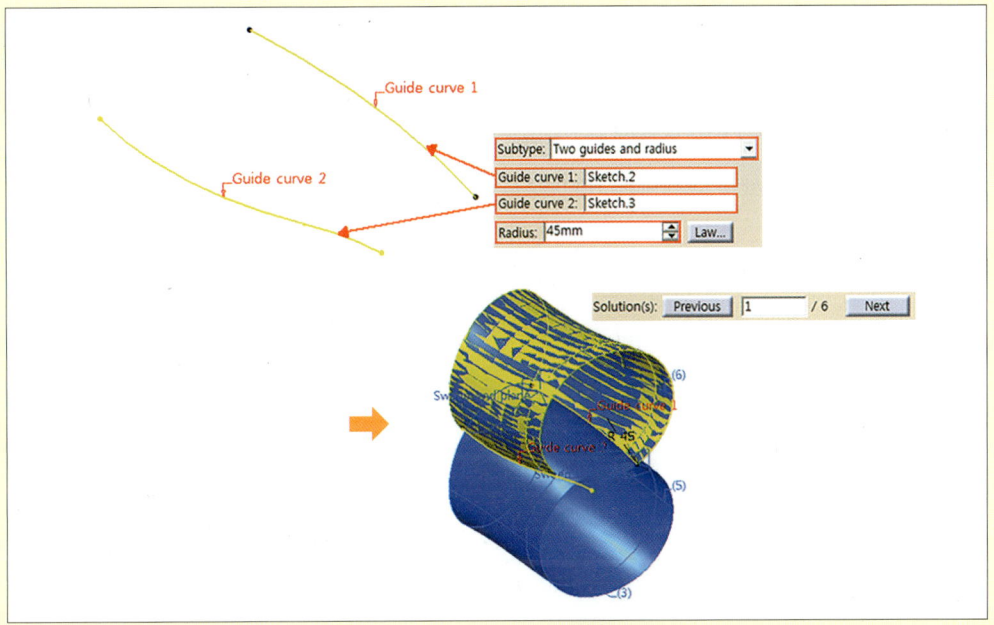

❸ Subtype [Center and two angles ▼]

원형 프로파일의 중심 곡선과 참조 각도 곡선 선택하고 각도값을 지정하여 원형 스윕 곡면을 생성한다.

ⓐ Subtype 드롭다운 목록에서 Center and two angles를 선택한다.
ⓑ Center Curve및 Reference Curve을 선택한다.
ⓒ 두 개의 각도값을 입력한다.

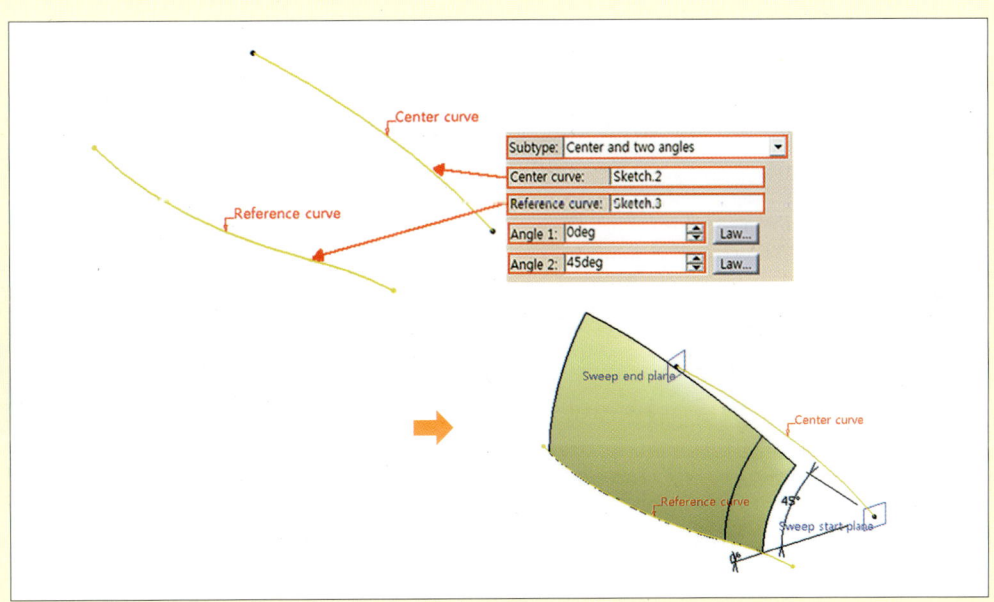

❹ Subtype | Center and radius ▼ |

Center Curve를 선택하고 반지름 값을 입력하여 원형 스윕 곡면을 생성한다.

ⓐ Subtype 드롭다운 목록에서 Center and radius를 선택한다.
ⓑ Center Curve를 선택하고 Radius 값을 입력한다.

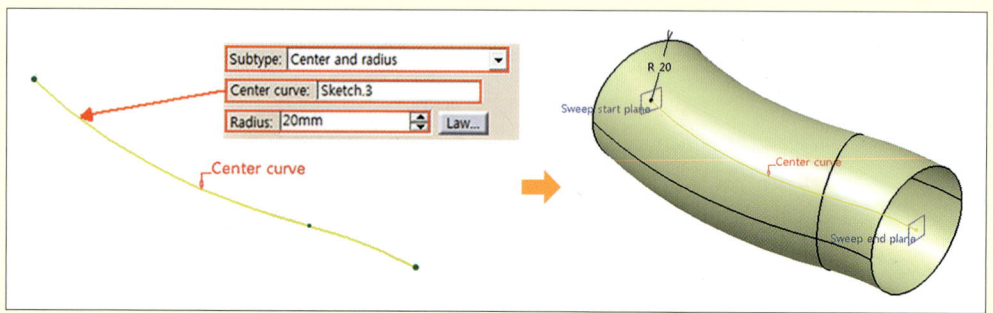

❺ Subtype | Two guides and tangency surface ▼ |

스윕 곡면이 접할 참조 곡면과 접선에 해당되는 곡선 및 한계 곡선을 선택하여 스윕 곡면을 생성한다.

ⓐ Subtype 드롭다운 목록에서 Two guides and tangency surface를 선택한다.
ⓑ Limit curve with tangency 선택란에 스윕 곡면과 접할 곡면의 접선에 해당되는 한계 곡선을 선택한다.
ⓒ Tangency surface 선택란에 스윕 곡면과 접할 곡면을 선택한다.
ⓓ Limit curve 선택란에 스윕 곡면의 한계가 되는 한계 곡선을 선택한다.
ⓔ Solution(s)의 [Previous] 또는 [Next]를 클릭하여 원하는 방향의 원형 스윕 곡면을 선택한다.

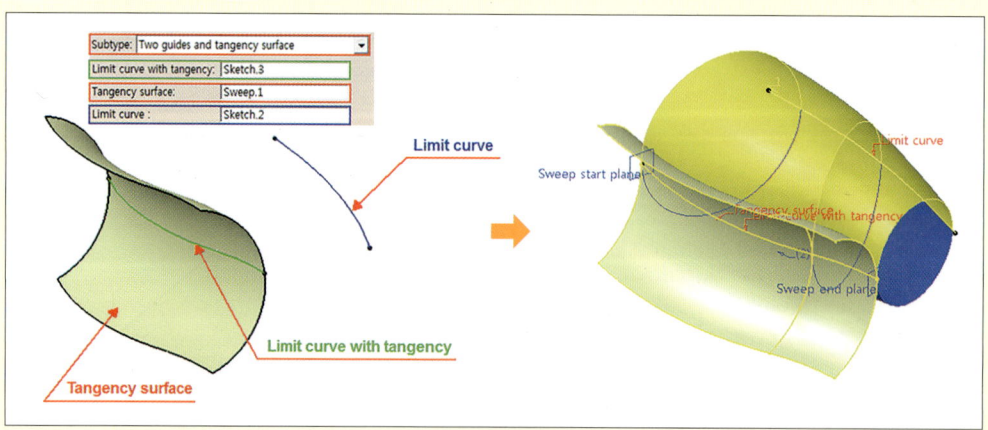

❻ Subtype [One guide and tangency surface ▼]

스윕 곡면이 접할 참조 곡면과 안내 곡선을 선택하고 반지름 값을 입력하여 스윕 곡면을 생성한다.

ⓐ Subtype 드롭다운 목록에서 One guide and tangency surface를 선택한다.
ⓑ Guide curve와 Tangency surface를 선택한다.
ⓒ Radius 값을 입력한다.

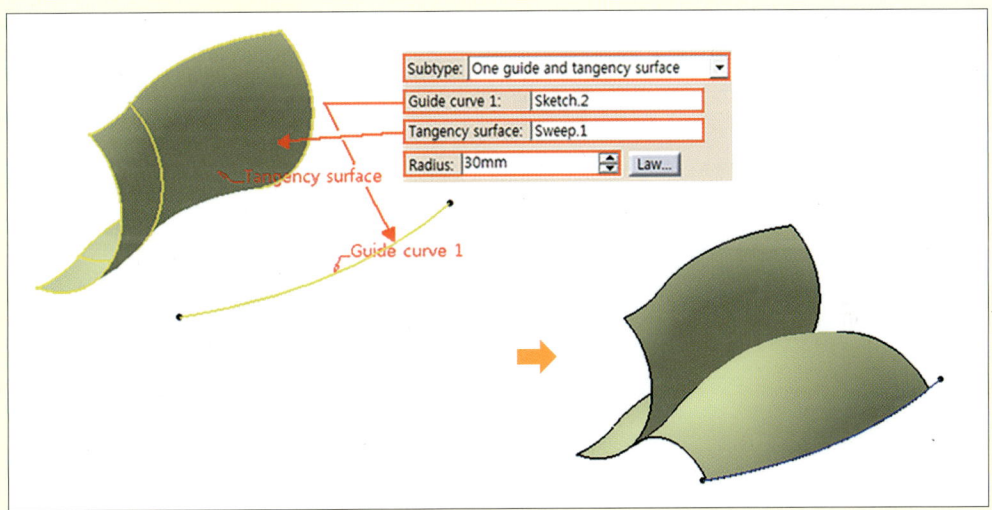

ⓓ Optional elements 아래에 Trim with tangency surface를 체크하여 스윕 곡면과 접하는 곡면 사이에서 잘라진 형상을 생성할 수 있다.

❼ Subtype [Limit curve and tangency surface ▼]

스윕 곡면이 접할 참조 곡면과 한계 곡선을 선택하고 반지름 값과 각도값을 입력하여 스윕 곡면을 생성한다.

ⓐ Subtype 드롭다운 목록에서 Limit curve and tangency surface를 선택한다.
ⓑ Limit curve와 Tangency surface를 선택한다.
ⓒ Radius 값과 Angle 값을 입력한다.

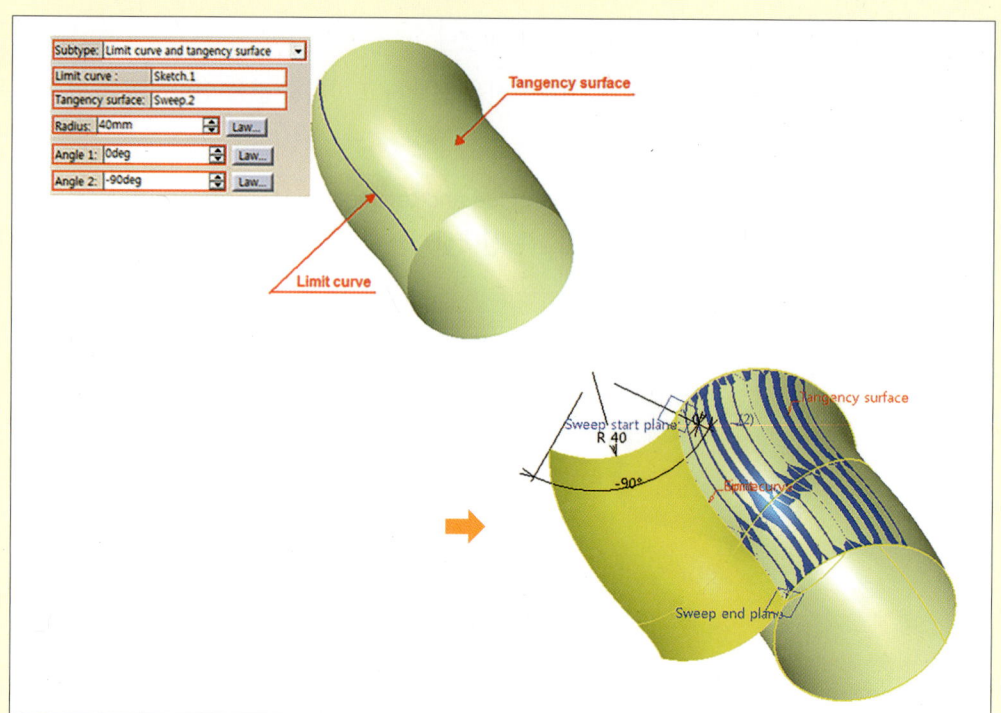

11 Rectangular Pattern ⚏을 사용하여 일정한 간격으로 곡면 바디 복사하기

1 Replication 도구모음의 Patterns 하위 도구모음에서 Rectangular Pattern ⚏을 클릭하여 실행한다.

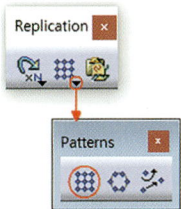

2 Rectangular Pattern 객체로 Sweep.3 곡면바디를 선택한다.

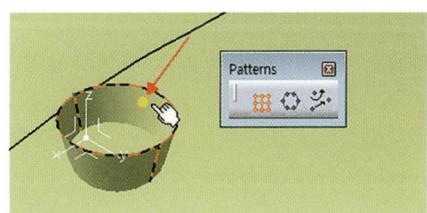

3 Rectangular Pattern Definition 대화상자 설정

❶ First Direction 탭에서 Parameters를 Instances & Spacing을 선택한다.
❷ Instance(s) 란에 원본 객체를 포함한 복사할 개수 3과 Spacing 란에 패턴 사이 간격 15를 입력한다.

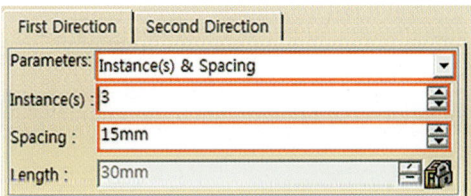

❸ Reference Direction 아래 Reference element 선택란에 마우스 오른쪽버튼을 클릭하여 콘텍스트 메뉴에서 X Axis를 선택하거나 Axis System에서 X축을 선택하여 첫 번째 패턴 방향을 결정한다.
❹ Reverse 를 클릭하여 패턴 방향을 결정한다.

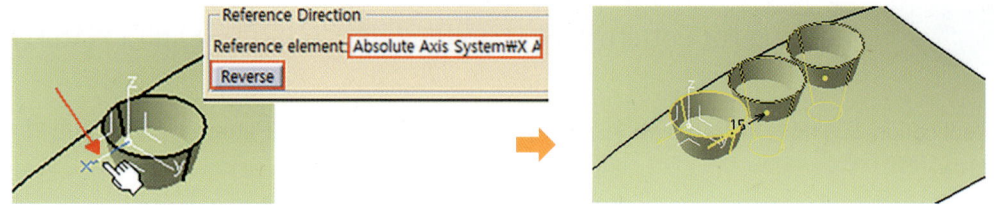

❺ Second Direction 탭에서 Parameters를 Instances & Spacing을 선택한다.
❻ Instance(s) 란에 3과 Spacing 란에 패턴 사이 간격 15를 입력한다.

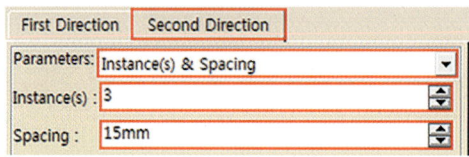

❼ Reference Direction 아래 Axis System에서 Y축을 선택하여 두 번째 패턴 방향을 결정한다.

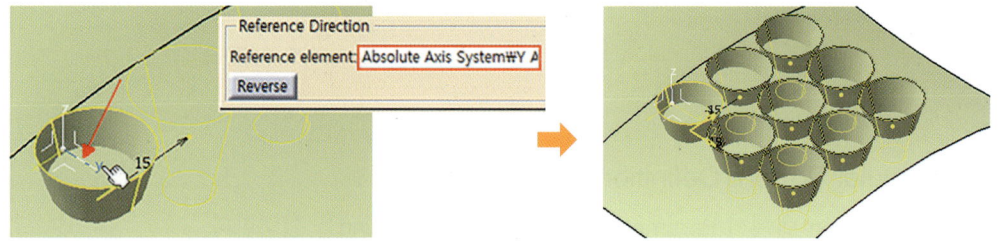

4 ● OK 를 클릭하여 직사각형 패턴을 완성한다.

알아두기 12 Offset 된 곡면 만들기

1 Surfaces 도구모음의 Offsets 하위 도구모음에서 Offset 명령어를 클릭하여 실행한다.

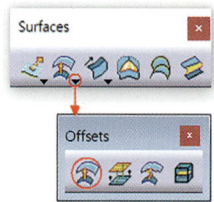

2 Offset Surface Definition 대화상자 설정

❶ Surface 선택란에 Sweep.2 곡면을 선택한다.

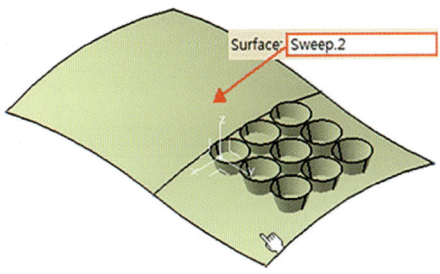

❷ Offset 거리값 입력란에 3을 기입한다.

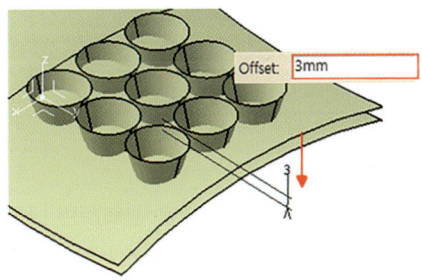

3 OK 를 클릭하여 거리값만큼 오프셋된 곡면을 생성한다.

Offset

기존곡면을 법선 방향으로 지정한 거리값만큼 떨어뜨려 새로운 곡면을 생성한다.

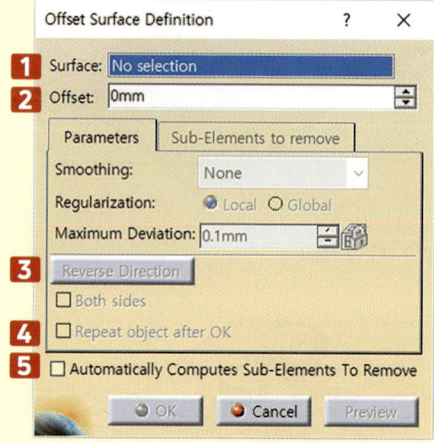

1 Surface 선택란에 오프셋할 곡면을 선택한다. 곡면을 선택하면 나타나는 화살표는 오프셋 방향이며 화살표나 Reverse Direction 을 클릭하여 오프셋 방향을 반전시킬 수 있다.

2 Offset 거리값을 지정하여 기존 곡면에 수직한 오프셋 곡면을 생성한다.

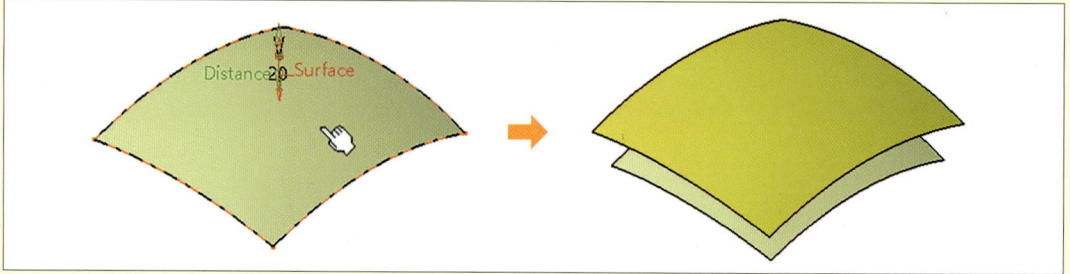

3 Both sides

기존 곡면의 양쪽 방향으로 오프셋 곡면을 생성한다.

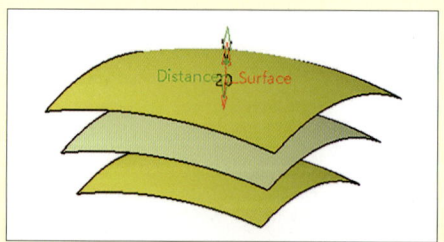

4 Repeat object after OK

여러 개의 오프셋 곡면을 생성한다. 이 옵션을 선택하고 Offset Surface Definition 대화상자의 ● OK 를 클릭하면 Object Repetition 대화상자가 나타난다.

❶ Instances(s) : 오프셋 곡면 개수를 입력한다. 개수는 처음 오프셋된 곡면을 제외한 개수이며 각 곡면의 거리값은 기존 곡면으로부터 Offset 거리값의 배수이다.

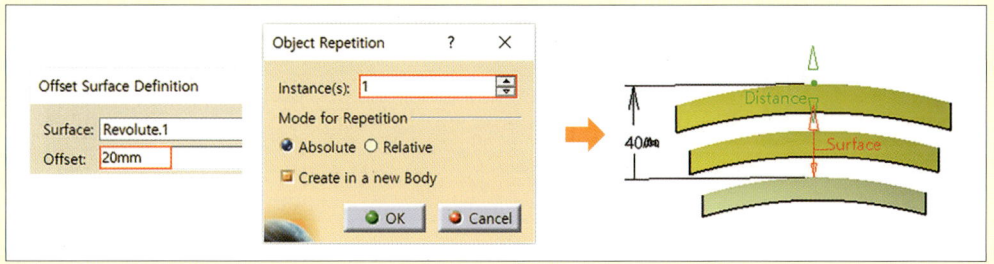

❷ Mode for Repetition
- Absolute : 기준 곡면과 각 오프셋된 곡면 사이에 일정한 절대거리를 유지한다.
- Relative : 기준 곡면으로부터 처음 오프셋된 곡면 사이의 거리와 처음 오프셋된 곡면과 다른 곡면 사이의 거리가 상대적이다.

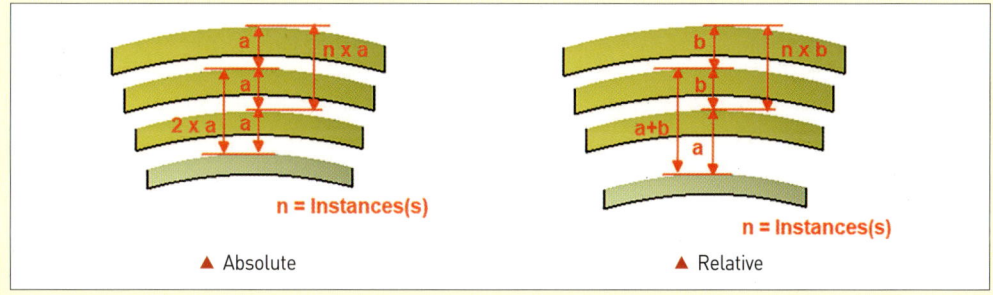

▲ Absolute   ▲ Relative

❸ Create in a new Body : 원본 오프셋 곡면과 여러 오프셋된 곡면을 분리하고자 Geometrical Set에 여러 오프셋된 곡면을 만든다.

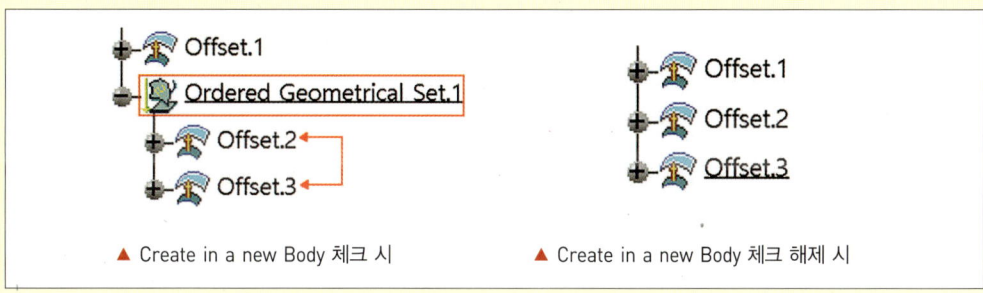

▲ Create in a new Body 체크 시   ▲ Create in a new Body 체크 해제 시

5 Automatically Computes Sub-elements To Remove

오프셋에 문제가 발생하는 하위요소를 자동으로 계산하고 제거할 수 있다. 제거되는 곡면은 Sub-Elements to remove 탭에서 확인할 수 있다.

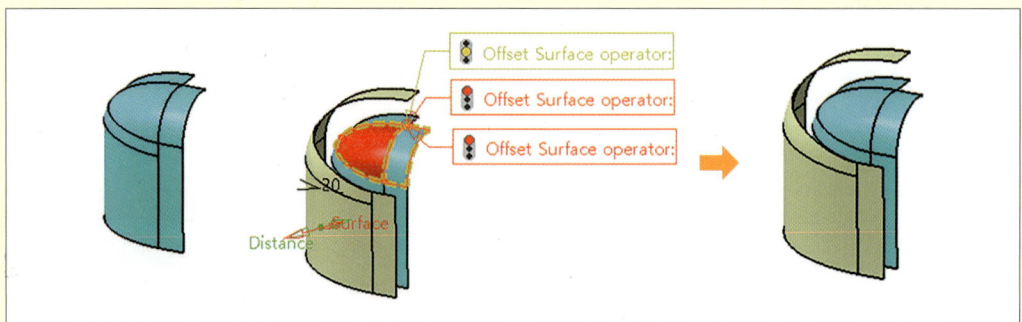

13 Trim으로 곡면 자르기(1)

1 Operations 도구모음의 Trim-Split 하위 도구모음에서 Trim 명령어를 클릭하여 실행한다.

2 Trim Definition 대화상자 설정

❶ Mode 드롭다운 목록에서 Standard를 선택한다.

❷ Trimmed elements 리스트에 자를 곡면으로 Sweep.3, Sweep.2, Rectangular Pattern.1 곡면을 순차적으로 선택하여 추가한다.

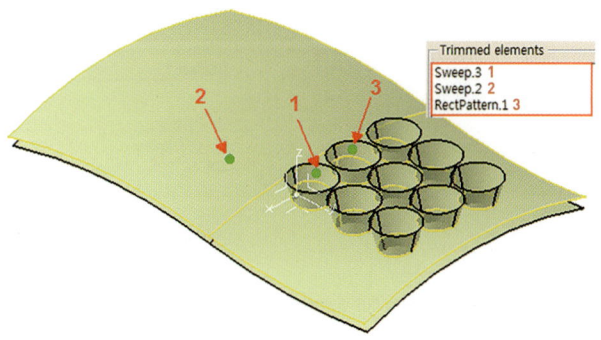

❸ OK 를 클릭하여 선택한 곡면의 교차되는 부분을 자르면서 하나로 합쳐진 곡면을 작성한다.

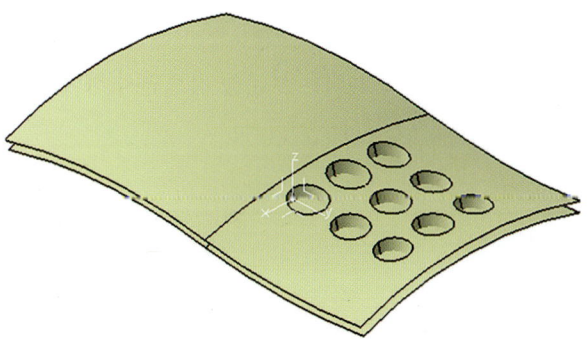

14 Trim 으로 곡면 자르기(2)

1 Operations 도구모음의 Trim-Split 하위 도구모음에서 Trim  명령어를 클릭하여 실행한다.

2 Trim Definition 대화상자 설정

❶ Mode 드롭다운 목록에서 Standard를 선택한다.

❷ Trimmed elements 리스트에 자를 곡면으로 Trim.1 Offset.1 곡면을 순차적으로 선택하여 추가한다.

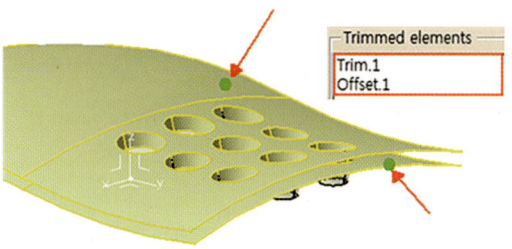

❸ `Other side / next element` 와 `Other side / previous element` 를 클릭하여 잘리거나 유지될 곡면을 결정한다.

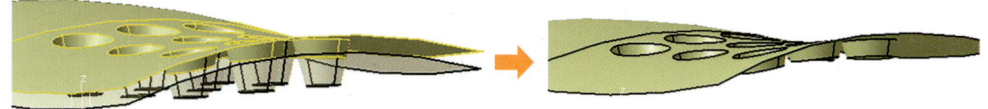

❹ `OK` 를 클릭하여 두 곡면의 교차되는 부분을 자르면서 하나로 합쳐진 곡면을 작성한다.

15 Offset된 Plane  만들기

1 Wireframe 도구모음의 Planes 하위 도구모음에서 Plane  명령어를 클릭하여 실행한다.

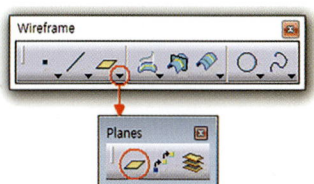

2 Plane Definition 대화상자 설정

❶ Plane type으로 Offset from plane을 선택한다.
❷ Reference 선택란에 Axis System에서 xy평면을 선택한다.
❸ Offset란에 오프셋 거리로 12를 입력한다.
❹ OK 를 클릭하여 xy평면으로부터 12만큼 Offset된 Plane.1을 만든다.

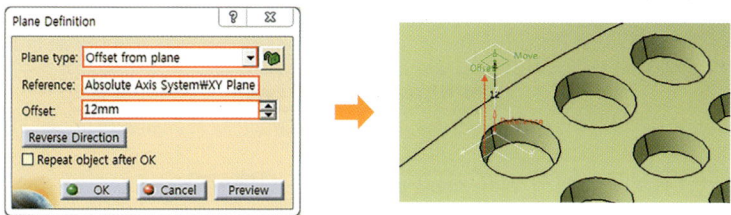

16 Sweep.4에 사용될 Guide curve 만들기(Sketch.4)

1 Specification Tree에서 Plane.1을 선택하고 Sketcher 도구모음의 Positioned Sketch 를 클릭한다.
❶ Swap에 체크하여 H축과 V축을 바꾸고 Reverse V를 체크하여 V축 방향을 반전한다.
❷ OK 를 클릭하여 Sketcher Workbench로 들어간다.

2 Centered Rectangle 명령어를 사용하여 사각형의 중심점을 H축 선상에 일치하게 지정하고 대각선 코너점을 지정하여 중심 사각형을 생성한다.

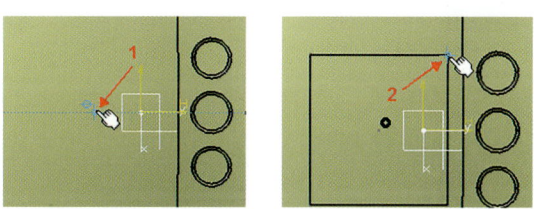

3 Constraint 명령어를 더블 클릭하여 실행하고 치수값을 부여한다.

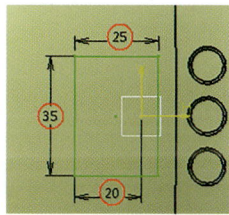

4 Exit Workbench 를 클릭하여 Sketcher Workbench를 종료하고 Generative Shape Design Workbench로 돌아간다.

17 Sweep.4 곡면 만들기

1 Surfaces 도구모음의 Sweeps 하위 도구모음에서 Sweep 명령어를 클릭하여 실행한다.

2 Swept Surface Definition 대화상자 설정

❶ Profile type에서 Line 아이콘을 클릭한다.

❷ Subtype 드롭다운 목록에서 With draft direction을 선택한다.

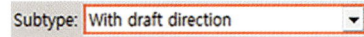

❸ Guide curve 1 선택란에 Sketch.4를 선택한다.
❹ Draft direction 선택란에 마우스 오른쪽버튼을 클릭하고 콘텍스트 메뉴에서 Z Component를 선택한다.
❺ Wholly defined 탭 아래 Angle 값 입력란에 15를 기입한다.
❻ Length 1 입력란에 거리값 20을 기입한다.
❼ Angular sector에서 Previous 나 Next 를 눌러 스윕 구배와 방향을 결정한다.

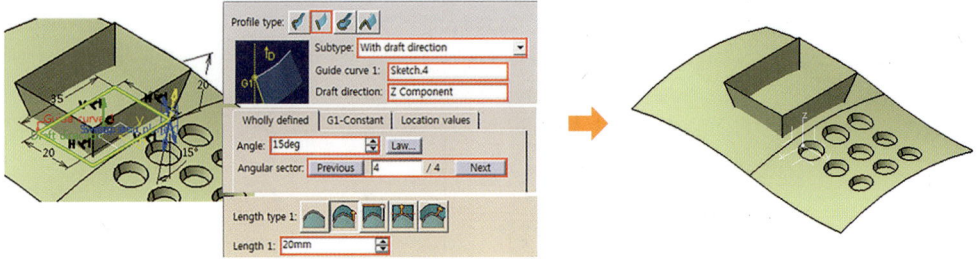

❽ OK 를 클릭하여 스윕한 곡면을 생성한다.

18 Trim으로 곡면 자르기(3)

1 Operations 도구모음의 Trim-Split 하위 도구모음에서 Trim 명령어를 클릭하여 실행한다.

2 **Trim Definition 대화상자 설정**

❶ Mode 드롭다운 목록에서 Standard를 선택한다.

❷ Trimmed elements 리스트에 자를 곡면으로 Trim.2, Sweep.4 곡면을 순차적으로 선택하여 추가한다.

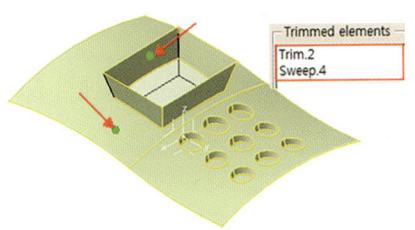

❸ 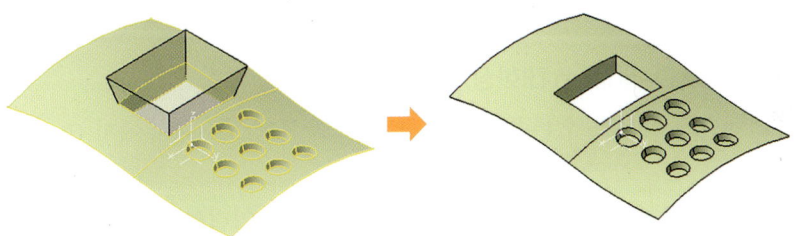 를 클릭하여 잘리거나 유지될 곡면을 결정한다.

❹  를 클릭하여 두 곡면의 교차되는 부분을 자르면서 하나로 합쳐진 곡면을 작성한다.

19 Fill을 사용하여 닫힌 영역을 채워진 곡면으로 만들기

1 Surfaces 도구모음의 Fill 명령어를 클릭하여 실행한다.

2 **Fill Surface Definition 대화상자 설정**

❶ Boundary 선택창에 닫힌 경계를 형성할 모서리를 선택한다.

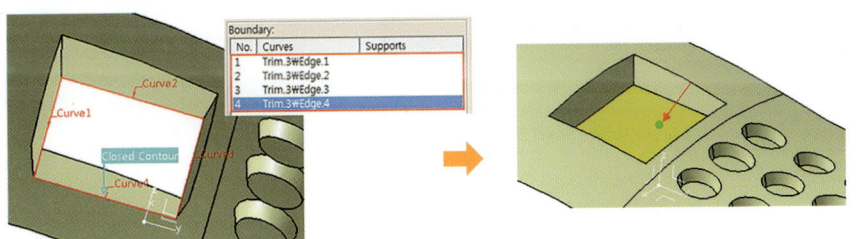

❷ ![OK] 를 클릭하여 닫힌 영역을 채워진 곡면으로 만든다.

20 Sphere ◉ 를 사용하여 구 모양의 곡면 만들기

1. Surfaces 도구모음의 Extrude-Revolution 하위 도구모음에서 Sphere ◉ 명령어를 클릭하여 실행한다.

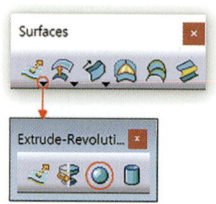

2. Sphere Surface Definition 대화상자 설정

   ❶ Center 선택란에 마우스 오른쪽버튼을 클릭한 후 콘텍스트 메뉴에서 Create Point를 선택한다.

   ⓐ Point Definition 대화상자에서 X=0, Y=-40, Z=36을 입력한다.

   ⓑ ![OK] 를 클릭하여 구의 중심점을 지정한다.

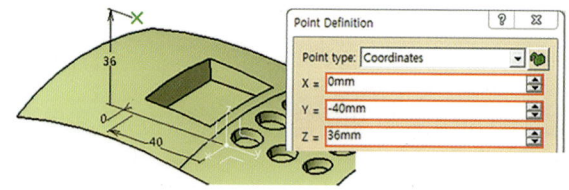

   ❷ Sphere radius 입력란에 구의 반지름 값 20을 기입한다.

   ❸ Sphere Limitations 아래에 완전한 구를 생성되도록 Create the Whole Sphere ◉ 을 클릭한다.

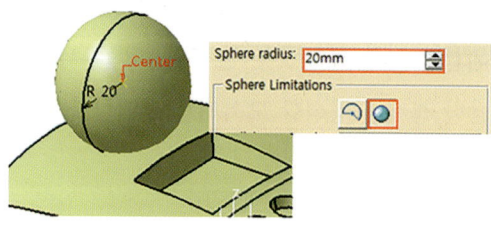

   ❹ ![OK] 를 클릭하여 구형 곡면을 생성한다.

Sphere

중심점 및 Axis system을 지정하여 구 모양의 곡면을 만든다.

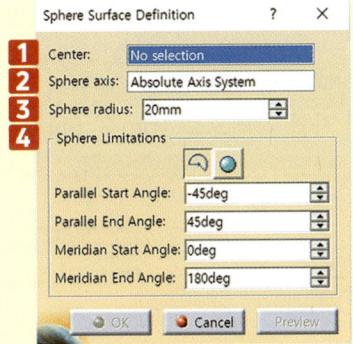

1 **Center**
구의 중심점이 놓인 점을 생성하거나 기존점을 선택한다.

2 **Sphere axis**
Axis system을 선택한다. Axis system이 생성되지 않은 경우 Absolute Axis system을 기준으로 구 곡면이 생성된다.

3 **Sphere radius**
구의 반지름 값을 입력한다.

4 **Sphere Limitations**

❶ Create the sphere by specifying the angles : 평행 곡선 각도(Parallel Start Angle, Parallel End Angle) 값과 자오선 곡선 각도(Meridian Start Angle, Meridian End Angle) 값을 지정하여 구의 일부 모양을 생성한다.

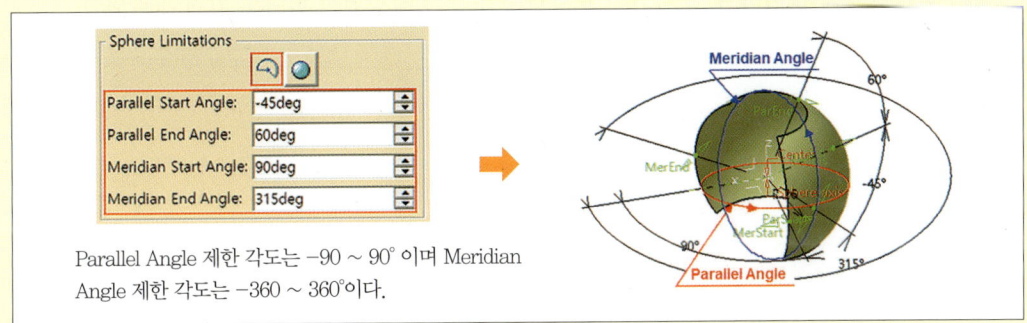

Parallel Angle 제한 각도는 −90 ~ 90° 이며 Meridian Angle 제한 각도는 −360 ~ 360°이다.

❷ Create the whole sphere : 중심점과 반경을 기준으로 완전한 구를 생성할 수 있다.

21 Trim 으로 곡면 자르기(4)

1 Trim 명령어를 클릭하여 실행한다.

2 Trim Definition 대화상자 설정

❶ Mode 드롭다운 목록에서 Standard를 선택한다.
❷ Trimmed elements 리스트에 자를 곡면으로 Trim.3, Sphere.1 곡면을 선택하여 추가한다.

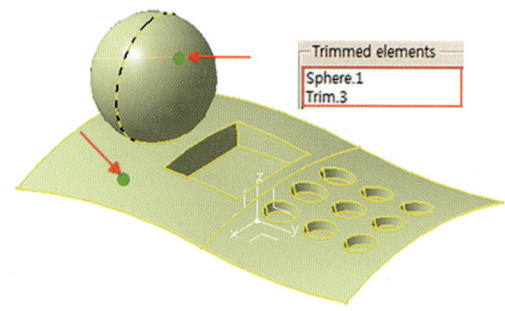

❸ Other side / next element 와 Other side / previous element 를 클릭하여 잘리거나 유지될 곡면을 결정한다.

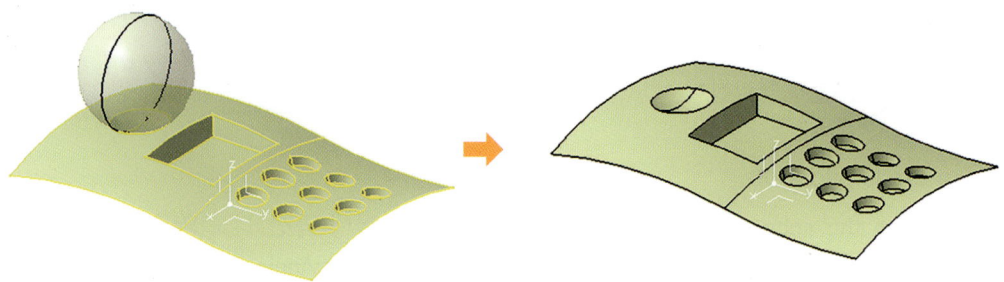

❹ OK 를 클릭하여 두 곡면의 교차되는 부분을 자르면서 하나로 합쳐진 곡면을 작성한다.

22 Join을 사용하여 결합된 곡면 만들기

1 Join 명령어 클릭하여 실행한다.

2 Elements To Join 리스트에 결합할 곡면으로 Fill.1과 Trim.4를 선택하여 추가한다.

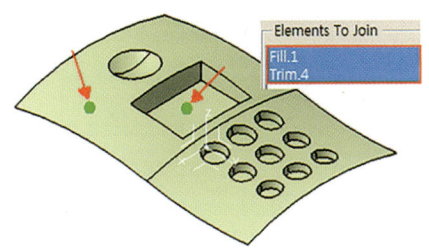

3 OK 를 클릭하여 하나로 합쳐진 곡면을 만든다.

23 Sweep.1 보이기

1 Specification Tree에서 Sweep.1에 마우스를 가져다 놓고 마우스 오른쪽버튼을 클릭한다.

2 콘텍스트 메뉴에서 Hide/Show를 클릭하여 숨겨진 Sweep.1 곡면 바디가 보이도록 한다.

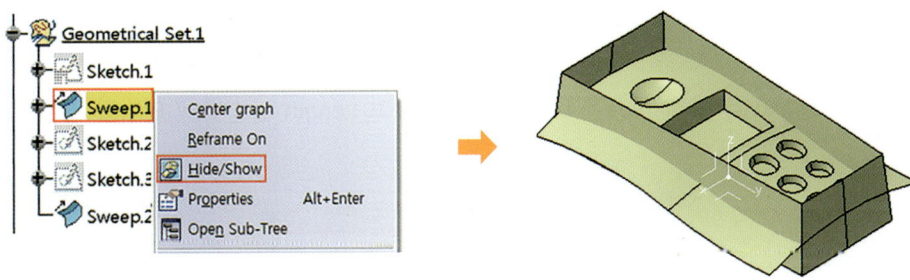

24 Extrapolate를 사용하여 곡면 늘리기

1 Operations 도구모음의 Extrapolate-Invert-Near 하위 도구모음에서 Extrapolate 명령어를 클릭하여 실행한다.

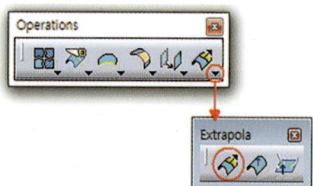

2 Extrapolate Definition 대화상자 설정

❶ Boundary 선택란에 모서리를 선택하고 Group을 눌러 모서리를 추가하여 두 개의 모서리를 선택한다.

❷ Extrapolated 선택란에 연장할 면으로 Join.1 곡면을 선택한다.

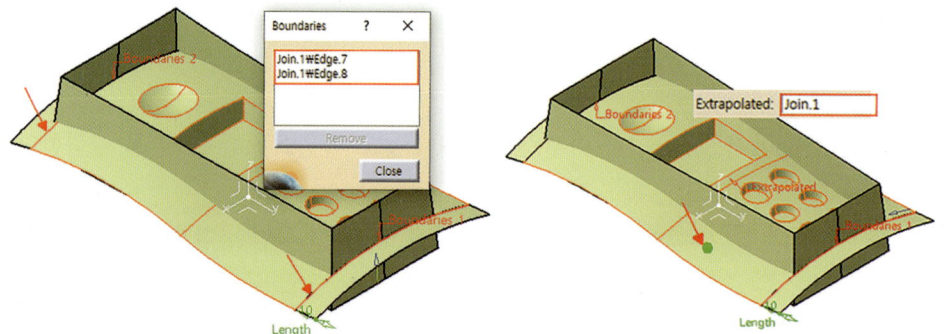

❸ Limit at boundary 아래 Type은 Length를 선택하고 Length 입력란에 연장할 길이 10을 기입한다.

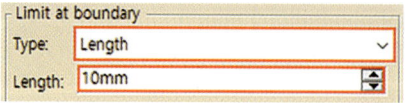

❹ Continuity 드롭다운 목록에서 기존 곡면의 연속적인 곡률로 연장되도록 Curvature를 선택한다.

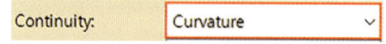

❺ OK 를 클릭하여 연장된 곡면을 생성한다.

알 | 아 | 두 | 기
Extrapolate

곡선(모서리, 곡선, 또는 선)이나 곡면을 연장하는 데 사용한다.

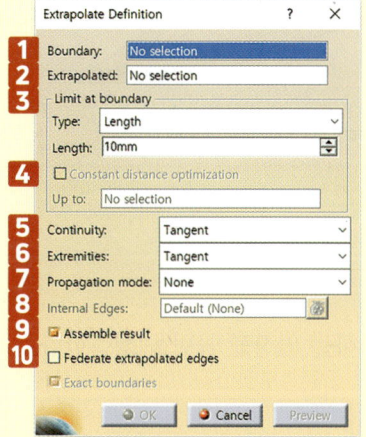

1 Boundary

연장할 곡면의 모서리나 곡선의 끝점을 선택한다.

2 Extrapolate

연장할 곡면이나 곡선을 선택한다.

3 Limit at boundary

❶ Type [Length ▼]

연장할 길이로 양수값을 입력한다.

❷ Type [Up to element ▼]

Up to 선택란이 활성화되며 연장될 곡면과 교차하는 평면이나 곡면을 선택한다.

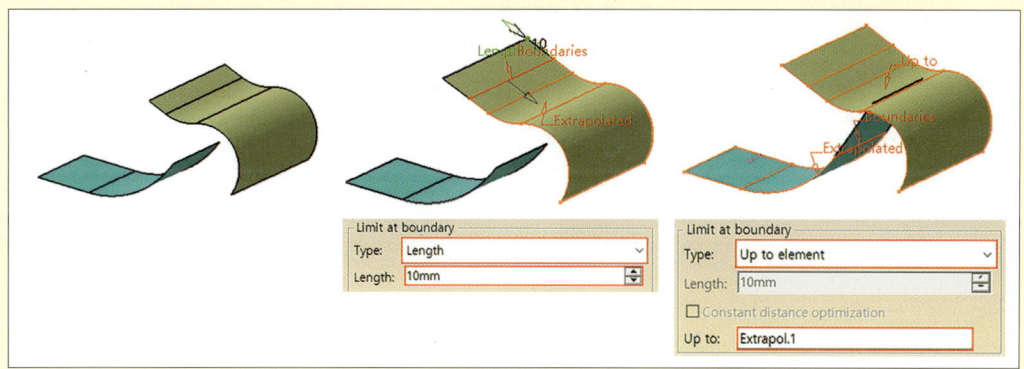

4 Constant distance optimization : 일정한 거리로 변형 없이 곡면을 연장한다.

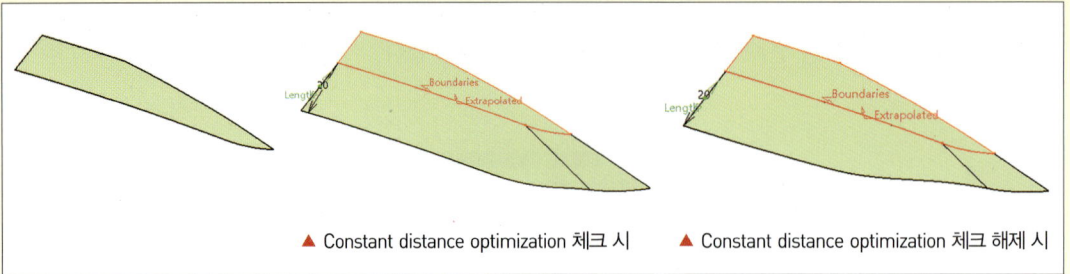

▲ Constant distance optimization 체크 시   ▲ Constant distance optimization 체크 해제 시

5 Continuity

❶ Continuity [Tangent ▼]

기존 곡면과 연속적으로 접하는 연장될 곡면을 생성한다.

❷ Continuity [Curvature ▼]

기존 곡면과 연속적인 곡률로 연장될 곡면을 생성한다.

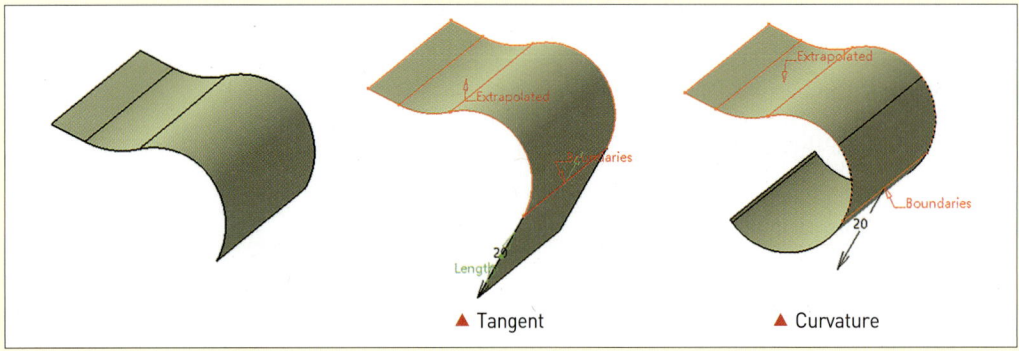

▲ Tangent   ▲ Curvature

6 Extremities

❶ Extremities [Tangent ▼]

연장될 곡면의 측면은 기존 곡면 경계에 인접한 모서리에 접한다.

❷ Extremities [Normal ▼]

연장될 곡면의 측면은 기존 곡면 경계에 수직이다.

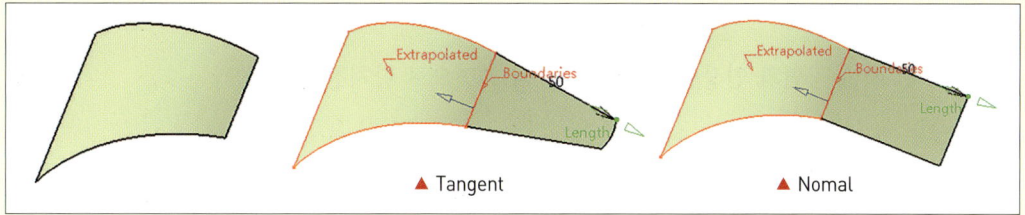

▲ Tangent　　　　　▲ Nomal

7 Propagation mode

❶ Propagation mode None ▼

선택한 경계만을 연장한다.

❷ Propagation mode Tangency continuity ▼

선택한 경계와 접하는 가장자리를 연장한다.

❸ Propagation mode Point continuity ▼

선택한 경계와 연결된 모든 경계를 연장한다.

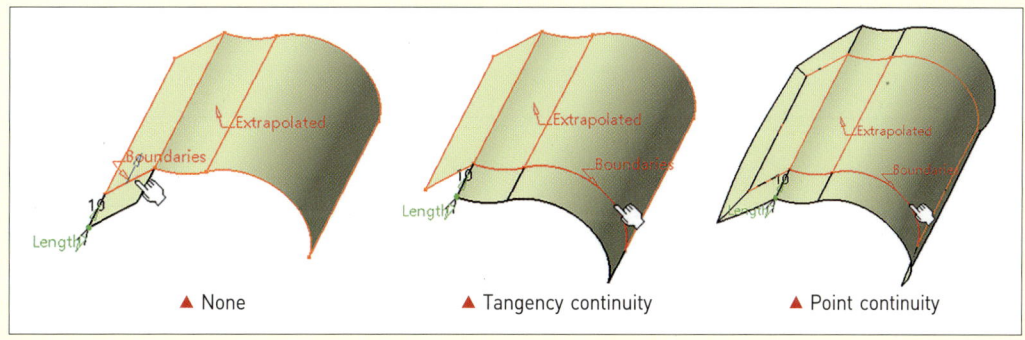

▲ None　　　　　▲ Tangency continuity　　　　　▲ Point continuity

8 Internal Edges

모서리를 선택하여 연장될 곡면의 특정 방향을 결정할 수 있다.

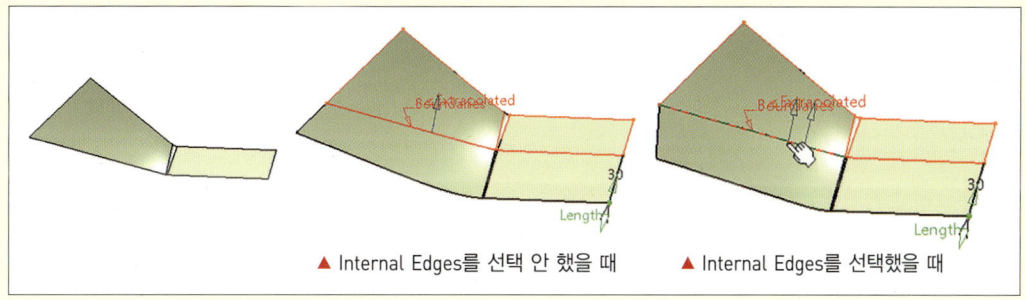

▲ Internal Edges를 선택 안 했을 때　　　　　▲ Internal Edges를 선택했을 때

9 Assemble result

선택 시 기존 곡면과 연장될 곡면이 하나의 곡면으로 합쳐진다.

10 Federate extrapolated edges

선택 시 연장된 곡면요소를 기반으로 피처가 다시 생성된다. 이 옵션은 Continuity 및 Extremity 유형을 모두 Tangent로 지정하고 Assemble result를 선택한 경우에만 사용할 수 있으며, Constant distance optimization를 선택한 경우에는 사용할 수 없다.

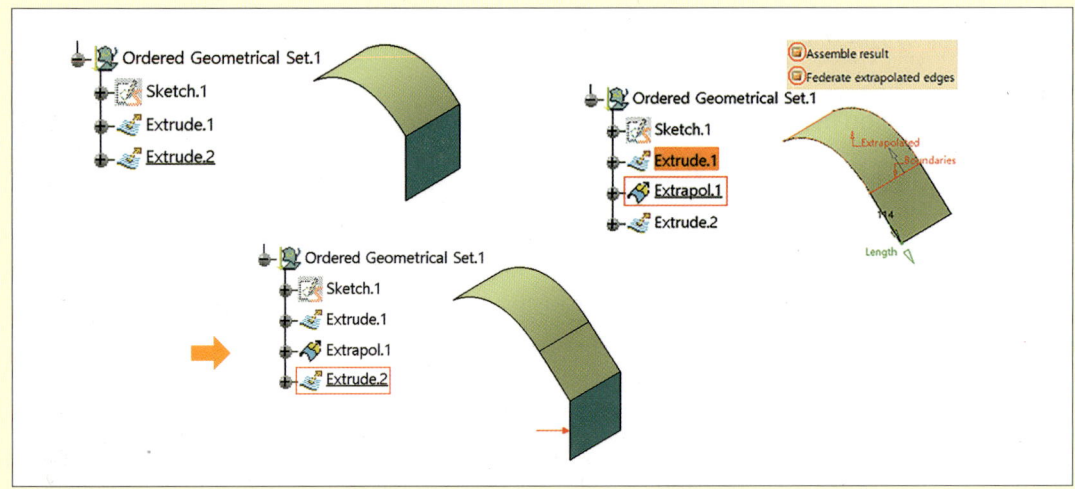

25　Trim으로 곡면 자르기(5)

1 Trim 명령어를 클릭하여 실행한다.

2 Trim Definition 대화상자 설정

❶ Mode 드롭다운 목록에서 Standard를 선택한다.

❷ Trimmed elements 리스트에 자를 곡면으로 Extrapolate.1, Sweep.1 곡면을 선택하여 추가한다.

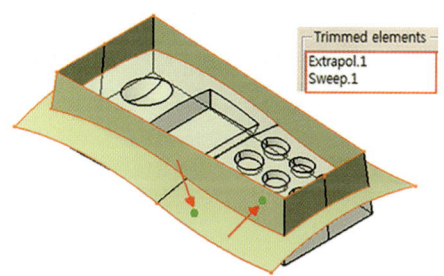

❸ Other side / next element 와 Other side / previous element 를 클릭하여 자르거나 유지할 곡면을 결정한다.

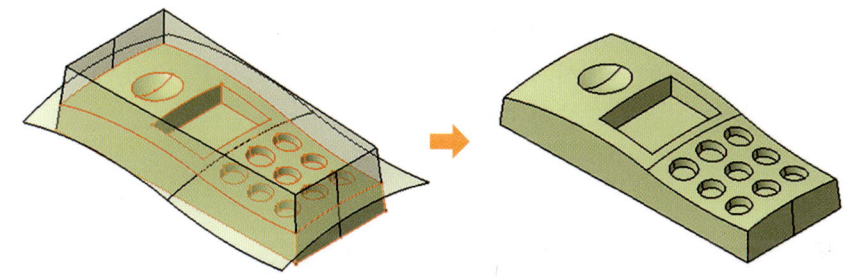

❹ OK 를 클릭하여 두 곡면의 교차되는 부분을 자르면서 하나로 합쳐진 곡면을 작성한다.

26 Edge Fillet 으로 곡면 모서리 다듬기

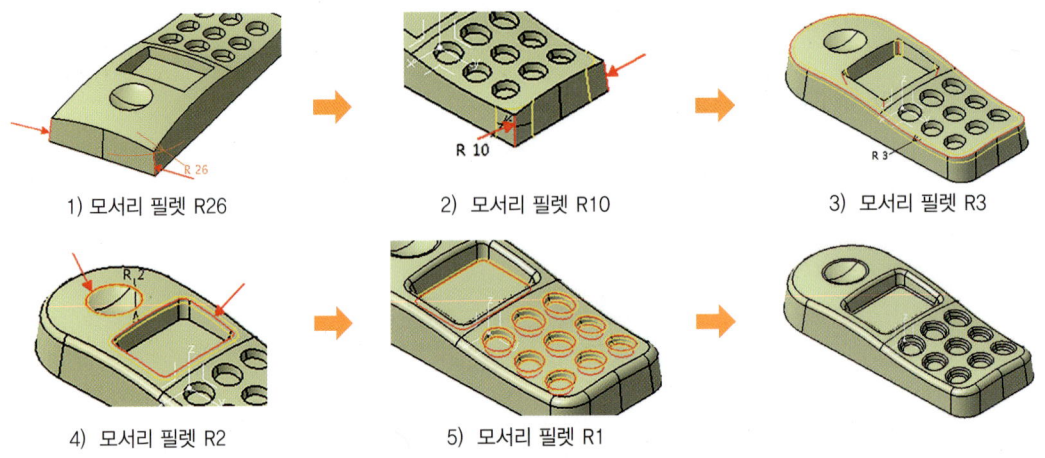

1) 모서리 필렛 R26
2) 모서리 필렛 R10
3) 모서리 필렛 R3
4) 모서리 필렛 R2
5) 모서리 필렛 R1

27 곡면 바디를 기반으로 솔리드 바디를 생성하기 위해 Part Design Workbench로 들어가기

1 메뉴모음에서 Start 〉 Mechanical Design 〉 Part Design Workbench를 선택한다.

2 새로운 작업을 PartBody에 추가하기 위해 Specification Tree에서 PartBody에 마우스를 가져다 놓고 마우스 오른쪽버튼을 클릭한 후 Define In Work Object를 클릭한다.

28 Close Surface 를 사용하여 Surface를 솔리드로 채우기

1 Surface-Based Feature 도구모음에서 Close Surface 명령어를 클릭하여 실행한다.

2 Close Surface Definition 대화상자 설정

❶ Object to close 선택란에 스윕 곡면을 선택한다.

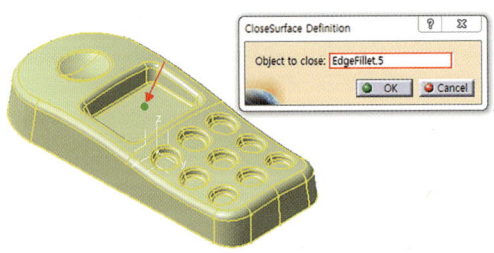

❷ OK 를 클릭하여 스윕 곡면을 채워 솔리드를 생성한다.

3 와이어프레임을 구성하는 곡선과 곡면 바디 숨기기

Specification Tree에서 Geometrical set1의 콘텍스트 메뉴에서 Hide/Show 를 선택하여 와이어프레임을 구성하는 곡선과 곡면 바디를 숨겨 모델링을 완성한다.

29 Shell을 사용하여 면을 제거하고 나머지 면에 일정 두께 부여하기

1 Shell 명령어를 클릭하여 실행한다.

2 Shell Definition 대화상자 설정

❶ Default inside thickness 입력란에 내부 두께값으로 0.5를 입력한다.

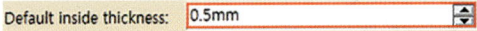

❷ Faces to remove 선택란에 제거할 면으로 형상의 아래 면을 선택한다.

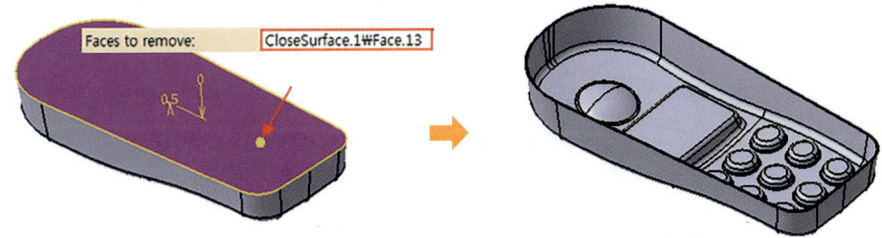

❸ OK 를 클릭하여 Shell 명령어를 종료하고 모델링을 완성한다.

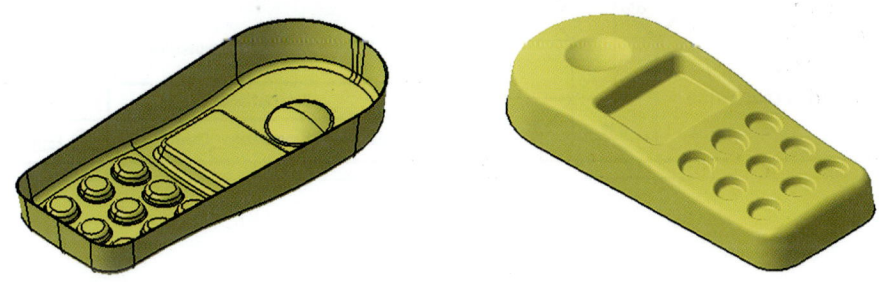

CHAPTER 05

활용 예제 4
Helix , Connect Curve , Sweep

예제 도면 — 3D형상 모델링 작업하기

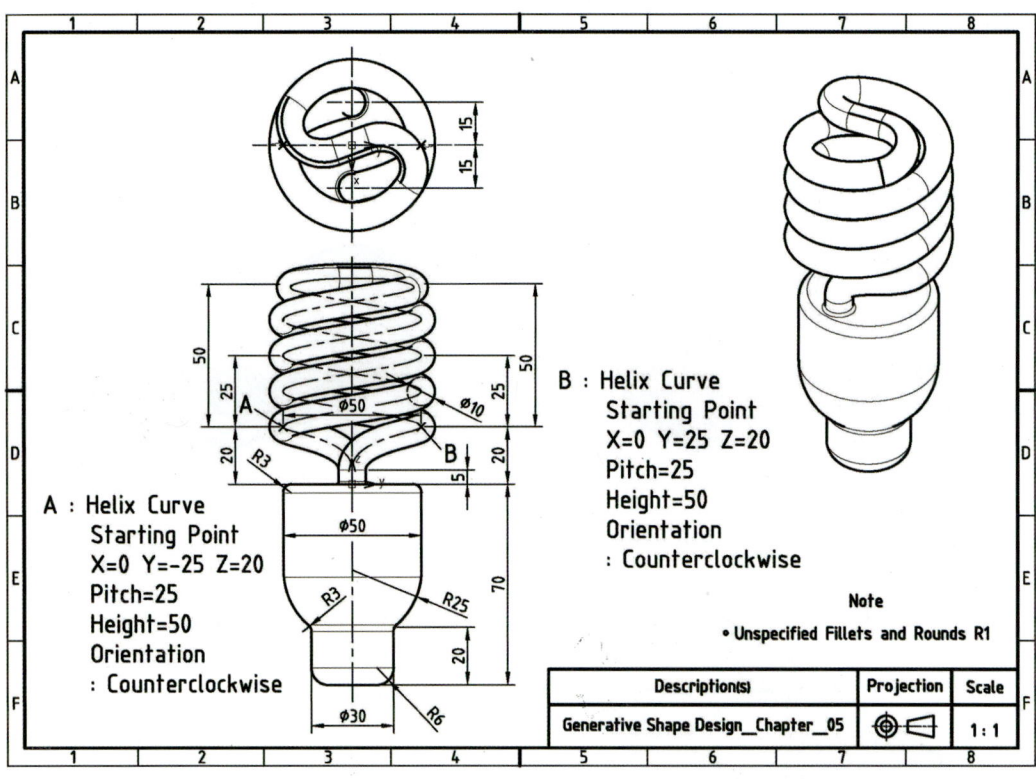

1 Generative Shape Design Workbench 선택하여 들어가기

1 메뉴모음에서 Start 〉 Shape 〉 Generative Shape Design을 선택한다.

2 New Part 대화상자에서 Part 이름을 지정하고 Create a geometric set에 체크한 후 OK 를 클릭한다.

2 Revolve 곡면 프로파일 만들기

1 Specification Tree에서 yz평면을 선택하고 Sketcher 도구모음의 Sketch 를 클릭한다.

2 Profile 명령어를 사용하여 스케치를 작성한다.

3 Constraint 명령어를 더블 클릭하여 실행하고 치수값을 부여한다.

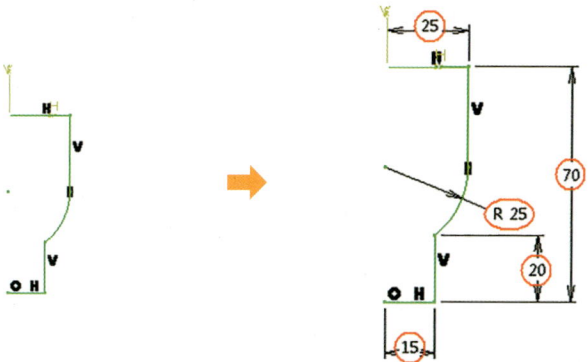

4 Exit Workbench 를 클릭하여 Sketcher Workbench를 종료하고 Generative Shape Design Workbench로 돌아간다.

3 Revolve 곡면 만들기

1 Surfaces 도구모음의 Extrude-Revolution 하위 도구모음에서 Revolve 명령어를 클릭하여 실행한다.

2 Revolution Surface Definition 대화상자 설정

❶ Profile 선택란에 스케치를 선택한다.

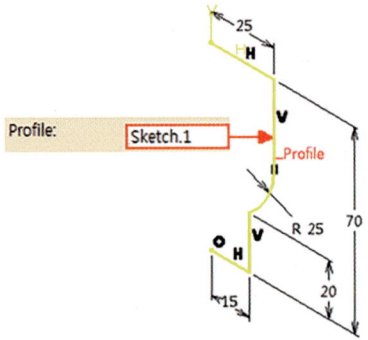

❷ Revolution axis 선택란에 마우스를 가져다 놓고 마우스 오른쪽버튼을 누른 후 콘텍스트 메뉴에서 Z Axis를 회전축으로 선택한다.

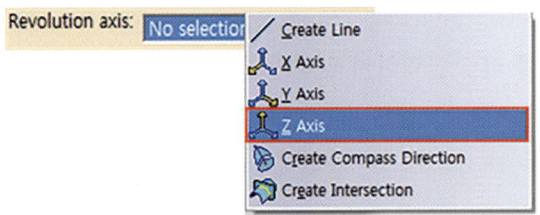

❸ Angular Limits 입력란에 Angle 1 값은 360, Angle 2 값은 0을 입력한다.

❹ OK 를 클릭하여 축을 중심으로 프로파일을 회전시켜 곡면을 만든다.

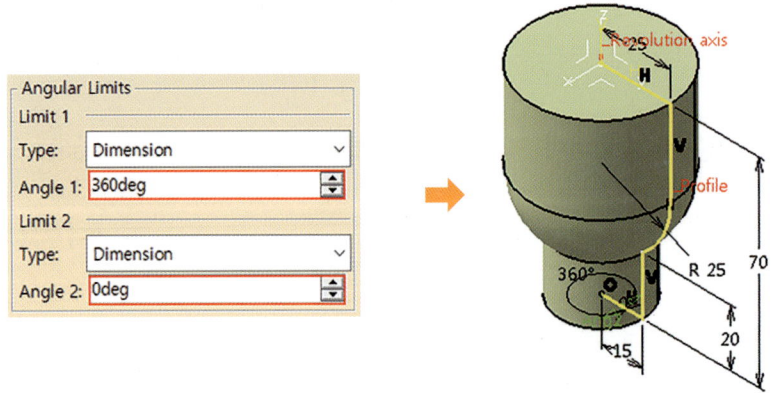

알아두기

4 Helix 곡선 만들기(1)

1 Wireframe 도구모음의 Curves 하위 도구모음에서 Helix 명령어를 클릭하여 실행한다.

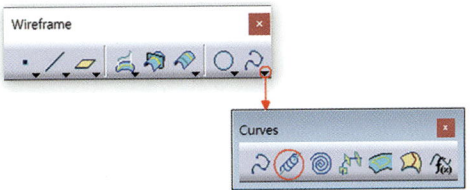

2 Helix Curve Definition 대화상자 설정

❶ Helix Curve Starting Point 지정하기

ⓐ Starting Point 선택란에 마우스 오른쪽버튼을 클릭한 후 콘텍스트 메뉴에서 Create Point 를 선택한다.

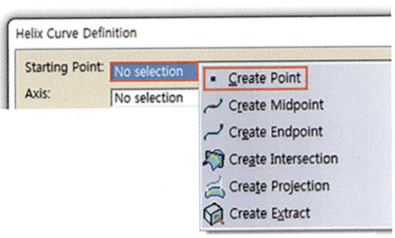

ⓑ Point Definition 대화상자에서 X=0, Y=-25, Z=20을 입력한다.

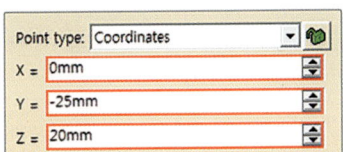

ⓒ OK 를 클릭하여 점을 지정하고 Point Definition 대화상자 설정을 나간다.

❷ Axis 선택란에서 Helix Curve의 생성 방향을 지정하기 위해 마우스 오른쪽버튼을 클릭한 후 콘텍스트 메뉴에서 Z축을 선택한다.

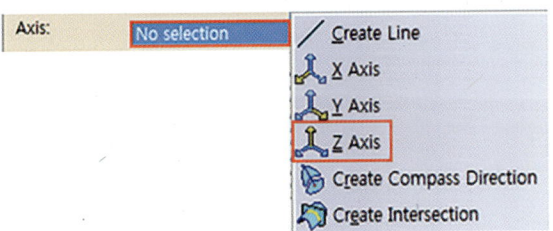

❸ Orientation 드롭다운 목록에서 반시계 방향으로 나선형 곡선을 생성하기 위해 Counterclockwise을 선택한다.

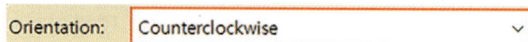

❹ Type 아래 Helix Type 드롭다운 목록에서 Height and Pitch를 선택하고 Pitch 값 25와 Height 값 50을 입력한다.

❺ OK 를 클릭하여 Helix Curve를 완성한다.

알아두기

Helix

코일 및 스프링과 같은 나선형 곡선을 생성한다.

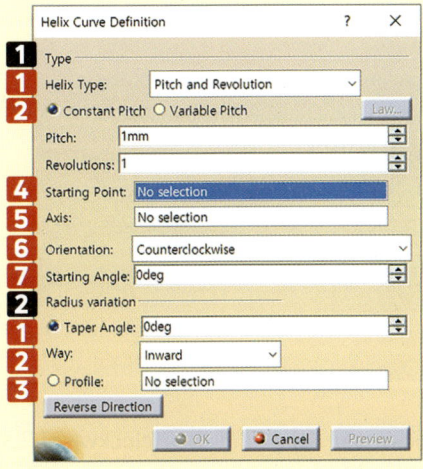

1 Type

1 Helix Type

나선은 피치(Pitch), 회전(Revolution) 및 높이(Height)의 세 가지 매개변수로 정의되며 아래 나선 생성방법 중 하나를 선택할 수 있다.

❶ Pitch and Revolution : 피치와 회전값 입력
❷ Height and Pitch : 높이와 피치값 입력
❸ Height and Revolution : 높이와 회전값 입력

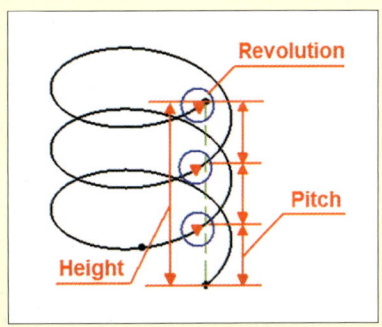

2 Constant Pitch

피치값이 일정하게 나선을 생성한다.

3 Variable Pitch

Pitch and Revolution 방법에서만 사용할 수 있으며 시작 피치값과 끝 피치값을 다르게 정의하여 나선을 생성할 수 있다.

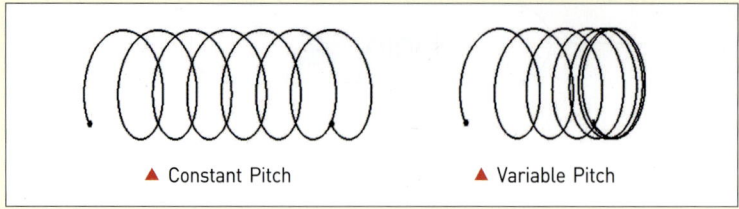

▲ Constant Pitch　　　　▲ Variable Pitch

4 Starting point

나선형 곡선이 시작될 점을 지정한다.

5 Axis

축을 선택한다.

6 Orientation

시계 반대 방향(counter clockwise) 또는 시계 방향(clockwise)으로 나선형 곡선의 회전 방향을 정의한다.

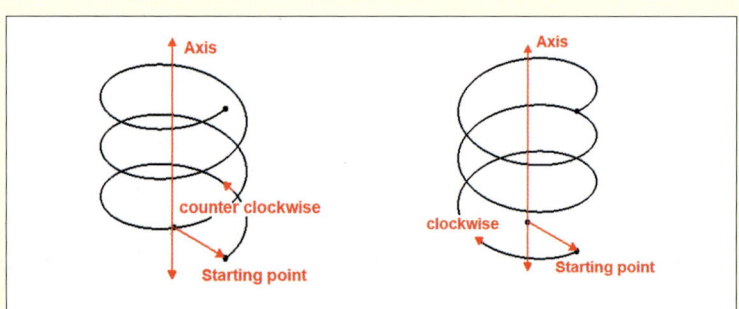

7 Starting Angle

시작점을 기준으로 나선형 곡선이 시작되는 위치를 정의한다. Constant Pitch에만 설정할 수 있다.

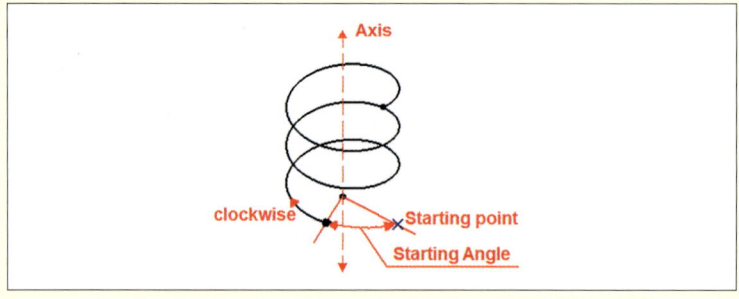

2 Radius variation

1 Taper Angle : 테이퍼 각도를 지정한다.

2 Way : 테이퍼 각도 방향을 정의한다.

❶ Inward: 반경이 감소한다.
❷ Outward : 반경이 증가한다.

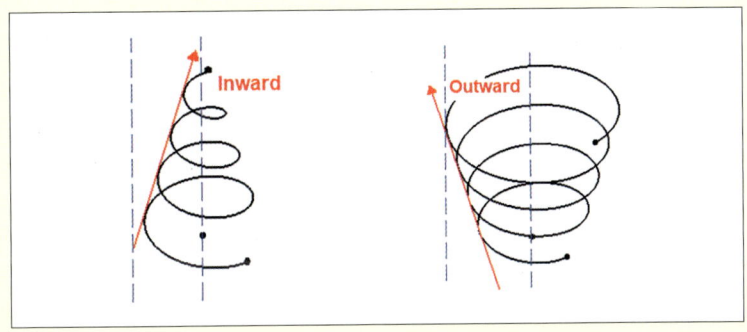

3 Profile : 나선형 곡선 반경 변화를 제어하는 데 사용되는 곡선이다. 반경은 축과 선택한 프로파일 사이의 거리에 따라 달라지며 Profile은 Starting point에 있어야 한다.

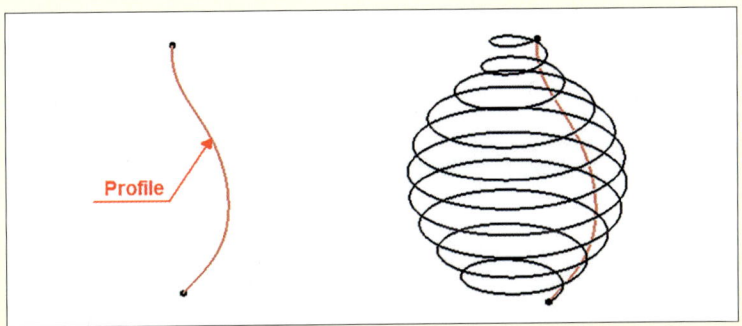

5　Helix 곡선 만들기(2)

1 Helix 곡선 만들기(1)과 같은 방법으로 Helix 명령어를 클릭하여 실행한다.

2 Helix Curve Definition 대화상자 설정

❶ Helix Curve Starting Point 지정하기
　ⓐ Starting Point 선택란에 마우스 오른쪽버튼을 클릭한 후 콘텍스트 메뉴에서 Create Point를 선택한다.
　ⓑ Point Definition 대화상자에서 X=0, Y=25, Z=20을 입력한다.

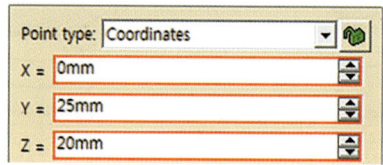

　ⓒ OK 를 클릭하여 점을 지정하고 Point Definition 대화상자 설정을 나간다.

❷ Axis 선택란에서 Helix Curve의 생성 방향을 지정하기 위해 마우스 오른쪽버튼을 클릭한 후 콘텍스트 메뉴에서 Z축을 선택한다.

❸ Orientation 드롭다운 목록에서 반시계 방향으로 나선형 곡선을 생성하기 위해 Counterclockwise를 선택한다.

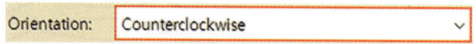

❹ Type 아래 Helix Type 드롭다운 목록에서 Height and Pitch를 선택하고 Pitch 값 25와 Height 값 50을 입력한다.

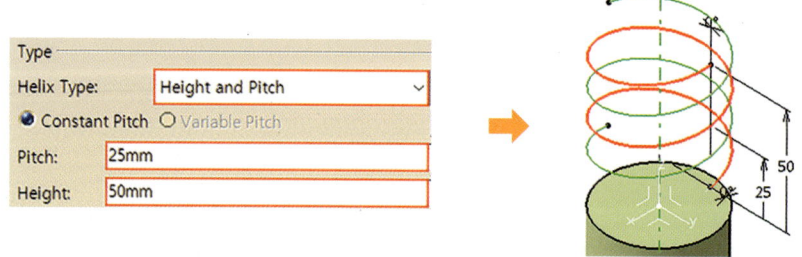

❺ OK 를 클릭하여 Helix Curve를 완성한다.

알아두기 6   Connect Curve ↷를 사용하여 두 곡선 사이에 연결 곡선 만들기(1)

1 Wireframe 도구모음의 Circle-Conic 하위 도구모음에서 Connect Curve ↷ 명령어를 클릭하여 실행한다.

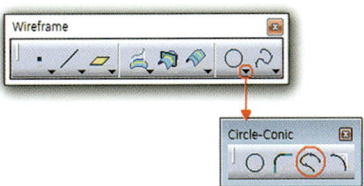

2 Connect Curve Definition 대화상자 설정

❶ Connect type 드롭다운 메뉴에서 Normal을 선택한다.

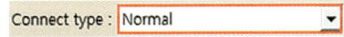

❷ First Curve 아래 Point 선택란에 Helix.1 곡선의 끝점을 선택한다.

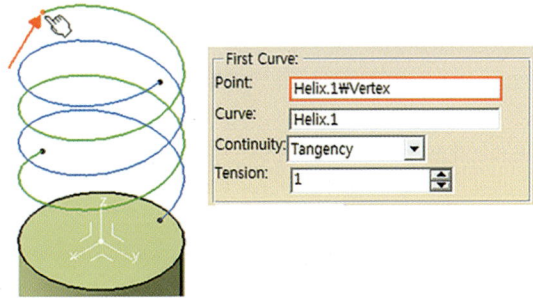

❸ Second Curve 아래 Point 선택란에 Helix.2 곡선의 끝점을 선택한다.

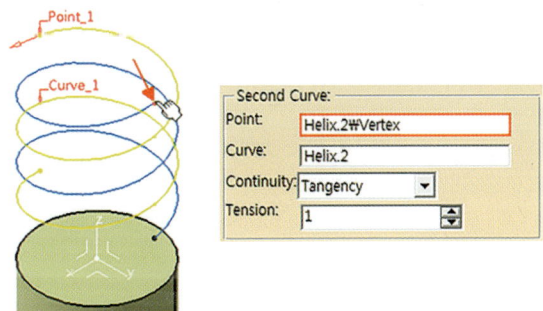

❹ Reverse Direction 을 클릭하여 곡선의 방향을 반전한다.
❺ OK 를 클릭하여 두 곡선 사이에 연결 곡선을 만든다.

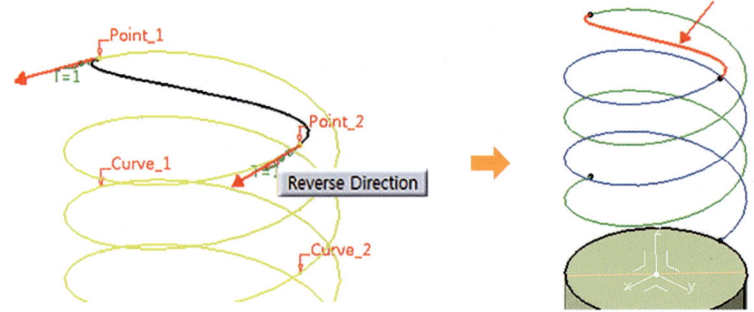

Connect Curve

두 곡선을 연결하여 하나의 연속적인 곡선을 만든다.

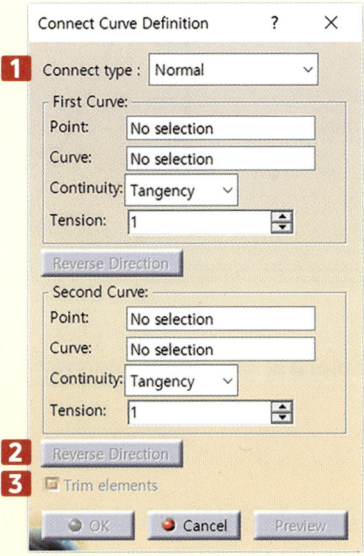

1 Connect type

❶ Connect type [Normal ▼]

두 곡선을 연결할 때 접선 방향을 기준으로 연결한다. Normal 유형을 선택하면 첫 번째와 두 번째 곡선에 대한 Continuity 및 Tension 옵션을 사용할 수 있다.

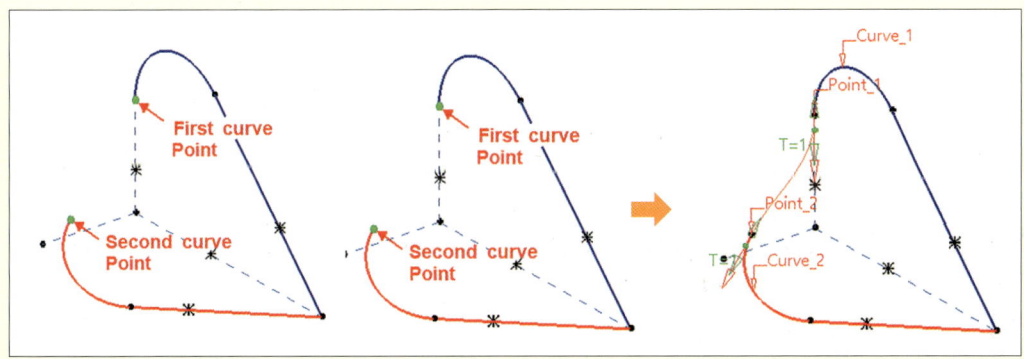

❷ Connect type [Base Curve ▼]

두 개의 곡선을 연결할 때 기준이 되는 곡선을 지정하여 연결할 수 있다. 이 기준 곡선은 연결의 형태와 방향을 결정하는 데 사용한다. Base Curve 유형을 선택하면 첫 번째 와 두 번째 곡선에 대한 Continuity 및 Tension 옵션을 사용할 수 없으며 Continuity 유형은 Tangency, Tension은 1로 설정된다.

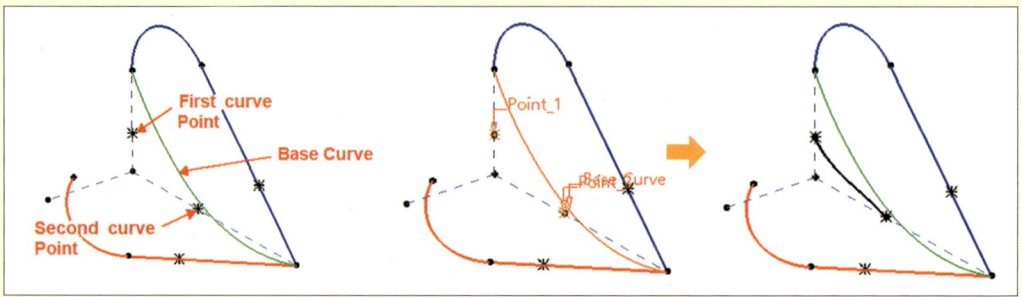

2 끝점에서 곡선의 방향을 바꾸려면 화살표를 클릭하거나 Reverse Direction 을 클릭한다.

3 Trim elements

두 개의 곡선을 잘라 내어 연결곡선을 생성하고자 할 때 옵션을 선택한다.

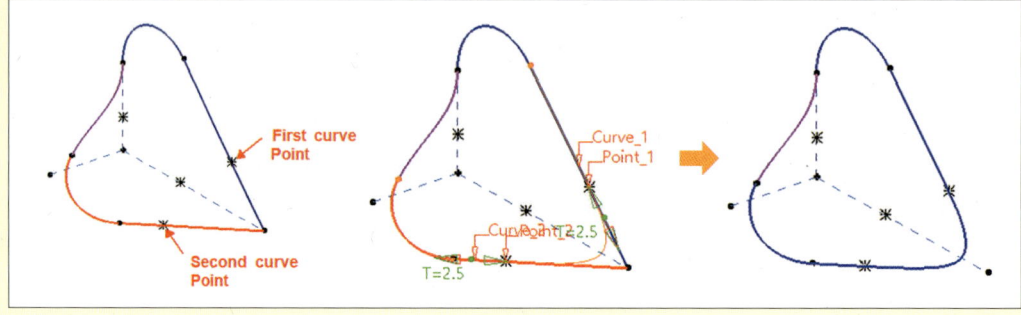

7 Line / 만들기(1)

1 Wireframe 도구모음의 Line-Axis 하위 도구모음에서 Line / 명령어를 클릭하여 실행한다.

2 Line Definition 대화상자 설정
  ❶ Line type 선택란에 Point-Direction을 선택한다.

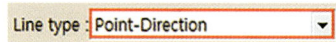

  ❷ Point 지정하기
    ⓐ Point 선택란에 마우스 오른쪽버튼을 클릭한 후 콘텍스트 메뉴에서 Create Point를 선택한다.
    ⓑ Point Definition 대화상자에서 X=15, Y=0, Z=0을 입력한다.

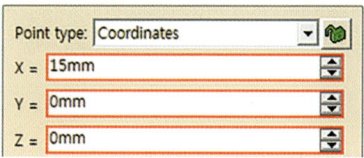

    ⓒ OK 를 클릭하여 점을 지정하고 Point Definition 대화상자 설정을 나간다.

  ❸ Direction 선택란에 선분이 생성될 방향을 지정하기 위해 마우스 오른쪽버튼을 클릭한 후 콘텍스트 메뉴에서 Z축을 선택한다.

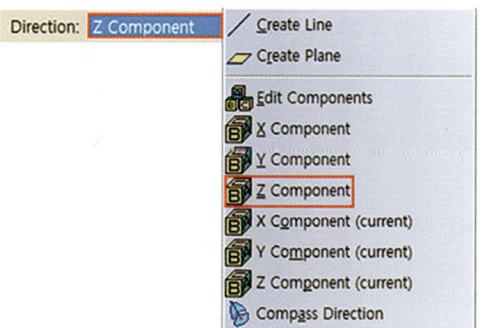

  ❹ Start와 End 입력란에 0과 5를 기입하고 OK 를 클릭하여 선분을 작성한다.

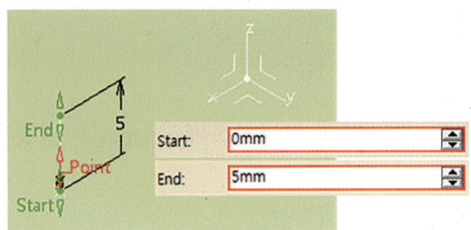

8 Line 만들기(2)

1 Wireframe 도구모음의 Line-Axis 하위 도구모음에서 Line 명령어를 클릭하여 실행한다.

2 Line Definition 대화상자 설정

❶ Line type 선택란에 Point-Direction을 선택한다.

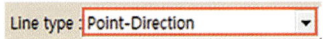

❷ Point 지정하기
  ⓐ Point 선택란에 마우스 오른쪽버튼을 클릭한 후 콘텍스트 메뉴에서 Create Point를 선택한다.
  ⓑ Point Definition 대화상자에서 X=-15, Y=0, Z=0을 입력한다.

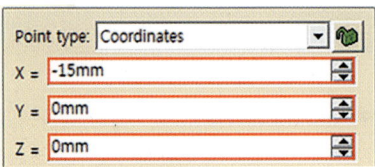

  ⓒ OK 를 클릭하여 점을 지정하고 Point Definition 대화상자 설정을 나간다.

❸ Direction 선택란에 선분이 생성될 방향을 지정하기 위해 마우스 오른쪽버튼을 클릭한 후 콘텍스트 메뉴에서 Z축을 선택한다.

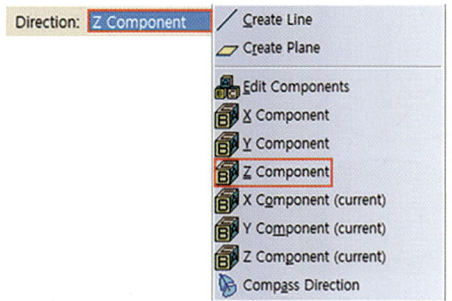

❹ Start와 End 입력란에 0과 5를 기입하고 [OK] 를 클릭하여 선분을 작성한다.

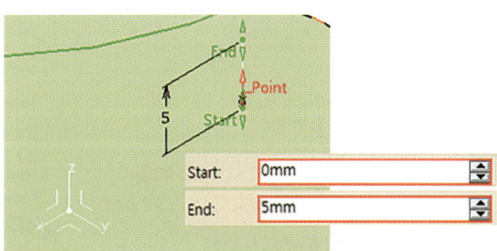

9 Connect Curve 를 사용하여 두 곡선 사이에 연결 곡선 만들기(2)

1 Wireframe 도구모음의 Circle-Conic 하위 도구모음에서 Connect Curve 명령어를 클릭하여 실행한다.

2 Connect Curve Definition 대화상자 설정

❶ Connect type 드롭다운 메뉴에서 Normal을 선택한다.

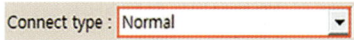

❷ First Curve 아래 Point 선택란에 Helix.1 곡선의 끝점을 선택한다.

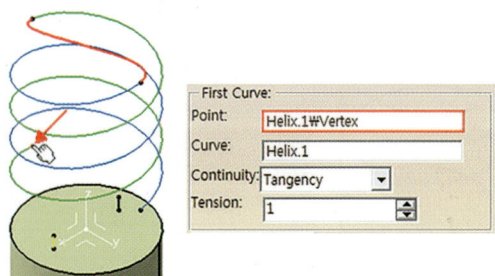

❸ Second Curve 아래 Point 선택란에 Line.2 선분의 끝점을 선택한다.

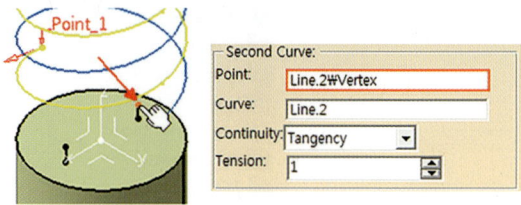

❹ Reverse Direction 을 클릭하여 곡선의 방향을 반전한다.
❺ OK 를 클릭하여 두 곡선 사이에 연결 곡선을 만든다.

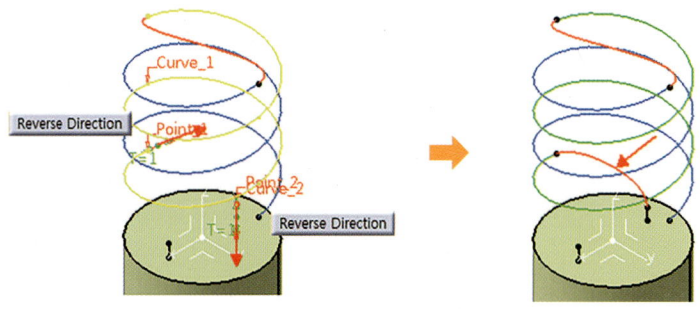

10 Connect Curve 를 사용하여 두 곡선 사이에 연결 곡선 만들기(3)

1 Wireframe 도구모음의 Circle-Conic 하위 도구모음에서 Connect Curve 명령어를 클릭하여 실행한다.

2 Connect Curve Definition 대화상자 설정

❶ Connect type 드롭다운 메뉴에서 Normal을 선택한다.

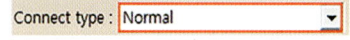

❷ First Curve 아래 Point 선택란에 Helix.2 곡선의 끝점을 선택한다.

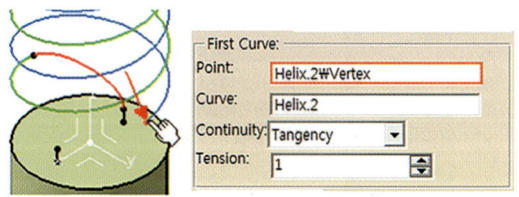

❸ Second Curve 아래 Point 선택란에 Line.1 선분의 끝점을 선택한다.

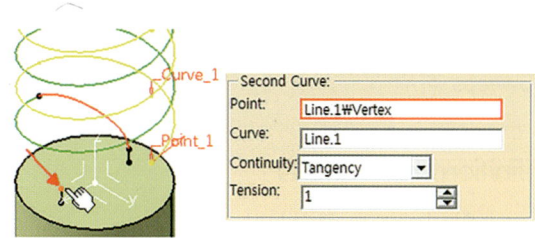

❹ Reverse Direction 을 클릭하여 곡선의 방향을 반전한다.

❺ OK 를 클릭하여 두 곡선 사이에 연결 곡선을 만든다.

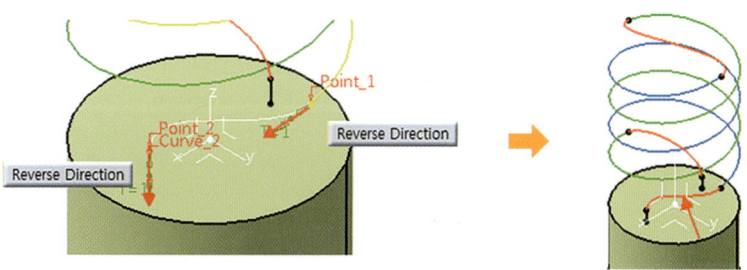

11 Join을 사용하여 결합된 곡선 만들기

1 Operations 도구모음의 Join-Healing 하위 도구모음에서 Join 명령어를 클릭하여 실행한다.

2 Join Definition 대화상자 설정

❶ Elements To Join 선택란에 결합할 곡선으로 Helix.1, Helix.2, Connect.1, Line.1, Line.2, Connect.2, Connect.3 곡선을 선택한다.

❷ OK 를 클릭하여 하나로 결합된 곡선을 만든다.

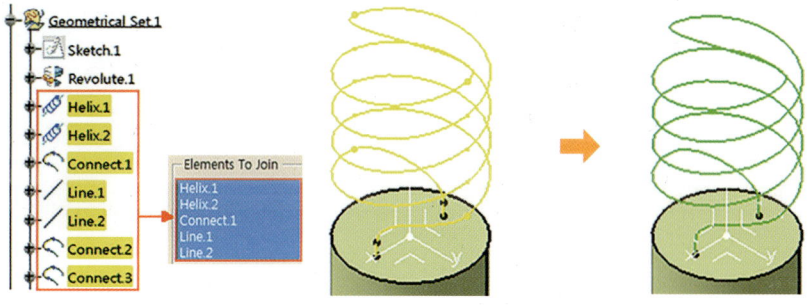

12 Sweep 곡면 만들기

1 Surfaces 도구모음의 Sweeps 하위 도구모음에서 Sweep 명령어를 클릭하여 실행한다.

2 Swept Surface Definition 대화상자 설정

❶ Profile type에서 Circle 아이콘을 클릭한다.

❷ Subtype 드롭다운 목록에서 Center and radius를 선택한다.

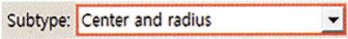

❸ Center Curve 선택란에 Join.1을 선택한다.

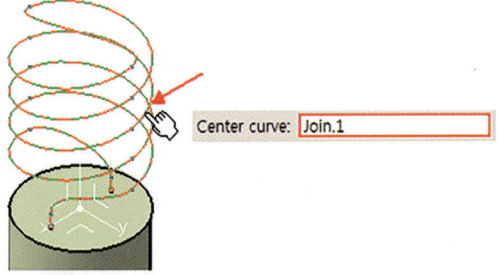

❹ Radius 입력란에 5를 기입한다.

❺ OK 를 클릭하여 원형 스윕 곡면을 생성한다.

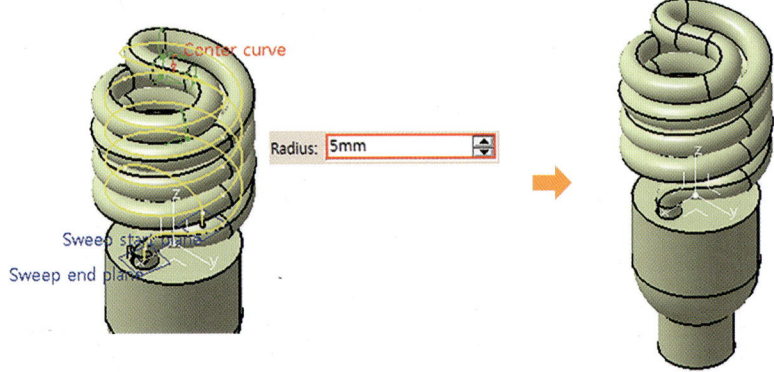

13 Trim으로 곡면 자르기

1 Operations 도구모음의 Trim-Split 하위 도구모음에서 Trim 명령어를 클릭하여 실행한다.

2 Trim Definition 대화상자 설정

❶ Mode 드롭다운 목록에서 Standard를 선택한다.

❷ Trimmed elements 리스트에 자를 곡면으로 Revolute.1, Sweep.1 곡면을 선택하여 추가한다.

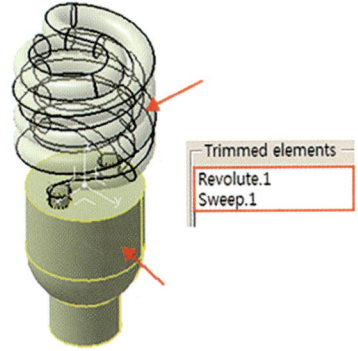

❸ `Other side / next element` 또는 `Other side / previous element` 를 클릭하여 잘리거나 유지될 곡면을 결정한다.

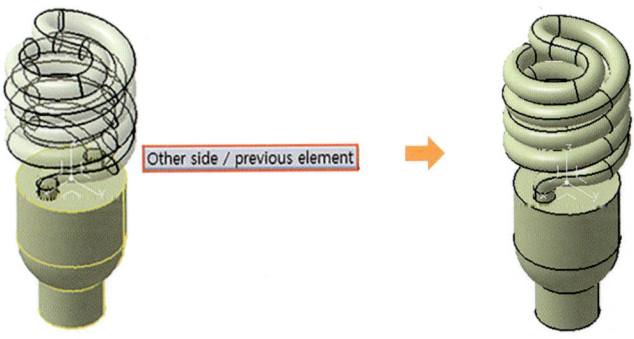

❹ OK 를 클릭하여 선택한 곡면의 교차되는 부분을 자르면서 하나로 합쳐진 곡면을 작성한다.

14 Edge Fillet 으로 곡면모서리 다듬기

1) 모서리 필렛 R6

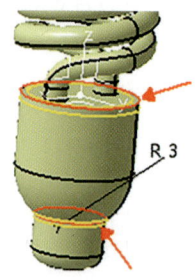
2) 모서리 필렛 R3

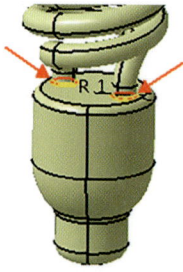
3) 모서리 필렛 R1

15 곡면 바디를 기반으로 솔리드 바디를 생성하기 위해 Part Design Workbench 로 들어가기

1 메뉴모음에서 Start 〉 Mechanical Design 〉 Part Design Workbench를 선택한다.

2 새로운 작업을 PartBody에 추가하기 위해 Specification Tree에서 PartBody에 마우스를 가져다 놓고 마우스 오른쪽버튼을 클릭한 후 Define In Work Object를 클릭한다.

16 Close Surface 를 사용하여 Surface를 솔리드로 채우기

1 Surface-Based Feature 도구모음에서 Close Surface 명령어를 클릭하여 실행한다.

2 Close Surface Definition 대화상자 설정
❶ Object to close 선택란에 하나로 합쳐진 Surface Body를 선택한다.

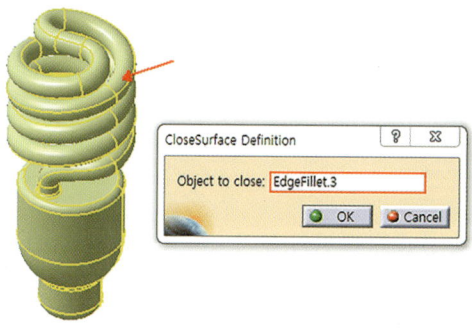

❷ OK 를 클릭하여 곡면을 채워 솔리드 바디를 생성한다.

| 17 | 와이어프레임을 구성하는 곡선과 곡면 바디 숨기기 |

Specification Tree에서 Geometrical set1의 콘텍스트 메뉴에서 Hide/Show를 선택하여 와이어 프레임을 구성하는 곡선과 곡면 바디를 숨겨 모델링을 완성한다.

CHAPTER 06 | 활용 예제 5
Revolve, Sweep

예제 도면 | 3D형상 모델링 작업하기

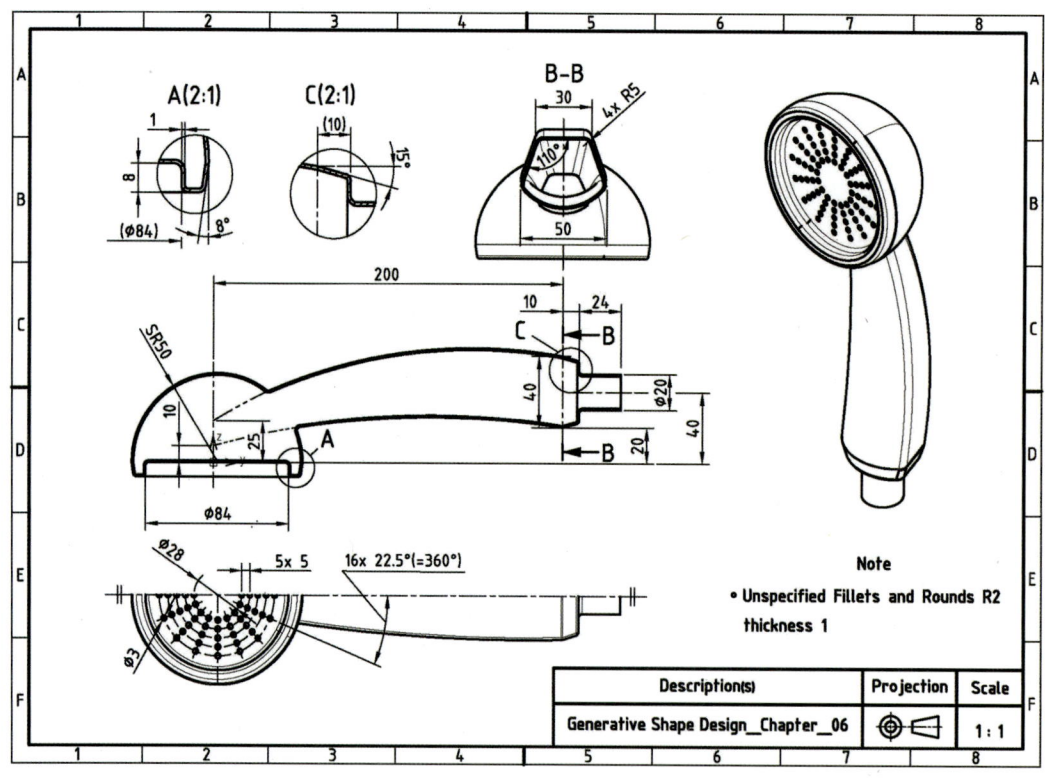

1 Generative Shape Design Workbench 선택하여 들어가기

1 메뉴모음에서 Start 〉 Shape 〉 Generative Shape Design을 선택한다.

2 New Part 대화상자에서 Part 이름을 지정하고 Create a geometric set에 체크한 후 OK 를 클릭한다.

2 Revolve.1 곡면 프로파일 만들기

1 Specification Tree에서 yz평면을 선택하고 Sketcher 도구모음의 Sketch 를 클릭한다.

2 Arc
   ❶ Arc 명령어를 클릭하여 실행한다.
   ❷ 호의 중심점은 스케치 원점에 일치하도록 지정하고 호의 시작점은 H축 선상에, 끝점은 V축 선상에 점을 지정하여 호를 생성한다.

3 Profile 명령어를 사용하여 스케치를 작성한다.

4 Axis 명령어를 실행하고 첫 번째 점은 원점에 일치시키고 수직방향으로 다음 점을 지정한다.

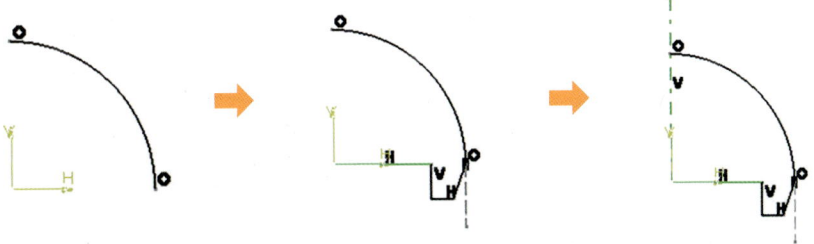

5 Constraint 명령어를 더블 클릭하여 실행하고 치수값을 부여한다.

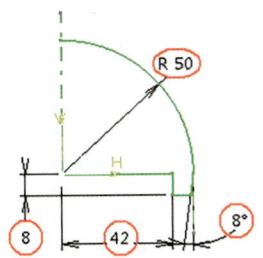

6 Exit Workbench 를 클릭하여 Sketcher Workbench를 종료하고 Generative Shape Design Workbench로 돌아간다.

3 Revolve 곡면 만들기

1 Surfaces 도구모음의 Extrude-Revolution 하위 도구모음에서 Revolve 명령어를 클릭하여 실행한다.

2 Revolution Surface Definition 대화상자 설정
❶ Profile 선택란에 스케치를 선택한다.

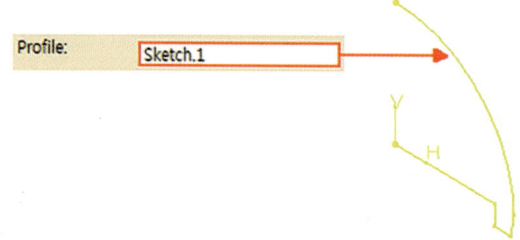

❷ Revolution axis는 스케치에서 Profile 도구모음에 Axis 명령어로 그린 축이 기본적으로 회전축으로 선택된다.
❸ Angular Limits 입력란에 Angle 1 값은 360, Angle 2 값은 0을 입력한다.
❹ OK 를 클릭하여 축을 중심으로 프로파일을 회전시켜 곡면을 만든다.

4 Sweep.1에 사용될 Guide curve 만들기(Sketch.2)

1. Specification Tree에서 yz평면을 선택하고 Sketcher 도구모음의 Sketch를 클릭한다.

2. Three Point Arc

   ❶ Three Point Arc 명령어를 클릭하여 실행한다.
   ❷ 호의 시작점은 V축 선상에 일치하도록 지정하고 두 번째 점과 끝점을 지정하여 세 점을 통과하는 호를 생성한다.

3. Constraint 명령어를 더블 클릭하여 실행하고 치수값을 부여한다.

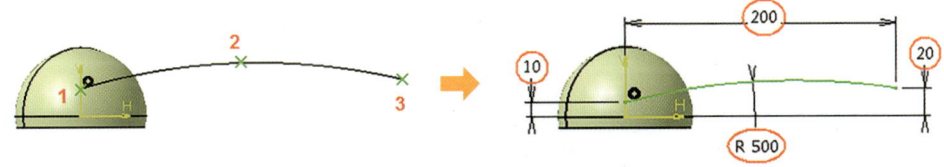

4. Exit Workbench를 클릭하여 Sketcher Workbench를 종료하고 Generative Shape Design Workbench로 돌아간다.

5 Sweep.1에 사용될 Guide curve 만들기(Sketch.3)

1. Specification Tree에서 yz평면을 선택하고 Sketcher 도구모음의 Sketch를 클릭한다.

2. Three Point Arc

   ❶ Three Point Arc 명령어를 클릭하여 실행한다.
   ❷ 호의 시작점은 V축 선상에 일치하도록 지정하고 두 번째 점과 끝점을 지정하여 세 점을 통과하는 호를 생성한다.

3. Constraint 명령어를 더블 클릭하여 실행하고 치수값을 부여한다.

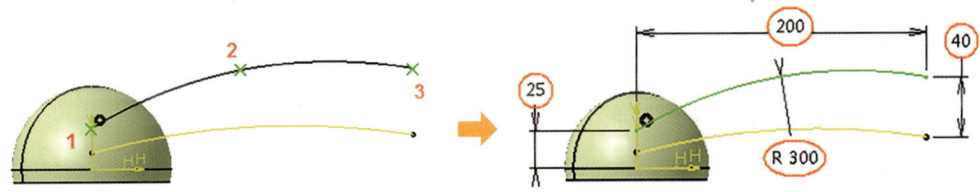

6 Plane 만들기

1 Reference Elements 도구모음의 Plane 명령어를 클릭하여 실행한다.

2 Plane Definition 대화상자 설정

❶ Plane type 드롭다운 목록에서 Parallel though point를 선택한다.

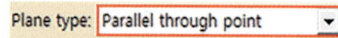

❷ Reference 선택란에 Axis system에서 zx평면을 선택한다.

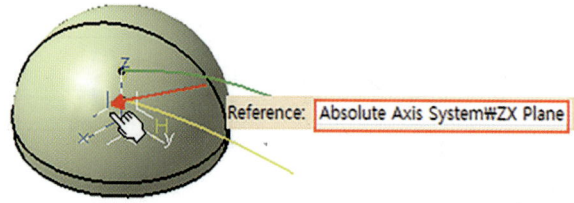

❸ Point 선택란에 호의 끝점을 선택한다.

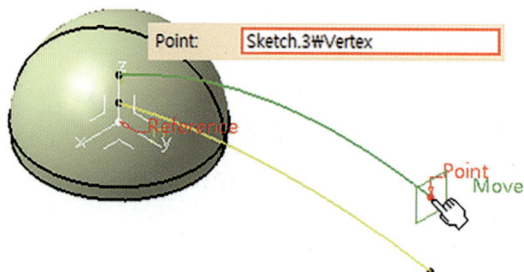

❹ OK 를 클릭하여 참조 평면에 평행하고 선택한 점을 통과하는 평면을 만든다.

7 Sweep.1에 사용될 Profile 만들기(Sketch.4)

1 Specification Tree에서 Plane.1을 선택하고 Sketcher 도구모음의 Sketch 를 클릭한다.

2 Profile 명령어를 사용하여 스케치를 작성한다.

3 Constraints Defined in Dialog Box

❶ 선의 끝점과 호의 끝점을 선택하고 Constraints Defined in Dialog Box 명령어를 클릭하여 실행한다.

❷ Constraint Definition 대화상자에서 Coincidence를 체크하고 OK 를 클릭하여 두 점이 일치하도록 만든다.

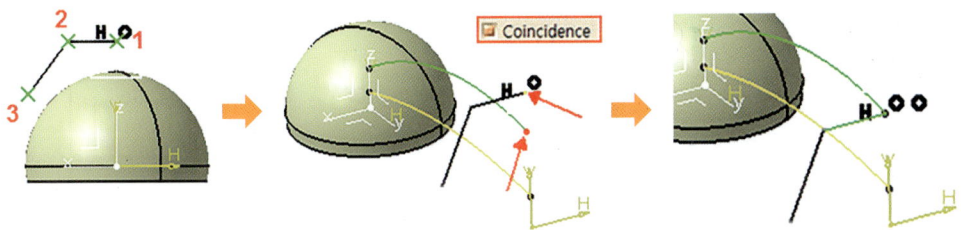

4 Mirror

❶ 대칭 복사할 요소로 두 선을 선택한다.

❷ Mirror 명령어를 클릭하여 실행한다.

❸ 대칭 기준선으로 V축을 선택하여 대칭 복사한다.

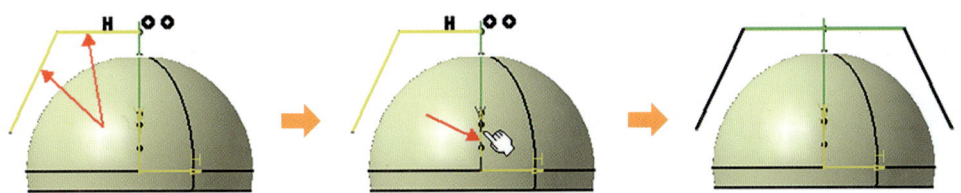

5 Constraint 명령어를 더블 클릭하여 실행하고 치수값을 부여한다.

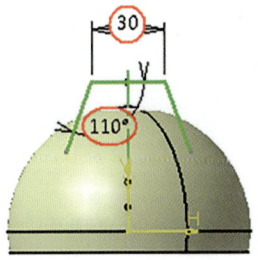

6 Three Point Arc Starting with Limits

호의 시작점과 끝점을 선분의 끝점에 일치하도록 지정하고 세 번째 점을 지정하여 세 점을 통과하는 호를 생성한다.

7 Constraints Defined in Dialog Box

❶ 호와 호의 끝점을 선택하고 Constraints Defined in Dialog Box 명령어를 클릭하여 실행한다.

❷ Constraint Definition 대화상자에서 Coincidence를 체크하고 OK 를 클릭하여 호 곡선 선상에 점이 놓이도록 한다.

8 Constraint 명령어를 클릭하여 실행하고 치수값을 부여한다.

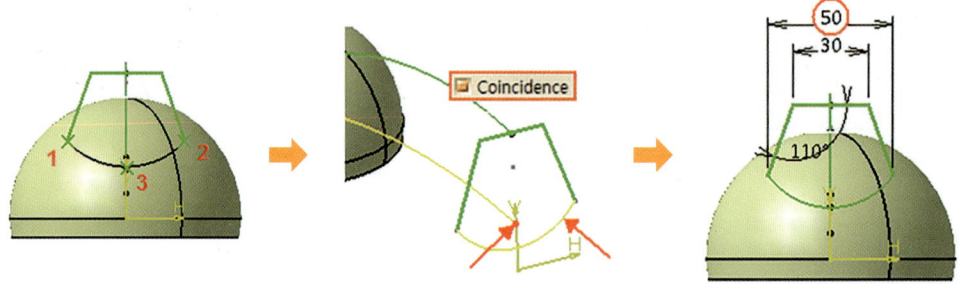

9 Exit Workbench 를 클릭하여 Sketcher Workbench를 종료하고 Generative Shape Design Workbench로 돌아간다.

8 Sweep.1 곡면 만들기

1 Surfaces 도구모음의 Sweeps 하위 도구모음에서 Sweep 명령어를 클릭하여 실행한다.

2 Swept Surface Definition 대화상자 설정

❶ Profile type에서 Explicit 아이콘을 클릭한다.

❷ Subtype 드롭다운 목록에서 With two guide curves를 선택한다.

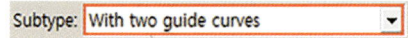

❸ Profile 선택란에 Sketch.4를 선택한다.

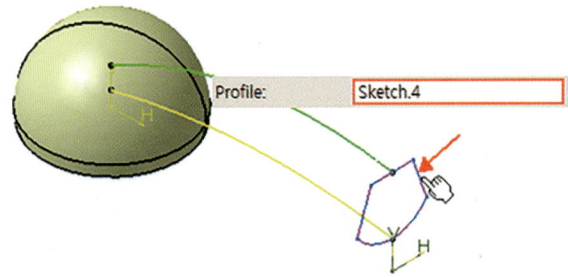

❹ Guide curve 1 선택란에 Sketch.3을 선택한다.

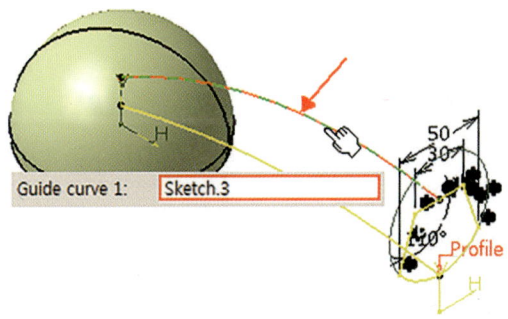

❺ Guide curve 2 선택란에 Sketch.2을 선택한다.

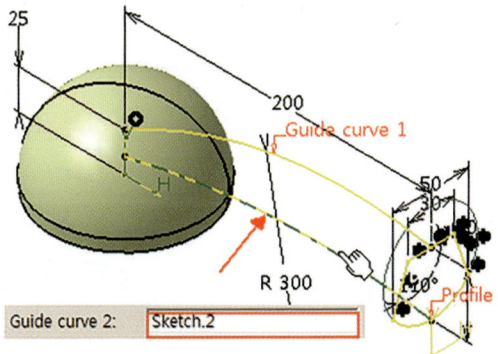

❻ Optional elements 아래 Spline 선택란에 마우스를 가져다 놓고 마우스 오른쪽버튼을 누른 후 콘텍스트 메뉴에서 Y Axis를 선택한다.

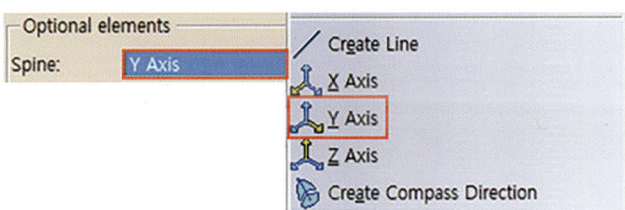

3 ![OK] 를 클릭하여 스윕 곡면을 생성한다.

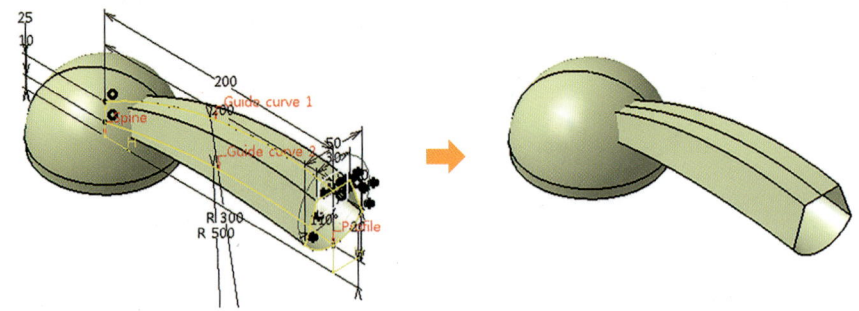

9 Trim 으로 곡면 자르기

1 Operations 도구모음의 Trim-Split 하위 도구모음에서 Trim 명령어를 클릭하여 실행한다.

2 **Trim Definition 대화상자 설정**

   ❶ Mode 드롭다운 목록에서 Standard를 선택한다.

   ❷ Trimmed elements 리스트에 자를 곡면으로 Revolute.1, Sweep.1 곡면을 선택하여 추가한다.
   ❸ ![OK] 를 클릭하여 선택한 곡면의 교차되는 부분을 자르면서 하나로 합쳐진 곡면을 작성한다.

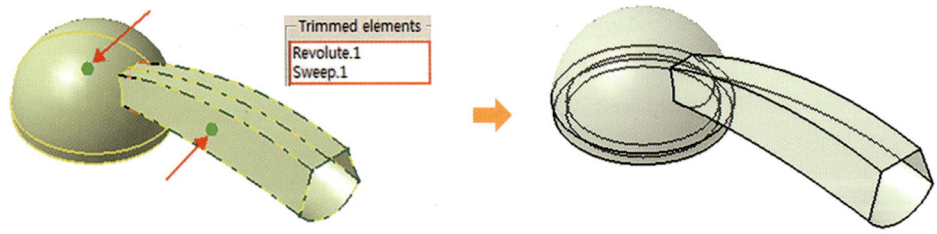

10 Sweep.2 곡면 만들기

1 Surfaces 도구모음의 Sweeps 하위 도구모음에서 Sweep 명령어를 클릭하여 실행한다.

2 Swept Surface Definition 대화상자 설정

❶ Profile type에서 Line 아이콘을 클릭한다.

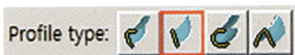

❷ Subtype 드롭다운 목록에서 With draft direction을 선택한다.

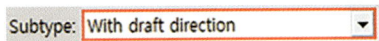

❸ Guide curve 1 선택란에 Sketch.4를 선택한다.

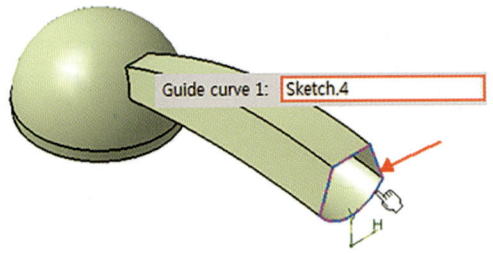

❹ Draft direction 선택란에 마우스 오른쪽버튼을 클릭하고 콘텍스트 메뉴에서 Y Component 를 선택한다.

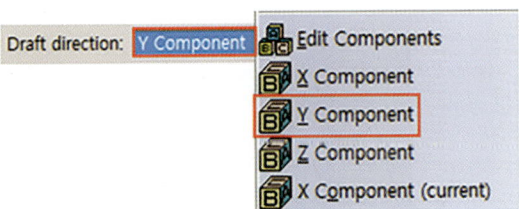

❺ Wholly defined 탭 아래 Angle 입력란에 15를 기입한다.

❻ Length 1 입력란에 거리값 10을 기입한다.

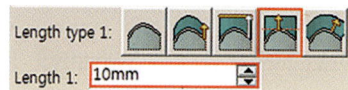

❼ Angular sector에서 Previous 나 Next 를 눌러 스윕 구배와 방향을 결정한다.
❽ OK 를 클릭하여 스윕한 곡면을 생성한다.

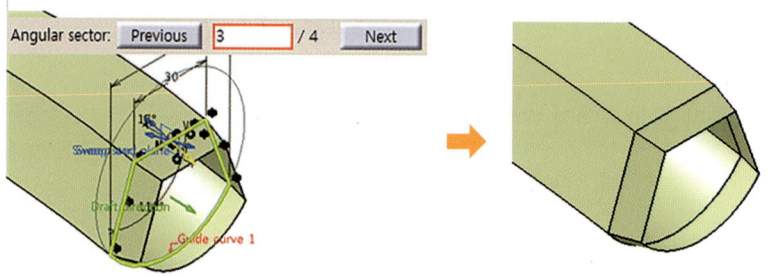

11 Fill을 사용하여 닫힌 영역을 채워진 곡면으로 만들기

1 Surfaces 도구모음의 Fill 명령어를 클릭하여 실행한다.

2 Fill Surface Definition 대화상자 설정

❶ Boundary 선택창에 닫힌 경계를 형성할 모서리를 선택한다.
❷ OK 를 클릭하여 닫힌 영역을 채워진 곡면으로 만든다.

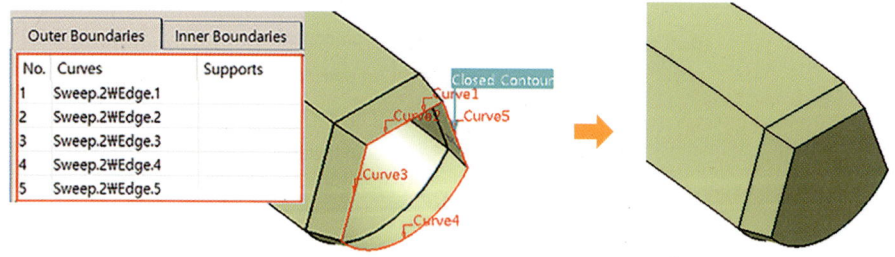

12 Revolve.2 곡면 프로파일 만들기

1 Specification Tree에서 yz평면을 선택하고 Sketcher 도구모음의 Sketch를 클릭한다.

2 Axis ![] 명령어를 실행하고 수평한 축선을 그린다.

3 Profile ![] 명령어를 실행한 다음 축선 위로 수평한 선분을 작성한다.

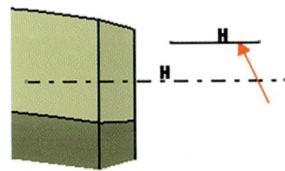

4 Constraints Defined in Dialog Box ![]

❶ 형상 모서리와 선분의 끝점을 선택하고 Constraints Defined in Dialog Box ![] 명령어를 클릭하여 실행한다.

❷ Constraint Definition 대화상자에서 Coincidence를 체크하고 ![OK] 를 클릭하여 모서리 선상에 선분의 끝점이 놓이도록 한다.

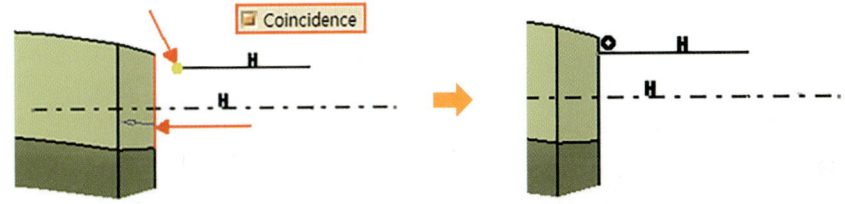

5 Constraint ![] 명령어를 더블 클릭하여 실행하고 치수값을 부여한다.

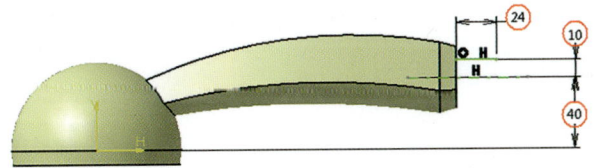

6 Exit Workbench ![] 를 클릭하여 Sketcher Workbench를 종료하고 Generative Shape Design Workbench로 돌아간다.

13 Revolve.2 곡면 만들기

1 Surfaces 도구모음의 Extrude-Revolution 하위 도구모음에서 Revolve 명령어를 클릭하여 실행한다.

2 Revolution Surface Definition 대화상자 설정

❶ Profile 선택란에 스케치를 선택한다.

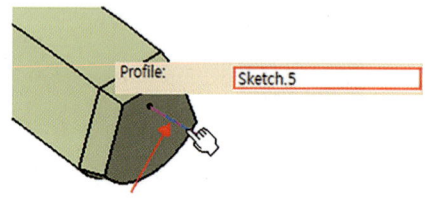

❷ Revolution axis는 스케치에서 Profile 도구모음에 Axis 명령어로 그린 축이 기본적으로 회전축으로 선택된다.

❸ Angular Limits 입력란에 Angle 1 값은 360, Angle 2 값은 0을 입력한다.

❹ OK 를 클릭하여 축을 중심으로 프로파일을 회전시켜 곡면을 만든다.

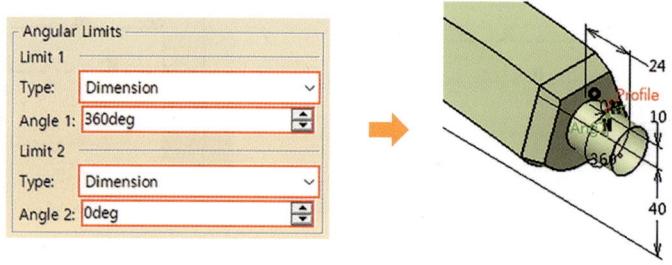

14 Trim 으로 곡면 자르기

1 Operations 도구모음의 Trim-Split 하위 도구모음에서 Trim 명령어를 클릭하여 실행한다.

2 Trim Definition 대화상자 설정

❶ Mode 드롭다운 목록에서 Standard를 선택한다.

❷ Trimmed elements 리스트에 자를 곡면으로 Fill.1, Revolute.2 곡면을 선택하여 추가한다.

❸ OK 를 클릭하여 선택한 곡면의 교차되는 부분을 자르면서 하나로 합쳐진 곡면을 작성한다.

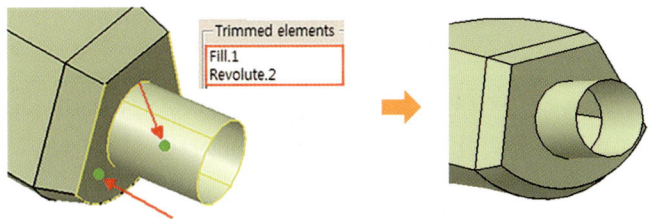

15 Join을 사용하여 결합된 곡면 만들기

1 Join 명령어를 클릭하여 실행한다.

2 Elements To Join 리스트에 결합할 곡면으로 Trim.1, Sweep.2, Trim.2 곡면을 선택하여 추가한다.

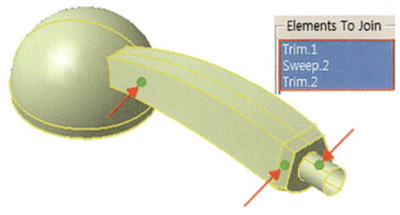

3 OK 를 클릭하여 하나로 합쳐진 곡면을 만든다.

16 Edge Fillet으로 곡면모서리 다듬기

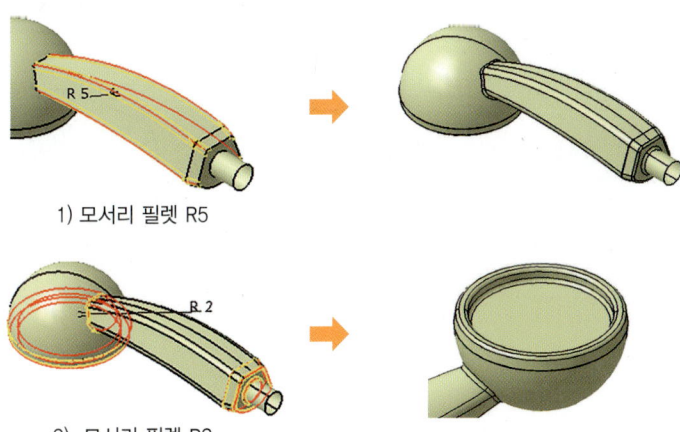

1) 모서리 필렛 R5

2) 모서리 필렛 R2

17 곡면 바디를 기반으로 솔리드 바디를 생성하기 위해 Part Design Workbench 로 들어가기

1 메뉴모음에서 Start 〉 Mechanical Design 〉 Part Design Workbench를 선택한다.

2 새로운 작업을 PartBody에 추가하기 위해 Specification Tree에서 PartBody에 마우스를 가져다 놓고 마우스 오른쪽버튼을 클릭한 후 Define In Work Object를 클릭한다.

18 Thick Surface 로 곡면에 두께 부여하여 솔리드 바디 만들기

1 Surface-Based Feature 도구모음에서 Thick Surface 명령어를 클릭하여 실행한다.

2 Thick Surface Definition 대화상자 설정

❶ First Offset 입력란에 두께를 부여할 값으로 1을 기입한다.

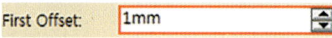

❷ Object to offset 선택란에 두께를 부여할 면을 선택한다.

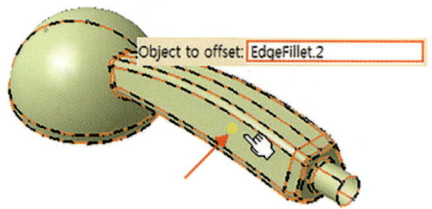

❸ OK 를 클릭하여 면 안쪽으로 두께가 부여된 솔리드 바디를 생성한다.

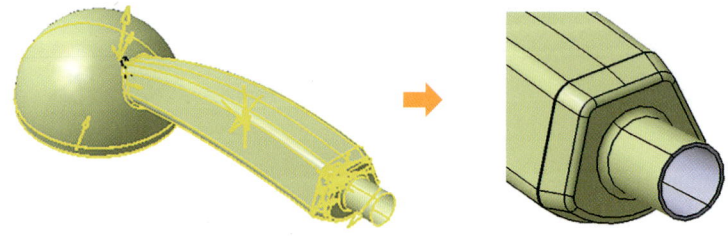

19 곡면 바디를 숨기기

Specification Tree에서 Geometrical set1의 콘텍스트 메뉴에서 Hide/Show를 선택하여 곡면 바디를 숨긴다.

20 Pocket에 사용될 스케치 프로파일 만들기

1 형상의 면을 선택하고 Sketcher 도구모음의 Positioned Sketch를 클릭한다.

❶ Swap에 체크하여 H축과 V축을 바꾸고 Reverse V를 체크하여 V축 방향을 반전한다.

❷ OK 를 클릭하여 Sketcher Workbench로 들어간다.

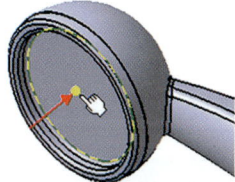

2 Circle

❶ Circle 명령어를 클릭하여 실행한다.
❷ H축 선상에 원의 중심점을 지정하고 반지름에 해당되는 점을 지정하여 원을 생성한다.

3 Constraint 명령어를 더블 클릭하여 실행하고 치수값을 부여한다.

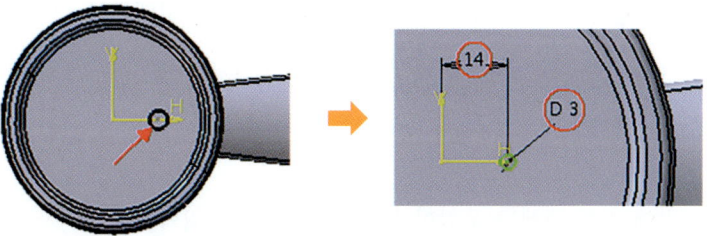

4 Exit Workbench를 클릭하여 Sketcher Workbench를 종료하고 Part Design Workbench로 돌아간다.

21　Pocket을 사용하여 기존 피처에서 형상을 제거하기

1 Pocket 명령어를 실행한다.

2 First Limits 아래 Type은 Up to next를 선택하고 OK 를 클릭하여 Pocket을 완성한다.

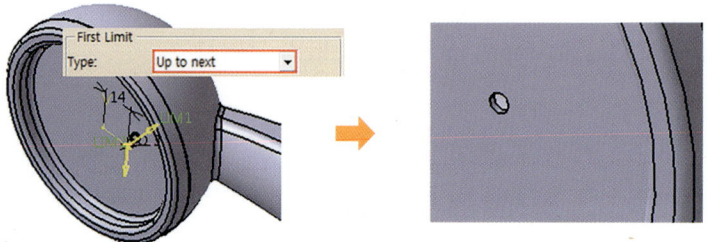

22　Circular Pattern을 사용하여 연관 복사하기

1 Transformation Features 도구모음의 Patterns 하위 도구모음에서 Circular Pattern을 클릭하여 실행한다.

2 Circular Pattern Definition 대화상자 설정

　❶ Axial Reference 탭에서 Parameters를 Complete crown을 선택한다.

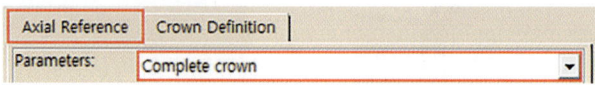

　❷ Instance(s) 란에 원본 객체를 포함한 복사할 개수 16을 입력한다.

❸ Reference Direction 아래 Reference element 선택란에 형상의 면을 선택한다. 선택한 면에 수직 방향으로 회전축이 결정된다.

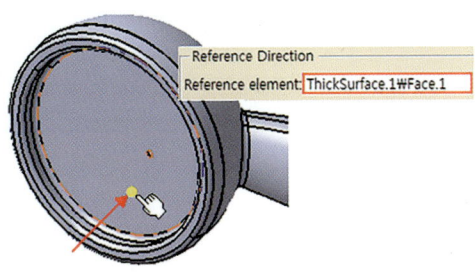

❹ Object to Pattern 아래 Object 선택란이나 Specification Tree에서 Pocket.1 피처를 선택하거나 Pocket 피처에 의해 형성된 면을 선택하여 Pocket 피처를 패턴할 피처로 선택한다.

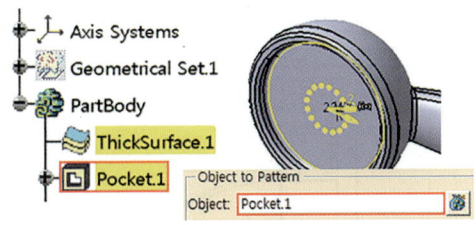

❺ Crown Definition 탭에서 Parameters로 Circle(s) & circle spacing 선택하고 Circle(s) 5와 Circle spacing 값 5를 입력한다.

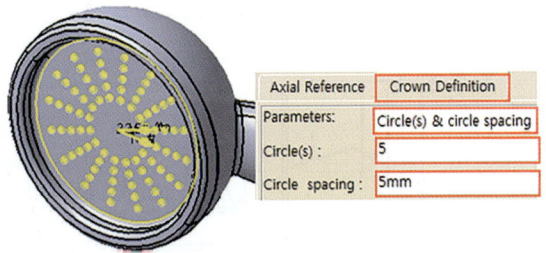

❻ OK 를 클릭하여 Pocket 피처를 원형 패턴으로 복사하고 모델링을 완성한다.

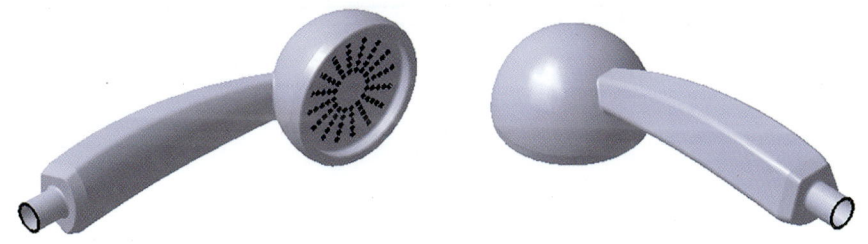

CHAPTER 07

활용 예제 6
Adaptive sweep, Point, Split

예제 도면 — 3D형상 모델링 작업하기

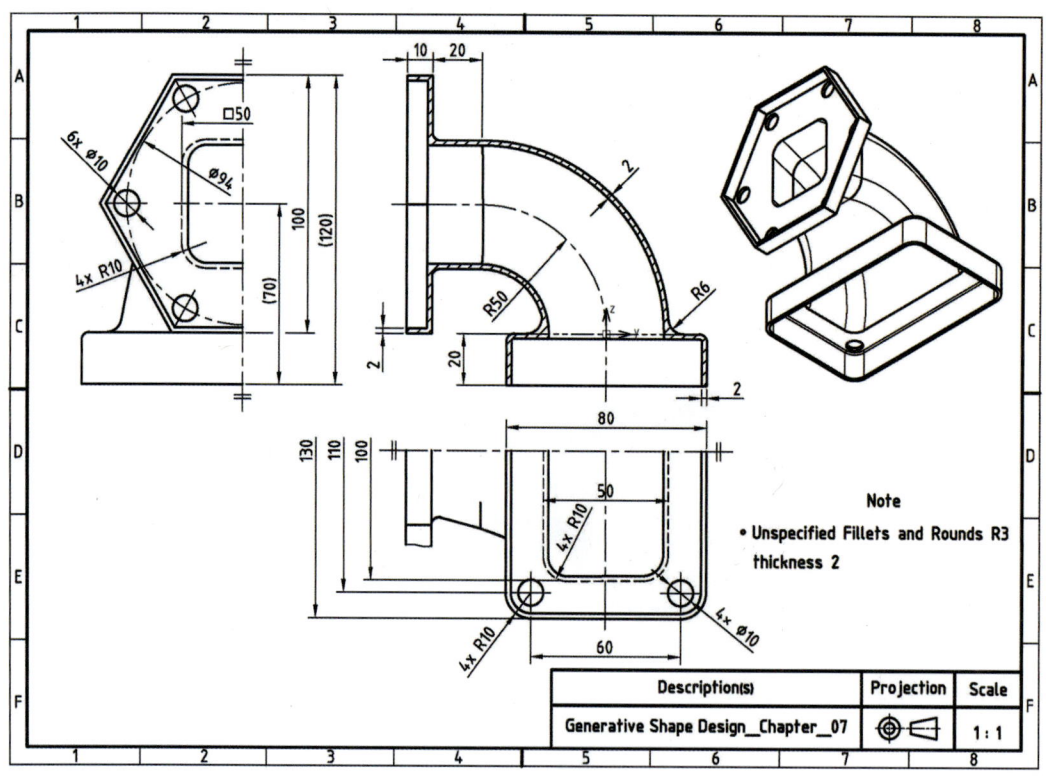

1 Generative Shape Design Workbench 선택하여 들어가기

1 메뉴모음에서 Start > Shape > Generative Shape Design을 선택한다.

2 New Part 대화상자에서 Part 이름을 지정하고 Create a geometric set에 체크한 후 OK 를 클릭한다.

2 Adaptive sweep 에 사용될 Guiding Curve 만들기(Sketch.1)

1 Specification Tree에서 yz평면을 선택하고 Sketcher 도구모음의 Sketch 를 클릭한다.

2 Arc 명령어를 실행한 다음 호의 중심점은 H축 선상에 일치하도록 지정하고 호의 시작점은 스케치 원점에 일치하게 호의 끝점은 호의 중심점으로부터 수직 방향에 위치하도록 지정한다.

3 Line 명령어를 실행하고 첫 번째 점은 호의 끝점에 일치하도록 지정하고 다음 점은 첫 번째 점으로부터 수평 방향에 점을 지정하여 선을 그린다.

4 Constraints Defined in Dialog Box

❶ 선을 선택하고 Constraints Defined in Dialog Box 명령어를 클릭하여 실행한 후 Constraint Definition 대화상자에서 Horizontal을 체크하여 수평선이 되도록 한다.

❷ 선과 호를 선택하고 Constraints Defined in Dialog Box 명령어를 클릭하여 실행한 후 Constraint Definition 대화상자에서 Tangency를 체크한다.

5 Constraint 명령어를 더블 클릭하여 실행하고 치수값을 부여한다.

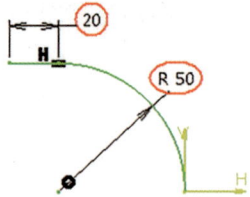

6 Exit Workbench를 클릭하여 Sketcher Workbench를 종료하고 Generative Shape Design Workbench로 돌아간다.

3 Adaptive sweep 에 사용될 Sketch 만들기(Sketch.2)

1 Specification Tree에서 xy평면을 선택하고 Sketcher 도구모음의 Positioned Sketch를 클릭한다.
  ❶ Swap에 체크하여 H축과 V축을 바꾸고 Reverse V를 체크하여 V축 방향을 반전한다.
  ❷ OK 를 클릭하여 Sketcher Workbench로 들어간다.

2 **Centered Rectangle**
  ❶ Centered Rectangle를 클릭하여 실행한다.
  ❷ 스케치 원점에 일치하도록 사각형의 중심점을 지정한다.
  ❸ 대각선 코너점을 지정하여 중심 사각형을 생성한다.

3 Corner를 사용하여 사각형의 꼭짓점에 반지름 10mm 크기의 코너를 생성한다.

4 Constraint 명령어를 더블 클릭하여 실행하고 치수값을 부여한다.

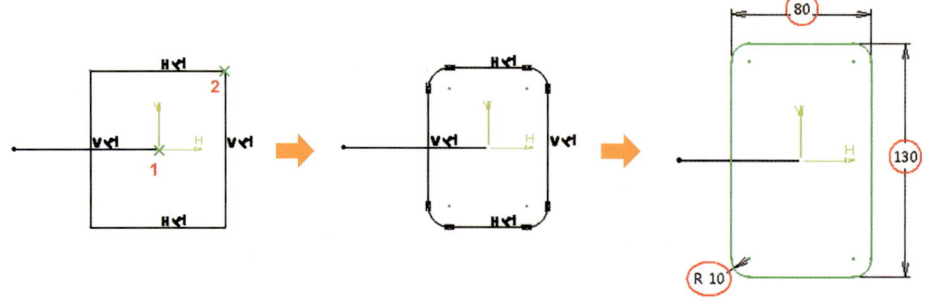

5 Exit Workbench를 클릭하여 Sketcher Workbench를 종료하고 Generative Shape Design Workbench로 돌아간다.

4 Adaptive sweep 곡면 만들기

1 Surfaces 도구모음의 Sweeps 하위 도구모음에서 Adaptive sweep 을 클릭하여 실행한다.

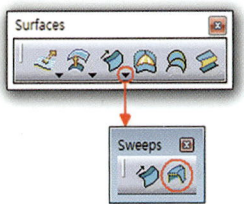

2 Adaptive sweep Definition 대화상자 설정

❶ Guiding Curve 선택란 프로파일이 따라갈 안내곡선으로 Sketch.1을 선택한다.

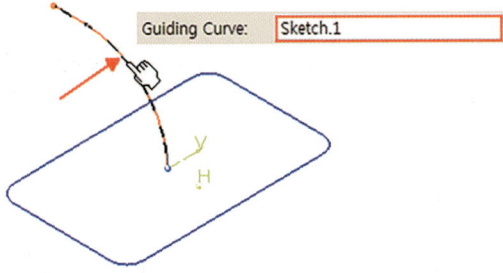

❷ Sketch 선택란에 프로파일로 Sketch.2를 선택한다.

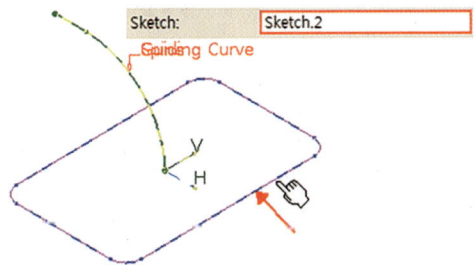

❸ Section 탭 아래 Support에 마우스를 가져다 놓고 마우스 오른쪽버튼을 누른 후 콘텍스트 메뉴에서 Create Endpoint를 선택한다.

❹ 안내 곡선의 끝점을 선택하여 다른 UserSection.2를 만든다.

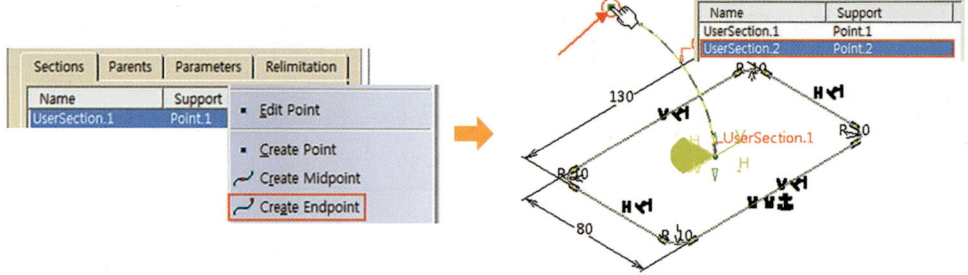

❺ Parameters 탭을 클릭하고 Current Section에서 UserSection.1을 선택하여 주어진 섹션에 대한 구속조건을 표시한 다음 80을 50으로, 130을 100으로 재정의한다.

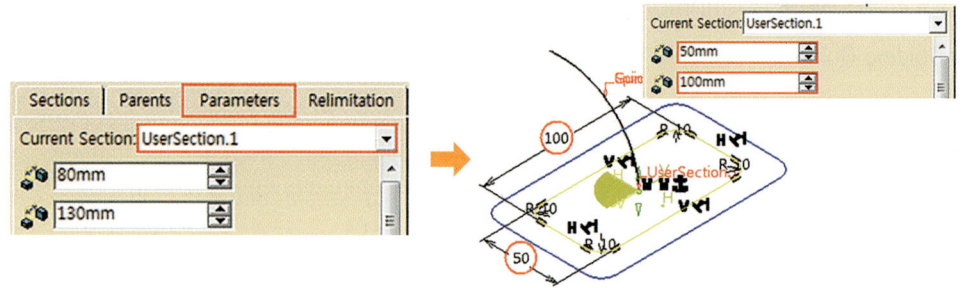

❻ Current Section에서 UserSection.2를 선택하여 주어진 섹션에 대한 구속조건을 표시한 다음 80을 50으로, 130을 50으로 재정의한다.

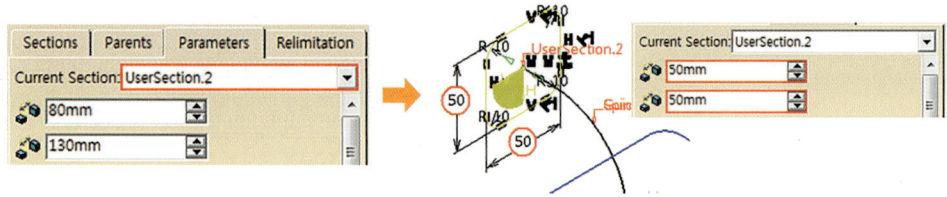

3 OK 를 클릭하여 안내 곡선을 따른 단면의 크기를 변화하여 스윕 곡면을 생성한다.

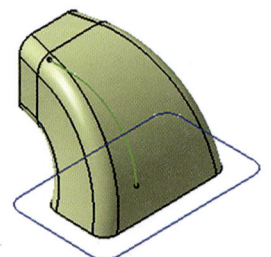

Adaptive sweep

프로파일이 안내곡선을 따라 만들어지는 Sweep과 비슷하나 Adaptive sweep은 프로파일과 해당 구속조건을 사용하여 안내곡선의 여러 지점에서 단면의 크기와 형태를 변형시켜 스윕 곡면을 생성할 수 있다.

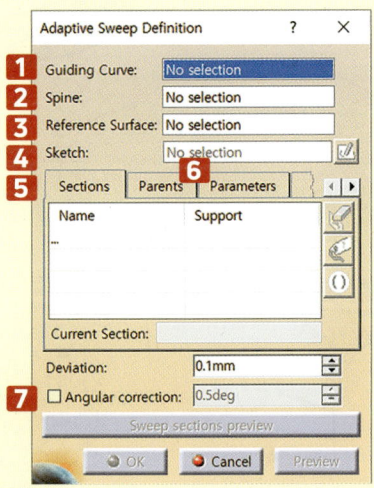

1 Guiding Curve

스케치 프로파일의 크기, 방향, 위치를 제어하며 따라갈 경로 곡선으로 미리 작성된 곡선을 선택하거나 생성할 수 있다.

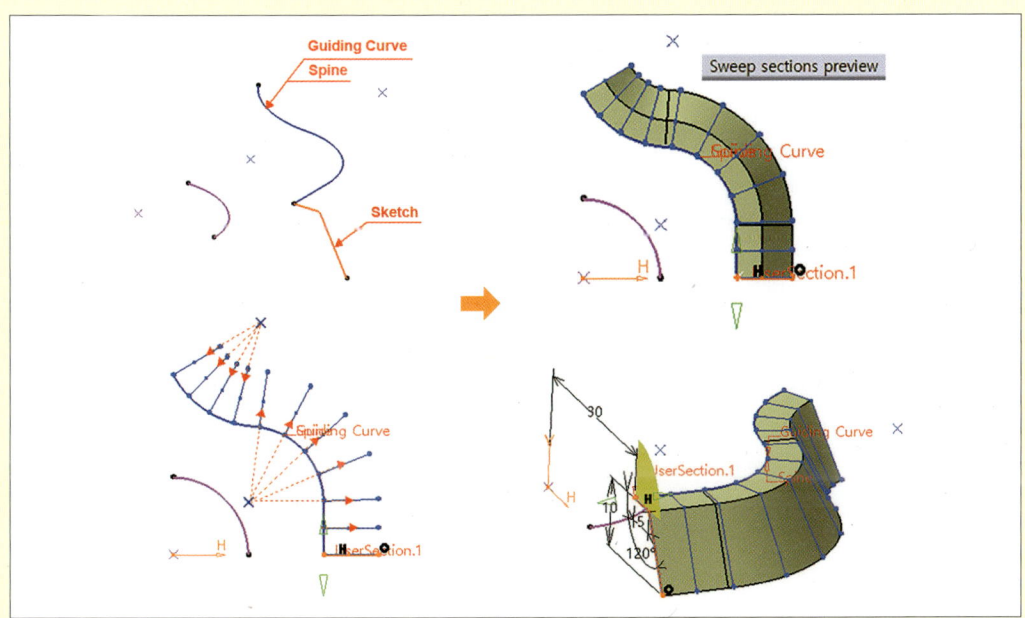

2 Spine

형상의 전체적인 방향성과 위치를 정하는 중심축이며 기본적으로 안내 곡선이 스파인 곡선으로 선택되어 있다. 스파인 곡선을 안내 곡선과 다르게 선택할 수도 있다.

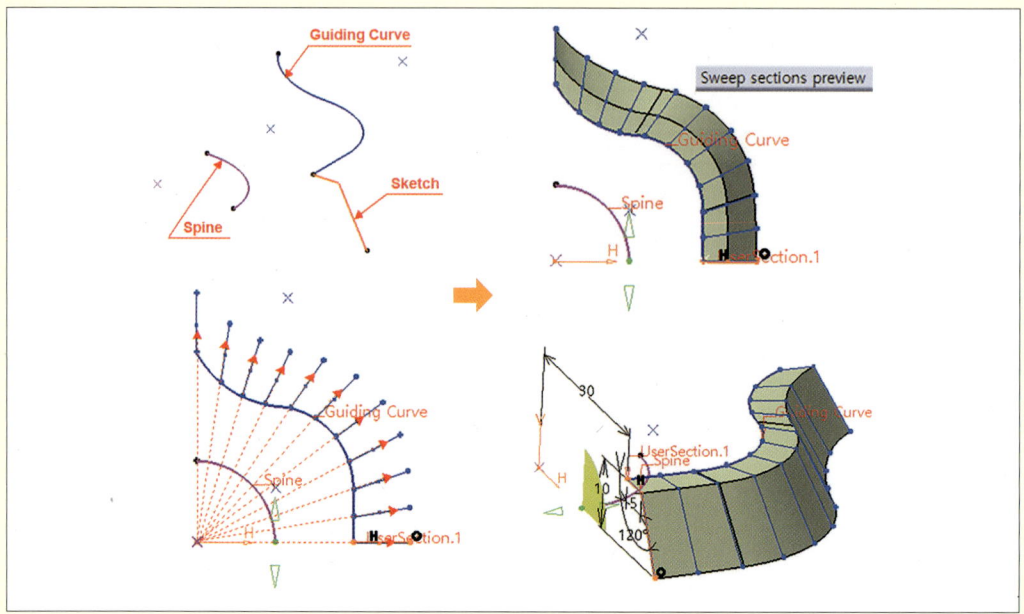

3 Reference Surface

선택사항이며 안내 곡선을 선택하면 Reference Surface는 자동으로 안내 곡선의 경계가 속한 곡면이 된다. Reference Surface는 스윕 곡면이 생성되는 Axis system을 정의하는 데 사용되며 실제로 Axis(H 또는 V) 중 하나는 Reference Surface에 접하는 것으로 정의된다.

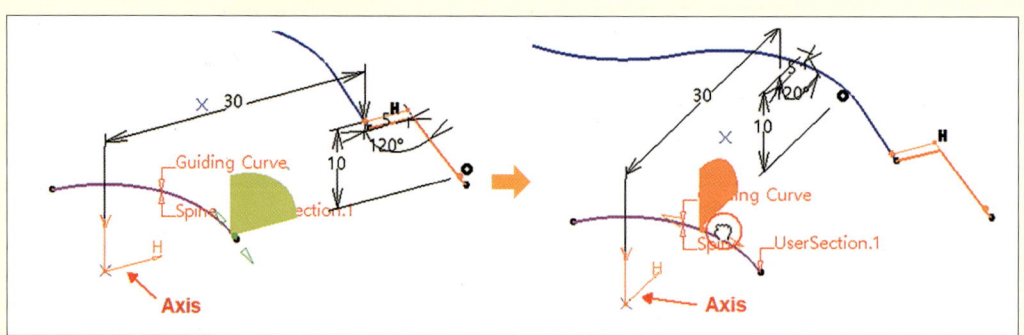

4 Sketch

안내 곡선을 따라 스윕할 스케치를 선택한다. 첫 번째 단면이 생성되는 평면을 정의하는 Axis system이 표시되며 Axis system은 Reference Surface에 수직으로 배치된다.

5 Sections

다른 단면을 생성하려면 안내 곡선의 끝점을 선택한다. 생성된 단면에는 축 시스템이 표시된다.

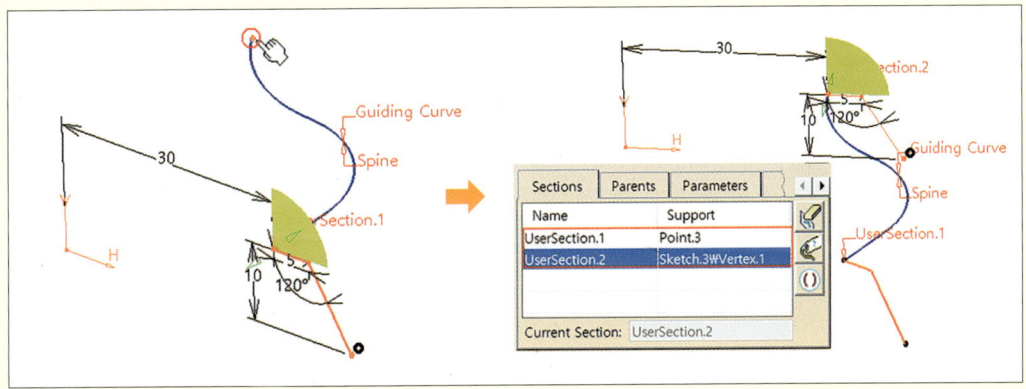

- ❶ Remove current section : Sections 리스트에서 삭제하고자 하는 UserSection을 선택하고 버튼을 클릭하여 삭제한다.
- ❷ Rename current section : Sections 리스트에서 이름을 변경하고자 하는 UserSection을 선택하고 버튼을 클릭한 다음 Current Section 입력창에서 다른 이름을 지정하여 변경한다.
- ❸ Activate / Inactivate locally current section : Sections 리스트에서 UserSection을 선택하고 버튼을 클릭하여 선택한 UserSection을 활성화하거나 비활성화한다.

6 Parameters

Current Section 드롭다운 목록에서 선택된 Section에 대한 구속조건이 표시되고 치수를 재정의하여 단면 위치, 크기를 변경할 수 있다.

7 Sweep sections preview

Adaptive sweep 곡면의 와이어프레임 미리보기를 보려면 클릭한다. 이 옵션을 사용하면 안내 곡선을 따라 스케치가 어떻게 진행되는지 확인할 수 있다.

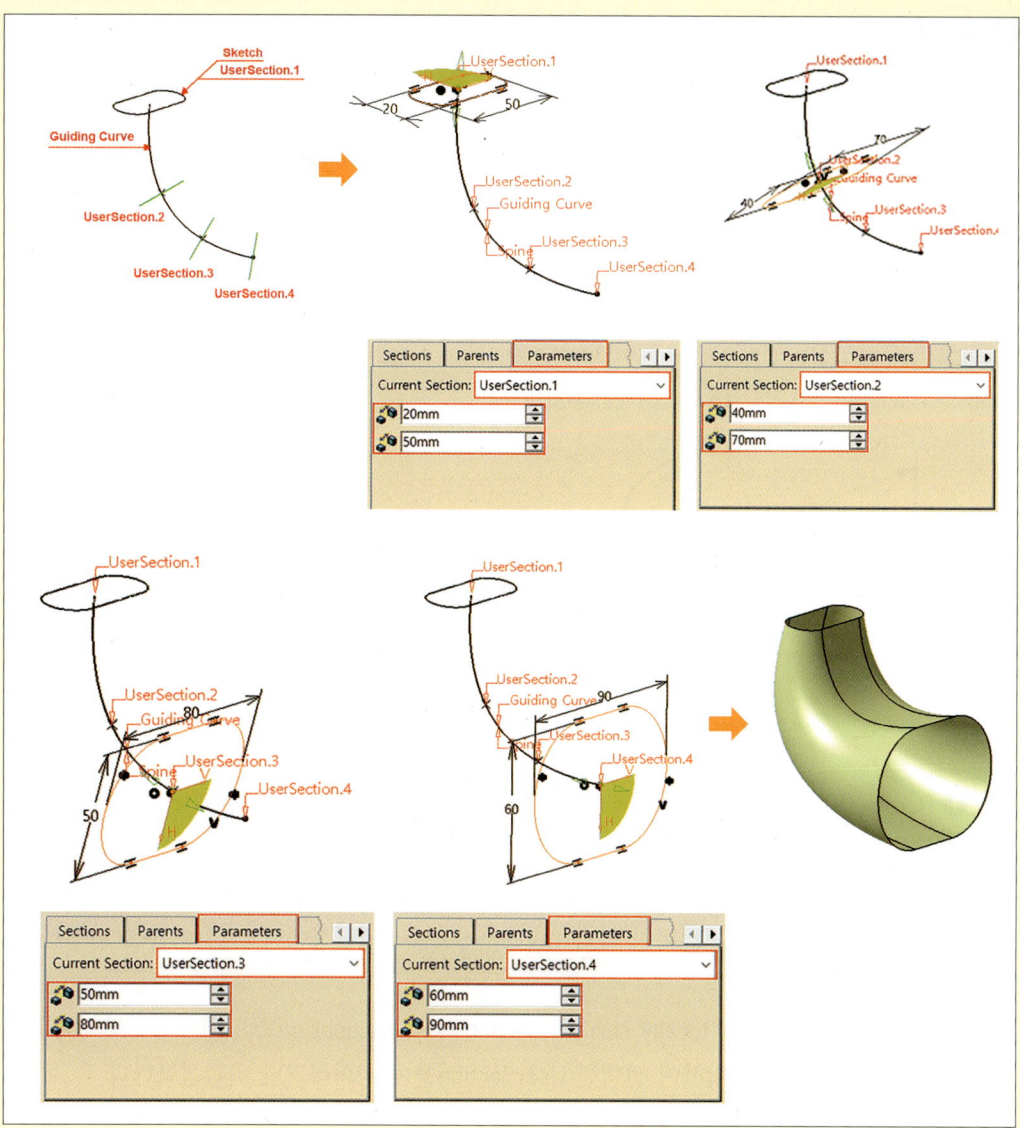

5 Fill을 사용하여 닫힌 영역을 채워진 곡면으로 만들기(1)

1 Surfaces 도구모음의 Fill 명령어를 클릭하여 실행한다.

2 Fill Surface Definition 대화상자 설정

❶ Boundary 선택창에 닫힌 경계로 Sketch.2를 선택한다.

❷ OK 를 클릭하여 닫힌 영역을 채워진 곡면으로 만든다.

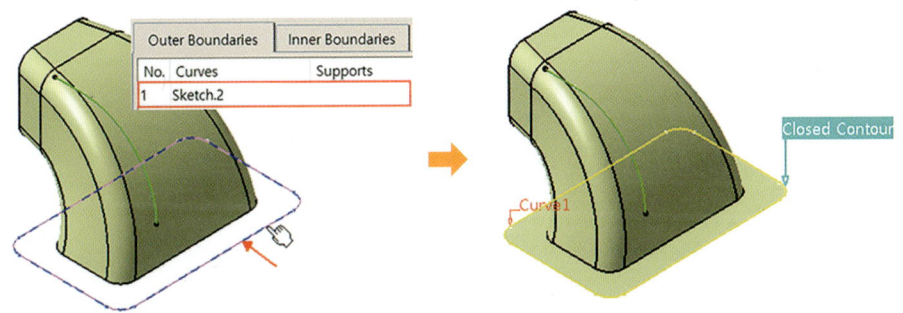

6 스케치 평면 만들기

1 Plane 명령어를 클릭하여 실행한다.

2 Plane Definition 대화상자 설정

❶ Plane type으로 Normal to curve를 선택한다.

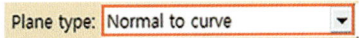

❷ Curve 선택란에 스케치 선분을 선택한다.

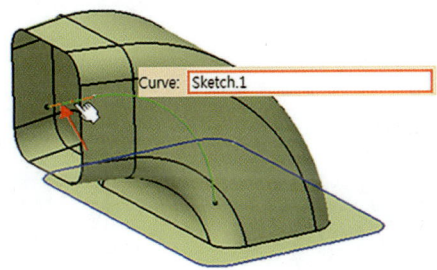

❸ Point 선택란에 선분의 끝점을 선택한다.

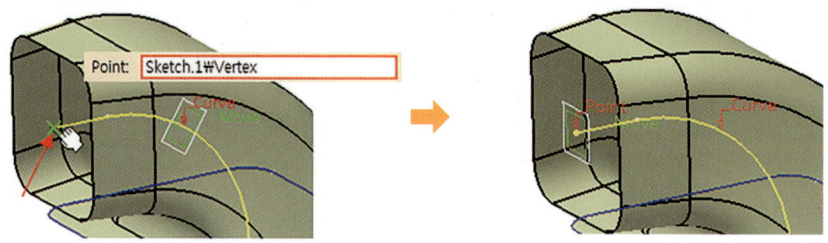

❹ OK 를 클릭하여 선분의 끝점 위치에서 선분에 수직한 평면을 만든다.

7 Fill 곡면에 사용될 Profile 스케치 만들기

1 Specification Tree에서 Plane.1을 선택하고 Sketch 명령어를 클릭하여 Sketcher Workbench로 들어간다.

2 Polygon 명령어를 실행한 다음 내접원 다각형의 중심점과 반지름에 해당하는 점을 V축 선상에 지정하여 정육각형을 생성한다.

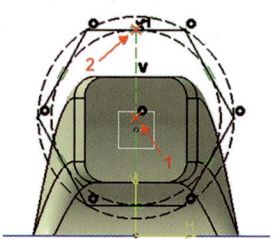

3 Constraints Defined in Dialog Box
다각형의 중심선의 끝점과 이전 스케치의 선분의 끝점을 선택하고 Constraints Defined in Dialog Box 명령어를 실행한다. Constraint Definition 대화상자에서 Coincidence를 체크하여 두 점이 일치하는 위치에 놓이도록 한다.

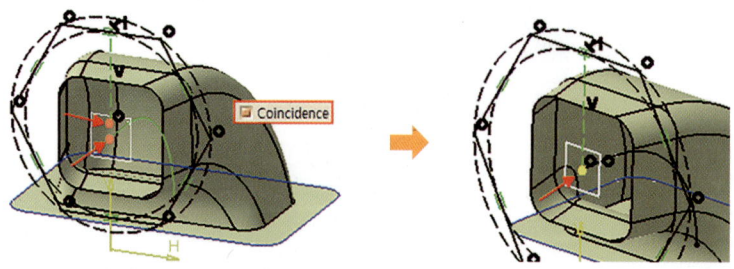

4 Constraint 명령어를 실행하고 치수값을 부여한다.

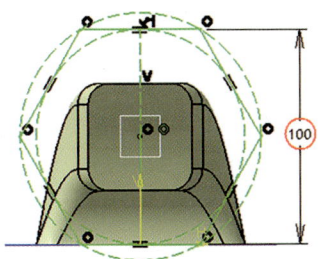

5 Exit Workbench를 클릭하여 Sketcher Workbench를 종료하고 Generative Shape Design Workbench로 돌아간다.

8 Fill을 사용하여 닫힌 영역을 채워진 곡면으로 만들기(2)

1 Surfaces 도구모음의 Fill 명령어를 클릭하여 실행한다.

2 Fill Surface Definition 대화상자 설정
   ❶ Boundary 선택창에 닫힌 경계로 Sketch.3을 선택한다.
   ❷ OK 를 클릭하여 닫힌 영역을 채워진 곡면으로 만든다.

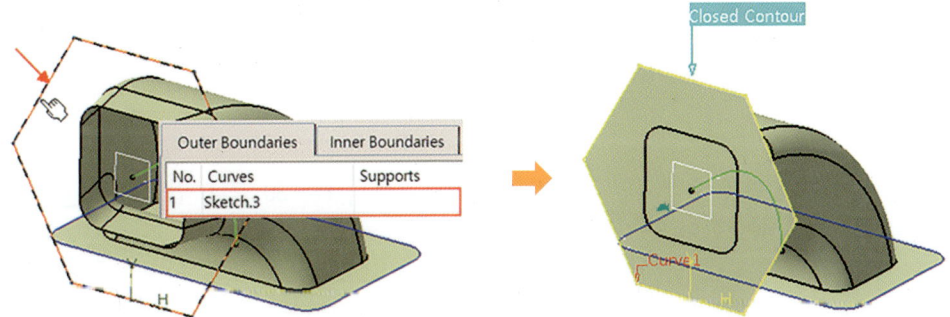

알아두기 9 Point ▪ 만들기

1 Wireframe 도구모음의 Points 하위 도구모음에서 Point ▪ 명령어를 더블 클릭하여 실행한다.

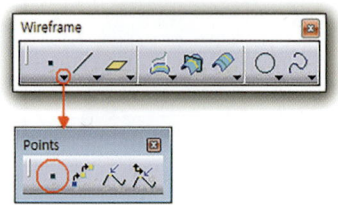

2 Point Definition 대화상자 설정

❶ Point type 드롭다운 목록에서 Coordinates를 선택한다.

❷ Reference 아래 Point 선택란에 선분의 끝점을 선택한다.

❸ 좌푯값 입력란에 X=47, Y=0, Z=0 입력하고 ● OK 를 클릭하여 점을 생성한다.

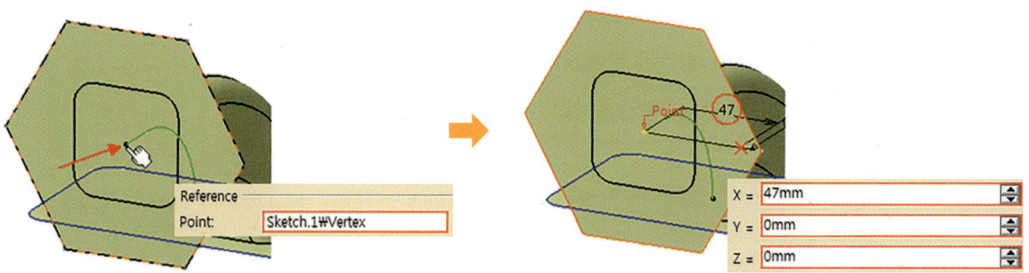

❹ Point 명령어가 반복 실행되면 좌푯값 입력란에 X=55, Y=-30, Z=0 입력하고 ● OK 를 클릭하여 점을 생성한다.

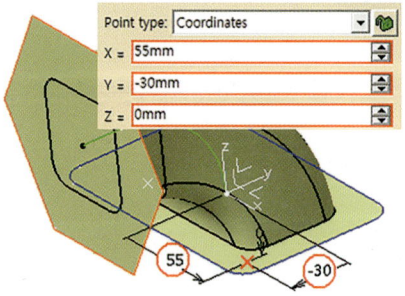

❺ ● Cancel 을 클릭하여 Point 명령을 종료한다.

알|아|두|기
Point

점은 곡선, 곡면, 평면, 솔리드 등의 생성에 필요한 기준 요소로 사용된다.

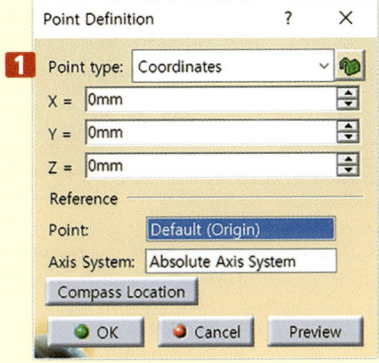

1 Point type

❶ Point type `Coordinates ▼`

기본적으로 Absolute Axis system을 기준으로 X, Y, Z 좌표를 입력하여 점을 지정한다.

• Absolute Axis system의 원점이 아닌 다른 점을 기준으로 좌표를 입력하고자 한다면 Reference 아래 Point를 지정한다.

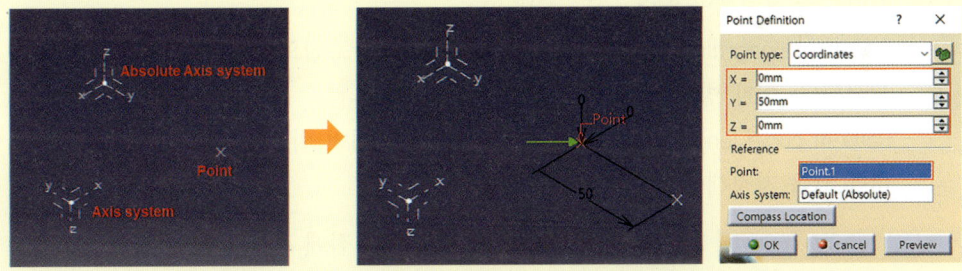

• Reference 아래 Axis system의 초기 값은 Absolute Axis system이다. 다른 Axis system을 기준으로 좌푯값을 입력하고자 할 때 선택한다.

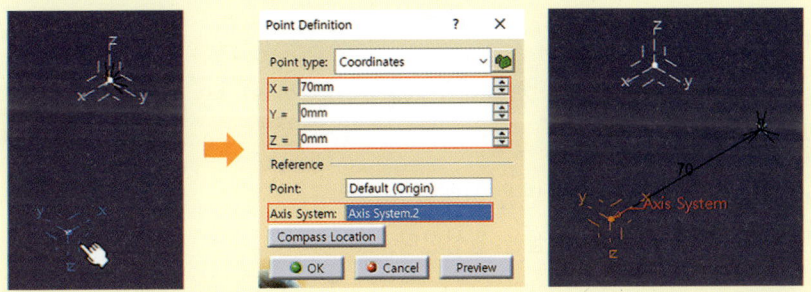

❷ Point type On curve ▼

곡선에 점을 생성한다.

- Curve : 곡선을 선택한다.
    - Reference 아래 Point는 곡선에 놓일 점의 위치를 계산하기 위한 참조점이며 기본적으로 곡선의 끝점이 선택되어 있다. 필요에 따라 참조점을 선택할 수 있으며 선택한 참조점이 곡선에 없으면 점과 곡선 사이의 최소 거리를 기준으로 곡선에 놓일 점의 위치가 계산된다.

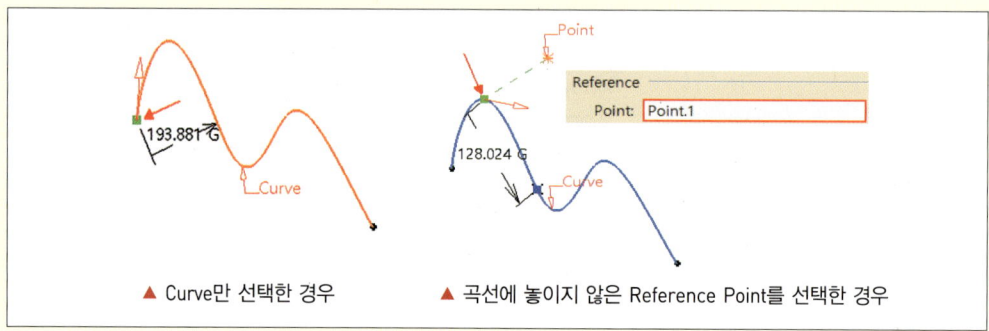

▲ Curve만 선택한 경우 　　　▲ 곡선에 놓이지 않은 Reference Point를 선택한 경우

- Reverse Direction : 참조점 반대쪽에 있는 점을 표시하려면 클릭한다.
- Distance to Reference : 점을 생성할 위치를 결정하는 옵션을 선택한다.
    - Distance on curve: 참조점을 기준으로 곡선을 따라 일정 거리에 점이 생성된다. 이때 거리값을 지정해야 한다.
    - Distance along direction : 지정된 방향을 따라 참조점으로부터 오프셋된 거리에 점이 생성된다. 이때 방향 및 오프셋 값을 지정해야 한다.
    - Ratio of curve length : 참조점과 곡선의 끝점 사이의 비율에 따라 점이 생성된다. 이때 비율 값을 지정해야 한다.
- Nearest extremity : 선택 시 곡선의 가장 가까운 끝점에 점을 표시한다.
- Middle point : 선택 시 곡선의 중간점에 점을 표시한다.
- Repeat object after OK 옵션을 선택하면 생성된 점을 참조로 곡선에 같은 간격으로 여러 개의 점을 생성할 수 있다.

❸ Point type On plane ▼

Axis system의 평면 중 하나를 선택하고 Axis system의 원점을 기준으로 좌푯값을 입력하여 평면상에 점을 생성한다.

- Plane : Axis system에서 평면을 선택한다.
- H 및 V 좌푯값을 입력하여 점을 생성한다.

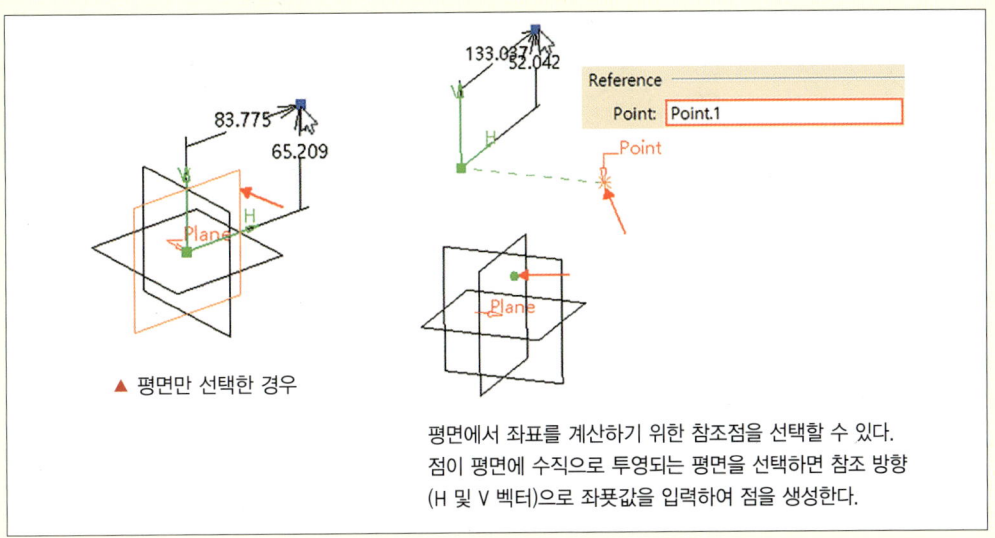

▲ 평면만 선택한 경우

평면에서 좌표를 계산하기 위한 참조점을 선택할 수 있다. 점이 평면에 수직으로 투영되는 평면을 선택하면 참조 방향 (H 및 V 벡터)으로 좌푯값을 입력하여 점을 생성한다.

❹ **Point type** `On surface ▼`

곡면에 점을 생성한다.
- Surface : 점이 생성될 곡면을 선택한다.
- Reference 아래 Point는 기본적으로 곡면의 중간점이며 필요에 따라 참조점을 선택한다.

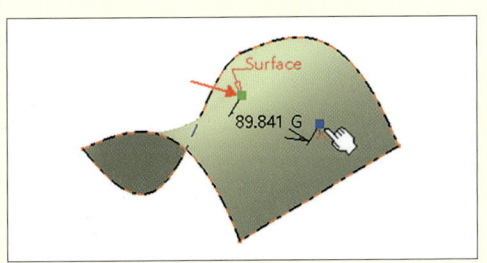

- Direction : 요소를 선택하여 방향을 참조 방향으로 사용하거나 평면을 선택하여 법선을 참조 방향으로 사용할 수 있다. 콘텍스트 메뉴를 사용하여 참조 방향의 X, Y, Z Component를 지정할 수도 있다.
- Distance : 점을 표시하려면 참조 방향을 따라 거리를 입력한다.

❺ **Point type** `Circle / Sphere / Ellipse center ▼`

원, 원형 호, 타원 또는 타원형 호의 중심에 점을 생성한다.
ⓐ Circle / Sphere / Ellipse : 원, 원형 호, 타원 또는 타원형 호를 선택한다.
ⓑ `● OK` 를 클릭하면 선택한 요소의 중심에 점이 표시된다.

❻ **Point type** `Tangent on curve ▼`

곡선과 선을 선택하여 접하는 점 위치에 점을 생성한다.
- Curve : 접점 위치에 점이 생성될 곡선을 선택한다.
- Direction : 곡선과 접점을 만들 방향을 선택한다.

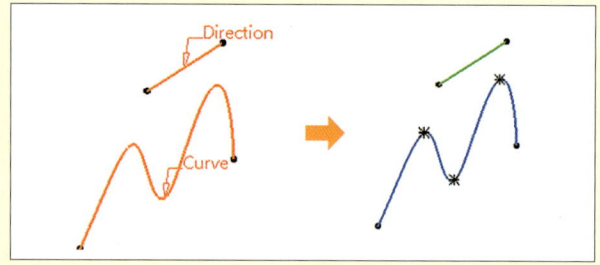

❼ **Point type** `Between ▼`

선택한 두 점 사이에 점을 생성한다.
- Point 1과 Point 2를 선택한다.
- Ratio : 새 점이 지정될 첫 번째 선택한 점으로부터의 거리 백분율인 비율을 입력하여 점을 생성하며 Middle Point 클릭하면 정확한 중간점(비율 = 0.5)을 만들 수도 있다.
- 두 번째로 선택한 점에서 비율을 측정하려면 `Reverse Direction` 을 클릭한다.

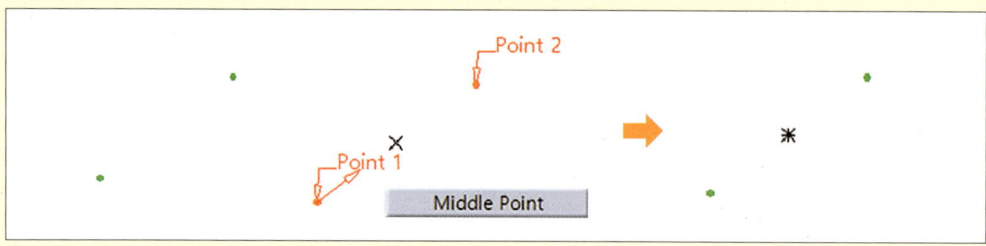

10　Circle ○

1 Wireframe 도구모음의 Circle-Conic 하위 도구모음에서 Circle ○ 명령어를 더블 클릭하여 실행한다.

2 Circle Definition 대화상자 설정
  ❶ Circle type 드롭다운 목록에서 Center and radius를 선택한다.
  ❷ Center 선택란에 Fill.2 곡면에 생성된 점을 선택한다.
  ❸ Support 선택란에 원이 생성될 평면으로 Fill.2 곡면을 선택한다.

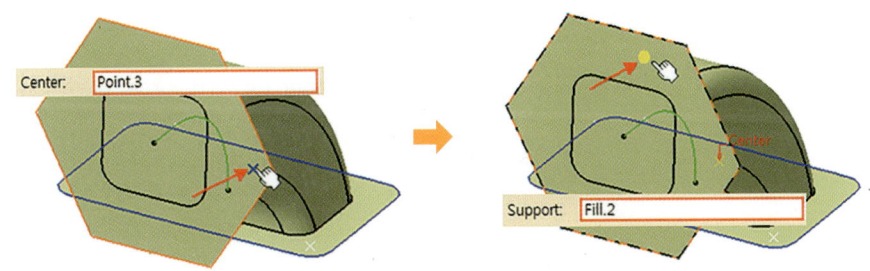

  ❹ Radius: 를 클릭하여 Diameter: 로 변환한 후 입력란에 지름 10mm를 기입한다.

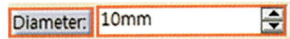

  ❺ Circle Limitations 아래에서 전체적인 원이 작성되도록 Whole circle ⊙ 아이콘을 선택한다.
  ❻ OK 를 클릭하여 원을 생성한다.

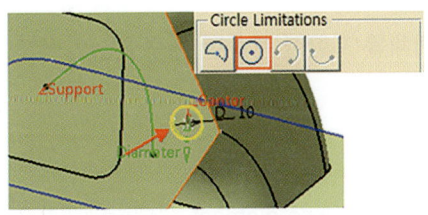

  ❼ Circle 명령어가 반복 실행되면 Center 선택란에 Fill.1 곡면에 생성된 점을 선택하고 Support 선택란에 원이 생성될 평면으로 Fill.1 곡면을 선택한 다음 OK 를 클릭하여 원을 생성한다.

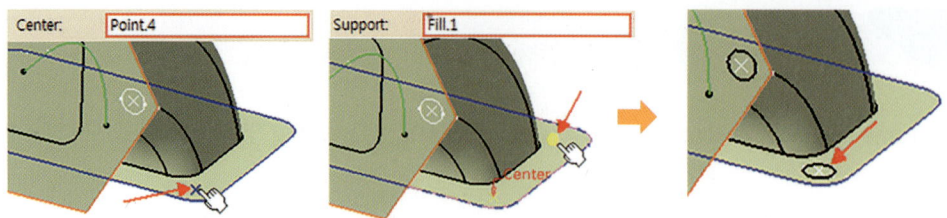

❽ 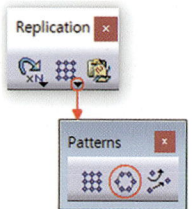 을 클릭하여 Circle 명령을 종료한다.

11 Circular Pattern ✣ 으로 연관 복사하기

1 Replication 도구모음의 Patterns 하위 도구모음에서 Circular Pattern ✣ 을 클릭하여 실행한다.

2 Circular Pattern Definition 대화상자 설정

❶ Axial Reference 탭에서 Parameters로 Complete crown을 선택한다.

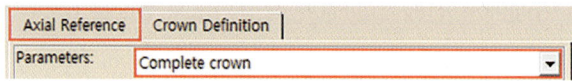

❷ Instance(s) 란에 원본 객체를 포함한 복사할 개수 6을 입력한다.

❸ Reference Direction 아래 Reference element 선택란에 Fill.2 곡면을 선택하면 선택한 면에 수직 방향으로 회전축이 결정된다.

❹ Object to Pattern 아래 Object 선택란에 Circle.1을 선택한다.

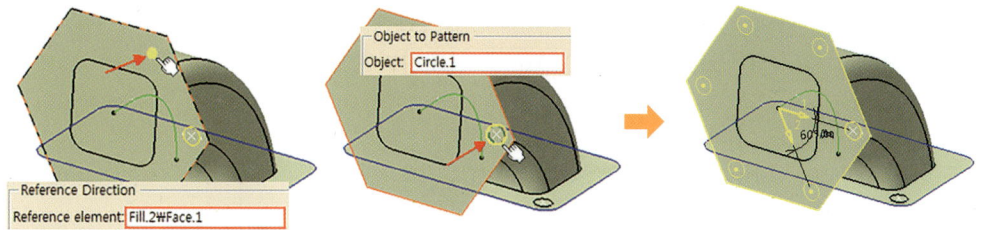

3 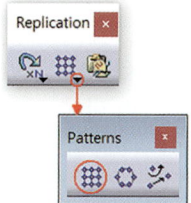 를 클릭하여 Circle을 원형 패턴으로 복사한다.

12 Rectangular Pattern ▦ 으로 연관 복사하기

1 Replication 도구모음의 Patterns 하위 도구모음에서 Rectangular Pattern ▦을 클릭하여 실행한다.

2 Rectangular Pattern Definition 대화상자 설정

❶ First Direction 탭에서 Parameters에서 Instance(s) & Length를 선택한다. Instance(s) & Length를 선택하면 전체 길이와 인스턴스 수에 의해 패턴 사이가 같은 간격이 되도록 계산되어 패턴된다.

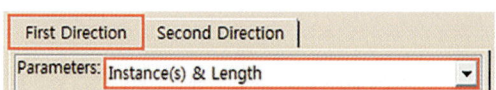

❷ Instance(s) 란에 원본 객체를 포함한 복사할 개수 2와 Length 란에 전체 길이 60mm를 입력한다.

❸ Reference Direction 아래 Reference element 선택란에 마우스를 가져다 놓고 마우스 오른쪽 버튼을 누른 후 콘텍스트 메뉴에서 Y Axis를 선택한다.

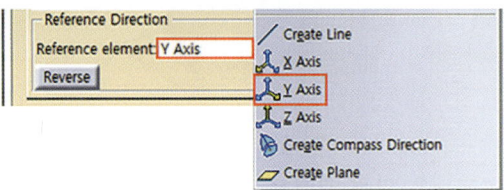

❹ Object to Pattern 아래 Object 선택란에 Circle.2를 선택한다.

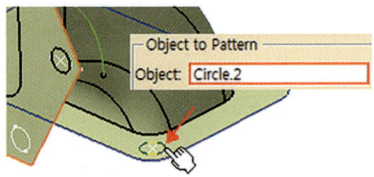

❺ Second Direction 탭을 클릭하고 Parameters에서 Instance(s) & Length를 선택한다.
❻ Instance(s) 란에 인스턴스 수 2와 Length 란에 전체 길이 110mm를 입력한다.

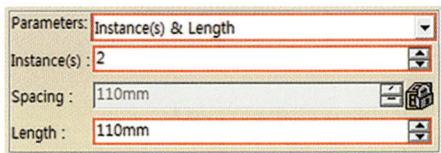

❼ Reference Direction 아래 Reference element 선택란에 마우스를 가져다 놓고 마우스 오른쪽 버튼을 누른 후 콘텍스트 메뉴에서 X Axis를 선택한 다음 Reverse 를 클릭하여 패턴 방향을 반전한다.

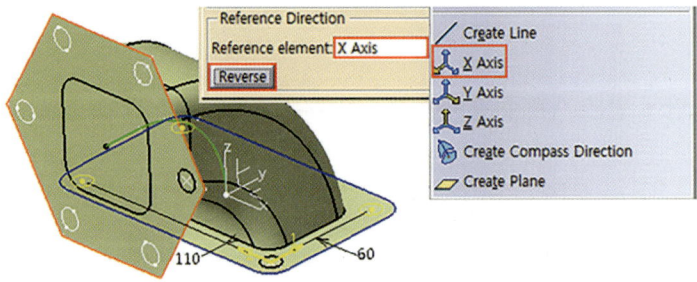

❽ OK 를 클릭하여 직사각형 패턴을 완성한다.

13 Split을 사용하여 곡면 자르기

1 Operations 도구모음의 Trim-Split 하위 도구모음에서 Split 명령어를 더블 클릭하여 실행한다.

2 Split Definition 대화상자 설정

❶ Element to cut 선택란에 분할할 요소로 Fill.2 곡면을 선택한다.
❷ Cutting elements 선택란에 절단요소로 Circle.1과 Circular Pattern.1을 선택한다.

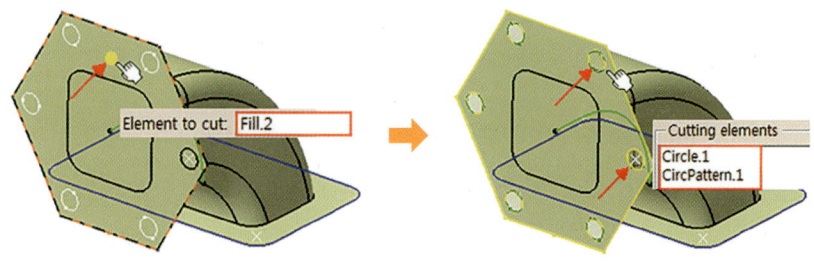

❸ OK 를 클릭하여 절단요소에 분할된 곡면을 완성한다.
❹ Split 명령어가 반복 실행되면 Element to cut 선택란에 분할할 요소로 Fill.1 곡면을 선택하고 Cutting elements 선택란에 절단요소로 Circle.2과 Rectangular Pattern.1을 선택한 다음 OK 를 클릭하여 절단요소와 분할된 곡면을 완성한다.

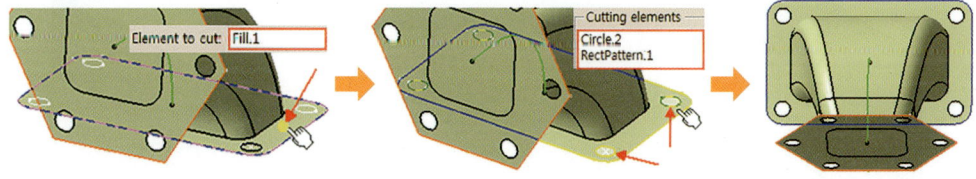

알아두기

Split

절단요소를 사용하여 곡면 또는 와이어프레임 요소를 분할한다.

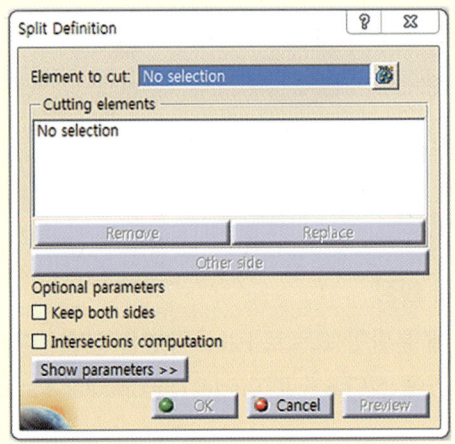

❶ Split 명령을 실행한다.
❷ Split Definition의 Element to cut 선택란에 잘라낼 요소를 선택한다. 이때 선택한 부분이 보존되며 Other side 를 버튼을 클릭하여 잘라낼 요소에서 유지할 부분과 제거할 부분을 변경한다. 이 버튼을 모든 잘라낼 요소에 적용된다.
❸ Cutting elements 선택란에 평면, 곡면, 스케치 요소, 곡선을 절단요소로 선택한다.
❹ Remove 또는 Replace 를 클릭하여 선택요소를 제거하거나 교체한다.
❺ OK 를 클릭한다.

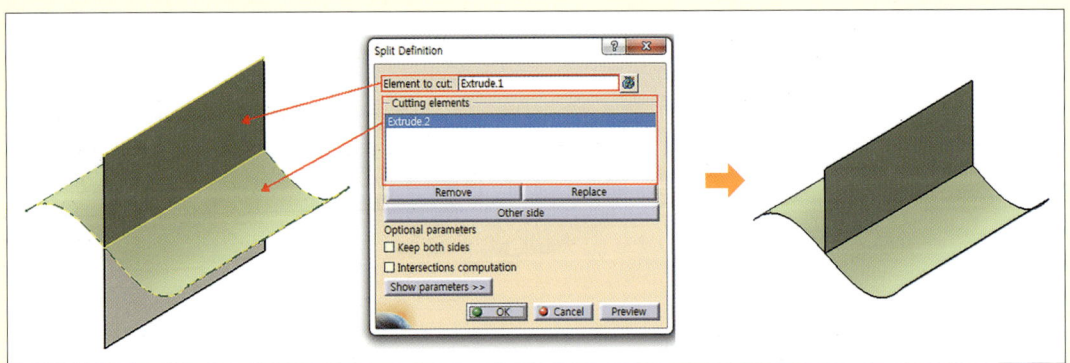

1 다중 선택

❶ 잘라낼 요소 다중 선택

여러 개의 잘라낼 요소를 선택하고자 할 경우 Split 명령 실행 전에 선택하거나 Group 을 클릭하여 선택한다.

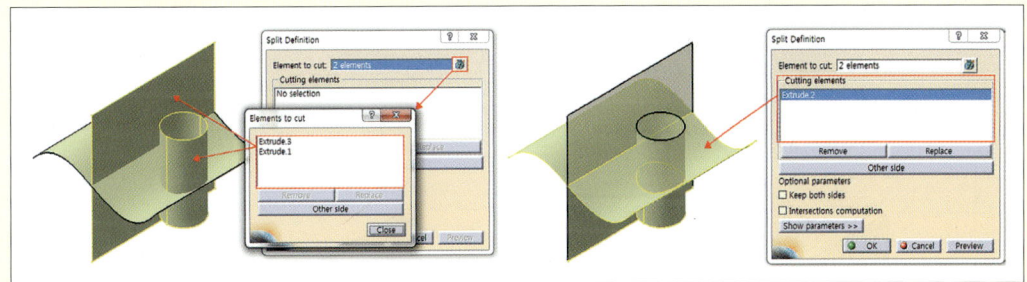

선택된 요소의 자를 방향을 바꾸고자 한다면 Elements to cut 대화상자에서 요소를 선택하고 Other side 를 클릭한다.

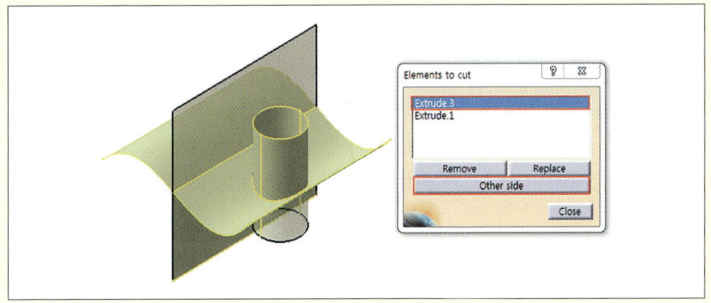

❷ 절단요소 다중 선택

여러 개의 절단요소를 선택할 수 있으며 잘라낼 요소를 기준으로 유지해야 하는 면에 따라 분할 영역이 정의된다.

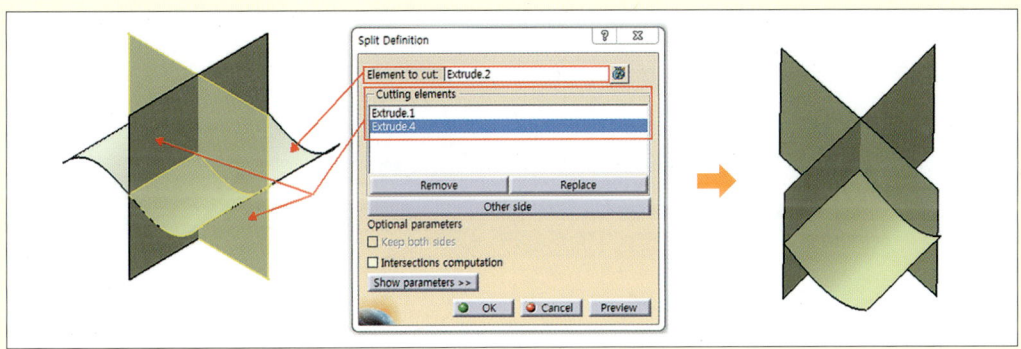

2 Optional parameters

❶ Keep both sides : 체크 시 분할된 면이 모두 유지된다.

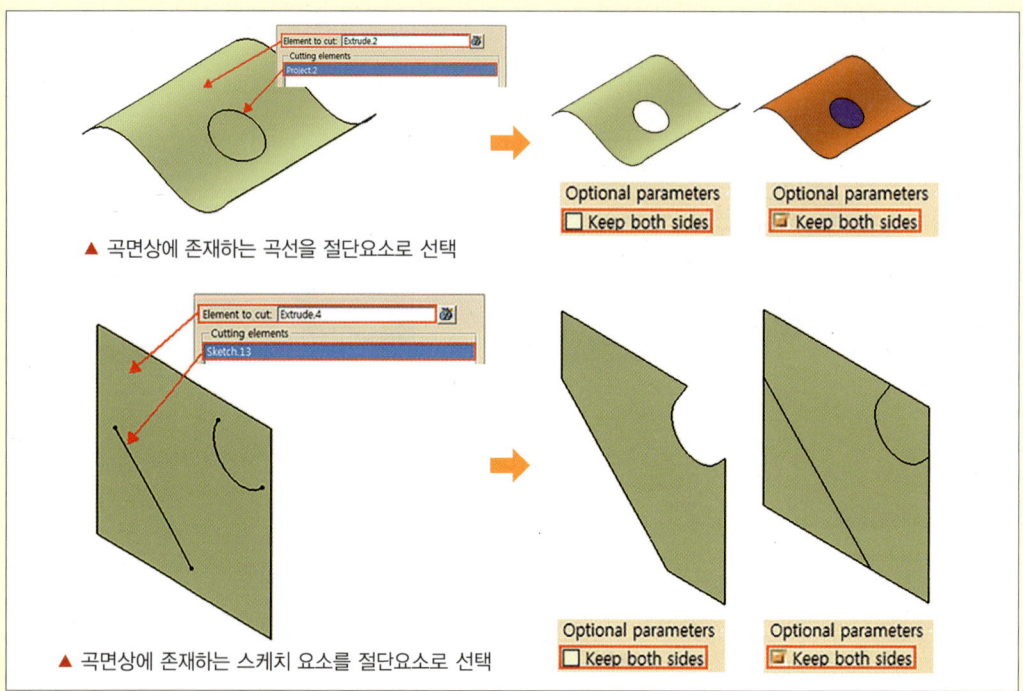

❷ Intersections computation : 잘라낼 요소와 절단요소 사이에 교차되는 부분에 교차 곡선을 생성한다.

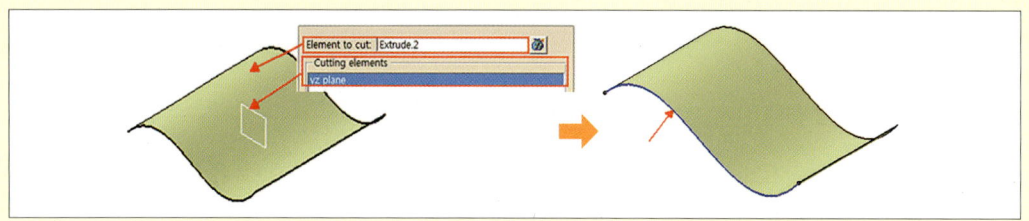

참고

잘라낼 요소로 곡선을 선택할 수 있다.

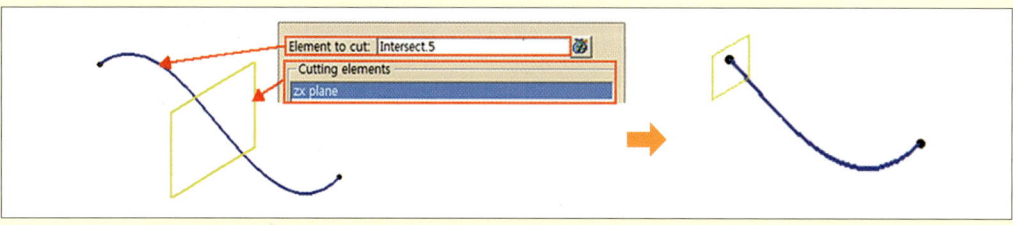

14   Trim으로 곡면 자르기

1   Operations 도구모음의 Trim-Split 하위 도구모음에서 Trim 명령어를 클릭하여 실행한다.

2   Trim Definition 대화상자 설정

❶ Mode 드롭다운 목록에서 Standard를 선택한다.

❷ Trimmed elements 리스트에 자를 곡면으로 Split.1, Adaptive Sweep.1, Split.2 곡면을 선택하여 추가한다.

❸ OK 를 클릭하여 선택한 곡면의 교차되는 부분을 자르면서 하나로 합쳐진 곡면을 작성한다.

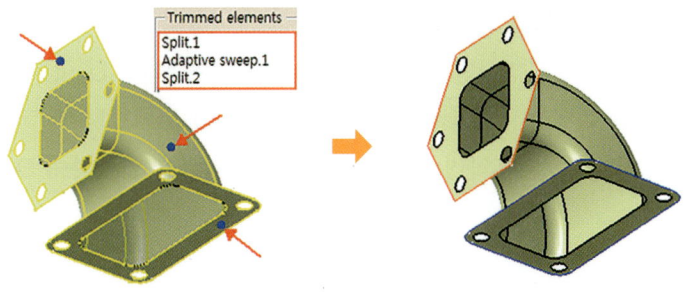

15   Extrude 곡면 만들기

1   Surfaces 도구모음의 Extrude-Revolution 하위 도구모음에서 Extrude 명령어를 더블 클릭하여 실행한다.

2   Extruded Surface Definition 대화상자 설정

❶ Profile로 Sketch.2를 선택한다.

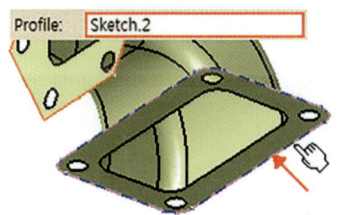

❷ Direction은 기본 설정값인 스케치의 수직방향으로 한다.

❸ Extrusion Limits 아래 Limit 1 Type 드롭다운 목록에서 Dimension을 선택하고 돌출거리값으로 −20mm를 입력한다.

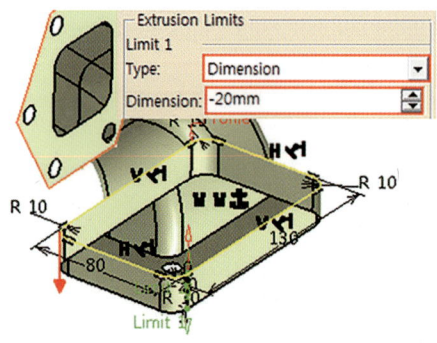

❹ OK 를 클릭하여 돌출 곡면을 완성한다.

❺ Extrude 명령어가 반복 실행되면 Profile로 Sketch.3을 선택하고 Limit 1 Type 드롭다운 목록에서 Dimension을 선택한 다음 돌출거리값으로 10mm를 입력한다.

❻ OK 를 클릭하여 돌출 곡면을 완성한 후 Cancel 을 클릭하여 Extrude 명령을 종료한다.

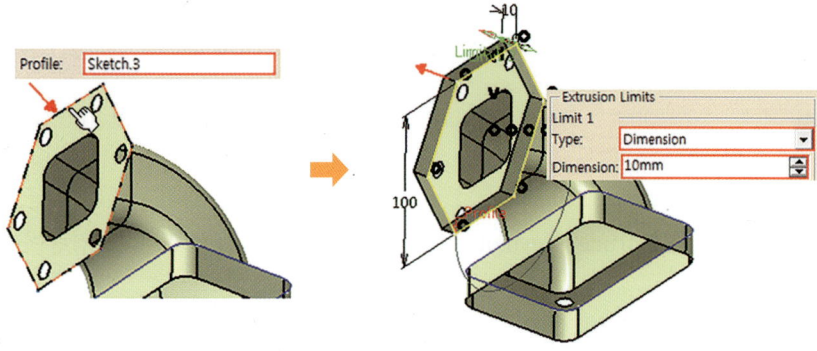

16 Join을 사용하여 결합된 곡면 만들기

1 Operations 도구모음의 Join-Healing 하위 도구모음에서 Join 명령어를 클릭하여 실행한다.

2 Elements To Join 리스트에 결합할 곡면으로 Extrude.1, Trim.1, Extrude.2를 선택하여 추가한다.

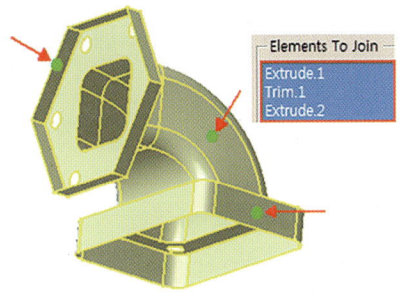

3 OK 를 클릭하여 하나로 합쳐진 곡면을 만든다.

17 Edge Fillet 으로 곡면모서리 다듬기

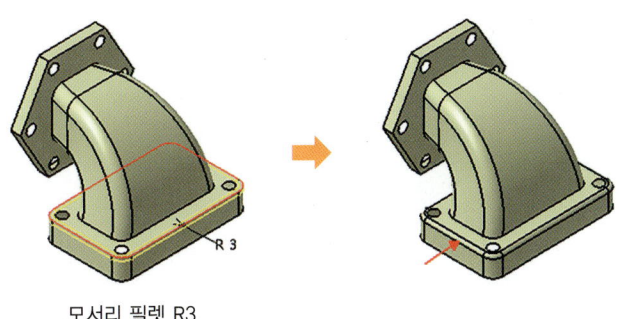

모서리 필렛 R3

18 곡면 바디를 기반으로 솔리드 바디를 생성하기 위해 Part Design Workbench 로 들어가기

1 메뉴모음에서 Start > Mechanical Design > Part Design Workbench를 선택한다.

2 새로운 작업을 PartBody에 추가하기 위해 Specification Tree에서 PartBody에 마우스를 가져다 놓고 마우스 오른쪽버튼을 클릭한 후 Define In Work Object를 클릭한다.

19 Thick Surface 명령어로 곡면에 두께 부여하여 솔리드 바디 만들기

1 Surface-Based Feature 도구모음에서 Thick Surface 명령어를 클릭하여 실행한다.

2 Thick Surface Definition 대화상자 설정

❶ First Offset 입력란에 두께를 부여할 값으로 2mm를 기입한다.

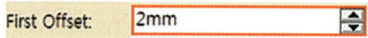

❷ Object to offset 선택란에 두께를 부여할 면을 선택한다.

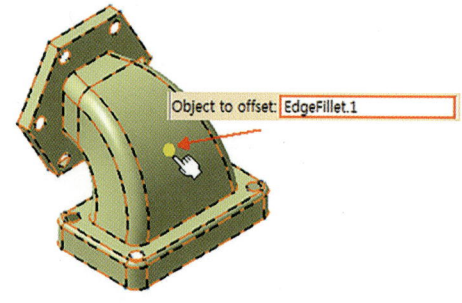

❸ OK 를 클릭하여 면 안쪽으로 두께가 부여된 솔리드 바디를 생성한다.

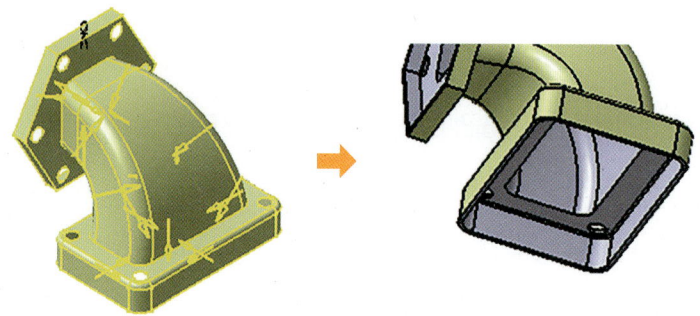

20 곡면 바디를 숨기기

Specification Tree에서 Geometrical set1의 콘텍스트 메뉴에서 Hide/Show 를 선택하여 곡면 바디를 숨긴다.

21 Edge Fillet 명령어로 모서리를 다듬기

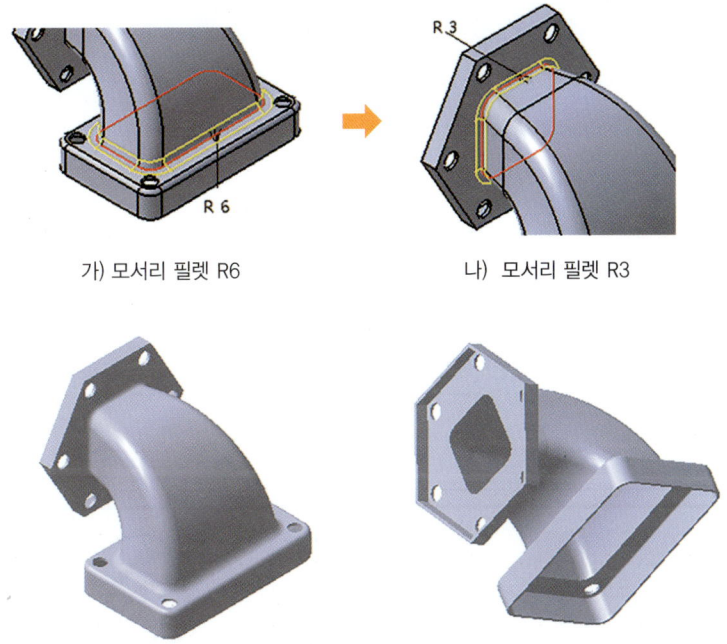

가) 모서리 필렛 R6   나) 모서리 필렛 R3

CHAPTER 08

활용 예제 7
Spline, Multi-Sections Surface, Parallel Curve, Sweep, Cylinder

예제 도면 — 3D형상 모델링 작업하기

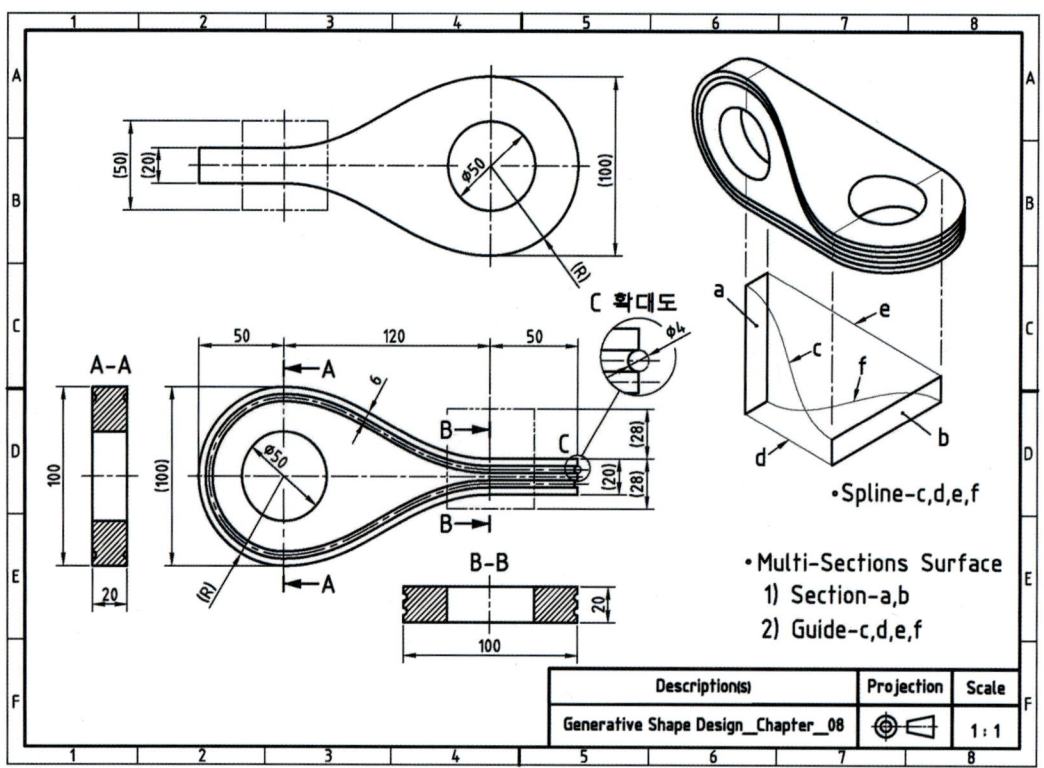

1 Generative Shape Design Workbench 선택하여 들어가기

1 메뉴모음에서 Start 〉 Shape 〉 Generative Shape Design을 선택한다.

2 New Part 대화상자에서 Part 이름을 지정하고 Create a geometric set에 체크한 후 OK 를 클릭한다.

2 Extrude 에 사용될 프로파일 만들기(Sketch.1)

1 Specification Tree에서 zx평면을 선택하고 Sketcher 도구모음의 Sketch 를 클릭한다.

2 Centered Rectangle

❶ Centered Rectangle 을 클릭하여 실행한다.
❷ 스케치 원점에 일치하도록 사각형의 중심점을 지정한다.
❸ 대각선 코너점을 지정하여 중심 사각형을 생성한다.

3 Constraint 명령어를 더블 클릭하여 실행하고 치수값을 부여한다.

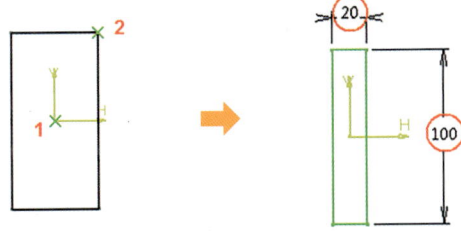

4 Exit Workbench 를 클릭하여 Sketcher Workbench를 종료하고 Generative Shape Design Workbench로 돌아간다.

3 Offset된 Plane 만들기

1 Wireframe 도구모음의 Planes 하위 도구모음에서 Plane 명령어를 클릭하여 실행한다.

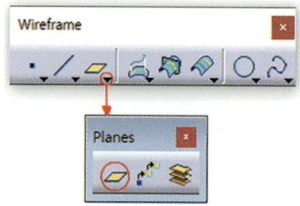

2 Plane Definition 대화상자 설정

❶ Plane type 드롭다운 목록에서 Offset from plane을 선택한다.

❷ Reference 선택란에 Specification Tree에서 zx평면을 선택한다.
❸ Offset란에 오프셋 거리로 120mm를 입력한다.
❹ OK 를 클릭하여 zx평면으로부터 120mm만큼 Offset된 Plane.1을 만든다.

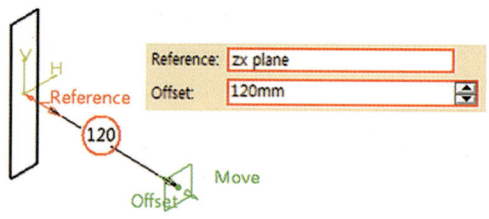

4 Extrude 에 사용될 프로파일 만들기(Sketch.2)

1 Specification Tree에서 Plane.1을 선택하고 Sketcher 도구모음의 Sketch 를 클릭한다.

2 Centered Rectangle

❶ Centered Rectangle 을 클릭하여 실행한다.
❷ 스케치 원점에 일치하도록 사각형의 중심점을 지정한다.
❸ 대각선 코너점을 지정하여 중심 사각형을 생성한다.

3 Constraint 명령어를 더블 클릭하여 실행하고 치수값을 부여한다.

5 Extrude 곡면 만들기

1 Surfaces 도구모음의 Extrude-Revolution 하위 도구모음에서 Extrude 명령어를 더블 클릭하여 실행한다.

2 Extruded Surface Definition 대화상자 설정 (1)

❶ Profile로 Sketch.1을 선택한다.

❷ Extrusion Limits 아래 Limit 1 Type 드롭다운 목록에서 Dimension을 선택하고 Dimension 입력란에 50mm를 기입한다.

❸ Reverse Direction 을 클릭하여 돌출 방향을 결정한다.

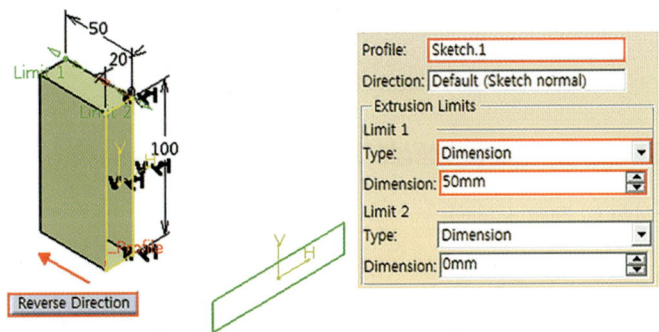

❹ OK 를 클릭하면 돌출 곡면이 생성되고 Extrude 명령어가 반복 실행된다.

3 Extruded Surface Definition 대화상자 설정 (2)

❶ Profile로 Sketch.2를 선택한다.

❷ Extrusion Limits 아래 Limit 1 Type 드롭다운 목록에서 Dimension을 선택하고 Dimension 입력란에 50mm를 기입한다.

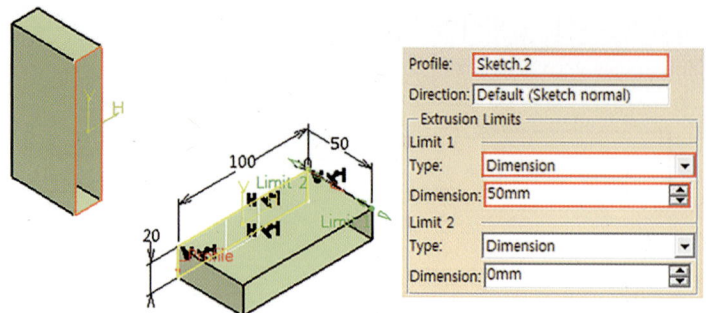

❸ 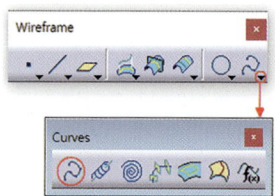 를 클릭하여 돌출 곡면을 생성하고 ❌ Cancel 을 클릭하여 Extrude 명령을 종료한다.

6 Spline으로 Multi-Sections Surface에 사용될 Guide 만들기

1 Wireframe 도구모음의 Curves 하위 도구모음에서 Spline 명령어를 더블 클릭하여 실행한다.

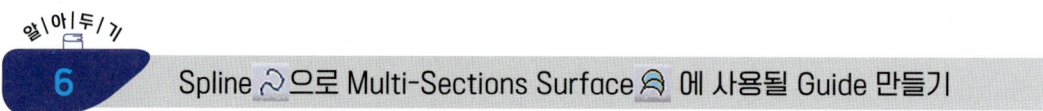

2 Spline 대화상자 설정 및 Spline.1 생성하기

　❶ Spline을 생성할 두 점을 선택한다.

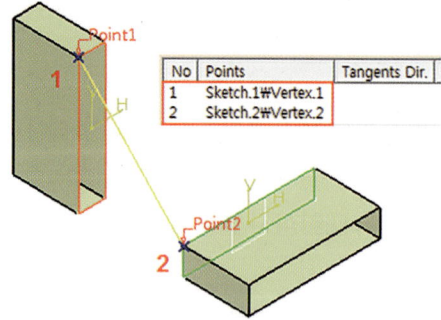

638 PART 04 GENERATIVE SHAPE DESIGN

2 모서리에 탄젠트한 자유 곡선으로 편집하기

❶ Points 목록창에서 첫 번째 선택한 점을 클릭한다.

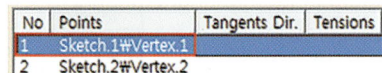

❷ 첫 번째 점에서 스플라인의 접선방향으로 모서리를 선택한다.

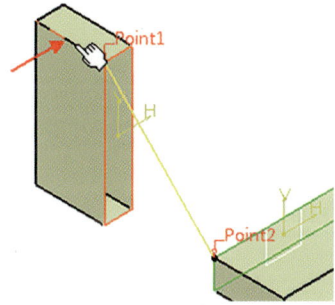

❸ Reverse Tangent Direction Reverse Tgt. 을 클릭하여 접선방향을 결정한다.

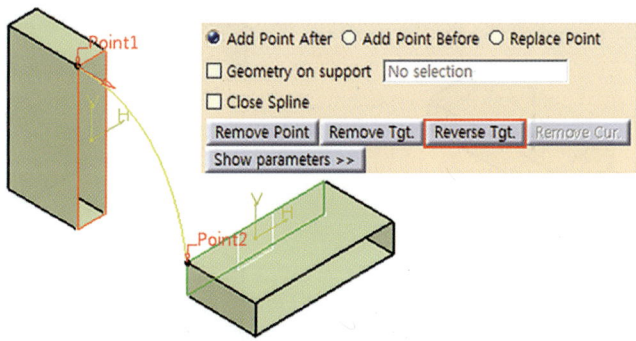

❹ Points 목록창에서 두 번째 선택한 점을 클릭한다.

❺ 두 번째 점에서 스플라인의 접선방향으로 모서리를 선택한다.

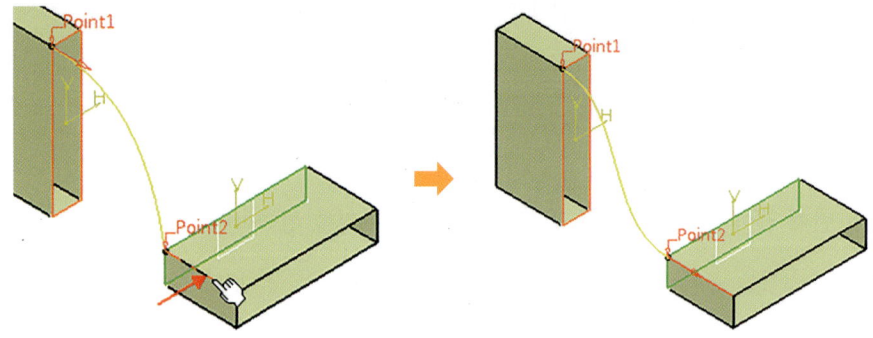

❻ OK 를 클릭하여 Spline을 생성하고 반복 작업을 통해 아래와 같이 Spline을 추가 생성한다.

3 Spline.2 추가 생성하기

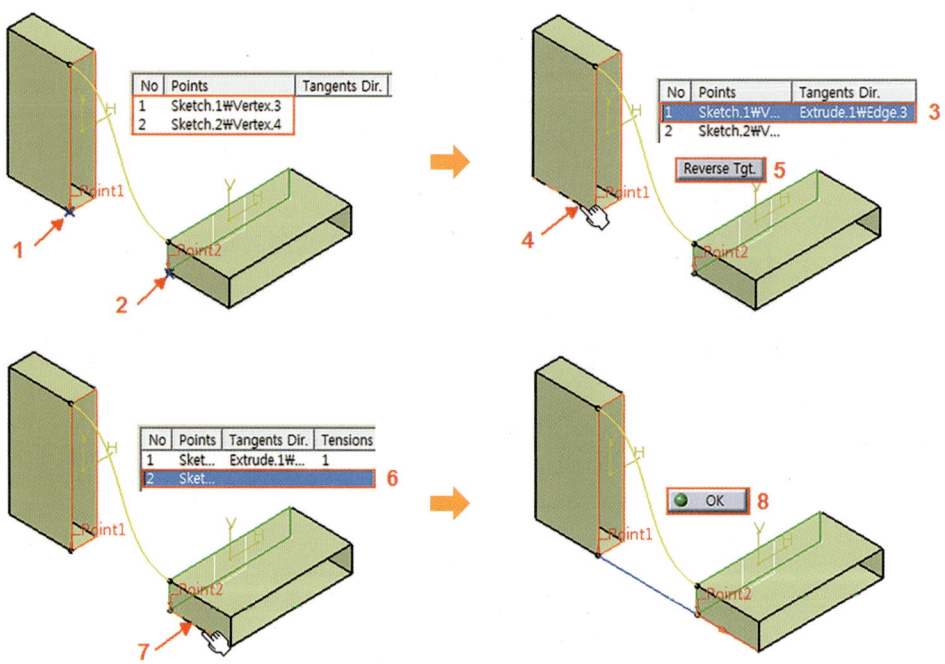

4 Spline.3 추가 생성하기

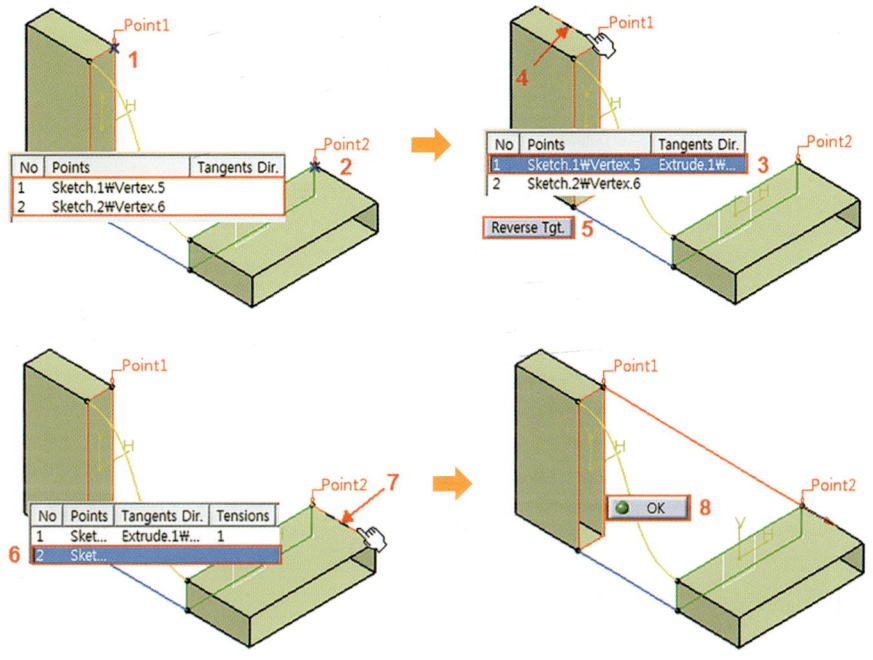

5 Spline.4 추가 생성하기

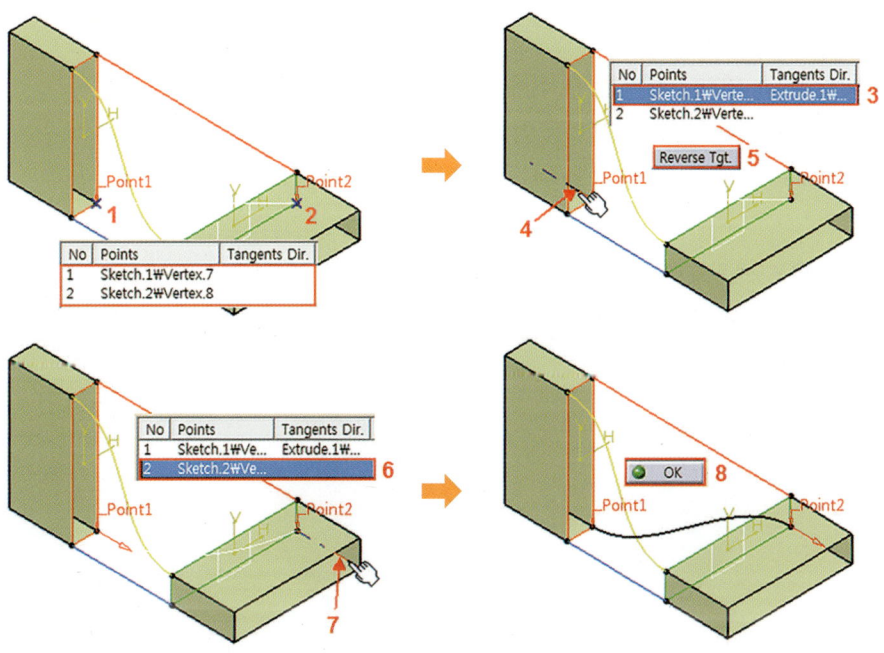

6 네 개의 Spline을 완성하였으면 ● Cancel 을 클릭하여 Spline 명령을 종료한다.

알아두기

Spline

지정된 점들을 통과하거나 그 근처를 지나는 부드러운 곡선을 만든다.

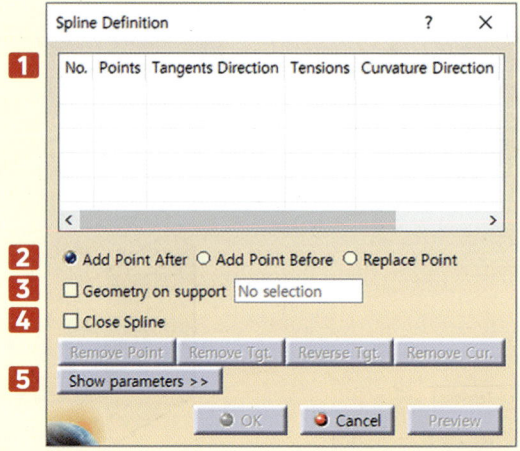

1 스플라인을 생성할 점을 두 개 이상 선택한다.

2 Spline Definition 대화상자에서 점을 선택한 후 다음 중 하나의 버튼을 선택하여 Spline을 편집할 수 있다.

❶ Add Point After : 선택한 점 뒤에 점을 추가한다.
❷ Add Point Before : 선택한 점 앞에 점을 추가한다.
❸ Replace Point : 선택한 점을 다른 점으로 교체한다.

3 Geometry on support

스플라인을 지지면에 투영하려는 경우 옵션을 확인하고 지지면(평면, 표면)을 선택할 수 있다.

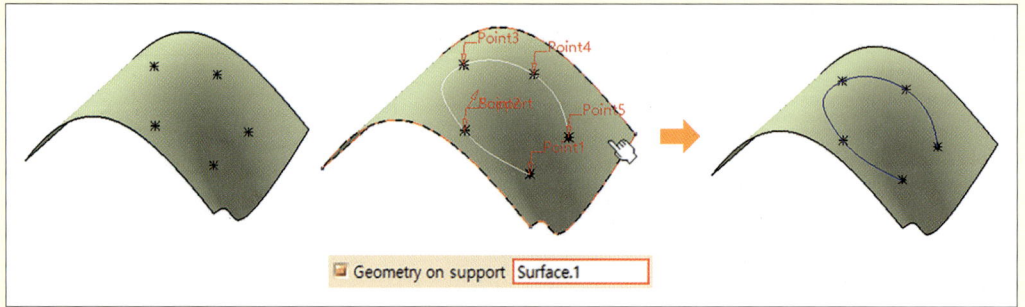

4 Close Spline

닫힌 곡선을 생성하고자 할 때 옵션을 선택한다.

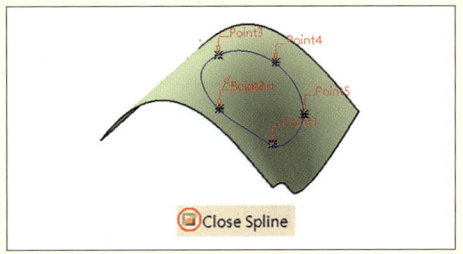

5 Show parameters >> : 추가 옵션을 볼 수 있으며, 접선 및 곡률 구속조건을 적용하는 방법에는 두 가지가 있다.

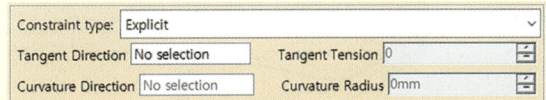

❶ Constraint type [Explicit ▼]

선택한 점에서 스플라인의 접선 방향으로 평행한 선이나 평면을 선택한다.

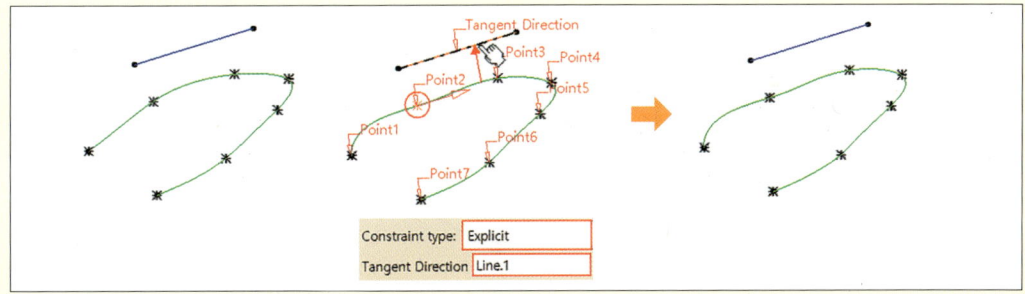

❷ Constraint type [From curve ▼]

선택한 점에서 스플라인이 접하는 곡선을 선택한다.

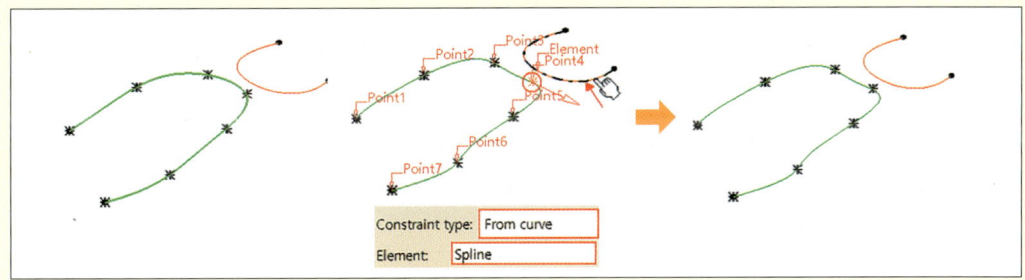

7 Multi-Sections Surface 사용하여 곡면 만들기

1 Surfaces 도구모음의 Multi-Sections Surface를 클릭하여 실행한다.

2 Multi-Sections Surface Definition 대화상자 설정

❶ 단면 곡선으로 Specification Tree에서 Sketch.1과 Sketch.2를 선택한다.

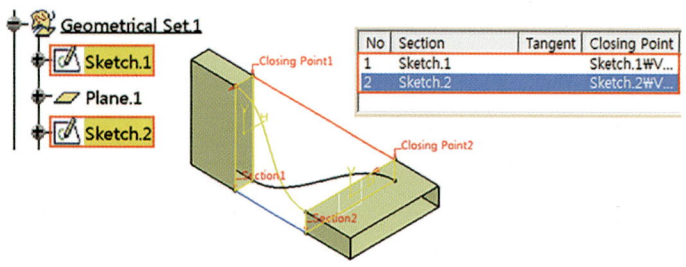

❷ Guide 선택란을 클릭하고 Specification Tree에서 Guide로 사용될 Spline.1, Spline.2, Spline.3, Spline.4를 선택한다.

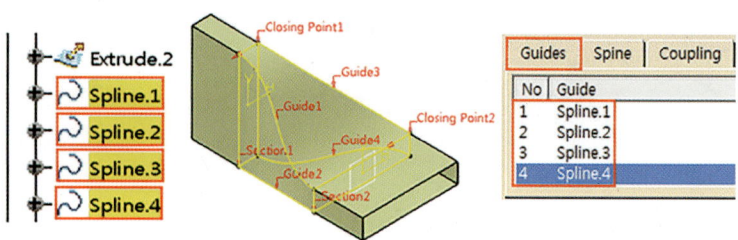

❸ OK 를 클릭하여 다중 단면 곡면을 생성한다.

8 Fill을 사용하여 닫힌 영역을 채워진 곡면으로 만들기

1 Surfaces 도구모음의 Fill 명령어를 더블 클릭하여 실행한다.

2 Fill Surface Definition 대화상자 설정

❶ Boundary 선택창에 닫힌 경계로 열려 있는 돌출 곡면의 모서리 4개를 선택한다.

❷ OK 를 클릭하면 닫힌 영역이 채워진 곡면을 생성되고 Fill 명령어가 반복 실행된다.

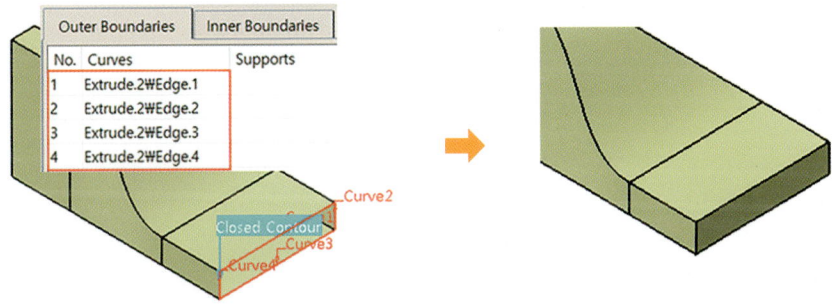

❸ Boundary 선택창에 닫힌 경계로 열려 있는 반대쪽 Extrude.1 곡면의 모서리 4개를 선택한다.

❹ OK 를 클릭하여 선택한 닫힌 영역을 채워진 곡면으로 생성하고 Cancel 을 클릭하여 Fill 명령을 종료한다.

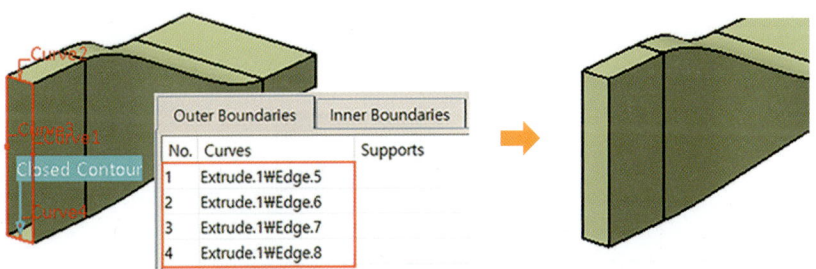

9   Join 을 사용하여 결합된 곡면 만들기

1 Operations 도구모음의 Join-Healing 하위 도구모음에서 Join 명령어를 클릭하여 실행한다.

2 Elements To Join 리스트에 결합할 곡면으로 Extrude.1, Extrude.2, Multi-sections Surface.1, Fill.1, Fill.2를 선택하여 추가한다.

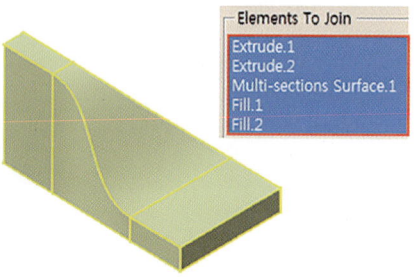

3 OK 를 클릭하여 하나로 합쳐진 곡면을 만든다.

10   Tritangent Fillet 으로 세 면에 접하는 필렛 만들기

1 Operations 도구모음의 Fillets 하위 도구모음에서 Tritangent Fillet 을 더블 클릭하여 실행한다.

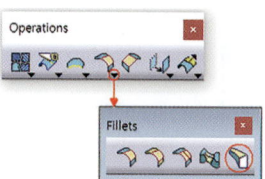

2 Tritangent Fillet Definition 대화상자 설정
  ❶ Faces to fillet 란에 두 개의 측면을 선택한다.

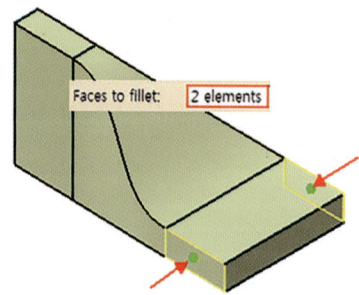

❷ Face to remove 란에 제거될 하나의 면을 선택한다.

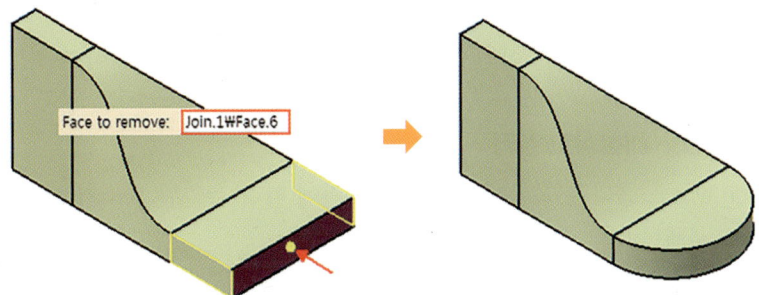

❸ OK 를 클릭하면 세 면에 탄젠트한 필렛이 생성되고 Tritangent Fillet 명령어가 반복 실행된다.

❹ Faces to fillet 란에 두 개의 측면을 선택한다.

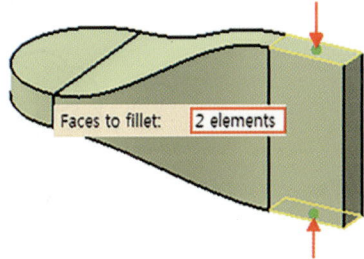

❺ Face to remove 란에 제거될 하나의 면을 선택한다.

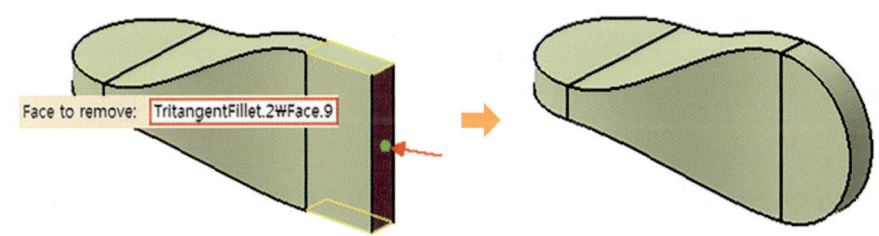

❻ OK 를 클릭하여 세 면에 탄젠트한 필렛을 생성하고 Cancel 을 클릭하여 Tritangent Fillet 명령을 종료한다.

11   Extract 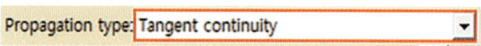를 사용하여 곡선 추출하기

1 Operations 도구모음의 Extracts 하위 도구모음에서 Extract를 클릭하여 실행한다.

2 Extract Definition 대화상자 설정

❶ Propagation type 드롭다운 목록에서 탄젠트 조건에 따라 추출된 요소가 생성되도록 Tangent continuity를 선택한다.

❷ Element(s) to extract으로 면의 모서리를 선택한다.

❸ OK 를 클릭하여 추출 곡선을 생성한다.

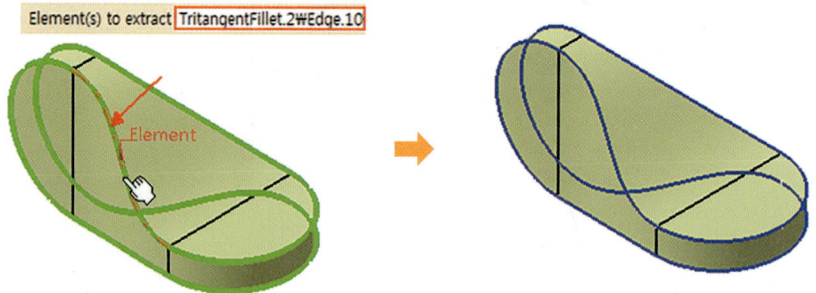

알아두기

12   Parallel Curve 를 사용하여 Sweep에 사용될 Center curve 만들기

1 Wireframe 도구모음의 Curve Offsets 하위 도구모음에서 Parallel Curve를 클릭하여 실행한다.

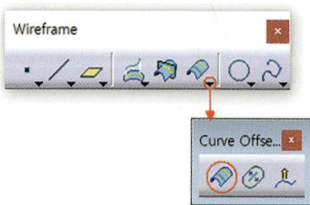

2 Parallel Curve 대화상자 설정

❶ Curve 선택란에 오프셋할 참조 곡선으로 Extract.1 추출 곡선을 선택한다.

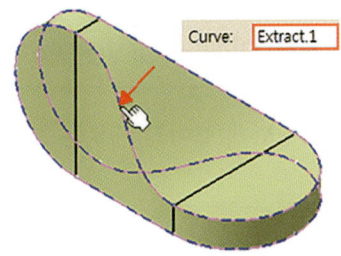

❷ Support 선택란에 참조 커브가 있는 평면이나 곡면을 선택한다.

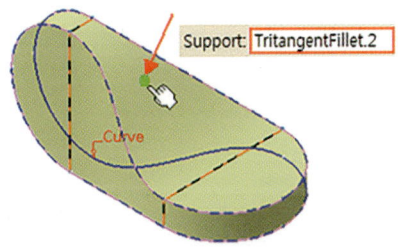

❸ Constant 입력란에 오프셋할 거리값으로 6을 입력한다.

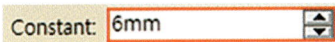

❹ Reverse Direction 을 클릭하여 오프셋 방향을 결정한다.

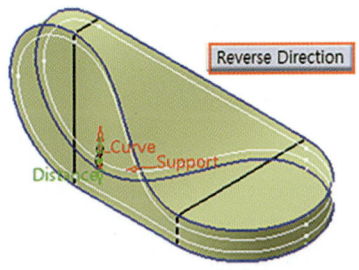

❺ OK 를 클릭하여 참조 곡선에 평행하게 오프셋된 곡선을 생성한다.

알|아|두|기

Parallel Curve

기준 곡선을 따라 일정한 거리만큼 평행하게 떨어진 새로운 곡선을 생성한다.

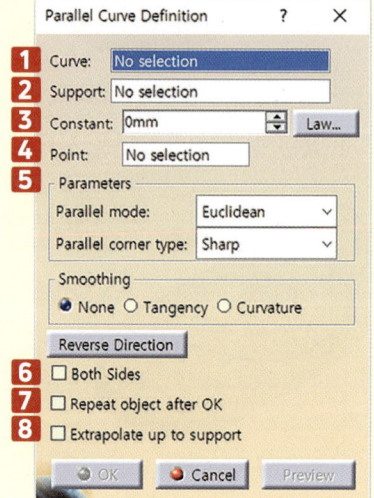

1 Curve

오프셋할 참조 곡선을 선택한다.

2 Support

참조 곡선이 있는 평면이나 곡면을 선택한다.

3 Constant

오프셋 거리값을 입력한다.

4 Point

선택한 점까지 오프셋된다. 이 경우 Constant는 비활성화된다.

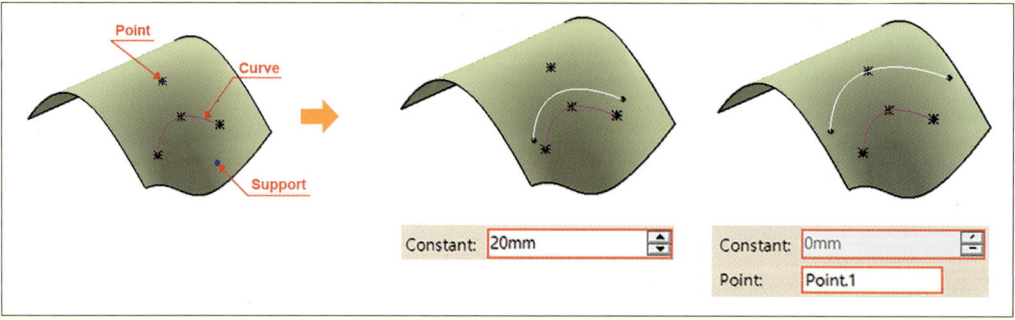

5 Parameters

1) Parallel mode

❶ Euclidean : 선택한 기준 곡선으로부터 일정한 유클리드 거리를 유지하도록 평행곡선을 생성한다.

　　※ 유클리드 거리는 직선거리(즉, 2D 또는 3D 공간에서 두 점 사이의 최단 거리)를 의미한다.

❷ Geodesic : 선택한 기준 곡선으로부터 일정한 지오데식 거리를 유지하도록 평행곡선을 생성한다.

　　※ 지오데식 거리는 곡면을 따라 측정된 거리로, 평평한 공간이 아니라 곡면 위에서의 최단 거리를 의미한다.

2) Parallel corner type

❶ Sharp : 평행 곡선은 초기 곡선의 각도를 고려한다.
❷ Round : 평행 곡선의 모서리를 둥글게 처리한다.

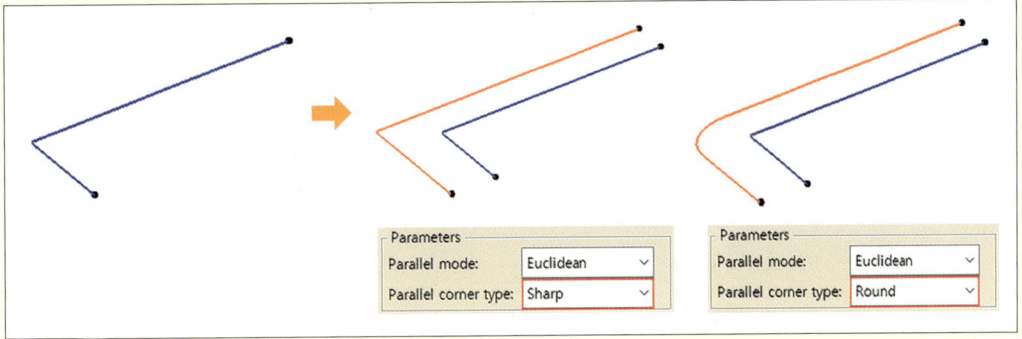

6 Both Sides

선택한 곡선을 기준으로 대칭되도록 두 개의 평행 곡선을 생성한다.

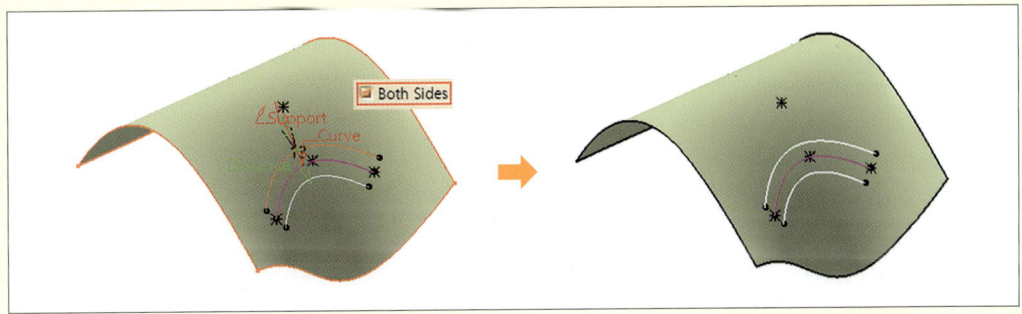

7 Repeat object after OK

여러 개의 평행 곡선을 만들려면 클릭한다. Object Repetition 대화상자에서 인스턴스 수를 지정하고 OK 를 클릭하여 생성한다.

8 Extrapolate up to support

평행 곡선을 support 곡면 경계까지 연장한다.

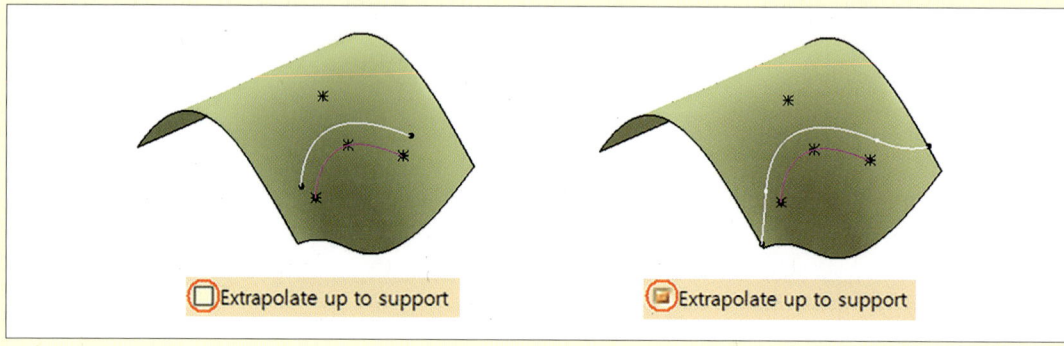

13 Sweep 곡면 만들기

1 Surfaces 도구모음의 Sweeps 하위 도구모음에서 Sweep 명령어를 클릭하여 실행한다.

2 Sweep Surface Definition 대화상자 설정

   ❶ Profile type에서 Circle 아이콘을 클릭한다.

   ❷ Subtype 드롭다운 목록에서 Center and radius를 선택한다.

   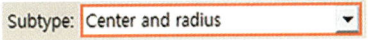

   ❸ Center Curve 선택란에 Parallel.1 곡선을 선택한다.

   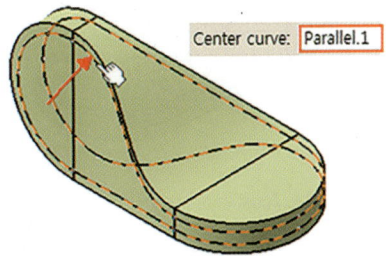

   ❹ Radius 입력란에 2를 기입한다.
   ❺ OK 를 클릭하여 원형 스윕 곡면을 생성한다.

   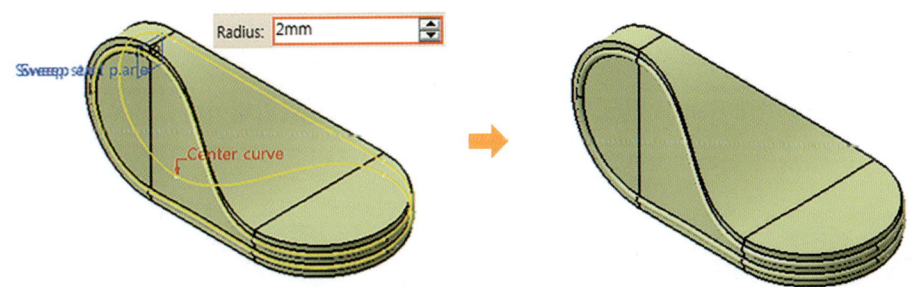

알아두기 14 Cylinder 를 사용하여 원통형 곡면 만들기

1 Surfaces 도구모음의 Extrude-Revolution 하위 도구모음에서 Cylinder 명령어를 더블 클릭하여 실행한다.

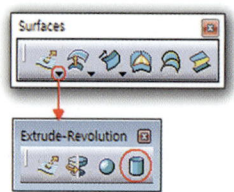

2 Cylinder Surface Definition 대화상자 설정

❶ Point 선택란에 돌출될 원의 중심으로 Axis system의 원점을 선택한다.

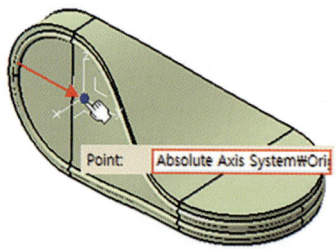

❷ Direction 선택란에 돌출 방향으로 Axis system의 X축을 선택한다.

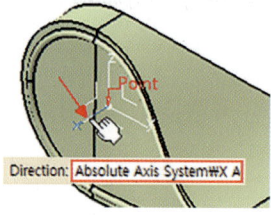

❸ Parameters 아래 Radius 값으로 25, Length 1 값으로 25를 입력한다.

❹ 원의 중심 위치에서 대칭 형상으로 돌출되도록 Mirrored Extent에 체크한다.

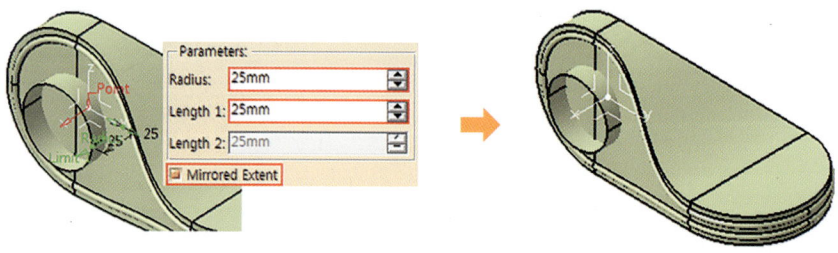

❺ OK 를 클릭하면 원통형 곡면이 생성되고 Cylinder 명령어가 반복 실행된다.

❻ Point 선택란에서 마우스 오른쪽버튼을 클릭하고 콘텍스트 메뉴에서 Create Point를 선택한다.

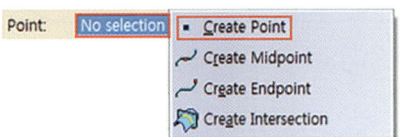

❼ Point Definition 대화상자 설정

ⓐ Point type 드롭다운 목록에서 Circle/Sphere/Ellipse center를 선택한다.

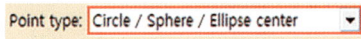

ⓑ Circle/Sphere/Ellipse 선택란에 형상의 원호 모서리를 선택한다.

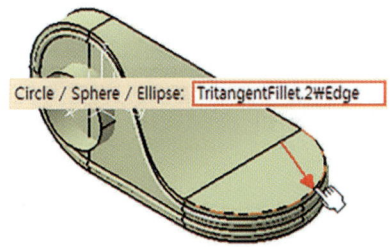

ⓒ ● OK 를 클릭하면 돌출될 원의 중심이 선택한 호의 중심점으로 지정된다.

❽ Direction 선택란에 돌출 방향으로 Axis system의 Z축을 선택한다.

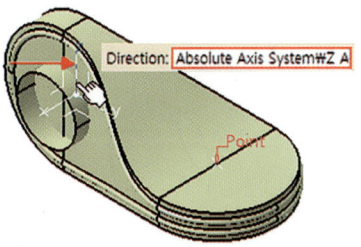

❾ Parameters 아래 Radius 값으로 25, Length 1 값으로 28을 입력한다.

❿ 원의 중심 위치에서 대칭 형상으로 돌출되도록 Mirrored Extent에 체크한다.

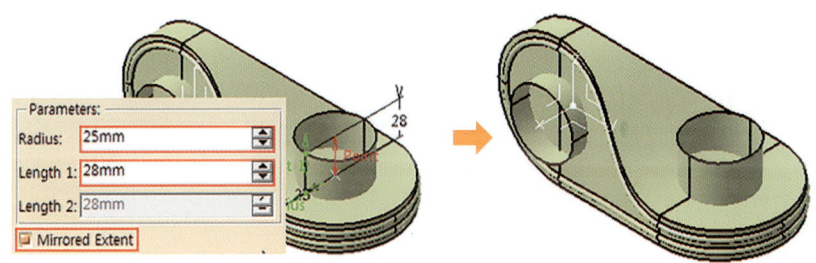

⓫ ● OK 를 클릭하여 원통형 곡면을 생성하고 ● Cancel 을 클릭하여 Cylinder 명령을 종료한다.

Cylinder

원통형 곡면을 생성한다.

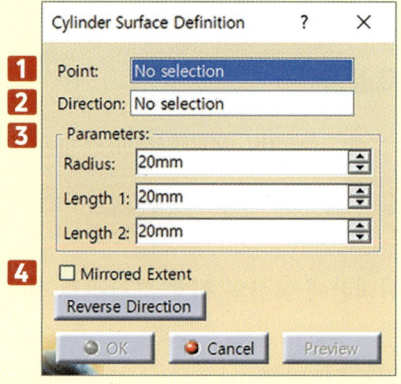

1 Point : 돌출할 원의 중심점을 선택한다.

2 Direction : 돌출 방향으로 원통 축을 지정한다. 돌출 방향으로는 선 또는 평면을 선택할 수 있으며 평면을 선택하였을 때는 평면의 법선 방향이 된다. 또한 콘텍스트 메뉴에서 X, Y, Z 벡터 Component의 방향을 지정할 수도 있다.

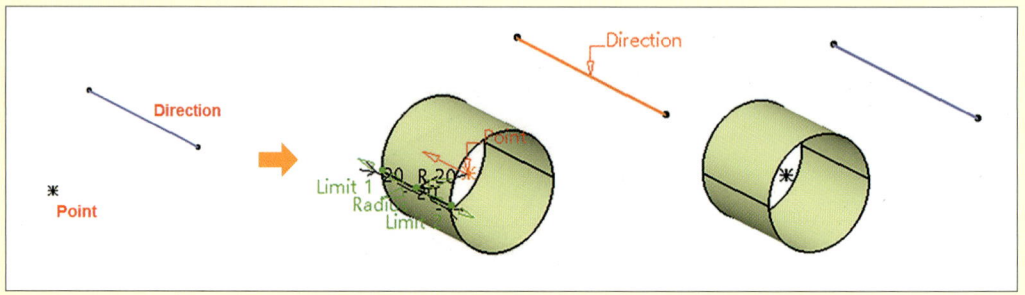

3 Parameters에서 원의 반지름과 돌출 길이를 지정한다.

4 Mirrored Extent : Length 1에서 정의된 길이와 동일한 길이값을 사용하여 원을 반대 방향으로 돌출시킨다.

15   Trim으로 곡면 자르기

1 Operations 도구모음의 Trim-Split 하위 도구모음에서 Trim 명령어를 더블 클릭하여 실행한다.

2 Trim Definition 대화상자 설정

❶ Mode 드롭다운 목록에서 Standard를 선택한다.

❷ Trimmed elements 리스트에 자를 곡면으로 TritangentFillet.2, Sweep.1 곡면을 순차적으로 선택하여 추가한다.

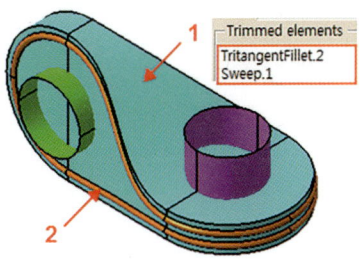

❸ Other side / next element 또는 Other side / previous element 를 클릭하여 자르거나 유지할 곡면을 결정한다.

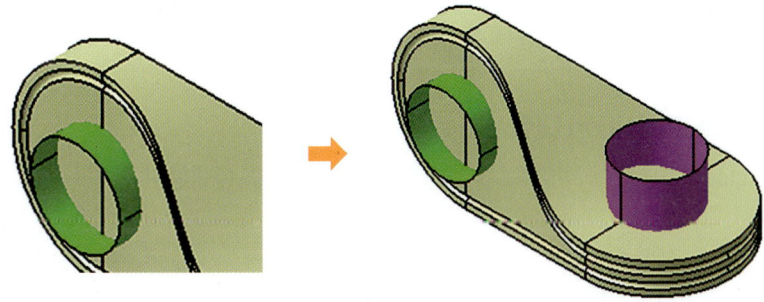

❹ OK 를 클릭하면 Trim 명령어가 반복 실행된다.

❺ Trimmed elements 리스트에 자를 곡면으로 Trim.1, Cylinder.1, Cylinder.2 곡면을 순차적으로 선택하여 추가한다.

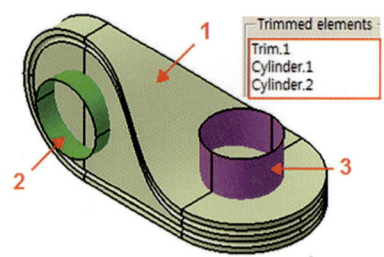

❻ `Other side / next element` 또는 `Other side / previous element` 를 클릭하여 자르거나 유지할 곡면을 결정한다.

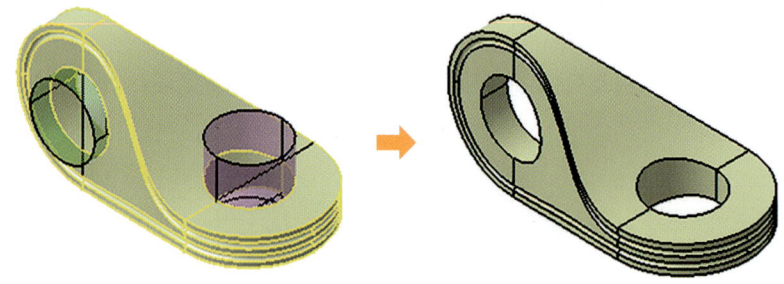

❼ `OK` 를 클릭하여 선택한 곡면의 교차되는 부분을 자르면서 하나로 합쳐진 곡면을 작성하고 `Cancel` 을 클릭하여 Trim 명령을 종료한다.

16 Close Surface 를 사용하여 Surface를 솔리드로 채우기

1 Surface-Based Feature 도구모음에서 Close Surface 명령어를 클릭하여 실행한다.

2 Close Surface Definition 대화상자 설정

❶ Object to close 선택란에 하나로 합쳐진 Surface Body를 선택한다.

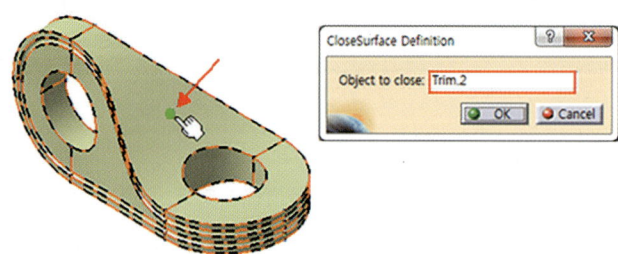

❷ `OK` 를 클릭하여 곡면을 채워 솔리드 바디를 생성한다.

17 와이어프레임을 구성하는 곡선과 곡면 바디 숨기기

Specification Tree에서 Geometrical set1의 콘텍스트 메뉴에서 Hide/Show를 선택하여 와이어프레임을 구성하는 곡선과 곡면 바디를 숨겨 모델링을 완성한다.

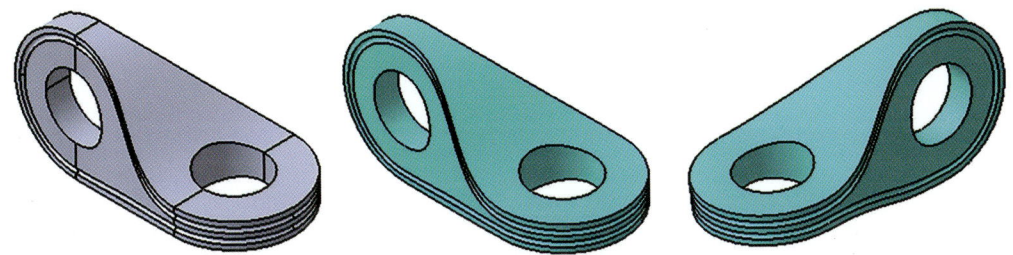

CHAPTER 09

활용 예제 8
Multi-Sections Surface, Intersection, Boundary, 3D Curve Offset

예제 도면
3D형상 모델링 작업하기

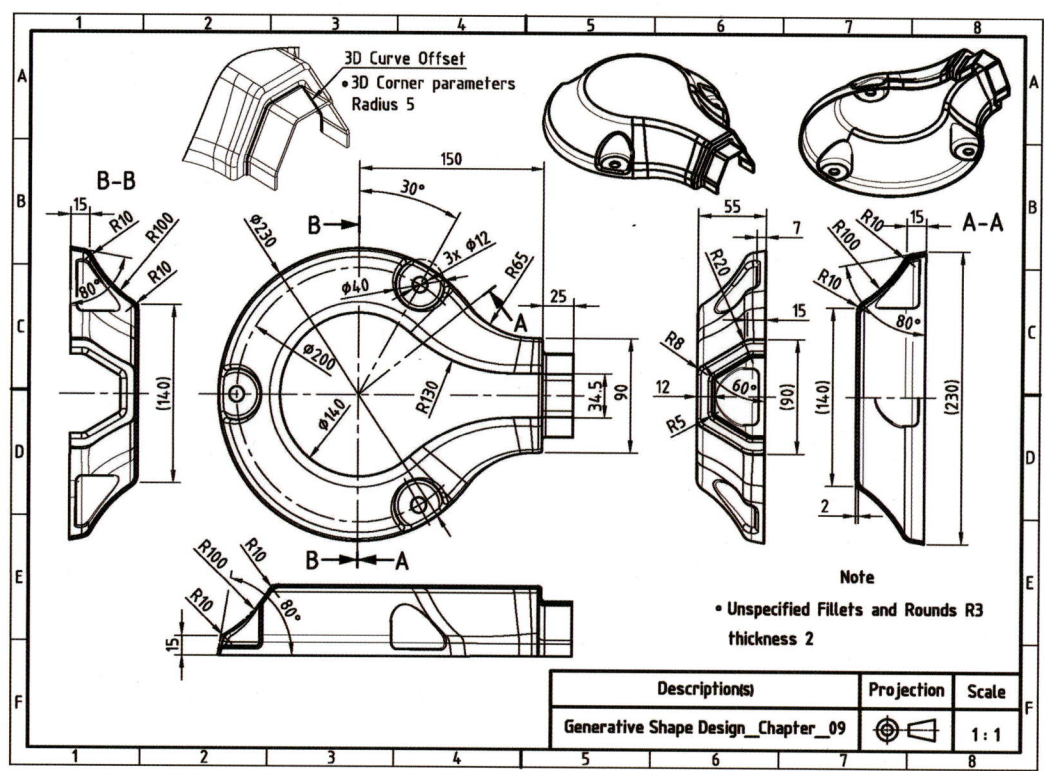

1. Generative Shape Design Workbench 선택하여 들어가기

1 메뉴모음에서 Start 〉 Shape 〉 Generative Shape Design을 선택한다.

2 New Part 대화상자에서 Part 이름을 지정하고 Create a geometric set에 체크한 후 OK 를 클릭한다.

2. Multi-Sections Surface 에 사용될 Guide 만들기(1)

1 Specification Tree에서 xy평면을 선택하고 Sketcher 도구모음의 Positioned Sketch 를 클릭한다.
  ❶ Swap에 체크하여 H축과 V축을 바꾸고 Reverse V를 체크하여 V축 방향을 반전한다.
  ❷ OK 를 클릭하여 Sketcher Workbench로 들어간다.

2 Circle 과 Profile 명령어를 사용하여 스케치한다.

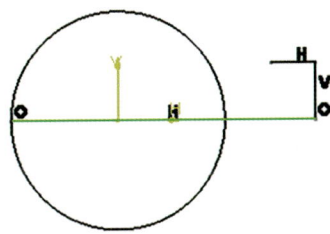

3 Three Point Arc Starting with Limits
  호의 시작점과 끝점을 선분의 끝점과 원의 원주에 일치하도록 지정하고 세 번째 점을 지정하여 세 점을 통과하는 호를 생성한다.

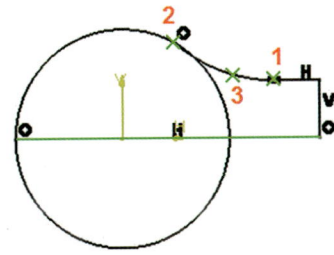

4 Constraints Defined in Dialog Box

❶ 원과 호를 선택하고 Constraints Defined in Dialog Box 명령어를 클릭하여 실행한다.
❷ Constraint Definition 대화상자에서 Tangency를 체크하고 OK 를 눌러 원과 호가 탄젠트 조건이 되도록 구속조건을 부여한다.
❸ 선과 호를 선택하고 Constraints Defined in Dialog Box 명령어를 클릭하여 실행한다.
❹ Constraint Definition 대화상자에서 Tangency를 체크하고 OK 를 눌러 선과 호가 탄젠트 조건이 되도록 구속조건을 부여한다.

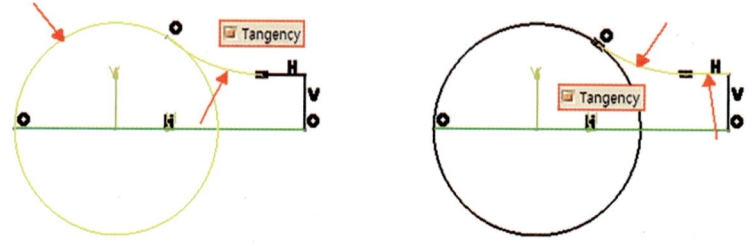

5 Constraint 명령어를 더블 클릭하여 실행하고 치수값을 부여한다.

6 Quick Trim 명령어를 더블 클릭하여 실행하고 요소를 잘라낸다.

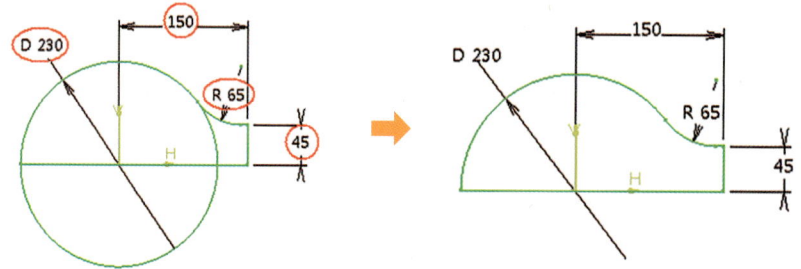

7 스케치 원점에 일치한 수평선과 수직선을 선택하고 Sketch tools 도구모음에서 Creating Construction/Standard Elements 를 클릭하여 구성요소로 만든다. 구성요소로 변환한 후 다음 그려지는 요소가 표준요소가 되도록 Creating Construction/Standard Elements 를 비활성화 한다.

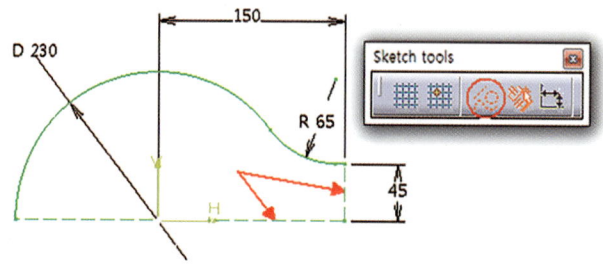

8 Exit Workbench 를 클릭하여 Sketcher Workbench를 종료하고 Generative Shape Design Workbench로 돌아간다.

3 Offset된 Plane 만들기(Plane.1)

1 Plane 명령어를 클릭하여 실행한다.

2 Plane Definition 대화상자 설정
  ❶ Plane type으로 Offset from plane을 선택한다.
  ❷ Reference 선택란에 Specification Tree에서 xy 평면을 선택한다.
  ❸ Offset 란에 오프셋 거리로 55mm를 입력한다.

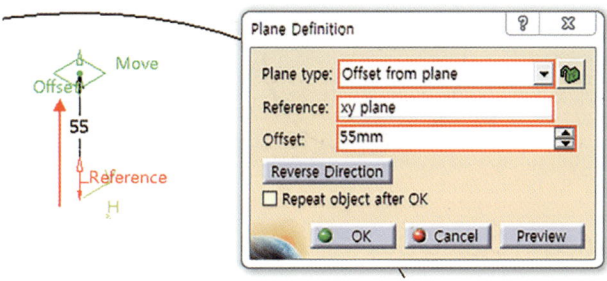

  ❹ OK 를 클릭하여 xy평면으로부터 55mm만큼 오프셋된 평면을 만든다.

4 Multi-Sections Surface 에 사용될 Guide 만들기(2)

1 Specification Tree에서 Plane.1을 선택하고 Sketcher 도구모음의 Positioned Sketch 를 클릭한다.
  ❶ Swap에 체크하여 H축과 V축을 바꾸고 Reverse V를 체크하여 V축 방향을 반전한다.
  ❷ OK 를 클릭하여 Sketcher Workbench로 들어간다.

2 Circle ⊙과 Profile 🔓 명령어를 사용하여 스케치한다.

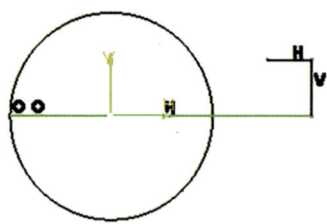

3 Three Point Arc Starting with Limits
호의 시작점과 끝점을 선분의 끝점과 원의 원주에 일치하도록 지정하고 세 번째 점을 지정하여 세 점을 통과하는 호를 생성한다.

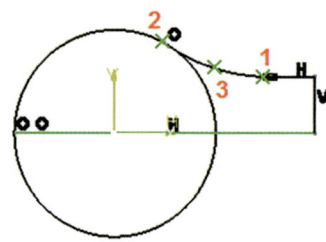

4 Constraints Defined in Dialog Box

❶ 원과 호를 선택하고 Constraints Defined in Dialog Box 명령어를 클릭하여 실행한다.
❷ Constraint Definition 대화상자에서 Tangency를 체크하고 OK 를 눌러 원과 호가 탄젠트 조건이 되도록 구속조건을 부여한다.
❸ 선과 호를 선택하고 Constraints Defined in Dialog Box 명령어를 클릭하여 실행한다.
❹ Constraint Definition 대화상자에서 Tangency를 체크하고 OK 를 눌러 선과 호가 탄젠트 조건이 되도록 구속조건을 부여한다.

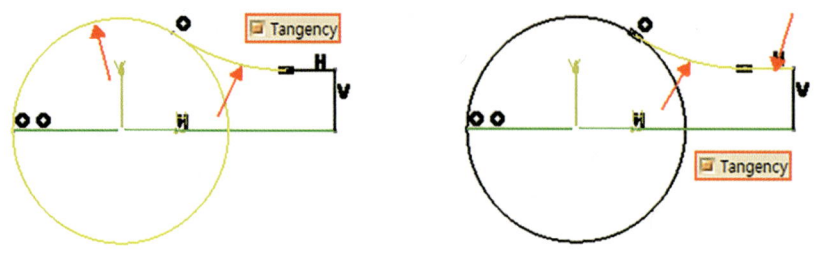

5 Constraint 명령어를 더블 클릭하여 실행하고 치수값을 부여한다.

6 Quick Trim 명령어를 더블 클릭하여 실행하고 요소를 잘라낸다.

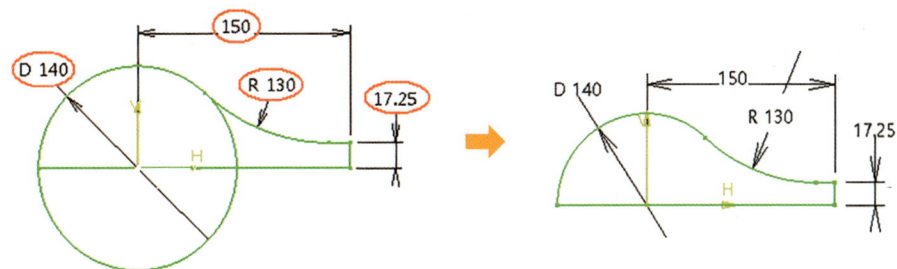

7 스케치 원점에 일치한 수평선과 수직선을 선택하고 Sketch tools 도구모음에서 Creating Construction/Standard Elements 를 클릭하여 구성요소로 만든다. 구성요소로 변환한 후 다음 그려지는 요소가 표준요소가 되도록 Creating Construction/Standard Elements 를 비활성화 한다.

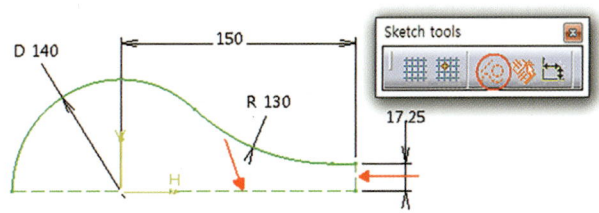

8 Exit Workbench 를 클릭하여 Sketcher Workbench를 종료하고 Generative Shape Design Workbench로 돌아간다.

5 평면 만들기(Plane.2)

1 Plane 명령어를 클릭하여 실행한다.

2 Plane Definition 대화상자 설정

❶ Plane type으로 Normal to curve를 선택한다.
❷ Curve 선택란에 Sketch.1 을 선택한다.
❸ Point 선택란에 선분의 끝점을 선택한다.
❹ OK 를 클릭하여 선분의 끝점 위치에서 선분에 수직한 평면을 만든다.

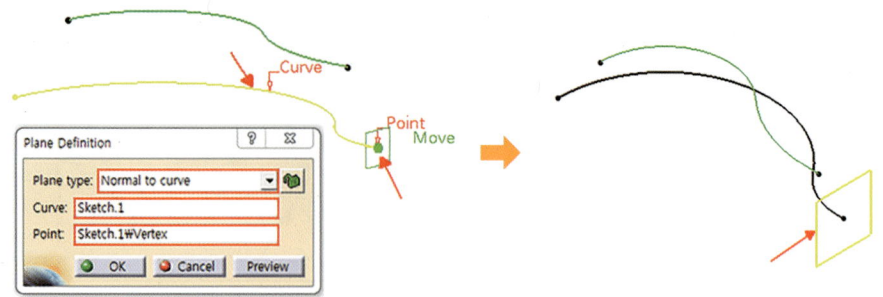

6 Multi-Sections Surface 에 사용될 단면곡선 만들기(1)

1. Specification Tree에서 Plane.2를 선택하고 Sketcher 도구모음의 Positioned Sketch 를 클릭한다.

   ❶ Reverse H를 체크하여 H축 방향을 반전한다.

   ❷ OK 를 클릭하여 Sketcher Workbench로 들어간다.

2. Profile 명령어를 실행하여 두 개의 사선과 수평한 선분을 스케치한다.

3. Corner 명령어를 실행하고 교차점을 선택하여 R8 Corner를 생성한다.

4. Constraint 명령어를 더블 클릭하여 실행하고 치수를 부여한다.

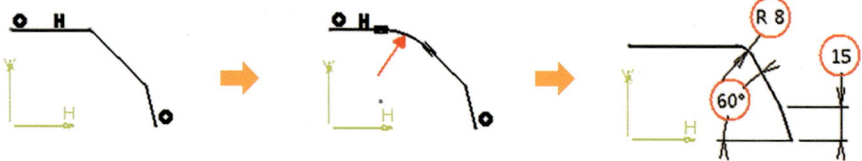

5. Constraints Defined in Dialog Box

   ❶ 선분의 끝점과 이전 스케치의 선분의 끝점을 선택하고 Constraints Defined in Dialog Box 명령어를 실행한다. Constraint Definition 대화상자에서 Coincidence를 체크하여 두 점이 일치하는 위치에 놓이도록 한다.

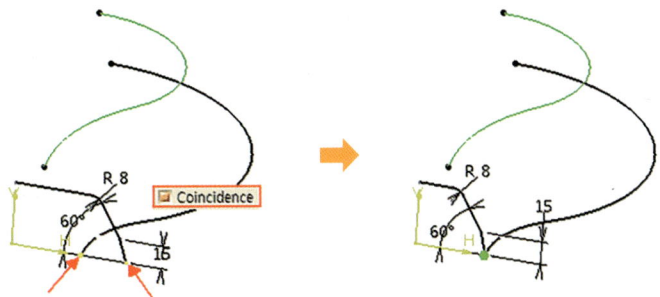

❷ 호의 끝점과 이전 스케치의 선분의 끝점을 선택하고 Constraints Defined in Dialog Box 명령어를 실행한다. Constraint Definition 대화상자에서 Coincidence를 체크하여 두 점이 일치하는 위치에 놓이도록 한다.

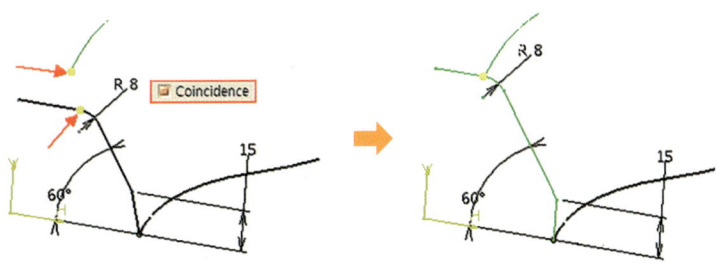

6 수평선을 선택하고 Sketch tools 도구모음에서 Creating Construction/Standard Elements를 클릭하여 구성요소로 만든다. 구성요소로 변환한 후 다음 그려지는 요소가 표준요소가 되도록 Creating Construction/Standard Elements를 비활성화 한다.

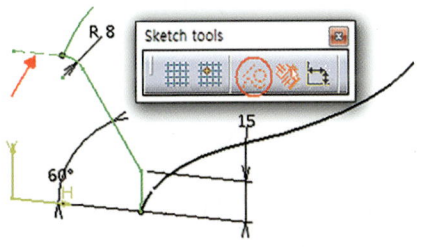

7 Corner 명령어를 실행하고 교차점을 선택하여 R20 Corner를 생성한 다음 Constraint 명령어를 실행하여 치수를 부여한다.

8 Exit Workbench 를 클릭하여 Sketcher Workbench를 종료하고 Generative Shape Design Workbench로 돌아간다.

7 평면 만들기(Plane.3)

1 Plane 명령어를 클릭하여 실행한다.

2 Plane Definition 대화상자 설정

❶ Plane type으로 Normal to curve를 선택한다.
❷ Curve 선택란에 Sketch.1 또는 호를 선택한다.
❸ Point 선택란에 호의 끝점을 선택한다.
❹ OK 를 클릭하여 호의 끝점 위치에서 원호에 수직한 평면을 만든다.

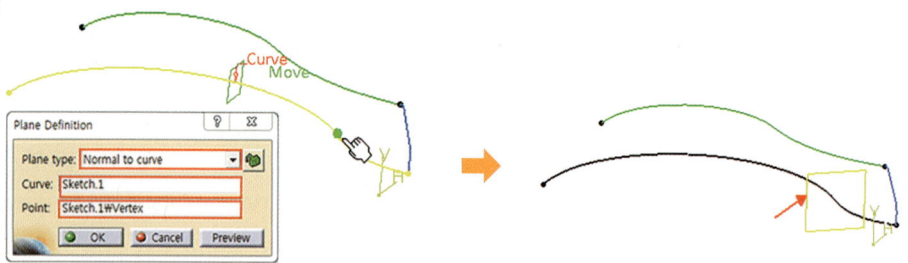

알아두기 8 Intersection 을 사용하여 교차점 만들기(1)

1 Wireframe 도구모음의 Intersection 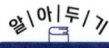 명령어를 클릭하여 실행한다.

2 Intersection Definition 대화상자 설정

❶ First element 선택란에 교차점을 생성할 첫 번째 요소로 Plane.3을 선택한다.

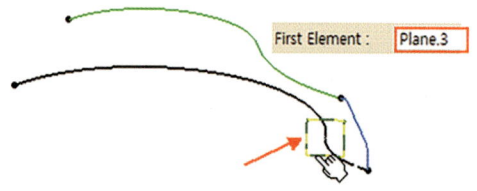

❷ Second element 선택란에 교차점을 생성할 두 번째 요소로 Sketch.2를 선택한다.

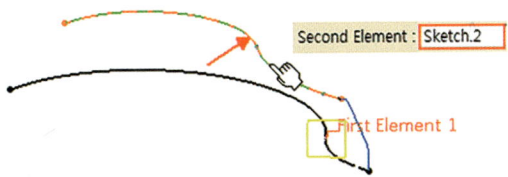

❸ 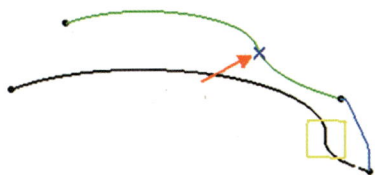 를 클릭하여 평면과 곡선에 의한 교차점을 생성한다.

Intersection

솔리드, 곡면, 평면, 곡선 간의 교차되는 부분을 교차 곡면, 곡선, 점으로 생성한다.

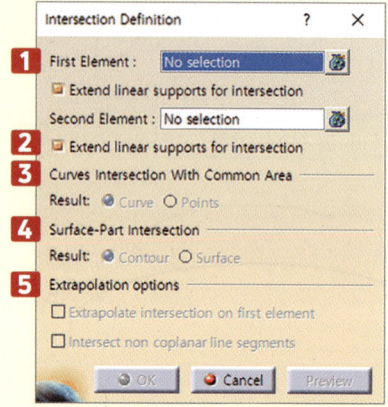

1 First element와 Second element 선택란에 교차할 두 요소를 선택한다.

2 Extend linear supports for intersection

첫 번째, 두 번째 또는 두 요소 모두를 확장할 수 있다.

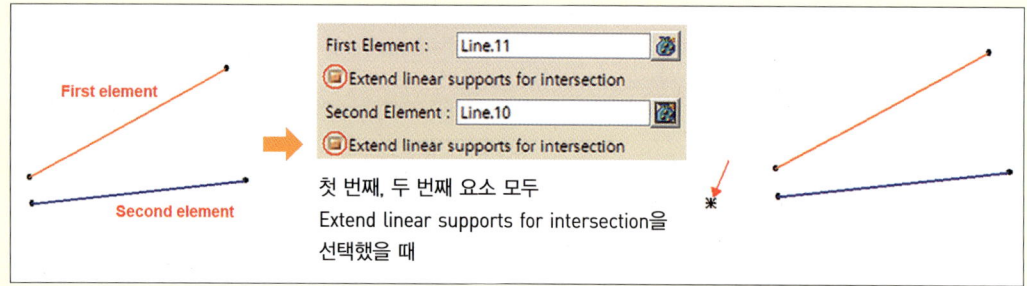

3 Curve intersection With Common Area

두 곡선이 교차할 때의 결과로 곡선 또는 점을 선택하여 생성할 수 있다.

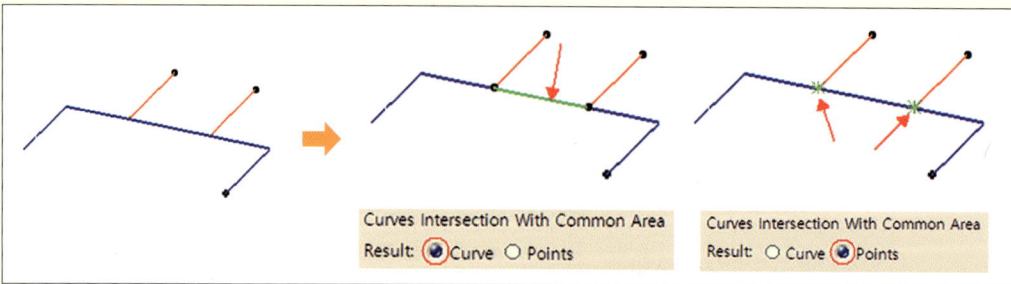

4 Surface-Part intersection

곡면과 솔리드 요소가 교차할 때 결과로 곡선 또는 곡면을 선택하여 생성할 수 있다.

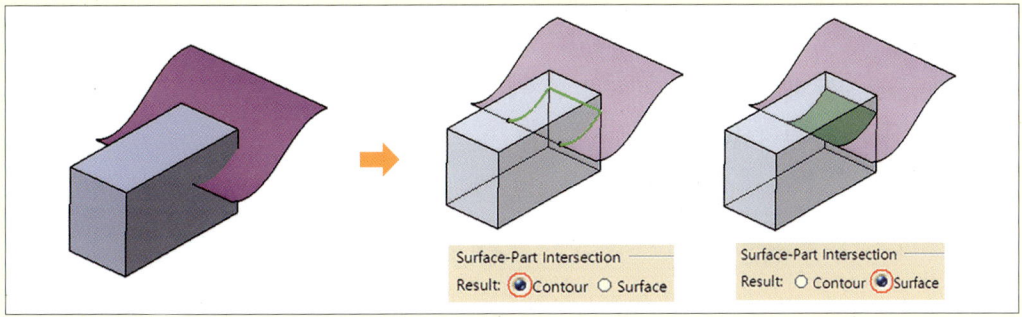

5 Extrapolation options

❶ Extrapolate intersection on first element : 곡면과 곡면 교차의 경우 첫 번째로 선택한 요소에 대해 연장을 수행할 수 있다. 다른 모든 경우에는 옵션이 회색으로 표시된다.

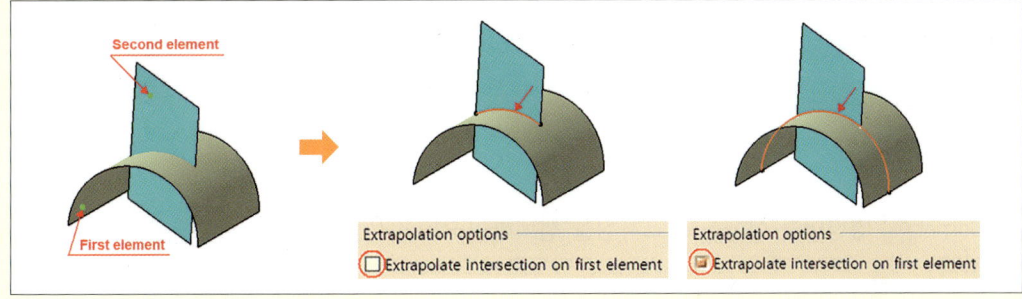

❷ Intersect non coplanar line segments : 교차하지 않는 두 선 사이에서 교차점을 생성한다. 이 옵션을 선택하면 두 요소의 Extend linear supports for intersection 옵션은 모두 선택된다.

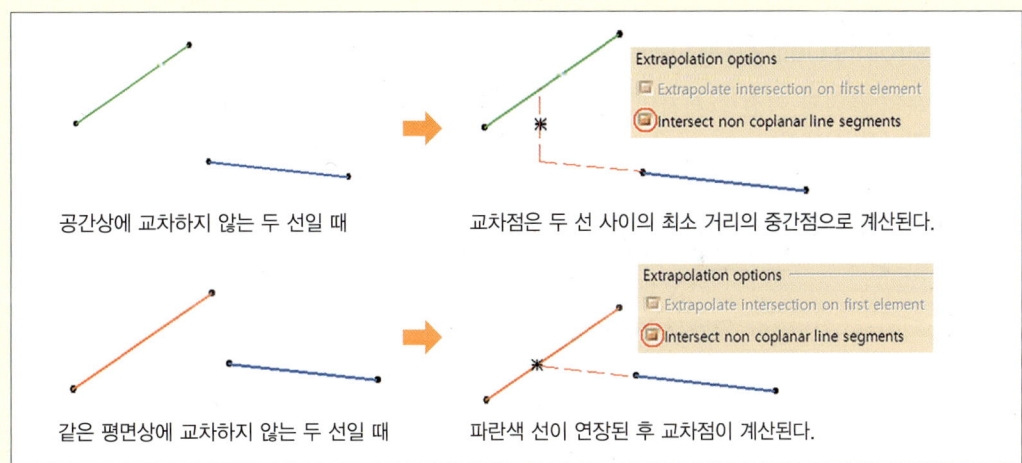

9 Multi-Sections Surface 에 사용될 단면곡선 만들기(2)

1. Specification Tree에서 Plane.2를 선택하고 Sketcher 도구모음의 Positioned Sketch 를 클릭한다.

   ❶ Reverse H를 체크하여 H축 방향을 반전한다.

   ❷ OK 를 클릭하여 Sketcher Workbench로 들어간다.

2. Line 명령어를 더블 클릭하여 실행하고 사선과 수평한 선분을 스케치한다.

3. **Three Point Arc Starting with Limits**
   호의 시작점과 끝점을 선분의 끝점에 일치하도록 지정하고 세 번째 점을 지정하여 세 점을 통과하는 호를 생성한다.

4. Constraint 명령어를 더블 클릭하여 실행하고 치수를 부여한다.

5. Corner 명령어를 실행하고 교차점을 선택하여 R10 값을 갖는 Corner를 생성하고 치수를 부여한다.

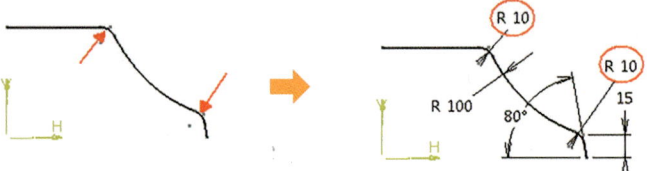

6. **Constraints Defined in Dialog Box**

   ❶ 선분의 끝점과 이전 스케치의 호의 끝점을 선택하고 Constraints Defined in Dialog Box 명령어를 실행한다. Constraint Definition 대화상자에서 Coincidence를 체크하여 두 점이 일치하는 위치에 놓이도록 한다.

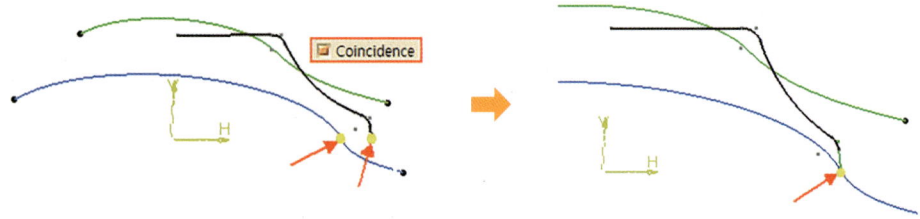

❷ 선분의 끝점과 Intersection으로 생성한 교차점을 선택하고 Constraints Defined in Dialog Box 명령어를 실행한다. Constraint Definition 대화상자에서 Coincidence를 체크하여 두 점이 일치하는 위치에 놓이도록 한다.

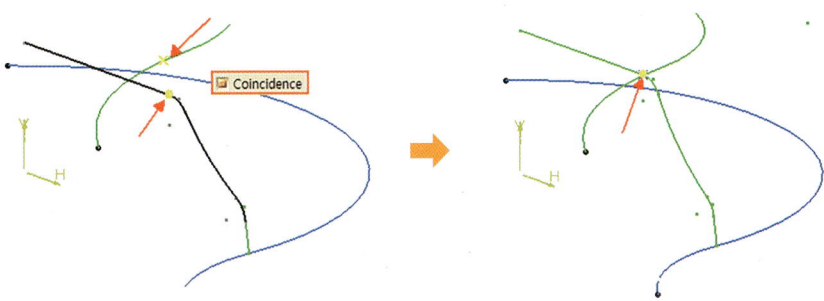

7 수평선을 선택하고 Sketch tools 도구모음에서 Creating Construction/Standard Elements 를 클릭하여 구성요소로 만든다. 구성요소로 변환한 후 다음 그려지는 요소가 표준요소가 되도록 Creating Construction/Standard Elements를 비활성화 한다.

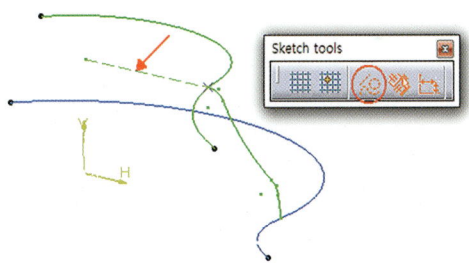

8 Exit Workbench 를 클릭하여 Sketcher Workbench를 종료하고 Generative Shape Design Workbench로 돌아간다.

10 Intersection 을 사용하여 교차점 만들기(2), (3)

1 Wireframe 도구모음의 Intersection 명령어를 더블 클릭하여 실행한다.

2 Intersection Definition 대화상자 설정

❶ First element 선택란에 교차점을 생성할 첫 번째 요소로 Specification Tree에서 zx평면을 선택한다.

❷ Second element 선택란에 교차점을 생성할 두 번째 요소로 Sketch.2를 선택한다.

❸ OK 를 클릭하여 평면과 곡선에 의한 교차점 Intersect.2를 생성하고 명령어를 반복 실행한다.

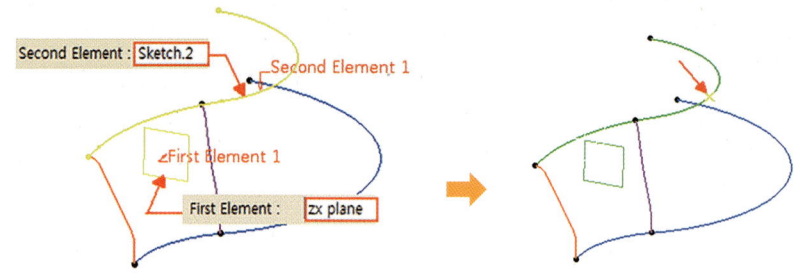

❹ First element 선택란에 교차점을 생성할 첫 번째 요소로 Specification Tree에서 zx평면을 선택한다.

❺ Second element 선택란에 교차점을 생성할 두 번째 요소로 Sketch.1을 선택한다.

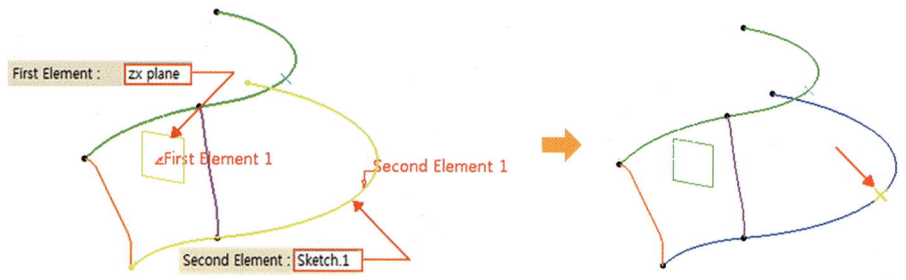

❻ OK 를 클릭하여 평면과 곡선에 의한 교차점 Intersect.3을 생성하고 Cancel 을 클릭하여 Intersection 명령어를 종료한다.

11 Multi-Sections Surface 에 사용될 단면곡선 만들기(3)

1 Specification Tree에서 zx평면을 선택하고 Sketcher 도구모음의 Sketch 를 클릭한다.

2 Line 명령어를 더블 클릭하여 실행하고 사선과 수평한 선분을 스케치한다.

3 **Three Point Arc Starting with Limits**
호의 시작점과 끝점을 선분의 끝점에 일치하도록 지정하고 세 번째 점을 지정하여 세 점을 통과하는 호를 생성한다.

4 Constraint 명령어를 더블 클릭하여 실행하고 치수를 부여한다.

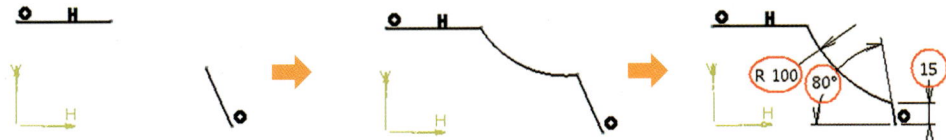

5 Corner 명령어를 실행하고 교차점을 선택하여 R10 값을 갖는 Corner를 생성하고 치수를 부여한다.

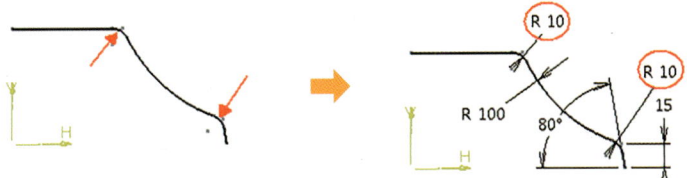

6 Constraints Defined in Dialog Box

❶ 선분의 끝점과 Intersection으로 생성한 교차점 Intersect.3을 선택하고 Constraints Defined in Dialog Box 명령어를 실행한다. Constraint Definition 대화상자에서 Coincidence를 체크하여 두 점이 일치하는 위치에 놓이도록 한다.

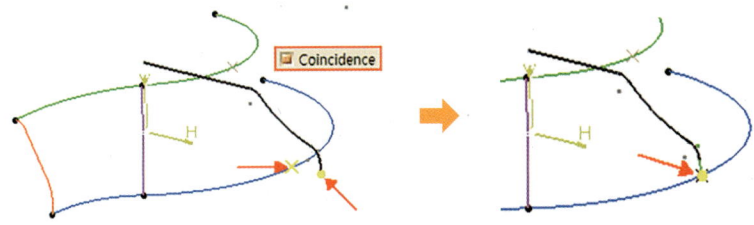

❷ 선분의 끝점과 Intersection으로 생성한 교차점 Intersect.2를 선택하고 Constraints Defined in Dialog Box 명령어를 실행한다. Constraint Definition 대화상자에서 Coincidence를 체크하여 두 점이 일치하는 위치에 놓이도록 한다.

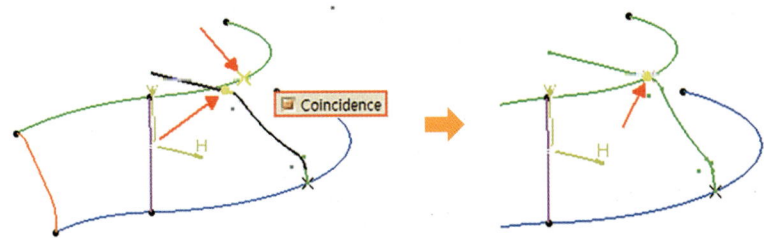

7 수평선을 선택하고 Sketch tools 도구모음에서 Creating Construction/Standard Elements 를 클릭하여 구성요소로 만든다. 구성요소로 변환한 후 다음 그려지는 요소가 표준요소가 되도록 Creating Construction/Standard Elements를 비활성화 한다.

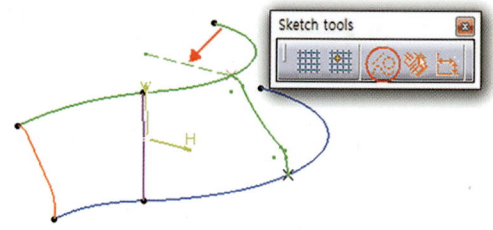

8 Exit Workbench 를 클릭하여 Sketcher Workbench를 종료하고 Generative Shape Design Workbench로 돌아간다.

12 Circular Pattern 을 사용하여 Multi-Sections Surface 에 사용될 단면곡선 만들기(4)

1 Replication 도구모음의 Patterns 하위 도구모음에서 Circular Pattern 을 클릭하여 실행한다.

2 Circular Pattern Definition 대화상자 설정

❶ Axial Reference 탭에서 Parameters를 Instance(s) & angular spacing을 선택한다.

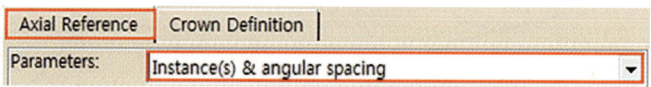

❷ Instance(s) 란에 원본 객체를 포함한 복사할 개수 2를 입력한다.

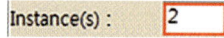

❸ Angular spacing 란에 복사될 객체의 간격 각도값으로 90°를 기입한다.

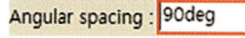

❹ Reference Direction 아래 Reference element 선택란에 마우스를 가져다 놓고 마우스 오른쪽 버튼을 누른 후 콘텍스트 메뉴에서 Z Axis를 선택한다.

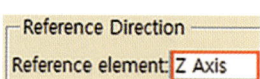

❺ Object to Pattern 아래 Object 선택란에 Sketch.5를 선택한다.

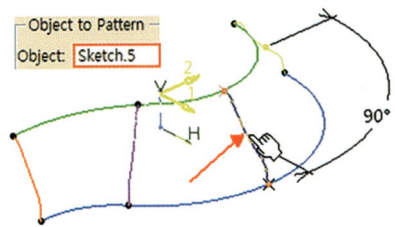

3 ![OK] 를 클릭하여 Sketch.5를 원형 패턴으로 복사한다.

13 Multi-Sections Surface 사용하여 곡면 만들기

1 Surfaces 도구모음의 Multi-Sections Surface 를 클릭하여 실행한다.

2 Multi-Sections Surface Definition 대화상자 설정

❶ 단면 곡선으로 Specification Tree 또는 그래픽 영역에서 Sketch.3, Sketch.4, Sketch.5, Circular Pattern.1 네 개의 곡선을 순차적으로 선택한다.

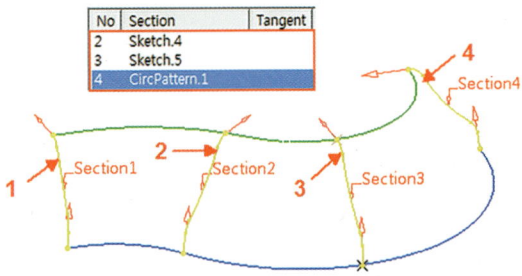

❷ Guide 선택란을 클릭하고 Specification Tree 또는 그래픽 영역에서 Guides로 사용될 Sketch.1, Sketch.2를 선택한다.

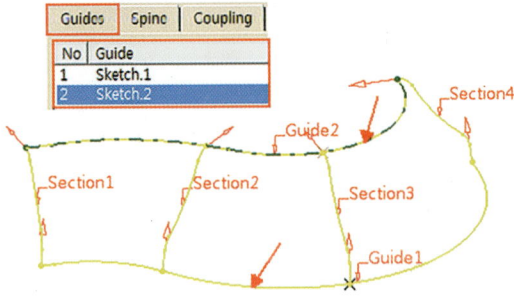

❸ Coupling 탭을 클릭하고 Sections coupling에서 Ratio를 선택한다.

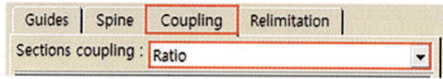

❹ 단면 곡선의 연결점을 추가하기 위해 Coupling 선택란을 클릭하여 활성화시킨다.

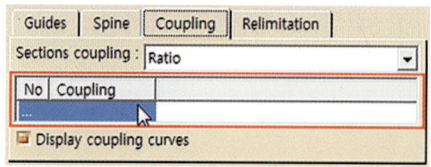

ⓐ Sketch.3, Sketch.4, Sketch.5, Circular Pattern.1 단면곡선의 호의 끝점을 순차적으로 선택하여 Coupling1 곡선을 생성한다.

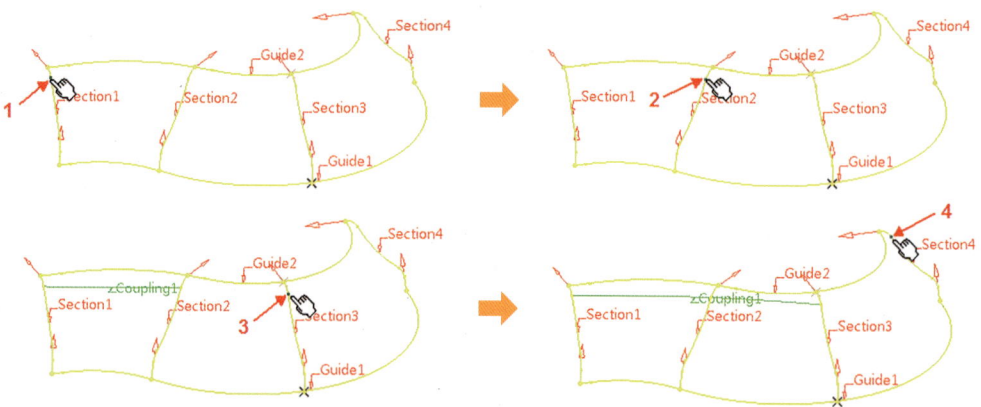

ⓑ Sketch.3, Sketch.4, Sketch.5, Circular Pattern.1 단면곡선의 호의 끝점을 순차적으로 선택하여 Coupling2 곡선을 생성한다.

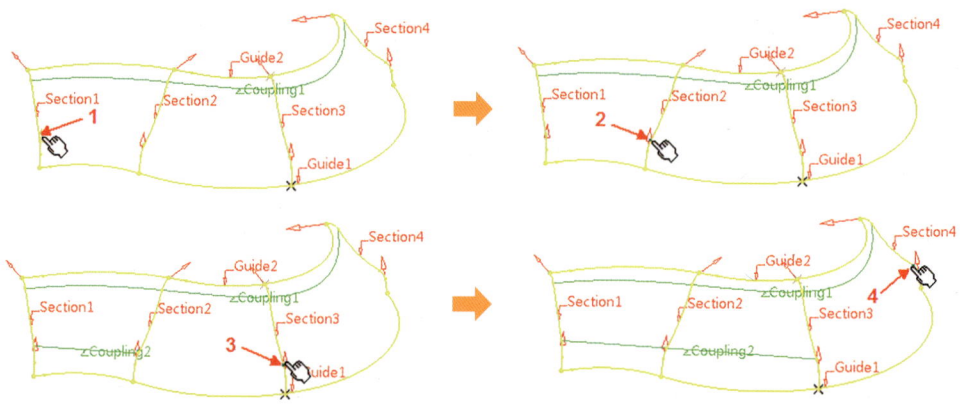

ⓒ Sketch.3, Sketch.4, Sketch.5, Circular Pattern.1 단면곡선의 호의 끝점을 순차적으로 선택하여 Coupling3 곡선을 생성한다.

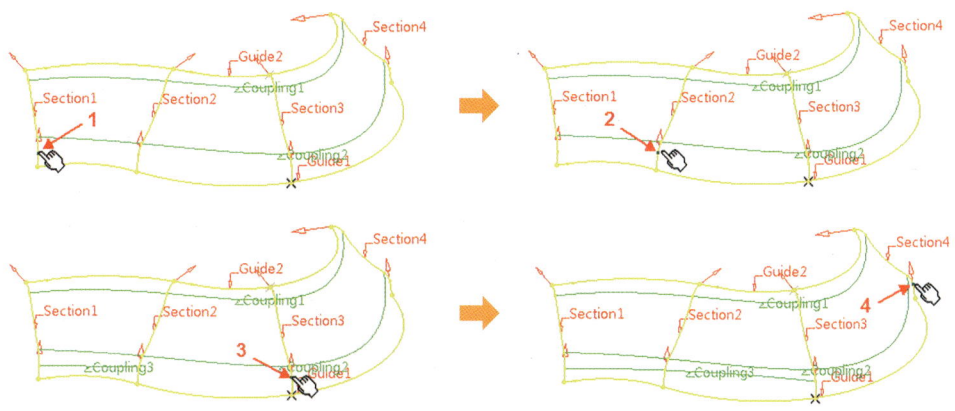

❺ ● OK 를 클릭하여 다중 단면 곡면을 생성한다.

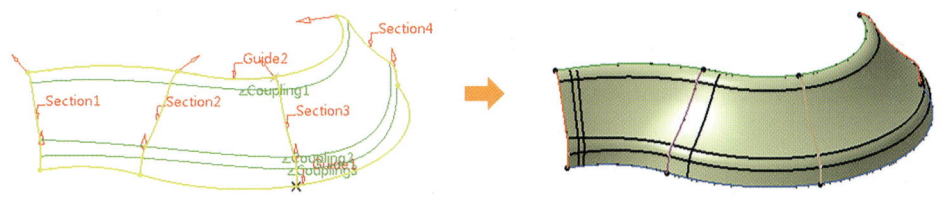

14 Symmetry 를 사용하여 곡면 대칭 복사하기

1 Operations 도구모음의 Transformations 하위 도구모음에서 Symmetry 명령어를 클릭하여 실행한다.

2 Symmetry Definition 대화상자 설정

❶ Element 선택란에 대칭 복사할 요소로 Multi-Sections Surface.1을 선택한다.

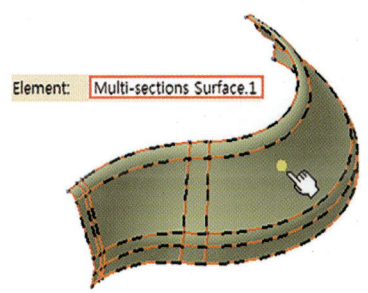

❷ Reference 선택란에 마우스를 가져다 놓고 마우스 오른쪽버튼을 클릭하여 콘텍스트 메뉴에서 yz평면을 선택한다.

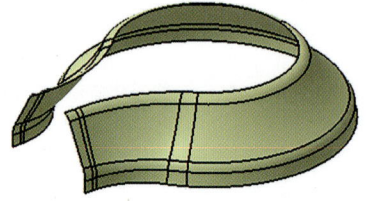

❸ OK 를 클릭하여 대칭 복사된 곡면을 만든다.

15 Join 을 사용하여 결합된 곡면 만들기

1 Operations 도구모음의 Join-Healing 하위 도구모음에서 Join 명령어를 클릭하여 실행한다.

2 Elements To Join 리스트에 결합할 곡면으로 Multi-Sections Surface.1, Symmetry.1 곡면을 선택하여 추가한다.

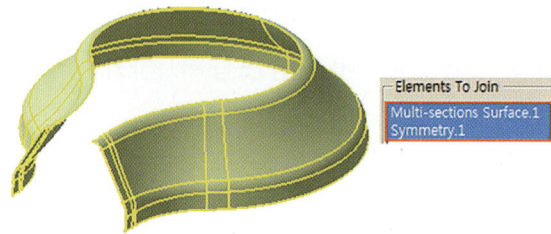

3 OK 를 클릭하여 하나로 합쳐진 곡면을 만든다.

알아두기 16 Boundary를 사용하여 경계 곡선 만들기

1 Operations 도구모음의 Extracts 하위 도구모음에서 Boundary 명령어를 클릭하여 실행한다.

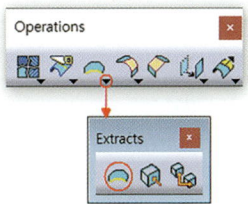

2 Boundary Definition 대화상자 설정

❶ Propagation type 드롭다운 목록에서 Tangent continuity를 선택한다.

❷ Surface edge 선택란에 곡면 모서리를 선택한다.

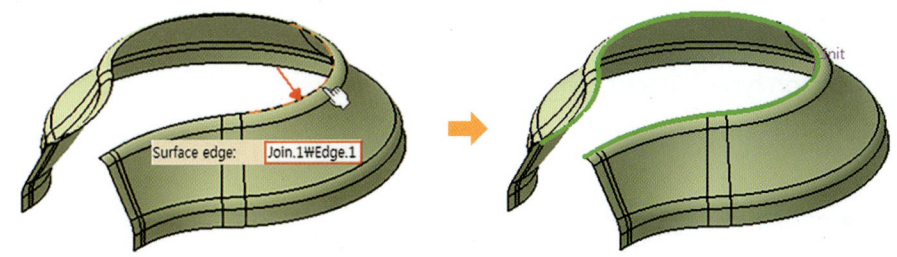

❸ OK를 클릭하여 선택한 모서리와 탄젠트한 부분까지 경계곡선을 생성한다.

Boundary

곡선 또는 곡면의 경계 모서리를 곡선으로 추출한다.

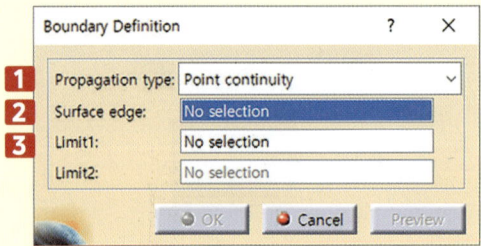

1 Propagation type

❶ Propagation type `Complete boundary ▼`

선택한 모서리의 곡면 전체 경계 주위를 추출한다.

❷ Propagation type `Point continuity ▼`

선택한 모서리의 점과 연속적인 곡면 경계 주위를 추출한다.

❸ Propagation type `Tangent continuity ▼`

선택한 모서리와 접선 불연속성을 만날때까지 곡면 경계 주위를 추출한다.

❹ Propagation type `No propagation ▼`

선택한 모서리만 추출한다.

2 Surface edge

곡면 모서리를 선택한다.

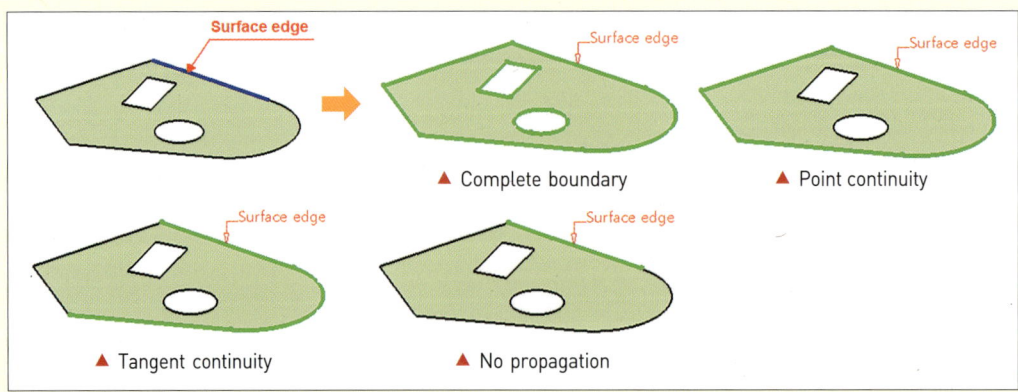

3 생성될 연속적인 경계 곡선에서 제한지점(Limit1과 Limit2)을 선택하여 일부 경계곡선을 생성할 수 있다.

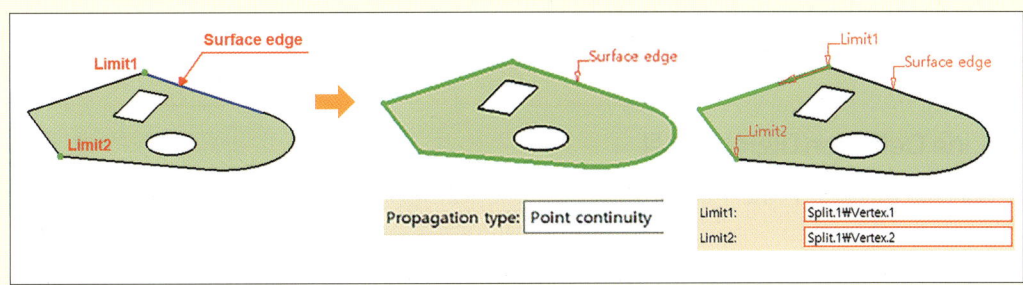

17 Line / 만들기

1 Wireframe 도구모음의 Line-Axis 하위 도구모음에서 Line / 명령어를 클릭하여 실행한다.

2 Line Definition 대화상자 설정

❶ Line type으로 Point-Point를 선택한다.

❷ Point1, Point2 선택란에 경계곡선의 끝점을 선택한다.

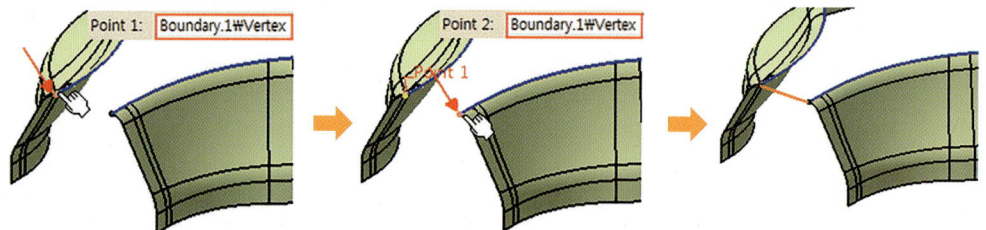

❸ OK 를 클릭하여 선분을 작성한다.

18 Fill을 사용하여 닫힌 영역을 채워진 곡면으로 만들기

1 Surfaces 도구모음의 Fill 명령어를 클릭하여 실행한다.

2 Fill Surface Definition 대화상자 설정

❶ Boundary 선택창에 닫힌 경계로 열려 있는 Boundary.1, Line.1 곡선을 선택한다.

❷ OK 를 클릭하여 선택한 닫힌 영역을 채워진 곡면으로 생성한다.

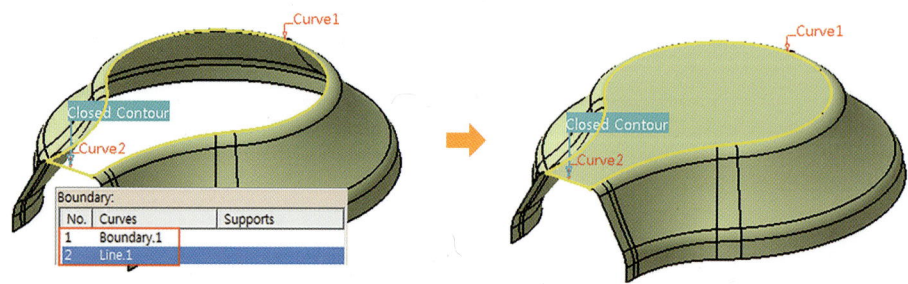

19 Join을 사용하여 결합된 곡면 만들기

1 Operations 도구모음의 Join-Healing 하위 도구모음에서 Join 명령어를 클릭하여 실행한다.

2 Elements To Join 리스트에 결합할 곡면으로 Fill.1, Join.1 곡면을 선택하여 추가한다.

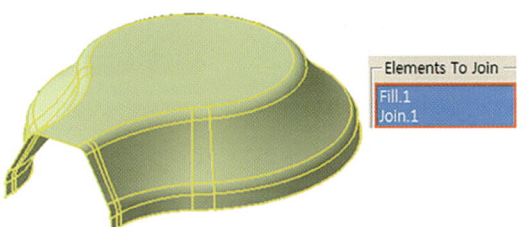

3 OK 를 클릭하여 하나로 합쳐진 곡면을 만든다.

20 Extrude에 사용될 프로파일 만들기

1 형상의 평면을 선택하고 Sketcher 도구모음의 Positioned Sketch를 클릭한다.

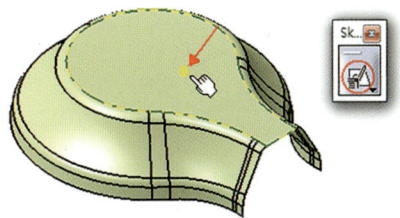

❶ Swap에 체크하여 H축과 V축을 바꾸고 Reverse H, Reverse V를 체크하여 H축과 V축 방향을 반전한다.

❷ OK 를 클릭하여 Sketcher Workbench로 들어간다.

2 Line 명령어를 실행하고 시작점은 스케치원 점, 끝점은 사선방향으로 지정한다.

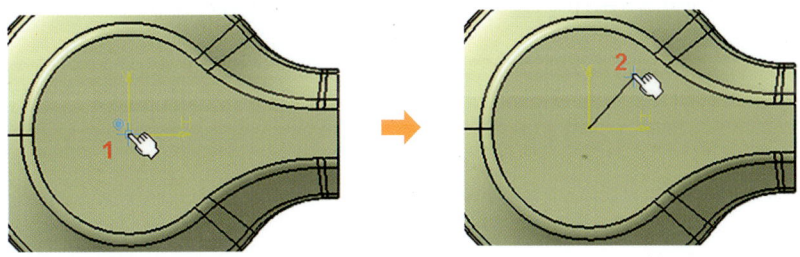

3 Circle ⊙ 명령어를 실행하고 중심점으로 선분의 끝점을 지정하고 반지름에 해당되는 점을 지정한다.

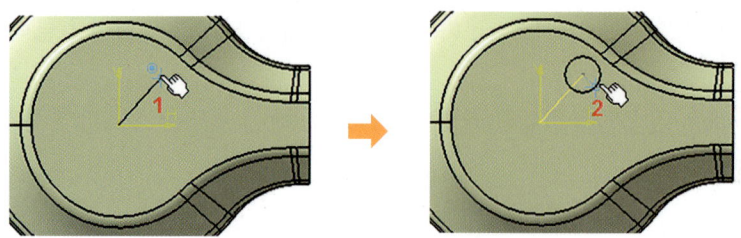

4 Constraint 명령어를 더블 클릭하여 실행하고 치수값을 부여한다.

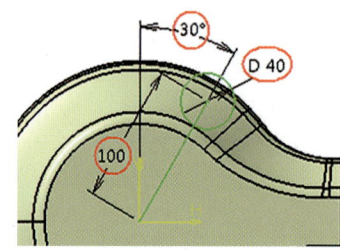

5 선분을 선택하고 Sketch tools 도구모음에서 Creating Construction/Standard Elements 를 클릭하여 구성요소로 만든다.

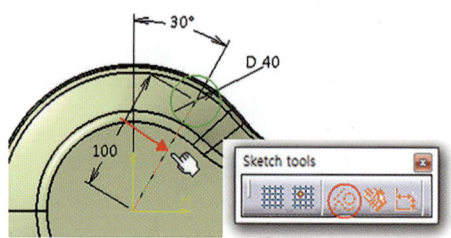

6 Exit Workbench 를 클릭하여 Sketcher Workbench를 종료하고 Generative Shape Design Workbench로 돌아간다.

21 Extrude 곡면 만들기

1 Surfaces 도구모음의 Extrude-Revolution 하위 도구모음에서 Extrude 명령어를 클릭하여 실행한다.

2 Extruded Surface Definition 대화상자 설정

❶ Profile로 원을 그린 Sketch. 6을 선택한다.

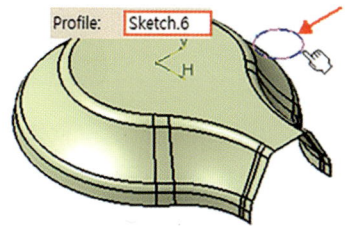

❷ Direction은 기본 설정값인 스케치의 수직방향으로 한다.

❸ Extrusion Limits 아래 Limit 1의 Type은 Dimension을 선택하고 거리값으로 −48mm를 입력한다.

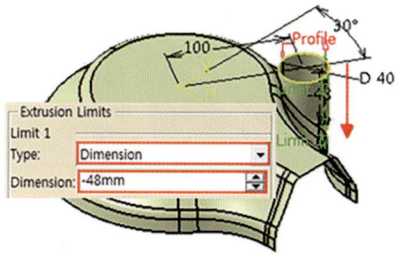

❹ OK 를 클릭한다.

22 Fill을 사용하여 닫힌 영역을 채워진 곡면으로 만들기

1 Surfaces 도구모음의 Fill 명령어를 클릭하여 실행한다.

2 Fill Surface Definition 대화상자 설정

❶ Boundary 선택창에 닫힌 경계로 열려 있는 돌출 곡면 아래 원형 모서리를 선택한다.

❷ OK 를 클릭하여 선택한 닫힌 영역을 채워진 곡면으로 생성한다.

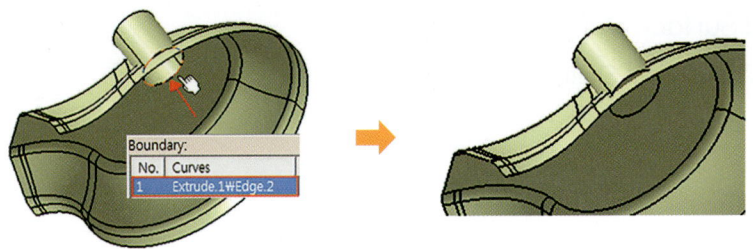

23 Join 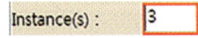을 사용하여 결합된 곡면 만들기

1 Operations 도구모음의 Join-Healing 하위 도구모음에서 Join 명령어를 클릭하여 실행한다.

2 Elements To Join 리스트에 결합할 곡면으로 Extrude.1, Fill.2 곡면을 선택하여 추가한다.

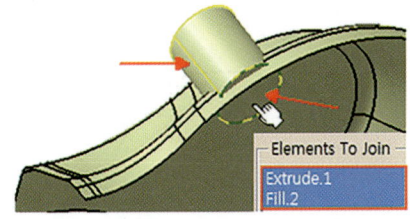

3 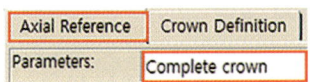를 클릭하여 하나로 합쳐진 곡면을 만든다.

24 Circular Pattern을 사용하여 원형 형식으로 연관 복사하기

1 Replication 도구모음의 Patterns 하위 도구모음에서 Circular Pattern을 클릭하여 실행한다.

2 Circular Pattern Definition 대화상자 설정

❶ Axial Reference 탭에서 Parameters로 Complete crown을 선택한다.

❷ Instance(s) 란에 원본 객체를 포함한 복사할 개수 3을 입력한다.

❸ Reference Direction 아래 Reference element 선택란에 마우스를 가져다 놓고 마우스 오른쪽 버튼을 누른 후 콘텍스트 메뉴에서 Z Axis를 선택한다.

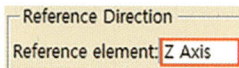

❹ Object to Pattern 아래 Object 선택란에 Join.3 곡면을 선택한다.

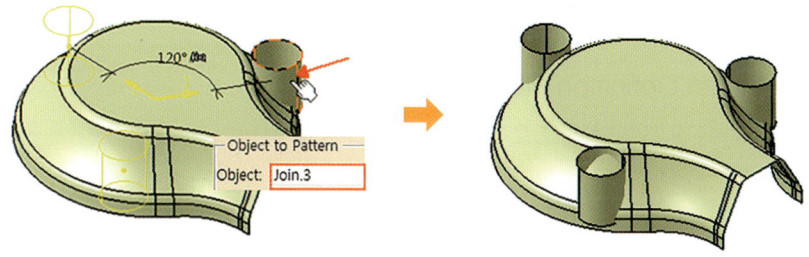

❺ OK 를 클릭하여 Join.3 곡면을 원형 패턴으로 복사한다.

25 Boundary 을 사용하여 경계 곡선 만들기

1 Operations 도구모음의 Extracts 하위 도구모음에서 Boundary 명령어를 클릭하여 실행한다.

2 Boundary Definition 대화상자 설정

❶ Propagation type으로 Tangent continuity를 선택한다.

❷ Surface edge 선택란에 곡면 모서리를 선택한다.

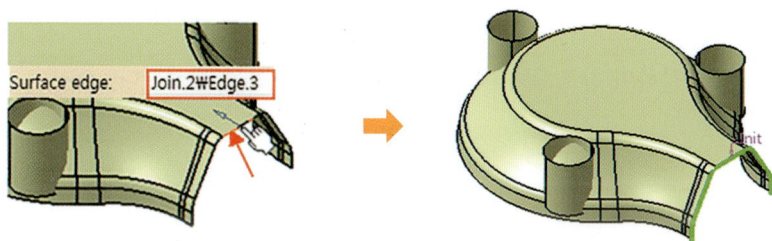

❸ OK 를 클릭하여 선택한 모서리와 탄젠트한 부분까지 경계곡선을 생성한다.

26 3D Curve Offset

1 Wireframe 도구모음의 Curve Offsets 하위 도구모음에서 3D Curve Offset 을 클릭하여 실행한다.

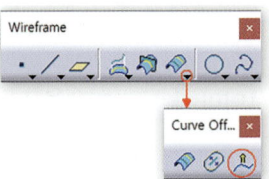

2 3D Curve Offset Definition 대화상자 설정

❶ Curve 선택란에 오프셋할 참조로 Boundary.2 곡선을 선택한다.

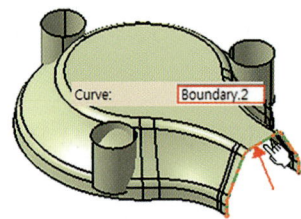

❷ Pulling Direction 선택란에 마우스를 가져다 놓고 마우스 오른쪽버튼을 누른 후 콘텍스트 메뉴에서 Y Component를 선택하여 오프셋 방향을 결정한다.

❸ offset 거리값으로 12mm를 입력한다.

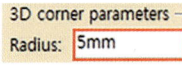

❹ 3D corner parameters 아래 Raidus 값으로 5mm를 입력한다.

❺ OK 를 클릭하여 참조 곡선에서 오프셋된 3D 곡선을 생성한다.

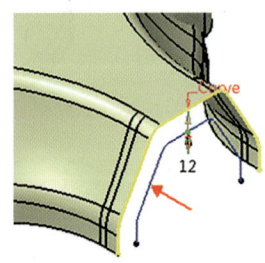

알|아|두|기
3D Curve Offset

참조 곡선으로부터 오프셋된 새로운 3D 곡선을 생성한다.

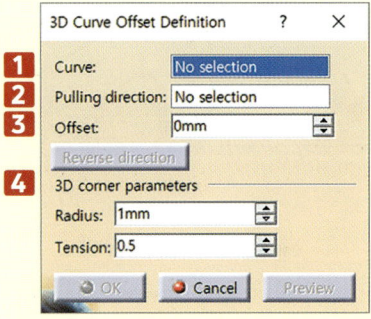

1 Curve

오프셋할 참조 곡선을 선택한다.

2 Pulling Direction

당기는 방향으로 평면이나 직선을 선택한다. 당기는 방향은 구배 방향에 해당되며 생성되는 3D 곡선에 수직이 된다.

3 Offset

오프셋 거리값을 입력한다.

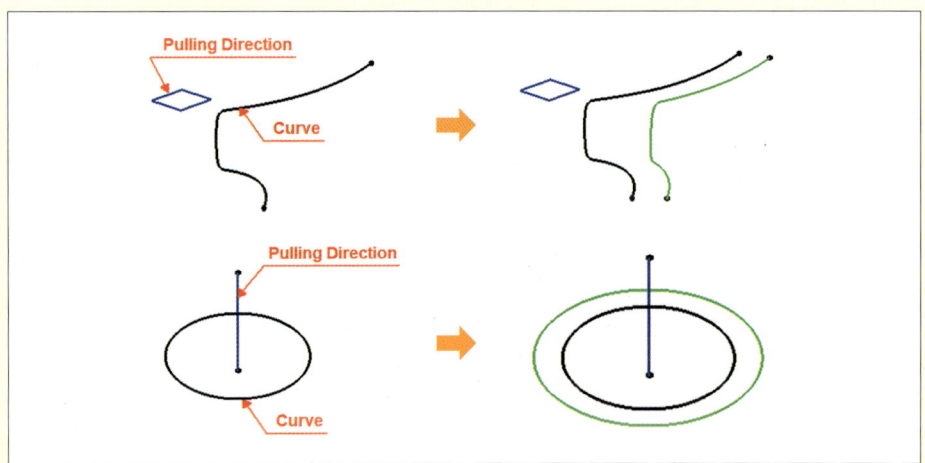

4 3D corner parameters

1) Radius : 곡선의 곡률 반경이 오프셋 값보다 작은 경우 입력한 반경값에 의해 3D 곡선 코너에 필렛이 생성된다.

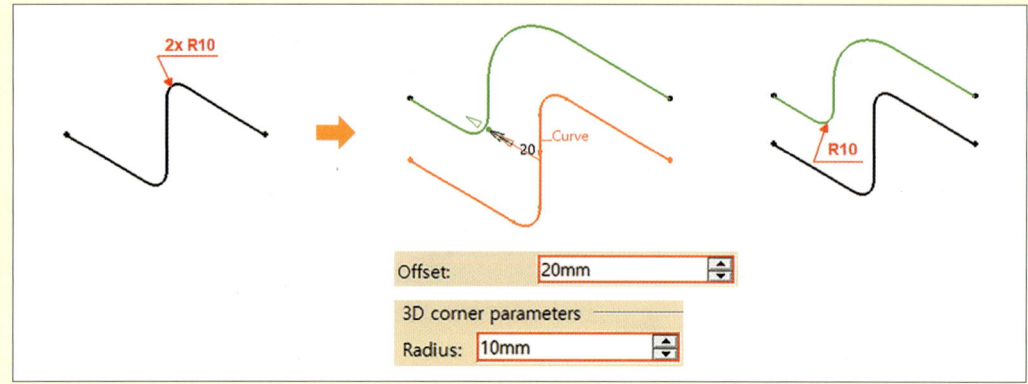

2) Tension : 오프셋할 때 Radius가 부여된 코너 부분의 곡선 변형 정도를 제어하며 값에 따라 곡선의 휘어진 정도와 매끄러움이 달라진다. Tension 값은 0보다 커야 하며 값이 작으면 원래 곡선과 가까운 형태를 유지하며 부드럽게 오프셋되고 값이 크면 곡선이 더 팽팽하게 당겨져 더 뚜렷한 변화를 보이게 된다.

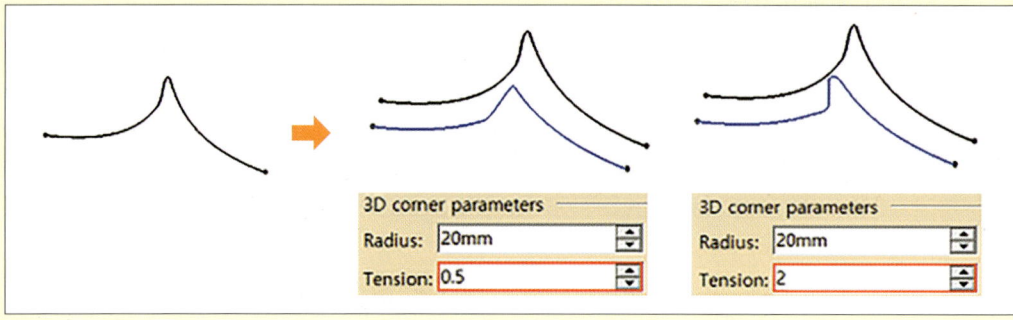

27 Line / 만들기

1 Wireframe 도구모음의 Line-Axis 하위 도구모음에서 Line / 명령어를 더블 클릭하여 실행한다.

2 Line Definition 대화상자 설정 (1)

❶ Line type으로 Point-Point를 선택한다.

Line type : Point-Point

❷ Point1, Point2 선택란에 Boundary와 3D Curve Offset 명령어로 생성한 곡선의 끝점을 선택한다.

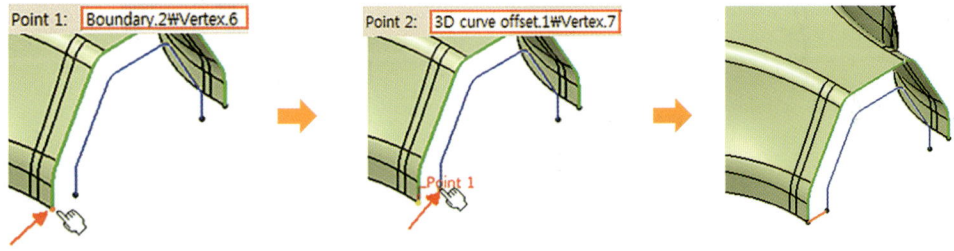

❸ OK 를 클릭하여 선분을 작성한다.

3 Line Definition 대화상자 설정 (2)

❶ Line type으로 Point-Point를 선택하고 Point1, Point2 선택란에 Boundary와 3D Curve Offset 명령어로 생성한 곡선의 끝점을 선택한다.

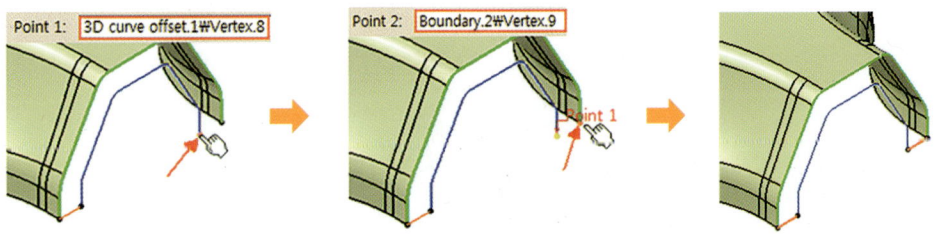

❷ OK 를 클릭하고 Cancel 을 클릭하여 Line / 명령어를 종료한다.

28 Fill을 사용하여 닫힌 영역을 채워진 곡면으로 만들기

1 Surfaces 도구모음의 Fill 명령어를 클릭하여 실행한다.

2 Fill Surface Definition 대화상자 설정

❶ Boundary 선택창에 Boundary.2, Line.2, 3D Curve Offset.1, Line.3를 선택한다.

❷ OK 를 클릭하여 선택한 닫힌 영역을 채워진 곡면으로 생성한다.

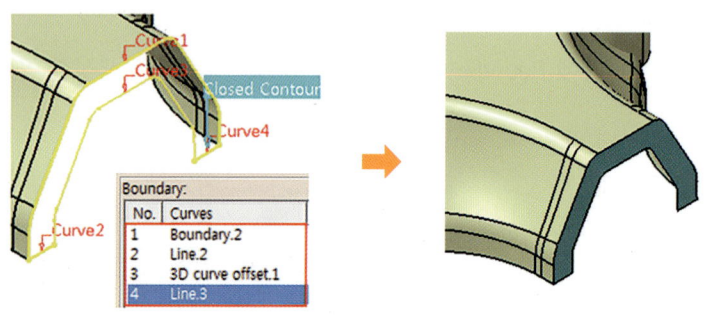

29 Extrude 곡면 만들기

1 Surfaces 도구모음의 Extrude-Revolution 하위 도구모음에서 Extrude 명령어를 클릭하여 실행한다.

2 Extruded Surface Definition 대화상자 설정

❶ Profile로 3D Curve Offset.1을 선택한다.

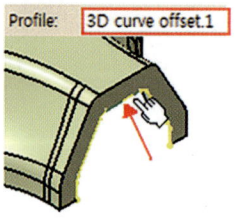

❷ Direction 선택란에 마우스를 가져다 놓고 마우스 오른쪽버튼을 누른 후 콘텍스트 메뉴에서 Y Component를 선택하여 돌출 방향을 결정한다.

❸ Extrusion Limits 아래 Limit 1의 Type으로 Dimension을 선택하고 거리값으로 25mm를 입력한다.

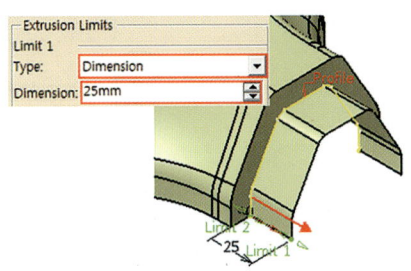

❹ ● OK 를 클릭하여 돌출 곡면을 생성한다.

30 Join을 사용하여 결합된 곡면 만들기

1 Operations 도구모음의 Join-Healing 하위 도구모음에서 Join 명령어를 클릭하여 실행한다.

2 Elements To Join 리스트에 결합할 곡면으로 Extrude.2, Fill.3, Join.2 곡면을 선택하여 추가한다.

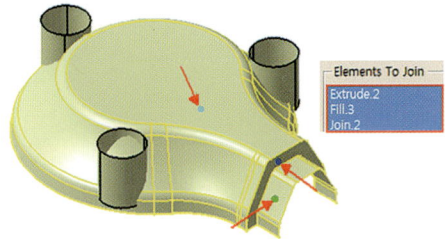

3 ● OK 를 클릭하여 하나로 합쳐진 곡면을 만든다.

31 Trim으로 곡면 자르기

1 Operations 도구모음의 Trim-Split 하위 도구모음에서 Trim 명령어를 더블 클릭하여 실행한다.

2 Trim Definition 대화상자 설정
  ❶ Mode 드롭다운 목록에서 Standard를 선택한다.

❷ Trimmed elements 리스트에 자를 곡면으로 Join.4, Join.3, Circular Pattern.2 곡면을 순차적으로 선택하여 추가한다.

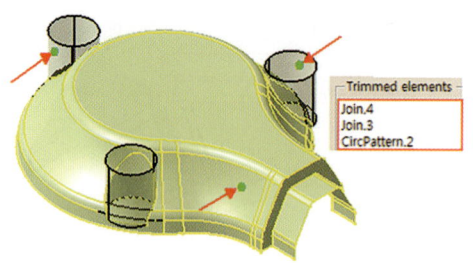

❸ Other side / next element 또는 Other side / previous element 를 클릭하여 자르거나 유지할 곡면을 결정한다.

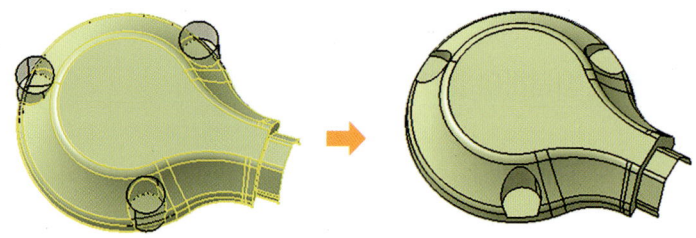

❹ OK 를 클릭하여 선택한 곡면의 교차되는 부분을 자르면서 하나로 합쳐진 곡면을 작성한다.

32 Circle ○

1 Wireframe 도구모음의 Circle-Conic 하위 도구모음에서 Circle ○ 명령어를 클릭하여 실행한다.

2 Circle Definition 대화상자 설정

❶ Circle type 드롭다운 목록에서 Center and radius를 선택한다.
❷ Center 선택란에 마우스를 가져다 놓고 마우스 오른쪽버튼을 누른 후 콘텍스트 메뉴에서 Create Point를 선택한다.

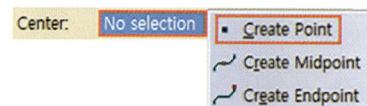

❸ Point Definition 대화상자 설정

ⓐ Point type 드롭다운 목록에서 Circle/ Sphere/Ellipse center를 선택한다.

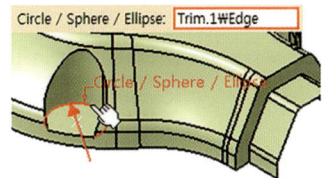

ⓑ Circle/ Sphere/Ellipse 선택란에 형상의 원호 모서리를 선택한다.

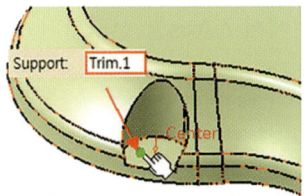

ⓒ OK 를 클릭하여 원호의 중심에 점을 생성한다.

❹ Support 선택란에 원이 생성될 평면을 선택한다.

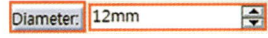

❺ Radius 버튼을 클릭하여 Diameter로 변환한 후 입력란에 지름 12mm를 기입한다.

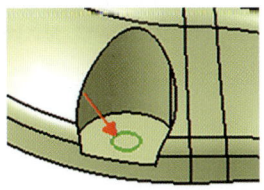

❻ Circle Limitations 아래에서 전체적인 원이 작성되도록 Whole circle ⊙ 아이콘을 선택한다.

❼ OK 를 클릭하여 원을 생성한다.

33 Circular Pattern을 사용하여 원형 형식으로 연관 복사하기

1 Replication 도구모음의 Patterns 하위 도구모음에서 Circular Pattern을 클릭하여 실행한다.

2 Circular Pattern Definition 대화상자 설정

❶ Axial Reference 탭에서 Parameters로 Complete crown을 선택한다.

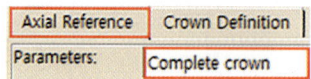

❷ Instance(s) 란에 원본 객체를 포함한 복사할 개수 3을 입력한다.

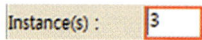

❸ Reference Direction 아래 Reference element 선택란에 마우스를 가져다 놓고 마우스 오른쪽 버튼을 누른 후 콘텍스트 메뉴에서 Z Axis를 선택한다.

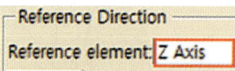

❹ Object to Pattern 아래 Object 선택란에 Circle.1을 선택한다.

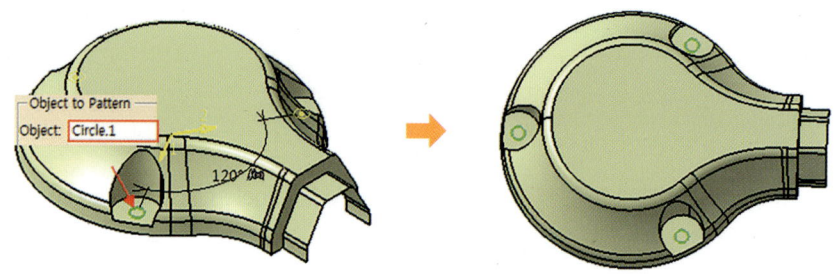

❺ OK를 클릭하여 Circle.1을 원형 패턴으로 복사한다.

34 Split 를 사용하여 곡면 자르기

1 Operations 도구모음의 Trim-Split 하위 도구모음에서 Split 명령어를 더블 클릭하여 실행한다.

2 Split Definition 대화상자 설정
   ❶ Element to cut 선택란에 분할할 요소로 Trim.1 곡면을 선택한다.
   ❷ Cutting elements 선택란에 절단요소로 Circle.1과 CirclePattern.3을 선택한다.

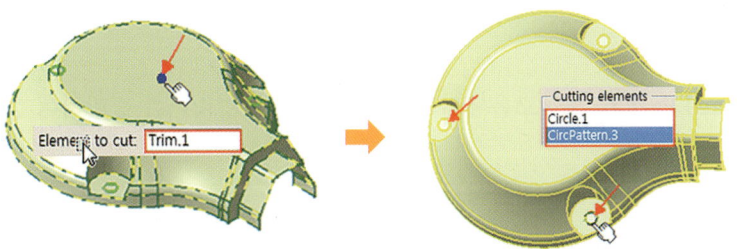

   ❸ OK 를 클릭하여 절단요소에 분할된 곡면을 완성한다.

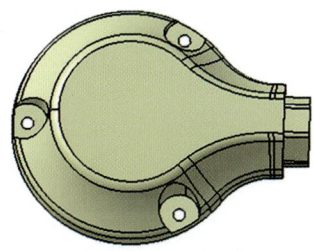

35 Edge Fillet 으로 곡면모서리 다듬기

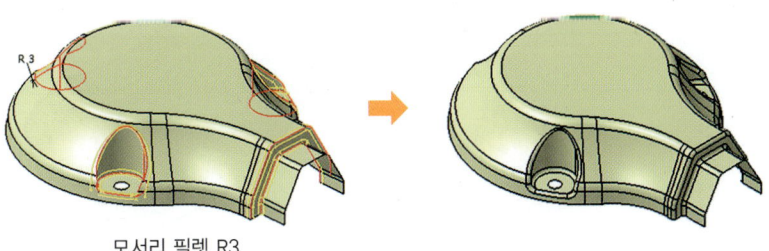

모서리 필렛 R3

36 곡면 바디를 기반으로 솔리드 바디를 생성하기 위해 Part Design Workbench 로 들어가기

1 메뉴모음에서 Start 〉 Mechanical Design 〉 Part Design Workbench를 선택한다.

2 새로운 작업을 Part Body에 추가하기 위해 Specification Tree에서 Part Body에 마우스를 가져다 놓고 마우스 오른쪽버튼을 클릭한 후 Define In Work Object를 클릭한다.

37 Thick Surface 로 곡면에 두께 부여하여 솔리드 바디 만들기

1 Surface-Based Feature 도구모음에서 Thick Surface 명령어를 클릭하여 실행한다.

2 Thick Surface Definition 대화상자 설정

❶ First Offset 입력란에 두께를 부여할 값으로 2를 기입한다.

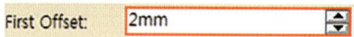

❷ Object to offset 선택란에 두께를 부여할 면을 선택한다.

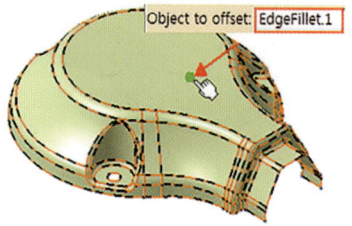

❸ OK 를 클릭하여 면 안쪽으로 두께가 부여된 솔리드 바디를 생성한다.

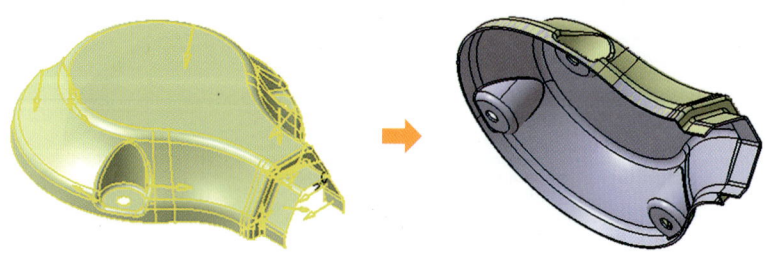

38 와이어프레임을 구성하는 곡선과 곡면 바디 숨기기

Specification Tree에서 Geometrical set1의 콘텍스트 메뉴에서 Hide/Show를 선택하여 와이어프레임을 구성하는 곡선과 곡면 바디를 숨겨 모델링을 완성한다.

CHAPTER 10

활용 예제 9
Sweep, Split*, Replace Face*

'*'는 Part Design 관련 개념입니다.

예제 도면 — 3D형상 모델링 작업하기

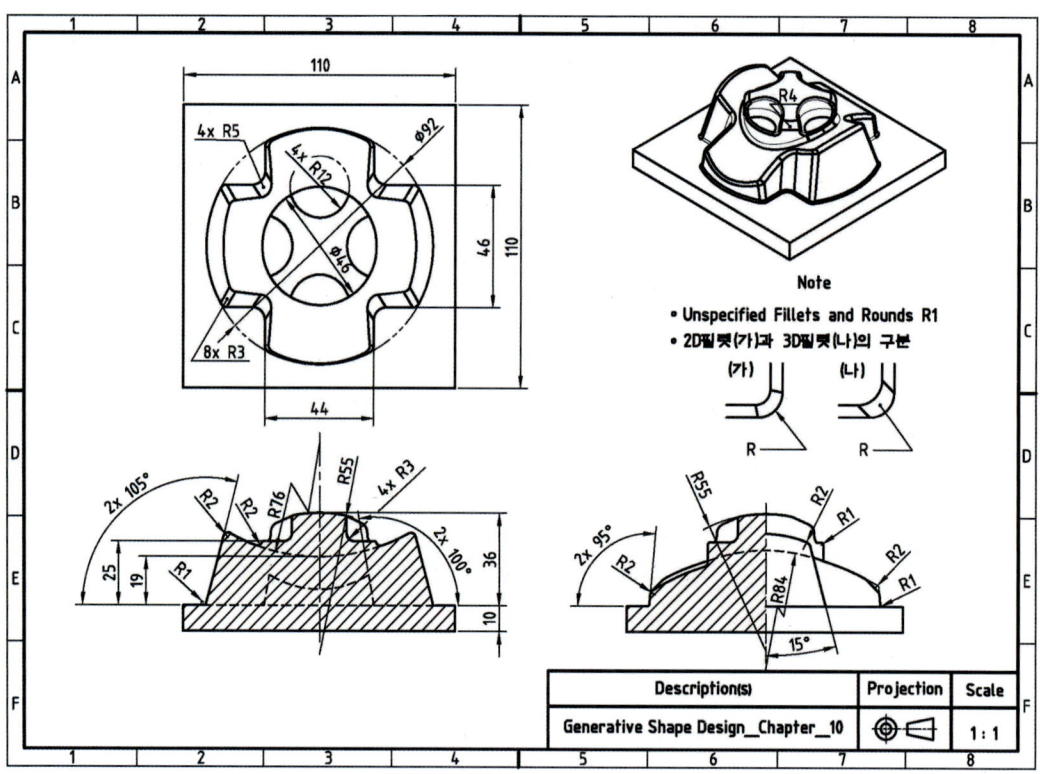

1 Pad에 사용될 스케치 프로파일 만들기

1 Sketch 명령어를 클릭하고 Specification Tree에서 xy평면을 선택하여 Sketcher Workbench로 들어간다.

2 **Centered Rectangle**

　❶ Centered Rectangle 를 클릭하여 실행한다.
　❷ 스케치 원점에 일치하도록 사각형의 중심점을 지정한다.
　❸ 대각선 코너점을 지정하여 중심 사각형을 생성한다.

3 Constraint 명령어를 더블 클릭하여 실행하고 치수값을 부여한다.

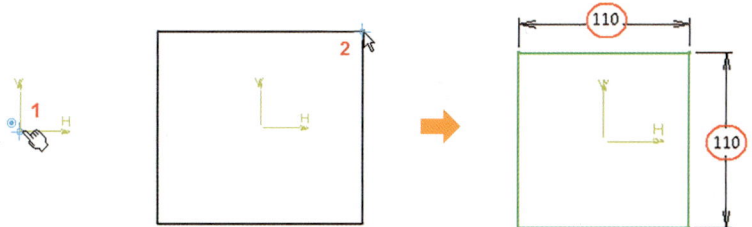

4 Exit Workbench 를 클릭하여 Sketcher Workbench를 종료하고 Part Design Workbench로 돌아간다.

2 Pad를 사용하여 베이스 피처 만들기

1 Pad를 클릭하여 실행한다.

2 **Pad Definition 대화상자 설정**

　❶ First Limits 아래 Type으로 Dimension을 선택하고 Length 란에 10mm를 기입한다.

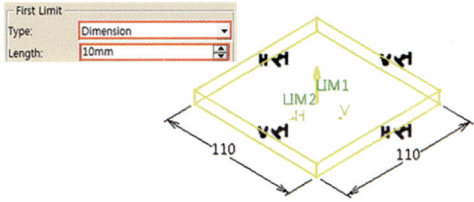

　❷ OK 를 클릭하여 명령어를 종료한다.

3 Pad🗗에 사용될 스케치 프로파일 만들기

1 Sketcher 도구모음의 Positioned Sketch 🗗를 클릭한다.

   ❶ Sketch Positioning 대화상자 아래 Sketch Positioning의 Type으로 Positioned를 선택하고 Reference 란에 형상의 평면을 선택한다.
   ❷ Origin과 Orientation의 Type으로는 Implicit를 선택한다.
   ❸ Swap에 체크하여 H축과 V축을 바꾸고 Reverse V를 체크하여 V축 방향을 반전한다.
   ❹ OK 를 클릭하여 Sketcher Workbench로 들어간다.

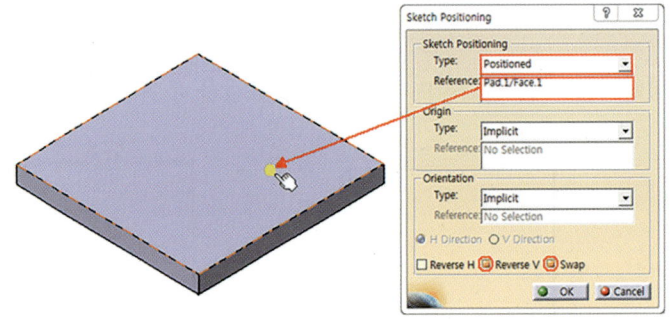

2 Centered Rectangle

   ❶ Centered Rectangle 을 더블 클릭하여 실행한다.
   ❷ 스케치 원점에 일치하도록 사각형의 중심점을 지정한다.
   ❸ 대각선 코너점을 지정하여 두 개의 중심 사각형을 생성한다.

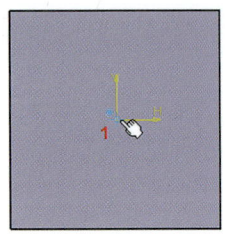 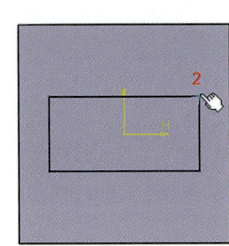 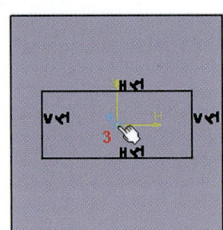 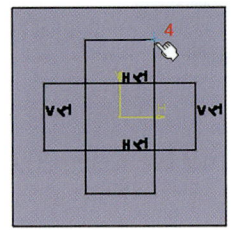

3 Circle

   ❶ Circle 명령어를 클릭하여 실행한다.
   ❷ 스케치 원점에 원의 중심점을 지정하고 반지름에 해당되는 점을 지정하여 원을 생성한다.

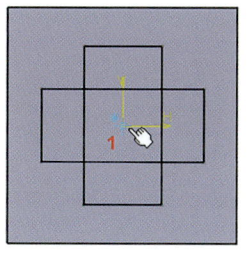 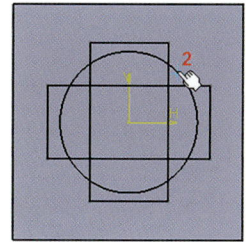

4 Quick Trim

Quick Trim 명령어를 더블 클릭하여 실행하고 요소를 잘라 단일 폐곡선 영역을 만든다.

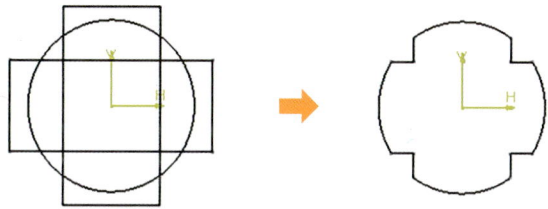

5 Constraint 명령어를 더블 클릭하여 실행하고 치수값을 부여한다.

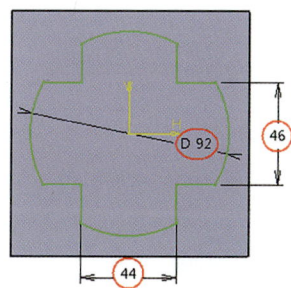

6 Exit Workbench 를 클릭하여 Sketcher Workbench를 종료하고 Part Design Workbench로 돌아간다.

4 Pad 만들기

1 Pad를 클릭하여 명령어를 실행한다.

2 Pad Definition 대화상자 설정

❶ First Limits 아래 Type으로 Dimension을 선택하고 Length 란에 50mm를 기입한다.

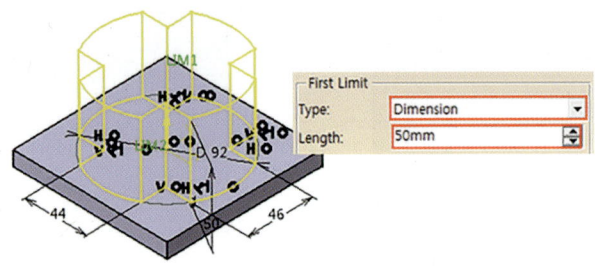

❷  를 클릭하여 명령어를 종료한다.

5 Draft Angle 을 사용하여 면에 구배주기

1 Draft Angle 명령어를 더블 클릭하여 실행한다.

2 **Draft Definition 대화상자 설정**

❶ Draft Type에서 Constant를 선택한다.

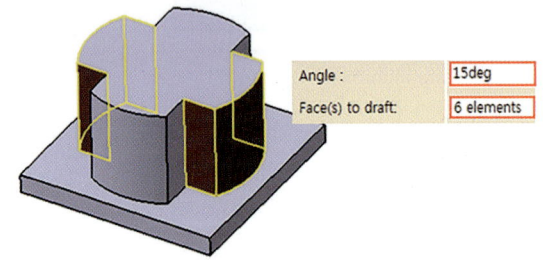

❷ Angle 입력란에 구배 각도 15를 기입한다.
❸ Face(s) to draft 란에 구배를 부여할 면을 선택한다.

❹ Neutral Element 아래 Selection 란에서 구배 각도의 기준면을 선택한다.

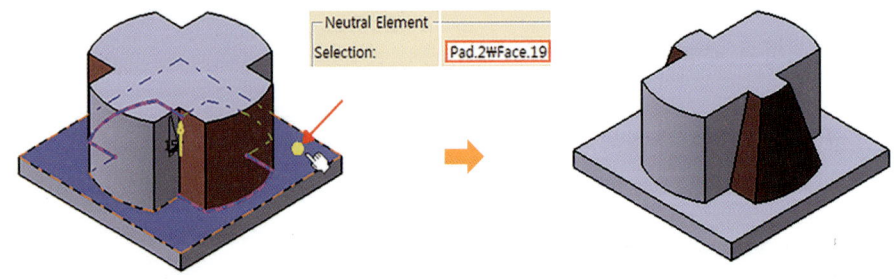

706 PART 04 GENERATIVE SHAPE DESIGN

❺ OK 를 클릭하여 Draft Angle 명령어를 반복 실행한다.
❻ Angle 입력란에서 구배 각도 5를 기입한다.
❼ Face(s) to draft 란에 구배를 부여할 면을 선택한다.

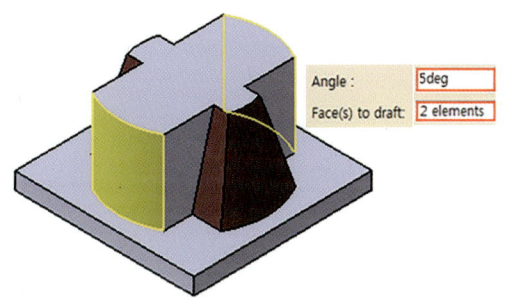

❽ Neutral Element 아래 Selection 란에서 구배 각도의 기준면을 선택한다.

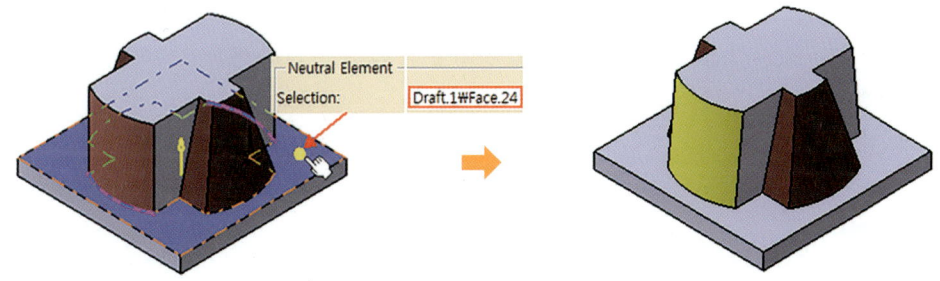

❾ OK 를 클릭하여 Draft Angle 명령어를 반복 실행한다.
❿ Angle 입력란에 구배 각도 10을 기입한다.
⓫ Face(s) to draft 란에 구배를 부여할 면을 선택한다.

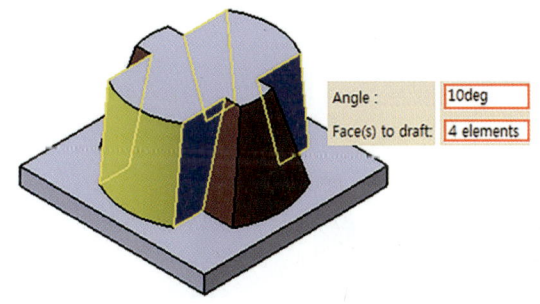

⓬ Neutral Element 아래 Selection 란에서 구배 각도의 기준면을 선택한다.

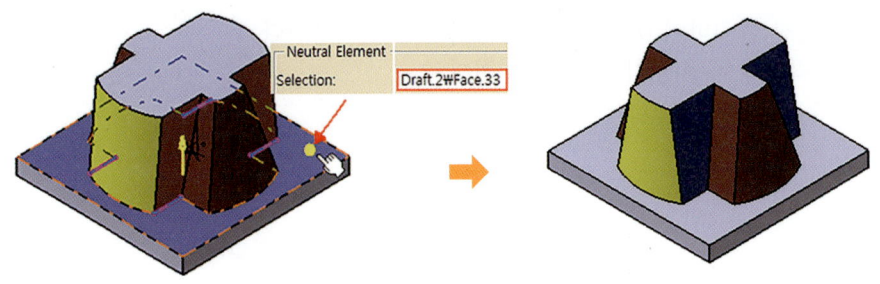

⑬ ![OK] 를 클릭하여 구배 면을 만들고 ![Cancel] 을 클릭하여 Draft Angle 명령어를 종료한다.

6 Generative Shape Design Workbench 선택하여 들어가기

Wireframe과 Surface 작업을 위한 GSD 작업 공간으로 바꾸기 위해 메뉴모음에서 Start 〉 Shape 〉 Generative Shape Design을 선택한다.

7 Sweep에 사용될 Guide curve 만들기

1 Sketch 명령어를 클릭하고 Specification Tree에서 yz평면을 선택하여 Sketcher Workbench로 들어간다.

2 Arc 명령어를 클릭하여 실행한 후 호의 중심점은 V축 선상에 일치하도록 지정하고 호의 시작점과 끝점을 지정하여 호를 생성한다.

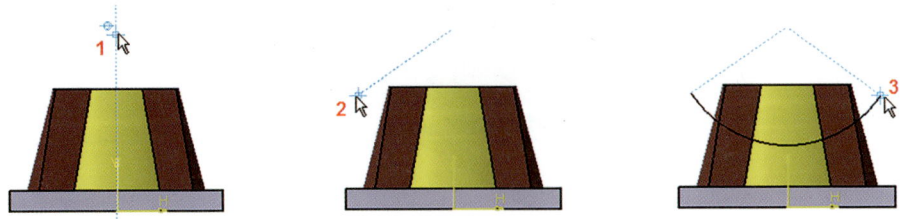

3 Constraint 명령어를 더블 클릭하여 실행한다.
　❶ 호의 양 끝점을 선택하고 치수 상태에서 마우스 오른쪽버튼을 클릭하여 콘텍스트 메뉴에서 Allow symmetry line을 선택한다. 대칭선으로 V축을 선택하여 호의 양 끝점이 V축을 기준으로 대칭이 되도록 구속한다.

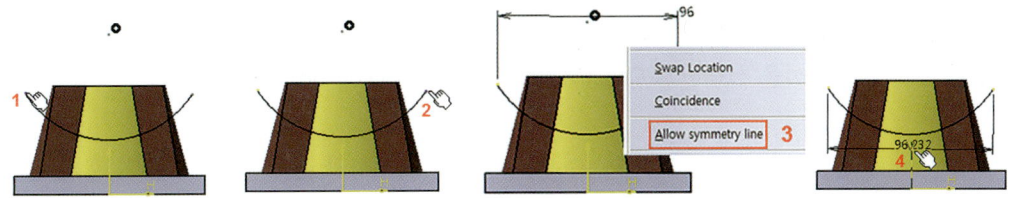

❷ 치수값을 부여한다.

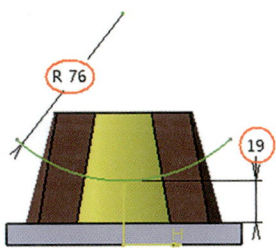

4 Intersect 3D Elements

❶ 3D 형상의 면을 선택한다.

❷ Intersect 3D Elements 명령어를 클릭하여 선택한 3D 형상의 면과 스케치 평면 사이에서 교선을 생성한다.

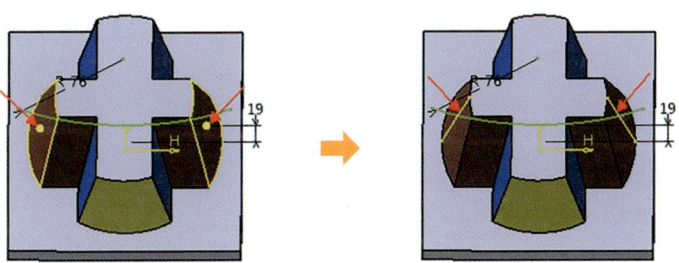

5 생성된 두 개의 곡선을 선택하고 Sketch tools 도구모음에서 Creating Construction/Standard Elements 를 클릭하여 선택한 곡선을 구성요소로 만든다.

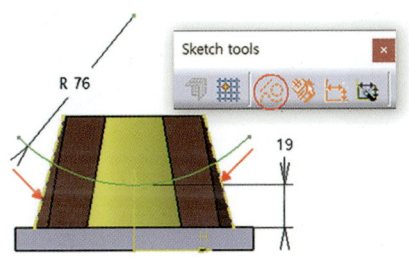

6 Constraints Defined in Dialog Box

❶ 호의 끝점과 곡선을 선택하고 Constraints Defined in Dialog Box 명령어를 클릭하여 실행한다.

❷ Constraint Definition 대화상자에서 Coincidence를 체크하고 OK 를 눌러 호의 끝점이 곡선 선상에 놓이도록 위치를 구속한다.

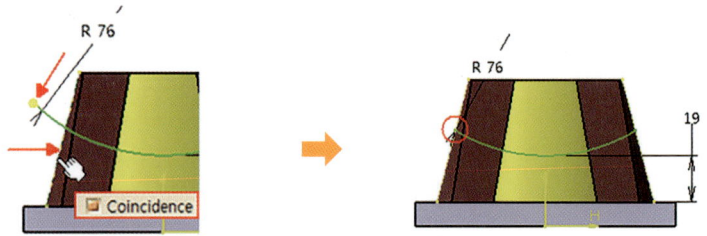

7 Exit Workbench를 클릭하여 Sketcher Workbench를 종료하고 Generative Shape Design Workbench로 돌아간다.

9 Sweep에 사용될 Profile 만들기

1 Sketch 명령어를 클릭하고 Specification Tree에서 zx평면을 선택하여 Sketcher Workbench로 들어간다.

2 Intersect 3D Elements

❶ 형상의 두 면과 이전에 스케치한 호를 선택한다.

❷ Intersect 3D Elements 명령어를 클릭하여 호와 스케치 평면 사이에 교차되는 점과, 형상의 면과 스케치 평면 사이에 교차되는 곡선을 생성한다.

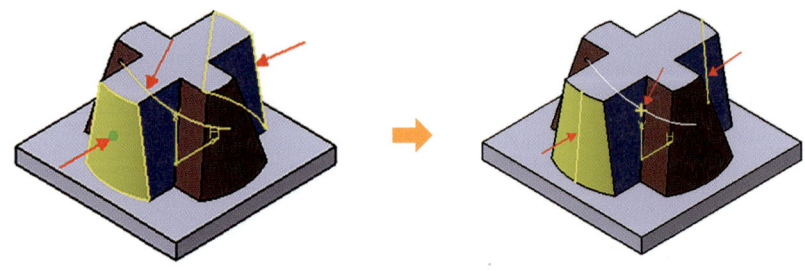

3 Arc 명령어를 클릭하여 실행한 후 호의 중심점은 V축 선상에 일치하도록 지정하고 호의 시작점과 끝점은 교차 곡선에 일치하도록 지정하여 호를 생성한다.

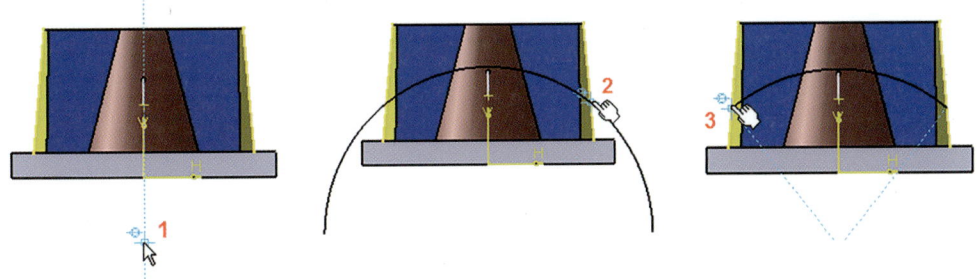

4 Constraints Defined in Dialog Box

❶ 호와 교차점을 선택하고 Constraints Defined in Dialog Box 명령어를 클릭하여 실행한다.

❷ Constraint Definition 대화상자에서 Coincidence를 체크하고 OK 를 눌러 호 선상에 점이 놓이도록 위치를 구속한다.

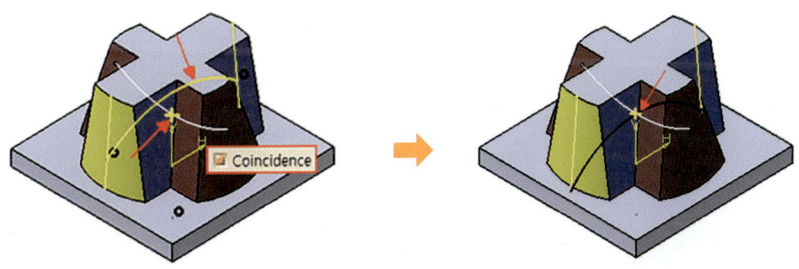

5 생성된 두 개의 곡선과 점을 선택하고 Sketch tools 도구모음에서 Creating Construction/Standard Elements 를 클릭하여 선택한 곡선을 구성요소로 만든다.

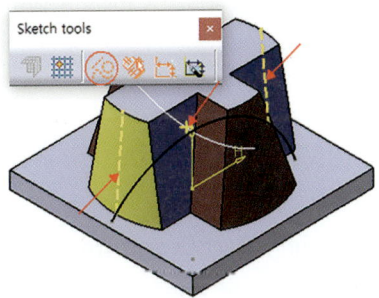

6 Constraint 명령어를 클릭하여 실행하고 치수값을 부여한다.

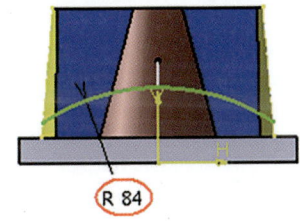

7 Exit Workbench를 클릭하여 Sketcher Workbench를 종료하고 Generative Shape Design Workbench로 돌아간다.

10 Sweep 곡면 만들기

1 Surfaces 도구모음의 Sweeps 하위 도구모음에서 Sweep 명령어를 클릭하여 실행한다.

2 Swept Surface Definition 대화상자 설정

❶ Profile type에서 Explicit 아이콘을 클릭한다.
❷ Subtype 드롭다운 목록에서 With reference surface를 선택한다.
❸ Profile 선택란에 Sketch.3을 선택한다.
❹ Guide curve 선택란에 Sketch.4를 선택한다.

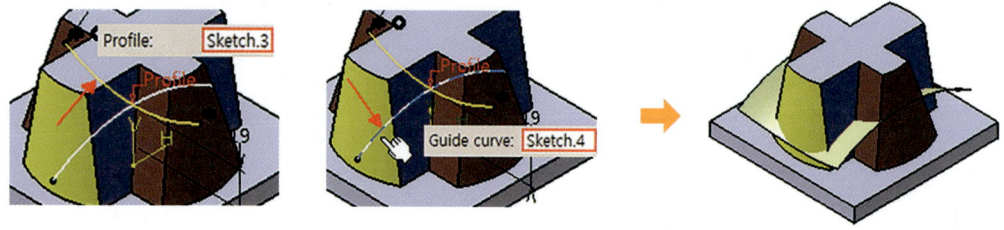

❺ OK 를 클릭하여 Profile이 Guide curve를 따라 스윕한 곡면을 만든다.

11 솔리드 바디를 생성하기 위해 Part Design Workbench 로 들어가기

메뉴모음에서 Start 〉 Mechanical Design 〉 Part Design Workbench를 선택한다.

12 Split 명령어를 사용하여 곡면으로 바디를 분할하기

1 Surface-Based Features 도구모음에서 Split 명령어를 클릭하여 실행한다.

2 Split Definition 대화상자 설정

❶ Splitting Element 선택란에 분할 곡면으로 Sweep.1 곡면을 선택한다.

❷ Splitting Element를 선택하면 화살표가 나타나며 화살표 방향이 보존될 부분이다. 이때 화살표 방향을 클릭하면 방향을 바꿀 수 있다. 여기서는 화살표 방향이 아래쪽으로 향하도록 한다.

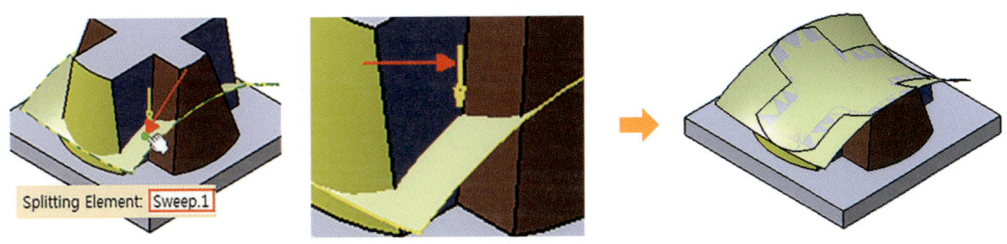

❸ OK 를 클릭하여 곡면으로 솔리드 바디를 잘라낸다.

*Split

'*'는 Part Design 관련 개념입니다.

평면, 면 또는 곡면을 사용하여 솔리드 바디를 분할한다.

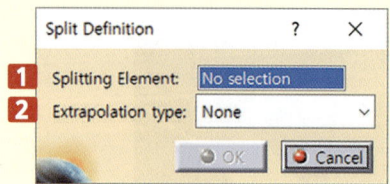

1 Splitting Element : 분할 요소로 평면, 면 또는 곡면을 선택한다.

2 Extrapolation type

❶ Extrapolation type None ▼

기본적으로 이 옵션이 선택되어 있으며 분할 요소가 솔리드 바디 모서리와 교차할 때 솔리드를 분할한다.

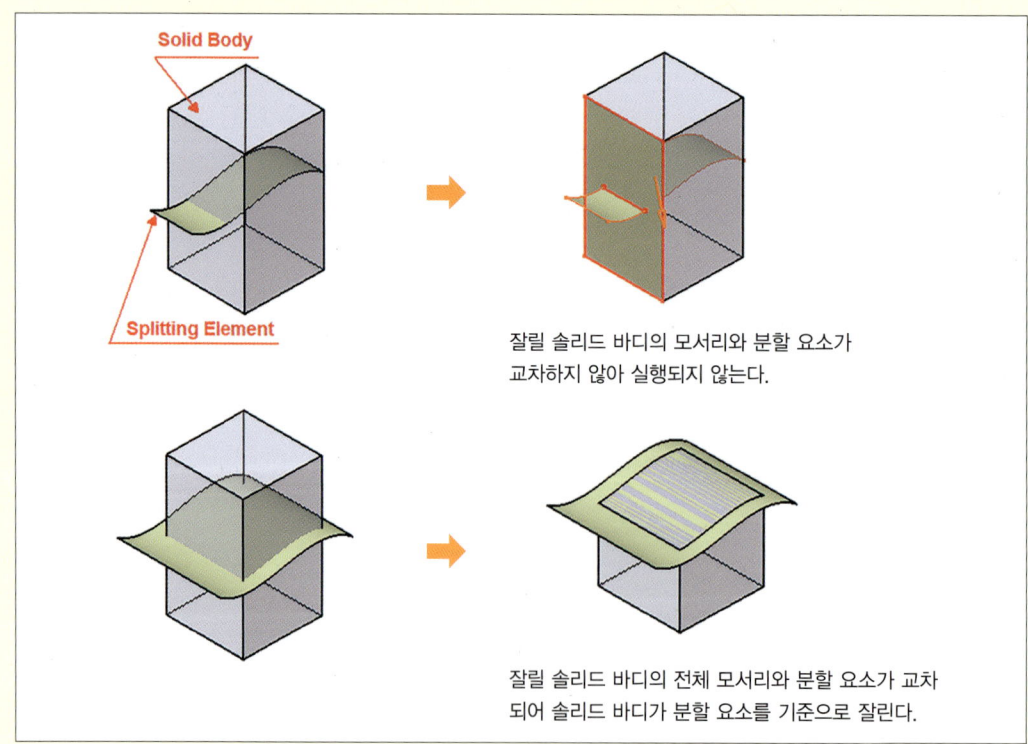

잘릴 솔리드 바디의 모서리와 분할 요소가 교차하지 않아 실행되지 않는다.

잘릴 솔리드 바디의 전체 모서리와 분할 요소가 교차되어 솔리드 바디가 분할 요소를 기준으로 잘린다.

❷ **Extrapolation type** ┃ Tangent ▼ ┃

분할 요소를 접선 방향으로 연장하고 솔리드를 분할한다. 분할 요소가 너무 짧아 분할할 솔리드 면과 교차할 수 없는 경우 이 옵션을 사용할 수 있다.

❸ **Extrapolation type** ┃ Curvature ▼ ┃

분할 요소를 곡률로 연장하고 솔리드를 분할한다. 분할 요소가 분할할 솔리드 면 중 하나 이상과 교차하는 경우 이 옵션을 사용할 수 있다.

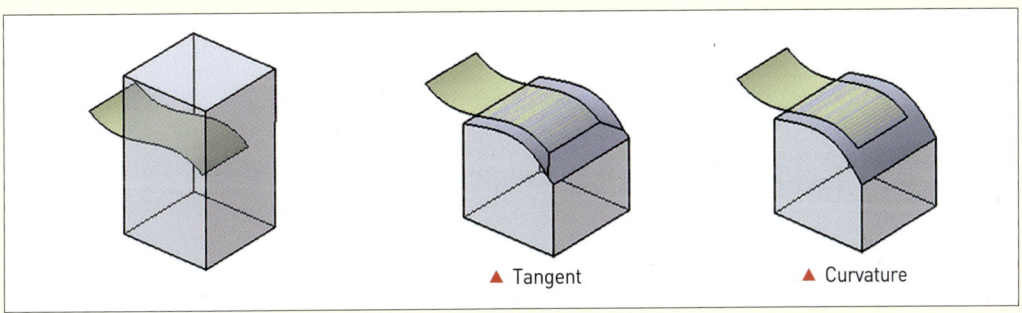

▲ Tangent   ▲ Curvature

13 Sweep.1 곡면바디 숨기기

Sweep.1 곡면바디에 마우스를 가져다 놓고 마우스 오른쪽버튼을 클릭하고 콘텍스트 메뉴에서 Hide/Show를 선택하여 Sweep.1 곡면바디를 숨긴다.

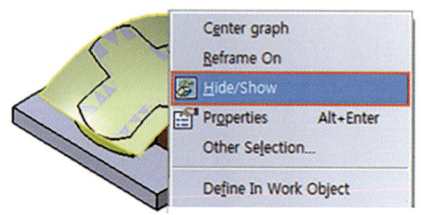

14 Pad에 사용될 스케치 프로파일 만들기

1 Sketcher 도구모음의 Sketch 명령어를 클릭하고 형상의 평면을 선택하여 Sketcher Work-bench로 들어간다.

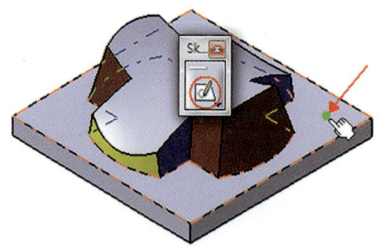

2 Circle 명령어를 실행한 후 원의 중심점은 스케치 원점에 일치하도록 지정하고 반지름에 해당되는 점을 지정하여 원을 생성한다.

3 Constraint 명령어를 클릭하여 실행하고 치수값을 부여한다.

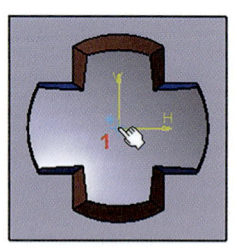 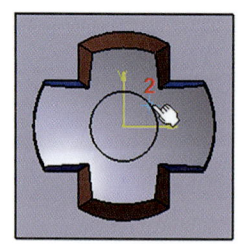  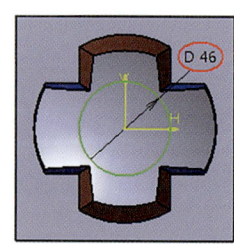

4 Exit Workbench를 클릭하여 Sketcher Workbench를 종료하고 Part Design Workbench로 돌아간다.

15 Pad 만들기

1 Pad를 클릭하여 명령어를 실행한다.

2 Pad Definition 대화상자 설정
   ❶ First Limits 아래 Type으로 Dimension을 선택하고 Length란에 50mm를 기입한다.
   ❷ OK 를 클릭하여 명령어를 종료한다.

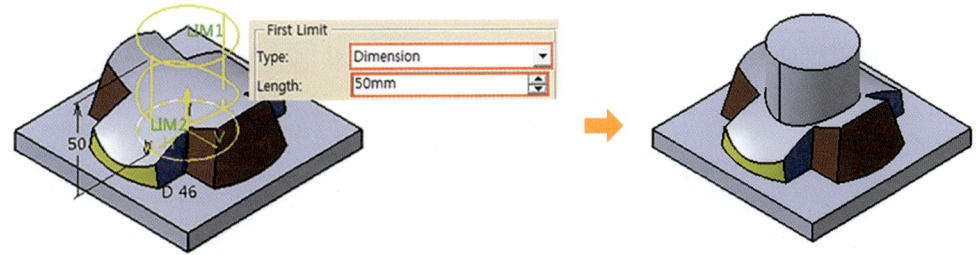

16 Pocket에 사용될 스케치 프로파일 만들기

1 Specification Tree에서 형상의 면을 선택하고 Sketcher 도구모음의 Positioned Sketch를 클릭한다.

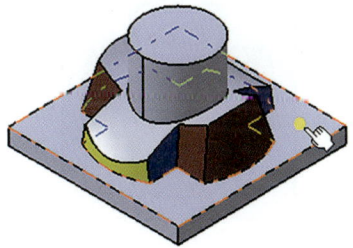

❶ Swap에 체크하여 H축과 V축을 바꾸고 Reverse V를 체크하여 V축 방향을 반전한다.
❷ OK 를 클릭하여 Sketcher Workbench로 들어간다.

2 Circle ⊙ 명령어를 실행한 후 원의 중심점은 V축 선상에 일치하도록 지정하고 반지름에 해당 되는 점을 지정하여 원을 생성한다.

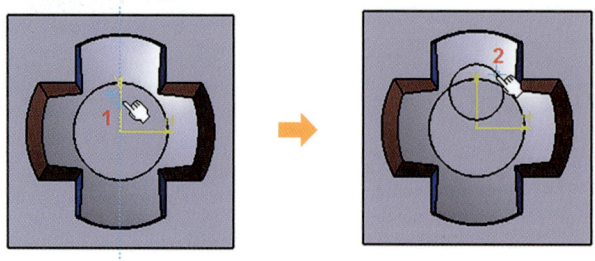

3 Constraints Defined in Dialog Box

❶ 원의 중심점과 형상의 원주 모서리를 선택하고 Constraints Defined in Dialog Box 명령어를 클릭하여 실행한다.

❷ Constraint Definition 대화상자에서 Coincidence를 체크하고 OK 를 눌러 원의 중심점이 원주 선상에 점이 놓이도록 위치를 구속한다.

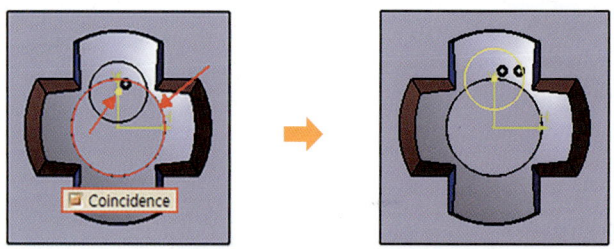

4 Constraint 명령어를 클릭하여 실행하고 치수값을 부여한다.

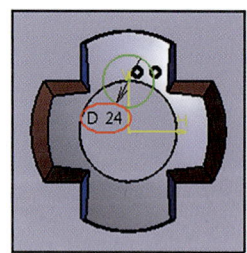

5 Exit Workbench 를 클릭하여 Sketcher Workbench를 종료하고 Part Design Workbench로 돌아간다.

17 Pocket 만들기

1 Pocket 명령어를 클릭하여 실행한다.

2 Pocket Definition 대화상자 설정

❶ First Limits 아래 Type으로 Up to last를 선택한다.

❷ Reverse Direction 을 클릭하여 돌출 방향을 반전한다.

❸ Second Limits 아래 Type으로는 Dimension을 선택하고 Length란에 -25mm를 기입한다.

❹ OK 를 클릭하여 Pocket을 생성한다.

18 Circular Pattern 을 사용하여 피처를 기준 축에 의하여 원형 형식으로 연관 복사하기

1 Transformation Features 도구모음의 Patterns 하위 도구모음에서 Circular Pattern 을 클릭하여 실행한다.

2 Circular Pattern Definition 대화상자 설정

❶ Axial Reference 탭에서 Parameters로 Complete crown을 선택한다.

❷ Instance(s) 란에 원본 객체를 포함한 복사할 개수 4를 입력한다.

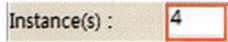

❸ Reference Direction 아래 Reference element 선택란에 원통 형상의 면을 선택한다.

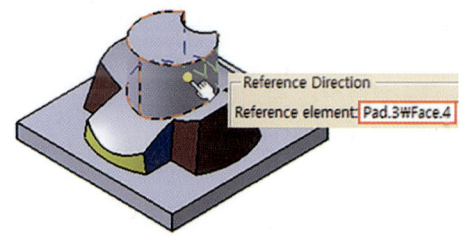

❹ Object to Pattern 아래 Object 선택란이나 Specification Tree에서 Pocket.1 피처를 선택하거나 Pocket.1 피처에 의해 형성된 면을 선택하여 패턴할 피처로 선택한다.

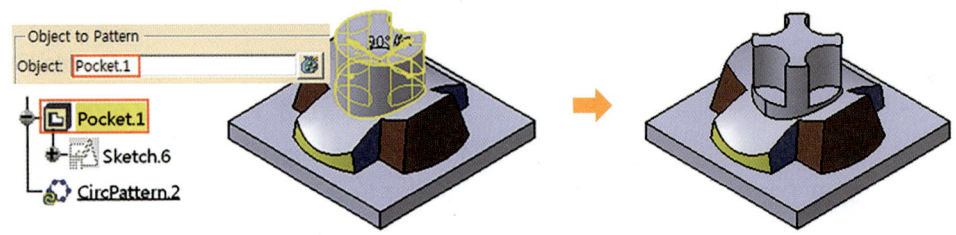

❺ ⬤ OK 를 클릭하여 Pocket.1 피처를 원형 패턴으로 복사한다.

19 Generative Shape Design Workbench 선택하여 들어가기

Wireframe과 Surface 작업을 위한 GSD 작업 공간으로 바꾸기 위해 메뉴모음에서 Start 〉 Shape 〉 Generative Shape Design을 선택한다.

20 Revolve 곡면에 사용할 프로파일 만들기

1 Specification Tree에서 yz평면을 선택하고 Sketcher 도구모음의 Sketch 를 클릭한다.

2 Arc 명령어를 클릭하여 실행한 후 호의 중심점은 V축 선상에 일치하도록 지정하고 호의 시작점과 끝점을 지정하여 호를 생성한다.

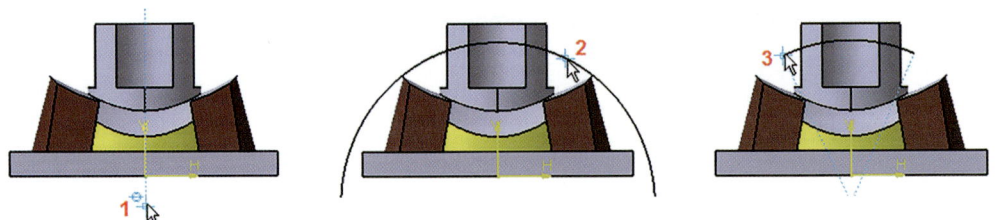

3 Axis

❶ Profile 도구 모음의 Axis 명령어를 클릭하여 실행한다.
❷ Axis의 첫 번째 점은 호의 중심점을 지정하고 첫 번째 점으로부터 수평 방향으로 다음 점을 지정하여 수평한 축을 생성한다.

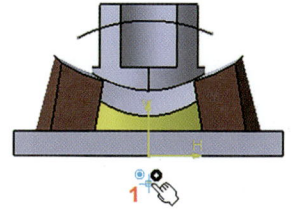 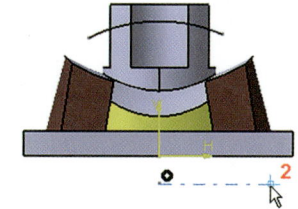

4 Constraint ![icon] 명령어를 더블 클릭하여 실행한다.

❶ 호의 끝점과 형상의 모서리를 선택한 후 치수가 생성된 상태에서 마우스 오른쪽버튼을 클릭한 다음 콘텍스트 메뉴에서 Coincidence를 선택한다.

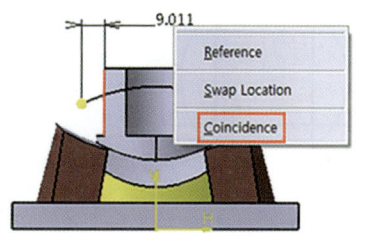 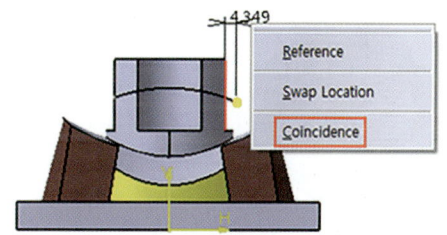

❷ 형상의 모서리 선상에 호의 끝점이 놓이도록 일치 구속을 부여하였으면 치수를 부가한다.

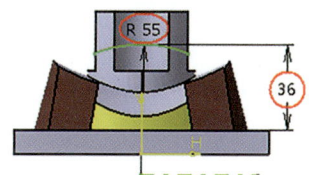

5 Exit Workbench ![icon] 를 클릭하여 Sketcher Workbench를 종료하고 Generative Shape Design Workbench로 돌아간다.

21 Revolve 곡면 만들기

1 Surfaces 도구모음의 Extrude-Revolution 하위 도구모음에서 Revolve 명령어를 클릭하여 실행한다.

2 Revolution Surface Definition 대화상자 설정

❶ Profile 선택란에 Sketch.7을 선택한다.

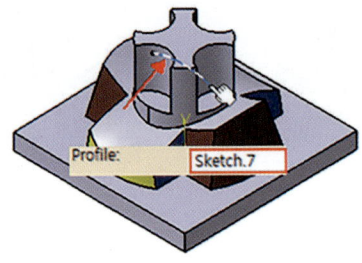

❷ Angular Limits 입력란에 Angle 1과 Angle 2 값으로 30을 입력한다.

❸  를 클릭하여 축을 중심으로 프로파일을 회전시켜 곡면을 만든다.

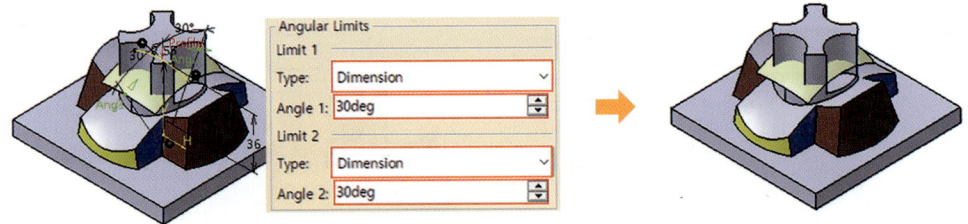

22 Part Design Workbench 로 들어가기

메뉴모음에서 Start > Mechanical Design > Part Design Workbench를 선택한다.

23 Replace Face 를 사용하여 면 대치하기

1 Dress-Up Features 도구모음의 Remove Face 하위 도구모음에서 Replace Face 명령어를 클릭하여 실행한다.

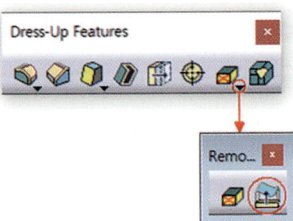

2 Replace Face Definition 대화상자 설정

❶ Replacing surface 선택란에 대치 면으로 Revolve.1 곡면을 선택한다.

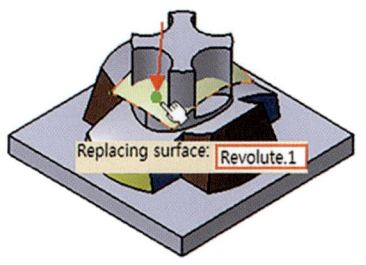

❷ Face to remove 선택란에 교체할 면으로 패드 피처에 의해 형성된 솔리드 면을 선택한다. 교체할 면이 보라색으로 표시되는데, 화살표를 클릭하여 표시된 방향을 반대로 한다.

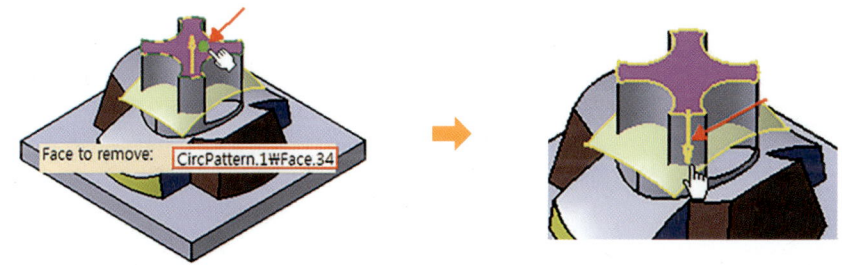

❸ OK 를 클릭하여 솔리드 면을 곡면 형태로 변경시킨다.

알아두기

*Replace Face

'*'는 Part Design 관련 개념입니다.

선택한 면 또는 접하는 면을 다른 곡면 또는 선택한 면과 동일한 바디에 속하는 면으로 바꿀 수 있다.

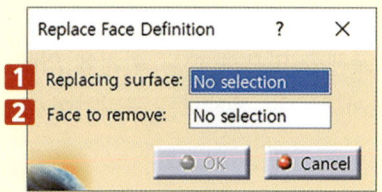

1 Replacing surface

교체할 곡면이나 면을 선택한다.

2 Face to remove

교체될 면을 선택한다.

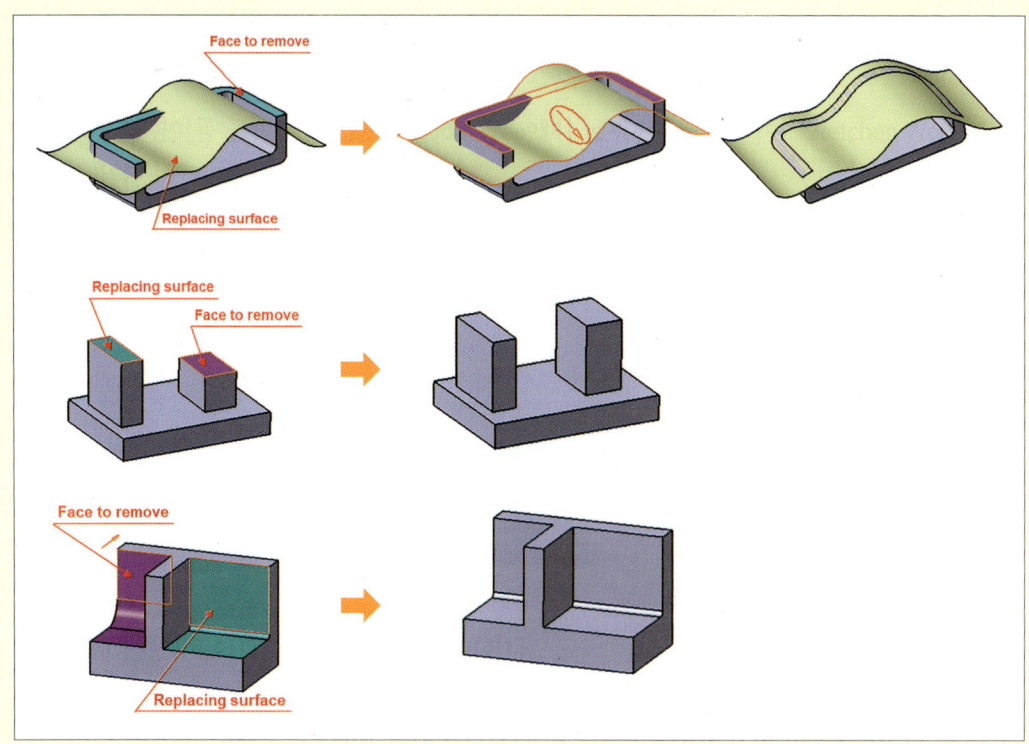

24 Revolve.1 곡면 숨기기

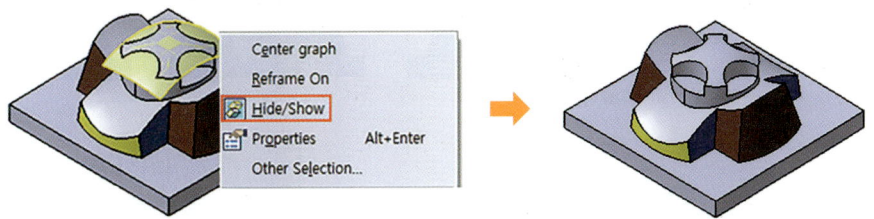

25 Edge Fillet 을 사용하여 모서리 다듬기(1)

1 Edge Fillet 명령어를 클릭하여 실행한다.

2 Edge Fillet Definition 대화상자에서 Radius 입력란에 5mm를 기입한다.

3 Object(s) to fillet 란에 모서리를 선택하고 OK 를 클릭하여 모서리에 필렛을 만든다.

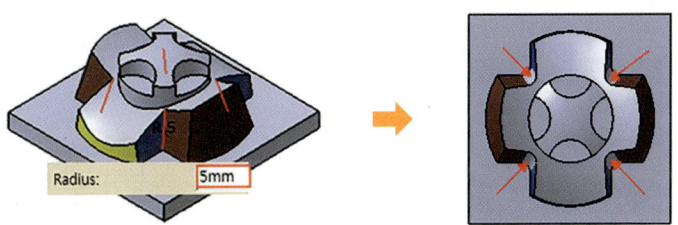

26 Edge Fillet 를 사용하여 모서리 다듬기(2)

1 Edge Fillet 명령어를 클릭하여 실행한다.

2 Edge Fillet Definition 대화상자에서 Radius 입력란에 3mm를 기입한다.

3 Object(s) to fillet 란에 모서리를 선택하고 OK 를 클릭하여 모서리에 필렛을 만든다.

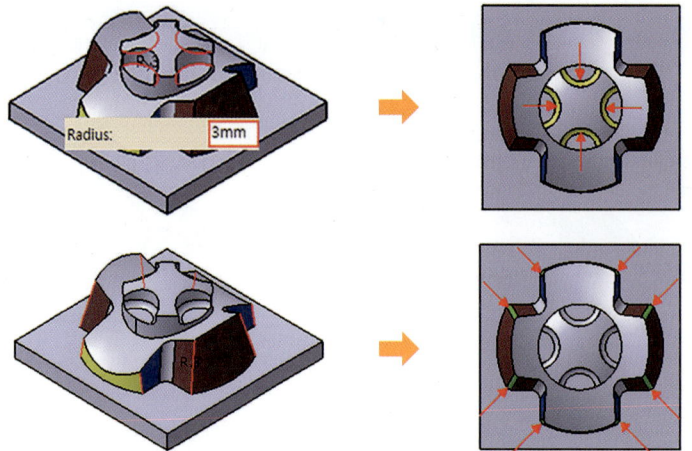

27 Edge Fillet 을 사용하여 모서리 다듬기(3)

1 Edge Fillet 명령어를 클릭하여 실행한다.

2 Edge Fillet Definition 대화상자에서 Radius 입력란에 2mm를 기입한다.

3 Object(s) to fillet 란에 형상의 면을 선택하고 OK 를 클릭하여 모서리에 필렛을 만든다.

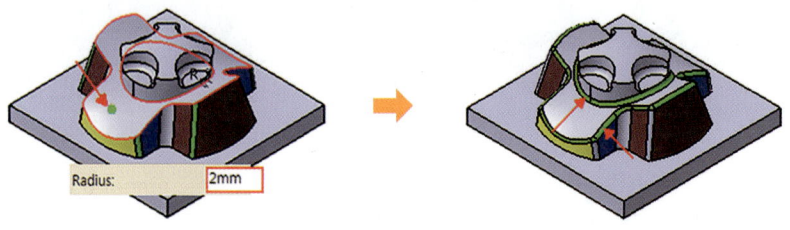

28 Edge Fillet 을 사용하여 모서리 다듬기(4)

1 Edge Fillet 명령어를 클릭하여 실행한다.

2 Edge Fillet Definition 대화상자에서 Radius 입력란에 4mm를 기입한다.

3 Object(s) to fillet 란에 형상의 모서리를 선택하고 OK 를 클릭하여 모서리에 필렛을 만든다.

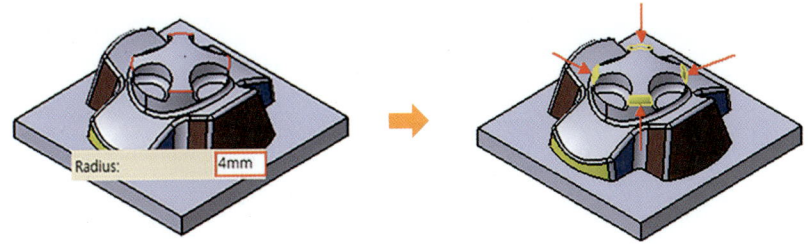

29 Edge Fillet 을 사용하여 모서리 다듬기(5)

1 Edge Fillet 명령어를 클릭하여 실행한다.

2 Edge Fillet Definition 대화상자에서 Radius 입력란에 1mm를 기입한다.

3 Object(s) to fillet 란에 나머지 모서리를 선택하고 OK 를 클릭하여 Part 모델링을 완성한다.

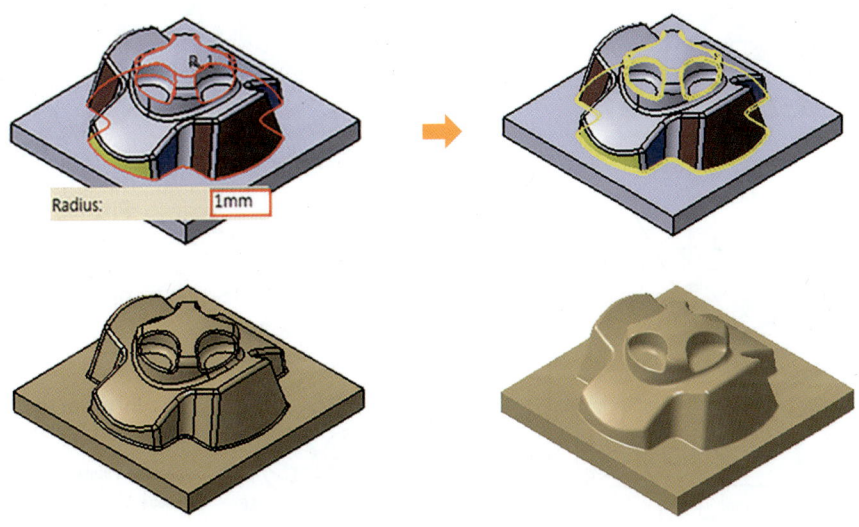

CHAPTER 11

활용 예제 10
Blend

예제 도면 3D형상 모델링 작업하기

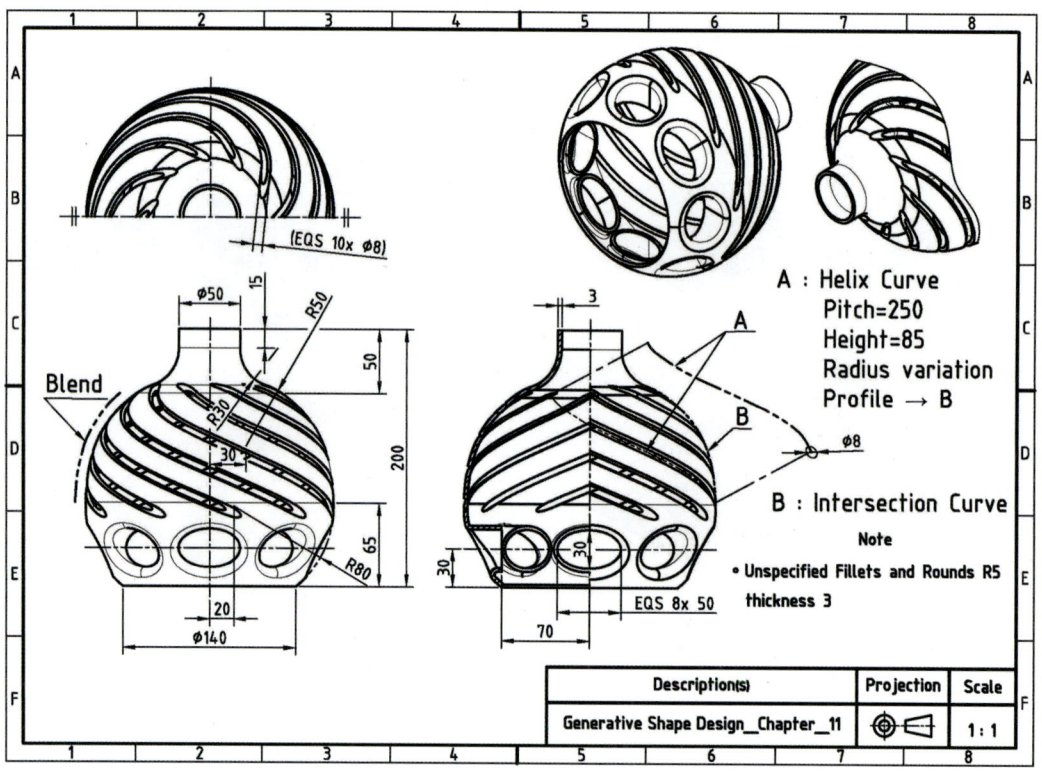

1 Generative Shape Design Workbench 선택하여 들어가기

1 메뉴모음에서 Start 〉 Shape 〉 Generative Shape Design을 선택한다.

2 New Part 대화상자에서 Part 이름을 지정하고 Create a geometric set에 체크한 후 OK 를 클릭한다.

2 Revolve 곡면 프로파일 만들기(Sketch.1)

1 Specification Tree에서 yz평면을 선택하고 Sketcher 도구모음의 Sketch 를 클릭한다.

2 Profile 명령어를 클릭하여 실행한다.
  ① H축 선상에 선의 첫 번째 점을 지정하고 수직 방향으로 다음 점을 지정한다.
  ② 마지막으로 지정한 점에 마우스를 가져다 놓고 ⊖ 기호가 나타나면 마우스 왼쪽버튼을 클릭 드래그하여 접원 호를 작성한다.
  ③ 호의 끝점에 마우스를 가져다 놓고 ⊖ 기호가 나타나면 마우스 왼쪽버튼을 클릭 드래그하여 접원 호를 작성한다.

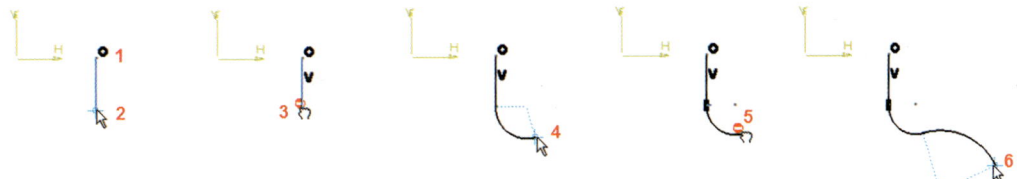

3 Constraints Defined in Dialog Box
  ① 선과 호를 선택하고 Constraints Defined in Dialog Box 명령어를 클릭하여 실행한다.
  ② Constraint Definition 대화상자에서 Tangency를 체크하고 OK 를 눌러 선과 호 사이에 탄젠트 구속조건을 부여한다.
  ③ 호와 호를 선택하고 Constraints Defined in Dialog Box 명령어를 클릭하여 실행한다.
  ④ Constraint Definition 대화상자에서 Tangency를 체크하고 OK 를 눌러 호와 호 사이에 탄젠트 구속조건을 부여한다.

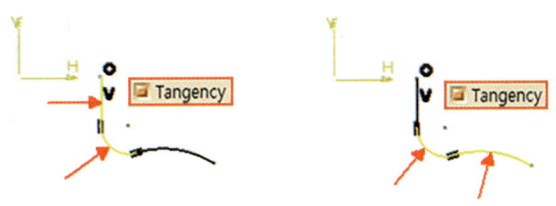

4 Constraint 명령어를 더블 클릭하여 실행하고 치수값을 부여한다.

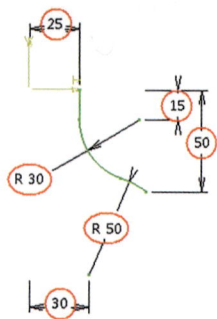

5 Exit Workbench를 클릭하여 Sketcher Workbench를 종료하고 Generative Shape Design Workbench로 돌아간다.

3 Revolve 곡면 만들기

1 Surfaces 도구모음의 Extrude-Revolution 하위 도구모음에서 Revolve 명령어를 클릭하여 실행한다.

2 Revolution Surface Definition 대화상자 설정

❶ Profile 선택란에 Sketch.1을 선택한다.

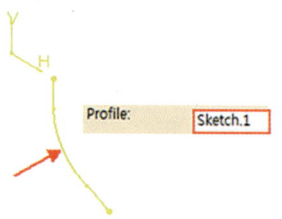

❷ Revolution axis는 Axis system에서 Z축이 회전축으로 선택된다.

❸ Angular Limits 입력란에 Angle 1 값은 180, Angle 2 값은 0을 입력한다.

❹ OK 를 클릭하여 축을 중심으로 프로파일을 회전시켜 곡면을 만든다.

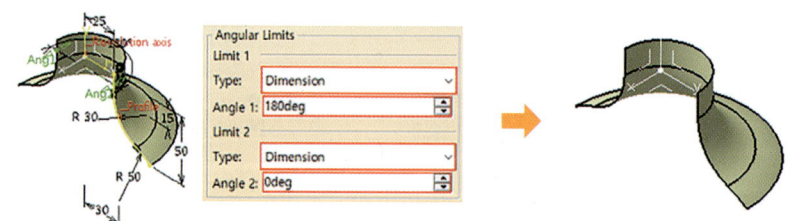

4 Revolve 곡면 프로파일 만들기(Sketch.2)

1 Specification Tree에서 yz평면을 선택하고 Sketcher 도구모음의 Sketch를 클릭한다.

2 Three Point Arc Starting with Limits 명령어를 실행한 후 호의 시작점, 끝점에 해당되는 두 점을 지정하고 세 번째 점을 지정하여 세 점을 통과하는 호를 생성한다.

3 Constraint 명령어를 더블 클릭하여 실행하고 치수값을 부여한다.

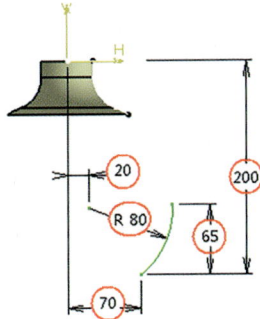

4 Exit Workbench를 클릭하여 Sketcher Workbench를 종료하고 Generative Shape Design Workbench로 돌아간다.

5 Revolve 곡면 만들기

1 Surfaces 도구모음의 Extrude-Revolution 하위 도구모음에서 Revolve 명령어를 클릭하여 실행한다.

2 Revolution Surface Definition 대화상자 설정

❶ Profile 선택란에 Sketch.2를 선택한다.

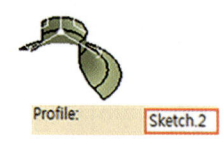

❷ Revolution axis는 Axis system에서 Z축이 회전축으로 선택된다.
❸ Angular Limits 입력란에 Angle 1 값은 180, Angle 2 값은 0을 입력한다.
❹ ● OK 를 클릭하여 축을 중심으로 프로파일을 회전시켜 곡면을 만든다.

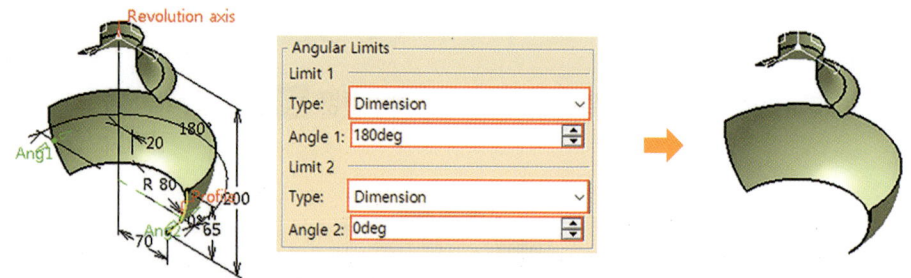

알아두기 6 Blend 곡면 만들기

1 Surfaces 도구모음에서 Blend 명령어를 클릭하여 실행한다.

2 Blend Definition 대화상자 설정

❶ First curve 선택란에 Revolve.1 곡면 모서리를 선택한다.
❷ Second curve 선택란에 Revolve.2 곡면 모서리를 선택한다.

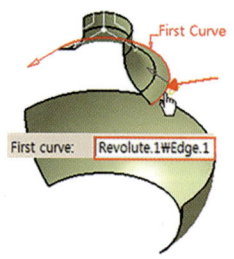 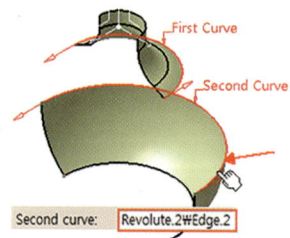

❸ First support 선택란에 Revolve.1 곡면을 선택한다.
❹ Second support 선택란에 Revolve.2 곡면을 선택한다.

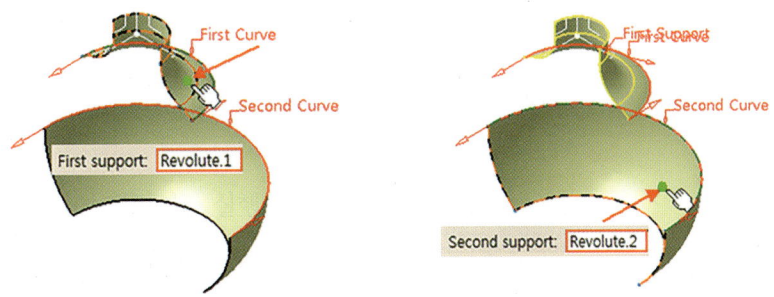

❺ Basic 탭 아래에 First continuity와 Second continuity 드롭다운에서 새로 생성될 곡면과 그것이 놓여 있는 곡선 사이의 연속성 연결 유형으로 Tangency을 설정한다.

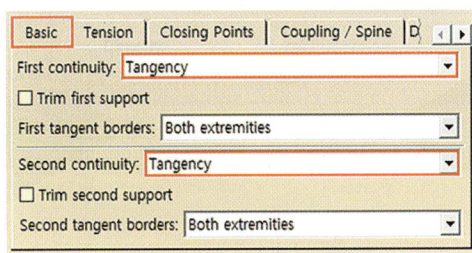

❻ Tension 탭 아래의 장력 유형을 Default로 선택한다.
❼ OK 를 클릭하여 블렌드 곡면을 생성한다.

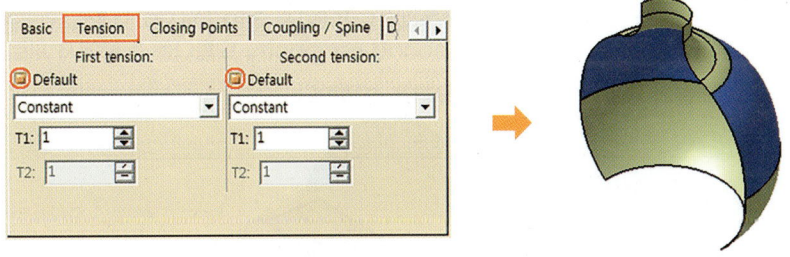

알|아|두|기

Blend

두 개의 곡면 사이 또는 곡선 요소를 연결하여 새로운 곡면을 생성한다.

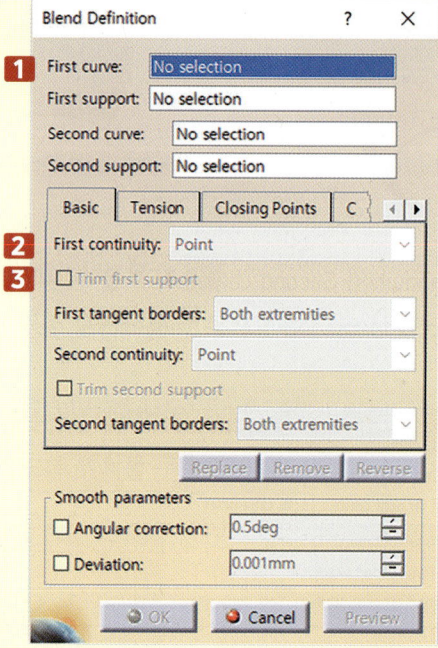

1 First curve와 First support를 연속적으로 선택한 다음 Second curve와 Second support를 선택한다.

2 Basic 탭 아래에서 First continuity와 Second continuity 드롭다운 목록에서 새로 생성될 곡면과 support 곡면에 놓인 곡선 사이의 연속성 유형을 선택한다.

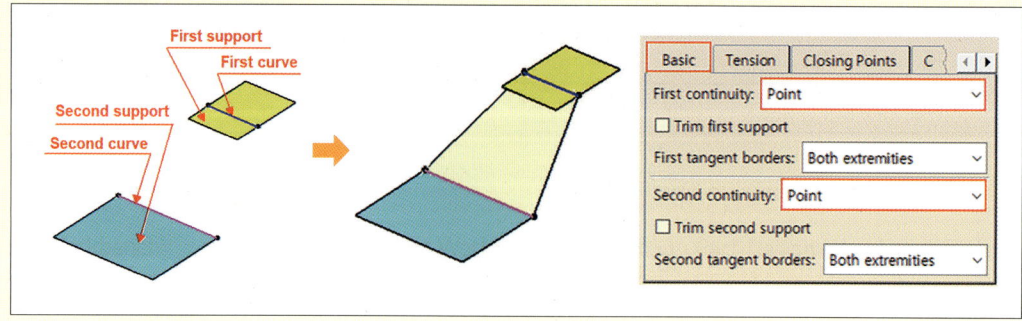

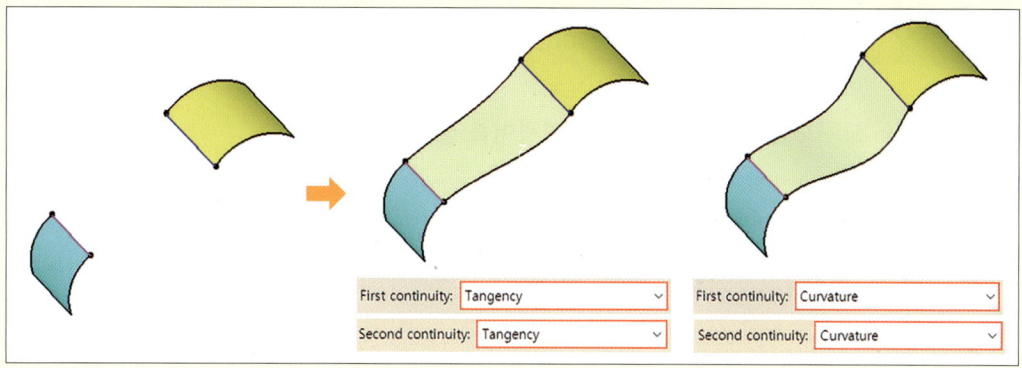

3 Trim first support/Trim second support : 곡선으로 트리밍하고 Blend 곡면과 합치려면 하나 또는 두 개의 옵션을 활성화한다.

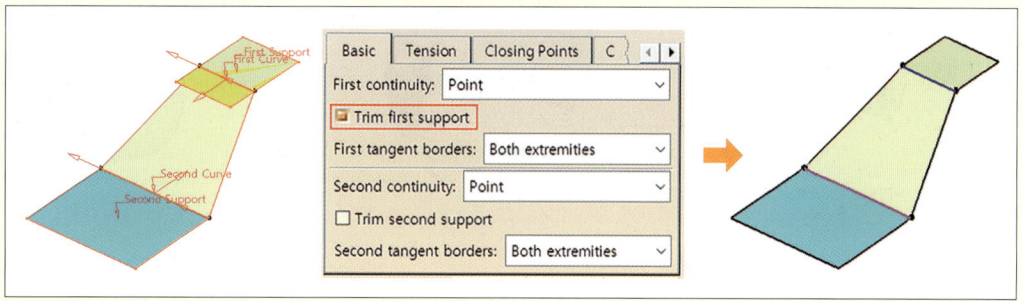

4 곡선과 곡선 사이에서 생성하기

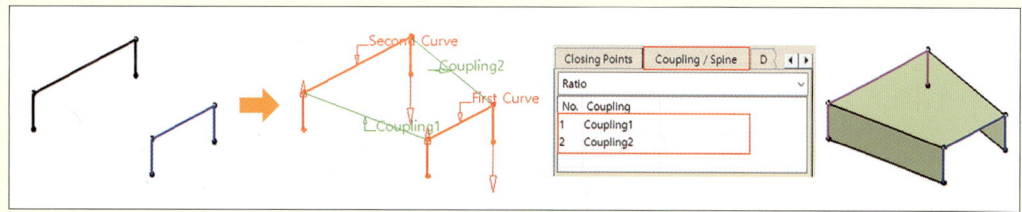

7 Intersection 을 사용하여 교차 곡선 만들기

1 Wireframe 도구모음의 Intersection 명령어를 클릭하여 실행한다.

2 Intersection Definition 대화상자 설정
  ❶ First element 선택란에 교차점을 생성할 첫 번째 요소로 Specification Tree에서 zx평면을 선택한다.
  ❷ Second element 선택란에 교차곡선을 생성할 두 번째 요소로 Blend.1 곡면을 선택한다.
  ❸ OK 를 클릭하여 평면과 곡면에 의한 교차 곡선을 생성한다.

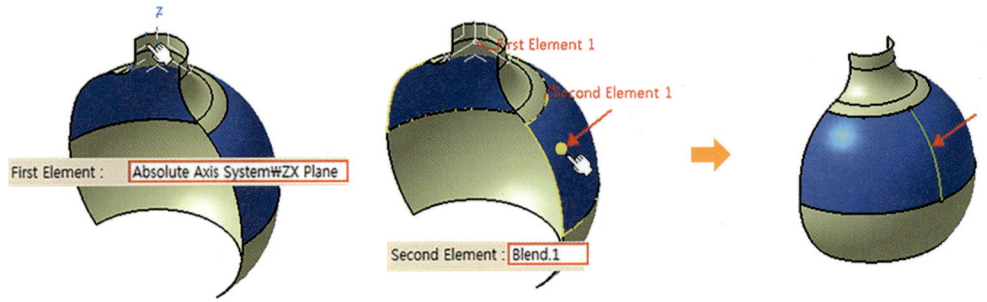

8 Join 을 사용하여 결합된 곡면 만들기(1)

1 Join 명령어를 클릭하여 실행한다.

2 Elements To Join 리스트에 결합할 곡면으로 Revolute.1, Revolute.2, Blend.1 곡면을 선택하여 추가한다.

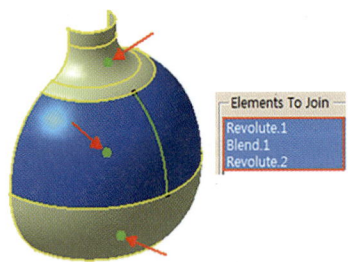

3 OK 를 클릭하여 하나로 합쳐진 곡면을 만든다.

9 Symmetry 을 사용하여 곡면 대칭 복사하기

1 Operations 도구모음의 Transformations 하위 도구모음에서 Symmetry 명령어를 클릭하여 실행한다.

2 Symmetry Definition 대화상자 설정
　❶ Element 선택란에 대칭 복사할 요소로 Join.1을 선택한다.
　❷ Reference 선택란에 마우스를 가져다 놓고 마우스 오른쪽버튼을 클릭하여 콘텍스트 메뉴에서 yz평면을 선택한다.

　　　　　　　　　Reference: yz plane

　❸ OK 를 클릭하여 대칭 복사된 곡면을 만든다.

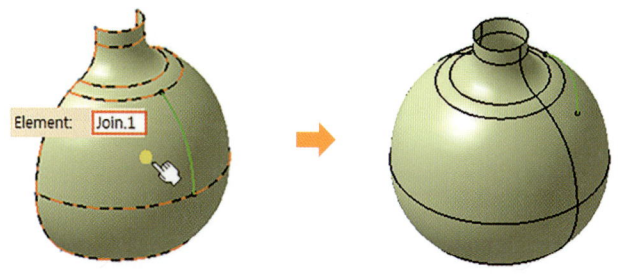

10 Join 을 사용하여 결합된 곡면 만들기(2)

1 Join 명령어를 클릭하여 실행한다.

2 Elements To Join 리스트에 결합할 곡면으로 Join.1, Symmetry.1 곡면을 선택하여 추가한다.

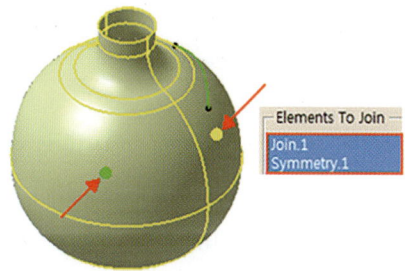

3 OK 를 클릭하여 하나로 합쳐진 곡면을 만든다.

11 Helix 곡선 만들기

1 Wireframe 도구모음의 Curves 하위 도구모음에서 Helix 명령어를 클릭하여 실행한다.

2 Helix Curve Definition 대화상자 설정

❶ Starting Point 선택란에 Intersect.1 곡선의 끝점을 선택한다.

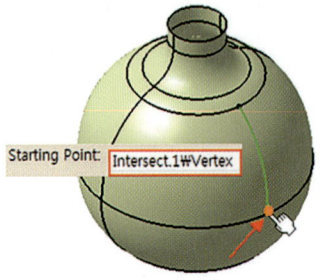

❷ Axis 선택란에서 Helix Curve의 생성 방향을 지정하기 위해 마우스 오른쪽버튼을 클릭한 후 콘텍스트 메뉴에서 Z Axis를 선택한다.

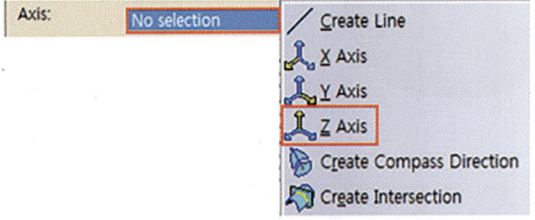

❸ Type 아래 Helix Type으로 Height and Pitch를 선택하고 Pitch 값 250mm와 Height 값 85mm를 입력한다.

❹ Type 아래 Orientation 드롭다운 목록에서 나선형 곡선을 시계방향으로 회전하면서 생성하기 위해 Clockwise를 선택한다.

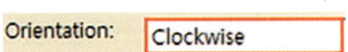

❺ Radius variation 아래 Profile를 체크하고 나선형 곡선 반경 변화를 제어하는 데 사용될 곡선으로 Intersect.1 곡선을 선택한다.

❻ OK 를 클릭하여 Helix Curve를 완성한다.

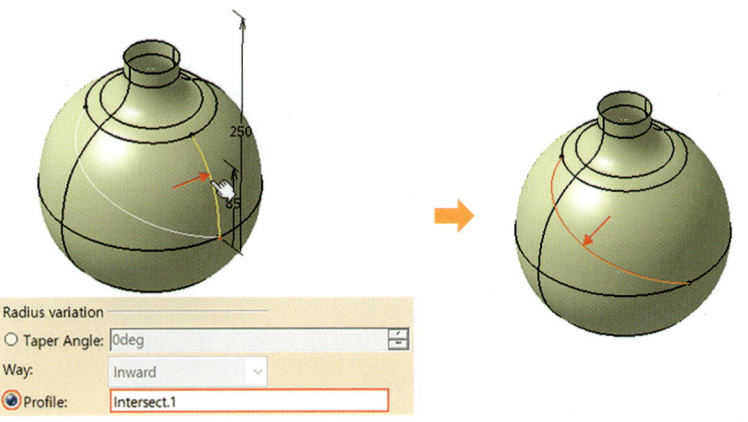

12 Extrude 곡면 프로파일 만들기

1 Specification Tree에서 yz평면을 선택하고 Sketcher 도구모음의 Sketch 를 클릭한다.

2 Ellipse

   ❶ Ellipse 를 클릭하여 실행한다.
   ❷ 타원의 중심점은 V축 선상에 일치하도록 지정하고 한 축의 끝점과 다른 축의 끝점을 지정한다.

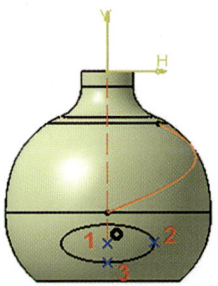

3 Constraints Defined in Dialog Box

   ❶ 타원을 선택하고 Constraints Defined in Dialog Box 명령어를 클릭하여 실행한다.
   ❷ Constraint Definition 대화상자에서 Semimajor axis와 Semiminor axis를 체크하고 OK 를 눌러 장축과 단축의 치수가 생성되도록 한다.

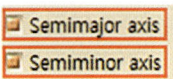

❸ 치수를 더블 클릭하여 변경한다.

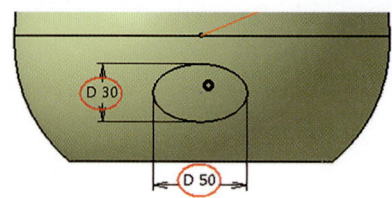

4 Constraint 명령어를 클릭하여 실행하고 V축과 타원의 0°위치에서 타원을 선택하여 각도 치수와 타원의 중심점의 위치 치수를 기입한다.

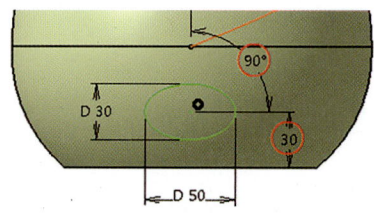

5 Exit Workbench를 클릭하여 Sketcher Workbench를 종료하고 Generative Shape Design Workbench로 돌아간다.

13 Extrude 곡면 만들기

1 Surfaces 도구모음의 Extrude-Revolution 하위 도구모음에서 Extrude 명령어를 클릭하여 실행한다.

2 Extruded Surface Definition 대화상자 설정

  ■ Profile로 선을 그린 Sketch. 3을 선택한다.

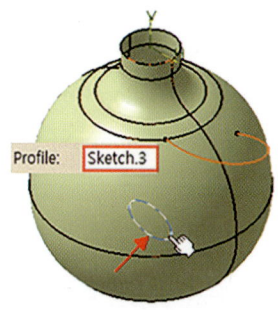

2 Direction은 기본 설정값인 스케치의 수직방향으로 한다.

Direction: Default (Sketch normal)

3 Extrusion Limits

❶ Limit 1 Type으로 Dimension을 선택하고 거리값으로 70mm를 입력한다.
❷ Limit 2 Type으로 Dimension을 선택하고 거리값으로 -120mm를 입력한다.
❸ ● OK 를 클릭한다.

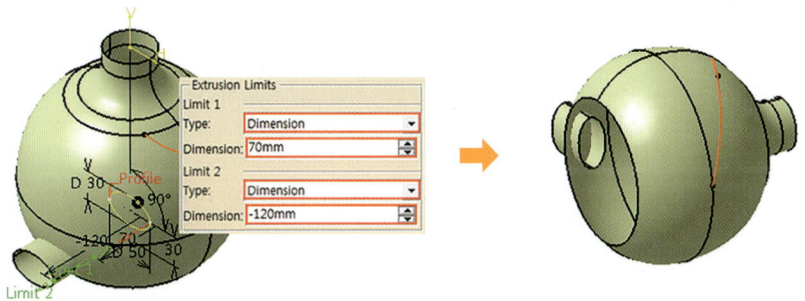

14 Circular Pattern 을 사용하여 원형 형식으로 연관 복사하기

1 Replication 도구모음의 Patterns 하위 도구모음에서 Circular Pattern 을 클릭하여 실행한다.

2 Circular Pattern Definition 대화상자 설정

❶ Axial Reference 탭에서 Parameters로 Complete crown을 선택한다.

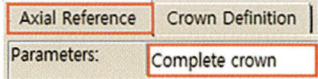

❷ Instance(s) 란에 원본 객체를 포함한 복사할 개수 8을 입력한다.

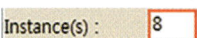

❸ Reference Direction 아래 Reference element 선택란에 마우스를 가져다 놓고 마우스 오른쪽 버튼을 누른 후 콘텍스트 메뉴에서 Z Axis를 선택한다.

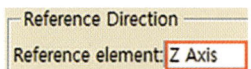

❹ Object to Pattern 아래 Object 선택란에 Extrude.1 곡면을 선택한다.

❺ ● OK 를 클릭하여 Extrude.1 곡면을 원형 패턴으로 복사한다.

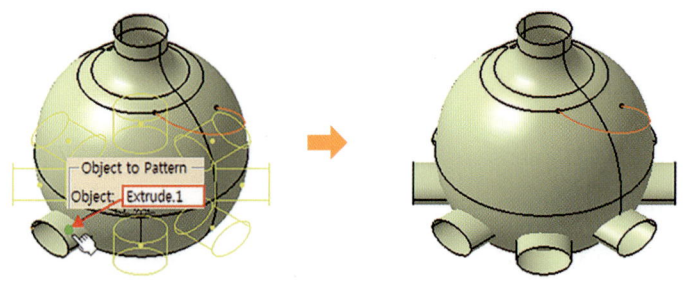

15   Trim 으로 곡면 자르기

1 Operations 도구모음의 Trim-Split 하위 도구모음에서 Trim 명령어를 클릭하여 실행한다.

2 Trim Definition 대화상자 설정

❶ Mode 드롭다운 목록에서 Standard를 선택한다.

❷ Trimmed elements 리스트에 자를 곡면으로 Join.2, Extrude.1, Circular Pattern.1 곡면을 순차적으로 선택하여 추가한다.

❸ Other side / previous element 를 클릭하여 자르거나 유지할 곡면을 결정한다.

❹ ● OK 를 클릭하여 선택한 곡면의 교차되는 부분을 자르면서 하나로 합쳐진 곡면을 작성한다.

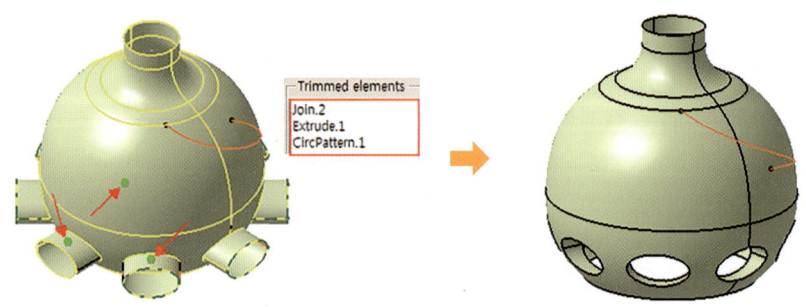

16 Edge Fillet 으로 곡면모서리 다듬기

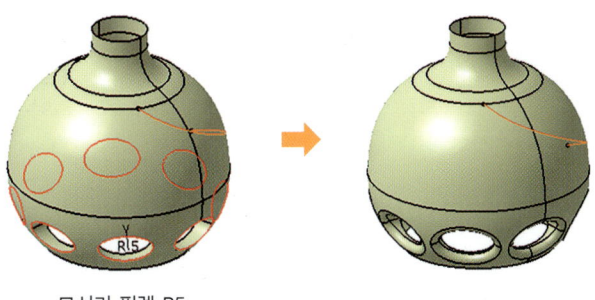

모서리 필렛 R5

17 곡면 바디를 기반으로 솔리드 바디를 생성하기 위해 Part Design Workbench 로 들어가기

1 메뉴모음에서 Start 〉 Mechanical Design 〉 Part Design Workbench를 선택한다.

2 새로운 작업을 Part Body에 추가하기 위해 Specification Tree에서 Part Body에 마우스를 가져다 놓고 마우스 오른쪽버튼을 클릭한 후 Define In Work Object를 클릭한다.

18 Thick Surface 명령어로 곡면에 두께 부여하여 솔리드 바디 만들기

1 Surface-Based Feature 도구모음에서 Thick Surface 명령어를 클릭하여 실행한다.

2 Thick Surface Definition 대화상자 설정

❶ First Offset 입력란에 두께를 부여할 값으로 3mm를 기입한다.

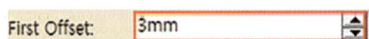

❷ Object to offset 선택란에 두께를 부여할 면을 선택한다.

❸ Reverse Direction 을 클릭하여 곡면 안쪽으로 두께가 부여되도록 방향을 반전시킨다.

❹ OK 를 클릭하여 곡면 안쪽으로 두께가 부여된 솔리드 바디를 생성한다.

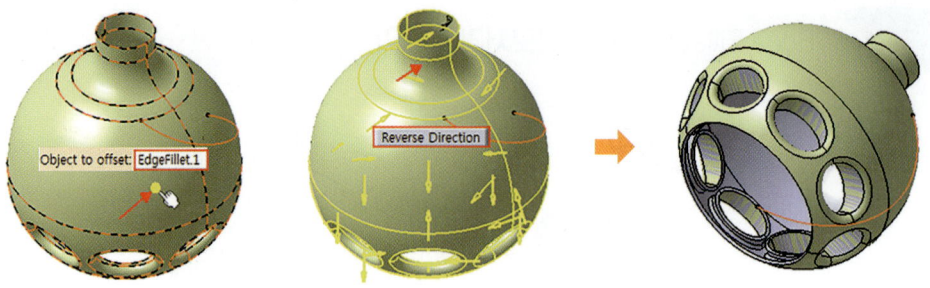

19 곡면 바디 숨기기

Specification Tree에서 Geometrical set1 아래 Edge Fillet.1의 콘텍스트 메뉴에서 Hide/Show를 선택하여 곡면 바디를 숨긴다.

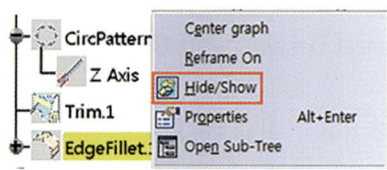

20 Slot Profile 스케치 평면 만들기

1 Plane 명령어를 클릭하여 실행한다.

2 Plane Definition 대화상자 설정

❶ Plane type으로 Normal to curve를 선택한다.

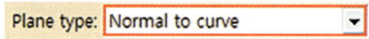

❷ Curve 선택란에 Helix.1 곡선을 선택한다.

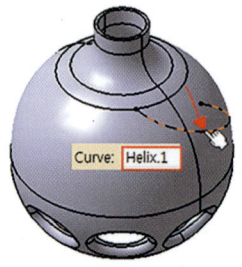

❸ Point 선택란에 Helix.1 곡선의 끝점을 선택한다.

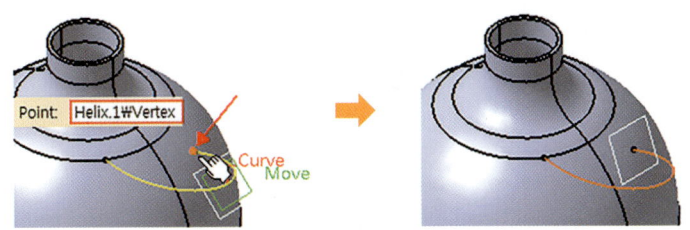

❹ OK 를 클릭하여 곡선의 끝점 위치에서 곡선에 수직한 평면을 만든다.

21 Slot 에 사용될 Profile 스케치 만들기

1 Plane.1 평면을 선택하고 Sketcher 도구모음의 Positioned Sketch 를 클릭한다.

❶ Origin 아래 Type으로 Projection point를 선택하고 Reference 선택란에 Helix.1 곡선의 끝점을 선택하여 스케치 원점의 위치를 지정한다.

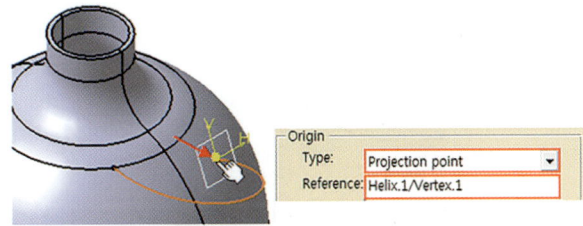

❷ OK 를 클릭하여 Sketcher Workbench로 들어간다.

2 Circle

❶ Circle 명령어를 클릭하여 실행한다.

❷ 원의 중심점을 스케치 원점에 일치하도록 지정하고 반지름에 해당되는 점을 지정하여 원을 생성한다.

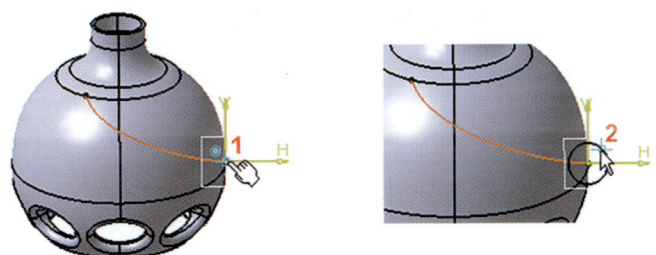

3 Constraint 명령어를 클릭하여 실행하고 치수를 부여한다.

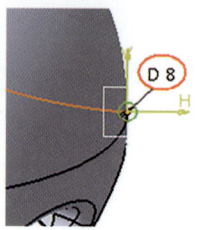

4 Exit Workbench를 클릭하여 Sketcher Workbench를 종료하고 Part Design Workbench로 돌아간다.

22 Slot 만들기

1 Slot을 클릭하여 실행한다.

2 Slot Definition 대화상자 설정

❶ Profile 선택란에 Center curve를 따라갈 원 스케치를 선택한다.

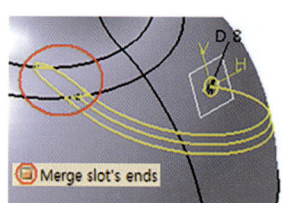

❷ Center curve 선택란에 Helix.1 곡선을 선택한다.

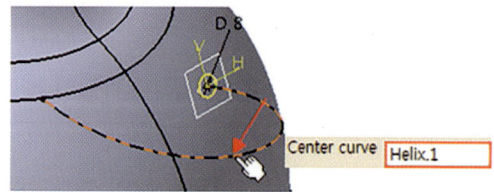

❸ Merge rib' ends를 체크하여 프로파일 위치에서 시작하여 Center curve 양방향으로 기존 재료의 한계까지 재료가 제거되도록 한다.

❹ OK 를 클릭하여 Slot을 생성한다.

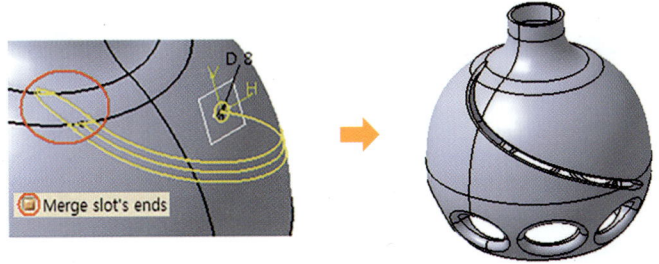

23 Circular Pattern 을 사용하여 원형 형식으로 연관 복사하기

1 Transformation Features 도구모음의 Patterns 하위 도구모음에서 Circular Pattern 을 클릭하여 실행한다.

2 Circular Pattern Definition 대화상자 설정

❶ Axial Reference 탭 아래 Parameters로는 Complete crown을 선택한다.

❷ Instance(s) 란에 원본 객체를 포함한 복사할 개수 10을 입력한다.

❸ Reference Direction 아래 Reference element 선택란에 마우스를 가져다 놓고 마우스 오른쪽 버튼을 누른 후 콘텍스트 메뉴에서 Z Axis를 선택한다.

❹ Object to Pattern 아래 Object 선택란에 Specification Tree에서 Slot.1 피처를 선택한다.
❺ Keep specifications 옵션을 체크하여 Slot.1 피처에 정의된 Merge rib' ends로 인스턴스가 생성되도록 한다.
❻ OK 를 클릭하여 Slot.1 피처를 원형 패턴으로 복사하여 Part 모델링을 완성한다.

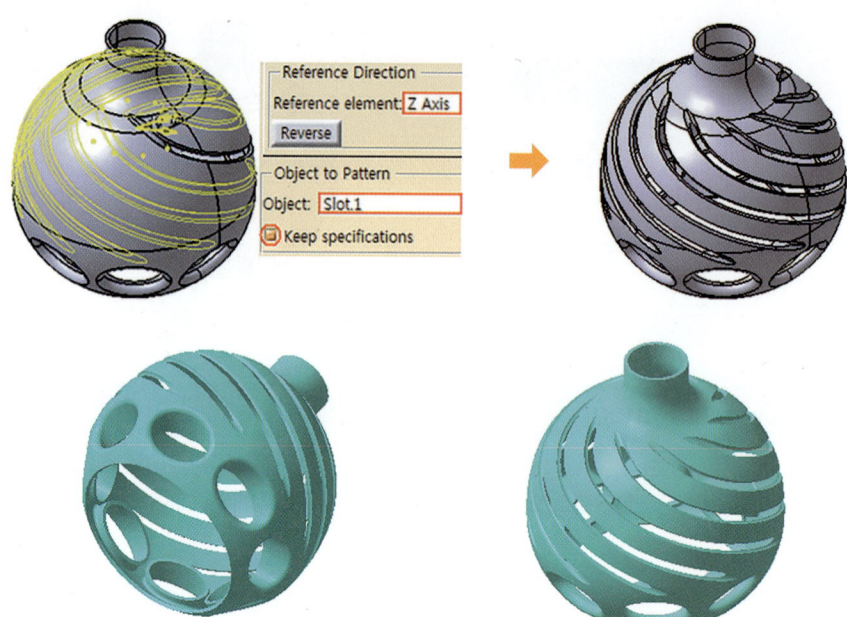

CHAPTER 12

활용 예제 11

Sweep, Extremum, Rough Offset, Rolling Offset, Axis To Axis

예제 도면 — 3D형상 모델링 작업하기

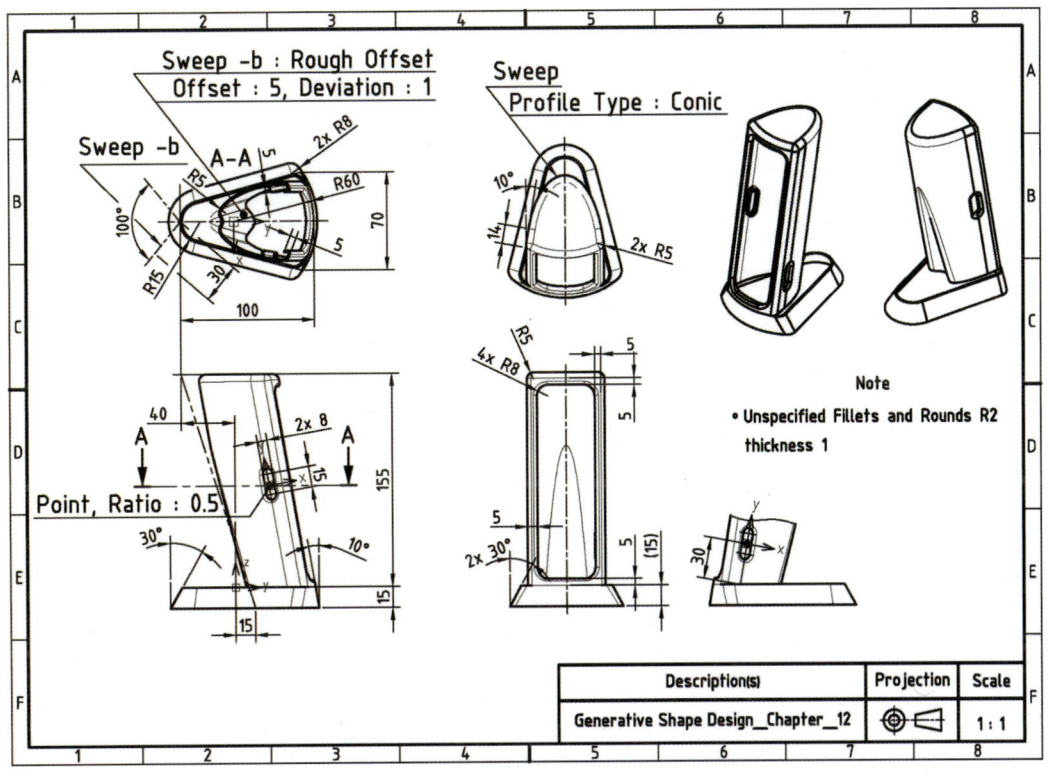

1 Generative Shape Design Workbench 선택하여 들어가기

1 메뉴모음에서 Start 〉 Shape 〉 Generative Shape Design을 선택한다.

2 New Part 대화상자에서 Part 이름을 지정하고 Create a geometric set에 체크한 후 OK 를 클릭한다.

2 Geometric Set 추가하기

형상을 만드는 Point, Line, Surface, Plane 등의 요소를 작업 내용 따라 분리하여 Geometric Set에 저장하면 관리하기 편하기 때문에 Geometric Set를 추가하여 작업한다.

1 Insert 도구모음의 Geometrical Set 하위 도구모음에서 Geometrical Set 를 클릭하여 실행하거나 메뉴모음에서 Insert 〉 Geometrical Set를 클릭하여 실행한다.

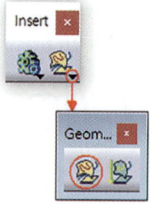
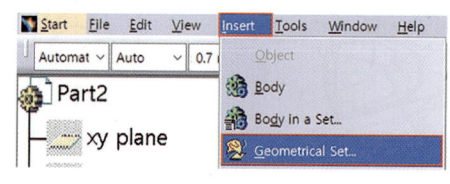

2 추가될 Geometrical Set 위치와 이름을 지정한다.
❶ Name 란에 "받침판"으로 이름을 지정한다.
❷ Parent 드롭다운 목록에서 Geometrical Set.1을 선택한다.
❸ OK 를 클릭하면 Geometrical Set.1 아래 "받침판" 이름으로 Geometrical Set가 생성된다.

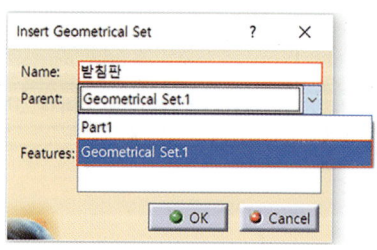
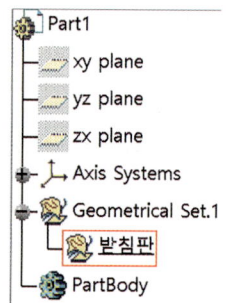

❹ 같은 방법으로 Geometrical Set.1 아래 "본체"와 "join" 이름으로 Geometrical Set를 생성한다.

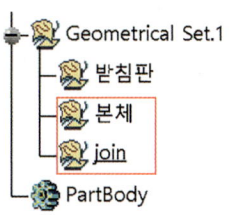

3 새로운 작업을 "받침판" Geometrical Set에 추가하기 위해 Specification Tree에서 "받침판" Geometrical Set에 마우스를 가져다 놓고 마우스 오른쪽버튼을 클릭한 후 Define In Work Object를 클릭하거나 Tools 도구모음에서 "받침판" Geometrical Set를 선택한다.

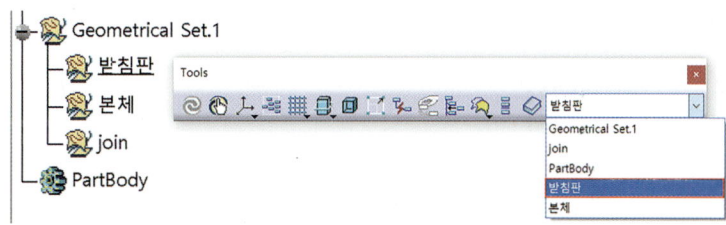

3 Sweep에서 사용될 Guide curve 만들기

1 Specification Tree에서 xy평면을 선택하고 Sketcher 도구모음의 Positioned Sketch를 클릭한다.

  ❶ Swap에 체크하여 H축과 V축을 바꾸고 Reverse V를 체크하여 V축 방향을 반전한다.
  ❷ OK 를 클릭하여 Sketcher Workbench로 들어간다.

2 Arc 와 Line 명령어를 사용하여 스케치를 작성한다.

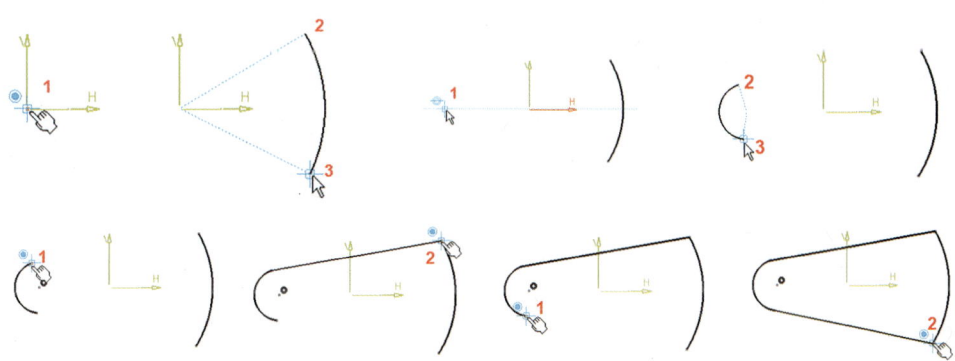

3 선과 호 사이에 탄젠트 구속조건을 부여한다.

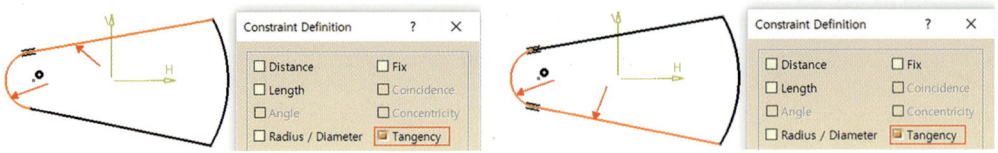

4 Constraint 명령어를 실행하여 대칭조건과 치수를 기입한다.

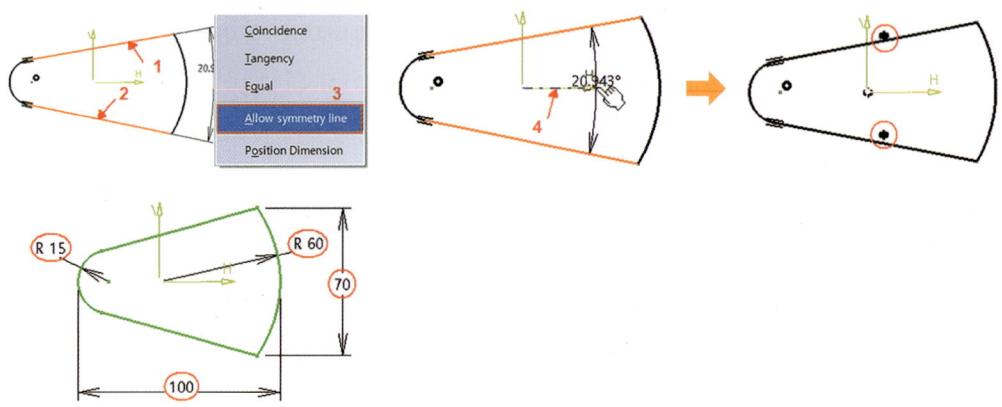

5 Exit Workbench를 클릭하여 Sketcher Workbench를 종료하고 Generative Shape Design Workbench로 돌아간다.

4 Offset된 Plane 만들기

1 Wireframe 도구모음의 Planes 하위 도구모음에서 Plane 명령어를 클릭하여 실행한다.

2 Plane Definition 대화상자 설정

❶ Plane type으로 Offset from plane을 선택한다.
❷ Reference 선택란은 Axis System에서 xy평면을 선택한다.
❸ Offset란에 오프셋 거리로 15mm를 입력한다.
❹ Reverse Direction 을 클릭하여 오프셋 방향을 반전한다.
❺ OK 를 클릭하여 xy평면으로부터 15mm만큼 오프셋된 Plane.1을 만든다.

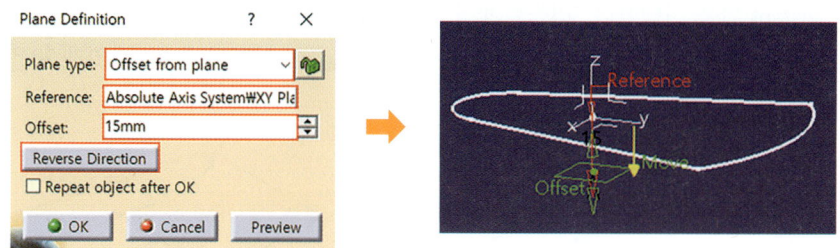

5 Sweep.1 곡면 만들기

1 Surfaces 도구모음의 Sweeps 하위 도구모음에서 Sweep 명령어를 클릭하여 실행한다.

2 Sweep Surface Definition 대화상자 설정

❶ Profile type에서 Line을 클릭한다.

❷ Subtype으로 With draft direction을 선택한다.

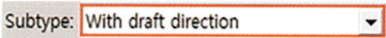

❸ Guide curve1 선택란에 Sketch.1을 선택한다.

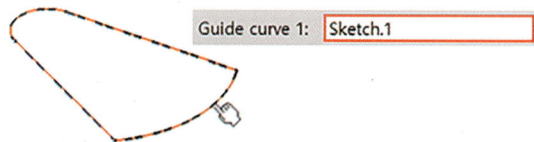

❹ Draft direction 선택란에서 마우스 오른쪽버튼을 클릭하고 콘텍스트 메뉴에서 Z Component 를 선택한다.

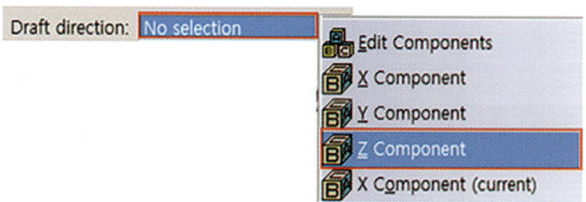

❺ G1-Constant 탭을 선택한다. 리스트에서 각도를 선택하여 접하는 요소마다 구배 각도를 달리 줄 수 있다. 리스트에서 각도를 선택하고 Current angle 입력란에 각각 10과 30을 기입한다.

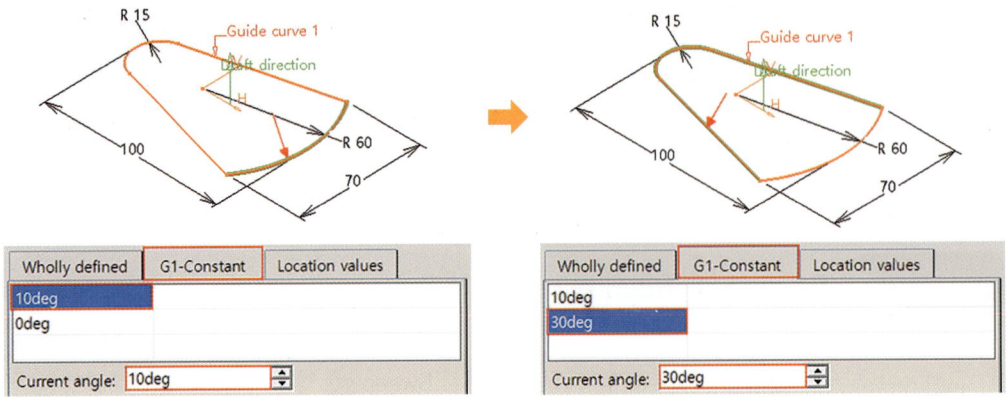

❻ Length type 1의 Relimiting element 1으로 Offset된 Plane.1을 선택한다.

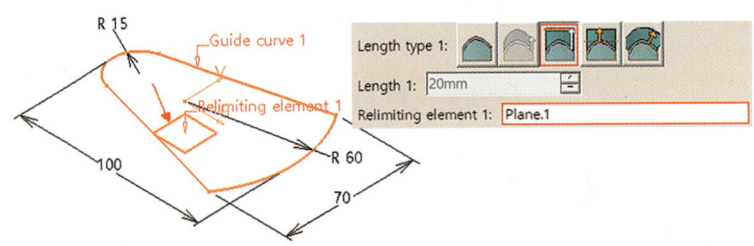

❼ Angular sector에서 Previous 나 Next 를 눌러 스윕 구배와 방향을 결정한다.

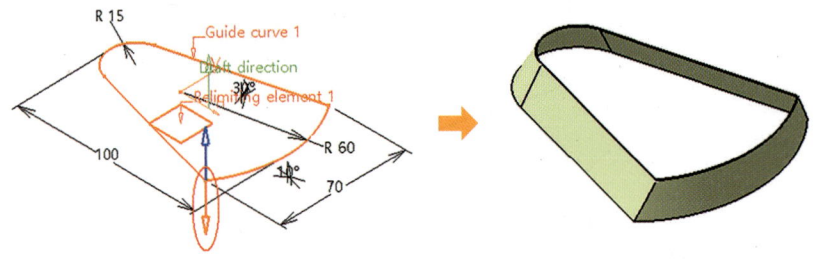

❽ OK 를 클릭하여 스윕 곡면을 생성한다.

6 Fill을 사용하여 닫힌 영역을 채워진 표면으로 만들기(1)

1 Surfaces 도구모음의 Fill 명령어를 클릭하여 실행한다.

2 Fill Surface Definition 대화상자 설정

❶ Outer Boundaries 탭 아래 Boundary 리스트에 그래픽 영역에서 Sketch.1 선택하여 추가한다.

❷ OK 를 클릭하여 선택된 닫힌 영역을 채워진 표면으로 만든다.

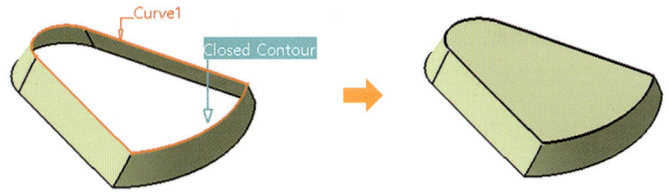

7 Fill을 사용하여 닫힌 영역을 채워진 표면으로 만들기(2)

1 Surfaces 도구모음의 Fill 명령어를 클릭하여 실행한다.

2 Fill Surface Definition 대화상자 설정

❶ Outer Boundaries 탭 아래 Boundary 리스트에 그래픽 영역에서 바닥 곡면 경계 모서리를 선택하여 추가한다.

❷ OK 를 클릭하여 선택된 닫힌 영역을 채워진 표면으로 만든다.

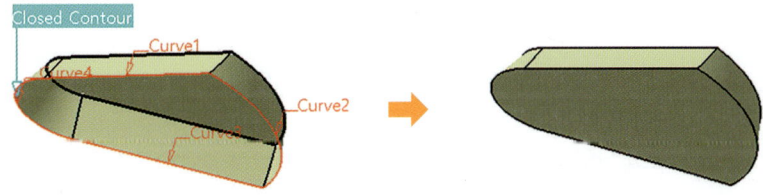

8 Join을 사용하여 결합된 곡면 만들기

1 Join 명령어를 클릭하여 실행한다.

2 Elements To Join 리스트에 결합할 곡면으로 Sweep.1, Fill.1, Fill.2를 선택하여 추가한다.

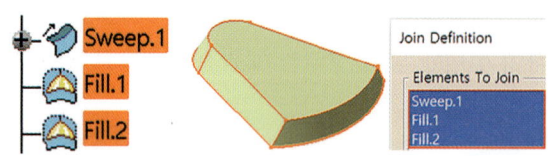

3 OK 를 클릭하여 하나로 합쳐진 곡면을 만든다.

9 Edge Fillet으로 곡면 모서리 다듬기

Radius 입력란에 8mm를 기입하고 곡면 모서리에 필렛을 부여한다.

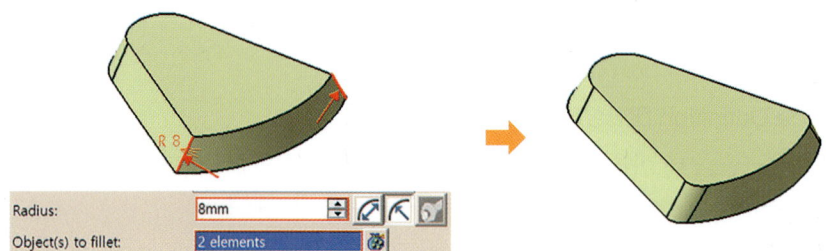

10 Define In Work Object 변경하기

Specification Tree에서 "본체" Geometrical Set에 마우스를 가져다 놓고 마우스 오른쪽버튼을 클릭한 후 Define In Work Object를 클릭하거나 Tools 도구모음에서 "본체" Geometrical Set를 선택한다.

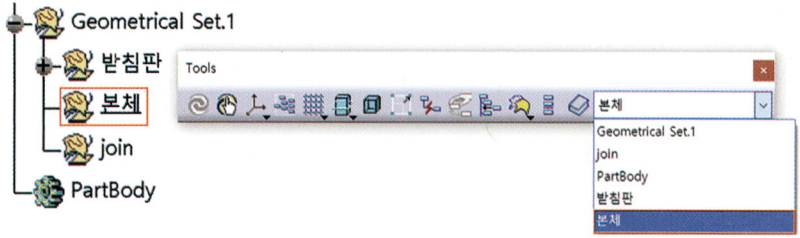

알아두기
11   Extremum을 사용하여 지정한 방향에 따른 곡선에 극점 만들기(1)

1 Wireframe 도구모음의 Points 하위 도구모음에서 Extremum 을 클릭하여 실행한다.

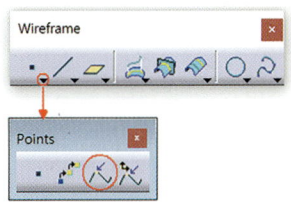

2 Extremum Definition 대화상자 설정

❶ Elements 선택란에 곡면의 모서리를 선택한다.

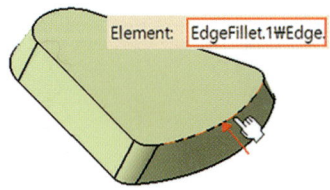

❷ Direction 선택란에 마우스를 가져다 놓고 마우스 오른쪽버튼을 누른 후 콘텍스트 메뉴에서 Y Component 를 선택한다.

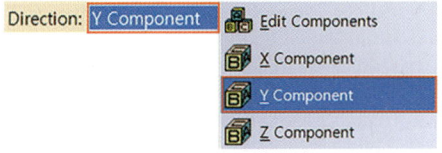

❸ Y축 방향에 따라 최대 거리에 있는 곡선상의 점을 생성하기 위해 Max를 선택한다.

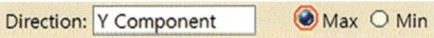

❹ OK 를 클릭하여 극점을 생성한다.

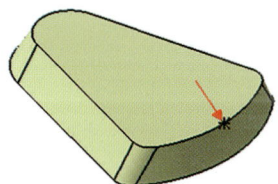

12   Extremum을 사용하여 지정한 방향에 따른 곡선에 극점 만들기(2)

1 Wireframe 도구모음의 Points 하위 도구모음에서 Extremum을 클릭하여 실행한다.

2 Extremum Definition 대화상자 설정
   ❶ Elements 선택란에 곡면의 모서리를 선택한다.
   ❷ Direction 선택란에 마우스를 가져다 놓고 마우스 오른쪽버튼을 누른 후 콘텍스트 메뉴에서 Y Component 를 선택한다.
   ❸ Y축 방향에 따라 최대 거리에 있는 곡선상의 점을 생성하기 위해 Max를 선택한다.
   ❹ OK 를 클릭하여 극점을 생성한다.

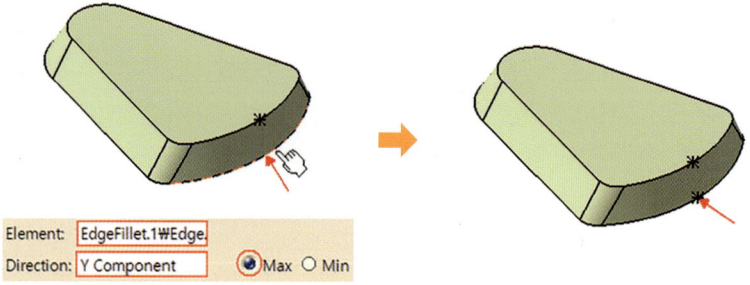

알|아|두|기
Extremum

극점 요소(점, 모서리 또는 면)를 생성한다. 극점 요소란 곡선, 표면 또는 패드에서 주어진 방향에 따라 최소 또는 최대 거리에 있는 요소를 말한다.

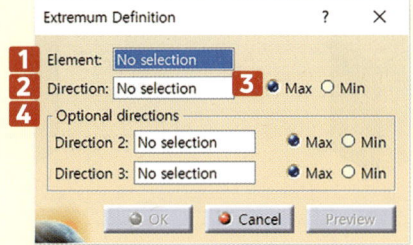

1 Element

점, 모서리 또는 면을 선택한다.

2 Direction

극점을 식별해야 하는 방향으로 면이나 직선 또는 축을 선택한다.

3 Max / Min

❶ Max : 주어진 방향에 따라 곡선의 가장 높은 지점에 생성된다.
❷ Min : 주어진 방향에 따라 곡선의 가장 낮은 지점에 생성된다.

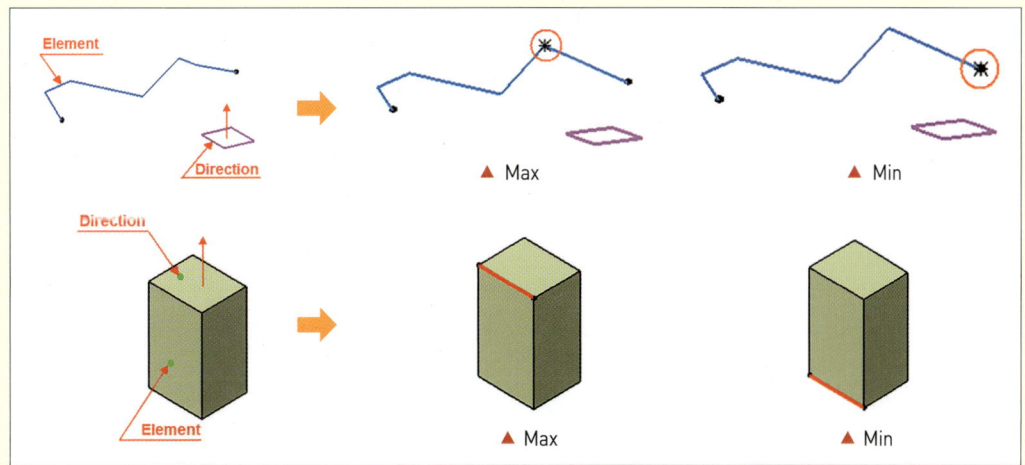

4 Optional directions

한 방향으로 충분하지 않을 때 Direction2, Direction3을 지정할 수 있으며 지정한 방향이 동일해서는 안 된다.

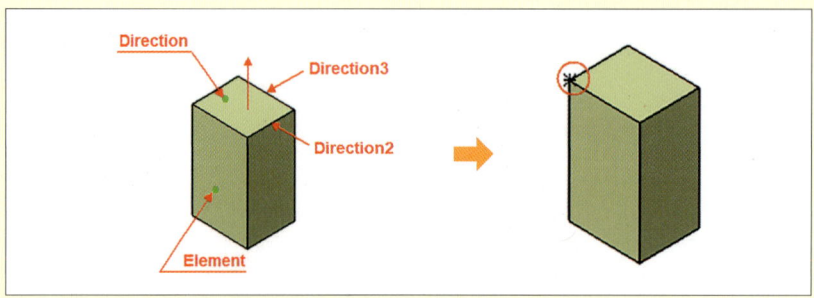

13 Sweep 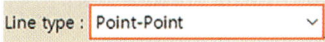에 사용될 Guide curve 만들기

1 Wireframe 도구모음의 Line-Axis 하위 도구모음에서 Line 명령어를 클릭하여 실행한다.

2 Line Definition 대화상자 설정

❶ Line type 드롭다운 목록에서 두 점을 통과하는 선을 작성하기 위해 Point-Point를 선택한다.

❷ Point1과 Point2로 Extremum 명령어로 생성한 점을 선택한다.

❸ Start 값은 0, End 값은 180을 기입한다.

❹ OK 를 클릭하여 선을 생성한다.

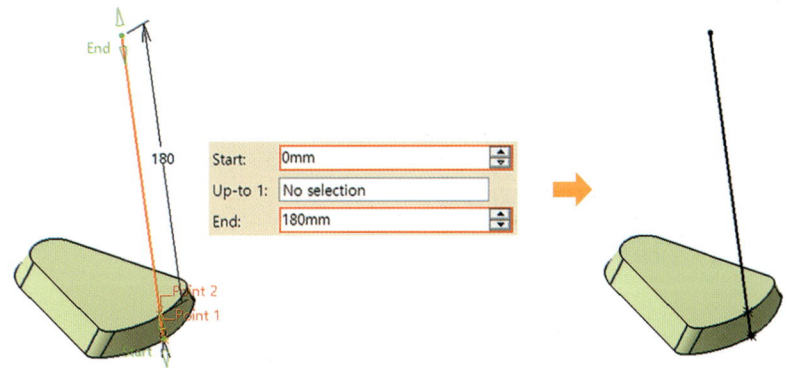

14 Sweep.2 곡면 만들기

1 Surfaces 도구모음의 Sweeps 하위 도구모음에서 Sweep 명령어를 클릭하여 실행한다.

2 Sweep Surface Definition 대화상자 설정

❶ Profile type에서 Explicit 을 클릭한다.

❷ Subtype 드롭다운 목록에서 Profile과 하나의 Guide curve를 선택하여 스윕 곡면을 생성하기 위해 With reference surface를 선택한다.

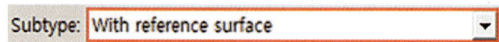

❸ Profile 선택란에 곡면의 모서리를 선택한다.
❹ Guide curve 선택란에 선을 선택한다.
❺ OK 를 클릭하여 Profile이 Guide curve를 따라 스윕 곡면을 만든다.

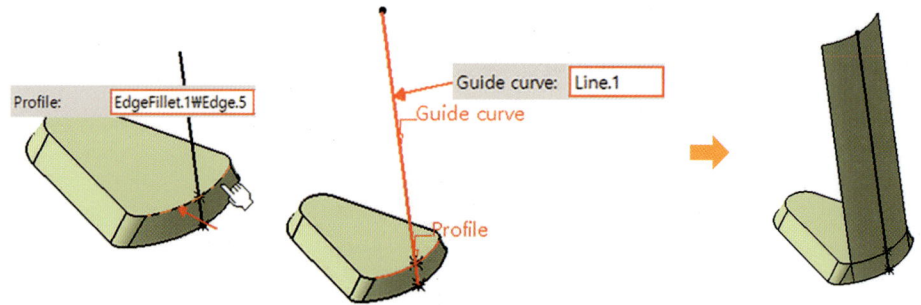

14 Sweep.3 곡면 만들기

1 Surfaces 도구모음의 Sweeps 하위 도구모음에서 Sweep 명령어를 클릭하여 실행한다.

2 Sweep Surface Definition 대화상자 설정

❶ Profile type에서 Line 을 클릭한다.

❷ Subtype 드롭다운 목록에서 With draft direction을 선택한다.

❸ Guide curve 1 선택란에 곡면의 모서리를 선택한다.

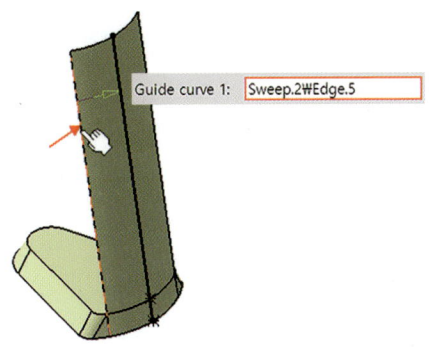

❹ Draft direction 선택란에 마우스 오른쪽버튼을 클릭하고 콘텍스트 메뉴에서 Y Component를 선택한다.

❺ Wholly defined 탭 아래 Angle 입력란에 10을 기입한다.

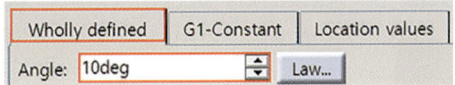

❻ Length 1 입력란에 거리값 14mm를 기입한다.

❼ Angular sector에서 Previous 나 Next 를 눌러 스윕 구배와 방향을 결정한다.

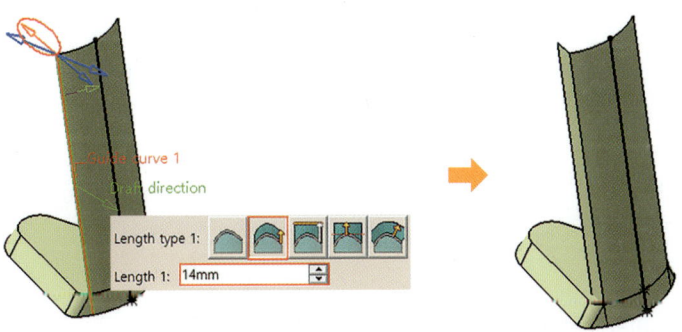

❽ OK 를 클릭하여 스윕 곡면을 생성한다.

15 Symmetry 를 사용하여 곡면 대칭 복사하기

1 Operations 도구모음의 Transformations 하위 도구모음에서 Symmetry 명령어를 클릭하여 실행한다.

2 Symmetry Definition 대화상자 설정

❶ Element 선택란에 대칭 복사할 요소로 Sweep.3 곡면을 선택한다.
❷ Reference 선택란에 마우스를 가져다 놓고 마우스 오른쪽버튼을 클릭하여 콘텍스트 메뉴에서 yz평면을 선택한다.
❸ OK 를 클릭하여 대칭 복사된 곡면을 만든다.

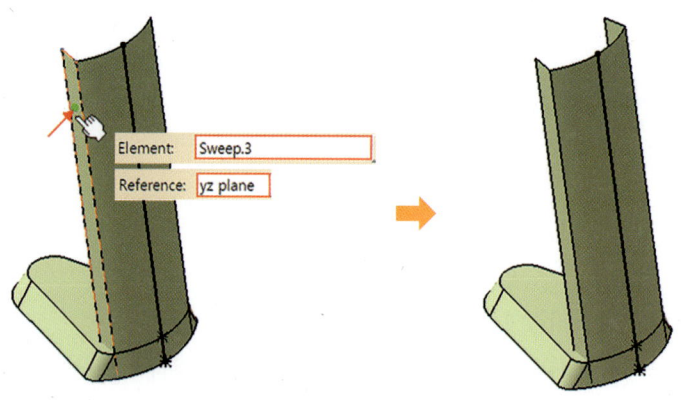

16 Translate 를 사용하여 이동 복사하기

1 Operations 도구모음의 Transformations 하위 도구모음에서 Translate 명령어를 클릭하여 실행한다.

2 Translate Definition 대화상자 설정

❶ Vector Definition 드롭다운 목록에서 Point to Point를 선택한다.

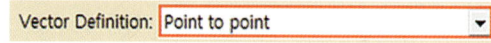

❷ Element 선택란에 이동하여 복사할 선을 선택한다.

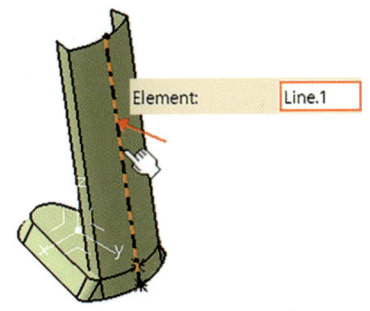

❸ Start point 선택란에 이동의 기준점으로 Extremum으로 생성한 점을 선택한다.
❹ End point 선택란에 이동할 점으로 Axis System 원점을 선택한다.
❺ OK 를 클릭하여 두 요소를 지정한 점에서부터 점까지 이동 복사한다.

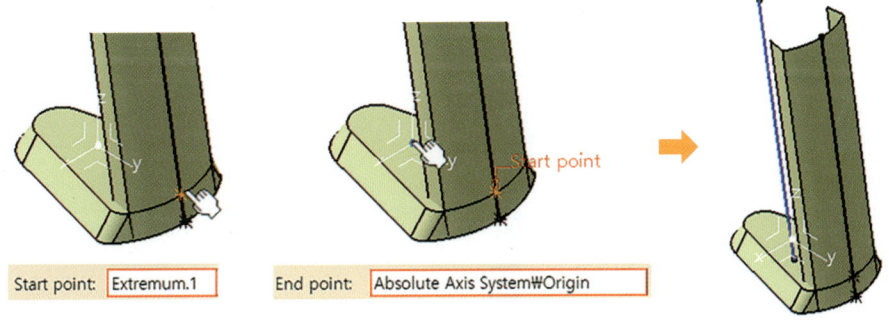

17 Sweep.4 곡면 만들기

1 Surfaces 도구모음의 Sweeps 하위 도구모음에서 Sweep 명령어를 클릭하여 실행한다.

2 Sweep Surface Definition 대화상자 설정

❶ Profile type에서 Conic 을 클릭한다.

❷ Subtype으로 Three guide curves를 선택한다.

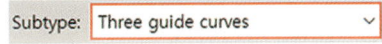

❸ Guide curve 1과 접할 곡면을 선택한다.

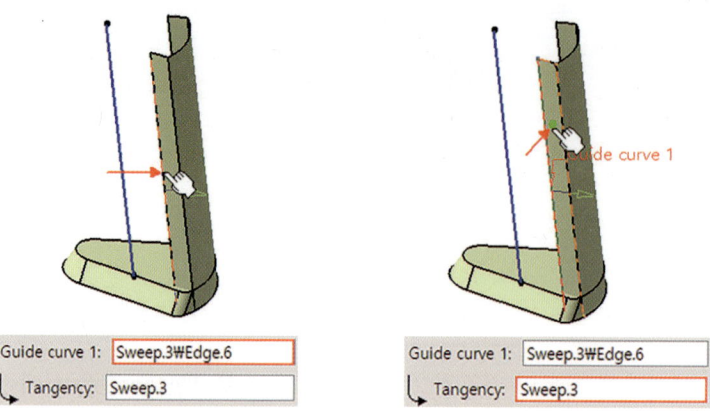

❹ Guide curve 2 선택란에서는 이동 복사한 선을 선택한다.

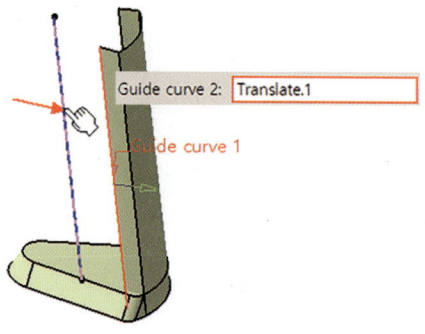

❺ Last guide curve와 접할 곡면을 선택한다.

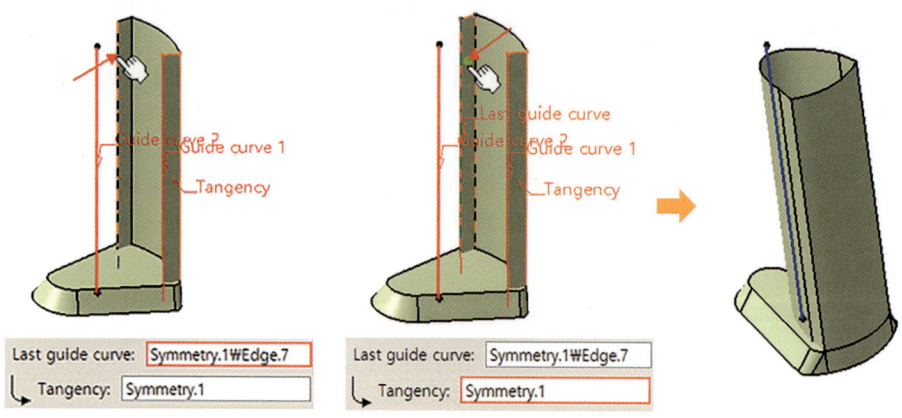

❻ OK 를 클릭하여 스윕 곡면을 생성한다.

알아두기

Sweep (4)

1 Conic Profile type:

포물선, 쌍곡선 또는 타원과 같은 원추 프로파일을 스윕 곡면을 생성한다.

2 Subtype

❶ Subtype [Two guide curves ▼]

두 개의 안내 곡선과 해당 접할 곡면을 선택하여 원추 스윕 곡면을 생성한다.

ⓐ Subtype 드롭다운 목록에서 Two guide curves를 선택한다.
ⓑ Guide curve1과 접할 곡면 Last guide curve와 접할 곡면을 선택한다.

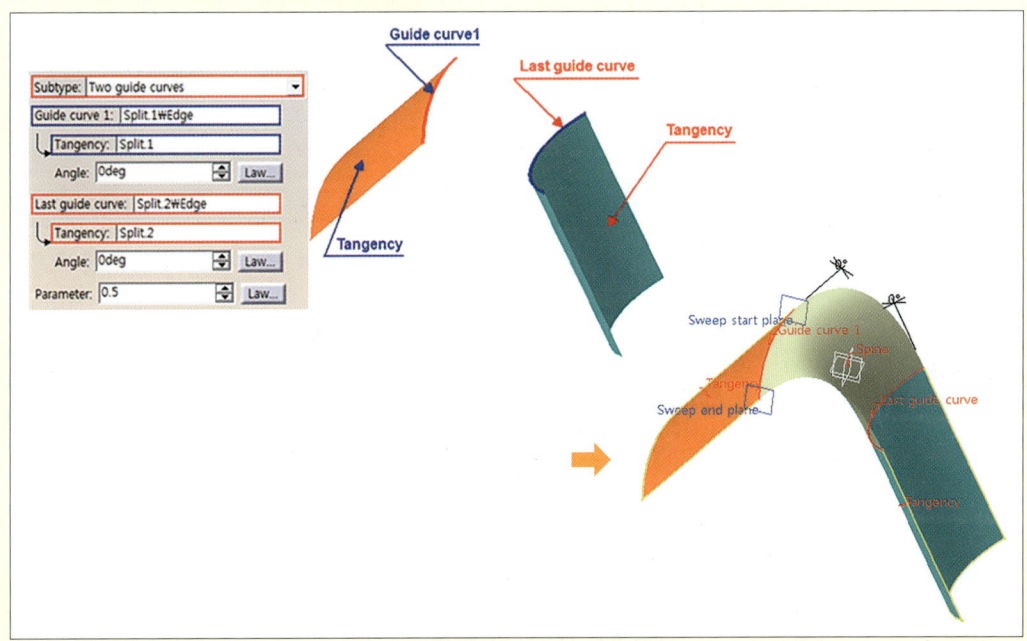

❷ Subtype [Three guide curves ▼]

세 개의 안내 곡선을 선택하고 첫 번째 및 마지막 안내 곡선에 대한 접할 곡면을 선택하여 원추 스윕 곡면을 생성한다.

ⓐ Subtype 드롭다운 목록에서 Three guide curves를 선택한다.
ⓑ Guide curve1과 접할 곡면을 선택한다.
ⓒ Guide curve2를 선택한다.
ⓓ Last guide curve와 접할 곡면을 선택한다.

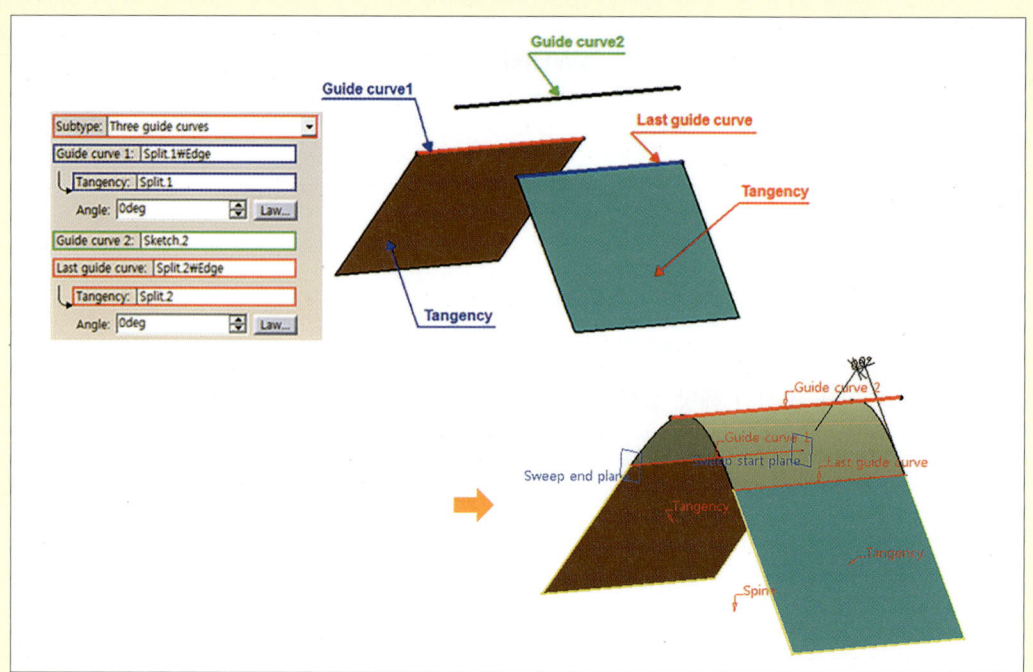

❸ Subtype [Four guide curves ▼]

네 개의 안내곡선을 선택하고 첫 번째 안내곡선과 접할 곡면을 선택하여 원추형 스윕 곡면을 생성한다.

ⓐ Subtype 드롭다운 목록에서 Four guide curves를 선택한다.
ⓑ Guide curve1과 접할 곡면을 선택한다.
ⓒ Guide curve2, Guide curve3, Last guide curve를 선택한다.

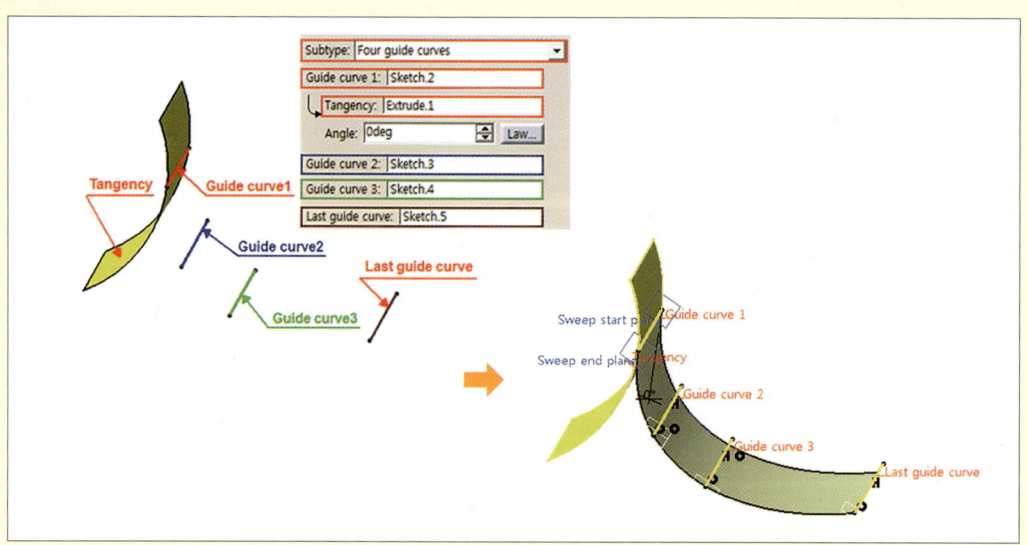

❹ Subtype [Five guide curves ▼]

다섯 개의 안내곡선을 선택하여 원추형 스윕 곡면을 생성한다.
ⓐ Subtype 드롭다운 목록에서 Five guide curves를 선택한다.
ⓑ Guide curve1, Guide curve2, Guide curve3, Guide curve4, Last guide curve를 선택한다.

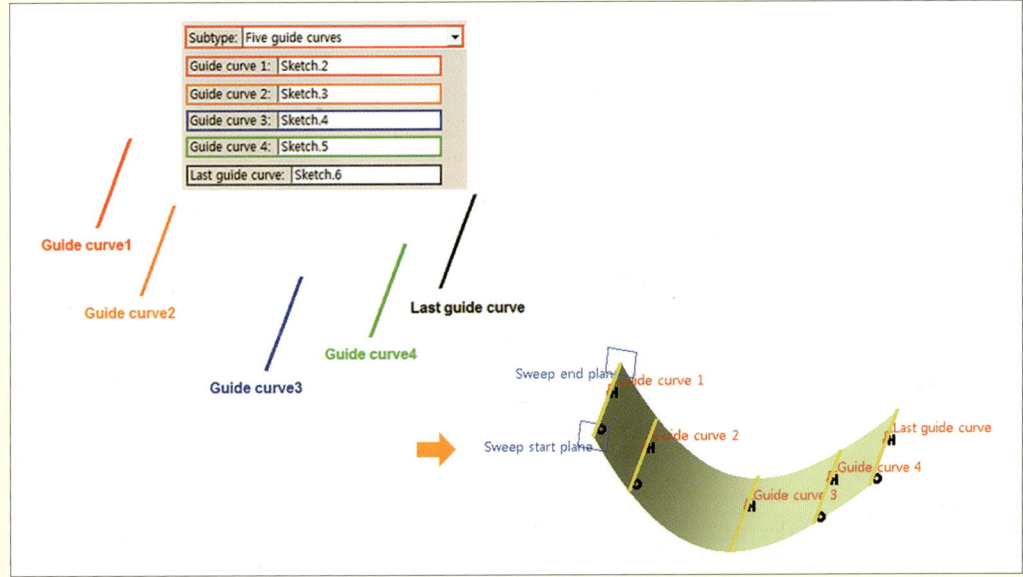

18 Join을 사용하여 결합된 곡면 만들기

1 Join 명령어를 클릭하여 실행한다.

2 Elements To Join 리스트에 결합할 곡면으로 Sweep.2, Sweep.3, Symmetry.1, Sweep.4를 선택하여 추가한다.

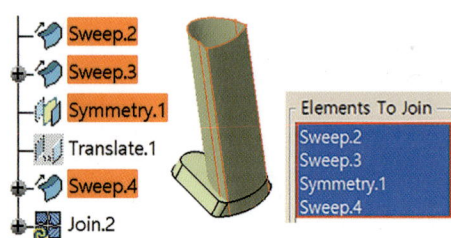

3 OK를 클릭하여 하나로 합쳐진 곡면을 만든다.

19 오프셋된 Plane 만들기

1 Wireframe 도구모음의 Planes 하위 도구모음에서 Plane 명령어를 클릭하여 실행한다.

2 Plane Definition 대화상자 설정

　❶ Plane type으로 Offset from plane을 선택한다.
　❷ Reference 선택란에 Axis System에서 xy평면을 선택한다.
　❸ Offset란에 오프셋 거리로 155mm를 입력한다.
　❹ OK를 클릭하여 xy평면으로부터 155mm만큼 오프셋된 Plane.2를 만든다.

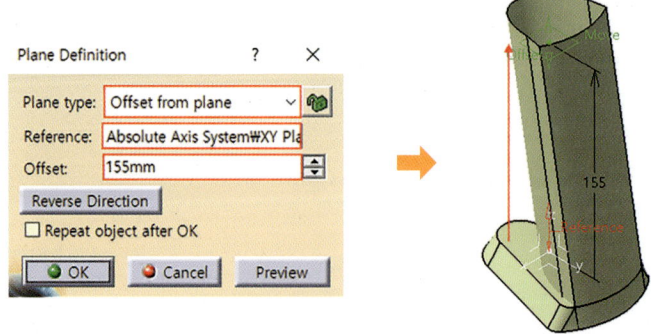

20 Split을 사용하여 곡면 자르기

1 Operations 도구모음의 Trim-Split 하위 도구모음에서 Split 명령어를 클릭하여 실행한다.

2 Split Definition 대화상자 설정

❶ Element to cut 선택란에 분할할 요소로 Join.2 곡면을 선택한다.
❷ Cutting elements 선택란에 절단요소로 Plane.2를 선택한다.

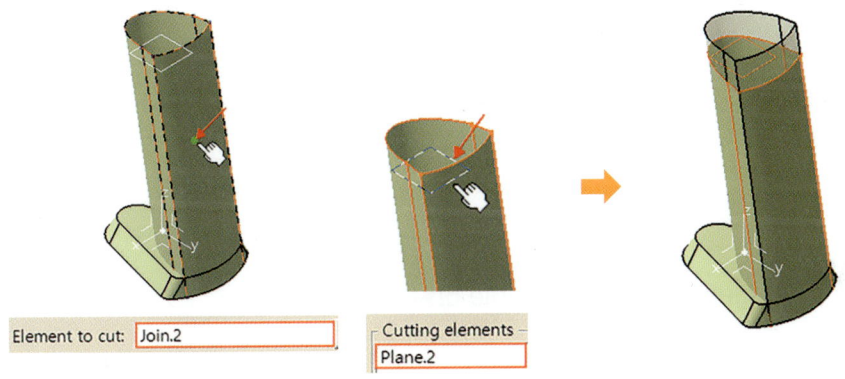

❸ OK 를 클릭하여 절단요소에 분할된 곡면을 완성한다.

21 Sweep에 사용될 Guide curve 만들기

1 Specification Tree에서 yz평면을 선택하고 Sketcher 도구모음의 Sketch를 클릭한다.

2 Line 명령어를 실행하고 사선을 그린 후 곡면 모서리 선상에 선분의 끝점이 위치하도록 일치 조건을 부여한다.

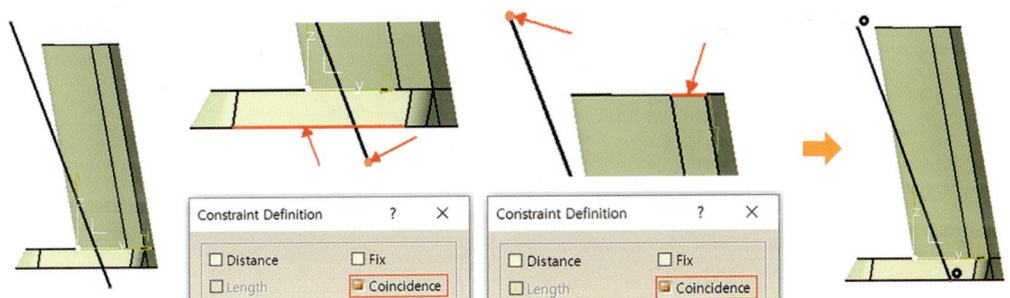

3 Constraint 명령어를 실행하여 치수를 기입한다.

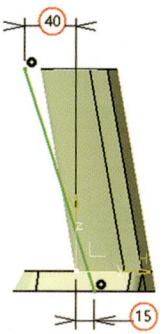

4 Exit Workbench 를 클릭하여 Sketcher Workbench를 종료하고 Generative Shape Design Workbench로 돌아간다.

22 Sweep에 사용될 Profile 만들기

1 Specification Tree에서 Plane.2를 선택하고 Sketcher 도구모음의 Positioned Sketch 를 클릭한다.

❶ Swap에 체크하여 H축과 V축을 바꾸고 Reverse V를 체크하여 V축 방향을 반전한다.

❷ OK 를 클릭하여 Sketcher Workbench로 들어간다.

2 Line 명령어를 실행하고 사선을 그린 후 선분의 두 끝점이 일치하도록 구속조건을 부여한다.

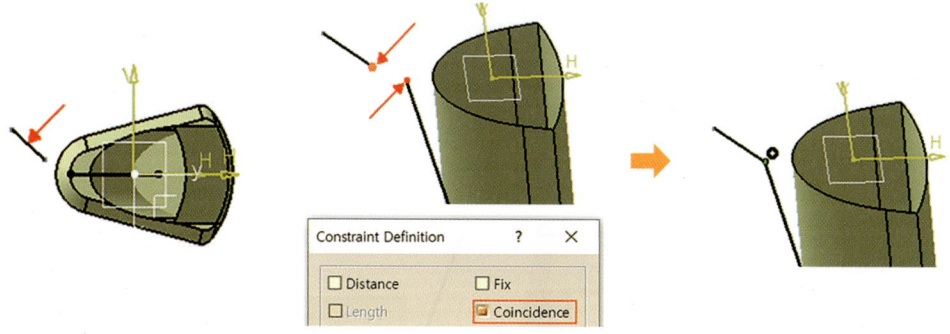

3 대칭 복사할 요소로 선을 선택하고 Mirror 명령어를 클릭하여 실행한 다음 대칭 기준선으로 H축을 선택하여 대칭 복사한다.

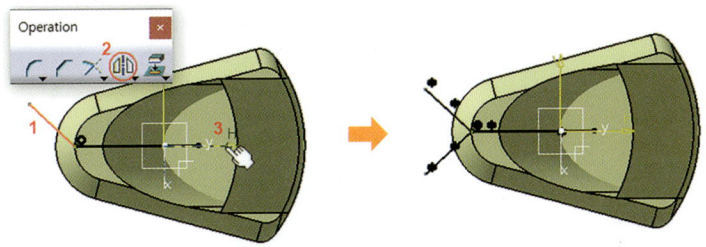

4 Constraint 명령어를 실행하여 치수를 기입한다.

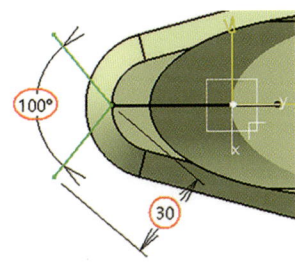

5 Exit Workbench를 클릭하여 Sketcher Workbench를 종료하고 Generative Shape Design Workbench로 돌아간다.

23 Sweep.5 곡면 만들기

1 Surfaces 도구모음의 Sweeps 하위 도구모음에서 Sweep 명령어를 클릭하여 실행한다.

2 Swept Surface Definition 대화상자 설정

❶ Profile type에서 Explicit 아이콘을 클릭한다.

❷ Subtype 드롭다운 목록에서 Profile과 하나의 Guide curve를 선택하여 스윕 곡면을 생성하기 위해 With reference surface를 선택한다.

❸ Profile 선택란에 Sketch.3를 선택한다.
❹ Guide curve 선택란에 Sketch.2를 선택한다.

❺ OK 를 클릭하여 Profile이 Guide curve를 따라 스윕 곡면을 만든다.

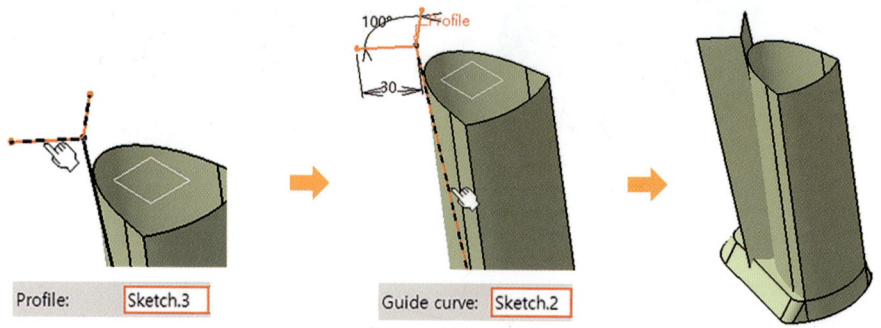

알아두기 24 Rough Offset 으로 부드러운 Offset 곡면 만들기

1 Surfaces 도구모음의 Offsets 하위 도구모음에서 Rough Offset 명령어를 클릭하여 실행한다.

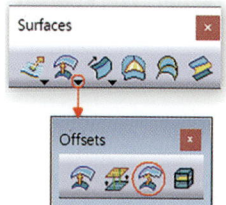

2 Rough Offset Surface Definition 대화상자 설정

❶ Surface 선택란에 오프셋할 곡면으로 Sweep.5 곡면을 선택한다.
❷ Offset란에 오프셋 거리로 5mm를 입력한다.
❸ Deviation 값은 기본값인 1mm로 지정한다.
❹ Reverse Direction 을 클릭하여 오프셋 방향을 반전한다.
❺ OK 를 클릭하여 Rough Offset 곡면을 생성하고 Sweep.5 곡면은 숨긴다.

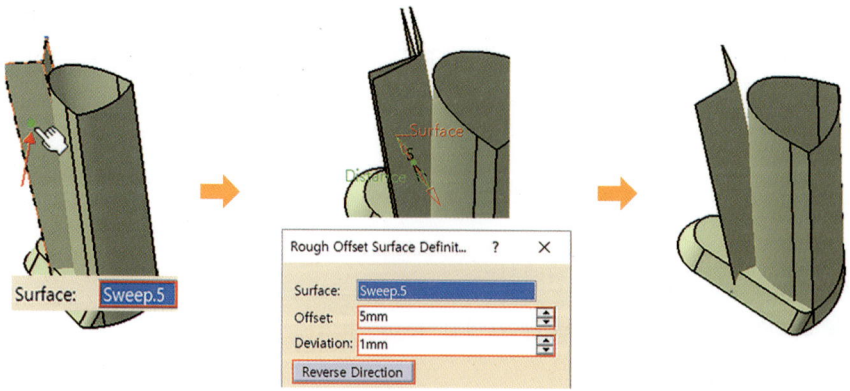

Rough Offset

기존 곡면의 주요 특성만을 유지하면서 곡면을 근사처리 하여 오프셋 곡면을 생성한다.

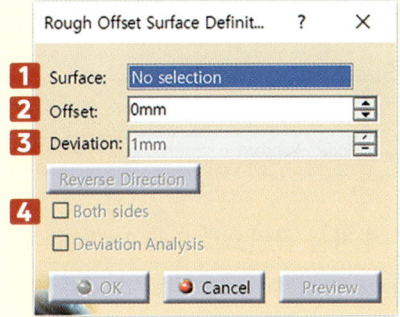

1 Surface

오프셋할 곡면을 선택한다.

2 Offset

거리값을 지정한다.

3 Deviation

기본값은 1mm이며 근사 처리 시 허용오차를 설정한다.

4 Both sides

선택 시 참조 곡면을 기준으로 양쪽 방향으로 오프셋 곡면을 생성할 수 있다.

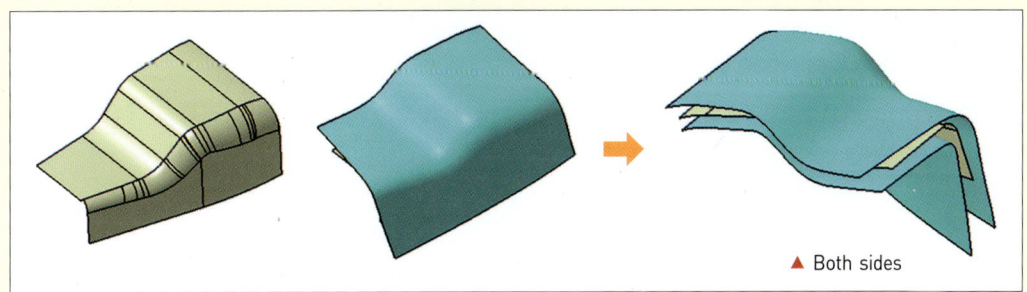

▲ Both sides

25 Trim으로 곡면 자르기

1 Operations 도구모음의 Trim-Split 하위 도구모음에서 Trim 명령어를 클릭하여 실행한다.

2 Trim Definition 대화상자 설정

　❶ Mode 드롭다운 목록에서 Standard를 선택한다.

　❷ Trimmed elements 리스트에 자를 곡면으로 Split.1, Offset.1을 선택하여 추가한다.
　❸ Other side / previous element 를 클릭하여 자르거나 유지할 곡면을 결정한다.
　❹ OK 를 클릭하여 선택한 곡면의 교차되는 부분을 자르면서 하나로 합쳐진 곡면을 작성한다.

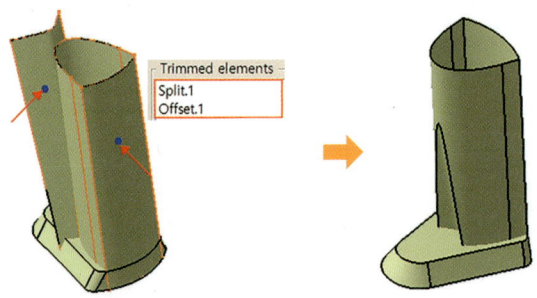

26 Fill을 사용하여 닫힌 영역을 채워진 표면으로 만들기

1 Surfaces 도구모음의 Fill 명령어를 클릭하여 실행한다.

2 Fill Surface Definition 대화상자 설정

　❶ Outer Boundaries 탭 아래 Boundary 리스트에 그래픽 영역에서 곡면 모서리를 선택하여 추가한다.
　❷ OK 를 클릭하여 선택된 닫힌 영역을 채워진 표면으로 만든다.

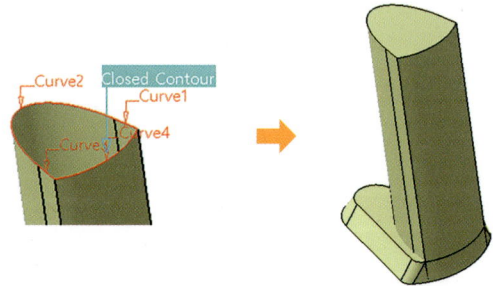

27 Join을 사용하여 결합된 곡면 만들기

1 Join 명령어를 클릭하여 실행한다.

2 Elements To Join 리스트에 결합할 곡면으로 Trim.1 , Fill.3을 선택하여 추가한다.

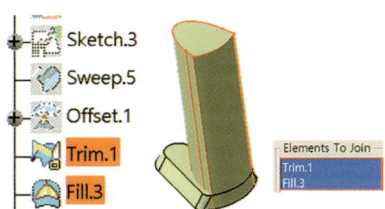

3 OK 를 클릭하여 하나로 합쳐진 곡면을 만든다.

28 Edge Fillet으로 곡면 모서리 다듬기

Radius 입력란에 5mm를 기입하고 곡면 모서리에 필렛을 부여한다.

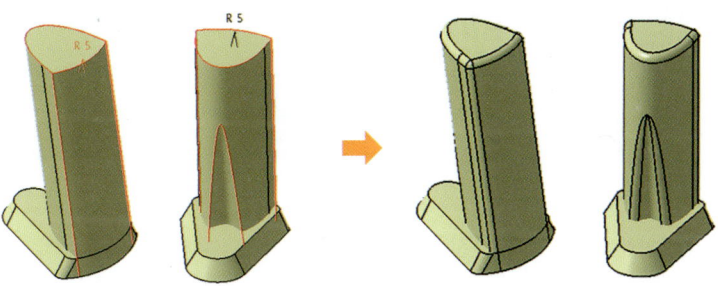

29 Split를 사용하여 곡면 자르기

1 Operations 도구모음의 Trim-Split 하위 도구모음에서 Split 명령어를 클릭하여 실행한다.

2 Split Definition 대화상자 설정

❶ Element to cut 선택란에 분할할 요소로 결합시킨 본체 곡면을 선택한다.
❷ Cutting elements 선택란에 절단요소로 Axis System에서 xy평면을 선택한다.

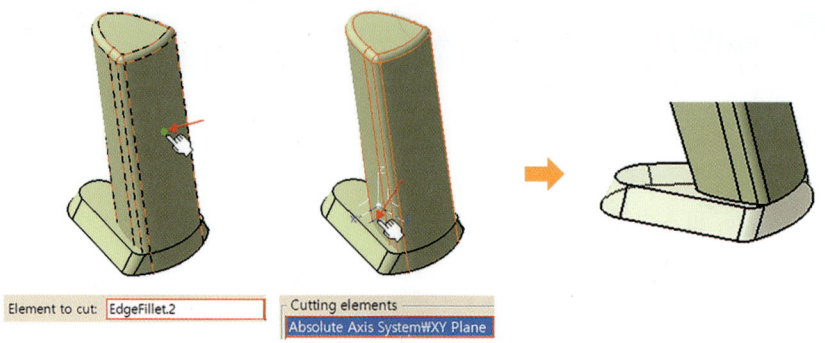

30 Join을 사용하여 결합된 곡선 만들기

1 Join 명령어를 클릭하여 실행한다.

2 Elements To Join 리스트에 합칠 곡선으로 곡면의 모서리를 선택하여 추가한다.

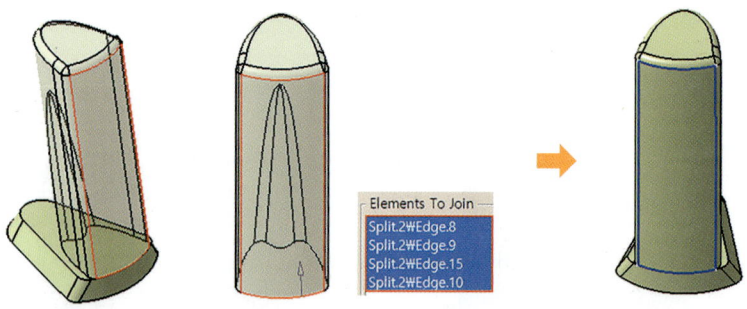

3 OK 를 클릭하여 하나로 합쳐진 곡선을 만든다.

31 Parallel Curve 를 사용하여 Extrude에 사용될 Profile 만들기

1 Wireframe 도구모음의 Curve Offsets 하위 도구모음에서 Parallel Curve 명령어를 클릭하여 실행한다.

2 Parallel Curve 대화상자 설정

① Curve 선택란에 오프셋할 참조 곡선으로 Join.4 곡선을 선택한다.
② Support 선택란에 참조 커브가 있는 곡면을 선택한다.

❸ Constant 값 입력란에 오프셋할 거리값으로 5mm를 입력한다.

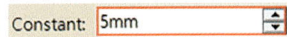

❹ OK 를 클릭하여 참조 곡선에 평행하게 오프셋된 곡선을 생성한다.

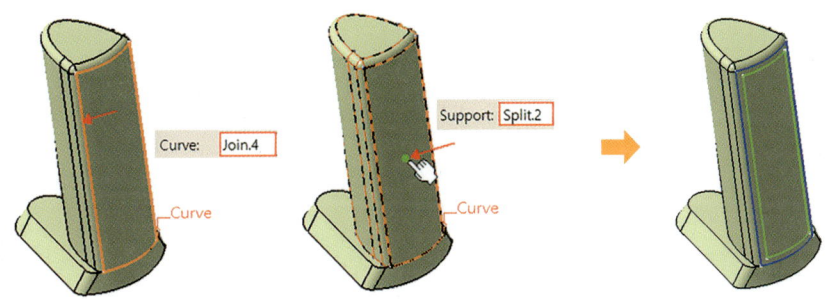

32 Extrude 곡면 만들기

1 Surfaces 도구모음의 Extrude-Revolution 하위 도구모음에서 Extrude 명령어를 클릭하여 실행한다.

2 Extruded Surface Definition 대화상자 설정

❶ Profile로 선택란에 Sketch.1을 선택한다.

❷ Direction 선택란에 마우스 오른쪽버튼을 클릭하고 콘텍스트 메뉴에서 Y Component를 선택한다.

❸ Extrusion Limits 아래 Limit 1의 Type으로 Dimension을 선택하고 Dimension 입력란에 5mm를 기입한다.

❹ Reverse Direction 을 클릭하여 돌출 방향을 결정한다.

❺ OK 를 클릭하여 돌출 곡면을 생성한다.

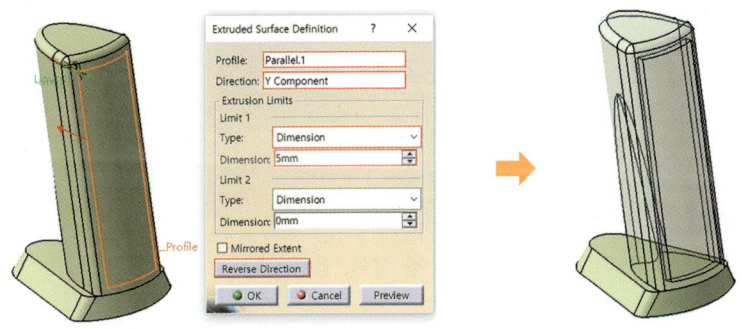

33 Trim 으로 곡면 자르기

1 Operations 도구모음의 Trim-Split 하위 도구모음에서 Trim  명령어를 클릭하여 실행한다.

2 Trim Definition 대화상자 설정
  ❶ Mode 드롭다운 목록에서 Standard를 선택한다.

  ❷ Trimmed elements 리스트에 자를 곡면으로 Split.2, Extrude.1을 선택하여 추가한다.
  ❸ OK 를 클릭하여 선택한 곡면의 교차되는 부분을 자르면서 하나로 합쳐진 곡면을 작성한다.

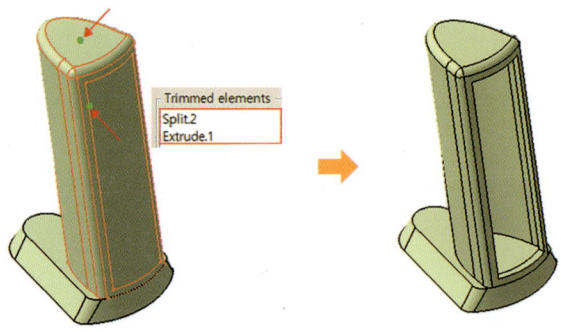

34 Point  만들기(1), (2)

1 Wireframe 도구모음의 Points 하위 도구모음에서 Point  명령어를 더블 클릭하여 실행한다.

2 Point Definition 대화상자 설정(1)
  ❶ Point type으로 On curve를 선택한다.

  ❷ Curve 선택란에 곡면의 접선 모서리를 선택한다.
  ❸ Middle point 를 클릭한다.
  ❹ OK 를 클릭하여 모서리의 중간에 점을 생성한다.

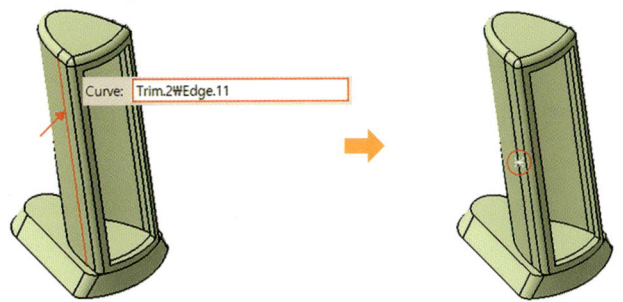

3 Point Definition 대화상자 설정(2)

❶ Point type으로 On curve를 선택한다.

❷ Curve 선택란에 반대쪽 곡면의 접선 모서리를 선택한다.
❸ Distance to reference 아래 Distance on curve를 선택하고 Length 입력란에 30mm를 기입한다.
❹ OK 를 클릭하여 모서리 아래에서 30mm 위치에 점을 생성한다.

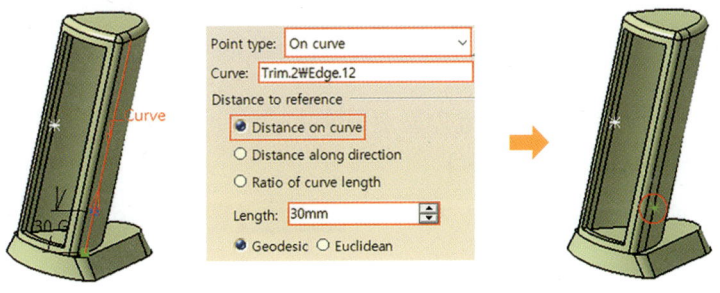

35 Line 만들기(1), (2)

1 Wireframe 도구모음의 Line-Axis 하위 도구모음에서 Line 명령어를 더블 클릭하여 실행한다.

2 Line Definition 대화상자 설정(1)

❶ Line type으로 Normal to surface를 선택한다.

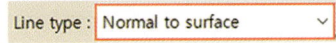

❷ Surface 선택란에 본체 곡면(Trim.2)을 선택한다.

❸ Point 선택란에 Point.1을 선택한다.

❹ Start와 End 입력란에 0과 −15를 기입하고 OK 를 클릭하여 점으로 Surface에 수직한 선을 생성한다.

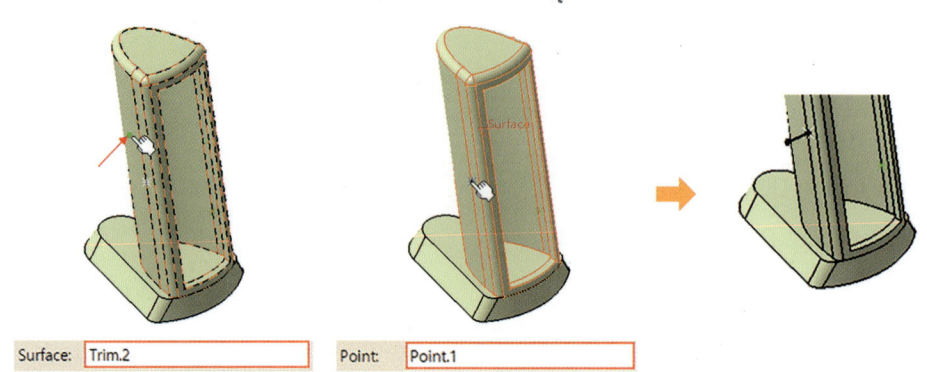

3 **Line Definition 대화상자 설정 (2)**

❶ Line type 드롭다운 목록에서 Normal to surface를 선택한다.

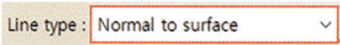

❷ Surface 선택란에 본체 곡면(Trim.2)을 선택한다.

❸ Point 선택란에 Point.2를 선택한다.

❹ Start와 End 입력란에 0과 −15를 기입하고 OK 를 클릭하여 점으로 Surface에 수직한 선을 생성한다.

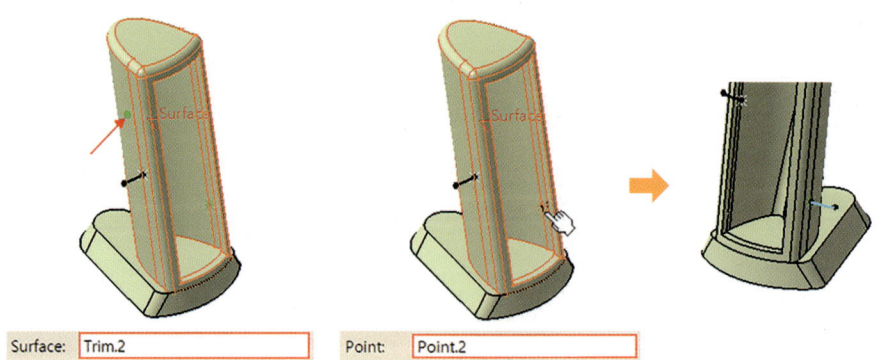

36 Axis System 만들기(1), (2)

1 메뉴모음에서 Insert 〉 Axis System 〉 ⊥ Axis System을 선택하거나 Tools 도구모음의 Axis System 하위 도구모음에서 ⊥ Axis System을 더블 클릭하여 실행한다.

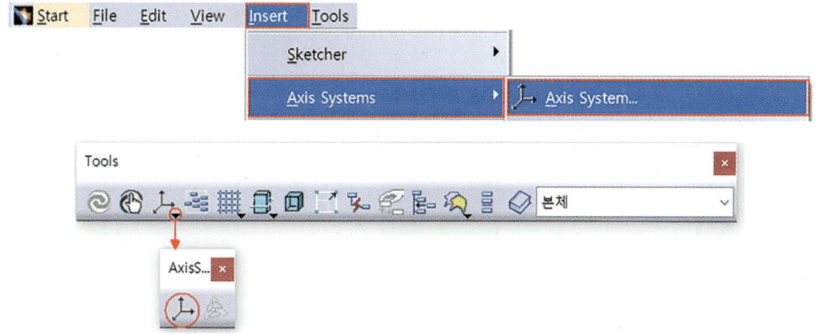

2 Axis System Definition 대화상자 설정(1)

❶ Axis System type으로 Standard를 선택한다.

❷ Origin 선택란에 Point.1을 선택한다.
❸ Y axis 선택란에 접선 모서리를 선택한다.
❹ Z axis 선택란에 Line.2를 선택하고 Reverse를 체크하여 축 방향을 반전시킨다.
❺ ● OK 를 클릭하여 Axis System.2을 생성한다.

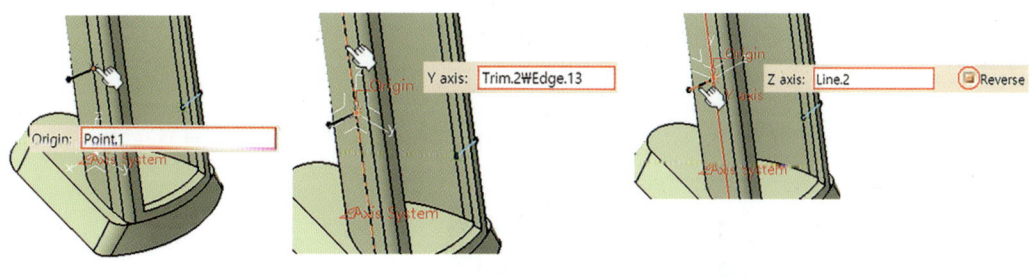

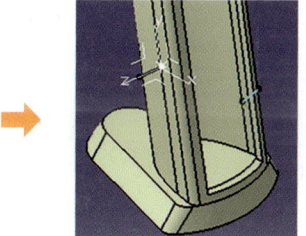

3 Axis System Definition 대화상자 설정(2)

❶ Axis System type으로 Standard를 선택한다.
❷ Origin 선택란에 Point.2을 선택한다.
❸ Y axis 선택란에 접선 모서리를 선택한다.
❹ Z axis 선택란에 Line.3을 선택하고 Reverse를 체크하여 축 방향을 반전시킨다.
❺ OK 를 클릭하여 Axis System.3을 생성한다.

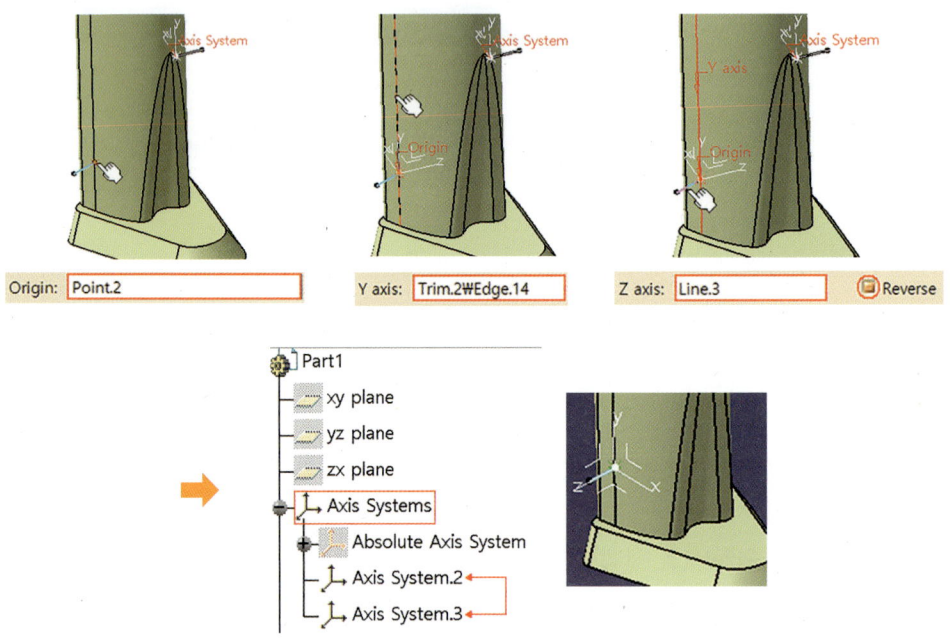

37 Rolling Offset에 사용될 Curve 만들기

1 Axis System.2에서 xy평면을 선택하고 Sketcher 도구모음의 Sketch 를 클릭한다.

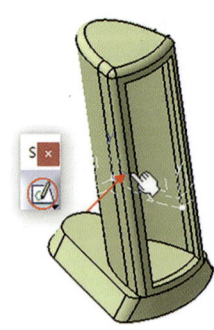

2 Line  명령어를 실행한다.

❶ Sketch tools 도구모음에서 Symmetrical Extension 을 선택하여 활성화한다.

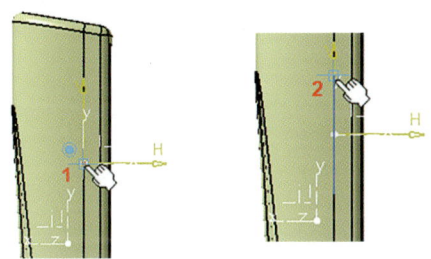

❷ 선의 중간점을 스케치 원점에 일치하도록 지정하고 다음 점은 V축 선상에 놓이도록 지정한다.

3 Constraint 명령어를 실행하여 치수를 기입한다.

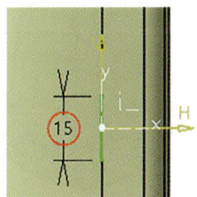

4 Exit Workbench 를 클릭하여 Sketcher Workbench를 종료하고 Generative Shape Design Workbench로 돌아간다.

알아두기 38 Rolling Offset 곡선 만들기

1 Wireframe 도구모음의 Curve Offsets 하위 도구모음에서 Rolling Offset 명령어를 클릭하여 실행한다.

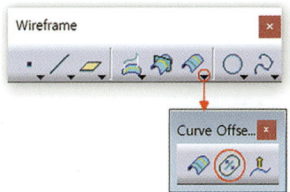

2 Rolling Offset Definition 대화상자 설정

❶ Curves 선택란에 오프셋할 참조 곡선으로 Sketch.4(또는 스케치한 선)를 선택한다.

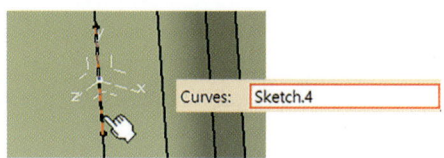

❷ Support는 기본적으로 참조 곡선이 있는 평면이 자동으로 선택된다.
❸ Offset 거리값으로 4를 입력한다.

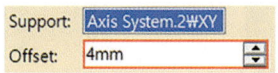

❹ OK 를 클릭하여 롤링 곡선을 생성한다.

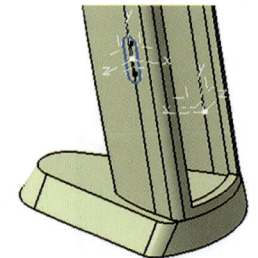

Rolling Offset

참조 곡선으로부터 오프셋된 긴 홈 모양의 곡선을 생성한다.

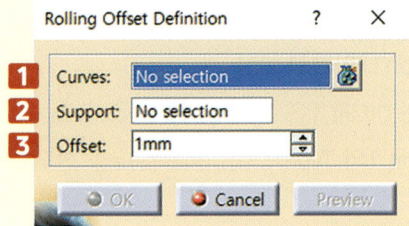

1 Curves

참조 곡선을 선택한다.

2 Support

참조 곡선이 평면에 있으면 자동 선택되며 Rolling Offset이 생성될 방향으로 참조 곡선이 놓인 평면이나 곡면을 선택한다.

3 Offset

거리값을 지정한다.

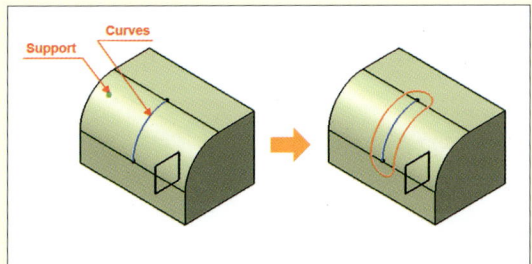
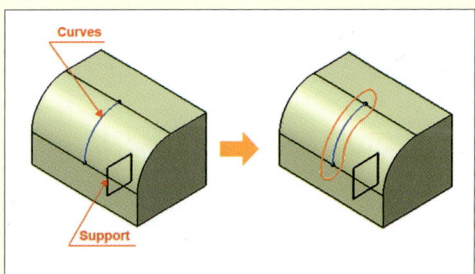
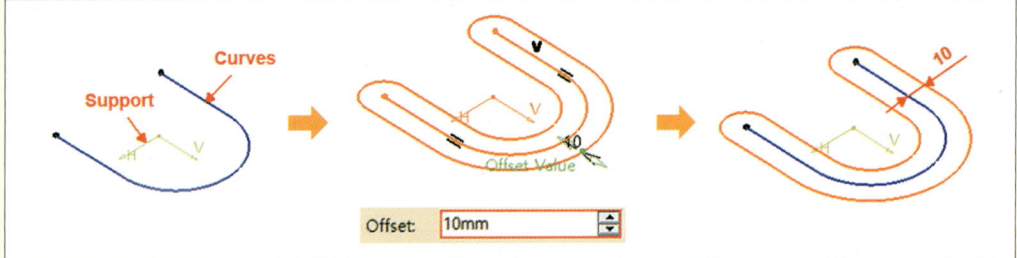

39 Extrude 곡면 만들기

1 Surfaces 도구모음의 Extrude-Revolution 하위 도구모음에서 Extrude 명령어를 클릭하여 실행한다.

2 Extruded Surface Definition 대화상자 설정

　❶ Profile로 선택란에 Rolling Offset.1을 선택한다.

　❷ Extrusion Limits 아래 Limit 1의 Type으로 Dimension을 선택하고 Dimension 입력란에 5mm를 기입한다.

　❸ Mirrored Extend에 체크한다.

　❹ OK 를 클릭하여 돌출 곡면을 생성한다.

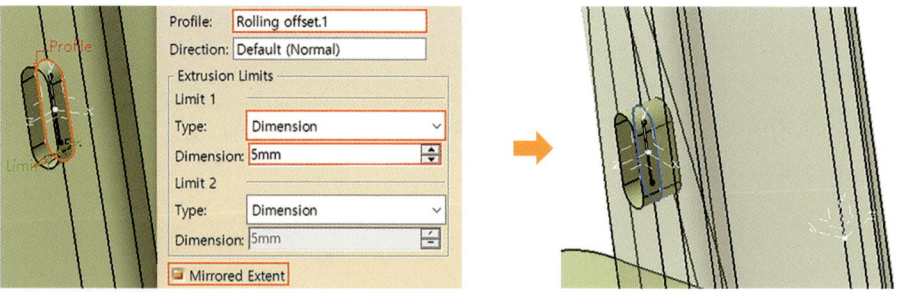

40 Axis To Axis 를 사용하여 이동 복사하기

1 Operations 도구모음의 Transformations 하위 도구모음에서 Axis To Axis 를 클릭하여 실행한다.

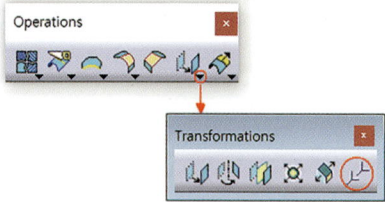

2 Axis To Axis Definition 대화상자 설정

　❶ Element 선택란에 새로운 Axis System으로 변환할 요소로 Extrude.2 곡면을 선택한다.

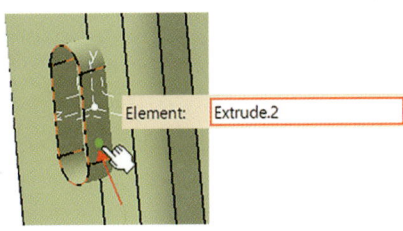

❷ Reference 선택란에 참조 Axis System으로 Axis System.2를 선택한다.

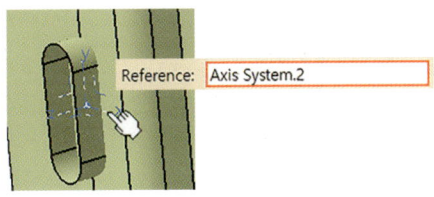

❸ Target 선택란에 Axis System.3를 선택한다.

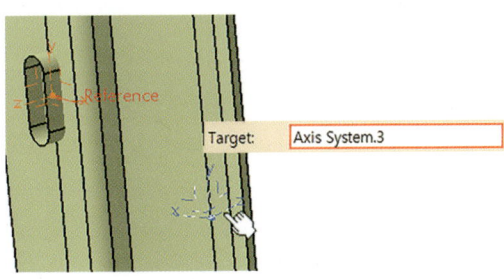

❹ OK 를 클릭하여 참조 Axis System에서 다른 Axis System으로 참조 Axis System의 축 방향을 유지하면서 선택한 요소를 이동 복사한다.

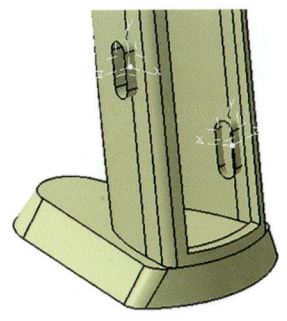

알아두기

Axis To Axis

기존 Axis System에 따라 배치된 요소를 다른 Axis System에 따라 복사하고 배치한다.

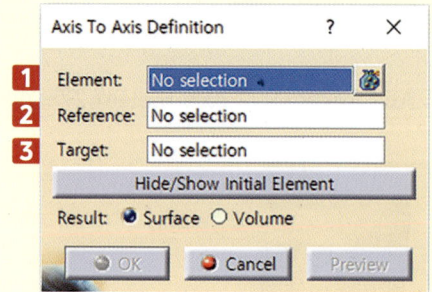

1 Element

새로운 축 시스템으로 변환할 요소를 선택한다.

2 Reference

기존 Axis System을 선택한다.

3 Target

요소가 배치될 다른 Axis System을 선택한다.

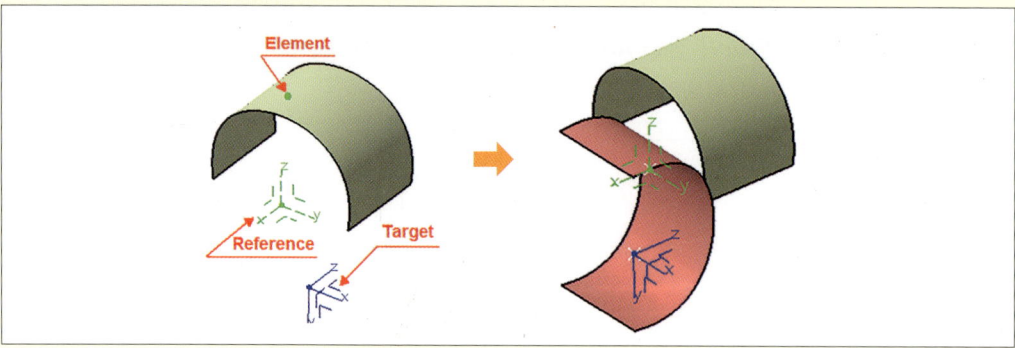

41 Trim으로 곡면 자르기

1 Operations 도구모음의 Trim-Split 하위 도구모음에서 Trim 명령어를 클릭하여 실행한다.

2 Trim Definition 대화상자 설정

❶ Mode 드롭다운 목록에서 Standard를 선택한다.

❷ Trimmed elements 리스트에 자를 곡면으로 Trim.2 , Extrude.2 , Axis To Axis로 복사한 곡면을 선택하여 추가한다.

❸ Other side / previous element 를 클릭하여 자르거나 유지할 곡면을 결정한다.

❹ OK 를 클릭하여 선택한 곡면의 교차되는 부분을 자르면서 하나로 합쳐진 곡면을 작성한다.

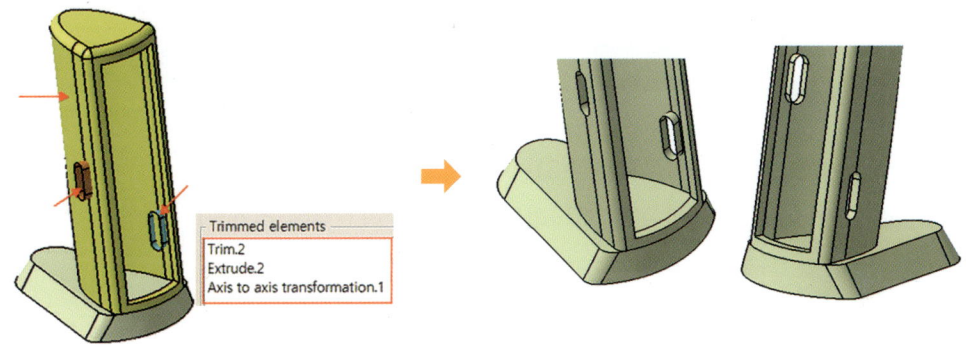

42 Fill을 사용하여 닫힌 영역을 채워진 표면으로 만들기(1), (2), (3)

1 Surfaces 도구모음의 Fill 명령어를 더블 클릭하여 실행한다.

2 Fill Surface Definition 대화상자 설정(1)

❶ Outer Boundaries 탭에서 곡면 모서리를 선택하여 리스트에 추가한다.

❷ OK 를 클릭하여 선택된 닫힌 영역을 채워진 표면으로 만든다.

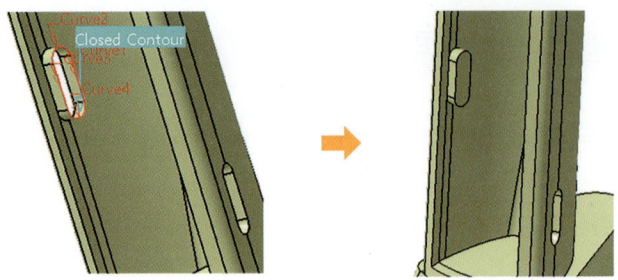

3 Fill Surface Definition 대화상자 설정(2)

❶ Outer Boundaries 탭에서 곡면 모서리를 선택하여 리스트에 추가한다.

❷ OK 를 클릭하여 선택된 닫힌 영역을 채워진 표면으로 만든다.

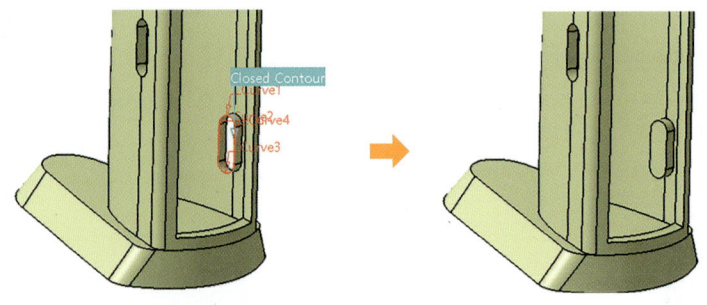

4 Fill Surface Definition 대화상자 설정(3)

❶ Outer Boundaries 탭에서 곡면 모서리를 선택하여 리스트에 추가한다.

❷ OK 를 클릭하여 선택된 닫힌 영역을 채워진 표면으로 만든다.

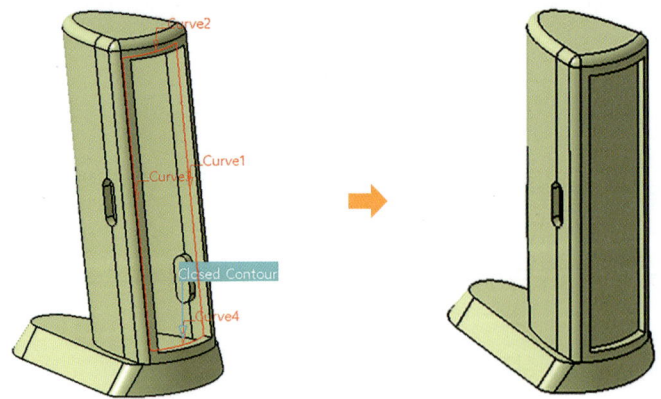

43 Join을 사용하여 결합된 곡면 만들기

1 Join 명령어를 클릭하여 실행한다.

2 Elements To Join 리스트에 결합할 곡면으로 Trim.3, Fill.4, Fill.5, Fill.6 곡면을 선택하여 추가한다.

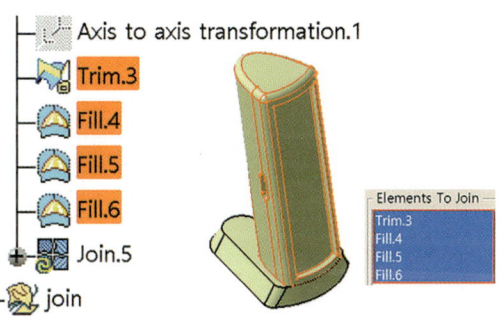

3 OK 를 클릭하여 하나로 합쳐진 곡면을 만든다.

44 Edge Fillet으로 곡면 모서리 다듬기(1), (2)

1 Radius 입력란에 8mm를 기입하고 곡면 모서리에 필렛을 부여한다.

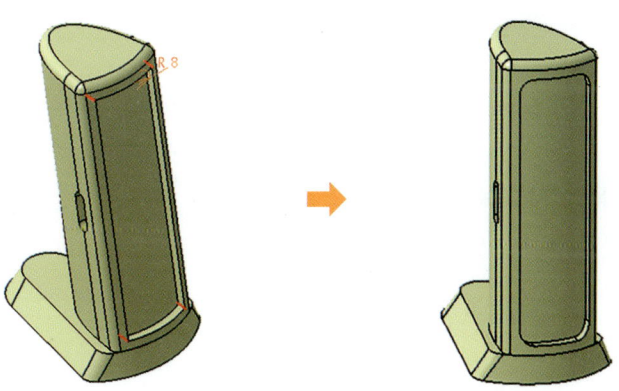

2 Radius 입력란에 2mm를 기입하고 곡면 모서리에 필렛을 부여한다.

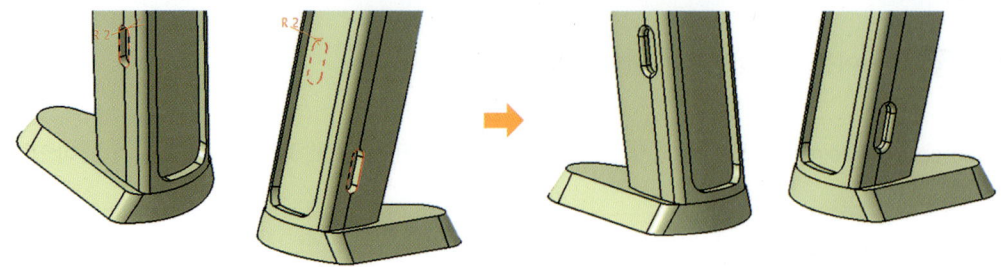

45 Define In Work Object 변경하기

Specification Tree에서 "join" Geometrical Set에 마우스를 가져다 놓고 마우스 오른쪽버튼을 클릭한 후 Define In Work Object를 클릭하거나 Tools 도구모음에서 "join" Geometrical Set를 선택한다.

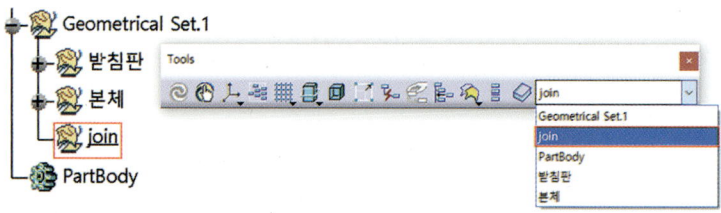

46 Trim 으로 곡면 자르기

1 Operations 도구모음의 Trim-Split 하위 도구모음에서 Trim 명령어를 클릭하여 실행한다.

2 Trim Definition 대화상자 설정

❶ Mode 드롭다운 목록에서 Standard를 선택한다.

❷ Trimmed elements 리스트에 자를 곡면으로 그래픽 영역에서 받침판 곡면과 본체 곡면을 선택하여 추가한다.

❸ OK 를 클릭하여 선택한 곡면의 교차되는 부분을 자르면서 하나로 합쳐진 곡면을 작성한다.

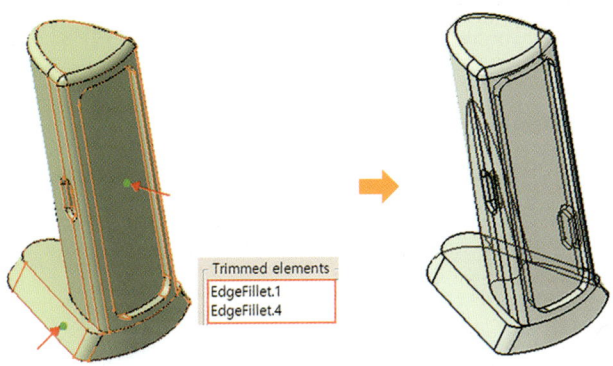

47 Define In Work Object 변경하기

Specification Tree에서 PartBody에 마우스를 가져다 놓고 마우스 오른쪽버튼을 클릭한 후 Define In Work Object를 클릭하거나 Tools 도구모음에서 PartBody를 선택한다.

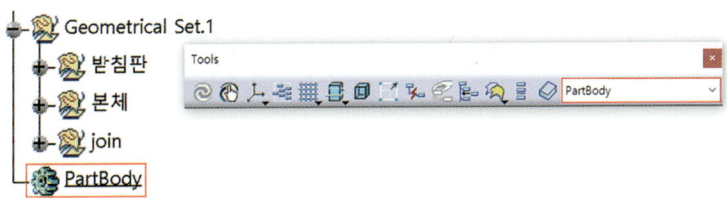

48 곡면 바디를 기반으로 솔리드 바디를 생성하기 위해 Part Design Workbench로 들어가기

메뉴모음에서 Start 〉 Mechanical Design 〉 Part Design Workbench를 선택한다.

49 Close Surface를 사용하여 Surface를 솔리드로 채우기

1 Surface-Based Feature 도구모음에서 Close Surface 명령어를 클릭하여 실행한다.

2 Close Surface Definition 대화상자 설정

❶ Object to close 선택란에 하나로 합쳐진 Surface Body를 선택한다.

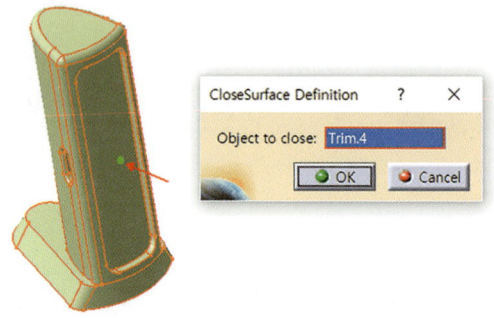

❷ OK 를 클릭하여 곡면을 채워 솔리드 바디를 생성한다.

50 와이어프레임을 구성하는 곡선과 곡면 바디 숨기기

Specification Tree에서 Geometrical set1의 콘텍스트 메뉴에서 Hide/Show를 선택하여 와이어 프레임을 구성하는 곡선과 곡면 바디를 숨긴다.

51 Shell을 사용하여 면을 제거하고 나머지 면 두께 부여하기

1 Dress-Up Features 도구모음에서 Shell 명령어를 클릭하여 실행한다.

2 Shell Definition 대화상자 설정

❶ Default Thickness 아래 Inside thickness 입력란에 내부 두께값으로 1mm를 입력한다.

❷ Faces to remove 선택란에 제거할 면을 선택한다. 선택한 면은 보라색으로 나타난다.

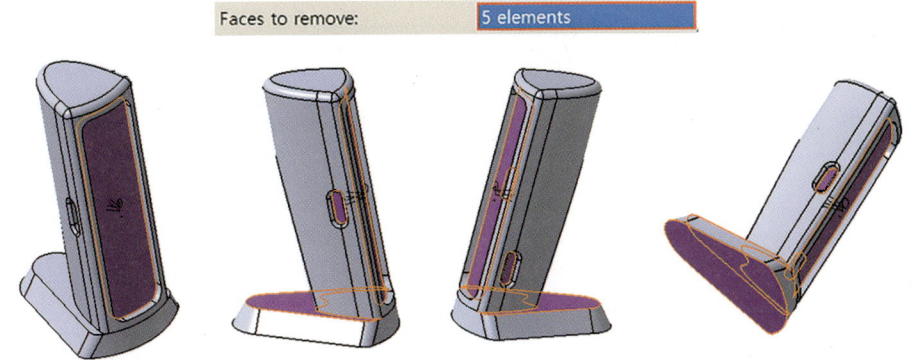

❸ 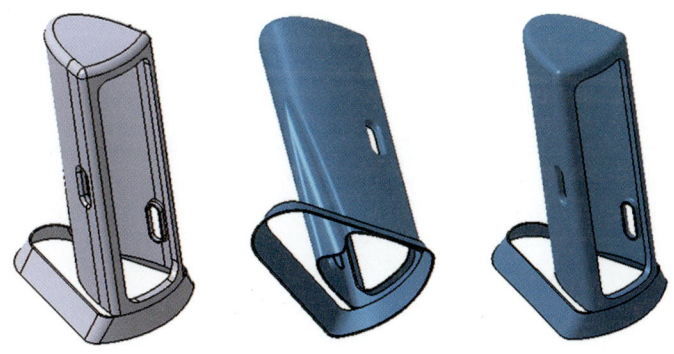 를 클릭하여 명령어를 종료하고 모델링을 완성한다.

PART 05

ASSEMBLY DESIGN

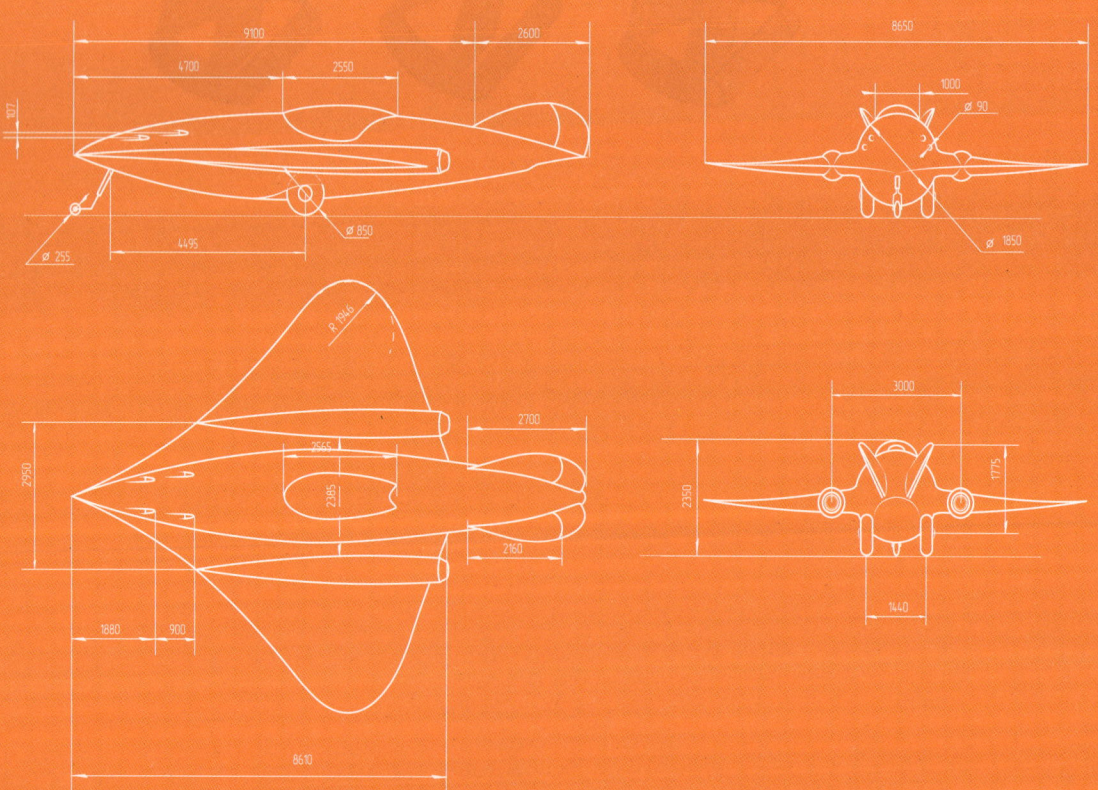

CHAPTER 01   Assembly Design Workbench 시작하기
CHAPTER 02   Bottom-up(상향식) 방식으로 Locking Arm 조립품 만들기
CHAPTER 03   Sub_Assembly 방식으로 Caster 조립품 만들기
CHAPTER 04   Top-down(하향식) 방식으로 Drill Jig 조립품 만들기
CHAPTER 05   Caster 분해 장면 작성하기

CHAPTER 01 | Assembly Design Workbench 시작하기

1. Assembly Design Workbench

Assembly Design은 여러 개의 부품이나 하위 조립품을 제약조건에 의하여 하나의 조립품을 완성하는 작업 공간이다. Product 설계방식에는 크게 두 가지가 있다.

- Bottom-up 방식 : 각각의 부품을 먼저 모델링하여 완성하고 Assembly Design 작업 공간에서 완성된 부품을 가져와 하나의 제품으로 조립하는 방식
- Top-down 방식 : 전체 조립 구조를 먼저 설계하고 이후에 각 부품을 그 구조에 맞게 완성하면서 조립품을 만드는 방식

2. Assembly Design Workbench 시작하기

❶ 메뉴모음에서 Start 〉 Mechanical Design 〉 Assembly Design Workbench를 선택하거나 사용자가 Favorites 리스트에 추가한 Assembly Design Workbench를 선택한다.

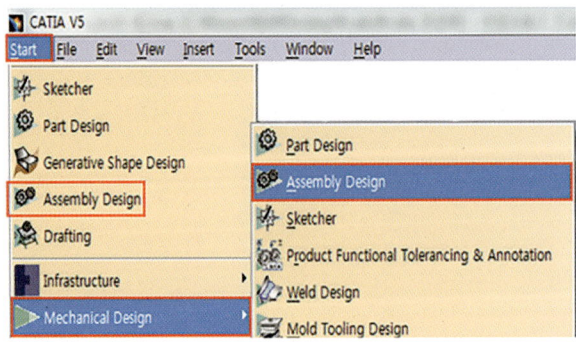

❷ 메뉴모음에서 File 〉 New를 선택한 후 New 대화상자의 List of Types 란에서 Product를 선택하고 OK 를 클릭한다.

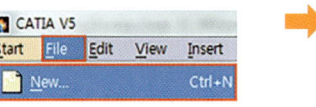 

❸ Workbench 도구모음에서 all general options를 클릭하고 Welcome to 메뉴에서 Assembly Design Workbench를 선택한다.

 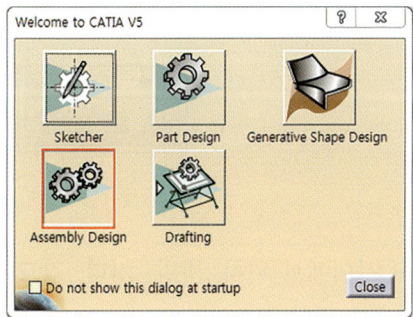

TIP

- Assembly Design Workbench 시작 시 또는 Assembly Design 작업공간에서 Product나 Part를 새로 생성할 때 이름을 수동으로 지정하고자 한다면 메뉴모음에서 Tools 〉 Options을 선택하고 대화상자 창에서 왼쪽 Infrastructure 〉 Product Structure를 클릭한 다음 Product Structure 탭을 클릭하고 Manual Input 옵션을 선택한다.

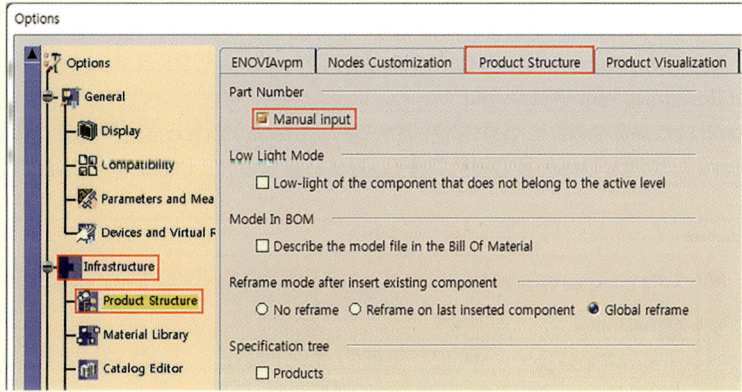

- Component는 Assembly Design Workbench 작업공간에서 만들어지는 Product(2개 이상의 부품이 조립된 조립품)나 Part(부품) 등 Assembly를 구성하는 요소를 의미한다.

3 Assembly Design Workbench에서 조립을 위해 사용할 도구모음

1 Product Structure Tools

새로운 Product 또는 Part를 추가, 교체하거나 순서를 편집하는 등의 명령으로 구성되어 있다.

2 Move

조립하는 과정에서 Component를 임의의 위치로 이동, 회전, 분산 또는 충돌지점까지 이동하거나 회전하는 등의 명령으로 구성되어 있다.

3 Constraints

서로 다른 Component 사이에서 위치, 방향, 거리, 각도 등을 제한하여 원하는 조립품의 형상과 기능을 정의하는 명령으로 구성되어 있다.

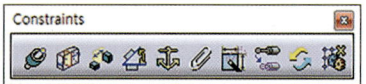

> **TIP**
> - 구속조건에 의해 Component의 위치와 방향이 자동 업데이트되면 다른 Component에 가려져 구속조건을 부여하기 위한 점, 선, 면 또는 다른 Component를 선택하기 어려운 경우가 생길 수 있으므로 Assembly Design의 Update를 수동으로 설정하고 조립하는 것이 편할 수 있다.
> - Assembly Design의 Update를 수동으로 설정하려면 메뉴모음에서 Tools 〉 Options을 선택하고 대화상자 창에서 왼쪽 Mechanical Design〉 Assembly Design을 클릭한 다음 General 탭을 클릭하고 Update 아래 Manual 옵션을 선택한다.

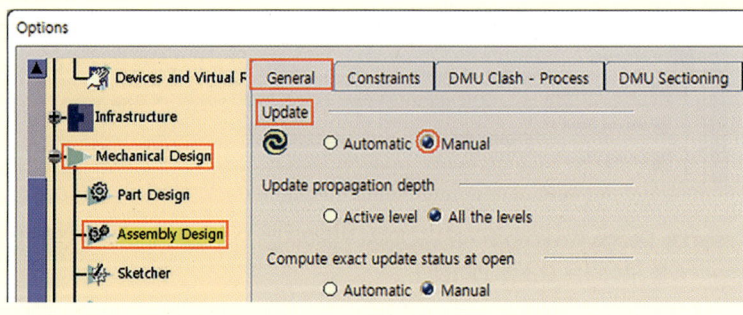

CHAPTER 02 | Bottom-up(상향식) 방식으로 Locking Arm 조립품 만들기

Bottom-up 방식으로 조립품을 만들기 위해 우선 아래 도면의 부품을 모델링하여 저장한다.

예제 도면 | 3D형상 모델링 작업하기

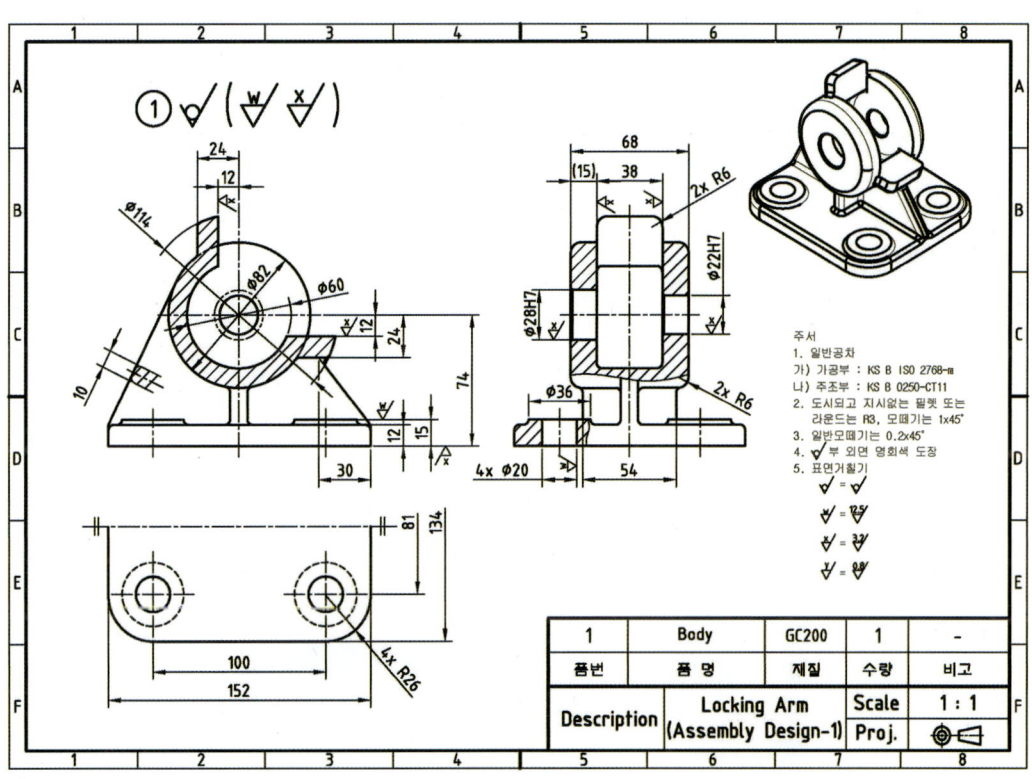

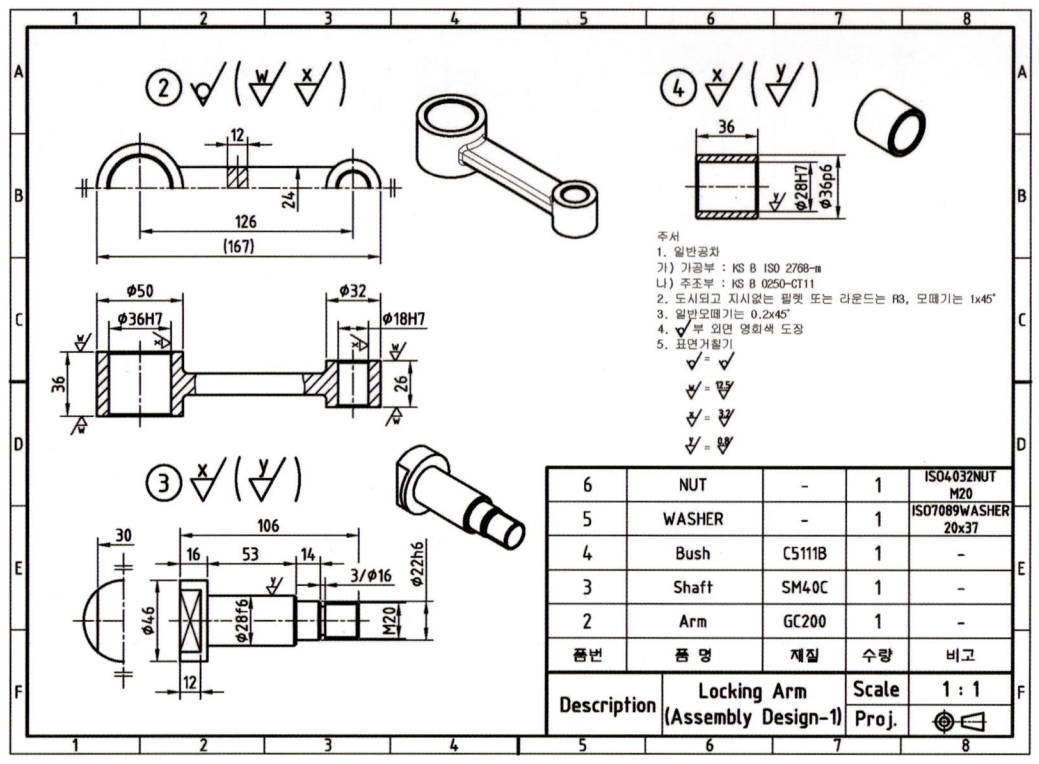

1. Assembly Design Workbench 선택하여 들어가기

메뉴모음에서 Start > Mechanical Design > Assembly Design Workbench를 선택하거나 사용자가 Favorites 리스트에 추가한 Assembly Design Workbench를 선택한다.

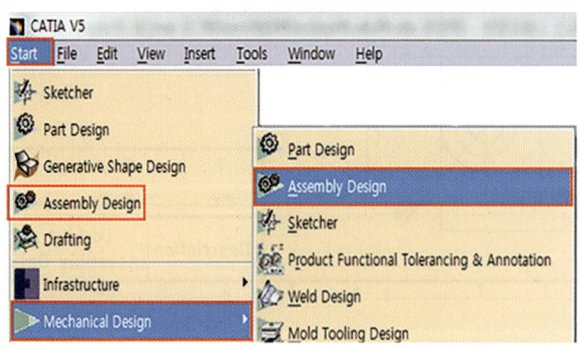

2 Existing Component 로 조립할 Component를 Assembly 작업공간으로 불러오기

1 Product Structure Tools 도구모음에서 Existing Component 명령어를 클릭한 다음 Specification Tree에서 불러올 Component가 위치할 Product를 선택한다.

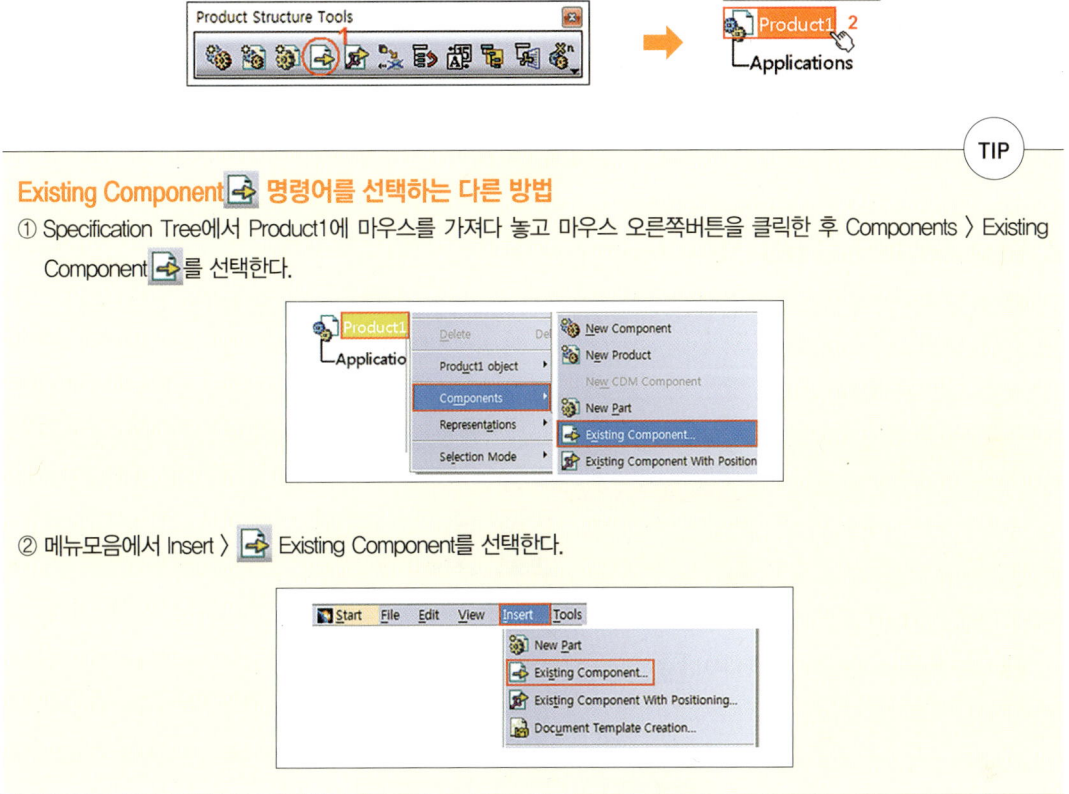

2 File Selection 창에서 조립할 Component를 하나 또는 여러 개를 선택하고 열기를 클릭하면 Product1 아래에 선택한 Component가 놓인다. 이때 불러온 부품은 어셈블리의 원점과 부품의 원점이 일치하는 위치에 놓인다.

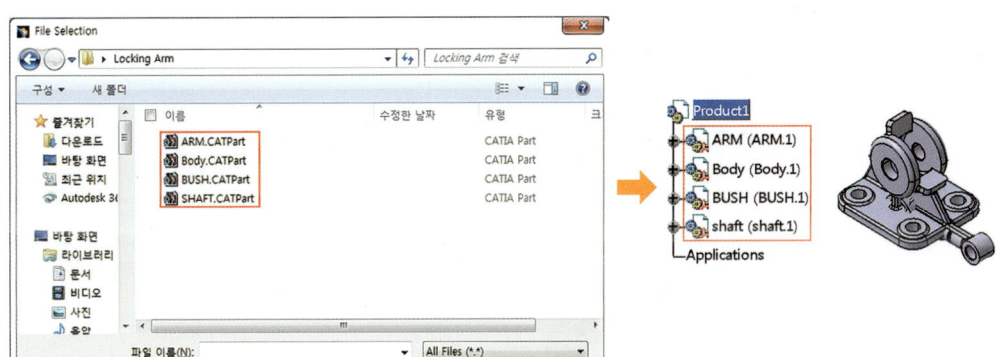

3 Explode로 Component 분해

불러온 여러 개의 Component가 한곳에 뭉쳐 있는 경우 부품을 선택하여 조립하기 어려우므로 Component들을 분해시킨다.

1 Move 도구모음에서 Explode 명령어를 클릭한다.

2 Explode 대화상자 설정

❶ Definition 아래 Selection 선택란에 분해시킬 Product1을 선택하고 Apply 를 클릭한다.

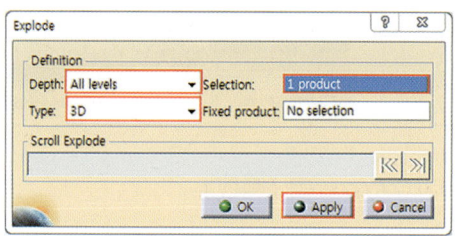

❷ Information Box가 나타나면 OK 를 클릭한다.

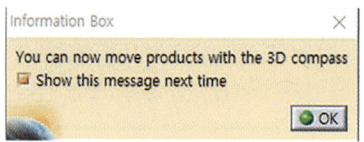

❸ Scroll Explode 아래 스크롤 막대를 드래그하여 원하는 거리만큼 Component를 분해하고 OK 를 클릭하여 명령을 종료한다.

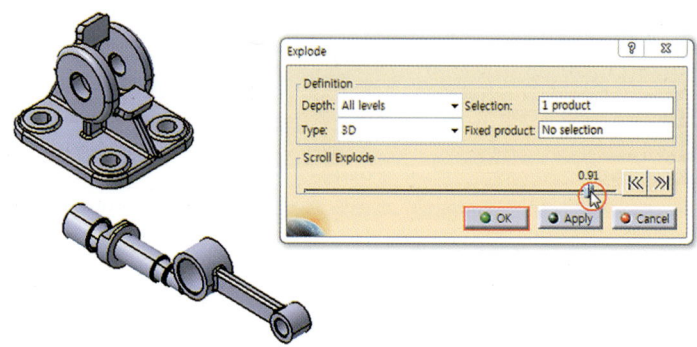

4 조립의 기준이 되는 Component 고정하기

기타 모든 구속조건에 대한 참조 프레임이 형성되어 구속조건이 추가될 때 부품이 잘못 이동하는 것을 막을 수 있으므로 적어도 하나의 Component는 고정되어 있는 것이 좋다.

❶ Constraints 도구모음에서 Fix Component ⚓ 구속조건을 클릭하고 고정할 Component로 Body를 선택한다.
❷ Specification Tree에서 Constraints 아래에 부여한 Fix 구속조건이 생성된 것을 확인할 수 있으며 여기서 부여한 구속조건을 삭제나 편집할 수 있다.

5 Arm과 Bush Component를 Manipulation 명령으로 이동하기

Manipulate 명령을 사용하면 Component를 좌표축, 좌표평면 또는 기하학적 요소 방향으로 마우스를 사용하여 자유롭게 이동, 회전시킬 수 있다.

1 Move 도구모음에서 Manipulation 명령어를 클릭한다.

2 Bush를 Z축을 기준으로 회전하기

❶ Manipulation Parameters 대화상자에서 Drag around Z axis 를 선택한다.
❷ Bush Component를 클릭 드래그하여 Z축을 기준으로 회전시켜 조립방향으로 놓이도록 한다.

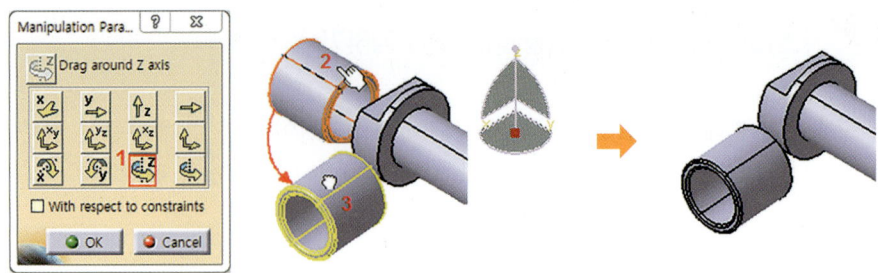

3 Arm과 Bush를 X축 방향으로 이동하기

❶ Manipulation Parameters 대화상자에서 Drag along X axis 를 선택한다.
❷ Bush Component를 클릭 드래그하여 X축 방향으로 이동시킨다.

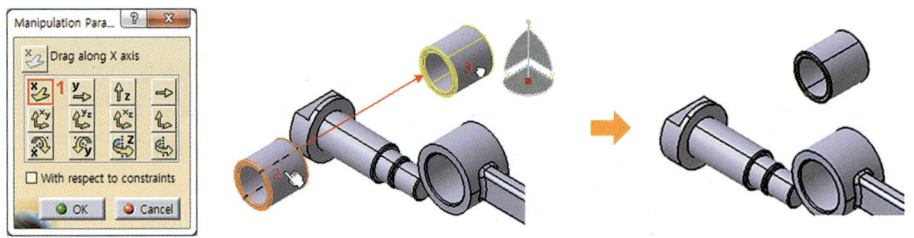

❸ Arm Component를 클릭 드래그하여 X축 방향으로 이동시킨다.

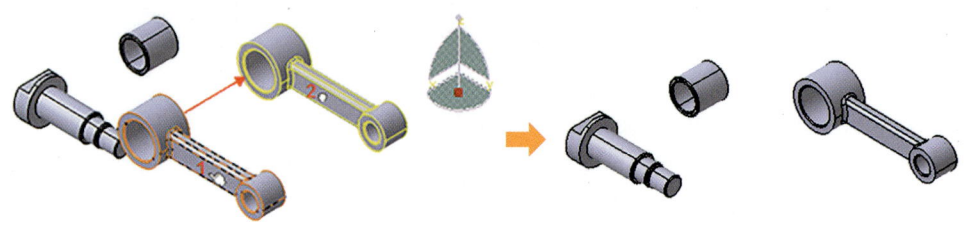

❹ Arm과 Bush Component를 조립하기 편한 공간으로 이동하였으면 OK 를 클릭하여 명령을 종료한다.

6　Arm과 Bush Component를 구속조건으로 동축 관계 부여하기

구속조건은 공간 내 구속되지 않은 부품의 자유도 구속으로 평행이동 자유도 3개와 축 기준 회전 자유도 3개이다. 부품의 구동관계를 고려하여 X, Y, Z축 이동과 X, Y, Z축 기준 회전 자유도를 구속하여 조립한다.

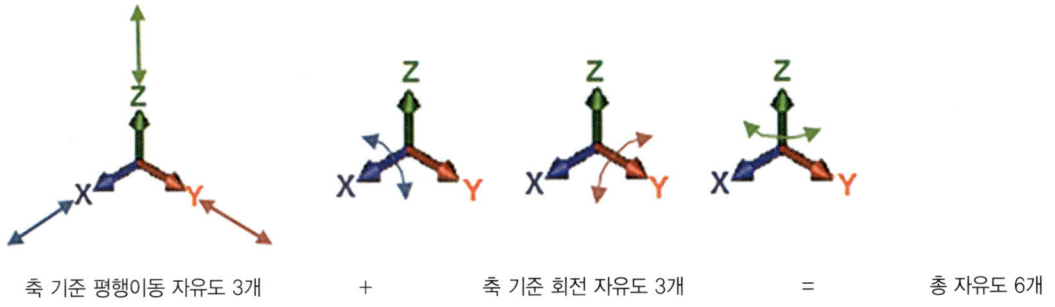

축 기준 평행이동 자유도 3개　　+　　축 기준 회전 자유도 3개　　=　　총 자유도 6개

1 Constraints 도구모음에서 Coincidence Constraint 명령어를 클릭한다.

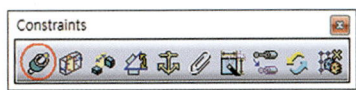

2 Assistant 메시지창이 나타나면 Close 를 클릭하여 닫는다.

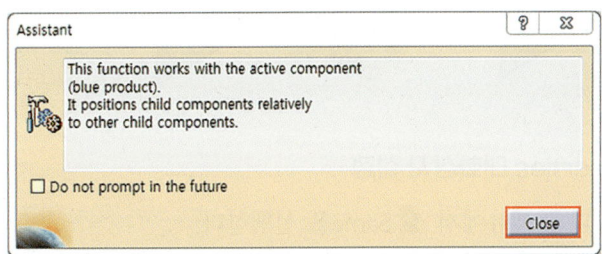

4 Bush Component의 축을 선택한다.
5 Arm Component의 축을 선택한다.

CHAPTER 02 Bottom-up(상향식) 방식으로 Locking Arm 조립품 만들기　**809**

6 두 Component 사이에 일치 구속조건 기호와 직선이 나타나면 Update 도구모음의 Update All 명령어를 클릭하여 어셈블리를 업데이트한다. 첫 번째 선택한 Component가 구속조건에 부합되도록 이동한다.

7 Coincidence Constraint 로 Component가 서로 같은 방향을 바라보며 선택한 면이 동일면상이 되도록 조립하기

1 Constraints 도구모음에서 Coincidence Constraint 명령어를 클릭한다.
2 Bush Component의 면을 선택한다.
3 Arm Component의 면을 선택한다.

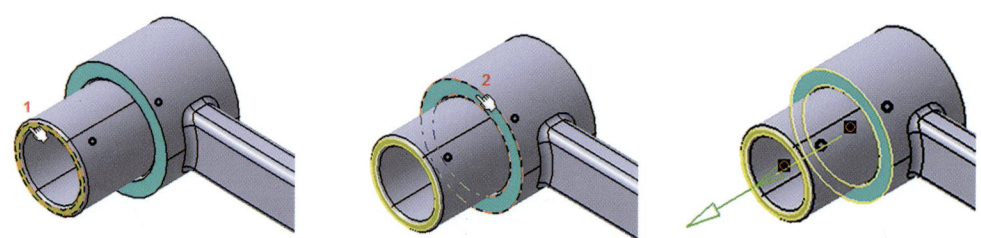

4 Constraint Properties 대화상자 설정

❶ Orientation 드롭다운 메뉴에서 Same을 선택한다.

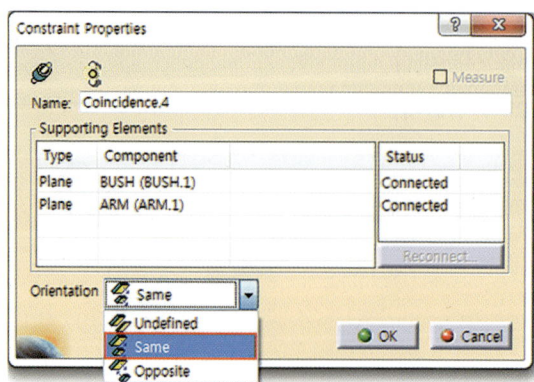

❷ OK 를 클릭하여 Coincidence Constraint 명령을 종료한다.

5 Coincidence Constraint에 의해 Component가 이동하도록 Update All 명령어를 클릭한다.

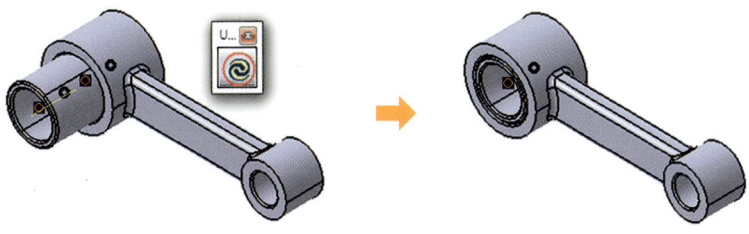

8   Bush Component의 X축 회전자유도를 Arm Component에 구속하기

Bush는 Arm과 억지 끼워 맞춤으로 조립되는 부품이므로 Bush 부품이 Arm 부품 안에서 회전이 안 되도록 구속조건을 부여한다.

1 Specification Tree에서 Arm의 xy평면과 Bush의 xy평면을 Ctrl을 누른 채 선택한다. 단, Arm과 Bush의 Part모델링에 따른 평면의 위치가 다를 수 있다. 평면의 위치가 다를 경우 Arm과 Bush의 평면 선택 시 수평 방향으로 일치할 수 있는 평면을 선택한다.

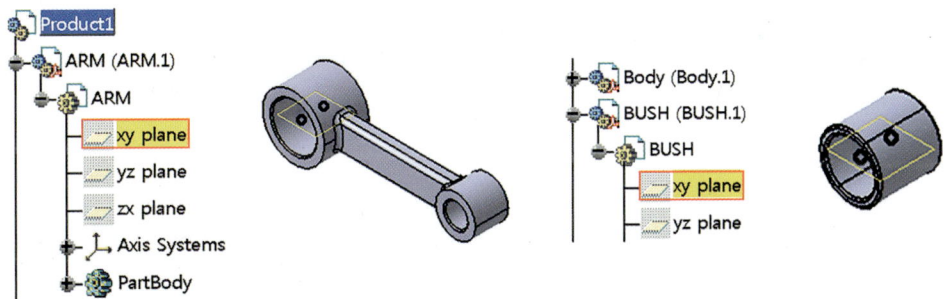

2 Constraints 도구모음에서 Coincidence Constraint 명령어를 클릭한다.

3 Constraint Properties 대화상자 설정

❶ Orientation 드롭다운 메뉴에서 Same을 선택한다.
❷ OK 를 클릭하여 Coincidence Constraint 명령을 종료한다.

> **TIP**
> 구속조건에 따른 Component의 이동 변화가 없을 때는 Update All 명령어가 비활성화된다.

9 조립된 Arm과 Bush Component를 Body Component에 동축 관계 부여하기

1 Coincidence Constraint 명령어를 클릭한다.
2 Bush Component의 축을 선택한다.
3 Body Component의 내경 면에 마우스를 가져다 놓고 축이 미리보기 되면 해당 축을 선택한다.

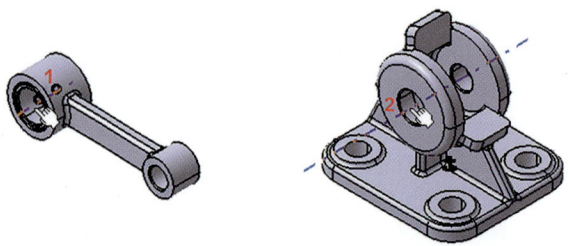

4 Coincidence Constraint에 의해 Component가 이동하도록 Update All 명령어를 클릭한다.

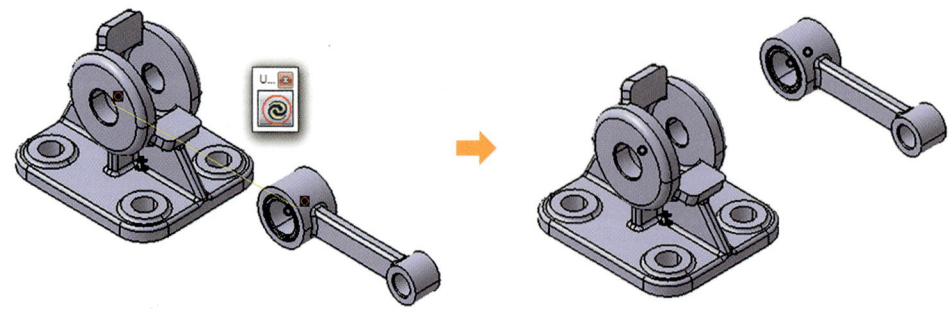

10 조립된 Arm과 Bush Component의 X축 이동 자유도를 Body Component에 구속하기

1 Constraints 도구모음에서 Offset Constraint 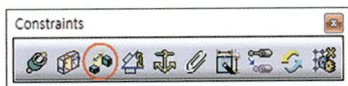 명령어를 클릭한다.

2 Arm Component의 외측 면을 선택한다.
3 Body Component의 내측 면을 선택한다.

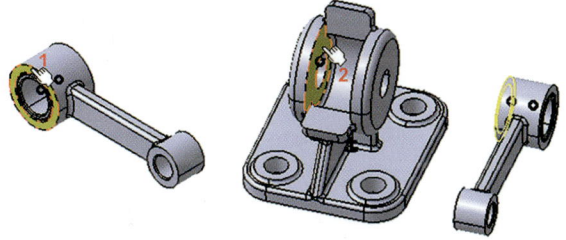

4 Constraint Properties 대화상자 설정

❶ Component가 서로 다른 방향을 바라보며 간격값을 갖기 위해 Orientation 드롭다운 메뉴에서 Opposite를 선택한다.

❷ 두 면 사이 거리값으로 Offset 기입란에 1을 입력한다.

❸ OK 를 클릭하여 Offset Constraint 명령을 종료한다.

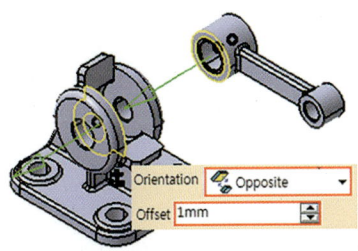

5 Offset Constraint에 의해 Component가 이동하도록 Update All 명령어를 클릭한다.

11 Arm Component의 자유도 확인하기

1 메뉴모음에서 Analyze > Constraints를 선택한다.

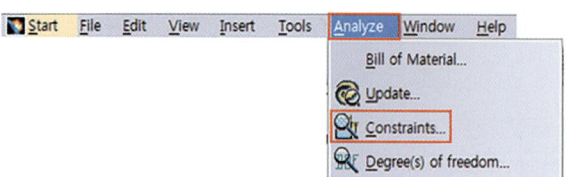

2 Constraints Analysis 대화상자에서 Degree of freedom을 선택하면 자유도가 남아 있는 Component와 자유도의 개수가 나타난다.

3 리스트란에 있는 Arm.1을 더블 클릭하면 Arm Component에 남아 있는 자유도가 그래픽으로 표현된다.

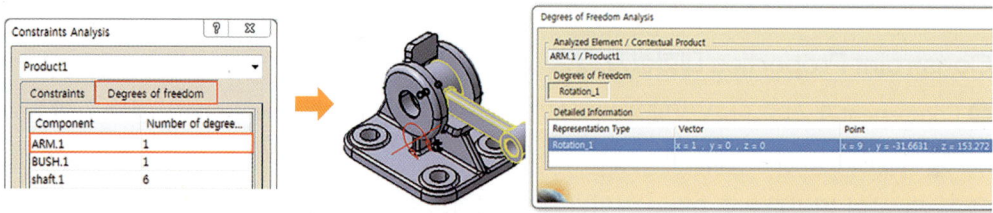

TIP

하나의 Component에 대한 자유도를 알아보고자 할 때에는 Specification Tree에서 해당 Component에 마우스를 가져다 놓고 마우스 오른쪽버튼을 누른 후 콘텍스트 메뉴에서 Component Degrees Of Freedom을 선택한다.

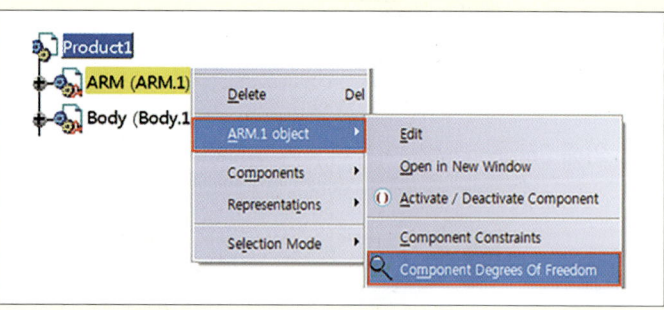

12 조립된 Arm이 다른 Component와 간섭이 일어나는 부분까지 회전해 보기

1 Move 도구모음에서 Stop Manipulation on Clash 명령어를 클릭하여 활성화시킨다.

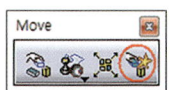

2 Move 도구모음에서 Manipulation 명령어를 클릭한다.

❶ Manipulation Parameters 대화상자에서 Drag around X axis 를 선택한다.
❷ With respect to constraints 옵션을 선택한다. 이 옵션이 선택된 경우에만 간섭이 감지되며 구속조건에 의해서 여러 Component가 함께 움직일 수 있다.
❸ Arm Component를 클릭 드래그하여 회전해 보면 Body Component와 충돌이 일어나는 지점에서 멈추며 간섭 Component가 강조 표시되는 것을 확인할 수 있다.

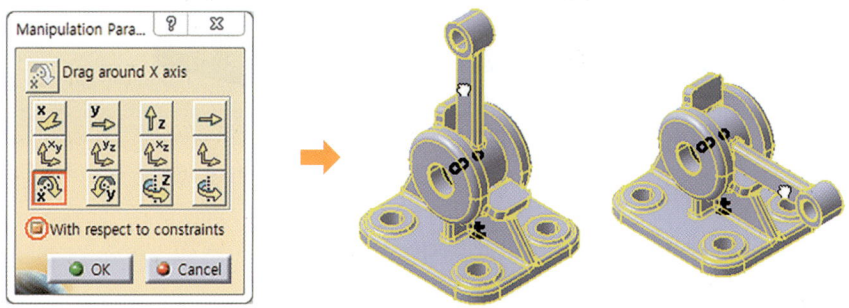

❹ Arm Component를 클릭 드래그하여 Body Component와 간섭이 일어나지 않는 곳으로 가져다 놓는다.

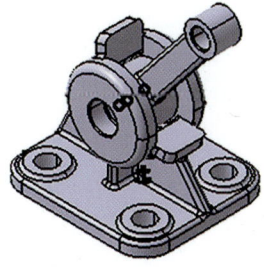

❺ OK 를 클릭하여 명령을 종료한다.

3 Stop Manipulation on Clash 명령어를 클릭하여 비활성화시킨다.

13 Angle Constraint 명령어로 Arm과 Body Component 조립하기

1 Constraints 도구모음에서 Angle Constraint  명령어를 클릭한다.

2 Arm Component의 측면을 선택한다.
3 Body Component의 면을 선택한다.

4 Constraint Properties 대화상자 설정

❶ Angle 옵션을 선택한다.
❷ Sector 드롭다운 메뉴에서 측정 방향을 Sector3을 선택한다.
❸ Angle 입력란에 두 면 사이 각도값으로 0을 입력한다.

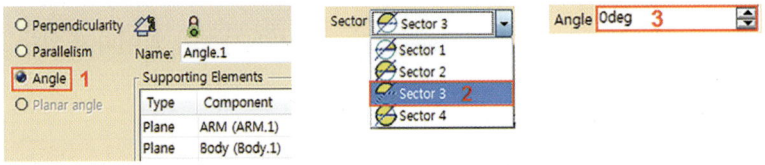

❹ OK 를 클릭하여 Angle Constraint 명령을 종료한다.

5 Angle Constraint에 의해 Component가 이동하도록 Update All 명령어를 클릭한다.

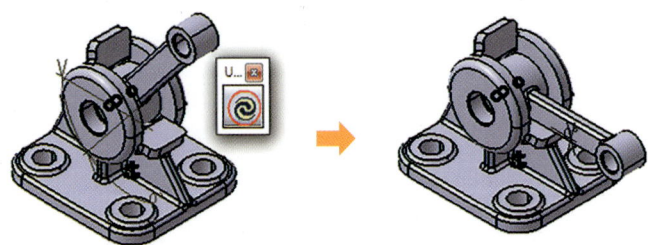

6 Angle Constraint 각도값 편집하기

❶ Specification Tree에서 Constraints 아래에 부여한 Angle.1 구속조건을 더블 클릭한다.

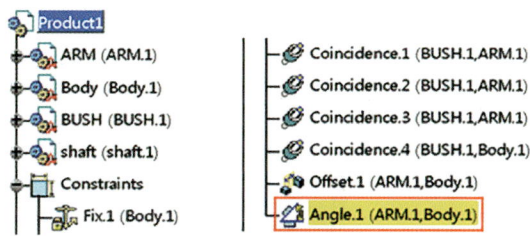

❷ Constraint Definition 대화상자에서 Value 입력란에 90을 기입한다.

❸ OK 를 클릭하여 Constraint Definition 대화상자를 닫는다.

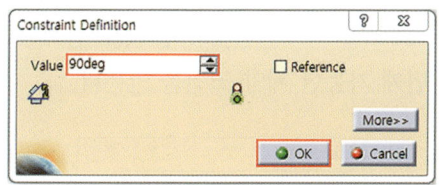

❹ 변경된 각도값에 의해 Component가 이동하도록 Update All 명령어를 클릭한다.

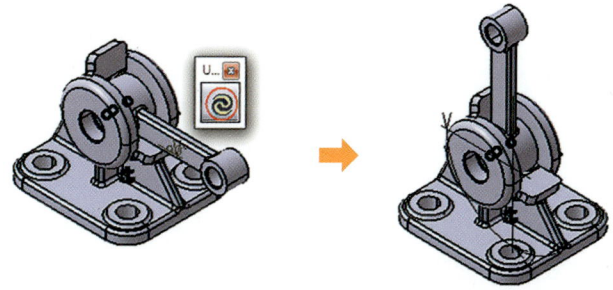

❺ 각도 치수를 더블 클릭하고 Constraint Definition 대화상자에서 Value 입력란에 0을 기입하고 Update All 명령어를 클릭하여 Arm Component를 수평방향으로 놓이게 한다.

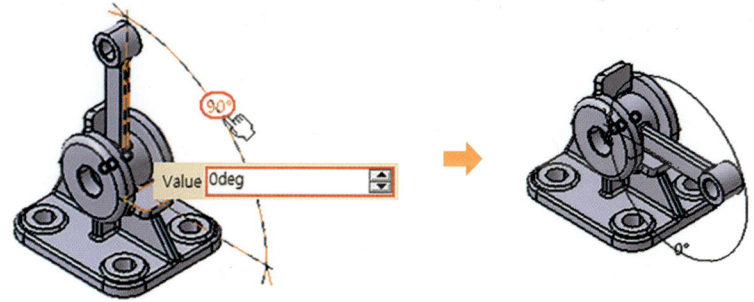

14 Smart Move 명령어로 Shaft와 Body Component 조립하기

Smart Move를 사용하면 구속조건에 의해 Component를 이동시킬 수 있다.

1 Move 도구모음의 Snap 하위 도구모음에서 Smart Move 명령어를 클릭하여 실행한다.

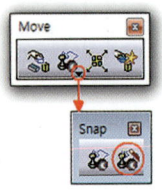

2 Smart Move 대화상자 설정

❶ Automatic constraint creation을 선택한다. 이 옵션을 선택하면 우선순위가 있는 구속조건 목록에 지정된 대로 첫 번째 가능한 제약 조건을 만든다.

> **TIP**
>
> **Quick Constraint 구속조건 목록 우선순위 설정**
> ① 메뉴모음에서 Tools 〉 Options을 선택하고 대화상자 창에서 왼쪽 Mechanical Design〉 Assembly Design을 클릭한 다음 Constraints 탭을 클릭한다. Quick Constraint 목록에서 우선순위를 바꿀 구속조건을 선택하고 위 아래 버튼을 클릭하여 순서를 바꾼다.
>
>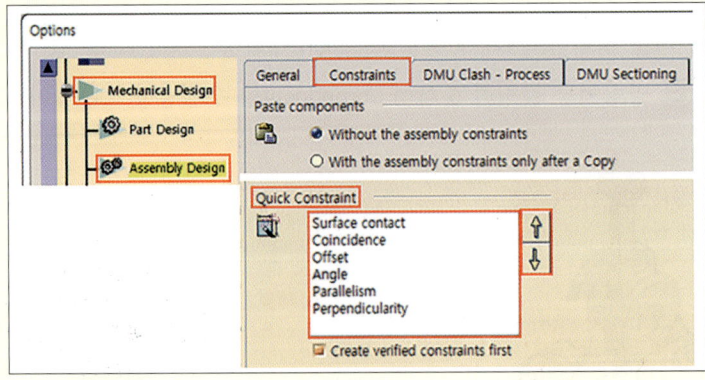

② Smart Move 대화상자에서 More>> 를 눌러 대화상자를 확장하고 Quick Constraint 목록에서 우선순위를 바꾼다.

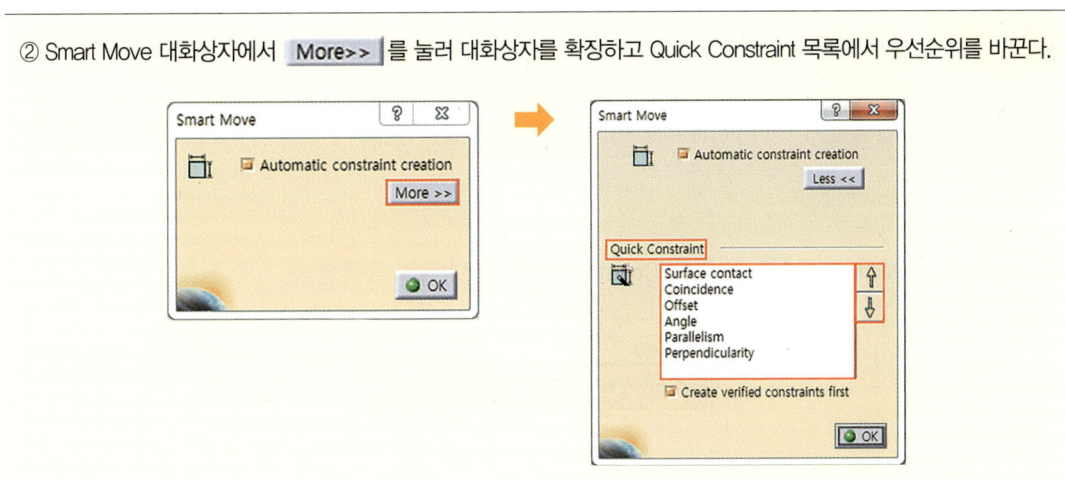

❷ Shaft Component의 축을 선택한다.
❸ Body Component의 내경 축을 선택한다. 만약 Component의 조립방향을 반전하고자 한다면 녹색 화살표를 클릭한다.

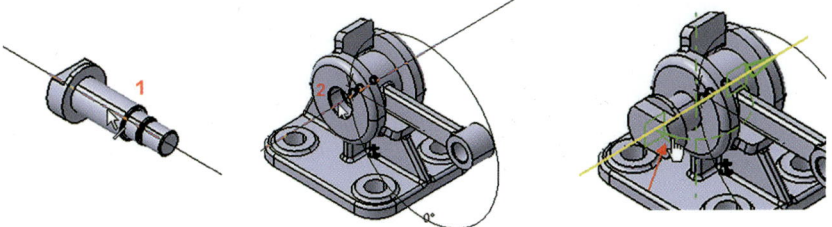

❹ OK 를 클릭하면 Specification Tree에서 Constraints 아래 Coincidence 구속조건 생성과 함께 Shaft Component가 이동한다.

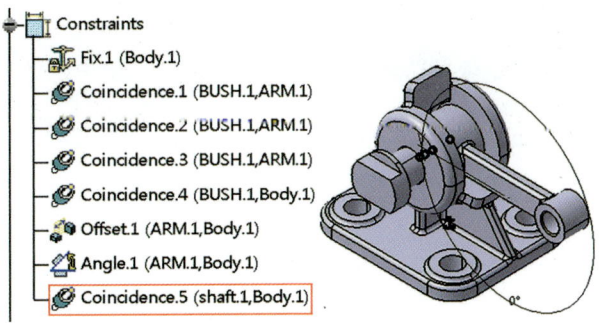

CHAPTER 02 Bottom-up(상향식) 방식으로 Locking Arm 조립품 만들기 **819**

15 Contact Constraint 명령어로 Shaft와 Body Component 조립하기

평면과 평면을 선택하여 Component가 서로 다른 방향을 바라보며 접촉하도록 구속조건을 생성한다.

1 Constraints 도구모음에서 Contact Constraint 명령어를 클릭한다.

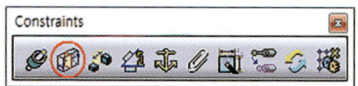

2 Shaft Component의 면을 선택한다.

3 Body Component의 면을 선택한다.

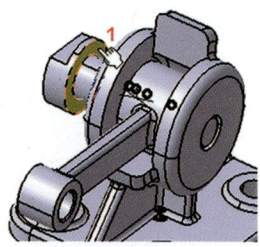 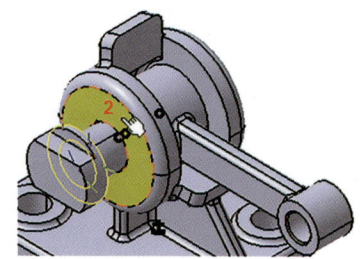

4 Contact Constraint에 의해 Component가 이동하도록 Update All 명령어를 클릭한다.

16 Shaft Component의 X축 회전자유도를 Body Component에 구속하기

1 Constraints 도구모음에서 Angle Constraint 명령어를 클릭한다.

2 Shaft Component의 면을 선택한다.

3 Body Component의 면을 선택한다.

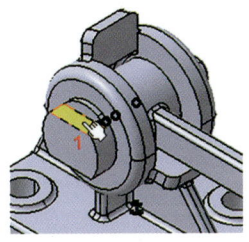 

4 Constraint Properties 대화상자 설정

❶ Parallelism 옵션을 선택한다.

❷ Orientation 드롭다운 메뉴에서 Same을 선택한다.

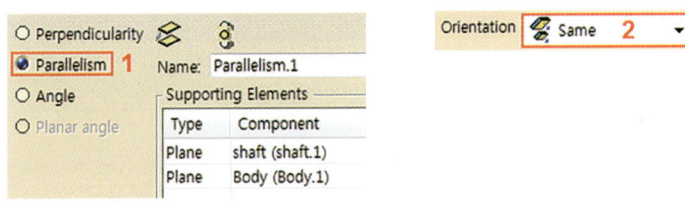

❸ OK 를 클릭하여 Angle Constraint 명령을 종료한다.

5 Angle Constraint에 의해 Component의 면이 평행 위치로 이동하도록 Update All 명령어를 클릭한다.

17 Catalog Browser ⬯ 명령어를 사용하여 표준부품 생성하기

CATIA에서 제공하는 Catalog에 포함된 결합용 기계요소의 표준 부품 중 원하는 형상과 크기를 선택하고 복사하여 사용할 수 있다.

1 Catalog Browser 도구모음에서 Catalog Browser ⬯ 명령어를 클릭하거나 메뉴모음에서 Tools 〉 ⬯ Catalog Browser를 선택한다.

2 Catalog Browser 대화상자 설정

1 Washer 표준부품 가져오기

❶ Current 드롭다운 메뉴에서 ISO.catalog를 선택한다.

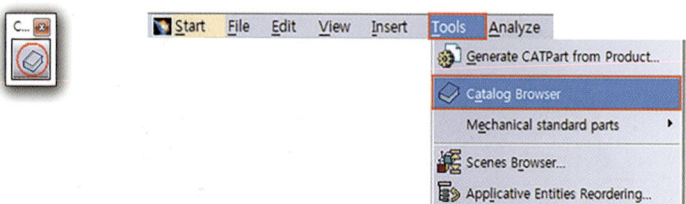

TIP

메뉴모음에서 Tools 〉 Mechanical Standard Parts 〉 ISO.catalogs를 선택하면 Catalog Browser가 나타나며 ISO 규격 표준 부품들이 나열된다.

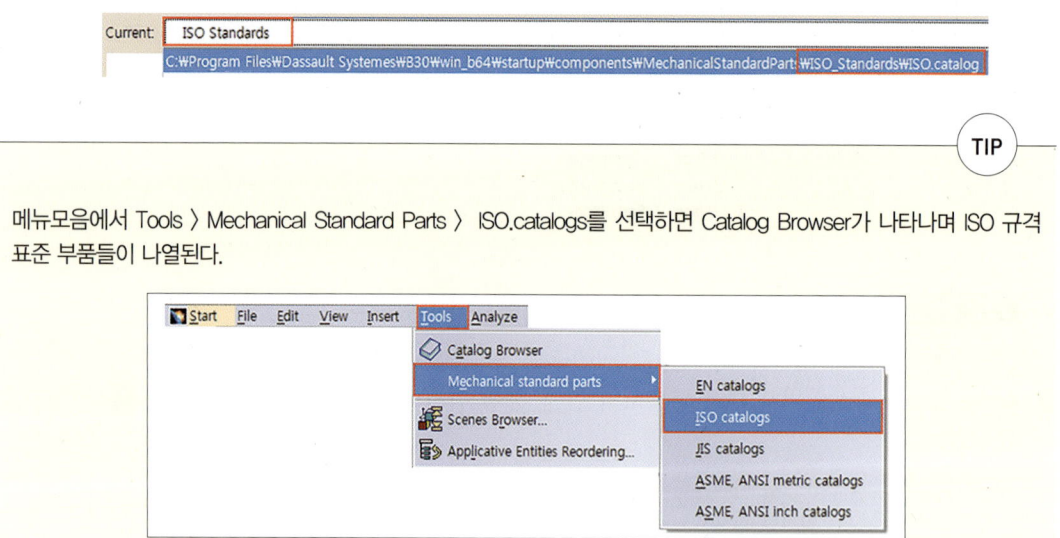

❷ Washers 규격 폴더를 더블 클릭한다.

❸ ISO_ 7089_PLAIN_WASHER_GRADE_A_NORMAL_SERIES 폴더를 더블 클릭한다.

- ISO_7089_PLAIN_WASHER_GRADE_A_NORMAL_SERIES
- ISO_7089_PLAIN_WASHER_GRADE_A_NORMAL_SERIES_NONPREFERRED
- ISO_7090_PLAIN_WASHER_CHAMFERED_GRADE_A_NORMAL_SERIES
- ISO_7090_PLAIN_WASHER_CHAMFERED_GRADE_A_NORMAL_SERIES_NONPREFERRED

❹ ISO_ 7089 WASHER 20x37 STEEL GRADE A PLAIN NORMAL SERIES를 더블 클릭한다.

- ISO 7089 WASHER 12x24 STEEL GRADE A PLAIN NORMAL SERIES
- ISO 7089 WASHER 16x30 STEEL GRADE A PLAIN NORMAL SERIES
- ISO 7089 WASHER 20x37 STEEL GRADE A PLAIN NORMAL SERIES

❺ Catalog 대화상자에서 선택한 표준부품이 미리보기 되며 OK 를 클릭하여 그래픽 영역에 복사한다.

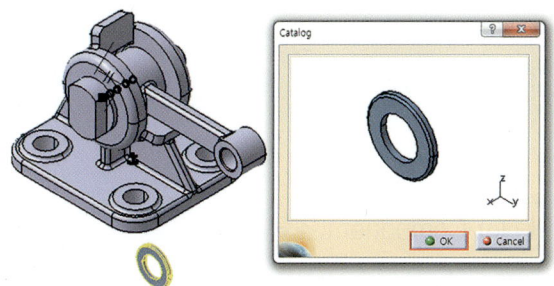

2 Nut 표준부품 가져오기

❶ Current 드롭다운 메뉴에서 ISO.catalog를 선택한다.
❷ Nuts 규격 폴더를 더블 클릭한다.

❸ ISO_4032_HEXAGON_NUT_STYLE_1 폴더를 더블 클릭한다.

- ISO_10511_PREVAILING_TORQUE_TYPE_HEXAGON_THIN_NUT
- ISO_4032_HEXAGON_NUT_STYLE_1
- ISO_4032_HEXAGON_NUT_STYLE_1_NONPREFERRED

❹ ISO 4032 NUT M20 STEEL GRADE A HEXAGON을 더블클릭한다.

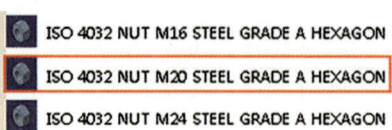

❺ Catalog 대화상자에서 선택한 표준부품이 미리보기 되며 OK 를 클릭하여 그래픽 영역에 복사한다.

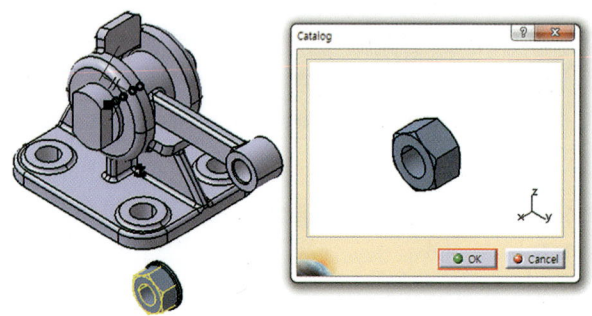

❻ Close 를 클릭하여 Catalog Browser 명령을 종료한다.

18 Washer와 Nut Component 조립하기

1 Nut Component 이동하기

❶ Move 도구모음에서 Manipulation 명령어를 클릭한다.
❷ Manipulation Parameters 대화상자에서 Drag along X axis 를 선택한다.
❸ Nut Component를 클릭 드래그하여 X축 방향으로 이동시킨다.

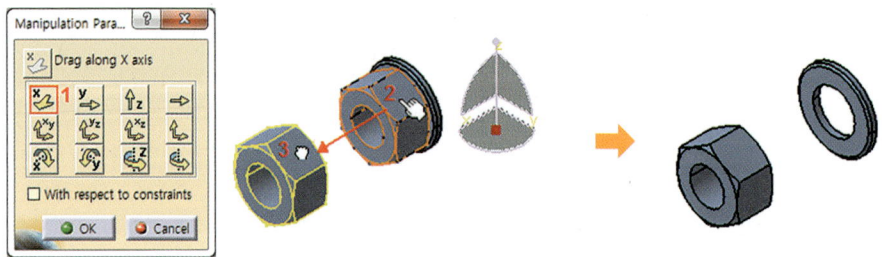

❹ Nut Component를 조립하기 편한 공간으로 이동하였으면 OK 를 클릭하여 명령을 종료한다.

2. Constraints도구모음에서 Coincidence Constraint ⊘ 명령어를 클릭한다.
   ❶ Nut Component의 축을 선택한다.
   ❷ Washer Component의 축을 선택한다.

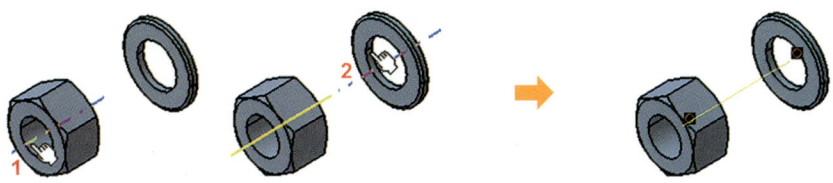

3. Constraints 도구모음에서 Contact Constraint 🗃 명령어를 클릭한다.
   ❶ Nut Component의 면을 선택한다.
   ❷ Washer Component의 면을 선택한다.

❸ Contact Constraint에 의해 Component가 이동하도록 Update All ⟳ 명령어를 클릭한다.

4. Constraints 도구모음에서 Fix Together ✐ 명령어를 클릭한다.

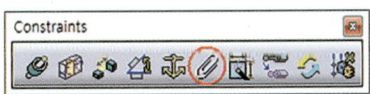

❶ Fix Together 대화상자에서 함께 고정할 요소로 Nut와 Washer Component를 선택한다. 만약 선택된 구성요소를 제거하고자 한다면 Components 목록에서 제거하고자 하는 Component를 클릭하면 된다.

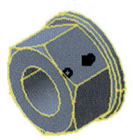
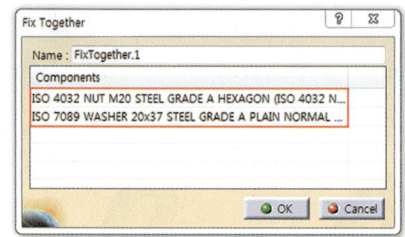

❷ OK 를 클릭하여 Nut와 Washer Component를 함께 고정한다.

TIP

- 여러 개의 Component를 Fix Together로 함께 고정하면 Component 간의 위치와 방향을 유지하며 부품이 서로 완전히 구속된다.
- Fix Together로 함께 고정한 Component 이동에 관련된 옵션
  메뉴모음에서 Tools 〉 Options을 선택하고 대화상자 창에서 왼쪽 Mechanical Design 〉 Assembly Design을 클릭한 다음 General 탭을 클릭한다.

① Move components involved in a Fix Together 옵션에서 Always를 선택하면 이동 명령으로 Fix Together로 고정한 Component를 이동할 때 함께 고정한 Component들도 같이 이동한다.

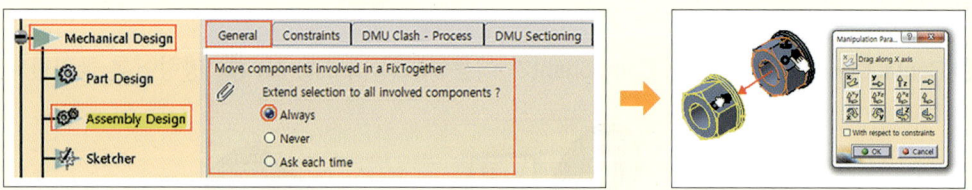

② Move components involved in a Fix Together 옵션에서 Never를 선택하면 이동 명령으로 Fix Together로 고정한 Component를 이동할 때 선택한 Component만 이동한다.

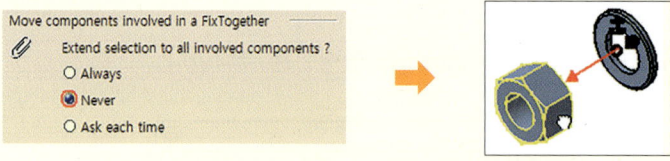

③ Move components involved in a Fix Together 옵션에서 Ask each time을 선택하면 Component 이동 시 Move Warning 대화상자가 나타난다. Move Warning 대화상자에서 Extend selection with all involved component 옵션을 선택하면 Always의 기능을, 선택 해제하면 Never의 기능을 갖는다.

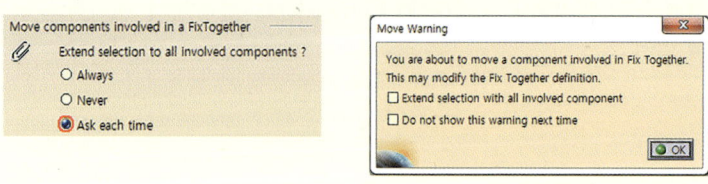

19 Fix Together로 함께 고정된 Nut와 Washer Component를 Shaft와 Body Component에 조립하기

1 Constraints 도구모음에서 Quick Constraint 명령어를 클릭한다.

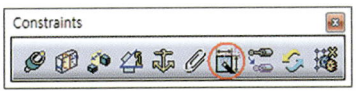

TIP

Quick Constraint 는 메뉴모음에서 Tools 〉 Options 〉 Mechanical Design〉 Assembly Design 〉 Constraints 탭을 아래 Quick Constraint 목록에서 정의된 구속조건 우선순위에 의해 선택한 요소의 유형에 따라 구속조건이 생성된다.

2 Nut와 Shaft Component의 축을 선택하면 선택한 요소의 유형에 적합한 Coincidence 구속조건이 우선되어 생성된다.

 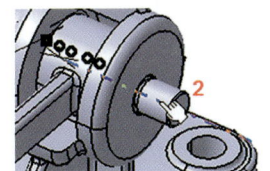

3 Quick Constraint 명령어를 실행한 다음 Washer와 Body Component의 면을 선택하여 Surface contact 구속조건이 생성되도록 한다.

4 Update All 명령어를 클릭한다.

5 Constraints도구모음에서 Angle Constraint 명령어를 클릭한다.
   ❶ Nut Component의 면을 선택한다.
   ❷ Shaft Component의 면을 선택한다.

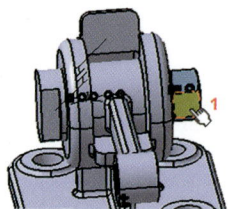 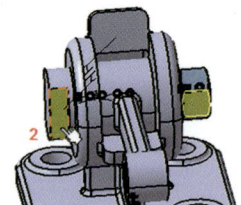

   ❸ Constraint Properties 대화상자 설정에서 Parallelism을 선택하고 Orientation 드롭다운 메뉴에서 Same을 선택한다.

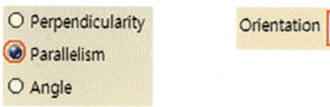

   ❹ OK 를 클릭하면 Angle Constraint의 평행 구속으로 Nut Component 의 X축 회전자유도가 Shaft Component에 구속된다.

20 고정된 Body Component 이동

1 Specification Tree에서 Constraints 아래에 Fix 구속조건을 더블 클릭하여 Constraint Properties 대화상자가 나타나도록 한다.

2 Constraint Properties 대화상자에서 More>> 를 클릭하여 대화상자를 확장한다.

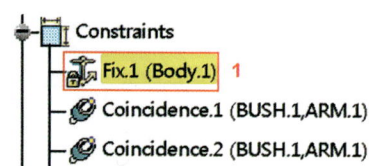 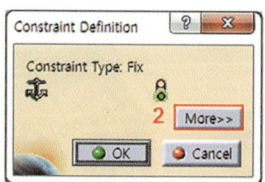

3 확장된 Constraint Properties 대화상자에서 X, Y, Z 좌푯값 입력란에 0을 기입하여 Explode 로 분해 후 임의의 위치에서 고정시킨 Body Component를 Assembly Design 작업공간의 절대 원점에 놓이도록 한다.

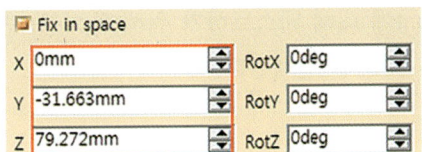

4 OK 를 클릭하여 Constraint Properties 대화상자를 닫는다.

5 Update All 명령어를 클릭하여 Body Component의 절대원점과 Assembly Design 작업공간에서 절대원점이 같은 위치에 놓이도록 이동시킨다.

21 형상 영역에 표시된 구속조건 그래픽 기호 숨기기

Specification Tree 아래 Constraints에 마우스를 가져다 놓고 마우스 오른쪽버튼을 누른 후 콘텍스트 메뉴에서 Hide/Show를 선택하여 구속조건 그래픽 기호를 숨긴다.

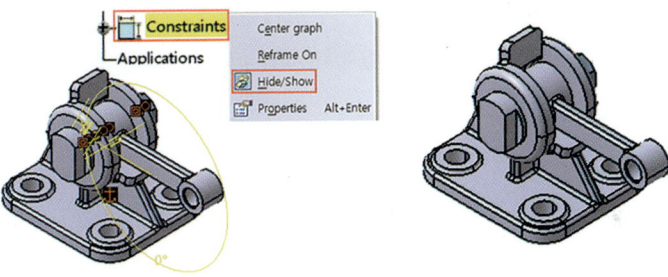

22 조립된 Component 사이에 간섭 체크하기

1 Space Analysis 도구모음에서 Clash 명령어를 클릭한다.

2 Check Clash Definition 대화상자 설정
　❶ Name 란에 간섭 이름을 지정한다. 여기서는 기본 설정명으로 한다.
　❷ 구성요소의 접촉과 간섭을 체크하기 위해 Type 첫 번째 드롭다운 메뉴에서 Contact + Clash 를 선택한다.

❸ 문서의 각 Component를 다른 모든 Component에 대해 테스트하기 위해 Type 두 번째 드롭 다운 메뉴에서 Between all components(기본 옵션)를 선택한다.

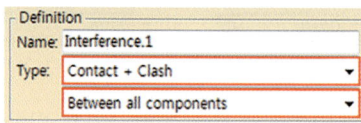

❹ 간섭을 확인하려면 Apply 를 클릭한다.

❺ Results 아래 간섭 목록에서 Type이 Clash인 결과를 선택하면 Preview 창에서 간섭이 일어 나는 부품과 간섭 부위가 나타난다.

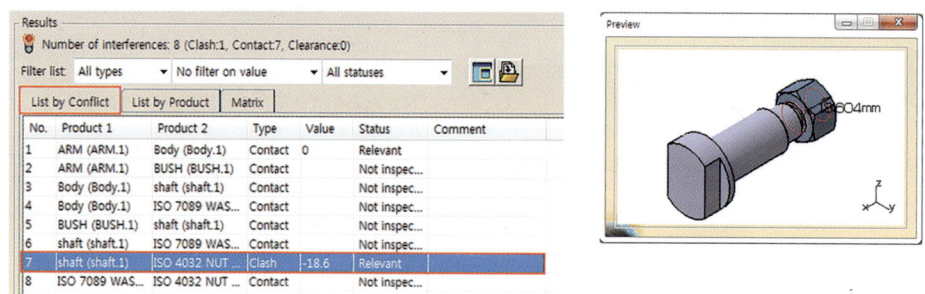

너트의 암나사 안지름과 축의 수나사 바깥지름 간섭을 무시한다면 부품 간의 간섭은 없는 것을 알 수 있다.

❻ OK 를 클릭하여 Clash 명령어를 종료한다.

23 파일 저장하기

1 메뉴모음에서 File > Save Management를 선택한다. Save Management은 여러 개의 로드된 모든 파일을 하나의 Save 창에서 저장할 수 있다.

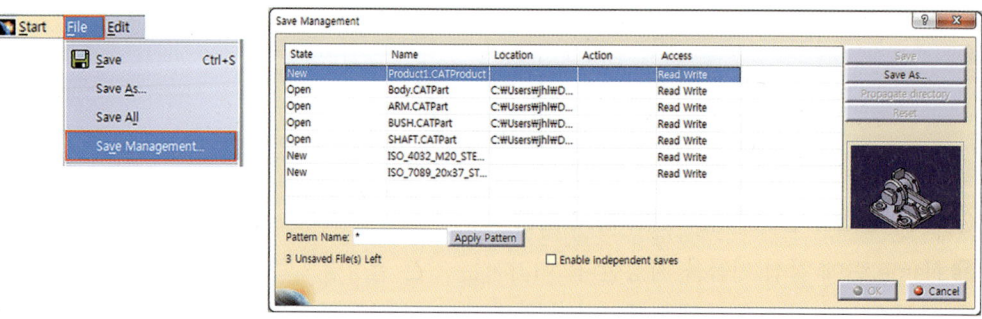

2 Save Management 대화상자

❶ State열은 현재 사용 중인 각 문서의 상태를 나타낸다.
  • New : 새로 만든 문서이며 저장하려면 파일 이름을 선택해야 한다.
  • Open : 새로 생성되었으며 한 번도 저장이 되지 않은 문서가 열린 상태이다.
  • Modified : 열려 있는 문서가 수정되었지만 저장되지 않은 상태이다.
  • Modified by synchronization : 동기화된 문서를 열면서 문서 내의 외부 참조요소가 동기화되어 문서가 수정된 상태이다.
  • Open / Modified Read Only : 읽기 전용 문서를 열거나 수정한 경우 표시되며 저장하려는 경우 새 이름을 지정한다.

❷ Name : Name열에 저장하려는 각 문서의 이름이 표시된다.

❸ Location : Location열은 모든 문서가 저장될 경로가 나타난다.

❹ Action : State열에는 문서의 원래 상태가 계속 표시되며 수행한 작업은 반영되지 않으나 Action열은 문서에서 수행 중인 작업(저장, 수정 등)을 확인할 수 있다.
  • Open Read Only : 열려 있는 수정되지 않은 읽기 전용 문서를 식별한다.
  • Save : 저장할 문서를 나타낸다.
  • Save Auto : 저장할 종속 문서를 식별한다. 일반적으로 Product를 저장하면 Product에 속하면서 State 상태가 New 또는 Modified인 모든 부품에 Save Auto가 자동적으로 적용된다. `Enable independent saves`에 체크하면 Save Auto가 적용되지 않아 파일 간의 기존 링크에 관계없이 독립적으로 문서를 저장할 수 있다.

❺ Access : Access열은 각 문서에 대한 액세스 권한을 나타낸다.

❻ Pattern Name : 저장할 문서의 이름에 접두사 및 접미사를 추가할 수 있다. 여러 개의 문서에 같은 접두사 및 접미사를 추가하여 저장할 때 유용하다. '*' 문자는 파일 이름을 대체하며 '*' 문자 앞, 뒤에 추가할 접두사 및 접미사를 기입한다. 사용 방법은 Pattern Name 란에 접두사 또는 접미사를 기입하고 저장할 파일을 선택한 후 `Apply Pattern` 을 클릭한다.

예를 들어 Part 파일의 이름이 Body일 경우

yy*	선택한 파일의 이름 앞에 yy가 붙는 것을 의미한다.	→	yyBody.CATPart
*xx	선택한 파일의 이름 뒤에 xx가 붙는 것을 의미한다.	→	Bodyxx.CATPart
yy*xx	선택한 파일의 이름 앞에 yy뒤에 xx가 붙는 것을 의미한다.	→	yyBodyxx.CATPart

3 Product 저장하기

❶ Save Management 대화상자에서 Product1.CATProduct 파일을 선택하고 `Save As...` 를 클릭한다.

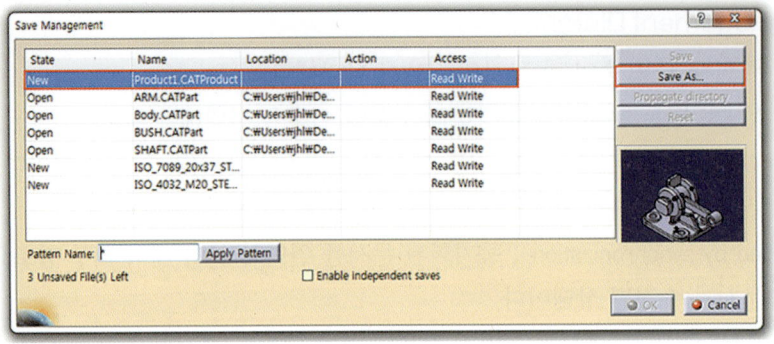

❷ 저장 폴더를 선택하고 파일이름을 지정하고 저장 버튼을 누른다.

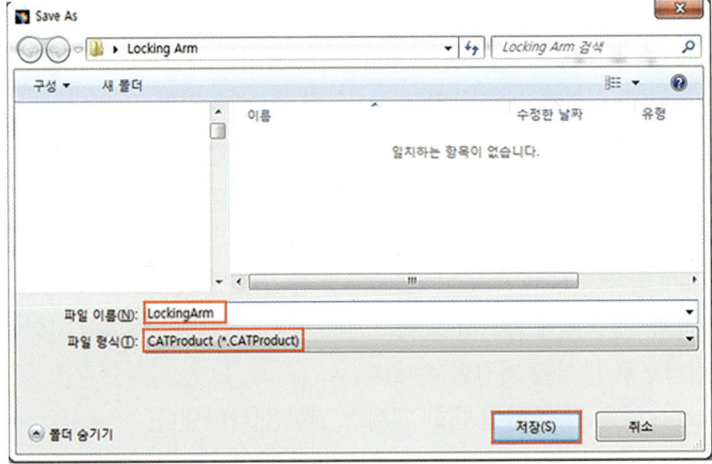

❸ Product를 저장하면 Product에 속하면서 State 상태가 New인 모든 부품이 같은 폴더에 Save Auto가 적용되어 저장된다.

❹ Save Management 대화상자의 OK 를 클릭하여 저장을 완료한다.

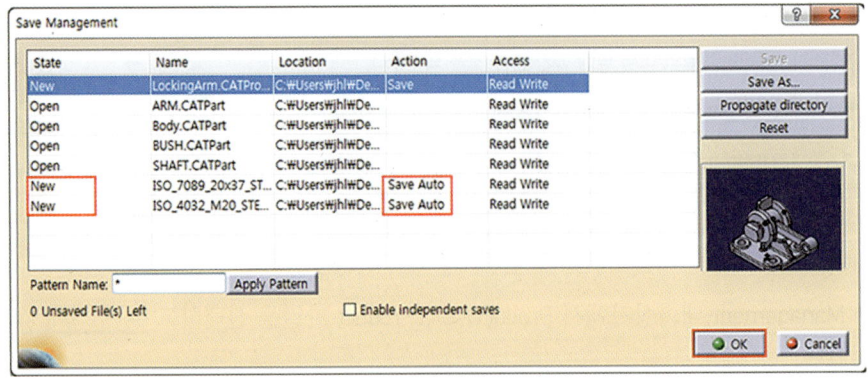

CHAPTER 03 | Sub_Assembly 방식으로 Caster 조립품 만들기

Sub_Assembly 방식으로 조립품을 만들기 위해 우선 아래 도면의 부품을 모델링하여 저장한다.

예제도면 | 3D형상 모델링 작업하기

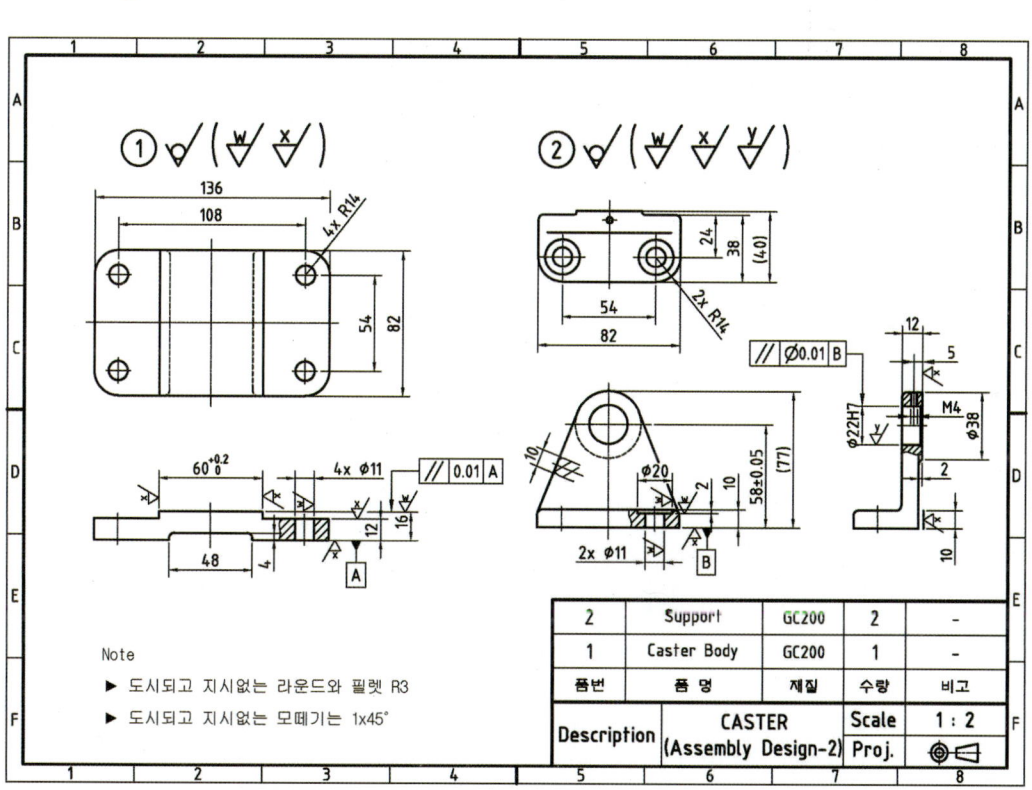

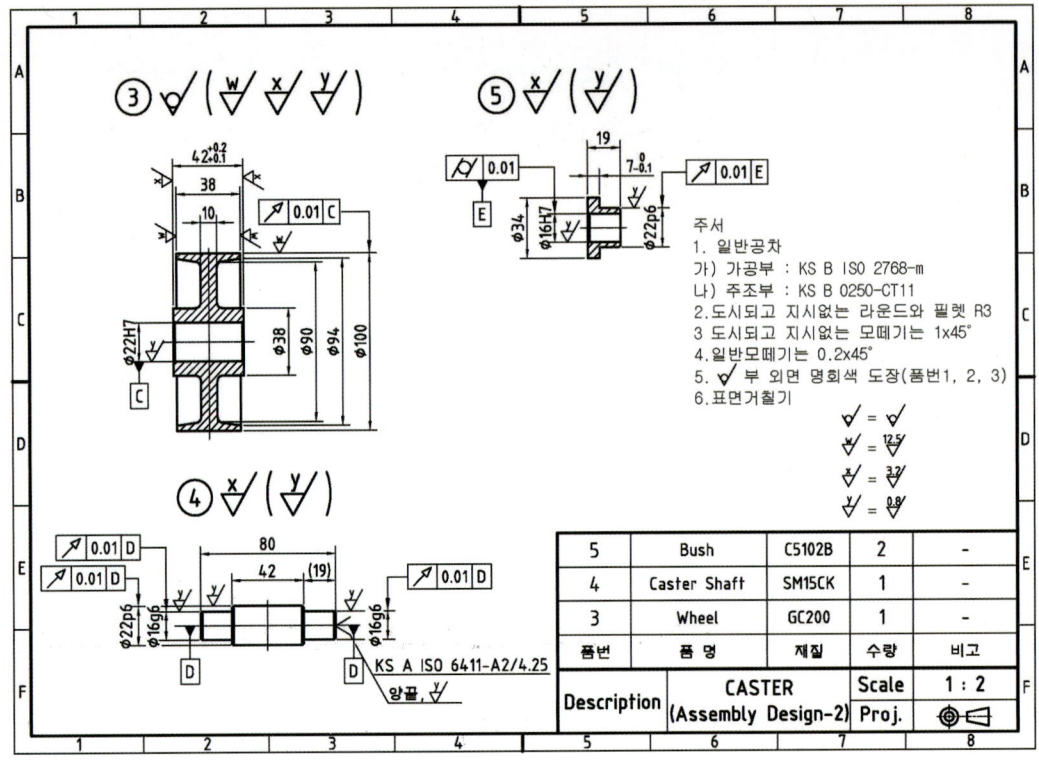

1 Support와 Bush 부품을 조립하여 Sub_Assembly1 만들기

1 Assembly Design Workbench 선택하여 들어가기

메뉴모음에서 Start 〉 Mechanical Design 〉 Assembly Design Workbench를 선택하거나 사용자가 Favorites 리스트에 추가한 Assembly Design Workbench를 선택한다.

2 Existing Component 명령어로 조립할 Component를 Assembly 작업공간으로 불러오기

1 Product Structure Tools 도구모음에서 Existing Component 명령어를 클릭한 다음 Specification Tree에서 불러올 Component가 위치할 Product를 선택한다.

2 File Selection 창에서 조립할 Component로 Support와 Bush 파트 파일을 선택하고 열기 버튼을 클릭하여 Product1 아래에 선택한 Component가 놓이도록 한다.

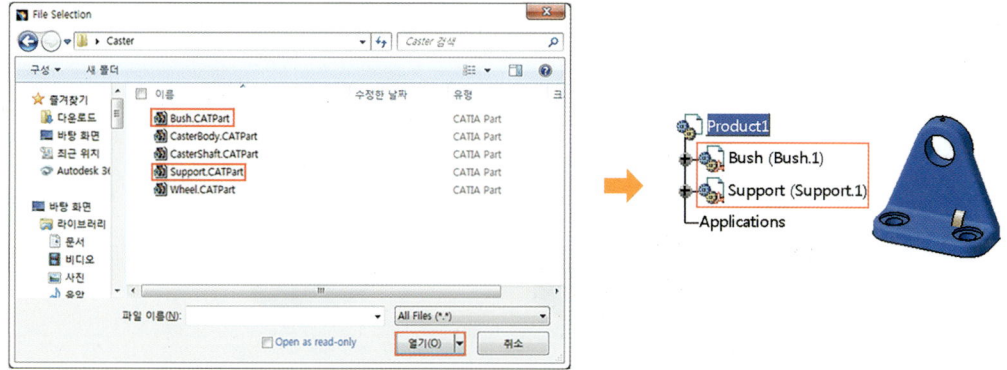

3 조립의 기준이 되는 Component 고정하기

Constraints 도구모음에서 Fix Component 구속조건을 클릭하고 고정할 Component로 Support를 선택한다.

4 Bush를 Manipulation 으로 이동하기

1 Move 도구모음에서 Manipulation 명령어를 클릭한다.

2 Bush를 X축 방향으로 이동하기

❶ Manipulation Parameters 대화상자에서 Drag along X axis 를 선택한다.
❷ Bush Component를 클릭 드래그하여 X축 방향으로 이동시킨다.

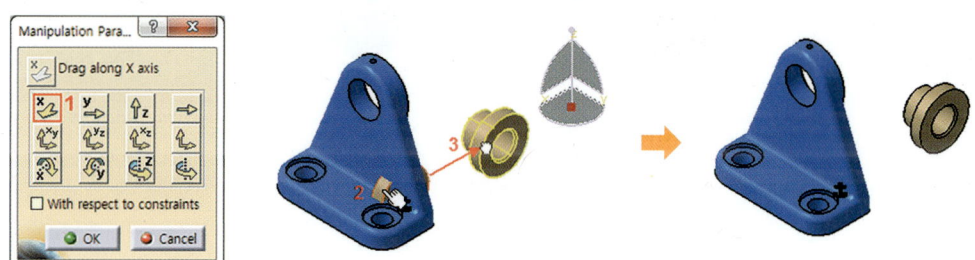

5 Bush와 Support Component를 구속조건으로 동축 관계 부여하기

1 Constraints 도구모음에서 Coincidence Constraint 명령어를 클릭한다.
2 Bush Component의 축을 선택한다.
3 Support Component의 축을 선택한다.

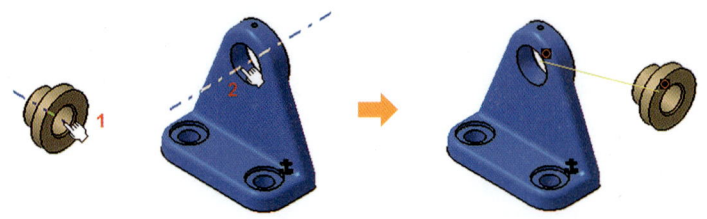

4 Update 도구모음의 Update All 명령어를 클릭하여 어셈블리를 업데이트한다.

6 Bush와 Support Component의 면을 선택하여 서로 다른 방향을 바라보며 선택한 면이 동일면상이 되도록 조립하기

1 Constraints 도구모음에서 Coincidence Constraint 명령어를 클릭한다.
2 Bush Component의 면을 선택한다.
3 Support Component의 면을 선택한다.

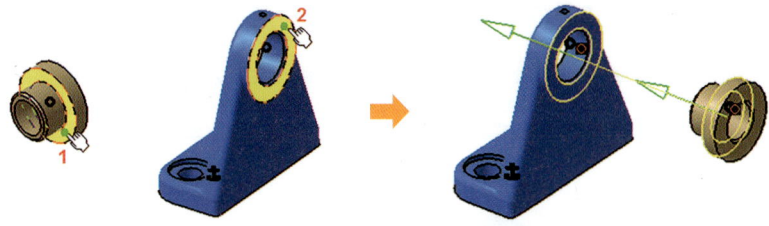

4 Constraint Properties 대화상자 설정

❶ Orientation 드롭다운 메뉴에서 Opposite를 선택한다.

❷ OK 를 클릭하여 Coincidence Constraint 명령을 종료한다.

5 Coincidence Constraint에 의해 Component가 이동하도록 Update All 명령어를 클릭한다.

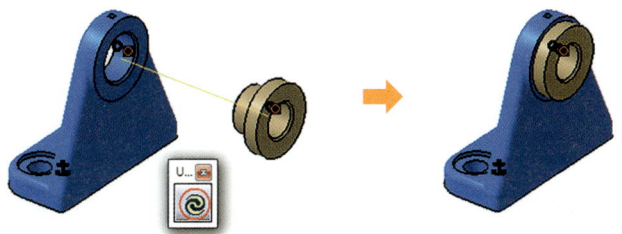

7 Product1 이름 변경하기

1 Specification Tree에서 Product1 이름에 마우스를 가져다 놓고 마우스 오른쪽버튼을 누른 후 콘텍스트 메뉴에서 Properties 를 선택한다.

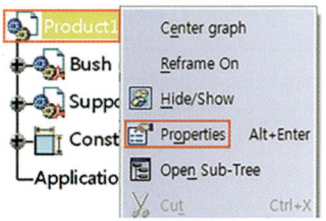

2 Properties 대화상자

❶ Product 탭을 선택한다.
❷ Product 아래 Part Number 기입란에 Sub_Assembly1을 입력하여 Product1의 이름을 변경한다.

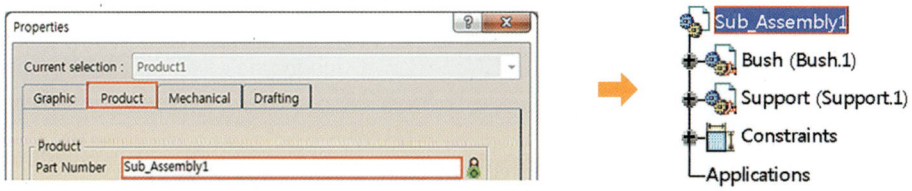

❸ OK 를 클릭하여 변경된 이름을 저장한다.

8 파일 저장하기

1 메뉴모음에서 File > Save Management를 선택한다.

2 Product 저장하기

❶ Save Management 대화상자에서 Sub_Assembly1.CATProduct 파일을 선택하고 Save As... 를 클릭한다.

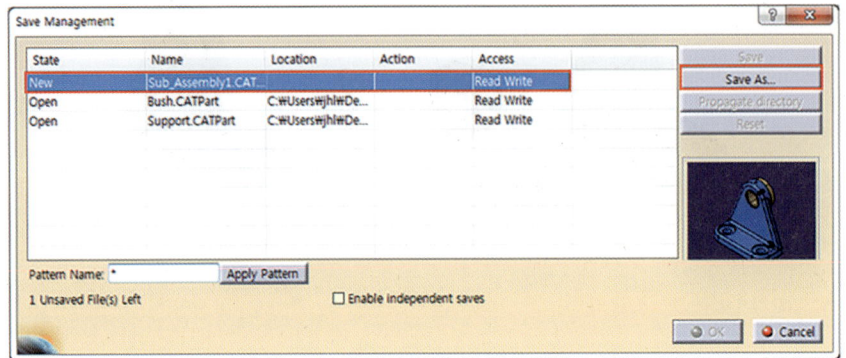

❷ 저장 폴더를 선택하고 파일 이름은 Sub_Assembly1로 지정하고 저장 버튼을 누른다.

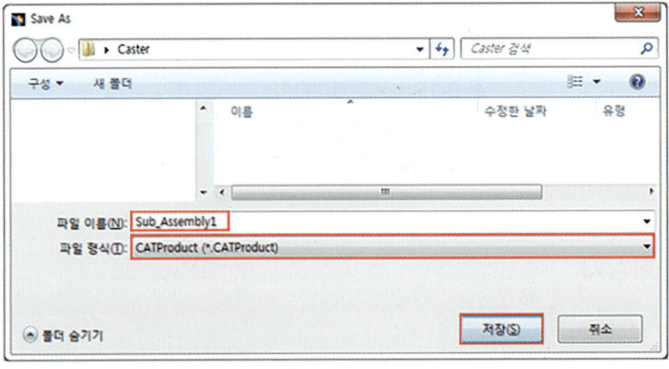

❸ Save Management 대화상자의 OK 를 클릭하여 저장을 완료한다.

2 Wheel과 Shaft 부품을 조립하여 Sub_Assembly2 만들기

1 Assembly Design Workbench 선택하여 들어가기

메뉴모음에서 Start 〉 Mechanical Design 〉 Assembly Design Workbench를 선택하거나 사용자가 Favorites 리스트에 추가한 Assembly Design Workbench를 선택한다.

2 Existing Component  명령어로 조립할 Component를 Assembly 작업공간으로 불러오기

1 Product Structure Tools 도구모음에서 Existing Component 명령어를 클릭한 다음 Specification Tree에서 불러올 Component가 위치할 Product를 선택한다.

2 File Selection 창에서 조립할 Component로 Wheel과 Shaft 파트 파일을 선택하고 열기 버튼을 클릭하여 Product2 아래에 선택한 Component가 놓이도록 한다.

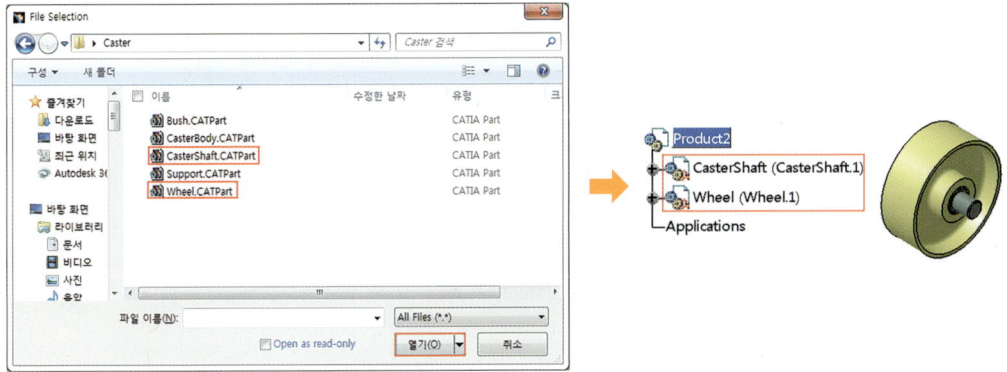

3 조립의 기준이 되는 Component 고정하기

Constraints 도구모음에서 Fix Component 구속조건을 클릭하고 고정할 Component로 Wheel을 선택한다.

4 Explode 로 Component 분해

1 Move 도구모음에서 Explode 명령어를 클릭한다.

2 **Explode 대화상자 설정**

❶ Definition 아래 Selection 선택란에 분해시킬 Product1을 선택하고 Apply 를 클릭한다.

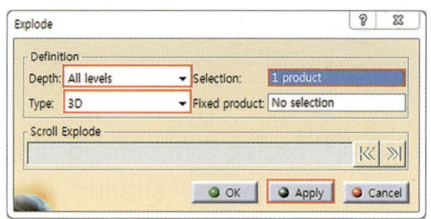

❷ Scroll Explode 아래 스크롤 막대를 드래그하여 원하는 거리만큼 Component를 분해하고 OK 를 클릭하여 명령을 종료한다.

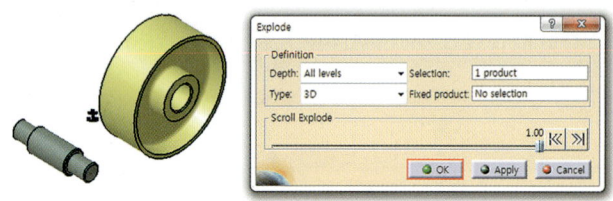

5 Wheel과 Shaft Component를 구속조건으로 동축 관계 부여하기

1 Constraints 도구모음에서 Coincidence Constraint 명령어를 클릭한다.
2 Shaft Component의 축을 선택한다.
3 Wheel Component의 축을 선택한다.

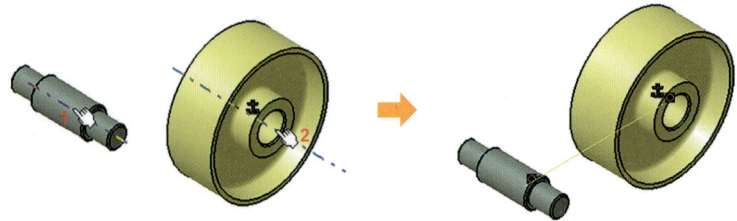

4 Update 도구모음의 Update All 명령어를 클릭하여 어셈블리를 업데이트한다.

6 Wheel과 Shaft Component를 구속조건으로 서로 같은 방향을 바라보며 선택한 면이 동일면상이 되도록 조립하기

1 Constraints 도구모음에서 Coincidence Constraint 명령어를 클릭한다.
2 Shaft Component의 면을 선택한다.
3 Wheel Component의 면을 선택한다.

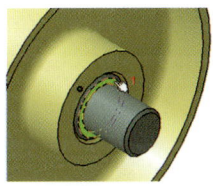 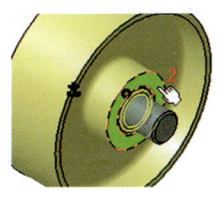 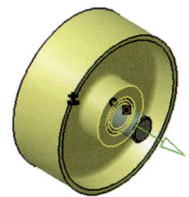

4 Constraint Properties 대화상자 설정

   ❶ Orientation 드롭다운 메뉴에서 Same을 선택한다.
   ❷ OK 를 클릭하여 Coincidence Constraint 명령을 종료한다.

7 Product2 이름 변경하기

1 Specification Tree에서 Product2 이름에 마우스를 가져다 놓고 마우스 오른쪽버튼을 누른 후 콘텍스트 메뉴에서 Properties를 선택한다.

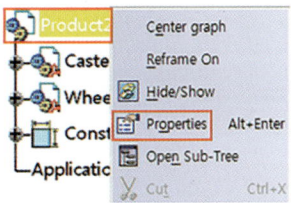

2 Properties 대화상자

   ❶ Product 탭을 선택한다.
   ❷ Product 아래 Part Number 기입란에 Sub_Assembly2을 입력하여 Product2의 이름을 변경한다.

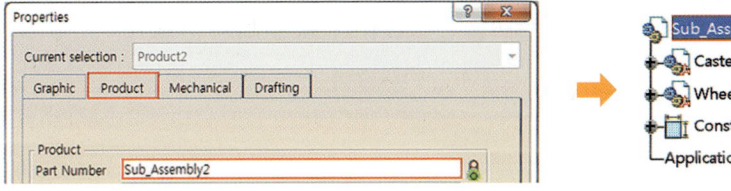

   ❸ OK 를 클릭하여 변경된 이름을 저장한다.

8 파일 저장하기

1 메뉴모음에서 File 〉 Save Management를 선택한다.

2 Product 저장하기

❶ Save Management 대화상자에서 Sub_Assembly2.CATProduct 파일을 선택하고 Save As... 를 클릭한다.

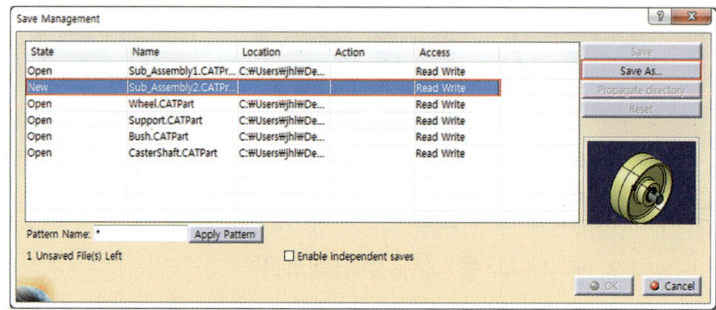

❷ 저장 폴더를 선택하고 파일 이름은 Sub_Assembly2로 지정하고 저장 버튼을 누른다.

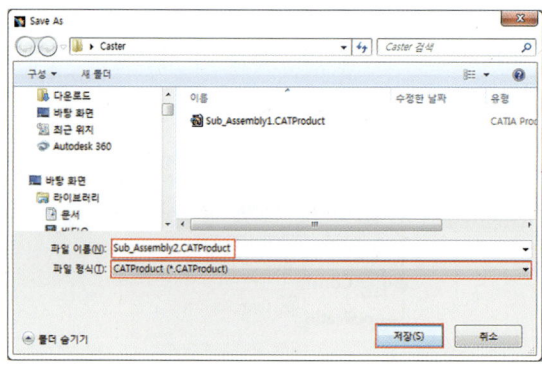

❸ Save Management 대화상자의 OK 를 클릭하여 저장을 완료한다.

3 Base 부품에 하위 어셈블리를 조립하여 최종 조립품 만들기

1 Assembly Design Workbench 선택하여 들어가기

메뉴모음에서 Start 〉 Mechanical Design 〉 Assembly Design Workbench를 선택하거나 사용자가 Favorites 리스트에 추가한 Assembly Design Workbench를 선택한다.

2 Existing Component 명령어로 조립할 Component를 Assembly 작업공간으로 불러오기

1 Product Structure Tools 도구모음에서 Existing Component 명령어를 클릭한 다음 Specification Tree에서 불러올 Component가 위치할 Product를 선택한다.

2 File Selection 창에서 조립할 Component로 Base와 Sub_Assembly1, Sub_Assembly2 파일을 선택하고 열기 버튼을 클릭하여 Product3 아래에 선택한 Component가 놓이도록 한다.

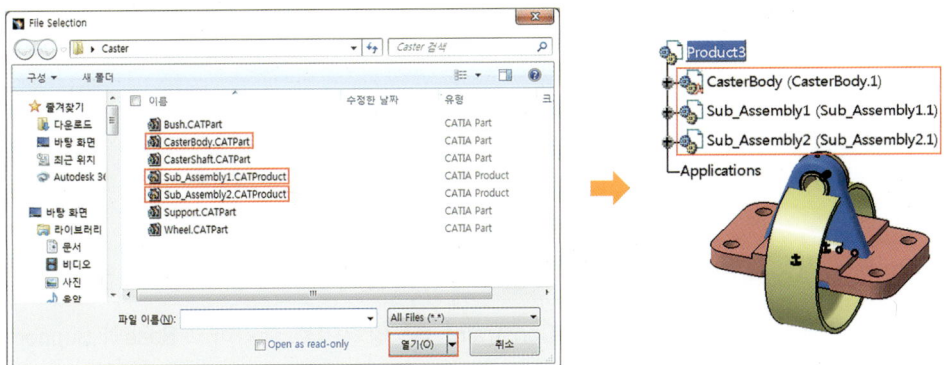

3 조립의 기준이 되는 Component 고정하기

Constraints 도구모음에서 Fix Component 구속조건을 클릭하고 고정할 Component로 Base를 선택한다.

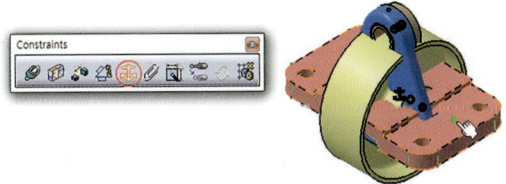

4 Explode로 Component 분해

1 Move 도구모음에서 Explode 명령어를 클릭한다.

2 Explode 대화상자 설정

❶ Definition 아래 Selection 선택란에 분해시킬 Product3을 선택하고 Apply 를 클릭한다.
❷ Scroll Explode 아래 스크롤 막대를 드래그하여 원하는 거리만큼 Component를 분해하고 OK 를 클릭하여 명령을 종료한다.

3 Update 도구모음의 Update All 명령어를 클릭한다.

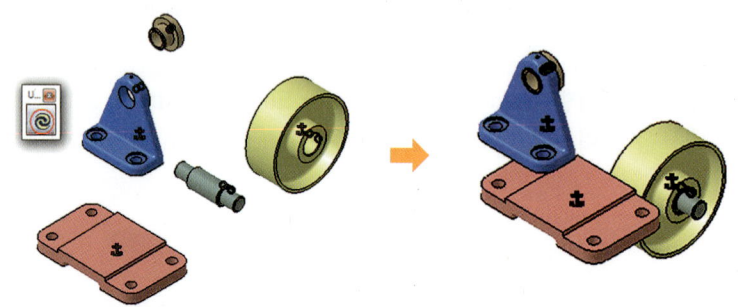

5 Base에 Sub_Assembly1 조립하기

1 Base와 Sub_Assembly1의 Support 볼트 구멍에 동축 관계 부여하기

Constraints 도구모음에서 Coincidence Constraint 명령어를 클릭하고 Base와 Support 볼트 구멍의 축을 선택하여 두 축선이 일치되도록 한다.

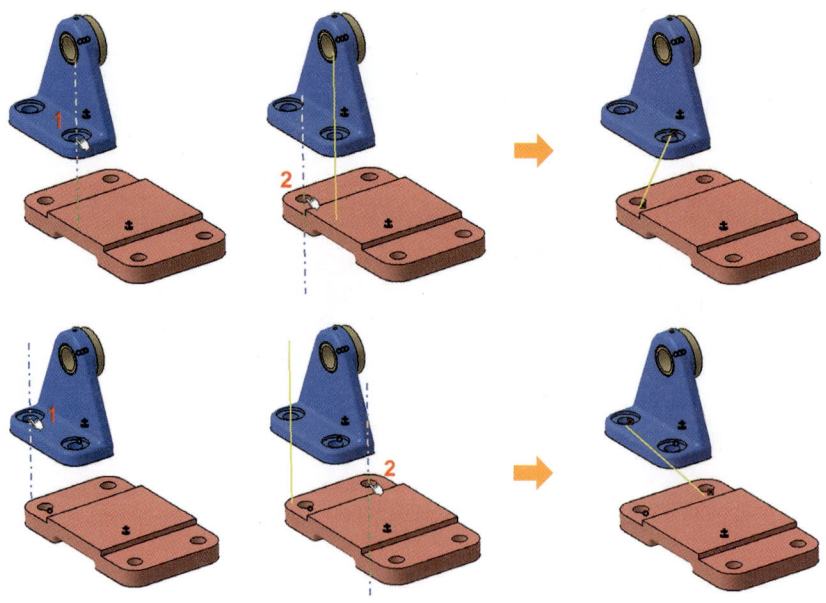

2 Base와 Sub_Assembly1의 Support 면을 접촉시키기

Constraints 도구모음에서 Contact Constraint 명령어를 클릭하고 Base와 Support 면이 서로 다른 방향으로 바라보며 접촉되도록 한다.

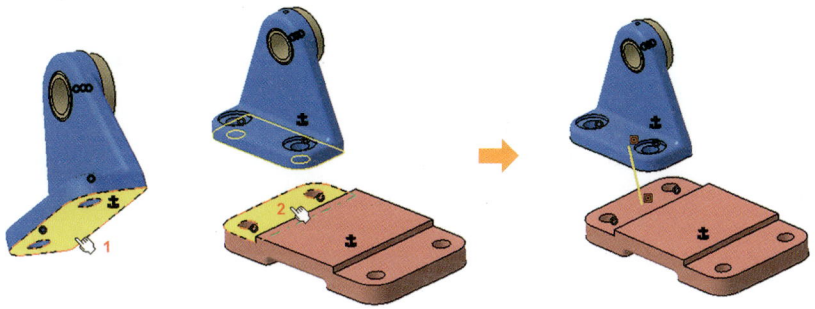

3 Update 도구모음의 Update All 명령어를 클릭한다.

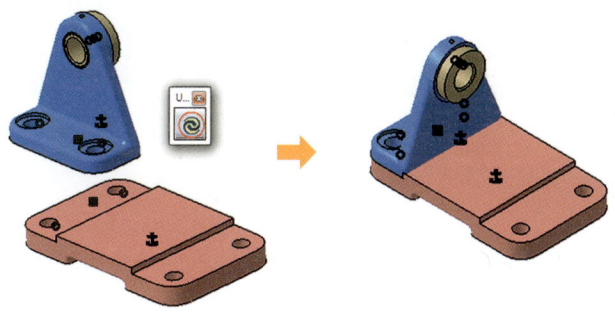

6 Sub_Assembly1과 Sub_Assembly2 조립하기

1 Sub_Assembly2의 Shaft 축과 Sub_Assembly1의 Bush 내경 축에 동축 관계 부여하기

Constraints 도구모음에서 Coincidence Constraint 명령어를 클릭하고 Shaft와 Bush의 축을 선택하여 두 축선이 일치되도록 한다.

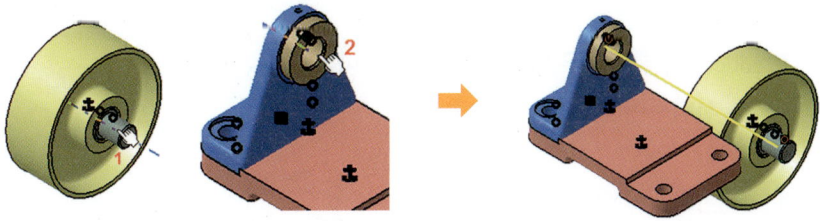

2 Sub_Assembly2의 Wheel 면과 Sub_Assembly1의 Bush 면을 접촉시키기

Constraints 도구모음에서 Contact Constraint 📦 명령어를 클릭하고 Wheel과 Bush 면이 서로 다른 방향으로 바라보며 접촉되도록 한다.

3 Update 도구모음의 Update All 🔄 명령어를 클릭한다.

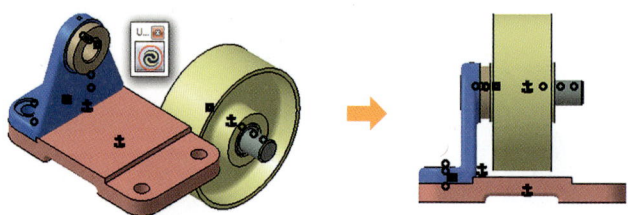

7 Sub_Assembly1 복사하기

1 Specification Tree에서 복사할 Sub_Assembly1 이름에 마우스를 가져다 놓고 마우스 오른쪽버튼을 누른 후 콘텍스트 메뉴에서 📋 Copy 를 선택한다.

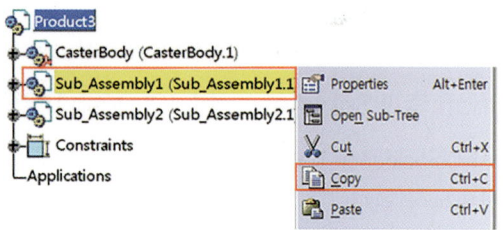

2 붙여 놓을 Product3 이름에 마우스를 가져다 놓고 마우스 오른쪽버튼을 누른 후 콘텍스트 메뉴에서 📋 Paste 를 선택하여 복사한다.

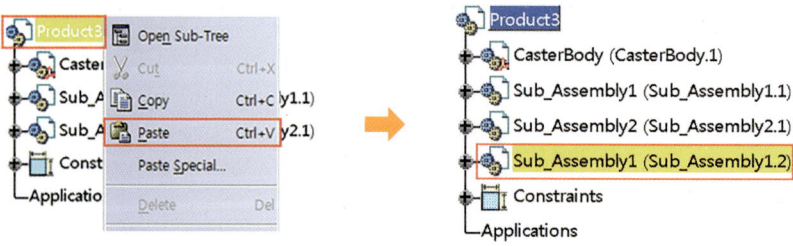

> **TIP**
>
> **Component를 복사하는 또 다른 방법**
> ① 복사할 Component를 Ctrl 을 누른 채 드래그하여 붙여넣기할 Product에 마우스를 놓으면 Component가 복사된다.
> ② Existing Component 명령어를 사용하여 같은 Component를 Product에 가져온다.

8 Explode로 Component 분해

같은 위치에서 복사되어 있는 Sub_Assembly1.2를 흐트려 놓기 위해 분해한다.

1 Move 도구모음에서 Explode 명령어를 클릭한다.

2 Explode 대화상자 설정

　❶ Definition 아래 Selection 선택란에 분해시킬 Product3을 선택하고 Apply 를 클릭한다.
　❷ Scroll Explode 아래 스크롤 막대를 드래그하여 원하는 거리만큼 Component를 분해하고 OK 를 클릭하여 명령을 종료한다.

3 Update 도구모음의 Update All 명령어를 클릭한다.

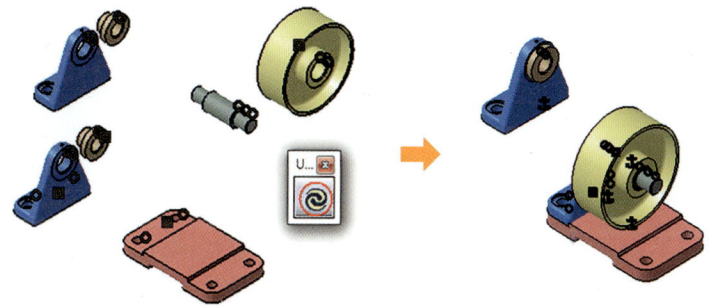

9 Sub_Assembly1.2를 Manipulation 명령으로 이동 및 회전하기

1 Move 도구모음에서 Manipulation 명령어를 클릭한다.

2 Sub_Assembly1.2를 Y축 방향으로 이동하기

　❶ Manipulation Parameters 대화상자에서 Drag along y axis 를 선택한다.
　❷ Sub_Assembly1.2를 클릭 드래그하여 Y축을 방향으로 이동시킨다.

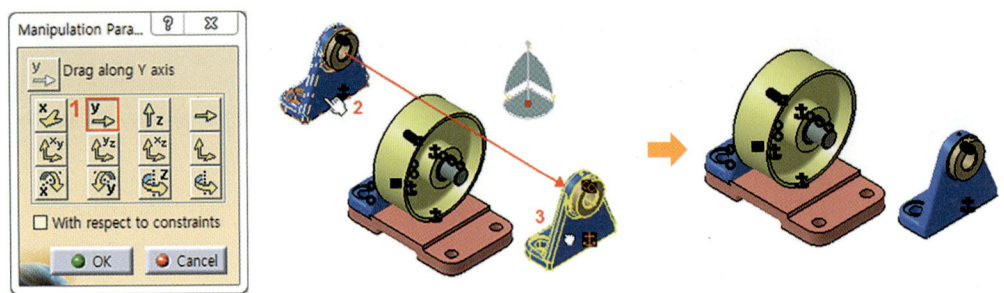

3 Sub_Assembly1.2를 Support 볼트 구멍의 축을 기준으로 회전하기

❶ Manipulation Parameters 대화상자에서 Drag around any axis 를 선택한다.
❷ Support 볼트 구멍의 축을 선택하고 드래그하여 선택한 축을 기준으로 회전시킨다.

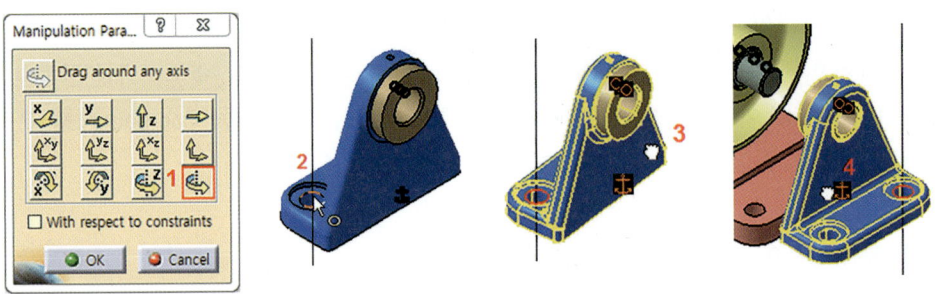

4 OK 를 클릭하여 명령을 종료한다.

10 Sub_Assembly1.2를 Sub_Assembly2와 Base에 조립하여 최종 조립품 만들기

1 Constraints 도구모음에서 Coincidence Constraint 명령어를 클릭하고 Sub_Assembly1.2의 Bush의 축과 Sub_Assembly2의 Shaft 축을 선택하여 두 축선이 일치되도록 한다.

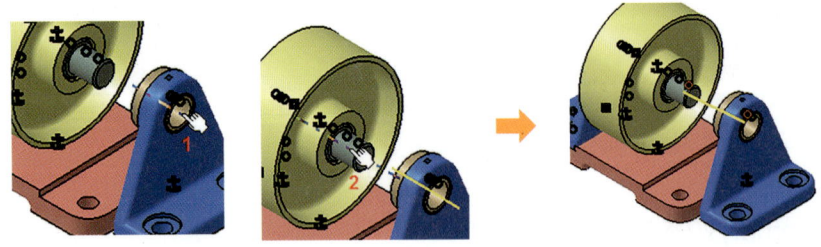

2 Coincidence Constraint 명령어 실행 상태에서 Sub_Assembly1.2의 Support와 Base의 볼트 구멍의 축을 선택하여 두 축선이 일치되도록 한다.

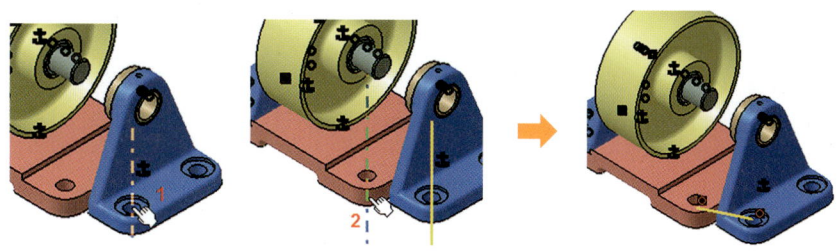

3 Update 도구모음의 Update All ![icon] 명령어를 클릭한다.

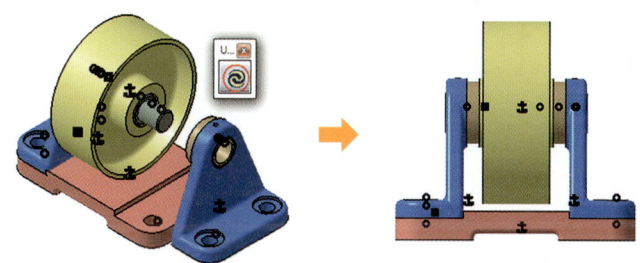

11 구속조건 그래픽 기호 숨기기

Specification Tree에서 Sub_Assembly1과 Sub_Assembly2에서 Constraints에 마우스를 가져다 놓고 마우스 오른쪽버튼을 누른 후 콘텍스트 메뉴에서 ![icon] Hide/Show 를 선택하여 구속조건 그래픽 기호를 숨긴다.

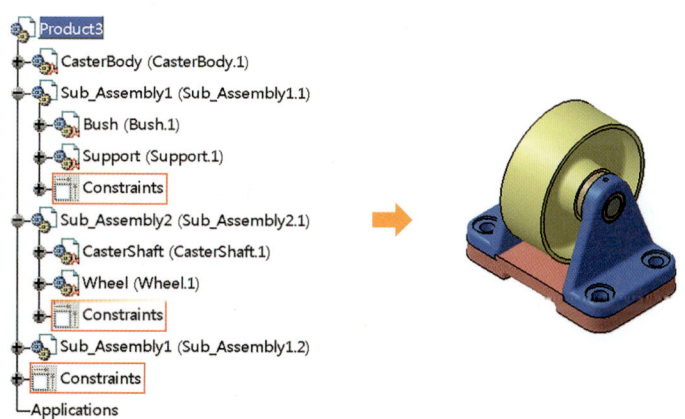

12 Product3 이름 변경하기

1 Specification Tree에서 Product3 이름에 마우스를 가져다 놓고 마우스 오른쪽버튼을 누른 후 콘텍스트 메뉴에서 ![icon] Properties 를 선택한다.

2 Properties 대화상자

❶ Product 탭을 선택한다.

❷ Product 아래 Part Number 기입란에 Caster_Assembly를 입력하여 Product3의 이름을 변경한다.

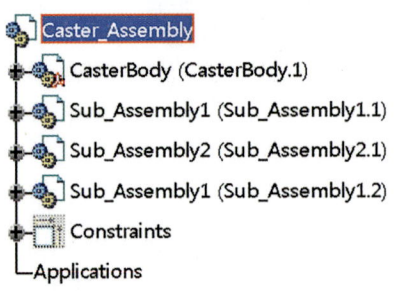

13 파일 저장하기

1 메뉴모음에서 File > Save Management를 선택한다.

2 Save Management 대화상자에서 Caster_Assembly.CATProduct 파일을 선택하고 Save As... 를 클릭한다.

❶ 저장 폴더를 선택하고 파일 이름은 Caster_Assembly로 지정하고 저장 버튼을 누른다.

❷ Save Management 대화상자의 OK 를 클릭하여 저장을 완료한다.

CHAPTER 04 | Top-down(하향식) 방식으로 Drill Jig 조립품 만들기

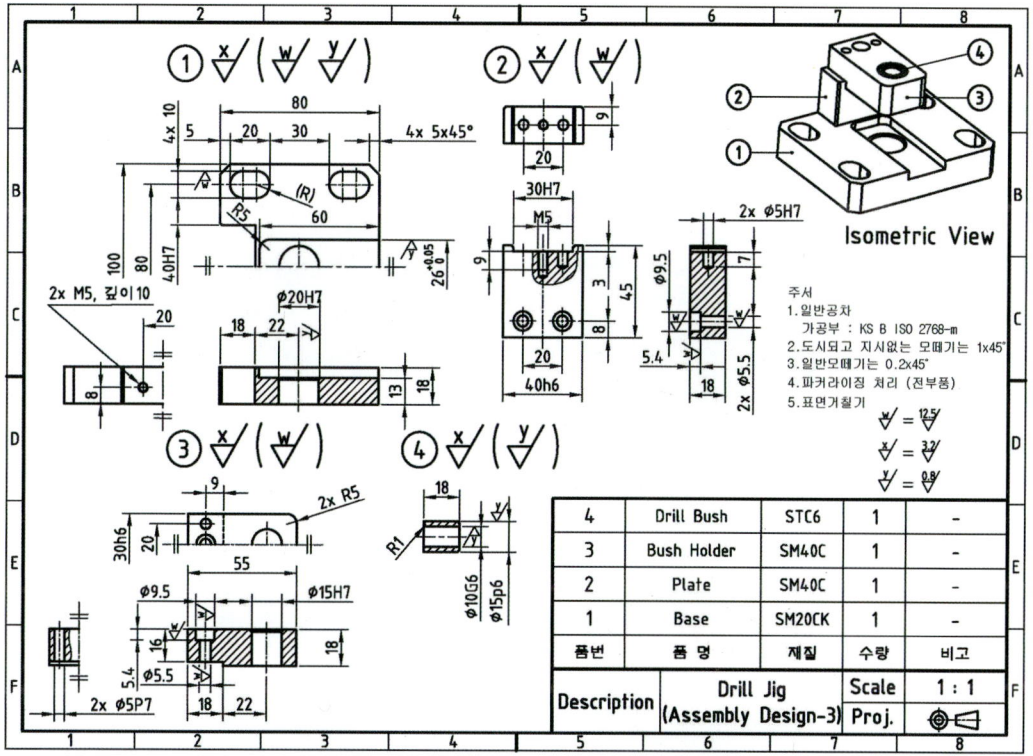

1 Assembly Design Workbench 선택하여 들어가기

메뉴모음에서 Start 〉 Mechanical Design 〉 Assembly Design Workbench를 선택하거나 사용자가 Favorites 리스트에 추가한 Assembly Design Workbench를 선택한다.

2 외부 참조들 간의 링크를 유지하기 위한 옵션 설정하기

메뉴모음에서 Tools 〉 Options을 선택하고 대화상자 창에서 왼쪽 Infrastructure 〉 Part Infrastructure 을 클릭한 다음 General 탭을 클릭하고 External References 아래 Keep link with selected Object 옵션에 체크한다.

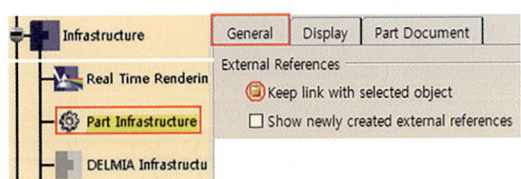

예를 들어 다른 Component의 일부 요소와 링크 관계를 가지기 위해 Project 3D Elements를 사용하여 스케치한 후 새로운 Component를 만든 경우,

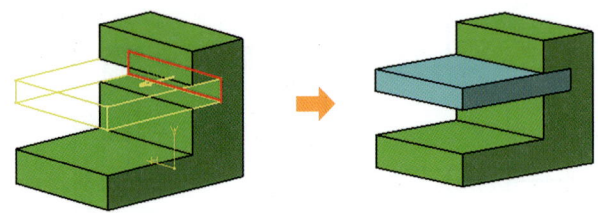

- Keep link with selected Object 옵션 체크 시 : 외부 참조 링크 관계가 유지되어 다른 Component도 함께 수정됨

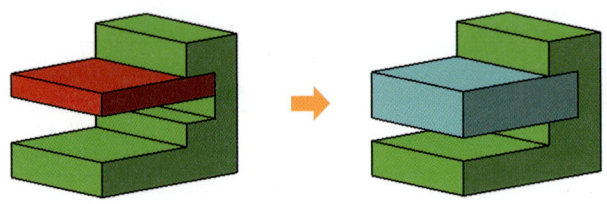

- Keep link with selected Object 옵션 체크 해체 시 : 외부 참조 링크 관계가 유지되지 않기 때문에 다른 Component는 수정되지 않음

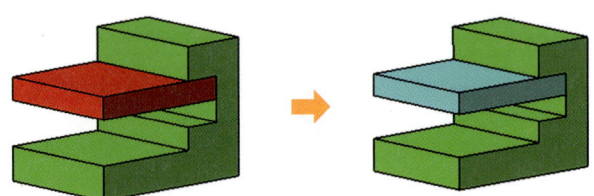

TIP

Keep link with selected object 옵션을 사용하면 외부 참조 간의 링크 피처만 결과를 유지할 수 있다. 외부 참조를 분리하려면 Isolate를 선택한다.

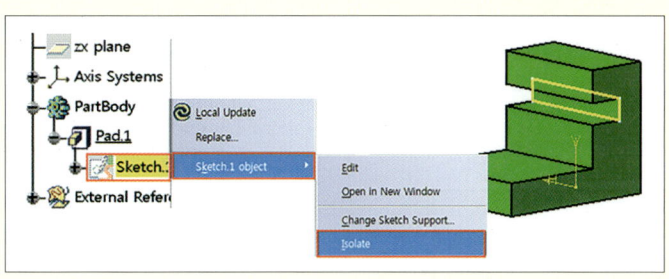

3 Part 명령어로 어셈블리에 새 Component를 추가하여 Base 부품 만들기

1 Product Structure Tools 도구모음에서 Part 명령어를 클릭한 다음 Component가 만들어질 위치로 Specification Tree에서 Product1을 선택한다.

TIP

Assembly Design 작업공간에서 Product나 Part를 새로 생성할 때 이름을 수동으로 지정하기 위해 메뉴모음에서 Tools 〉 Options을 선택하고 대화상자 창에서 왼쪽 Infrastructure 〉 Product Structure를 클릭한 다음 Product Structure 탭을 클릭하고 Manual Input 옵션을 선택한다.

2 Part Number 대화상자에서 New Part Number 입력란에 Base_1을 기입하고 OK 를 클릭하여 새로 추가되는 Component의 이름을 부여한다.

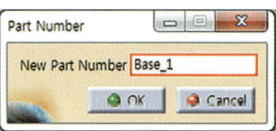

3 추가된 Base_1 부품 편집하기

① Specification Tree에서 Base_1 파트를 더블 클릭하면 Base_1 파트를 편집하기 위한 Part Design Workbench 작업공간으로 전환된다.

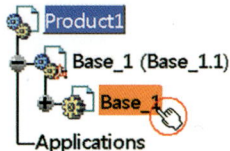

❷ Pad🔲에 사용될 스케치 프로파일 만들기

❶ Specification Tree에서 xy평면을 선택하고 Sketcher 도구모음의 Positioned Sketch 🔲를 클릭한다.

❷ Swap에 체크하여 H축과 V축을 바꾸고 Reverse V를 체크하여 V축 방향을 반전한다.

❸ 🟢 OK 를 클릭하여 Sketcher Workbench로 들어간다.

❹ Profile 🔲와 Mirror 🔲 명령어를 사용하여 스케치를 작성한다.

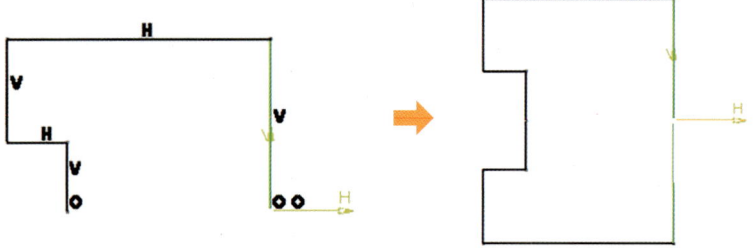

❺ Constraint 🔲 명령어를 더블 클릭하여 실행하고 치수값을 부여한다.

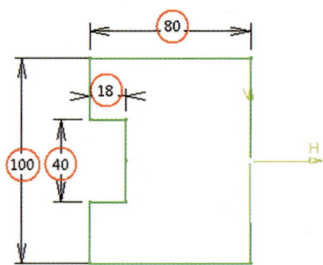

❻ Exit Workbench 🔲를 클릭하여 Sketcher Workbench를 종료하고 Part Design Workbench로 돌아간다.

❸ Pad🔲 만들기

❶ Pad🔲를 클릭하여 명령어를 실행한다.

❷ First Limits 아래 Type은 Dimension을 선택하고 Length란에 18mm를 기입한다.

❸ 🟢 OK 를 클릭하여 명령을 종료한다.

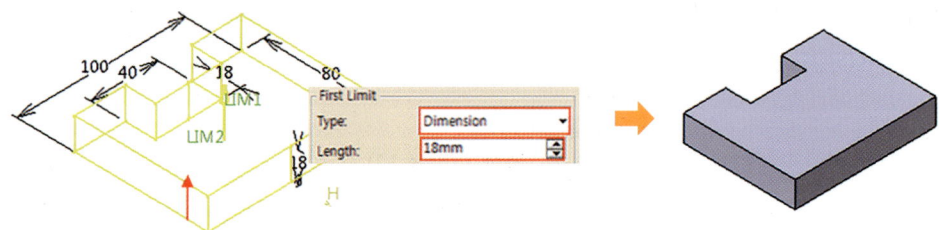

4 Pocket.1 에 사용될 스케치 프로파일 만들기

❶ Specification Tree에서 형상의 면을 선택하고 Sketcher 도구모음의 Positioned Sketch 를 클릭한다.

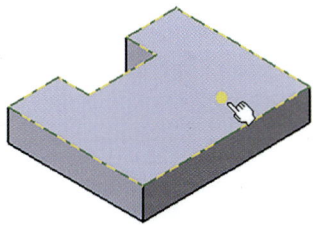

❷ Swap에 체크하여 H축과 V축을 바꾸고 Reverse V를 체크하여 V축 방향을 반전한다.
❸ OK 를 클릭하여 Sketcher Workbench로 들어간다.
❹ Elongated Hole 명령어를 사용하여 스케치를 작성한다.
❺ Constraint 명령어를 더블 클릭하여 실행하고 치수값을 부여한다.

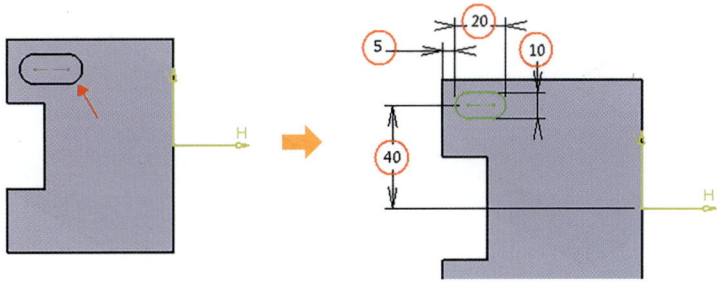

5 Pocket.1 만들기

❶ Pocket 명령어를 클릭하여 실행한다.
❷ First Limits 아래 Type은 Up to last를 선택한다.
❸ OK 를 클릭하여 관통된 Pocket을 생성한다.

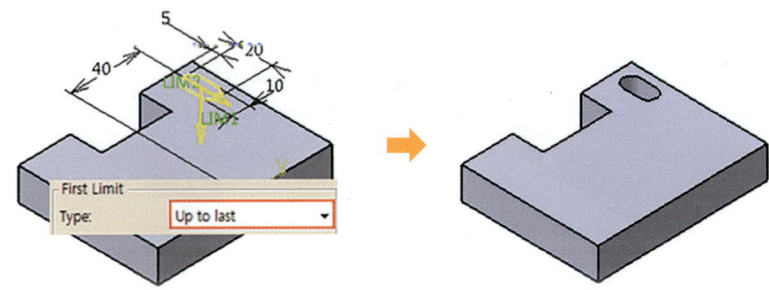

6 Rectangular Pattern ▦ 을 사용하여 일정한 간격으로 여러 개의 피처를 생성하기

❶ Rectangular Pattern ▦ 명령어를 클릭하여 실행한다.

❷ 패턴하고자 하는 피처로 Pocket.1을 선택한다.

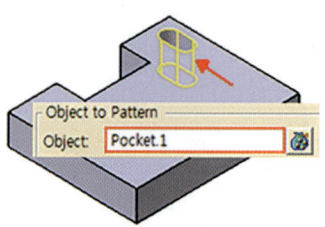

❸ First Direction 탭에서 Parameters로 Instance(s) & Length를 선택한다.

❹ Instance(s) 란에 복사할 개수 2와 Length 란에 전체 길이 50mm를 입력한다.

❺ Reference Direction 아래 Reference element 선택란에 첫 번째 패턴 방향으로 형상의 모서리를 선택하고 Reverse 버튼을 클릭하여 패턴 방향을 반전한다.

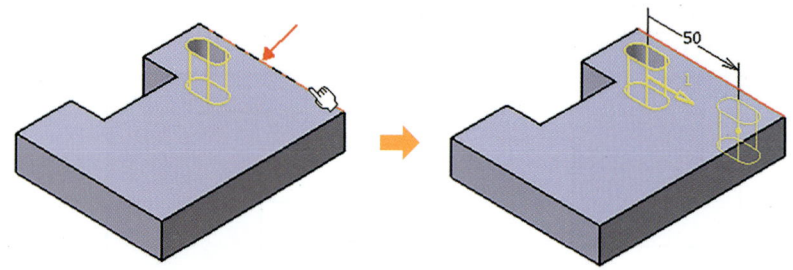

❻ Second Direction 탭을 클릭하고 Parameters로 Instance(s) & Length를 선택한다.

❼ Instance(s) 란에 인스턴스 수 2와 Length란에 전체 길이 80mm를 입력한다.

❽ Reference Direction 아래 Reference element 선택란에 두 번째 패턴 방향으로 형상의 모서리를 선택한다.

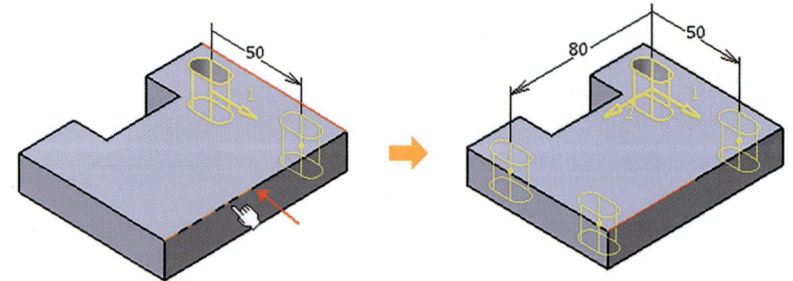

❾ OK 를 클릭하여 직사각형 패턴을 완성한다.

7 Pocket.2 에 사용될 스케치 프로파일 만들기

❶ Specification Tree에서 형상의 면을 선택하고 Sketcher 도구모음의 Positioned Sketch 를 클릭한다.

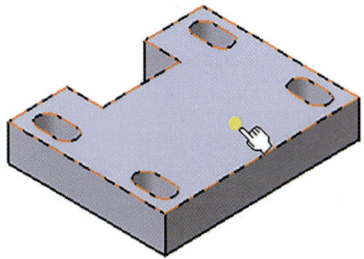

❷ Swap에 체크하여 H축과 V축을 바꾸고 Reverse V를 체크하여 V축 방향을 반전한다.

❸ OK 를 클릭하여 Sketcher Workbench로 들어간다.

❹ Profile 와 Mirror 명령어를 사용하여 스케치를 작성한다.

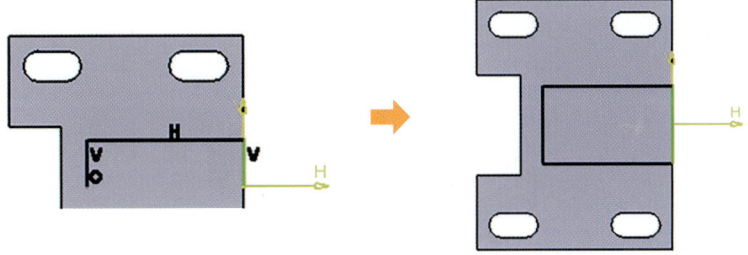

❺ Constraint 명령어를 더블 클릭하여 실행하고 치수값을 부여한다.

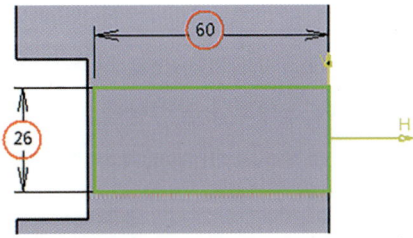

❻ Exit Workbench 를 클릭하여 Sketcher Workbench를 종료하고 Part Design Workbench로 돌아간다.

8 Pocket.2 만들기

❶ Pocket 명령어를 클릭하여 실행한다.
❷ First Limits 아래 Type은 Dimension을 선택하고 Depth란에 5mm를 기입한다.
❸ OK 를 클릭하여 Pocket을 생성한다.

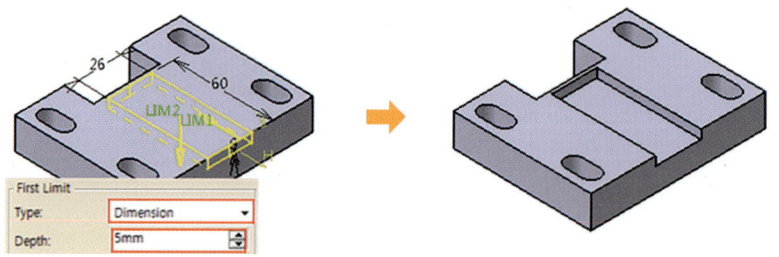

9 Pocket.3 에 사용될 스케치 프로파일 만들기

❶ Specification Tree에서 형상의 면을 선택하고 Sketcher 도구모음의 Positioned Sketch 를 클릭한다.

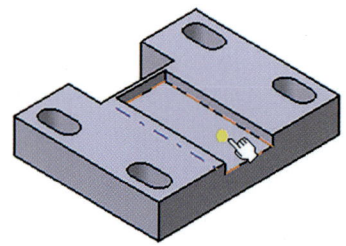

❷ Swap에 체크하여 H축과 V축을 바꾸고 Reverse H와 Reverse V를 체크하여 H축과 V축 방향을 반전한다.
❸ OK 를 클릭하여 Sketcher Workbench로 들어간다.
❹ Circle 명령어를 사용하여 스케치를 작성한다.
❺ Constraint 명령어를 더블 클릭하여 실행하고 치수값을 부여한다.

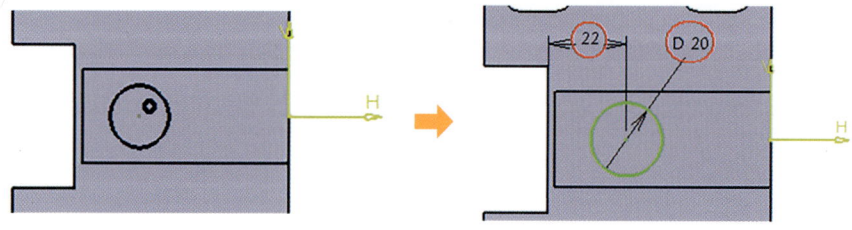

❻ Exit Workbench 를 클릭하여 Sketcher Workbench를 종료하고 Part Design Workbench로 돌아간다.

10 Pocket .3 만들기

❶ Pocket 명령어를 클릭하여 실행한다.
❷ First Limits 아래 Type은 Up to last를 선택한다.
❸ OK 를 클릭하여 관통된 Pocket을 생성한다.

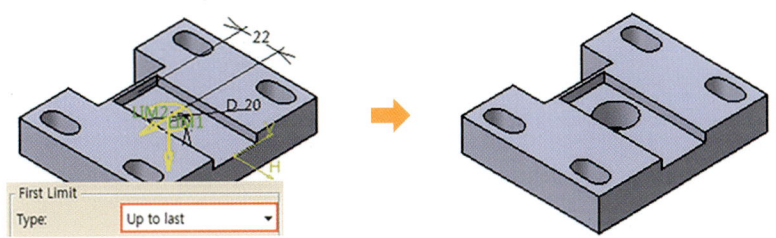

11 Hole 을 사용하여 암나사 만들기

❶ Hole 명령어를 클릭하고 구멍을 배치할 면을 선택한다.

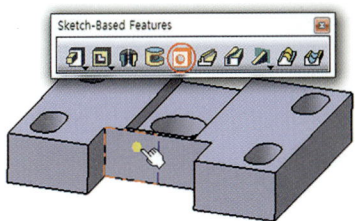

❷ Thread Definition을 클릭한다.
❸ 암나사의 크기를 결정하기 위해 Threaded에 체크한다.
❹ Bottom Type 아래 Type으로 Dimension을 선택한다.

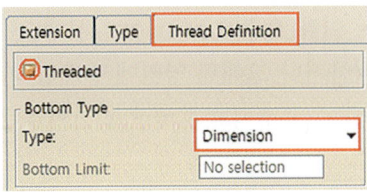

❺ Thread Definition 아래 Type으로 미터 보통나사가 생성 되도록 Metric Thick Pitch를 선택하고 Tread Description에서 나사의 호칭지름의 크기로 M5를 선택한다.
❻ Thread Depth 입력란에 탭 깊이로 10mm를 기입한다.

❼ Hole Depth 입력란에 드릴 깊이로 12.5mm를 기입한다.

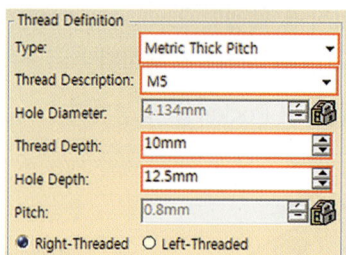

❽ Extension 탭을 클릭하고 Positioning Sketch 아래 Sketch 버튼을 클릭하여 위치를 지정한다.

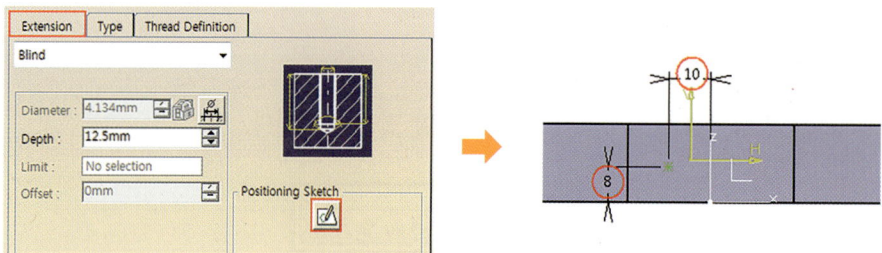

❾ OK 를 클릭하여 Hole을 생성한다.

12 Mirror 를 사용하여 피처 대칭 복사하기

❶ Mirror 명령어를 클릭하여 실행한다.
❷ Mirroring element frame 아래 Mirroring element 선택란에 대칭 기준면으로 Specification Tree에서 yz평면을 선택한다.
❸ Object to mirror frame 아래 Object to mirror 선택란에 대칭시킬 피처로 Specification Tree에서 Hole.1을 선택하거나 그래픽 영역에서 해당 피처를 선택한다.
❹ OK 를 클릭하여 Hole.1 피처를 yz평면을 기준으로 대칭 복사한다.

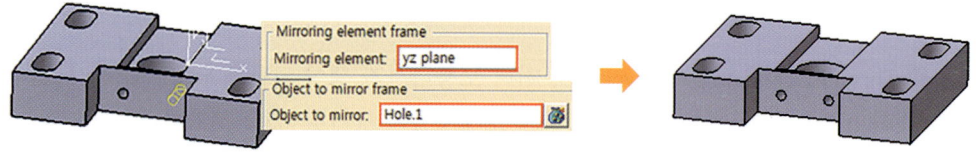

13 Chamfer 를 사용하여 모서리 다듬기

❶ Mode에 거리와 각도값에 의한 모따기의 크기를 정의하기 위해서 Length1/Angle을 선택한다.
❷ Length1의 입력란에 거리값은 5, Angle 입력란에 각도값은 45를 기입한다.
❸ Object(s) to Chamfer 란에 네 모서리를 선택한다.

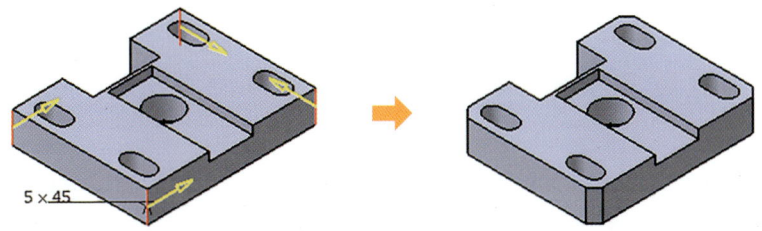

❹ Length1의 입력란에 거리값은 1, Angle 입력란에 각도값은 45를 기입한다.
❺ Object(s) to Chamfer 란에 세 개의 모서리를 선택한다.

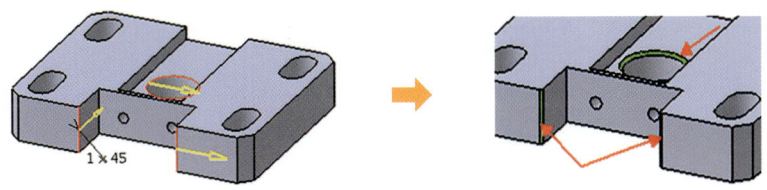

❻ OK 를 눌러 명령어를 종료한다.

14 Edge Fillet 을 사용하여 모서리 다듬기

❶ Edge Fillet 명령어를 클릭하여 실행한다.
❷ Edge Fillet Definition 대화상자에서 Radius 입력란에 5를 입력한다.
❸ Object(s) to fillet 란에 필렛을 부여할 모서리를 선택한다.

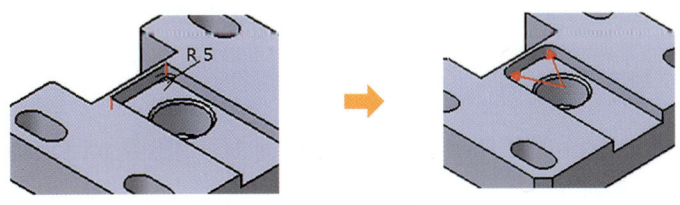

❹ OK 를 눌러 명령어를 종료하여 Base_1 Part 모델링을 완성한다.

⓯ Specification Tree에서 Product1을 더블 클릭하여 Assembly Design Workbench 작업공간으로 전환한다.

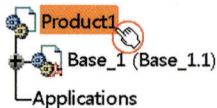

4   Part 명령어로 어셈블리에 새 Component를 추가하여 Plate 부품 만들기

1. Product Structure Tools 도구모음에서 Part 명령어를 클릭한 다음 Component가 만들어질 위치로 Specification Tree에서 Product1을 선택한다.

2. Part Number 대화상자에서 New Part Number 입력란에 Plate_2를 기입하고 OK 를 클릭하여 새로 추가되는 Component의 이름을 부여한다.

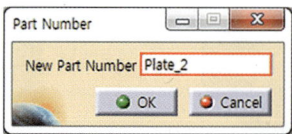

3. New Part: Origin Point 대화상자가 나타나면 '아니오'를 클릭한다.

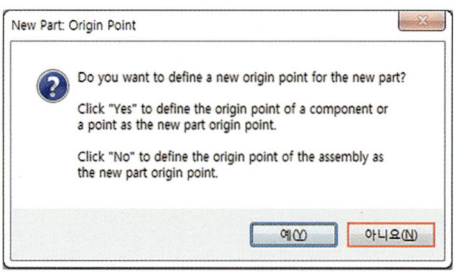

TIP

New Part : Origin Point 대화상자
'예'를 클릭하면 다른 부품의 원점을 새 부품의 원점으로 사용할 수 있으며, '아니오'를 클릭하면 어셈블리의 원점을 새 부품의 원점으로 사용한다.

4. 추가된 Plate_2 부품 편집하기

   ❶ Specification Tree에서 Plate_2 파트를 더블 클릭하면 Part Design Workbench 작업공간으로 전환된다.

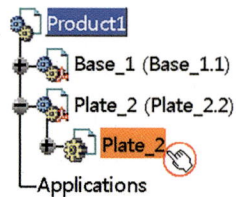

2 Pad에 사용될 스케치 프로파일 만들기

❶ Base_1 파트의 면을 선택하고 Sketcher 도구모음의 Sketch 명령어를 클릭하여 Sketcher Workbench로 들어간다.

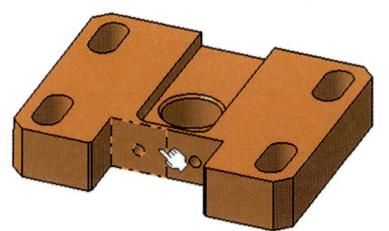

> **TIP**
> Base_1 파트의 면을 Plate_2 파트에서 피처의 스케치 면으로 선택하면 외부 참조 링크 관계가 부여된다. 따라서 선택한 Base_1 파트의 면이 위치 이동하면 Plate_2 피처의 스케치 면도 함께 이동된다.

❷ Base_1과 Plate_2 부품 사이에 조립 끼워 맞춤 부분의 치수가 항상 같은 크기로 유지되기 위해 Project 3D Elements 명령어로 Base_1 모서리를 투영하여 외부 참조 링크 관계가 부여될 투영곡선을 작성한다.

❸ Profile 와 Mirror 명령어를 사용하여 스케치를 작성한다.

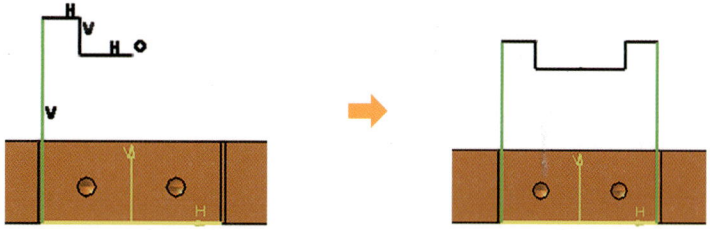

❹ Constraint 명령어를 더블 클릭하여 실행하고 치수값을 부여한다.

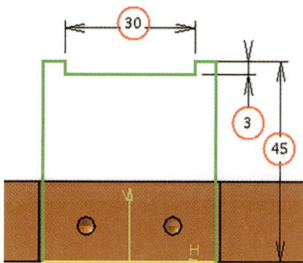

❺ Exit Workbench를 클릭하여 Sketcher Workbench를 종료하고 Part Design Workbench로 돌아간다.

3 Pad 만들기

❶ Pad를 클릭하여 명령어를 실행한다.
❷ First Limits 아래 Type은 Up to plane을 선택한다.
❸ Limit 선택란에 Base_1 파트의 면을 선택한다. 돌출 거리는 Base_1 파트의 면과 외부 참조 링크 관계가 부여되어 Base_1 파트의 면이 위치 이동하면 Pad의 돌출 거리도 같이 수정된다.

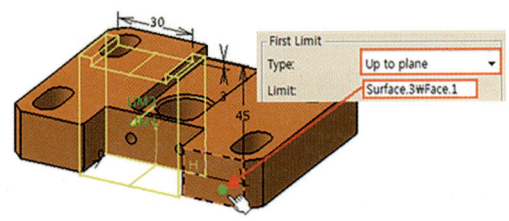

❹ OK 를 클릭하여 명령을 종료한다.

4 Hole을 사용하여 Counterbored 만들기(1)

❶ 카운터 보어가 생성될 면을 선택한다.
❷ View 도구모음의 View mode 하위 도구모음에서 Wireframe(NHR)을 클릭한다.
❸ 탭 구멍의 중심과 카운터 보어 중심 사이에 동심 구속 조건이 부여되도록 Base_1 파트의 탭 구멍의 모서리를 선택한다. 생성할 카운터 보어의 중심은 Base_1 구멍 피쳐와 구속 조건에 의해 외부 참조 링크 관계가 부여되어 Base_1 구멍 피쳐의 위치가 수정되면 카운터 보어의 중심 위치도 같이 수정된다.

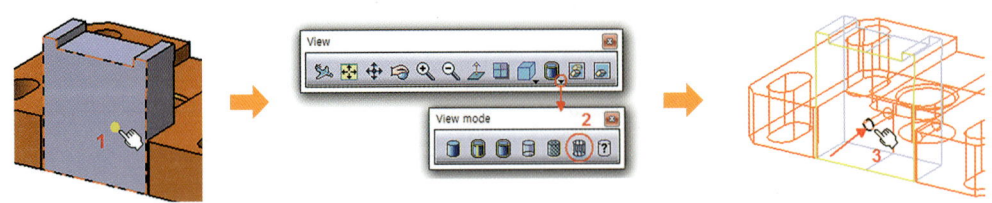

❹ Hole 명령어를 클릭한다.
❺ Extension 탭에서 구멍의 깊이는 Up To Last를 선택하고 지름은 Diameter 입력란에 5.5mm를 기입한다.

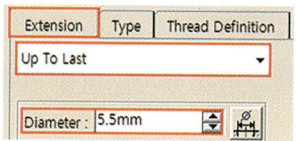

❻ Type 탭에서 Counterbored를 선택하고 카운터 보어의 지름 9.5mm, 깊이 5.4mm를 기입한다.

❼ OK 를 클릭하여 Hole을 생성한다.

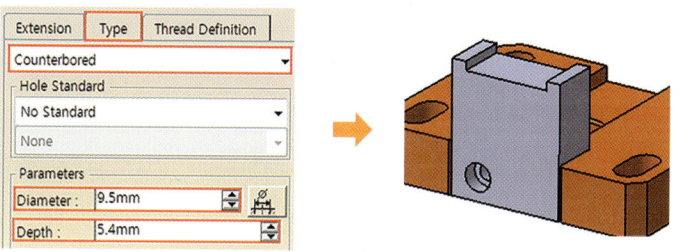

5 Hole을 사용하여 Counterbored 만들기(2)

❶ 카운터 보어가 생성될 면을 선택한다.

❷ 탭 구멍의 중심과 카운터 보어 중심 사이에 동심 구속 조건이 부여되도록 Base_1 파트의 탭 구멍의 모서리를 선택한다.

❸ Hole 명령어를 클릭한다.

❹ Extension 탭에서 구멍의 깊이는 Up To Last를 선택하고 지름은 Diameter 입력란에 5.5mm를 기입한다.

❺ Type 탭에서 Counterbored를 선택하고 카운터 보어의 지름 9.5mm, 깊이 5.4mm를 기입한다.

❻ OK 를 클릭하여 Hole을 생성한다.

6 Hole◻을 사용하여 암나사 만들기

❶ Hole◻ 명령어를 클릭하고 구멍을 배치할 면을 선택한다.

❷ Thread Definition을 클릭한다.
❸ 암나사의 크기를 결정하기 위해 Threaded에 체크한다.
❹ Bottom Type 아래 Type으로 Dimension을 선택한다.

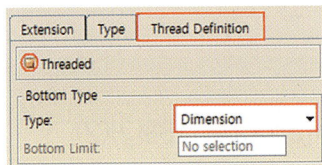

❺ Thread Definition 아래 Type으로 미터 보통나사가 생성되도록 Metric Thick Pitch를 선택하고 Tread Description에서 나사의 호칭지름의 크기로 M5를 선택한다.
❻ Thread Depth 입력란에 탭 깊이로 9mm를 기입한다.
❼ Hole Depth 입력란에 드릴 깊이로 11.25mm를 기입한다.

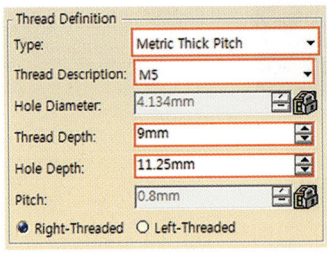

❽ Extension 탭을 클릭하고 Positioning Sketch 아래 Sketch ◻ 버튼을 클릭하여 위치를 지정한다.

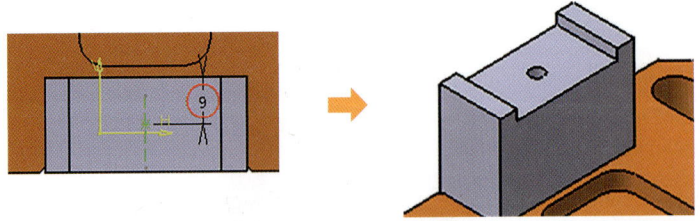

❾ OK 를 클릭하여 Hole을 생성한다.

7 Hole 을 사용하여 핀 구멍 만들기

❶ Hole 명령어를 클릭하고 구멍을 배치할 면을 선택한다.

❷ Extendsion 탭을 클릭하고 Hole 깊이를 지정할 방법으로 Blind를 선택한다.

❸ Diameter 입력란에 구멍의 지름 5mm를 기입하고 Depth 입력란에 구멍의 깊이 7mm를 입력한다.

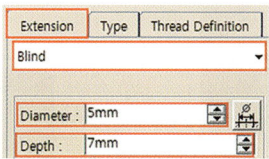

❹ Positioning Sketch 아래 Sketch 버튼을 클릭하여 위치를 지정한다.

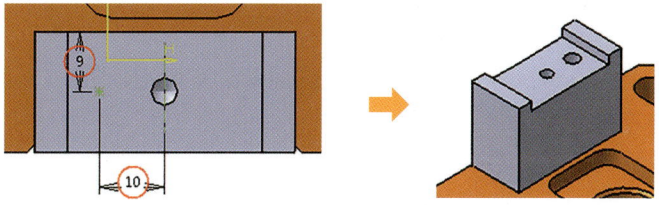

❺ OK 를 클릭하여 Hole을 생성한다.

8 Mirror 를 사용하여 피처 대칭 복사하기

❶ Mirror 명령어를 클릭하여 실행한다.

❷ Mirroring element frame 아래 Mirroring element 선택란에 대칭 기준면으로 Specification Tree에서 yz평면을 선택한다.

❸ Object to mirror frame 아래 Object to mirror 선택란에 대칭시킬 피처로 Specification Tree에서 Hole.4를 선택하거나 그래픽 영역에서 해당 피처를 선택한다.

❹ OK 를 클릭하여 Hole.4 피처를 yz평면을 기준으로 대칭 복사한다.

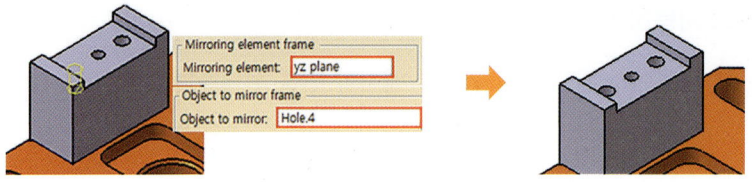

⑨ Chamfer ▨ 를 사용하여 모서리 다듬기

❶ Mode에 거리와 각도값에 의한 모따기의 크기를 정의하기 위해서 Length1/Angle을 선택한다.

❷ Length1의 입력란에 거리값은 1, Angle 입력란에 각도값은 45를 기입한다.

❸ Object(s) to Chamfer 란에 네 모서리를 선택한다.

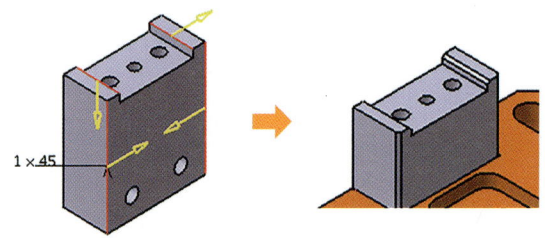

❹ ● OK 를 눌러 명령어를 종료하여 Plate_2 Part 모델링을 완성한다.

⑩ Specification Tree에서 Product1 을 더블 클릭하여 Assembly Design Workbench 작업공간으로 전환한다.

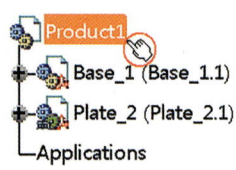

5 Part ▨ 로 어셈블리에 새 Component를 추가하여 Bush Holder 부품 만들기

1 Product Structure Tools 도구모음에서 Part ▨ 명령어를 클릭한 다음 Component가 만들어질 위치로 Specification Tree에서 Product1을 선택한다.

2 Part Number 대화상자에서 New Part Number 입력란에 Bush Holder_3를 기입하고 ● OK 를 클릭하여 새로 추가되는 Component의 이름을 부여한다.

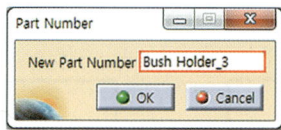

3 New Part: Origin Point 대화상자가 나타나면 '아니오'를 클릭한다.

4 추가된 Bush Holder_3 부품 편집하기

1 Specification Tree에서 Bush Holder_3 파트를 더블 클릭하면 Part Design Workbench 작업공간으로 전환된다.

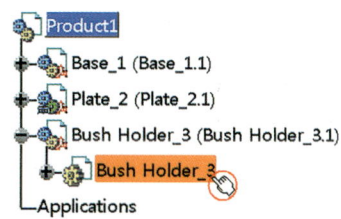

2 Pad에 사용될 스케치 프로파일 만들기

❶ Plate_2에서 형상의 면을 선택하고 Sketcher 도구모음의 Positioned Sketch 를 클릭한다.

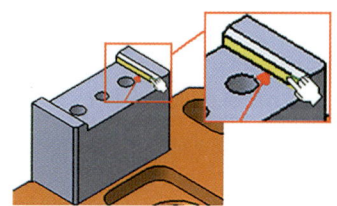

❷ Reverse H를 체크하여 H축 방향을 반전한다.

❸ OK 를 클릭하여 Sketcher Workbench로 들어간다.

❹ Plate_2와 Bush Holder_3 부품 조립관계에서 치수가 항상 같은 크기로 유지되기 위해 Project 3D Elements 명령어로 Plate_2 모서리를 투영하여 외부 참조 링크 관계가 부여될 투영곡선을 작성한다.

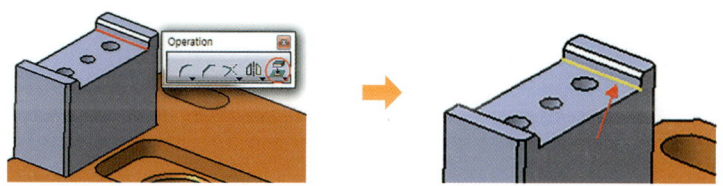

❺ Profile 명령어를 사용하여 스케치를 작성한다.

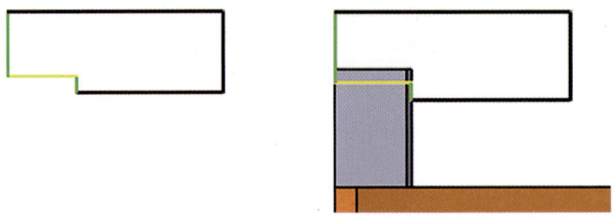

❻ Constraint 명령어를 더블 클릭하여 실행하고 치수값을 부여한다.

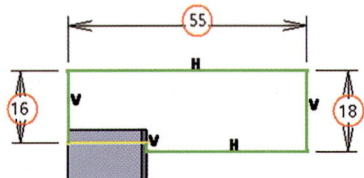

❼ Exit Workbench 를 클릭하여 Sketcher Workbench를 종료하고 Part Design Work bench로 돌아간다.

3 Pad 만들기

❶ Pad 를 클릭하여 명령어를 실행한다.
❷ First Limits 아래 Type으로 Up to plane을 선택한다.
❸ Limit 선택란에 Plate_2 파트의 면을 선택한다. Plate_2와 Bush Holder_3 부품 사이에 조립 끼워 맞춤 부분의 치수가 항상 같은 크기로 유지되도록 돌출 거리로 Plate_2의 면을 선택한다.

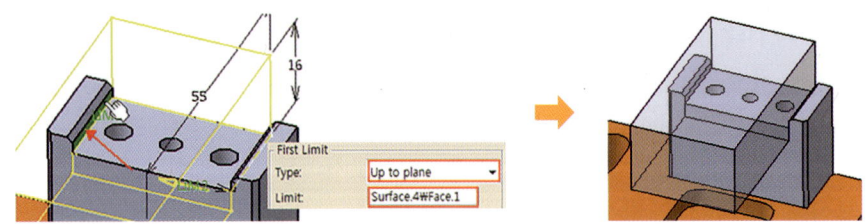

❹ OK 를 클릭하여 명령을 종료한다.

4 Hole 🔘 을 사용하여 Counterbored 만들기

❶ 카운터 보어가 생성될 면을 선택한다.

❷ View 도구모음의 View mode 하위 도구모음에서 Wireframe(NHR) 🔳 을 클릭한다.

❸ 탭 구멍의 중심과 카운터 보어 중심 사이에 동심 구속조건이 부여되도록 Plate_2 파트의 탭 구멍의 모서리를 선택한다. 생성할 카운터 보어의 중심은 Plate_2 구멍 피처와 구속 조건에 의해 외부 참조 링크 관계가 부여되어 Plate_2 구멍 피처의 위치가 수정되면 카운터 보어의 중심 위치도 같이 수정된다.

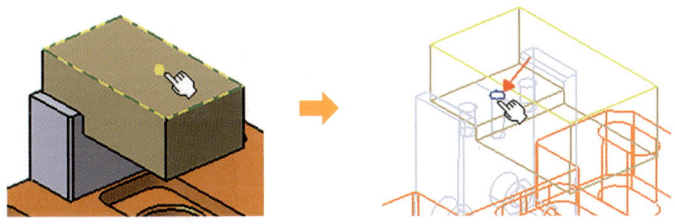

❹ Hole 🔘 명령어를 클릭한다.

❺ Extension 탭에서 구멍의 깊이는 Up To Last를 선택하고 지름은 Diameter 입력란에 5.5mm를 기입한다.

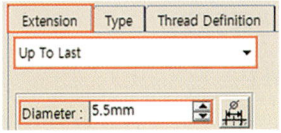

❻ Type 탭에서 Counterbored를 선택하고 카운터 보어의 지름 9.5mm, 깊이 5.4mm를 기입한다.

❼ ● OK 를 클릭하여 Hole을 생성한다.

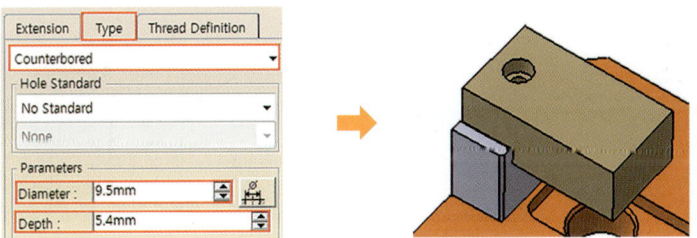

5 Hole 🔘 을 사용하여 핀 구멍 만들기(1)

❶ Hole을 생성할 면을 선택한다.

❷ View 도구모음의 View mode 하위 도구모음에서 Wireframe(NHR) 🔳 을 클릭한다.

❸ 동심 구속조건에 의해 외부 참조 링크 관계가 부여되도록 Plate_2 파트의 핀 구멍의 모서리를 선택한다.

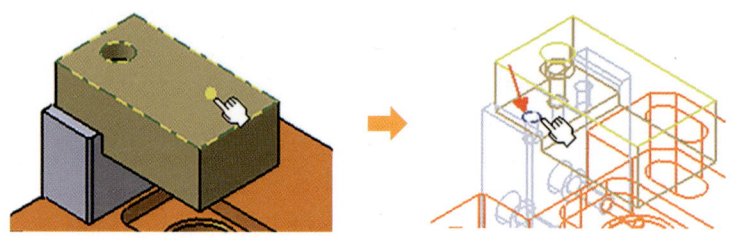

❹ Hole ◙ 명령어를 클릭한다.
❺ Extension 탭을 클릭하고 구멍의 깊이는 Up To Last를 선택한다.
❻ Diameter 입력란에 구멍의 지름 5mm를 입력한다.

❼ OK 를 클릭하여 Hole을 생성한다.

6 Hole ◙ 을 사용하여 핀 구멍 만들기(2)

❶ Hole을 생성할 면을 선택한다.
❷ View 도구모음의 View mode 하위 도구모음에서 Wireframe(NHR) ▧ 을 클릭한다.
❸ 동심 구속조건에 의해 외부 참조 링크 관계가 부여되도록 Plate_2 파트의 핀 구멍의 모서리를 선택한다.

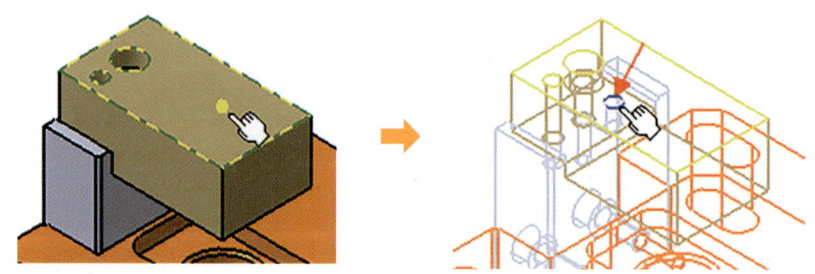

❹ Hole ◙ 명령어를 클릭한다.
❺ Extension 탭을 클릭하고 구멍의 깊이는 Up To Last를 선택한다.
❻ Diameter 입력란에 구멍의 지름 5mm를 입력한다.

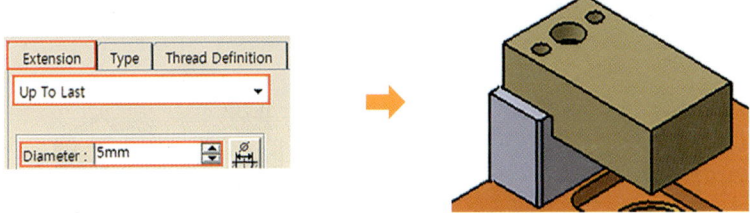

❼ ● OK 를 클릭하여 Hole을 생성한다.

7 Hole을 사용하여 Bush가 조립될 구멍 만들기

❶ Hole을 생성할 면을 선택한다.
❷ 동심 구속조건에 의해 외부 참조 링크 관계가 부여되도록 Base_1 파트의 구멍의 모서리를 선택한다.

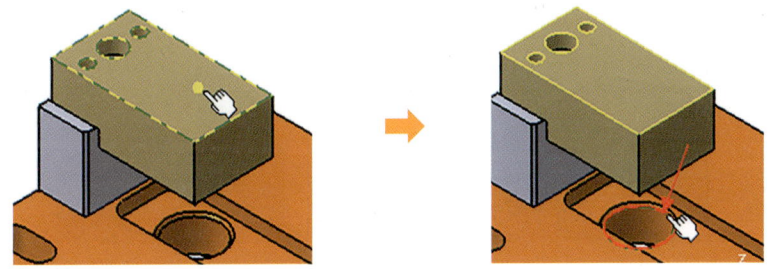

❸ Hole 명령어를 클릭한다.
❹ Extension 탭을 클릭하고 구멍의 깊이는 Up To Last를 선택한다.
❺ Diameter 입력란에 구멍의 지름 15mm를 입력한다.

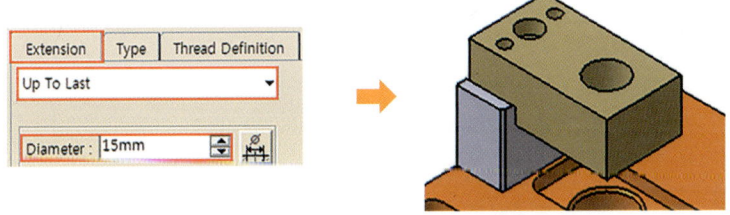

❻ ● OK 를 클릭하여 Hole을 생성한다.

8 Chamfer를 사용하여 모서리 다듬기

❶ Mode에 거리와 각도값에 의한 모따기의 크기를 정의하기 위해서 Length1/Angle을 선택한다.
❷ Length1의 입력란에 거리값은 1, Angle 입력란에 각도값은 45를 기입한다.

❸ Object(s) to Chamfer 란에 모서리를 선택한다.

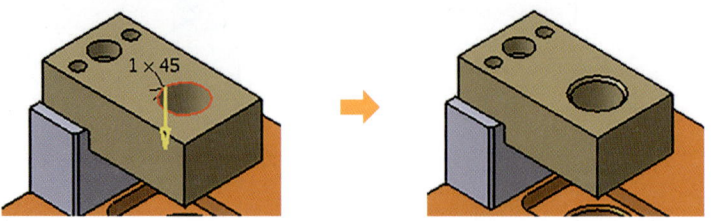

❹ ● OK 를 눌러 명령어를 종료한다.

9 Edge Fillet 을 사용하여 모서리 다듬기

❶ Edge Fillet 명령어를 클릭하여 실행한다.
❷ Edge Fillet Definition 대화상자에서 Radius 입력란에 5mm를 입력한다.
❸ Object(s) to fillet 란에 필렛을 부여할 모서리를 선택한다.

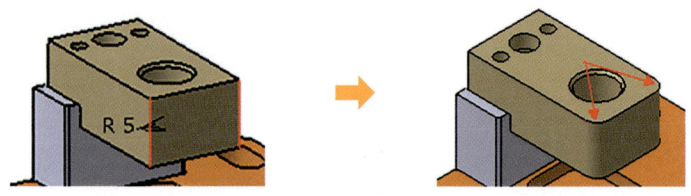

❹ ● OK 를 눌러 명령어를 종료하여 Bush Holder_3 Part 모델링을 완성한다.

10 Specification Tree에서 Product1을 더블 클릭하여 Assembly Design Workbench 작업공간으로 전환한다.

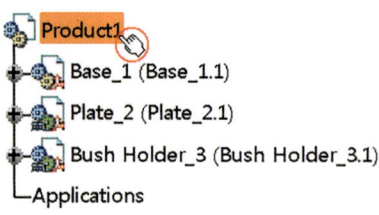

6 Part 로 어셈블리에 새 Component를 추가하여 Drill Bush 부품 만들기

1 Product Structure Tools 도구모음에서 Part 명령어를 클릭한 다음 Component가 만들어질 위치로 Specification Tree에서 Product1을 선택한다.

2 Part Number 대화상자에서 New Part Number 입력란에 Drill Bush_4를 기입하고 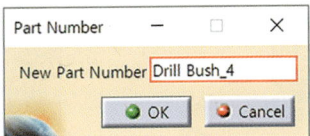 를 클릭하여 새로 추가되는 Component의 이름을 부여한다.

3 New Part : Origin Point 대화상자가 나타나면 '아니오'를 클릭한다.

4 추가된 Drill Bush_4 부품 편집하기

1 Specification Tree에서 Drill Bush_4 파트를 더블 클릭하면 Part Design Workbench 작업공간으로 전환된다.

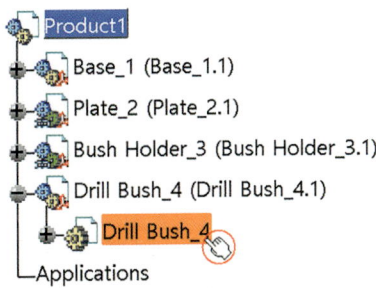

2 Pad 에 사용될 스케치 프로파일 만들기

❶ Bush Holder_3에서 형상의 면을 선택하고 Sketcher 도구모음의 Positioned Sketch 를 클릭한다.

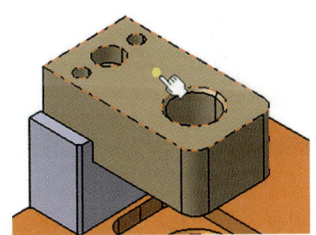

CHAPTER 04 Top-down(하향식) 방식으로 Drill Jig 조립품 만들기

❷ Swap에 체크하여 H축과 V축을 바꾸고 Reverse H와 Reverse V를 체크하여 H축과 V축 방향을 반전한다.

❸ OK 를 클릭하여 Sketcher Workbench로 들어간다.

❹ Bush Holder_3과 Drill Bush_4 부품 조립관계에서 치수가 항상 같은 크기로 유지되도록 Project 3D Elements 명령어로 Bush Holder_3 모서리를 투영하여 외부 참조 링크 관계가 부여될 투영곡선을 작성한다.

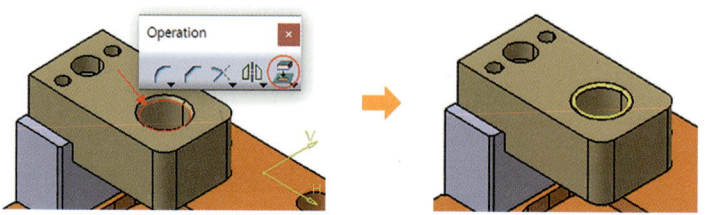

❺ Circle 명령어를 사용하여 스케치를 작성한다.
❻ Constraint 명령어를 클릭하여 실행하고 치수값을 부여한다.

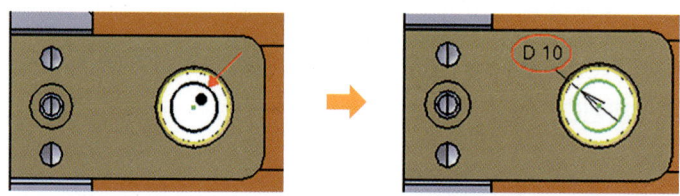

❼ Exit Workbench를 클릭하여 Sketcher Workbench를 종료하고 Part Design Workbench로 돌아간다.

3 Pad 만들기

❶ Pad를 클릭하여 명령어를 실행한다.
❷ First Limits 아래 Type으로 Up to plane을 선택한다.
❸ Limit 선택란에 Bush Holder_3 파트의 면을 선택한다.

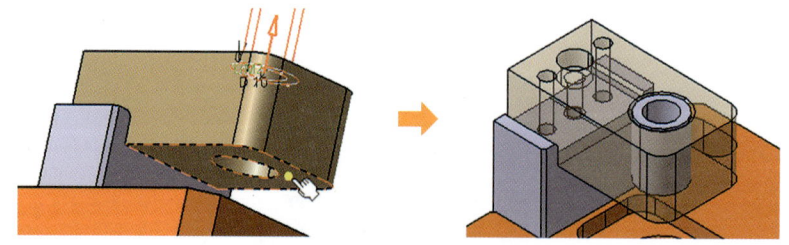

❹ OK 를 클릭하여 명령을 종료한다.

4 Chamfer 를 사용하여 모서리 다듬기

❶ Mode에 거리와 각도값에 의한 모따기의 크기를 정의하기 위해서 Length1/Angle을 선택한다.
❷ Length1의 입력란에 거리값은 1, Angle 입력란에 각도값은 45를 기입한다.
❸ Object(s) to Chamfer 란에 모서리를 선택한다.

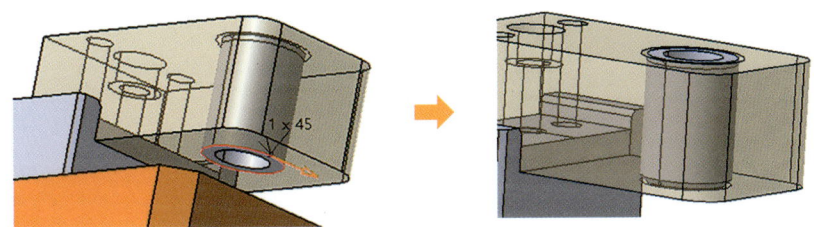

❹ OK 를 눌러 명령어를 종료한다.

5 Edge Fillet 을 사용하여 모서리 다듬기

❶ Edge Fillet 명령어를 클릭하여 실행한다.
❷ Edge Fillet Definition 대화상자에서 Radius 입력란에 1mm를 입력한다.
❸ Object(s) to fillet 란에 필렛을 부여할 모서리를 선택한다.

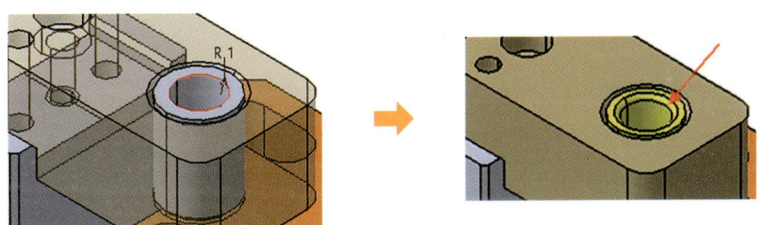

❹ OK 를 눌러 명령어를 종료하여 Drill Bush_4 Part 모델링을 완성한다.

6 Specification Tree에서 Product1을 더블 클릭하여 Assembly Design Workbench 작업공간으로 전환한다.

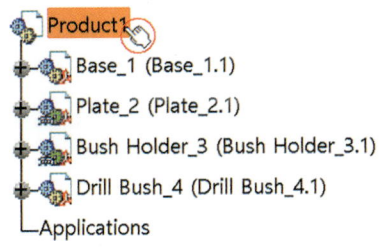

7. Top-down(하향식) 방식으로 어셈블리를 완성한 Drill Jig 저장하기

1 Product1 이름 변경하기

❶ Product1에 마우스를 가져다 놓고 마우스 오른쪽버튼을 누른 후 콘텍스트 메뉴에서 Properties 를 선택한다.

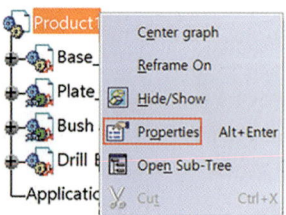

❷ Properties 대화상자에서 Product 탭을 선택하고 Part Number 필드란을 "Drill Jig"로 변경한다.

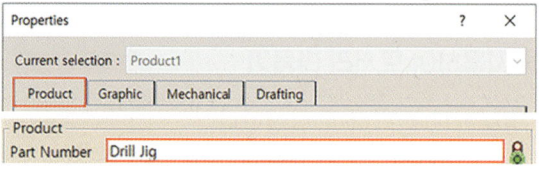

2 파일 저장하기

❶ 메뉴모음에서 File > Save Management를 선택한다.
❷ Save Management 대화상자에서 Drill Jig.CATProduct 파일을 선택하고 Save As... 를 클릭한다.
❸ 저장 폴더를 선택하고 파일 이름을 지정하고 저장 버튼을 누른다.
❹ Save Management 대화상자에서 Propagate directory 를 클릭하고 OK 를 눌러 저장한다. 이때 Propagate directory 는 Product 파일이 저장된 폴더에 Part 파일과 다른 위치에서 불어온 Part 파일을 같은 폴더에 저장해 주는 기능이다.

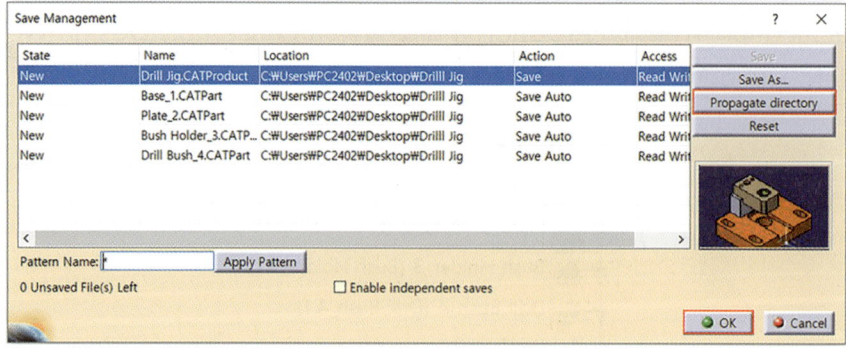

CHAPTER 05 | Caster 분해 장면 작성하기

예제 도면 3D형상 모델링 작업하기

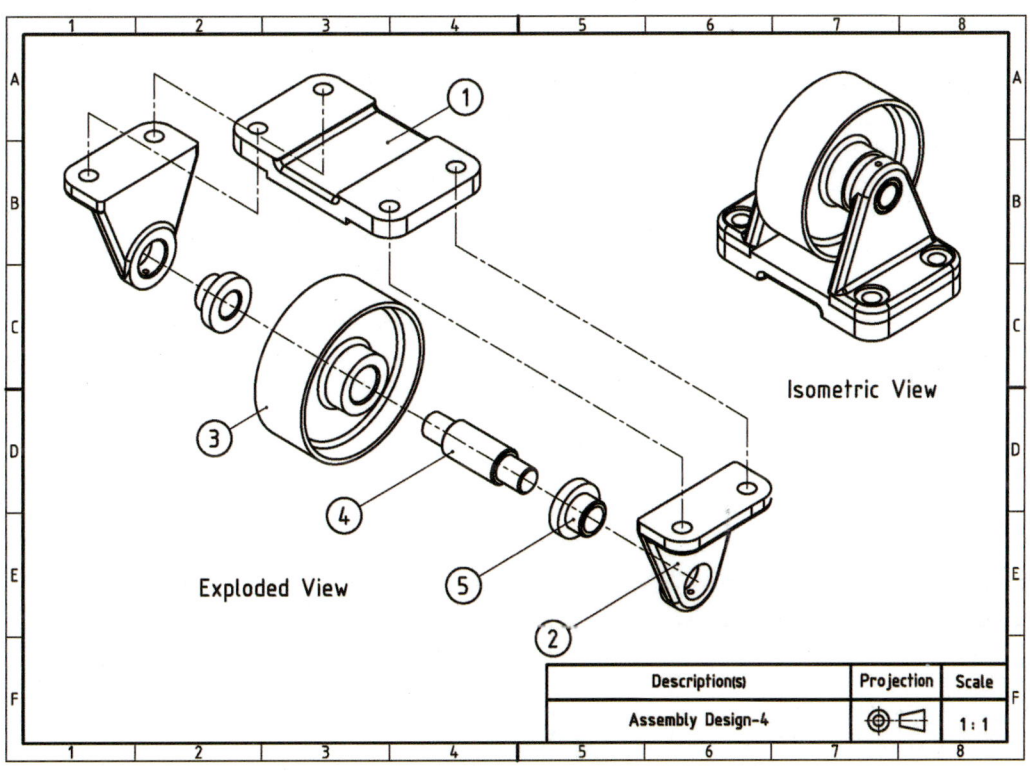

1 Caster_Assembly.CATProduct 파일 불러오기

분해도를 작성하기 위한 분해 장면을 만들기 위해 조립된 Caster 파일을 불러온다.

1 메뉴모음에서 File 〉 Open을 클릭한다.

2 Caster_Assembly.CATProduct 파일이 있는 폴더로 이동한 후 해당 파일을 선택하고 열기를 클릭한다.

2 분해 뷰 지정하기

1 메뉴모음에서 View 〉 Navigation Mode 〉 Muti-View Customization을 클릭한다.

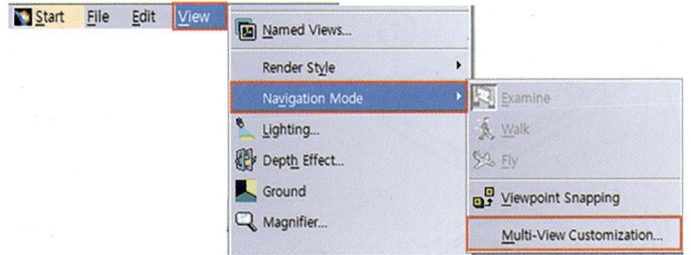

2 View & Layout 대화상자 설정
❶ Automatic 탭을 선택한다.
❷ View Selection에서 우측 상단에 있는 아이소메트릭 뷰를 클릭하여 뷰 그룹을 선택한다.

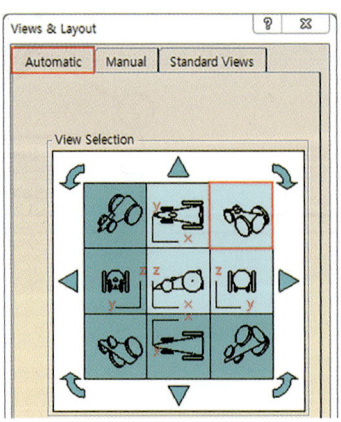

❸ 화살표▷와 회전 🔄 버튼을 클릭하여 중앙 뷰 방향을 변경하고 ◉ OK 를 클릭하여 Muti-View Customization 명령을 종료한다.

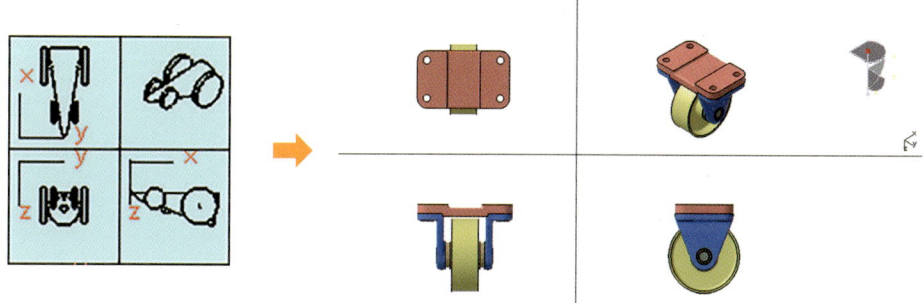

TIP

• 모든 3D 개체에는 물체의 좌표에 따라 6개의 표준 보기 방향이 있으며 정육면체의 각 면은 3D축의 방향 중 하나이다. 3개의 표준 뷰와 View Selection 영역에서 펼쳐진 표준 보기의 기본 구성은 아래와 같다.

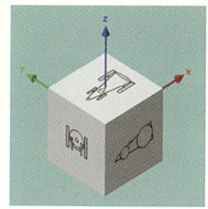 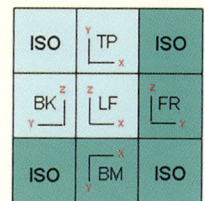

ISO : 아이소메트릭 뷰
TP : 상단 뷰
BK : 후면 뷰
LF : 좌측 뷰
FR : 정면 뷰
BM : 바닥 뷰

• View Selection 영역에서 4개의 아이소메트릭 뷰 중 하나를 클릭하면 뷰 그룹이 선택된다.

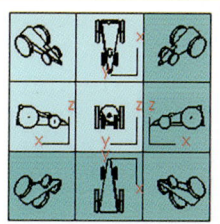 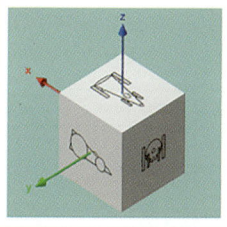 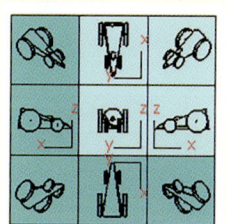 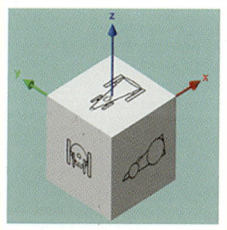

▲ 왼쪽 상단 아이소메트릭 뷰를 선택한 경우   ▲ 오른쪽 상단 이이소메트릭 뷰를 선택한 경우

• 화살표▷ 버튼을 클릭하여 기준 뷰로 설정할 표준 뷰를 중앙으로 이동하고 회전🔄 버튼을 클릭하여 기준 뷰를 90°씩 회전시킬 수 있다.

3 네 개의 뷰 창 중 아이소메트릭 뷰 창을 선택한 다음 View 도구모음의 Create Multi-View 명령어를 클릭하여 현재 뷰 창이 되도록 한다.

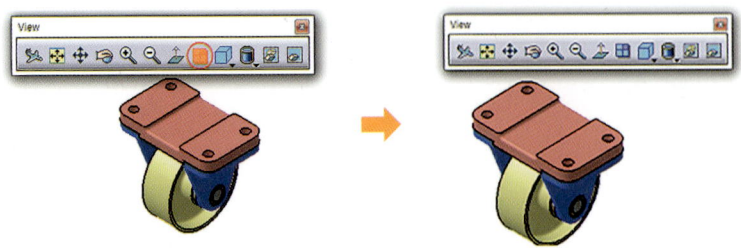

4 현재 보기 방향의 뷰 이름을 지정하여 사용자 정의 뷰 만들기

1 View 도구모음의 Quick view 하위 도구모음에서 Named views 를 클릭하여 실행한다.

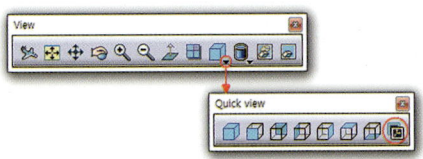

2 Named Views 대화상자 설정

❶ Add 를 클릭한다.

❷ 목록에 새로운 뷰가 추가된다. 뷰의 기본 이름은 Camera1이다.

❸ Camera1 이름을 편집 상자에서 'My New View'로 바꾸고 OK 를 클릭하여 새 뷰를 만든다.

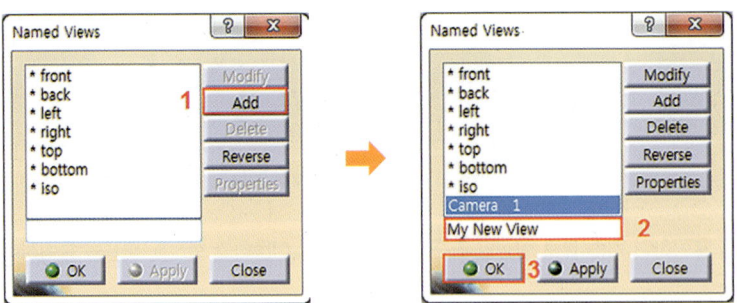

3 Enhanced Scene 기능을 사용하여 분해 장면 만들기

Enhanced Scene 기능을 사용하여 조립 상태와 다른 부품 배치나 분해 상태, 구성요소 그래픽 속성 (색상, 투명도, 선종류, 선 굵기), 부품이 숨겨진 상태 등의 장면을 표현할 수 있다.

1 Scenes 도구모음에서 Enhanced Scene  명령어를 클릭한다.

2 Enhanced Scene 대화상자 설정

❶ 생성되는 장면의 이름을 사용자가 정의하려면 Automatic naming을 체크 해제하고 Name 텍스트 입력 필드에 이름을 입력한다. 여기서는 Expolded1 이름으로 지정한다.

❷ Overload Mode로 Full을 선택한다.

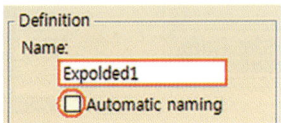

- Partial 모드 : Scene을 만들고 난 후 어셈블리의 그래픽 속성이 수정되면 Scene에 영향을 미친다. Overload Mode Partial로 생성된 Enhanced Scene은 Specification Tree에 기호로 표시된다.
- Full 모드 : Scene을 만들고 난 후 어셈블리의 그래픽 속성이 수정되어도 Scene에 영향을 주지 않는다. Overload Mode Full로 생성된 Enhanced Scene은 Specification Tree에 기호로 표시된다.

❸ 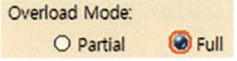 를 클릭하면 장면 생성 모드로 전환되며 배경색이 바뀐다.

3 Compass를 사용하여 Component 이동하기

1 Compass에 마우스를 가져다 놓고 마우스 오른쪽버튼을 클릭한 후 콘텍스트 메뉴에서 Snap Automatically to Selected Object를 선택한다. 이렇게 하면 선택한 부품에 자동으로 스냅되며, Compass가 해당 부품의 위치로 이동하여 부품의 이동 및 조작에 유용하다.

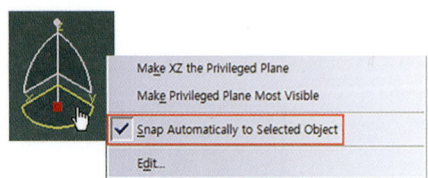

2 분해할 부품을 선택하기 용이하도록 View 도구모음의 Quick view 하위 도구모음에서 Front View를 클릭하여 실행한다.

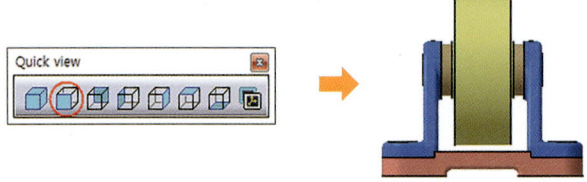

3 그래픽 영역에서 마우스 왼쪽버튼을 클릭 드래그하여 박스로 선택하거나 Ctrl을 누른 채 Base Component를 제외한 나머지 Component를 선택한다.

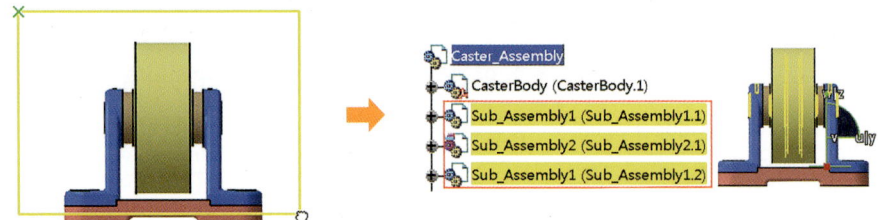

4 Compass의 Z축을 클릭 드래그하여 Z축 방향으로 Component를 이동한다.

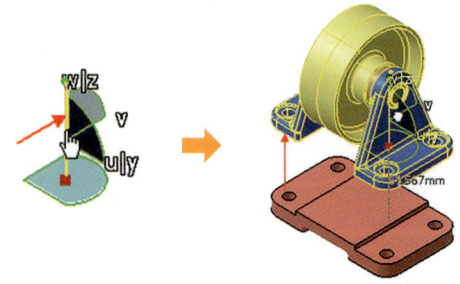

5 Sub_Assembly1(Support와 Bush 조립품) 이동하기

❶ Quick view 하위 도구모음에서 Named views 를 클릭하고 My New View를 선택한 후 OK 를 클릭하여 보기 방향을 바꾼다.

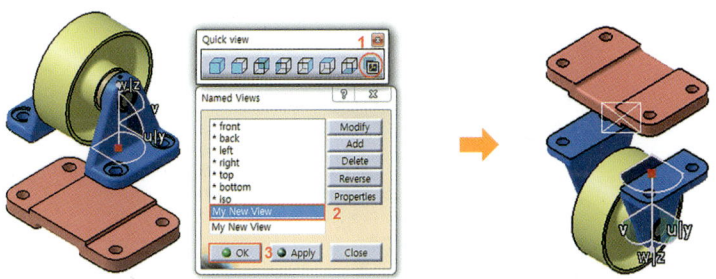

❷ Specification Tree에서 Sub_Assembly1을 선택하고 Compass의 Y축을 클릭 드래그하여 Y축 방향으로 Component를 이동한다.

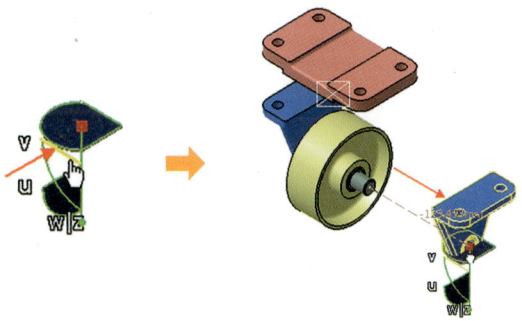

❸ Specification Tree에서 반대쪽에 조립되어 있는 Sub_Assembly1을 선택하고 Compass의 Y축을 클릭 드래그하여 Y축 방향으로 Component를 이동한다.

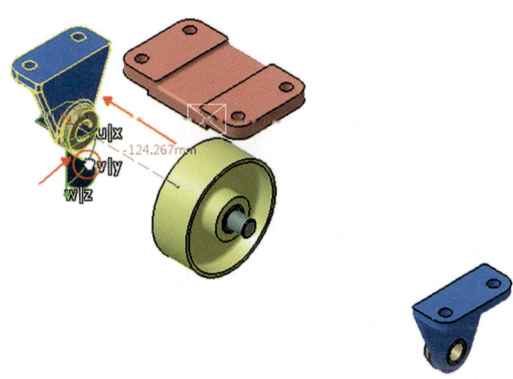

6 Sub_Assembly2(Wheel과 Shaft 조립품) 이동하기

Specification Tree에서 Sub_Assembly2를 선택하고 Compass의 Y축을 클릭 드래그하여 Y축 방향으로 Component를 이동한다.

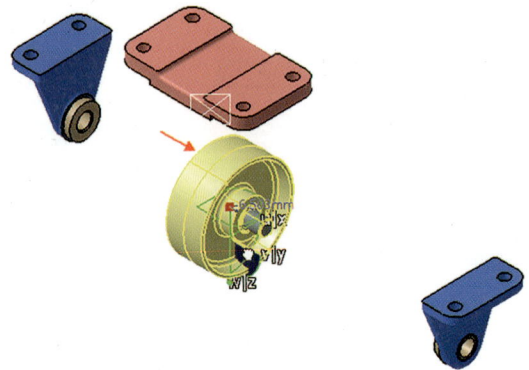

7 Bush와 Shaft Component 이동하기

❶ 그래픽 영역에서 Bush Component를 선택하고 Compass의 Y축을 클릭 드래그하여 Y축 방향으로 Component를 이동한다.

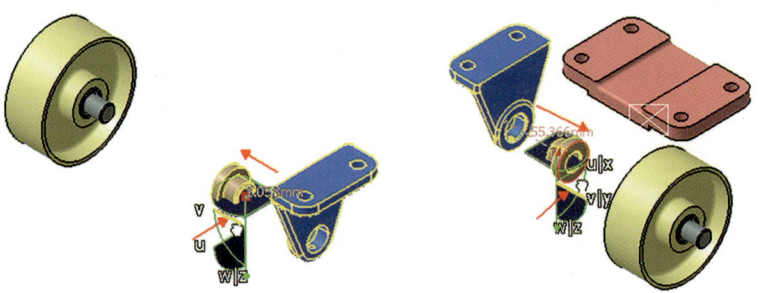

❷ 그래픽 영역에서 Shaft Component를 선택하고 Compass의 Y축을 클릭 드래그하여 Y축 방향으로 Component를 이동한다.

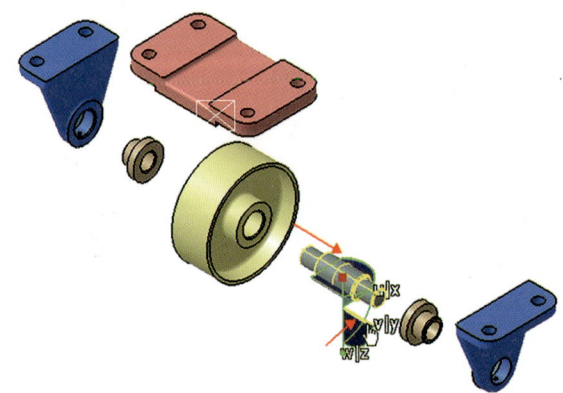

8 Scene 종료하기

Scene 생성 영역에서 현재 뷰 방향을 저장하고자 한다면 Save Viewpoint를 클릭하고 생성한 분해 장면을 저장하고 나가기 위해 Exit Scene을 클릭한다. 또한 생성한 Scene 영역으로 이동하고자 한다면 Specification Tree에서 Scene 아래에 장면 이름을 더블 클릭한다.

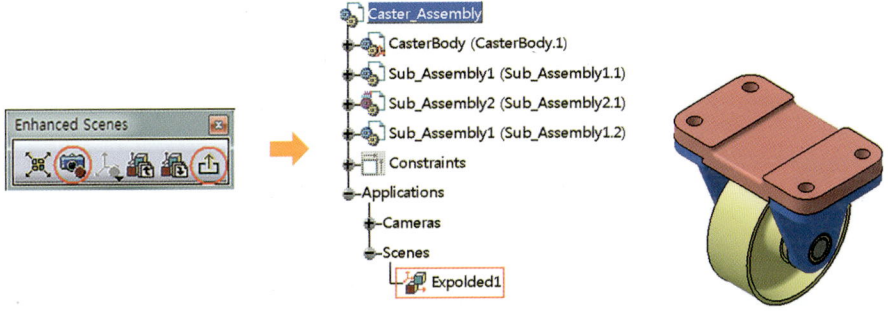

4 완성된 조립된 장면과 분해된 장면

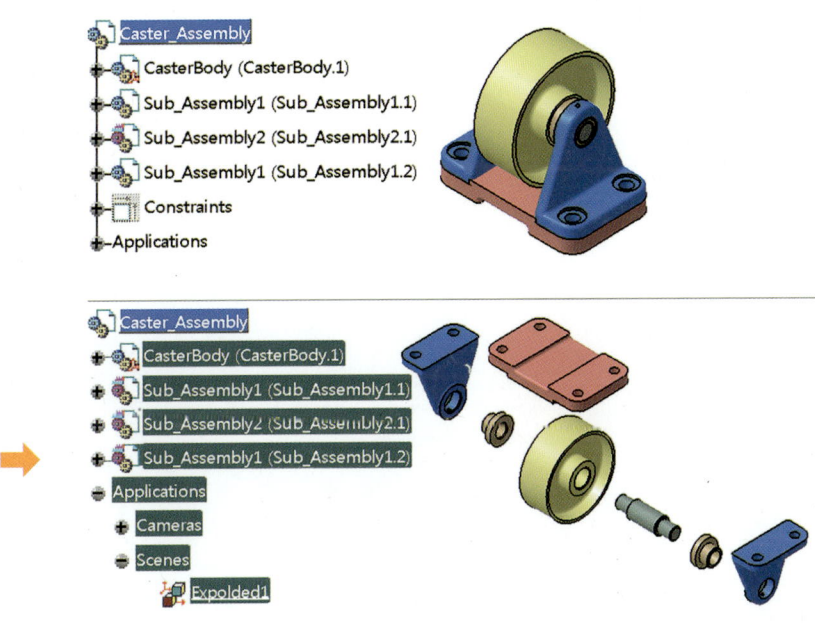

PART 06

GENERATIVE DRAFTING

CHAPTER 01   Generative Drafting Workbench 시작하기
CHAPTER 02   조립도와 분해도 만들기
CHAPTER 03   부품도 만들기

CHAPTER 01 | Generative Drafting Workbench 시작하기

1. Drafting

3차원으로 구성된 조립품이나 부품을 제작에 필요한 2차원 도면으로 작성하기 위해 Drafting 작업을 한다. Drafting은 Interactive Drafting과 Generative Drafting 두 가지로 구분된다.

1 Interactive Drafting

Interactive Drafting은 3차원 형상의 모델을 기반으로 2D 도면을 자동으로 생성하는 것이 아니라 Drafting 작업 공간 내에서 직접 도면을 그려내는 것이다. Interactive Drafting으로 시작하려면 Part Design 또는 Generative Shape Design, Assembly Design 등에서 Drafting 작업 공간으로 전환하는 것이 아니라 새로운 Drafting 작업 공간을 생성한다. 즉 CATIA를 시작한 후 또는 다른 작업 창을 모두 닫은 후에 Drafting을 선택하고 시작한다.

2 Generative Drafting

Generative Drafting은 Drawing 작업 공간에서 직접 도면을 그려내는 것이 아니라 이미 만들어진 3차원 형상과 링크 관계 가지는 2D 도면을 자동으로 생성한다. Generative Drafting으로 시작하려면 먼저 도면을 추출하고자 하는 모델의 작업 공간에서 Drafting 작업 공간으로 전환해야 한다. 즉 도면 작업을 할 3D 모델링 창을 열어놓은 상태에서 Drafting을 선택하고 시작한다.

3D 프로그램에서 직접 도면을 그리는 경우보다는 3D 모델링을 기반으로 2D 도면을 자동으로 생성하는 방법을 많이 쓰기 때문에 이 책에서는 Generative Drafting 기반으로 도면을 작성하는 내용에 대해 설명하도록 한다.

2 Generative Drafting Workbench 시작하기

1 도면을 작성할 3D 모델링 파일이 열려져 있는 상태에서 메뉴모음의 Start 〉 Mechanical Design 〉 Drafting Workbench를 선택하거나 사용자가 Favorites 리스트에 추가한 Drafting Workbench를 선택하면 New Drawing Creation 대화상자가 나타난다. New Drawing Creation 대화상자에서 투상도 자동 배치, 규격과 도면 크기 및 방향을 설정하고 OK 를 클릭하여 Drafting Workbench 작업 공간에서 도면 작업을 시작한다.

❶ 도면을 작성할 3D 모델링 파일을 열어 놓는다.

❷ Start 〉 Mechanical Design 〉 Drafting Workbench를 선택하여 작업공간을 전환한다.

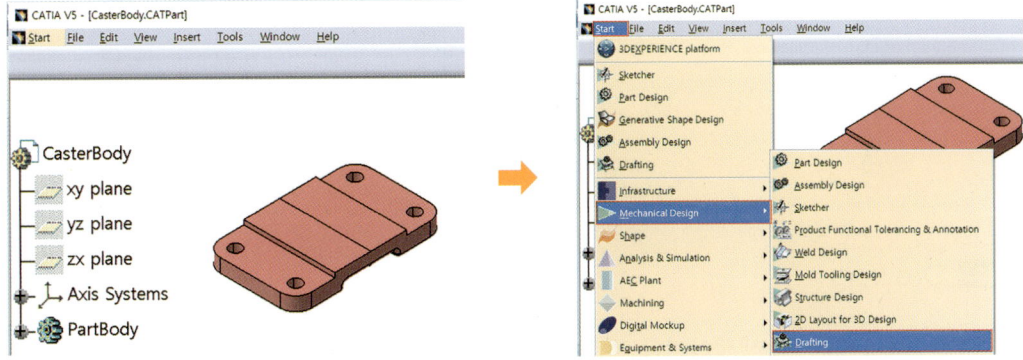

2 CATIA를 시작한 후 또는 다른 작업 창을 모두 닫은 후에 Drafting Workbench를 선택하면 New Drawing 대화상자가 나타난다. New Drawing 대화상자에서 규격과 도면 크기 및 방향을 설정하고 OK 를 클릭하여 Drafting Workbench 작업 공간으로 들어간 다음 도면을 작성할 3D 모델링 파일을 열어 놓고 도면 작업을 시작한다.

3 Drafting Workbench에서 2D 도면 작업에 사용할 도구모음

1 Views

도면에 정면도와 관련 투상도, 입체도, 단면도, 부분단면도, 상세도, 부분투상도 등의 다양한 뷰를 생성하는 명령어로 구성되어 있다.

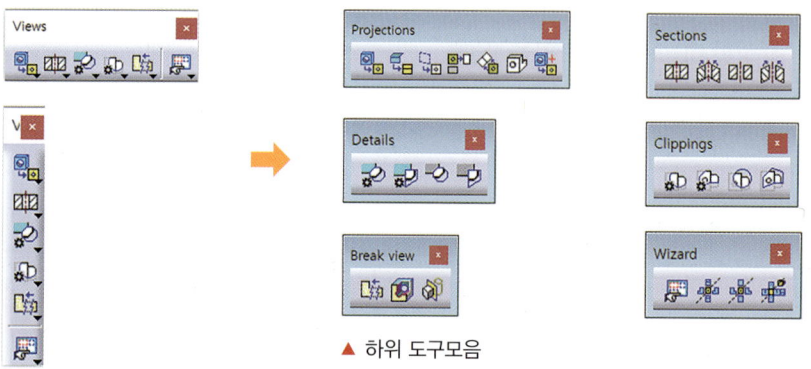

▲ 하위 도구모음

2 Drawing

새로운 Drawing Sheet를 생성하거나 새로운 View를 생성하는 명령어로 구성되어 있다.

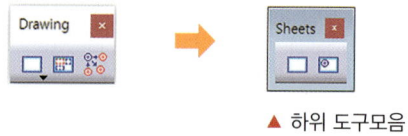

▲ 하위 도구모음

3 Dress-up

도면에 그려진 원의 중심표시, 축선, Thread 표시, 영역 채우기 등을 표시해 주는 명령어로 구성되어 있다.

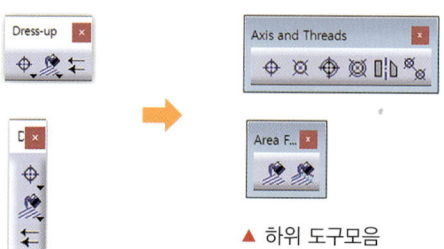

▲ 하위 도구모음

4 Dimensioning

선형, 정렬, 각도, 지름, 반지름, 직렬, 병렬, 누진 치수 및 데이텀과 기하공차 등 치수와 관련된 다양한 형태의 치수를 기입하는 명령어와 기입된 치수를 편집하는 명령어로 구성되어 있다.

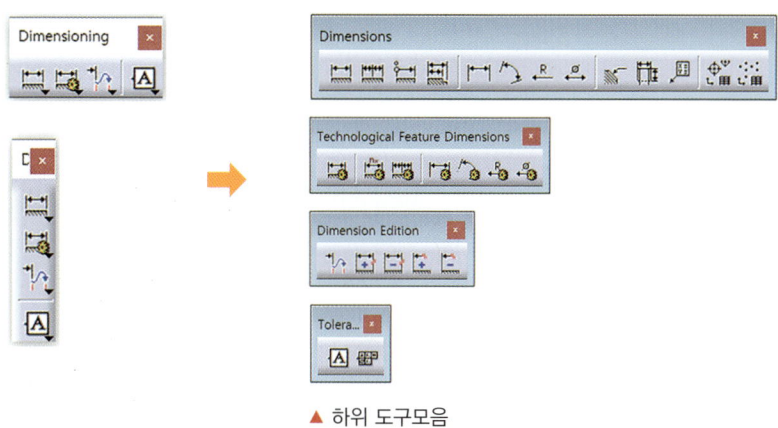

▲ 하위 도구모음

5 Annotations

텍스트 주석, 지시선, 표면 거칠기, 용접기호 등 특정 부분에 대한 정보를 제공하거나 설명하기 위한 명령어로 구성되어 있다.

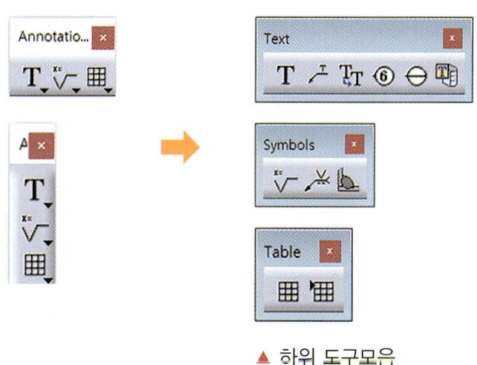

▲ 하위 도구모음

CHAPTER 02 조립도와 분해도 만들기

1 분해 장면을 완성한 Caster_Assembly.CATProduct 파일 불러오기

1 메뉴모음에서 File 〉 Open을 클릭한다.

2 Caster_Assembly.CATProduct 파일이 있는 폴더로 이동한 후 해당 파일을 선택하고 열기를 클릭한다.

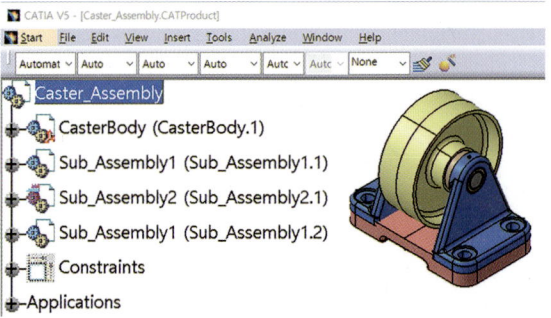

2 Drafting Workbench 선택하여 들어가기

1 메뉴모음의 Start 〉 Mechanical Design 〉 Drafting Workbench를 선택하거나 사용자가 Favorites 리스트에 추가한 Drafting Workbench를 선택한다.

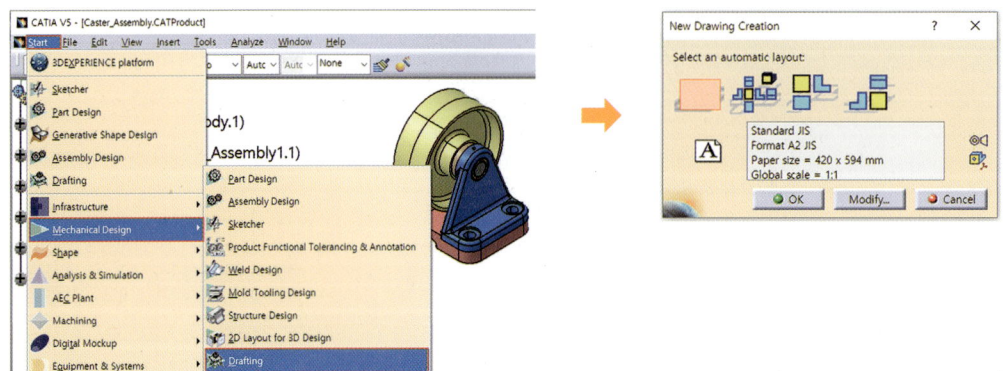

2 New Drawing Creation 대화상자 설정

1 Select an automatic layout에서 투상도를 자동으로 생성하여 배치하지 않고 비어 있는 시트를 생성하기 위해 Empty sheet를 선택한다.

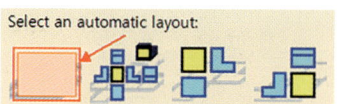

2 Modify를 클릭하여 New Drawing 대화상자 나타나게 한다.

3 New Drawing 대화상자 설정

❶ Standard 드롭다운 메뉴에서 표준 규격으로 JIS를 선택한다. 표준 규격을 JIS를 선택한 이유는 투상법이 기본 설정 값으로 제3각법으로 되어 있기 때문이다.

❷ Sheet Style 드롭다운 메뉴에서 도면의 크기로 A2 JIS를 선택하고 도면의 긴 쪽이 가로 방향으로 놓이도록 Landscape를 선택한다.

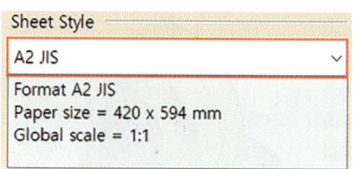
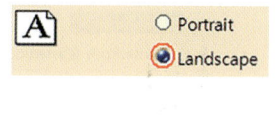

❸ OK를 클릭하여 New Drawing 대화상자를 닫고 다시 OK를 클릭하여 New Drawing Creation 닫으면 Drafting Workbench 작업공간으로 들어간다.

3 조립된 형상을 등각투상도로 만들기

1 Views 도구모음의 Projections 하위 도구모음에서 Isometric View 를 클릭하여 실행한다.

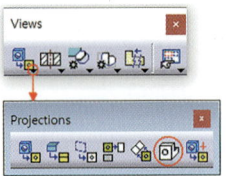

2 메뉴모음에서 Window 〉 Caster_Assembly.CATProduct를 선택하여 Caster_Assembly 화면으로 전환한다. 열려진 화면을 전환하고자 할 때 Ctrl + tab 을 눌러 전환할 수 있다.

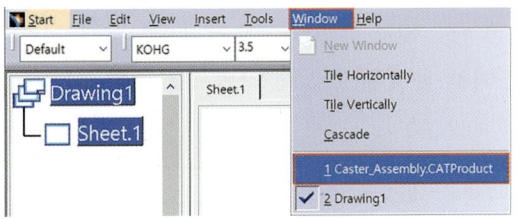

3 Isometric View 는 현재 보이는 방향으로 뷰가 생성되기 때문에 뷰 방향을 결정한 후 Isometric View를 생성할 형상의 면을 선택한다.

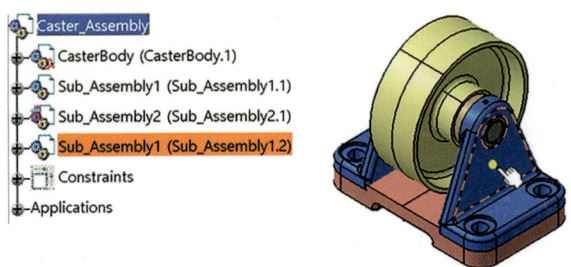

4 도면 공간으로 자동으로 전환되면서 생성할 뷰의 미리보기가 나타나면 마우스 왼쪽버튼을 클릭하거나 뷰 방향 조작기의 중앙에 있는 원을 클릭하여 뷰를 생성한다.

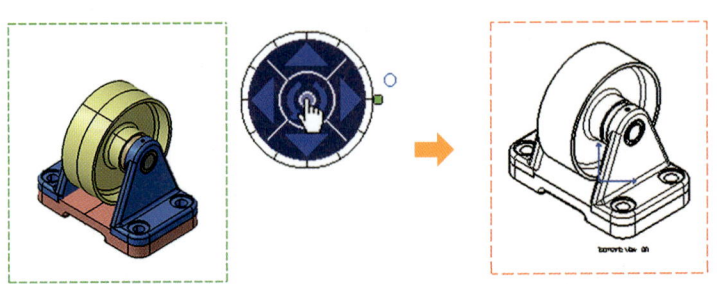

Front View, Isometric View, View Creation Wizard를 사용하여 뷰를 생성할 때 뷰 방향 조작기를 사용하여 참조 평면의 방향을 재정의할 수 있다.

5 빨간색 뷰 프레임을 클릭 드래그하여 원하는 위치로 뷰를 이동한다.

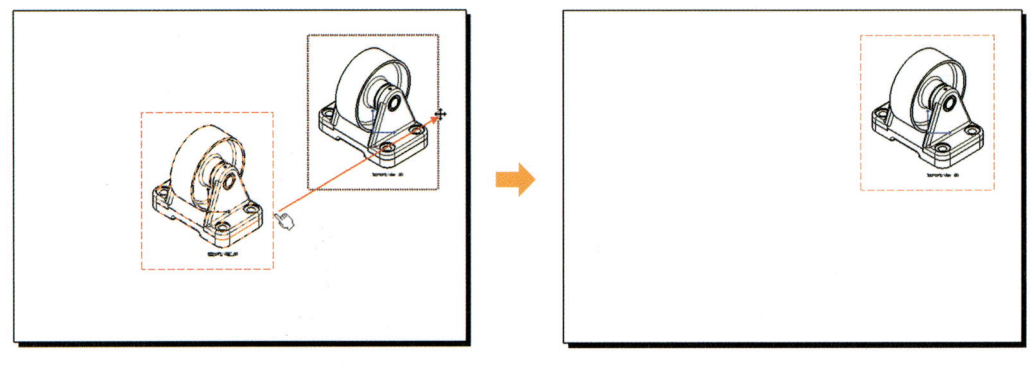

TIP

시트에 그리드 표시를 없애고자 한다면 Visualization 도구모음의 Sketcher Grid ▦ 명령을 비활성화한다.

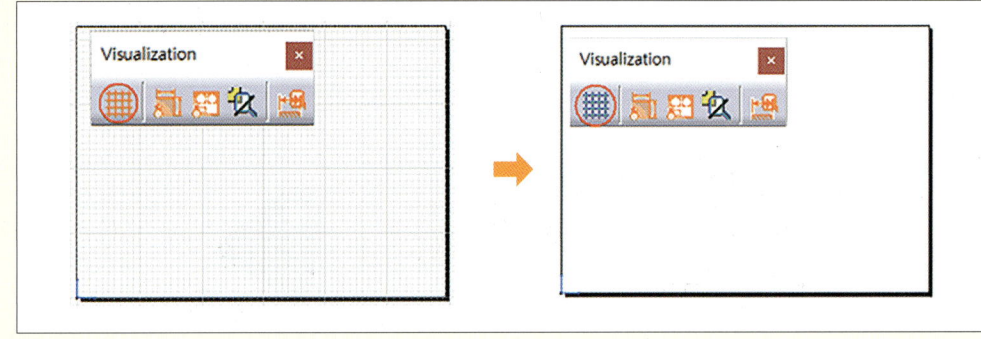

4 분해된 형상을 등각투상도로 만들기

1 Isometric View ▢를 클릭하여 실행한다.

2 메뉴모음에서 Window 〉 Caster_Assembly.CATProduct를 선택하여 Caster_Assembly 화면으로 전환한다.

3 Isometric View ▢의 뷰 방향을 결정하기 위해 View 도구모음의 Quick view 하위 도구모음에서 Named views ▣를 클릭하고 뷰 방향으로 사용자가 지정해 놓은 My New View를 선택한다.

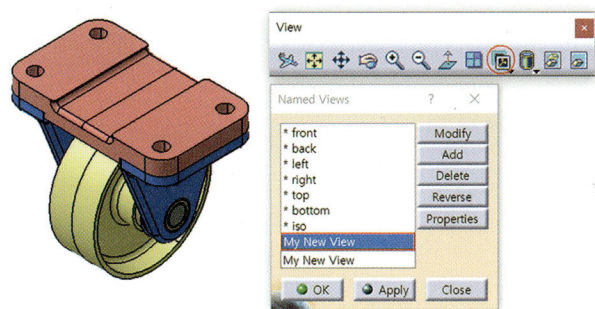

4 분해된 형상을 등각투상도로 만들기 위해 Specification Tree에서 Exploded1을 선택한 다음 Isometric View를 생성할 형상의 면을 선택한다. Specification Tree에서 Scene 아래 Exploded1을 더블 클릭하여 Scene 영역으로 이동한 후 형상의 면을 선택해도 된다.

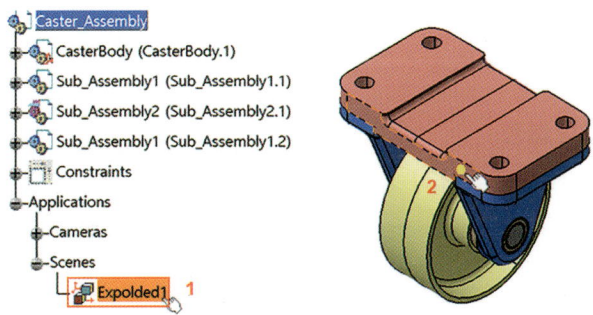

5 마우스 왼쪽버튼을 클릭하거나 뷰 방향 조작기의 중앙에 있는 원을 클릭하여 뷰를 생성한다.

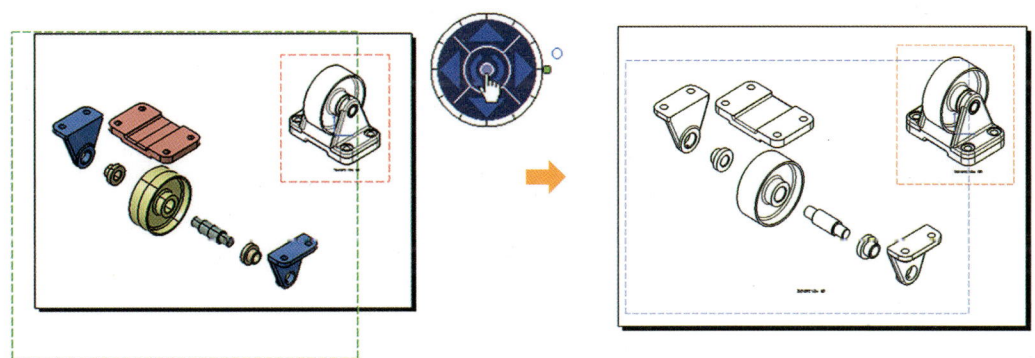

5 조립된 Isometric View 음영처리 하기

1 조립된 Isometric View 프레임에 마우스를 가져다 놓고 마우스 오른쪽버튼을 누른 후 콘텍스트 메뉴에서 Properties 를 선택한다.

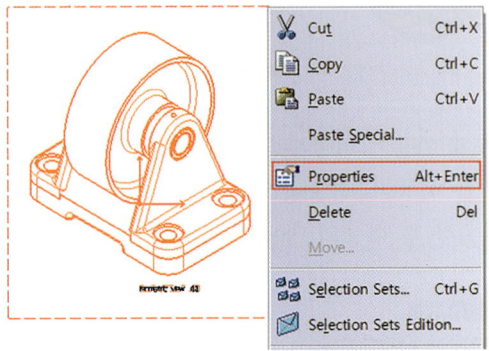

2 Properties 대화상자 설정

❶ View 탭을 선택하고 Dress-up 아래 3D Colors를 체크한다.

❷ Generation Mode 아래 View generation mode 드롭다운 목록에서 Raster를 선택한다.

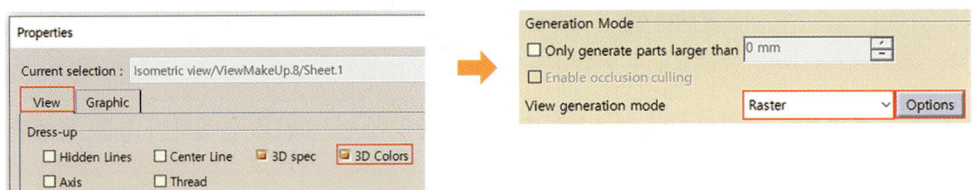

❸ Options 를 클릭하고 Raster Mode 드롭다운 목록에서 Shading을 선택하고 Close 를 눌러 옵션 창을 닫는다.

❹ OK 를 클릭하여 Properties 대화상자 창을 닫아 조립된 Isometric View가 음영처리 되도록 만든다.

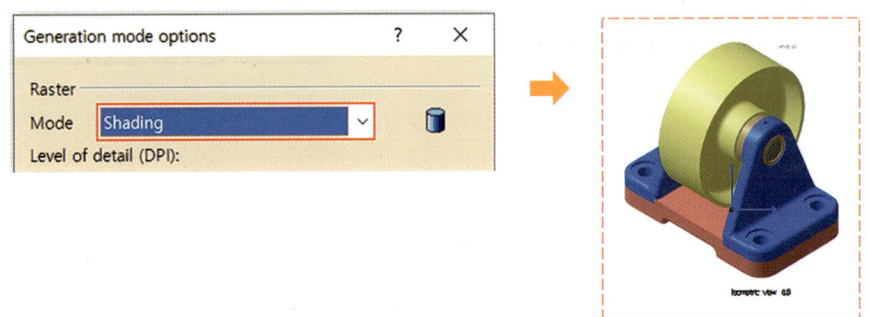

6 분해 지시선 만들기

1 분해된 Isometric View를 Activate View로 변경하기

활성 뷰로 변경하고자 하는 뷰의 프레임을 더블 클릭하거나 Drafting Specification Tree에서 활성 뷰로 만들고자 하는 뷰 이름에 마우스 오른쪽버튼을 클릭하고 콘텍스트 메뉴에서 Activate View를 선택한다. 여기에서는 분해된 Isometric View를 활성 뷰로 변경한다.

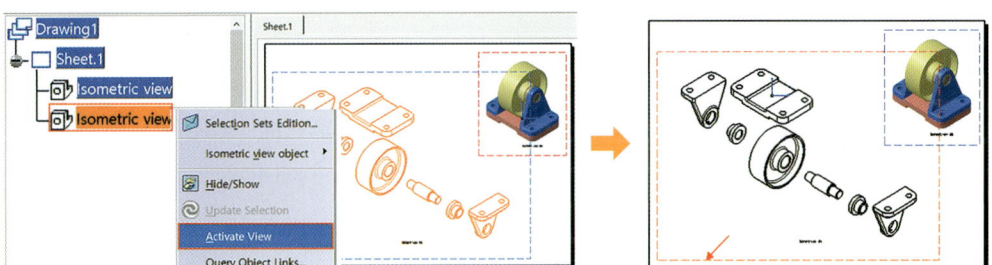

> **TIP**
>
> • 활성화된 뷰를 기준으로 관련 투상도가 생성되며 활성화된 뷰에 단면도, 부분단면도, 상세도, 치수, 2D 지오메트리 및 Dress-up 요소 등을 추가할 수 있다.
> • 뷰 프레임은 뷰 상태에 따라 세 가지 색상이 될 수 있다.
>   ① 활성 뷰는 프레임의 색상이 빨간색이며 Drafting Specification Tree에서 활성 뷰 이름에 밑줄이 그어져 있다.
>   ② 비활성 뷰는 프레임의 색상이 파란색이다.
>   ③ 뷰가 생성되기 전까지 생성될 뷰는 프레임의 색상이 녹색이다.

2 분해 지시선 만들기

① Center Line ⊕ 명령을 사용하여 볼트 구멍에 중심표식 만들기

❶ Dress-up 도구모음의 Axis and Threads 하위 도구모음에서 Center Line ⊕ 을 더블 클릭하여 실행한다.

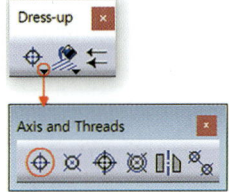

❷ CasterBody와 Support 부품에서 볼트 구멍을 선택하여 구멍에 Center Line을 작성한다.

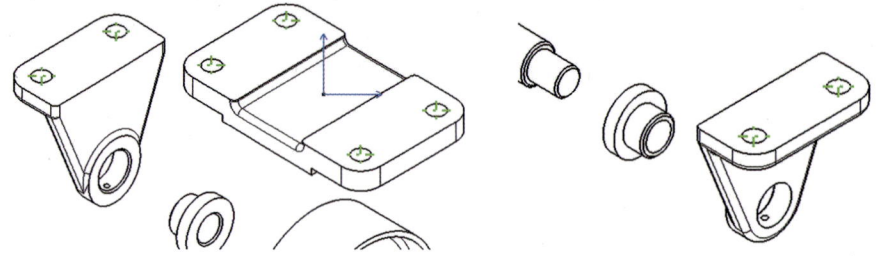

❸ Center Line을 마우스 왼쪽버튼으로 클릭하면 Center Line 끝점에 사각형 조정 아이콘 □ 이 표시된다. 사각형 조정 아이콘 □ 을 Ctrl을 누른 채 드래그하여 Center Line의 끝점을 개별적으로 길이 조절한다. Shift를 누른 채 드래그하면 Center Line의 네 끝점이 같은 길이로 조절된다.

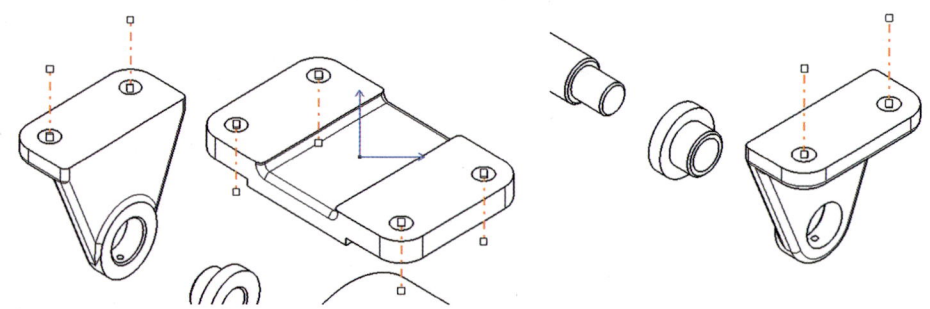

여러 개의 Center Line 다중 선택한 후 Ctrl을 누른 채 드래그하여 길이가 같은 수직한 중심선으로 표현한다.

❷ Axis Line을 사용하여 Center Line 연결하기

❶ Dress-up 도구모음의 Axis and Threads 하위 도구모음에서 Axis Line을 클릭하여 실행한다.
❷ 작성한 Center Line 두 점을 지정하여 Axis Line을 생성한다.
❸ Axis Line의 점을 클릭 드래그하여 Center Line 선상에 가져다 놓는다.

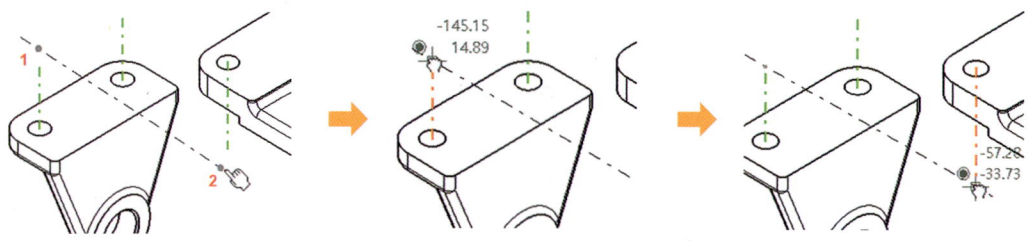

❹ Axis Line 마우스 왼쪽버튼으로 클릭하고 조정 아이콘□을 Ctrl을 누른 채 드래그하여 Axis Line의 끝점이 Center Line에 일치하도록 이동한다.

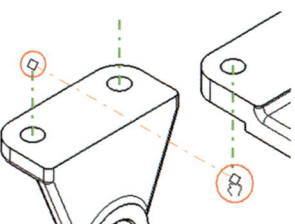

❺ 이와 같은 방법을 반복하여 Axis Line으로 Center Line 사이를 연결한다.

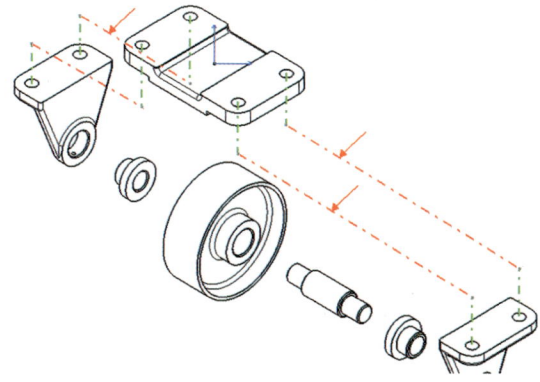

3 Axis Line 으로 축선을 만들어 분해 지시선 표현하기

❶ Axis Line 명령어를 클릭하여 실행하고 축선을 생성할 Shaft의 두 모서리를 선택한다.

❷ Axis Line 마우스 왼쪽버튼으로 클릭하고 사각형 조정 아이콘□을 Ctrl을 누른 채 드래그하여 분해 지시선을 완성한다.

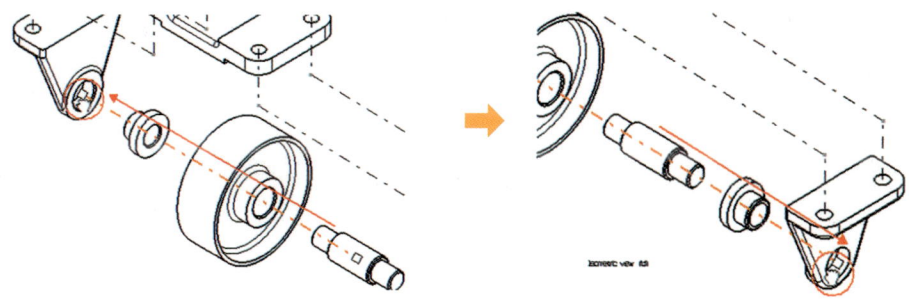

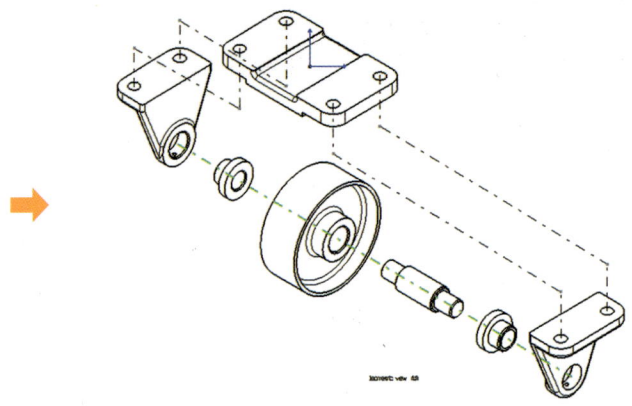

7 부품 번호 생성하기

1 도면 뷰에 부품 번호를 자동으로 생성하기 위해서 우선 Assembly Design Workbench 작업공간 에서 Generate Numbering 명령으로 부품의 번호를 생성해야 한다.

1 메뉴모음에서 Window > Caster_Assembly.CATProduct를 선택하여 Caster_Assembly 화면으로 전환한다.

2 Product Structure Tools 도구모음에서 Generate Numbering 명령어를 클릭하여 실행하고 Specification Tree에서 부품 번호를 생성할 Caster_Assembly Product를 선택한다.

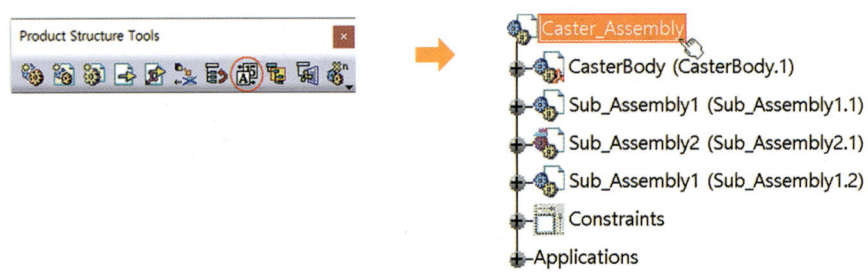

3 Generate Numbering 대화상자 설정

❶ Mode 선택란에 부품 번호를 숫자로 생성하기 위해 Integer 을 선택한다.

❷ Existing numbers 선택란에 부품이 교체되었을 때 교체된 부품의 번호를 재지정하기 위해 Replace를 선택한다.

❸ OK 를 클릭하여 Generate Numbering 명령을 종료한다.

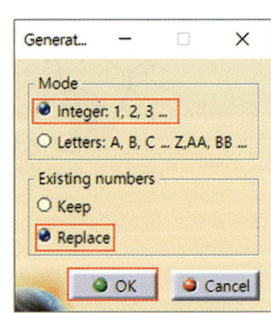

> **TIP**
>
> Generate Numbering 명령을 종료하여도 Assembly Design Workbench 작업공간에서는 아무런 변화가 없지만 Generate Numbering 명령으로 부품의 번호를 생성해야 Drafting Workbench 작업공간에서 활성화된 뷰에 부품 번호를 자동으로 생성할 수 있다.

4 메뉴모음에서 Window > Drawing1.CATDrawing를 선택하여 Drafting Workbench 작업공간 화면으로 전환한다.

2 Generate Balloons 을 사용하여 활성화된 뷰에 자동으로 부품 번호 생성하기

Generation 도구모음의 Dimension Generation 하위 도구모음에서 Generate Balloons 명령어를 클릭하여 실행하면 활성화된 뷰에 부품 번호가 자동으로 생성된다.

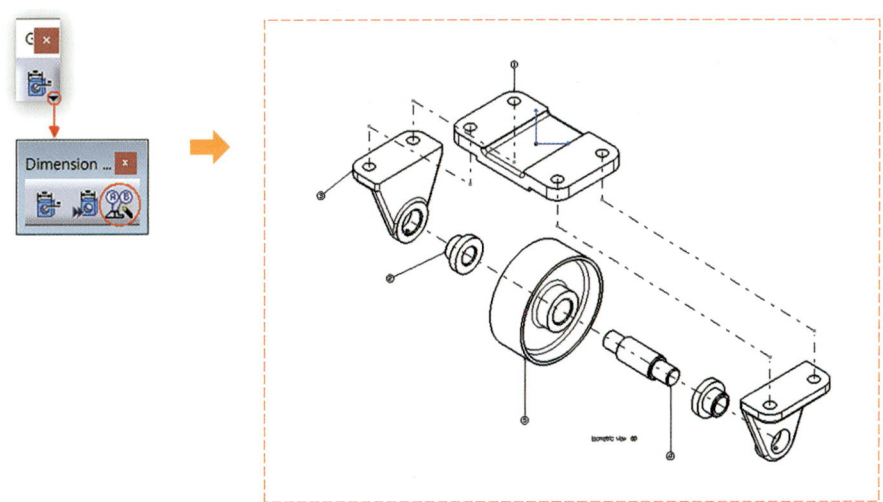

TIP

- Assembly Design Workbench 작업공간에서 Component를 생성한 순서에 의해 부품번호가 자동으로 지정된다.
- Component의 순서를 변경하는 방법
  ① Graph tree Reordering 명령을 사용하여 Specification Tree에서 Component 순서를 재정렬한다.
    ⓐ Product Structure Tools 도구모음에서 Graph tree Reordering 명령어를 클릭하여 실행하고 Specification Tree에서 Component 순서를 변경할 Product를 선택한다.

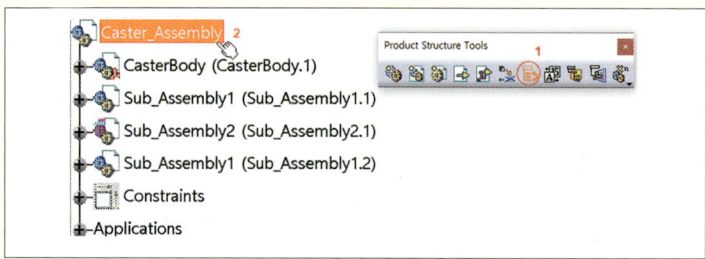

    ⓑ Graph tree Reordering 대화상자의 리스트 목록 창에서 순서를 변경할 Component를 선택하고 위 화살표, 아래 화살표를 클릭하여 순서를 변경하거나 Component를 선택하고 Moves the selected product 를 클릭한 후 리스트 목록 창에서 원하는 위치에 마우스 왼쪽버튼을 클릭하여 Component의 순서를 변경할 수 있다.

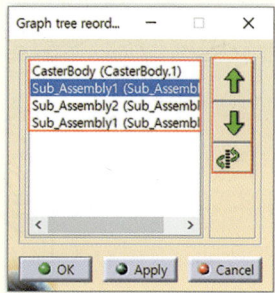

  ② Specification Tree에서 이동하면서 순서를 변경할 Component (Product를 구성하는 맨 아래 Component는 제외)를 클릭 드래그하여 Product에 마우스를 가져다 놓으면 해당 Component가 Product를 구성하는 Component 맨 아래에 놓이게 된다.

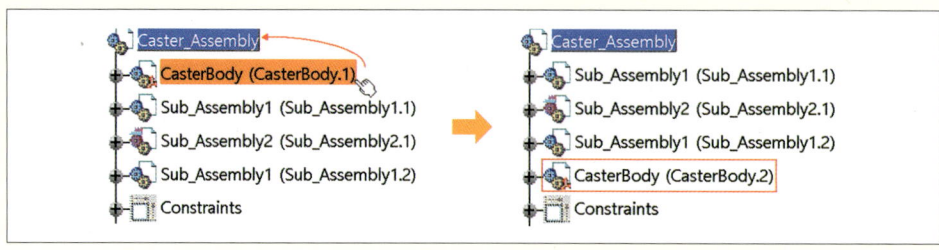

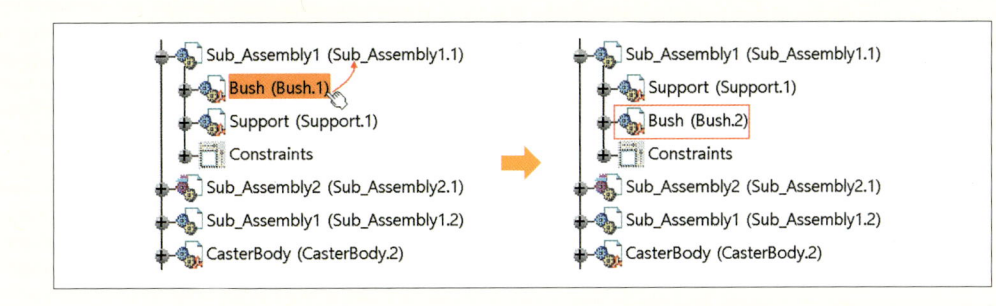

- Generate Balloons 명령 부품 번호를 자동 생성 시 중복되는 부품에 대한 부품 번호를 생략하고자 한다면 메뉴모음에서 Tools 〉 Options 〉 Mechanical Design 〉 Drafting 〉 Generation 탭을 클릭하고 Balloon generation 아래 Creation of a balloon for each instance of a product 체크란에 체크를 해제한다.

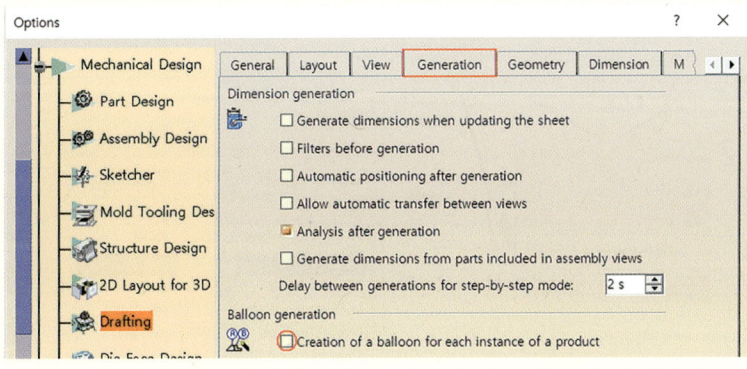

3 부품 번호와 지시선 위치 수정하기

1 부품 번호를 더블 클릭한 후 Balloon Modification 창에서 자동으로 생성된 부품 번호를 수정할 수 있다. 다음 표와 동일하게 품명에 따른 부품 번호를 수정해 본다.

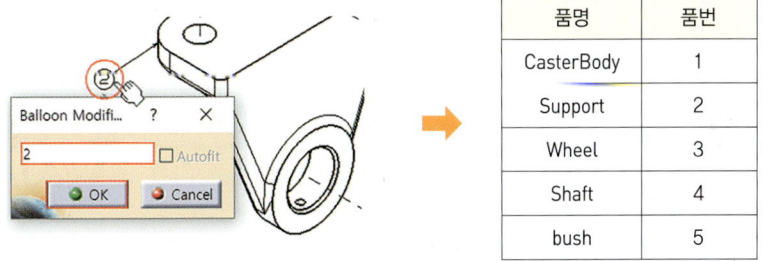

품명	품번
CasterBody	1
Support	2
Wheel	3
Shaft	4
bush	5

2 부품 번호의 글꼴 및 문자 크기 변경하기

❶ 부품 번호를 선택한 후 Text Properties 창에서 Font Name 드롭다운 메뉴에서 글꼴을 선택하고 Font size 입력란에 크기값을 기입하여 부품 번호의 글꼴과 문자크기를 변경한다.

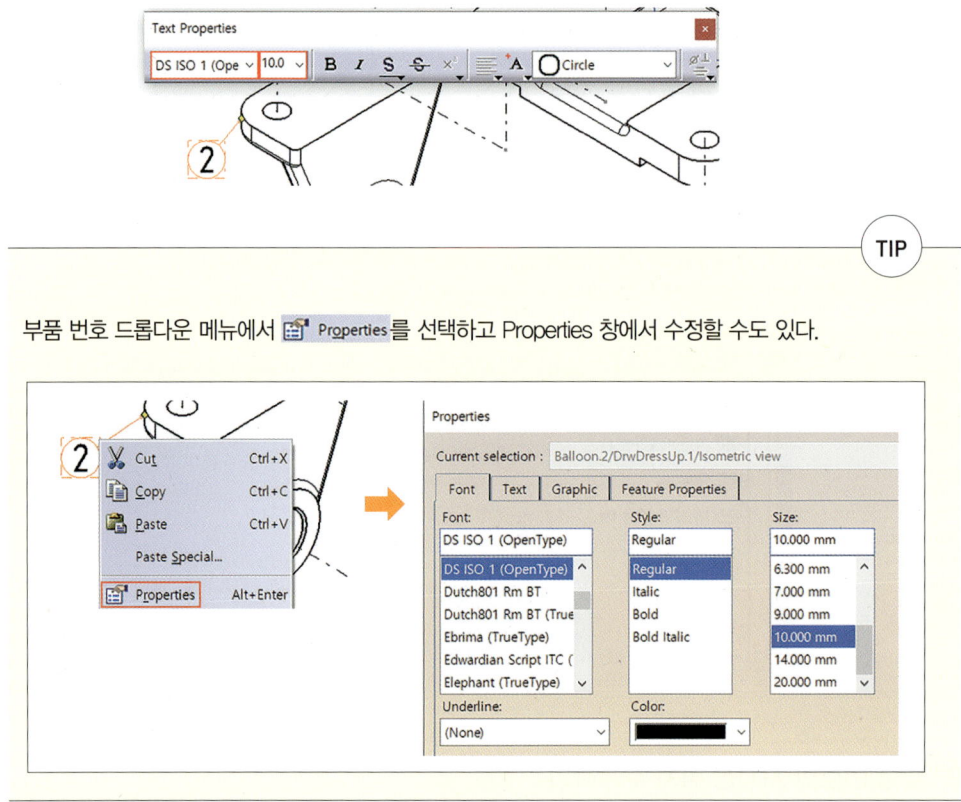

TIP

부품 번호 드롭다운 메뉴에서 Properties를 선택하고 Properties 창에서 수정할 수도 있다.

❷ Text Properties 창에서 Copy Object Format을 클릭한 후 원본 객체로 선택한 객체의 특성을 부여할 다른 객체와 다른 객체에 적용할 특성을 가지고 있는 원본 객체를 선택하여 객체의 특성이 같아지도록 표현한다.

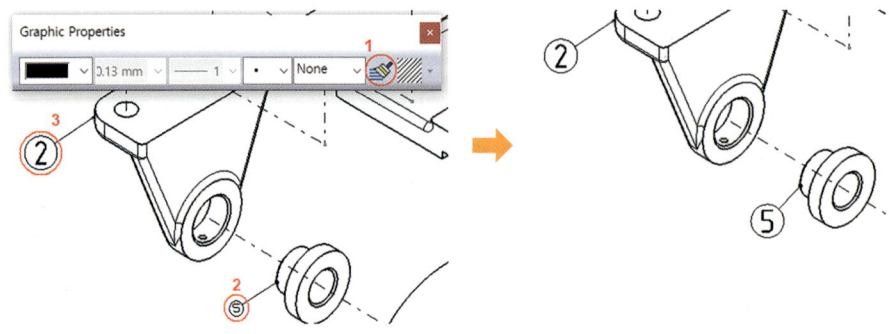

3 부품 번호 지시선과 부품 번호 이동하기

❶ 부품 번호를 클릭하면 지시선 화살표에 이동을 위한 조정 아이콘◆이 표시된다. 콘텍스트 메뉴에서 Extremity Link 〉 Remove를 선택한다.

❷ 조정 아이콘◆을 [Shift]를 누른 채 드래그하여 지시선 화살표를 이동한다.

❸ 부품번호 원을 클릭 드래그하여 부품 번호 위치를 수정한다.

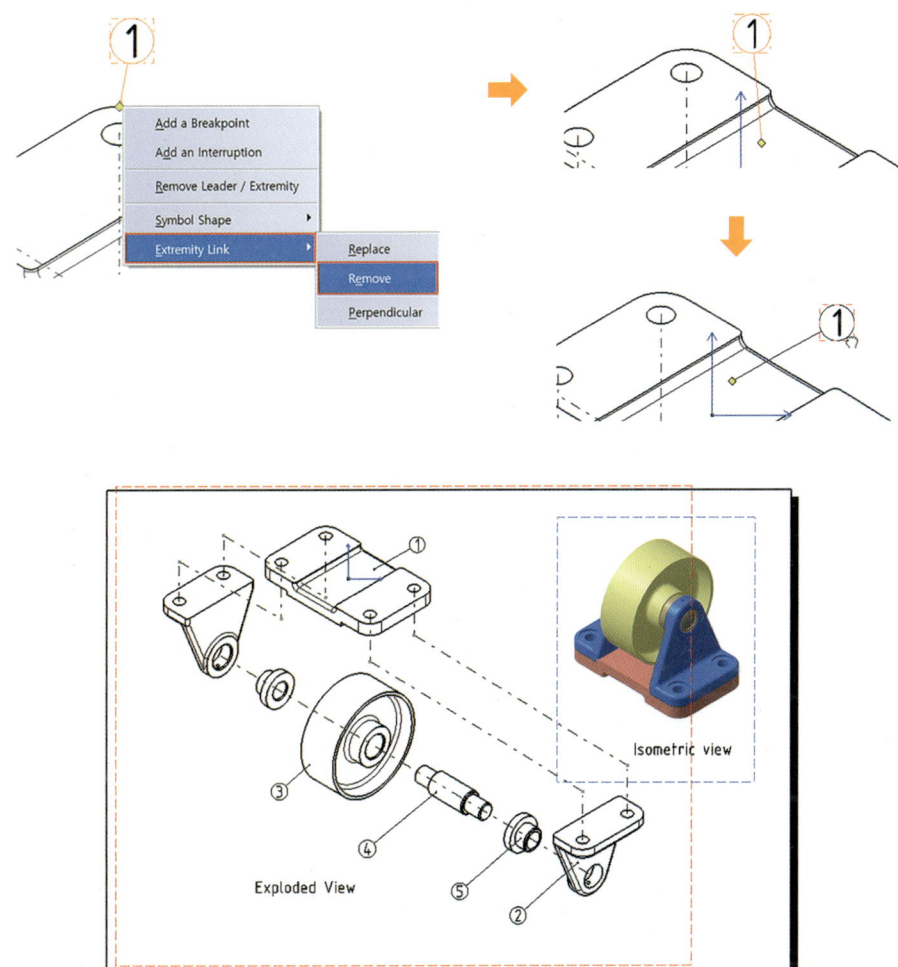

TIP

- 부품 번호를 클릭하였을 때 지시선 화살표에 이동을 위한 조정 아이콘이 표시되지 않을 경우
메뉴모음에서 Tools 〉 Options을 선택하고 대화상자 창에서 왼쪽 Mechanical Design〉 Drafting을 클릭한 다음 Manipulators 탭을 클릭하고 Annotation Manipulators 아래 Move leader 체크란에 체크한다. Selection에 체크하면 선택 시 나타나고 Text Edition을 선택하면 지시선을 생성하거나 편집 시 나타난다.

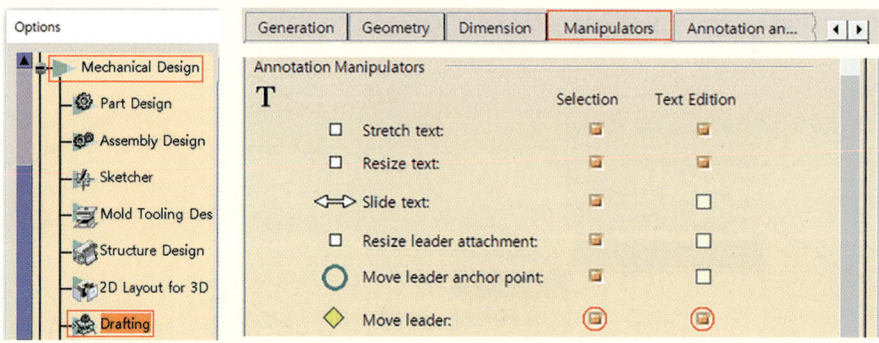

- 부품 번호를 수동으로 생성하고자 한다면 Annotations 도구모음의 Text 하위 도구모음에서 balloon ⑥을 클릭하여 실행한 후 뷰에서 부품의 면이나 모서리를 선택하고 부품 번호를 수동으로 지정하여 부품번호를 생성할 수 있다.

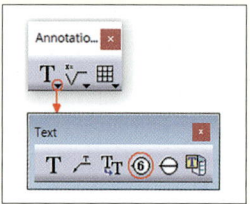

8 도면 템플릿 작성하기

도면 작업 환경은 Working Views와 Sheet Background가 있다. Working Views는 주로 3D모델링을 2D도면으로 변환하고 이를 편집하는 작업에 사용되며 Sheet Background는 주로 도면시트에 배경 이미지나 텍스트 등을 추가하여 도면에 추가 정보를 제공하거나 도면형식, 레이아웃, 표제란 등 도면 템플릿을 만드는 작업에 사용된다.

1 메뉴모음의 Edit〉Sheet Background를 선택하여 시트 배경 작업환경으로 전환한다. 시트의 기본 색상이 회색으로 변경된다.

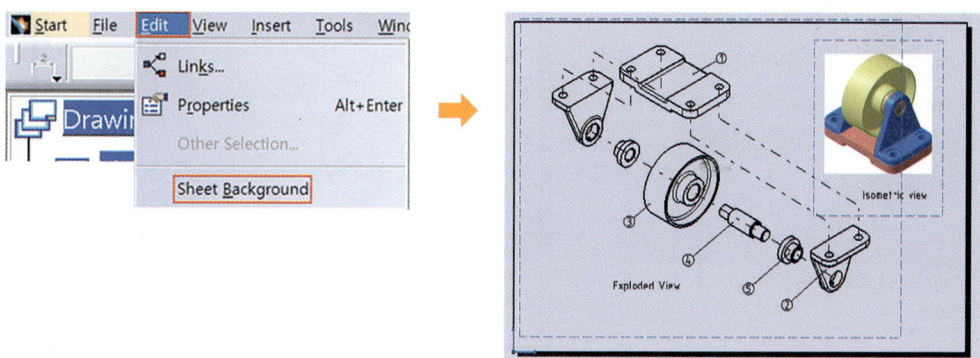

2 Frame Title Block 명령어로 CATIA에서 기본적으로 제공하는 도면 템플릿 불러오기

1 Drawing 도구모음에서 Frame Title Block 명령어를 클릭하여 실행한다.

2 Manage Frame And Title Block 대화상자 설정

❶ Style of Title Block 드롭다운 목록에서 Drawing Titleblock Sample 1을 선택하고 Action 리스트 목록에서 Create를 선택한다.

❷ OK 를 클릭하여 CATIA에서 기본적으로 제공하는 도면 템플릿을 불러온다.

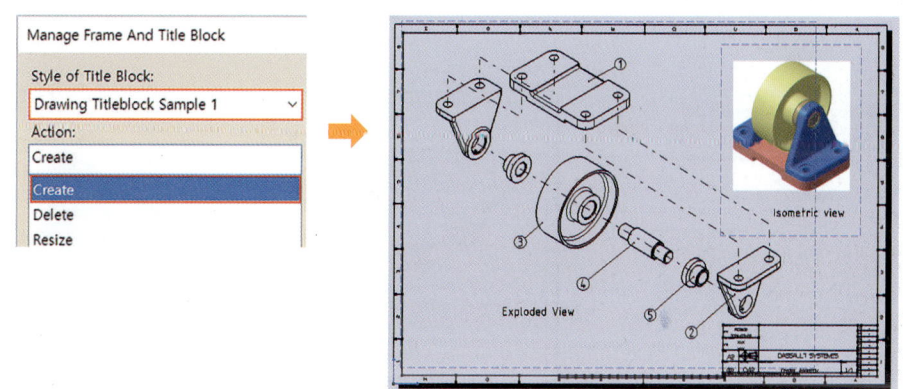

3 메뉴모음의 Edit〉Working Views를 선택하여 Working Views 작업환경으로 전환한다.

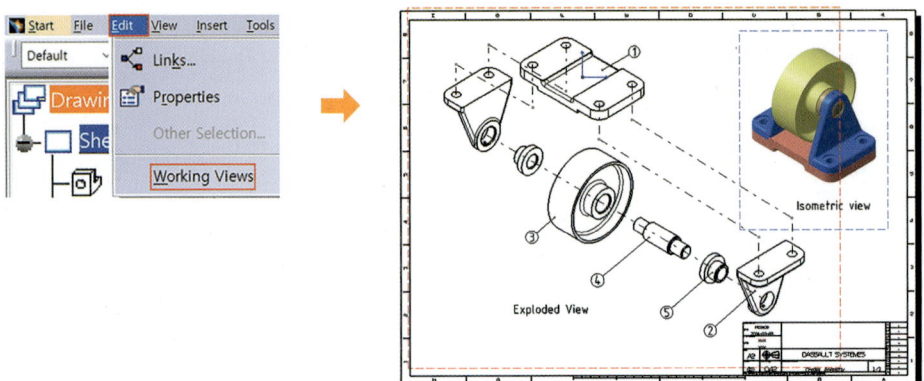

9 도면 저장하기

1 메뉴모음에서 File 〉 Save Management를 선택한다.

2 Save Management 대화상자에서 Drawing1.CATDrawing 파일을 선택하고 Save As... 를 클릭한다.

  ❶ 저장 폴더를 선택하고 파일 이름은 Caster_Assembly.CATDrawing로 지정하고 저장 버튼을 누른다.

  ❷ Save Management 대화상자의 OK 를 클릭하여 저장을 완료한다.

3 pdf 파일로 출력하고자 한다면 메뉴모음에서 File 〉 Save As를 선택한 후 pdf 파일 형식으로 저장한다.

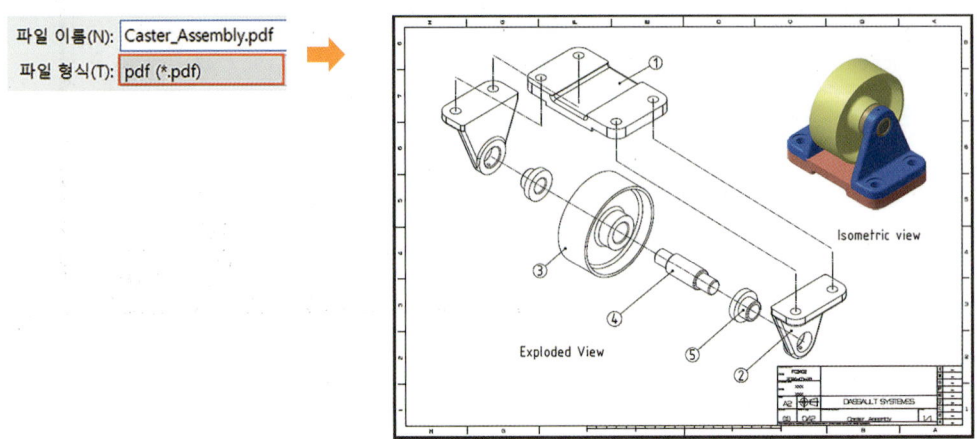

CHAPTER 03 부품도 만들기

예제 도면 — 3D형상 모델링 작업하기

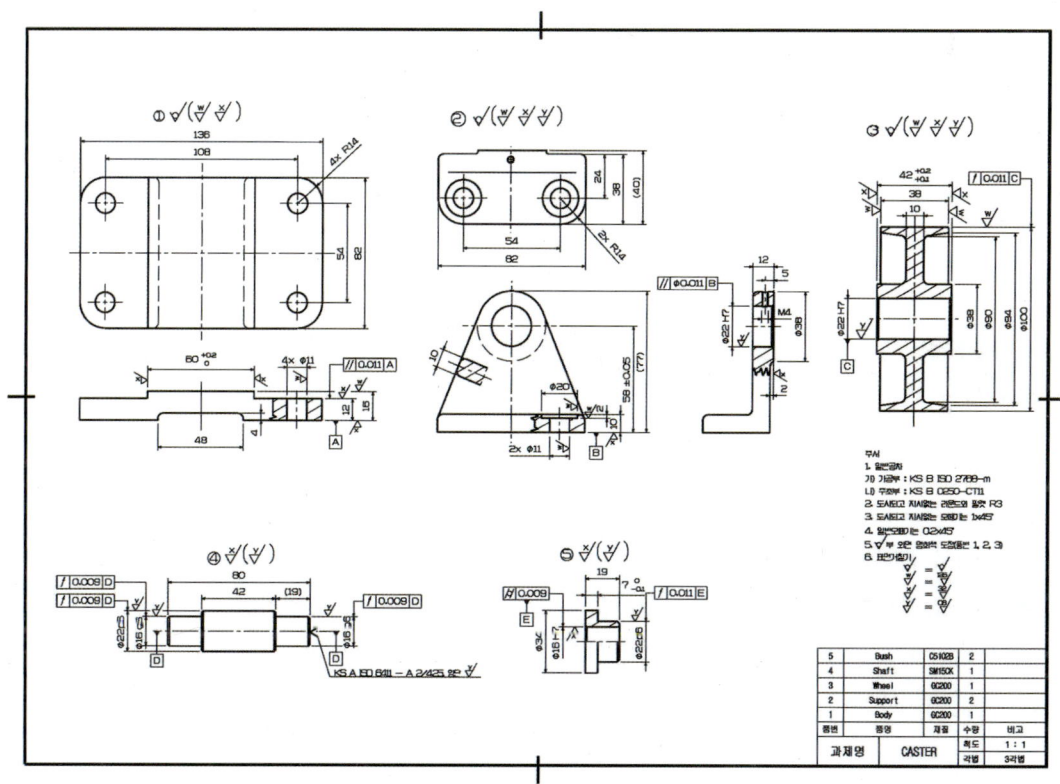

1 Drafting Workbench 선택하여 들어가기

1 메뉴모음의 Start 〉 Mechanical Design 〉 Drafting Workbench를 선택하거나 사용자가 Favorites 리스트에 추가한 Drafting Workbench를 선택한다.

2 New Drawing 대화상자 설정
  ❶ Standard 드롭다운 메뉴에서 표준 규격으로 ISO를 선택한다.
  ❷ Sheet Style 드롭다운 메뉴에서 도면의 크기로 A2 ISO를 선택하고 Landscape를 선택한다.
  ❸ OK 를 클릭하여 Drafting Workbench 작업공간으로 들어간다.

2 도면 템플릿 작성하기

1 시트 속성 변경하기

표준 규격을 ISO를 선택하면 투상법에 관한 기본 설정값이 제1각법으로 되어 있기 때문에 시트 속성에서 제3각법으로 변경한다.

  ❶ Specification Tree의 Sheet 1 드롭다운 목록에서 Properties를 선택한다.
  ❷ Properties 창 아래 Projection Method에서 Third angle standard를 체크하여 투상법을 제3각법으로 변경한다.

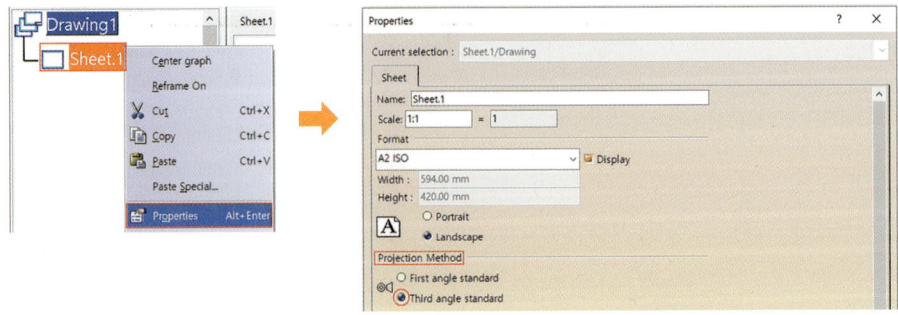

2 도면 템플릿 직접 작성하기

1 메뉴모음의 Edit > Sheet Background를 선택하여 시트 배경 작업환경으로 전환한다.

2 시트에 작성할 프로파일에 구속조건이 부여되도록 Tool 도구모음의 Create Detected Constraints 를 클릭하여 활성화한다.

3 Geometry Creation 도구모음의 Profiles 하위 도구모음에서 Rectangle □ 명령어를 클릭하여 실행한다.

  ❶ Tools Palette에서 사각형의 첫 번째 점의 좌푯값으로 H: 0 V: 0을 입력한다. 입력란의 위치를 변경할 때는 Tab 을 누른다.

  ❷ Tool Palette에서 사각형의 두 번째 점의 좌푯값으로 H: 594 V: 420을 입력하여 사각형을 작성한다.

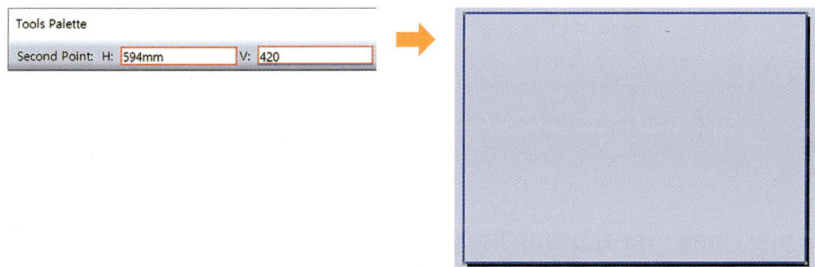

4 Geometry modification 도구모음의 Transformations 하위 도구모음에서 Offset □ 명령을 사용하여 사각형 안쪽 방향으로 10mm만큼 오프셋된 사각형을 작성한다.

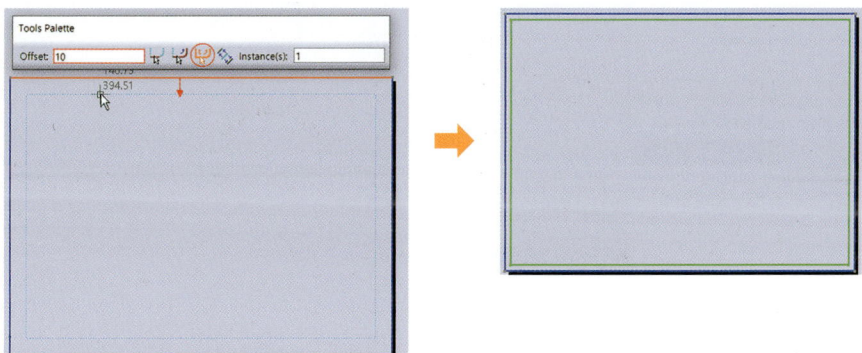

Offset ☐ 명령을 반복하여 오프셋된 사각형을 원본으로 사각형 안쪽 방향으로 5mm만큼 오프셋된 사각형을 작성한다.

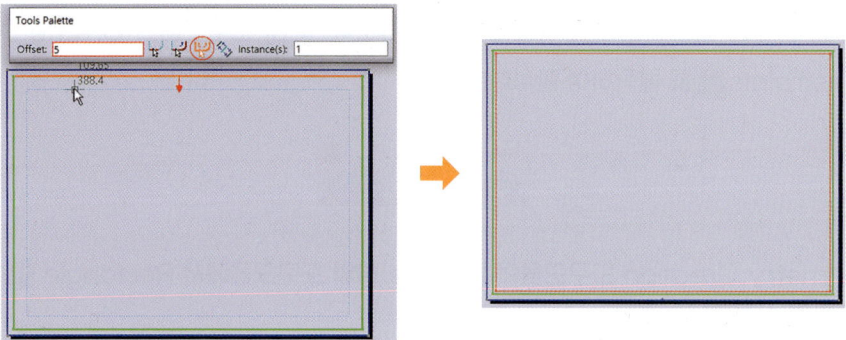

5 Geometry Creation 도구모음의 Profiles 하위 도구모음에서 Line ╱ 명령어를 클릭하여 실행한다. 이때 도면 가장자리의 사각형 선의 중간점과 안쪽 사각형 선의 중간점을 연결하여 중심마크를 작성한다.

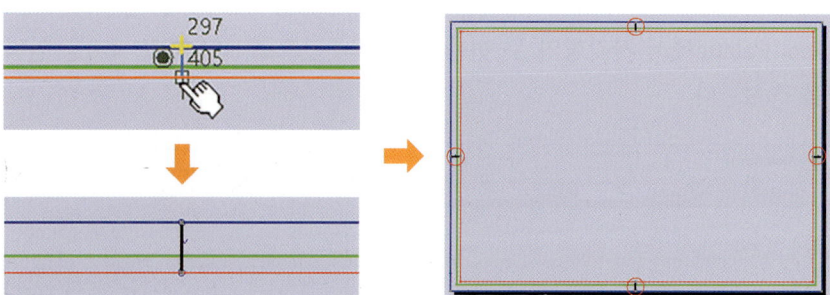

6 도면의 가장자리를 그린 사각형과 가장 안쪽에 있는 사각형을 선택하고 지운다.

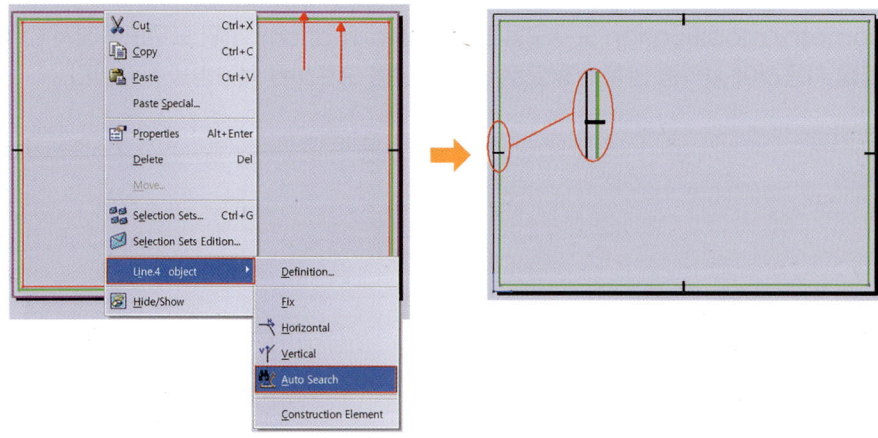

7 Table ▦ 명령으로 표제란과 부품란 만들기

❶ Annotations 도구모음의 Table 하위 도구모음에서 Table ▦ 명령어를 클릭하여 실행한다.
❷ Table Editor 대화상자에서 열의 수 6과 행의 수 8을 입력한다.
❸ OK 를 클릭한 후 Table이 놓일 위치에 마우스 왼쪽버튼을 클릭하여 시트에 배치한다.

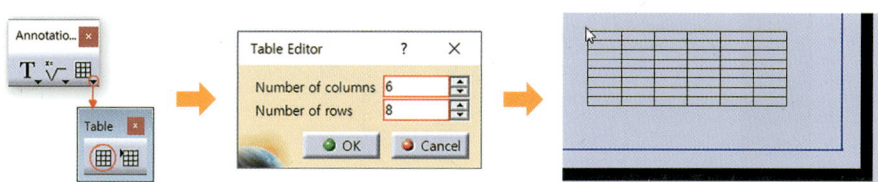

❹ 만들어진 Table을 더블 클릭하여 편집 상태로 들어간다. 합치고자 하는 셀을 드래그하여 선택한 다음 콘텍스트 메뉴에서 Merge를 클릭하여 선택한 셀을 하나로 합친다.

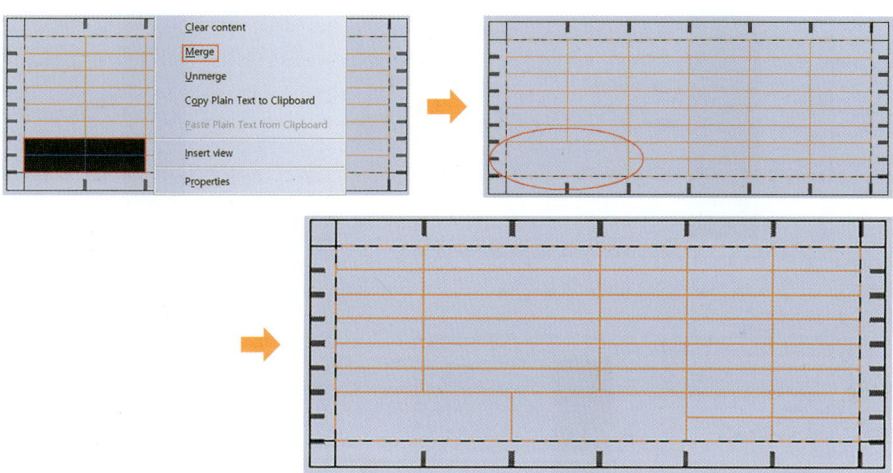

❺ 모든 셀을 드래그하여 선택한 후 좌 또는 우 행 편집란에 마우스를 가져다 놓고 콘텍스트 메뉴에서 Size 〉 Set size를 선택한다. Size 대화상자에서 행의 높이값으로 8을 입력한다.

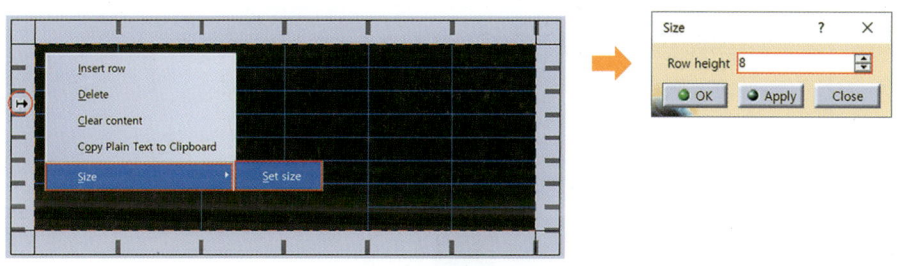

❻ 첫 번째 열을 클릭하여 모두 선택한 후 콘텍스트 메뉴에서 Size 〉 Set size를 선택한다. Size 대화상자에서 열의 너비값으로 15를 입력한다.

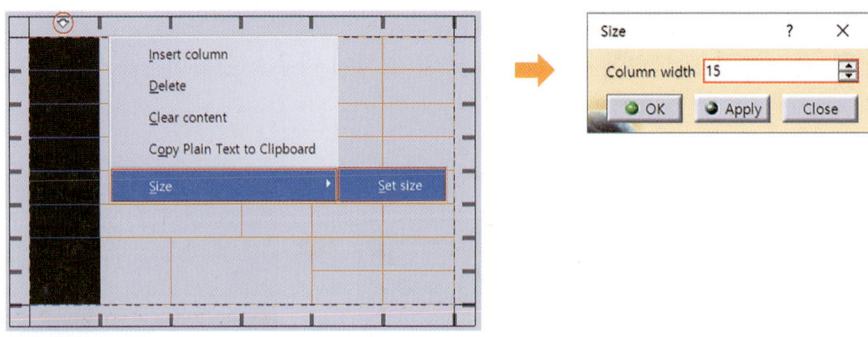

같은 방법으로 아래와 같은 수치 입력하여 열의 너비를 변경한다.

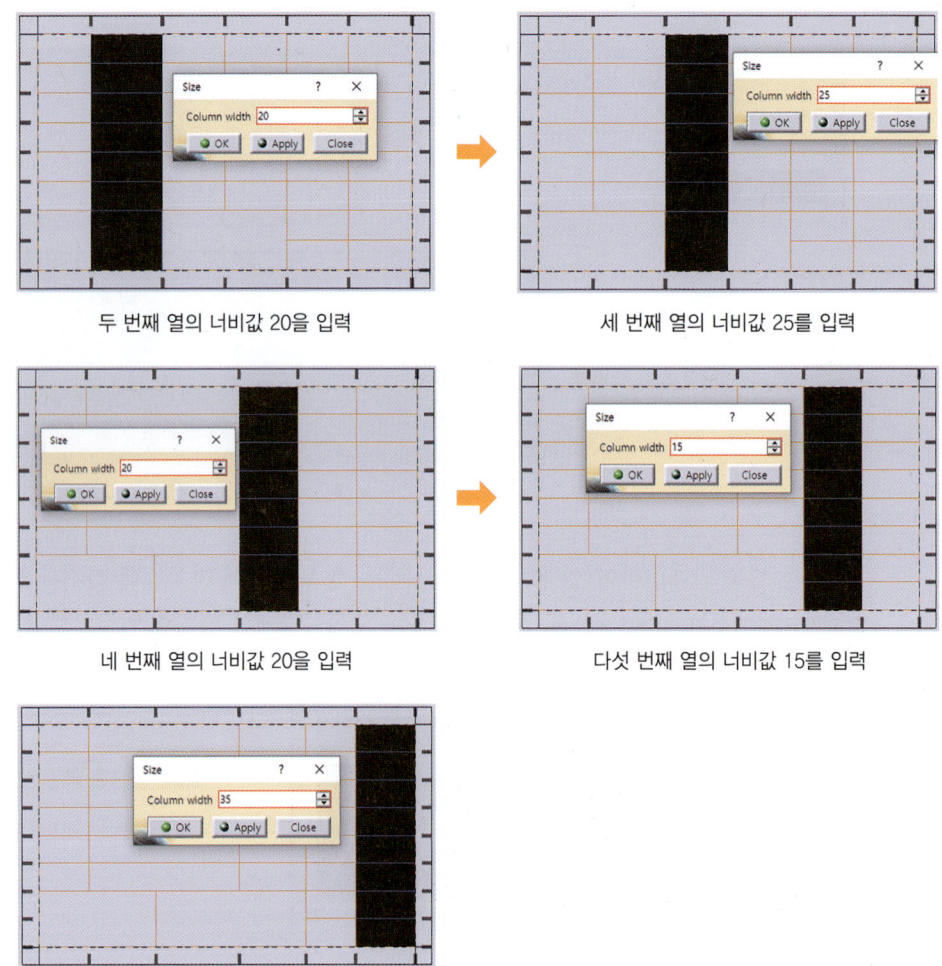

두 번째 열의 너비값 20을 입력

세 번째 열의 너비값 25를 입력

네 번째 열의 너비값 20을 입력

다섯 번째 열의 너비값 15를 입력

여섯 번째 열의 너비값 35를 입력

❼ 문자를 입력할 셀을 더블 클릭하고 Text Editor창에서 문자를 입력한다.

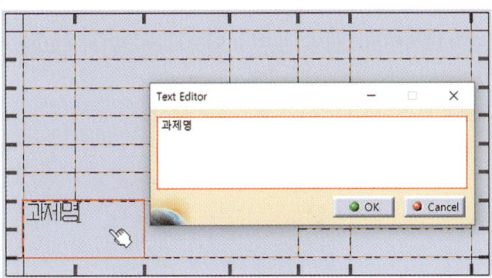

같은 방법으로 나머지 셀에도 문자를 입력한다.

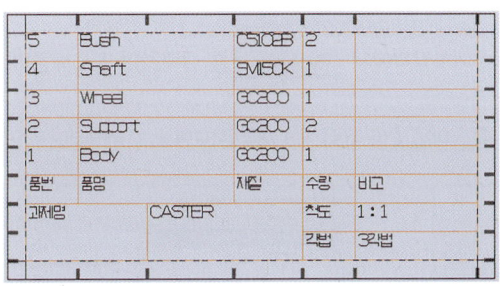

❽ Table 편집창 좌 상단을 더블 클릭하여 모든 셀을 선택한 다음 Text Properties 도구모음에서 글꼴과 문자 높이를 변경하고 Anchor Point를 선택하여 셀 중앙에 문자가 놓이도록 한다. 과제명과 CASTER의 문자 크기는 5로 변경한다.

❾ 시트 영역을 클릭하여 Table 편집창을 닫고 Shift를 누른 채 Table을 드래그 윤곽선 우측 하단에 놓이도록 이동한다.

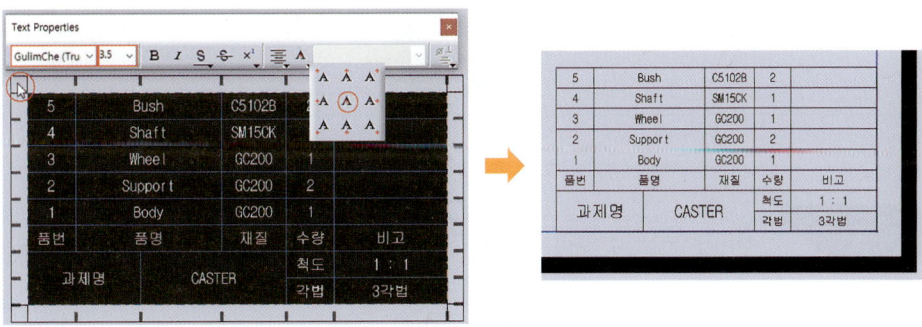

8 메뉴모음의 Edit > Working Views를 선택하여 Working Views 작업환경으로 전환한다.

Sheet Background에서 작성한 도면 템플릿은 새로운 도면 파일에서 불러와서 삽입할 수 있다.

① 새로운 도면 파일을 열고 메뉴모음에서 File 〉 Page Setup을 선택한다.

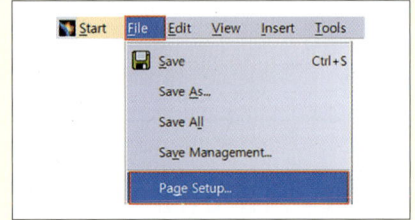

② Page Setup 대화상자에서 Insert Background View... 를 클릭한다.
③ Insert elements into a sheet 대화상자에서 Browse... 를 클릭하여 시트배경이 작성된 도면 파일을 선택하고 Insert 를 클릭한다.
④ Page Setup 대화상자에서 OK 를 클릭하면 새로운 도면에 시트배경이 삽입된다.

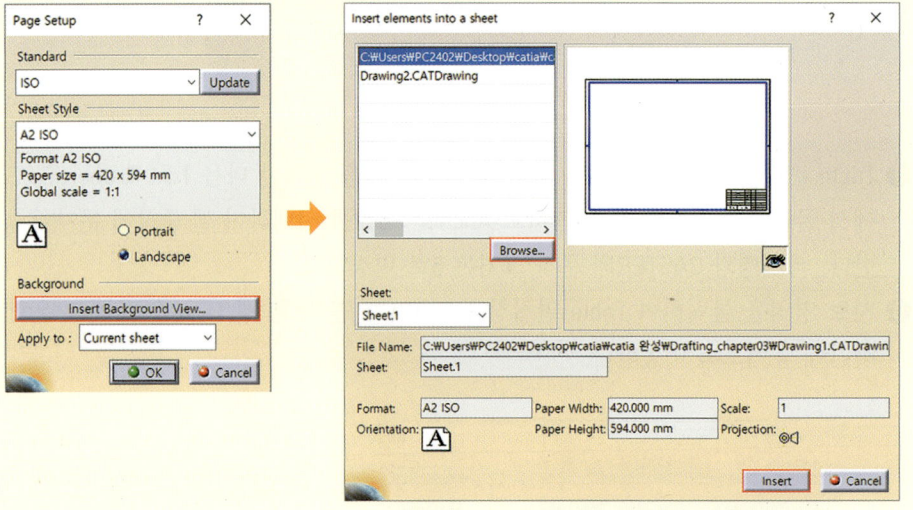

3 Body 투상도 작성하기

1 메뉴모음에서 File 〉 Open을 클릭한다.

2 Caster_Assembly.CATProduct 파일이 있는 폴더로 이동한 후 해당 파일을 선택하고 열기를 클릭한다.

3 Ctrl + Tab 을 누르거나 메뉴모음에서 Window > Drawing1을 선택하여 도면 공간으로 화면으로 전환한다.

4 Views 도구모음의 Projections 하위 도구모음에서 Front View 를 클릭하여 실행한다.

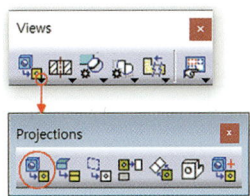

5 메뉴모음에서 Window > Caster_Assembly.CATProduct를 선택하여 Caster_Assembly 화면으로 전환한 다음 Specification Tree에서 투상도를 작성할 Caster Body를 선택하고 정면도 방향을 결정할 면을 선택한다.

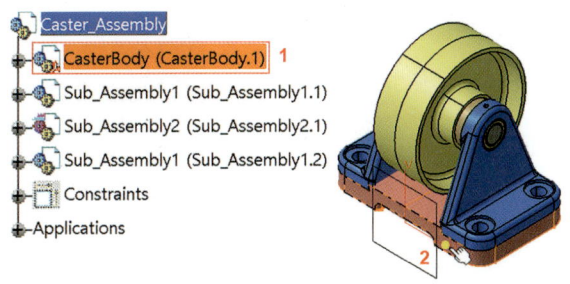

6 도면 공간으로 자동으로 전환되면서 생성할 뷰의 미리보기가 나타나면 마우스 왼쪽버튼을 클릭하거나 뷰 방향 조작기의 중앙에 있는 원을 클릭하여 Front View를 생성한다.

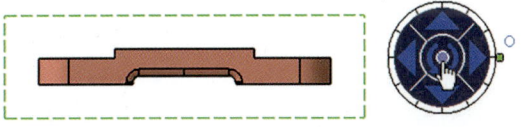

7 Projections 하위 도구모음에서 Projection View 를 클릭하여 실행한다.

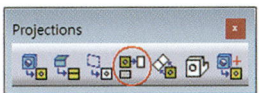

Projection View 명령어는 활성화되어 있는 뷰를 정면도로 하여 관련 투상도(우측면도, 좌측면도, 평면도, 저면도, 배면도)를 배열한다. 마우스를 움직이면 방향에 따라 관련투상도가 나타나며 마우스를 클릭하여 나타내고자 하는 투상도를 배치한다. 여기서는 평면도를 생성한다.

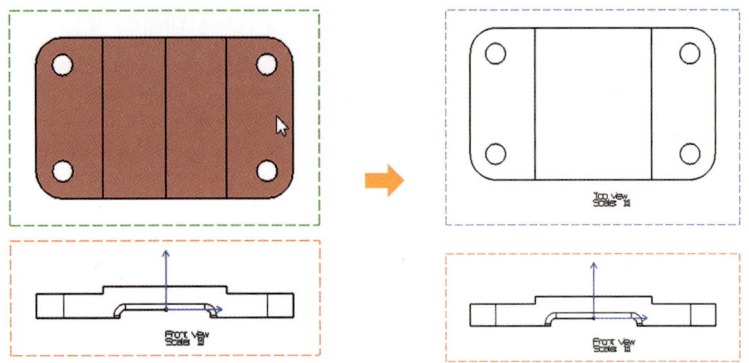

8 접선 숨기기 및 숨은선 표시

❶ Specification Tree에서 접선을 숨기고 숨은선을 표시하고자 하는 뷰를 선택하거나 시트에서 해당 뷰 프레임을 선택하여 콘텍스트 메뉴에서 Properties를 선택한다.

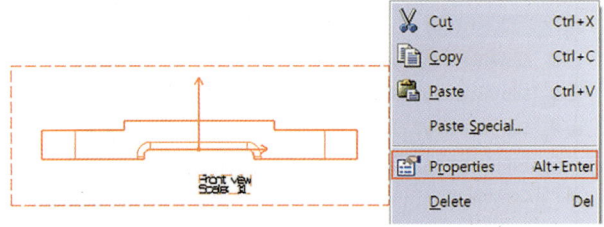

❷ Properties 대화상자에서 View 탭을 클릭하고 Dress Up 아래에 숨은선을 표시하기 위해 Hidden Lines를 체크하고 투상에 있어 필요 없는 필렛된 면들 사이에 있는 접선 모서리 선을 숨기기 위해서 Fillets에 체크를 해제한다.

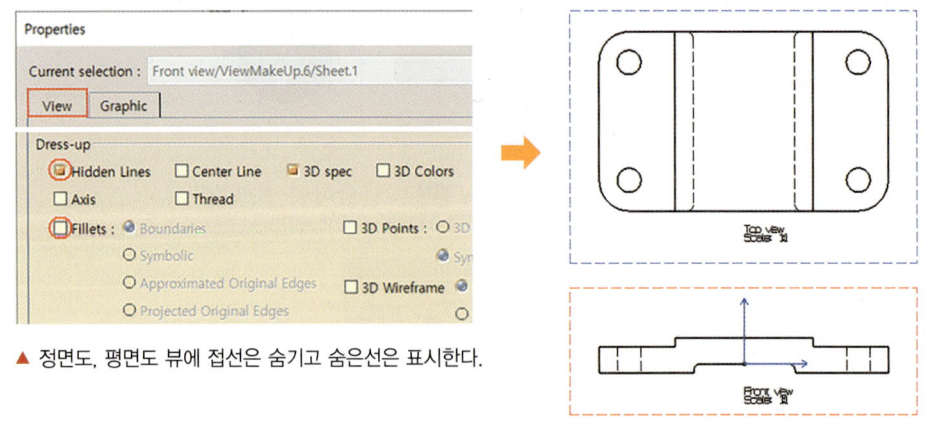

▲ 정면도, 평면도 뷰에 접선은 숨기고 숨은선은 표시한다.

9 Breakout View 명령으로 부분단면도 만들기

❶ Views 도구모음의 Break View 하위 도구모음에서 Breakout View 를 클릭하여 실행한다.

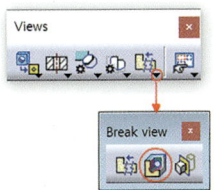

❷ 활성화된 뷰에서 부분단면도로 표시할 일부분의 영역을 닫힌 프로파일로 작성한다.

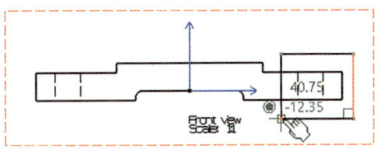

❸ 부분단면도의 깊이를 지정하기 위해 평면도 뷰에서 원을 선택하면 원의 중심까지 절단되며 3D Viewer 창에서 절단면의 위치가 표시된다.

❹ 3D Viewer 창에서 OK 를 클릭하여 Breakout View 명령을 종료한다.

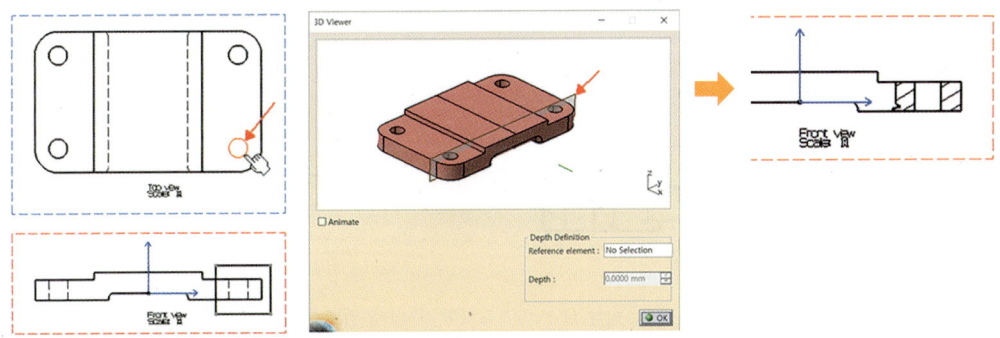

❺ 부분단면도를 경계를 지정하기 위해 표시한 숨은선이 표시되지 않도록 하기 위해 정면두 뷰 Properties 대화상자에서 Hidden Lines를 체크를 해제하여 외형선만 표시되도록 한다.

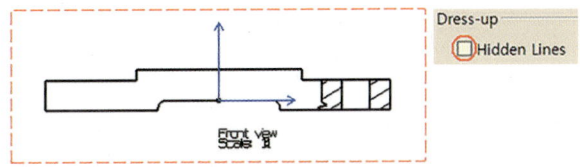

10 축선과 대칭 중심선 표현하기

❶ Dress-up 도구모음의 Axis and Threads 하위 도구모음에서 Axis Line을 클릭하여 실행한다.

❷ 정면도의 부분단면도에서 원통모서리를 선택하여 축선을 표시하고 두 모서리를 선택하여 대칭 중심선을 표시한다.

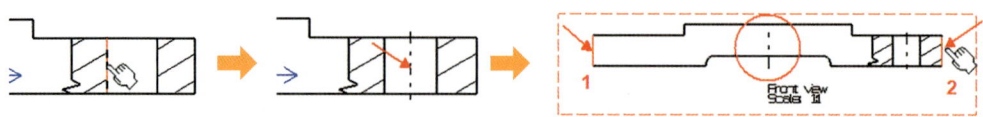

TIP

- 활성화된 뷰에만 표시되는 View axis를 없애고자 한다면 메뉴모음에서 Tools 〉 Options 〉 Mechanical Design 〉 Drafting 〉 General 탭을 클릭하고 View axis 아래 Display in the current view 체크란에 체크를 해제한다.

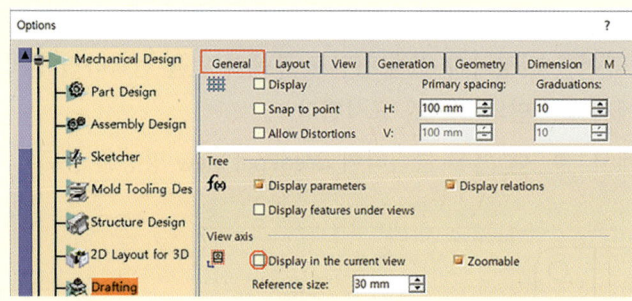

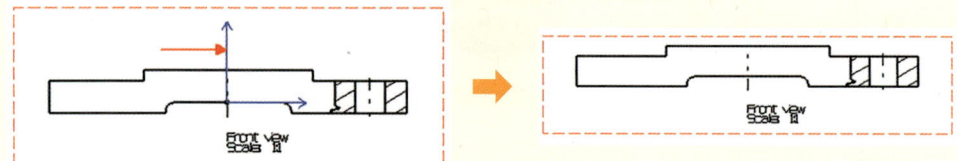

▲ Display in the current view 체크 시 　　　　▲ Display in the current view 체크 해제 시

- Breakout View를 제거하고자 한다면 Specification Tree에서 Breakout View로 작성된 뷰를 선택하거나 시트에서 해당 뷰 프레임을 선택하여 콘텍스트 메뉴에서 뷰 이름 view object 〉 Remove Breakout를 선택한다. 또는 파단선을 선택하여 콘텍스트 메뉴에서 GeneratedItem object 〉 Remove Breakout를 선택한다.

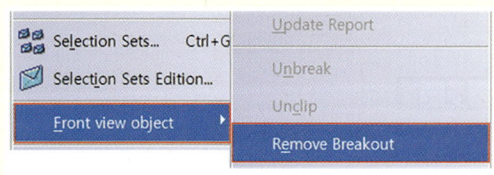 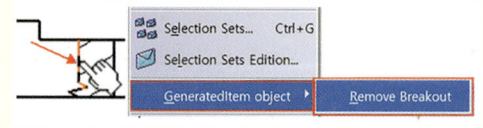

❸ 평면도의 모서리를 선택하여 대칭 중심선을 표시한다.

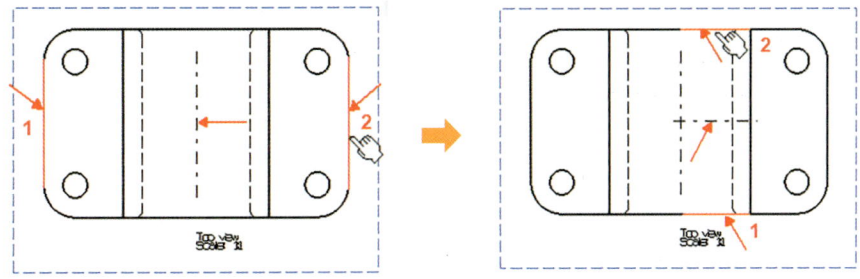

❹ 평면도와 정면도에 생성한 Axis Line을 마우스 왼쪽버튼으로 클릭하고 사각형 조정 아이콘☐을 Ctrl 또는 Shift를 누른 채 드래그하여 길이를 조절한다.

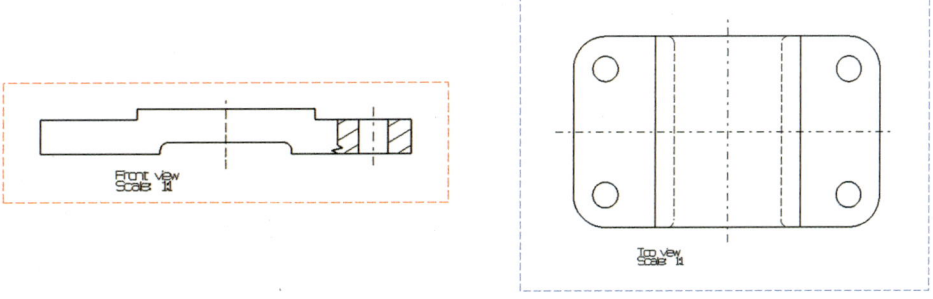

11 원이나 원호에 중심 표시하기

❶ Dress-up 도구모음의 Axis and Threads 하위 도구모음에서 Center Line ⊕을 클릭하여 실행한다.

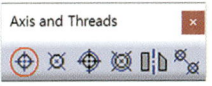

❷ 평면도에 원을 선택하여 중심표시를 생성한 후 네 개의 Center Line을 Ctrl을 눌러 다중 선택한 다음 사각형 조정 아이콘☐을 Shift를 누른 채 드래그하여 같은 길이로 조절한다.

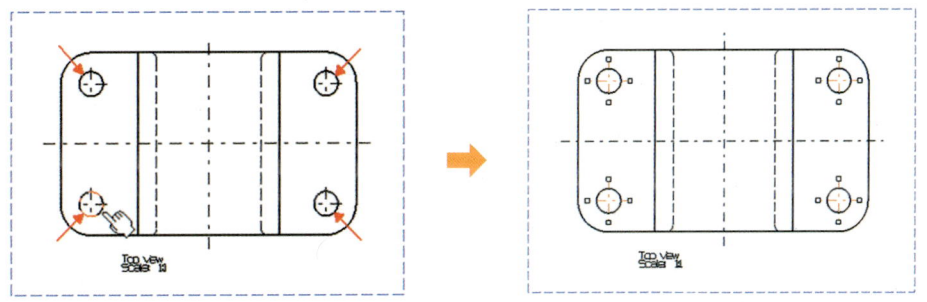

Axis and Threads 하위 도구모음 명령어 추가 설명

- Center Line with Reference ⊗ : 참조(선형 또는 원형)를 기준으로 하나 이상의 원에 중심선을 생성한다.
  ① 중심선을 작성할 원을 선택한 후 참조할 선을 선택하면 중심선이 참조선 방향으로 생성된다.

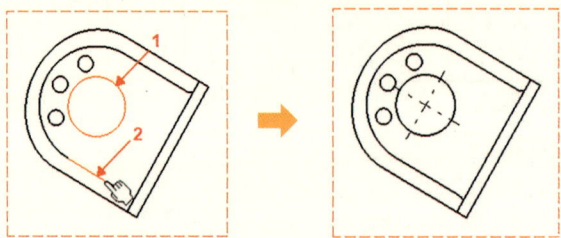

  ② 명령을 실행하기 전 중심선을 생성할 원을 다중 선택한 후 Center Line with Reference 명령어를 실행한 다음 참조할 원을 선택하면 중심선이 원의 방향을 따라 생성된다.

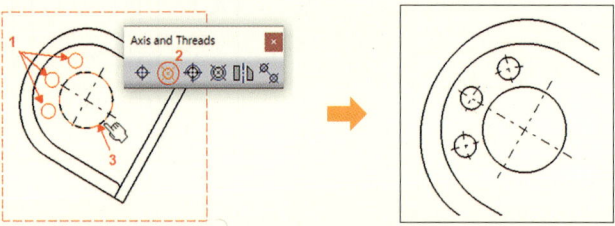

- Thread ⊕ : 나사의 도시법에 의한 암나사의 측면도시를 표현하고자 할 때 사용되며 선택한 원을 안지름으로 하여 골지름과 중심선을 생성한다.

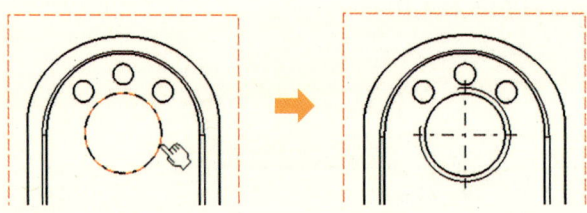

- Thread with Reference ⊗ : 참조(선형 또는 원형)를 기준으로 하나 이상의 원에 스레드를 생성한다.

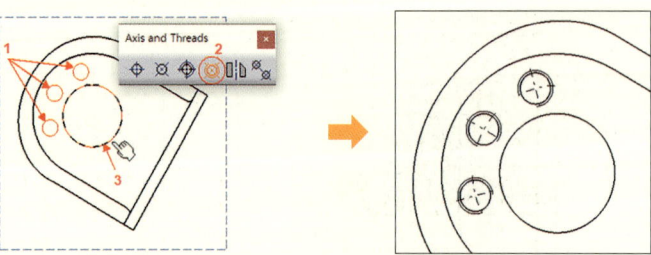

- Axis Line and Center Line 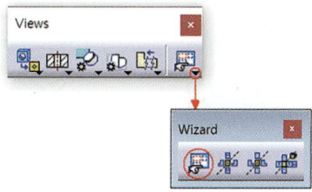 : 두 원에 축과 중심선을 동시에 생성한다.

4 Support 투상도 작성하기

1 Views 도구모음의 Wizard 하위 도구모음에서 View Creation Wizard 를 클릭하여 실행한다.

❶ View Creation Wizard 대화상자 Step 1/2에서 미리 정의된 투상도 배열 중 정면도, 평면도, 우측면도에 해당하는 버튼 을 클릭한다.

❷ Next > 를 클릭하면 View Creation Wizard 대화상자의 Step 2/2로 넘어간다. Step 2/2 대화상자에서 다른 투상도 뷰를 원하는 위치에 추가하여 배치할 수 있으나 여기서는 Finish 를 클릭하여 대화상자를 닫는다.

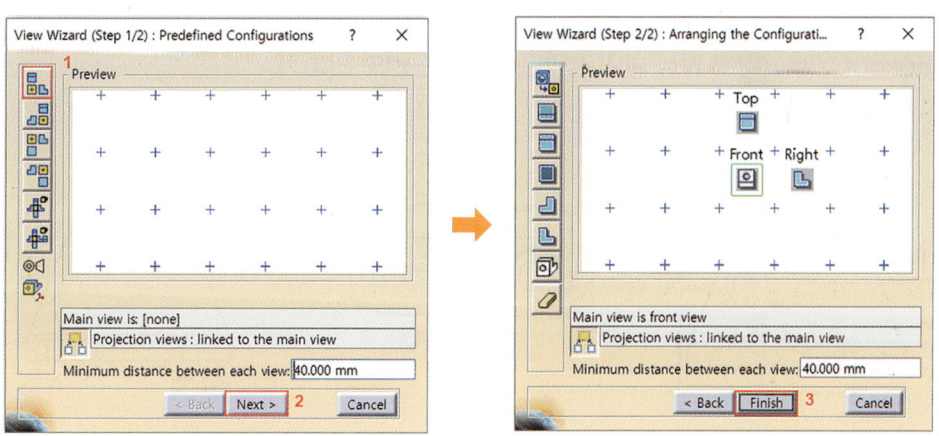

❸ 미리 정의된 뷰에 놓일 부품을 선택하기 위해서 메뉴모음에서 Window 〉 Caster_Assembly. CATProduct를 선택하여 Caster_Assembly 화면으로 전환한 다음 Specification Tree에서 투상도를 작성할 Support를 선택하고 정면도 방향을 결정할 면을 선택한다.

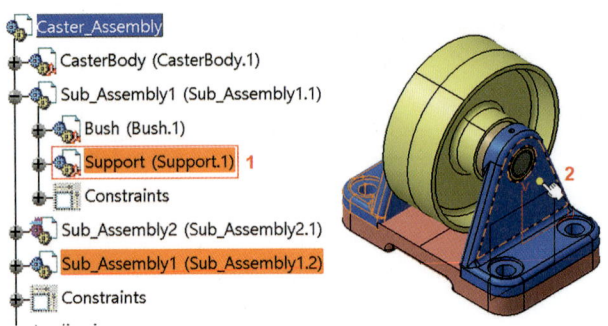

❹ 뷰 방향 조작기의 화살표를 클릭하여 정면도 뷰의 방향을 결정하고 시트 공간에 마우스 왼쪽 버튼을 클릭하여 3면도 뷰를 생성한다.

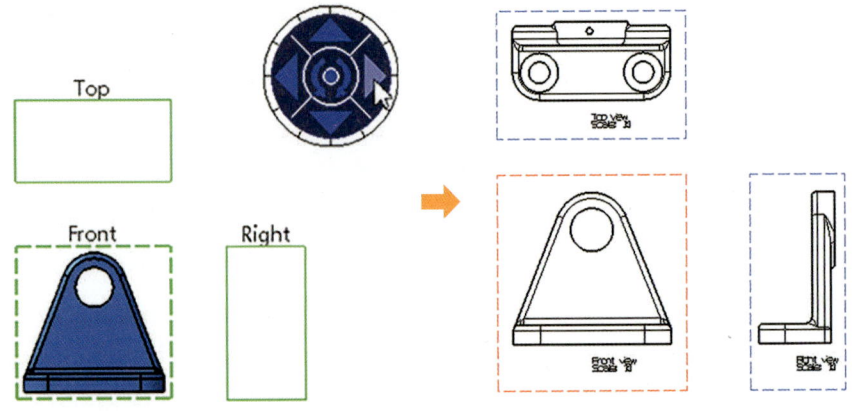

2 평면도는 접선을 숨기고 정면도와 우측면도는 접선을 숨기고 숨은선은 표시한다.

3 Breakout View 로 활성 뷰인 정면도에 부분단면도 만들기

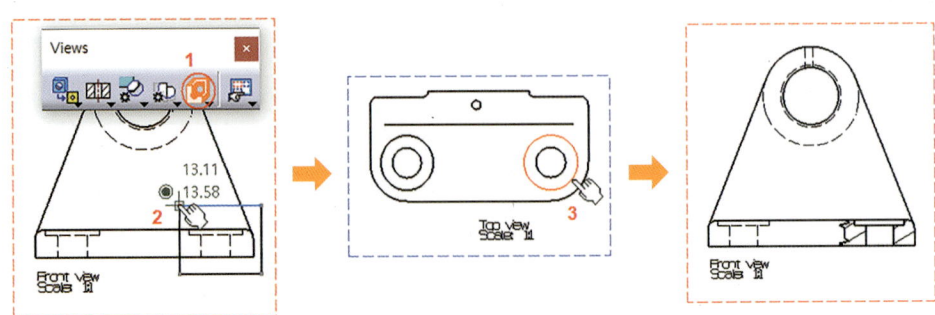

4 우측면도를 활성 뷰로 만들고 Breakout View 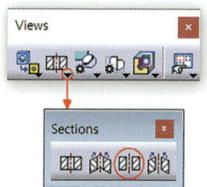로 우측면도에 부분단면도 만들기

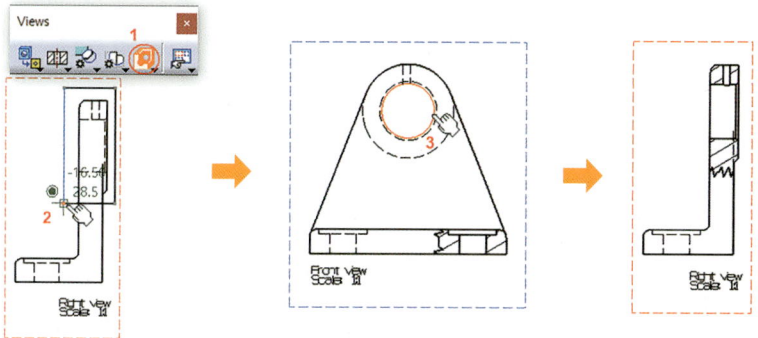

5 정면도를 활성 뷰로 만들고 Offset Section Cut ▣▣으로 정면도에 회전도시 단면도 만들기

❶ Views 도구모음의 Sections 하위 도구모음에서 Offset Section Cut ▣▣을 클릭하여 실행한다.

❷ 경사진 모서리에 수직 방향으로 절단선을 그린 후 절단선을 추가하지 않기 위해 ⊖표시가 나타나면 더블 클릭한다.

❸ 마우스를 움직여 단면뷰의 배치 방향을 결정한 후 마우스 왼쪽버튼을 클릭하여 뷰를 생성한다.

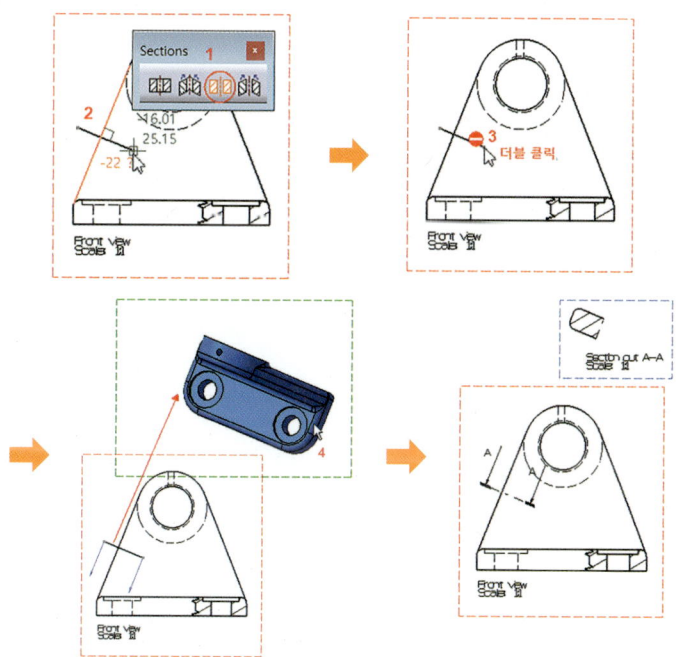

❹ 절단선에 마우스를 가져다 놓고 콘텍스트 메뉴에서 Hide/Show를 클릭하여 절단선을 숨긴다.

❺ 단면도 뷰에 있는 Section A-A Scale1:1 문자는 삭제하고 단면도 뷰를 드래그하여 정면도 뷰에 도형 안에 배치한다.

❻ 단면도 뷰에서 불필요한 선에 마우스를 가져다 놓고 콘텍스트 메뉴에서 Hide/Show를 클릭하여 숨긴다.

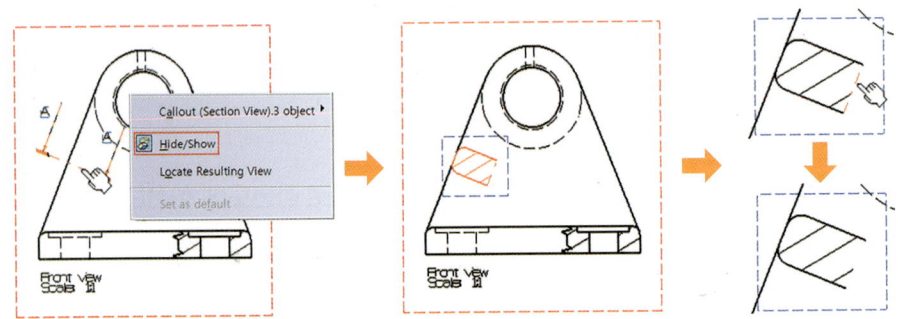

Sections 하위 도구모음 명령어

1 Offset Section View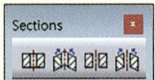

Profile로 단일 절단선이나 구부러진 절단선 그려 단면도를 작성한다.

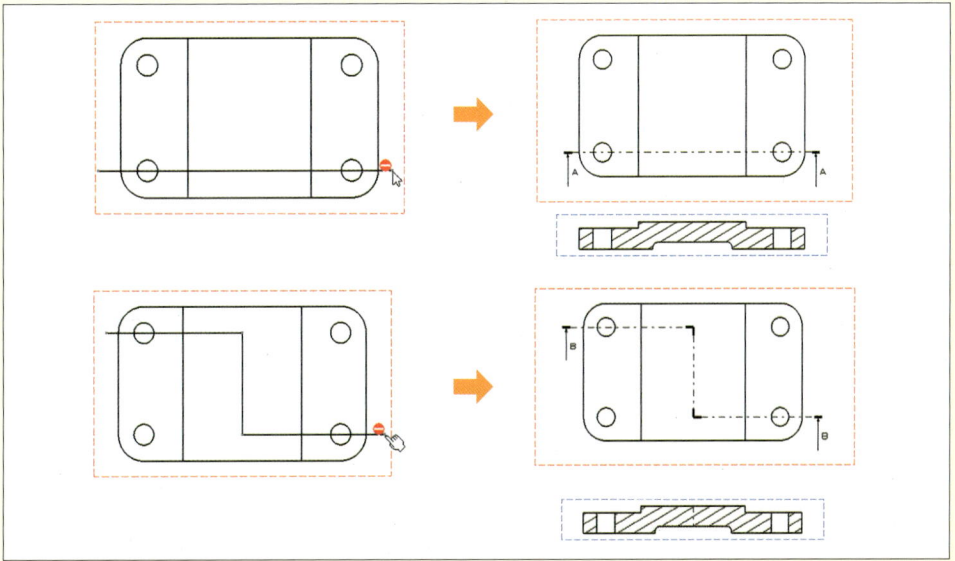

2 Aligned Section View

첫 번째 그린 절단선의 한쪽을 투상면에 평행하게 절단하고, 다른 쪽을 투상면과 어느 각도를 이루는 방향으로 절단할 수 있다. 이 경우, 후자의 단면도는 그 각도만큼 투상면 쪽으로 회전시켜서 도시할 때 사용한다.

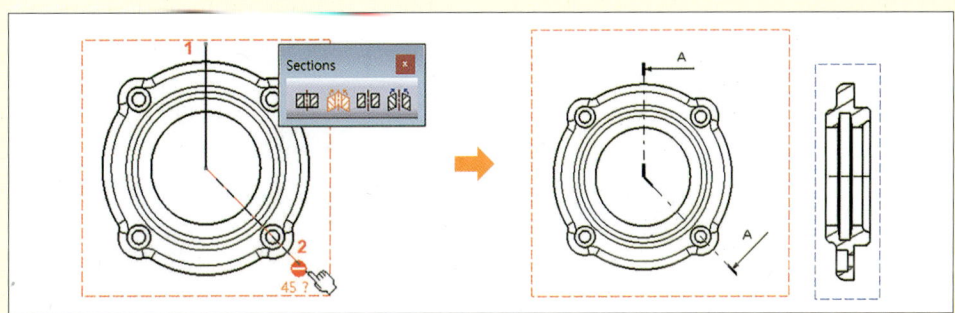

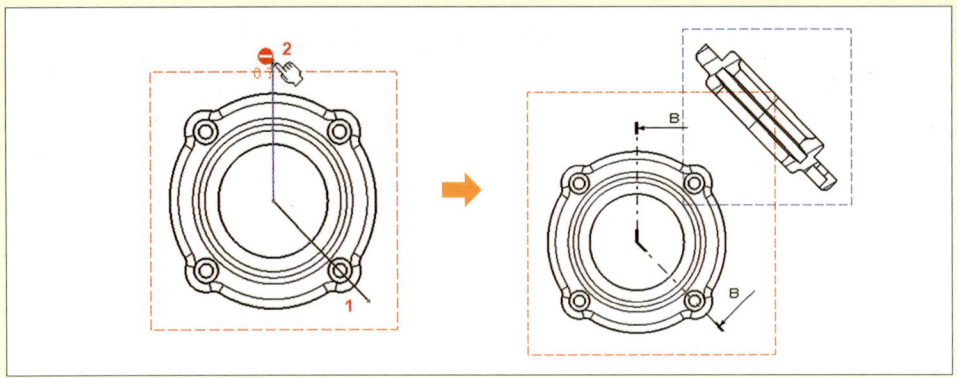

3 Offset Section Cut

Offset Section View 명령과 사용 방법은 같으나 Offset Section Cut 은 절단선으로 절단된 단면 부분만 단면도에 표시된다.

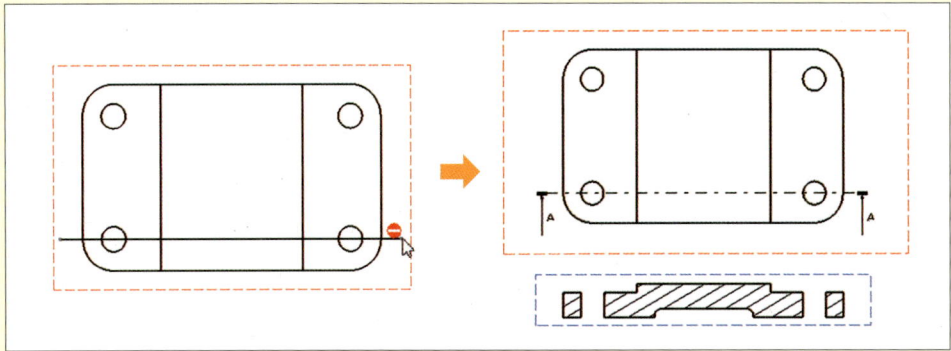

4 Aligned Section Cut

Aligned Section View 명령과 사용 방법은 같으나 Aligned Section Cut 은 절단선으로 절단된 단면 부분만 단면도에 표시된다.

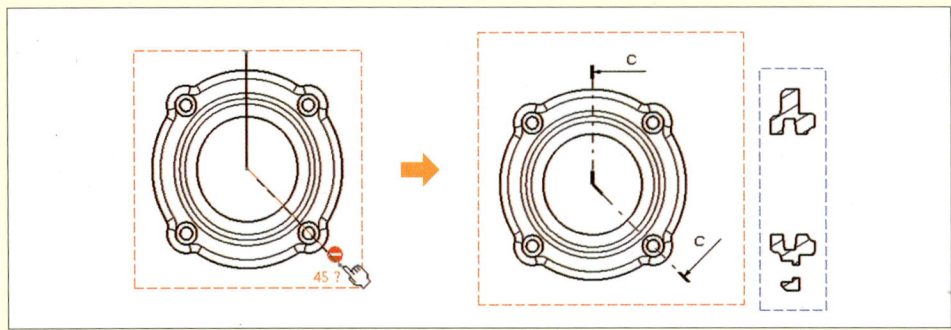

> **참고** 절단선 편집하기

❶ 절단선의 모양이나 위치 및 단면 보기 방향에 따라 단면도 뷰가 작성되는데 절단선을 편집하고자 한다면 편집할 절단선을 더블 클릭하거나 콘텍스트 메뉴에서 Callout (Section View).n object 〉 Definition을 클릭한다.

❷ Edit/Replace 도구모음

- Replace Profile : Replace Profile 명령어를 클릭하여 Profile을 다시 그리면 기존 절단선과 교체되며 End Profile Edition 을 클릭하여 편집 공간을 나가면 변경된 절단선에 의해 단면뷰가 업데이트된다.

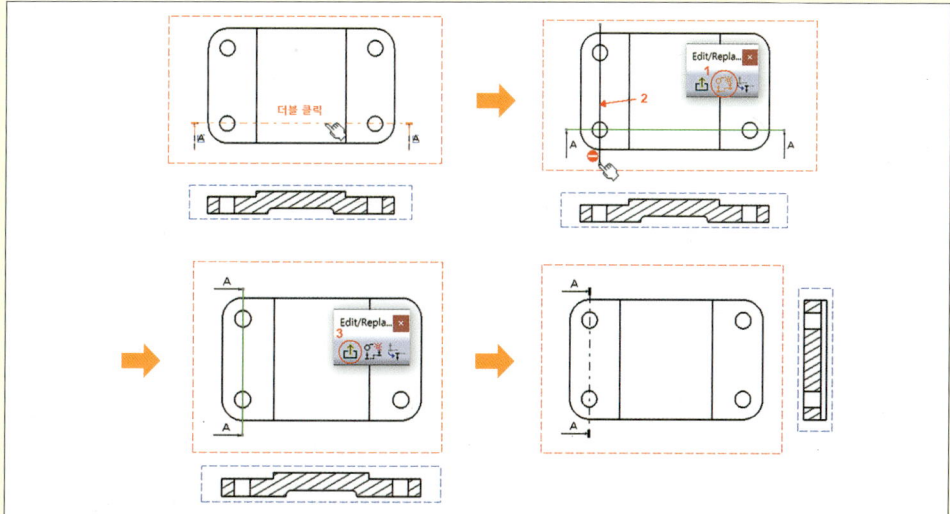

- Invert Profile Direction : 단면 보기 방향 화살표를 반전시키며 End Profile Edition 을 클릭하여 편집 공간을 나가면 변경된 단면 보기 방향에 의해 단면뷰가 업데이트된다.

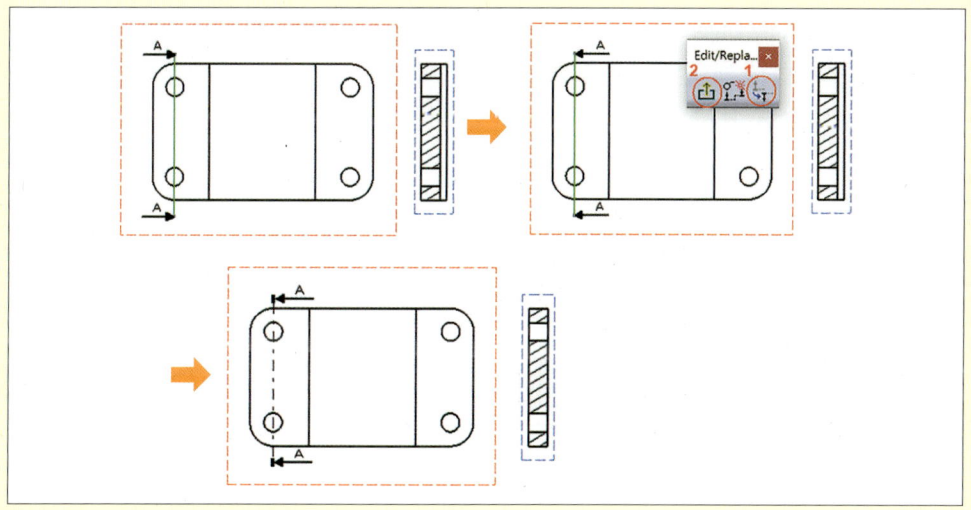

6 Support 투상도에 해당되는 모든 뷰에 숨은선 숨기기

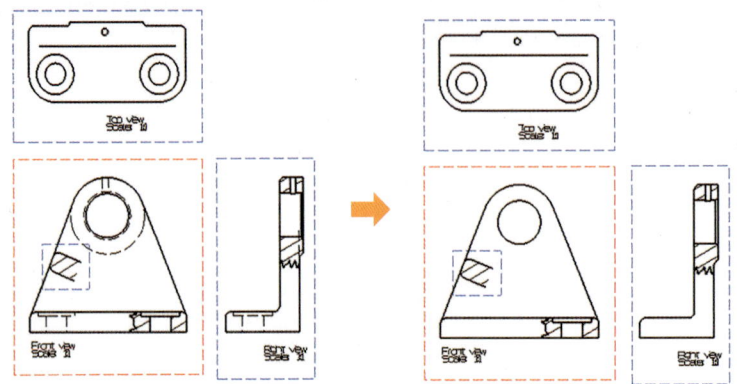

7 Support 정면도 뷰에 숨은선 그리기

숨은선이 표시된 상태에서 불필요한 숨은선을 선택하고 숨겨도 되지만 숨길 숨은선이 많고 표시할 숨은선은 적을 때는 그리는 것이 더 효과적일 수 있다.

❶ Geometry Creation 도구모음의 Circles and Ellipse 하위 도구모음에서 Arc 명령을 클릭하여 호를 작성한다.

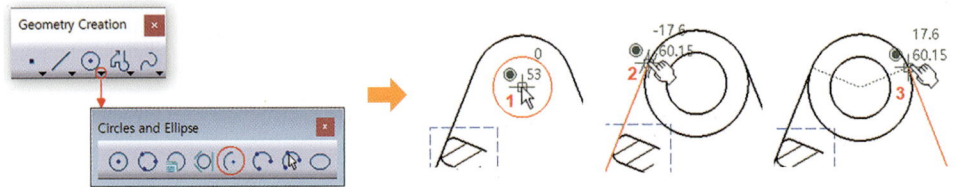

❷ 그려진 호를 선택하고 Graphic Properties 도구모음에서 선의 색상, 선의 굵기와 선의 모양을 지정하거나 Copy Object Format을 클릭한 후 원본 객체로 선택한 객체의 특성을 부여할 다른 객체와 다른 객체에 적용할 특성을 가지고 있는 원본 객체를 선택하여 객체의 특성이 같아지도록 표현한다.

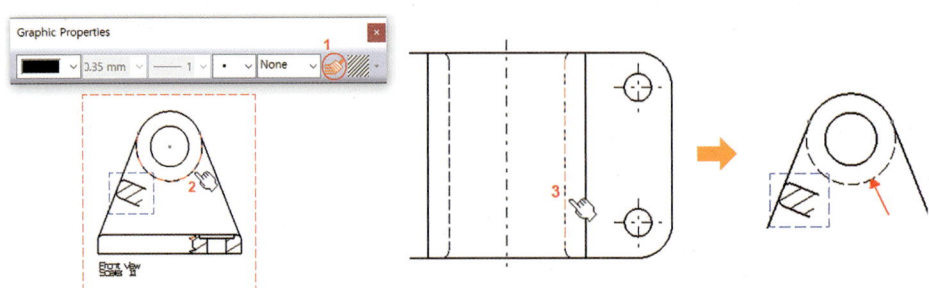

8 우측면도와 평면도에 Thread 표시하기

우측면도와 평면도의 콘텍스트 메뉴에서 Properties를 선택하고 Properties 대화상자에서 View 탭을 클릭한 다음 Dress Up 아래 Thread에 체크하여 Thread를 투상도에 도시한다.

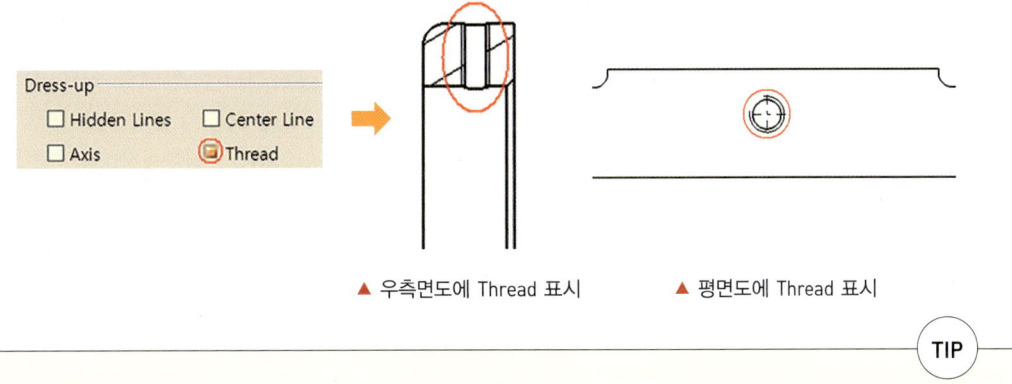

▲ 우측면도에 Thread 표시 　　 ▲ 평면도에 Thread 표시

> **TIP**
> Part 모델링에서 Hole 명령어로 생성한 구멍 중 Thread Definition 〉 Threaded에 체크하여 만든 구멍은 암나사의 도시법에 의해 도면에 표시해 준다.

9 축선과 원이나 원호에 중심표시하기

❶ 정면도와 평면도의 콘텍스트 메뉴에서 Properties를 선택하고 Properties 대화상자에서 View 탭을 클릭한 다음 Dress Up 아래 Center Line에 체크하여 투상도에 원에 중심표시를 도시한다.

❷ 정면도와 우측면도의 콘텍스트 메뉴에서 Properties를 선택하고 Properties 대화상자에서 View 탭을 클릭한 다음 Dress Up 아래 Axis에 체크하여 투상도에 축선을 도시한다.

❸ Axis Line으로 부족한 축선이나 대칭 중심선을 작성한다.

❹ 중심선과 축선의 조정 아이콘을 Ctrl 또는 Shift를 누른 채 드래그하여 길이를 조절하고 Support 투상도를 완성한다.

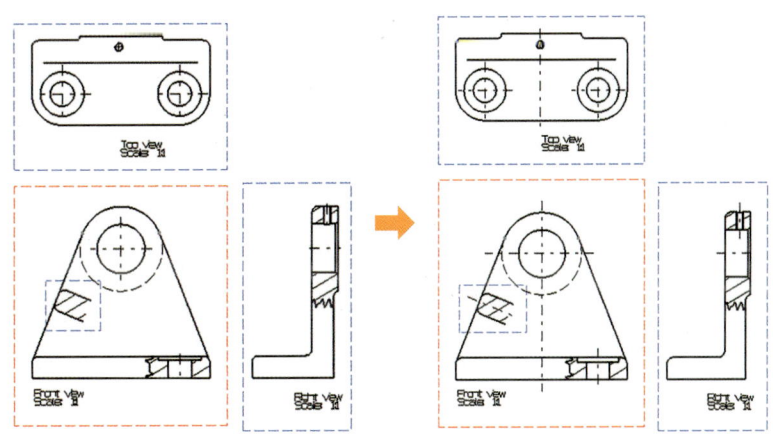

알아두기
보조 투상도와 부분 투상도 작성하는 방법

1 Auxiliary View 로 보조 투상도 작성하기

대상물 경사면의 실형을 도시할 필요가 있을 경우에는 그 경사면과 맞서는 위치에 보조 투상도로써 표시한다. 보조투상도 작성 시 경사면에 해당되는 선을 그리거나 모서리를 선택한다.

❶ Views 도구모음의 Projections 하위 도구모음에서 Auxiliary View 명령어를 클릭하여 실행한다.

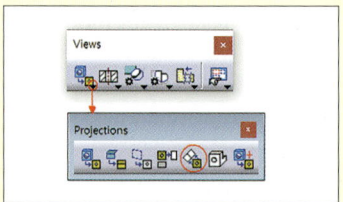

❷ 경사면에 해당되는 선을 그리거나 모서리를 선택한다.

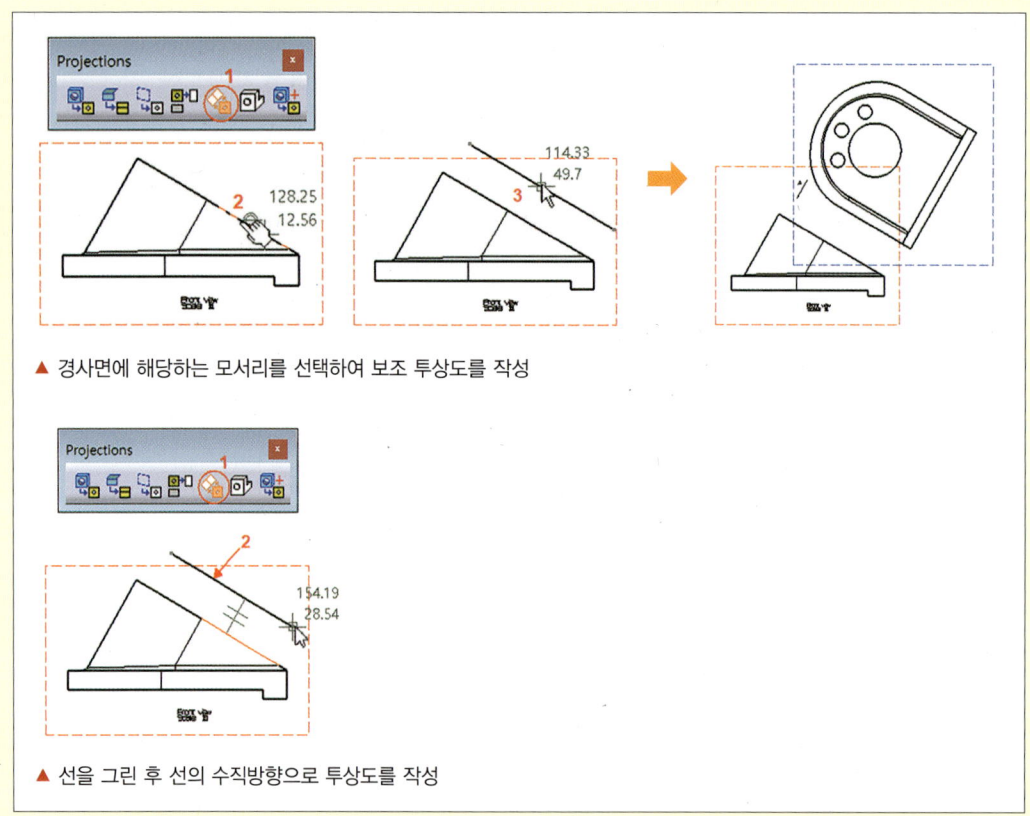

▲ 경사면에 해당하는 모서리를 선택하여 보조 투상도를 작성

▲ 선을 그린 후 선의 수직방향으로 투상도를 작성

2 Clipping View 로 부분 투상도 작성하기

그림의 일부를 도시하는 것으로 충분한 경우에는 그 필요 부분만을 부분 투상도로써 표시한다. 부분도를 작성하고자 하는 활성화된 뷰에 원을 스케치하면 원 영역에 해당되는 부분만 투상도로 표시된다.

❶ Views 도구모음의 Clippings 하위 도구모음에서 Clipping View 명령어를 클릭하여 실행한다.

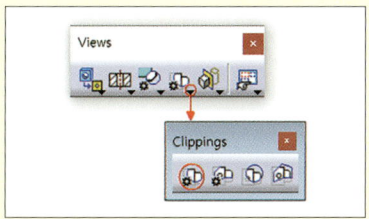

❷ 투상도의 일부 남긴 영역을 원으로 스케치한다.

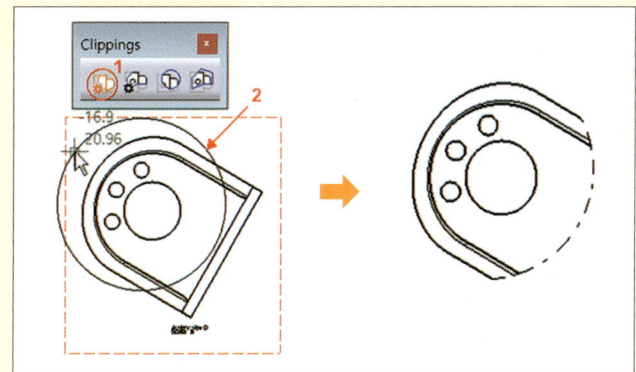

3 Clippings 하위 도구모음 명령어 추가 설명

❶ Clipping View Profile : 투상도의 일부 남긴 영역을 프로파일로 스케치한다.

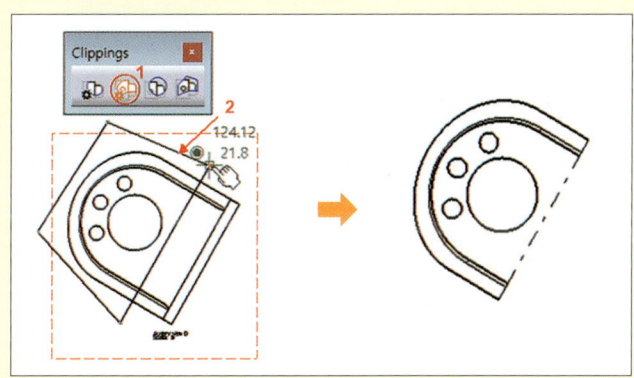

❷ Quick Clipping View 🔁 : Clipping View 🔁 명령과 사용 방법은 같으나 투상도의 일부 남긴 영역으로 그린 원이 투상도에 표시된다.

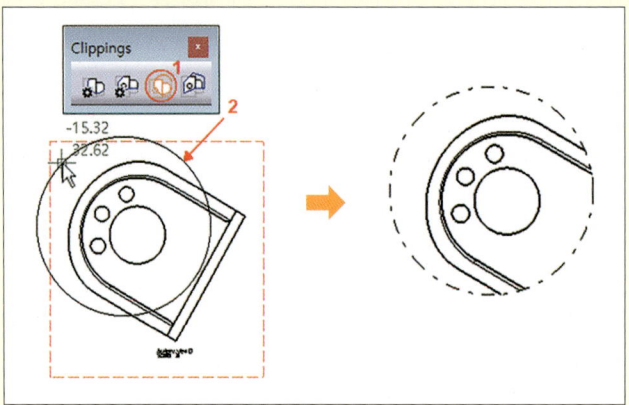

❸ Quick Clipping View Profile 🔁 : Clipping View Profile 🔁 명령과 사용 방법은 같으나 투상도의 일부 남긴 영역으로 그린 프로파일이 투상도에 표시된다.

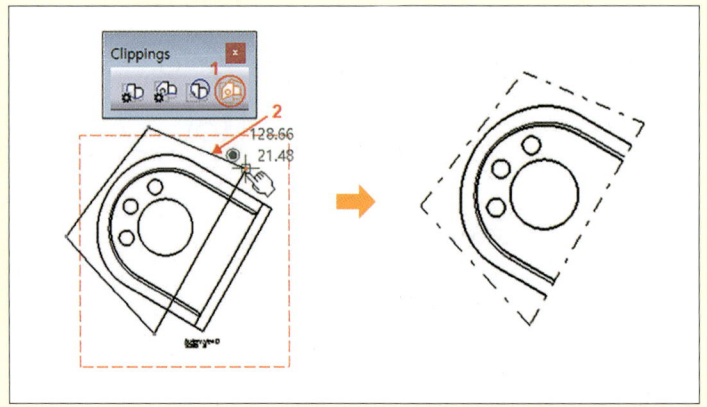

5 Wheel 투상도 작성하기

1 Views 도구모음의 Projections 하위 도구모음에서 Front View ![icon]를 클릭하여 실행한다.

2 메뉴모음에서 Window 〉 Caster_Assembly.CATProduct를 선택하여 Caster_Assembly 화면으로 전환한 다음 Specification Tree에서 투상도를 작성할 Wheel을 선택하고 정면도 방향을 결정할 면을 선택한다.

3 도면 공간으로 자동으로 전환되면서 생성할 뷰의 미리보기가 나타나면 마우스 왼쪽버튼을 클릭하거나 뷰 방향 조작기의 중앙에 있는 원을 클릭하여 Front View를 생성한다.

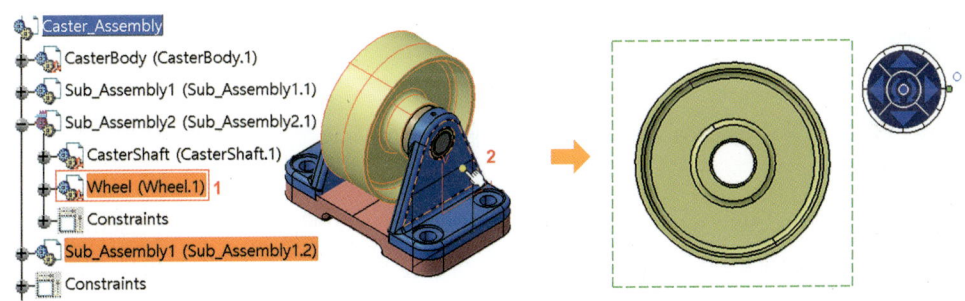

4 Aligned Section View ![icon]로 온단면도 만들기

❶ Views 도구모음의 Sections 하위 도구모음에서 Aligned Section View ![icon]를 클릭하여 실행한다.
❷ 프로파일로 절단선을 그린 후 단면도가 위치할 방향을 결정하여 온단면도를 작성한다.

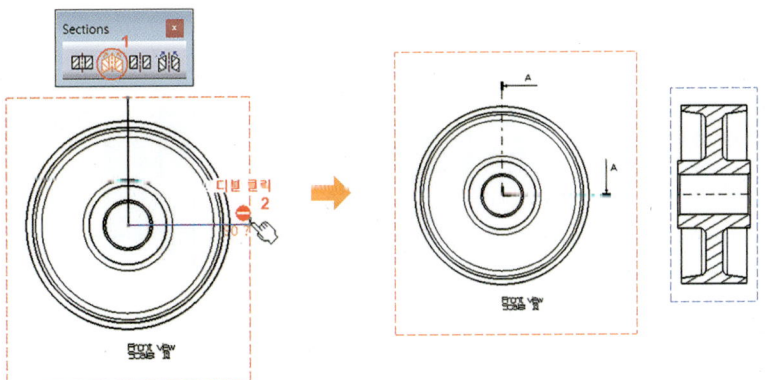

5 절단선을 그린 정면도 뷰는 ![icon] Hide/Show를 클릭하여 숨긴다.

6 단면도 뷰에 접선을 숨기고 대칭중심선과 축선을 작성하여 Wheel 투상도를 완성한다.

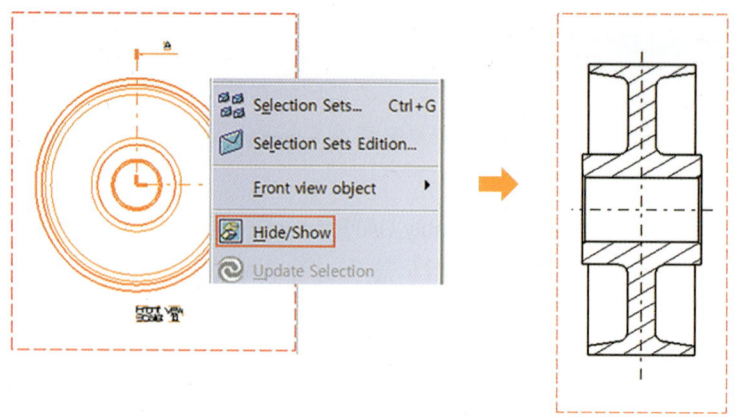

6   Bush 투상도 작성하기

1   Views 도구모음의 Projections 하위 도구모음에서 Front View 를 클릭하여 실행한다.

2   메뉴모음에서 Window 〉 Caster_Assembly.CATProduct를 선택하여 Caster_Assembly 화면으로 전환한 다음 Specification Tree에서 투상도를 작성할 Bush를 선택하고 정면도 방향을 결정할 면을 선택한다.

3   도면 공간으로 자동으로 전환되면서 생성할 뷰의 미리보기가 나타나면 뷰 방향 조작기의 화살표를 클릭하여 정면도 뷰의 방향을 결정하고 시트 공간에 마우스 왼쪽버튼을 클릭하거나 뷰 방향 조작기의 중앙에 있는 원을 클릭하여 Front View를 생성한다.

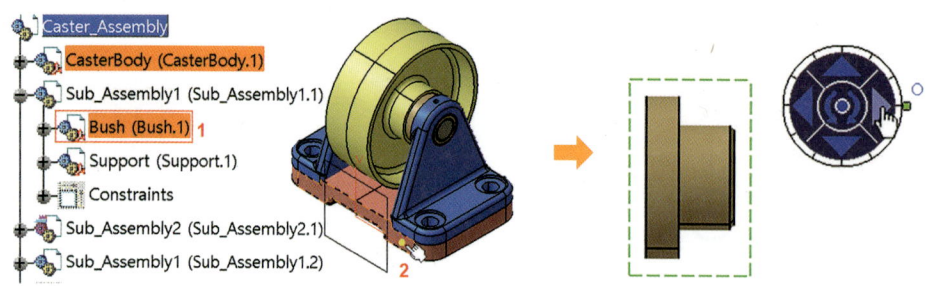

4   Breakout View 명령으로 한쪽 단면도 만들기
    ❶ Views 도구모음의 Break View 하위 도구모음에서 Breakout View 를 클릭하여 실행한다.
    ❷ 중심을 지나는 닫힌 프로파일로 작성한다.

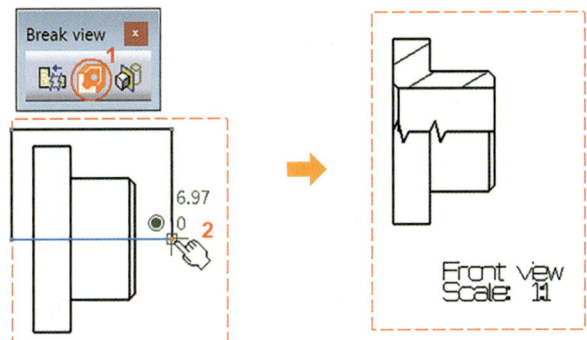

❸ 단면도 뷰에서 파단선을 Hide/Show 를 클릭하여 숨긴다.

5 축선을 작성하여 Bush 투상도를 완성한다.

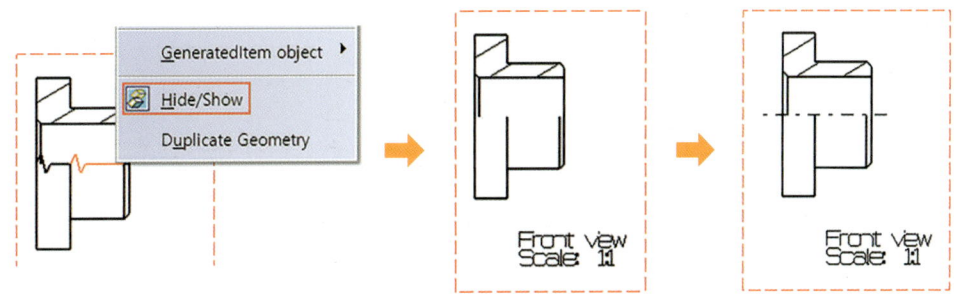

7 Shaft 투상도 작성하기

1 Views 도구모음의 Projections 하위 도구모음에서 Front View 를 클릭하여 실행한다.

2 메뉴모음에서 Window > Caster_Assembly.CATProduct를 선택하여 Caster_Assembly 화면으로 전환한 다음 Specification Tree에서 두상도를 작성할 Shaft를 선택하고 정면도 방향을 결정할 면을 선택한다.

3 도면 공간으로 자동으로 전환되면서 생성할 뷰의 미리보기가 나타나면 시트 공간에 마우스 왼쪽버튼을 클릭하거나 뷰 방향 조작기의 중앙에 있는 원을 클릭하여 Front View를 생성한다.

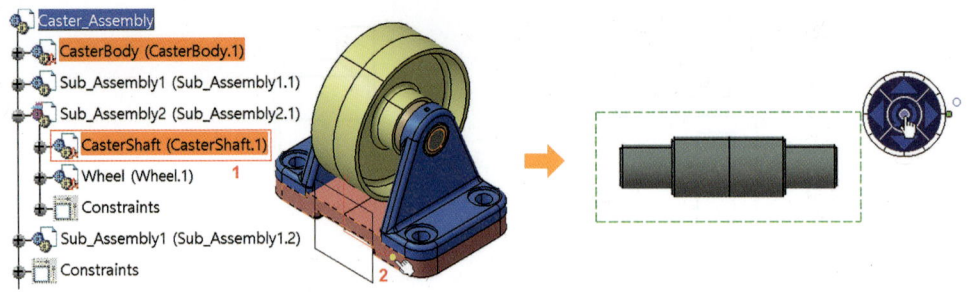

4 축선을 작성하여 Shaft 투상도를 완성한다.

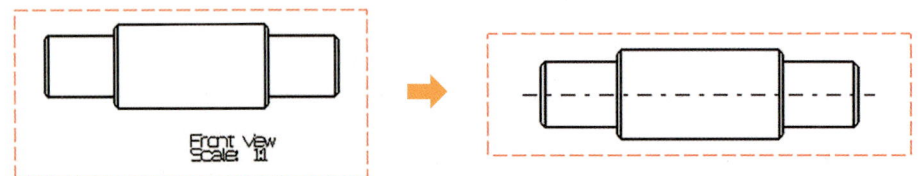

중간부분의 생략에 의한 도형의 단축

1 Broken View 명령어를 사용하여 동일 단면의 부분, 같은 모양이 규칙적으로 줄지어 있는 부분의 중간 부분을 잘라내서 그 긴요한 부분만을 가까이 하여 도시할 수 있다.

❶ Views 도구모음의 Break View 하위 도구모음에서 Broken View를 클릭하여 실행한다.

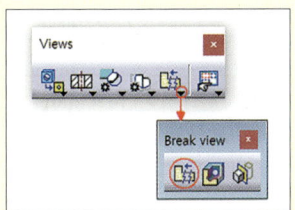

❷ 도형 안에서 첫 번째 파단선의 위치 점을 지정하면 녹색의 프로파일이 나타난다. 마우스를 움직여 프로파일을 수직 또는 수평으로 배치할 것인지를 결정한다.

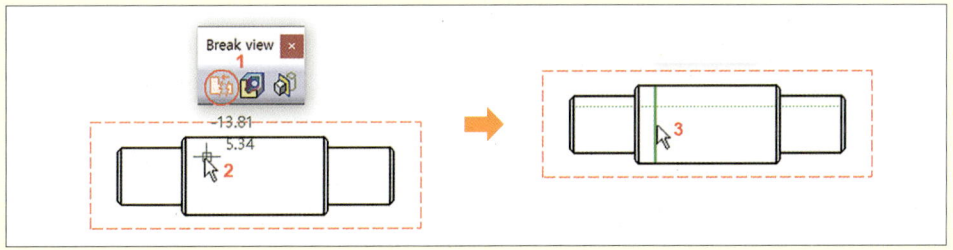

❸ 두 번째 파단선의 위치를 지정하고 임의의 위치에 마우스 왼쪽버튼을 클릭하면 도형을 단축한 투상도가 작성된다.

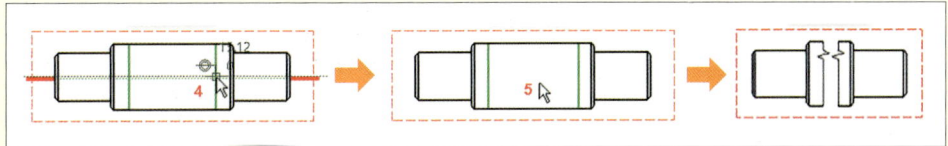

2 Broken View에 의한 파단도를 제거하고자 한다면 파단선에 마우스를 가져다 놓고 콘텍스트 메뉴에서 Callout (Broken View).n object > Unbreak를 클릭한다.

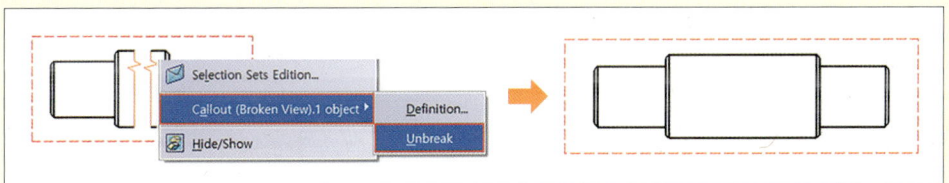

8   Body 투상도에 치수 및 공차 기입하기

1 모든 부품의 투상도가 작성되었으면 투상도 뷰에 있는 View name은 선택하여 삭제한다.

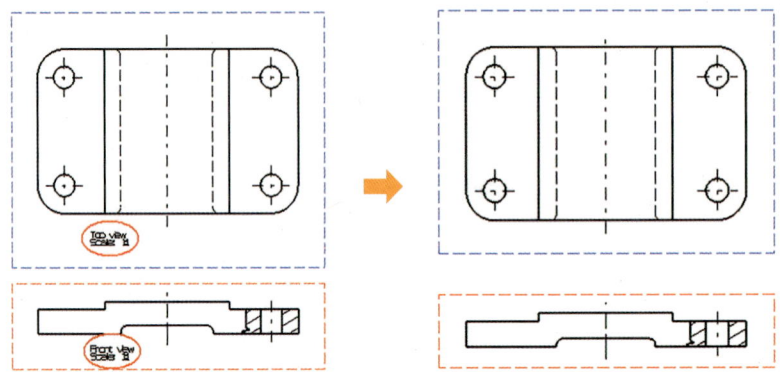

2   Body 투상도에 치수 기입하기

Dimensioning 도구모음의 Dimensions 하위 도구모음에서 Dimensions 명령어를 클릭하여 실행하고 Body 투상도에 치수를 기입한다.

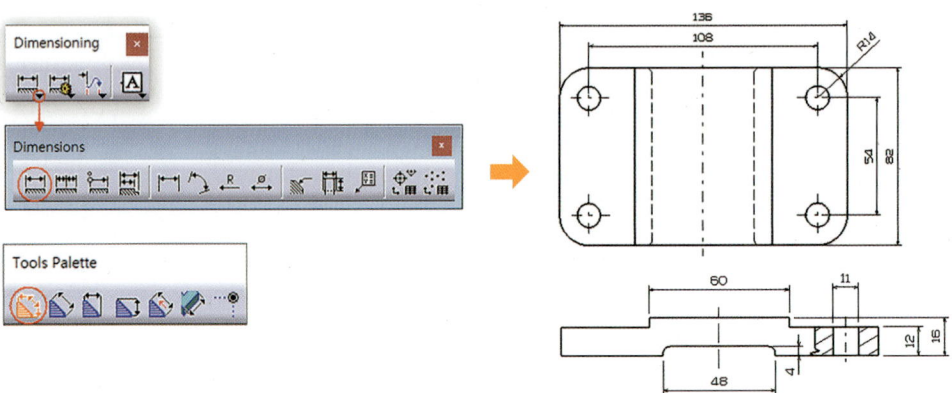

알아두기 하위 도구모음 명령어

1 Dimensions 하위 도구모음

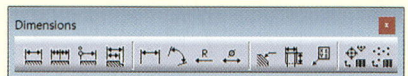

❶ Dimensions : 길이, 지름, 반지름, 각도, 호의 길이 값을 표현할 수 있으며 치수 기입 시 가장 많이 사용한다.

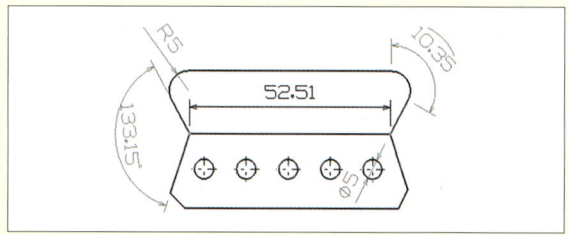

❷ Chained Dimensions : 첫 번째로 선택한 요소부터 각각의 치수값으로 연결된 직렬 치수를 생성한다.

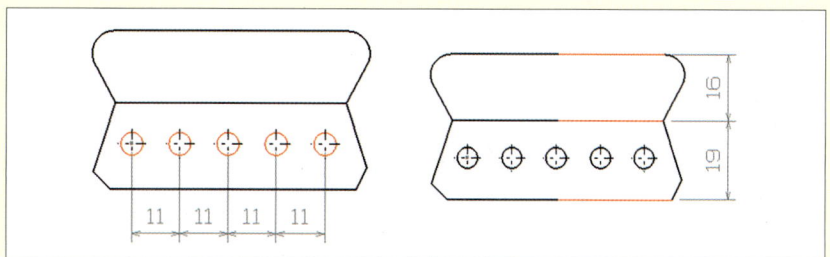

❸ Cumulated Dimensions : 누진치수를 기입할 때 사용하며 요소를 선택하여 누진치수를 표현하거나 Cumulated Dimensions으로 치수를 하나 생성한 다음 생성한 치수가 기점이 되어 누진치수를 표현할 수 있다.

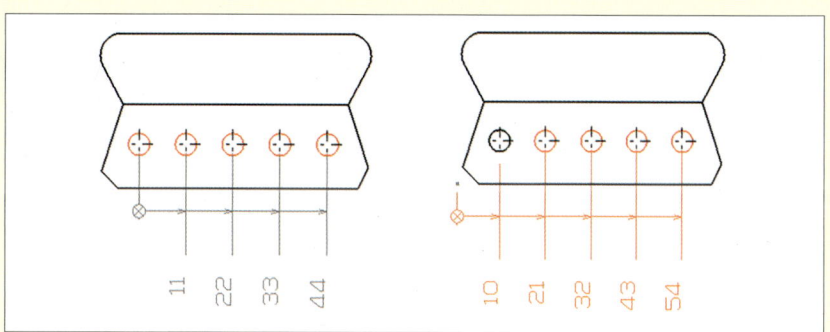

❹ Stacked Dimensions : 첫 번째로 선택한 요소로부터 병렬치수를 표현하고자 할 때 사용한다.

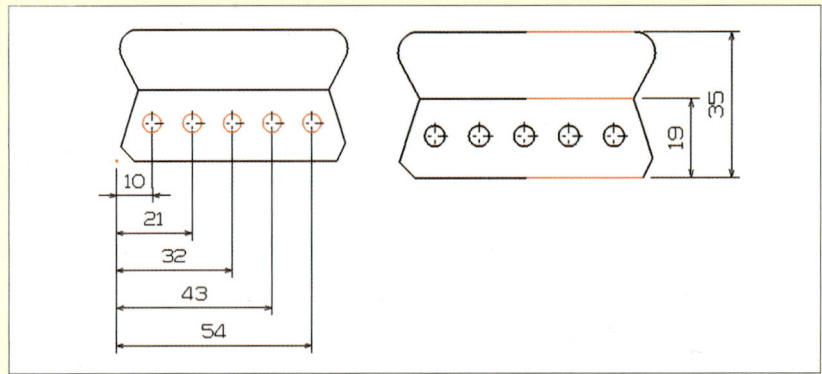

❺ Chamfer Dimensions : 모따기 치수를 표현하고자 할 때 사용하며 Tools Palette에서 치수 기입방법과 치수선 또는 지시선을 선택할 수 있다.

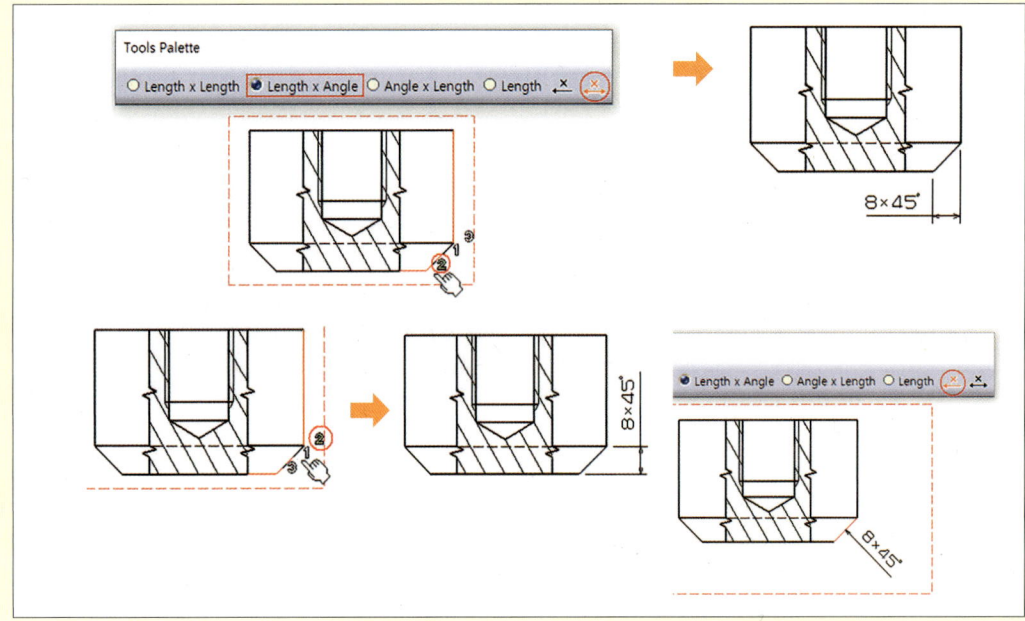

❻ Thread Dimensions : 모델링에서 Thread로 만든 수나사 또는 암나사의 골지름을 선택 하면 호칭지름과 깊이를 생성한다.

946 PART 06 GENERATIVE DRAFTING

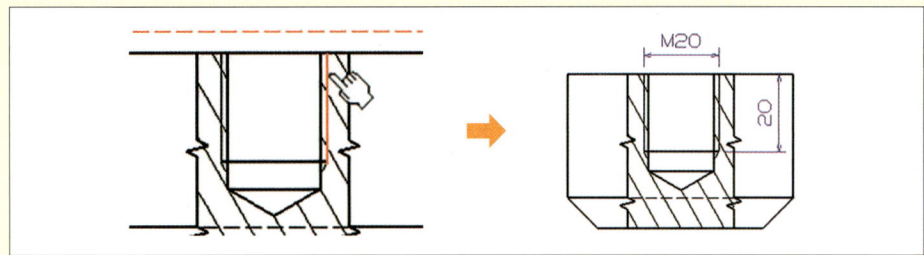

❼ Coordinate Dimensions 📐 : 좌표치수를 기입하고자 할 때 사용하며 점을 선택한 다음 Coordinate Dimensions 명령을 실행하면 좌표치수가 생성된다.

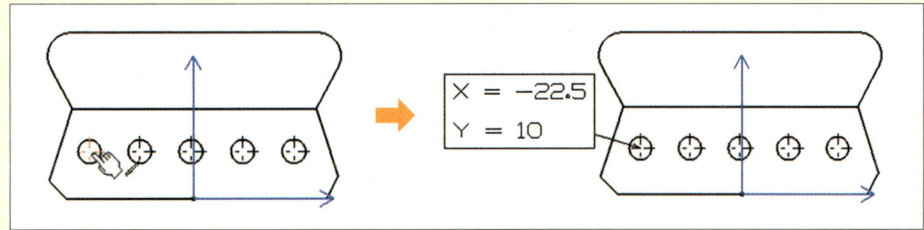

❽ Hole Dimension Table 📐 : 선택한 구멍 및 중심선에 대한 좌푯값과 지름값을 테이블로 생성한다.

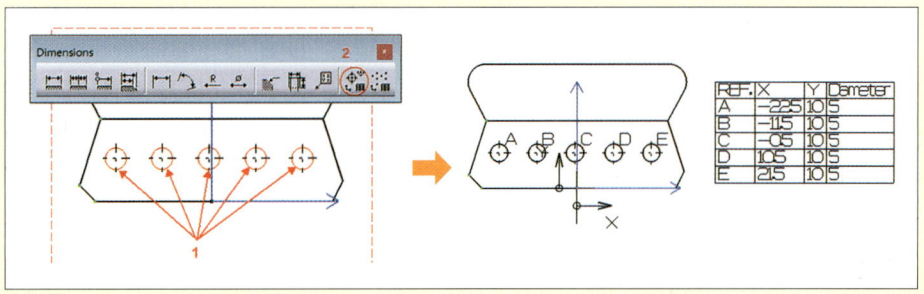

❾ Coordinate Dimension Table 📐 : 선택한 점 요소에 대한 좌표 테이블을 생성한다.

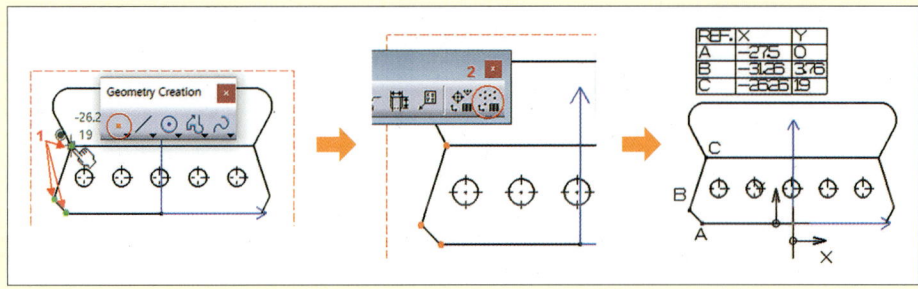

2 Tools Palette 하위 도구모음

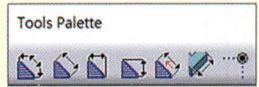

❶ Projected dimension : 치수를 기입할 요소를 선택하고 마우스를 움직여 수평, 수직, 사선 방향으로 치수를 생성할 수 있으며 가장 많이 사용한다.

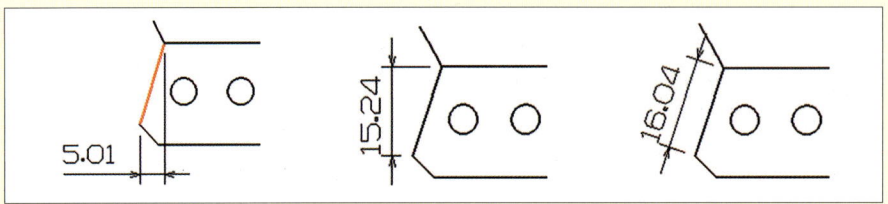

❷ Force dimension on element : 선택한 요소의 방향에 의해 수평, 수직, 사선 방향으로 치수를 생성한다.

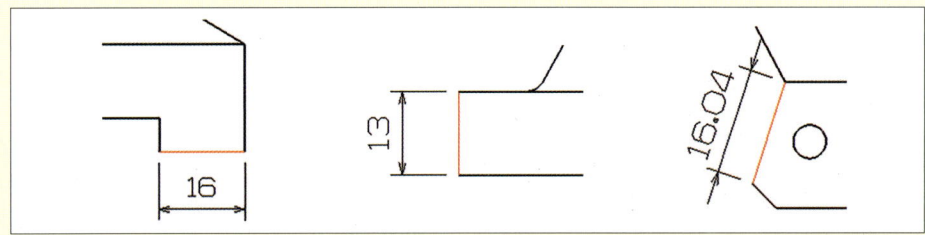

❸ Force horizontal dimension in view : 수직, 수평 치수와 사선 방향의 요소는 수평 치수만을 생성한다.

❹ Force vertical dimension in view : 수직, 수평 치수와 사선 방향의 요소는 수직 치수만을 생성한다.

❺ Force dimension along a direction : 선형 요소(선, 축선, 중심선)를 참조 방향으로 사용하거나 각도를 사용하여 선형 요소에 상대적으로 참조 방향을 정의하는 치수를 생성한다.

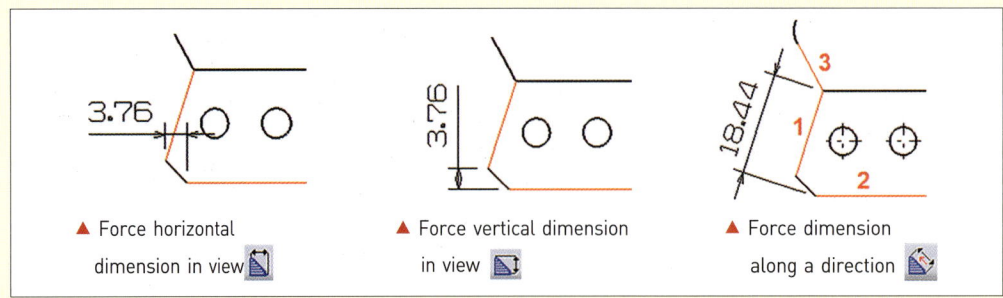

▲ Force horizontal dimension in view
▲ Force vertical dimension in view
▲ Force dimension along a direction

❻ True length dimension : 입체도에서 실제 치수를 기입할 수 있다.

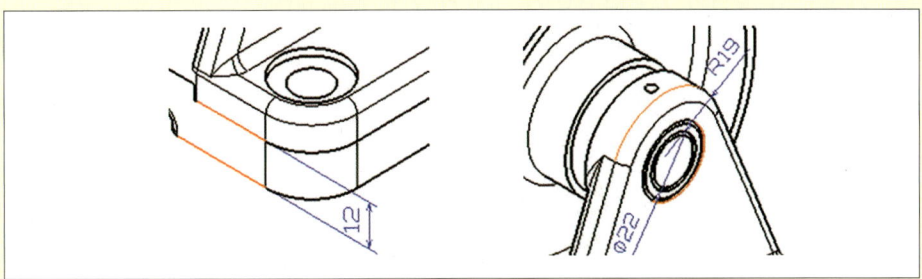

❼ Intersection point detection : 두 요소 사이 교차점을 생성하고 교차점에서 치수를 생성한다.

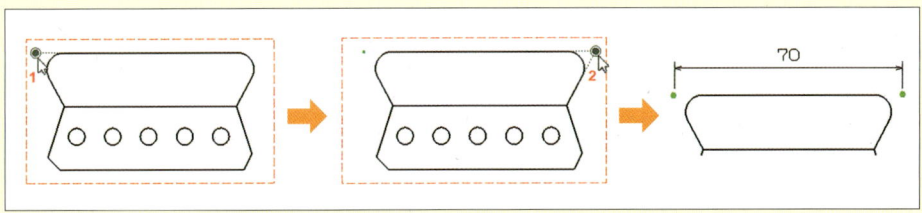

3 치수 표시 기호 및 치수 허용차 기입하여 치수 편집하기

❶ 치수와 문자를 입력하거나 편집할 때 사용하기 위해 조정 아이콘 표시를 설정한다.
메뉴모음에서 Tools 〉 Options을 선택하고 대화상자 창에서 왼쪽 Mechanical Design 〉 Drafting 을 클릭한 다음 Manipulators 탭을 클릭하고 Dimension Manipulators 아래 Modification 체크란에 모두 체크한다.

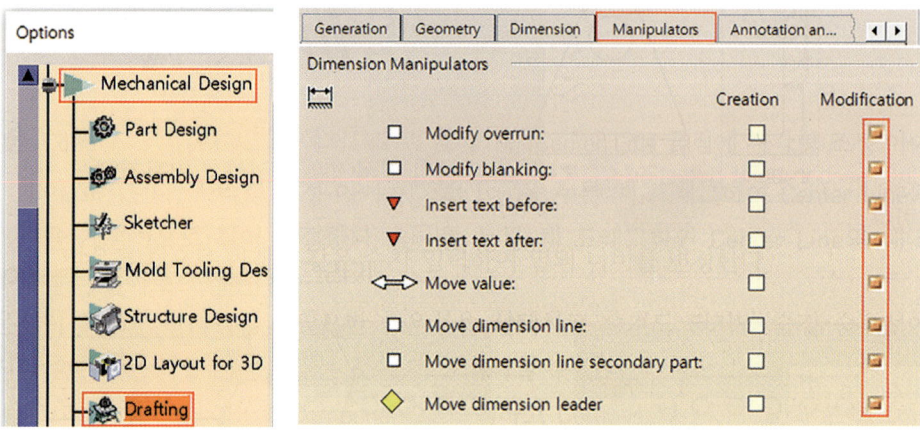

❷ 수정할 치수를 선택하고 Insert text before ▽ 조정 아이콘을 클릭한 후 치수 문자 앞에 삽입할 문자를 입력한다.

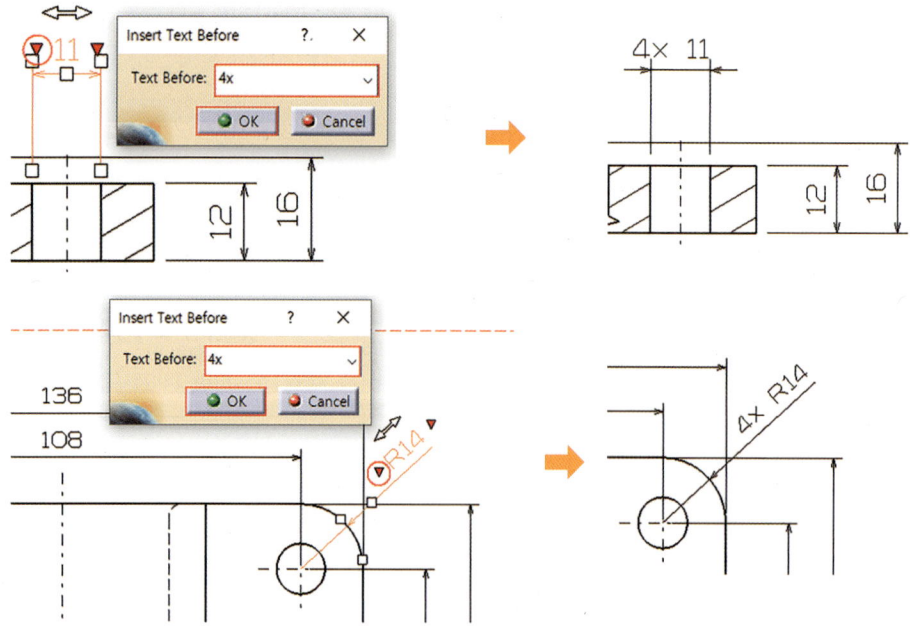

> **TIP**
> - 수정할 치수를 선택하고 Move value ⟺ 조정 아이콘을 클릭 드래그하면 치수문자를 이동할 수 있다.
> - 치수 화살표를 클릭하면 화살표 방향을 반전시킬 수 있다.

❸ 치수 표시기호 ∅를 기입하기 위해 치수를 선택하고 Text Properties 도구모음에서 Insert Symbol 드롭다운 목록 안에서 Diameter를 선택한다.

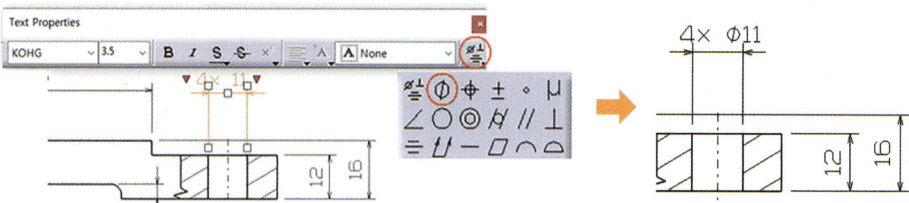

❹ 치수허용차를 입력할 치수를 선택하고 Dimension Properties 도구모음의 Tolerance 입력란에 +0.2/0을 기입한다.

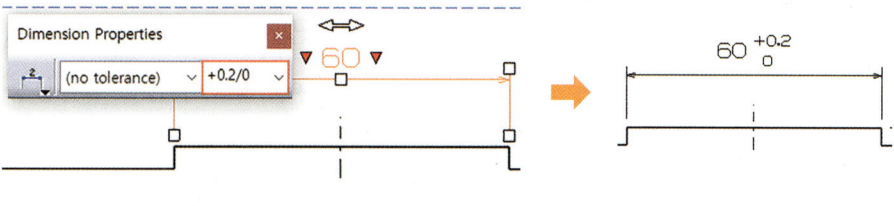

> **TIP**
> Tolerance 입력란에 +-0.2를 입력하면 ±0.2로 0/-0.2로 입력하면 $^{0}_{-0.2}$로 표현된다. 치수허용차를 지우고자 한다면 Dimension Properties 도구모음의 Tolerance Description 드롭다운 목록에서 (no tolerance)를 선택하거나 Tolerance 입력란에서 기입된 치수허용차를 지운다.

9 Support 투상도에 치수 및 공차 기입하기

1 Support 정면도에 치수 기입하기

1 Dimensioning 도구모음의 Dimensions 하위 도구모음에서 Dimensions 명령을 클릭하여 실행하고 Support 정면도에 치수를 기입한다.

2 정면도에서 선과 호를 선택하고 전체 높이 치수 생성하기

① Dimensions 명령을 실행하고 선과 호를 선택한다.
② 치수 생성 시 호의 네 개의 점 중 중심점이 아닌 다른 위치의 점에서 치수보조선을 기입하고자 할 때는 콘텍스트 메뉴에서 Extension Lines Anchor 〉 Anchor n을 선택하여 치수보조선의 점 위치를 변경한다.

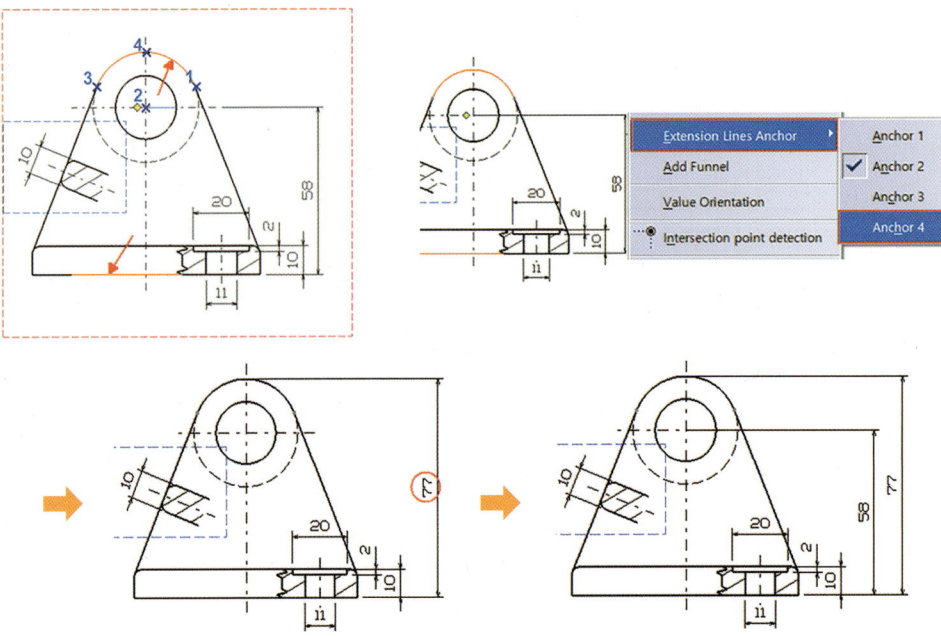

2 Support 평면도에 치수 기입하기

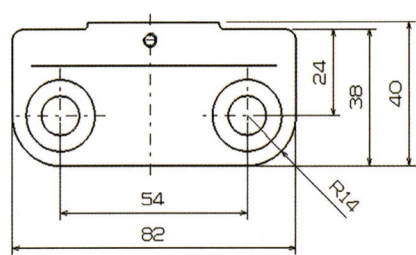

3 Support 우측면도에 치수 기입하기

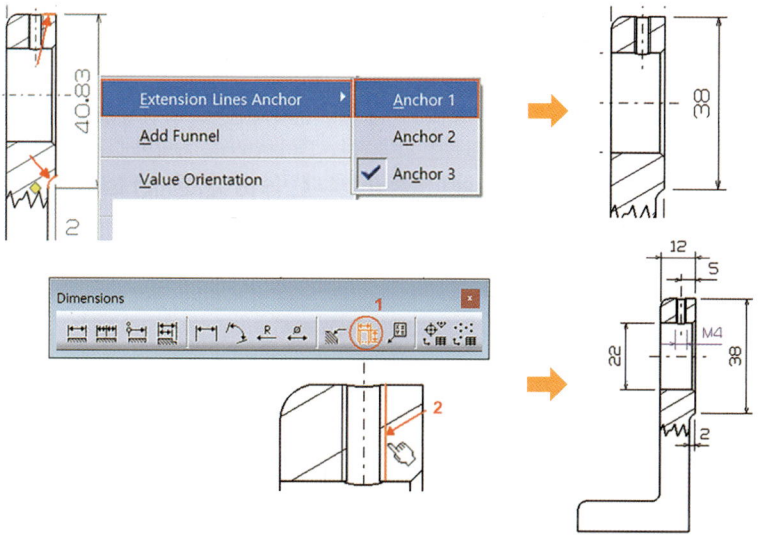

암나사의 깊이 치수는 선택하여 지운다.

4 치수 편집하기

❶ 치수 표시기호 ∅를 기입하기 위해 치수를 선택하고 Text Properties 도구모음에서 Insert Symbol 드롭다운 목록 안에 Diameter를 선택한다.

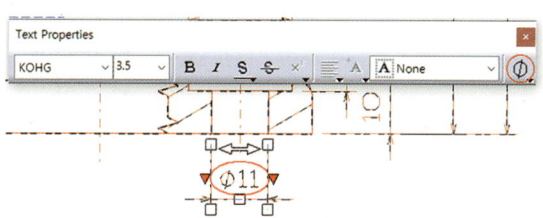

❷ Graphic Properties 도구모음에서 Copy Object Format 을 클릭하여 특성을 상속한다.

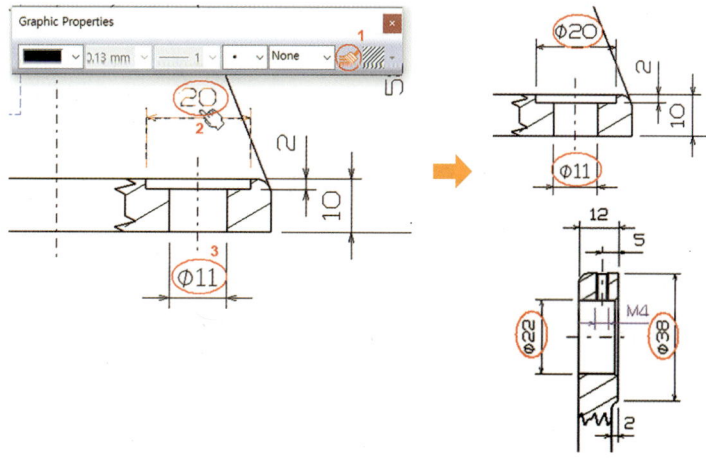

> - Dimensioning 도구모음의 Dimensions 하위 도구모음에서 Diameter Dimensions 명령으로 치수를 기입하면 치수 표시기호 Ø가 치수 문자 앞에 자동으로 표시된다.
> - 측정된 치수값을 바꾸고자 한다면 수정하고자 하는 치수 문자의 콘텍스트 메뉴에서 Properties를 선택하고 Properties 대화상자에서 Value 탭을 클릭한 다음 Fake Dimension을 체크한 다음 원하는 값으로 바꾼다. 단, 임의로 수정한 치수값은 모델링 형상이 변화되었을 때 치수에 반영되지 않고 수정한 치수값을 그대로 유지한다.

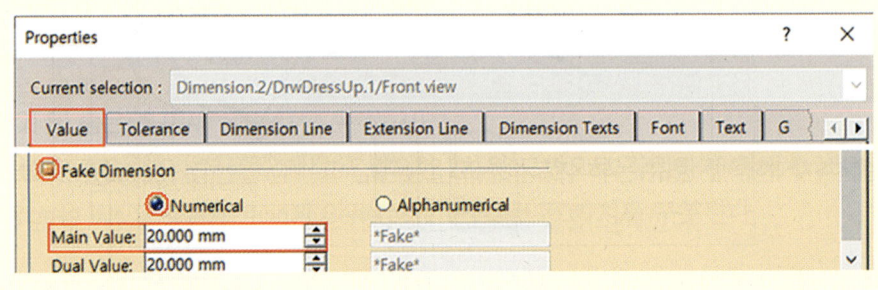

❸ 참고 치수를 기입할 치수를 선택하고 치수 문자 앞에 있는 Insert text before ▼ 조정 아이콘을 클릭하여(문자를 입력하고 치수 문자 뒤에 있는 Insert text after ▼을 클릭하여) 문자를 입력하여 참고 치수를 표현한다.

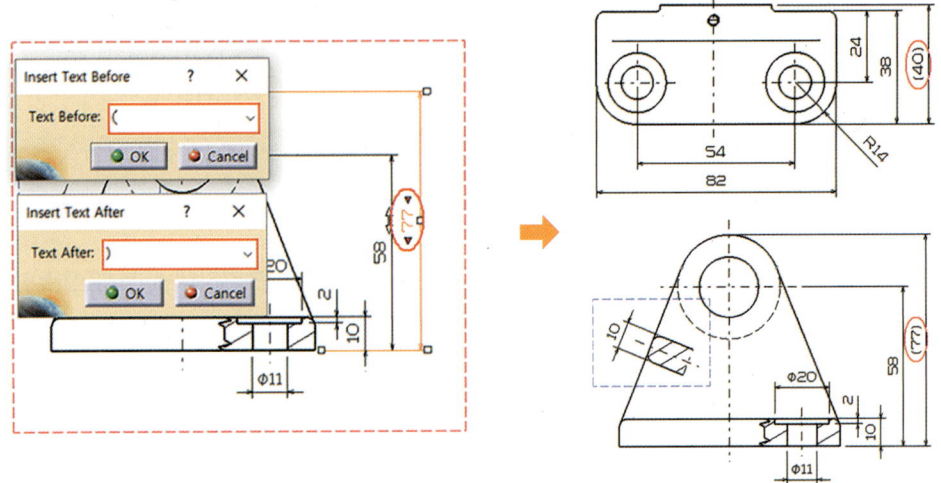

❹ 치수허용차를 입력할 치수를 선택하고 Dimension Properties 도구모음의 Tolerance 입력란에 +-0.05를 기입한다.

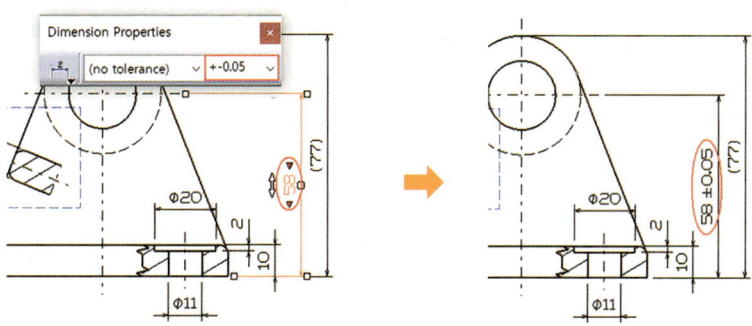

❺ 끼워맞춤을 입력할 치수를 선택하고 Dimension Properties 도구모음의 Tolerance Description 드롭다운 목록에서 TOL_ALP1을 선택하고 Tolerance 드롭다운 목록에서 H7을 선택하여 구멍기준식 끼워 맞춤 표현한다. 이때 치수를 선택한 다음에 Insert text after ▼ 조정 아이콘을 클릭하여 H7 문자를 입력해도 된다.

❻ 구멍의 개수를 기입할 치수를 선택하고 치수문자 앞에 있는 Insert text before ▼ 조정 아이콘을 클릭하여 2x 문자를 입력한다.

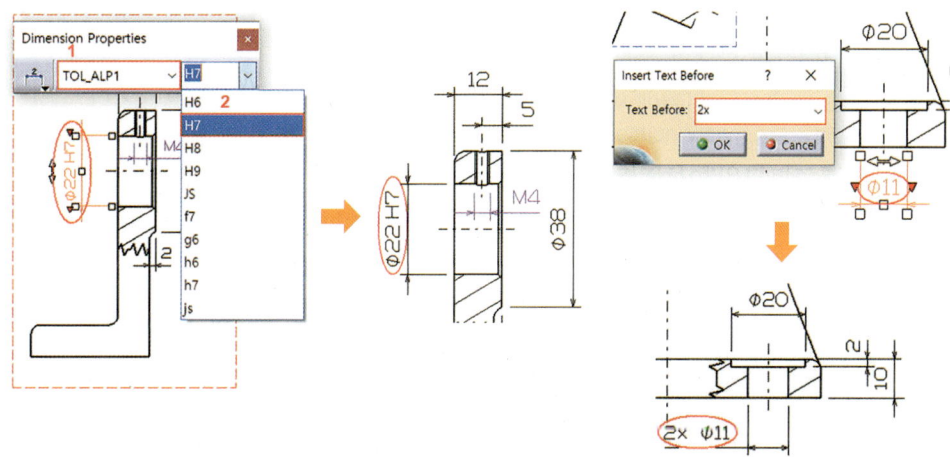

알아두기 부분 확대도

특정 부분의 도형이 작은 까닭으로 그 부분의 상세한 도시나 치수 기입을 할 수 없을 때는 그 부분을 에워싸고 해당 부분을 다른 장소에 확대하여 표현한다. 부분 확대도는 Views 도구모음의 Details 하위 도구모음 명령으로 표현한다.

1 Details 하위 도구모음 명령어 설명

1) Quick Detail View

❶ Views 도구모음의 Details 하위 도구모음에서 Quick Detail View 명령어를 클릭하여 실행한다.

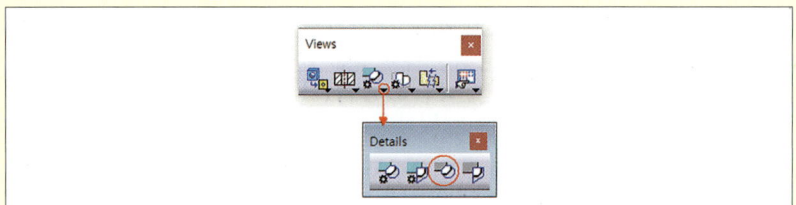

❷ 활성화된 뷰에서 확대할 부분의 위치에서 원의 중심점을 지정하고 반지름에 해당되는 점을 지정하여 확대할 부분을 원으로 에워싼다.

❸ 확대도가 생성될 위치에 마우스 왼쪽버튼을 클릭하여 배치한다.

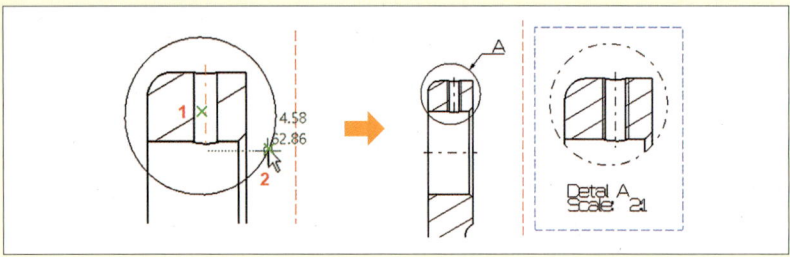

2) Quick Detail View Profile

활성화된 뷰에서 확대할 부분을 닫힌 프로파일로 에워싸고 확대도가 생성될 위치에 마우스 왼쪽버튼을 클릭하여 배치한다.

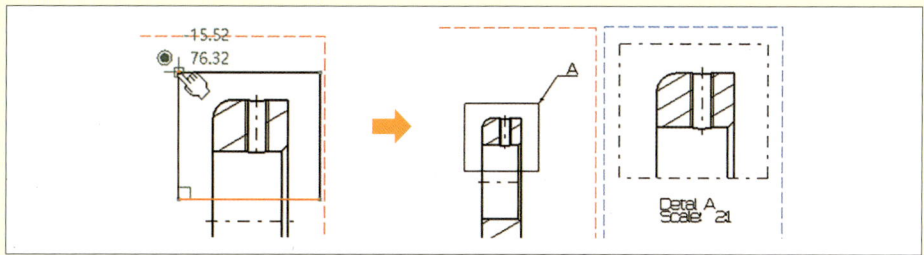

3) Detail View

Quick Detail View와 사용방법은 같으나 2D 투상도가 아닌 3D 형상을 확대하여 표현한다.

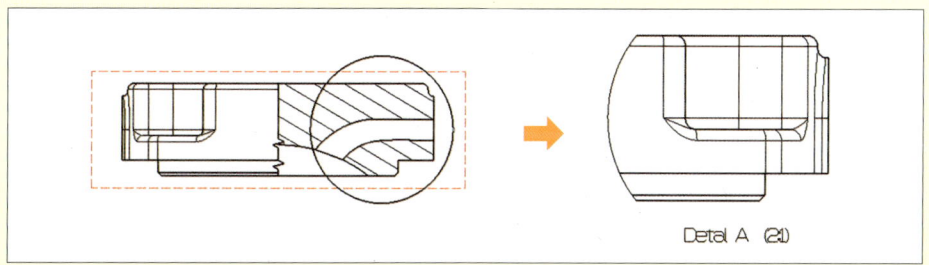

4) Detail View Profile

Quick Detail View Profile과 사용방법은 같으나 2D 투상도가 아닌 3D 형상을 확대하여 표현한다.

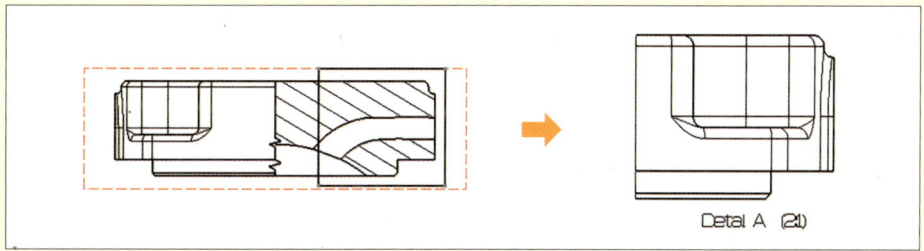

2 확대도의 배율값을 변경하고자 할 때는 해당 확대도 뷰에 Properties 대화상자에서 View 탭을 클릭하고 Scale and Orientation 아래 Scale 값을 변경한다.

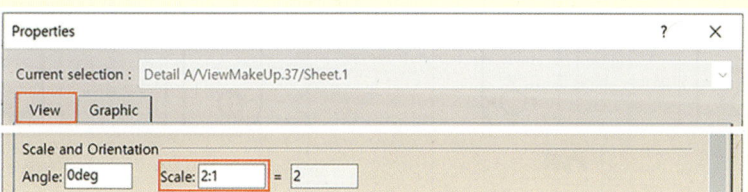

3 확대도 원의 선의 종류를 변경하고자 한다면 Tools > Options > MechanicalDesign > Drafting > View 탭으로 이동하여 View linetype 옆에 있는 Configure 버튼을 클릭하고 Linetype and thickness 대화상자에서 원하는 옵션을 선택한다.

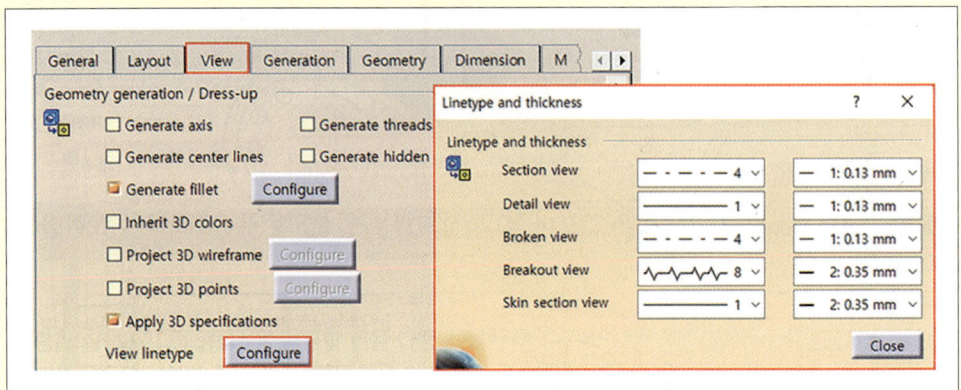

10 Wheel 단면도에 치수 및 공차 기입하기

1 Wheel 단면도에 치수 기입하기

❶ Dimensioning 도구모음의 Dimensions 하위 도구모음에서 Diameter Dimensions 명령어를 클릭하여 실행하고 원통 모서리가 투영된 선을 선택하여 지름 치수를 생성한다.

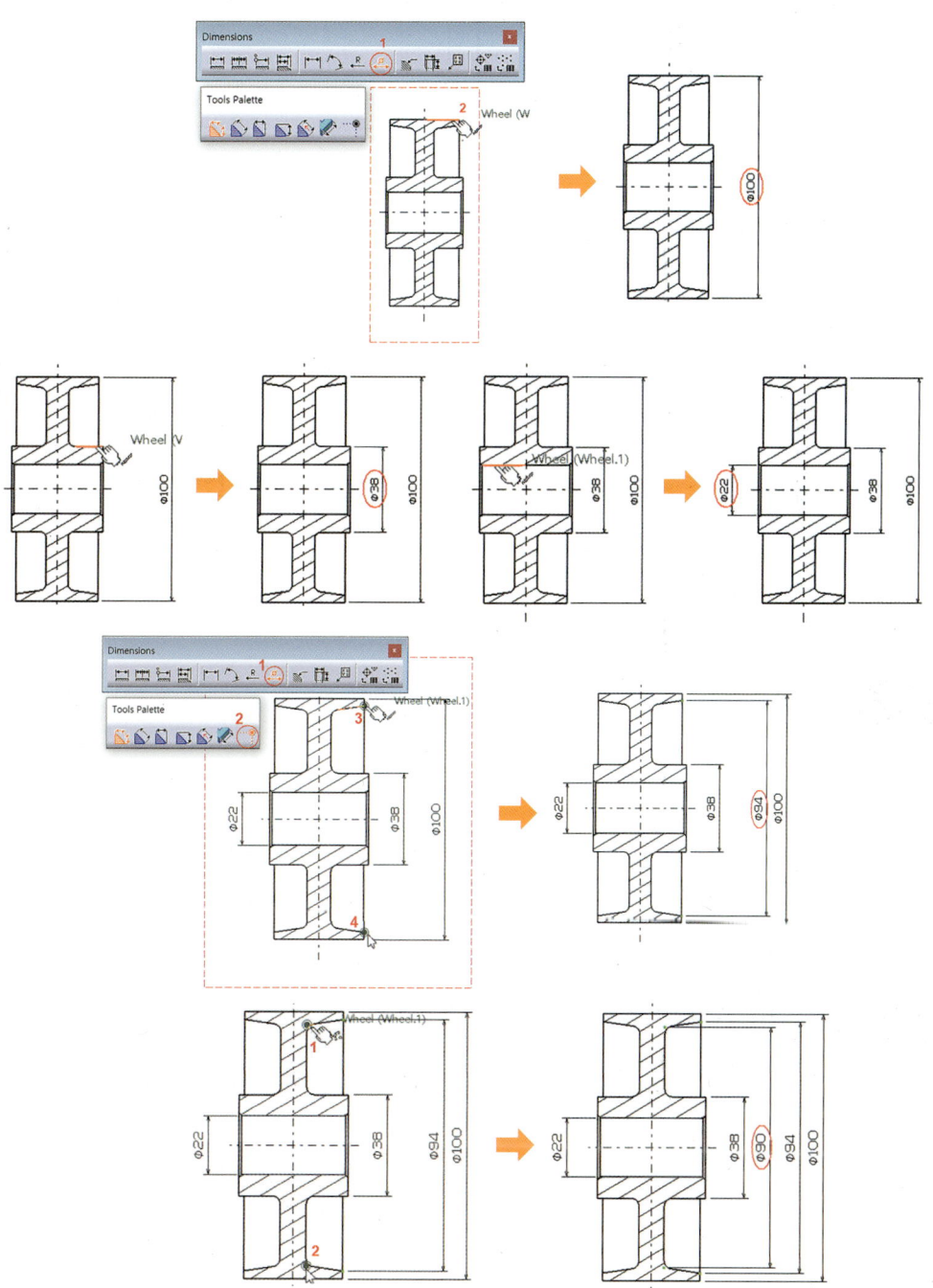

❷ Dimensioning 도구모음의 Dimensions 하위 도구모음에서 Dimensions 명령어를 클릭하여 실행하고 Tools Palette에서 Intersection point detection 을 비활성화한 다음 치수를 기입한다.

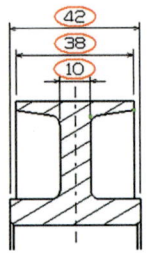

2 끼워맞춤 및 치수 허용차 기입하여 치수 편집하기

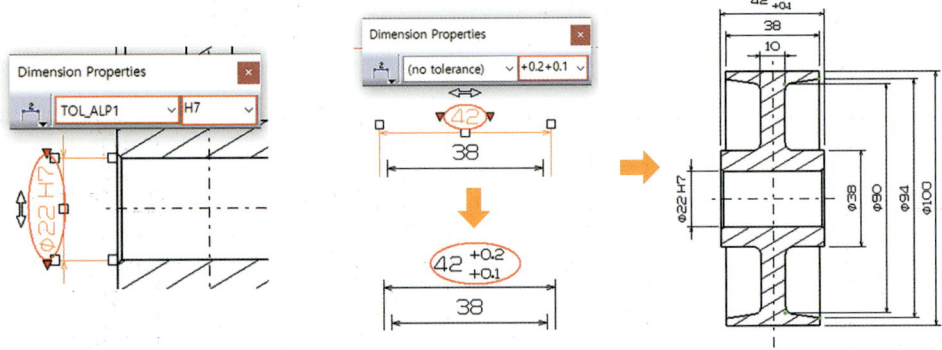

11 Shaft 투상도에 치수 및 공차 기입하기

1 Shaft 투상도에 치수 기입하기

❶ Dimensioning 도구모음의 Dimensions 하위 도구모음에서 Diameter Dimensions 명령어를 클릭하여 실행하고 원통 모서리가 투영된 선을 선택하여 지름 치수를 생성한다.

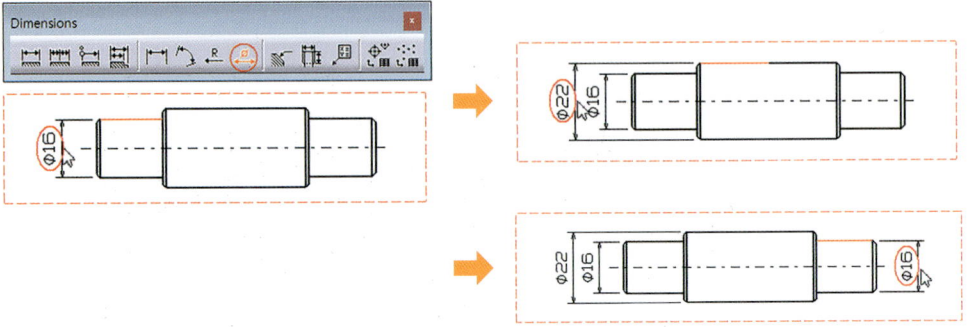

❷ Dimensioning 도구모음의 Dimensions 하위 도구모음에서 Dimensions 명령어를 클릭하여 치수를 기입한다.

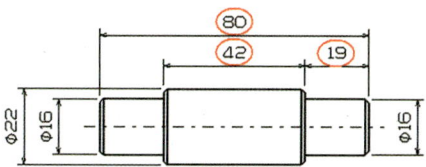

2 끼워맞춤 및 치수 편집하기

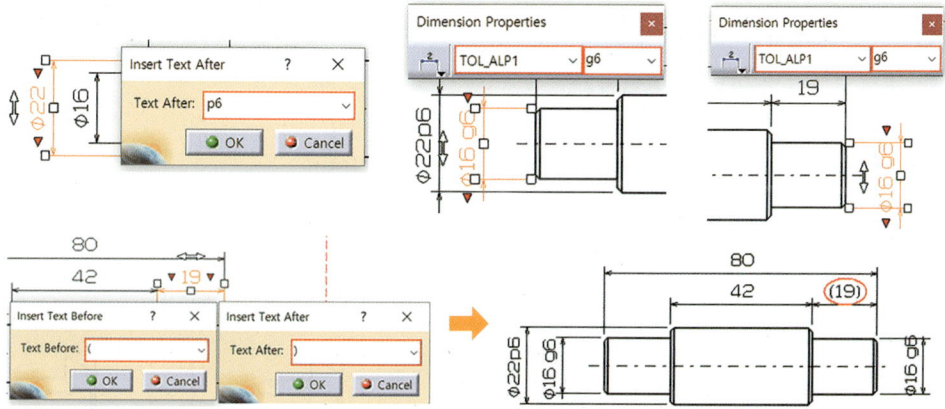

12 Bush 단면도에 치수 및 공차 기입하기

1 Bush 단면도에 치수 기입하기

❶ Dimensioning 도구모음의 Dimensions 하위 도구모음에서 Diameter Dimensions 명령어를 클릭하여 실행하고 원통 모서리가 투영된 선을 선택하여 지름 치수를 생성한다.

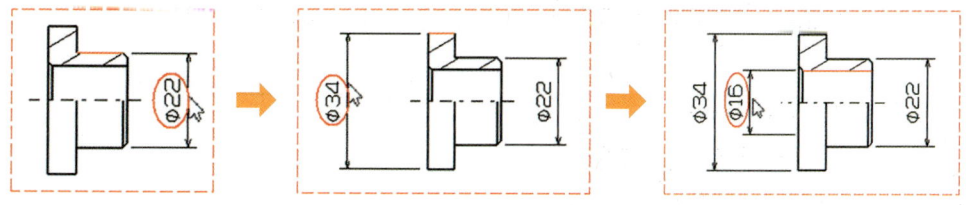

❷ Dimensioning 도구모음의 Dimensions 하위 도구모음에서 Dimensions 명령어를 클릭하여 치수를 기입한다.

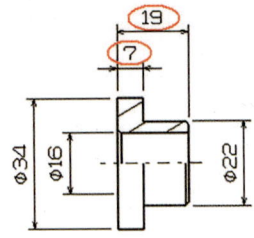

2 끼워맞춤 및 치수 편집하기

1 치수선 치수보조선 억제하기

❶ Dimensioning 도구모음의 Dimension Edition 하위 도구모음에서 Create/Modify Clipping 명령어를 클릭하여 실행한다.

❷ 편집할 치수를 선택한다.

❸ 유지될 치수선과 치수보조선 방향으로 치수를 선택한다.

❹ 제거될 치수선과 치수보조선 방향으로 치수를 선택하여 한쪽 치수선과 치수보조선이 제거된 치수를 생성한다.

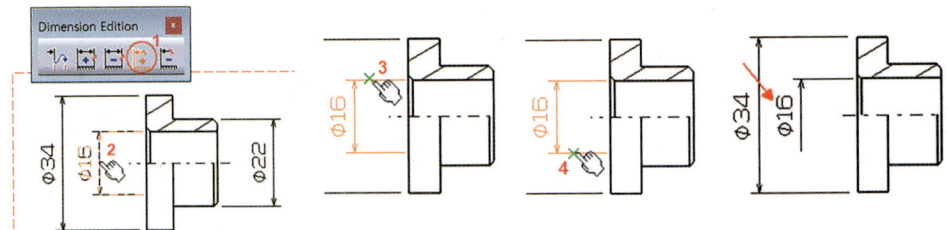

2 끼워맞춤 및 치수허용차 넣기

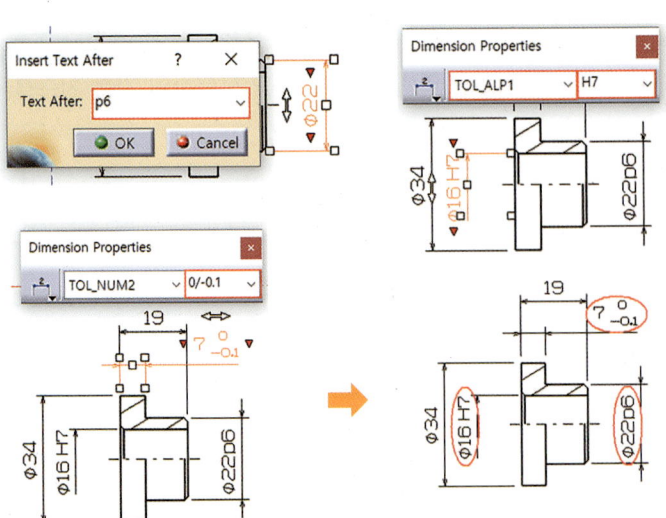

알아두기
Dimension Edition 하위 도구모음 명령어

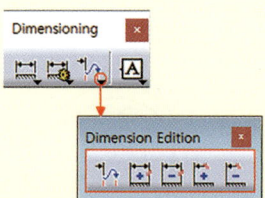

1 Re-route Dimension

편집하고자 하는 치수유형과 호환되는 요소를 선택하여 재지정된 치수를 생성한다.

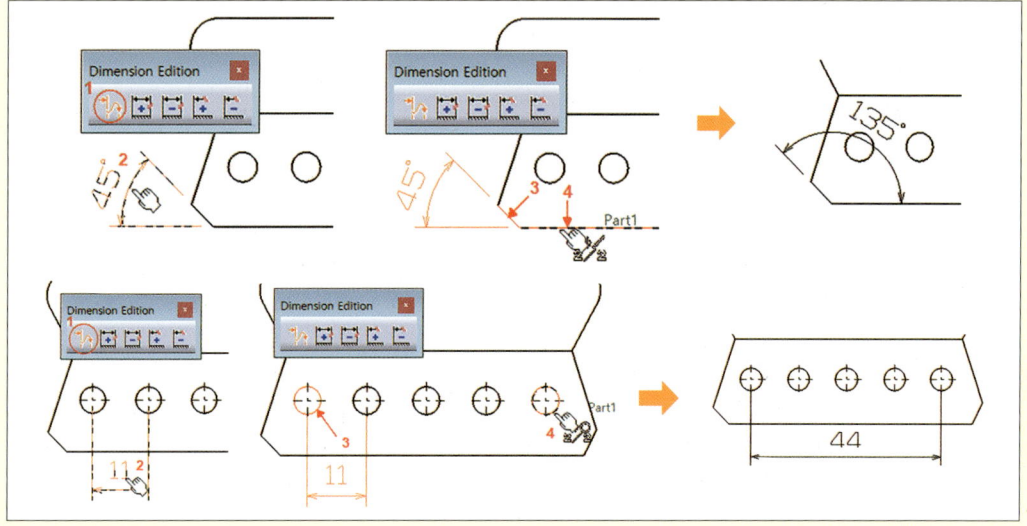

2 Create Interruption(s)

치수선이 겹칠 때 치수 보조선을 수동으로 일부분 잘라내어 편집한다.

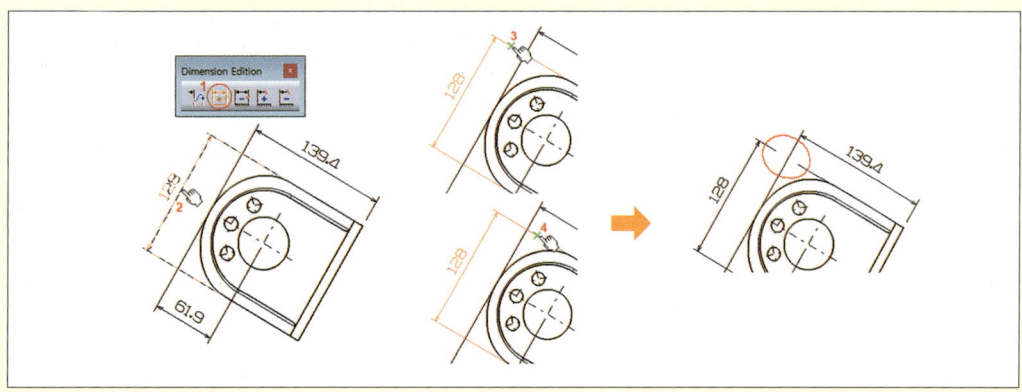

3 Remove Interruption(s)

Create Interruption(s) 으로 잘라낸 치수보조선을 원래 상태로 복구하고자 할 때 사용한다.

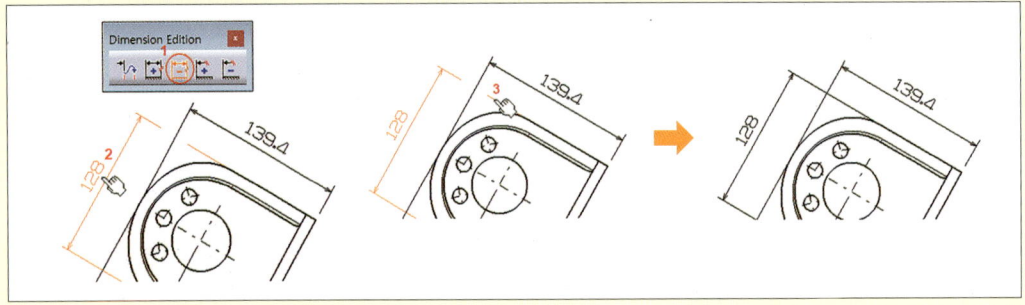

4 Create/Modify Clipping

선택한 치수의 치수선과 치수보조선을 억제하여 치수를 표현한다.

5 Remove Clipping

Create/Modify Clipping 으로 억제된 치수선과 치수보조선을 복구한다.

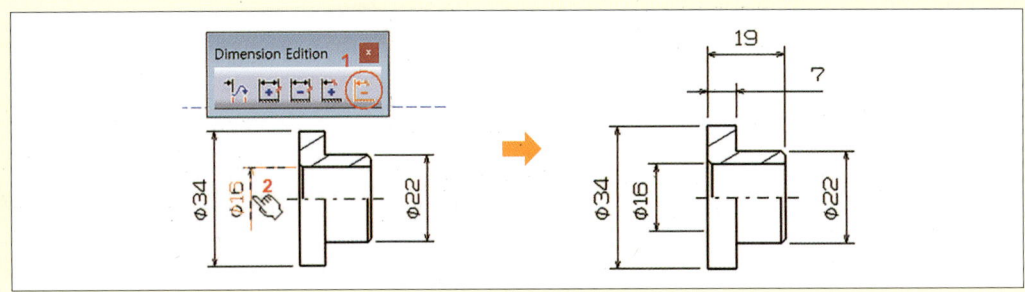

13 New Detail Sheet 활용

도면에서 자주 사용하는 기호, 도형, 텍스트 등을 인스턴스화하여 반복 사용할 수 있다.

1 표면 거칠기 대표기호 2D Component 만들기

1 Drawing 도구모음의 Sheets 하위 도구모음에서 New Detail Sheet 명령어를 클릭하여 실행하면 Specification Tree에 Sheet.n (Detail)과 2D Component 뷰가 생성된다.

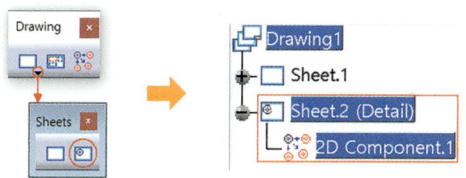

2 표면거칠기 대표기호를 만들기 위해 Annotations 도구모음의 Symbols 하위 도구모음에서 Roughness Symbol 명령어를 클릭하여 실행한다.

  ❶ 2D Component 뷰 프레임 안에서 표면거칠기 기호가 생성될 위치에 마우스 왼쪽버튼을 클릭한다.

  ❷ Roughness Symbol 대화상자에서 Rugosity Type 드롭다운 목록에서 아이콘을 선택하고 Surface texture/All surfaces around 드롭다운 목록에서 / 아이콘을 선택하여 표면 거칠기 기호를 생성한다.

  ❸ 생성된 표면 거칠기를 선택하고 Text Properties 도구모음에서 Font Size 는 3.5를 선택하여 표면 거칠기를 작성한다.

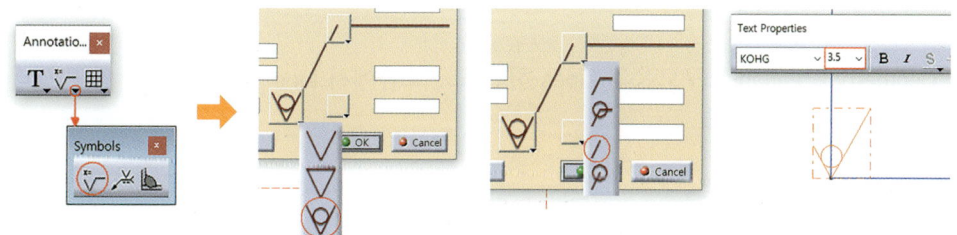

3 Annotations 도구모음의 Text 하위 도구모음에서 Text T 명령과 Roughness Symbol 명령을 사용하여 나머지 표면 거칠기를 작성한다.

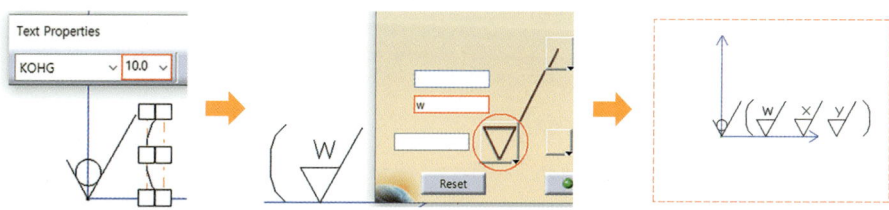

4 Specification Tree에서 Sheet.2 (Detail) 아래에 2D Component.1을 복사한 다음 Sheet.2 (Detail) 이름에 마우스를 가져다 놓고 붙여넣기 한다. 2D Component.2 뷰를 활성화하여 표면 거칠기를 수정한다.

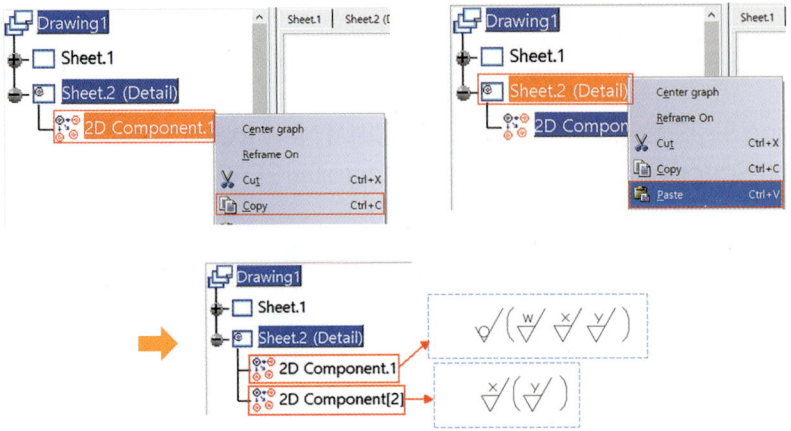

2 센터 구멍 도시 기호 작성

❶ 새로운 2D Component를 만들기 위해 Drawing 도구모음의 New View 를 클릭하고 뷰가 배치될 위치에 마우스 왼쪽버튼으로 클릭하여 2D Component.3 뷰를 생성한다.

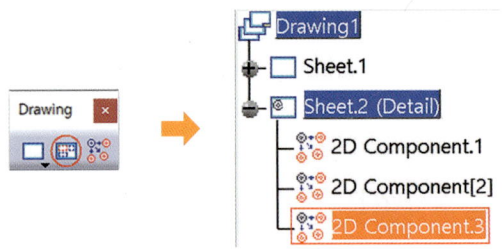

❷ Geometry Creation 도구모음의 Lines 하위 도구모음에서 Line 명령어를 통해 센터 구멍 도시 기호를 작성한다.

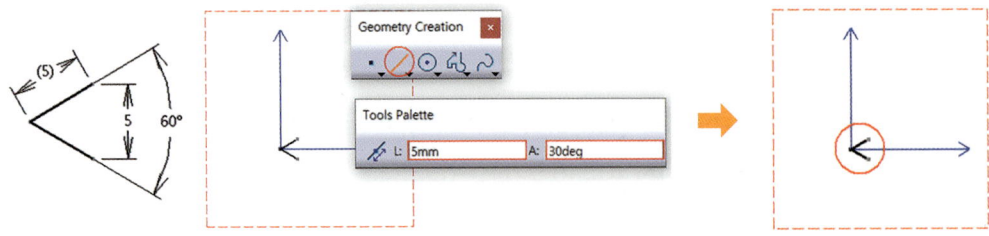

3 Specification Tree에서 Sheet.1을 더블 클릭하거나 Sheet.1 탭을 클릭하여 부품도가 그려진 시트를 활성화한다.

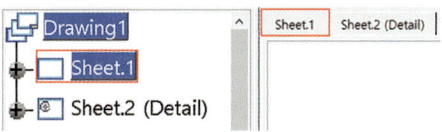

4 2D Component를 도면에 복사하기

① Body 투상도에 2D Component.1 복사하기

❶ Drawing 도구모음의 Instantiate 2D Component 클릭하여 실행하고 복사할 2D Component로 Specification Tree에서 Sheet.2 (Detail) 아래에 2D Component.1을 선택한다.

❷ Body 평면도 위에서 마우스 왼쪽버튼을 클릭하여 배치한다.

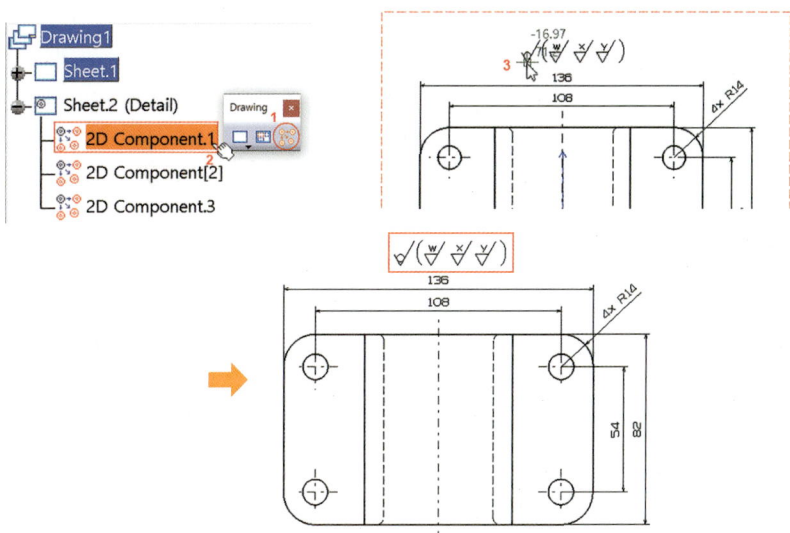

② Support와 Wheel 투상도에 2D Component.1 복사하기

❶ Drawing 도구모음의 Instantiate 2D Component 더블 클릭하여 실행하고 복사할 2D Component로 Specification Tree에서 Sheet.2 (Detail) 아래에 2D Component.1을 선택한다.

❷ Support 평면도와 Wheel 단면도 위에서 마우스 왼쪽버튼을 클릭하여 배치한다.

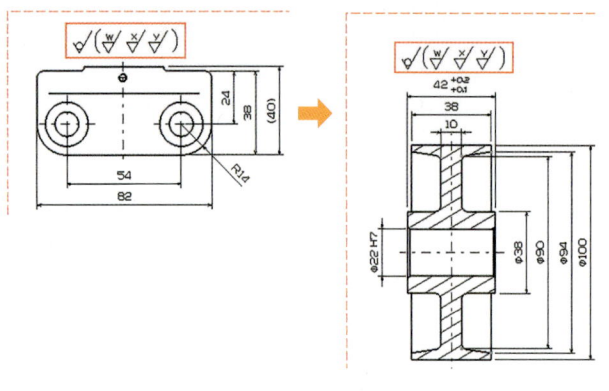

> **TIP**
>
> Instantiate 2D Component 명령 사용 시 나타나는 Tools Palette에서 Link With Detail을 선택 후 복사하면 링크관계로 복사되어 원본 2D Component가 수정되면 복사된 2D Component도 함께 수정된다. Explode를 선택 후 복사하면 링크 관계가 깨지면서 개별적인 객체가 되어 원본이 수정되어도 복사된 2D Component는 변경되지 않는다.

❸ Shaft와 Bush 투상도에 2D Component.2 복사하기

❶ Drawing 도구모음의 Instantiate 2D Component 클릭하여 실행하고 복사할 2D Component 로 Specification Tree에서 Sheet.2 (Detail) 아래에 2D Component.2를 선택한다.

❷ Shaft 정면도와 Bush 단면도 위에서 마우스 왼쪽버튼을 클릭하여 배치한다.

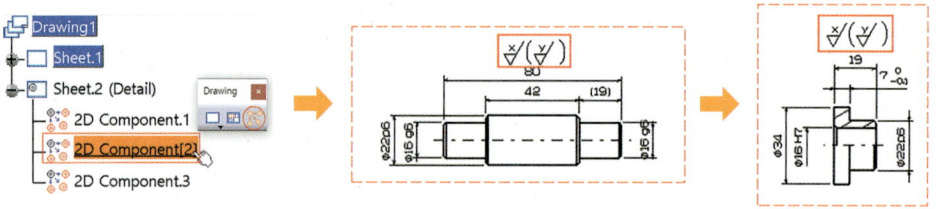

❹ Shaft에 2D Component.3 복사하기

❶ Drawing 도구모음의 Instantiate 2D Component 클릭하여 실행하고 복사할 2D Component로 Specification Tree에서 Sheet.2 (Detail) 아래에 2D Component.3를 선택한다.

❷ Shaft 정면도 측면 모서리 가운데에서 마우스 왼쪽버튼을 클릭하여 배치한다.

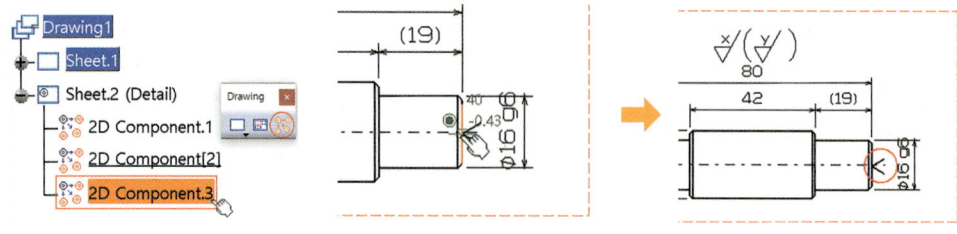

5 Shaft에 센터 구멍의 규격 번호 및 호칭 방법을 지시선으로 기입

   ❶ Annotations 도구모음의 Text 하위 도구모음에서 Text with Leader 명령어를 클릭하여 실행한다.
   ❷ 센터도시 기호의 끝점 위치에서 마우스 왼쪽버튼을 클릭하여 지시선 화살표의 위치를 지정한다.
   ❸ 지시선의 방향을 지정하고 Text Editor 문자 입력창에 KS A ISO 6411-A 2/4.25, 양단을 기입한다.

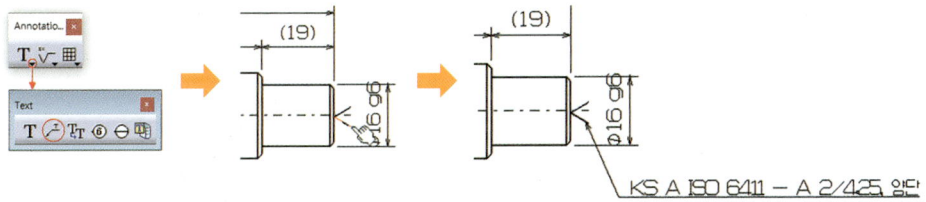

   ❹ 지시선을 선택한 후 ◆ 조정 아이콘의 콘텍스트 메뉴에서 Symbol Shape > No Symbol을 선택하여 지시선에 화살표가 생성되지 않도록 한다.

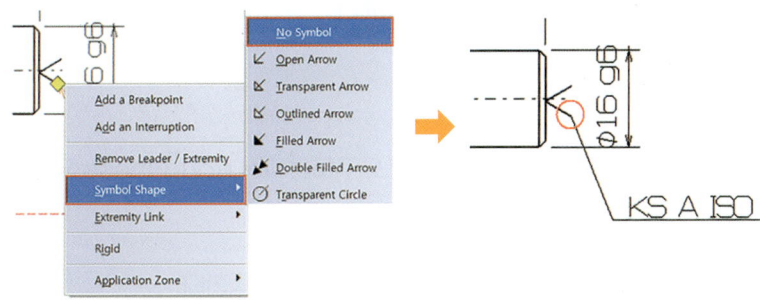

14 부품번호 작성

1 Annotations 도구모음의 Text 하위 도구모음에서 Text T 명령어를 클릭하여 실행한다.
2 활성화된 뷰 프레임 안에서 문자가 생성될 위치에 마우스 왼쪽버튼을 클릭한다.
3 Text Editor 문자 입력창에 1을 기입한다.
4 생성된 문자를 선택하고 Text Properties 도구모음에서 Font Size는 5, Frame 드롭다운 목록에서 ○ Circle 아이콘을 선택하여 부품 번호를 작성한다.

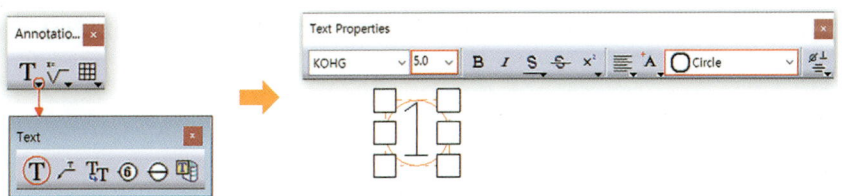

5 모든 부품도의 표면 거칠기 대표기호 앞에 부품 번호를 작성한다.

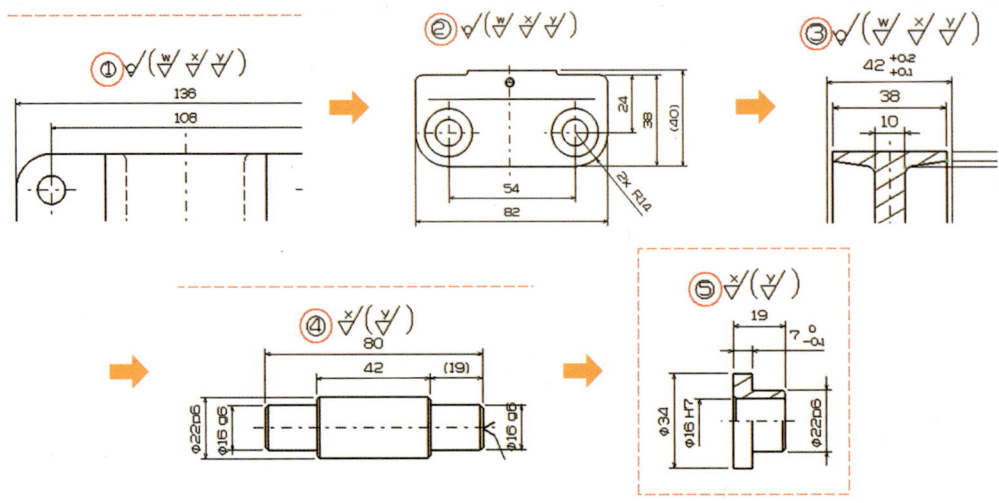

15 부품도에 표면 거칠기 기호 지시하기

1 Body 투상도에 표면 거칠기 기호 지시하기

① Annotations 도구모음의 Symbols 하위 도구모음에서 Roughness Symbol ✓ 명령을 더블 클릭하여 실행한다.

② Text Properties 도구모음에서 Font Size는 2.5를 선택한다.

③ 표면 거칠기 기호는 선, 치수보조선, 치수선, 치수문자를 선택하여 배치할 수 있다. 여기서는 치수보조선을 선택한다.

④ Roughness Symbol 대화상자에서 Rugosity Type 드롭다운 목록에서 ▽ 아이콘을 선택하고 Surface texture/All surfaces around 드롭다운 목록에서 / 아이콘을 선택한다. Value of center line mean/minimum roughness 입력란에 표면 거칠기 문자를 기입한다.

⑤ Roughness Symbol 대화상자에서 Invert 버튼을 클릭하여 표면 거칠기 방향을 반전한다.

⑥ Roughness Symbol ✓ 명령을 반복하여 절삭면에 표면 거칠기를 기입한다.

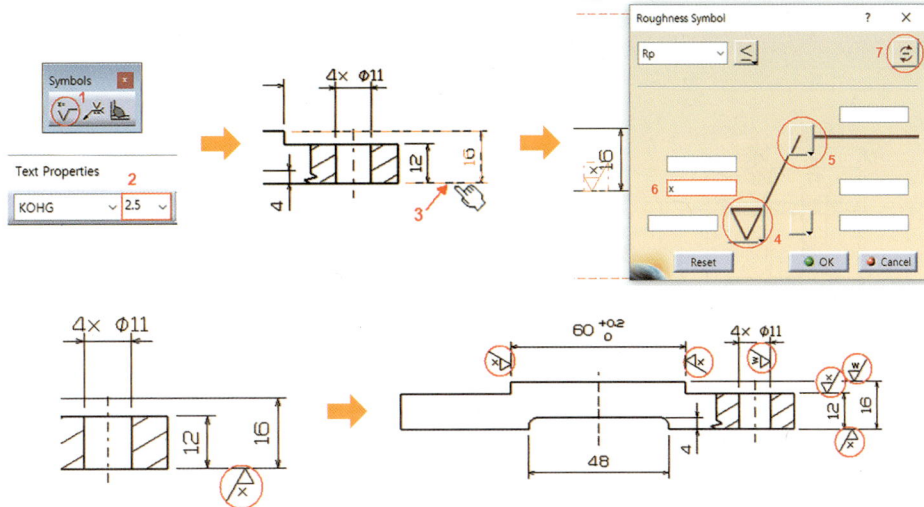

7 Body 투상도에서 표면 거칠기 ∀는 사용하지 않았으므로 표면 거칠기 대표기호에서 ∀를 제거하기 위해 2D Component를 분해한 후 불필요한 요소는 지우고 정리한다.

❶ 2D Component 콘텍스트 메뉴에서 2D Component.n (Instance) object 〉 Explode 2D Component를 선택하여 링크 관계를 깨고 개별적인 요소가 되도록 만든다.

❷ 불필요한 요소는 지우고 객체를 선택하고 Shift를 누른 상태 이동하여 표면 거칠기 대표 기호를 정리한다.

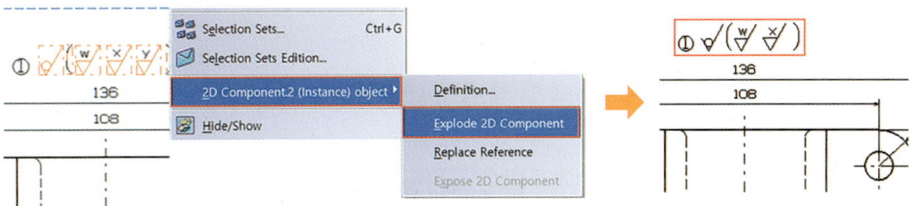

2 Support 투상도에 표면 거칠기 기호 지시하기

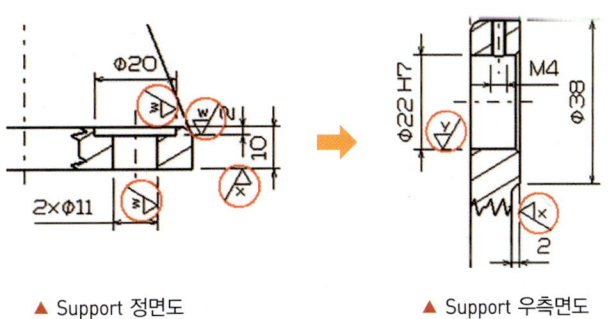

▲ Support 정면도 ▲ Support 우측면도

3 Wheel, Shaft, Bush 투상도에 표면 거칠기 기호 지시하기

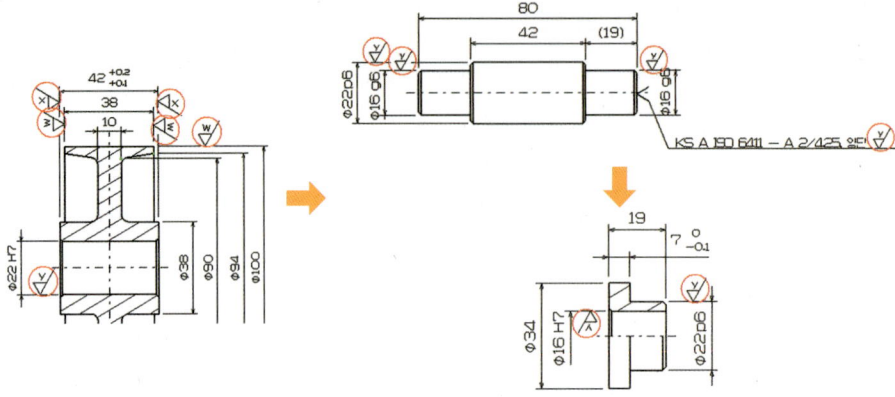

| 16 | 부품도에 기하공차 지시하기 |

1 Body 투상도에 기하공차 지시하기

1 데이텀 지시하기

❶ Dimensioning 도구모음의 Tolerancing 하위 도구모음에서 Datum Feature A 명령어를 클릭하여 실행한다.

❷ 치수선, 치수보조선, 선을 선택하여 데이텀을 배치할 수 있다. 여기서는 치수보조선을 선택한다.

❸ Shift 를 누른 상태에서 마우스를 움직여 데이텀 위치를 결정하고 마우스 왼쪽버튼을 클릭하여 위치를 지정한다.

❹ Datum Feature Creation 대화상자 데이텀 문자로 A를 입력한다.

❺ 데이텀 삼각기호의 모양을 변경하기 위해 생성된 데이텀을 선택하고 ◆ 조정 아이콘의 콘텍스트 메뉴에서 Symbol Shape 〉 Filled Triangle를 선택하여 채워진 삼각기호로 변경한다.

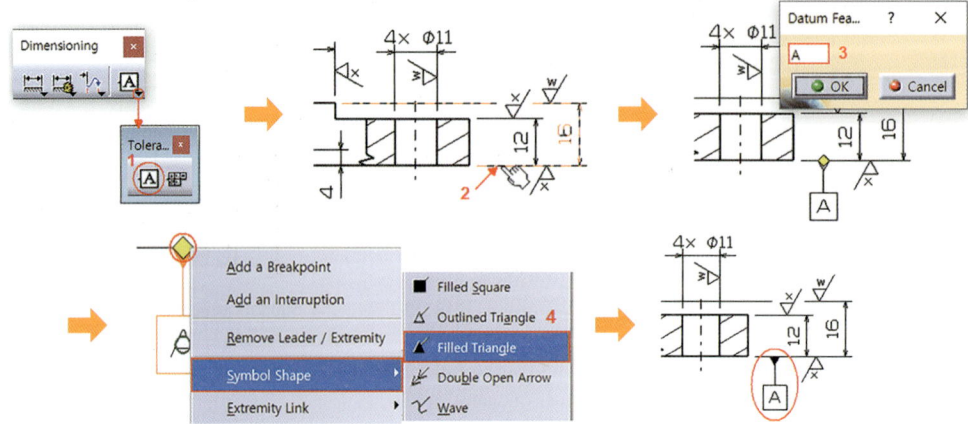

2 기하공차 지시하기

❶ Tolerancing 하위 도구모음에서 Geometrical Tolerance 명령어를 클릭하여 실행한다.
❷ 치수선, 치수보조선, 선을 선택하여 기하공차를 배치할 수 있다. 여기서는 치수보조선을 선택한다.
❸ Shift 를 누른 상태에서 마우스를 움직여 기하공차의 지시선 방향을 결정하고 마우스 왼쪽버튼을 클릭하여 위치를 지정한다.
❹ Geometrical Tolerance 대화상자 설정
ⓐ Edit Tolerance 아래 Tolerance Symbol 드롭다운 목록에서 기하공차 종류에 따른 기호로 // 평행을 선택하고 Tolerance value 입력란에 공차값으로 0.011을 기입한다.
ⓑ Reference 입력란에 데이텀 문자 A를 기입하고 OK 를 클릭하여 기하공차를 생성한다.
❺ 기하공차 지시선의 끝을 화살표 모양을 변경하기 위해 생성된 기하공차를 선택하고 조정 아이콘의 콘텍스트 메뉴에서 Symbol Shape 〉 Open Arrow를 선택한다.

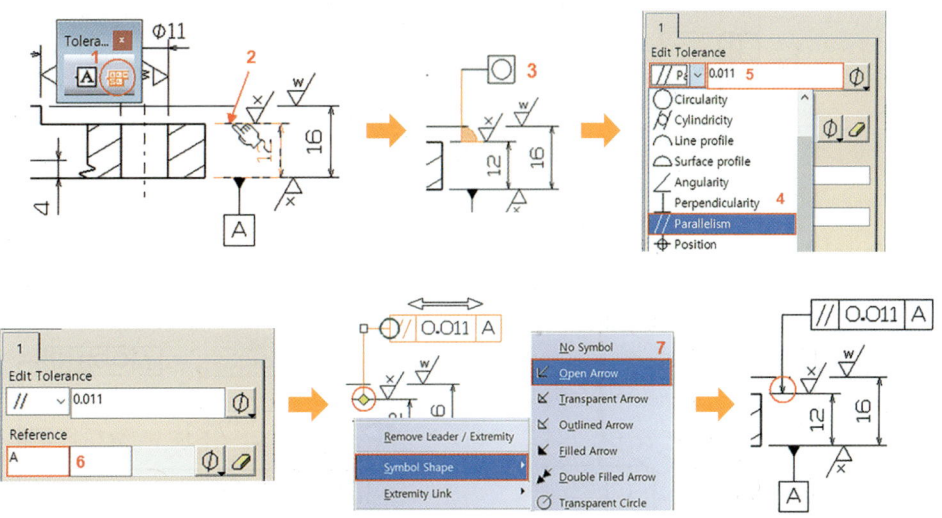

2 Support 투상도에 기하공차 지시하기

1 데이텀 지시하기

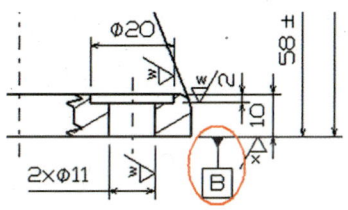

2 기하공차 지시하기

❶ Tolerancing 하위 도구모음에서 Geometrical Tolerance 명령어를 클릭하여 실행한다.
❷ 치수선 연장선상에서 기하공차의 지시선이 놓이도록 하기 위해 치수선을 선택한다.
❸ Shift 를 누른 상태에서 마우스를 움직여 기하공차의 지시선 방향을 결정하고 마우스 왼쪽버튼을 클릭하여 위치를 지정한다.
❹ Geometrical Tolerance 대화상자 설정
   ⓐ Edit Tolerance 아래 Tolerance Symbol 드롭다운 목록에서 기하공차 종류에 따른 기호로 // 평행을 선택한다.
   ⓑ 지름 공차값을 표현하기 위해 ∅ 기호를 선택하고 Tolerance value 입력란에 공차값으로 0.011을 기입한다.
   ⓒ Reference 입력란에 데이텀 문자 B를 기입하고 OK 를 클릭하여 기하공차를 생성한다.

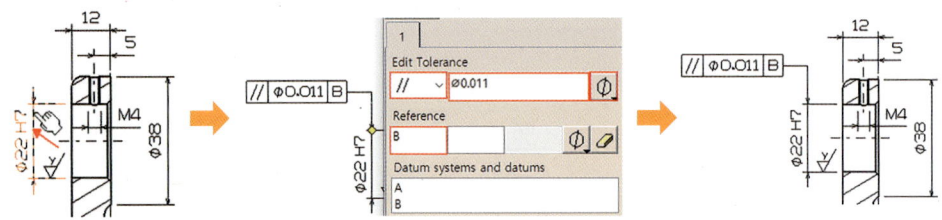

3 Wheel 투상도에 기하공차 지시하기

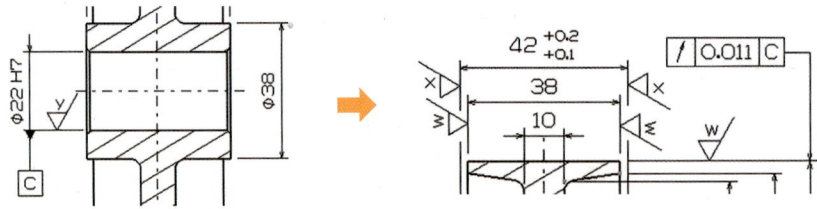

4 Shaft 투상도에 기하공차 지시하기

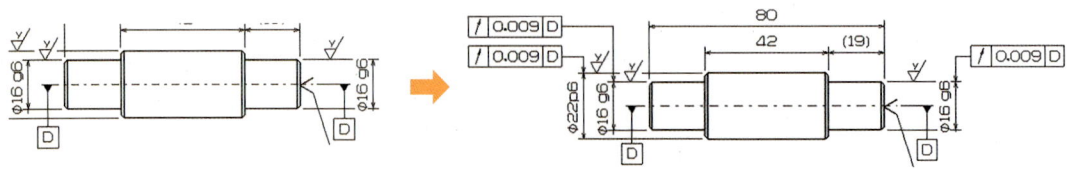

5 Bush 투상도에 기하공차 지시하기

1 기하공차 지시하기

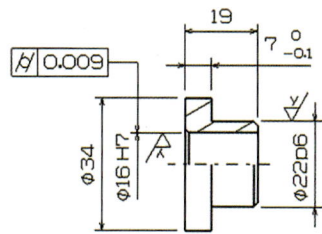

2 데이텀 지시하기

원통도 기하공차 기입 틀을 선택하여 데이텀을 생성한다.

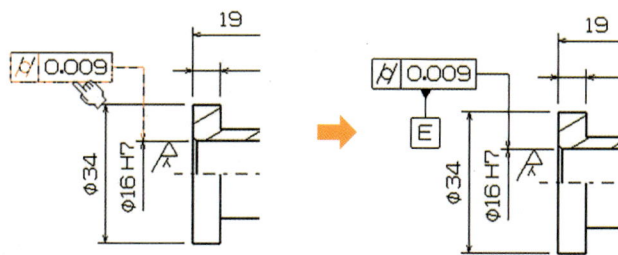

3 기하공차 지시하기

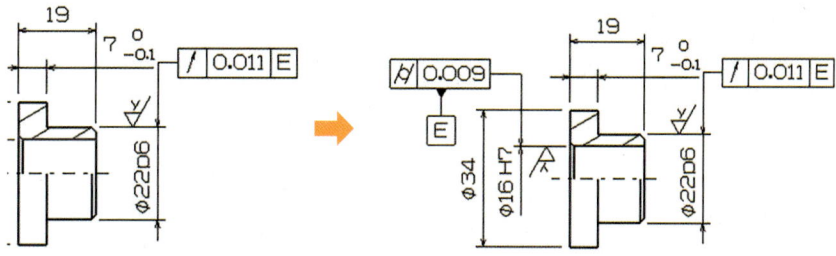

17 주서 작성하기

1. 메뉴모음의 Edit〉Sheet Background를 선택하여 시트 배경 작업환경으로 전환한다.
2. Annotations 도구모음의 Text 하위 도구모음에서 Text T 명령어를 클릭하여 실행한다.
3. 문자가 생성될 위치에 마우스 왼쪽버튼을 클릭한다.
4. Text Editor 문자 입력창에 주서 내용을 기입한다. 줄 바꿈을 하고자 한다면 Shift 를 누른 채 Enter 를 누른다.

5 생성된 문자를 선택하고 콘텍스트 메뉴에서 Properties 〉 Font 〉 Character 아래 Spacing 값으로 10%를 입력하여 글자와 글자 사이 간격을 조절한다.

6 Properties 〉 Text 〉 Position 아래 Line Spacing 값으로 3mm를 입력하여 줄 간격을 조절한다.

7 표면거칠기를 기입하고 부품란 위쪽에 배치하여 주서를 완성한다.

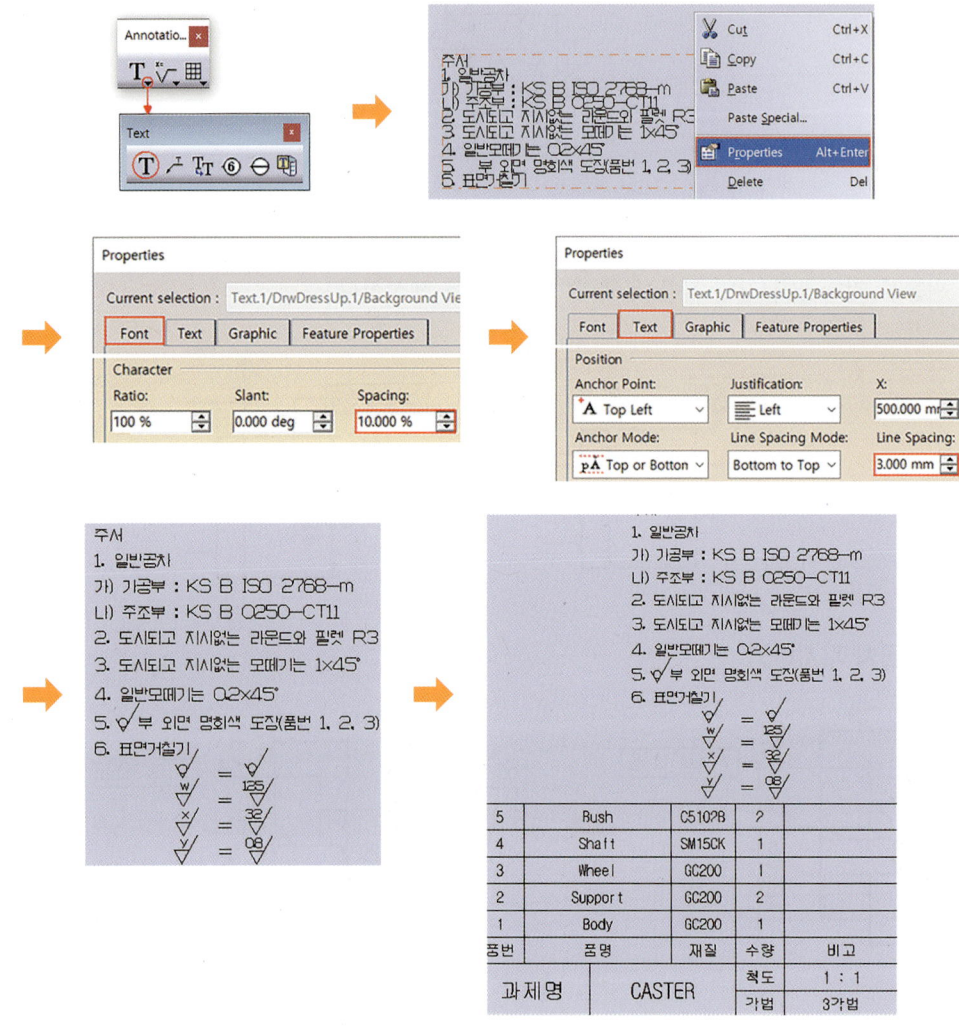

8 메뉴모음의 Edit 〉 Working Views를 선택하여 Working Views 작업환경으로 전환한다.

18 뷰 정렬 및 뷰 프레임 숨기기

❶ 뷰 프레임을 클릭 드래그하여 윤곽선 안에서 뷰를 정렬한다.
❷ Visualization 도구모음에서 Display View Frame as Specified for Each View를 클릭하여 뷰 프레임을 숨기고 도면을 완성한다.

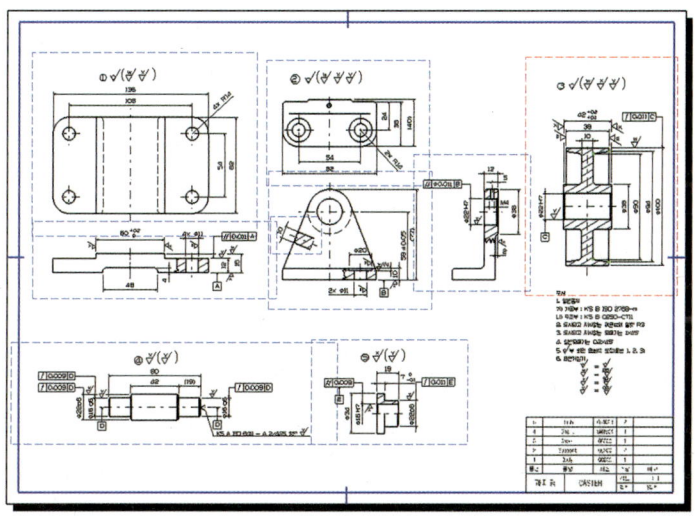

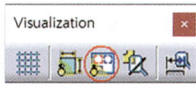

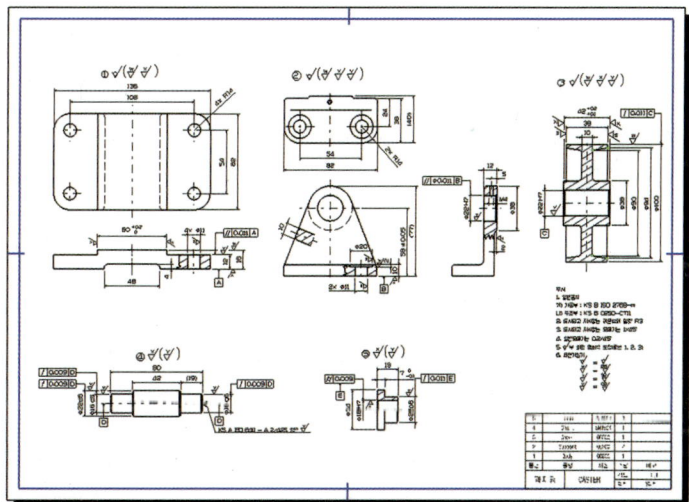

19 메뉴모음에서 File > Save를 클릭하여 .CATDrawing 파일로 저장

20 PDF 파일로 출력하기

1 메뉴모음에서 File > Print를 클릭한다.

2 Print 대화상자 설정

❶ Printer 아래 Printer 드롭다운 목록에서 PDF를 선택한다.

❷ Layout 탭에서 Fit in page에 체크한다.
❸ Multi-Documents 탭에서 활성시트만 출력되도록 Active sheet에 체크한다.
❹ Page Setup... 을 클릭하고 Page Setup 대화상자에서 A3 출력 용지의 크기를 설정한다.
❺ Options... 를 클릭한다. Page Setup 대화상자에서 Color 탭을 클릭하고 흑백출력을 위해 Monochrome을 체크한다.
❻ OK 를 클릭한 다음 PDF 파일 저장 위치를 지정하여 출력한다.

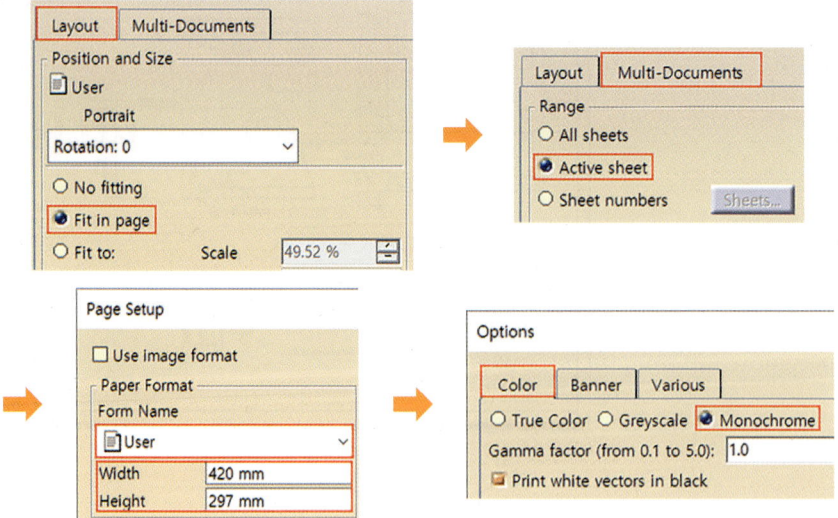

초 판 발 행	2025년 3월 20일
저 자	이정호 · 이광선 · 이용덕
발 행 인	정용수
발 행 처	예문사
주 소	경기도 파주시 직지길 460(출판도시) 도서출판 예문사
T E L	031) 955-0550
F A X	031) 955-0660
등 록 번 호	11-76호
정 가	39,500원
I S B N	978-89-274-5796-1 13550

• 이 책의 어느 부분도 저작권자나 발행인의 승인 없이 무단 복제하여 이용할 수 없습니다.
• 파본 및 낙장은 구입하신 서점에서 교환하여 드립니다.

예문사 홈페이지 http://www.yeamoonsa.com

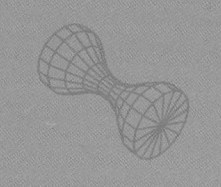